COLLECTION
DES MÉMOIRES

RELATIFS

A L'HISTOIRE DE FRANCE.

TABLE GÉNÉRALE ET ANALYTIQUE.

Cet ouvrage se trouve aussi :

Chez
- Lefèvre, libraire, rue de l'Éperon, n° 6;
- A. Remoissenet, place du Louvre, n° 20;
- Joubert, rue des Grès-Saint-Jacques;
- Delaunay, au Palais-Royal;
- Ledoyen aîné, au Palais-Royal.

PARIS, IMPRIMERIE DE DECOURCHANT,
RUE D'ERFURTH, N° 1, PRÈS DE L'ABBAYE.

COLLECTION
DES MÉMOIRES

RELATIFS

A L'HISTOIRE DE FRANCE,

DEPUIS LA FONDATION DE LA MONARCHIE FRANÇAISE JUSQU'AU 13e SIÈCLE ;

AVEC UNE INTRODUCTION, DES SUPPLÉMENS, DES NOTICES
ET DES NOTES ;

Par M. GUIZOT,

PROFESSEUR D'HISTOIRE MODERNE A L'ACADÉMIE DE PARIS.

PARIS,

DÉPOT CENTRAL DE LA LIBRAIRIE,

RUE DES FILLES SAINT-THOMAS, N° 5, PLACE DE LA BOURSE.

1835

AVANT-PROPOS.

Une table analytique des matières est le complément indispensable de tout grand corps d'histoire. Après avoir parcouru une immense collection, on a besoin d'un guide pour retrouver les hommes et les faits.

La Table que nous publions offrait d'incroyables difficultés; plus d'une fois nous avons désespéré de la conduire à une fin désirable; ce sont ces difficultés mêmes qui nous en ont fait reconnaître de plus en plus la nécessité.

Avant nous, deux hommes exercés à ce genre de travail l'ont successivement entrepris et abandonné. Leur manuscrit nous a servi de contrôle et n'a pas été inutile au redressement de quelques erreurs qui nous auraient échappé. Pour rendre ce contrôle plus certain, nous avons évité tout rapprochement avant d'avoir terminé notre rédaction particulière.

Analyse aussi complète que possible des neuf premiers siècles de notre histoire, cette *Table des matières* devait rappeler, sous les noms auxquels ils se rattachent, tous les faits qu'il était important de noter, et c'est précisément en cela que se rencontrait la difficulté. Du v⁵ au xiii⁵ siècle, presque tous les hommes puissans qui ont appartenu soit à l'Eglise, soit au pouvoir civil et militaire (et ce sont les seuls dont le nom figure dans nos annales, car alors le peuple n'était rien), presque tous les grands, disons-nous, sont désignés par les chroniqueurs sous des prénoms, communs, dans le même temps et surtout dans la même contrée, à des individus différens, entre lesquels il n'existait aucun lien de parenté, mais plus souvent encore aux membres d'une même famille, enrôlés quelquefois sous des bannières opposées. Pour reconnaître chaque personnage, pour le distinguer dans la foule des contemporains homonymes, il a fallu l'isoler, le suivre pas à pas dans toute sa carrière, s'aider des biographies les plus exactes, des histoires de nos provinces, et particulièrement du savant ouvrage des dominicains de Saint-Maur. Sans le secours de *l'Art de vérifier les dates*, nous tenons pour impossible de ne pas tomber en de graves erreurs, et de noter avec exactitude sous un nom tout ce qui doit s'y rapporter. La confusion serait inévitable pour qui n'aurait pas un guide aussi sûr, lorsque le fils ou le neveu, par exemple, continue les actes de son père ou de son oncle, dont la mort n'a pas été révélée par l'historien, et que pourtant ce fils ou ce neveu a pris, avec l'héritage, le nom et le titre de son prédécesseur. Cet embarras, nous l'avons éprouvé, surtout pour les noms des Guillaume, des Richard, des Raymond, des Raoul, des Robert, des Simon; et pour une foule d'autres encore.

Les titres honorifiques de comte, de duc, etc., qui sont ordinairement accolés aux grands noms de cette époque, ne servent qu'à redoubler l'incertitude du lecteur; mais *l'Art de vérifier les dates*, en fixant d'une manière exacte la généalogie et l'ordre de succession de chaque famille puissante dans les siècles de la féodalité, ne laisse aucune équivoque et vient en aide à qui sait le consulter. Avec les dates, éclairées par les désignations de Ier, IIe, IIIe, IVe, V^e, etc., du nom, on arrive à faire le départ de ce qui appartient à chacun. Mais combien ce travail est lent et fastidieux! L'utilité en fait tout le mérite; en le rendant aussi exact que complet, nous espérons n'être pas resté au-dessous de la tâche que nous avons entreprise.

J.-L.-J. B.

TABLE

GÉNÉRALE ET ANALYTIQUE

DES MÉMOIRES

RELATIFS A L'HISTOIRE DE FRANCE.

(*Nota.* Les chiffres romains indiquent les tomes; les chiffres arabes les pages; et les mots en italique entre parenthèses, les noms des auteurs des Mémoires sur lesquels portent les renvois. Lorsque l'ouvrage est d'un auteur anonyme, on a mis le titre de l'ouvrage lui-même.)

A

AARON, martyr dans la Grande-Bretagne; tome XXV, page 119 (*Orderic Vital*).

ABAÏD, duc sarrasin, de Tortose, défend la ville contre Louis le Débonnaire; III, 336 (*Vie de Louis le Débonnaire, par l'Astronome*).

ABAILARD (Pierre), philosophe célèbre du XIIe siècle.—Ses discussions avec saint Bernard. — Est accusé au concile de Sens, et renvoyé libre; mais ses ouvrages sont condamnés au feu. — X, 337 et suiv. (*Vie de saint Bernard*). — Détails sur sa vie et ses aventures. — XIII, 22 (*Guillaume de Nangis*).

ABBANE, lieutenant de Gondafore, roi indien.—Ses relations avec saint Thomas.—XXV, 294 (*Orderic Vital*).

ABBELIN, comte bourguignon, établi dans le pays d'Aveuches. — Entreprend de repousser, mais sans succès, une invasion des Allemands. —II, 187 (*Frédégaire*).

ABBION, chef saxon; III, 29 (*Annales d'Eginhard*)

ABBON, seigneur franc, à qui fut confié le testament que Dagobert Ier envoya à Metz; II, 302 (*Vie de Dagobert*).

ABBON, gouverneur de Valence; II, 342 (*Vie de Saint-Léger*).

ABBON, évêque de Soissons. — Est envoyé à Rome par le comte Héribert, à l'effet de porter au pape Jean le décret pour l'élection de Hugues son fils, encore enfant, à l'évêché de Rheims. — Abbon obtient pour lui-même le droit de régler le gouvernement épiscopal. — V, 540 (*Frodoard, Histoire de l'Église de Rheims*).

ABBON, moine de Saint-Germain-

1

des-Prés, élève d'Aimoin. — On le croit Neustrien d'origine. — Écrivit son poème du *Siège de Paris par les Normands*, entre les années 896 et 898. — Ses sermons.— Mort de l'an 922 à 923. — Le *Siège de Paris* a été réimprimé sept fois et toujours avec beaucoup de fautes. — Son intérêt historique.— Abbon avait tout vu dans le siège. — VI; 7 et suiv. (*Notice sur Abbon*).

ABDALLA, émir sarrasin, persécute les Chrétiens; XXV, 151 (*Orderic Vital*).

ABDALLAH, envoyé du roi de Perse à Charlemagne; III, 57 (*Annales d'Eginhard*).

ABDIAS, évêque de Babylone. — Reçut l'ordination des Apôtres. — XXV, 324 (*Orderic Vital*).

ABDIRHAMAN, roi sarrasin, de Cordoue. — Charge, en 847, des envoyés d'aller vers Charles le Chauve, demander la confirmation de leur alliance. — Ils sont reçus honorablement à Rheims.— Sa mort. — IV, 142, 153 (*Annales de Saint-Bertin*).

ABEL, évêque de Rheims. — Son histoire. — V, 181 et suiv. (*Frodoard, Hist. de l'Église de Rheims*).

ABEL, prince de Danemarck, assassine le roi Henri son frère, et s'empare du trône au milieu du XIIIᵉ siècle. — Il est tué peu après dans une expédition contre les Frisons. — XIII, 163 (*Guillaume de Nangis*).

ABGAR, roi d'Edesse. — Prétendue lettre que lui écrit JÉSUS-CHRIST. — XXV, 306 (*Orderic Vital*).

ABIATHAR, grand-prêtre des Juifs, persécute l'apôtre saint Jacques; XXV, 197 (*Orderic Vital*).

ABITHAUR, chef sarrasin, III, 20; (*Annales d'Eginhard*).

ABUNDANCE, duc franc, commandant d'une armée levée en Bourgogne par Dagobert 1er; II, 293 (*Vie de Dagobert*).

ACCARON, ville de Palestine. — Assiégée et prise par les Croisés. — XII, 104 (*Guillaume le Breton, dans la Philippide*).

ACCIEN, autrement dit Cassien, ou Gratien, ou Darsian, gouverneur d'Antioche, défend la ville contre les Croisés.— Sa mort après la prise d'Antioche.— XVI, 202 (*Guillaume de Tyr*); XX, 148, 223 (*Albert d'Aix*); XXIII, 123, 144 (*Raoul de Caen*); XXIV, 46; (*Foulcher de Chartres*); XXVII, 471; (*Orderic Vital*).

ACCON, ville de Palestine. *Voyez* SAINT-JEAN-D'ACRE.

ACELDAMA, ou Champ du Sang. — Le champ acheté, dit-on, par Judas, de l'argent qu'il avait reçu pour livrer JÉSUS-CHRIST. — Situé dans la vallée d'Ennom, au midi de Jérusalem.— XVI, 409 (*Guillaume de Tyr*).

ACHARD DE MONTMERLE, dit *aux cheveux blancs*.— Chevalier croisé. — Tué devant Jérusalem à la première croisade.— XVI, 431 (*Guillaume de Tyr*); XX, 73 (*Albert d'Aix*); XXIII, 454 (*Robert le Moine*).

ACHARD, seigneur de Chalus, est assiégé dans ce château par Richard 1er, roi d'Angleterre; XII, 144 et suiv. (*Guillaume le Breton, dans la Philippide*).

ACHILLÉE s'empare de l'Egypte sous Dioclétien; XXV, 118 (*Orderic Vital*).

ACTARD, évêque de Nantes. — Son voyage à Rome sous Charles le Chauve. — IV, 220 (*Annales de Saint-Bertin*); V, 321 (*Frodoard, Histoire de l'Église de Rheims*).

ADA, seigneur adonné au brigandage.— Assiégé par Louis le Gros dans la tour d'Amiens. — VIII, 102 (*Suger, dans la Vie de Louis le Gros*).

ADALARD, archevêque de Rouen; XXVI, 350 (*Orderic Vital*).

ADALBÉRON, évêque de Laon, auteur du *Poëme sur la cour du roi Robert*. — Né en Lorraine.— Ses talens et ses vices. — Nommé évêque de Laon par le roi Lothaire, et archevêque de Rheims par Hugues-Capet.— Ses querelles avec Gerbert et le roi Robert.— Son poëme. — Sa mort en 1030.— VI, 417 (*Notice sur*

ADALBÉRON). — Il s'appelait aussi Ascelin. — X, 1 (*Vie de Guibert de Nogent*).

ADALBERT, comte italien. — Son excommunication. — IV, 295 (*Annales de Saint-Bertin*).

ADALBERT, comte allemand. — Attaque Eberhard et ses freres, et est repoussé. — Chasse Rodolphe, évêque de Wurtzbourg. — IV, 348, 349 (*Annales de Metz*).

ADALELME, seigneur franc. — Repousse les Normands qui assiégent Paris. — VI, 47 (*Abbon, siège de Paris*).

ADALGAIRE, grand d'Aquitaine; III, 8 (*Annales d'Eginhard*).

ADALGAIRE, évêque. — Envoyé à Rome par l'empereur Charles le Chauve. — IV, 287 (*Annales de Saint-Bertin*).

ADALGISE, chambellan de Charlemagne; III, 24, 26 (*Annales d'Eginhard*).

ADALGISE, fils de Didier, roi des Lombards. — Ses efforts pour résister à Charlemagne. — Il se retire à Constantinople. — III, 16 (*Annales d'Eginhard*).

ADALGISE, Bénéventin. — Conspire contre Louis, empereur d'Italie. — IV, 262 (*Annales de Saint-Bertin*).

ADALGISE, duc franc sous Dagobert 1er. — L'un des gouverneurs de l'Austrasie. — II, 295, 386 (*Vie de Dagobert 1er; Vie de Pepin le Vieux*).

ADALHARD, seigneur franc, en crédit auprès de Charlemagne; III, 13 (*Annales d'Eginhard*); 427 (*Notice sur Nithard*); IV, 134 (*Annales de Saint-Bertin*).

ADALHARD, seigneur allemand. — Pris et mis à mort dans un combat contre Eberhard. — IV, 348 (*Annales de Metz*).

ADALOALD, roi des Lombards, fils du roi Agon, lui succède. — Il veut faire périr les seigneurs lombards, qui choisissent pour roi Charoald, en 626. — II, 97 (*Frédégaire*).

ADALRIC, un des grands qui accompagnaient Désiré dans son expédition contre saint Léger, évêque d'Autun; II, 348 (*Vie de saint Léger*).

ADALRIC, fils de Loup, duc des Gascons. — Ses succès contre Corson, duc de Toulouse. — Est cité à l'assemblée des grands d'Aquitaine, puis à Worms, devant Charlemagne. — Il est condamné à un exil perpétuel. — III, 324 (*Vie de Louis le Débonnaire, par l'Astronome*).

ADALUNG, comte allemand. — Tué en 885 par les gens du roi Eudes. — IV, 343 (*Annales de Metz*).

ADAM, abbé de Saint-Denis, prédécesseur et patron de Suger. — Ses querelles avec Bouchard de Montmorency. — Ses relations avec Louis le Gros. — Sa mort. — VIII, xj, 8, 32, 118 (*Suger, Vie de Louis le Gros*).

ADAM, secrétaire de Philippe-Auguste. — Est chargé par lui, en son absence, de tenir le registre des recettes du roi. — XI, 89 (*Rigord*).

ADDON, cuisinier de Baudouin 1er, roi de Jérusalem. — Ordres que lui donne Baudouin en mourant. — XXI, 209 (*Albert d'Aix*).

ADÉLAÏDE, fille de Guillaume le Conquérant, embrasse la vie religieuse; XXVI, 382 (*Orderic V*

ADÉLAÏDE, comtesse de S d'abord femme de Roger 1er, épouse Baudouin 1er, roi de Jérusalem. — Son arrivée en Palestine. — Nullité de son mariage. — Son retour en Sicile. — Sa mort. — XVII, 161, 200 (*Guillaume de Tyr*); XXIV, 186 (*Foulcher de Chartres*); XXVIII, 446-9 (*Orderic Vital*).

ADÉLARD, prêtre de l'abbaye d'Ouche, XXVI, 39 (*Orderic Vital*).

ADELBÉRON, archidiacre de Metz, fils du comte Conrad de Lutzelbourg. — Tué au siége d'Antioche, dans la première croisade. — XX, 159 (*Albert d'Aix*).

ADÈLE, fille de Guillaume le Conquérant, femme d'Etienne, comte de Chartres. — Gouverne le comté après le départ de son mari pour la Terre-Sainte. — Elle se fait ensuite religieuse dans l'abbaye de Macigny. —

XXVIII, 165 (*Orderic Vital*); XXIX, 306 (*Guillaume de Jumiège*).

ADÈLE, fille de Robert le Frison, femme de Canut, roi de Danemark, et mère de Charles le Bon, comte de Flandre. — Se sépare de Canut, et, après sa mort, épouse le duc de Salerne. — VIII, 241, 363 (*Vie de Charles le Bon*).

ADÈLE, femme de Louis le Jeune, roi de France. — Est régente du royaume pendant la croisade de Philippe-Auguste. — Sa mort. — XI, 9, 238 (*Rigord*; *Guillaume le Breton, Vie de Philippe-Auguste*).

ADELELME, moine de Favigny. — Sa science et ses écrits. — XXVIII, 238 (*Orderic Vital*).

ADELIDE, fille de Godefroi, duc de Louvain. — Épouse Henri 1er, roi d'Angleterre. — XXVIII, 362 (*Orderic Vital*).

ADELIN ou ATHELIN (Edgar), petit-neveu d'Edouard le Confesseur, roi d'Angleterre. — Les Anglais tentent de l'élever sur le trône après la conquête de l'Angleterre par les Normands, mais sans succès. — Il se réfugie en Ecosse. — Puis revient en Angleterre, où Guillaume le Conquérant le traite bien. — Il passe en Palestine, et défend Laodicée contre les Turcs. — XXIX, 414-425 (*Guillaume de Poitiers*); XXVI, 148; XXVIII, 57 (*Orderic Vital*).

ADELMOD, évêque de Winchester. — Propage la religion chrétienne dans la Grande-Bretagne. — XXV, 156 (*Orderic Vital*).

ADELRED, archevêque d'York. — Sacre Guillaume le Conquérant et sa femme Mathilde. — XXVI, 167, 173 (*Orderic Vital*).

ADELVOLD, évêque de Winchester. — Sous le roi Edgar rétablit le monastère de Medeshamsted. — XXVI, 197 (*Orderic Vital*).

ADELSTAN, roi d'Angleterre, XXVI, 196 (*Orderic Vital*). *Voy.* ATHELSTAN.

ADÉMAR, chef des chevaliers envoyés par l'évêque de Nevers au secours de Simon de Montfort; XV, 166 (*Histoire de la Guerre des Albigeois*).

ADÉMAR-JOURDAIN, commandant de Saint-Antonin. — Est fait prisonnier à la prise de cette ville par Simon de Montfort. — XV, 88 (*Histoire de la Guerre des Albigeois*).

ADÈNE ou ADANA, ville de l'Asie mineure prise par les Croisés; IX, 108 (*Guibert de Nogent, Histoire des Croisades*); XVI, 168 (*Guillaume de Tyr, Histoire des Croisades*).

ADÉODAT, pape au viie siècle; XXV, 418 (*Orderic Vital*).

ADERN (l'), fleuve de la Hesse; III, 21 (*Annales d'Eginhard*).

ADHÉMAR, chef des Aquitains. — Défend Paris dans le siége des Normands. — Se révolte contre le roi Eudes. — VI, 61 et suiv. (*Abbon, Siége de Paris par les Normands*).

ADHÉMAR, évêque du Puy, chef ecclésiastique de la première croisade. — Ses vertus, et son autorité parmi les croisés. — Sa conduite pendant le siége d'Antioche. — Il meurt de maladie peu après la prise de la ville. — Ses obsèques. — IX, 212 (*Guibert de Nogent, Histoire des Croisades*); XVI, 346 (*Guillaume de Tyr, Histoire des Croisades*); XXIII, 429 (*Robert le Moine*).

ADHÉMAR ou AYMAR DE POITIERS. — Remet à Simon de Montfort quelques châteaux. — XIV, 283, 336 (*Pierre de Vaulx-Cernay*).

ADIC, moine de l'abbaye de Saint-Maur-des-Fossés, engage Bouchard de Montmorency, comte de Corbeil, à se faire donner en fief ce monastère qui relevait du roi, et à en entreprendre la réforme; VII, 5 (*Vie de Bouchard*).

ADIMATHUS, fils de Carpien, guéri par saint André, se fait chrétien; XXV, 261 (*Orderic Vital*).

ADOLOALD. *Voy.* ADALOALD.

ADOLPHE, empereur et roi des Romains, se ligue avec Edouard 1er, roi d'Angleterre, contre Philippe le Bel, mais est abandonné de ses alliés; XIII, 223 (*Guillaume de Nangis*).

Adolphe de Mons, frère de l'archevêque de Cologne, meurt devant Damiette assiégée par les Croisés; XXII, 342 (*Jacques de Vitry*).

Adon, archevêque de Vienne. — Envoyé par l'empereur Lothaire au pape Nicolas. — IV, 213 (*Annales de Saint-Bertin*).

Adon, gentilhomme massacré par les bourgeois de Laon au moment de l'insurrection pour la fondation de la commune; X, 46 (*Vie de Guibert de Nogent*).

Adovacre, chef saxon, fait une invasion en Gaule. — Battu par les Romains, il conclut un traité avec Childéric et l'aide à soumettre les Allemands. — I, 77 (*Grégoire de Tours*).

Adrien (Ælius), empereur, succède à Trajan. — Arrête le massacre des Chrétiens. — Fait rebâtir Jérusalem. — I, 21 (*Grégoire de Tours*); XXV, 110 (*Orderic Vital*).

Adrien, abbé. — Envoyé par le pape Vitalien, prêche le christianisme dans la Grande-Bretagne. — XXV, 141 (*Orderic Vital*).

Adrien Ier, pape, élu en 772. — Sollicite le secours de Charlemagne contre les Lombards. — Construit beaucoup d'églises. — Ses relations avec la cour de Constantinople. — III, 13 (*Annales d'Eginhard*); XXV, 431 (*Orderic Vital*).

Adrien II, pape, élu en 867, envoie ses légats au huitième concile général ouvert à Constantinople, en 869. — Couronne à Rome l'empereur Louis. — Sa mort. — IV, 265 et suiv. (*Annales de Saint-Bertin*); V, 323 et suiv. (*Frodoard, Histoire de l'Église de Rheims*); XXV, 436 (*Orderic Vital*).

Adrien III, pape, élu en 884, XXV, 436 (*Orderic Vital*).

Adrien IV, pape, élu en 1154, Anglais de nation. — Couronne l'empereur Frédéric Ier; ses démêlés avec Guillaume, fils de Roger, roi de Sicile. — Sa mort. — XIII, 39 (*Guillaume de Nangis*); XVIII, 77, 139 (*Guillaume de Tyr*).

Adtira, porte-armes du roi Dagobert, II, 281 (*Vie de Dagobert Ier*).

Advence, évêque de Metz, reconnaît pour roi Charles le Chauve. — Capitulaire qu'il adresse au peuple à ce sujet. — IV, 241 (*Annales de Saint-Bertin*).

Æga, l'un des conseillers de Dagobert Ier. — Gouverne sagement le royaume dans les premières années du règne de Clovis II. — Sa mort. — II, 290, 310-312 (*Frédégaire*).

Ægidius, maître de la milice sous l'empire romain. — Nommé roi par les Francs à la place de Childéric. — Sa mort. — I, 72, 76 (*Grégoire de Tours*).

Ægidius, évêque de Rheims. — Ses intrigues auprès des rois Childebert II et Chilpéric. — Il est accusé d'avoir conspiré contre Childebert. — L'assemblée des évêques réunis à Verdun le condamne et le dépose. — Il est exilé à Strasbourg. — I, 305; II, 19, 120 (*Grégoire de Tours*); V, 131-136 (*Frodoard, Histoire de l'Église de Rheims*).

Ægilan, patrice en Bourgogne sous le roi Gontran, II, 166 (*Frédégaire*).

Æginan, un des chefs de l'armée que Dagobert Ier leva en Bourgogne; II, 298 (*Vie de Dagobert Ier*).

Ægrœcius, évêque de Troyes. — Envoyé par le roi Gontran auprès de Clotaire. — I, 464 (*Grégoire de Tours*).

Ægulf, abbé de Saint-Denis sous Dagobert Ier et Clovis II; II, 308, 313 (*Vie de Dagobert*).

Æthérius, évêque de Lisieux. — Expulsé de sa ville, y est rétabli. — I, 352 et suiv. (*Grégoire de Tours*).

Æthérius, évêque de Lyon. — Sa mort. — II, 174 (*Frédégaire*).

Aétius, commandant, au nom de l'empire romain, dans la Gaule, au moment de l'invasion des Huns. — Il marche contre eux avec Théodoric, roi des Visigoths, et leur fait lever le siège d'Orléans. — Terreurs de sa femme; elle est rassurée par la vision d'un pauvre endormi dans l'église de Saint-Pierre à Rome. — Victoire d'Aétius sur Attila. — Récit de l'historien Renatus Frigeridus sur l'origine, le caractère et la vie d'Aétius. — Sa mort. — I, 56-61 (*Grégoire de Tours*).

AETIUS, archidiacre de l'église de Paris, engage le concile, assemblé à Rouen par Chilpéric pour juger Prétextat, à se prononcer en faveur de l'évêque; I, 246 (*Grégoire de Tours*).

AFDAL, chef des armées du soudan d'Egypte. — Vaincu par les Croisés près de Jérusalem. — XVII, 24 (*Guillaume de Tyr*); XX, 359 (*Albert d'Aix*).

AGABUS, prophète juif. — Sa prédiction d'une famine. — XXV, 193 (*Orderic Vital*).

AGANICH, prince turc qui combattait les Croisés; XXI, 34 (*Albert d'Aix*).

AGAPIT Ier, pape. — Siégea près de trois ans. — Son voyage à Constantinople, où il mourut. — XXV, 406 (*Orderic Vital*).

AGAPIT II, pape, tient un synode à Rome, dans lequel il confirme la condamnation prononcée contre Hugues, archevêque de Rheims, dans le concile d'Ingelheim; VI, 142 (*Chronique de Frodoard*).

AGARINS ou AGARIENS, nom donné aux Sarrasins ou Arabes dans le moyen âge, comme issus d'Agar; VII, 44 (*Fragmens de l'Histoire des Français*); XXII, 16 (*Jacques de Vitry*).

AGATHE, fille de Guillaume le Conquérant. — Fiancée au roi saxon Harold. — Après la mort de celui-ci, son père veut la marier à Alphonse, roi de Galice, et la fait partir. — Son chagrin. — Sa mort dans la traversée. — XXVI, 382 (*Orderic Vital*).

AGATHON, pape, siége deux ans sous les empereurs Constantin Pogonat, Héraclius et Tibère. — Envoie des légats au 6e concile œcuménique, tenu à Constantinople. — XXV, 142, 419 (*Orderic Vital*).

AGELMOND, roi des Lombards,

les conduit en Bulgarie; XXVI, 345 (*Orderic Vital*).

AGÉRIC, évêque de Verdun. — Sa nomination. — Il se porte caution de Gontran Boson. — Ses chagrins. — Sa mort. — I, 149; II, 9, 13, 38 (*Grégoire de Tours*).

AGIUS, évêque d'Orléans. — Arme des soldats et des vaisseaux contre les Normands ou Danois. — IV, 156 (*Annales de Saint-Bertin*).

AGILA, roi visigoth d'Espagne. — Son élection après le meurtre du roi Theudégisile. — Sa tyrannie. — Sa mort. — I, 144, 158 (*Grégoire de Tours*).

AGILAN, envoyé du roi d'Espagne Leuvigild vers Chilpéric. — Sa dispute théologique avec Grégoire de Tours. — I, 283 et suiv. (*Grégoire de Tours*).

AGILULF ou AGON, roi des Lombards. — Epouse Théodelinde, sœur d'un Franc et veuve du roi Autharis, son prédécesseur. — Assiége dans Pérouse, Maurision, chef lombard, qui s'était livré au parti des empereurs grecs, prend la ville et le fait mettre à mort. — II, 180 (*Frédégaire*); XXV, 413; XXVI, 345 (*Orderic Vital*).

AGNÈS, fille de Josselin le Jeune, comte d'Édesse, et femme d'Amaury, roi de Jérusalem. — Leur mariage est annulé pour cause de parenté. — Agnès épouse Hugues d'Ibelin, et, après sa mort, Renaud de Sidon. — XVIII, 166-168 (*Guillaume de Tyr*).

AGNÈS, fille de Guillaume, comte de Poitiers, épouse d'Alphonse IV, roi de Galice. — S'en sépare et épouse Hélie, comte du Mans. — XXVIII, 83 (*Orderic Vital*).

AGNÈS, veuve de Gaultier Giffard, baron normand, épouse Robert, duc de Normandie; XXVIII, 163 (*Orderic Vital*).

AGOBARD, évêque de Lyon. — S'enfuit avec Lothaire, fils de Louis le Débonnaire, qu'il avait soutenu contre son père. — V, 206 (*Frodoard, Hist. de l'Église de Rheims*).

AGRICOLA, patrice de Bourgogne.

— Est dépouillé de cette dignité par le roi Gontran. — I, 177 (*Grégoire de Tours*).

AGRICOLA, évêque de Châlons. — Élève dans sa cité plusieurs édifices, entre autres une église. — Sa grande abstinence. — Sa mort, à l'âge de 83 ans. — I, 290 (*Grégoire de Tours*).

AGRIPPA, roi des Juifs, fils d'Hérode Agrippa, règne vingt-six ans en paix avec les Romains et les Chrétiens; XXV, 202 (*Orderic Vital*).

AGROETIUS, préfet de Décimus Rusticus, usurpateur dans la Gaule. — Est mis à mort par les généraux d'Honorius. — I, 67 (*Grégoire de Tours*).

AIGNAN, savetier. — Sa guérison par saint Marc l'Évangéliste. — Sa conversion. — Saint-Marc le fait évêque d'Alexandrie. — XXV, 344, 345 (*Orderic Vital*).

AIGNAN (Saint). *Voy.* ANIAN.

AIMÉ, patrice dans les Gaules. — Livre bataille aux Lombards et est tué. — I, 200 (*Grégoire de Tours*).

AIMERI, patriarche d'Antioche. — Après la mort de Raimond, prince d'Antioche, Aimeri lève des troupes pour défendre la ville contre Noradin. — Il est fait prisonnier et conduit à Alep, où il meurt. — XVIII, 23 et suiv. (*Guillaume de Tyr*).

AIMERI, vicomte de Thouars. — Ses démêlés et ses trêves successives avec Louis VIII, roi de France. — XI, 364, 377 (*Vie de Louis* VIII.)

AIMERY DE MONT-RÉAL. *Voyez* AMAURY DE MONT-RÉAL.

AIMERY DE LUSIGNAN, comte de la Marche, se joint au roi d'Angleterre Jean-Sans-Terre, pour aller assiéger Nantes; XII, 285 (*Guillaume le Breton, dans la Philippide*).

AIMOIN, frère de Bernard, marquis de Gothie. — Ses dévastations. — Son excommunication. — IV, 294, 300 (*Annales de Saint-Bertin*).

AIMON DE PHALÈSE, bourgeois de Vézelai. — Châtiment que lui inflige l'abbé Pons, après la destruction de la commune de Vézelai — VII, 194 (*Hugues de Poitiers*).

AIMON DE SAINT-CHRISTOPHE, bourgeois de Vézelai. — Châtiment que lui inflige l'abbé Pons, après la destruction de la commune de Vézelai. — VII, 194 (*Hugues de Poitiers*).

AINARD, abbé de l'abbaye de Saint-Pierre-sur-Dive, auteur de plusieurs poëmes et légendes. — Sa mort. — XXVI, 11, 284 (*Orderic Vital*).

AINARD ou MEHENEDDIN, gouverneur turc de Damas, demande et obtient secours de Baudouin II, roi de Jérusalem, contre le sultan Sanguin. — Assiége et prend Panéade, conjointement avec les Chrétiens. — Ses guerres avec Baudouin III. — XVII, 401, 406 et suiv. 463 et suiv. (*Guillaume de Tyr*).

AIZON, seigneur aquitain. — Se révolte contre Louis le Débonnaire. — S'empare de plusieurs villes en Espagne. — Reçoit des secours des Sarrasins. — Ravage le midi de la France. — III, 108, 375 (*Annales d'Éginhard; Vie de Louis le Débonnaire*, par l'*Astronome*).

AL-ABBAS, visir d'Égypte, assassine dans son palais le calife, dans l'intention d'élever son propre fils au trône. — Il est poursuivi par les Égyptiens, et périt dans une embuscade dressée par les Chrétiens. — XVIII, 95 et suiv. (*Guillaume de Tyr*).

ALACHERIS, duc de Brescia, se révolte contre Bertarith et Cunipert, rois des Lombards, et est tué dans un combat par ce dernier; XXVI, 338 (*Orderic Vital*).

ALAINS (les), peuple venu de Germanie. — Leur défaite par Marcomir, roi des Francs. — XII, 11 (*Guillaume le Breton, dans la Philippide*).

ALAIN, duc des Bretons au X° siècle. — Ses guerres contre les Normands. — IV, 335 (*Annales de Metz*).

ALAIN, comte de Bretagne, meurt empoisonné par les Normands,

XXVI, 244, 359 (*Orderic Vital*).

ALAIN FERGANT, comte de Bretagne, traite avec Guillaume le Conquérant, épouse sa fille Constance, et, après la mort de celle-ci, la fille du comte d'Anjou; XXVI, 282 (*Orderic Vital*).

ALAIN, chevalier breton, de Dinan. — Combat contre Richard 1er, roi d'Angleterre. — XII, 132 et suiv. (*Guillaume le Breton, dans la Philippide*).

ALAIN DE ROUSSY, chevalier français. — Fait prisonnier par Richard 1er, roi d'Angleterre, à la bataille de Gisors. — Fait la guerre aux Albigeois. — Sa mort. — II, 141 (*Rigord*); XIV, 176 (*Pierre de Vaulx-Cernay*); XV, 245, 266, 359 (*Guillaume de Puy-Laurens, Gestes glorieux des Français*).

ALARD DE GUILLEBAUT, seigneur du Berry. — Sollicite contre Aymon Vair-Vache, seigneur de Bourbon, la protection de Louis le Gros. — VIII, 103 (*Suger, Vie de Louis le Gros*).

ALARIC, roi des Goths, s'empare de Rome au commencement du ve siècle, et en livre une partie aux flammes; XXV, 125 (*Orderic Vital*).

ALARIC, roi des Visigoths, livre Syagrius à Clovis. — Son entrevue avec ce roi près d'Amboise. — Clovis lui fait la guerre. — Défaite et mort d'Alaric à Vouglé, près de Poitiers. — I, 85, 100, 104 (*Grégoire de Tours*); V, 55 (*Frodoard, Histoire de l'Église de Rheims*).

ALAYRAC, château en Languedoc, assiégé et pris par les Croisés contre les Albigeois; XIV, 91 (*Pierre de Vaulx-Cernay*).

ALBAN (saint), martyr dans la Grande-Bretagne; XXV, 119 (*Orderic Vital*).

ALBAN, ville de Syrie, prise par les Croisés, XVI, 360 (*Guillaume de Tyr*); XXIV, 62 (*Foulcher de Chartres*).

ALBEDUN, château fort dans le diocèse de Narbonne, livré à Simon de Montfort pendant la guerre des Albigeois; XIV, 181 (*Pierre de Vaulx-Cernay*).

ALBÉRÈDE, femme de Raoul, comte de Bayeux, fait bâtir le château d'Yvri. — Sa mort. — XXVII, 363 (*Orderic Vital*).

ALBÉRIC. — Fait périr dans un piège le comte Mégingaud, neveu du roi Eudes. — IV, 340 (*Annales de Metz*).

ALBÉRIC, évêque d'Ostie, légat du saint Siége, se joint à l'armée des Croisés occupée au siége de Panéade en Syrie. — Dépose Guillaume, patriarche de Jérusalem. — XVII, 408, 424 (*Guillaume de Tyr, Histoire des Croisades*).

ALBÉRIC, chevalier croisé, frère de Guillaume de Normandie; IX, 177 et suiv. (*Guibert de Nogent, Histoire des Croisades*).

ALBÉRIC, chevalier croisé mort à Saint-Jean-d'Acre dans la croisade de Philippe-Auguste; XII, 299 (*Guillaume le Breton, dans la Philippide*).

ALBÉRIC, comte de Dammartin, chassé de son château sous le règne de Philippe-Auguste, par le comte de Flandre. — Voit toutes ses terres ravagées. — XII, 47 (*Guillaume le Breton, dans la Philippide*).

ALBERT, seigneur franc. — Ses brigandages. — IV, 317 (*Annales de Metz*).

ALBERT D'AIX ou ALBÉRIC, chanoine de l'église cathédrale d'Aix en Provence; selon d'autres d'Aix-la-Chapelle. — Auteur d'une *Histoire des Croisades*. — On ne connaît ni l'époque de sa naissance, ni celle de sa mort. — Il vivait en 1120, puisqu'à cette année s'arrête son ouvrage publié, pour la première fois, en 1584. — XX, VII (*Notice sur Albert d'Aix*).

ALBERT, chancelier de l'empereur Henri V; VIII, 32 (*Suger, Vie de Louis le Gros*).

ALBERT DE HANGEST chargé par Philippe-Auguste de rester à Dam pour protéger la flotte française; XII, 269 (*Guillaume le Breton, dans la Philippide*).

ALBERT, seigneur de Cravent, refuse de rendre à Guitmond, moine de Saint-Evroul, les chevaux que son fils Raoul lui avait volés. — Désespoir de sa femme Albérade. — Il rend les chevaux, et donne à Saint-Evroul des terres.—XXVII, 24-26 (*Orderic Vital*).

ALBERT, duc d'Autriche, tue dans un combat l'empereur Adolphe, et est élu empereur. — Son alliance avec Philippe le Bel.— XIII, 233, 238 (*Guillaume de Nangis*).

ALBI, ville de Languedoc. — A donné son nom aux Albigeois. — Prise par Simon de Montfort. — XIV, 73 (*Pierre de Vaulx-Cernay*); XV, 54 (*Histoire de la Guerre des Albigeois*).

ALBIGEOIS. *Voyez* SAINT BERNARD, AMAURY DE MONTFORT, SIMON DE MONTFORT, RAIMOND, comte de Toulouse, PHILIPPE-AUGUSTE, LOUIS VIII, etc.

ALBIN, gouverneur de Judée, succède à Festus; XXV, 108 (*Orderic Vital*).

ALBIN, gouverneur de Provence sous Sigebert 1er. — Son inimitié contre Vigile, archidiacre de Marseille. — Poursuites exercées contre lui. — Sa condamnation. — Il est nommé à l'évêché d'Uzès. — Sa mort. — I, 203, 204, 317 (*Grégoire de Tours*).

ALBIN. *Voy.* ALCUIN.

ALBIN, chambellan romain. — Tire de prison le pape Léon III.— XXV, 432 (*Orderic Vital*).

ALBOFLÈDE, sœur de Clovis. — Est baptisée avec lui par saint Remi. — Sa mort. — I, 92 (*Grégoire de Tours*); V, 46 (*Frodoard, Histoire de l'Eglise de Rheims*).

ALBOIN, roi des Lombards. — Passe en Italie avec son peuple, de l'aveu de l'eunuque Narsès, et y fonde un royaume. — Epouse Clotsinde, fille de Clotaire II, roi des Francs. — Et ensuite Rosamonde, dont il avait tué le père. — Elle l'empoisonne. — I, 153, 199, 200 (*Grégoire de Tours*); XXV, 135 (*Orderic Vital*).

ALBOIN, comte, à la mort de Louis II apporte à son fils les insignes de la royauté; IV, 306 (*Annales de Saint-Bertin*).

ALBURNE, bourgeois de Vézelai. — Est traité moins rigoureusement que plusieurs autres, après la destruction de la commune.—VII, 194 (*Hugues de Poitiers*).

ALCUIN ou ALBIN, savant illustre, Anglais de naissance, en grande faveur auprès de Charlemagne, qui lui donne l'abbaye de Saint-Martin de Tours. — Sa réputation. — Nombre immense de ses auditeurs. — Il accompagnait Charlemagne à la guerre. — Son indépendance. — III, 150, 175, 183 (*Eginhard, Vie de Charlemagne; Chronique de Saint-Gall*).

ALEDRAN, comte d'Aquitaine. — Est pris, par trahison, par Guillaume, fils de Bernard.—IV, 146 (*Annales de Saint-Bertin*).

ALEP, capitale de la Syrie. — Résidence du plus considérable des soudans ou princes turcs, contre lesquels ont à lutter les Chrétiens de Palestine.—XVI, 349, 352 (*Guillaume de Tyr*).

ALETH, mère de saint Bernard; X, 150 (*Guillaume de Saint-Thierri; Vie de saint Bernard*).

ALEXANDRE, évêque de Cappadoce. — Se rend à Jérusalem, dont il est ordonné évêque.—Subit le martyre à Césarée en Palestine.—XXV, 113, 115 (*Orderic Vital*).

ALEXANDRE 1er, pape, naquit à Rome. — Siège dix ans.—XXV, 379 (*Orderic Vital*).

ALEXANDRE II, pape, originaire de Lucques. — Elu en 1061, siège onze ans.— XXV, 437 (*Orderic Vital*).

ALEXANDRE IV, pape, élu en 1254. — Meurt en 1261.—XIII, 174 (*Guillaume de Nangis*).

ALEXANDRE DE COLOGNE.—Disciple de saint Bernard, quitte tout pour le suivre, et devient abbé du monastère de Grandselve en Languedoc.—X, 428 (*Vie de saint Bernard*).

ALEXANDRETTE, ville de Silicie. — Prise par Tancrède. — Etienne, comte de Blois, s'y retire en fuyant du siége d'Antioche, pendant la première croisade.—XVI, 176, 257 (*Guillaume de Tyr*).

ALEXIS COMNÈNE 1er, empereur d'Orient à la fin du xie siècle. — Comment il s'était élevé à l'empire. —Dangers qui le pressent de la part des Musulmans.—Ses premières relations à ce sujet avec les Chrétiens occidentaux. — Comment il reçoit les premières armées de Croisés qui traversent ses Etats. — Ses conférences avec les chefs de la première croisade, Godefroi de Bouillon, Hugues le Grand, Boémond, etc. — Il leur fait des présens.—Son embarras; il veut ménager les Croisés, et défendre pourtant son Empire de leurs pillages. — Querelles continuelles et sanglantes des Grecs et des Latins. — Ruses d'Alexis. — Il promet aux Croisés des secours qu'il ne leur donne pas. — Il leur donne pour guide un de ses affidés nommé Tanin ou Tatin.—Il reçoit des Croisés la ville de Nicée, reprise sur les Turcs.—Sa douceur envers les prisonniers turcs. — Il se met en mouvement avec une armée pour aller soutenir les Croisés qui assiégent Antioche.—Il se retire sur le bruit de leur mauvais succès.—Antioche prise, il somme les Croisés de la lui livrer. — Comment il reçoit quelques-uns des princes croisés à leur retour de Jérusalem.—Il excite les Musulmans contre les Croisés établis en Palestine. — Sa mort. — XVI, 88, 97, 105, 113, 118, 123, 147, 309, 313, 385; XVII, 25, 69, 124, 200 (*Guillaume de Tyr*); XX, 20, 54, 64 (*Albert d'Aix*); XXI, 230, 233, 250 (*Raimond d'Agiles*); XXIII, 20, 39 (*Raoul de Caen*); 319 (*Robert le Moine*); XXIV, 23 (*Foulcher de Chartres*).

ALEXIS COMNÈNE II, empereur d'Orient, fils de Manuel Comnène. — Lui succède sous la tutelle de sa mère. — Conspiration de plusieurs nobles contre lui. — Il en triomphe et punit les conjurés.— Troubles à Constantinople, sous son règne, entre les Grecs et les Latins.—XVIII, 383, 393 et suiv. (*Guillaume de Tyr*).

ALEXIS COMNÈNE, fils de Jean Comnène, empereur des Grecs. — L'accompagne dans une expédition en Asie.— Meurt à Satalie.—XVII, 427 (*Guillaume de Tyr*).

ALEXIS, fils de Manuel Comnène, empereur de Constantinople. — Est jeté à la mer par l'ordre d'Andronic, son oncle.—XI, 159 (*Rigord*).

ALEXIS, frère d'Isaac l'Ange, lui fait crever les yeux et usurpe l'empire grec.—Sa défaite par les Français et les Vénitiens.—XI, 159 (*Rigord*).

ALEXIS IV, empereur d'Orient, fils d'Isaac l'Ange. — S'échappe de la prison où le retenait son oncle Alexis et recouvre l'Empire par le secours des Français et des Vénitiens. — XI, 160, 162 (*Rigord*).

ALGALIF, roi sarrasin, vers l'an 900, sort d'Espagne avec une armée nombreuse, et attaque l'Italie; VI, 191 (*Chronique de Raoul Glaber*).

ALFAR ou ALVAR (Hugues D'), sénéchal de Toulouse pendant la guerre des Albigeois. — Fait une sortie contre Simon de Montfort et les Croisés qui assiégeaient Toulouse, et remporte un grand avantage.—Il défend avec le même courage la place de Penne, mais se voit enfin forcé de la rendre. — XIV, 197 (*Pierre de Vaulx-Cernay*).

ALFRED, dit le Grand, roi d'Angleterre, réunit le premier tous les royaumes de l'heptarchie.— Chasse les Danois. — XXVI, 274 (*Orderic Vital*).

ALFRED, fils d'Edelred, roi d'Angleterre, est laissé par son père auprès de Richard, duc de Normandie, pendant la conquête de l'Angleterre par les Danois. — Il tente une descente en Angleterre. — Est trompé par le comte Godwin, qui le livre au roi Hérold ou Harold. — Harold lui fait crever les yeux. — Alfred meurt dans l'île d'Ely. — XXIX, 121, 177 (*Guillaume de Jumiège*); *ibid.*, 325 (*Guillaume de Poitiers*).

ALI, cousin germain de Mahomet. —Fonde une secte particulière parmi les Mahométans. — Ses descendans.— XXII, 40 (*Jacques de Vitry*).

ALI, fils de Justed, roi d'Afrique.—Envoie les Almoravides et les Andalousins contre les Chrétiens. — XXVIII, 428 (*Orderic Vital*).

ALIÉNOR. *Voy.* ELÉONORE DE GUIENNE.

ALIX, fille de Baudouin du Bourg, roi de Jérusalem.—Épouse Boémond le Jeune, prince d'Antioche, où elle règne après sa mort. — XVII, 295, 359, 360 (*Guillaume de Tyr*).

ALIX, sœur d'Eléonore de Guienne. — Epouse Raoul, comte de Vermandois.—VIII, 212 (*Vie de Louis le Jeune*).

ALIX, sœur de Philippe-Auguste. —Est fiancée à Richard 1er, roi d'Angleterre, qui ne l'épouse pas, et la renvoie à son frère.—Elle épouse le comte de Ponthieu. — XI, 94, 97, 212 (*Rigord; Guillaume le Breton, Vie de Philippe-Auguste*).

ALIX, reine de Chypre, mère de Henri 1er, roi de Chypre de 1219 à 1253.— Réclame le royaume de Jérusalem en qualité de plus proche parent du roi Amaury, son aïeul. — XIX, 433 (*Bernard le Trésorier*).

ALLARD-CLAUDE, bourgeois de Vézelai. — Châtiment que lui inflige l'abbé Pons, après la destruction de la commune de Vézelai.— VII, 194 (*Hugues de Poitiers*).

ALMAR, chef breton. — Tue, de concert avec Salomon, Hérispoé, duc des Bretons.—IV, 162 (*Annales de Saint-Bertin*).

ALMENÊCHES, abbaye de femmes en Normandie. — Elle est brûlée et dévastée.—XXVIII, 158, 160 (*Orderic Vital*).

ALMUTZOR ou ALMANZOR, roi des Sarrasins. — Débarque en Espagne, et est forcé, après plusieurs défaites, de repasser en Afrique. — VI, 227 (*Chronique de Raoul Glaber*).

ALPAIDE, fille de Louis le Débonnaire, femme du comte Bégon; V, 594 (*Frodoard, Histoire de l'Eglise de Rheims*).

ALPHONSE, comte de Toulouse, fils de Raimond l'Ancien, passe en Palestine, et meurt à Césarée; XVII, 514 (*Guillaume de Tyr*).

ALPHONSE, comte de Poitou, frère de saint Louis.—Fait comte de Toulouse.— Entre, en 1251, dans cette ville avec Jeanne sa femme, fille de Raimond VII, et prend possession du comté. — XV, 384 (*Des Gestes glorieux des Français*).

ALPHONSE II, roi d'Aragon. — Sa réconciliation avec Raimond, comte de Saint-Gilles.—XI, 33 (*Rigord*).

ALPHONSE VI, roi de Galice et des Asturies, combat l'émir Juffet, qui, à la tête d'une armée de Maures et de Sarrasins, s'était emparé de l'Espagne citérieure.— Alphonse, vaincu, demande du secours dans les Gaules, et en ayant obtenu, il défait à son tour les Sarrasins, leur reprend Tolède, et se délivre ensuite avec peine des Français ses alliés.—VII, 43 (*Fragmens de l'Histoire des Français*).

ALPHONSE IX, roi de Castille. — Vaincu par Hémimomelin, chef des Croyans, roi des Moaviades.— XI, 122 (*Rigord*).

ALPHONSE, fils de Pierre, roi d'Aragon, succède à son père en 1286. — Ses démarches auprès du pape pour se réconcilier avec l'Eglise. — Refus du pape. — XIII, 208, 225 (*Guillaume de Nangis*).

ALSTEM. *Voy.* ATHELSTAN.

ALTIÆUS, chef bulgare. — Echappe du massacre des Bulgares, en Bavière, ordonné par Dagobert.— Se réfugie avec 700 hommes, leurs femmes et leurs enfans, dans le pays des Wénèdes. — II, 215 (*Frédégaire*).

ALTRUDE, femme de Rheims. — Guérison miraculeuse de sa fille dans l'église de Notre-Dame de Rheims. — V, 228 (*Frodoard, Histoire de l'Eglise de Reims*).

ALVAR (Hugues d'). *Voy.* ALFAR (Hugues d').

ALVISE, évêque d'Arras. — Accompagne le roi Louis VII dans sa croisade. — Est l'un des seigneurs députés à l'empereur de Constantinople. — XXIV, 298 (*Odon de Deuil*).

AMALABERGE, femme d'Hermanrifed, roi des Thuringiens. — L'excite contre Baderic, son frère. — I, 115 (*Grégoire de Tours*).

AMALARIC, fils d'Alaric, roi des Wisigoths. — S'enfuit en Espagne après la mort de son père, et gouverne ce pays. — Epouse Clotilde, fille de Clovis.—La maltraite et voit arriver son frère Childebert, qui vient avec une armée pour la protéger.—Défaite, fuite et mort d'Amalaric.—I, 104, 112, 122 (*Grégoire de Tours*).

AMALE, duc franc. — Périt de la main d'une jeune fille qu'il voulait violer. — II, 40 (*Grégoire de Tours*).

AMALGAIRE, duc franc. — Tue, par ordre de Dagobert 1er, Brunulf, oncle de Charibert, frère de Dagobert. — Il est envoyé en ambassade au roi d'Espagne Sisenand. — Marche avec des troupes contre les Gascons révoltés. — II, 287, 293, 298 (*Vie de Dagobert 1er*).

AMALFI, ville d'Italie, dans le royaume de Naples.—Grand commerce de ses habitans en Orient.— Ils fondent à Jérusalem le *monastère des Latins*. — XVIII, 82-85 (*Guillaume de Tyr*).

AMALWIN, envoyé de Charlemagne à Witikind, chef des Saxons, pour l'engager à se soumettre; III, 29 (*Annales d'Eginhard*).

AMAND (SAINT-), noble aquitain. — Célèbre par sa sainteté. — Est nommé évêque de Maestricht, par ordre de Dagobert 1er. — Engage Itta, veuve de Pepin le Vieux, à embrasser la vie religieuse. — II, 389, 391 (*Vie de Pepin le Vieux*).

AMANDE, duc des Gascons. — Se soulève avec son peuple contre les Francs. — Implore la clémence de Dagobert et renouvelle le serment de fidélité.—II, 305 (*Vie de Dagobert 1er*).

AMANSE, l'un des premiers évêques de Rheims; V, 13 (*Frodoard*).

AMASE, prince du pays de Niz, près du Khorasan, est sollicité par le roi du Khorasan pour se joindre à son armée contre les Chrétiens; XX, 201 et suiv. (*Albert d'Aix*).

AMAURY DE NESLE, prieur de l'église du Sépulcre, est nommé patriarche de Jérusalem après la mort de Foulcher.— Sa mort.—XVIII, 125, 381 (*Guillaume de Tyr*).

AMAURY, évêque de Sidon.—Succède à Bernard. — Sa consécration. — Ses vertus. — XVIII, 60 (*Guillaume de Tyr*).

AMAURY, roi de Jérusalem, frère et successeur de Baudouin III.—Son élévation au trône.—Son caractère. —Ses conversations avec Guillaume de Tyr. — Son divorce avec sa femme Agnès d'Édesse. — Son expédition en Egypte. — Il porte secours aux Chrétiens d'Antioche contre les Turcs. — Seconde expédition d'Amaury en Egypte.—Il bat les Turcs et force Syracon à lui livrer Alexandrie. — Son retour à Jérusalem. — Il s'allie avec l'empereur d'Orient pour tenter de concert la conquête de l'Egypte. — Sa 3e expédition. Il s'empare de Péluse. — Assiège sans succès le Caire et se retire en Palestine.—Sa 4e expédition en Egypte, également sans résultat.—Il se rend à Constantinople pour traiter en personne avec l'empereur d'Orient. — Leurs entrevues. — Retour d'Amaury en Palestine. — Ses guerres avec Saladin. — Sa mort.—XVIII, 158, 304 (*Guillaume de Tyr*).

AMAURY, frère de Gui de Lusignan, lui succède comme roi de Chypre en 1194. — Il est élu roi de Jérusalem.—Prend Béryte sur les Sarrasins, et fait ensuite une trêve avec le soudan d'Egypte, frère de Saladin.—Sa mort en 1205.—XIX, 227, 235, 351 (*Bernard le Trésorier*).

AMAURY, comte d'Evreux, se révolte contre le roi d'Angleterre, Henri 1er; XXV, 171; XXVIII, 378 (*Orderic Vital*).

AMAURY DE MONTFORT, surnommé le Fort.—Meurt dans une excursion sur les terres de Guillaume de Breteuil. — XXVII, 291 (*Orderic Vital*).

AMAURY DE MONTFORT, fils de Simon et d'Agnès, réclame le comté d'Evreux, que Henri Iᵉʳ, roi d'Angleterre, refuse de lui rendre. — Guerre d'Amaury contre le roi. — Ses talens et sa puissance.—XXVIII, 272 (*Orderic Vital*).

AMAURY, seigneur de Narbonne. — Fait la guerre aux Albigeois. — Son territoire dévasté par les Croisés. — Se joint au comte de Toulouse contre le roi Louis VIII. — XIV, 78, 290 (*Pierre de Vaulx-Cernay*); XV, 377 (*Gestes glorieux des Français*).

AMAURY, seigneur de Mont-Réal. — Après la prise du château de Minerve, députe vers Simon de Montfort pour demander la paix, promettant de livrer Mont-Réal, pourvu qu'on lui donne un autre domaine. — A quoi Simon consent. — Dans la suite Amaury s'arme de nouveau contre les Croisés. — Il est pendu après la prise de Lavaur. — XVI 105, 142, 145 (*Pierre de Vaulx-Cernay*).

AMAURY, seigneur de Craon, se joint à l'armée de Louis, fils de Philippe-Auguste, contre Jean-Sans Terre, roi d'Angleterre.—Ses guerres contre Pierre, duc de Bretagne, qui finit par le vaincre et le fait prisonnier près de Châteaubriand. — XII, 294, 366, 367 (*Guillaume le Breton, dans la Philippide*).

AMAURY, fils de Simon de Montfort. — Est fait chevalier. — Assiége le château de Rochefort et se joint à son père contre les Albigeois.—Succède à son père.—Délivre le comte de Foix. — Fait massacrer les habitans de Marmande.—Assiége Castelnaudary.—Résigne ses domaines et ses droits au roi Louis VIII,— Qui le nomme plus tard connétable.—XII, 364 (*Guillaume le Breton, dans la Philippide*); XIV, 252, 258, 343 (*Pierre de Vaulx-Cernay*); XV, 186, 194, 197, 261 (*Histoire de la guerre des Albigeois*; Guillaume de Puy-Laurens; *Gestes glorieux des Français*).

AMAURY, clerc fameux sous Philippe-Auguste. — Enseigne à Paris avec un grand succès. — Nouveauté de ses opinions en théologie.—Il va à Rome. — Le pape le condamne. — Il revient à Paris et meurt. — Propagation et répression de ses hérésies. — XI, 243, 246 (*Guillaume le Breton, Vie de Philippe-Auguste*).

AMAZONES, femmes guerrières habitant la Scythie ultérieure, étaient d'origine gothique. — Leur histoire — XXIX, 9 (*Guillaume de Jumiége*).

AMBIALET, château fort, près d'Albi, occupé par les Croisés dans la guerre contre les Albigeois; XIV, 85 (*Pierre de Vaulx-Cernay*).

AMBROISE, bourgeois de Tours. — Ses efforts pour empêcher son frère Loup de se faire prêtre. — Il est assassiné par l'amant de sa femme. — I, 326 (*Grégoire de Tours*).

AMBROISE MERLIN. *Voyez* MERLIN.

AMBROISE (saint), élu évêque de Milan, après la mort d'Auxence.— Persécuté par l'usurpateur Maxime. — Son opposition aux Ariens. — XXV, 123; XXVI, 123, 328 (*Orderic Vital*).

AMBROISE, comte de Bergame. — Pendu à la prise de ce château, par ordre d'Arnoul, roi de Bavière.— IV, 342 (*Annales de Metz*).

AMÉLIUS, évêque de Bigorre. — Reconnaît un de ses esclaves dans le charlatan Didier, qui se donnait pour un prophète.—II, 8 (*Grégoire de Tours*).

AMINGUE, chef franc, fait une invasion en Italie. — Est vaincu par l'eunuque Narsès, et périt dans le combat.— XXV, 410 (*Orderic Vital*).

AMMERSBACH (Renaud D'), chevalier croisé. — Meurt de la peste à Antioche, après la prise de la ville par les Chrétiens.—XVI, 347(*Guillaume de Tyr*).

AMON, chef lombard. — Fait une invasion dans la Gaule et pénètre jusqu'auprès de Marseille.—Il est obligé de s'enfuir, et repasse à grand'peine les Alpes.— I, 204, 206 (*Grégoire de Tours*).

AMORGAN, roi maure de Valence, prend la fuite devant les Français venus en Espagne secourir Alphonse 1er, roi d'Aragon, contre les Musulmans; XXVIII, 428 (*Orderic Vital*).

AMPHIAT, prêtre, à qui le pape Vigile remet le gouvernement de l'Église durant son exil; XXV, 409 (*Orderic Vital*).

ANACLET, pape, au 1er siècle, né à Athènes.— Siège 9 ans.— XXV, 379 (*Orderic Vital*).

ANACLET, anti-pape, au XIIe siècle. — Lutte contre Innocent II. — Son nom était Pierre de Léon.—Sa conduite quand l'empereur Lothaire a rétabli Innocent dans Rome. — Il est excommunié.—Ses relations avec Gérard, évêque d'Angoulême. — Comment saint Bernard lui enlève ses partisans.— Sa mort.— X, 234, 244, 277, 292, 300 (*Vie de saint Bernard*); XIII, 19 (*Guillaume de Nangis*).

ANANIE, mari de Saphire, vend son champ, et en déclare frauduleusement le prix. — Sa mort.— XXV, 181 (*Orderic Vital*).

ANASTASE, moine persan. — Sa conversion au christianisme. — Sa mort. — XXV, 137 (*Orderic Vital*).

ANASTASE, prêtre d'Auvergne. — Persécuté et enfermé vivant dans un sarcophage par Cautin, évêque de Clermont, qui voulait le contraindre à lui céder un domaine. — Il se sauve. — I, 161 (*Grégoire de Tours*).

ANASTASE, bibliothécaire de Rome, sous le pape Adrien II. — Son excommunication. — IV, 226 (*Annales de Saint-Bertin*).

ANASTASE, empereur d'Orient, confère à Clovis le titre de consul; V, 55 (*Frodoard, Histoire de l'Église de Rheims*).

ANASTASE, empereur d'Orient.— Favorise la secte des Eutychéens.—
Est frappé de la foudre.—XXV, 133 (*Orderic Vital*).

ANASTASE, empereur d'Orient.— Règne trois ans. — Privé de la vue par l'empereur Philippique.—Est vaincu et détrôné par Théodose. — XXV, 148 (*Orderic Vital*).

ANASTASE 1er, pape au IVe siècle, siège trois ans; XXV, 396 (*Orderic Vital*).

ANASTASE II, pape au Ve siècle, siège deux ans; XXV, 401 (*Orderic Vital*).

ANATOLE, évêque de Laodicée en Syrie. — Célèbre par son livre sur la Pâque, et ses dix Livres d'Institution arithmétique. — XXV, 117 (*Orderic Vital*).

ANAULF, empereur des Persans.— Est baptisé à Antioche, avec 60,000 Persans, par saint Jean, évêque de Constantinople.—II, 168, 169 (*Frédégaire*).

ANAVARZE, ville de Cilicie. *Voyez* ANAZARBE.

ANAZARBE, ville de l'Asie mineure, capitale de la seconde Cilicie, faisait partie, au XIIe siècle, du royaume d'Arménie; XVIII, 131 (*Guillaume de Tyr*).

ANDARCHIUS, esclave du sénateur Félix, gagne par sa science les bonnes grâces du roi Sigebert 1er. — Sa fortune. — Sa mort. — I, 206, 209 (*Grégoire de Tours*).

ANDELOT, bourg situé dans le diocèse de Langres.— Entrevue qui s'y passa entre Gontran et Childebert. — Traité célèbre qui y est conclu. —II, 27, 167 (*Grégoire de Tours; Frédégaire*).

ANDRÉ (saint), apôtre, frère de Simon Pierre.—Prêche dans la Scythie et l'Achaïe. — Ses voyages.— Son martyre à Patras.—XXV, 255 (*Orderic Vital*).

ANDRÉ, moine de Vallombreuse. —S'établit dans le territoire de Bourges, et bâtit le monastère de Chezal-Benoît.—XXVII, 393 (*Orderic Vital*).

ANDRÉ DE NANTEUIL, chevalier croisé, meurt au siège de Damiette; XXII, 400 (*Jacques de Vitry*).

André de Calvet, sénéchal du roi Louis VIII.—Tué dans la guerre contre les Albigeois.— XV, 286, 372 (*Guillaume de Puy-Laurens, Gestes glorieux des Français*).

André, l'un des frères de saint Bernard, hésite quelque temps à embrasser la vie monastique. — Cède enfin aux exhortations de son frère. — X, 160 (*Vie de saint Bernard*).

Andronic, fils de Jean Comnène, empereur d'Orient. — Accompagne son père dans l'Asie mineure. — Meurt à Satalie.—XVII, 427 (*Guillaume de Tyr*).

Andronic, surnommé l'Ange. — Est député avec d'autres seigneurs par Manuel Comnène, empereur de Constantinople, son oncle, vers Baudouin IV, roi de Jérusalem, pour renouveler le traité conclu avec Amaury, afin de faire de concert la guerre aux Turcs; XVIII, 337 (*Guillaume de Tyr*).

Andronic, dit *le Vieux*, frère de Manuel Comnène, empereur grec. — Fait jeter à la mer son neveu Alexis, usurpe l'empire, et est lui-même mis à mort par Isaac l'Ange. — XI, 159 (*Rigord*); XIII, 57 (*Guillaume de Nangis*).

Anglebert, évêque de Rheims.— Enrichit son évêché de beaucoup de domaines.—V, 152 (*Frodoard*).

Angloischeville, domaine de l'abbaye d'Ouche; XXVI, 28 (*Orderic Vital*).

Angot, chevalier normand.— Se retire du monde et devient chef d'un hôpital fondé en Allemagne, entre le territoire des Bavarois et celui des Huns.— XXVI, 58 (*Orderic Vital*).

Angrariens, peuple de Germanie. — Se soumettent à Charlemagne. — III, 17 (*Annales d'Eginhard*).

Anian (saint), évêque d'Orléans. — Annonce l'arrivée d'Aëtius, qui vient secourir sa ville, assiégée par les Huns.— I, 56 (*Grégoire de Tours*); V, 16 (*Frodoard*).

Aniane, abbaye de bénédictins en Languedoc, dans le diocèse de Ma-

(*Notice sur Ermold le Noir, poème d'Ermold*).

Anicet, pape, Syrien d'origine. —Siège 11 ans sous Sévère et Marc-Aurèle.—Son martyre.—XXV, 381 (*Orderic Vital*).

Anno, prophétesse juive, fille de Phanuel, reconnaît le Christ et proclame son avénement; XXV, 9 (*Orderic Vital*).

Anne, grand-prêtre juif, beau-père de Caïphe, chez qui Jésus-Christ fut conduit.—Interroge saint Pierre et saint Jean. — XXV, 81, 176 (*Orderic Vital*).

Anne, fille de Jaroslaüs, duc de Russie, épouse Henri Ier, roi de France. — Après la mort de Henri, elle épouse le comte Raoul; et celui-ci étant mort, elle retourne en Russie. — VII, 39, 40 (*Fragmens de l'histoire des Français*).

Ansbert, archevêque de Rouen pendant 18 ans; XXVI, 339 (*Orderic Vital*).

Ansbert, moine de l'abbaye d'Ouche.— Sa mort, sans avoir reçu l'extrême onction.—Saint Evroul le ressuscite pour la lui donner.—XXVII, 64, 89 (*Orderic Vital*).

Anscheric, évêque de Paris. — Succède à Gozlin.—Est pris par les Normands.—VI, 58 (*Abbon, siége de Paris*).

Anségise, évêque de Troyes. — Chassé de son siège par le comte Robert, y revient avec une armée de Saxons et est vaincu. — XXV, 158 (*Orderic Vital*).

Anségise, archevêque de Sens.— Est reconnu primat des Gaules dans un concile tenu à Pouthion, en vertu d'une décision du pape et malgré l'opposition de plusieurs évêques. —IV, 276 (*Annales de Saint-Bertin*).

Anselme, évêque de Chartres à la fin du IXe siècle, défend la ville avec succès contre Rollon et les Normands; XXIX, 50 (*Guillaume de Jumiége*).

Anselme de Ribourgemont, ou

la chute d'une pierre, au siége de la citadelle d'Archas.—IX, 233 (*Guibert de Nogent, Histoire des Croisades*); XX, 297 (*Albert d'Aix*); XXIII, 200 (*Raoul de Caen*).

Anselme, évêque de Bethléem.—Assiste au synode convoqué à Antioche par le légat Albéric.—Envoyé vers Jean, empereur d'Orient, par Foulques, roi de Jérusalem.—XVII, 431 (*Guillaume de Tyr*).

Anselme, célèbre docteur de la ville de Laon.—Sa mort en 1117.—Il avait joint à un psautier des gloses marginales et interlinéaires.—XIII, 4 (*Guillaume de Nangis*).

Anselme, abbé du Bec, Italien d'origine.—Son érudition et son habileté dans la dialectique.—Ses nombreux disciples.—Il publie plusieurs ouvrages de philosophie théologique.—Son élévation à l'archevêché de Cantorbéry.—Ses vertus.—Sa mort.—XXV, 170; XXVI, 236 (*Orderic Vital*); XXIX, 159 (*Guillaume de Jumiége*).

Anselme, homme de la dernière classe du peuple à Laon, se rend célèbre au moment de l'insurrection de cette commune, au XIIe siècle, par ses vols et ses brigandages.—Il échappe à plusieurs tentatives de se défaire de lui.—Il est enfin pendu.—X, 99, 102 (*Vie de Guibert de Nogent*).

Anselme, moine de Vézelai.—Sa déposition dans le procès de l'abbaye de Vézelai et de l'évêque d'Autun devant le pape Eugène III.—VII, 110 (*Hugues de Poitiers*).

Ansered, prêtre de l'abbaye d'Ouche.—Ses désordres.—Son amour pour Pomula.—Comment elle le fait tuer.—XXVI, 37 (*Orderic Vital*).

Ansoald, évêque de Poitiers, après la mort d'Ébroïn, demande et obtient le corps de saint Léger, son parent.—Obsèques qu'il fait célébrer.—II, 363 (*Vie de saint Léger*).

Ansold, chevalier normand, fils de Pierre, seigneur de Maule.—Ses vertus et son savoir.—Il passe en Italie auprès de Robert Guiscard et combat contre Alexis, empereur de Constantinople.—Il épouse à son retour Adeline de Malvoisin, et en a 9 enfans.—Il se fait moine dans l'abbaye d'Ouche.—Sa mort.—XXVI, 429, 440 (*Orderic Vital*).

Ansprand, roi des Lombards, règne trois mois.—XXVI, 346 (*Orderic Vital*).

Ansquetil du Noyer, chevalier normand.—Guillaume de Montreuil lui confie en Italie de l'argent pour l'abbaye d'Ouche.—Infidélité d'Ansquetil.—Elle est découverte.—Sa condamnation.—XXVI, 51-54 (*Orderic Vital*).

Ansquetin, chancelier du roi de Sicile.—Refuse le passage au patriarche de Jérusalem, qui se rendait à Rome.—XVIII, 91 (*Guillaume de Tyr*).

Antaradus, ville de Phénicie, vulgairement appelée Tortose.—Siége de cette place par les Croisés.—XVI, 374 et suiv. (*Guillaume de Tyr*).

Antestius, conseiller du roi Gontran.—Est envoyé par lui à Angers, à Nantes et à Saintes, pour réprimer les désordres qui s'y étaient élevés.—Fait arrêter Pallade, évêque de Saintes, mais ne peut prouver ce qu'il lui impute.—I, 475 (*Grégoire de Tours*).

Antevelle, chevalier chrétien, établi dans le territoire d'Antioche.—Marche au secours de cette ville, menacée par les Turcs.—XXI, 172 (*Albert d'Aix*).

Anthémius, évêque de Constantinople.—Son hérésie.—Chassé de son siége par le pape Agapit.—Le pape Silvère refuse de le rappeler.—XXV, 406 (*Orderic Vital*).

Anthéros, pape, subit le martyre sous l'empereur Maximin, XXV, 114, 383 (*Orderic Vital*).

Antioche, ville de Syrie.—Sa position.—Son ancienne histoire.—Elle est assiégée par les Croisés.—Évènemens et longue durée du siége.—Les Croisés s'emparent enfin de la ville.—Boémond devient prince d'Antioche.—Histoire de la ville sous ses princes successifs.—Elle est sans cesse menacée et attaquée par les Turcs. — IX, 116, et suiv. (*Guibert de Nogent*); XVI, 195 et suiv. (*Guillaume de Tyr*); XX, 151 et suiv. (*Albert d'Aix*); XXI, 240 et suiv. (*Raimond d'Agiles*); XXIII, 101, 352 (*Raoul de Caen, Robert le Moine*); XXIV, 37 et suiv. (*Foulcher de Chartres*). *Voyez* ACCIEN, BOÉMOND, BOÉMOND II, TANCRÈDE.

ANTIOCHETTE, ville d'Asie mineure, capitale de la Pisidie. — L'armée des Croisés se divise en y arrivant. — XVI, 159 (*Guillaume de Tyr*).

ANTIPATRIS. *Voyez* ASSUR.

ANTOINE (saint) ermite. — Sa mort à 105 ans. — XXV, 121 (*Orderic Vital*).

ANTONIN, dit le Pieux, empereur romain. — Règne 22 ans et 3 mois. — Justin lui présente son Apologie des Chrétiens. — XXV, 110 (*Orderic Vital*).

ANTONIN, dit CARACALLA, empereur romain, fils de Septime Sévère, règne 7 ans; XXV, 113 (*Orderic Vital*).

ANTONIN (SAINT-), petite ville du Languedoc, prise par Simon de Montfort, dans la guerre contre les Albigeois; XV, 88 (*Histoire de la Guerre des Albigeois*).

ANTONINE, femme de Bélisaire. — Sa conduite envers le pape Silvère. — XXV, 407 (*Orderic Vital*).

APAMÉE, ville de Syrie. — Prise par les Perses. — Assiégée et prise par Tancrède dans la première croisade. — I, 197 (*Grégoire de Tours*); XVII, 95 (*Guillaume de Tyr*).

APAMIE. *Voyez* APAMÉE.

APER, évêque de Rheims, V, 13 (*Frodoard, Histoire de l'Eglise de Rheims*).

APOLLINAIRE (saint) de Rheims, l'un des premiers martyrs de la Gaule. — Détails sur son martyre. — V, 7, 10 (*Frodoard, Histoire de l'Eglise de Rheims*).

APOLLINAIRE, évêque de Laodicée. — Ses ouvrages, son hérésie. — XXV, 123 (*Orderic Vital*).

APOLLINAIRE, évêque d'Hiéropolis, XXV, 111 (*Orderic Vital*).

APOLLINAIRE, évêque d'Auvergne sous Théodoric 1er. — Il obtient l'épiscopat par de mauvais moyens. — Sa mort. — I, 113 (*Grégoire de Tours*).

APRUNCULE, évêque de Langres, devient suspect aux Bourguignons, qui croient qu'il favorise les Francs, seul peuple barbare qui ne fût pas Arien. — Ils veulent le faire périr; il s'enfuit en Auvergne et en devient le 11e évêque. — I, 83 (*Grégoire de Tours*).

APTACHAIRE, roi des Lombards. *Voy.* AUTHARIS.

ARAGOIS, comte de Murray, entreprend, au XIIe siècle, de soumettre l'Ecosse. — Est vaincu et tué par Edouard, comte de Mercie. — XXVII, 353 (*Orderic Vital*).

ARANGALD, prince turc du Khorasan, assiége sans succès Roha ou Edesse, gouvernée par Baudouin du Bourg; XXI, 152 (*Albert d'Aix*).

ARATOR, sous-diacre du siége de Rome. — Met en vers les Actes des Apôtres. — XXV, 176, 412 (*Orderic Vital*).

ARAVATIUS, évêque de Tongres. — Sa sainteté. — Ses jeûnes et prières pour obtenir de Dieu que les Huns n'entrent pas dans les Gaules. — Son voyage à Rome. — Sa mort à Utrecht. — I, 53 et suiv. (*Grégoire de Tours*).

ARBOGASTE, chef franc passé au service de l'empire romain. — Poursuit Sunnon et Marcomer, petits rois francs. — Passe le Rhin, et ravage le pays des Bructères. — I, 64 (*Grégoire de Tours*).

ARCADIUS, messager de Childebert et de Clotaire près la reine Clotilde, pour lui annoncer qu'ils veulent tuer ses petits-fils; I, 136 (*Grégoire de Tours*).

ARCADIUS, sénateur d'Auvergne, invite Childebert 1er à venir s'emparer de ce pays, et l'y introduit. — Sa fuite dans la ville de Bourges. — I, 122, 124 (*Grégoire de Tours*).

ARCADIUS, empereur d'Orient, fils de Théodose le Grand, règne treize ans; XXV, 125 (*Orderic Vital*).

Archambaud, secrétaire de Charlemagne. — Est chargé par ce prince de porter des ordres à son fils Louis, roi d'Aquitaine; III, 341 (*Vie de Louis le Débonnaire, par l'Astronome*).

Archambaud, archevêque de Sens, marche contre Anségise, évêque fugitif de Troyes, et les troupes saxonnes qui allaient assiéger Troyes; XXV, 158; XXVII, 128 (*Orderic Vital*).

Archélaus, fils d'Hérode. — Gouverne la Judée tyranniquement. — Son exil et sa mort à Vienne, ville des Gaules. — XXV, 13 (*Orderic Vital*).

Archélaus, évêque de Mésopotamie. — Son livre sur sa dispute avec Manès de Perse. — XXV, 118 (*Orderic Vital*).

Archill, chef saxon de la Northumbrie, traite avec Guillaume le Conquérant, et lui remet son fils en otage; XXVI, 176 (*Orderic Vital*).

Archis ou Archas, ville de Phénicie. — Assiégée par les Croisés dans la première croisade. — Efforts de Raimond, comte de Toulouse, pour décider tous les Croisés à persister dans le siège. — Il n'y peut réussir. — Le siége est levé. — XVI, 373, 389 (*Guillaume de Tyr*).

Arédius de Limoges. — Sa sainteté. — Il fonde un couvent, et fait des moines de tous ses esclaves. — Sa mort. — Ses miracles. — II, 135 (*Grégoire de Tours*).

Arégésile, chef franc attaché à Théodoric 1er. — Est envoyé par lui contre Munderic, révolté en Auvergne. — Fait prendre Munderic, qui le tue. — I, 127 (*Grégoire de Tours*).

Arégise, duc des Bénéventins. — Envoie à Charlemagne des présens et des otages pour le détourner d'attaquer son pays. — III, 30 (*Annales d'Éginhard*).

Aregunde, épouse le roi Clotaire 1er, I, 153 (*Grégoire de Tours*).

Argenton, ville du Berry. — Assiégée et prise par Philippe-Auguste. — XII, 67 (*Guillaume le Breton, dans la Philippide*).

Aridert ou Abipert, roi des Lombards. — Restitue au saint Siége plusieurs domaines dans les Alpes Cottiennes. — XXV, 147, 424 (*Orderic Vital*).

Aridius, conseiller du roi bourguignon Gondebaud. — Lui promet d'éloigner Clovis, qui l'assiégeait dans Avignon. — Se rend en effet auprès de Clovis, et le décide à donner la paix à Gondebaud, moyennant un tribut. — I, 94 (*Grégoire de Tours*).

Arimbert, duc franc sous Dagobert 1er. — Marche contre les Gascons révoltés. — Est surpris et tué. — II, 298 (*Vie de Dagobert 1er*).

Arivald, roi des Lombards, règne douze ans; XXVI, 346 (*Orderic Vital*).

Aristodime, pontife païen d'Éphèse. — Porte le peuple à la sédition contre l'apôtre saint Jean. — Sa conversion. — XXV, 281 (*Orderic Vital*).

Arius, fondateur de la secte des Ariens. — Sa mort. — I, 112 (*Grégoire de Tours*).

Arles, ville de Provence. — Le légat du pape y convoque un concile où sont mandés Raimond VI, comte de Toulouse, et le roi d'Aragon. — XV, 55 et suiv. (*Histoire de la Guerre des Albigeois*).

Armance, évêque de Tours, élu par les habitans, après l'expulsion de saint Brice; II, 143 (*Grégoire de Tours*).

Armentaire, riche Juif, redemande à Eunome, comte de Tours, et à Injuriosus, son vicomte, l'argent qu'il avait avancé pour le paiement des tributs publics. — Il est invité à un repas chez Injuriosus, et assassiné. — I, 396 (*Grégoire de Tours*).

Arnaud de Tourrouge, grand-maître des Templiers en Palestine. — Périt dans un voyage entrepris pour venir solliciter les secours de Philippe-Auguste. — XI, 41 (*Rigord*).

Arnaud de Campragnan, savant clerc. — Choisi pour arbitre dans la discussion tenue à Pamiers entre les Albigeois et les Catholiques. — XV, 224 (*Guillaume de Puy-Laurens*).

ARNAUD DE BLANQUEFORT, chevalier gascon. — Défend Marmande contre le roi Louis VIII.—XV, 263, 358 (*Guillaume de Puy-Laurens; Gestes glorieux des Français*).

ARNAUD D'AYDIE, commandant du château de Crest.—Le rend à Simon de Montfort. — XV, 166 (*Histoire de la Guerre des Albigeois*).

ARNAULD, abbé de Bonneval, auteur du livre II de la *Vie de saint Bernard*; X, 141, 233 (*Vie de saint Bernard*).

ARNAULD, abbé de Citeaux, légat du saint Siége dans le midi de la France, à l'occasion des Albigeois. —Tient un chapitre à Citeaux, où il prêche la croisade.—Arrive en Languedoc avec douze moines. — Se rend auprès de Philippe - Auguste pour l'exciter contre les Albigeois. — Tient le concile d'Aubenas. — Appelle en Languedoc Simon de Montfort, et lui fait donner le commandement de la croisade. — Sa conduite à la conférence de Narbonne. — Il est élu archevêque de Narbonne. — Préside le concile de Lavaur. — Sa lettre au roi d'Aragon.—Il est accusé auprès du pape par le comte Raimond.—XIV, 13, 24, 48, 60, 124, 186, 222, 231 (*Pierre de Vaulx-Cernay*); XV, 3, 5, 105 (*Histoire de la Guerre des Albigeois*).

ARNAULD (Guillaume), moine dominicain. — Inquisiteur contre les Albigeois.— Est assassiné à Avignon en 1242. — XV, 378 (*Des Gestes glorieux des Français*).

ARNAULD (Pierre), secrétaire des inquisiteurs envoyés en Provence pour informer contre les Albigeois, est assassiné avec eux à Avignon, en 1242; XV, 379 (*Des Gestes glorieux des Français*).

ARNE, envoyé de Vassilon, duc de Bavière, au pape Adrien; III, 31 (*Annales d'Eginhard*).

ARNEBERT, duc franc.—Assassiné, par ordre de Dagobert 1er, Brunulf, oncle de Charibert, frère de Dagobert.—II, 287 (*Vie de Dagobert 1er*).

ARNOCH, neveu de saint Josse, lui succède dans l'ermitage de Saint-Martin à Runiac; XXVI, 128 (*Orderic Vital*).

ARNOUL DE TULLE reçoit chez lui saint Martial.—Guérison de sa fille. —XXV, 352 (*Orderic Vital*).

ARNOUL (saint), évêque de Metz. — D'abord maire du palais d'Austrasie et la souche de la dynastie Carlovingienne. — Elève Dagobert 1er, et exerce sous son règne une grande influence. — Sa mort. — II, 274, 281, 288 (*Vie de Dagobert 1er*); 380, 385 (*Vie de Pépin le Vieux*); III, 277 (*Thégan*).

ARNOUL, empereur, fils naturel de Carloman et petit-fils de Louis le Germanique. — S'empare d'une partie de son royaume.—Les grands se rangent de son parti contre l'empereur Charles le Gros.—Il marche en Italie au secours de Bérenger.— Donne à Zwentibold, roi de l'Esclavonie moravienne, le duché de Bohème. — Celui-ci s'étant révolté, Arnoul dévaste la Moravie, et force Zwentibold à la paix. — Il envoie contre les Normands une armée qui est vaincue, et les défait ensuite en personne. — Il attaque la Lombardie.—Investit Zwentibold, son fils naturel, du royaume de Lothaire. — S'empare de l'Italie.— Sa mort. — Il est enterré à Œttingen.—IV, 309, 325, 327, 334, 337, 338, 342, 343, 347 (*Annales de Saint-Bertin et de Metz*); XXV, 155 (*Orderic Vital*).

ARNOUF, beau-père de Carloman, fils de Louis le Germanique, qui le dépouille de ses bénéfices; IV, 170 (*Annales de Saint-Bertin*).

ARNOUL, évêque de Wurtzbourg. — Tué dans un combat contre les Esclavons. — IV, 340 (*Annales de Metz*).

ARNOUL, archevêque de Rheims.— Hugues-Capet le fait dégrader, sous prétexte qu'il était bâtard, mais au fait parce qu'il était issu du sang de Charlemagne. — Il est réintégré dans son siège par le pape, qui envoie Léon comme légat. — XXV, 161 (*Orderic Vital*).

Arnoul, élu patriarche de Jérusalem après la prise de cette ville par les Croisés, est contraint de quitter une dignité témérairement usurpée. — Il use de son influence sur Baudouin 1er contre le patriarche Daimbert. — Après la mort de Gibelin, patriarche de Jérusalem, en 1111, Arnoul est renommé patriarche. — On l'appelait vulgairement *Mauvaise Couronne*. — Sa mauvaise conduite. — D'après les malversations d'Arnoul, le pape envoie un légat. — Arnoul est déposé, mais il va à Rome, et parvient encore à tromper le pape, qui le remet en possession du patriarchat. — Mort d'Arnoul. — IX, 265 (*Guibert de Nogent*); XVII, 7, 98, 151, 177, 202 (*Guillaume de Tyr*); XXI, 384 (*Raimond d'Agiles*); XXIV, 182 (*Foulcher de Chartres*).

Arnoul, chevalier normand, fils de Guillaume Talvas, voyant les cruautés de son père, le chasse de ses châteaux; mais, aussi méchant que lui, il finit par être étranglé dans son lit; XXIX, 182 (*Guillaume de Jumiége*).

Arnoul, comte de Flandre. — Guillaume Longue-Épée lui ayant repris le château de Montreuil, qu'Arnoul avait pris de force à Herluin, Arnoul fait assassiner Guillaume. — XXV, 156 (*Orderic Vital*); XXIX, 73 (*Guillaume de Jumiége*).

Arnoul d'Oudenarde, vaillant chevalier, combat dans les rangs des Anglais à la bataille de Bovines. — Est fait prisonnier avec le comte de Boulogne. — XI, 291 (*Guillaume le Breton, dans la Vie de Philippe-Auguste*); XII, 334 (*Guillaume le Breton, dans la Philippide*).

Arnoul d'Oudenarde, croisé, meurt devant Ascalon, en allant à la poursuite d'un daim, et surpris par les Arabes; XXI, 96 (*Albert d'Aix*).

Arnoul de Térouanne découvre Isaac, l'un des assassins de Charles le Bon, comte de Flandre, et le contraint à nommer ses complices; VIII, 31 (*Vie de Charles le Bon*).

Arnoul, fils de Baudouin, comte de Flandre, entre en possession de ce comté à la mort de son père. — Son oncle, Robert, comte de Hollande, suscite contre lui une conspiration pour le dépouiller de son héritage. — Arnoul marche contre les révoltés, et est assassiné, dans le combat, par ses propres serviteurs. — VIII, 364 (*Galbert*).

Arnoul, neveu de Charles le Bon, comte de Flandre, l'un des prétendans au comté après la mort de son oncle. — Il est accueilli par les bourgeois de Saint-Omer. — Il échoue dans son entreprise. — VIII, 398, 401 (*Galbert*).

Arnulf de Hesdin, seigneur anglais, repousse la paix que lui offre plusieurs fois le roi Étienne. — Il est fait prisonnier. — Le roi le fait mourir, et avec lui un grand nombre d'autres chevaliers. — XXVIII, 514 (*Orderic Vital*).

Arnulfe, chantre de l'Abbaye d'Ouche. — Avait composé une histoire de saint Evroul, fondateur de cette abbaye, mais sans la terminer. — XXVI, 90 (*Orderic Vital*).

Arnulph ensevelit à Angoulême le roi d'Austrasie Théodebert, tué dans une bataille contre les troupes de Sigebert 1er; I, 213 (*Grégoire de Tours*).

Arnulphe, abbé de Saint-Martin de Troarn, XXVI, 20 (*Orderic Vital*).

Arques, château fort de Normandie. — Est assiégé par Richard 1er, roi d'Angleterre; XI, 122 (*Rigord*).

Arsacides. *Voy.* Hassissins.

Arsène, évêque d'Ostie, légat du saint Siège en France. — Est chargé, par le pape Nicolas 1er, d'amener Lothaire II à reprendre sa femme Teutberge, et à répudier Waldrade. — Il y réussit, et emmène Waldrade en Italie. — Son caractère artificieux et cupide.—IV, 205, 223 (*Annales de Saint-Bertin*).

ARSUR. *Voy.* ASSUR.

ARSUTH. *Voy.* ASSUR.

ARTASIE, ville de Syrie, un peu au midi d'Alep. — C'est l'ancienne Chalcis. — Les Chrétiens arméniens en ouvrent les portes aux Croisés.— XVI, 190 (*Guillaume de Tyr*).

ARTAUD, archevêque de Rheims, Elu par l'influence du roi Raoul.— Est chassé par Héribert, comte de Vermandois, mais il se réconcilie ensuite avec lui. — Il se démet de l'épiscopat par faiblesse.—Se retire dans l'abbaye de Saint-Basle, et Hugues, son compétiteur, prend possession de l'archevêché de Rheims.— Querelles réitérées de ces deux prélats, qui, alternativement, selon que leur parti est battu ou vainqueur, reprennent le siège. — Dans deux conciles successifs, Artaud est confirmé. — Enfin, au concile d'Ingelheim, il est définitivement maintenu dans son siège.—V, 550, 572 (*Frodoard, Histoire de l'Église de Rheims*).

ARTÉMIUS, député de Trèves en Espagne.— Sa maladie à Clermont. — Soins de saint Népotien, qui le rend à la vie. —Son renoncement à un mariage qu'il était prêt à former, pour s'unir à la sainte Église. — Il succède à saint Népotien dans l'évêché de Clermont.—I, 32 (*Grégoire de Tours*).

ARTHÉMIUS, évêque de Sens. — Envoyé par le roi Gontran auprès de Clotaire II, pour faire une enquête sur les crimes de Frédégonde. — I, 464 (*Grégoire de Tours*).

ARTHUR, duc de Bretagne, neveu de Richard Ier et de Jean-Sans-Terre.— S'empare du comté d'Angers, et fait hommage à Philippe-Auguste, dont il avait épousé la fille. — Il est fait prisonnier par le roi Jean son oncle, et assassiné ensuite.— XI, 146, 158 (*Rigord*); XII, 162, 174 (*Guillaume le Breton*, dans la *Philippide*).

ARTONASTE.— Pendant que l'empereur Constantin marchait contre les Arabes, s'empare furtivement de l'Empire.— Constantin se saisit de lui, et lui fait crever les yeux. — XXV, 428 (*Orderic Vital*).

ASCALON, ville de Syrie. — Plusieurs batailles livrées sous ses murs entre les Chrétiens et les Égyptiens. — Elle résiste plus de 50 ans aux efforts des Croisés pour s'en emparer. — Elle est assiégée par Baudouin III, roi de Jérusalem.—Après 5 mois de siège, une flotte égyptienne vient ravitailler la place et relever le courage des habitans. — Elle se rend enfin en 1153. — Les Ascalonites sortent de leur ville pour passer en Égypte. — Ils sont dépouillés par l'escorte turque chargée de les conduire. — IX, 271 (*Guibert de Nogent*); XVII, 19; XVIII, 48-74 (*Guillaume de Tyr*).

ASCELIN, évêque de Laon. *Voyez* ADALBERON.

ASCELIN GOEL, baron normand. — Ses querelles et ses guerres avec Guillaume de Breteuil. — Il le fait prisonnier. — Sa cruauté. XXVII, 360 (*Orderic Vital*).

ASCELIN, bourgeois des Andelys, persécuté et dépouillé de ses biens par Goisfred, archevêque de Rouen, offre au roi de France, Louis le Gros, de lui livrer la ville des Andelys et y réussit en effet; XXVIII, 292 (*Orderic Vital*).

ASCELIN, prévôt de l'abbaye d'Ouche.— Reste presque seul dans le monastère, quand tous les moines le quittent, après sa dévastation au Xe siècle. — Son sermon aux habitans du village. — Sa mort. — XXVII, 83, 90 (*Orderic Vital*).

ASCELIN, bourgeois de Caen, fils d'Arthur. — Au moment où l'on venait d'ensevelir Guillaume le Conquérant, il réclame le terrain où le roi était enterré, comme ayant été enlevé injustement à son père. — XXVII, 218 (*Orderic Vital*).

ASCHERIC, évêque de Paris. *Voyez* ANSCHÉRIC.

ASCHILA, mère de Théodemer, roi des Francs. — Est massacrée

avec lui. — I, 68 (*Grégoire de Tours*).

ASCLÉPIODORE, préfet du Prétoire. — Conquiert les deux Bretagnes. — XXV, 118 (*Orderic Vital*).

ASCLÉPIUS, duc franc. — Attaque les gens de Chilpéric 1ᵉʳ, auprès de Paris. — I, 332 (*Grégoire de Tours*).

ASCOVINDE, citoyen d'Auvergne, s'efforce de s'opposer à la tyrannie de Chramne, fils de Clotaire II; I, 168 (*Grégoire de Tours*).

ASINAIRE. — comte franc sous Louis le Débonnaire. — Est envoyé avec des troupes gasconnes à Pampelune. — Rentrant en France, il tombe dans une embuscade sur les Pyrénées, est fait prisonnier et voit ses troupes en déroute et massacrées. Il obtint de la pitié de ceux qui s'étaient emparés de lui, qu'on le laissât retourner chez lui. — III, 103, 371 (*Annales d'Eginhard; Vie de Louis le Débonnaire*, par *l'Astronome*).

ASSANGUR, sultan d'Alep, selon Guillaume de Tyr, et aïeul de Noradin; XVI, 203 (*Guillaume de Tyr*).

ASSISSINS. *Voyez* HASSISSINS.

ASSOR ou *Antipatris*, ville de Palestine, voisine de Joppé. — Est assiégée par Godefroi de Bouillon et prise par son successeur Baudouin 1ᵉʳ. — Baudouin s'y réfugie, après avoir été vaincu par les Égyptiens. — XVII, 40, 73 (*Guillaume de Tyr*); XX, 444; XXI, 44 (*Albert d'Aix*).

ASTÉRIOLE, savant en crédit auprès de Théodebert 1ᵉʳ, roi d'Austrasie. — Sa puissance. — Ses querelles avec Secondin. — Il est dépouillé de ses richesses. — Puis rétabli. — Sa mort. — I, 147 (*Grégoire de Tours*).

ASTÉRIUS est élevé à la dignité de patrice des Gaules; I, 67 (*Grégoire de Tours*).

ASTOLPHE, roi des Lombards. — Ses guerres contre Rome. — Recours du pape Étienne à Pépin le Bref, qui deux fois vient en Lombardie et oblige Astolphe à se soumettre. —

Astolphe, à la chasse, est renversé de cheval contre un arbre, et meurt en 756. — II, 251 et suiv. (*Continuation de Frédégaire*).

ASTYAGE, roi de l'Inde, frère du roi Polémius. — Fait mourir l'apôtre saint Barthélemi. — XXV, 313 (*Orderic Vital*).

ATAULPHE, jeune lépreux, fils d'Ulfin, homme considérable d'Aquilée. — Saint Marc l'Évangéliste le guérit de sa lèpre. — Conversion d'Ulfin et de sa famille. — XXV, 342 (*Orderic Vital*).

ATHALARIC succède à son oncle Théodoric, roi des Ostrogoths; XXV, 133 (*Orderic Vital*).

ATHALOQUE, évêque arien dans le midi de la Gaule. — Sa mort. — II, 21 (*Grégoire de Tours*).

ATHANAGILD, roi visigoth d'Espagne, successeur d'Agila. — Ses victoires sur les armées romaines. — Il donne sa fille Brunehault en mariage à Sigebert 1ᵉʳ, roi d'Austrasie. — Sa mort. — I, 158, 181, 196 (*Grégoire de Tours*).

ATHANARIC, roi des Visigoths. — Persécute les catholiques. — Est chassé de son royaume. — I, 53 (*Grégoire de Tours*).

ATHANASE, évêque d'Alexandrie. — Est persécuté par l'empereur Constance. — Envoie à Jovien un symbole de croyance. — XXV, 121, 122 (*Orderic Vital*).

ATHELIN (Edgar). *Voyez* ADELIN.

ATHELSTAN, roi d'Angleterre au commencement du xᵉ siècle. — Ses relations avec Rollon, duc de Normandie. — XXIX, 31, 47 (*Guillaume de Jumiége*).

ATTALE, neveu de Grégoire, évêque de Langres, un des otages donnés entre Childebert et Théodoric. — Devient esclave d'un barbare de qui il gardait les chevaux dans le territoire de Trèves. — Son oncle Grégoire envoie des présents au barbare, qui les refuse et demande une forte rançon. — Attale est sauvé par un esclave de son oncle appelé Léon, qui se fait vendre au barbare, obtient sa confiance, et, après plus d'une année, revient auprès de Grégoire, lui ramenant son neveu. — L'évêque délivra Léon et sa famille de la servitude et lui donna des terres. — I, 129 et suiv. (*Grégoire de Tours*).

ATTILA, roi des Huns, après avoir incendié la ville de Metz, parcourt la Gaule, en ravageant d'autres cités. — Met le siége devant Orléans, qui est secourue par Aétius et Théodoric, roi des Goths, et son fils Thorismund. — La ville est délivrée. — Attila est battu en Champagne et sort de la Gaule. — Peu après les Huns s'emparent d'Aquilée qu'ils détruisent, se répandent dans l'Italie, qu'ils ravagent. — Attila dévaste l'Illyrie et la Thrace. — I, 55-59 (*Grégoire de Tours*); XXV, 129 (*Orderic Vital*).

ATTINGHAM, ville d'Angleterre, patrie de l'historien Orderic Vital; XXV, 17 (*Notice sur Orderic Vital*).

AUBENAS, petite ville du Vivarais où se tint un concile pour statuer sur le sort des Albigeois; XV, 5 (*Histoire de la Guerre des Albigeois*.) *Voyez* RAIMOND DE TOULOUSE.

AUDICA, beau-frère d'Euric, roi de Galice, se révolte contre lui, se saisit de sa personne, le fait tonsurer et s'empare du royaume; I, 365 (*Grégoire de Tours*).

AUDIN, moine normand de l'abbaye de Croyland. — Se moque des miracles accomplis, dit-on, sur le tombeau du comte saxon Guallève. — Goisfred, son abbé, le réprimande. — Audin continue à se moquer et meurt presque subitement. — XXVI, 280 (*Orderic Vital*).

AUDIN DE BAYEUX, chapelain de Henri 1er, roi d'Angleterre, devient évêque d'Évreux en 1112. — Il défend Évreux contre le comte Amaury; est vaincu et chassé de son siége. — Sa rentrée à Évreux. — Il porte plainte contre Amaury au concile de Rheims. — XXVIII, 262, 283, 301, 324 (*Orderic Vital*).

AUDOVAIRE, chef franc. — Son expédition pour s'emparer de la ville d'Arles au profit de Sigebert 1er, roi d'Austrasie. — Il échoue. — I, 184 (*Grégoire de Tours*).

AUDOVALD, duc franc, établi en Champagne. — Fait une invasion en Italie. — Combat les Lombards. — Mauvais succès de l'expédition. — II, 83 (*Grégoire de Tours*).

AUDOVÈRE, première femme du roi Chilpéric 1er; I, 183 (*Grégoire de Tours*).

AUDULF, abbé de Poitiers. — Est chargé, par son évêque Ansoald, de la translation du corps de saint Léger à Poitiers. — En écrit le récit. — II, 364, 365, 371 (*Vie de saint Léger*).

AUDULF, l'un des chefs de Charlemagne. — Son expédition contre les Saxons. — III, 30 (*Annales d'Éginhard*).

AUFAI, monastère en Normandie, dans le comté de Talou, occupé par des moines de Saint-Évroul. — Fondation et dotation de ce monastère. — XXVII, 27 (*Orderic Vital*).

AUFI (Pierre d'), chevalier croisé. — Après la prise de la ville de Plastenu par les Croisés, en demande la possession et l'obtient, à charge de la défendre contre les Turcs. — XXVII, 450 (*Orderic Vital*).

AUFIDIEN. — Chargé par Trajan de sévir contre les Chrétiens de Rome. — Fait jeter saint Clément à la mer. — XXV, 378 (*Orderic Vital*).

AUGUSTIN (saint), évêque d'Hippone. — Éclat de son épiscopat. — Il meurt pendant le siége de sa ville par les Vandales, à 76 ans. — XXV, 127 (*Orderic Vital*).

AUGUSTIN, moine romain. — Envoyé par Grégoire le Grand pour convertir les Anglais. — Réussit en partie, et est créé évêque de Cantorbéry par Edelbert, roi de Kent. — XXV, 136 (*Orderic Vital*).

AUMALE, château fort de Normandie. — Est assiégé et pris par le roi Philippe-Auguste, dans la guerre contre Richard 1er, roi d'Angleterre; XI, 132 (*Rigord*); XII, 134 (*Guillaume le Breton, dans la Philippide,*

AURÈLE (Alexandre), dit Sévère, empereur romain. — Règne treize ans. — Sa tendresse pour Mammée sa mère. — XXV, 114. (*Orderic Vital*).

AURÉLIEN, empereur romain. — On lui attribue la construction du château de Dijon. — I, 139 (*Grégoire de Tours*).

AURÉLIEN, évêque de Limoges. — Est ordonné par saint Martial pour lui succéder. — XXV, 370 (*Orderic Vital*).

AURÉLIEN, conseiller de Clovis, roi des Francs. — L'exhorte à se faire chrétien. — V, 42 (*Frodoard, Histoire de l'Eglise de Rheims*).

AUSTRAPIUS, duc franc. — Poursuivi par Chramne, fils de Clotaire. — Se réfugie dans l'église de Saint-Martin de Tours. — Son crédit auprès du roi Clotaire. — Sa mort. — I, 171-173 (*Grégoire de Tours*).

AUSTRASIE, l'un des deux grands royaumes francs établis dans la Gaule. *Voyez* THÉODORIC, THÉODEBERT, SIGEBERT, BRUNEHAULT, PÉPIN, etc.

AUSTRÉCHILDE, femme du roi Gontran. — Meurt d'une dyssenterie. — Avant de mourir elle fait promettre à son mari de faire périr ses médecins qui, disait-elle, l'avaient enlevée par force à la vie. Gontran accomplit sa promesse. — I, 273 (*Grégoire de Tours*).

AUSTRÉGÉSILE, bourgeois de Tours. — Est massacré avec sa famille. — Guerres civiles dans Tours. — I, 422 (*Grégoire de Tours*).

AUSTRIN, évêque d'Orléans. — Succède à Namatius. — Son origine. — II, 24 (*Grégoire de Tours*).

AUSTROVALD, duc franc. — Envoyé souvent contre les Gascons qui descendaient de leurs montagnes et dévastaient les villes et les champs. — Ne parvient guère à en tirer vengeance. — Il soumet Carcassonne au roi Gontran. — II, 8, 45 (*Grégoire de Tours*).

AUTARITH, roi des Lombards. *Voyez* AUTHARIS.

AUTHARIS, roi des Lombards de 584 à 591. — Son ambassade à Gontran, roi de Bourgogne. — Sa mort. II, 86 (*Grégoire de Tours*); XXVI, 345 (*Orderic Vital*).

AVALON, ville de Bulgarie, assiégée et prise par Boémond, chef croisé; XXIV, 158 (*Foulcher de Chartres*).

AVESNES (Jacques D'), vaillant chevalier croisé. — A la tête des Flamands, des Brabançons et des Frisons, vient aider Gui de Lusignan au siège d'Accon contre les Sarrasins. — Il est tué dans un combat contre Saladin. — XXII, 254, 260 (*Jacques de Vitry*).

AVESGOT, chevalier normand, mène une vie de brigand et ravage tout le diocèse de Séez. — Sa mort. — XXIX, 184, 186 (*Guillaume de Jumiège*).

AVICIE, femme de Gaultier de Heugleville, seigneur normand. — Ses vertus et ses talens. — Sa mort. Son épitaphe dans l'abbaye d'Ouche. — XXVII, 34 (*Orderic Vital*).

AVIDIEN, évêque de Rouen au commencement du IVe siècle; XXVI, 326 (*Orderic Vital*).

AVITUS, sénateur d'Auvergne, est élevé à l'empire de Rome. — Sa conduite déréglée le fait chasser par le sénat. — Il est nommé évêque de Plaisance. — Ayant su que le sénat en voulait à sa vie, il part chargé d'offrandes pour la basilique de Saint-Julien en Auvergne. — Il meurt en route, est apporté à Brioude, et enterré aux pieds du martyr saint Julien. — I, 71 (*Grégoire de Tours*).

AVITUS, évêque d'Auvergne. — Succède à l'évêque Cautin. — Le comte Firmin veut s'opposer à son élection et offre pour cela des présens au roi Sigebert, qui n'y consent point; et, pour rendre plus d'honneurs à Avitus, le fait consacrer en sa présence. — Vertus d'Avitus. — Il convertit un grand nombre de Juifs au christianisme; en un seul jour il en baptise cinq cents. — I, 191, 234 (*Grégoire de Tours*).

Avitus, évêque de Vienne. — Règle la célébration des Rogations. Ses ouvrages. — I, 99 (*Grégoire de Tours*).

Avitus, abbé de Saint-Mesmin. — Tente, mais sans succès, d'empêcher le meurtre de Sigismond, roi de Bourgogne et de sa famille. — I, 117 (*Grégoire de Tours*).

Avocat de Béthune, seigneur flamand, accompagne Philippe, comte de Flandre, en Palestine. — Veut s'établir à Jérusalem et faire épouser à ses deux fils les deux filles du roi Amaury. — Ses manœuvres pour y réussir par l'entremise du comte de Flandre. — XVIII, 335 (*Guillaume de Tyr*).

Aymon, surnommé Vair-Vache, seigneur de Bourbon. — Est cité devant le roi Louis le Gros. — Refuse de s'y rendre. — Est assiégé dans son château et forcé de se mettre à la discrétion du roi. — VIII, 103-104 (*Suger, Vie de Louis le Gros*).

Azan, Sarrasin, gouverneur de Huesca en Espagne. — Envoie à Charlemagne les clefs de cette ville avec des présens, et promet de la lui livrer dès qu'il en trouverait l'occasion. — III, 47 (*Annales d'Eginhard*).

Azoparts, nom que donnaient les croisés aux Éthiopiens; XX, 430 (*Albert d'Aix*).

Azot, ville de Palestine, entre Ascalon et Joppé, autrefois l'une des cinq villes des Philistins; XVII, 117 (*Guillaume de Tyr*); XXII, 75 (*Jacques de Vitry*); XXIV, 192 (*Foulcher de Chartres*).

B

Babylas, évêque d'Antioche. — Subit le martyre sous le règne de l'empereur Dèce; I, 23 (*Grégoire de Tours*); XXV, 115 (*Orderic Vital*).

Baderic règne en Thuringe avec son frère Hermanfried. — Celui-ci, avec le secours de Théodoric, roi des Francs, l'attaque et le fait tomber sous le glaive. — I, 114, 115 (*Grégoire de Tours*).

Bahaluc, duc des Sarrasins, gouvernant les pays voisins de l'Aquitaine, envoie demander la paix à Louis le Débonnaire, III, 328 (*Vie de Louis le Débonnaire, par l'Astronome*).

Balak ou Baldac, satrape turc, gouverneur de Sororgia près d'Edesse. — Est assiégé par Baudouin frère du duc Godefroi, et forcé de rendre la ville. — Sa trahison envers Baudouin. — Ses ravages. — Il fait prisonniers Josselin, comte d'Edesse, et le seigneur Galéran, et s'empare dans une embuscade de Baudouin II lui-même, roi de Jérusalem. — Il est tué dans une bataille par Josselin. — XVI, 188, 189, 357-360; XVII, 223, 224, 271 (*Guillaume de Tyr*); XX, 134, 135 (*Albert d'Aix*); XXIV, 205, 207, 232, 233 (*Foulcher de Chartres*); XXVIII, 215 et suiv. (*Orderic Vital*).

Balderic, lieutenant de Louis le Débonnaire. — Marche au secours de Hériold, prince danois. — Succède à Cadolach, duc de Frioul. — Défait Liudewitt, duc de Pannonie. — Il laisse les Bulgares dévaster les frontières de la Pannonie. — Il est dépouillé de ses honneurs et du territoire qui lui était confié. —III, 74, 85, 113 (*Annales d'Eginhard*); 349, 361, 362, 378 (*Vie de Louis le Débonnaire, par l'Astronome*).

Baldoux, turc d'origine, gouverneur de Samosate, vend cette ville à Baudouin, prince d'Edesse, qui l'avait inutilement assiégée, et s'engage à aller vivre à Edesse avec sa famille. — Elude de remplir sa promesse. — Baudouin, craignant une trahison, lui fait trancher la tête.— XVI, 185, 188, 360 (*Guillaume de Tyr*); XX, 133, 287 (*Albert d'Aix*).

Balian, chevalier croisé.— Foulques 1er, roi de Jérusalem, lui confie la garde d'une forteresse qu'il venait de faire construire près de Ramla, sur la montagne d'Ibelin. — XVII, 438 (*Guillaume de Tyr*).

BALIAN D'IBELIN, chevalier croisé. — Est pris dans un combat contre le sultan Noradin. — Épouse Marie, veuve d'Amaury, roi de Jérusalem, et possède par là la ville de Naplouse. — Combat avec Baudouin IV dans la bataille gagnée près d'Ascalon contre Saladin. — Traite avec Saladin après la prise de Jérusalem par ce prince. — XVIII, 110, 343, 351 (*Guillaume de Tyr*); XIX, 111 et suiv. (*Bernard le Trésorier*).

BALSÈME, neveu de saint Basle. — Son oncle, peu de temps avant sa mort, le fait venir à son ermitage, où il reste jusqu'à la fin de ses jours. — V, 138 (*Frodoard, Histoire de l'Église de Rheims*).

BARADAD, évêque saxon. — Est envoyé en députation par Louis le Débonnaire vers son fils Lothaire, révolté contre lui. — III, 305 (*De la Vie et des actions de Louis le Débonnaire*).

BARAK, médecin qui prescrivit à Baudouin III, roi de Jérusalem, des pilules dont il mourut empoisonné; XVIII, 155 (*Guillaume de Tyr*).

BARDON, de retour de la Saxe, où il avait été envoyé par Charles le Chauve. — Lui annonce que les Saxons, méprisant les propositions de Lothaire, étaient disposés en sa faveur. — III, 482 (*Histoire des Dissentions des fils de Louis le Débonnaire*).

BAR-JÉSUS, magicien juif. — Est privé de la lumière par saint Barnabé et saint Paul. — S'oppose à ce que saint Barnabé entre dans Paphos. — Excite les Juifs contre lui. — XXV, 337-340 (*Orderic Vital*).

BARNABÉ, appelé auparavant Joseph. — Vend un champ qu'il possédait et en apporte le prix aux apôtres. — Mène Paul vers les apôtres. — Est envoyé avec lui à Jérusalem. — Leurs voyages. — Leurs prédications. — Leurs guérisons. — Ils sont persécutés par les Juifs. — Est jeté en prison par ordre de Néron. — Son martyre par les Juifs. — XXV, 181, 189, 193, 203 et suiv., 336, 337, 341 (*Orderic Vital*).

BARNABÉ, évêque de Rheims. — Succède à Baruce. — V, 26 (*Frodoard, Histoire de l'Église de Rheims*).

BARONTE, duc franc. — Chargé par Dagobert de lui apporter les trésors de Charibert, son père. — En dérobe une partie. — Fait partie de l'armée envoyée par Dagobert contre les Gascons révoltés. — II, 210, 218 (*Chronique de Frédégaire*); 290, 298 (*Vie de Dagobert Ier*).

BARTHÉLEMI, le chancelier, prend la croix avec Louis VII, roi de France, qui l'envoie avec d'autres vers l'empereur de Constantinople; XXIV, 298 (*Odon de Deuil*).

BARTHÉLEMI, frère de saint Bernard. — Est converti par lui. — X, 160 (*Guillaume de Saint-Thierri, Vie de saint Bernard*).

BARTHÉLEMI, apôtre. — Prêche en Lycaonie, en Assyrie et dans l'Inde. — Subit le martyre à Alban dans la grande Arménie. — XXV, 308 et suiv. (*Orderic Vital*).

BARTHÉLEMY. — Succède à Josse dans l'archevêché de Tours. — Soumet à sa juridiction, après de longs débats, l'évêque de Dol, pendant long-temps rebelle à l'église de Tours. — Sa mort. — XI, 240 (*Guillaume le Breton, Vie de Philippe-Auguste*); XIII, 47 (*Chronique de Guillaume de Nangis*).

BARTHÉLEMY le Bâtard. — S'associe avec d'autres contre Guillaume, moine de Vézelai. — Leurs complots. — VII, 266, 267, etc. (*Histoire du Monastère de Vézelai*).

BARTHÉLEMY, évêque de Narbonne, attaché au parti de Lothaire, abandonne son siége pour s'enfuir avec lui, quand ce prince fut obligé de mettre son père en liberté; V, 206 (*Histoire de l'Église de Rheims*).

BARTHÉLEMY DE ROYE, chevalier de l'armée de Philippe-Auguste, roi de France. — Fait la guerre avec lui contre l'empereur Othon. — Combat à ses côtés à la bataille de Bovines. — XI, 278 (*Guillaume le Breton*); XII, 305 (la *Philippide*).

BARTHÉLEMY, évêque de Laon, ordonne Drogon, abbé de l'église de Saint-Jean à Laon. — Se fait moine à Fuscy. — XIII, 13, 35 (*Chronique de Guillaume de Nangis*).

BARUC, évêque de Rheims. — Succède à saint Nicaise. — V, 26 (*Frodoard, Histoire de l'Eglise de Rheims*).

BARUCE, évêque de Rheims. — Succède à Baruc. — V, 26 (*Frodoard, Histoire de l'Eglise de Rheims*).

BASILE, évêque de la province d'Asie. — Sa réputation. — XXV, 112 (*Orderic Vital*).

BASILE, empereur de Constantinople. — Donne ordre à un de ses satrapes d'aller lever des contributions sur les villes transmarines qui dépendaient de l'Empire. — Les Grecs s'emparent de plusieurs villes et sont attaqués par Rodolphe, chef normand qui gagne sur eux quelques batailles. — Il est, dit-on, empoisonné par Michel, son chambellan, qui monte alors sur le trône. — VI, 239 et suiv., 299 (*Chronique de Raoul Glaber*).

BASILE. — Associé au trône par Michel, empereur des Grecs, le tue et s'empare de l'Empire. — Il envoie du secours à Louis le Germanique contre les Sarrasins. — Ce prince lui refuse sa fille, qui lui avait été fiancée. — IV, 247 (*Annales de Saint-Bertin*); XXV, 154; XXVI, 350 (*Orderic Vital*).

BASINE, femme de Bizin, roi de Thuringe. — Abandonne son mari pour Childéric, roi des Francs, qui l'épouse. — I, 73 (*Grégoire de Tours*).

BASLE (saint). — Vient de l'Aquitaine à Rheims, où il est reçu honorablement par Ægidius, évêque de cette ville, qui le fait entrer dans un couvent de moines. — Progrès de sa science et de sa piété. — Il se retire plus tard dans une cellule qu'il construit sur une montagne voisine. — Ses miracles. — Il meurt après avoir habité quarante ans cette retraite. — V, 136 et suiv. (*Frodoard, Histoire de l'Eglise de Rheims*).

BATHILDE, reine des Francs. — Gouverne le royaume avec son fils, le roi Clotaire. — Établit saint Léger évêque d'Autun. — II, 327 (*Vie de saint Léger*).

BATHON, chef tartare. — Ravage la Pologne, la Hongrie et les pays situés près de la mer du Pont, la Russie, la Gazarie avec trente autres royaumes, et parvient jusqu'aux frontières de la Germanie. — XIII, 151 (*Chronique de Guillaume de Nangis*).

BAUDIN, ancien domestique de Clotaire, roi des Francs. — Succède à Injuriosus, évêque de Tours. — Sa mort dans la seizième année de son épiscopat. — Ses libéralités envers les pauvres. — I, 154, 155; II, 148 (*Grégoire de Tours*).

BAUDOUIN Ier, frère de Godefroy de Bouillon, se joint à lui pour l'expédition de la Terre-Sainte. — Est remis comme otage au roi de Hongrie pour garantie que les Croisés, à qui il permettait le passage sur ses états, n'y causeraient aucun dommage. — Sa victoire sur les Turcopoles. — Ses démêlés avec Tancrède au sujet de la ville de Tarse. — Sédition de son armée contre lui dans cette ville. — Il est attaqué par Tancrède près de Manistra; mais la paix se rétablit entre eux. — Ses conquêtes et sa renommée. — Il est appelé par les habitans d'Edesse ou Roha, dont le gouverneur l'adopte malgré lui. — Conspiration des habitans contre le gouverneur. — Baudouin intervient vainement en sa faveur, et il est mis à mort. — Bientôt le peuple se révolte aussi contre lui, mais est puni sévèrement. — Il achète d'un certain Baldouk la ville de Samosate, qu'il avait assiégée inutilement, et plus tard lui fait trancher la tête pour le punir de sa trahison. — S'empare de Sororgia. — Epouse la fille de Taphnus, prince arménien. — Envoie de riches présens aux chefs de l'armée chrétienne occupés au siége d'Antioche. — Assiégé dans Edesse par Kerbogha, général des Perses, qui lève le siége. — Se rend à Jérusalem avec Boémond, prince d'Antioche, où ils sont reçus avec honneur par Godefroi. — Marche au secours de Boémond, pris par les Turcs; mais l'ennemi lui échappe, et Baudouin prend possession de Mélitène. — Godefroi son frère étant mort, Baudouin est élu roi de Jérusalem. — Son voyage à cette ville, pendant lequel il remporte une victoire sur les Turcs, qui gardaient les défilés. — Son expédition dans les environs de Jérusalem. — Il assiége et prend Arsur. — Il marche contre l'Arabie. — Ses combats contre les Babyloniens. — Victoire et échec. — Assiége et prend Césarée de Palestine, Accaron et plusieurs autres villes. — Il renvoie sa femme dans un couvent. — Victoire remportée contre les Égyptiens. — Défaite devant Ramla. — Il s'en échappe seul. — Rallie une armée et bat ses ennemis. — Il chasse de Jérusalem, à l'instigation d'Arnoul, le patriarche Daimbert et met à sa place le prêtre Ebremar. — Assiége inutilement Saint-Jean-d'Acre. — Est blessé en poursuivant des brigands. — Assiége de nouveau Saint-Jean-d'Acre et s'en empare avec le secours des Génois. — Victoire éclatante sur une armée d'Egyptiens. — Aidé des Génois, il s'empare de Béryte et de Sidon. — Assiége Tyr inutilement. — Fait construire le château de Mont-Réal et celui de Scandalion. — Sa défaite par les Perses près de Jérusalem. — Epouse la comtesse de Sicile. — La renvoie. — Marche en Egypte et s'empare de Pharamie. — Sa mort à Laris. — VII, 49, 51 (*Fragmens de l'Histoire des Français*); IX, 70, 107, 111,

335 (*Guibert de Nogent*); XIII, 2 (*Chronique de Guillaume de Nangis*); XVI, 83, 166, 172 et suiv., 182 et suiv., 185, 188, 189, 254, 265, 266, 355, 356, 360; XVII, 28, 29-32, 43, 44, 48 et suiv., 56-62, 64, 66, 73 et suiv., 80-84, 86 et suiv., 95, 99-104, 117-119, 145 et suiv., 154-157 et suiv., 161 et suiv., 177, 178, 188-191; XX, 60, 61, 72, 112 et suiv., 122 et suiv., 133, 135, 142, 206 et suiv., 281 et suiv., 284, 427, 434, 437 et suiv.; XXI, 47, 56, 64 et suiv., 154, 181, 209 (*Albert d'Aix*); XXII, 237, 63-66, 79 (*Jacques de Vitry*); XXIII, 76-79, 87-94 et suiv.; XXIV, 34 et suiv., 83 et suiv., 91 et suiv., 104 et suiv., 118 et suiv., 124 et suiv., 145 et suiv., 151 et suiv., 165, 182 et suiv., 185 et suiv., 190 (*Foulcher de Chartres*); XXVII, 307, 425, 445 et suiv. (*Orderic Vital*); XXVIII, 109 et suiv., 215 et suiv. (*Orderic Vital*).

BAUDOUIN II, surnommé DU BOURG, fils de Hugues de Rethel et de Mélisende. — Assiége Jérusalem avec l'armée des Croisés. — Baudouin Ier, à son avénement au trône de Jérusalem, lui confie le gouvernement du pays d'Edesse. — Il épouse Morfia, femme de Gabriel, duc de Mélitène. — Assiége Carrhes, ville située près d'Edesse, avec d'autres chefs chrétiens. — Ils sont défaits par une armée turque arrivée au secours de la ville, et Baudouin est emmené prisonnier. — Délivré de captivité. — Ses différends avec Tancrède à son retour. — Il dépouille le comte Josselin de sa fortune. — Succède à Baudouin Ier, roi de Jérusalem. — Combat et défait, avec le prince d'Antioche, Bursequin (Bourski), général du sultan de Perse. — Sa victoire sur Gazzi, sultan d'Alep. — Abolit les impôts dans Jérusalem. — Est fait prisonnier dans une embuscade par Balak, prince turc. — Se rachète à prix d'argent. — Bat Bursequin, puis Doldequin, sultan de Damas. Alix, sa fille, voulant, après la mort tenir Antioche en son pouvoir, Baudouin s'empare de cette ville et cède à sa fille Laodicée et Gebail. — Sa mort l'an 1131, dans la treizième année de son règne. — IX, 311 (*Guibert de Nogent*); XIII, 4, 9, 16 (*Chronique de Guillaume de Nangis*); XVI, 49, 451; XVII, 96, 97, 104-109, 130, 131, 167, 175, 193 et suiv., 213-215, 220, 223, 224, 278, 282, 283, 288-290, 311-313 (*Guillaume de Tyr*); XX, 72 et suiv., 151 et suiv.; XXI, 81 et suiv. (*Albert d'Aix*); XXII, 66. 84, 238, 239 (*Jacques de Vitry*); XXIII, 279 (*Raoul de Caen*); XXIV, 66, 192 et suiv., 207 et suiv., 215 et suiv., 223 et suiv., 243 et suiv. (*Foulcher de Chartres*); XXV, 172; XXVII, 499; XXVIII, 423 (*Orderic Vital*).

BAUDOUIN III, fils de Foulques, roi de Jérusalem, lui succède à l'âge de treize ans, sous la tutelle de sa mère Mélisende. — Porte du secours au pays d'Antioche, ravagé par Noradin, sultan de Damas. — Assiége inutilement, avec les princes chrétiens, la ville de Damas. — Ses différends avec sa mère; elle lui ferme les portes de Jérusalem. — Il y entre par force, l'assiège dans la citadelle, fait la paix avec elle et lui abandonne la ville de Naplouse, en gardant le reste du royaume.—S'empare d'Ascalon, de Césarée, ville de Célésyrie. — Attaque à l'improviste et massacre les Arabes et les Turcomans, malgré un traité de paix conclu entre eux. — Épouse Théodora, fille de l'empereur Manuel. — Après avoir secouru la ville de Panéade, assiégée par Noradin, sultan de Damas, il est surpris et défait par ce prince. — Remporte une victoire sur les Turcs, dans un endroit nommé Puthaha. — Meurt empoisonné en 1162. — XIII, 25, 35, 36, 38, 42 (*Guillaume de Nangis*); XVII, 447 et suiv.; XVIII, 6-13, 23, 24, 29, 30-33, 49-101, 108, 109, 117 et suiv., 127, 128, 129, 156 (*Guillaume de Tyr*); XXII, 74, 84, 85, 86, 239 (*Jacques de Vitry*).

BAUDOUIN IV, dit le Lépreux, fils d'Amaury de Jérusalem. — Lui succède. — Infecté de la lèpre dès sa jeunesse. — Remporte une victoire sur le sultan Saladin, près d'Ascalon, dans la troisième année de son règne. — Est battu plusieurs fois par ce même prince. — Marie sa sœur Sibylle, veuve du marquis de Montferrat, à Gui de Lusignan, fils de Hugues le Brun. — Ses guerres contre Saladin. — Baudouin décide avec son conseil de lever un impôt pour la défense du pays contre ce sultan. — Malade de la lèpre, il nomme régent du royaume Gui de Lusignan, son beau-frère, en se réservant la couronne. — Bientôt après lui ôte le gouvernement, fait couronner roi son neveu Baudouin, encore enfant, et confie l'administration du royaume à Raimond, comte de Tripoli. — Sa mort. — XIII, 48, 52, 57 (*Chronique de Guillaume de Nangis*); XVIII, 304, 351-354, 369 et suiv., 416 et suiv., 432 et suiv., 440, 454, 455, 465 (*Guillaume de Tyr*); XIX, 9 et suiv. (*Bernard le Trésorier*); XXII, 240, 241 (*Jacques de Vitry*).

BAUDOUIN V, neveu de Baudouin IV, roi de Jérusalem. — Encore enfant est, du vivant de celui-ci et par sa volonté, couronné roi. — Après la mort de Baudouin IV, le comte de Tripoli étant régent, le jeune Baudouin est remis en la garde de Josselin, son oncle, à Acre, où il mourut. — XIII, 57, 58 (*Chronique de Guillaume de Nangis*); XIX, 11, 13, 35 (*Bernard le Trésorier*).

BAUDOUIN, comte de Mons. — Se joint à Godefroi de Bouillon pour l'expédition de la Terre-Sainte. — Assiége Antioche. — Est envoyé vers l'empereur Alexis avec Hugues le Grand par les chefs de l'armée des Croisés pour l'inviter à recevoir de leurs mains la ville d'Antioche. — Ils sont attaqués par les Turcs, et on ignore ce que devient Baudouin. — IX, 69, 209 (*Guibert de Nogent, Histoire des Croisades*); XVI, 49, 208 et suiv., 330, 345

(*Guillaume de Tyr*); XX, 72 et suiv., 151 et suiv. (*Albert d'Aix*); XXVII, 425 (*Orderic Vital*).

BAUDOUIN, surnommé Calderon, chevalier croisé. — Assiége Nicée avec l'armée chrétienne. — Sa valeur. — Il meurt à ce siége. — XVI, 134; XX, 72 et suiv., 82 (*Guillaume de Tyr*).

BAUDOUIN DE GAND, chevalier croisé. — Assiége Nicée avec l'armée chrétienne. — Sa valeur. — Il meurt à ce siége. — XVI, 134; XX, 172 et suiv., 82 (*Guillaume de Tyr*).

BAUDOUIN, évêque de Béryte. — Assiste au synode tenu à Antioche pour juger l'affaire d'Amons. — XVII, 420 (*Guillaume de Tyr*).

BAUDOUIN DE BEAUVOIS. — Passe en Turquie. — Revient à Constantinople. — XIX, 307 (*Bernard le Trésorier*).

BAUDOUIN. — Un imposteur, se fait passer pour le feu comte de ce nom, empereur de Constantinople, et est reçu comme tel par beaucoup de grands. — Mais démasqué par Louis VIII, roi de France, il est abandonné et livré à Jeanne, comtesse de Flandre, qui le fait pendre. — XI, 373-377 (*Vie de Louis VIII*); XIII, 134, 135 (*Chronique de Guillaume de Nangis*).

BAUDOUIN, archevêque de Cantorbéry. — Prend la croix. — XI, 72 (*Rigord, Vie de Philippe-Auguste*).

BAUDOUIN, frère de Robert, empereur des Grecs. — Celui-ci étant mort sans postérité, comme Baudouin était trop jeune pour gouverner l'empire déchiré par les factions, les Français et les Latins nomment empereur Jean de Brienne, autrefois roi de Jérusalem, dont ils marient la fille Marie à Baudouin. — Son beau-père le fait élever avec sa femme à la dignité impériale pour gouverner sous lui. — Après la mort de Jean, il reste seul maître de l'empire. — Est chassé de Constantinople, ainsi que les Français et les Latins, par les Grecs soutenus des Génois, et se retire en France

dans le diocèse de Lyon. — Sa mort. — XIII, 145, 155, 175, 197 (*Chronique de Guillaume de Nangis*).

BAUDOUIN DE CLARE, chevalier de l'armée d'Etienne, roi d'Angleterre. — Est fait prisonnier dans un combat, près de Lincoln, contre Ranulfe, comte de Chester, révolté contre le roi. — XXVIII, 529 (*Orderic Vital*).

BAUDOUIN, hérétique albigeois. — Est converti par Diègue, évêque d'Osma. — XIV, 14, 15 (*Pierre de Vaulx-Cernay*).

BAUDOUIN. — Succède à Guillaume, évêque d'Evreux. — XXVI, 206 (*Orderic Vital*).

BAUDOUIN, neveu de Robert le Frison, est tué dans une bataille contre lui; XXVI, 226 (*Orderic Vital*).

BAUDOUIN, prêtre qui suivit Godefroi de Bouillon en Terre-Sainte. — Est établi archevêque de Césarée en Palestine, lors de la prise de cette ville par Baudouin Ier, roi de Jérusalem. — Assiége Ascalon avec les autres chefs croisés. — La ville se rend après un long siége. — Accompagne le patriarche de Jérusalem dans son voyage en Italie pour ses démêlés avec les Hospitaliers. — XVII, 78; XVIII, 49-70, 89 (*Guillaume de Tyr*).

BAUDOUIN, fils d'Arnoul. — Ses guerres contre Roger, fils d'Herluin, au sujet du fort d'Amiens. — VI, 152 (*Chronique de Frodoard*).

BAUDOUIN, chapelain. — Se cache inutilement pour échapper aux meurtriers de Charles le Bon. — VIII, 272 (*Vie de Charles le Bon, par Galbert*).

BAUDOUIN Ier, dit *Bras-de-Fer*, comte de Flandre. — Est jugé coupable d'adultère avec Judith, veuve d'Edelbold, roi des Angles, qu'il a séduite et enlevée, et est excommunié par les évêques. — Obtient son pardon de Charles le Chauve, par l'entremise des évêques Rodoald et Jean, envoyés par le pape Nicolas. — Il épouse Judith, du consentement de Charles le Chauve, son père. — S'empare du fort de Saint-Waast d'Arras. — Charles le Chauve, roi de France, le lui enlève et le donne en bénéfice à Foulques, archevêque de Rheims.— Baudouin envoie à Foulques, pour réclamer le fort, Wincmar qui, sur son refus, l'assassine. — IV, 172, 173, 181, 187, 349 (*Annales de Saint-Bertin*); V, 255-261 (*Histoire de l'Eglise de Rheims*).

Baudouin ii. — Epouse la fille du roi Jean de Brienne. — Succède à Robert, son père. — XIX, 431, 435 (*Bernard le Trésorier*).

Baudouin iv, le Barbu, comte de Flandre.— Fait la guerre à Richard 1er, duc de Normandie. — Epouse une fille de Richard ii.— Est chassé de ses Etats par son fils, et y rentre par le secours de Robert, duc de Normandie. — VIII, 362 (*Vie de Charles le Bon*); XXIX, 99, 141, 142 (*Guillaume de Jumiége*).

Baudouin v, comte de Flandre. —Epouse la fille de Robert, roi de France. — Chasse son père de ses Etats.—Attaqué par Robert, duc de Normandie, il demande la paix à son père. — Nommé par Henri, roi de France, tuteur de son fils Philippe, gouverne sagement son royaume et le lui remet quand il est parvenu à l'adolescence.—Meurt peu de temps après. — VII, 41 (*Fragmens de l'Histoire des Français*); 77, 79 (*Hugues de Fleury*); XXVI, 75 (*Orderic Vital*); XXIX, 141, 142, 343, 344 (*Guillaume de Jumiége, Guillaume de Poitiers*).

Baudouin vi, dit de Mons. — Fils de Baudouin le Barbu (de Baudouin de Lille). — Après la mort de celui-ci, prend possession du comté de Flandre et reçoit de Robert, son frère, et de ses fils serment et hommage. — VIII, 363 (*Vie de Charles le Bon, par Galbert*).

Baudouin vii, fils de Robert, comte de Flandre. — Lui succède. —Voulant mettre en possession de l'héritage de son père, Guillaume, fils de Robert, duc de Normandie, que Henri 1er, roi d'Angleterre, retenait prisonnier, s'empare d'une grande partie de la Normandie. — Meurt d'une blessure reçue au siége du château d'Eu. — XIII, 6 (*Chronique de Guillaume de Nangis*); XXVIII, 254, 273 (*Orderic Vital*).

Baudouin ix, fils de Baudouin v, comte de Hainaut, et de Marguerite d'Alsace.— Succède à sa mère dans le comté de Flandre. — Fait hommage à Philippe-Auguste, roi de France. — S'allie contre lui à Richard, roi d'Angleterre. — S'embarque dans la croisade prêchée par Foulques et arrive à Venise. — Alexis, empereur de Constantinople étant mort, il est élu et couronné à sa place. — Soumet l'église d'Orient à l'église romaine. — Assiége Andrinople et est fait prisonnier par Joannice, roi des Bulgares. — XI, 102, 131, 134, 162, 214, 215, 225 (*Guillaume le Breton; Rigord, Vie de Philippe-Auguste*); XII, 121, 263 (*la Philippide*); XIII, 80, 88, 93 (*Chronique de Guillaume de Nangis*); XIV, 64, (*Pierre de Vaulx-Cernay*); XV, 333 (*Guillaume de Puy-Laurens*); XIX, 251, 257, 305, 313, 319 (*Bernard le Trésorier*).

Baudouin, comte de Flandre, gendre de Robert, roi des Français. —Bannit Robert le Frison, son fils, et établit son fils Arnoul héritier. — Sa mort. — XXVI, 225, 226 (*Orderic Vital*).

Baudouin, familier de Baudouin 1er, roi de Jérusalem. — Sa trahison.— Son supplice. — XVII, 149, 150, (*Guillaume de Tyr*).

Baudouin de Ramla, chevalier croisé.— Est assiégé avec Foulques, roi de Jérusalem, dans la forteresse de Montferrat, par Sanguin (Zenghi), sultan d'Alep. — Souffrances des assiégés. — Ils livrent la place. —Combat avec Baudouin iv, roi de Jérusalem, dans la bataille remportée près d'Ascalon contre Saladin. — Est fait prisonnier dans un autre combat contre Saladin. — Après le couronnement de Gui de Lusignan, roi de Jérusalem, il refuse de lui faire hommage, fait investir son fils de ses terres, et se rend vers le prince d'Antioche qui l'accueille avec honneur et lui donne autant de terres qu'il en avait laissé. — XVII, 372-379; XVIII, 351, 370 (*Guillaume de Tyr*); XIX, 45 et suiv. (*Bernard le Trésorier*).

BAUDOUIN D'ALOST. — Assiège dans le château d'Oudenarde le comte de Mons, qui prétendait à la couronne de Flandre. — Sa mort. — VIII, 362, 392 (*Vie de Charles le Bon, par Galbert*).

BAUDOUIN, frère de Raimond de Toulouse. — Rend le château de Montferrand au comte de Montfort. — Brouille de Baudouin avec son frère à ce sujet. — Baudouin, méconnu de son frère, lui apporte les preuves de sa naissance. — Raimond le retient alors auprès de lui et l'emploie dans ses guerres, mais sans lui donner d'apanage. — Dans la guerre contre Montfort demande le commandement de Castelnaudary, mais n'obtient que celui du Montferrand. — Fait hommage au comte et lui reste fidèle. — L'accompagne dans ses guerres contre les Albigeois. — Attaque et massacre les gens de Grave, pour les punir de leur trahison. — Fait livrer à Simon de Montfort le château de Caylus, et reçoit du comte le château de Moncuq. — Est trahi par les siens, retenu prisonnier et livré à son frère Raimond, qui le fait pendre. — XIV, 150, 178, 197, 284-288 (*Pierre de Vaulx-Cernay*); XV, 67-70 et suiv., 229, 234, 238 et suiv., 249 (*Histoire de la Guerre des Albigeois; Guillaume de Puy-Laurens*).

BAUDRI ou BALDERIC, évêque de Dol. — Son livre sur la première croisade jusqu'à la prise de Jérusalem. — XXVII, 405 (*Orderic Vital*).

BAUDRI (saint). — Fonde le monastère de Montfaucon. — Miracles opérés après sa mort. — V, 579, 580 et suiv. (*Frodoard, Histoire de l'Eglise de Rheims*).

BAUDRI DE BRAI ou BALDRIC. — Reste pour défendre Andeli, pris par les Français. — Se joint aux Français à Brenmule contre les Normands qui sont vainqueurs. — Se révolte contre Henri Ier, roi d'Angleterre. — Est fait prisonnier. — XXVIII, 293, 308, 379 et suiv. (*Orderic Vital*).

BAUDRY LE ROUX DE MONTFORT. — Se fait moine et donne aux religieuses de Maule plusieurs revenus. — XXVI, 437 (*Orderic Vital*).

BAUDRY, évêque. — Sa mort. — VI, 151 (*Chronique de Frodoard*).

BAUDULF, serviteur de Théodoric. — Par ordre de ce prince, chasse saint Colomban de son monastère à Luxeuil, et le conduit en exil à Besançon. — Celui-ci y étant retourné, il l'en arrache de nouveau. — II, 184-185 (*Chronique de Frédégaire*).

BAZILE, citoyen de Poitiers, veut, avec Sigaire, repousser l'invasion de Mummole, général de Sigebert, roi des Francs; mais il est vaincu et tué; I, 206 (*Grégoire de Tours*).

BAZINE, fille de Chilpéric, roi des Francs. — Sort, avec sa cousine Chrodielde, fille du roi Charibert, du monastère de Poitiers, dont celle-ci voulait chasser l'abbesse Leubovère, pour se faire nommer à sa place. — Désordres qu'elles excitent. — Elles font enlever l'abbesse de son monastère. — Bazine se sépare de Chrodielde et fait la paix avec Leubovère; mais de nouvelles discordes surviennent. — Leur jugement. — Chrodielde et Basine sont excommuniées. — Elles obtiennent d'être reçues à la communion, et Basine rentre dans le monastère de Poitiers. — II, 56-75, 107-119, 124 (*Grégoire de Tours*).

BÉATRIX, femme de Raimond, comte de Toulouse. — Est répudiée par lui. — XIV, 21 (*Pierre de Vaulx-Cernay*).

BÈDE, Anglais, savant commentateur. — Sa Chronographie. — Son Histoire ecclésiastique, dans laquelle un livre est consacré à l'histoire de Pépin le Jeune. — III, 255 (*Des Faits et Gestes de Charles le Grand*); XXV, 150; XXVI, 199, 341, 342 (*Orderic Vital.*)

BEGGA, fille de Pépin le Vieux et d'Itta. — Mariée au duc Anségise. — Donne le jour à Pépin d'Héristel. — II, 393, 394 (*Vie de Pépin le Vieux*).

BEGGON, mari d'Alpaïde, fille de l'empereur Louis. — Fait démolir l'oratoire du monastère de Saint-Pierre, et est aussitôt possédée du démon. — V, 171 (*Frodoard, Histoire de l'Église de Rheims*).

BÉHOR, roi d'Ethiopie, est baptisé par saint Matthieu; XXV, 323 (*Orderic Vital*).

BÉLA, roi de Hongrie. — Demande en mariage et épouse Marguerite, sœur de Philippe-Auguste, roi de France, et veuve de Henri le Jeune, roi d'Angleterre. — XI, 59, 198 (*Rigord, Vie de Philippe-Auguste*); (*Guillaume le Breton*); XIII, 40 (*Chronique de Guillaume de Nangis*).

BÉLISAIRE, général de l'armée romaine. — Envoyé par l'empereur Justinien pour délivrer l'Italie. — Ses succès. — Fait saisir et envoyer en exil, par ordre de l'impératrice Théodora, le pape Silvère, à la place duquel il met l'apocrisiaire Vigile. — Dignités qu'il reçoit de l'empereur. — Envoyé en Afrique, il la soumet à l'empire romain. — Vaincu par Buccelin, général des Francs. — Est privé du commandement, qui est donné à Narsès, et nommé comte des Ecuries. — I, 146 (*Grégoire de Tours*); XXV, 406-408 (*Orderic Vital*).

BELPHETH (Alp-Arslan), second sultan des Turcs. — Satrape des Perses et des Assyriens. — Envahit l'empire de Constantinople. — Défait l'armée impériale. — S'empare d'une partie du royaume de Jérusalem. — Ses ravages. — XVI, 23-26 (*Guillaume de Tyr*).

BENDAN (saint). — Son voyage sur une baleine. — VI, 204-206 (*Chronique de Raoul Glaber*).

BÉNÉDICTE, femme du comte Sigebert. — Le guérit de paralysie, par l'assistance de saint Martial, dont elle reçoit le baptême. — Elle arrête le feu à Bordeaux. — Fait cesser une tempête. — XXV, 365 et suiv. (*Orderic Vital*).

BENJAMIN, dernier fils de Jacob et de Rachel. — Est amené à son frère Joseph en Egypte, où il s'établit avec les Israélites. — I, 9 (*Grégoire de Tours*).

BENKIN, célèbre archer au service de Bertulphe, prévôt de Bruges, au siége de cette ville. — Sa fuite. — Son supplice. — VIII, 304, 374, 376 (*Vie de Charles le Bon, par Galbert*).

BENNAGE, évêque de Rheims. — Succède à Barnabé. — V, 26 (*Frodoard, Histoire de l'Église de Rheims*).

BENNON. — Est nommé évêque de Metz par le roi Henri. — VI, 89 (*Chronique de Frodoard*).

BENOIT Ier, 61e pape en 574. — Siége quatre ans. — Sous son pontificat Alboin, roi des Lombards, soumet l'Italie. — XXV, 411 (*Orderic Vital*).

BENOIT II le Jeune, 80e pape en 684. — Siége dix mois sous Justinien et Héraclius. — XXV, 420 (*Orderic Vital*).

BENOIT III, 103e pape, de l'an 855 à l'an 858. — Succède à Léon IV. — Sa mort. — IV, 158, 164 (*Annales de Saint-Bertin*); XXV, 436 (*Orderic Vital*).

BENOIT VIII, 143e pape. — Successeur de Léon. — Confirme les actes conclus dans le synode comprovincial tenu à Soissons par Hincmar, évêque de Rheims. — Privilége qu'il accorde à cet évêque. — Couronne Henri II, empereur. — Sa mort. — V, 248, 249 (*Frodoard, Histoire de l'Église de Rheims*); VI, 196, 304 (*Chronique de Raoul Glaber*).

BENOIT XI. — Succède au pape Boniface VIII. — Délie Philippe le

Bel, roi de France, sa famille et tout le royaume, de l'excommunication et des sentences d'interdiction lancées contre eux par le pape Boniface, et accorde au roi, pour l'aider dans ses guerres, les dîmes ecclésiastiques pour deux ans et les annates pour trois ans. — Sa mort à Pérouse. — XIII, 249, 253 (*Chronique de Guillaume de Nangis*); XV, 401, 402 (*Des Gestes glorieux des Français*).

Benoît. — Gouverne avec sagesse le monastère fondé par saint Basile. — V, 139 (*Frodoard, Histoire de l'Église de Rheims*).

Benoît, cardinal, légat du pape Pascal en France. — Assemble, avec son collègue Jean, un concile à Poitiers, et soumet toute la France à l'anathême, à cause de la liaison de Philippe, roi de France, avec Bertrade. — VII, 51. — (*Fragmens de l'Histoire des Français*).

Benoît de Termes, hérésiarque albigeois. — Ses controverses avec les prédicateurs catholiques. — XV, 225 (*Guillaume de Puy-Laurens*).

Benoît, abbé, est chargé par Louis le Débonnaire de parcourir tous les monastères, et d'y prêcher la règle de saint Benoît; III, 335 (*Vie de Louis le Débonnaire*, par l'*Astronome*).

Benoît, abbé. — Sa gloire. — Ses vertus. — XXV, 134 (*Orderic Vital*).

Benoît (saint), abbé d'Aniane, ou Saint-Aignan, en Languedoc. — Est le fondateur d'un ordre religieux. — Amitié de Louis le Débonnaire pour lui. — Ce prince fait construire le monastère d'Inde, et l'en établit abbé. — Ne peut guérir une jeune fille possédée du démon, qui lui répond que saint Rémi seul peut le chasser. — IV, 51-53 (*Ermold le Noir*); XXV, 134 (*Orderic Vital*); V, 37 (*Frodoard, Histoire de l'Église de Rheims*).

Benoît, archidiacre de l'église romaine. — Est envoyé vers Louis le Débonnaire par le pape Pascal, pour le disculper de l'imputation du meurtre de Théodore, primicier, et Léon, nomenclateur de la sainte Église. — III, 369 (*Vie de Louis le Débonnaire*, par l'*Astronome*).

Benoît. — Se dit envoyé du Seigneur pour construire un pont sur le Rhône, à Avignon. — Les habitans font ce qu'il faut pour l'accomplissement de ce projet. — XIII, 49 (*Chronique de Guillaume de Nangis*).

Benoît, archevêque d'Edesse. — Assiége Carrhes, ville située près d'Edesse, avec les autres chefs de l'armée chrétienne. — Ils sont défaits par une armée turque. — XVII, 104-109 (*Guillaume de Tyr*).

Beppolène, duc franc. — Envoyé contre la Bretagne. — Ravage ce pays. — Quitte Frédégonde, et se rend auprès du roi Gontran, qui lui donne à gouverner les villes appartenant à Clotaire, fils de Chilpéric. — N'étant pas reçu à Rennes, il vient à Angers, où il commet beaucoup d'injustices et de vexations, et retourne pour soumettre Rennes. — Il y laisse son fils, qui est tué par les habitans de cette ville. — Envoyé par Gontran, avec le duc Ebrachaire, contre les Bretons, ils se prennent d'inimitié. — Il est tué par Waroch, chef des Bretons, et son armée est détruite. — I, 266-474; II, 93, 170 (*Grégoire de Tours*); (*Chronique de Frédégaire*).

Béra (le comte). — Est chargé du commandement de Barcelone, prise par Louis le Débonnaire. — Son expédition contre les Maures. — Est vaincu par Sanila dans un combat singulier. — Jugé coupable de lèse-majesté, et condamné à mort, il est seulement exilé à Rouen. — III, 87 (*Annales d'Eginhard*); 333, 334-363 (*Vie de Louis le Débonnaire*, par l'*Astronome*); IV, 77-80 (*Ermold le Noir*).

Béranger de Tours. — Son hérésie combattue et confondue par Lanfranc dans les conciles de Rome et de Verceil. — XXVI, 203 (*Orderic Vital*).

Béranger, comte de Bayeux. — Est tué par Rollon, qui s'empare de la ville. — XXVI, 8 (*Orderic Vital*).

BÉRANGER, duc breton, se soulève contre Guillaume, duc de Normandie, son suzerain. — Sa réconciliation. — Sa douleur à la mort de Guillaume. — XXIX, 61-76 (*Guillaume de Jumiége*).

BÉRANGER, évêque d'Orange. — Est envoyé par le pape Pascal, comme légat, à Jérusalem, pour destituer Arnoul, patriarche de cette ville. — XXIV, 182 (*Foulcher de Chartres, Histoire des Croisades*).

BÉRANGER, chef franc. — Est envoyé avec d'autres, par Pépin, pour s'emparer de Rémistan, qui l'avait trahi. — Ils l'amènent au roi. — II, 262, 263 (*Chronique de Frédégaire*).

BÉRARD, évêque d'Albano, cardinal de l'Eglise romaine. — Est envoyé en France par Boniface VIII, avec le cardinal Simon, évêque de Préneste, pour rétablir la paix entre la France et l'Angleterre. — XIII, 224 (*Chronique de Guillaume de Nangis*).

BÉRAUD DE MARCUEIL. — Du parti d'Oudard de Montaigu contre Everard de Saint-Veran. — Est pris dans un combat livré entre eux, et remporté par le dernier. — XIII, 273 (*Chronique de Guillaume de Nangis*).

BERCHAIRE, frère de Boniface, à qui était confiée la garde de la Corse. — L'accompagne dans son expédition en Afrique. — III, 114 (*Annales d'Eginhard*); 380 (*Vie de Louis le Débonnaire*, par *l'Astronome*, qui le nomme BERARD).

BERCINGAN, fils d'Algard, fait hommage à Guillaume le Conquérant; XXIX, 424 (*Guillaume de Poitiers*).

BERDUIN, neveu de l'évêque Dadon. — Reçoit du roi Henri Ier l'évêché de Verdun. — Chasse le prêtre Hugues, à qui Rodolphe, roi de la Gaule cisalpine, l'avait donné, et se fait sacrer. — Ses guerres avec Boson, frère du roi Rodolphe. — Sa mort. — VI, 87, 99, 109 (*Chronique de Frodoard*).

BÉRENGER est sacré évêque de Verdun, par Artaud, archevêque de Rheims; VI, 111 (*Chronique de Frodoard*).

BÉRENGER, roi des Lombards. — Est chassé de son royaume par ses grands, et engage les Hongrois à ravager l'Italie. — Est vaincu par Rodolphe, que les Lombards avaient mis à sa place. — Prend Gislebert, duc de Lorraine, et l'ayant relâché, celui-ci ravage ses terres. — Ravage l'Italie à la tête des Hongrois. — Est tué par les siens. — VI, 72, 73, 79, 81, 82 (*Chronique de Frodoard*).

BÉRENGER, comte breton. — Ses querelles avec Alain favorisent les Normands, qui s'emparent de la Bretagne. — VI, 122 (*Chronique de Frodoard*).

BÉRENGER, chef franc. — Est privé par Charles le Chauve des bénéfices qu'il en avait reçus. — IV, 209 (*Annales de Saint-Bertin*).

BÉRENGER, neveu de Boson, évêque de Châlons. — Succède à Fulbert, évêque de Cambrai. — VI, 152 (*Chronique de Frodoard*).

BÉRENGER, prince d'Italie. — Empoisonne Lothaire, fils du roi Hugues, et se fait roi de Lombardie. — S'enfuit de Pavie à l'arrivée du roi Othon. — Retourne dans cette ville après le départ de celui-ci, et fait hommage à Conrad, beau-frère d'Othon, et roi de la Bourgogne. — VI, 143, 145, 146 (*Chronique de Frodoard*).

BÉRENGER, duc de Frioul, élu roi par quelques peuples d'Italie. — Expulsé du royaume par Widon, duc de Spolète, rentre par le secours d'Arnoul, roi de Bavière. — IV, 327 (*Annales de Metz*).

BÉRENGER, comte de Toulouse, est attaqué, ainsi que Warin, comte d'Auvergne, par Loup, duc de Gascogne. — Celui-ci, vaincu, prend la fuite. — Est envoyé en députation par Louis le Débonnaire vers son fils Lothaire, révolté contre lui. — Sa mort. — Ses discussions avec Bernard sur le gouvernement des Goths, terminées par sa mort prématurée. — III, 84 (*Annales d'Eginhard*); 305, 317 (*De la Vie et des Actions de Louis le Débonnaire*); 360, 408

(*Vie de Louis le Débonnaire* par l'*Astronome*).

BÉRENGER, évêque de Carcassonne. — Ses menaçantes prédictions aux habitans qui le chassent de leur ville.— XIV, 58, 59 (*Pierre de Vaulx-Cernay*).

BÉRENGÈRE, nièce de Blanche, reine de France. — Épouse Jean de Brienne, roi de Jérusalem. — XI, 361 (*Vie de Louis VIII*); XIII, 132 (*Chronique de Guillaume de Nangis*).

BÉRENGÈRE, fille du roi de Navarre. — Épouse Richard Ier, roi d'Angleterre.— II, 205 (*Guillaume le Breton*).

BÉRIG, roi des Goths. — S'avance avec une armée dans la Dacie, ou Danemark. — XXIX, 10 (*Guillaume de Jumiège*).

BERNARD (saint). — Né en Bourgogne, à Fontaines, de parens illustres.—Son génie naturel. — Son éducation pieuse. — Dévoûment d'Aleth, sa mère, pour élever Bernard et ses frères. — Chasteté de Bernard dès sa jeunesse. — Il entre dans l'ordre de Cîteaux, et, par ses exhortations, fait successivement prendre l'habit à ses cinq frères, sa sœur et son père. — Nombreuses conversions que fait saint Bernard par ses prédications. — Il fonde un couvent de femmes appelé Juilly, dans le diocèse de Langres. — Étienne, abbé de Cîteaux, envoie plusieurs moines fonder la maison de Clairvaux, dans le territoire de Langres, près de la rivière de l'Aube, et en établit Bernard abbé. — Pauvreté de la maison. — Discipline qu'il y établit. — Sa sobriété. — Ses travaux. — Ses veilles, malgré la faiblesse de son tempérament. — On craint pour sa vie, et on l'oblige à suspendre la rigueur de sa vie habituelle. — Ses voyages. — Effets de son caractère à Milan, à Rome, où il concilie tous les cœurs à Innocent II, dans sa lutte avec Anaclet. — Il refuse les évêchés qui lui sont offerts en France et en Italie. — Son retour. — Le monastère de Clairvaux, devenu trop petit pour le nombre des moines, est tranféré dans un lieu plus vaste. — De la propagation de cet ordre. — Bernard termine le schisme d'Aquitaine. — Sa visite à Hugues, évêque de Grenoble, et à la Chartreuse. — Bernard excite par ses prédications à marcher à la délivrance de Jérusalem. — Murmures qu'excite contre lui le mauvais succès de cette expédition. — Il réfute les erreurs d'Abailard et de Gilbert de la Porée. — Il se rend à Toulouse, et y extirpe l'hérésie de Henri, moine apostat. — Sa mort à l'âge de 63 ans. — Ses écrits, ses miracles. — Il réprimande le roi Louis d'avoir chassé plusieurs évêques de leurs siéges, et lui prédit la mort de son fils Philippe. — Par son entremise la paix est rétablie entre Louis, roi des Français, et Thibaut, comte de Champagne. — Malédiction qu'il prononce sur le château de Vertfeuil.—X, 149 et suiv. (*Guillaume de Saint-Thierry, Vie de saint Bernard*); 244 et suiv. (*Arnauld de Bonneval, Vie de saint Bernard*); 337 et suiv. (*Geoffroi de Clairvaux, Vie de saint Bernard*); XIII, 1, 3, 15, 16, 22, 26, 27, 28, 29, 38 (*Chronique de Guillaume de Nangis*); XV, 208, 209 (*Chronique de Guillaume de Puy-Laurens*); XVII, 489, 490 (*Guillaume de Tyr*).

BERNARD RAIMOND, un des principaux hérétiques du château de Lavaur, est converti à la foi catholique par le cardinal de Saint-Chrysogone, et établi chanoine dans l'église cathédrale de Saint-Étienne de Toulouse; XV, 210 (*Guillaume de Puy-Laurens*).

BERNARD HUGUES DE SERRELONGUE. —Envahit, avec d'autres seigneurs, les terres du roi Louis VIII dans les diocèses de Narbonne et de Carcassonne. — XV, 296 (*Guillaume de Puy-Laurens*); 374 (*Des Gestes glorieux des Français*).

BERNARD, évêque de Lydda. — Accompagne Amauri Ier, roi de Jérusalem, dans ses expéditions contre les Turcs. — XVIII, 269 (*Guillaume de Tyr*).

BERNARD DE VILLENEUVE. — Envahit avec d'autres seigneurs les terres du roi Louis dans les diocèses de Narbonne et de Carcassonne. — XV, 296 (*Guillaume de Puy-Laurens*); 374 (*Des Gestes glorieux des Français*).

BERNARD, fils de Gautier de Dromedart. — Assiège Nicée avec l'armée des Croisés. — XX, 73 (*Albert d'Aix*).

BERNARD, évêque de Sidon. — Assiste au synode tenu à Antioche pour juger l'affaire d'Arnoul. — Se déclare pour Jean Pisan, archidiacre de Tyr, dans l'élection à l'évêché de cette ville. — Sa mort. — XVII, 440, 487; XVIII, 60 (*Guillaume de Tyr*).

BERNARD VACHER, familier de Foulques, roi de Jérusalem. — Porte la bannière royale dans un combat livré aux Turcs par Robert Bourguignon, grand-maître des Templiers. — Leur défaite. — XVII, 399 (*Guillaume de Tyr*).

BERNARD ARNAUD. — Se joint aux seigneurs révoltés contre le roi Louis VIII qui assiégeait Toulouse. — XV, 298 (*Guillaume de Puy-Laurens*); 374 (*Des Gestes glorieux des Français*).

BERNARD D'ORZALS. — Envahit, avec d'autres seigneurs, les terres du roi Louis VIII, dans les diocèses de Narbonne et de Carcassonne. — XV, 296 (*Guillaume de Puy-Laurens*); 374 (*Des Gestes glorieux des Français*).

BERNARD DE PENNAFORT, chapelain du pape Grégoire. — Réunit, par son ordre, en un seul, plusieurs volumes des décrétales. — XV, 365 (*Des Gestes glorieux des Français*).

BERNARD, évêque d'Embrun. — Est envoyé vers le pape Innocent par les prélats de la croisade contre les Albigeois, avec des lettres dans lesquelles ils le supplient de confirmer l'élection de Simon de Montfort comme prince de la terre des Albigeois. — XV, 348 (*Des Gestes glorieux des Français*).

BERNARD, comte de Senlis. — Osmond lui remet le jeune Richard, duc de Normandie, son neveu, qu'il venait d'enlever à Louis d'Outremer. Il est envoyé par Hugues le Grand pour convoquer une assemblée. — XXVII, 76 (*Orderic Vital*); XXIX, 83, 91 (*Guillaume de Jumiége*).

BERNARD, comte franc. — Excite les Bourguignons à délivrer Louis le Débonnaire, retenu par son fils Lothaire, et à la tête d'un grand nombre s'avance jusqu'à la Marne. — III, 395 (*Vie de Louis le Débonnaire*, par *l'Astronome*).

BERNARD, évêque. — Est envoyé par Louis le Débonnaire vers ses fils pour les exhorter à revenir auprès de lui, et inviter le pape Grégoire à venir le trouver. — III, 390 (*Vie de Louis le Débonnaire*, par *l'Astronome*).

BERNARD, évêque de Vienne. — Forcé de rendre compte de sa conduite, prend la fuite. — III, 408 (*Vie de Louis le Débonnaire*, par *l'Astronome*).

BERNARD D'AUDIGUIER, chevalier du comte de Toulouse. — Est tué dans un combat par les Croisés. — XV, 269 (*Guillaume de Puy-Laurens*).

BERNARD, fils du comte de Montfort. — Est pris par Raimond, comte de Toulouse, dans un combat près de cette ville. — Relâché moyennant une rançon. — XV, 72 (*Histoire de la guerre des Albigeois*).

BERNARD ou ROGER DE COMMINGES. — Se joint au comte de Montfort et abandonne ensuite son parti. — Sa mort. — XIV, 146 (*Pierre de Vaulx-Cernay*); XV, 303, 361 (*Guillaume de Puy-Laurens, Gestes glorieux des Français*).

BERNARD (le comte), un des seigneurs croisés de l'armée de l'empereur d'Allemagne, du temps de l'expédition en Terre-Sainte de

Louis VII, roi de France. — Résiste vigoureusement aux Turcs, mais enfin il est tué. — XXIV, 343 (*Odon de Deuil*).

BERNARD, ermite. — D'après son conseil, Philippe-Auguste, roi de France, libère tous les Chrétiens de son royaume de leurs dettes envers les Juifs, à l'exception d'un cinquième qu'il se réserve. — II, 22 (*Rigord, Vie de Philippe-Auguste*).

BERNARD, fils de Pepin et petit-fils de Charlemagne, est envoyé par ce prince en Italie à la tête d'une armée. — Etabli roi de ce pays. — Apaise les Romains révoltés contre le pape Léon III. — Fait hommage à Louis le Débonnaire, son oncle. — Se révolte contre lui et dépose aussitôt les armes. — Est condamné à mort, ainsi que les autres chefs de la conspiration. — Ils sont seulement privés de la vue. — Se donne la mort à la suite de cette opération. — III, 69, 70, 76, 81, 82 (*Annales d'Eginhard*); 283, 290, 291 (*De la Vie et des Actions de Louis le Débonnaire*); 349, 350, 357, 358 (*Vie de Louis le Débonnaire, par l'Astronome*); 435 (*Histoire des Dissensions des fils de Louis le Débonnaire*).

BERNARD, surnommé DES BRUYÈRES, bourgeois de la commune de Laon, révolté, fait sauter la cervelle à Gaudri, évêque de cette ville; X, 49 (*Vie de Guibert de Nogent*).

BERNARD, chapelain d'Adhémar du Puy, est élu patriarche d'Antioche. — Assiége Carrhes, ville située près d'Edesse, avec d'autres chefs chrétiens. — Leur défaite. — Son mécontentement au sujet de la domination accordée par le pape Pascal à l'église de Jérusalem. — Lettres que lui écrivit le pape à ce sujet. — Meurt dans la 36e année de son pontificat. — XVII, 104-109, 182 et suiv., 333 (*Guillaume de Tyr*); XXVIII, 121 (*Orderic Vital*).

BERNARD le Danois, gouvernant la Normandie, y appelle Harold, roi de Danemarck, pour combattre les Français. — Nommé tuteur du jeune Richard, fils de Guillaume, duc de Normandie. — Louis d'Outre-mer ravage la Normandie. — Bernard se réconcilie avec lui. — Il l'excite contre Hugues le Grand. — Il reçoit Louis IV à Rouen et le fait prisonnier. — XXVII, 76 et suiv. (*Orderic Vital*); XXIX, 76, 80, 84, 85, 88 (*Guillaume de Jumiége*).

BERNARD, oncle paternel de l'empereur Charlemagne. — L'accompagne dans une expédition contre Didier, roi des Lombards. — III, 15 (*Annales d'Eginhard*).

BERNARD, comte d'Auvergne. — Conspire contre Charles le Chauve avec les autres grands du royaume. — Reçoit du roi Louis une portion des bénéfices de Bernard, marquis de Gothie. — Ce prince, près de mourir, le charge de la tutelle de son fils Louis. — Il fait tuer Engelram, mari de Friederade, qu'il épouse. — IV, 288, 301, 306, 317 (*Annales de Saint-Bertin*).

BERNARD DE HOSTEMALE, chevalier de l'armée d'Othon. — Est fait prisonnier à la bataille de Bovines, après avoir vaillamment combattu. — XI, 288 (*Guillaume le Breton*).

BERNARD, abbé de Quinçai. — Sa hardiesse à défendre ses droits contre le pape Pascal. — Il bâtit, dans le territoire de l'église de Chartres, un couvent en l'honneur du Sauveur. — XXVII, 394 (*Orderic Vital*).

BERNARD, comte de Barcelonne. — Résiste à Aizon. — Est nommé chambellan du Palais par Louis le Débonnaire. — Conspiration des grands contre Louis le Débonnaire, à la tête de laquelle est son fils Pepin. — Ils accusent Bernard d'adultère avec la reine. — Il prend la fuite. — Il se purge par serment de l'accusation d'adultère. — Refuse ensuite d'en venir au combat pour prouver son innocence à ce sujet. — Il est privé de ses dignités. — Il demeure seul maître de la Septimanie par la mort de Bérenger, son concurrent. — Il manque à la fidélité qu'il a promise à Charles le Chauve, qui l'attaque et tue quelques-uns des siens. — Après cet échec il implore le pardon du roi, qui le lui accorde et le charge de soumettre Pepin à son empire. — Après la bataille entre les trois fils de Louis le Débonnaire, dans laquelle il est resté neutre, il se range du parti de Charles le Chauve vainqueur, et lui promet de lui soumettre Pepin ; mais il ne parvient qu'à détacher de lui quelques-uns des siens. Déclaré coupable de lèse-majesté par le jugement des Francs, il subit en Aquitaine, par ordre de Charles le Chauve, la sentence capitale. — III, 116 (*Annales d'Eginhard*); 295 (*De la Vie et des Actions de Louis le Débonnaire*); 376, 381, 382-388, 408, 412 (*Vie de Louis le Débonnaire*, par l'*Astronome*); 436, 454, 455, 470 (*Histoire des Dissensions des fils de Louis le Débonnaire*); IV, 135 (*Annales de Saint-Bertin*).

BERNARD DE L'ARGENTIÈRE, un des premiers hérésiarques du diocèse de Carcassonne. — Discute avec Gui, abbé de Vaulx-Cernay. — XIV, 27 (*Pierre de Vaulx-Cernay*).

BERNARD DE CASENAC, seigneur de Montfort, s'enfuit de ce château à l'approche de Simon de Montfort. — Ses cruautés, auxquelles participait sa femme. — S'empare du château de Castelnau en Périgord, qui lui avait appartenu, et fait pendre les chevaliers qu'il y trouve. — XIV, 304, 305, 322 (*Pierre de Vaulx-Cernay*); XV, 346, 347 (*Des Gestes glorieux des Français*).

BERNARD DE PORTELLES, chevalier de Raimond de Toulouse. — Pend Baudouin, frère de celui-ci. — XIV, 228 (*Pierre de Vaulx-Cernay*); XV, 249 (*Guillaume de Puy-Laurens*).

BERNARD, évêque de Nevers. — Assiste à une assemblée tenue pour juger quelques hérétiques appelés *Télonaires* ou *Poplicains*, et dont plusieurs furent condamnés au feu et brûlés. — VII, 336 (*Histoire du Monastère de Vézelai*).

BERNARD DE TREMELAY, grand-maître des Templiers. — Assiége Ascalon avec les autres chefs croisés. — Veut pénétrer le premier dans la ville par un passage ouvert par la chûte d'une muraille, et est repoussé avec une perte de quarante de ses chevaliers. — La ville se rend aux Chrétiens. — XVIII, 49, 62, 63, 70 (*Guillaume de Tyr*).

BERNARD, archevêque de Rouen, neveu du pape Clément, est, à cause de ses discordes avec les grands de Normandie, transféré à l'archevêché de Narbonne. — XIII, 282, (*Chronique de Guillaume de Nangis*).

BERNARD LE TRÉSORIER, continuateur de Guillaume de Tyr pour l'Histoire des Croisades. — Incertitudes à ce sujet. *Voyez* la NOTICE. — XIX (*Collection des Mémoires relatifs à l'Histoire de France*).

BERNARD, marquis de Gothie, conspire contre Charles le Chauve; IV, 288 (*Annales de Saint-Bertin*).

BERNARD (le comte). — Est pris dans une bataille livrée entre Charles le Chauve et Louis son neveu. — IV, 284 (*Annales de Saint-Bertin*).

BERNARD, surnommé le Veau. — Est tué par les hommes de Bernard, comte des Marches d'Espagne. — IV, 266 (*Annales de Saint-Bertin*).

BERNARD, comte de Toulouse. — Après avoir prêté serment à Charles le Chauve, reçoit de lui Carcassonne et Rasez. — IV, 264 (*Annales de Saint-Bertin*).

BERNARD (le comte). — Est envoyé par l'empereur Louis vers Louis, pour lui annoncer de ne rien prendre du royaume de Lothaire qui revenait à l'empereur son frère — IV, 256 (*Annales de Saint-Bertin*).

BERNARD, comte de Senlis, avec Thibaut et Héribert. — S'empare de Montigni, château royal, et ravage Compiègne. — VI, 123 (*Chronique de Frodoard*).

BERNARD, fils de Bernard, duc de Septimanie. — Se met en embuscade pour tuer, les uns disent

Charles le Chauve, les autres Robert et Ramnulphe, ses fidèles. — Le roi en étant instruit, envoie des gens pour le saisir; mais il prend la fuite. — Charles le Chauve lui confie une partie des Marches d'Espagne. — IV, 197, 201 (*Annales de Saint-Bertin*).

BERNARD, fils de l'empereur Charles le Chauve, qui l'avait eu d'une concubine, est envoyé par lui vers Arnoul, fils de Carloman, que les grands de son royaume avaient mis à sa place et recommandé à sa foi; IV, 326 (*Annales de Metz*).

BERNEFRID, moine qui fut ensuite évêque. — Il introduisit dans l'abbaye d'Ouche, où il séjourna, les règles de Cluni. — XXVI, 64 (*Orderic Vital*).

BERNON, abbé du monastère de Baume. — Bâtit le couvent de Cluni, dans le Mâconnais, sur la Grosne, par l'ordre de Guillaume, duc d'Aquitaine. — VI, 259 (*Chronique de Raoul Glaber*).

BERNON, un des pirates danois qui habitaient sur la Seine. — Jure fidélité à Charles le Chauve. — IV, 163 (*Annales de Saint-Bertin*).

BERNUIN, moine du couvent de Saint-Crépin. — Est sacré évêque de Senlis. — VI, 105 (*Chronique de Frodoard*).

BÉROLD, seul homme qui se sauva du naufrage du vaisseau, appelé la Blanche-Nef, où périrent les fils d'Henri 1er, et beaucoup d'autres grands; XXVIII, 353 (*Orderic Vital*).

BÉRON, chef franc. — Assiége Barcelone avec Louis le Débonnaire. — IV, 14 (*Ermold le Noir*).

BERT (ou Théodebert), évêque de Tours. — Vient avec une procession au-devant du corps de saint Léger, évêque d'Autun, et l'accompagne dans tout son diocèse. — II, 366 (*Vie de saint Léger*).

BERTARITH, duc de Milan. — Mis en fuite, est détrôné par Grinwald, duc de Bénévent. — Après la mort de Grinwald règne dix-huit ans. — S'associe son fils Cunipert. — Alacheris, duc de Brescia, se révolte contre eux et est tué par Cunipert. — XXVI, 338, 346 (*Orderic Vital*).

BERTAUD (ou Bernard) DE SAINT-DENIS, archidiacre de Rheims, un des plus fameux théologiens de son temps. — Succède à Ferric dans l'évêché d'Orléans. — Sa mort. — XIII, 237, 265 (*Chronique de Guillaume de Nangis*).

BERTAULT, comte allemand, se joint à Pierre l'Hermite pour la première croisade. — Est pris et emmené par les Turcs. — XXVII, 421, 426 (*Orderic Vital*).

BERTEFLÈDE, fille de Charibert, roi des Francs. — Passe du monastère de Saint-Martin de Tours dans celui du Mans. — II, 47 (*Grégoire de Tours*).

BERTFRIED, chef franc. — Rassemble, avec Ursion, une armée contre Loup, duc de Champagne, dont ils pillent la maison. — Se ligue avec Rauchingue, Ursion et d'autres grands contre les rois Childebert et Gontran. — La conspiration ayant manqué, il se réfugie avec Ursion dans une basilique près du village de Vaivres. — Assiégé par Godégésile, général de l'armée de Childebert il se sauve à Verdun, chez l'évêque Agéric, où il est tué. — I, 306. II, 13 et suiv. (*Grégoire de Tours*); 167 (*Chronique de Frédégaire*).

BERTHAIRE, comte du palais de Théodoric, roi des Francs. — Est chargé par ce prince d'arracher saint Colomban de son monastère à Luxeuil, et abandonne ce soin à d'autres. — Dans une bataille remportée par Théodoric sur Théodebert, à Tolbiac, il poursuit ce dernier et l'amène captif à Cologne, auprès de Théodoric. — Attaque le premier le patrice Willebad, dans une bataille que lui livrait Flaochat, maire du palais. — Près de périr, il est délivré par son fils Aubedon. — La nation, excitée par les grands, se soulève contre lui. — Pepin le Vieux le met en fuite dans une bataille, avec Théodoric. — Est tué quelque temps après en trahison par les siens. — II, 184, 189, 229, 230, 235, 236, 294 (*Chronique de Frédégaire, Vie de Pepin le Vieux*).

BERTHAIRE, serviteur de Dagobert, roi d'Austrasie. — Tué par son ordre Chrodoald, seigneur de la race des Agilolfinges. — II, 200 (*Chronique de Frédégaire*).

BERTHAIRE, moine.—Avertit saint Léger, évêque d'Autun, qu'on en veut à ses jours. — II, 396 (*Vie de saint Léger*).

BERTHAIRE gouverne le royaume des Thuringiens avec ses deux frères Baderic et Hermanfried. — Est tué par celui-ci. — I, 114 (*Grégoire de Tours*).

BERTHE, fille de Charlemagne et femme d'Angilbert. — Donne le jour à Hermanfried et à Nitard, auteur de l'*Histoire des Dissensions des fils de Louis le Débonnaire.*—III, 495 (*Histoire des Dissensions des fils de Louis le Débonnaire*).

BERTHE, femme de Robert, roi de France, ayant été sa commère, le pape Grégoire veut dissoudre le mariage, et Robert s'y opposant, il frappe toute la France d'anathême. — Elle accouche soi-disant d'un monstre, et ce prodige décide le roi à la répudier. — VII, 32 (*Vie de Bouchard*).

BERTHE, femme du comte Gérard. — Fonde avec lui le monastère de Vézelai. — VII, 134 (*Histoire du Monastère de Vézelai*).

BERTHE, femme de Warnachaire, maire du palais de Clotaire. — Epouse Godin et s'enfuit avec lui en Austrasie, auprès de Dagobert, pour échapper à la colère du roi. — Godin l'abandonne pour obtenir sa grâce. — Elle l'accuse d'avoir le projet de tuer Clotaire, qui le fait mettre à mort. — II, 200, 201 (*Chronique de Frédégaire*).

BERTHE, femme du seigneur Guntberg. — Fonde un couvent auprès d'Avenay. — Elle est tuée par ses beaux-fils. — V, 595 (*Frodoard, Histoire de l'Eglise de Rheims*).

BERTHEGONDE, fille d'Ingiltrude, fondatrice du couvent de Saint-Martin. — Abandonne son mari pour se retirer avec sa mère. — Etant retournée avec lui, elle le quitte de nouveau et se réfugie auprès de son frère Bertrand, évêque de Bordeaux, et de là prend l'habit dans la basilique de Saint-Martin. — Ses différends avec sa mère pour la succession de Bertrand. — A la mort de sa mère, elle obtient du roi Childebert de gouverner son monastère et de se mettre en possession de tous ses biens. — Elle rassemble une troupe de bandits et pille le monastère et les environs. — II, 47, 50, 97, 98 (*Grégoire de Tours*).

BERTHOLD, archevêque de Cantorbéri, ordonné par Serge, pape; XXV, 423 (*Orderic Vital*).

BERTMOND, gouverneur de la province de Lyon. — Crève les yeux à Bernard, roi d'Italie, par ordre de Louis le Débonnaire, son oncle, contre qui il s'était révolté. —III, 435 (*Histoire des dissensions des fils de Louis le Débonnaire*).

BERTOALD, duc des Saxons. — Se soulève contre Dagobert. — Son insolence envers Clotaire. — Il est tué par ce prince. — II, 282 (*Vie de Dagobert 1er*).

BERTOALD, maire du palais de Théodoric. — Ses qualités. — Il est envoyé par Théodoric réclamer les droits du fisc dans les villes situées sur les bords de la Seine. — Clotaire envoie une armée contre lui. — Il se réfugie dans Orléans. — Théodoric étant arrivé avec une armée, livre à celle de Clotaire une bataille dans laquelle périt Bertoald. — II, 174, 176 (*Chronique de Frédégaire*).

BERTRADE, abbesse, parente de l'empereur Charles le Chauve. — Fait écrire un abrégé de la vie de ce prince, qui est lu tous les ans à son anniversaire. — VI, 69 (*Chronique de Frodoard*).

BERTRADE, femme de Pepin. — Est sacrée avec lui. — A une entrevue à Seltz avec Carloman, et part pour l'Italie, d'où elle revient en France. — II, 249 (*Chronique de Frédégaire*); III, 13, 27 (*Annales d'Eginhard, Vie de Charlemagne, par Eginhard*).

BERTRADE, fille de Simon de Montfort. — Épouse Foulques, comte d'Anjou. — Quitte son mari pour Philippe, roi de France, qui l'épouse. — Elle fait empoisonner le fils de Philippe, mais il en guérit. — VII, 50 (*Fragmens de l'Histoire des Français*); IX, 45 (*Guibert de Nogent, Histoire des Croisades*); XVII, 316, 317 (*Guillaume de Tyr, qui l'appelle* BERTELÉE); XXVI, 281, 341; XXVII, 341; XXVIII, 173, 174 (*Orderic Vital*).

BERTRAND, évêque de Bordeaux. — Accueille sa sœur Berthegonde, qui fuyait son mari, et refuse de la lui rendre. — Sa mort. — II, 48, 49 (*Grégoire de Tours*).

BERTRAND DE PESTILLAC. — Se rend à Toulouse au secours du comte Raimond, contre Simon de Montfort. — XV, 173 (*Histoire de la Guerre des Albigeois*).

BERTRAND, fils aîné de Raimond, comte de Toulouse. — Arrive en Terre-Sainte avec une flotte de Génois. — Continue le siége de Tripoli, commencé par son père. — Ses démêlés avec son cousin Guillaume Jordan, qui assiégeait cette ville, au sujet de sa possession. — Leur raccommodement. — Guillaume meurt peu après, et l'on soupçonne Bertrand de sa mort. — S'empare de Biblios, ville de Phénicie, avec le secours des Génois, auxquels il la cède. — S'empare de Tripoli, et fait serment à Baudouin 1er, roi de Jérusalem. — Assiége Béryte et Sidon avec Baudouin 1er. — Combat avec Baudouin II contre Ghazzi, sultan d'Alep, et ils remportent la victoire. — Meurt en 1112, âgé de 46 ans. — XV, 216 (*Guillaume de Puy-Laurens*); XVII, 131 et suiv., 145 et suiv., 213—215 (*Guillaume de Tyr*); XXI, 143 (*Albert d'Aix*); XXII, 64, 71, 81 (*Jacques de Vitry*); XXIV, 160 et suiv. (*Foulcher de Chartres*).

BERTRAND DE MARMANDE. — Se rend à Toulouse, au secours du comte Raimond contre Simon de Monfort. — XV, 173 (*Histoire de la Guerre des Albigeois*).

BERTRAND JOURDAIN. — Se rend à Toulouse, au secours du comte Raimond. — XV, 173 (*Histoire de la Guerre des Albigeois*).

BERTRAND, fils du comte Gillebert. — Fidèle de Boémond III, prince d'Antioche, est chassé par lui, et se retire auprès de Rupin, prince d'Arménie. — XVIII, 388 (*Guillaume de Tyr*).

BERTRAND DE L'ISLE, prévôt de l'Eglise de Toulouse. — Est nommé évêque de cette ville. — XV, 325 (*Guillaume de Puy-Laurens*).

BERTRAND DU PUY, cardinal. — Est envoyé en qualité de légat en Italie pour soutenir le parti de l'Eglise contre les Gibelins. — XIII, 382 (*Chronique de Guillaume de Nangis*).

BERTRAND, cardinal-prêtre du titre de Saint-Jean et Saint-Paul, légat du Siége apostolique, est envoyé, par le pape Honoré III, dans le pays des Albigeois, pour y régler les choses concernant la foi; XIV, 332 (*Pierre de Vaulx-Cernay*).

BERTRAND, surnommé Rumeix, chevalier de l'armée d'Henri 1er, roi d'Angleterre. — Est tué par Hugues de Gournai. — XXVIII, 274 (*Orderic Vital*).

BERTRAND DE LÉON, chevalier de l'armée d'Ildefonse, roi d'Espagne. — Est tué dans un combat contre les Sarrasins. — XXVIII, 437, 438 (*Orderic Vital*).

BERTRAND DE BLANQUEFORT, grand-maître des Templiers. — Est pris dans un combat contre le sultan Noradin. — XVIII, 110 (*Guillaume de Tyr*).

BERTRAND, évêque. — Assiste à

l'assemblée des évêques tenue pour juger Prétextat, évêque de Rouen, accusé par le roi Chilpéric de soulever le peuple contre lui. — Accuse Grégoire de Tours. — Vengeance qu'il exerce contre un nommé Euphronius, à l'occasion des reliques de saint Serge. — Fait consacrer Faustien évêque de Dax par Pallade, évêque de Saintes. — Faustien est destitué dans un synode tenu à Mâcon, et Gontran condamne ses ordinateurs à le nourrir. — Bertrand meurt en revenant de ce synode. - I, 247, 298, 299, 405, 406, 448, 451 (*Grégoire de Tours*).

BERTRAND, archidiacre de Paris. — Succède à Bodégésile dans l'évêché du Mans. — Ses altercations avec la femme de celui-ci. — Est envoyé par le roi Gontran vers les Bretons révoltés. — I, 471; II, 23 (*Grégoire de Tours*).

BERTRUDE, femme du duc Launbod. — Institue en mourant sa fille son héritière, avec des legs pour le monastère qu'elle avait fondé et pour d'autres églises. — II, 51 (*Grégoire de Tours*).

BERTRUDE, femme du roi Clotaire. — Ouvertures que lui fit Leudemond, évêque de Sion, de la part du patrice Aléthée. — Sa mort. — II, 193, 195 (*Chronique de Frédégaire*); 276 (*Vie de Dagobert Ier*).

BERTULPHE, prévôt de Bruges. Ses vains efforts pour échapper au servage de Charles le Bon, comte de Flandre, et de là sa haine contre ce prince. — Il conspire contre Charles et le fait assassiner. — S'empare de l'autorité et des biens du comte et pille les alentours. — Rassemble des troupes et fait fortifier les faubourgs de Bruges. — Assiégé dans Bruges. — Demande vainement à traiter avec les assiégeans. — Sa fuite du château. — Il se réfugie à Kaihem, métairie; de là à Furnes, à Warneste, et est pris. — Son supplice. — VIII, 236 et suiv., 251 et suiv. 257, 266, 276, 286, 287, 292 et suiv., 307, 316, 324, 341 et suiv. (*Suger, Vie de Louis le Gros* (Il y est nommé Berthold.) (*Vie de Charles le Bon*, par *Galbert*).

BERTULPHE, archevêque de Trèves. — Lettre écrite à son sujet, par Hincmar, archevêque de Rheims, à Louis le Germanique. — Sa mort. — IV, 317 (*Annales de Metz*); V, 334-340 (*Histoire de l'Eglise de Rheims*).

BÉRULPHE, duc franc, fait placer des gardes aux portes de Tours pour s'assurer de Grégoire de Tours. — Marche contre le territoire de Bourges, et le ravage avec les ducs Bladaste et Didier. — Est saisi, comme soupçonné d'avoir enlevé les trésors du roi Sigebert. — Est remis en liberté par l'intervention des évêques. — I, 297, 325, 344, 453 (*Grégoire de Tours*).

BÉRYTE, ville maritime de Phénicie, entre Biblios et Sidon. — Son ancienne histoire. — Elle est assiégée et prise par Baudouin Ier, aidé des Génois. — XVII, 144-147 (*Guillaume de Tyr*).

BÉTAUSE, évêque de Rheims, sous le règne de Constantin. — Siége le premier de la province Belgique au premier concile d'Arles. — V, 13 (*Frodoard, Histoire de l'Eglise de Rheims*).

BEZEUGE. — Chef des chevaliers de Damas. — Attaque le territoire de Tripoli. — Pons, comte de Tripoli, marche contre lui; il est vaincu, pris et mis à mort. — Prend et ravage la ville de Naplouse. — XVII, 364, 374 (*Guillaume de Tyr*).

BIBLIOS, ville maritime de Phénicie. — Est prise par Bertrand, comte de Tripoli, et une flotte génoise. — XVII, 133, 134 (*Guillaume de Tyr*).

BIER ou BIOERN, fils de Lothroc ou Lobroc, roi de Dacie. — Chassé de sa patrie. — Son irruption sur les côtes de France. — Il dévaste le Vermandois, la Neustrie. — Détruit Paris, Beauvais, Poitiers, Clermont sous le règne de Charles le Simple. — Veut retourner en Danemarck. — Sa mort. — XXVI, 7 (*Orderic

Vital); XXIX, 11, 13, 14, 16, 20 (*Guillaume de Jumiége*).

BIGON, officier et favori de Louis le Débonnaire. — Va par son ordre rassembler ses troupes pour assiéger Barcelone. — Assiége cette ville. — Va annoncer à Charlemagne la prise de Barcelone; et, comblé de présens, retourne vers Louis le Débonnaire. — Sa mort. — IV, 11, 14, 25, 27, 28, 48 (*Ermold le Noir*).

BILICHILDE, femme de Théodebert, roi d'Austrasie. — Affection des Austrasiens pour elle. — Ses querelles avec Brunehault qui l'avait autrefois achetée à des esclaves. — Elle est tuée par son mari. — II, 180, 187 (*Chronique de Frédégaire*).

BITINACE (Nicéphore Botoniate). — Usurpe l'empire d'Orient. — Chasse du trône Michel VII, fils de Constantin Ducas, empereur de Constantinople. — Fait crever les yeux au fils de Michel et le met dans les fers. — XXVII, 143 (*Orderic Vital*).

BLADASTE, chef franc. — Combat avec Bérulphe et Didier contre les gens de Bourges, et ravage le territoire de Tours. — Marche en Gascogne et y perd la plus grande partie de son armée. — Assiégé dans Comminges avec Gondovald, par Leudégésile, général du roi Gontran, il met le feu à la maison épiscopale et se sauve. — Rentre en grâce auprès de Gontran, par l'intervention de Grégoire de Tours. — I, 326, 344, 345, 409, 414, 432 (*Grégoire de Tours*).

BLANCHE, fille d'Othelin, duc de Bourgogne. — Epouse Charles, troisième fils de Philippe le Bel. — Accusée d'adultère avec le chevalier Gautier d'Aunay, elle est répudiée par son mari et renfermée dans une prison. — Devient grosse d'un serviteur à qui était confié le soin de la garder. — Son mariage avec Charles est annulé pour cause de parenté. — XIII, 269, 301, 311, 356 (*Chronique de Guillaume de Nangis*).

BLANCHE, comtesse de Troyes. — Prête serment à Philippe-Auguste, ainsi que les grands et prélats de France contre Jean-sans-Terre, roi d'Angleterre, et l'empereur Othon. — XII, 260 (*Guillaume le Breton*, dans *la Philippide*).

BLANCHE ou CANDIDE, fille d'Alphonse, roi de Castille. — Epouse Louis, fils aîné de Philippe-Auguste. — Est sacrée reine avec son mari dans l'église de Rheims. — Est chargée du gouvernement de la France pendant l'expédition de saint Louis en Terre-Sainte. — Sa mort. — XI, 153, 220, 358 (*Rigord, Guillaume le Breton, Vie de Louis VIII*); XIII, 84, 132, 156 (*Chronique de Guillaume de Nangis*); XV, 384 (*Des Gestes glorieux des Français*).

BLANCHE, fille de saint Louis, roi de France. — Est envoyée par son père en Espagne pour être mariée à Ferdinand, fils aîné du roi de Castille. — Est renvoyée en France par Alphonse, roi d'Espagne. — Epouse Rodolphe, duc d'Autriche, fils d'Albert, roi des Romains. — Prend l'habit dans le couvent de Saint-Marceau, près de Paris. — Meurt empoisonnée, dit-on, avec son fils unique, qu'elle avait eu de Rodolphe. — XIII, 184, 197, 238 (*Chronique de Guillaume de Nangis*); 240, 256 (*Continuateur de Guillaume de Nangis*).

BLANDIN, comte d'Auvergne. — Se joint à Waïfer, prince d'Aquitaine, contre le roi Pepin. — Il est fait prisonnier au siége de Clermont. — Il s'évade et est tué dans une bataille remportée par Pepin. — II, 256, 257, 260. (*Chronique de Frédégaire.*)

BLATEFRIED, évêque de Bayeux. — Est mis à mort par une troupe d'habitans de la Seine. — IV, 167 (*Annales de Saint-Bertin*).

BLÉDA, frère d'Attila. — Ravage avec lui l'Illyrie et la Thrace. — XXV, 129 (*Orderic Vital*).

BLIDEN, roi gallois, se joint aux

Anglais contre Guillaume le Conquérant; XXVI, 174 (*Orderic Vital*).

BLITGAIRE. — Est envoyé vers Charles le Chauve par Louis le Germanique, pour le prier de ne pas recevoir Carloman son fils. — IV, 181 (*Annales de Saint-Bertin*).

BOANTE, chef franc. — Ayant toujours été infidèle au roi Gontran, est tué par son ordre.— I, 436 (*Grégoire de Tours*).

BOBBON, ancien évêque de Valence, dont il avait été chassé. — Est établi évêque d'Autun par les ennemis de saint Léger. — Part avec eux pour soumettre le patriciat de Lyon. — II, 347, 348 (*Vie de saint Léger*).

BOBOLÈNE, référendaire de la reine Frédégonde. — Attaque et tue Domnole, fille de Victor, évêque de Rennes, pour lui enlever ses vignes. — I, 465 (*Grégoire de Tours*).

BOBON, duc d'Auvergne. — Attaque Radulf, duc de Thuringe, révolté contre le roi Sigebert. — Il est tué et l'armée royale est défaite. — II, 226 (*Chronique de Frédégaire*).

BOBON (le duc), fils de Mummolène. — Accompagne en Espagne Rigonthe, fille du roi Chilpéric. — I, 369 (*Grégoire de Tours*).

BOBYLA, surnom d'Austrechilde, femme du roi Gontran; I, 178 (*Grégoire de Tours*).

BODÉGÉSILE, fils de Mummolène, un des envoyés de Childebert, roi des Francs, vers l'empereur Maurice. — Est tué par le peuple de Carthage la grande, ameuté contre eux. — II, 82 (*Grégoire de Tours*).

BODÉGÉSILE (le duc).— Sa mort. — I, 452 (*Grégoire de Tours*).

BODÉGÉSILE, maire du palais royal, est rétabli par le roi Clotaire évêque du Mans. — Ses cruautés, excitées encore par la méchanceté de sa femme. — I, 320, 470, 471 (*Grégoire de Tours*).

BODERAD. — Est envoyé par l'empereur Louis vers Charles le Chauve pour traiter avec lui au sujet du royaume de feu Lothaire, qui devait appartenir à Louis. — IV, 250 (*Annales de Saint-Bertin*).

BODIC, comte des Bretons. — Convention faite entre lui et Malo, autre comte des Bretons, violée par celui-ci après la mort de Bodic. — I, 243 (*Grégoire de Tours*).

BODILON, chef franc. — Frappé de verges par ordre du roi Chilpéric. — Cet affront excite les grands à la sédition. — Bodilon tue le roi et la reine Bilichilde dans la forêt de Bundi. — II, 232 (*Chronique de Frédégaire*).

BODIN, référendaire du roi Clotaire. — 16e évêque de Tours, siège cinq ans et dix mois. — II, 148 (*Grégoire de Tours*).

BODON, chrétien apostat devenu juif. — Excite les Juifs et les Sarrasins contre les Chrétiens d'Espagne. — Ceux-ci supplient Charles le Chauve et tous les évêques de son royaume de faire cesser ces persécutions. — IV, 142 (*Annales de Saint-Bertin*).

BOÈCE, ex-consul romain. — Est mis à mort par l'ordre de Théodoric Gualamer. — XXV, 404 (*Orderic Vital*).

BOÉMOND 1er, fils de Robert Guiscard, duc de Sicile. — Remporte sur Alexis, empereur des Grecs, une bataille dans laquelle il est blessé.— Sa belle-mère Sichelguade l'empoisonne et lui rend la santé par crainte de son mari.— Après la mort de son père, se réfugie auprès de Jourdain, prince de Capoue.— Secondé par ce prince, il force Roger la Bourse, son père et sa belle-mère Bari, de lui remettre Tarente, deux autres villes et plusieurs places fortes. — Quitte le siège d'Amalfi pour se rendre dans la Terre-Sainte.—Ravage la Castorée sur son passage.— Arrivée en Grèce, son armée est attaquée par les Grecs et les met en fuite.— Alexis, empereur d'Orient, ordonne qu'on lui fournisse tout ce qui lui sera nécessaire et le reçoit avec honneur à Constantinople. —

Boémond lui fait hommage.—Siége et prise de Nicée, ville de Bithynie, que Boémond est chargé d'attaquer de front. — Après la séparation des chefs croisés, Boémond est attaqué par une armée immense de Turcs. — Secouru par les autres princes, il remporte une victoire éclatante. — Siége d'Antioche par l'armée chrétienne. — Boémond défait une armée qui venait au secours de cette ville. — Remporte une seconde victoire sur une autre armée. — Dans une autre rencontre il est vaincu. — Ses intelligences avec Phirouz, un des principaux chefs d'Antioche. — Il le décide à lui livrer le poste qu'il était chargé de garder. — Il obtient des chefs du siége, excepté de Raimond de Saint-Gilles, la promesse d'être reconnu prince d'Antioche, s'il leur livre cette ville. — Introduits par Phirouz, les Chrétiens s'emparent d'Antioche. — Ils y sont à leur tour assiégés par une armée de Perses et de Turcs, sous la conduite de Kerbogha. — Boémond fait mettre le feu à une partie de la ville, pour en faire sortir les Chrétiens, qui refusaient de combattre.—Victoire des Chrétiens sur les assiégeans. — Contestations entre Boémond et Raimond de Saint-Gilles, au sujet de la possession d'Antioche. — Ils assiégent ensemble et prennent la ville de Marrah. — Après la séparation des chefs de l'armée, Boémond marche en Cilicie, s'empare de Tarse, d'Adana, de Mamistra, d'Anavarze, et de tout le pays. — Il se joint à Baudouin, comte d'Edesse et frère de Godefroi, pour se rendre à Jérusalem, où ils arrivent après bien des fatigues, et sont reçus avec honneur par Godefroi. — Il est fait prisonnier par Damisman, satrape des Turcs, et emmené en Perse. — Sa délivrance de captivité par Mélaz, fille de Daliman, sultan des Turcs. — Il revient à Antioche. — Assiége Carrhes, ville située près d'Edesse, avec d'autres chefs chrétiens. — Ils sont battus par une armée turque arrivée au secours de la ville.— Boémond passe dans la Pouille et de là en France, où il épouse Constance, fille du roi Philippe. — A la tête d'une armée rassemblée en France, il attaque l'empire des Grecs. — Assiége Durazzo, remporte deux victoires sur les Grecs. — Conclut avec Alexis un traité par lequel l'empereur s'engage à prêter secours aux Croisés. — Meurt empoisonné au moment de se rembarquer pour la Terre-Sainte. — VII, 49, 53-56 (*Fragmens de l'Histoire des Français*); VIII, 26-28 (*Suger, Vie de Louis le Gros*); IX, 78-86, 92, 97 et suiv., 117, 142, 155-162, 165 et suiv., 184, 202-207, 215 et suiv., 219-222, 318-321 (*Guibert de Nogent, Histoire des Croisades*); XVI, 50, 105 et suiv., 134, 152-156, 208 et suiv., 260 et suiv., 268 et suiv., 316, 328 et suiv., 343, 344, 348, 349, 366; XVII, 28, 29-32, 43, 44, 104-109, 111, 112, 125-127 (*Guillaume de Tyr*); XX, 67 et suiv., 151 et suiv.; XXI, 127 et suiv. (*Albert d'Aix*); XXII, 57, 58, 246 (*Jacques de Vitry*); XXIII, 8-20, 51-68, 103 et suiv., 263, 316 et suiv., 447 et suiv. (*Raoul de Caen, Robert le Moine*); XXIV, 24 et suiv., 63, 83 et suiv., 90, 144, 145, 158, 159 (*Foulcher de Chartres*); XXVI, 431; XXVII, 155 et suiv., 267, 344, 426, 432 et suiv.; XXVIII, 62, 119, 123 et suiv., 186, 187, 209-211 (*Orderic Vital*); XXIX, 239 (*Guillaume de Jumiége*).

Boémond II, le Jeune, fils de Boémond 1er. — Vient en Syrie réclamer l'héritage de son père. — Le roi de Jérusalem le lui rend et lui donne sa fille Alix en mariage. — S'empare de la citadelle de Cafarda. — Divisions entre lui et Josselin l'Ancien, qui appelle les Turcs pour ravager le territoire d'Antioche. — La paix est rétablie entre eux par le roi de Jérusalem. — Est tué en 1131, dans une bataille contre Rodoan, prince d'Alep. — VIII, 29 (*Suger, Vie de Louis le Gros*);

(*Guillaume de Tyr*); XXIV, 268, 274 (*Foulcher de Chartres*); XXVIII 234 (*Orderic Vital*).

Boémond III, surnommé le *Bambe* ou le *Baube*. — Abandonne en 1181 Théodora, sa femme, nièce de l'empereur Alexis. — Epouse Sibylle. — Troubles à l'occasion de ce mariage, auquel le clergé s'était opposé. — Boémond persecute le patriarche et les évêques. — Il est excommunié. — Arrangement conclu enfin entre le clergé et Boémond, qui néanmoins continue ses mêmes désordres. — XVIII, 382, 384 et suiv. (*Guillaume de Tyr, Histoire des Croisades*).

Boois, servant d'armes de l'armée de Philippe-Auguste, roi de France. — S'introduit dans les derniers retranchemens du château Gaillard, assiégé par ce prince; y met le feu, et en livre l'entrée aux assiégeans. — XII, 207-209 (*Guillaume le Breton* dans la *Philippide*).

Boile de Chartres. — Accompagne Boémond, prince de Tarente, dans son expédition en Terre-Sainte. — XVI, 102 (*Guillaume de Tyr*).

Boldran, châtelain de Bruges. — Est jeté à l'eau par Erembald. — VIII, 368 (*Vie de Charles le Bon*).

Bondochar, ou Bibars 1er, qui avait tué le soudan de Babylone, et s'était fait soudan d'Egypte, vient menacer la ville d'Acre. — Entre en Arménie avec son armée. — Tue Thoros, le fils du roi; prend Livon, son autre fils. — S'empare de Jaffa, d'Antioche. — XIX, 361, 577 (*Bernard le Trésorier*).

Bonfils, un des seigneurs du château de Lavaur. — Afin de l'avoir en entier, tue ses deux neveux; mais il est lui-même mis à mort. — XV, 210, 211 (*Guillaume de Puy-Laurens*).

Boniface, seigneur de Lombardie, marquis de Montferrat. — Se rend à Jérusalem à la nouvelle du couronnement de Baudouin, son petit-fils, et est reçu avec honneur. — Est pris par Saladin. — XIII, 92 (*Chronique de Guillaume de Nangis*); XIX, 23,89 (*Bernard le Trésorier*).

Boniface, comte franc. — Chargé de la garde de l'île de Corse, passe en Afrique avec une petite flotte, et débarque entre Utique et Carthage, et défait un grand nombre d'habitans. — Est envoyé en Septimanie par Louis le Débonnaire pour y régler les différends entre les grands et Bernard, duc de ce pays. — III, 114, 115 (*Annales d'Eginhard*); 380, 412 (*Vie de Louis le Débonnaire, par l'Astronome*).

Boniface (saint), archevêque de Mayence. — Envoyé en France, par le pape Zacharie, pour y rétablir la discipline canonique. — Vision que lui raconte saint Euchère, au sujet de Charles-Martel. — Sacre Pépin le Bref roi des Francs. — Prêche le christianisme aux Frisons. — Son martyre. — V, 172 (*Histoire de l'Eglise de Rheims*). II, 396; (*Vie de Pépin le Vieux*); III, 45 (*Annales d'Eginhard*, où on le dit archevêque de Metz; IV, 3 (*Ermold le Noir*).

Boniface, évêque de Lyon. — Avec Pierre de Savoie, assiége Turin, sans pouvoir s'en emparer. — XIII, 168 (*Chronique de Guillaume de Nangis*).

Boniface, seigneur du château de Castellane, en Provence, soutient les Marseillais révoltés contre leur seigneur Charles, comte d'Anjou et de Provence. — Celui-ci assiége le château de Castellane, qui se rend; s'empare de la terre de Boniface, et le chasse de la Provence. — XIII, 175, 176 (*Chronique de Guillaume de Nangis*).

Boniface, marquis de Montferrat. — Soutient Frédéric, empereur d'Allemagne, contre Othon. — XI, 249 (*Guillaume le Breton*).

Boniface 1er, 41e pape, en l'an 418. — Siége 3 ans. — Eulalius ordonné en même temps. — Dissensions à ce sujet. — Les empereurs Honorius et Valentinien exilent Eulalius, et Boniface reste seul pape.—XXV, 397, 398 (*Orderic Vital*).

Boniface II, 54ᵉ pape, l'an 530.—Siége 2 ans, du temps d'Athalaric et Justinien.—Dissensions à son ordination, à cause de Dioscore.—XXV, 405 (*Orderic Vital*).

Boniface III, 65ᵉ pape, l'an 606.—Siége 8 mois.—Obtient de l'empereur Phocas que le siége de Rome soit déclaré chef de toutes les Eglises, contre les prétentions de Constantinople.—XXV, 414 (*Orderic Vital*).

Boniface IV, 66ᵉ pape, l'an 617 ou 618; né à Valérie, ville des Marses.—Siége 6 ans.—XXV, 414 (*Orderic Vital*).

Boniface V, 68ᵉ pape.—Siége cinq ans.—XXV, 415, (*Orderic Vital*).

Boniface VIII, 197ᵉ pape.—Succède à Célestin V, qui déposa la tiare, et le fait garder dans un lieu sûr.—Déclare déchus de leurs dignités et privés de leurs bénéfices ecclésiastiques, les cardinaux Pierre et Jacques Colonne, qui soutenaient comme injustes la déposition de Célestin et l'élévation de Boniface.—Les cardinaux se réfugient à Népi, en Toscane.—Le pape les excommunie, et envoie une armée contre eux.—Ils implorent enfin leur grâce.—Il les reçoit avec bienveillance, mais ne les rétablit pas dans leurs dignités.—Nouveaux statuts qu'il fait ajouter à la suite du Vᵉ livre des *Décrétales*.—Il canonise saint Louis, roi de France.—Institution du Jubilé.—Bulle de Boniface contre Philippe le Bel, roi de France.—Leurs querelles.—Sentences d'excommunication lancées contre tous ceux qui exerceraient des exactions sur le clergé, ou contre ceux du clergé qui consentiraient à les recevoir.—Il est invité par une lettre que lui apporte Guillaume de Nogaret, de la part de Philippe le Bel, à convoquer un concile pour y répondre aux accusations portées contre lui.—Il s'y refuse, est arraché de sa maison à Anagui par Nogaret, qui le retient prisonnier, et le conduit à Rome, où il meurt de chagrin.—XIII, 222, 226, 230 et suiv., 248, 249 (*Chronique de Guillaume de Nangis*); XV, 398, 399 (*Des Gestes glorieux des Français*.)

Bonvanquier de Gap, chevalier croisé.—Assiége Nicée avec l'armée chrétienne.—XX, 73 (*Albert d'Aix*).

Borgarit, grand veneur de la cour de Lothaire.—Sa mort.—III, 406 (*Vie de Louis le Débonnaire*, par l'*Astronome*).

Boris.—Ses prétentions sur le royaume de Hongrie.—Profite du passage de Louis VII en ce pays, et de l'empereur d'Allemagne, pour les intéresser à sa cause. Mais le roi de Hongrie, en distribuant de l'argent, détourne cette attaque.—Boris suit l'armée de Louis VII.—XXIV, 301 et suiv. (*Odon de Deuil*).

Borislas, prince des Sarmates.—Marche avec le roi Othon contre les Hongrois, qui sont taillés en pièces.—Se joint au même prince contre deux rois sarmates, et par là lui facilite la victoire.—VI, 151 (*Chronique de Frodoard*).

Borna, duc de Dalmatie.—Dans un combat contre Liudewit, duc de Pannonie, est abandonné par une partie de ses troupes, et ne s'échappe que par la fuite.—Son pays ravagé par Liudewit, qu'il force enfin de se retirer.—Il obtient du secours de Louis le Débonnaire, et ravage à son tour les domaines de Liudewit.—Sa mort.—III, 85, 86 (*Annales d'Eginhard*); 362, 363, 364 (*Vie de Louis le Débonnaire*, par l'*Astronome*).

Boson, chef franc.—Par l'ordre du roi Gontran, conduit une armée en Espagne; mais sa négligence la fait tailler en pièces par les Goths.—II, 169 (*Chronique de Frédégaire*).

Boson, prêtre, succède à Guillaume comme abbé du monastère du Bec.—Ses hautes qualités, sa sainteté.—Sa mort.—XXVIII, 473 (*Orderic Vital*); XXIX, 275 (*Guillaume de Jumiége*).

Boson, fils du comte Bouin. — A la mort d'Hermentrude, femme de Charles le Chauve, est envoyé par ce prince chercher Richilde sa sœur qu'il prend pour concubine, et reçoit en récompense l'abbaye de Saint-Martin et d'autres bénéfices. — Est nommé par Charles le Chauve camérier et maître des huissiers de son fils Louis. — Est nommé duc de Pavie. — Epouse Hermengarde, fille de l'empereur Louis. — Conspire contre Charles le Chauve. — Traite chez lui le roi Louis, qui fiance son fils Carloman à la fille de Boson. — A la persuasion de sa femme, engage les évêques à le couronner et sacrer roi. — Il est attaqué par Charles, Louis et Carloman, fils de Louis le Bègue, et contraint de laisser sa femme et sa fille à Vienne, qu'ils assiégent, pour s'enfuir dans les montagnes. — IV, 249, 264, 276, 288, 301, 308, 313 (*Annales de Saint-Bertin*).

Boson, comte franc. — Ses démêlés avec Henri, roi de Germanie. — Il lui promet fidélité. — Ses querelles avec les comtes Hugues et Héribert. — Terminées par Rodolphe, roi des Français. — Il recommence la guerre. — Ses démêlés avec Gislebert, duc de Lorraine. — Assiége Rheims avec le roi Rodolphe. — Ses guerres avec Bernuin, évêque de Verdun. — Le roi Henri lui rend une grande partie de ses terres. — Meurt au siège de Saint-Quentin. — VI, 92-96, 99, 103 (*Chronique de Frodoard*).

Boson, fils de Richard. — Tue Ricuin. — VI, 76 (*Chronique de Frodoard*).

Boson, fils d'Audolène, est tué par le duc Arnebèse, d'après l'ordre de Clotaire, qui l'accusait d'adultère avec la reine Sichilde. — II, 201 (*Chronique de Frédégaire*).

Botdar, ou Bendocbar, soudan de Babylone et de Damas. — Après avoir ravagé l'Arménie, prend Antioche. — Livre bataille aux Tartares. — Vaincu et blessé mortellement, il retourne à Damas et meurt peu de temps après. — XIII, 182, 196 (*Chronique de Guillaume de Nangis*).

Bouchard de Marly, chevalier de l'armée du comte de Montfort. — Est pris par les Albigeois devant le château de Cabaret, et retenu seize mois dans les fers. — Sa délivrance. — Sur un message du comte de Montfort, assiégé dans Castelnaudary par Raimond de Toulouse, il quitte Lavaur pour l'aller secourir, et est attaqué et défait en chemin par le comte de Foix. — Envoyé au secours des gens de Bordes, contre ce même comte, il est encore forcé de fuir. — Mais revenant attaquer les pillards, il les taille en pièces. — Commande le second bataillon de l'armée de Montfort, dans la bataille entre les croisés et les Albigeois sous les murs de Muret. — XIV, 76, 136 (*Pierre de Vaulx Cernay*); XV, 40, 41, 63-83, 101 (*Histoire de la Guerre des Albigeois*).

Bouchard, neveu de Bertulphe, prévôt de Bruges. — Cherche à échapper au servage de Charles le Bon, comte de Flandre. — Son expédition contre Thancmar. — Il conspire contre Charles, et lui donne la mort. — Ses pillages et ses brigandages. — Assiégé dans Bruges. — Sa courageuse résistance aux assiégeans. — Il est pris à Lille, et mis à mort. — VIII, 251, 253 et suiv., 257-266, 279, 292 et suiv., 314, 379 (*Vie de Charles le Bon*); 136 et suiv. (*Suger, Vie de Louis le Gros*) XIII, 12 (*Chronique de Guillaume de Nangis*); XXVIII, 407 (*Ordéric Vital*).

Bouchard, comte de Vendôme. — S'embarque avec d'autres pour la croisade contre Mainfroi, usurpateur du royaume de Sicile. — Ils détruisent les châteaux ennemis de Crémone et de Brescia, et rejoignent à Rome Charles, roi de Sicile. — Monte le premier à l'assaut au siège de San-Germano, et s'empare de cette ville. — XIII, 180, 181 (*Chronique de Guillaume de Nangis*).

Bouchard, comte de Melun et de

Corbeil, fils naturel de Foulques le Bon, comte d'Anjou. — Il vient à la cour de Hugues Capet, qui lui donne des terres, des châteaux, et le fait son conseiller. — Après la mort d'Aymond, comte de Corbeil, il épouse Élisabeth sa veuve, par le conseil du roi, qui lui donne les châteaux de Melun, de Corbeil, et le comté de Paris. — Projet de Bouchard de rétablir l'abbaye des Fossés appartenant au domaine royal. — Hugues lui permet de la restaurer. — Bouchard met à la tête de son abbaye Mayeul, abbé de Cluni. — Le comte Eudes leur fait la guerre et lui enlève le château de Melun; mais, aidé par le roi Robert, Bouchard le reprend et bat son ennemi. — A la suite d'une maladie il prend l'habit monastique dans son abbaye. — Sa mort. — VII, 3 et suiv. (*Eudes, moine, Vie de Bouchard*); XXVII, 134 (*Orderic Vital*); XXIX, 129, 130 (*Guillaume de Jumiége*).

BOUCHARD LE ROUX, évêque de Munster, complice de l'empereur Henri V. — Est déposé dans le concile de Vienne, tenu le 16 septembre 1112. — VIII, 38 (*Suger, Vie de Louis le Gros*).

BOUCHARD (Burchardt), seigneur de Montmorenci. — Ses querelles avec Adam, abbé de Saint-Denis. — Appelé en jugement devant Philippe Ier, il perd sa cause. — Refuse de se soumettre à la condamnation portée contre lui; mais Louis le Gros ravage ses terres et le soumet. — A la tête des habitans du Vexin, attaque le premier et bat les Normands dans un combat entre Louis le Gros et les Anglais, livré dans la plaine de Brenneville; mais, mal secondé, la bataille est perdue. — VIII, 8, 9, 112 (*Suger, Vie de Louis le Gros*); XXVIII, 250, 251, 308, 311 (*Orderic Vital*).

BOUCHARD, abbé de Balerne. — Note qu'il fit ajouter à la Vie de saint Bernard par Guillaume de Saint-Thierri. — X, 227.

BOURDIN, archevêque de Prague. — Est établi par l'empereur Henri sur le siége apostolique en opposition à Gélase II. — Saisi à Sutri par les Romains, après les plus sanglans outrages, il est jeté en prison. — VIII, 114, 116 (*Suger, Vie de Louis le Gros*); XIII, 5, 7 (*Chronique de Guillaume de Nangis*); XVII, 205, 216 (*Guillaume de Tyr*); XXVIII, 269, 362 (*Orderic Vital*).

BOURIM, interprète de la loi des Juifs. — Assiste à un concile tenu à Rome par le pape Sylvestre, qui confond la doctrine des Juifs. — XXV, 390 (*Orderic Vital*).

BOVON, évêque de Châlons. — Est pris par le roi Rodolphe, dont il avait abandonné le parti. — Rentre en grâce auprès de lui et est rétabli dans son évêché. — Sa mort. — VI, 97, 98, 128 (*Chronique de Frodoard*).

BOVON, chef franc. — Manque à la fidélité qu'il avait promise à Charles le Chauve. — III, 451 (*Histoire des Dissensions des fils de Louis le Débonnaire*).

BRABANÇONS (les), troupe de brigands sous la conduite de Guillaume comte de Châlons, entre autres dévastations, ravagent l'église de Cluni. — Leur défaite par Louis le Jeune. — VIII, 224-226 (*Vie de Louis le Jeune*).

BRACHIUS, abbé du monastère de Menat. — Sa mort. — I, 234, 235 (*Grégoire de Tours*).

BRACHMANES de l'Inde. — Leur lettre à Alexandre le Grand, dans laquelle sont développées leur religion et leurs mœurs. — XXII, 208-211 (*Jacques de Vitry*).

BRANCALÉON DE BOLOGNE, sénateur de Rome. — Assiégé dans une sédition, au Capitole, se rend et est mis en prison. — Rétabli sénateur de Rome, il en fait abattre les tours et emprisonner quelques nobles du parti de l'Église. — XIII, 168, 169, 171 (*Chronique de Guillaume de Nangis*).

BRICE (saint). — Succède à saint Martin dans l'évêché de Tours. — Torts qu'il avait eus envers lui. —

Accusation du peuple contre lui. — En vain il se justifie par des miracles. — Il est chassé de son évêché. — Il va à Rome, et à son retour, au bout d'un an, il reprend possession de son siége. — I, 40-43; II, 142, 143 (*Grégoire de Tours*).

BRIENN (ou BRIAN), fils d'Eudes, comte de la Petite Bretagne. — Combat et défait les deux fils de Hérold, roi d'Angleterre, soutenus par Dirmet, roi d'Irlande. — Envoyé par Guillaume le Conquérant contre des révoltés. — XXVI, 181, 185 (*Orderic Vital*); XXIX, 236 (*Guillaume de Jumiége*).

BRITHMER. — Succède à Goderic, abbé de Croyland. — XXVI, 276 (*Orderic Vital*).

BRODULF, oncle de Charibert II, fils de Clotaire II, à la mort de celui-ci s'efforce inutilement de l'établir sur le trône et se soulève contre Dagobert Ier. — Il est tué par l'ordre de ce prince. — II, 203, 204, 284, 287 (*Chronique de Frédégaire*; *Vie de Dagobert Ier*, où il est appelé *Brunulf*).

BROMIUS, évêque franc. — Son avarice, ses spéculations sur la stérilité de la terre. — Anecdote au sujet de son vin. — III, 203, 204 (*Des Faits et Gestes de Charles le Grand*).

BRUNEHAULT, fille d'Athanagild, roi des Goths. — Epouse Sigebert Ier, roi d'Austrasie, et se fait catholique. — A la mort de Sigebert, le duc Gondebaud enlève secrètement son fils Childebert, âgé de cinq ans, et l'établit roi. — Elle est saisie par Chilpéric et envoyée en exil à Rouen. — Elle épouse Mérovée, fils de ce prince. — Son intervention auprès d'Ursion et de Bertfried en faveur de Loup, duc de Champagne. — Un clerc, envoyé par Frédégonde pour l'assassiner, gagne sa confiance, mais on découvre bientôt sa fourberie. — Elle implore inutilement les grands en faveur de sa fille Ingonde. — Traité conclu à Andelot entre Brunehault, Gontran et Childebert. — Accusée par Gontran d'exciter son fils Childebert contre lui, elle se disculpe par serment. — Le duc Wintrion est tué à son instigation. — Chassée d'Austrasie, elle est trouvée, seule, par un pauvre homme, dans la Champagne, près d'Arcis. — Il la conduit vers le roi Théodoric II, qui l'accueille avec honneur. — En récompense, Brunehault lui fait avoir l'évêché d'Auxerre. — Le patrice Agilan est tué à son instigation. — Elle fait nommer patrice, puis ensuite maire du palais de Théodoric, Protadius, Romain d'origine, qui partageait son lit. — Elle engage Théodoric à faire marcher une armée contre Théodebert. — Ses querelles avec Bilichilde, femme de Théodebert. — Sa colère contre saint Colomban, qu'elle fait chasser du royaume de Théodoric. — A la mort de celui-ci elle s'efforce d'établir Sigebert, son fils, à sa place. — Ses intrigues pour gagner les grands et les peuples. — Mais les seigneurs de la Bourgogne se déclarent contre elle et les fils de Théodoric. — Sigebert s'étant avancé contre Clotaire, son armée prend la fuite, et il est pris lui-même avec ses frères Corbus et Mérovée. — Brunehault, arrêtée à Orbe, bourg au-delà du Jura, est conduite vers Clotaire, qui lui fait subir un cruel supplice. — I, 181, 219, 306, 391, 450; II, 27-32, 47 (*Grégoire de Tours*); 171-174, 176, 180, 181-186, 190-192 (*Chronique de Frédégaire*); XXVII, 55 (*Orderic Vital*).

BRUNO (saint), très-renommé dans la Gaule, quitte Rheims, suivi de quelques autres clercs de cette ville, et va fonder, près de Grenoble, sur une montagne escarpée, un monastère appelé *la Chartreuse*, où il établit une règle sévère. — De là se rend dans la Pouille, et dans la Calabre, où il établit une règle pareille. — IX, 379 et suiv. (*Vie de Guibert de Nogent*).

BRUNON, évêque de Toul, est député à Rome vers le pape Damase 11 par les Lorrains. — Il y est fait cardinal, et Damase étant mort, est élu à sa place sous le nom de Léon IX. — Il tient un concile à Rheims en 1050. — XXV, 167 XXVI, 386 (*Orderic Vital*).

BRUNON, frère de Othon le Grand, roi de Germanie. — Succède à Wifred dans l'évêché de Cologne, et reçoit d'Othon la Lorraine. — Ses terres sont ravagées par les Hongrois, conduits par Conrad. — Est fait duc de Lorraine. — Ses querelles avec le comte Régnier et les Lorrains. — Il fait arrêter Régnier et l'envoie en exil au-delà du Rhin. — Conférence entre lui, la reine Gerberge sa sœur, et ses neveux. — Ses artifices. — Il donne à Lothaire, roi des Francs, des assurances touchant le duché de Lorraine. — Les Lorrains se révoltent. — Brunon les soumet et leur donne Frédéric pour les gouverner en sa place. — Assiége Dijon, dont s'était emparé le comte Robert sur les gens de Lothaire, et Troyes, qui appartenait à ce comté. — Il revient dans la Lorraine, insurgée contre lui, et conclut une trêve avec ses ennemis. — VI, 148, 152-155 (*Chronique de Frodoard*); XXIX, 97 (*Guillaume de Jumiége*).

BRUNON, évêque de Segni, légat de Rome, tient à Poitiers un concile où on prêche la croisade. — VIII, 28 (*Suger, Vie de Louis le Gros*).

BRUNON, évêque de Langres. — Soutient Guillaume, beau-fils du duc Henri et fils d'Adalbert, duc des Lombards, dans sa révolte contre Robert, roi des Français. — VI, 245 (*Chronique de Raoul Glaber*).

BRUNULF. *Voyez* BRODULF.

BUCCELIN, général de Théodebert, roi des Francs. — Après s'être emparé de la basse Italie, marche vers la haute Italie. — Ses victoires sur Bélisaire et Narsès. — Il s'empare de la Sicile. — Est tué par Narsès. — I, 146, 147 (*Grégoire de Tours*); XXV, 410 (*Orderic Vital*).

BUCHAR-ALI, prince de Maroc. — Combat et défait Ildefonse, roi d'Espagne. — XXVIII, 436-439 (*Orderic Vital*).

BUCIOVALD, vicaire d'Agéric, évêque de Verdun. — A la mort de celui-ci, concourt pour son épiscopat, mais ne peut l'obtenir. — II, 38 (*Grégoire de Tours*).

BULLE. — Est créé comte du Vélay par Charlemagne. — III, 322 (*Vie de Louis le Débonnaire*, par l'*Astronome*).

BURCHARD, évêque de Wurtzbourg. — Sa mission auprès du pape Zacharie. — III, 4 (*Annales d'Eginhard*).

BURCHARD, connétable de l'empereur Charlemagne, chargé par lui de défendre la Corse contre les Maures. — Les défait dans un combat naval. — III, 58 (*Annales d'Eginhard*).

BURCHARD, prince des Allemands, beau-père de Rodolphe, roi de la Gaule Cisalpine, ayant passé les Alpes avec lui pour lui faire rendre son royaume, dont il avait été expulsé, est tué par les fils de Berthe. — VI, 88 (*Chronique de Frodoard*).

BURCHARD, évêque d'Aost. — A la mort de son oncle Burchard, archevêque de Lyon, quitte son siége, et vient occuper celui de Lyon. — Mais il est pris et condamné à un exil perpétuel. — VI, 349 (*Chronique de Raoul Glaber*).

BURCHARD, évêque de Chartres. — Fait des préparatifs de guerre pour repousser les Danois, qui renoncent alors à leur projet de s'emparer d'Orléans. — IV, 156 (*Annales de Saint-Bertin*).

BURIDAN, chevalier flamand, d'un très-grand courage. — Est fait prisonnier à la bataille de Bovines. — II, 282 (*Guillaume le Breton, Vie de Philippe Auguste*); XII, 326 (*la Philippide*, par le même).

BURREL, comte franc. — Est chargé, par Louis le Débonnaire, du commandement d'Ausone, de Cardonne, de Cartreserre, et d'autres places fortes. — Son expédition en Espagne. — III, 324, 338 (*Vie de Louis le Débonnaire*, par l'*Astronome*).

BURSEQUIN (Bourski), satrape des Turcs. — A la tête d'une armée immense, envahit le territoire d'Antioche. — Feint de se retirer à l'approche des chefs chrétiens; mais reparaît lorsqu'ils sont séparés. — Ses ravages.—Sa défaite dans la vallée de Sarmate. — Il est de nouveau battu par Baudouin II, roi de Jérusalem. — Ravage la Célésyrie.— Est tué par ses domestiques. — XVII, 169 et suiv., 175, 176, 283, 292, 293 (*Guillaume de Tyr*); XXIV, 248 et suiv. (*Foulcher de Chartres*).

BURSOLÈNE, fils du duc Dracolène. —Condamné à mort avec son frère Dodon, pour crime de lèse-majesté. — Est tué par une troupe armée envoyée contre lui. —I, 263 (*Grégoire de Tours*).

C

CABARET, château du pays albigeois. — Est vainement assiégé par les Croisés. — Est livré à Simon de Montfort. — XIV, 71, 136 (*Pierre de Vaulx-Cernay*); XV, 232, 237 (*Guillaume de Puy-Laurens; Des Gestes glorieux des Français*).

CADOC, seigneur de Gaillon. — Blesse d'un trait Richard, roi d'Angleterre, qui assiégeait ce château. —Plante le premier sa bannière sur une tour située à l'extrémité de la Roche-Gaillard, qu'il assiégeait avec Philippe-Auguste.— A la tête de sa bande de routiers, assiége avec Guillaume des Roches, et soumet au roi de France, la ville d'Angers.— XI, 237 (*Guillaume le Breton, Vie de Philippe-Auguste*); XII, 135, 206, 223 (*la Philippide*, par le même).

CADOLACH, préfet des marches du Frioul, sous Louis le Débonnaire. — Est accusé de cruauté auprès de ce prince par Liudewit, duc de la Pannonie inférieure. — Sa mort.— III, 83, 85, 360, 361 (*Annales d'Eginhard; Vie de Louis le Débonnaire*, par l'*Astronome*).

CADUGAN, prince gallois. — S'unit à Robert de Bellême contre Henri Ier, roi d'Angleterre. — XXVIII, 153 (*Orderic Vital*).

CÆSARA, femme d'Anaulf, empereur des Persans. — Quitte son mari et vient à Constantinople, où elle embrasse la foi chrétienne. — Son mari et soixante mille Persans suivent son exemple.— II, 167-168 (*Chronique de Frédégaire*).

CAFARDA, ville située dans la province d'Apamée. — Les Turcs s'en emparent et la rasent. — Est prise plus tard par le sultan Bursequin. — Reprise par Boémond II. — XVII, 174, 282, 295, 296 (*Guillaume de Tyr*); XXIV, 248 (*Foulcher de Chartres*).

CAHUSAC, château situé à quatre lieues d'Albi, est pris par Simon de Montfort. — Il retombe entre les mains des Albigeois.—XIV, 151, 177 (*Pierre de Vaulx-Cernay*); XV, 339 (*Des Gestes glorieux des Français*).

CAÏPHE, ville de Terre-Sainte.— Assiégée et prise par les Croisés.— XXI, 408-412 (*Albert d'Aix*).

CAÏPHE, pontife. — Le pontife Anne lui envoie Jésus-Christ enchaîné. — XXV, 83 (*Orderic Vital*).

CAIRE (le), ville d'Egypte. — Sa fondation. — Elle devient la résidence des califes d'Egypte.—XVIII, 187 et suiv. (*Guillaume de Tyr*).

CAÏUS, 27e pape en l'an 283. — Né en Dalmatie, siége onze ans et subit le martyre. — XXV, 118, 386 (*Orderic Vital*).

CAÏUS CALIGULA, empereur de Rome. — Place sur le trône de Judée Hérode Agrippa.— Ses cruautés.—

Il est mis à mort après un règne de trois ans et dix mois. — XXV, 106, 195 (*Orderic Vital*).

CALABRE (la), partie de l'Italie. — Conquise par les Normands. — XXVI, 51 (*Orderic Vital*).

CALAMAN, gouverneur de Cilicie pour l'empereur Alexis son parent. — Est battu, avec l'armée chrétienne, par les Turcs qui l'emmènent prisonnier à Alep avec d'autres chefs croisés. — XVIII, 175, 177 (*Guillaume de Tyr*).

CALATRAVA, ville d'Espagne. — Est prise par les Chrétiens sur les Sarrasins. — XV, 241, 340 (*Guillaume de Puy-Laurens, Des Gestes glorieux des Français*).

CALÉPODE, prêtre. — Son martyre. — XXV, 383 (*Orderic Vital*).

CALISTE, femme du proconsul Lisbius. — Son adultère. — Sa mort. — Ressuscitée par l'apôtre André. — XXV, 266, 267 (*Orderic Vital*).

CALIXTE Ier, 15e pape en l'an 219. — Occupe le siège sept ans sous les empereurs Macrin et Héliogabale. — Son martyre. — XXV, 382 (*Orderic Vital*).

CALIXTE II, 159e pape en 1119. — Son élection en opposition au schismatique Bourdin. — Excommunie l'empereur Henri v. — Est accueilli avec honneur à Rome. — Bourdin est chassé et renfermé dans le monastère de Cani, près de Salerne. — Calixte gouverne les Romains avec sagesse. — Tient un concile à Rome pour pacifier la querelle des investitures. — Sa réconciliation avec Henri v. — Sa mort. — VIII, 115 et suiv., 122 (*Suger, Vie de Louis le Gros*); XIII, 6-8 (*Chronique de Guillaume de Nangis*); XVII, 205, 206, 280 (*Guillaume de Tyr*); XXIV, 195, 205, 243 (*Foulcher de Chartres*); XXV, 171, 437 (*Orderic Vital*).

CALLINIQUE, patriarche de Constantinople. — L'empereur Justinien le Jeune lui fait arracher les yeux et l'envoie à Rome. — XXV, 147 (*Orderic Vital, Hist. de Norm.*).

CALOMANOTH, frère de Canut le Jeune, roi des Danois. — Monte sur le trône après la mort de celui-ci. — Réforme les mœurs des Danois, et favorise l'établissement des moines dans ses Etats. — XXVII, 176, 177 (*Orderic Vital*).

CAMBISSES, prêtre du temple de Diane. — N'ayant pu parvenir à se défaire de saint Taurin, se donne la mort. — XXVI, 319 (*Orderic Vital*).

CAMBRAI (prise de) par Chlogion, roi des Francs. — Incendie de cette ville en 923. — I, 68 (*Grégoire de Tours*); VI, 79 (*Chronique de Frodoard*).

CAMPANIE (la), partie de l'Italie. — Conquise par les Normands. — XXVI, 51 (*Orderic Vital*).

CANA, ville de Galilée. — Jésus y est invité avec ses disciples à une noce. — Miracle qu'il y opère. — XXV, 14 (*Orderic Vital*).

CANDACE, eunuque d'Ethiopie. — Se fait chrétien. — Reçoit chez lui l'apôtre saint Matthieu. — XXV, 316 (*Orderic Vital*).

CANI DE VÉRONE, seigneur de Lombardie, va au-devant de Louis, empereur d'Allemagne; XIII, 390 (*Chronique de Guillaume de Nangis*).

CANUT Ier, fils de Suénon, roi d'Angleterre. — Lui succède et conduit une nouvelle armée de Danois en Angleterre. — Sa victoire à Sandwich. — Après la mort d'Ethelred, roi des Anglais, il s'empare de ses Etats. — Conclut un traité avec Richard II, duc de Normandie, et épouse sa sœur Emma, veuve d'Ethelred. — Porte la guerre chez les Ecossais. — Fait la paix avec Malcolm, leur roi. — Sa mort. — VI, 206 (*Chronique de Raoul Glaber*); XXV, 165 (*Orderic Vital*); XXIX, 121, 122, 163, 177 (*Guillaume de Jumiège*).

CANUT LE JEUNE, roi des Danois. — Sur le point d'entreprendre une expédition contre l'Angleterre, est tué par un de ses frères. — XXVII,

176 (*Orderic Vital, Hist. de Normandie*).

Capoue (prise de), ville d'Italie, par les Normands; XXVI, 51 (*Orderic Vital*).

Carachous, satrape de Saladin. — Est obligé de rendre Saint-Jean-d'Acre aux Croisés.— XI, 104 (*Vie de Philippe-Auguste, par Rigord*).

Caradig, émir. — Accompagne Soliman dans ses guerres contre les Croisés. — XXIV, 28 (*Foulcher de Chartres*).

Carausius. — Monte sur le trône impérial. — S'empare des deux Bretagnes. — Ses guerres en Orient contre Narsès, roi des Perses. — XXV, 118 (*Orderic Vital*).

Carcassonne (siége et prise de), ville des Albigeois, par l'armée des Croisés. — XIII, 101 (*Chronique de Guillaume de Nangis*); XIV, 54-58 (*Pierre de Vaulx-Cernay*); XV, 19 et suiv., 231, 336 (*Histoire des Albigeois, Guillaume de Puy-Laurens, Des Gestes glorieux des Français*).

Carin, fils de l'empereur Carus. — Règne deux ans. — XXV, 118 (*Orderic Vital*).

Carloman, fils de Charles-Martel. — Ses guerres, ses victoires.— Il se fait moine au Mont-Cassin. — II, 396 (*Vie de Pepin le Vieux*); III, 1-3 (*Annales d'Eginhard*); XXV, 428 (*Orderic Vital*).

Carloman, fils de Pepin le Bref, roi des Francs. — Partage le royaume avec son frère Charlemagne. — Meurt à Samoucy. — III, 11-13, 125, 126 (*Annales d'Eginhard; Vie de Charlemagne, par Éginhard*).

Carloman, fils de Charles le Chauve. — Est consacré par son père à la tonsure ecclésiastique. — Sa trahison contre lui. — Il est privé de ses abbayes et gardé à Senlis. — Se révolte de nouveau.— Poursuivi par son père, il se rend près de lui.—Est de nouveau gardé à Senlis. — Est déposé de toute dignité ecclésiastique. — Privé de la vue. — IV, 157, 253, 258 et suiv., 267, 268 (*Annales de Saint-Bertin*);

V, 324, et suiv. (*Histoire de l'Église de Rheims*).

Carloman, fils de Louis le Bègue, roi de Germanie. — S'allie avec Restic, petit roi des Wénèdes, et s'empare d'une grande partie du royaume de son père. — Celui-ci la lui cède, et ils font la paix. — De nouveau révolté, il est trahi par les siens et reçu sous serment par Louis, qui le retient près de lui. — Il s'échappe et s'empare des Marches.— Son père le poursuit et le fait revenir à la fidélité. — Repousse Restic, qui attaquait la Bavière. — Est envoyé par son père en Italie contre Charles le Chauve; et, inférieur à ce prince, lui demande la paix. — Marchant contre Charles le Chauve, la fausse nouvelle de l'arrivée de l'empereur et du pape Jean contre lui, lui fait prendre la fuite.— Partage avec Louis III, son frère, le royaume de son père. — Poursuit la révolte de Boson. — Sa victoire contre les Normands. — Leur paie douze mille livres d'argent pour leur retraite. — Sa mort.— IV, 170, 174, 181, 198, 275, 289, 311, 312, 316, 318 (*Annales de Saint-Bertin*).

Carpus, évêque à Troade. — XXV, 233 (*Orderic Vital*).

Carraroc, château sur les rives du Coesnon. — Est fondé par Robert, duc de Normandie.— XXIX, 145 (*Guillaume de Jumiége*).

Carrhes, ville de la Terre-Sainte, située près d'Édesse. — Son ancienne histoire. — Assiégée par les Croisés, se rend à eux. — Ceux-ci ayant différé d'en prendre possession, elle est délivrée par une armée turque qui défait les Chrétiens. — Est prise par le sultan Saladin. — XVII, 104 et suiv.; XVIII, 421 (*Guillaume de Tyr*).

Carthage, ville d'Afrique. — Prise par les Croisés sur les Sarrasins. — XV, 391 (*Des Gestes glorieux des Français*).

Carus, empereur.— Règne deux ans. — XXV, 118 (*Orderic Vital*).

Cassahan, roi des Tartares. —

Converti à la foi chrétienne avec une multitude de ses sujets. — Rassemble une armée contre les Sarrasins, les défait et, les chassant de Syrie et de Jérusalem, soumet ce pays à son empire. — Il est vaincu et expulsé par le soudan de Babylone. — XIII, 236, 238 (*Chronique de Guillaume de Nangis*).

CASSANEUIL, château du territoire d'Agen. — Tenant pour les Albigeois, est assiégé et pris par l'armée des Croisés, qui y met le feu. — XIV, 296-303 (*Pierre de Vaulx-Cernay*); XV, 346 (*Des Gestes glorieux des Francais*).

CASSER, château du pays albigeois. — Est rendu à Simon de Montfort. — XIV, 149 (*Pierre de Vaulx-Cernay*); XV, 237-238 (*Guillaume de Puy-Laurens*).

CASSIODORE, sénateur. — Se fait moine et se distingue par sa science. — XV, 411 (*Orderic Vital*).

CASSIEN. *Voy.* ACCIEN.

CASSIUS. — Convertit Victorin. — Ils subissent ensemble le martyre. — I, 26-27 (*Grégoire de Tours*).

CASTELNAUDARY. — Simon de Montfort y est assiégé par Raimond de Toulouse, qui ne peut s'emparer de la ville. — XIV, 160 et suiv. 175 (*Pierre de Vaulx-Cernay*); XV, 80 et suiv., 239 (*Histoire de la Guerre des Albigeois, Guillaume de Puy-Laurens*).

CASTEL-SARRAZIN. — Assiégé et repris par Raimond de Toulouse. — XV, 366, 367 (*Des Gestes glorieux des Francais*).

CASTRES, ville du pays albigeois. — Est livrée aux Croisés.. — Se soustrait à leur domination. — XIV, 69, 83 (*Pierre de Vaulx-Cernay*).

CASTRUCCIO, seigneur de Lombardie. — Va au-devant de Louis, empereur d'Allemagne. — XIII, 390 (*Chronique de Guillaume de Nangis*).

CATANE, ville d'Italie. — Prise par les Normands. — XXVI, 51 (*Orderic Vital*).

CATAPONT, satrape de Basile, empereur d'Orient. — Par ordre de ce prince, envoie une flotte grecque pour piller l'Italie. — VI, 239 (*Chronique de Raoul Glaber*).

CATON, prêtre. — Devient évêque de Clermont. — Ses dissensions avec l'archidiacre Cautin, qui est ordonné évêque à sa place. — Meurt de la peste à Clermont. — Ses vertus. — I, 158, 188 (*Grégoire de Tours*).

CAUTIN, archidiacre, est nommé évêque d'Auvergne, en opposition à Caton. — Leurs divisions. — Meurt de la peste. — I, 158, 188 (*Grégoire de Tours*).

CAUTIN, duc au service de Théodebert II, roi d'Austrasie. — Sa mort, II, 173 (*Chronique de Frédégaire*).

CÉCILE, fille de Guillaume 1er, roi d'Angleterre. — Est consacrée religieuse dans le monastère de Caen, dont elle devint abbesse. — Sa mort. — XXVI, 295 (*Orderic Vital*); XXIX, 211, 295 (*Guillaume de Jumiège*).

CÉCILE, fille de Philippe 1er, roi de France, et de Bertrade, comtesse d'Anjou. — Destinée à Tancrède, est emmenée dans la Pouille par Boémond, prince d'Antioche; et de là envoyée en Orient, où elle épouse Tancrède. — Après la mort de ce prince, et d'après le conseil qu'il lui en avait donné, elle épouse Pons, fils de Bertrand, comte de Tripoli. — XVII, 111, 156 (*Guillaume de Tyr*).

CEDWAL, roi des Saxons occidentaux. — Abdique en faveur d'Hisna, et, s'étant rendu à Rome, est baptisé par le pape Serge. — XXV, 145 (*Orderic Vital*).

CÉLESTE, hérétique. — Sa condamnation. — XXV, 397 (*Orderic Vital*).

CÉLESTIN. — Est établi évêque de Nicée par l'apôtre André. — XXV, 258 (*Orderic Vital*).

CÉLESTIN 1er, 42e pape, l'an 422. — Siège près de neuf ans. — XXV, 398 (*Orderic Vital*).

CÉLESTIN III, 172e pape. — Succède à Clément III en 1191.— Couronne empereur Henri VI.— Soumet la France à l'interdit. — Sa mort. —XI, 100, 206, 215 (*Rigord, Guillaume le Breton*); XIII, 73, 81 (*Chronique de Guillaume de Nangis*).

CÉLESTIN IV, pape. — Succède à Grégoire IX.—Sa mort.—XIII, 149 (*Chronique de Guillaume de Nangis*).

CÉLESTIN V, 187e pape en 1294.— Son élection. — Sa vie antérieure. — Augmente de douze le nombre des cardinaux. — Dépose la couronne pontificale.— Est gardé dans un lieu sûr, par ordre de Boniface VIII, son successeur. — Sa mort. — XIII, 220 — 222, 226 (*Chronique de Guillaume de Nangis*).

CELSE. — Encore enfant, subit le martyre à Milan. — XXV, 253 (*Orderic Vital*).

CELSE, cousine de saint Remi, le reçoit dans sa terre de Cernay.— Miracle qu'il y opère et pour lequel elle lui donne cette terre à perpétuité.—V, 34, 35 (*Frodoard, Histoire de l'Eglise de Rheims*).

CENTON DE BÉARN. — Prend la croix et passe en Terre-Sainte. — XVI, 49 (*Guillaume de Tyr*).

CÉOLRED, roi des Anglais.—Poursuit Cliton Ethelbold, qui lui succède après sa mort. — XXVI, 268 (*Orderic Vital*).

CÉPHALIE, ville de Syrie.—Prise par les Croisés. — IX, 224 (*Guibert de Nogent*).

CÉREPE, ville de Terre-Sainte.— Se rend à Gazzi, sultan des Turcs. — XVII, 212 (*Guillaume de Tyr*).

CÉSARÉE, ville de Palestine. — Son ancienne histoire. — Assiégée et prise par les Croisés. — Investie par Alexis, empereur de Constantinople, qui lève le siége moyennant de grosses sommes d'argent. — IX, 331, 332 (*Guibert de Nogent*); XVII, 74 et suiv., 384-387 (*Guillaume de Tyr*); XXIV, 118, 119 (*Foulcher de Chartres*).

CÉSARÉE DE CAPPADOCE. — Prise et rasée par les Croisés.— XXVII, 450 (*Orderic Vital*).

CÉSARÉE, ville de Célésyrie. — Est prise d'assaut par les Croisés. — Saladin s'en empare. — XVIII, 118, 119, 322 (*Guillaume de Tyr*).

CHADOINDE, référendaire, envoyé à la tête d'une armée, par Dagobert Ier, roi des Francs, contre les Saxons révoltés, les défait et les soumet. — II, 218, 219, 298, 299 (*Chronique de Frédégaire, Vie de Dagobert Ier.*)

CHAM, fils de Noé. — Est, avec ses deux frères, la souche de toutes les nations. — I, 6 (*Grégoire de Tours*).

CHARARIC, chef franc établi à Térouanne. — Est fait prisonnier et mis à mort avec son fils, par Clovis Ier, roi des Francs.—I, 107 (*Grégoire de Tours*).

CHARÉGÉSILE, chambellan de Sigebert Ier, roi de Metz. — Est assassiné avec lui par les ordres de Frédégonde. — I, 214 (*Grégoire de Tours*).

CHARIBERT Ier, fils de Clotaire Ier. — Est envoyé avec son frère Gontran contre leur frère Chramne, révolté.—Une tempête empêche les deux armées d'en venir aux mains. — Ruse de Chramne qui les décide à la retraite par la fausse nouvelle de la mort de leur père. — A la mort de Clotaire, obtient, dans le partage de ses Etats, le royaume de Childebert, dont le siége était Paris.—Épouse Ingoberge.—La quitte pour épouser Méroflède, servante de la reine. — Rétablit sur son siége Émeri, évêque de Saintes, destitué par les évêques de la province. — Épouse Marcovéfe, sœur de Méroflède. — Leur excommunication par l'évêque de Saint-Germain. — Mort de Charibert en 567. — I, 169, 170, 176, 178, 180 (*Grégoire de Tours*); XXV, 134 (*Orderic Vital*).

CHARIBERT II, fils de Clotaire II, roi des Francs. — A la mort de son père, soutenu par son oncle Brodulf, tente inutilement de s'emparer du royaume, en opposition à son frère Dagobert 1er, qui lui en cède une petite partie. — Établit sa résidence à Toulouse, et, la troisième année de son règne, soumet toute la Gascogne. — Tient sur les fonts de baptême Sigebert, fils de Dagobert et de sa concubine Ragnetrude. — Sa mort. — II, 203, 206, 210, 284, 289, 290 (*Chronique de Frédégaire, Vie de Dagobert 1er*).

CHARIETTON. — Est mis avec Syrus à la place de Nannénus, commandant de la milice romaine dans les Gaules. — A la tête d'une armée, ils s'opposent aux Francs dans la Germanie. — I, 63 (*Grégoire de Tours*).

CHARIMER, référendaire. — Est élu évêque de Marseille. — II, 38 (*Grégoire de Tours*).

CHARISIUS, cousin de Médée, roi de l'Inde. — Persécute saint Thomas, qui avait converti sa femme Mygdonie. — XXV, 301 et suiv. (*Orderic Vital*).

CHARIVALD. — Est tué avec deux autres dans un festin, par l'ordre de la reine Frédégonde. — II, 133 (*Grégoire de Tours*).

CHARLEMAGNE, fils de Pepin le Bref, roi des Francs, lui succède avec son frère Carloman. — Marche contre Hunold, qui voulait s'emparer de l'Aquitaine. — Celui-ci prend la fuite, et se réfugie auprès de Loup, duc de Gascogne, qui le livre à Charlemagne. — A la mort de Carloman, il s'empare de son royaume. — Porte la guerre en Saxe, et ravage ce pays. — Passe en Italie au secours du pape Adrien contre Didier, roi des Lombards, et bloque celui-ci dans Pavie. — Son voyage à Rome. — Prise de Pavie et de toute la Lombardie. — Son retour en France, où il ramène Didier captif. — Nouvelle expédition contre les Saxons qui se soumettent. — Il marche contre Rotgaud, qu'il avait établi duc dans le Frioul, et qui se soulevait contre lui. — Rotgaud est tué. — Charlemagne établit dans les villes d'Italie des comtes francs. — Nouvelle révolte des Saxons. — Charlemagne les ramène encore à la soumission. — Tous leurs chefs lui jurent fidélité, à l'exception de Witikind, comte de Westphalie, et un grand nombre d'entre eux se font baptiser. — Ibn-Al-Arabi, Sarrasin, se donne à Charlemagne avec les villes dont il était le chef. — Il marche en Espagne, s'empare de Pampelune, qu'il fait raser, et, après s'être avancé jusqu'à Saragosse, retourne en France. — L'arrière-garde de son armée est attaquée et défaite par les Gascons, dans les gorges des Pyrénées. — Ses guerres continuelles contre les Saxons, qui se révoltent sans cesse. — Après avoir éprouvé un échec, Charlemagne en fait décapiter 4,500 en un jour. — Soumission de Witikind et Albion, chefs des Saxons, après laquelle ils demeurent quelque temps tranquilles. — Conspiration parmi les Francs orientaux découverte et punie. — Il envoie contre la Bretagne, pour la contraindre à payer l'impôt accoutumé, une armée qui est victorieuse. — Il se rend à Rome, pensant s'emparer de Bénévent, qu'Arégise, duc des Bénéventins, finit par lui céder. — Marche en Bavière contre Tassilon, duc de ce pays, qui se remet entre ses mains. — Charlemagne lui pardonne, et reçoit des otages et le serment de fidélité des habitans. — Tassilon, convaincu de lèse-majesté, est condamné à mort. — Charlemagne le fait seulement renfermer dans un monastère. — L'empereur Constantin, irrité contre Charlemagne qui lui avait refusé sa fille, fait dévaster les frontières des Bénéventins; mais ses troupes sont défaites par Grimoald, établi duc de Bénévent par Charlemagne. — Il soumet les Wélétabes ou Wiltzes, peuple esclavon. — Expédition heureuse de Charlemagne contre les Huns en Pannonie. — Nouvelle conspiration contre le roi par son fils aîné Pepin et plusieurs Francs. — Elle est découverte, et plusieurs de ses auteurs sont punis de mort. — Il abandonne son projet d'envahir la Pannonie pour marcher contre les Saxons révoltés de nouveau. — Il reçoit des députés de la Pannonie, et envoie dans ce pays son fils Pepin, qui chasse les Huns au-delà du fleuve de la Theiss. — Soumission trompeuse de Thudun, leur chef. — Barcelone est livrée à Charlemagne par le Sarrasin Zate. — Il envoie son fils Louis assiéger Huesca, en Espagne. — Continuation de la guerre contre les Saxons. — Accueille avec honneur, et renvoie à Rome pour y être rétabli dans son siége, le pape Léon III, maltraité par les Romains. — Honneurs que lui rend ce pape dans son voyage à Rome, entrepris pour son rétablissement. — Il est couronné par lui empereur des Romains. — Ambassade et présens d'Haroun, calife, à Charlemagne. — Traité de paix conclu avec l'empereur Nicéphore. — En 804, il conduit une armée en Saxe, fait transporter en France, avec leurs familles, tous les Saxons qui habitaient au-delà de l'Elbe, et donne leur pays aux Obotrites. — Ses concessions au chagan des Huns. — Il envoie contre les Esclavons ou Bohémiens son fils Charles, qui ravage leur pays et tue leur duc Léchon. — Est appelé à régler les affaires des ducs et des peuples de Venise et de la Dalmatie. — Partage de son royaume entre ses trois fils. — Charles est de nouveau envoyé contre les Esclavons, en revient vainqueur et est chargé de plusieurs autres expéditions. — Guerre contre Godefroi, roi des Danois. — Charlemagne fait la paix avec Abulaz, roi d'Espagne (Al-Haccan, émir de Cordoue). — Paix conclue avec Hemming, roi des Danois. — Il envoie une armée en Livonie, une autre en Pannonie, et une troisième contre la Bretagne. — Toutes trois reviennent victorieuses. — Envoie en Italie Bernard, son petit-fils. — Défaite d'une flotte, partie d'Espagne et d'Afrique, à son débarquement en Corse et en Sardaigne. — Il associe Louis, roi d'Aquitaine, à la dignité impériale. — Sa mort à Aix-la-Chapelle, en 814, à l'âge de 71 ans, après un règne de 47. — Son portrait. — Éloge de ses qualités. — Sagesse de son gouvernement. — Il aime et protége les sciences. — Ses Capitulaires. — III, 13-72, 123-220; 209, 237 et suiv., 279 (*Annales d'Eginhard; Vie de Charlemagne par Eginhard; Des Faits et Gestes de Charles le Grand; De la Vie et des Actions de Louis le Débonnaire*); IV, 29 et suiv. (*Ermold le Noir*); XXV, 151-154, 431; XXVIII, 344, 345, 347, 348 (*Orderic Vital*).

CHARLES, empereur. *Voy.* HENRI V.

CHARLES, roi de Provence, fils de l'empereur Lothaire. — Meurt d'épilepsie. — IV, 180 (*Annales de Saint-Bertin*).

CHARLES CONSTANTIN, fils de Louis l'Aveugle, comte de Vienne, promet fidélité à Raoul, roi des Francs. — Reçoit à Vienne Louis d'Outremer. — Lui fait hommage. — VI, 94, 116, 143 (*Chronique de Frodoard*); VII, 65 (*Chronique de Hugues de Fleury*).

CHARLES, fils de Louis d'Outremer. — Combat contre les comtes lorrains Godefroi et Arnoul. — VI, 161 (*Chronique de Frodoard*).

CHARLES, roi d'Aquitaine, fils de Charles le Chauve, âgé de moins de 15 ans, épouse, à l'insu de son père, la veuve du comte Humbert. — Meurt à Bourges d'épilepsie par suite d'une blessure à la tête. — IV, 175, 214 (*Annales de Saint-Bertin*).

CHARLES, oncle de Louis V, roi des Français. — Veut s'emparer du royaume qui lui revenait de droit. — Mauvais succès de ses efforts. — Les grands élèvent au trône Hugues Capet, fils de Hugues le Grand. — Charles est pris et mis en prison à

Orléans. — Enfermé à Senlis avec ses deux fils Charles et Louis, il meurt bientôt après. — VII, 31, 68 (*Vie de Bouchard, comte de Melun*); XXV, 160, XXVII, 131 (*Orderic Vital*).

CHARLES, fils de Charles, oncle de Louis V, se réfugie à sa mort, avec son frère Louis, auprès de l'empereur des Romains, et ils meurent en ce pays. — VII, 68 (*Chronique de Hugues de Fleury*); XXV, 160 (*Orderic Vital*).

CHARLES D'ANJOU, frère de Saint-Louis, roi de France. — Est par lui fait chevalier et investi du comté d'Anjou. — Après l'avoir accompagné dans la Terre-Sainte, en revient avec son frère Alphonse, et ils gouvernent ensemble son royaume. — Marguerite, comtesse de Flandre, réclame son secours contre son fils Jean, et lui cède le comté de Hainaut. — Son expédition à ce sujet. — Moyennant une forte somme d'argent il cède le comté. — Prend possession du comté de Provence, qui revenait de droit à sa femme. — Soumet Marseille, soulevée contre lui. — Révoltés de nouveau, les Marseillais se rendent après un long siége et il livre leurs chefs à la rigueur des lois. — Il est élu sénateur à vie de la ville de Rome. — Invité par le pape Urbain IV à venir prendre possession de la Sicile, de la Pouille et de la Calabre, à condition de prendre les armes contre Mainfroi, usurpateur du royaume de Sicile, il se rend à Rome, où il est couronné roi de Sicile par Clément, successeur d'Urbain IV. — A la tête d'un grand nombre de seigneurs, il marche contre Mainfroi, qui est défait et tué près de Bénévent. — Conradin, neveu de celui-ci, s'avance contre lui, soutenu par Henri d'Espagne. — Vaincu et pris, il a la tête tranchée, et Charles soumet tout le royaume à sa domination. — Après la mort de Saint-Louis, Charles passe dans la Terre-Sainte. — Les Sarrasins effrayés font un traité avec les Chrétiens, et Charles retourne en France. — Le pape Nicolas lui ôte le titre de lieutenant de Toscane et celui de sénateur de Rome. — Marie, chassée de Jérusalem, lui cède ses droits sur ce royaume. — Le pape Martin le rétablit sénateur et se montre très-favorable pour lui. — Massacre de tous les Français en Sicile par les habitans de Palerme et de Messine. — Charles envoie son fils demander du secours en France et va mettre le siége devant Messine. — Mais Pierre d'Aragon, appelé par les Siciliens comme leur seigneur, entre en Sicile avec une armée, soulève le pays, se fait couronner roi et ordonne à Charles de sortir du royaume. — Charles trahi, dit-on, se retire en Calabre. — Un combat singulier est fixé entre lui et Pierre d'Aragon, mais celui-ci ne s'y rend pas. — Charles punit sévèrement les Napolitains révoltés contre lui après la défaite de son fils par les Siciliens. — Sa mort. — XIII, 154, 164 et suiv., 171, 177, 181-184, 186, 199, 200, 204 (*Guillaume de Nangis*); XV, 317 et suiv., 386, 388 et suiv., (*Guillaume de Puy-Laurens. Des Gestes glorieux des Français*); XIX, 549, 561, 565, 569 et suiv., 585 (*Bernard le Trésorier*).

CHARLES, prince de Salerne, fils de Charles d'Anjou. — Conduit de France dans la Pouille une armée contre Pierre d'Aragon. — Combat sur mer avec les Siciliens, près de Naples, et est vaincu et pris. — Est conduit prisonnier en Aragon, par l'ordre de Pierre. — Sa délivrance, et à quelles conditions. — Il se rend à Rome, où il est couronné roi de Sicile par le pape Nicolas IV, et absous de ses sermens envers Alphonse, roi d'Aragon. — Fait lever le siége de Gaëte à Jacques, fils de Pierre d'Aragon, qui avait usurpé le royaume de Sicile. — Charles, comte de Valois, lui abandonne ses droits sur les royaumes d'Aragon et de Valence, et en retour il lui cède les comtés d'Anjou et du Maine, et lui donne une de

ses filles en mariage. —Il fait périr dans les suplices le comte d'Acerra, traître envers son père et envers lui.
— Fait la paix avec Jacques et épouse une de ses filles. — XIII, 201-205, 212, 213, 216, 222, 225 (*Guillaume de Nangis*).

CHARLES, comte de Valois, fils de Philippe le Hardi, roi de France. — Le pape Martin lui confère le royaume d'Aragon, avec toutes ses appartenances. — Cède à Charles II, roi de Naples, ses droits sur les royaumes d'Aragon et de Valence, et reçoit de lui les comtés d'Anjou et du Maine, et une de ses filles en mariage. — Fait la guerre, en Flandre, contre Gui de Dampierre, qui se rend à lui comme il allait assiéger Gand. — Il épouse Catherine, fille de Baudouin IX, empereur de Constantinople. — Se rend à Rome dans l'intention d'attaquer l'empire de Constantinople, qui revenait de droit à sa femme. — Il est reçu avec honneur par le pape et les cardinaux, qui l'établissent vicaire et défenseur de l'Eglise, et soumet en Toscane beaucoup de leurs ennemis. — Passe en Sicile pour soutenir Charles II, roi de ce pays, et s'empare du château de Terme. — Conclut un traité avec Frédéric (Ferdinand d'Aragon). — Revient en France. — Accompagne son frère Philippe le Bel dans sa troisième expédition contre la Flandre. — Epouse une fille de Gui, comte de Saint-Paul. — Par ordre de son frère, il rassemble une armée contre Jean, comte de Hainaut, qui se rend vers lui pour se soumettre. — Assiége et prend le château de la Réole contre les Anglais. — Sous le règne de Louis Hutin, il accuse et fait condamner Enguerrand de Marigni, administrateur des finances. — Envoyé en Gascogne par Charles le Bel, il soumet ce pays à la France. — Il tombe malade. — Ses remords de la condamnation d'Enguerrand. — Sa mort. — XIII, 201, 216, 219, 223, 224, 237, 238, 240, 241, 245, 246, 253, 272, 305, 309 et suiv., 370, 371, 376, 377 (*Guillaume de Nangis*).

CHARLES, fils de Charles, comte de Valois. — Est envoyé avec lui à la tête d'une armée par Charles le Bel, roi de France, pour soumettre la Gascogne. — Leurs victoires. — XIII, 370, 371 (*Guillaume de Nangis*).

CHARLES IV, dit *le Bel*, fils de Philippe le Bel. — Epouse Blanche, fille d'Othelin, duc de Bourgogne. — Est envoyé par son père contre les Flamands révoltés. — Est investi du comté de la Marche. — Succède à Philippe le Long, roi de France. — Le pape annulle son mariage avec Blanche, retenue en prison à cause d'adultère. — Épouse Marie, fille de l'empereur Henri VII. — A sa mort, épouse Jeanne, fille de Louis de France, comte d'Évreux. — Ses querelles avec Édouard II, roi d'Angleterre. — Il envoie une armée dans la Gascogne, qui se soumet à sa domination. — Défend d'abord, et finit par permettre, au pape Jean XXII de lever pendant deux ans un subside sur les églises de France. — Sa mort. — XIII, 269, 305, 307, 354 et suiv., 368 et suiv., 386, 391 (*Guillaume de Nangis*).

CHARLES LE BON, comte de Flandre, fils de Canut IV, roi de Danemarck, et issu, par sa mère Adèle, du sang des comtes de Flandre. — Est élevé et fait chevalier dans ce pays. — Le comte Baudouin, son oncle, lui transmet ses Etats en mourant. — Sagesse du gouvernement de Charles. — Il refuse la couronne de l'empire de Rome, qui lui est offerte à la mort de Henri V. — En 1124, Baudouin II, roi de Jérusalem, ayant été pris par les Sarrasins, les chevaliers chrétiens lui offrent le trône, et il le refuse également. — Motifs de la haine que conçurent contre lui Bertulphe, prévôt de Bruges, et ses neveux. — Leur conspiration. — Charles est assassiné par Bouchard, en 1127, ainsi que plusieurs des siens. — VIII, 262 et suiv. (*Galbert, Vie de Char-*

les le Bon); XIII, 6,11, 12 (*Chronique de Guillaume de Nangis*); XXV, 172; XXVIII, 407 (*Orderic Vital*); XXIX, 262 (*Guillaume de Jumiège*).

Charles le Chauve, fils de Louis le Débonnaire, empereur des Francs. — Est confié par son père, dans son enfance, aux soins de Bernard, son chambellan. — Un édit l'investit de l'Allemagne. — Révolte de Lothaire contre Louis le Débonnaire, son père, dont il s'empare, ainsi que de Charles, qu'il fait renfermer dans le monastère de Pruim. — Leur délivrance. — Nouvelles donations que lui fait son père, qui le couronne roi. — Après la mort de l'empereur, Charles envoie d'inutiles députations à Lothaire. — Celui-ci s'avance contre lui avec une armée considérable. — Charles marche à sa rencontre. — Pourparlers. — On convient d'une entrevue à Attigny. — Ses démêlés avec Bernard. — Il traite avec Noménoë, duc des Bretons. — L'inimitié continue entre lui et Lothaire. — Aidé de son frère Louis, Charles livre à Lothaire et à Pepin son neveu une bataille dans laquelle celui-ci est vaincu. — Lothaire propose à Charles de se séparer de Louis, et de traiter avec lui. — Il refuse. — Il s'empare de Laon contre sa sœur Hildegarde, qui avait fait arrêter Adalgaire, un de ses fidèles. — Il marche au secours de Louis, attaqué par Lothaire. — Envoie inutilement à celui-ci une députation pour le décider à la paix. — Louis et Charles se prêtent serment de fidélité ainsi que leurs peuples. — Lothaire quitte le royaume. — Réunis à Aix-la-Chapelle, Louis et Charles remettent la décision de leurs affaires aux évêques qui déclarent Lothaire déchu, et les appellent tous deux seulement au partage des Etats. — Message de Lothaire pour demander la paix, et le tiers des Etats de son père. — Un nouveau partage a lieu, et la paix est jurée. — Difficultés qu'oppose Lothaire. — Charles épouse Hermentrude, fille de Wodon (Eudes, comte d'Orléans). — Nouvelle réunion des trois frères à Verdun. — Nouveau partage. — Invasion des Normands. — Ils s'avancent jusqu'à Paris; Charles achète leur retraite. — Pepin lui prête serment, et Charles lui cède l'Aquitaine. — Expédition contre la Bretagne. — Traité de paix entre Charles et Noménoë. — Charles remporte une victoire sur les Normands qui attaquaient Bordeaux, mais ils s'emparent ensuite par trahison de cette ville, et la ravagent. — Les Aquitains, lassés de l'inertie de Pepin, choisissent Charles pour leur roi. — Ambassade d'Edelwolf, roi des Scots. — Il restitue à l'église de Rheims un grand nombre de biens et lui accorde des lettres d'immunité. — Charles marche en Aquitaine. — Défection des Aquitains qui se donnent à Louis le Germanique. — Brouillerie des deux frères. — Charles oblige Louis, son neveu, à quitter l'Aquitaine qui s'était remise à Pepin. — A la demande des Aquitains, il désigne pour leur roi son fils Charles qu'ils reconnaissent à Limoges, abandonnent bientôt pour Pepin, et reviennent ensuite. — Charles veut s'emparer de la Provence sur Charles, fils de feu Lothaire, mais n'y réussit pas. — Les Normands, serrés de près par Charles, lui offrent des conditions favorables. — Alliance avec différens princes. — Il assemble les évêques et les autres grands de son royaume et fait excommunier Baudouin 1er, comte de Flandre, et Judith, sa fille, à cause de leur liaison. — Il leur pardonne ensuite à la sollicitation du pape Nicolas 1er, et leur permet de se marier. — Il marche vers l'Aquitaine contre son fils Charles, qui lui jure fidélité, ainsi que les grands. — Assemblée générale à Pistre. — Ce qui s'y passe. — Il nomme son fils Louis, roi d'Aquitaine. — Traité avec Salomon, duc des Bretons. — Affaire de

Hincmar, évêque de Laon. — Suite qu'y donne Charles. — Il prend pour concubine et épouse ensuite Richilde, sœur de Boson. — Menaces de Louis le Germanique à Charles, au sujet du royaume de Lothaire. — Partage de ce royaume entre eux. — Avec le secours des Bretons, il chasse du royaume les Normands, qui s'étaient emparés d'Angers. — Après la mort de son neveu Louis, empereur d'Italie, Charles se rend à Rome, où il est couronné empereur des Romains par le pape Jean VIII. — Nomme duc de Pavie, Boson, son beau-frère. — Il tombe dangereusement malade à Verzenay. — Sa guérison. — Carloman, fils de Louis le Germanique, s'avance contre lui à Pavie. — Tous deux prennent la fuite chacun de leur côté. — Il meurt empoisonné. — III, 392, 411, 436 et suiv., 450 et suiv., 460 et suiv., 470 et suiv., 484 et suiv. (*Vie de Louis le Débonnaire*, par l'*Astronome*; *Histoire des dissensions des fils de Louis le Débonnaire*, par *Nithard*); IV, 129, 132, 138 et suiv., 154, 156 et suiv., 161, 170, 173, 180, 187, 197, 220, 235, 257, 270, 272, 274, 276 et suiv., 286 (*Annales de Saint-Bertin*); V, 256, 324 et suiv. (*Frodoard, Histoire de l'Eglise de Rheims*); VI, 70 (*Chronique de Frodoard*); XXV, 154; XXVII, 123 (*Orderic Vital*); XXIX, 20, 48 (*Guillaume de Jumiége*).

CHARLES, dit *le Gros*, fils de Louis le Germanique. — S'empare de la Lombardie. — Ses conférences, à Orbe, avec Louis et Carloman, ses cousins. — Marche en Italie, se rend à Rome et obtient du pape Jean d'être sacré empereur. — Marche contre les Normands, et gagne quelques-uns d'entre eux. — Refuse de restituer à Carloman la portion du royaume que Louis, roi de Saxe, son frère, avait reçue pour prix de sa retraite. — A la mort de Carloman, Charles est reconnu roi. — Il envoie le duc Henri à la tête d'une armée contre les Normands, qui assiégeaient Paris, et le duc Henri ayant été tué, il marche lui-même au secours de cette ville; mais il n'ose les attaquer, achète leur retraite sept cents livres d'argent et s'en retourne. — Chasse Luitwald, évêque de Verceil, accusé d'adultère avec la reine Richarde. — Malade de corps et d'esprit, il est abandonné des grands qui mettent à sa place Arnoul, fils de Carloman. — Charles lui demande en suppliant une pension alimentaire et en reçoit quelques terres en Allemagne. — Sa mort à Indingen en Souabe, en 888. — IV, 310, 314-326 (*Annales de Saint-Bertin*; *Annales de Metz*); VI, 51, 52, 58 (*Abbon, Siège de Paris par les Normands*).

CHARLES MARTEL, fils de Pepin d'Héristel. — Après la mort de son père est retenu en prison par Plectrude, femme de celui-ci, et s'en échappe. — Les Francs marchent contre lui avec leur roi Chilpéric III et Ratbod, duc des Frisons. — Charles les défait, au-delà des Ardennes, et dans une autre bataille près de Cambrai, après laquelle Chilpéric prend la fuite avec Raganfried, maire du palais. — Charles les poursuit jusqu'à Paris. — Retourne à Cologne. — S'empare de la ville, où Plectrude lui rend les trésors de son père et remet tout en son pouvoir. — Se donne un roi nommé Clotaire IV. — Expulse de son évêché saint Rigobert, archevêque de Rheims, qui lui avait refusé le passage dans la ville, et met Milon à sa place. — Combat de nouveau contre Chilpéric, secouru par Eudes, duc des Gascons. — Celui-ci, effrayé, prend la fuite avec Chilpéric. — L'année suivante, Charles fait alliance avec Eudes, qui lui remet Chilpéric avec ses trésors. — Marche contre les Saxons et les défait. — En 725, il passe le Rhin, parcourt le pays des Allemands et des Suèves. — Traverse le Danube, soumet la Bavière, et revient de cette expédition avec un grand butin. — Eudes ayant enfreint le traité, Charles marche contre lui et le bat deux fois. — Eudes appelle à son secours les Sarrasins, qui, conduits par Abdérame, s'avancent en commettant toutes sortes de ravages jusqu'à la ville de Poitiers. — Là, Charles leur livre bataille, les taille en pièces et tue Abdérame. — Eudes étant mort, Charles s'empare de tous ses Etats. — S'embarque pour aller soumettre les Frisons révoltés, pénètre dans les îles de Wistrachie et Austrachie, tue le duc Popon, met les Frisons en déroute, détruit leurs temples idolâtres, et revient avec de grandes dépouilles. — Soumet Lyon et établit des juges à Marseille et à Arles — Ses nouvelles victoires contre les Saxons et les Sarrasins. — Il pénètre chez les Goths, assiège Narbonne, métropole de ce peuple, gouvernée par Athima (Abdérame). — Défait une armée de Sarrasins venue au secours de la ville, tue Abdérame, ravage tout le pays des Goths et détruit Nîmes, Agde et Beziers. — S'empare de la Provence en 739. — Tombe malade à Verberie. — Députation que lui envoie le pape Grégoire XIII. — Traité conclu entre eux. — Partage ses Etats entre ses fils. — Sa mort. — II, 237-245 (*Chronique de Frédégaire*); V, 170, 171 (*Frodoard, Histoire de l'Eglise de Rheims*); XXV, 149; XXVI, 342; XXVII, 121, 122 (*Orderic Vital*).

CHARLES LE SIMPLE, fils de Louis le Bègue, roi des Francs. — Est sacré roi par Foulques, archevêque de Rheims. — Ses guerres avec Eudes, roi des Francs. — Il est mis en fuite. — Force Eudes à lever le siége de Rheims. — Leur réconciliation par l'intervention de Foulques. — A la mort d'Eudes, Charles est reconnu roi. — Il conclut avec Rollon, chef des Normands, un traité par lequel il lui donne en mariage sa fille Gisèle avec la Neustrie pour dot. — Ses querelles avec Zwentibold, roi des Esclavons de Moravie. — Ils font la paix. — Il marche dans le royaume de Lorraine, reprend plusieurs forts sur le rebelle Ricuin, conclut une trève avec Henri, prince de Germanie, et retourne à Laon. — Ravage de nouveau la Lorraine. — Charles est abandonné à Soissons par presque tous les grands en haine d'Haganon, son favori. — Tiré de Soissons et conduit à Rheims par Hérivée, archevêque de cette ville, le seul qui lui soit resté fidèle, il se réconcilie avec un grand nombre de seigneurs et reprend possession de son royaume. — Ses querelles avec Robert que les Francs avaient élu et couronné roi. — Il assiége Laon et s'en éloigne. — Est forcé par Hugues, fils de Robert, de lever le siége de Chevremont, en Lorraine. — Est vaincu dans une bataille contre Robert, qui y périt. — Les grands appellent au trône Rodolphe ou Raoul, qui s'avance avec une armée pour empêcher Charles de se joindre aux Normands, dont il avait réclamé les secours. — Charles s'enfuit, et Raoul est élu roi à Soissons. — Herbert, comte de Vermandois, s'empare de Charles par ruse et le retient prisonnier dans la forteresse de Château-Thierry. — Herbert le délivre et veut le rétablir sur le trône. — Guillaume, fils de Rollon, duc de Normandie, lui fait hommage. — Herbert le retient de nouveau prisonnier. — Raoul fait la paix avec lui. — Sa mort à Péronne en 928. — IV, 345 et suiv. (*Annales de Metz*); V, 487 et suiv., 535-537, 542, 543 (*Frodoard, Histoire de l'Eglise de Rheims*); VI, 63, 64, 70, 72 et suiv.; 77, 90, 92, 93, 177, 178 (*Abbon, Siége de Paris par les Normands; Chronique de Frodoard, Chronique de Raoul Glaber*); XII, 220 (*la Philippide, par Guillaume le Breton*); XXV, 155-157, XXVI, 352, 356, XXVII, 124-126 (*Orderic Vital*); XXIX, 51 et suiv., 58, 59, 279, 280, 370 (*Guillaume de Jumiége, Guillaume de Poitiers*).

CHAROALD, duc de Turin. — Est

élu roi des Lombards. — Tason, gouverneur de Toscane, se soulève contre lui. — Il exile sa femme, Goudeberge, accusée injustement, par Adalulf, de conspirer contre lui avec Tason, et la reprend, l'accusateur ayant succombé dans le jugement de Dieu. — Fait tuer Tason par le patrice Hisace, et pour récompense remet à l'empire cent livres d'or d'un tribut annuel de trois cents livres qu'il en recevait. — Meurt aussitôt après. — II, 197-199, 212, 213 (*Chronique de Frédégaire*).

CHARTÉRIUS, évêque de Périgueux. — Accusé d'avoir écrit des lettres injurieuses contre Chilpéric 1er, est amené devant ce prince et se justifie. — I, 334 (*Grégoire de Tours*).

CHARTRES. — Est incendié par Richard, duc de Normandie. — XXIX, 101 (*Guillaume de Jumiège*).

CHARTREUSE (monastère de), près de Grenoble. — Sa fondation par Saint-Bruno. — IX, 380 et suiv. (*Vie de Guibert de Nogent*).

CHATEAU-THIERRY, fort appartenant au comte Hirébert, est assiégé et pris par Raoul, roi des Francs, et son fils Hugues le Grand. — VI, 99, 101 (*Chronique de Frodoard*).

CHAUDON, chambellan de Gontran, roi des Francs. — Accusé par le garde d'une forêt royale d'avoir tué un buffle, nie le fait. — Le roi ordonne le combat entre lui et son accusateur. — Chaudon met son neveu à sa place. — Les deux combattans succombent ensemble. — Chaudon va pour se réfugier dans la basilique de Saint-Marcel et est lapidé avant d'y arriver. — Repentir du roi à ce sujet. — II, 95, 96 (*Grégoire de Tours*).

CHILDEBERT 1er, fils de Clovis 1er. — A la mort de ce roi, partage son royaume avec ses trois frères. — Sur l'indication d'Arcadius, sénateur d'Auvergne, et d'après le faux bruit de la mort de Théodoric, il se rend en Auvergne pour s'en emparer et se retire. — Marche en Espagne contre son beau-frère Amalaric et ramène avec lui sa sœur Clotilde, qu'il rendait malheureuse. — Marche avec son frère Clotaire contre la Bourgogne. — Ils assiégent Autun, mettent en fuite le roi Gondemar, et occupent tout le pays. — Excite Clotaire à se défaire des enfans de Chlodomir, et celui-ci les ayant tués, ils partagent ensemble le royaume de leur père. — Sa seconde expédition en Espagne avec Clotaire. — Siége de Saragosse. — Ils le lèvent. — S'emparent de la plus grande partie de l'Espagne. — Se soulève de nouveau contre Clotaire, avec Chramne, fils de celui-ci, et dévaste la Champagne Rhémoise. — Sa mort, à Paris, en 558. — I, 112, 122, 128 et suiv., 135, 143, 169-173 (*Grégoire de Tours*).

CHARIULF, riche et puissant citoyen de Comminges, dont les biens nourrissent presque toute la ville pendant le siége qu'elle subit de la part des généraux de Gontran, roi des Francs, à cause de Gondovald qui y était renfermé. — Celui-ci ayant été pris, Chariulf s'éloigne en donnant des otages. — Se réfugie dans l'église de Saint-Martin. — I, 414, 417, 420 (*Grégoire de Tours*).

CHILDEBERT II, fils de Sigebert 1er, roi de Metz. — Son père ayant été assassiné par Frédégonde, il est enlevé par le duc Gondebaud et établi roi à l'âge de cinq ans. — Gontran, son oncle, l'adopte pour son héritier. — Childebert rompt avec lui et s'allie avec Chilpéric. — Leurs dissensions. — Gontran lui rend une partie de Marseille. — Se rend en Italie, et les Lombards se soumettent à son pouvoir. — A la mort de Chilpéric, Childebert veut entrer dans Paris pour s'emparer de Frédégonde, veuve de Chilpéric, qui s'y était réfugiée sous la protection du roi Gontran; mais les Parisiens ne veulent pas le recevoir. — Gontran refuse de lui remettre la reine. — Il envoie vers le roi Gontran des députés pour lui demander les villes dont son père était en possession et le prier de lui livrer Frédégonde. — Refus de Gontran, outrages dont il accable les députés. — A la nouvelle des prétentions de Gondovald, qui se disait fils de Clotaire, Gontran appelle auprès de lui Childebert, fait la paix avec lui et lui rend les possessions de son père. — Envoie une armée contre l'Italie; mais bientôt la division se met entre ses chefs et ils reviennent sans avoir obtenu aucun succès. — Tient une cour de justice à sa maison de Bastoigne. — Gontran-Boson y est accusé et s'enfuit. — Frédégonde envoie des hommes pour le tuer, mais ils sont arrêtés. — Fait la paix avec Reccared, fils de Leuvigild, roi d'Espagne. — Conspiration des grands du royaume de Clotaire contre lui. — Elle est découverte; et Rauchingue, un des chefs, mis à mort. — Il envoie une armée contre deux autres chefs, Ursion et Bertfried, qui sont tués également. — Traité conclu à Andelot entre lui, le roi Gontran et la reine Brunehault. — Envoie contre les Lombards une armée qui est complétement défaite. — Nouvelle expédition sans succès contre les Lombards. — L'armée de Childebert se retire en mauvais état. — A la mort de Gontran, Childebert entre en possession de son royaume. — Envoie contre les Warnes une armée qui les massacre. — Sa mort. — I, 215, 244, 304 et suiv., 349, 364, 379 et suiv., 408 et suiv., 446 et suiv.; II, 2, 10, 11 et suiv., 27 et suiv., 38, 83 et suiv., 167, 170, 171 (*Grégoire de Tours, Chronique de Frédégaire*); XXV, 134 (*Orderic Vital*).

CHILDEBERT, fils de Théodoric, roi des Francs. — Est vaincu par Clotaire II, prend la fuite, et ne reparaît plus dans la suite. — II, 191 (*Chronique de Frédégaire*).

CHILDEBERT III, fils de Théodoric, succède à son frère, Clovis III,
roi des Francs. — Sa mort. — II, 236, 237 (*Chronique de Frédégaire*).

CHILDEBRAND, duc franc, frère de Charles-Martel. — Est envoyé par lui en avant contre les Sarrasins. — Ensuite dans la Provence. — Entre en Bourgogne et s'en empare avec Pepin, fils de Charles-Martel. — II, 243 et suiv. (*Chronique de Frédégaire*).

CHILDERAN, seigneur franc. — Est chargé avec d'autres, par Pepin le Bref, de s'emparer de Rémistan, duc des Gascons, révolté contre lui. — Ils le prennent et l'amènent au roi qui le fait pendre. — II, 262, 263 (*Chronique de Frédégaire*).

CHILDÉRIC Ier, fils de Mérovée, roi des Francs. — Lui succède. — Détrôné par les grands à cause de ses débauches, se réfugie chez Bizin, roi de Thuringe. — Son rétablissement sur le trône des Francs. — Basine, femme de Bizin, vient le trouver, et il l'épouse. — Fait la guerre aux Orléanais. — S'empare d'Angers. — Traite avec Adovacre. — Ils battent ensemble les Allemands. — Sa mort. — I, 72, 73, 76, 77, 85 (*Grégoire de Tours*); XXV, 131 (*Orderic Vital*).

CHILDÉRIC II, fils de Clovis II. — Est nommé roi d'Austrasie par le duc Wulfoald. — Appelé ensuite à remplacer Théodoric, son frère, que les Francs avaient chassé avec Ebroïn, il devient maître de tout le royaume. — Son caractère excite contre lui la haine et les séditions. — Il persécute saint Léger, évêque d'Autun, dont il avait d'abord écouté les conseils. — Ses grands l'empêchent de le tuer. — Ayant fait frapper de verges Bodilon, noble franc, les grands indignés se soulèvent contre lui et il est tué par Bodilon avec sa femme Bilichilde. — II, 232, 337 (*Chronique de Frédégaire, Vie de saint Léger*); XXV, 139 (*Orderic Vital*).

CHILDÉRIC, Saxon. — Sa querelle avec Védaste, qui est tué par un des serviteurs de Childéric. — Celui-ci compose avec son fils pour le prix de sa mort. — Tombe dans la disgrâce de Gontran, roi des Francs, et passe vers le roi Childebert qui lui donne une citadelle à gouverner. — Sa mort. — I, 378, 447; — II, 125, 126 (*Grégoire de Tours*).

CHILPÉRIC, fils de Gondieuch, roi des Bourguignons. — Est égorgé par son frère Gondebaud. — I, 87 (*Grégoire de Tours*).

CHILPÉRIC 1er, fils de Clotaire 1er. — Après les funérailles de celui-ci, s'empare de ses trésors et gagne les principaux des Francs. — Prend Paris, siège du feu roi Childebert, mais ses frères l'en chassent, et alors ils partagent entre eux. — Chilpéric obtient le royaume de Soissons. — S'empare de Rheims et de plusieurs autres villes appartenant à son frère Sigebert, occupé alors contre les Huns. — Celui-ci, revenant vainqueur, prend Soissons et défait Chilpéric. — Epouse Galsuinthe, fille d'Athanagild, roi d'Espagne. — La fait étrangler et épouse Frédégonde, son ancienne maîtresse. — Ses frères, apprenant le meurtre de sa femme, le chassent du royaume. — Après la mort de Charibert, il envahit la Touraine et le Poitou, qui par traité appartenaient à Sigebert; mais il est forcé d'abandonner ces provinces. — S'empare de nouveau de Tours, de Poitiers et d'autres villes en deçà de la Loire. — Ses ravages. — Il dévaste Limoges et Cahors. — La paix se rétablit pour peu de temps. — La guerre civile éclate de nouveau. — Sigebert s'avance pour assiéger Chilpéric dans Tournay. — Frédégonde le fait assassiner. — Se saisit de Brunehault, l'envoie en exil à Rouen et s'empare de ses trésors. — Remporte une victoire sur les Champenois qui voulaient s'emparer de Soissons. — Fait garder son fils Mérovée, dont le mariage avec Brunehault lui faisait craindre quelque trahison. — Le fait tonsurer et conduire au monastère de Saint-Calais, dans le Mans. — Mérovée s'étant échappé et réfugié à Tours, dans l'église de Saint-Martin, Chilpéric fait marcher une armée vers cette ville, qu'elle pille et ravage. — Conduite de Chilpéric envers Prétextat, évêque de Rouen. — Il fait marcher une armée contre Waroch, comte de Bretagne. — Impôts dont il accable ses sujets. — Il les abolit. — Fait saisir et livrer à Frédégonde, son fils Clovis qu'elle fait assassiner. — Ecrit un traité sur la Trinité et ajoute plusieurs lettres à l'alphabet. — S'allie avec Childebert contre son frère Gontran. — Envoie le duc Didier s'emparer du royaume de celui-ci. — Il fait baptiser un grand nombre de juifs. — Didier s'étant emparé de plusieurs villes du royaume de Gontran, Chilpéric y nomme de nouveaux comtes, et ordonne qu'on lui apporte tous les tributs. — Marche avec une armée contre son frère Gontran. — En détruit une partie. — Ils font la paix. — Il ordonne de prendre un grand nombre de serviteurs appartenant aux maisons royales pour accompagner en Espagne sa fille Rigonthe, fiancée au roi des Goths, et retient prisonniers ceux qui ne voulaient pas partir afin de les y décider. — Chilpéric meurt assassiné à sa maison de Chelles. — I, 176, 177, 182, 183, 206, 209-215, 219 et suiv., 245 et suiv., 264 et suiv., 280 et suiv., 325 et suiv., 367-370 (*Grégoire de Tours*); XXV, 134 (*Orderic Vital*).

CHILPÉRIC, fils de Charibert, frère de Dagobert 1er. — Meurt en bas âge peu de temps après son père. — Sa mort est imputée à Dagobert. — II, 210, 290 (*Chronique de Frédégaire, Vie de Dagobert 1er*).

CHILPÉRIC III, auparavant appelé Daniel, et clerc. — Succède à Dagobert III. — Marche contre Charles Martel avec Raganfried, maire du palais et les seigneurs francs, et soutenu par Ratbod, duc des Frisons. — Charles les défait deux fois et les oblige à prendre la fuite. — Il demande du secours au duc Eudes, lui donnant le titre de roi et des présens. — Celui-ci lève une armée de Gascons et ils marchent ensemble contre Charles. — Eudes effrayé s'enfuit, emmenant avec lui Chilpéric et ses trésors. — L'année d'après il s'allie avec Charles et lui remet Chilpéric. — Ce prince meurt à Noyon après un règne de 6 ans. — II, 239 (*Chronique de Frédégaire*).

Chilping, comte d'Auvergne. — Attaque la Bourgogne. — Adolard, comte de Châlons, et le comte Australd, marchent contre lui et il est tué dans le combat. — II, 259 (*Chronique de Frédégaire*).

Chiltrude, fille de Charles Martel. — Va trouver Odilon, duc de Bavière, qui l'épouse contre la volonté de ses frères. — II, 246 (*Chronique de Frédégaire*).

Chindasuinthe, grand d'Espagne, détrône Tulga, roi de ce pays, le fait raser et est élevé au trône à sa place. — Se débarrasse de ses ennemis et soumet tous les Goths à son pouvoir. — II, 222 et suiv. (*Chronique de Frédégaire*).

Chlochilaic, roi de Danemarck. — Son irruption dans les Gaules. — Ravage le royaume de Théodoric, qui envoie contre lui son fils Théodebert. — Les Danois sont défaits, et leur roi est tué. — I, 114 (*Grégoire de Tours*).

Chlodebert, fils de Chilpéric 1er et de Frédégonde. — Sa maladie. — Sa mort. — Repentir qu'elle excite dans l'âme de Frédégonde et Chilpéric. — I, 271, 272 (*Grégoire de Tours*).

Chlodéric, fils de Sigebert-Claude. — Combat avec Clovis 1er, contre Alaric, roi des Goths, dans la plaine de Vouglé. — Fait tuer son père à l'instigation de Clovis, qui le fait lui-même mettre à mort. — I, 104-106 (*Grégoire de Tours*).

Chlodomir, second fils de Clovis 1er, roi des Francs, et de Clotilde. — A la mort de Clovis, partage son royaume avec ses trois frères et devient roi d'Orléans. — Prend Sigismond, roi de Bourgogne, avec sa femme et ses fils, et les fait jeter dans un puits. — Est tué dans une bataille contre les Bourguignons. — I, 89, 112, 117, 118 (*Grégoire de Tours*).

Chlogion (Clodion), homme puissant parmi les Francs. — En est élu roi. — Défait les Romains, s'empare de Cambrai et de tout le pays jusqu'à la Somme. — I, 68 (*Grégoire de Tours*); XXV, 130 (*Orderic Vital*).

Choelin, prince turc. — Assiège Béryte avec le sultan Saladin. — Son courage. — Il est blessé d'une flèche au visage. — XVIII, 419 (*Guillaume de Tyr*).

Chonobre, comte de Bretagne. — Reçoit chez lui Chramne, fils de Clotaire 1er. — Livre avec lui, à Clotaire, une bataille dans laquelle il est tué. — I, 174 (*Grégoire de Tours*).

Choslon, écuyer de Louis le Débonnaire. — Tue Morman, chef des Bretons, révolté contre l'Empereur. — Mais il est tué lui-même par un des serviteurs de Morman. — III, 359 (*Vie de Louis le Débonnaire, par l'Astronome*); IV, 72, 73 (*Ermold le Noir*).

Chosroès, roi de Perse. — Épouse Marie, fille de l'empereur Maurice, et se fait chrétien. — Pour venger son beau-père, assassiné par Phocas, il entre avec une armée sur le territoire de l'empire, envahit la Syrie, la ravage, détruit Jérusalem et emmène les habitans en captivité. — Est tué dans une sédition par ses soldats, en prenant la fuite devant l'empereur Héraclius. — II, 207, 208 (*Chronique de Frédégaire*); XVI, 3, 4 (*Guillaume de Tyr*); XXII, 12, 13 (*Jacques de Vitry*); XXV, 138, XXVI, 335, 336 (*Orderic Vital*).

Chramne, fils de Clotaire 1er, roi des Francs. — Est envoyé par lui en Auvergne. — Sa conduite déréglée et tyrannique dans ce pays. — Il dépouille de ses honneurs et fait saisir pour l'envoyer en exil, Firmin, comte d'Auvergne. — Se ligue contre son père avec son oncle Childebert. — Trompe ses frères Charibert et Gontran, envoyés contre lui, avec une armée, par Clotaire, par la fausse nouvelle de la mort de celui-ci, et, après leur retraite, s'empare de Châlons. — Se rend vers son père. — Lui manque encore de foi et se réfugie chez Chouobre, comte de Bretagne, avec le secours duquel il livre bataille à son père. — Sa défaite, sa fuite. — S'étant réfugié dans une cabane, Clotaire ordonne d'y mettre le feu et il y périt avec sa femme et ses filles. — I, 159, 164, 168-175 (*Grégoire de Tours*).

CHRAMNELÈNE, duc franc. — Attaque avec Flaochat, maire du palais de Clovis II, le patrice Willebad, qui est tué. — II, 229 (*Chronique de Frédégaire*).

CHRAMNISINDE. — Tue Sichaire, meurtrier de ses parens. — Ses biens sont saisis à l'instigation de Brunehault qui protégeait Sichaire, mais ils lui sont rendus dans la suite. — II, 24-26 (*Grégoire de Tours*).

CHRAMNULF, un des grands de la cour de Clotaire II. — Tue, par son ordre, Godin, fils de Warnachaire, maire du palais. — II, 201 (*Chronique de Frédégaire*).

CHROCUS, roi des Allemands. — Ravage les Gaules. — Est pris près d'Arles et mis à mort. — I, 26, 27 (*Grégoire de Tours*).

CHRODIELDE, religieuse du monastère de Poitiers, se disant fille du roi Charibert. — Ses démêlés avec l'abbesse Leubovère. — Elle sort du couvent avec un grand nombre de religieuses. — Scandales qui s'ensuivent. — Ayant rassemblé une troupe de brigands, elle envahit les propriétés du monastère. — L'abbesse insultée et maltraitée est, par ses ordres, enlevée de son monastère. — Ravages et massacres commis par ses gens. — Le roi Childebert les fait réprimer par la force armée. — Un synode est assemblé pour juger cette affaire. — Chrodielde et les religieuses qui l'ont accompagnée sont excommuniées. — Elles obtiennent leur grâce et Chrodielde est envoyée dans une maison des champs à Poitiers. — II, 56 et suiv., 107 et suiv., 124 (*Grégoire de Tours*).

CHRODIN. — Ses vertus. — Sa mort. — I, 332, 333 (*Grégoire de Tours*).

CHRODOALD, seigneur de la race des Agilolfinges. — Ses crimes excitent la colère de Dagobert 1er, roi des Francs, qui le fait tuer. — II, 199 (*Chronique de Frédégaire*).

CHRODOBERT (le duc), à la tête d'une armée d'Allemands, seconde Dagobert 1er dans son expédition contre les Esclavons et remporte une victoire. — II, 211, 292 (*Chronique de Frédégaire, Vie de Dagobert 1er*).

CHRODOBERT, comte du palais, chargé par le maire Ebroïn de tuer saint Léger, évêque d'Autun, n'ose le faire lui-même et le fait mettre à mort par ses serviteurs. — II, 356 et suiv. (*Vie de saint Léger*).

CHRONA, fille de Chilpéric, assassiné par son frère Gondebaud, roi de Bourgogne. — Prend l'habit. — I, 87 (*Grégoire de Tours*).

CHRONOMOR, comte breton. — Reçoit chez lui et soustrait aux poursuites de Conan, comte des Bretons, Mâlo, frère de celui-ci. — I, 154 (*Grégoire de Tours*).

CHROTAIRE (Rotharis), un des ducs du territoire de Brescia. — Epouse Gondeberge, veuve de Charoald, roi des Lombards, qui le fait élever au trône par les grands de cette nation. — Il fait périr les grands qui étaient contre lui et établit dans son royaume une discipline sévère. — Relègue sa femme dans une obscure retraite. — Lui rend les honneurs royaux au bout de cinq ans, d'après la sollicitation d'Aubedon, député de Clotaire II. — A la tête d'une armée, enlève à l'empire Gênes et d'autres villes maritimes, les pille et les détruit.—II, 213, 214 (*Chronique de Frédégaire*).

CHRYSOGON, diacre de l'église romaine. — Ses fonctions dans le concile tenu à Rheims par le pape Caliste II. — XXVIII, 321, 336 (*Orderic Vital*).

CHUNIBERT, évêque de Cologne. —Est établi par Dagobert 1er, avec le duc Adalgise, gouverneur du palais et du royaume d'Austrasie, dont il venait de nommer roi son fils Sigebert. — Son amitié avec Pepin, maire du palais. — Sa douceur captive les leudes d'Austrasie. — Il est envoyé par Sigebert avec Pepin, réclamer sa part des trésors de son père et la lui rapporte. — II, 217, 224, 295, 311, 384 (*Chronique de Frédégaire, Vie de Dagobert 1er, Vie de Pepin le Vieux*).

CHUNIBERT, comte du Berry. — Se joint à Waïfer, prince d'Aquitaine, contre Pepin le Bref. — Leur défaite. — Pepin assiége Bourges et s'en empare, ainsi que de Chunibert qu'il emmène avec lui.—Est chargé avec d'autres par Pepin, de s'emparer de Rémistan, fils d'Eudes, duc de Gasgogne, révolté contre lui. — Ils le prennent et l'amènent au roi, qui leur ordonne de le pendre à l'instant. — II, 256, 257, 262, 263 (*Chronique de Frédégaire*).

CHUNOALD, duc de Gascogne, fils d'Eudes. — Se révolte contre les Francs. — Carloman et Pepin, fils de Charles Martel, marchent contre lui, le mettent en fuite et ravagent tout le pays. — II, 246 (*Chronique de Frédégaire*).

CHUS, fils de Cham.—Inventeur de la magie et de l'idolâtrie. — Passe chez les Perses, qui l'appellent Zoroastre. — I, 6 (*Grégoire de Tours*).

CHYPRE (prise de l'île de), par Richard 1er, roi d'Angleterre; XIII, 74 (*Guillaume de Nangis*).

CILICIE (la), province de la Terre-Sainte.—Sa position géographique. — Ses villes. — Sa conquête par Tancrède, chef des Croisés. — Envahie par Boémond, prince d'Antioche. — XVI, 164, 176, 349 (*Guillaume de Tyr*).

CILINIE, mère de saint Remy. — Vision de l'ermite Montan, à son sujet et d'après laquelle il lui prédit la naissance d'un fils. — V, 27-29 (*Frodoard, Histoire de l'Église de Rheims*).

CISHER, guerrier de l'armée de Charlemagne. — Sa force prodigieuse. — III, 249 (*Des Faits et Gestes de Charles le Grand*).

CLAIRAMBAULT DE VANDEUIL. — Prend la croix et se rend en Terre-Sainte. — Massacre les Juifs à Mayence, et s'empare de leurs trésors. — Remporte avec d'autres une victoire sur les Hongrois. — S'échappe avec peine d'une bataille remportée par ceux-ci.—Est retenu captif par l'empereur Alexis. — Sa délivrance. — Est chargé par les chefs croisés, occupés au siége d'Antioche, d'aller prendre des informations sur l'arrivée de Kerbogha, général des Turcs. — XVI, 73, 89, 266 (*Guillaume de Tyr*); XX, 41, 43, 56, 208 (*Albert d'Aix*); XXIII, 422 (*Robert le Moine*).

CLAIRVAUX (fondation du monastère de), par saint Bernard, d'après les ordres d'Etienne, abbé de Citeaux.—Extension et accroissement de ce monastère. — X, 177 et suiv. (*Guillaume de Saint-Thierri*); XIII, 3 (*Chronique de Guillaume de Nangis*).

CLARIN (DOM), évêque de Carcassonne. — Se rend à Rome et obtient que l'évêque de Tournai soit envoyé comme légat dans le pays des Albigeois. — XV, 288 (*Guillaume de Puy-Laurens*).

CLAUDE, Romain d'origine.—Est nommé maire du palais de Théodoric, roi des Francs. — II, 177 (*Chronique de Frédégaire*).

CLAUDE 1er, empereur de Rome. — Passe dans la Grande-Bretagne, soumet la plus grande partie de cette île, ainsi que les îles Orcades. — Chasse les Juifs de Rome. —

Règne treize ans passés. — XXV, 107 (*Orderic Vital*).

CLAUDE II, empereur de Rome. — Défait les Goths. — Règne un an et neuf mois.—XXV, 117 (*Orderic Vital*).

CLAUDE, chargé par le roi Gontran de tuer Eberulf, réfugié dans l'église de Saint-Martin de Tours, gagne sa confiance et l'assassine. — Mais lui-même percé par Eberulf, est achevé par les serviteurs de celui-ci. — I, 400, 403 (*Grégoire de Tours*).

CLAUDIUS ALBINUS. — Sa mort. — XXV, 112 (*Orderic Vital*).

CLAUDIUS LYSIAS, tribun d'une cohorte romaine, à Jérusalem. — Fait enlever de force et renfermer dans une forteresse l'apôtre saint Paul. — Après l'avoir frappé de verges et mis à la torture, il l'envoie au gouverneur Félix, à Césarée.— XXV, 227- 229 (*Orderic Vital*).

CLÉMENCE, fille de Charles Martel, roi de Hongrie. — Épouse Louis le Hutin, roi de France. — XIII, 314 (*Guillaume de Nangis*).

CLÉMENCE, mère de Baudouin VII, comte de Flandre, gouverne ce pays avec lui ; XXVIII, 254 (*Orderic Vital*).

CLÉMENT, prêtre de l'église d'Alexandrie. — Brille dans les discussions théologiques. — XXV, 112 (*Orderic Vital*).

CLÉMENT (saint). — Troisième évêque de Rome. — Son supplice sous l'empereur Néron. — I, 21 (*Grégoire de Tours*).

CLÉMENT, hérésiarque.— Sa doctrine. — Condamnation de ses principes.—Convaincu par le jugement, il est jeté en prison. — X, 106-110 (*Vie de Guibert de Nogent*).

CLÉMENT, Romain, fils de Faustinien.—S'embarque pour la Palestine et va trouver l'apôtre Pierre. — Converti et baptisé par lui, il ne le quitte plus.—Ses écrits.—XXV, 213 et suiv. (*Orderic Vital*).

CLÉMENT 1er, quatrième pape, en 91. — Ses nombreuses conversions excitent la haine des païens qui l'accusent auprès de l'empereur Trajan. — Il est d'abord, par ordre de ce prince, exilé à Cherson et ensuite précipité dans la mer.—XXV, 375-379 (*Orderic Vital*).

CLÉMENT II, dit SUITGER, 147e pape. — Auparavant évêque de Bamberg.—Siège neuf ans.—XXV, 436 (*Orderic Vital*).

CLÉMENT III, pape. — Succède à Grégoire VIII. — Exhorte les princes d'Occident à secourir la Terre-Sainte. — Sa mort. — XI, 71, 100, 200, 206 (*Rigord, Vie de Philippe-Auguste; Guillaume le Breton*); XIII, 66 (*Guillaume de Nangis*); XXII, 250 (*Jacques de Vitry*).

CLÉMENT III, pape. — *Voyez* GUIBERT.

CLÉMENT IV, 171e pape. — Autrefois fameux avocat et conseiller du roi de France, nommé évêque du Puy en Velay, ensuite archevêque de Narbonne, puis évêque cardinal de Sainte-Sabine. — Est élu pape à la mort d'Urbain IV.—Couronne Charles d'Anjou, roi de Sicile. — Sa mort. — XIII, 178, 179, 183 (*Guillaume de Nangis*); XV, 318, 321 (*Guillaume de Puy-Laurens*); XIX, 565, 567 (*Bernard le Trésorier*).

CLÉMENT V, 190e pape. — Appelé Bertrand auparavant, et archevêque de Bordeaux, est élu plus d'un an après la mort de Benoît XI, et consacré à Lyon en présence de Philippe le Bel, roi de France, qui lui rend de grands honneurs. — Clément lui accorde pour trois ans les dîmes des églises de son royaume, et, à sa prière, rétablit les *Colonne* dans leurs dignités. — Augmente de dix-huit le nombre des cardinaux. — Dans son voyage de Lyon à Bordeaux, il fait ravager par ses satellites plusieurs églises et monastères. — Convoque un concile général à Vienne. — Annonce que ceux qui auraient à porter accusation contre feu Boniface VIII, se présentent devant lui.—Déclare absous Philippe le Bel et ses adhérens de toutes les violences commises envers Boniface et lève la sentence d'interdiction lancée contre la France par ce pape. — Tenue d'un concile général à Vienne. — Affaires qu'on y traite. — Procès des Templiers que Clément poursuit de concert avec Philippe le Bel. — Sa mort. — XIII, 258 et suiv., 270, 275, 276, 278, 279, 283, 284, 288 et suiv, 303 (*Chronique de Guillaume de Nangis*); XV, 402 et suiv. (*Des Gestes glorieux des Français* (*Voir* Philippe le Bel).

Clément, émir de Babylone. — Est vaincu par les Croisés, après la prise de Jérusalem, dans un grand combat devant Ascalon. — XXIII, 462 et suiv. (*Robert le Moine*).

Clépon. — Est élu roi des Lombards après la mort d'Alboin. — XXVI, 345 (*Orderic Vital*).

Clet, évêque de Rome. — Son martyre sous l'empereur Domitien. — XXV, 374 (*Orderic Vital*).

Clodoald, fils de Chlodomir, roi des Francs, élevé par Clotilde, sa grand'mère. — Echappe aux coups de son oncle Clotaire et se fait clerc. — I, 119, 137 (*Grégoire de Tours*).

Clotaire 1er, fils de Clovis 1er. — Épouse Gonthieuque, veuve de son frère Chlodomir. — Se joint à son frère Théodoric contre Hermanfried, roi de Thuringe. — Leur victoire. — Soumission du pays. — Clotaire en revenant emmène et épouse Radegonde, fille du roi Berthaire, et dans la suite fait tuer son frère. — Conspiration sans succès de Théodoric contre lui. — Son expédition contre la Bourgogne avec son frère Clotaire. — Tue les fils de son frère Chlodomir et s'empare de son royaume avec Childebert. — Charge toutes les églises de son royaume d'un impôt du tiers de leurs revenus. — La résistance de l'évêque Injuriosus le lui fait révoquer. — A la mort de son neveu Théodebald, en 553, il s'empare de son royaume. — Révolte des Saxons. — Il en extermine la plus grande partie. — Ravage la Thuringe leur auxiliaire. — A la mort de son frère Childebert, s'empare de son royaume et de ses trésors et envoie en exil sa femme Ulthrogothe et ses deux filles. — Sa mort. — I, 118 et suiv., 135 et suiv., 152 et suiv., 159 et suiv., 175 (*Grégoire de Tours*); XXV, 133; XXVII, 547 (*Orderic Vital*).

Clotaire II, fils de Chilpéric et de Frédégonde. — Par les soins de son oncle Gontran, est reconnu roi à l'âge de quatre mois par les grands du royaume de son père. — Tombe dangereusement malade et se rétablit. — Met en fuite Wintrion, duc de Champagne, qui attaquait son royaume. — S'empare de Paris et d'autres villes, avec sa mère. — Défait Théodebert et Théodoric, fils de Childebert. — Dans une autre bataille contre eux, son armée est taillée en pièces. — Il est forcé de traiter à des conditions désavantageuses. — Envoie pour tuer Bertoald, général de Théodoric, une armée qui est défaite. — Conclut la paix avec Théodebert. — Après la mort de Théodoric, favorisé par les grands d'Austrasie et de Bourgogne, Clotaire défait l'armée de ses fils, s'empare de trois d'entre eux et en fait tuer deux, Sigebert et Corbus. — Ordonne le supplice de la reine Brunehault. — Clotaire demeure par sa victoire seul maître du royaume des Francs. — Remet aux Lombards le tribut qu'ils payaient tous les ans aux Francs. — Ses querelles avec son fils Dagobert. — Il lui pardonne et l'associe à la royauté en lui donnant l'Austrasie. — Contestations entre eux au sujet de ce royaume. — Sa colère contre Godin, fils de Warnachaire, maire du palais, à cause de son mariage avec sa belle-mère. — Il le fait tuer, ainsi que Boson, fils d'Audolène, qu'il accusoit d'adultère avec la reine Sichilde. — Assemble à Troyes les grands et les leudes de Bourgogne et leur demande de créer un autre maire du palais, à la place de Warnachaire qui était mort. — Il s'y refusent. — Meurt en 628, dans la 45e année de son règne. — I, 381; II, 96, 170-

172, 175, 176, 190 et suiv., 196, 202, 273 et suiv. (*Grégoire de Tours*, *Chronique de Frédégaire*, *Vie de Dagobert 1er*); XXV, 139; XXVII, 55 (*Orderic Vital*).

CLOTAIRE III, fils aîné de Clovis II.— Lui succède et meurt après un règne de quatorze ans. — II, 231 (*Chronique de Frédégaire*); XXV, 139 (*Orderic Vital*).

CLOTAIRE IV. — Est établi roi des Francs, par Charles Martel. — Sa mort. — II, 239 (*Chronique de Frédégaire*).

CLOTILDE, fille de Chilpéric, assassiné par son frère Gondebaud, roi de Bourgogne.—Épouse Clovis, roi des Francs. — Chrétienne, elle cherche à amener le roi à se faire baptiser. — Prend avec elle les fils de Clodomir. — Clotaire leur oncle en tue deux.—Douleur de Clotilde, qui les fait ensevelir. — Sa piété, sa générosité envers les églises. — Meurt à Tours en 545. — I, 87 et suiv., 119, 135 et suiv., 152 (*Grégoire de Tours*); V, 42 (*Frodoard, Histoire de l'Église de Rheims*).

CLOTSINDE, fille de Clotaire 1er, roi des Francs. — Épouse Alboin, roi des Lombards. — Sa mort. — I, 153, 199 (*Grégoire de Tours*).

CLOVIS 1er. — Succède à Childéric 1er, son père, en 481. — Défait Syagrius roi des Romains, le fait égorger et s'empare de son royaume. — Son armée pille les églises.—Vase réclamé par saint Remi, archevêque de Rheims. — Clovis veut le lui rendre. — Contradiction qu'il éprouve à ce sujet de la part d'un de ses soldat. — Vengeance qu'il en tire un an après.—Ses diverses victoires.— En 491 soumet les gens de Tongres à son pouvoir. — Épouse Clotilde, nièce de Gondebaud, roi de Bourgogne. — Se fait chrétien après la victoire remportée à Tolbiac contre les Allemands. — Est baptisé par saint Remi avec une partie de son armée. — Marche au secours de Godégésile contre son frère Gondebaud, et défait celui-ci.— Traite avec lui moyennant un tribut. — Marche vers Poitiers contre Alaric, roi des Goths.— En vient aux mains avec lui dans le champ de Vouglé. — Alaric est tué et son armée mise en fuite. — S'empare d'Angoulême. — Est revêtu des honneurs consulaires par l'empereur Anastase. — Fixe à Paris le siége de son empire. — S'empare des États de Sigebert Claude, tué à son instigation par Chlodéric son fils, qu'il fait lui-même mettre à mort. — De ceux de Chararic, chef franc établi à Térouanne, et le fait périr avec son fils.— Fait la guerre à Ragnachaire, roi de Cambrai, son parent, le défait, s'empare de lui et lui tranche la tête, ainsi qu'à son frère Richaire. — Fait tuer ainsi un grand nombre de rois ses parens, recueille leur héritage et étend ainsi son pouvoir dans la Gaule. — meurt à Paris en 511, après un règne de 30 ans. — I, 85 — 110 (*Grégoire de Tours*); V, 40-47, 54, 55, (*Frodoard, Histoire de l'Église de Rheims*); XXV, 132 et suiv. (*Orderic Vital*).

CLOVIS II, fils de Dagobert 1er et de Nantéchilde. — Encore en bas âge, à la mort de son père, est reconnu roi par les leudes de Neustrie et de Bourgogne. — Partage avec sa mère et son frère Sigebert les trésors de son père. — Épouse Bathilde. — Tombe en démence et meurt après un règne de 18 ans. — II, 221, 224, 231, 310 et suiv. (*Chronique de Frédégaire*; *Vie de Dagobert 1er*); XXV, 139 (*Orderic Vital*).

CLOVIS III, prétendu fils de Clotaire III. — Lui succède, encore enfant, et meurt après un règne de quatre ans. — II, 236, 342 (*Chronique de Frédégaire*, *Vie de saint Léger*).

CLOVIS, fils de Chilpéric, est chassé du pays de Tours par Mummole. — Se rend à Bordeaux, d'où il est chassé par Sigulf, partisan de Sigebert. — S'empare de Saintes. — Est accusé par Frédégonde, sa belle-mère, d'avoir, par des maléfices, causé la mort de ses fils. — Saisi par ordre de son père et livré à la reine, elle le fait conduire au château de Nogent et assassiner. — I, 206, 209, 235, 280 (*Grégoire de Tours*).

Cocosambre, chef turc de la ville de Lagabrie, avec Rodoan, sultan d'Alep, entre sur le territoire d'Antioche et prend la fuite devant l'armée chrétienne. — XXI, 198, 199 (*Albert d'Aix*).

Coenred, roi de Mercie, quitte le sceptre et se fait moine.—XXVI, 343 (*Orderic Vital*).

Cologne, ville d'Allemagne. — Est assiégée et prise par Philippe, roi des Romains. — Est prise par Charles Martel. — II, 238 (*Chronique de Frédégaire*); XIII, 94 (*Guillaume de Nangis*).

Coloman, roi de Hongrie. — Accorde le passage dans ses États à Gautier *Sans-avoir*, se rendant en Terre-Sainte à la tête de quelques Croisés. — Se montre d'abord bien disposé en faveur des Croisés conduits par Gottschalk; mais, indigné ensuite de leurs excès, leur fait la guerre. — Remporte une victoire sur une troisième armée de Croisés. — Son entrevue avec Godefroi de Bouillon.—Il lui accorde le passage dans ses États et ordonne qu'on fournisse à son armée tout ce qui lui serait nécessaire. — XX, 34 et suiv. 43, 50 et suiv. (*Albert d'Aix*); XXVII, 421 (*Orderic Vital*).

Colomban (saint). — Sa réputation de sainteté dans la Gaule et la Germanie. — Vénération qu'avait pour lui Théodoric II, roi des Francs, qui l'allait souvent voir à Luxeuil. — Saint Colomban lui reproche sa conduite et l'engage à se marier. — S'attire ainsi la haine de Brunehault, grand'mère de Théodoric, qui craignait de voir ses honneurs partagés par une reine. — Pièges qu'elle lui tend. — Le roi, excité par elle, exile le saint à Besançon — Il retourne dans son monastère, et Brunehault l'en fait arracher. — Chassé des États de Théodoric, il tente de passer en Irlande; une tempête le repousse en Bretagne et de là il se rend en Italie et fonde un monastère à Bobbio, où il meurt. — II, 181 et suiv. (*Chronique de Frédégaire*); XXVI, 336, XXVII 398 (*Orderic Vital*).

Comminges (siége de), où était renfermé Gondovald, par les généraux de Gontran, roi des Francs; I, 411 et suiv. (*Grégoire de Tours*).

Commode, fils de Marc-Aurèle, empereur de Rome.—Après la mort de celui-ci, règne treize ans. — XXV, 111 (*Orderic Vital*).

Conan Ier, *dit* le Tort, comte de Rennes. — Sa tyrannie. — Ses guerres avec Foulques Nerra, comte d'Angers, son beau-frère. — Ils fixent un jour pour un combat décisif à Conquereux. — Piége tendu par les Bretons à Foulques, qui s'en échappe, détruit leur armée et prend Conan. — VI, 208-210 (*Chronique de Raoul Glaber*).

Conan II, comte des Bretons. — Ses guerres contre Guillaume le Conquérant. — Il meurt empoisonné. — XXIX, 222, 223, 269 et suiv. (*Guillaume de Poitiers*).

Conan IV, *dit* le Petit, fils du duc Alain. — Succède à Eudes, chassé par lui du duché de la petite Bretagne. — Soutient Raymond, évêque de Léon, expulsé de son évêché, et défait ses ennemis. — Est dépouillé de ses biens et chassé de son pays par Pierre, duc de Bretagne. — Ses guerres contre lui. — II, 92 (*Guillaume le Breton*); XII, 366 (*la Philippide*).

Conan, prince breton, prend la croix. — Assiége Nicée. — Commande une partie du dixième corps de l'armée chrétienne, dans la bataille livrée sous les murs d'Antioche contre Kerbogha, général des Turcs. — Assiége Jérusalem avec l'armée chrétienne. — XVI, 327, 451 (*Guillaume de Tyr*); XX, 73, 253 (*Albert d'Aix*); XXIII, 121 (*Raoul de Caen*, qui le fait mourir dans la bataille livrée près d'Antioche contre Kerbogha); XXVII, 440 (*Orderic Vital*).

Conan, fils de Waroch, duc de

Bretagne. — Est envoyé par lui contre l'armée de Gontran, roi des Francs. — II, 94, 95 (*Grégoire de Tours*).

CONAN, comte des Bretons. — Tue trois de ses frères, et, voulant tuer le quatrième, Mâlo le fait prendre et jeter en prison. — Mâlo, arraché à la mort par Félix, évêque de Nantes, jure fidélité à son frère ; ne l'observant pas, est de nouveau poursuivi et prend la fuite. — Conan, le croyant mort, s'empare de tout le royaume. — I, 154 (*Grégoire de Tours*).

CONAN, fils de Gislebert Pilet, conspire avec les habitans de Rouen contre Robert, duc de Normandie. — Guerre civile. — Conan et les siens sont vaincus, et il est jeté de la fenêtre d'une tour par Henri, frère de Robert. — XXVII, 308-312 (*Orderic Vital*).

CONON, cardinal, évêque de Palestrine. — Son discours dans le concile tenu à Rheims par le pape Calixte II. — XXVIII, 322 (*Orderic Vital*).

CONON DE WLAERSLE. — En guerre contre Thierri d'Alsace, ravage les métairies à l'entour de Winendale. — VIII, 415 (*Vie de Charles le Bon*, par *Galbert*).

CONON DE MONTAIGU. — Prend la croix et passe en Terre-Sainte. — Est envoyé par le duc Godefroi vers l'empereur Alexis pour l'excuser de ne pouvoir se rendre vers lui comme il l'y engageait. — Reçoit de l'empereur en otage son propre fils pour garantie de la sûreté de Godefroi. — Assiége Nicée. — Assiége Antioche avec les autres chefs des Croisés. — Assiége Jérusalem avec l'armée chrétienne. — S'en retourne dans son pays. — XVI, 78, 94, 99, 209, 451 (*Guillaume de Tyr*) ; XX, 63, 73, 152, 318, 384 (*Albert d'Aix*).

CONON, 82e pape, en 686. — Débats à son élection. — XXV, 421 (*Orderic Vital*).

CONRACIUS, légat du pape Gélase. — Son discours dans un concile tenu à Rouen le 7 octobre 1119. — XXVIII, 282 (*Orderic Vital*).

CONRAD, frère de Judith, femme de Louis le Débonnaire. — Est tonsuré et renfermé dans un cloître, ainsi que son frère Rodolphe, par ordre de Pepin, fils de l'empereur, et de ses grands, révoltés contre lui. — L'empereur les en retire. — Est envoyé par Charles le Chauve vers les Normands, pour les amener à conclure un traité. — A la mort de Louis le Bègue, il se joint à l'abbé Josselin contre ses fils Louis et Carloman, et attire dans leur royaume Louis, roi de Saxe. — Mauvais succès de leurs projets. — Leur réconciliation avec Louis et Carloman. — Popon, duc de Thuringe, ayant été dépouillé de ses dignités, Conrad est investi de son duché et le lui rend peu de temps après de son propre mouvement. — III, 294, 386, 436 (*De la Vie et des Actions de Louis le Débonnaire, Vie de Louis le Débonnaire*, par l'*Astronome* ; *Histoire des dissensions des fils de Louis le Débonnaire*) ; IV, 285, 307 et suiv., 340 (*Annales de Saint-Bertin*).

CONRAD, évêque d'Ostie, cardinal, légat du siége apostolique dans la terre des Albigeois. — Assiste aux funérailles de Philippe-Auguste, roi des Francs. — Convoque à Paris un concile général, dans lequel le pape Honoré révoque par son entremise l'indulgence accordée à ceux qui se croiseraient contre les Albigeois. — II, 350 (*Guillaume le Breton*) ; XIII, 131, 132 (*Guillaume de Nangis*).

CONRAD, cardinal, évêque de Porto, légat du siége apostolique dans le pays des Albigeois. — Marche avec Amaury de Montfort au secours du château de Penne, assiégé par le jeune comte de Toulouse. — Ils détruisent le fort de Lescure, prennent la bastide de Dieu-Donné d'Alaman, et font lever le siége de Penne. — XV, 267, 359 (*Guillaume de Puy-Laurens*,

Des Gestes glorieux des Français).

CONRAD, dit LE SAGE, duc de Franconie et de Lorraine. — Marche par ordre d'Othon 1er, son beau-père, au secours de Louis d'Outremer, roi de France, contre Hugues le Grand. — Assiége et prend le château de Montaigu. — Tient une fille de Louis sur les fonts de baptême. — Prend et détruit le château de Mouzon et s'en retourne en Lorraine. — Est envoyé par Othon 1er, pour rétablir la paix entre Louis et Hugues. — Mécontent de quelques Lorrains, il détruit leurs châteaux, entre autres ceux de Raimer III, comte du Hainaut. — S'empare avec Hugues d'un fort près de Mareuil. — Ses querelles avec Othon, qui lui ôte le duché de Lorraine. — Après plusieurs combats, il est mis en fuite et entre à Mayence. — Assiégé par Othon, il entre en pourparler et lui donne des otages. — S'empare de Metz. — Fait un traité avec les Hongrois et les conduit en Lorraine, dans les terres de Regnier, son rival. — Se soumet à Othon, marche avec lui contre les Hongrois qui avaient envahi la Bavière. — Les Hongrois sont taillés en pièces; mais Conrad périt dans la bataille, au gain de laquelle il avait beaucoup contribué. — V, 573 (*Frodoard, Histoire de l'Eglise de Rheims*); VI, 135, 136, 142, 144, 146-148, 151 (*Chronique de Frodoard*).

CONRAD, dit LE PACIFIQUE, fils de Rodolphe, roi de Bourgogne. — Lui succède. — Marche avec Othon le Grand, roi de Germanie, au secours de Louis d'Outremer, contre Hugues le Grand. — Ils s'emparent de Rheims, dont ils expulsent Hugues. — Rétablissent Artaud dans l'évêché de cette ville. — Ravagent les terres de Hugues et la Normandie. — V, 556-558 (*Frodoard, Histoire de l'Eglise de Rheims*); VI, 107, 112, 127 (*Chronique de Frodoard*).

CONRAD, comte de Westphalie. — Marche avec l'empereur Othon contre Philippe-Auguste. — Est fait prisonnier à la bataille de Bovines. — II, 288 (*Guillaume le Breton*); XII, 301, 341 (*la Philippide*).

CONRAD, connétable de l'empereur Henri III. — Passe en Terre-Sainte et se réunit à l'armée des Lombards. — S'empare d'un fort occupé par les Turcs sur le territoire de Marash. — Ses troupes sont défaites dans une embuscade. — Est forcé de prendre la fuite dans une bataille générale. — Retourne à Constantinople avec les débris de son armée. — Se remet en campagne, assiége et prend Tortose avec les autres chefs de l'expédition. — Son séjour à Jérusalem. — Défaite des princes chrétiens sous les murs de cette ville. — Il se réfugie dans une tour de Ramla. — Y est assiégé et pris et conduit à Ascalon. — Sa délivrance. — Il se rend en Italie. — XXI, 6, 14 et suiv., 24, 37, 41 et suiv., 126 (*Albert d'Aix*).

CONRAD, comte allemand. — Est sacré roi des Romains par le pape Grégoire VII, en opposition à Henri IV, empereur d'Allemagne. — Est vaincu et tué par Henri. — XXVII, 141 (*Orderic Vital*).

CONRAD II, surnommé *le Salique*, succède à Henri II, empereur d'Occident. — Ses querelles avec Eudes. — Ligue des Milanais contre lui. — Se rend en Italie. — Quelques grands refusent de le reconnaître. — Il soumet les gens de Pavie, révoltés contre lui. — Reçoit du pape à Rome la couronne impériale. — Refuse de répudier sa femme. — Ses victoires sur les Lettes. — Il passe en Italie et soumet tous les rebelles. — Fait alliance avec Henri, roi de France. — Sa mort. — VI, 286, 287, 293, 294, 323, 343 (*Chronique de Raoul Glaber*); XXV, 164, 167 (*Orderic Vital*).

CONRAD III, neveu de l'empereur Henri V. — Celui-ci étant mort ou disparu, quelques princes de la Souabe et de l'Allemagne le reconnaissent; mais d'autres créent empereur Lothaire, duc de Saxe, qui l'emporte. — A sa mort, Conrad lui succède. — Il présente à saint Bernard plusieurs infirmes que celui-ci guérit. — L'enlève dans ses bras pour le délivrer de la foule qui l'étouffait. — Prend la croix dans la croisade prêchée par saint Bernard. — Passe en Terre-Sainte. — Fourberie des Grecs, que Manuel, empereur de Constantinople, avait donnés pour guide à son armée. — Abandonnée par eux dans des lieux inconnus, elle est attaquée et détruite par les Turcs. — Conrad retourne à Constantinople, où il est reçu avec honneur. — S'embarque sur une flotte équipée par Manuel, débarque à Accon et se rend à Jérusalem. — Assiége Damas avec les autres chefs des Croisés. — Fait d'armes étonnant de Conrad à ce siége, qu'ils sont obligés de lever. — De concert avec Manuel, il prépare contre Roger, roi de Sicile, une expédition que la famine fait échouer. — S'en retourne dans ses Etats et meurt peu d'années après. — VIII, 214 (*Vie de Louis le Jeune*); X, 404, 405 (*Geoffroi de Clairvaux*); XIII, 11, 19, 28, 29, 31 et suiv., 37 (*Guillaume de Nangis*); XVII, 490-501, 503, 514; XVIII, 1-17 (*Guillaume de Tyr*); XXII, 84 (*Jacques de Vitry*); XXV, 173; XXVIII, 404 (*Orderic Vital*).

Conrad IV, fils de Frédéric, empereur des Romains déposé. — A sa mort, domine dans la Pouille et la Sicile. — S'empare de Naples, de Capoue et d'Aquino. — Ses cruautés. — Son excommunication par le pape Innocent IV. — Sa mort. — XIII, 160, 164, 165 (*Guillaume de Nangis*); XV, 384, 385 (*Des Gestes glorieux des Français*); XIX, 549, 551 (*Bernard le Trésorier*).

Conrad, marquis de Montferrat. — Se rend à Constantinople. — Soutient l'empereur Isaac, son beau-frère, contre Livernas, qu'il tue de sa propre main. — Va à Tyr et en est nommé gouverneur par les habitants. — Saladin assiége cette ville. — Conrad la défend contre lui, malgré ses propositions et sa menace de tuer Boniface, son père, qu'il avait entre les mains, et le force de lever le siége. — Il refuse l'entrée de Tyr à Gui, roi de Jérusalem. — Enlève à Houfroi de Thoron sa femme Isabelle, sœur de Sybille, reine de Jérusalem, à qui ce royaume revenait. — Est poignardé dans Tyr par deux Arsacides. — XIII, 63, 64, 66, 76 (*Guillaume de Nangis*); XIX, 95 et suiv., 139 et suiv., 201 et suiv. (*Bernard le Trésorier*); XXII, 248, 255, 263 (*Jacques de Vitry*).

Conradin, fils de Saladin, sultan des Turcs. — Prend et détruit Jérusalem. — XIII, 123, 140 (*Guillaume de Nangis*).

Conradin, fils de Conrad. — Mainfroi, son oncle, sous prétexte de se charger de sa tutelle, s'empare du royaume de Sicile. — S'enfuit près du duc de Bavière pour échapper à la tyrannie de Mainfroi. Ayant appris la mort de celui-ci, dans une bataille contre Charles d'Anjou, il veut s'emparer du royaume de Sicile et s'avance contre Charles, qui le défait, s'en empare et lui fait trancher la tête. — XIII, 165, 183, 184 (*Guillaume de Nangis*); XIX, 565, 567 (*Bernard le Trésorier*); XV, 317, 319-321, 388, 389 (*Guillaume de Puy-Laurens, Des Gestes glorieux des Français*).

Conrard, abbé de Cîteaux. — Sa mort. — XIII, 322 (*Guillaume de Nangis*).

Constance Chlore. — Est associé comme César à l'empire par Dioclétien. — Epouse Théodora, belle-fille de l'empereur Hercule-Maximien. — Meurt à York, dans la Grande-Bretagne. — XXV, 118, 119 (*Orderic Vital*).

Constance II, fils de Constantin le Grand. — Gouverne l'empire de Rome, conjointement avec ses frères Constantin II et Constant. —

Favorise les Ariens et persécute l'évêque Athanase. — Est excommunié par le pape Félix II. — Ravages et invasions des Sarrasins sous son règne. — Il leur paie un tribut, et recouvre peu à peu l'empire. — II, 221, 222 (*Chronique de Frédégaire*); XXV, 121, 395 (*Orderic Vital*).

CONSTANCE, fille de Guillaume le Conquérant. — Epouse Alain Fergant, comte de Bretagne. — Eloge de ses qualités. — Sa mort. — XXVI, 283 (*Orderic Vital*); XXIX, 295 (*Guillaume de Jumiége*).

CONSTANCE, fille de Guillaume, duc de la première Aquitaine. — Epouse Robert, roi des Français. — Discordes excitées entre eux par Hugues de Beauvais, et qui cessent après qu'il eut été assassiné. — Sa colère au sujet du vol d'un chandelier d'or, de la chapelle royale. — S'efforce, à la mort de Robert, de retenir une grande partie du royaume et arme contre Henri, son fils, beaucoup de grands; mais elle est forcée de se rendre. — Sa mort. — VI, 246, 374 (*Chronique de Raoul Glaber*); Helgaud, *Vie du roi Robert*); VII, 33, 35, 37, 73, 74 (*Fragmens de l'Histoire des Français*; *Chronique de Hugues de Fleury*); XXVII, 193 (*Orderic Vital*); XXIX, 143 (*Guillaume de Jumiége*).

CONSTANCE, fille de Robert, duc de Bourgogne. — Epouse Alphonse VI, roi de Galice et des Asturies. — VII, 45 (*Fragmens de l'Histoire des Français*).

CONSTANCE, sœur de Louis le Gros. — Epouse Boémond, prince d'Antioche. — VIII, 27, 28 (*Suger, Vie de Louis le Gros*); XVI, 111 (*Guillaume de Tyr*); XXVI, 431 (*Orderic Vital*).

CONSTANCE, fille d'Alphonse VIII, roi de Castille. — Epouse Louis le Jeune, roi de France. — Meurt en accouchant d'une fille nommée Alix. — VIII, 218, 219 (*Vie de Louis le Jeune*); XIII, 39, 141 (*Guillaume de Nangis*).

CONSTANCE, sœur de Guillaume, roi de Sicile, épouse Henri, roi des Romains. — Ses querelles avec le pape Urbain II. — XIII, 58 (*Guillaume de Nangis*).

CONSTANCE, femme de Pierre, roi d'Aragon. — S'empare de la Sicile avec son fils Jacques, qui s'en fait couronner roi. — XIII, 208 (*Guillaume de Nangis*).

CONSTANCE, veuve de Raimond, prince d'Antioche. — Epouse Renaud de Châtillon, simple chevalier. — XVIII, 58 (*Guillaume de Tyr*).

CONSTANT, fils de Constantin, soldat proclamé empereur sous le règne d'Honorius. — Quitte l'Espagne, où il régnait, pour se rendre auprès de son père. — A la nouvelle de l'avénement de Maxime au trône d'Espagne, il marche vers les Gaules. — I, 66 (*Grégoire de Tours*).

CONSTANT Ier, fils de Constantin le Grand. — Gouverne l'empire de Rome conjointement avec ses frères, Constance II et Constantin II. — XXV, 121 (*Orderic Vital*).

CONSTANT II, empereur d'Orient, se montre hétérodoxe. — Périt assassiné. — XXV, 140, 141 (*Orderic Vital*).

CONSTANTIN, prince arménien. — Est appelé par les habitans de Samosate, assiégés par Baudouin Ier, alors comte d'Edesse, que par son conseil ils reconnaissent pour leur chef. — XVI, 186 (*Guillaume de Tyr*).

CONSTANTIN, frère de Toton, duc de Népi. — Celui-ci le fait consacrer pape, en opposition à Etienne III. — Sa condamnation dans un synode. — XXV, 430, 431 (*Orderic Vital*).

CONSTANTIN Ier, 87e pape, l'an 708. — Se rend à Constantinople d'après l'invitation de Justinien le Jeune. — Siége huit ans. — XXV, 147, 424 (*Orderic Vital*).

CONSTANTIN Ier, dit *le Grand*, fils de Constance Chlore. — Est élevé à l'empire dans la Grande-

Bretagne. — Favorise et embrasse le christianisme après l'avoir persécuté. — Ordonne au pape Sylvestre de convoquer un concile à Nicée. — Dans la vingtième année de son règne, il fait périr son fils Crispus par le poison, et sa femme Fausta dans un bain. — I, 28 (*Grégoire de Tours*); XXV, 119, 120, 394 (*Orderic Vital*).

Constantin II, fils de Constantin le Grand, gouverne l'empire de Rome, conjointement avec ses frères, Constance et Constant ; XXV, 121 (*Orderic Vital*).

Constantin III, dit Pogonat, empereur d'Orient, règne dix-sept ans ; XXV, 141 (*Orderic Vital*).

Constantin IV, dit Copronyme, fils de Léon l'Isaurien, gouverne pendant cinquante-huit ans l'empire d'Orient. — Persécute les orthodoxes. — Assemble un concile à Constantinople. — Son expédition contre les Arabes, pendant laquelle Artonaste (Artabase, son beau-frère) s'empare de l'empire. — Constantin le saisit et lui fait crever les yeux. — XXV, 150, 151, 428 (*Orderic Vital*).

Constantin V, empereur d'Orient. — Règne dix-sept ans conjointement avec sa mère Irène. — Envoie des présens à Pepin le Bref. — Demande à Charlemagne la main de sa fille. — Irrité du refus qu'il en éprouve, il ordonne à Théodore, patrice de Naples, de dévaster les frontières des Bénéventins. — Défaite des troupes impériales. — Pris et aveuglé par ses sujets. — III, 6, 31, 34, 45 (*Annales d'Eginhard*); XXV, 152 (*Orderic Vital*).

Constantin VI, dit Porphyrogénète, empereur d'Orient. — Règne successivement avec Zoé, sa mère, Romain l'Arménien, et Romain, son fils. — XXV, 155, 156 (*Orderic Vital*).

Constantin VII, fils de Romain, empereur d'Orient. — Détrône son père avec son frère Etienne. — Dépose ensuite celui-ci et règne avec Romain II, son fils. — XXV, 156 (*Orderic Vital*).

Constantin, (Héraclius-Constantin), empereur d'Orient, règne six mois ; XXV, 140 (*Orderic Vital*).

Constantin, (Constant II), fils de l'empereur Héraclius. — Constantin lui succède. — Sous son règne, l'empire romain est ravagé par les Sarrasins. — Sa mort. — II, 210, 221 (*Chronique de Frédégaire*).

Constantin, simple soldat romain, se fait empereur en 407. — Ses débauches. — Il est pris par Jovin et décapité. — I, 65, 66, 67 (*Grégoire de Tours*).

Constantinople, capitale de l'empire d'Orient. — Est assiégée et prise par Alexis, fils d'Isaac l'Ange, soutenu par les Français et les Vénitiens contre son oncle Alexis III. — XIX, 293 et suiv. (*Bernard le Trésorier*).

Conzerac Isaac l'Ange). — Après avoir vaincu et mis à mort Andronic, règne à sa place. — Son frère Alexis lui fait crever les yeux et s'empare de l'autorité. — Est délivré de prison par son fils Alexis, soutenu des Français et des Vénitiens. — Sa mort. — XI, 159 (*Rigord, Vie de Philippe-Auguste*); XIII, 57, 84, 85, 91, 92 (*Guillaume de Nangis*).

Coradin (Malek-al-Moadhan-Scharfeddyn), fils du soudan Seifeddyn. — Lui succède au royaume de Damas. — Défait les Chrétiens dans une embuscade près d'Acre. — Prend et détruit le château de cette ville. — Se rend en Egypte, au secours de son frère contre les Chrétiens, qui assiégeaient Damiette. — Sa mort en 1227. — XIX, 284 et suiv., 373 et suiv., 415 (*Bernard le Trésorier*); XXII, 314 (*Jacques de Vitry*).

Corbahan. *Voy.* Kerbogha.

Corbigni, château du territoire de Rheims, dont s'était emparé le comte Héribert, est repris de vive force

CORBOGATH, CORBORAN. Voyez KERBOGHA.

CORBUS, fils de Théodoric, roi des Francs. — Est pris par Clotaire II et mis à mort. — II, 191, 192 (*Chronique de Frédégaire*).

CORNEILLE, centenier à Césarée. — Est baptisé par l'apôtre Pierre. — XXV, 190-192 (*Orderic Vital*).

CORNEILLE, disciple du pape Clément 1er. — Miracle qu'il opère avec Phébus, après la mort de leur maître. — XXV, 378 (*Orderic Vital*).

CORNEILLE, 20e pape, en 251. — Est exilé à Centumcelles, puis conduit à Rome, où il subit le martyre, sous le règne de Gallus. — I, 26 (*Grégoire de Tours*); XXV, 383, 384 (*Orderic Vital*).

CORNUT, serviteur de Garin, élu de Senlis. — A la bataille de Bovines, blesse Renaud, comte de Boulogne, fait prisonnier. — XII, 348 (*Guillaume le Breton dans la Philippide*).

COROZAIN, ville de Judée. — Est réprimandée par Jésus-Christ. — XXV, 29 (*Orderic Vital*).

CORPALACE, favori de l'empereur Alexis, est envoyé vers Boémond, pour guider son armée et pourvoir à ses besoins. XXVII, 435 (*Orderic Vital*).

CORSON, duc de Toulouse. — Est pris par Adalric, fils de Loup, duc de Gascogne, et délivré après lui avoir juré fidélité. — Charlemagne le dépose de son duché, à cause de sa négligence. — III, 324 (*Vie de Louis le Debonnaire, par l'Astronome*).

COSDROÉ (Chosroés). *Voy.* ce nom.

COTEREAUX, bandes de brigands. — Sept mille sont massacrés dans le pays de Béziers, par une armée envoyée par Philippe-Auguste, roi de France. — XI, 32, 33, 196 (*Rigord, Vie de Philippe-Auguste*; *Guillaume le Breton*); XII, 34 (*la Philippide*); XIII, 54, 55 (*Guillaume de Nangis*).

COTOBEDI (Seifeddyn Ghari), oncle du fils de Noradin, prince d'Assyrie, lui porte secours contre Saladin qui le bat dans une grande bataille. — XVIII, 321-323 (*Guillaume de Tyr*).

COUSTAUSA, château du pays des Albigeois. — Est pris par Simon de Monfort. — XIV, 176 (*Pierre de Vaulx-Cernay*).

COVASILLE, seigneur de quelques châteaux situés dans le territoire d'Edesse. — Ses vexations. — Ses châteaux sont pris et rasés par l'armée de Godefroi. — XVI, 354 (*Guillaume de Tyr*).

COXON (Kox), comte Saxon. — Fait la paix avec Guillaume le Conquérant. — Demeure fidèle à son parti. — Sa mort. — XXVI, 157, 158, 167 (*Orderic Vital*); XXIX, 438, 439 (*Guillaume de Poitiers*).

CRACH, château de Terre-Sainte. — Est pris par Saladin après deux ans de siège. — XIII, 70 (*Guillaume de Nangis*).

CRATON, philosophe d'Ephèse. — Est converti et baptisé par l'apôtre saint Jean. — Son *Histoire des Apôtres*. — XXV, 276, 277, 324 (*Orderic Vital*).

CRÉMIEU, lieu situé dans le territoire de Lyon. — L'empereur Louis le Débonnaire y tient une assemblée générale. — III, 408 (*Vie de Louis le Débonnaire, par l'Astronome*).

CRESCENCE, archevêque de Rouen. — Siège pendant 26 ans sous le règne de Childéric 1er. — XXVI, 331 (*Orderic Vital*).

CRESCENCE, Romain. — Excite une persécution contre les Chrétiens, sous le règne d'Antonin le Pieux. — XXV, 110 (*Orderic Vital*).

CRESCENTIUS, un des plus puissans citoyens romains. — Chasse du siége pontifical Grégoire V, que l'empereur Othon III y avait élevé, et met à sa place Jean Philogathe, évêque de Plaisance. — Othon marche contre lui avec une armée. — Il se réfugie dans une tour située hors de Rome et y est assiégé. — Pris et précipité du haut de la tour, son cadavre est traîné dans les rues et pendu à un gibet. — VI, 186-188 (*Chronique de Raoul Glaber*); VII, 69 (*Chronique de Hugues de Fleury*).

CREST, château du pays des Albigeois. — Se rend à Simon de Montfort. — XV, 166 (*Histoire de la guerre des Albigeois*).

CRISPE, chef de la synagogue des Juifs de Corinthe. — Est converti et baptisé par saint Paul. — XXV, 209 (*Orderic Vital*).

CRISPUS, fils de Constantin le Grand. — Est empoisonné par son père. — I, 28 (*Grégoire de Tours*).

CHRISTOPHE, primicier sous le pape Étienne III. — S'empare de Rome avec le sacristain Serge son fils. — Est tué par ordre de Didier, roi des Lombards. — XXV, 430 (*Orderic Vital*).

CHRISTOPHORE, marchand. — Est tué par ses serviteurs. — I, 422 (*Grégoire de Tours*).

CRUMAS, roi des Bulgares. — Ayant tué Nicéphore, et chassé de la Mœsie l'empereur Michel, vient mettre le siége devant Constantinople. — Blessé grièvement par l'empereur Léon, dans une sortie, il prend la fuite et retourne chez lui. — III, 72 (*Annales d'Eginhard*).

CUC, château du pays des Albigeois. — Est pris par Simon de Montfort. — XIV, 177 (*Pierre de Vaulx-Cernay*).

CUHALI, beau-père de Mahomet. — Attaque et dépouille de l'empire le successeur de ce prophète. — XXII, 40 (*Jacques de Vitry*).

CUNIPERT, fils de Bertarith, roi des Lombards. — Associé au trône par son père, gouverne avec lui.

— XXVI, 338 (*Orderic Vital*).

CUPPAN, comte des écuries de Chilpéric 1er, roi de Soissons. — Est envoyé par Frédégonde à Toulouse pour en ramener sa fille Rigonthe, et remplit sa mission. — Son irruption sur le territoire de Tours. — Il est mis en fuite par les habitans. — Est accusé et absous pour ce fait. — Il tente de s'emparer de la fille de Bodégésile, évêque du Mans, et est encore repoussé. — I, 418; II, 87, 88 (*Grégoire de Tours*).

CURBARAN. *Voy*. KERBOGHA.

CURSAT. *Voyez* CONZERAC.

CUTHBERT, ermite. — Devient évêque de Lindisfarn. — Ses miracles. — XXV, 145; XXVI, 340 (*Orderic Vital*).

CYPRIEN, évêque de Carthage. — Son martyre sous le règne de Valérien et Gallien. — Ses écrits. — I, 26 (*Grégoire de Tours*); XXV, 116 (*Orderic Vital*).

CYR, abbé. — Pourvoit à la nourriture de l'empereur Justinien II, exilé en Chersonèse. — Ce prince rétabli, le nomme évêque. — Est chassé de son siége par l'empereur Philippique. — XXV, 144, 147 (*Orderic Vital*).

CYR, évêque d'Alexandrie. — Revelle l'hérésie des acéphales. — Est frappé d'anathême par le pape Martin. — XXV, 139, 141 (*Orderic Vital*).

CYRILLE, évêque d'Alexandrie. — Préside un concile de deux cents évêques à Éphèse. — XXVI, 329 (*Orderic Vital*).

CYROLA, évêque arien. — Fait enlever l'évêque Eugène. — Dispute entre Cyrola et Eugène sur la Trinité. — Faux miracles de Cyrola dont la tromperie est découverte. — I, 46 et suiv. (*Grégoire de Tours*).

D

DACIE (la). — Sa situation. — XXIX, 8 (*Guillaume de Jumiége*).

DAGOBERT 1er, fils de Clotaire II. — Son aventure en chassant un cerf aux environs de Saint-Denis. — Ses querelles avec son père Clotaire. — Il se réfugie auprès du tombeau de saint Denis, saint Rustique et saint Eleuthère, et les prend pour patrons. — Son père l'associe à la royauté et lui donne l'Austrasie. — Son expédition contre les Saxons révoltés. — Fait tuer Chrodoald à cause de ses crimes. — Épouse Gomatrude, sœur de sa belle-mère Sichilde. — Querelle entre lui et son père, au sujet de l'Austrasie, apaisée par les grands. — A la mort de son père, il se met en possession de tout le royaume, malgré l'opposition de son frère Charibert, soutenu par Brodulf, son oncle. — Il en cède une petite partie à son frère. — Se rend en Bourgogne et y juge avec équité les pauvres comme les grands. — Fait tuer Brodulf. — Abandonne Gomatrude et épouse Nantéchilde. — Sagesse peu durable de son gouvernement. — Prend pour concubine Raguetrude qui lui donne un fils nommé Sigebert. — Ses débauches. — Il fait baptiser tous les Juifs de son royaume d'après la prière de l'empereur Héraclius qui avait découvert que l'empire serait détruit par des nations incirconcises. — A la mort de Charibert, il soumet à sa domination tout son royaume avec la Gascogne. — Il envoie Sichaire vers Samon, roi des Esclavons ou Wénèdes, demander justice du meurtre d'un grand nombre de commerçans francs, commis par ces peuples. — Sichaire s'y prend mal et est chassé par Samon. — Dagobert fait marcher contre les Esclavons une armée d'Austrasiens, une de Lombards et une autre d'Allemands. — Les deux dernières sont victorieuses et les Austrasiens taillés en pièces. — Les Bulgares, vaincus par les Avares et chassés de Pannonie, s'étant réfugiés au nombre de 9,000 avec leurs femmes et leurs enfans auprès de Dagobert, il les loge chez les Bavarois et les fait tous tuer. — Fait marcher une armée en Espagne à l'appui de Sisenand qui s'empare du trône. — Marche contre les Wénèdes, qui étaient entrés dans la Thuringe. — Remet aux Saxons un tribut annuel, sous condition de défendre contre les Wénèdes les frontières de la France. — Établit son fils Sigebert sur le trône d'Austrasie. — Envoie contre les Gascons révoltés une armée commandée par le référendaire Chadoinde. — Les Gascons sont soumis et jurent fidélité à Dagobert et à ses fils. — Judicael, roi des Bretons, vient à Clichy lui faire hommage. — Dagobert meurt et est enseveli dans l'église de Saint-Denis, qu'il avait fait construire et à laquelle il avait fait un grand nombre de donations. — II, 196, 199 et suiv., 210 et suiv., 215-221, 274 et suiv. (*Chronique de Frédégaire, Vie de Dagobert 1er*); XXV, 139 (*Orderic Vital*).

DAGOBERT III, fils de Childebert III. — Lui succède. — Sa mort après un règne de cinq ans. — II, 237, 238 (*Chronique de Frédégaire*).

DAGOBERT, patriarche de Jérusalem. (*Voyez* DAIMBERT.)

DAGULF, abbé. — Ses crimes, sa dissolution. — Il est tué par le mari d'une femme avec laquelle il vivait en adultère. — I, 448 (*Grégoire de Tours*).

DAHER (quatrième calife fatimite en Égypte), fils du roi Hakem, qui avait persécuté les Chrétiens. — Traite ceux-ci favorablement et leur permet de rebâtir l'église de la Résurrection. — XVI, 13 (*Guillaume de Tyr*).

DAIMBERT, archevêque de Pise. — Part pour Jérusalem sous la conduite de Boémond. — Est nommé patriarche de cette ville. — Ses démêlés avec Baudouin 1er, roi de Jérusalem. — Accusations d'Arnoul contre lui auprès de ce prince. — Il quitte la maison patriarcale pour aller vivre solitairement dans l'église de la montagne. — Sa réconciliation avec Baudouin. — Arnoul ranime leur inimitié. — Il abandonne enfin son siége et va se réfugier auprès de Boémond, qui lui assigne la propriété de l'église de Saint-Georges, près d'Antioche. — Accompagne Boémond dans sa malheureuse expédition contre Carrhes. — Le suit dans la Pouille. — Va à Rome porter ses plaintes contre Baudouin et Arnoul au pape Pascal, qui l'autorise à reprendre son siége. — Arrivé à Messine pour retourner à Jérusalem, il y meurt. — IX, 324 (*Guibert de Nogent*); XVII, 30, 31, 62, 64, 98, 99, 104 et suiv., 111, 112, 120 (*Guillaume de Tyr*); XX, 379 et suiv., 393 et suiv., 439 et suiv.; XXI, 52, 54, 55 (*Albert d'Aix*); XXIV, 145 (*Foulcher de Chartres*).

DALIMAN, satrape turc. *Voyez* DAMISMAN.

DALMATE, évêque de Rhodez. — Sa mort. — Sa sainteté. — I, 291 (*Grégoire de Tours*).

DAMARIS, femme de Denis l'Aréopagite. — Se convertit avec lui aux prédications de saint Paul. — XXV, 208, 224 (*Orderic Vital*).

DAMAS, capitale de la petite Syrie. — Assiégée par l'armée des Croisés. — Sur le point d'être prise, elle est sauvée par la trahison de quelques Chrétiens. — Est prise par le Sultan Noradin. — Est prise par Malek-el-Kamel, soudan de Babylone, en 1229. — XVIII, 5 et suiv., 59 (*Guillaume de Tyr*); XIX, 439 (*Bernard le Trésorier*).

DAMASE, légat du pape Etienne VIII. — Apporte en France des lettres de ce pape, qui enjoignent, sous peine d'excommunication, aux Francs et aux Bourguignons, de reconnaître Louis d'Outre-Mer pour leur roi. — VI, 116 (*Chronique de Frodoard*).

DAMASE, évêque. — Est envoyé par le pape Adrien vers Tassilon, duc de Bavière, pour lui rappeler ses promesses de soumission envers les Francs. — III, 23 (*Annales d'Eginhard*).

DAMASE Ier, 36e pape, l'an 366. — Siége dix-huit ans. — Ursin est élu en même temps que lui, mais finit par être chassé. — Est accusé faussement par deux diacres et se justifie devant un synode d'évêques. — XXV, 396 (*Orderic Vital*).

DAMASE II, pape, appelé avant Popon, ancien évêque d'Aquilée. — Siége un an. — XXV, 437 (*Orderic Vital*).

DAMIEN. — Est ordonné archevêque de Ravenne par le pape Sergius. — XXV, 423 (*Orderic Vital*).

DAMIETTE (prise de) par les Croisés. — Rendue aux Sarrasins. — Reprise par les Chrétiens. — XIII, 125, 129, 130, 155 (*Guillaume de Nangis*); XVIII, 256 et suiv. (*Guillaume de Tyr*); XIX, 379, 403 (*Bernard le Trésorier*); XXII, 338 et suiv. (*Jacques de Vitry*).

DAMISMAN, satrape turc. — Massacre avec Soliman, son frère, l'armée des Lombards, ensuite celles de Guillaume, comte de Nevers; de Guillaume, comte de Poitou; et de Guelfe, duc de Bavière. — Attaque et fait prisonnier Boémond. — S'avance pour s'emparer de Méliténe, mais est contraint par Baudouin, comte d'Edesse, d'en lever le siége. — Se brouille avec Soliman au sujet de la rançon de Boémond. — Ses guerres avec lui. — Il est vaincu. — XXI, 16 et suiv., 30, 34, 35, 72 et suiv. (*Albert d'Aix*); XXIII, 263, 275, 276 (*Raoul de Caen*); XXIV, 89, 90 (*Foulcher de Chartres*); XXVIII, 119 et suiv. (*Orderic Vital*).

DANGULFE. — Elève une église à saint Macre, à Rheims. — V, 604 (*Frodoard, Histoire de l'Eglise de Rheims*).

DANIEL, clerc. — Est établi roi par les Francs, sous le nom de Chilpéric III. *Voyez* ce nom. — II, 238 (*Chronique de Frédégaire*); XXVI, 340 (*Orderic Vital*).

DANIEL DE DENDERMONDE, pair du comté de Flandre. — Assiége les meurtriers du comte Charles le Bon. — De concert avec un seigneur nommé Jean, introduit à Bruges Thierri d'Alsace pour y être reçu comme comte de Flandre. — S'empare du duc de Louvain et de cinquante chevaliers, à Rupelmonde. — Est assiégé dans Alost par le duc de Louvain. — VIII, 295, 402, 419, 427 (*Vie de Charles le Bon*, par *Galbert*); XXVIII, 408, 409 (*Orderic Vital*).

DARGAN, soudan d'Egypte. — Livre bataille à Amaury, roi de Jérusalem, et est vaincu. — Attaqué par Savar (Chawer) qu'il avait expulsé du royaume, il envoie des députés vers le roi de Jérusalem pour lui demander du secours, offrant de lui payer le tribut qu'il voudrait. — Vaincu par Savar dans une première bataille, il perd la vie dans la seconde. — XVIII, 169-172 (*Guillaume de Tyr*).

DARSIAN, prince d'Antioche. *Voy.* ACCIEN.

DATE. — Poursuit les Maures qui emmenaient sa mère, et les assiége dans un lieu fortifié. — Ceux-ci la font périr sous ses yeux par de cruels supplices — Date, désespéré, prend l'habit religieux et se retire dans un désert. — Louis le Débonnaire, instruit de sa piété, l'attire auprès de lui et jette avec lui les fondemens du monastère de Conques. — IV, 12-14 (*Ermold le Noir*).

DAVE. — Son intimité avec saint Remy, dont il signa le testament. — V, 209 (*Frodoard, Histoire de l'Eglise de Rheims*).

DAVID LONGUE-BARBE, bourgeois de Vézelai. — Veut frapper le prêtre qui lit la sentence d'excommunication portée par le pape contre les persécuteurs du monastère de Vézelai. — VII, 176 (*Histoire du monastère de Vézelay*).

DAVID, comte de Huntington, frère de Malcolm IV, roi d'Ecosse. — Assiége Vaudreuil, avec Jean-Sans-Terre, roi d'Angleterre. — Ils sont mis en fuite par Philippe-Auguste, roi des Français. — XI, 211 (*Guillaume le Breton*); XII, 124 (*la Philippide*).

DAVID, frère de Mathilde, reine des Anglais. — Epouse la veuve de Simon de Senlis, qui lui donne un fils nommé Henri qui s'empara du royaume d'Ecosse. — XXIX, 303 (*Guillaume de Jumiége*).

DAVID, fils de Malcolm, roi d'Ecosse. — Est élevé à la cour de Henri, roi d'Angleterre. — Epouse la fille du comte Gualléve, et obtient les comtés de Northampton et Huntington. — Monte sur le trône après la mort de son frère Alexandre. — Ses guerres contre Melcof, fils bâtard de celui-ci. — Il est vainqueur. — XXVII, 351-354 (*Orderic Vital*).

DEBEIS, satrape des Arabes. — Envahit le territoire d'Antioche avec Al-Ghazi, sultan d'Alep. — Après avoir remporté d'abord une victoire sur les Chrétiens, ils sont vaincus et prennent la fuite. — XVII, 206 et suiv. (*Guillaume de Tyr*).

DÉCIMUS RUSTICUS, préfet des Gaules. — Y accompagne Constans, fils de Constantin, usurpateur de l'empire. — Est pris et mis à mort par les généraux d'Honorius. — I, 66, 67 (*Grégoire de Tours*).

DÉCIUS, empereur de Rome. — Persécute les Chrétiens. — Règne un an et trois mois. — XXV, 115 (*Orderic Vital*).

DÉMÉTRIUS. — Tue, avec Gracoisus, le duc Toton. — XXV, 430 (*Orderic Vital*).

DÉMÉTRIUS, orfèvre d'Ephèse. — Excite le peuple contre saint Paul. — XXV, 225 (*Orderic Vital*).

DÉMÉTRIUS, chef de la ville d'Amasie. — Est converti et baptisé par l'apôtre André. — XXV, 256 (*Orderic Vital*).

DENIS (saint), évêque de Paris. — Son martyre sous l'empereur Domitien. — II, 274 (*Vie de Dagobert Ier*); XXVI, 317 (*Orderic Vital*).

DENIS, évêque de Tours. — Siége dix mois. — II, 146 (*Grégoire de Tours*).

DENIS L'ARÉOPAGITE. — Se convertit aux prédications de saint Paul. — Est ordonné par lui évêque d'Athènes.—Son martyre.—XXV, 208, 224 (*Orderic Vital*).

DENIS LE PETIT, abbé à Rome, sous le pape Benoît Bonose.—Son ouvrage sur le *Cycle pascal*.—XXV, 134, 411; XXVI, 333 (*Orderic Vital*).

DENIS, 24e pape, l'an 259.—Son martyre.—XXV, 385 (*Orderic Vital*).

DENIS MACAIRE.—Envoyé dans les Gaules par le pape Clément.—Est nommé évêque de Paris, et ordonne Taurin évêque d'Evreux.—XXVI, 317 (*Orderic Vital*).

DEROLD, médecin.—Est nommé évêque d'Amiens.—Sa mort.—VI, 93, 128 (*Chronique de Frodoard*).

DERVAN, duc des Souabes, peuple d'origine esclavonne et soumis autrefois aux Francs.—Se joint à Samon, roi des Esclavons, en guerre contre Dagobert 1er, roi des Francs.—II, 212 (*Chronique de Frédégaire*).

DÉSIRÉ, évêque de Verdun.—Persécuté par Thierri 1er, roi d'Austrasie, recouvre sa liberté et son évêché.—Demande à Théodebert 1er, et en reçoit sept mille pièces d'or pour soulager la misère des habitans de Verdun.—I, 148, 149 (*Grégoire de Tours*).

DÉSIRÉ, surnommé Diddon, autrefois évêque de Châlons.—Fait élever au trône Clovis III, encore enfant et prétendu fils de Clotaire III.—II, 342 (*Vie de saint Léger*).

DEUSDEDIT, 67e, pape, l'an 614 ou 615.—Siége trois ans et vingt-trois jours.—XXV, 414 (*Orderic Vital*).

DIDIER.—Est élu roi par les Lombards.—Persécute le pape Adrien 1er, qui appelle à son secours Charlemagne, roi des Francs.—Didier veut lui fermer le passage des Alpes.—Charlemagne le met en fuite, le bloque dans Pavie, s'en empare et l'emmène captif en France.—II, 254 (*Chronique de Frédégaire*); III, 15, 16, 128, 129, 255 et suiv. (*Annales d'Eginhard*; *Vie de Charlemagne*, par Eginhard; *Des Faits et Gestes de Charles le Grand*); XXV, 151, 431 (*Orderic Vital*).

DIDIER, frère d'Isaac, complice de la mort de Charles le Bon, comte de Flandre.—Renverse de cheval George, un des meurtriers de ce prince, et lui coupe les mains.—S'empare de la petite maison du comte Charles, pendant le siége de Bruges où s'étaient renfermés les assassins.—VIII, 294, 321 (*Galbert*, *Vie de Charles le Bon*).

DIDIER (saint), évêque de Vienne.—Est privé de son siége et envoyé en exil.—Est lapidé par ordre du roi Théodoric.—II, 174, 179 (*Chronique de Frédégaire*).

DIDIER, général de l'armée de Chilpéric 1er, roi de Soissons.—Est battu et mis en fuite par Mummole, patrice du roi Gontran.—Se saisit de Clovis par ordre de son père Chilpéric.—Envoyé par Chilpéric dans le royaume de Gontran, il met en fuite le duc Ragnovald, s'empare de Périgueux et de beaucoup d'autres villes.—Ravage le territoire de Bourges et celui de Tours.—Se joint à Gondovald, fils de Clotaire 1er.—L'abandonne.—Rentre en grâce auprès du roi Gontran.—Lève une armée et marche avec Austrovald contre les Goths.—Leur livre bataille sous les murs de Carcassonne, les défait, arrive en les poursuivant jusqu'à la porte de la ville, et là est tué par les habitans.—I, 235, 280-325, 344, 345, 400, 409, 453, 478 (*Grégoire de Tours*).

DIDIER.—Imposteur qui se vantait de posséder le don des miracles.—Est chassé du territoire de Tours, dont il avait trompé les habitans par ses tours de nécromancie.—II, 45 (*Grégoire de Tours*).

DIDIER, abbé de Montcassin.—Est élu pape sous le nom de Victor. *Voyez* ce nom.—XXVII, 265 (*Orderic Vital*).

DIDIUS JULIEN, jurisconsulte.—Fait périr Helvétius Pertinax, empereur de Rome.—Est vaincu et tué par

Septime Sévère, après un règne de sept mois. — XXV, 112 (*Orderic Vital*).

Didon, fille de Bélus. — Fonde Carthage en Afrique.— XXIV, 228 (*Foulcher de Chartres*).

Diègue, évêque d'Osma. — Veut résigner son évêché pour aller prêcher librement l'évangile aux Chrétiens; mais le pape Innocent III s'y refuse. — Se rend à Montpellier, accompagné de deux moines. — Ses voyages et ses prédications dans le pays des Albigeois. — Sa mort comme il s'en retournait vers son évêché. — XIV, 13-27 (*Pierre de Vaulx-Cernay*); XV, 222 et suiv., 334 (*Guillaume de Puy-Laurens; Des Gestes glorieux des Français*).

Diépold, seigneur allemand. — L'empereur Henri VI, en mourant, lui recommande de garder la Pouille et la Calabre pour son fils.—Défend ces pays contre Gautier de Brienne, le met en fuite et le tue. — Manquant à sa promesse, il veut remettre la Pouille et la Calabre à Othon IV, mais les habitans s'y opposent. — XIX, 337 (*Bernard le Trésorier*).

Dietrich, un des gens de Henri VII, roi des Romains.— Périt dans un combat livré à Rome contre les ennemis de ce prince. — XIII, 292 (*Guillaume de Nangis*).

Dioclétien, empereur de Rome. — Règne vingt ans avec Hercule Maximien. — Persécute les Chrétiens.—Dépose la pourpre.—XXV, 118; XXVI, 325 (*Orderic Vital*).

Diogène (Romain IV surnommé). — Est détrôné par Michel VII, son gendre.—XXVI, 363, 364 (*Orderic Vital*).

Dioscore.—Est ordonné pape en même temps que Boniface II. — Dissension du clergé terminée par la mort de Dioscore. — XXV, 405 (*Orderic Vital*).

Dirmet, roi d'Irlande. — Après la conquête de l'Angleterre par Guillaume le Conquérant, les fils de Hérald se réfugient chez lui, et, avec son secours, tentent en Angleterre une expédition infructueuse.— XXVI, 180, 181 (*Orderic Vital*); —XXIX, 236 (*Guillaume de Jumiége*).

Dochin, sultan de Damas. *Voy.* Doldequin.

Doda, concubine de Lothaire, roi des Francs. — Lui donne un fils nommé Carloman. — IV, 155 (*Annales de Saint-Bertin*).

Dode (sainte), nièce de saint Baudri et de saint Bore, abbesse d'un monastère de Rheims. — Renonce au monde par les conseils de sa tante, à laquelle elle succède dans son abbaye. — V, 577, 578 (*Frodoard, Histoire de l'Église de Rheims*).

Dodilon, évêque de Cambrai. — Foulques, archevêque de Rheims, lui écrit pour l'inviter à un plaid tenu par le roi Eudes et les évêques. —Son ingratitude envers Foulques. — Après la mort de celui-ci, il ordonne à sa place Hérivée, avec les autres évêques diocésains.—V, 510, et suiv., 530 (*Frodoard, Histoire de l'Église de Rheims*).

Dodon, évêque d'Angers. — Assiste au synode comprovincial tenu à Soissons par Hincmar, archevêque de Rheims.—V, 244 (*Frodoard, Histoire de l'Église de Rheims*).

Dodon, abbé de Saint-Sabin. (*Idem ibidem*).

Dodon, fils du duc Dracolène. — Est mis à mort pour crime de lèse-majesté. — I, 263 (*Grégoire de Tours*).

Doldequin (Toghteghin), sultan de Damas, fait tuer Malduk, puissant prince turc. — Fait alliance avec les Chrétiens contre Bourski satrape des Turcs, et, à la tête d'une armée, se réunit à eux pour le combattre.—Se joint à une armée égyptienne contre les Croisés. — Envahit le territoire d'Antioche avec Al-Ghazi, sultan d'Alep.—D'abord victorieux, ils sont ensuite vaincus par les Chrétiens et prennent la fuite. — Marche au secours de Tyr assiégée. — Envoie des députés aux chefs de l'armée chrétienne pour traiter de la reddition de la ville.—

Son royaume est attaqué par Baudouin II. — Sa défaite par les Chrétiens. — Il défait les Chrétiens venus pour assiéger Damas. — XVII, 169, 170, 201, 206 et suiv., 274, 275, 286 et suiv., 306 (*Guillaume de Tyr*); XXI, 135 et suiv., 179 et suiv., 196, 198-201 (*Albert d'Aix*) (il y est nommé DOCHIN et HERTOLDIN); XXIV, 174, 178, 192, 201, 202, 235, 249, 259 et suiv. (*Foulcher de Chartres*, qui le nomme TALDEQUIN.)

DOMINIQUE MICALI, doge de Venise. — Equipe une flotte pour aller au secours de la Terre-Sainte. — Remporte une victoire navale sur une flotte égyptienne. — Aborde en Terre-Sainte près de la ville d'Accon. — Se rend à Jérusalem accompagné des principaux Vénitiens. — Conventions faites entre les Vénitiens et les princes du royaume de Jérusalem. — Il assiége Tyr par mer. — Reddition de la ville. — Il en occupe le tiers. — Les Vénitiens à leur retour s'emparent de plusieurs îles de la Grèce et font la guerre à l'empereur Alexis. — XVII, 233 et suiv., 260 et suiv., 275, 278 (*Guillaume de Tyr*); XXIV, 211 et suiv., 225 et suiv., 246 (*Foulcher de Chartres*); XXVIII, 230 (*Orderic Vital*).

DOMINIQUE (saint), premier fondateur de l'ordre des frères Prêcheurs. — Ses voyages et ses prédications dans le pays des Albigeois. — Obtient du pape Honoré la confirmation de son ordre. — Sa mort. — XV, 2, 222 et suiv., 334; 354, 359 (*Histoire de la Guerre des Albigeois Guillaume de Puy-Laurens, Des Gestes glorieux des Français*).

DOMITIEN, empereur de Rome. — Persécute les Chrétiens. — Sa mort après un règne de quinze ans. — XXV, 109, 275 (*Orderic Vital*).

DOMITIUS AURÉLIEN, empereur de Rome. — Persécute les Chrétiens. — Est assassiné par ses soldats. — XXV, 117 (*Orderic Vital*).

DOMNOLE, fille de Victor, évêque de Rennes. — Veuve de Burgalène, elle épouse Nectaire. — Ses différends avec Bobolène, référendaire de Frédégonde. — Il la fait tuer. — I, 465 (*Grégoire de Tours*).

DOMNOLE, abbé de l'église de Saint-Laurent à Paris. — Refuse le pontificat d'Avignon où voulait l'élever Clotaire, roi des Francs, qui lui donne l'évêché du Mans à la mort de l'évêque Innocent. — I, 319 et suiv. (*Grégoire de Tours*).

DOMNOLE. — Est nommé évêque de Vienne. — II, 174 (*Chronique de Frédégaire*).

DONAT, évêque d'Ostie. — Est envoyé par le pape Adrien vers Basile, empereur de Constantinople. — IV, 265 (*Annales de Saint-Bertin*).

DONATIEN. — Succède à Maternien dans l'archevêché de Rheims. — V, 13 (*Histoire de l'Eglise de Rheims*).

DONIMAN, prince turc. — *Voy.* DAMISMAN.

DONUS ou DOMNUS, 77e pape, l'an 676. — Siége un an. — XXV, 419 (*Orderic Vital*).

DONUS, chef de l'armée du patrice Isaac, et son sacristain. — Est envoyé contre Maurice le Chartrier et s'en empare. — XXV, 416 (*Orderic Vital*).

DOUVRES, ville d'Angleterre. — Est assiégée et prise par Guillaume le Conquérant, qui la donne à son frère Odon, évêque de Bayeux, avec le pays de Kent. — Assiégée par les Anglais sous la conduite d'Eustache, comte de Boulogne, qui est défait dans une sortie. — XXVI, 146, 147, 158, 164, 165 (*Orderic Vital*); XXIX, 233, 413, 426, 437 (*Guillaume de Jumiége; Guillaume de Poitiers*).

DRACOLÈNE, duc franc. — S'empare de Daccon et le remet au roi Chilpéric 1er, qui le fait mourir. — Est tué dans un combat contre Gontran-Boson. — I, 262, 263 (*Grégoire de Tours*).

DRAGOMOSE, beau-père de Liudewit, duc de la Pannonie inférieure.

— Celui-ci s'étant révolté contre Louis le Débonnaire, Dragomose se joint contre lui à Borna, duc de Dalmatie, et périt dans le combat. — III, 85 (*Annales d'Eginhard*).

DRAGONET, seigneur du diocèse de Valence. — Se joint au fils de Raimond, comte de Toulouse, et combat avec lui contre les Croisés. — Abandonne le parti des Albigeois pour celui de Simon de Monfort. — XIV, 336 (*Pierre de Vaulx-Cernay*); XV, 126, 144, 166 (*Histoire de la guerre des Albigeois*).

DREUX ou DROGON DE MELLOT. — Prend la croix avec Philippe-Auguste, roi de France. — Reçoit de ce prince le château de Loches. — Son intrépide valeur dans un combat contre les Anglais, où il reçoit une blessure à la tête. — XI, 72, 172, 237 (Rigord, *Vie de Philippe-Auguste, Guillaume le Breton*); XII, 88 (*la Philippide*).

DREUX DE MOUCHY-LE-CHATEL. — Ses guerres contre Louis le Gros, roi des Francs. — Sa défaite. — Son château est pris et brûlé. — Prend la croix avec Louis le Jeune. — VIII, 9, 10, 213 (Suger, *Vie de Louis le Gros; Vie de Louis le Jeune*).

DREUX DE MEULENT. — Ses différends avec Nivilon de Pierre-Fontaine. — Celui-ci lui enlève la moitié de Mouchy-le-Châtel, que Louis le Jeune lui restitue. — VIII, 220, 221 (*Vie de Louis le Jeune*).

DREUX, clerc, pris par les Anglais sur un vaisseau français. — Est décapité. — XI, 327 (*Guillaume le Breton*).

DROCTULF, amant de Septimine, gouvernante des enfans de la reine Faileube. — Est frappé de coups avec elle, pour avoir conspiré contre la reine. — Les cheveux et les oreilles coupés, il est condamné à cultiver les vignes. — S'échappe et est repris. — II, 55, 56 (*Grégoire de Tours*).

DROGON ou DREUX DE MONCI, chevalier croisé. — Commande une partie du dixième corps de l'armée chrétienne, dans la bataille livrée sous les murs d'Antioche contre Kerbogha, général des Turcs. — XVI, 327 (*Guillaume de Tyr*); XXVII, 423 (*Orderic Vital*).

DROGON, fils de Pépin, maire du palais. — Reçoit le duché de Champagne. — Sa mort. — II, 236 (*Chronique de Frédégaire*).

DROGON, évêque de Metz, frère de Louis le Débonnaire. Assiste à ses derniers momens, et le fait ensevelir à Metz. — Est envoyé à Rome par Lothaire avec son fils Louis, vers le pape Serge, pour régler qu'à l'avenir toute élection pontificale ait lieu d'après ses ordres. — Est nommé, par le pape, vicaire dans les Gaules et la Germanie. — III, 422, 423, 447 (*Vie de Louis le Débonnaire, par l'Astronome; Histoire des dissensions des fils de Louis le Débonnaire*); IV, 135, 136 (*Annales de Saint-Bertin*); XXV, 154, 434 (*Orderic Vital*).

DROGON. — Est ordonné premier abbé de l'église de Saint-Jean à Laon; et dans la suite créé, par le pape Innocent II, cardinal évêque d'Ostie. — XIII, 12, 13 (*Guillaume de Nangis*).

DROGON, évêque de Toul. — Sa mort. — VI, 72 (*Chronique de Frodoard*).

DROGON, chevalier croisé contre les Albigeois. — Est fait prisonnier par le comte de Foix. — XIV, 179 (*Pierre de Vaulx-Cernay*).

DROGON, chevalier normand. — Son pèlerinage à Jérusalem avec cent chevaliers. — Leur conduite valeureuse à Salerne contre les Sarrasins qui attaquaient cette ville. — Il s'empare de la Pouille et de la Calabre avec Robert Guiscard, son frère. — XXVI, 48, 49 (*Orderic Vital*).

DROGON, comte du Vexin, que Henri 1er, roi de France, avait cédé à Robert, comte de Normandie. — Sert fidèlement Robert, qui lui donne en mariage sa cousine Godiove, sœur d'Edouard, roi des Anglais. — XXVII, 193, 194 (*Orderic Vital*).

DROGON DE MOUCHY. — Epouse Edith, veuve de Giraud de Gournay.

— XXIX, 254 (*Guillaume de Jumiége*).

DROGON DE NEILLE, chevalier croisé. — Est retenu captif par l'empereur Alexis. — Sa délivrance. — Assiége Nicée. — Est chargé par les chefs croisés occupés au siège d'Antioche d'aller prendre des informations sur l'arrivée de Kerbogha, général des Turcs. — Va offrir ses services à Baudouin, comte d'Edesse. — XVI, 89, 266 (*Guillaume de Tyr*); XX, 56, 72, 208, 253, 280, 281 (*Albert d'Aix*, où il est appelé *Dreux de Nesle*).

DROGON, fils de Goisfred de Neuf-Marché. — Se fait moine à Ouche. — Accompagne Mainus, abbé de ce monastère, dans sa visite à Guillaume le Conquérant. — XXVII, 12, 16 (*Orderic Vital*).

DROGON DE COUTANCES, fils de Tancrède de Hauteville. — Est élu prince des Normands de la Pouille. — Est assassiné par Guazon, comte de Naples. — XXIX, 218 (*Guillaume de Jumiége*).

DUCAC (Dékak), neveu d'Alp-Arslan, empereur des Perses. — Reçoit de lui la ville de Damas, dont il devient le premier sultan. — Attaque Baudouin 1er, comme il se rendait à Jérusalem pour y prendre possession du trône, et est défait. — XVI, 203 (*Guillaume de Nangis*); XXIV, 92 et suiv. (*Foulcher de Chartres*).

DUCCON, fils de Dagarie. — Quitte le parti du roi Chilpéric 1er. — Est pris en trahison par le duc Dracolène et mis à mort. — I, 262 (*Grégoire de Tours*).

DUDA, fille de Galeran de Meulan. — Epouse Guillaume de Moulins. — XXVI, 394 (*Orderic Vital*).

DUDON, doyen de Saint-Quentin. — Son ouvrage sur l'arrivée des Normands en Neustrie. — XXVII, 74 (*Orderic Vital*).

DUDON DE CONTI. — Prend la croix et passe en Terre-Sainte. — XVI, 78 (*Guillaume de Tyr*); XX, 46, 73 (*Albert d'Aix*).

DUDON, frère d'Artaud, archevêque de Rheims. — Avec son frère le comte Rainold, attaque et tue Hérivée, fils de l'ancien archevêque de ce nom, qui ravageait les terres de l'Eglise. — Est assiégé par l'évêque Hugues dans le château d'Hautmont qui est pris. — L'assiégé à son tour et le reprend. — VI, 130, 140-142 (*Chronique de Frodoard*).

DUDON DE CLERMONT, chevalier croisé. — Se réunit à l'armée des Lombards pour passer en Terre-Sainte. — Sa mort dans une bataille contre les Turcs. — XXI, 6, 17 (*Albert d'Aix*).

DULCIN, hérétique. — Est pris sur une montagne à Verceil, et mis en prison. — Sa doctrine. — Il est mis en pièces, et ses membres et ses os sont brûlés. — XIII, 263, 264 (*Guillaume de Nangis*; XV, 404 (*Des Gestes glorieux des Français*).

DUNSTAN (Saint), archevêque de Cantorbéry, sous le règne d'Edgar, roi d'Angleterre. — Propage le christianisme dans ce pays. — XXV, 156, 196 (*Orderic Vital*).

DURAND, visionnaire. — Rétablit la paix entre Alphonse II, roi d'Aragon, et Raimond, comte de Saint-Gilles. — II, 34 (*Rigord, Vie de Philippe-Auguste*).

DURAND GULOS, bourgeois de Vézelai. — S'étant, avec les autres bourgeois, livré à toutes sortes d'excès contre le monastère de cette ville, est compris dans la sentence rendue contre eux par le roi, par suite de laquelle sa maison est brûlée et ses biens enlevés. — S'engage devant le roi, avec d'autres bourgeois, à rompre l'association qu'ils avaient formée sous le nom de Commune et à demeurer fidèle à l'abbé de Vézelai. — VII, 194, 197 (*Histoire du monastère de Vézelai*).

DURAND, abbé de Troarn. — Sa sagesse, sa piété, sa mort. — XXVII, 263, 264 (*Orderic Vital*).

DUVANALD, frère de Malcolm, roi d'Ecosse. — Se soulève contre Edgar, fils de celui-ci, et l'assassine. — Il est tué par Alexandre, frère d'Edgar. — XXVII, 351 (*Orderic Vital*).

E

EARDULF, roi des Northumbres. — Chassé de son royaume, se rend près de Charlemagne, et de là passe à Rome. — A son retour de cette ville il est rétabli sur le trône, par l'entremise du pape Léon et de Charlemagne. — III, 60, 61 (*Annales d'Eginhard*).

EBBLE, neveu de Gozlin, évêque de Paris. — Défend cette ville contre les Normands. — Courage qu'il y déploie. — VI, 10 et suiv. (*Abbon, Siège de Paris par les Normands*).

EBBLE, comte du Poitou. — Son expédition contre Rollon, chef des Normands. — Il se cache dans la maison d'un foulon pour éviter ceux-ci. — XXV, 155 (*Orderic Vital*); XXIX, 50, 51 (*Guillaume de Jumiège*).

EBBON, évêque de Rheims. — Est envoyé par Louis le Débonnaire vers les Normands pour les convertir. — Baptême d'Hérold, leur chef, et de sa famille. — Dans la guerre de Louis le Débonnaire avec ses fils, Ebbon suit le parti de ceux-ci. — L'empereur, rétabli sur son trône, le dépose, et il abandonne son siège. — A la mort de l'empereur, Lothaire, son fils, le lui rend. — Charles le Chauve s'étant rendu maître du pays, Ebbon quitte Rheims de nouveau. — Se brouille avec Lothaire et se retire auprès de Louis le Germanique, qui lui donne un évêché en Saxe. — III, 297 et suiv. (*De la Vie et des Actions de Louis le Débonnaire*); IV, 83 et suiv. (*Ermold le Noir*); V, 193 et suiv. (*Frodoard, Histoire de l'Église de Rheims*).

EBBON, évêque. — Accompagne Raoul, roi des Francs, contre les Normands. — Se rend à Rome avec des envoyés d'Herbert, comte de Vermandois. — VI, 84, 87 (*Chronique de Frodoard*).

EBERHARD, grand échanson de Charlemagne, est envoyé par ce prince vers Tassilon, duc de Bavière. — Sujet de cette ambassade. — III, 23 (*Annales d'Eginhard*).

EBERHARD, comte allemand. — Repousse l'attaque d'Adalbert et de ses frères, et reçoit des blessures dont il meurt peu après. — IV, 348, 349 (*Annales de Metz*).

EBERON, serviteur de Childebert 1er, roi de Metz. — Est laissé dans Tours par Gararic, général de ce prince, qui voulait s'assurer de la ville. — I, 385 (*Grégoire de Tours*).

EBERULF, domestique de Chilpéric 1er, roi de Soissons. — Est accusé auprès du roi Gontran, par Frédégonde, de la mort de son maître. — Il se réfugie dans l'église de Saint-Martin de Tours. — Excès auxquels il s'y livre. — Ses biens sont confisqués. — Est tué par Claude, envoyé à cet effet par Gontran. — I, 391-396, 401-403 (*Grégoire de Tours*).

EBERWICH, chef gascon. — Se livre lui-même, ainsi qu'une sœur de Waïfer, duc de Gascogne, à Pépin le Bref. — III, 11 (*Annales d'Eginhard*).

EBERWIN. — Est envoyé par Charlemagne au secours de Thrasicon, duc des Obotrites, contre les Normands. — Défaite de ceux-ci. — III, 45 (*Annales d'Eginhard*).

EBLE, comte franc sous Louis le Débonnaire. — Est envoyé avec des troupes gasconnes à Pampelune. — Rentrant en France, il tombe dans une embuscade dans les Pyrénées, est fait prisonnier et voit ses troupes en déroute et massacrées. — Est envoyé à Cordoue. — III, 103, 371 (*Annales d'Eginhard; Vie de Louis le Débonnaire, par l'Astronome*).

EBRACHAIRE, duc franc. — Arrête et conduit au roi Gontran, par son ordre, Ebrégésile, député par la reine Brunehault à Reccared, roi d'Espagne. — Est envoyé avec Beppolène contre les Bretons. — Son inimitié contre ce chef. — Leurs ravages. — Il laisse sans secours Beppolène, qui est défait et tué.— Il accorde la paix à Waroch, comte des Bretons, qui ne tient pas ses sermens. — Est accusé auprès de Gontran d'avoir reçu de Waroch de l'argent pour faire périr son armée. — Sa disgrâce. — Il est dépouillé de ses biens. — II, 42, 93-95, 170 (*Grégoire de Tours*; (*Chronique de Frédégaire*).

EBRÉGÉSILE. — Est chargé par la reine Brunehault de porter des présens à Reccared, roi d'Espagne. — Est arrêté et relâché par le roi Gontran. — II, 42 (*Grégoire de Tours*).

EBRÉGÉSILE, évêque de Cologne. — Assiste au synode où l'on condamne Chrodielde, Basine et leurs complices, religieuses du monastère de Poitiers.— II, 110 et suiv. (*Grégoire de Tours*).

EBREMAR, prêtre de Jérusalem.— Est établi patriarche de cette ville par Baudouin 1er, après l'expulsion de Daimbert.— Est déposé de ses fonctions patriarcales par le légat Gibelin, qui lui confère l'église de Césarée. — XVII, 99, 120, 121 (*Guillaume de Tyr*).

EBROIN, créé maire du palais de Neustrie et de Bourgogne, sous Clotaire III d'abord, puis sous Thierri III. — Sa cupidité, sa cruauté, sa haine contre saint Léger, évêque d'Autun. — Soulèvement des grands contre lui et Thierri III. — Il est tondu et renfermé dans le monastère de Luxeuil. — Feint de se réconcilier avec saint Léger, exilé comme lui dans le même lieu. — A la mort de Childéric II, il sort d'exil et entre dans Autun avec saint Léger. — A la tête des Austrasiens, il attaque à Saint-Cloud Thierri III, roi de Neustrie, et pille ses trésors. — Tue Leudésius, maire du palais. — Fait proclamer roi d'Austrasie Clovis III, qu'il fait passer pour fils de Clotaire III. — Ses entreprises contre saint Léger. — Il le fait attaquer dans Autun. — Ses persécutions contre lui. — Il abandonne le parti de Clovis III pour rentrer au palais de Thierri III. — Ses persécutions, ses violences recommencent avec sa puissance. — Supplice qu'il fait subir à saint Léger et à Guérin, son frère. — Il convoque avec Thierri III un synode où les persécuteurs de saint Léger sont condamnés. — Ses guerres contre Pépin et Martin, maire du palais d'Austrasie. — Sa victoire sur eux. — Il fait tuer Martin en trahison.— Dépouille de ses biens Hermanfried qui le tue. —II, 231-234, 328-330, 337, 340 et suiv. (*Chronique de Frédégaire*; *Vie de saint Léger*).

EBROIN, évêque de Poitiers. — Est fait prisonnier dans une attaque de Lambert, chef des Bretons. — IV, 136 (*Annales de Saint-Bertin*).

EBULON, abbé de Saint-Denis.— Se révolte contre Eudes, roi des Francs. — Est tué en assiégeant un château en Aquitaine. — IV, 340, 341 (*Annales de Metz*).

EBUTHEMIN, surnommé *El Mehedinalla*. — Soumet l'Egypte et fixe sa résidence au Caire.— XVIII, 200 (*Guillaume de Tyr*).

ECCHARD, duc franc sous Louis le Débonnaire. — Périt dans un combat contre les Danois. — III, 309 (*De la Vie et des Actions de Louis le Débonnaire*); IV, 136 (*Annales de Saint-Bertin*).

ECDICIUS, sénateur de la Bourgogne.— Nourrit quatre mille pauvres dans une famine. — Son courage. — I, 83, 84 (*Grégoire de Tours*).

ECONIUS (saint), évêque de Saint-Jean-de-Maurienne. — Découvre le corps de saint Victor martyr. — II, 173 (*Chronique de Frédégaire*).

EDELBOLD, fils d'Edelwolf, roi des Anglo-Saxons. — A la mort de son père, épouse Judith, veuve de celui-ci. — IV, 163 (*Annales de Saint-Bertin*).

EDELRED, roi d'Angleterre. — Épouse Emma, fille de Richard duc de Normandie.—Envoie pour conquérir la Normandie une armée qui est détruite. — Sa cruauté envers les Danois qui habitaient en Angleterre. — Attaqué par Suénon, roi de Danemark, il s'enfuit de ses États et se réfugie auprès du duc Richard. — Après la mort de Suénon, il retourne en Angleterre. — Est attaqué et défait par Canut, roi des Danois, et assiégé dans Londres, où il meurt de maladie. — XXV, 164, 165 (*Orderic Vital*); XXIX, 104, 114 et suiv., 117 et suiv. (*Guillaume de Jumiége*).

EDELRED, primat d'York. — Son zèle en faveur de Guillaume le Conquérant. — XXIX, 439 (*Guillaume de Poitiers*).

EDELWOLF, roi des Anglo-Saxons. — Est reçu honorablement par Charles le Chauve à son passage en France, dans son voyage à Rome. — A son retour, il épouse Judith, fille de Charles, et retourne avec elle dans son pays. — Sa mort. — IV, 157 et suiv., 163 (*Annales de Saint-Bertin*).

EDESSE, ou Rhagès, métropole de la Mésopotamie. — Ses habitans invitent Baudouin à venir les gouverner. — Leur révolte contre Théodore, leur gouverneur, et ensuite contre Baudouin qui les châtie sévèrement. — IX, 108 et suiv. (*Guibert de Nogent*); XVI, 180 et suiv. (*Guillaume de Tyr*); XXII, 67 (*Jacques de Vitry*); XXVII, 492 (*Orderic Vital*).

EDGAR CLYTON ou ETHELING, fils d'Edouard qui fut roi des Huns, et petit-fils d'Edmond Côte-de-Fer. — Est établi roi par quelques seigneurs anglais, après la mort d'Harold, en opposition à Guillaume le Conquérant. — Après leur soumission à celui-ci, Edgar se soumet aussi et en est bien traité. — XXVI, 148 (*Orderic Vital*); XXIX, 414 (*Guillaume de Poitiers*).

EDGAR, dit *le Pacifique*, fils d'Edmond. — Succède à Edred, roi d'Angleterre, et règne long-temps avec succès. — XXV, 156; XXVI, 355 (*Orderic Vital*).

EDILBERT. — Embrasse le christianisme avec les peuples de Cantorbéry. — XXV, 136 (*Orderic Vital*).

EDILFRIDE, fille d'Ina, roi des Anglais. — Mariée d'abord à Tondebert, prince des Girviens du sud, et ensuite à Egfried, roi du Northumberland, passe du trône dans le cloitre et bâtit un monastère dans un lieu appelé Elge. — XXV, 143, 144 (*Orderic Vital*).

EDITH, femme de Giraud de Gournay. — L'accompagne dans son voyage à Jérusalem. — Son mari étant mort en chemin, elle revient et épouse Drogon de Mouchy. — XXIX, 254 (*Guillaume de Jumiége*).

EDITH, fille du comte Godwin. — Épouse Edouard III, roi des Anglais. — XXIX, 179 (*Guillaume de Jumiége*).

EDMOND *Côte-de-Fer*, fils d'Edelred, roi des Anglais. — Ses divers combats avec Canut, roi des Danois. — Traité par lequel l'Angleterre est partagée entre eux. — Edmond périt sept ans après, par les embûches d'Edrick-Strione. — XXV, 165 (*Orderic Vital*).

EDOUARD III, dit *le Confesseur*, fils d'Edelred, roi des Anglais. — Est laissé par son père auprès de Richard, duc de Normandie, pendant la conquête de l'Angleterre par les Danois. — A la mort de Canut, roi des Anglais, il tente en Angleterre une expédition dont il revient victorieux. — Est rappelé en Angleterre par Hardi Canut, qui lui laisse le trône en mourant. — Epouse Edith, fille du comte Godwin. — Institue Guillaume, duc de Normandie, son héritier. — Sa mort. — XXVI, 111 (*Orderic Vital*); XXIX, 121, 177, 178, 220, 221, 325, 326, 336, 367, 386 (*Guillaume de Jumiége*); (*Guillaume de Poitiers*).

EDOUARD Ier, fils de Henri III, roi d'Angleterre. — Fait prisonnier par Simon de Montfort, comte de Leicester, à la bataille de Lewes, s'échappe de prison, rassemble une armée et livre un combat au comte de Leicester, qui est tué avec son fils Henri. — Edouard, vainqueur de Londres et d'autres villes, trompe les espérances qu'il avait données et commet de grandes cruautés. — Prend la croix. — Devant Acre, un Arsacide le frappe d'un coup de poignard dont il guérit. — A la mort de son père, il retourne en Angleterre et en est couronné roi. — Ses guerres contre Philippe le Bel, roi de France. — Il conclut un traité de paix avec lui et épouse sa sœur Marguerite. — Son expédition contre l'Ecosse. — Elle est sans succés, ainsi qu'une autre conduite en 1306 par son fils Édouard. — Sa mort. — XIII, 177, 179, 189, 235, 240, 260, 264 (*Guillaume de Nangis*); XV, 322, 386, 397, 402 (*Guillaume de Puy-Laurens*); (*Des Gestes glorieux des Français*).

EDOUARD II, fils d'Edouard 1er, roi d'Angleterre. — Est envoyé par son père contre les Ecossais. — Sa défaite. — Monte sur le trône à la mort de son père. — Épouse Isabelle, fille de Philippe le Bel. — Dissensions entre Edouard et ses barons à l'occasion de son favori Gaveston, qui est pris et tué. — Marche en Écosse contre Robert Bruce. — Est défait et prend la fuite. — Nouvelle révolte des barons, à la tête desquels était le comte de Lancaster, qui est pris par trahison et mis à mort par ordre du roi, ainsi que d'autres barons. — Nouvelle expédition contre les Écossais. — Il est pris par les barons, qui le remettent au frère du comte de Lancaster. — Jugé indigne de gouverner, on couronne son fils Édouard III. — Il meurt assassiné, dit-on, par ses gardiens. — XIII, 260, 264, 269, 277, 303, 356 et suiv. (*Guillaume de Nangis*); XV, 402, (*Des Gestes glorieux des Français*).

EDOUARD DE SALISBURY. — Porte l'étendard dans un combat de Henri 1er, roi d'Angleterre, contre Louis, roi de France. — XXVIII, 307 (*Orderic Vital*).

EDRED. — Succède à Edmond, roi d'Angleterre, son frère. — XXVI, 355 (*Orderic Vital; Hist des Norm.*).

EDRIC GUILDE, puissant seigneur anglais. — Sa résistance à Guillaume le Conquérant. — XXVI, 184 (*Orderic Vital*).

EDWIN, roi des Anglais du Northumberland. — Se fait chrétien avec toute sa nation. — XXV, 138 (*Orderic Vital*).

EDWIN, comte anglais. — Seconde Harold, son beau frère, contre Guillaume le Conquérant. — Fait hommage à celui-ci, qui l'emmène avec lui en Normandie. — Sa mort. — XXVI, 143, 208 (*Orderic Vital*); XXIX, 424, 427 (*Guillaume de Poitiers*).

EGBERT (saint), moine. — Ses prédications en Ecosse. — XXV, 148 (*Orderic Vital*).

EGBERT, comte franc. — Est chargé par Charlemagne du commandement d'Esselfeld, ville qu'il faisait bâtir en deçà de l'Elbe pour contenir les Danois. — III, 63 (*Annales d'Eginhard*).

EGÉE, proconsul romain. — Persécute les chrétiens et l'apôtre André. — XXV, 269 (*Orderic Vital*).

EGFRIED, seigneur français. — Ayant soustrait à l'obéissance paternelle le fils de Charles le Chauve, roi de France, est pris par Robert et présenté au roi qui lui fait grâce. — Reçoit de ce prince le comté de Bourges appartenant au comte Gérard. — Ses démêlés avec celui-ci, dont les gens le cernent dans une maison et le tuent. — IV, 198, 223 et suiv. (*Annales de Saint-Bertin*).

EGGEBART, comte franc. — Veut rétablir sur le trône Louis le Débonnaire, retenu prisonnier par son fils Lothaire, et s'avance pour combattre celui-ci. — Louis, par ses exhortations, empêche l'exécution de cette entreprise. — III, 394, 395 (*Vie de Louis le Débonnaire, par l'Astronome*).

EGGIARD, maître-d'hôtel de Charlemagne. — Périt dans une embuscade dressée à ce prince par les Gascons, au retour d'une expédition contre l'Espagne. — III, 133

(*Vie de Charlemagne*, par *Eginhard*).

EGGIDÉON, ami intime de Bernard, roi d'Italie. — Trempe dans sa conspiration contre Louis le Débonnaire, qui est découverte et punie. — III, 81, 82, 358 (*Annales d'Eginhard*; *Vie de Louis le Débonnaire*, par *l'Astronome*).

EGINHARD, secrétaire de Charlemagne. — Est élevé par ce prince, qui l'honore de la plus grande faveur et lui confie différentes charges. — Ses aventures romanesques avec Emma, fille de Charlemagne. — A la mort de celui-ci, il est chargé par Louis le Débonnaire de la tutelle de son fils Lothaire. — Il se consacre à la vie religieuse. — Ses ouvrages. — III, 7 et suiv. (*Notice sur Eginhard*).

EHRESBOURG, château fort en Saxe. — Est pris par Charlemagne. — Détruit par les Saxons, il est rétabli par ce même prince. — Repris par les Saxons. — Reconquis par Charlemagne. — III, 14, 17-19 (*Annales d'Eginhard*).

EIMARD, chevalier franc. — Reste un des derniers à défendre la tour de Paris contre les Normands. — Ils se rendent et sont massacrés. — VI, 30, 31 (*Abbon, Siége de Paris par les Normands*).

ELAPH, évêque de Châlons. — Est envoyé en ambassade en Espagne pour les affaires de la reine Brunehault. — Sa mort. — I, 281 (*Grégoire de Tours*).

ELDON DE SALISBURY. — Échappe au massacre des patriciens bretons par Hengist et Horsa. — Recommence la guerre et est vainqueur. — XII, 116 (*la Philippide*).

ELÉONORE, fille de Guillaume, duc d'Aquitaine. — Epouse Louis le Jeune, roi des Français. — Son divorce, après lequel elle épouse Henri Plantagenet, duc d'Anjou. — Fait hommage à Philippe-Auguste pour son comté d'Aquitaine. — VIII, 157, 212, 217 (*Suger, Vie de Louis le Gros*; *Vie de Louis le Jeune*); XI, 146 (*Rigord*; *Vie de Philippe-Auguste*); XIII, 18, 36, 83 (*Guillaume de Nangis*).

ELÉONORE, fille aînée de Geoffroi, duc de Bretagne, frère aîné de Jean-Sans-Terre, roi des Anglais. — Est retenue par celui-ci prisonnière en Angleterre. — XI, 266 (*Guillaume le Breton*).

ELÉONORE, femme de Henri III, roi d'Angleterre. — Est chassée de Londres par les grands, révoltés. — XV, 386 (*Des Gestes glorieux des Français*).

ELEUTHÈRE, patrice. — Assiége Naples et y fait mourir le rebelle Jean Compsin. — Usurpe le trône d'Italie. — Est tué par des soldats. — XXV, 415 (*Orderic Vital*).

ELEUTHÈRE, 12ᵉ pape en 177. — Siége 15 ans sous les empereurs Antonin et Commode. — XXV, 382 (*Orderic Vital*).

ELEUTHÈRE, fils d'Arsène. — Trompe et enlève par ruse la fille du pape Adrien, fiancée à un autre, et l'épouse. — Tue Stéphanie, femme de ce même pontife, ainsi que sa fille qu'il avait enlevée, et est lui-même mis à mort par les gens de l'empereur Louis. — IV, 226 et suiv. (*Annales de Saint Bertin*).

ELFAG (saint), archevêque de Cantorbéry. — Subit le martyre dans la prise de cette ville par les Danois. — XXVI, 198 (*Orderic Vital*).

ELFRED. *Voy.* ALFRED LE GRAND.

ELIE GUARIN, abbé de Grandselve. — Est chargé, par l'armée croisée contre les Albigeois, de négocier la paix avec les Toulousains, qui l'acceptent. — XV, 281, 369 (*Guillaume de Puy-Laurens, Des Gestes glorieux des Français*).

ELISABETH, fille de Baudouin, comte de Hainaut, et femme de Philippe-Auguste. — Est sacrée reine à Saint-Denis. — Sa mort. — XI, 19, 194, 204 (*Guillaume le Breton*; *Rigord*).

ELOI (saint), orfèvre célèbre du temps de Dagobert Iᵉʳ, roi des Francs. — Exécute, par ordre de ce prince, avec une très-grande habileté, de magnifiques ouvrages pour l'église de Saint-Denis. — Assiste à une assemblée des grands et des évêques du royaume, tenue par Clovis II, fils de Dagobert. — II, 286, 316 (*Vie de Dagobert 1er*).

Elstan. *Voyez* Athelstan.

Elymas, magicien. — Résiste aux prédications de saint Paul. — XXV, 203 (*Orderic Vital*).

Emeri, évêque de Saintes, nommé par Clotaire 1er, est destitué par un synode des évêques de sa province et rétabli par Charibert, roi de Paris. — I, 179, 180 (*Grégoire de Tours*).

Emicon, comte allemand. — A la tête d'une bande de Teutons, il poursuit les Juifs de Mayence, les dépouille et les massacre, et se met en route pour la Terre-Sainte avec d'autres Croisés. — Le roi de Hongrie s'oppose à leur passage. — Ils assiégent Mersebourg et prennent la fuite au moment où ils allaient s'en emparer. — Échappé au carnage, il s'en retourne chez lui. — XX, 38 et suiv. (*Albert d'Aix*).

Emir-Feir. *Voyez* Phirous.

Emma, fille de Hugues le Grand. — Est fiancée à Richard, duc de Normandie. — Elle l'épouse après la mort de son père. — Sa mort. — XXV, 158 (*Orderic Vital*); XXIX, 93, 96, 104 (*Guillaume de Jumiége*).

Emma, fille de Richard, duc de Normandie et de Gunnor. — Épouse Edelred, roi des Anglais. — Se marie, après sa mort, à Canut, roi des Danois. — XXVI, 357 (*Orderic Vital*), XXIX 104, 122 (*Guillaume de Jumiége*).

Emma, fille de Robert, roi des Francs, et femme de Raoul son successeur. — Est sacrée reine à Rheims. — VI, 78 (*Chronique de Frodoard*).

Enchu, chevalier d'Édesse. — Avertit Baudouin, gouverneur de cette ville, d'une conspiration tramée contre lui. — XX, 282 (*Albert d'Aix*).

Enée, paralytique de la ville de Lydda. — Est guéri par l'apôtre Pierre. — XXV, 190 (*Orderic Vital*).

Engelgère, gouverneur de Famiah. — Se joint à Baudouin, roi de Jérusalem, contre les Turcs. — XXI, 172 (*Albert d'Aix*).

Engelram, seigneur franc. — Est tué par Bernard, qui épouse sa femme. — IV, 317 (*Annales de Metz*).

Engelram, camérier de Charles, roi des Francs. — Disgracié à la persuasion de la reine Richilde, engage Louis le Germanique, frère de son ancien maître, à s'avancer contre lui. — IV, 275 (*Annales de Saint-Bertin*).

Engilbert, abbé de Saint-Riquier. — Est envoyé à Rome par l'empereur Charlemagne pour recevoir les sermens d'obéissance du peuple romain. — III, 42 (*Annales d'Eginhard*).

Engilwin, seigneur franc sous Louis le Débonnaire. — Est fait prisonnier dans une attaque de Lambert, chef des Bretons. — IV, 137 (*Annales de Saint-Bertin*).

Enguerrand de Trie, vaillant chevalier. — Est blessé dans les guerres civiles des Normands contre Henri, roi d'Angleterre, et peu de jours après perd la raison et meurt. — XXVIII, 305 (*Orderic Vital*).

Enguerrand de Sai, est fait prisonnier avec Etienne, roi d'Angleterre, dans la bataille de Lincoln. — XXVIII, 529 (*Orderic Vital*).

Enguerrand, surnommé *Brisemoutier*, brigand d'une force colossale et du caractère le plus féroce. — Assiége le château de la Roche-au-Moine avec Jean-Sans-Terre. — Ses ravages parmi les assiégés. — Manière adroite dont un de ceux-ci parvient à le tuer. — XII, 291, 292 (*la Philippide*).

Enguerrand de Boves, chevalier croisé contre les Albigeois. — Ses expéditions. — Il va assiéger Penne avec Simon de Montfort. — Celui-ci lui cède une grande partie des domaines du comte de Foix. — Il s'empare de Saverdun. — XIV, 201, 202,

214 (*Pierre de Vaulx-Cernay*).

ENGUERRAND DE COUCY, évêque de Paris. — Se joint à l'armée des croisés contre les Albigeois. — Retourne chez lui après la prise de Lavaur. — XIV, 135, 147 (*Pierre de Vaulx-Cernay*).

ENGUERRAND, comte d'Abbeville. — Est tué par les Normands dans un combat entre ceux-ci et l'armée de Henri, roi des Francs; XXIX, 176 (*Guillaume de Jumiége*).

ENGUERRAND. — Succède à Hélinand, évêque de Laon. — Sa noble origine, son savoir, ses mauvaises mœurs. — X, 5 (*Guibert de Nogent*).

ENGUERRAND, comte de Ponthieu. — Se rend avec le roi Henri au secours de Guillaume d'Arques, contre Guillaume le Conquérant. — Est tué dans une rencontre. — XXIX, 349 (*Guillaume de Poitiers*).

ENGUERRAND DE MARIGNY. — Conseiller principal de Philippe le Bel, roi de France. — Ses qualités. — Après la mort du roi, il est accusé de plusieurs crimes par Charles, comte de Valois, condamné et exécuté. — XIII, 309, 310 (*Guillaume de Nangis*).

ENGUERRAND D'ESNE. — Conspire contre Charles le Bon, comte de Flandre. — VIII, 257 (*Vie de Charles le Bon, par Galbert*).

ENGUERRAND DE COUCY. — Prend la croix avec Louis le Jeune. — VIII, 213 (*Vie de Louis le Jeune*).

ENNIUS, surnommé *Mummole*. Voy. ce dernier nom.

ENNODIUS, comte de Poitiers. — Chilpéric 1er s'étant emparé de cette ville, le condamne à l'exil et confisque ses biens. — Est établi par Childebert 1er, duc de Tours et de Poitiers. — Investi du gouvernement d'Aire et du Béarn, on le lui retire aussitôt. — I, 262, 453; II, 8 (*Grégoire de Tours*).

ENOCH LE JUSTE. — Est enlevé par le Seigneur du milieu des pécheurs. — I, 5 (*Grégoire de Tours*).

ERARD, évêque de Noyon. — Sa mort. — VI, 97 (*Chronique de Frodoard*).

EON, évêque de Vannes. — Envoyé par Waroch, duc de Bretagne, vers Chilpéric 1er, roi de Soissons, est condamné à l'exil par ce prince. — Est délivré d'exil et envoyé à Angers. — Sa passion pour le vin. — I, 264, 266, 281 (*Grégoire de Tours*).

EPARCHIUS. — Succède à Namatius dans l'évêché d'Auvergne. — Sa vision dans l'église. — I, 79 (*Grégoire de Tours*).

EPARCHIUS. — Est envoyé avec Démétrius, par l'empereur Justinien, pour porter sa profession de foi au pape Jean II. — XXV, 406 (*Orderic Vital*).

EPARQUE, reclus à Angoulême. — Sa sainteté. — Ses miracles. — Sa mort. — I 317-319 (*Grégoire de Tours*).

EPIPHANE, vicaire de l'église de Saint-Remi. — Est privé de ses fonctions dans la disgrâce d'Ægidius, archevêque de Rheims. — II, 123 (*Grégoire de Tours*).

EPIPHANE, évêque. — Fuyant les Lombards, se rend à Marseille. — Est accusé par le roi Gontran de complicité avec Théodore, évêque de cette ville, dans l'affaire de Gondovald, et retenu en captivité. — Il y meurt. — I, 336, 337 (*Grégoire de Tours*).

ERCHENBALD, notaire. — Est envoyé par Charlemagne en Ligurie, préparer la flotte qui apporta à ce prince les présens d'Haroun, roi de Perse. — III, 51 (*Annales d'Eginhard*).

ERCHINOALD, parent d'Haldétrude, mère de Dagobert 1er. — Est nommé maire du palais de Clovis II, roi de Neustrie. — Ses qualités. — Il se lie étroitement avec le maire Flaochat, qu'il aide dans son entreprise contre le patrice Willebad. — Sa mort. — II, 223, 224, 227, 229, 231, 312 (*Chronique de Frédégaire, Vie de Dagobert 1er*).

EREMCALD, chevalier. — Jette à

l'eau Boldran, châtelain de Bruges, et épouse sa femme. — VIII, 368 (*Vie de Charles le Bon*, par *Galbert*).

EREMBERT, vaillant chevalier normand. — Se fait moine en Italie.— XXVII, 190 (*Orderic Vital*).

ERLEBALD, comte franc. — S'empare par ruse du château d'Hautmont, appartenant à l'église de Rheims. — Est excommunié. — Assiégé dans Maizières par l'archevêque Hérivée, il abandonne ce château. — Se rend près de Charles le Simple, roi des Francs. — Est absous dans un concile tenu à Troli. — Est tué par les ennemis de Charles. — VI, 70 (*Chronique de Frodoard*).

ERMENBERGE, fille de Witterich, roi d'Espagne. — Epouse Théodoric II, roi des Francs, qui, par les intrigues de la reine Brunehault, la renvoie en Espagne au bout d'un an.— II, 178 (*Chronique de Frédégaire*).

ERMÉNÉGILD, fils de Leuvigild, roi des Goths. — Ses guerres avec son père. — Il est battu, fait prisonnier et condamné à l'exil.— Est mis à mort par son père. — I, 331, 364-365, 454 (*Grégoire de Tours*).

ERMOLD LE NOIR. — Obscurité répandue sur sa vie.— Conjectures à ce sujet. —Son poème. — IV, 8, (*Notice sur Ermold le Noir*).

ERNAULD, moine. — Ses voyages en Italie et en Angleterre, par zèle pour son monastère.—XXVII, 247 (*Orderic Vital*).

ERNAULD D'ECHAUFOUR, fils de Guillaume Giroie, baron de Normandie.—Est chassé de ce pays par le duc Guillaume le Bâtard. — Il est empoisonné par son chambellan Roger Goulafre. — XXVI, 78, 102 (*Orderic Vital*); XXIX, 215 (*Guillaume de Jumiége*).

ERPON, duc au service de Gontran, roi d'Orléans et de Bourgogne. — S'empare de Mérovée, fils de Chilpéric Ier.— Il lui échappe; et Gontran condamne Erpon à une amende, et lui ôte son emploi.— I, 241 (*Grégoire de Tours*).

ESAU, premier né du patriarche Isaac. — Vend son droit d'aînesse. — Est le père des Iduméens. — I, 8 (*Grégoire de Tours*).

ESKILE, archevêque des Danois. — Sa vénération pour saint Bernard. — Voyage qu'il fait à Clairvaux pour le voir, et miracle opéré en sa faveur. — X, 395-397 (*Geoffroi de Clairvaux*).

ESQUIRE, veuve de Gautier, prince de Galilée. — Epouse Raimond, comte de Tripoli. — XVIII, 314 (*Guillaume de Tyr*).

ESSELFELD, fort sur la rive de la Sture, élevé par Charlemagne pour contenir les Danois.— III, 63 (*Annales d'Eginhard*).

ETAMPES, petite ville de France. — Un concile y est tenu en 1130. — X, 238 (*Arnauld de Bonneval*).

ETARD, jardinier et moine de Jumiége. — Est établi abbé de Saint-Pierre-sur-Dive, et remet la direction de ce monastère à Foulques, son ancien abbé. — XXVIII, 15 *Orderic Vital*).

ETIENNE, prince des Gaules sous l'empereur Néron. — Fait périr Valérie, qui ne voulait pas l'épouser. — Son repentir. — Pénitence que lui impose saint Martial qui le baptise. — XXV, 357 et suiv. (*Orderic Vital*).

ETIENNE, fils d'Eudes, comte de Chartres. — Devient, à la mort de son père, comte de Meaux et de Troyes.— Se soulève contre Henri, roi des Français. — Sa défaite. — Sa mort. — VII, 37, 38, 74, 75 (*Fragmens de l'Histoire des Français*, *Hugues de Fleury*).

ETIENNE DE FERRÉOL, chevalier de l'armée de Raimond de Toulouse. — Est tué en assiégeant avec lui le château d'Hauterive. — XV, 226 (*Guillaume de Puy-Laurens*).

ETIENNE, évêque de Noyon. — Est député par Philippe-Auguste vers Canut, roi des Danois, pour lui demander en mariage une de ses sœurs. — XI, 112 (*Rigord, Vie de Philippe-Auguste*).

ETIENNE, surnommé *Valentin*.—

Révélation qu'il eut. — XXI, 336 (*Raimond d'Agiles*).

Etienne, fils de l'empereur Romain. — Dépose son père, de concert avec son frère Romain, qui ensuite le dépose lui-même.—XXV, 156 (*Orderic Vital*).

Etienne, duc de Bourgogne. — Prend la croix et passe en Terre-Sainte. — Périt dans une bataille contre les Turcs. — XVII, 68, 88 (*Guillaume de Tyr*); XXI, 36 (*Albert d'Aix*).

Etienne du Perche. — Son expédition contre Alexis, empereur de Constantinople, avec les Français et les Vénitiens, pour le rétablissement d'Alexis, fils d'Isaac l'Ange. — XI, 158 et suiv. (*Rigord, Vie de Philippe-Auguste*).

Etienne, fils de Thibaut, comte de Chartres. — Lui succède. — Se révolte contre Philippe, roi de France. — Est pris et forcé de lui prêter serment. — Sa sagesse, sa puissance, ses richesses.— Il épouse une fille de Guillaume le Conquérant. — Prend la croix et passe en Terre-Sainte. — Assiége et prend Nicée avec l'armée chrétienne. — Assiége quelque temps Antioche et, soit par lâcheté, soit pour cause de maladie, abandonne l'armée. — Se rend à Constantinople et détourne l'empereur Alexis d'aller porter secours aux Chrétiens, assiégés dans Antioche. — Reprend les armes et se met en route pour Jérusalem.— Trahi par Alexis, son armée est attaquée et défaite par les Turcs.— Arrive à Jérusalem. — Fait prisonnier dans le combat livré aux Turcs devant Ramla par Baudouin 1er, on ignore ce qu'il devint. — VII, 43, 49, 81, 85 (*Fragmens de l'Histoire des Français, Chronique de Hugues de Fleury*); IX, 72, 91 et suiv., 189-191, 292 et suiv., 296 (*Guibert de Nogent*); XVI, 49, 134 et suiv., 208 et suiv., 256, 257, 310 et suiv.; XVII, 68, 88 (*Guillaume de Tyr*); XX, 244 et suiv. (*Albert d'Aix*); XXIII, 150 (*Raoul de Caen*).

Etienne, fils d'Etienne, comte de Blois. — Est fait comte de Mortain par Henri 1er, roi des Anglais, son oncle.— Sa conduite avec les bourgeois d'Alençon.— Comment ceux-ci s'en vengèrent en appelant à leur secours Foulques, comte d'Anjou. — —Epouse Mathilde, fille d'Eustache, comte de Boulogne, dont il hérite. —Est fait roi après la mort de Henri. Ses guerres avec Geoffroi Plantagenet et Mathilde, fille de Henri.— Conclut la paix avec cette dernière. Est vaincu et fait prisonnier dans une bataille, près de Lincoln, contre Ranulphe, comte de Chester, et d'autres révoltés. — VIII, 211 (*Vie de Louis le Jeune*); XXV, 150, 173 XIII, 18, 22, 38 (*Guillaume de Nangis*); XXVIII, 284 et suiv., 464, 525 et suiv. (*Orderic Vital*); XXIX, 297, 304 (*Guillaume de Jumiége*).

Etienne, comte français d'au-delà de la Saône. — Accompagne Etienne, comte de Chartres, dans son expédition à Jérusalem, où il arrive avec lui. — IX, 295 (*Guibert de Nogent*).

Etienne, comte d'Albemarle ou Aumale, fils d'Eudes, comte de Champagne. — S'attache à Guillaume le Roux, roi d'Angleterre, et fortifie un château près de la rivière d'Eu, contre le duc Robert. — Résiste un des derniers à Henri 1er, roi d'Angleterre; mais finit par se soumettre.— Prend la croix. — XVI, 49 (*Guillaume de Tyr*); XX, 73 (*Albert d'Aix*); XXVII, 278; XXVIII, 339 (*Orderic Vital*).

Etienne, comte franc. — Embrasse avec d'autres seigneurs le parti de Hugues, fils de Lothaire, qui voulait recouvrer le royaume de son père. — Leurs brigandages. — IV, 317 (*Annales de Metz*).

Etienne, évêque d'Auvergne. — Se soumet à Louis d'Outremer. — VII, 65, 66 (*Chronique de Hugues de Fleury*).

Etienne de Longchamp.— Combat aux côtés de Philippe-Auguste, roi de France, à la bataille de Bovines, où il reçoit la mort. — II, 278, 286 (*Guillaume le Breton,*

Vie de Philippe-Auguste); XII, 337, 338 (*la Philippide*, par le même).

Etienne Ier, 22° pape en 253. — Siége sept ans. — Subit le martyre. — XXV, 384 (*Orderic Vital*).

Etienne II, 91° pape en 752. — Persécuté par Astolphe, roi des Lombards, passe en France pour réclamer du secours, et est reçu avec beaucoup d'honneurs par le roi Pépin le Bref, qui envoie à Astolphe des députés pour l'engager à cesser ses violences. — Il sacre Pépin, roi des Francs. — Revient en Italie avec une armée commandée par Pépin, et est rétabli sur son siége. — Nouvelles hostilités d'Astolphe, réprimées de même par Pépin. — II, 250-254 (*Chronique de Frédégaire*); III, 4, 5, 6 (*Annales d'Eginhard*); IX, 41 (*Guibert de Nogent*); XXV, 151 (*Orderic Vital*).

Etienne III, 93° pape en 768. — Siége trois ans. — On consacre en même temps que lui Constantin, laïque, qui est pris et a les yeux crevés. — XXV, 429 (*Orderic Vital, Histoire de Normandie*).

Etienne IV, 96° pape en 816. — Succède à Léon III. — Se rend auprès de Louis le Débonnaire; en est reçu avec de grands honneurs. — Le sacre à Rheims, et retourne à Rome. — Sa mort, après avoir siégé sept mois. — III, 77, 79, 284-286 (*Annales d'Eginhard; de la Vie et des Actions de Louis le Débonnaire*); IV, 37 et suiv. (*Ermold le Noir*); XXV, 433 (*Orderic Vital*).

Etienne V, 109° pape en 885. — Siége un an. — XXV, 436 (*Orderic Vital*).

Etienne IX, 151° pape l'an 1057. — Siége un an. — XXV, 437 (*Orderic Vital*).

Etienne (saint). — Est lapidé par les Juifs et devient le premier martyr. — XXV, 185 (*Orderic Vital*).

Etienne, abbé de Saint-Jean de la Vallée, et parent de Baudouin II. — Succède à Gormond dans le patriarcat de Jérusalem. — Son caractère, sa fermeté, ses difficultés avec le roi. — Sa mort. — XVII, 303, 309 (*Guillaume de Tyr*).

Etienne, chantre du couvent de Saint-Nicolas à Angers. — Son voyage dans la Pouille. — Vol du bras d'argent d'un saint Nicolas dans l'église de Bari. — XXVII, 188 et suiv. (*Orderic Vital*).

Etienne, inquisiteur de l'ordre des Prêcheurs et de celui des Mineurs contre les Albigeois. — Est égorgé par ceux-ci. — XV, 303 (*Guillaume de Puy-Laurens*).

Etienne de la Valette. — Se rend au secours de Toulouse, contre l'armée de Simon de Montfort. — XV, 173 (*Histoire de la Guerre des Albigeois*).

Etienne de Vitry. — Entre au monastère de Cîteaux, et le quitte après un noviciat de neuf mois. — X, 221 (*Guillaume de Saint-Thierri*).

Etienne, abbé de Cîteaux. — Envoie saint Bernard fonder le monastère de Clairvaux, et l'en établit abbé. — X, 177 (*Guillaume de Saint-Thierri*).

Etienne, évêque de Cambrai. — Ses querelles avec le comte Isaac, qui s'empare d'un de ses châteaux. — Leur réconciliation. — VI, 83, (*Chronique de Frodoard*).

Etienne, comte de Sancerre. — Epouse la fille de Geoffroi de Gien, et reçoit pour dot la ville de Gien, dont Louis le Jeune le dépouille, d'après les instances d'Hervée, fils de Geoffroi. — Ses guerres contre Guillaume III, comte de Nevers. — Sa défaite. — Se soulève contre Philippe-Auguste. — Le roi prend et saccage son château de Châtillon-sur-Cher, et ravage son territoire. — Il se soumet et rentre en grâce. — Part pour la Terre-Sainte. — Y meurt. — VIII, 218 (*Vie de Louis le Jeune*); XI, 194 (*Guillaume le Breton*); XII, 25-27 (*la Philippide*); XIII, 43, 72, 73 (*Guillaume de Nangis*).

Etienne de Maruges. — Est nommé chancelier par Louis X, roi

de France. — XIII, 308 (*Guillaume de Nangis*).

Eu, château appartenant aux Normands. — Est pris par les Français, sous le roi Raoul. — VI, 86 (*Chronique de Frodoard*).

Eude de Souillac. — Succède à Maurice, évêque de Paris. — Sa mort. — XI, 134, 178 (*Rigord, Vie de Philippe-Auguste*); 215, 240 (*Vie de Philippe-Auguste, par Guillaume le Breton*); XIII, 79 (*Guillaume de Nangis*).

Eudelan, duc du pays Transjuran. — Est privé de son duché par Clotaire II, roi de Soissons, qui le donne à Herpon. — Marche avec Clotaire contre Sigebert, fils de Théodoric II, roi d'Orléans. — II, 191 (*Chronique de Frédégaire*).

Eudes, duc de Gascogne. — Marche avec une armée au secours de Chilpéric II, contre Charles-Martel, et prend la fuite devant celui-ci. — Poursuivi par l'ennemi, il emmène avec lui dans ses Etats le roi Chilpéric. — Conclut l'année suivante une alliance avec Charles-Martel et lui remet Chilpéric. — Ayant enfreint le traité, il est attaqué et mis en déroute par Charles-Martel, qui ravage la Gascogne. — Appelle les Sarrasins à son secours. — Sa mort. — II, 239-241 (*Chronique de Frédégaire*).

Eudes, duc de la Petite-Bretagne. — En est chassé. — Est accueilli par Louis le Pieux, roi des Français, qui l'envoie avec une armée contre les Lyonnais. — Eudes revient vainqueur. — XI, 191, 192 (*Guillaume le Breton*).

Eudes, frère utérin de Guillaume, duc de Normandie. — Est établi par lui évêque de Bayeux. — Guillaume, après la conquête de l'Angleterre, lui confie le château de Douvres et tout le pays de Kent. — Il veut s'emparer du royaume de son frère, est pris et mis en prison. — Délivré à la mort de Guillaume, il entreprend le voyage de Jérusalem, et meurt en route. — IX, 263, 264 (*Guibert de Nogent*), XXIX, 190,

426 (*Guillaume de Jumiége, Guillaume de Poitiers*).

Eudes, comte de Paris. — Défend cette ville contre les Normands. — Sa vaillance. — Est investi du duché d'Orléans. — Tient avec Sigefroi, chef des Normands, une conférence dans laquelle une troupe de Normands essaie de s'emparer de lui, mais en vain. — Va demander du secours au roi Charles le Gros. — Revient avec une troupe de guerriers. — Eudes est reconnu roi des Francs, après la mort de Charles. — Défend toujours Paris contre les Normands. — Remporte sur eux une victoire éclatante. — Dépouille Wilhelm de tous ses honneurs et les donne à Hugues, gouverneur de Bourges. — Révolte des seigneurs, qui lui opposent Charles, fils de Louis le Bègue. — Ses victoires sur ce prince et sur Zwentibold, duc de Lorraine, qui le soutenait. — Assiége et prend dans Laon son cousin, le comte Walther, soulevé contre lui, et lui fait trancher la tête. — Réprime quelques autres révoltes. — Sa mort. — IV, 323, 328, 340-345 (*Annales de Metz*); VI, 10 et suiv., 38, 45, 46, 58 et suiv. (*Abbon, Siège de Paris par les Normands*).

Eudes, comte de Chartres. — Ses dissensions avec Richard, duc de Normandie, au sujet du château de Dreux. — Il est vaincu par les Normands. — La paix est rétablie entre eux par Robert, roi des Francs. — Refuse de rendre à celui-ci le château de Melun, appartenant au comte Bouchard, et qui lui avait été livré. — Reddition de ce château. — Est vaincu par Bouchard. — Après la mort de Robert, il se soulève contre son fils Henri. — Est défait dans plusieurs combats, et forcé de demander la paix. — Envahit la Bourgogne, et périt dans une bataille contre Gothelon, duc des Allemands et des Lorrains. — VII, 14, 15, 35-37, 74 (*Eudes, moine; Fragmens de l'Histoire des Français; Chronique de Hugues de*

Fleury); XXIX, 123 et suiv. (*Guillaume de Jumiége*).

EUDES, fils d'Étienne, comte de Troyes et de Meaux. — Est dépouillé par Thibaut, son oncle, de l'héritage de son père, et se réfugie en Normandie. — VII, 38 (*Fragmens de l'Histoire des Français*).

EUDES, fils de Robert, roi des Francs. — Reste sans apanage à la mort de son père. — Se soulève avec les comtes Etienne et Thibaut contre son frère le roi Henri. — Est vaincu et renfermé à Orléans. — Est chargé par son frère du commandement d'une armée levée contre les Normands. — Sa défaite. — VII, 35, 37 (*Fragmens de l'Histoire des Français*); XXIX, 354 (*Guillaume de Poitiers*).

EUDES, évêque de Paris. — Sa mort en 1208. — XI, 178, 240 (*Rigord, Vie de Philippe-Auguste, Guillaume le Breton*); XIII, 99 (*Guillaume de Nangis*).

EUDES. — Succède à son frère Alain, dans le duché de Bretagne, qu'il gouverna pendant 15 ans. — XXVI, 359 (*Orderic Vital*).

EUDES DE BEAUGENCI, chevalier croisé qui portait la bannière dans le combat contre les Perses, devant Antioche. — Atteint d'une flèche, tombe avec le drapeau, qui est sauvé par Guillaume de Belesme. — XXIII, 420 (*Robert le Moine*).

EUDES, duc des Aquitains. — Est vainqueur des Arabes, qui voulaient passer en France. — XXV, 425 (*Orderic Vital*).

EUDES III, duc de Bourgogne. — Prend la croix contre les Albigeois, et s'en retourne peu après. — Prête serment à Philippe-Auguste, dans une assemblée tenue à Soissons, de le secourir contre les Anglais. — Vient à son secours contre Ferrand et Othon. — Ses exploits à la bataille de Bovines. — Sa mort. — XI, 268, 283, 332 (*Guillaume le Breton*); XII, 260, 305, 327 (*la Philippide*); XIV, 49, 72 (*Pierre de Vaulx Cernay*).

EUDES DE CHATEAUROUX, évêque de Frascati. — Est envoyé comme légat en France pour prêcher la croisade. — XIII, 154 (*Guillaume de Nangis*).

EUGÈNE Ier, 74e pape en 654. — Siège près de 3 ans; XXV, 417 (*Orderic Vital*).

EUGÈNE II, 98e pape en 824. — Siège 4 ans. — XXV, 433 (*Orderic Vital*).

EUGÈNE III, 164e pape, appelé auparavant Bernard. — D'abord moine de Clairvaux, puis abbé de Saint-Anastase, est élu pape. — Une sédition s'étant élevée, il vient en France, tient un concile à Rheims, visite Clairvaux et y montre la plus grande humilité. — Retourne en Italie et rentre dans Rome. — Fait prêcher une croisade. — Sa mort. — X, 304, 305 (*Arnauld de Bonneval*); XIII, 26 et suiv. (*Guillaume de Nangis*); XVII, 488 (*Guillaume de Tyr*).

EUGÈNE, tyran. — Fait alliance avec les rois des Allemands et des Francs, et prépare une expédition militaire. — I, 65 (*Grégoire de Tours*).

EUGÈNE (saint), évêque. — Est enlevé de sa ville par l'évêque arien Cyrola, et conduit devant Hunéric, roi des Vandales. — Confond Cyrola dans les discussions théologiques. — Miracles qu'il opère. — Il est exilé à Alby, ville des Gaules, et y demeure jusqu'à sa mort. — I, 46-52 (*Grégoire de Tours*).

EULALIUS, comte d'Auvergne. — Miracle opéré en faveur de prisonniers qu'il avait fait charger de chaînes. — Sa haine pour sa mère. — Il l'étrangle; et, pour ce crime, est privé de la communion. — Ses débauches. — Ses mauvais traitemens envers sa femme Tétradie. — Elle lui est enlevée par Virus, son neveu, qui la remet à Didier. — Eulalius tue Virus, et Didier épouse Tétradie. — Il enlève et épouse une religieuse. — Ses meurtres nombreux. — Il réclame dans un synode ce que Tétradie lui avait enlevé dans sa fuite. — Jugement rendu à ce sujet. — Ridicule qu'il s'attire en accusant Didier pour l'enlèvement de sa femme. — I, 453; II, 89-92 (*Grégoire de Tours*).

EUNOME. — Est établi comte de Tours par Chilpéric 1er, à la place de Leudaste.— I, 292 (*Grégoire de Tours*).

EUPHRASIUS, prêtre, neveu du sénateur Ennodius. — Essaie en vain par des présens d'obtenir l'évêché d'Auvergne. — I, 191 (*Grégoire de Tours*).

EUPHRASIUS, évêque d'Auvergne. —Reçoit et traite avec bonté Quintien, chassé de son évêché de Rhodez. — Sa mort. — I, 100, 101, 113 (*Grégoire de Tours*).

EUPHRONIUS (saint). — Est élu et sacré évêque de Tours. — Refuse de souscrire à l'acte de nomination d'Héraclius à l'évêché de Saintes, à la place d'Emeri. — I, 167, 168, 179; II, 148, 149 (*Grégoire de Tours*).

EUPHRONIUS, prêtre. — Elève une église à saint Symphorien, à Autun. — Devient dans la suite évêque de cette ville.— I, 75 (*Grégoire de Tours*).

EUPHRONIUS, marchand.— Vengeance qu'exerce contre lui Bertrand, évêque de Bordeaux, à l'occasion des reliques de saint Serge, qu'il possédait.—I, 405, 406 (*Grégoire de Tours*).

EURIC, roi des Goths. — Crée Victor duc des sept cités. — Fait une irruption dans la Gaule ; la ravage et persécute les Chrétiens. — Sa mort. — I, 77, 84, 85 (*Grégoire de Tours*).

EURIC, fils de Miron, roi de Galice.—Lui succède. — Fait alliance avec Leuvigild, roi des Goths.— Attaqué par son beau-frère Audica, il est pris et fait clerc. — I, 365 (*Grégoire de Tours*).

EURICH, roi des Normands. — S'avance avec 600 vaisseaux contre Louis le Germanique, et est battu par les Saxons. — Est attaqué par deux de ses neveux, et fait la paix en leur donnant une part de son royaume.— Combats que se livrent les Danois et les Normands, dans l'un desquels périt Eurich. — IV, 138, 146, 147, 157 (*Annales de Saint-Bertin*).

EUSÈBE, marchand syrien. — Parvient, par des présens à l'épiscopat de Paris, et place au service de la maison épiscopale des hommes de sa nation. — II, 131, 132 (*Grégoire de Tours*).

EUSÈBE, 30e pape, l'an 310, ancien médecin grec. — Siége 6 ans. — XXV, 386 (*Orderic Vital*).

EUSÈBE, évêque de Césarée.— Sa chronique. — I, 3, (*Grégoire de Tours*); XXV, 194 (*Orderic Vital*).

EUSÈBE, archevêque de Rouen sous Constantin et Julien l'Apostat. —XXVI, 327 (*Orderic Vital*).

EUSTACE, diacre d'Autun.—Succède à Sulpice, évêque de Bourges. — II, 132 (*Grégoire de Tours*).

EUSTACHE DE MAQUILIN, chevalier flamand. — Combat et est tué à la bataille de Bovines. — XI, 282 (*Guillaume le Breton*); XII, 324-326 (*la Philippide*).

EUSTACHE, servant d'armes de l'armée de Philippe-Auguste.— Au siége de Château-Gaillard, pénètre dans la place avec plusieurs de ses compagnons, et y introduit l'armée. — XII, 207 et suiv. (*la Philippide*).

EUSTACHE DE CANITS, chevalier de l'armée de Simon de Montfort. — Est tué dans une sortie des Toulousains qu'ils assiégeaient. — XIV, 154 (*Pierre de Vaulx-Cernay*); XV, 74 (*Histoire de la Guerre des Albigeois*).

EUSTACHE II, comte de Boulogne. —Les Anglais l'appellent à leur secours contre Guillaume le Conquérant.—Son entreprise sur Douvres et sa défaite. — Sa réconciliation avec Guillaume.—XXVI, 166 (*Orderic Vital*); XXIX, 233, 437, 438 (*Guillaume de Jumiége, Guillaume de Poitiers*).

EUSTACHE III, comte de Boulogne,

frère de Godefroi de Bouillon. — Prend la croix avec lui. — Ils portent secours à Boémond, battu par les Turcs. — Défaite de ceux-ci.— Assiége Antioche et Jérusalem. — Après la mort de Godefroi, il refuse le trône de cette ville, qui lui était offert par les princes. — Retourné dans son pays, les princes croisés lui envoient offrir le trône de Jérusalem, vacant par la mort de Baudouin 1er. — Il se met en route, et revient à la nouvelle du couronnement de Baudouin du Bourg. — IX, 266 et suiv., 270 et suiv. (*Guibert de Nogent*); XVI, 49, 154 et suiv., 209 et suiv.; XVII, 9, 10, 198 (*Guillaume de Tyr*).

Eustache Grenier, chevalier croisé. — Reçoit de Baudouin 1er la ville de Sidon, pour la posséder à titre héréditaire.— Epouse la nièce d'Arnoul, patriarche de Jérusalem, qui lui donne pour dot Jéricho et ses dépendances. — Est établi gouverneur du royaume de Jérusalem pendant la captivité de Baudouin II. — Remporte à Ibelin une victoire sur les Egyptiens, et meurt peu après. — XVII, 151, 224, 231-233 (*Guillaume de Tyr*); XXIV, 214 et suiv. (*Foulcher de Chartres*).

Eustache Chollet, chevalier croisé. — Périt dans une bataille contre Saladin.—XVIII, 212 (*Guillaume de Tyr*).

Eustache, bourgeois de Vézelai. — Est traité moins rigoureusement que plusieurs autres, après la destruction de la commune. — VII, 194 (*Hugues de Poitiers*).

Eustache, surnommé *le Moine*, chevalier faisant partie de la flotte conduite en Angleterre par Robert de Courtenay, au secours de Louis, fils de Philippe-Auguste. — Le vaisseau qu'il montait ayant été pris par les Anglais, il est décapité. — XI, 327 (*Guillaume le Breton*).

Eustache, fils naturel de Guillaume de Breteuil. — S'empare, à sa mort, de toutes ses propriétés.— Est engagé par ses parens à quitter le parti de Henri 1er, roi de France, son beau-père, s'il ne lui rendait la tour d'Yvri, qui avait appartenu à ses prédécesseurs. — Refus du roi. — Ce qui s'ensuivit. — Henri lui enlève toutes ses propriétés, à l'exception du fort de Pacy. — XXVIII, 287 (*Orderic Vital*); XXIX, 267, 268 (*Guillaume de Jumiége*).

Eustache, cinquième évêque de Tours. — Églises qu'il fit construire. — II, 143 (*Grégoire de Tours*).

Eustache de Beaumarchez, chevalier envoyé par Philippe le Hardi en Navarre, pour y maintenir la paix. — Veut changer quelques coutumes. — Les grands révoltés l'assiégent dans Pampelune. — Est délivré par Robert, comte d'Artois. — XIII, 193 (*Guillaume de Nangis*).

Eutychien, 26e pape en 275. — Siège un an, sous l'empereur Aurélien. — XXV, 385 (*Orderic Vital*).

Eutychus. — Sa chute en écoutant un discours de saint Paul. — Sa résurrection. — XXV, 226 (*Orderic Vital*).

Evance, fils de Dynamius, député de Childebert 1er, roi des Francs, près de l'empereur Maurice. —Est tué dans une émeute suscitée contre eux par le vol d'un de ses serviteurs. — II, 82 (*Grégoire de Tours*).

Evans, évêque de Vienne. — Sa mort. — I, 472 (*Grégoire de Tours*).

Evariste, 4e pape, l'an 100. —Siége 9 ans. — Son martyre. — XXV, 379 (*Orderic Vital*).

Eve. — Sa naissance. — Sa désobéissance. — Sa punition. — I, 4 (*Grégoire de Tours*).

Everard des Barres, grand-maître des Templiers. — Sa conduite courageuse dans une retraite de Louis VII, en Terre-Sainte. — XXIV, 368 (*Odon de Deuil*).

Everard, comte franc.—Tue Godefroi, duc des Normands, qui lui avait enlevé ses propriétés.— IV, 32 (*Annales de Metz*).

EVERARD, comte de Breteuil. — Ses richesses, son luxe. — Il quitte le monde pour aller au loin vivre d'une basse occupation, et de là se fait moine. — IX, 372 et suiv. (*Vie de Guibert de Nogent*).

EVERARD DE PUISAIE. — Prend la croix dans la première croisade. — Sa valeur au siège de Jérusalem. — XVI, 49 (*Guillaume de Tyr*); XXIII, 245 (*Raoul de Caen*).

EVERARD DE SAINT-VERAN. — Son combat et sa victoire contre Oudard de Montaigu. — XIII, 273 (*Guillaume de Nangis*).

EVETAIRE, comte franc. — Est fait prisonnier dans un combat entre Charles, empereur d'Italie, et son neveu Louis. — IV, 284 (*Annales de Saint-Bertin*).

EVRARD DE BRETEUIL, chevalier croisé, de l'armée de Louis le Jeune. — Périt dans une bataille contre les Turcs. — VIII, 213 (*Vie de Louis le Jeune*); XVII, 508 (*Guillaume de Tyr*).

EVRARD, évêque de Sens. — Sa mort. — VI, 40 (*Abbon, Siége de Paris par les Normands*).

EVOD, prêtre que l'apôtre Pierre ordonne et établit à sa place à Antioche. — XXV, 219 (*Orderic Vital*).

EVODE, archevêque de Rouen pendant sept ans. — XXVI, 329 (*Orderic Vital*).

EVROUL, de Bayeux, sous Chilpéric et Childebert fonde un monastère. — XXVI, 6; XXVII, 4, (*Orderic Vital*).

EYMERI, cousin d'une religieuse enlevée par Eulalius, comte d'Auvergne. — Est tué par celui-ci. — II, 9 (*Grégoire de Tours*).

EXOUS, jeune homme riche et noble de Thessalonique. — Va trouver l'apôtre André et se fait chrétien. — XXV, 260 (*Orderic Vital*).

F

FABIEN, 19e pape, l'an 236. — Siége 14 ans. — Son martyre. — XXV, 383 (*Orderic Vital*).

FABIUS. — Est nommé évêque d'Auch à la place de Fauste. — I, 452 (*Grégoire de Tours*).

FAILEUBE, femme de Childebert 1er, roi des Francs. — Accuse quelques gens de conspiration contre elle et la reine Brunehault. — II, 54 (*Grégoire de Tours*).

FANJAUX, château du territoire d'Albi. — Est pris par Simon de Montfort. — XV, 336 (*Gestes glorieux des Français*).

FARDULF, Lombard. — Dénonce à l'empereur Charlemagne une conspiration tramée contre lui par son fils Pépin et plusieurs Francs, et reçoit pour récompense le monastère de Saint-Denis. — III, 38 (*Annales d'Eginhard*).

FARE, fils de Chrodoald. — S'étant joint à Radulf, duc de Thuringe, contre Sigebert II, roi d'Austrasie, est défait et tué par les troupes de celui-ci. — II, 225 (*Chronique de Frédégaire*).

FARRON, conseiller de Ragnachaire, roi des Francs de Cambrai. — Ses dérèglemens excitent les grands à la révolte, et ils conspirent en faveur de Clovis. — I, 108 (*Grégoire de Tours*).

FASTRADE, fille de Rodolphe, comte franc. — Epouse l'empereur Charlemagne. — Sa mort. — III, 27, 40 (*Annales d'Eginhard*).

FATUMIE, une des femmes de Balak, satrape turc, gouverneur de Sororgia. — Est prise par Baudouin. — Elle engage les Chrétiens à se défier des promesses de Balak, et montre le désir de se convertir. — Est rendue à Balak. — XXVIII, 220 et suiv. (*Orderic Vital*).

FAUSTA, femme de Constantin le Grand, empereur de Rome. — Voulant s'emparer du trône, est étouffée dans un bain chaud par ordre de son époux. — I, 28 (Grégoire de Tours).

FAUSTIEN, prêtre. — Est élu évêque de Dax par la volonté de Gondovald, fils naturel de Clotaire 1er. — Est destitué de son siége dans un synode tenu à Mâcon. — I, 406, 448 (Grégoire de Tours).

FAUSTINIEN. — Sa dispute avec l'apôtre Pierre. — XXV, 216 (Orderic Vital).

FÉLIX, moine de Jérusalem. — Est envoyé par Thomas, patriarche de cette ville, vers l'empereur Charlemagne. — III, 57 (Annales d'Eginhard).

FÉLIX. — Est envoyé par le roi Gontran vers son neveu Childebert. — I, 438, 439 (Grégoire de Tours).

FÉLIX, évêque de Nantes. — Arrache à la mort Mâlo que voulait tuer son frère Conan, comte des Bretons. — Sa mort. — I, 154, 196 (Grégoire de Tours).

FÉLIX, évêque de Nantes. — Ses lettres injurieuses à Grégoire de Tours. — Est un de ceux qui suscitèrent à Grégoire un procès auprès de Chilpéric 1er. — Il meurt d'une maladie contagieuse. — I, 225, 301, 302, 328 (Grégoire de Tours).

FÉLIX, évêque d'Urgel. — Son hérésie. — Il l'abjure. — Son ouvrage est condamné dans un synode. — III, 37, 38, 40 (Annales d'Eginhard).

FÉLIX, archevêque. — Est exilé dans le Pont par ordre de l'empereur Justinien, après avoir eu les yeux crevés. — XXV, 424 (Orderic Vital).

FÉLIX 1er, 25e pape, l'an 269, sous les empereurs Claude et Aurélien. — Son martyre. — XXV, 385 (Orderic Vital).

FÉLIX, 36e pape, l'an 355. — Siége un an, pendant l'exil de Libère. — Est déposé et mis à mort après le rappel de celui-ci. — XXV, 395 (Orderic Vital).

FÉLIX II, 47e pape, l'an 483. — Siége près de 9 ans, sous l'empereur Zénon. — Excommunie Pierre, évêque d'Alexandrie, et Achace, évêque de Constantinople. — Il envoie contre eux les évêques Misène et Vital, qui se laissent corrompre, et n'exécutent pas ses volontés. — XXV, 400 (Orderic Vital).

FÉLIX III, 53e pape, l'an 526. — Siége 4 ans, du temps de Théodoric, d'Athalaric son neveu, et de l'empereur Justinien. — XXV, 405 (Orderic Vital).

FÉLIX, gouverneur de Judée. — Vient à Jérusalem, et fait comparaître saint Paul devant lui. — XXV, 230 (Orderic Vital).

FER, prince arménien. — Avertit Baudouin des perfidies que méditait Pancrace. — XX, 124 et suiv. (Albert d'Aix).

FERGANT, comte des Bretons. — Epouse Constance, fille de Guillaume le Conquérant. — XXVI, 382 (Orderic Vital).

FERNAND, neveu de Sanche, roi de Léon. — A la mort de celui-ci, quitte, avec son frère Alphonse, la France où ils vivaient en exil, et marchant vers l'Espagne ils s'emparent du royaume de Léon. — XIII, 226 (Guillaume de Nangis).

FERRAND d'Espagne, fils du roi de Portugal. — Epouse Jeanne, comtesse de Flandre, fille de Baudouin, empereur de Constantinople, et devient comte de Flandre. — Excite le mécontentement de Philippe-Auguste, roi de France, en ne se rendant pas à l'assemblée tenue par ce prince à Soissons. — Envahissement de la Flandre par Philippe. — Prise de Lille par celui-ci. — Ferrand y est reçu après le départ du roi, qui y ramène son armée, met le feu à la ville et en chasse Ferrand. — S'empare de Tournai, qui retombe peu après au pouvoir des Français. — Se ligue avec Othon et Jean-Sans-Terre contre Philippe. — Bataille de Bovines. — Défaite des Flamands et des Impériaux. — Ferrand est fait prisonnier et conduit à Paris. — Sa délivrance. — XI, 274 et suiv. (Guillaume le Breton); XII, 263 et suiv. (la Phi-

lippide); — XIII, 108, 114, 136 (*Guillaume de Nangis*); XV, 345 (*Des Gestes glorieux des Français*).

FERRÉOLE, évêque d'Uzès. — Arrache au peuple révolté Marc, référendaire chargé de lever les impositions pour le roi Chilpéric 1er. — Sa mort. — Ses épîtres. — I, 265, 317 (*Grégoire de Tours*).

FERRIC, évêque d'Orléans. — Est tué par un chevalier dont il avait, dit-on, corrompu la fille. — XIII, 237 (*Guillaume de Nangis*).

FESTUS. — Succède à Félix dans le gouvernement de la Judée. — Fait accuser l'apôtre saint Paul par les Juifs. — XXV, 107, 230 (*Orderic Vital*).

FIRMIN, comte d'Auvergne. — Est dépouillé de ses titres par Chramne, fils de Clotaire 1er. — Se réfugie dans l'église de Clermont. — En est chassé et conduit en exil. — Se sauve dans l'église de Saint-Julien. — Par ordre de Sigebert 1er, roi de Metz, il s'empare de la ville d'Arles. — Sa défaite par le patrice Celse, général du roi Gontran. — Son opposition à l'élection d'Avitus à l'évêché d'Auvergne. — Est envoyé par Sigebert vers Justin, empereur de Constantinople, pour lui demander la paix. — I, 164, 165, 184, 185, 192, 197 (*Grégoire de Tours*).

FLAOCHAT. — Est créé maire du palais de Clovis II, roi de Neustrie et de Bourgogne, par l'influence de la reine Nantéchilde, qui lui donne en mariage sa nièce Ragnoberte. — Se lie étroitement avec Erchinoald, maire du palais de Neustrie. — Sa haine contre le patrice Villebad. — Après plusieurs vaines tentatives contre lui, il parvient à le faire tuer. — Sa mort. — II, 227-230, 312 (*Chronique de Frédégaire, Vie de Dagobert 1er*).

FLAVIE DOMITILLE, nièce de l'empereur Domitien. — Est consacrée religieuse par le pape Clément. — XXV, 375 (*Orderic Vital*).

FLAVIUS, référendaire de Gontran, roi d'Orléans et de Bourgogne. — Succède à Agricola dans l'évêché de Châlons. — I, 291 (*Grégoire de Tours*).

FLAVIUS, archevêque de Rouen pendant quinze ans. — XXVI, 332 (*Orderic Vital*).

FLORIEN. — Obtient l'empire, et peu de temps après est massacré à Tarse. — XXV, 117 (*Orderic Vital*).

FLORUS, gouverneur de Judée. — Ses vices poussent les Juifs à la révolte. — XXV, 108 (*Orderic Vital*).

FORMOSE, évêque. — Est député par le pape Adrien 1er vers Tassillon, duc de Bavière. — Sujet de cette ambassade. — III, 23 (*Annales d'Eginhard*).

FORTUNAT, patriarche de Grado. — Accusé de trahison auprès de l'empereur Louis le Débonnaire, il passe à Constantinople. — Revient auprès de l'empereur Louis, qui lui ordonne de se rendre à Rome pour y être interrogé par le pape. — III, 91, 102 (*Annales d'Eginhard*).

FORTUNAT, archidiacre. — Son martyre sous l'empereur Néron. — XXV, 343 (*Orderic Vital*).

FOUCAULD DE BRESSE OU BRIGIER. — Assiége le château de Penne avec Simon de Montfort. — Avis qu'il donne et qui est adopté au siége de Beaucaire. — Assiége Toulouse avec Gui de Montfort. — Est fait prisonnier par les Albigeois. — Est pris et tué dans une excursion de brigandages. — Son caractère cruel. — XV, 89, 145, 171 et suiv., 194, 262, 263-265 (*Histoire de la Guerre des Albigeois, Guillaume de Puy-Laurens*).

FOUCHER, comte d'Edesse, chevalier croisé. — Est envoyé par Baudouin 1er à Sororgia. — Combat contre les Turcs, et en fait six prisonniers. — Monte le premier à l'échelle à la prise d'Antioche. — XX, 287 (*Albert d'Aix*); XXIII, 385 (*Robert le Moine*).

FOUCHER. — Succède au premier Guillaume, archevêque de Tyr. — Ses vertus. — Est nommé patriarche de Jérusalem. — Sa mort. — XVII, 336, 486; XVIII, 121 (*Guillaume de Tyr*).

FOULCHER DE CHARTRES. — Part avec Etienne, comte de Blois, pour la première croisade. — Devient pendant la route chapelain de Baudouin 1er. — Après l'élévation de celui-ci au trône de Jérusalem, est fait chanoine du Saint-Sépulcre. — Son Histoire des croisades. — Jugement qu'en porte Guibert de Nogent. — IX, 311 (*Guibert de Nogent*); XXIV (*Notice sur Foulcher de Chartres et Odon de Deuil*).

FOULCHER D'ORLÉANS, chevalier croisé, de l'expédition de Pierre l'Ermite. — Périt dans une bataille contre Soliman. — XVI, 68 (*Guillaume de Tyr*).

FOULQUES DE BONNEVAL, chevalier distingué. — Epouse Elisabeth, fille de Baudric, seigneur de Bauquencei. — XXVI, 71 (*Orderic Vital*).

FOULQUES, frère de Geoffroi le Barbu, comte de Tours et d'Angers. — Se révolte contre lui, le fait prisonnier et s'empare de ses biens. — Achète la neutralité de Philippe, roi de France, par la cession du Gâtinais. — VII, 78, 79 (*Hugues de Fleury*).

FOULQUES IV, dit *le Réchin*. — Sa conduite avec son frère, comte du Mans, qu'il fit prisonnier. — Lutte de Foulques contre Guillaume le Roux, qui s'était rendu maître du Maine. — Comment le duc Robert lui fait obtenir Bertrade, fille de Simon de Montfort, nièce de Guillaume, comte d'Evreux, à condition qu'il apaiserait les Manceaux révoltés. — Foulques tient sa promesse. — Vices de Foulques. — XXVI, 244; XXVII, 279 et suiv.; XXVIII, 39 (*Orderic Vital*).

FOULQUES V, comte d'Anjou. — Fonde l'abbaye de l'Oratoire. — Assiége et prend sur Girard-Berlay le château de Montreuil. — Ses guerres avec Eudes, comte de Chartres. — Part pour la Syrie. — Epouse Mélisende, fille aînée de Baudouin II,

roi de Jérusalem, qui lui donne les villes de Tyr et de Ptolémaïs. — A la mort de son beau-père, il lui succède. — Est invité par les habitans d'Antioche à se charger du gouvernement de cette ville. — Intrigues d'Alix, veuve de Boémond le Jeune, à ce sujet. — Ses victoires contre les Turcs. — Ses démêlés avec le comte Hugues du Puiset. — Il est accusé d'avoir voulu l'assassiner, et s'en justifie. — Meurt d'une chute de cheval. — XIII, 8, 9, 15, 16, 25 (*Guillaume de Nangis*); XVII, 302 et suiv., 329 et suiv., 348 et suiv., 443 et suiv. (*Guillaume de Tyr*).

FOULQUES, prêtre de Paris. — Succès de ses prédications. — Il meurt à Neuilly, et y est enterré. — XIII, 78, 87 (*Guillaume de Nangis*); XXII, 287 et suiv. (*Jacques de Vitry*).

FOULQUES. — Succède à Hincmar sur le siége de Rheims. — Sa correspondance avec plusieurs papes. — Sacre Charles le Simple encore enfant, et le soutient contre Eudes. — Sa correspondance avec des rois, empereurs, reines, etc. — Ses acquisitions pour son église. — Est assassiné par ordre de Baudouin 1er, comte de Flandre. — IV, 349 (*Annales de Metz*); V, 471 et suiv. (*Frodoard, Histoire de l'Eglise de Rheims*).

FOULQUES DE GUERNANVILLE. — Est nommé prévôt du monastère d'Ouche. — XXVI, 385 (*Orderic Vital*).

FOULQUES, fils de Radulphe de Chandri. — Ses dons à l'église. — XXVI, 125 (*Orderic Vital*).

FOULQUES, abbé de Florége, de l'ordre de Cîteaux. — Est élu évêque de Toulouse. — Institue dans cette ville une grande confrérie contre les hérétiques. — Assiste au colloque tenu à Pamiers avec les hérétiques vaudois. — Va avec d'autres à Rome supplier le pape Innocent III de prendre des mesures contre les hérétiques. — Conseille à Simon de Montfort, en possession de Toulouse, de mettre le feu à cette ville. — Ses accusations auprès du pape contre Raimond de Toulouse et le comte de Foix. — Sa trahison envers les gens de Toulouse. — Il est forcé de s'enfuir de cette ville. — Ses différentes expéditions contre les Albigeois. — Sa mort. — XIV, 25, 40, 140 et suiv., 313 (*Pierre de Vaulx Cernay*); XV, 45, 106, 111 et suiv., 153 et suiv., 221, 232, 233, 289, 353, 363, 367, 372 (*Histoire de la Guerre des Albigeois, Guillaume de Puy-Laurens; Des Gestes glorieux des Français*).

FRAGA, ville d'Espagne. — Est assiégée par Alphonse 1er, roi d'Aragon. — XXVIII, 434 et suiv. (*Orderic Vital*).

FRANCILLE, sénateur. — Devient le quatorzième évêque de Tours. — II, 147 (*Grégoire de Tours*).

FRANCON, archevêque de Rouen. — Baptise Rollon, chef des Normands. — Siège quarante-quatre ans. — XXV, 155; XXVI, 351 (*Orderic Vital*).

FRANCON, chevalier de la première croisade. — Assiège Antioche avec l'armée chrétienne. — XX, 237 (*Albert d'Aix*).

FRÉBAUD, évêque de Chartres. — Dans la prise de cette ville par les Danois se noie en voulant traverser l'Eure. — IV, 162 (*Annales de Saint-Bertin*).

FRÉDÉGAIRE, chroniqueur du VIIe siècle. — Doutes sur son vrai nom. — Sa vie est peu connue. — II, 1 (*Notice sur Frédégaire*).

FRÉDÉGONDE, maîtresse de Chilpéric 1er, roi de Soissons. — L'épouse après le meurtre de sa femme Galsuinthe, auquel on l'accusait de l'avoir excité. — Les frères de Chilpéric le chassent de son royaume à cause de ce mariage. — Brunehault, sœur de Galsuinthe et femme de Sigebert 1er, essaie en vain de la faire enlever à Soissons. — Elle engage le duc Gontran, renfermé dans l'église de Saint-Martin à Tours, avec Mérovée, fils de Chilpéric, à le faire sortir, pour qu'on le tue. — Son repentir momentané, amené par la mort de deux de ses fils. — Elle détruit en cette occasion les registres de ses impôts. — Elle engage son mari à exposer Clovis, qu'il avait eu d'Audovère, à la maladie qui avait enlevé ses enfans. — Clovis en revient; elle l'accuse de trahison et le fait tuer. — A la mort de Chilpéric, elle se réfugie à Paris, et se met avec son fils sous la protection de Gontran, roi d'Orléans et de Bourgogne. — Cruautés et injustices qu'elle commet à l'égard de plusieurs personnes. — Se retire au domaine de Reuil, dans le territoire de Rouen. — Envoie pour assassiner Brunehault un clerc dont le projet est découvert. — Elle accuse auprès de Gontran, de la mort de Chilpéric, Eberulf, domestique de celui-ci. — Elle envoie Cuppan à Toulouse pour en ramener sa fille Rigonthe. — Envoie deux clercs pour assassiner Childebert 1er. — Mais ils sont pris avant d'avoir exécuté le meurtre. — Sa dispute avec Prétextat, évêque de Rouen. — Meurtre de Prétextat. — Troubles auxquels il donne lieu. — Révélation de l'assassin. — Frédégonde établit évêque Mélantius complice du crime. — Elle veut faire tuer Gontran, mais son émissaire est pris. — Par haine contre Beppolène, général envoyé par Gontran contre les Bretons, elle procure du secours à ceux-ci. — Son chagrin pendant la maladie de son fils Clotaire. — Elle fait assassiner à la suite d'un festin trois grands de Tournai, dont elle ne pouvait faire cesser les dissensions. — Assiégée par leurs parens, elle soulève le peuple de la Champagne, et se sauve par son secours. — Obtient de Gontran qu'il tienne son fils sur les fonts de baptême. — S'empare avec son fils Clotaire, de Paris et d'autres villes. — Sa mort. — I, 182, 183, 220, 239, 271, 272, 279, 280, 378, 379, 388 et suiv., 417, 454 et suiv., 461 et suiv., 473, 474, 477; II, 93, 96, 97, 132, 133,

171 (*Grégoire de Tours, Chronique de Frédégaire*).

FRÉDÉRIC 1ᵉʳ, dit BARBEROUSSE, duc de Saxe, neveu de Conrad, empereur des Romains. — Lui succède. — Est couronné par le pape Adrien IV, malgré l'opposition des Romains. — Ses guerres contre ceux-ci. — Siége de Milan. — Marche contre le pape Alexandre. — Son armée périt de la peste, et il s'en retourne. — Fait la paix avec Alexandre. — Part pour la Terre-Sainte. — Cursat, empereur des Grecs, lui ayant refusé passage, il s'empare d'une partie de la Grèce. — Fait la paix avec Cursat. — Traverse l'Asie. — Ses victoires sur le soudan d'Iconium. — Meurt en traversant un fleuve. — XII, 112 (*la Philippide*, par *Guillaume le Breton*); XIII, 37, 39, 40, 44, 49, 69, 72, 73 (*Guillaume de Nangis*); XIX, 155 (*Bernard le Trésorier*); XXII, 256 (*Jacques de Vitry*).

FRÉDÉRIC, duc de Souabe, fils de Frédéric Barberousse, empereur des Romains. — A la mort de son père, dans son expédition en Terre-Sainte, prend le commandement de l'armée, et meurt au bout de sept mois devant Acre. — XIII, 73 (*Guillaume de Nangis*); XIX, 155 (*Bernard le Trésorier*).

FRÉDÉRIC II, empereur d'Allemagne. — Est couronné par le pape Honoré III, qui plus tard l'excommunie. — Epouse Yolande, fille et unique héritière de Jean de Brienne, roi de Jérusalem. — Ses démêlés avec Grégoire IX au sujet de la Terre-Sainte. — Il est excommunié. — Dévaste le territoire de l'Eglise, et assiége le pape dans Rome. — S'éloigne de cette ville. — Fait sa paix avec le pape, et est absous en 1230. — Il traite avec le soudan de Babylone, et se fait élire roi de Jérusalem. — Ses guerres avec Othon IV. — Il s'empare de la Sicile. — Il fait couronner son fils Henri, roi d'Allemagne. — Est déposé par le pape Innocent IV. — Fait périr dans un cachot son fils Henri, accusé de rébellion. — Est vaincu par le pape dans ses attaques contre les villes de Lombardie, et retourne dans la Pouille où il meurt en 1250. — XIII, 105, 106, 127, 131, 138 et suiv., 160 (*Guillaume de Nangis*); XV, 308, 317, 359, 365, 380, 383, 384 (*Guillaume de Puy-Laurens*; *Des Gestes glorieux des Français*); XIX, 339 et suiv., 407, 421 et suiv. (*Bernard le Trésorier*).

FRÉDÉRIC III, d'Autriche. — Est, après la mort de Henri VII, couronné empereur d'Allemagne, à Bonn, par l'archevêque de Cologne, le seul qui le reconnût. — Ses guerres contre son compétiteur Louis de Bavière. — Il est vaincu et pris dans une bataille. — XIII, 327 et suiv. (*Guillaume de Nangis*).

FRÉDÉRIC, guerrier au service de Gozlin, évêque de Paris. — Est tué en défendant cette ville contre les Normands. — VI, 10 et suiv. (*Abbon, Siége de Paris par les Normands*).

FRÉDULF, domestique de Sigebert II, roi d'Austrasie. — Périt dans un combat contre Radulf, duc de Thuringe. — II, 226 (*Chronique de Frédégaire*).

FRIARD (saint). — Ses qualités. — Sa mort. — I, 195 (*Grégoire de Tours*).

FRIEDRAD, femme d'Engelrand. — Epouse Bernard, meurtrier de son mari. — IV, 317 (*Annales de Metz*).

FRODOARD, auteur de l'Histoire de l'Eglise de Rheims. — D'abord garde des archives de la cathédrale de cette ville, ensuite chanoine, puis curé de Cormiers, plus tard abbé, est enfin élu en 951 à l'évêché de Noyon, qui est donné à un autre par la faveur de Louis d'Outremer. — Ses voyages. — Diverses missions dont il est chargé. — Sa mort. — V, 1 (*Notice sur Frodoard*).

FRONIME. — Se rend en Septimanie, où il est reçu avec honneur par le roi Liuva et sacré évêque d'Adge. — A la mort de ce prince, il est chassé par Leuvigild, son successeur, revient dans les Gaules, et est établi évêque de Vannes. — II, 38, 39 (*Grégoire de Tours*).

Fronsac, château situé sur la rive de la Dordogne. — Est bâti par l'empereur Charlemagne. — III, 13 (*Annales d'Eginhard*).

Fronton, prêtre. — Après l'empoisonnement de Marachaire, évêque d'Angoulême, exécuté par son conseil, est établi à sa place, et meurt dans la même année. — I, 274 (*Grégoire de Tours*).

Frothaire, évêque de Bordeaux. — Dans un concile tenu à Ponthieu, est le seul qui reconnaisse la primatie absolue d'Anségise, archevêque de Sens. — IV, 278 (*Annales de Saint-Bertin*).

Fulrad, comte franc, sous le roi Lothaire. — Se sépare de lui, et s'empare pour son compte de la province qu'il gouvernait. — IV, 138 (*Annales de Saint-Bertin*).

Fulrad, prêtre chapelain. — Est envoyé par Pépin le Bref, roi des Francs, vers le pape Zacharie pour lui demander la confirmation de son élection. — Accompagne à Rome le pape Étienne II, rétabli sur son siège par Pépin. — III, 4, 6 (*Annales d'Eginhard*).

Fulbert, abbé du couvent du Saint-Sépulcre, au nord de Cambrai. — XXVI, 153 (*Orderic Vital*).

Fulbert, philosophe, conseiller de l'archevêque Maurille. — Son intervention dans les dissensions du couvent d'Ouche. — XXVI, 56 *Orderic Vital*).

Fulbert de Chartres, chevalier croisé, gouverneur de Sororgia. — Sa victoire contre le Turc Balak. — XVI, 359 (*Guillaume de Tyr*).

Fulchered, premier abbé de Shrewsbury, monastère bâti par Roger. — XXVI, 405; XXVIII, 369 (*Orderic Vital*).

Fulcrand, évêque de Toulouse. — Simplicité de sa vie. — Sa mort en l'an 1200. — XV, 218-220 (*Guillaume de Puy-Laurens*).

Furius, disciple de Simon le Magicien. — Ses discussions avec Nérée et Achillée, martyrs. — XXV, 234 (*Orderic Vital*).

G

Gabriel, Arménien, gouverneur de la ville de Mélitène. — Propose à Boémond de lui livrer cette ville, et celui-ci ayant été fait prisonnier par Damisman, il la remet à Baudouin. — XVII, 42-44 (*Guillaume de Tyr*).

Gaïlen, serviteur de Mérovée, fils de Chilpéric Ier. — Le délivre de ceux qui le conduisaient dans un monastère par ordre de son père. — Tue Mérovée d'après sa prière. — Son supplice. — I, 235, 254 (*Grégoire de Tours*).

Gaillac, château appartenant aux Albigeois. — Est pris par Simon de Montfort. — Se rend à Raimond, comte de Toulouse. — XV, 70, 86 (*Histoire de la Guerre des Albigeois*).

Gaillard. — Se rend au secours de Toulouse, assiégée par l'armée de Simon de Montfort. — XV, 173 (*Histoire de la Guerre des Albigeois*).

Gal (saint) succède à Quintien, évêque d'Auvergne. — Sa vision. — Ses prières détournent de Clermont la peste qui ravageait le pays. — Sa mort. — I, 156 (*Grégoire de Tours*).

Galbert, syndic de Bruges, qui était dans cette ville au moment de l'assassinat du comte Charles le Bon. — Note jour par jour les événemens qui s'y rapportent, et trois ans après en compose l'histoire qui nous reste. — VIII, 234 et suiv. (*Notice sur Galbert*).

GALBERT, abbé de Corbie. — Est ordonné évêque de Noyon. — VI, 98 (*Chronique de Frodoard*).

GALDEMAR, surnommé *Carpinelle*. — Envoyé par l'armée chrétienne, occupée au siége de Jérusalem, pour protéger le débarquement des Génois, est attaqué par les Turcs, et les met en déroute. — XVI, 430, 431 (*Guillaume de Tyr*).

GALEMAN, comte franc, général de Pépin le Bref. — Est attaqué avec le comte Austral par Mancion, chef des troupes de Waïfer, duc de Gascogne. — Ils le battent et le tuent. — II, 258 (*Chronique de Frédégaire*).

GALEN DE CALMON. — Prend la croix dans la première croisade. — Gloire qu'il s'acquiert à la bataille de Dorylée.—XVI, 49, 156 (*Guillaume de Tyr*); XX, 73 (*Albert d'Aix*).

GALERAN, chevalier croisé. — Est fait prisonnier par Balak, prince turc. — XVII, 223 (*Guillaume de Tyr*).

GALERAN, comte de Meulan. — Se révolte contre Henri 1er, roi d'Angleterre. — Est pris dans un combat, et retenu cinq ans prisonnier. — XXV, 172 (*Orderic Vital*); XXIX, 271 (*Guillaume de Jumiéege*).

GALINDE, surnommé *Prudence*, évêque de Troyes, très-savant dans les lettres. — Combat d'abord le prédestinatien Gottschalk, et devient ensuite un des plus ardens défenseurs de son hérésie. — Tourmenté d'une longue maladie, il écrit jusqu'à sa mort pour défendre sa foi. — IV, 169 et suiv. (*Annales de Saint-Bertin*).

GALLÈVE, seigneur puissant. — Reçoit de Guillaume, roi d'Angleterre, le comté de Northampton, et sa nièce Judith en mariage. — XXVI, 212 (*Orderic Vital*).

GALLIEN, ami de Grégoire de Tours. — Est saisi par Leudaste, comte de cette ville, qui accusait Grégoire d'avoir mal parlé de Frédégonde, et est amené devant cette reine.—I, 296 (*Grégoire de Tours*).

GALLIEN, empereur de Rome. — Règne avec Valérien. — Persécute les Chrétiens. — I, 26 (*Grégoire de Tours*).

GALLOMAGNE, référendaire. — Est accusé de conspiration par la reine Faileube. — Est privé de ses biens et exilé. — Délivré de l'exil par l'intervention du roi Gontran. — II, 55, 56 (*Grégoire de Tours*).

GALLUS, empereur.—Règne deux ans avec son fils Volusien. — XXV, 115 (*Orderic Vital*).

GALON, diacre cardinal.—Est envoyé en France par le pape Innocent III, pour engager Philippe-Auguste et tous les princes à se croiser contre les Albigeois. — XIII, 98 (*Guillaume de Nangis*).

GALON DE L'ILE, chevalier croisé. — Périt au siége de Nicée. — XVI, 135 (*Guillaume de Tyr*).

GALSUINTHE, fille d'Athanagild, roi des Goths. — Epouse Chilpéric 1er, roi des Francs. — Leurs querelles au sujet de Frédégonde, ancienne maîtresse de Chilpéric. — Elle est étranglée par l'ordre de son mari. — I, 182 et suiv. (*Grégoire de Tours*).

GAMALIEL, docteur de la loi pharisienne. — Avis qu'il donne sur les apôtres dans le conseil des prêtres. — XXV, 183 (*Orderic Vital*).

GARACHAIRE, comte de Bordeaux. — Tombé dans la disgrâce de Gontran, roi d'Orléans et de Bourgogne, pour s'être joint contre lui à Gondovald, obtient son pardon par l'intervention de Grégoire, évêque de Tours. — I, 432 (*Grégoire de Tours*).

GARARIC, général de Childebert 1er. — Marche sur Limoges, et lui fait prêter serment de fidélité au nom de ce prince. — Est reçu de même à Poitiers, mais ne peut faire ranger Tours de son parti. — I, 384, 385 (*Grégoire de Tours*).

GARIVALD, duc franc. — Clotaire 1er lui donne Vultrade, veuve de Théodebald, roi de Metz. — I, 159 (*Grégoire de Tours*).

GARNIER DE MONT-MORILLON, chevalier distingué. — Se fait moine. — XXVII, 393 (*Orderic Vital*).

GARNIER, comte de Gray. — Prend la croix. — Après la mort de son cousin Godefroi, roi de Jérusalem, il invite Baudouin à venir prendre possession de cette ville, et s'élève contre le patriarche Daimbert, à qui en était dû le gouvernement. — Meurt quelques jours après. — XVI, 49; XVII, 51, 52 (*Guillaume de Tyr*).

GARSION, gouverneur des Navarrois. — Est élu roi par eux. — XXVIII, 440 (*Orderic Vital*).

GASPARD DE LA BARTHE. — Se rend à Toulouse, au secours de Raimond, assiégé par les Croisés. — XV, 173 (*Histoire de la Guerre des Albigeois*).

GASTON, chevalier croisé. — S'empare de Jérusalem avec l'armée chrétienne. — Combat sous ses murs contre une armée turque. — Victoire des Chrétiens. — IX, 153, 270 et suiv. (*Guibert de Nogent*).

GASTON DE BÉARN. — Assiège avec l'armée des hérétiques Simon de Montfort dans Castelnaudary. — Entre en pourparler avec Simon de Montfort, et rompt le traité. — Prend la croix et passe en Terre-Sainte. — Valeur qu'il déploie à la bataille de Dorylée. — Il dirige les travaux du siége de Jérusalem. — XIV, 160 et suiv., 207 (*Pierre de Vaulx-Cernay*); XVI, 49, 157, 433 (*Guillaume de Tyr*); XXI, 372 (*Raimond d'Agiles*).

GASTON DE BÉZIERS, chevalier croisé. — A l'approche de l'armée chrétienne vers Jérusalem, il fait une excursion aux environs de cette ville, et enlève des bestiaux. — Assiége Jérusalem. — XVI, 401, 402, 451 (*Guillaume de Tyr*).

GATIEN, premier évêque de Tours. — Est envoyé sous l'empereur Dèce dans les Gaules. — Ses prédications. — Son martyre. — I, 24; II, 140, 141 (*Grégoire de Tours*).

GAUCHELIN, prêtre de l'évêché de Lisieux. — Vision qu'il eut. — XXVII, 322 (*Orderic Vital*).

GAUCHER DE MONTJAY. — Suit Louis le Jeune dans son expédition en Terre-Sainte. — Meurt dans une bataille. — XVII, 508 (*Guillaume de Tyr*); XXIV, 366 (*Odon de Deuil*).

GAUCHER DE JOIGNY. — Prend la croix contre les Albigeois. — XIV, 49 (*Pierre de Vaulx-Cernay*).

GAUDRI, évêque de Laon. — Son élection appuyée par Henri Ier, roi des Anglais, dont il avait été chapelain. — Anselme s'y oppose. — Le pape Pascal la confirme. — Ses démêlés avec le châtelain Gérard, dont il trame le meurtre avec plusieurs grands de la ville. — Il quitte Laon au moment de l'exécution de ce projet, et se rend à Rome. — Commet un autre meurtre sur un autre Gérard. — Est suspendu par le pape, part pour Rome, l'apaise, et revient reprendre son pouvoir. — Origine de la commune de Laon, consentie par l'évêque et les grands. — Il veut la détruire, et est assassiné par les bourgeois révoltés. — X, 10 et suiv. (*Guibert de Nogent*); XXVIII, 200 (*Orderic Vital*).

GAUDRI, évêque d'Auxerre. — Sa mort. — VI, 99 (*Chronique de Frodoard*).

GAUDRI, seigneur de Touillon, oncle de saint Bernard. — Converti par lui, se fait moine. — Ses réprimandes contre son neveu. — Tombé malade, il est guéri par lui. — Sa mort. — X, 159, 201-203 (*Guillaume de Saint-Thierri*).

GAULCHELIN MAMINOT. — Se révolte contre Etienne, roi d'Angleterre, avec le comte de Glocester et occupe Douvres. — Revient au parti du Roi. — XXVIII, 512, 513 (*Orderic Vital*).

GAULTIER ou GODEFROI DE LA TOUR, chevalier de la première croisade. — Monte le premier à l'assaut du siége de Marrah. — XXIII, 437 (*Robert le Moine*); XXVII, 508 (*Orderic Vital*).

GAULTIER, fils de Germond le

Roux.—Nie la donation de son père aux moines.—Ceux-ci en appellent à Amauri de Montfort, leur seigneur, qui arrange l'affaire, et Gaultier et Hugues son frère confirment la concession; XXVI, 435 (*Orderic Vital*).

GAULTIER. — Ses dons aux couvens d'Aufai et d'Ouche.— XXVII, 31 (*Orderic Vital*).

GAULTIER - RIBLARD. — Résiste avec les troupes du roi Henri au roi Louis, qui battit en retraite. — VIII, 305 (*Orderic Vital*).

GAULTIER DE POIX.— Étant à la chasse avec Guillaume le Roux, roi d'Angleterre, le tue d'un coup de flèche.—XXVIII, 71 (*Orderic Vital, Histoire de Normandie*).

GAUTELM, évêque de Chartres.— Chasse Rollon de devant cette ville qu'il assiégeait. — XXV, 155 (*Orderic Vital*).

GAUTHIER surnommé *Giffard*. — Reçoit de Guillaume le comté de Buckingham.—Meurt sous Henri Ier. — XXVI, 212; XXVIII, 162 (*Orderic Vital*).

GAUTHIER DE SORDAINE, illustre chevalier. — Est tué avec ses deux fils, par Robert de Bellesme. —Vengeance des autres fils de Gauthier, qui tuèrent Robert.—XXIX, 144 (*Guillaume de Jumiége*).

GAUTHIER, comte de Pontoise. — Est empoisonné avec sa femme Biote. — XXVI, 98 (*Orderic Vital*).

GAUTHIER, comte de Ponthieu.— Prend la croix contre les Albigeois, dans l'expédition de Louis VIII. — XIV, 314 (*Pierre de Vaulx-Cernay*).

GAUTHIER, chevalier français. — Est mis par Pierre l'Ermite à la tête du peuple qu'il avait rassemblé pour une croisade.—Est tué par les Turcs avec un grand nombre des siens. — IX, 66 (*Guibert de Nogent*).

GAUTIER, seigneur de Césarée, fils d'Eustache Grenier. — Accuse de lèse majesté Hugues, seigneur de Joppé, son beau-père. — Ne se présente pas au combat singulier convenu entre eux. — XVII, 350 (*Guillaume de Tyr*).

GAUTIER DE LANGTON, chevalier croisé contre les Albigeois. — Est fait prisonnier dans une rencontre. —XV, 156-158 (*Pierre de Vaulx-Cernay*).

GAUTIER *Sans-Avoir*, chevalier croisé. — Part le premier pour la Terre-Sainte, à la tête d'une troupe sans discipline. — Traverse librement la Hongrie. — Dangers qu'il court de la part des Bulgares. — Il arrive à Constantinople. — Périt dans une bataille contre Soliman. — XVI, 51 et suiv., 68 (*Guillaume de Tyr*); XX, 6 et suiv. (*Albert d'Aix*); XXIV, 16 (*Foulcher de Chartres*).

GAUTIER DE VERVINS. — Son expédition en Terre-Sainte dans la première croisade. — XX, 73 (*Albert d'Aix*).

GAUTIER DE DROMEDARD. — Son expédition en Terre-Sainte dans la première croisade. — XX, 73 (*Albert d'Aix*).

GAUTON. — Est envoyé par Agon, roi des Lombards, avec d'autres députés, vers Clotaire II, roi de Soissons. — Objet de ce message. — II, 195 (*Chronique de Frédégaire*).

GAUTSELME, comte franc. — A la tête tranchée par ordre de Lothaire, après la prise de Châlons, qu'il défendait contre lui. — III, 399, 441 (*Vie de Louis le Débonnaire, par l'Astronome; Histoire des Dissensions des fils de Louis le Débonnaire*).

GAZA, ancienne ville des Philistins, tombée en ruines. — Est relevée en partie par les Chrétiens sous Baudouin III, roi de Jérusalem, qui la laisse sous la garde des Templiers. — XVIII, 27 (*Guillaume de Tyr*).

GAZIS, émir. — Succède à Balak, son oncle, sultan d'Alep. — Met en liberté, moyennant une rançon, Baudouin, roi de Jérusalem. — Est ensuite pris, et se rachète. — XXVIII, 229 (*Orderic Vital*).

GAZZI ou AL-GHAZI, sultan d'Alep, de 1117 à 1120. — Entre sur le territoire d'Antioche avec une armée nombreuse, et défait entièrement Roger, prince d'Antioche, qui est tué dans le combat. — Ses succès dans le pays. — Il est vaincu par le roi de Jérusalem, et prend la fuite. — En 1121, il rassemble une armée et retourne contre les Croisés; mais il meurt frappé d'apoplexie. — XVII, 206 et suiv., 218 (*Guillaume de Tyr*).

GEIGREMICH, un des plus puissans princes du Khorazan. — Lève une armée de 60,000 Turcs, et va mettre le siége devant Edesse. — Ses combats avec les Chrétiens devant les murs de cette ville. — Le gouverneur, Baudouin du Bourg, est fait prisonnier. — Il est battu par Tancrède, et se sauve à grand'peine. — XXIV, 78 et suiv. (*Albert d'Aix*).

GEILON, connétable de Charlemagne. — Est envoyé par ce prince, avec d'autres chefs, contre les Esclavons Sorabes. — Leur expédition se tourne contre les Saxons, et Geilon est tué dans un combat. — III, 24-26 (*Annales d'Eginhard*).

GÉLASE 1er, 48e pape, l'an 492. — Siége huit ans. — Persécute les Manichéens. — XXV, 400 (*Orderic Vital*).

GÉLASE II, 158e pape, l'an 1118. — Henri V, empereur des Romains, établit à sa place un nommé Bourdin, sous le nom de Grégoire VIII, et chasse de son siége Gélase, qui se réfugie en France, auprés de Louis le Gros. — Convoque un concile à Rheims. — Meurt à Cluny en 1119. — XIII, 5 et suiv. (*Guillaume de Nangis*); XVII, 205 (*Guillaume de Tyr*); XXV, 437; XXVIII, 269 (*Orderic Vital*).

GELDEMAR, surnommé *Charpenel*, chevalier croisé. — Assiége Jérusalem avec l'armée de Godefroi de Lorraine. — XXI, 365 (*Raimond d'Agiles*).

GELDUIN DE DOL. — Son expédition, à la tête des Bretons, sur le territoire du Mont-Saint-Michel. — Ils y font un grand butin, mais sont poursuivis par les Normands, et Gelduin est tué. — XXVIII, 493 (*Orderic Vital*).

GÉLÉSIMÈRE. — Succède à Hildéric, roi des Vandales. — Est vaincu et détrôné par Bélisaire. — I, 52 (*Grégoire de Tours*).

GÉLIMER, roi des Vandales. — Est fait prisonnier par Bélisaire, qui l'envoie à Constantinople. — XXVI, 333 (*Orderic Vital*).

GÉMADOIL, prince sarrazin, d'un pays appelé Camela. — Attaque Baudouin 1er, comme il se rendait à Jérusalem pour y être couronné roi. — Sa défaite et sa fuite. — XX, 424 (*Albert d'Aix*).

GÉNIAL. — Est établi duc des Gascons par Théodoric II et Théodebert II, rois des Francs. — II, 173 (*Chronique de Frédégaire*).

GEOFFROI-CHARPALU, chevalier croisé. — Meurt dans un combat contre les Turcs. — XVII, 371 (*Guillaume de Tyr*).

GEOFFROI, évêque de Chartres. — Introduit dans cette ville le pape Innocent II. — Est envoyé avec d'autres par ce pape pour ramener les Milanais à l'unité de l'Eglise. — Nommé légat en Aquitaine, travaille avec saint Bernard, et parvient à terminer le schisme de ce pays. — X, 239, 246, 278 et suiv. (*Arnauld de Bonneval*).

GEOFFROI DE PÉRONNE, seigneur de Flandre. — Converti par les prédications de saint Bernard, prend l'habit religieux, et devient dans la suite prieur de Clairvaux. — X, 387, 388 (*Geoffroi de Clairvaux*).

GEOFFROI DE SAINT-ALDEMAR, chevalier croisé. — Fonde à Jérusalem, avec Hugues de Pains, l'ordre des Templiers. — XVII, 203 (*Guillaume de Tyr*).

GEOFFROI, comte de Vendôme. — Son expédition en Terre-Sainte. — XVII, 85 (*Guillaume de Tyr*).

GEOFFROI, comte d'Anjou. — Assiége dans son château Gérard de Montreuil, et s'en empare. — Est excommunié pour cette affaire. — Fait la paix avec Gérard.— Sa mort.— X, 382, 383 (*Geoffroi de Clairvaux*).

GEOFFROI-MARTEL, comte des Angevins. — Ses guerres avec Guillaume le Conquérant. — Sa mort en 1062. — XXVI, 86 (*Orderic Vital*); XXIX, 192 (*Guillaume de Jumiége*).

GEOFFROI, fils d'Albéric, comte du Gâtinais. — Hérite des états de son oncle Geoffroi-Martel, comte d'Anjou. — Est pris par ruse de son frère Foulques le Réchin, et retenu trente ans prisonnier à Chinon. — XXVI, 86, 244 (*Orderic Vital*).

GEOFFROI-PLANTAGENET, comte d'Anjou. — Son mariage avec Mathilde, fille de Henri 1er, roi d'Angleterre. — Après la mort de celui-ci, il veut s'emparer du trône contre Etienne. — Envahit la Normandie. — Cruautés qu'il y commet. — Il ne peut s'en rendre maître. — XIII, 35 (*Guillaume de Tyr*); XXVIII, 465 et suiv. (*Orderic Vital*).

GEOFFROI, fils de Rotrou, comte de Mortagne. — Combat, à la bataille d'Hastings, dans l'armée de Guillaume le Bâtard. — Prend les armes contre Robert, duc de Normandie. — XXVI, 142; XXVII, 261 (*Orderic Vital*).

GEOFFROI DE RANCOGNE, chevalier croisé de l'armée de Louis VII. — Cause la défaite de l'armée chrétienne par son imprudence dans une marche qu'il dirigeait. — XVII, 506 (*Guillaume de Tyr*); XXIV, 371 (*Orderic de Deuil*).

GEOFFROI DE MAYENNE. — Est fait prisonnier par Talvas. — Dévoûment de Giroie pour lui. — Résiste à Guillaume duc de Normandie, et finit par se soumettre. — XXVI, 24, 98 (*Orderic Vital*).

GEOFFROI LE MANCEL. — Reçoit de Guillaume le Conquérant la terre de Robert Guitot, exilé par ce prince, qui la lui rend dans la suite. — XXVI, 100 (*Orderic Vital*).

GEOFFROI, comte des Bretons. — Donne en mariage sa sœur Judith à Richard II, duc de Normandie. — Son voyage à Rome, — Il meurt en route en revenant. — XXIX, 128 (*Guillaume de Jumiége*).

GEOFFROI DE SARGINES. — Est fait bailli du royaume de Jérusalem en 1259, et y maintient la justice. — XIX, 557 (*Bernard le Trésorier*).

GEORGE OU ENGELBALD, moine de Jérusalem. — Est envoyé par Thomas, patriarche de cette ville, vers l'empereur Charlemagne. — III, 57 (*Annales d'Eginhard*).

GEORGE, patriarche de Constantinople. — Préside une réunion d'évêques, sous Constantin Pogonat. — Renonce à ses erreurs. — XXV, 142 (*Orderic Vital*).

GÉRALD, chef de l'hôpital de Jérusalem. — Mauvais traitemens qu'il éprouve de la part des habitans à l'approche des Croisés. — XVI, 397, 398 (*Guillaume de Tyr*).

GÉRARD DE CHÉRISI. — Prend la croix. — Gloire qu'il s'acquiert à la bataille de Dorylée. — Au siége d'Antioche, il est envoyé avec d'autres chevaliers reconnaître l'approche de Kerbogha, général des Perses. — XVI, 49, 157, 266 (*Guillaume de Tyr*); XX, 72 (*Albert d'Aix*).

GÉRARD, évêque d'Angoulême. — Destitué de ses fonctions de légat dans l'Aquitaine, sous le pape Innocent II, y excite un schisme en faveur de Pierre de Léon. — S'empare de l'archevêché de Bordeaux. — Après la pacification de l'Aquitaine, persiste dans sa rébellion, et meurt subitement. — X, 276 et suiv., 287 (*Arnauld de Bonneval*).

GÉRARD, comte de Paris, sous Louis le Débonnaire. — Jure fidélité à Charles le Chauve, fils de ce prince. — Après la mort de Louis le Débonnaire, est envoyé par Charles vers son frère Lothaire pour l'engager à cesser de ravager son royaume. — Abandonne son parti pour celui de Lothaire. — III, 442, 451, 452 (*Histoire des Dissen-*

sions des fils de Louis le Débonnaire).

GÉRARD DE ROUSSILLON. — Prend la croix. — Assiège Jérusalem. — XVI, 49, 451 (*Guillaume de Tyr*).

GÉRARD, archevêque de Bourges. — Accompagne et soutient Simon de Montfort dans son expédition contre les Albigeois. — XIV, 333, (*Pierre de Vaulx-Cernay, Histoire des Albigeois*).

GÉRARD, chevalier valeureux, frère de saint Bernard. — Se refuse d'abord aux exhortations qu'il lui faisait de prendre l'habit. — Prédiction que lui fait son frère, à la suite de laquelle il est blessé et pris par des ennemis. — Sa délivrance. — Il se fait moine. — Ses plaintes sur la misère du monastère de Clairvaux, dont il était économe. — Comment Bernard les fait cesser. — X, 161 et suiv., 179, 180 (*Guillaume de Saint-Thierri*).

GÉRARD DE PÉPIEUX, chevalier du Minervois. — Sa trahison envers Simon de Montfort, et sa cruauté envers plusieurs de ses chevaliers. — Est assiégé par Simon de Montfort dans le château de Minerve, qui est pris. — XIV, 77 et suiv. (*Pierre de Vaulx-Cernay*); XV, 39, 40, 47 (*Histoire de la Guerre des Albigeois où il est nommé GUIRAUD*).

GÉRARD DE MONTREUIL. — Est assiégé et pris dans son château par Geoffroi, comte d'Anjou. — Leur réconciliation par l'intervention de saint Bernard. — X, 382, 383 (*Geoffroi de Clairvaux*).

GÉRARD DE MONSABÈS. — Défend le château de Penne contre Simon de Montfort. — XV, 88 (*Histoire de la Guerre des Albigeois*).

GÉRARD DE MAULÉON, chevalier croisé. — Est tué en poursuivant les Turcs devant Antioche. — XXIII, 422 (*Robert le Moine*).

GÉRARD D'AVESNES, chevalier croisé, pris par les Turcs. — Est renvoyé à l'armée chrétienne par l'émir d'Ascalon. — Joie du duc Godefroi, qui lui donne des terres et des châteaux. — XX, 401 (*Albert d'Aix*).

GÉRARD DE GORNE. — Son expédition en Terre-Sainte dans la première croisade. — XX, 73 (*Albert d'Aix*).

GÉRASA, ville d'Arabie au-delà du Jourdain, voisine du mont Galaad. Elle avait été au pouvoir de la tribu de Manassé. — XXV, 23 (*Orderic Vital*).

GERBERGE, fille du comte Guillaume. — Est noyée comme sorcière après la prise de Châlons par Lothaire. — III, 339, 441 (*Vie de Louis le Débonnaire, par l'Astronome; Histoire des Dissensions des fils de Louis le Débonnaire*).

GERBERGE, femme de Louis d'Outremer, roi des Français, et fille de l'empereur Henri. — Demande à celui-ci du secours contre les Normands, qui avaient fait prisonnier son mari, et n'en obtient pas. — Elle a recours à Hugues le Grand, qui traite avec les Normands, auxquels elle donne en otage son jeune fils et deux évêques. — XXIX, 90 (*Guillaume de Jumiège*).

GERBERT, abbé de l'abbaye Saint-Martin de Troarn. — XXV, 20 (*Orderic Vital*).

GERBERT, chevalier franc. — Reste un des derniers à défendre la tour de Paris contre les Normands. — Ils se rendent et sont massacrés. — VI, 30, 31 (*Abbon, Siège de Paris par les Normands*).

GERBERT, d'abord archevêque de Rheims, puis de Ravennes, et enfin pape sous le nom de Silvestre III. — Elève Robert roi des Francs. — VI, 336 (*Helgaud, Vie du roi Robert*); XXV, 162 et suiv., 436; XXVII, 132 (*Orderic Vital*).

GERBODON, chevalier croisé, d'une grande ressemblance avec Baudouin Ier, roi de Jérusalem. — Est tué par les Turcs devant Joppé, et les Chrétiens croient Baudouin mort. — XXI, 47 (*Albert d'Aix*).

GERLOC, sœur de Guillaume Longue-Epée, duc de Normandie. — Epouse Guillaume, comte de Poitou.

— XXIX, 64 (*Guillaume de Jumiège*).

GERMAIN D'AUXERRE, archevêque de Rouen durant onze ans; XXVI, 33 (*Orderic Vital*).

GERMAIN, préfet de Rome. — Arrête et déchire la lettre par laquelle Grégoire 1er priait l'empereur Maurice de ne pas confirmer son élection au trône pontifical. — II, 77 (*Grégoire de Tours*).

GERMAIN (saint), évêque de Paris. — Sa mort. — Ses miracles. — I, 231 (*Grégoire de Tours*).

GERMAIN, évêque d'Auxerre. — Combat l'hérésie de Pélage. — XXV, 130 (*Orderic Vital*).

GERMAIN, évêque de Capoue. — Envoyé par le siège apostolique vers l'empereur Justin, en est reçu honorablement. — XXV, 403 (*Orderic Vital*).

GERMAIN, évêque de Constantinople. — Est privé de son siège par l'empereur Léon. — XXV, 426 (*Orderic Vital*).

GÉROLD, clerc d'Avranches. — Sa piété. — Il devient abbé de Tewksbury, en Angleterre. — XXVII, 5 (*Orderic Vital*).

GÉROLD, préfet de Bavière sous l'empereur Charlemagne. — Est tué dans un combat contre les Huns. — II, 47 (*Annales d'Eginhard*).

GÉRONGE, chef des portiers du palais, sous Louis le Débonnaire. — Est envoyé en Italie avec Lothaire, fils de ce prince, pour l'aider à gouverner ce royaume. — III, 366 (*Vie de Louis le Débonnaire, par l'Astronome*).

GERONTIUS. — Est établi gouverneur d'Espagne par Constans, fils de Constantin, pendant son absence. — Elève au trône Maxime, un de ses cliens. — I, 66 (*Grégoire de Tours*).

GERVAIS, chevalier croisé. — Est nommé par Baudouin 1er commandant de la ville de Tibériade. — XXI, 106 (*Albert d'Aix*).

GERVAIS, camérier de Charles le Bon, comte de Flandre. — Après que celui-ci eut été assassiné, Gervais, parvenu à s'échapper, va implorer les secours des princes d'alentour, et revient avec eux assiéger les assassins dans Bruges. — Après la prise de cette ville, il en est nommé chatelain. — VIII, 289 et suiv. (*Vie de Charles le Bon, par Galbert*).

GERVAIS, baron de l'armée de Simon de Montfort. — Propose au siége de Toulouse un plan de guerre qui est adopté. — XV, 180 (*Histoire de la Guerre des Albigeois*).

GHERBOD, de Flandre. — Reçoit de Guillaume le Conquérant le comté de Chester. — Retournant en Flandre, il est pris par ses ennemis et jeté dans les fers. — XXVI, 211 (*Orderic Vital*).

GHISLAR, comte du Berry. — Est chargé avec le comte Chunibert, par Pépin le Bref, roi des Francs, de prendre Rémistan, fils d'Eudes, duc de Gascogne. — II, 263 (*Chronique de Fredégaire*).

GIBEL, ville de Terre-Sainte. — Est assiégée inutilement par l'armée chrétienne. — XVI, 378, 379 (*Guillaume de Tyr*).

GIBELIN, archevêque d'Arles, légat du pape à Jérusalem. — Dépose Ebremar, patriarche de Jérusalem. — Est élu à sa place. — Sa mort. — XVII, 121, 151 (*Guillaume de Tyr*).

GILBERT DE TRÈVES. — Est tué devant Jérusalem à la première croisade. — XVI, 431 (*Guillaume de Tyr*).

GILBERT DE LA PORÉE, évêque de Poitiers. — Ses doctrines religieuses sont réfutées par saint Bernard, et il les désavoue. — X, 341, 342 (*Geoffroi de Clairvaux*).

GILBERT, comte d'Eu, fils du comte Godefroi. — Est assassiné en se promenant à cheval, d'après les instigations de Raoul de Vacé. — XXIX, 168 (*Guillaume de Jumiège*).

GILBERT. — Fonde, avec sa femme Béatrix, le couvent d'Aufai. — XXVII, 27 (*Orderic Vital*).

GILBERT, abbé du couvent de

Conches. — Sa sagesse. — XXVI, 11 (*Orderic Vital*).

GILBERT DE LASCY, commandant des Templiers. — Son expédition avec d'autres chevaliers contre Noradin, qu'ils surprennent dans les environs de Tripoli. — Leur victoire. — XVIII, 174 (*Guillaume de Tyr*).

GILBERT DU PIN, chevalier de l'armée de Robert, duc de Normandie. — Est tué au siége de Brionne, dont il dirigeait les travaux. — XXVII, 300 (*Orderic Vital*).

GILBERT DE TRÉVOUX, un des princes de la Bourgogne. — Son expédition en Terre-Sainte dans la première croisade. — XX, 73 (*Albert d'Aix*).

GILDARD, archevêque de Rouen. — Gouverne ce siége pendant quarante-six ans. — Sa mort. — XXVI, 331, 332 (*Orderic Vital*).

GILLEBERT, archevêque de Rouen pendant quarante-huit ans. — XXVI, 348 (*Orderic Vital*).

GILLES, évêque de Tusculum. — Est envoyé en Terre-Sainte par le pape Honoré II, en qualité de légat du saint Siége. — XVII, 301 (*Guillaume de Tyr*).

GILON DE SULLY, chevalier français. — Son évaluation de la force de l'armée de Guillaume le Roux, dans l'expédition de celui-ci contre Foulques le Réchin. — XXVIII, 35, 36 (*Orderic Vital*).

GILON, cardinal-évêque. — Est envoyé par Pierre de Léon, pape schismatique, vers Gérard, évêque d'Angoulême, pour régler le contrat de leur alliance. — X, 277 (*Arnauld de Bonneval*).

GIRARD, archevêque d'Embrun. — Est envoyé à Rome vers le pape Innocent III par le concile tenu à Montpellier en 1214. — XIV, 312 (*Pierre de Vaulx-Cernay*).

GIRARD, seigneur de Gournai. — Livre à Guillaume le Roux, roi d'Angleterre, cette ville et plusieurs autres. — XXVII, 278 (*Orderic Vital*).

GIRARD, évêque de Sées. — Veut s'interposer pour la paix entre les seigneurs normands en guerre civile. — Menaces de Robert de Bellême contre lui, et injure faite à son page par Richard de Gâpréc. — XXVII, 320 (*Orderic Vital*).

GIRARD, évêque d'Angoulême, homme d'une grande science. — Son influence à la cour de Rome sous différens papes. — Sa mort. — XXVIII, 483 (*Orderic Vital*).

GIROIE, fils d'Ernauld le Gros. — Ses exploits. — Sa victoire sur Herbert, comte du Maine. — Est présenté à Richard, duc de Normandie, et gagne ses faveurs. — Bâtit six églises. — Ses qualités. — Sa mort. — XXVI, 20, 21 (*Orderic Vital*).

GISÈLE, sœur de Charlemagne, vouée dès sa jeunesse à la vie monastique. — Meurt quelques années avant lui. — III, 143 (*Eginhard, Vie de Charlemagne*).

GISLEBERT. — Elu roi par les Lorrains, en opposition à Charles le Simple, est forcé de rentrer dans l'obéissance. — Accompagne Hugues le Grand contre Charles le Simple. — Appelle en Lorraine Henri l'Oiseleur, roi de Germanie. — Est pris par Béranger, roi des Lombards, son beau-père. — Relâché moyennant des otages, il ravage ses terres, et veut rentrer en grâce auprès du roi Raoul qui le refuse. — Ses querelles avec Régnier son frère. — Donne des otages à Henri, qui s'était emparé de Tolbiac. — Marche contre Hugues le Grand, et s'empare de Douai. — Sa guerre avec Boson; il prend sur lui le château de Durfos. — Fait la paix avec Raoul. — Assiége Péronne d'après l'invitation de Hugues. — VI, 71, 73, 79, 81, 83, 86, 94 et suiv. (*Chronique de Frodoard*).

GISLEBERT, comte franc. — Manque à la fidélité qu'il avait jurée à Charles le Chauve, roi des Francs. — III, 451 (*Histoire des Dissensions des fils de Louis le Débonnaire*).

GISLEBERT, fils de Manassé. —

Abandonne le parti de Raoul, roi des Français. — Cause de cette désertion. — VI, 95 (*Chronique de Frodoard*).

Gislebert de Clare. — Est créé comte de Pembroke par Etienne, roi d'Angleterre. — Prend la fuite à la bataille de Lincoln. — XXVIII, 513, 529 (*Orderic Vital*).

Gislebert, chevalier d'une grande vaillance, fils d'Engelnufe de l'Aigle. — Reçoit de Robert, duc de Normandie, le château d'Exmes pour défendre le pays. — XXVII, 292 (*Orderic Vital*).

Gislebert, surnommé *Maminot*, chapelain et médecin de Guillaume, roi d'Angleterre. — Est choisi pour gouverner l'Eglise de Lisieux. — Sa vie mondaine. — XXVI, 302 (*Orderic Vital*).

Gislebert. — Est formé à la science et à la piété par les leçons de Théodoric, abbé de Jumiége. — XXVI, 18 (*Orderic Vital*).

Gislebert de Tunbridge, chevalier puissant. — Avertit Guillaume le Roux, roi d'Angleterre, d'une conspiration tramée contre lui. — XXVII, 356 (*Orderic Vital*).

Gislebert, comte de Brionne. — Son expédition dans le Vimeux. — Il est battu et mis en déroute par Ingelran, comte de Ponthieu. — Périt dans la guerre civile de la Normandie, au sujet de Guillaume le Bâtard. — XXV, 166; XXVI, 11 (*Orderic Vital*).

Gislemar, fils de Waradon, maire du palais de Neustrie et de Bourgogne, sous Théodoric III. — Supplante son père dans sa place. — Ses guerres avec Pépin, maire du palais d'Austrasie. — Il tue par trahison beaucoup de nobles de l'armée de celui-ci. — Sa mort. — II, 235 (*Chronique de Frédégaire*).

Gisulfe, duc de Bénévent. — Ravage la Campanie et s'en empare. — XXV, 146 (*Orderic Vital*).

Gita, ou Edithe, mère d'Harold, tué dans la bataille d'Hastings par l'armée de Guillaume le Conquérant. — Fait offrir à celui-ci, pour avoir le corps de son fils, son pesant d'or; et ne peut l'obtenir. — Passe en France avec de grands trésors. — XXVI, 146, 181 (*Orderic Vital*).

Giwald, fils de Sigewald, tué par Théodoric Ier, roi de Metz. — Celui-ci donne ordre de le tuer à son fils Théodebert, qui en avertit Giwald. — Giwald s'enfuit à Arles, et de là en Italie. — Se rend auprès de Théodebert à son avénement au trône, et reçoit de lui les biens de son père. — I, 139, 140 (*Grégoire de Tours*).

Gobelin, patriarche de Jérusalem. — Sa mort. — XXI, 204 (*Albert d'Aix*).

Gobert d'Essignac, chevalier croisé contre les Albigeois. — Est tué par ceux-ci dans une embuscade. — XIV, 76 (*Pierre de Vaulx-Cernay*).

Godebert, fils d'Aribert, roi des Lombards. — A la mort de celui-ci, s'établit à Pavie. — XXVI, 338 (*Orderic Vital*).

Godefroi, prieur de Clairvaux. — Détermine saint Bernard à transporter le monastère sur un plus vaste emplacement. — Devient dans la suite évêque de Langres. — X, 172 et suiv. (*Arnauld de Bonneval*).

Godefroi, moine. — Henri, abbé de Nogent, lui cède ce monastère. — Sagesse avec laquelle il le gouverne. — Il est appelé à l'évêché d'Amiens. IX, 485-487 (*Guibert de Nogent*).

Godefroi, roi des Danois. — Aborde avec une flotte sur les confins de son royaume et de la Saxe, et traite avec l'empereur Charlemagne. — Son expédition contre les Obotrites. — Après plusieurs succès, il s'en retourne avec une grande perte. — Ses préparatifs de défense. — Congrès tenu à Badenstein entre les grands du Danemark et les mandataires de Charlemagne. — Aborde en Frise à la tête d'une flotte de deux cents navires, dévaste le pays et les îles adjacentes, et impose un tribut aux Frisons. — Est tué par un de ses serviteurs. — III, 53, 59, 60, 62, 64, 65, 137, 138 (*An-*

nales d'Eginhard, *Vie de Charlemagne* par *Eginhard*).

GODEFROI, chevalier croisé contre les Albigeois. — Est chargé par Simon de Montfort d'une expédition au retour de laquelle il est attaqué et tué par les ennemis. — XIV, 178, 179 (*Pierre de Vaulx-Cernay*).

GODEFROI DE BOUILLON, duc de Lorraine, fils du comte Eustache de Boulogne. — Prend la croix. — Son départ pour la Terre-Sainte. — Il traverse la Hongrie. — Arrive en Grèce. — Fait délivrer Hugues le Grand et d'autres chevaliers retenus prisonniers par l'empereur Alexis. — Ses démêlés avec celui-ci. — Leur réconciliation. — Il se rend vers lui à Constantinople. — Son combat singulier avec un seigneur de la cour. — Marche vers la Terre-Sainte; arrive à Nicomédie et de là à Nicée. — Siége et prise de cette ville. — Arrive au secours de Boémond sur le point d'être tué par les Turcs, et met ceux-ci en déroute. — Siége d'Antioche, pendant lequel il tombe malade. — Prise de cette ville. — Il y est assiégé par Kerbogha, général des Perses. — Détresse des Chrétiens. — Leur victoire. — Se met en route pour Jérusalem. — Forme et lève le siége de Gibel et d'Archas. — S'empare de Marrah. — Siége et prise de Jérusalem. — Il en est élu roi par les princes de l'armée chrétienne. — Ses contestations avec le comte de Saint-Gilles, au sujet de la citadelle de Jérusalem. — Son combat contre un ours. — Sa victoire sur l'émir Afdal. — Ses querelles avec le patriarche Daïmbert. — Assiége Antipatris. — Meurt empoisonné, dit-on. — VII, 51, 85 (*Fragmens de l'Histoire des Français; Chronique de Hugues de Fleury*); IX, 68 et suiv., 85, 88, 89 et suiv., 98 et suiv., 200 et suiv., 270 et suiv., 297 (*Guibert de Nogent*); XVI, 49, 78 et suiv., 87 et suiv., 121 et suiv., 129 et suiv., 154 et suiv., 209 et suiv., 362 et suiv.,

419 et suiv.; XVII, 5-47 (*Guillaume de Tyr*); XX, 49 et suiv., 78 et suiv. (*Albert d'Aix*).

GODEFROI DE HACHE. — Prend la croix et part pour la Terre-Sainte avec Godefroi de Bouillon. — Est envoyé vers Caloman, roi de Hongrie, pour lui demander la permission de traverser ce pays. — XVI, 78 et suiv. (*Guillaume de Tyr*).

GODEFROI, surnommé *Burel*, porte-enseigne d'une des troupes de Pierre l'Ermite, dans la première croisade. — Son courage et sa force dans l'affaire contre les Hongrois, pour monter sur le rempart de Malaville. — XX, 10 (*Albert d'Aix*).

GODEFROI, chevalier chargé de la défense d'Alençon avec Adamsor. — Ils sont forcés de rendre ce château à Henri 1er, roi d'Angleterre, qui leur laisse la liberté. — XXVIII, 266 (*Orderic Vital*).

GODÉGISILE, frère de Gondebaud. — Règne avec lui sur la Bourgogne. — Leur brouille. — Godégisile invoque contre son frère le secours de Clovis, roi des Francs. — Perfidie par laquelle Godégisile est vainqueur. — Il est assiégé dans Vienne par Gondebaud. — Prise de la ville et mort de Godégisile. — I, 92, 96 (*Grégoire de Tours*).

GODÉGÉSILE, général de Sigebert 1er, roi de Metz. — Est envoyé par lui contre Théodebert, fils aîné de Chilpéric 1er, qui est vaincu et tué dans un combat. — I, 213 (*Grégoire de Tours*).

GODÉGÉSILE, gendre du duc Loup. — Est envoyé par Childebert 1er à la tête d'une armée pour tuer Ursion et Bertfried, qui avaient conspiré contre lui. — Exécution de sa mission. — II, 17, 18 (*Grégoire de Tours*).

GODERIC, pirate d'Angleterre. — Prend sur un petit bâtiment Baudouin 1er, roi de Jérusalem, échappé du siége de Ramla, et le conduit à Joppé malgré les Sarrasins qui assiégeaient la ville. — XXI, 42 (*Albert d'Aix*).

GODIN, fils de Warnachaire,

maire du palais de Clotaire II, roi des Francs. — Epouse, après la mort de son père, Berthe, sa belle-mère. — Le roi irrité ordonne de le tuer. — Il se réfugie en Austrasie auprès de Dagobert, fils du roi, qui obtient sa grâce, à condition qu'il abandonnerait sa femme. — Celle-ci, délaissée par lui, l'accuse de vouloir tuer Clotaire qui le fait périr. — II, 200, 201 (*Chronique de Frédégaire*).

GODIN, un des grands du parti de Sigebert Ier, roi de Metz. — A la mort de ce prince passe à Chilpéric Ier, dont il obtient les faveurs. — Sa lâcheté dans une guerre qu'il avait lui-même soulevée les lui fait perdre. — Il meurt peu de temps après. — I, 221 (*Grégoire de Tours*).

GODWIN, le plus puissant comte d'Angleterre, dont il avait conquis une partie. — Sa trahison envers Alfred, fils d'Edelred, roi d'Angleterre. — Il donne sa fille Edith en mariage à Edouard le Confesseur. — XXIX, 177 et suiv., 326 et suiv. (*Guillaume de Jumiége; Guillaume de Poitiers*).

GOEL DE BREHERVAL. — S'empare par artifice de la personne de Guillaume de Breteuil, son seigneur, et le retient jusqu'à ce qu'il l'ait forcé à lui donner une fille naturelle avec le château d'Ivri. — Vengeance de Guillaume après sa délivrance. — XXIX, 266 (*Guillaume de Jumiége*).

GOISBERT, moine du couvent de Marmoutiers. — Est fait abbé du monastère de Senlac. — XXVI, 155 (*Orderic Vital*).

GOISFRED, archevêque de Rouen. — Siège pendant dix-sept ans. — XXVI, 366; XXVIII, 261 (*Orderic Vital*).

GOISFRED, surnommé *Falabot*. — S'empare de la ville d'Herefort et se révolte contre Etienne, roi d'Angleterre. — XXVIII, 5 (*Orderic Vital*).

GOMATRUDE, sœur de Sichilde, femme de Clotaire II, roi des Francs. — Epouse Dagobert Ier, fils de celui-ci. — Est abandonnée par son mari à Reuilly. — II, 209, 204, 280, 287 (*Chronique de Frédégaire; Vie de Dagobert Ier*).

GOMBAUD, archevêque de Rouen. — Siège onze ans. — XXVI, 349 (*Orderic Vital*).

GONDAFORE, roi indien. — Ses persécutions contre saint Thomas. *Voy.* ce nom. — XXV, 299 et suiv.

GONDEBAUD, fils de Gondeuch, roi de Bourgogne. — Egorge son frère Chilpéric, noie la femme et exile les deux filles de celui-ci. — Accorde à Clovis, roi des Francs, Clotilde, une des filles de Chilpéric. — Règne conjointement avec son frère Godégisile. — Leur brouille. — Perfidie par laquelle il est vaincu. — Il traite avec Clovis, rappelé contre lui par son frère, et lui promet un tribut annuel. — Assiége dans Vienne Godégisile, qui est tué dans la prise de la ville. — Réunit sous son pouvoir toute la Bourgogne. — Embrasse en secret la foi catholique. — I, 87, 88, 92-96, 97, 98 (*Grégoire de Tours*).

GONDEBAUD, fils de Gontran, roi d'Orléans, et de sa concubine Vénérande. — Meurt empoisonné par sa belle-mère Marcatrude. — I, 177, 178 (*Grégoire de Tours*).

GONDEBAUD (Gondoald), duc franc. — Est défait près de Poitiers par Chilpéric Ier, roi de Soissons. — A la mort de Sigebert Ier, roi de Metz, enlève secrètement son fils Childebert encore tout petit, et le fait reconnaître pour roi à Metz. — I, 216, 219 (*Grégoire de Tours*).

GONDEBERGE, femme de Charoald, roi des Lombards. — Crimes dont l'accuse faussement Adaluf, un des grands. — Le roi abusé l'envoie en exil à Lumello. — Intervention en sa faveur de Clotaire, roi des Francs. — Combat singulier par le jugement de Dieu entre Pitton son cousin, et son accusateur. — Celui-ci succombe, et Gondeberge est rétablie sur le trône. — Après la mort de Charoald, elle invite à recevoir sa main et la couronne Chrotaire (Rotharis), un des ducs de Brescia. — Bientôt abandonnée par lui, Aubedon, député de Clotaire II, le décide à la rétablir dans ses honneurs. — II, 198, 199, 213, 214 (*Chronique de Frédégaire*).

GONDÉGÉSILE, évêque de Bordeaux. — Avec d'autres évêques, cherche en vain à ramener à l'ordre la religieuse Chrodielde et ses compagnes. — Ils l'excommunient. — Ils tiennent un synode où les religieuses sont condamnées. — II, 65 et suiv., 110 et suiv. (*Grégoire de Tours*). *Voy*. CHRODIELDE.

GONDÉGÉSILE, comte de Saintes, est nommé évêque d'Eause; I, 45 (*Grégoire de Tours*).

GONDEMAR, roi de Bourgogne. — Attaqué par Clodomir, roi d'Orléans, est vaincu et mis en fuite avec son frère Sigismond. — Après la retraite de l'ennemi, il recouvre son royaume. — Attaqué de nouveau et mis en déroute par Clodomir, il tue celui-ci dans une embuscade. — Les Francs s'emparent du pays; mais Gondemar le reprend de nouveau. — I, 117-119 (*Grégoire de Tours*).

GONDOALD, chef franc. — Passe en Italie et marie sa sœur Théodelinde à Agon, roi des Lombards. — Devenu suspect à tous deux, ils le font tuer. — II, 180 (*Chronique de Frédégaire*).

GONDOVALD, fils de Clotaire Ier, roi de Soissons. — Présenté par sa mère à son oncle Childebert, il est envoyé à Clotaire, qui le fait tondre. — Après la mort de celui-ci, Charibert le reçoit; mais Sigebert le fait tondre de nouveau et l'envoie à Cologne. — Il s'en échappe, se rend près de Narsès, gouverneur d'Italie, et de là à Constantinople. — Revient dans les Gaules pour y faire valoir ses prétentions sur la part du royaume de son père, et va se joindre au duc Mummole. — Opposition de son frère Gontran à ses projets. — Il se cache dans une île de la mer, et de là se rend à Avignon avec Mummole. — Il marche sur différentes villes pour leur faire prêter serment. — Il est reçu à Angoulême, et après quelques difficultés, à Toulouse. — Il est poursuivi par l'armée de Gontran. — Est reçu à Bordeaux par l'évêque Bertrand. — Envoie à Gontran des députés pour réclamer sa part du royaume de son père. — Violences qu'on commet envers eux. — Leurs révélations. — A l'approche d'une armée de Gontran, abandonné du duc Didier, il se dirige vers Comminges, s'y renferme, et y est assiégé. — Livré à ses ennemis par Mummole, il est mis à mort sur-le-champ. — I, 335 et suiv., 383, 398 et suiv., 404-417 (*Grégoire de Tours*); II, 165, 166 (*Chronique de Frédégaire*).

GONDOVALD, nommé comte de Melun à la place de Guerpin. — Est tué par celui-ci. — I, 447 (*Grégoire de Tours*).

GONDULF, évêque de Metz. — Sa mort. — III, 368 (*Vie de Louis le Débonnaire, par l'Astronome*).

GONDULPHE, d'abord domestique de Childebert Ier, puis créé duc. — Est envoyé par ce prince pour rétablir sur son siège Théodore, évêque de Marseille, et reprendre sur le roi Gontran la moitié de cette ville. — Accomplit sa mission. — Force Gontran-Boson à s'éloigner d'Avignon, où il assiégeait le duc Mummole. — I, 322-324, 339 (*Grégoire de Tours*).

GONFROI. — Est formé à la science et à la piété par les leçons de Théodoric, abbé de Jumiége. — XXVI, 18 (*Orderic Vital*).

GONSUINTHE, femme d'Athanagild, roi des Goths. — Epouse, après la mort de celui-ci, le roi Leuvigild. — Persécute les Chrétiens. — Devient aveugle. — Ses violences envers Ingonde, fille de Sigibert Ier. — Après la mort de Leuvigild, elle règne conjointement avec Reccared, fils de ce prince. — I, 276, 277; II, 1 (*Grégoire de Tours*).

GONTARD, abbé du monastère de Fontenelles. — Est chargé de gouverner celui de Jumiége. — Assiste au concile tenu à Clermont en 1095 par le pape Urbain II.—XXVI, 235; XXVIII, 15 (*Orderic Vital*).

GONTHAIRE, fils aîné de Clotaire 1er, roi des Francs.—Est envoyé par lui avec Théodebert pour recouvrer les conquêtes de Clovis, envahies par les Goths, et, arrivé à Rhodez, s'en retourne. — Sa mort. — I, 139, 153 (*Grégoire de Tours*).

GONTHAIRE, abbé de Saint-Venance.—Succède à Baudin dans l'évêché de Tours. — Sa passion pour le vin. — Sa mort. — I, 155, 159; II, 148 (*Grégoire de Tours*).

GONTHEUQUE, femme de Clodomir, roi d'Orléans.—Après la mort de celui-ci, épouse Clotaire, roi des Francs, son beau-frère. — I, 118 (*Grégoire de Tours*).

GONTHIER, évêque de Bamberg. — Son voyage à Jérusalem vers l'an 1063.—XXVI, 75 (*Orderic Vital*).

GONTRAN, fils de Clotaire 1er, roi des Francs. — Dans le partage des états de son père, le royaume d'Orléans lui échoit. — Ôte à Agricola et donne à Celse la dignité de patrice. — Prend pour concubine Vénérande, une de ses servantes. — Epouse Marcatrude, fille de Magnaire; la répudie, et prend en mariage Austrechilde. — Sa tromperie envers Teutéchilde, une des femmes de feu Charibert son frère. — Envoie le patrice Celse reprendre Arles, que son frère Sigebert avait fait occuper. — Il élève au rang de patrice Ennius Mummole. — Victoires que celui-ci remporte à son profit. — Ses discussions avec Sigebert. — Fait alliance avec son frère Chilpéric contre Sigebert. — Quitte le parti de Chilpéric pour celui de Sigebert. — Revient au premier. — Fait de nouveau la paix avec Sigebert. — Disgrâce d'Erpon, un de ses ducs. — Il fait tuer deux fils de feu Magnachaire. — Entrevue et alliance avec Childebert 1er, roi d'Austrasie, son neveu. — Affaire des évêques Salone et Sagittaire. — Rupture de la paix entre lui et Childebert. — Celui-ci réclame de lui la moitié de Marseille qu'il lui avait donnée après la mort de son père; Gontran s'y refuse et fait fermer les routes de son royaume. — Il se fait amener Théodore, évêque de cette ville, qu'on accusait de lui être contraire, et le renvoie absous. — Le fait saisir de nouveau, et le retient prisonnier pour avoir reçu et aidé Gondovald, fils de Clotaire. — Accuse Gontran-Boson d'avoir appelé Gondovald, et retient son fils en otage. — L'envoie à la tête d'une armée contre le duc Mummole. — Marche avec une armée contre son frère Chilpéric 1er, et détruit une partie de son armée. — Ils font la paix. — Il rend à son neveu Childebert la moitié de Marseille. — Accueille et traite avec libéralité Æthérius, évêque de Lisieux, chassé de son siége. — Prend sous sa protection Frédégonde et son fils, et refuse de la livrer à Childebert. — Envoie une armée s'emparer des villes que Sigebert 1er avait autrefois reçues du royaume de son frère Charibert. — Il répare un grand nombre d'injustices commises sous le règne de Chilpéric. — Attaque et ravage le territoire de Poitiers, et s'empare de cette ville. — Fait tuer Eberulf, domestique de Chilpéric, et accusé de la mort de ce prince. — Violences qu'il commet envers les députés de Gondovald. — Leurs révélations. — Sa réconciliation avec Childebert; il lui rend tout ce qui avait appartenu à son père Sigebert, et le déclare son héritier.—Ordonne qu'on fasse mourir les partisans de Gondovald, pris dans Comminges. — Fait saisir les trésors de Mummole. — Son séjour à Tours en se rendant à Paris pour tenir sur les fonts de baptême un fils de feu Chilpéric. — Pardonne à plusieurs partisans de Gondovald, par l'intervention de Grégoire, évêque de Tours. — Fait enterrer les corps de ses neveux Clovis et Mérovée.—

Fait tuer le traître Boante. — Nomme comte d'Angers Théodulf, qui en est chassé. — Convoque à Mâcon un synode d'évêques. — Tenue de ce synode. — Il tombe malade. — Il fait grâce au duc Didier, qui avait soutenu Gondovald, et lui rend ses faveurs. — Envoie une armée en Espagne, lui commandant de soumettre d'abord la Septimanie. — Ravages qu'elle commet sur son passage. — L'expédition échoue. — Mécontentement de Gontran contre les chefs de cette armée. — Il refuse la paix à Leuvigild, roi d'Espagne. — Il fait saisir un homme qui se déclare envoyé par Frédégonde pour le tuer. — Il rend à Childebert la ville d'Albi. — Autre tentative d'assassinat contre lui. — Il condamne à mort Gontran-Boson. — Il confirme son alliance avec Childebert. — Députation de Reccared, roi d'Espagne, à Gontran. — Il refuse de nouveau la paix. — Il envoie une armée contre Waroch, comte de Bretagne, qui se soumet et rompt peu de temps après tous ses sermens. — Traité entre lui, Childebert, et la reine Brunehault. — Ses aumônes pendant la peste de Marseille. — Fait arrêter et relâche Ebrégésile, envoyé de Brunehault à Reccared, roi d'Espagne. — Envoie en Septimanie une nouvelle armée, qui est détruite. — Son mécontentement contre Childebert et Brunehault. — Il envoie une armée contre les Bretons. — Il fait périr Chaudon, son chambellan. — Tient sur les fonts de baptême et nomme Clotaire, un fils de Frédégonde. — Fait bâtir à Châlons l'église de Saint-Marcel. — Sa mort. — I, 176-178, 180, 181, 184, 200 et suiv., 209, 211-213; 241, 243, 244, 257 et suiv., 304, 322-325, 336, 337-338, 345, 349, 356, 379 et suiv., 384, 390, 397, 398, 400 et suiv., 408 et suiv., 417 et suiv., 426 et suiv., 447 et suiv., 453, 454, 457, 459 et suiv., 469, 477, 478; II, 2, 14, 16, 22-24, 26 et suiv.,

36, 42, 45 et suiv., 92, 95, 96, 133-135, 165, 166, 167, 170 (*Grégoire de Tours*; *Chronique de Frédégaire*).

GONTRAN-BOSON, général de Sigebert 1er, roi de Metz. — Est envoyé par lui contre Théodebert, fils aîné de Chilpéric 1er, qui est vaincu et tué dans un combat. — Se cache dans l'église de Saint-Martin à Tours pour échapper à Chilpéric. — Engage Mérovée, fils de celui-ci, à s'y réfugier avec lui. — Prédiction que lui fait une chanoinesse. — A l'instigation de Frédégonde, femme de Chilpéric, il engage Mérovée à sortir de l'église pour qu'on le tue. — Retourne à Tours, enlève de force ses filles qu'il avait laissées dans la basilique, et les conduit à Poitiers, dans la basilique de Saint-Hilaire. — Cette ville ayant été prise par Chilpéric, il cherche à les en retirer. — Attaqué par Dracolène, général de Chilpéric, il le tue, met son armée en fuite, et s'en retourne avec ses filles. — S'empare d'une partie des trésors de Gondovald, fils de Clotaire 1er. — Est accusé par Gontran d'avoir appelé Gondovald dans les Gaules, et lui laisse son fils pour otage. — Danger qu'il court de la part de Mummole. — Il assiège celui-ci dans Avignon avec l'armée de Gontran. — Les assiége devant le duc Gondulphe. — Est envoyé par Childebert, avec d'autres députés, vers le roi Gontran. — Son insolence envers ce prince. — Outrage que reçoivent les députés. — Accusation élevée contre lui. — Il prend la fuite. — Odieux à la reine Brunehault, et poursuivi par l'ordre de Childebert 1er, il se réfugie dans l'église de Verdun, et obtient son pardon par l'entremise d'Agéric, évêque de cette ville, à qui le roi le remet. — Il est condamné à mort par Gontran et Childebert. — Sa mort. — I, 213, 223, 235, 238, 239, 262, 263, 337-339, 386 et suiv., 450, 451 (*Grégoire de Tours*); II, 9, 10, 13-15, 167 (*Gré-*

goire de Tours; Chronique de Frédégaire).

Gordien, empereur de Rome. — Règne six ans. — XXVI, 114 (Orderic Vital).

Gormond, patriarche de Jérusalem. — Convoque à Naplouse une assemblée générale pour exhorter le peuple chrétien contre les Turcs. — Assiége Tyr. — Prise de cette ville. — Sa mort. — XVI, 217, 261 et suiv., 303 (Guillaume de Tyr); XXV, 172 (Orderic Vital)

Gormond le Roux de Montfort. — Don qu'il fait en mourant aux moines de Maule. — XXVI, 435 (Orderic Vital).

Gorth ou Gurth, frère d'Harold. — Offre inutilement à celui-ci de marcher à sa place contre Guillaume le Conquérant. — XXVI, 139 (Orderic Vital); XXIX, 229 (Guillaume de Jumiège).

Goscelin, fils de Godefroi. — Part pour la Terre-Sainte dans la première croisade. — XX, 73 (Albert d'Aix)

Goscelin d'Arques. — Fonde le couvent de Sainte-Catherine, près de Rouen. — XXVI, 11 (Orderic Vital).

Goscelon, chevalier croisé, fils de Conon de Montaigu. — Assiége et prend, avec Robert, comte de Flandre, la ville d'Artasie. — Sa mort. — XVI, 190, 192 (Guillaume de Tyr); XX, 140 (Albert d'Aix).

Goslin. — Succède à Drogon, évêque de Toul. — VI, 72 (Chronique de Frodoard).

Gossuin, chevalier franc. — Reste un des derniers à défendre la tour de Paris contre les Normands. — Ils se rendent et sont massacrés. — VI, 30, 31 (Abbon, Siége de Paris par les Normands).

Gottman, chevalier de Bruxelles. — Son expédition en Terre-Sainte dans la première croisade. — XXI, 41 (Albert d'Aix).

Govel de Chartres, chevalier croisé. — Monte le premier sur les murailles d'Antioche, au moment où l'entrée en est livrée à Boémond. — XXIII, 139 (Raoul de Caen).

Gozbert, neveu d'Adelelme, évêque de Laon. — Lui succède dans son évêché. — Sa mort. — VI, 93, 99 (Chronique de Frodoard).

Gozlin, évêque de Paris, refuse à Sigefroi, roi des Normands, le passage de cette ville. — Siège de Paris. — Lui-même en défend les remparts. — Livre avec d'autres chefs un combat aux Normands, dans lequel ils en tuent plus de treize cents. — Est légèrement blessé. — Sa mort. — VI, 8 et suiv., 40 (Abbon, Siége de Paris par les Normands); 84 (Chronique de Frodoard).

Gottschalk, officier de Charlemagne. — Envoyé par lui vers Siegfried, roi des Danois, est, en revenant, pris et tué par les Saxons révoltés. — III, 44 (Annales d'Eginhard).

Gottschalk, prêtre teuton. — Part pour la croisade, à la tête d'environ quinze mille hommes. — Leurs déréglemens en traversant la Hongrie. — Ils sont massacrés. — XVI, 70 et suiv. (Guillaume de Tyr); XX, 34 et suiv. (Albert d'Aix).

Gratien, fils de Valentinien, empereur de Rome. — Est élevé à l'empire à Amiens. — Y associe Théodose. — Est détrôné et mis à mort par Maxime. — I, 30 (Grégoire de Tours); XXV, 123, 124 (Orderic Vital).

Gratien de Sinope. — Sa maladie. — Sa guérison par l'apôtre saint André. — XXV, 257 (Orderic Vital).

Grégoire, patrice d'Afrique. — Est tué dans une irruption des Sarrasins dans cette contrée. — II, 222 (Chronique de Frédégaire).

Grégoire, évêque de Langres. — Affranchit de servitude Léon, son cuisinier, pour avoir délivré de captivité son neveu Attale. — I, 313 (Grégoire de Tours).

Grégoire, évêque d'Antioche. — Porte à Jérusalem, avec d'autres évêques, la tunique de Jésus-Christ.

—II, 169 (*Chronique de Frédégaire*).

GRÉGOIRE 1er, dit *le Grand*, diacre de l'église romaine. — Est élu pape. — Ses vertus. — Sa science. — Il veut refuser la tiare. — Son discours pour encourager les habitans de Rome, malades de la peste. — II, 76-81 (*Grégoire de Tours*); XXV, 135, 412 (*Orderic Vital*).

GRÉGOIRE II, 88e pape, l'an 715. — Siége seize ans. — Envoie l'évêque Boniface convertir la Germanie au christianisme. — XXV, 425 (*Orderic Vital*).

GRÉGOIRE III, 89e pape; l'an 731. — Siége dix ans. — Ses vertus. — Assiégé dans Rome par Liutprand, roi des Lombards, il sollicite l'appui de Charles Martel, et lui offre les clefs du Saint-Sépulcre et les liens de saint Pierre, avec de nombreux présens. — Leur traité. — II, 244, 245 (*Chronique de Frédégaire*); XXV, 427 (*Orderic Vital*).

GRÉGOIRE IV, d'abord prêtre de Saint-Marc. — Est sacré pape. — Son voyage en France, où il soutient le parti des fils de Louis le Débonnaire contre ce prince. — Son retour à Rome. — Siége seize ans. — III, 377, 390, 391, 392, 438 (*Vie de Louis le Débonnaire, par l'Astronome; Histoire des Dissensions des fils de Louis le Débonnaire*); XXV, 433 (*Orderic Vital*).

GRÉGOIRE VII, 154e pape, l'an 1073. — Ses querelles avec Henri III, empereur d'Allemagne, au sujet de l'anneau et de la crosse pastorale. — Il excommunie Henri, et nomme empereur à sa place Rodolphe de Souabe. — Henri assiège Rome, s'en empare, et crée pape Guibert, évêque de Ravennes. — Funestes conséquences de ce schisme. — Grégoire, chassé de son siége, se réfugie dans la Pouille, auprès de Robert Guiscard, et de là se rend à Salerne, où il meurt. — VII, 45 et suiv., 81 (*Fragmens de l'Histoire des Français; Chronique de Hugues de Fleury*); XVI, 34-36 (*Guillaume de Tyr*); XXV, 437 (*Orderic Vital*).

GRÉGOIRE IX, 175e pape. — Appelé auparavant Ugolin et cardinal, évêque d'Ostie. — Son élection. — Fait réunir en un seul volume et met en usage les Décrétales. — Ses démêlés avec l'empereur Frédéric II. — Assiégé dans Rome par ce prince, le force à lever le siége. — XIII, 138 et suiv. (*Guillaume de Nangis*); XV, 364 (*Des Gestes glorieux des Français*).

GRÉGOIRE X, 180e pape, en 1272. — Tient à Lyon, en 1274, un concile général. — Questions qu'on y traite. — Sa mort, en 1275. — XIII, 190 (*Guillaume de Nangis*); XV, 394 (*Des Gestes glorieux des Français*); XIX, 595 (*Bernard le Trésorier*).

GRÉGOIRE DE TOURS, évêque de cette ville. — Sa famille. — Son éducation. — Son premier voyage à Tours. — Ses pieuses dispositions. — Son élection à l'archevêché de Tours. — Son voyage à Rome. — Sa mauvaise santé. — Fermeté qu'il déploie dans l'affaire de l'évêque Prétextat, accusé par Chilpéric 1er, roi des Francs. — Son affaire avec Leudaste, qui l'accuse au sujet de la reine Frédégonde. — Sa visite à Chilpéric. — Sa mort. — Ses ouvrages. — I, 1 et suiv., 246 et suiv., 292 et suiv., 305 (*Notice sur la vie de Grégoire de Tours; Histoire des Francs*, par *Grégoire de Tours*).

GRIFFON, frère de Pépin le Bref, roi des Francs. — Se réfugie auprès de Waïfer, duc de Gascogne. — Veut passer en Lombardie pour y tramer des intrigues contre le roi, et est tué à Saint-Jean-de-Maurienne. — II, 250 (*Chronique de Frédégaire*).

GRIFFON, fils de Charles-Martel. — Par les conseils de sa mère Sonnichilde, veut, après la mort de son père, posséder tout le royaume, et s'empare de Laon. — Ses frères Pépin et Carloman l'y assiègent, le reçoivent à discrétion, et le font garder à Neufchâtel, près des Ardennes. — Se retire en Saxe, où il lève une armée. — Pépin marche contre lui, et ils traitent ensemble. — Il s'empare de la Bavière, est pris par Pépin qui l'établit duc auprès de lui. — S'enfuit chez Waïfer, duc d'Aquitaine. — Sa mort. — III, 1, 3, 4 (*Annales d'Eginhard*).

GRIMOALD, fils d'Arégise, duc de Bénévent. — Est donné par son père en otage à Charlemagne. — Nommé par ce prince duc de Bénévent, à la mort de son père, il repousse l'invasion des troupes de Constantin, empereur des Grecs. — Assiégé dans Lucéra et prend Winégise, comte de Spolète. — Lui rend la liberté. — Fait la paix avec Charlemagne et lui paie un tribut. — Traite aux mêmes conditions avec Louis le Débonnaire, fils de Charlemagne. — III, 31, 34, 52, 69, 73, 133, 348 (*Annales d'Eginhard*; *Vie de Charlemagne*, par *Eginhard*).

GRIMOALD, fils de Pépin le Vieux, maire du palais d'Austrasie. — Son amitié avec l'évêque saint Chunibert. — Ses querelles avec Othon, gouverneur de Sigebert II. — Othon est tué à son instigation, et il devient maire du palais et gouverneur du royaume. — Ses qualités. — Il épouse une fille de Ratbod, duc des Frisons. — Fait élever les monastères de Stavelo et de Malmédi. — Est tué par Rantgaire. — II, 225, 227, 236, 237, 293 (*Chronique de Frédégaire*; *Vie de Pépin le Vieux*).

GRIMON, abbé du monastère de Corbie. — Est envoyé en ambassade par Charles Martel, vers le pape Grégoire III. — II, 245 (*Chronique de Frédégaire*).

GRIMON, archevêque de Rouen pendant quatre ans. — XXVI, 343 (*Orderic Vital*).

GRINDION, un des gens de Mérovée, fils de Chilpéric Ier. — Son supplice. — I, 254 (*Grégoire de Tours*).

GRIPPON, archevêque de Rouen pendant vingt-quatre ans. — XXVI, 340 (*Orderic Vital*).

GRIPPON, messager de Childebert Ier, roi des Francs, près de l'empereur Maurice. — De retour de son ambassade, raconte à Childebert la manière dont ses députés avaient été traités, et Childebert, pour venger leur affront, envoie une armée en Italie. — II, 81-83 (*Grégoire de Tours*).

GRITHFRID, roi des Gallois. — Envahit les frontières de l'Angleterre sous Guillaume le Roux. — XXVII, 241 (*Orderic Vital*).

GUALLÈVE, comte de Northampton. — Entraîné par force dans une révolte contre Guillaume le Conquérant, en l'absence de ce prince, est, à son retour, dénoncé par sa femme Judith et jeté en prison. — Condamné à mort, il est décollé à Winchester. — Miracles opérés sur son tombeau. — XXVI, 251-259, 279 et suiv. (*Orderic Vital*).

GUAZON, comte de Naples. — Assassine dans une église Drogon de Coutances, dans le temps qu'il venait d'être fait prince de la Pouille. — XXIX, 218 (*Guillaume de Jumiège*).

GUCILIAN, ancien comte du palais de Sigebert Ier. — Est pris et mis à mort avec Mérovée, fils de Chilpéric Ier. — I, 254 (*Grégoire de Tours*).

GUELFE, chevalier croisé. — S'emparé de la ville d'Adana. — Y reçoit Tancrède. — XVI, 168, 169 (*Guillaume de Tyr*).

GUELFES ET GIBELINS. — Guerres entre ces deux factions en Italie. — XIII, 345 (*Continuateur de Guillaume de Nangis*).

GUÉRIN-SANCHE. — Contribue au succès des Chrétiens contre les Sarrasins, sous le roi Alphonse Ier d'Aragon. — II, 428 (*Orderic Vital*).

GUÉRIN. — Succède à l'abbé Roger dans le monastère d'Ouche. — XXVII, 101; XXVIII, 373 (*Orderic Vital*).

GUÉRIN, frère de saint Léger évêque d'Autun. — Est persécuté et mis à mort par Ebroin, maire du palais de Neustrie et de Bourgogne, sous Théodoric III. — II, 233, 350, 351 (*Chronique de Frédégaire; Vie de saint Léger*).

GUERPIN, comte de Melun. — Est remplacé dans cette charge par Gondovald et le tue. — Est lui-même pris et tué par les parens de Gondovald. — I, 447, 448 (*Grégoire de Tours*).

GUI, archidiacre d'Auxerre, succède à Gaudry dans l'évêché de cette ville; VI, 99 (*Chronique de Frodoard*).

GUI, frère de Hugues, roi d'Italie. — Retient en prison le pape Jean X. — VI, 91 (*Chronique de Frodoard*).

GUI, comte de Ponthieu, est fait prisonnier par les troupes de Guillaume le Bâtard; XXV, 169; XXVII, 138 (*Orderic Vital*).

GUI, comte de Ponthieu, chevalier croisé de l'armée de Louis le Jeune, roi des Français. — Meurt de maladie à Éphèse. — XVII, 504 (*Guillaume de Tyr*).

GUI de PONESSE, prend la croix. — Tombe malade et meurt pendant le siége de Nicée. — XVI, 49, 135 (*Guillaume de Tyr*).

GUI DE GARLANDE, porte-mets de Philippe, roi des Francs, prend la croix; XVI, 49 (*Guillaume de Tyr*).

GUI, frère de Simon de Montfort, revenu d'outre mer, se joint à l'armée de son frère contre les Albigeois. — Vient, à la tête d'une armée, l'aider à assiéger le château de Perme. — Est envoyé par son frère au concile de Latran, en 1215. — Assiége Beaucaire avec son frère. — Est envoyé par son frère pour occuper Toulouse, dont il fait démolir les murs. — Est mis en fuite par les Toulousains révoltés. — Assiége inutilement Toulouse. — Envahit et saccage les terres de Rathier de Castelnau. — Sa mort. — XIV, 182, 201 et suiv., 295 et suiv., 322, 325 et suiv. (*Pierre de Vaulx-Cernay*); XV, 89, 132 et suiv., 356, 171 et suiv., 277, 350, 352, 155, 364 (*Histoire de la Guerre des Albigeois; Guillaume de Puy-Laurens; Gestes glorieux des Français*).

GUI, évêque de Carcassonne, légat du siége apostolique contre les Albigeois. — Assiége Casseneuil avec Simon de Montfort. — XIV, 298 et suiv. (*Pierre de Vaulx-Cernay*).

GUI DE LÉVIS, chevalier croisé contre les Albigeois. — Mission dont il est chargé par Simon de Montfort. — XIV, 166, 167 (*Pierre de Vaulx-Cernay*).

GUI, abbé de Vaulx-Cernay, et plus tard évêque de Carcassonne. — Est établi le premier prédicateur contre les Albigeois. — Ses discussions avec ces hérétiques. — S'embarque pour la Terre-Sainte dans l'expédition prêchée par Foulques de Neuilly. — Danger qu'il court à Venise. — Il revient dans le pays des Albigeois. — XIV, 27, 63, 64, 79, 80 (*Pierre de Vaulx-Cernay*).

GUI DE SEVERAC, est fait chevalier; XV, 308 (*Guillaume de Puy-Laurens*).

GUI DE BRUCIAC, commandeur des Templiers établis à Villedieu. — Reçoit dans ce château une partie de l'armée croisée contre les Albigeois. — Projet de quelques habitans de livrer le château à ces derniers. — Gui de Bruciac, averti, le fait échouer. — XV, 277, 278 (*Guillaume de Puy-Laurens*).

GUI LE COMTE, comte de Genève. — Saccage, avec l'armée croisée contre les Albigeois, la ville de Béziers. — XV, 19 (*Histoire de la guerre des Albigeois*).

GUI, comte d'Auvergne. — Son expédition contre les Albigeois. — XV, 15 et suiv. (*Histoire de la guerre des Albigeois*).

GUI, comte de Bigorre, fils de Simon de Montfort. — Est tué au siége de Castelnaudary. — XV, 262, 357 (*Guillaume de Puy-Laurens; Gestes glorieux des Français*).

GUI DE GALABERT. — Vient au secours du château de Beaucaire, assiégé par Simon de Montfort. — XV, 138 (*Histoire de la Guerre des Albigeois*).

Gui de Lecq ou de Lucé, chevalier de l'armée de Simon de Montfort. — Assiége avec lui le château de Minerve. — Reçoit de Simon le château de Puy-Laurens. — Envoyé en Aragon contre les Turcs. — Revient vers Simon de Montfort, assiégé dans Castelnaudary. — XIV, 94, 147, 161 (*Pierre de Vaulx-Cernay*).

Gui, frère germain de Boémond. — Ses inquiétudes, ses lamentations sur le sort de son frère assiégé dans Antioche par Kerbogha. — IX, 192 et suiv. (*Guibert de Nogent*).

Gui de Troussel, chevalier croisé. — Abandonne l'armée chrétienne assiégée par Kerbogha dans Antioche, et retourne en France. — Marie sa fille Elisabeth à Philippe, fils de Philippe-Auguste, et lui donne le château de Montlhéry. — VIII, 21, 22 (*Suger, vie de Louis le Gros*); IX, 177 (*Guibert de Nogent*); XVI, 298 (*Guillaume de Tyr*); XXVII, 474 (*Orderic Vital*).

Gui, évêque de Pise. — Est envoyé avec d'autres comme légat *a latere*, par le pape Innocent II, pour ramener Milan à l'Eglise romaine. — Accomplissement de leur mission. — X, 245 et suiv. (*Arnauld de Bonneval*).

Gui, frère aîné de saint Bernard. — Prend l'habit d'après ses exhortations. — Lui reproche de la présomption au sujet de ses miracles. — X, 160, 201, 202 (*Guillaume de Saint-Thierri*).

Gui, seigneur de la Roche-Guyon. — Est égorgé dans ce château par son beau-père Guillaume. — VIII, 64 et suiv. (*Suger, Vie de Louis le Gros*).

Gui, fils de Renaud 1er, comte des Bourguignons. — Prend les armes contre Guillaume le Bâtard, duc de Normandie, qui, secouru par Henri 1er, roi des Français, lui livre bataille, le défait, l'assiége dans Brionne, et le force d'implorer sa clémence. — XXV, 166 (*Orderic Vital*); XXIX, 190 et suiv., 329 (*Guillaume de Jumiége; Guillaume de Poitiers*).

Gui, comte de Flandre. — Se ligue secrètement avec Edouard 1er, roi d'Angleterre, contre Philippe le Bel, roi de France. — Venu à Paris, il y est arrêté par ordre de ce prince, et peu après remis en liberté. — Se soulève contre Philippe, qui marche contre lui, le défait, et s'empare de Lille et de plusieurs autres villes. — Philippe lui accorde une trêve de deux ans. — Ses guerres contre Charles de Valois, frère de Philippe le Bel. — XIII, 223, 228 et suiv., 237 (*Guillaume de Nangis*).

Gui, évêque de Beauvais. — Fait construire l'église de Saint-Quentin. — Est condamné et déposé par Hugues, archevêque de Lyon et légat du saint Siége. — Se fait moine à Cluni. — IX, 401, 402 (*Vie de Guibert de Nogent*).

Gui, évêque d'Amiens. — Son poème sur Guillaume le Conquérant. — XXVI, 151 (*Orderic Vital*).

Gui de Clermont, chevalier de l'armée de Louis le Gros, roi de France. — Combat et est fait prisonnier à la bataille de Brenneville, livrée contre Henri 1er, roi d'Angleterre. — XXVIII, 307 et suiv. (*Orderic Vital*).

Gui de Porsène. — Fait ses premières armes dans la première croisade. — XX, 72 (*Albert d'Aix*).

Gui, comte de Lusignan, mari de Sibylle, mère de Baudouin v, roi de Jérusalem. — Succède à ce jeune prince. — Ses projets de guerre contre le comte de Tripoli. — Il en est détourné par Balian. — Marche au secours de Tibériade assiégée par Saladin, et livre bataille aux Sarrasins. — Défaite des Chrétiens. — Gui est fait prisonnier. — Sa délivrance. — Il se rend à Tyr. — Le marquis Conrad lui en refuse l'entrée, et il demeure pendant un an tantôt à Antioche, tantôt à Tripoli. — Achète de Richard, roi d'Angleterre, l'île de Chypre et la repeuple. — Meurt peu après, en 1194. — XIII, 58, 61 et suiv., 76 (*Guillaume de Nangis*); XIX, 49 et suiv., 67 et suiv., 199 (*Bernard le Trésorier*); XXII, 241 et suiv. (*Jacques de Vitry*).

GUIBERT, archevêque de Ravenne. — Est établi pape par l'empereur Henri III, en opposition à Grégoire VII, qu'il chasse de son siége. — XVI, 35 (*Guillaume de Tyr*).

GUIBERT DE NOGENT. — Sa naissance. — Qualités et vertus de sa mère. — Son éducation sévère. — Il est investi d'un canonicat. — Livré à lui-même, il s'abandonne à la débauche. — Il se fait moine dans l'abbaye de Chavigny. — Sa bonne conduite alors. — Ses visions. — Ses premières compositions littéraires. — Est transféré au monastère de Nogent. — En est établi abbé. — IX, 341-503 (*Vie de Guibert de Nogent*).

GUICHARD DE BEAUJEU. — Prend la croix contre les Albigeois, dans l'expédition de Louis VIII. — XIV, 49, 314 (*Pierre de Vaulx-Cernay*).

GUICHER, chevalier de la première croisade. — Assiége Jérusalem. — XXIII, 457 (*Robert le Moine*).

GUIGAN-ALGASON, Anglais d'une basse extraction, mais d'une grande puissance. — Après la mort de Henri Ier, reçoit sa fille Mathilde comme reine légitime, et lui remet Argentan et d'autres places. — XXVIII, 465 (*Orderic Vital*).

GUIGUE, prieur du monastère de la Chartreuse. — Y reçoit la visite de saint Bernard. — X, 325 (*Geoffroi de Clairvaux*).

GUILFER, chevalier croisé. — Dans le siége de Marrah par l'armée chrétienne, s'élance le premier sur les remparts. — IX, 221 (*Guibert de Nogent*); XXI, 308 (*Raymond d'Agiles*).

GUILLAUME (saint), archevêque de Bourges. — Sa mort. — XV, 334 (*Gestes glorieux des Français*).

GUILLAUME, évêque de Nevers. — Ses aumônes. — Sa mort. — XV, 355 (*Des Gestes glorieux des Français*).

GUILLAUME, seigneur de Montpellier. — Se fait moine dans le couvent de Grandselve. — Son récit sur saint Bernard. — Sa vision. — X, 370, 371, 463, 464 (*Geoffroi de Clairvaux*).

GUILLAUME, évêque de Poitiers. — Est chassé violemment de son siége pour n'avoir pas voulu reconnaître le pape schismatique Pierre de Léon. — X, 278 (*Arnauld de Bonneval*).

GUILLAUME DE CHAMPEAUX, évêque de Châlons. — Ordonne saint Bernard, abbé de Clairvaux, et se lie d'amitié avec lui. — X, 185, 186 (*Guillaume de Saint-Thierri*).

GUILLAUME D'ESCURET, chevalier croisé contre les Albigeois. — Au siége de Termes, il défend seul un mangonneau contre une sortie des assiégés, et parvient à le sauver. — XIV, 113, 114 (*Pierre de Vaulx-Cernay*).

GUILLAUME DE ROCHEFORT, hérétique albigeois. — Egorge un abbé de l'ordre de Citeaux et un frère convers. — Défend le château de Termes contre l'armée des Croisés. — Est tué à la porte de Toulouse, dans le siége de cette ville par les Croisés. — XIV, 81, 82, 118, 153 (*Pierre de Vaulx-Cernay*).

GUILLAUME, chevalier croisé contre les Albigeois. — Assiége le château de Termes avec Simon de Montfort. — XIV, 105 (*Pierre de Vaulx-Cernay*).

GUILLAUME DE BÉLAFFAR. — Vient au secours du château de Beaucaire assiégé par Simon de Montfort. — Tue à ce siége Philippe, chevalier de l'armée croisée. — XV, 138, 143, 144 (*Histoire de la Guerre des Albigeois*).

GUILLAUME DE BOLIC, chevalier de l'armée de Simon de Montfort. — Est pris et étranglé par les Albigeois au siége de Beaucaire. — XV, 137 (*Histoire de la Guerre des Albigeois*).

GUILLAUME, évêque et principal

seigneur d'Albi. — Rend cette ville à Simon de Montfort. — Vision qu'il eut au sujet d'un de ses parens et ce qui s'ensuivit. — Sa dispute avec un hérésiarque. — XIV, 74 (*Pierre de Vaulx-Cernay*); XV, 212 et suiv. (*Chronique de Guillaume de Puy-Laurens*).

GUILLAUME CAT, chevalier de Mont-Réal. — Abandonne l'armée de Simon de Montfort pour passer aux Albigeois. — XIV, 168 et suiv. (*Pierre de Vaulx-Cernay*); XV, 241 (*Guillaume de Puy-Laurens*).

GUILLAUME DE SOLIER, ministre hérétique. — Revenu à la foi catholique, est établi inquisiteur contre les Albigeois. — XV, 285 (*Guillaume de Puy-Laurens*).

GUILLAUME ARNAUD. — Est établi inquisiteur contre les hérétiques albigeois. — Sa mort. — XV, 293, 303, 378 (*Guillaume de Puy-Laurens; Des Gestes glorieux des Français*).

GUILLAUME DE PISSIAC, chevalier de Simon de Montfort. — Est pris par les Albigeois. — XIV, 76 (*Pierre de Vaulx-Cernay*).

GUILLAUME DES ROCHES, sénéchal d'Anjou. — Prend la croix contre les Albigeois. — XIV, 49 (*Pierre de Vaulx-Cernay*).

GUILLAUME, archidiacre de Paris. — Ses prédications contre les Albigeois. — Il contribue puissamment à la prise du château de Termes. — Se rend au siége de Penne, dressé par Simon de Montfort. — Refuse l'évêché de Béziers. — Porte avec d'autres une lettre du concile de Lavaur au pape Innocent. — XIV, 110, 111 et suiv., 179, 180, 201, 202, 222, 239 (*Pierre de Vaulx-Cernay*).

GUILLAUME, évêque d'Auxerre. — Prend la croix et combat contre les Albigeois. — XIV, 249, 289, 290 (*Pierre de Vaulx-Cernay*).

GUILLAUME, comte du Forez. — Prend la croix dans la première croisade. — Meurt au siége de Nicée. — XVI, 49, 135 (*Guillaume de Tyr*); XX, 72 (*Albert d'Aix*).

GUILLAUME AMANJEU. — Prend la croix et passe en Terre-Sainte. — XVI, 49 (*Guillaume de Tyr*).

GUILLAUME, frère de Tancrède. — Prend la croix et passe en Terre-Sainte avec Hugues le Grand. — Périt dans une bataille contre Soliman. — IX, 81 (*Guibert de Nogent*); XVI, 153 (*Guillaume de Tyr*); XXVII, 446 (*Orderic Vital*).

GUILLAUME, évêque d'Orange. — Prend la croix. — Succède à Adhémar, et meurt peu de temps après lui. — XVI, 47; XVII, 3 (*Guillaume de Tyr*).

GUILLAUME DE GRANDMÉNIL, chevalier croisé, beau-frère de Boémond. — Abandonne l'armée chrétienne assiégée par Kerbogha dans Antioche. — Se rend à Constantinople et engage l'empereur Alexis à abandonner la croisade. — XVI, 298, 313 (*Guillaume de Tyr*).

GUILLAUME, comte de Poitou et duc d'Aquitaine. — Engage ses États à Guillaume le Roux et prend la croix dans la seconde croisade. — L'empereur de Constantinople lui donne des guides dont l'ignorance ou la fourberie égare son armée, qui est attaquée et défaite par les Turcs. — VII, 52 (*Fragmens de l'Histoire des Français*); XXI, 32 et suiv. (*Albert d'Aix*); XVII, 68 (*Guillaume de Tyr*); XXVIII, 64 (*Orderic Vital*).

GUILLAUME JORDAN, neveu de Raimond IV, comte de Toulouse. — Après la mort de celui-ci, lui succède dans le commandement du siége de Tripoli. — Gagne une bataille sur Doldequin, sultan de Damas. — Assiége Arches et s'en empare. — Ses discussions avec Bertrand, fils de Raimond. — Leur réconciliation moyennant la cession des villes d'Arches et de Tortose à Guillaume, qui fait hommage au prince d'Antioche. — Est tué par son écuyer. — XVII, 114, 131-133 (*Guillaume de Tyr*); XXI, 142 et suiv. (*Albert d'Aix*).

GUILLAUME, surnommé l'*Ivrogne*. Voy. HUGUES l'*Ivrogne*.

9.

GUILLAUME DE BURES, seigneur de Tibériade. — Gouverne le royaume de Jérusalem, pendant la captivité de Baudouin II, après la mort d'Eustache Grenier. — Assiége Tyr. — Prise de cette ville. — Est envoyé par Baudouin vers Foulques, comte d'Anjou, et revient avec lui. — XVII, 233, 261 et suiv., 302 (*Guillaume de Tyr*).

GUILLAUME, prieur de l'église du Sépulcre à Jérusalem. — Est nommé archevêque de Tyr, et va à Rome recevoir le manteau des mains du pape Honoré II. — Sa mort. — XVII, 298 et suiv., 336 (*Guillaume de Tyr*).

GUILLAUME, prieur de l'église du Sépulcre à Jérusalem. — Succède à Étienne dans le patriarcat de cette ville. — Sacre Baudouin III, roi de Jérusalem. — Sa mort. — XVII, 309, 451, 486 (*Guillaume de Tyr*).

GUILLAUME DE NORMANDIE, chevalier croisé. — Abandonne l'armée chrétienne, et retourne dans son pays. — IX, 177 (*Guibert de Nogent*).

GUILLAUME DE MONTPELLIER. — Prend la croix. — Est envoyé par Raimond de Saint-Gilles, avec d'autres chefs, à la tête de cinq cents chevaliers, pour s'emparer d'Antioche en l'absence de la garnison. — Dans le siège de Marrah, du haut d'une tour, il lance des pierres sur le rempart. — IX, 114, 220 (*Guibert de Nogent*); XVI, 49 (*Guillaume de Tyr*); XXVII, 451, 507 (*Orderic Vital*).

GUILLAUME CHARPENTIER, chevalier croisé. — Retenu prisonnier par l'empereur Alexis. — Sa délivrance. — Il abandonne l'armée chrétienne assiégée dans Antioche par Kerbogha. — Forcé d'y revenir, il est apostrophé par Boémond qui exige de lui le serment de ne plus déserter; mais il s'enfuit de nouveau peu de temps après, et se rend vers le comte Etienne, en Cilicie. — IX, 127, 129-131 (*Guibert de Nogent*), XVI, 89, 298 (*Guillaume de Tyr*);

XX, 412 (*Albert d'Aix*); XXIII, 158, 361 (*Raoul de Caen*; *Robert le Moine*); XXVII, 423 (*Orderic Vital*).

GUILLAUME, évêque de Paris. — Accompagne le comte Etienne dans son expédition à Jérusalem. — IX, 292 (*Guibert de Nogent*).

GUILLAUME SABRAN, chevalier croisé. — Assiége Jérusalem. — XVI, 453 (*Guillaume de Tyr*); XXIII, 454 (*Robert le Moine*).

GUILLAUME, fils de Bernard, duc de Septimanie. — S'empare par ruse de Barcelone en 850. — Prend aussi par trahison, dans les marches d'Espagne, les comtes Aledran et Isambard. — Est pris lui-même et tué à Barcelone. — IV, 146 (*Annales de Saint-Bertin*).

GUILLAUME PANTOUL. — Sous Guillaume le Conquérant fait des dons considérables au monastère de Saint-Evroul. — Dépouillé de ses biens par Robert de Bellême, il embrasse contre lui le parti de Henri 1er, roi d'Angleterre, qui lui confie deux cents chevaliers et l'envoie garder le château de Stafford. — Manière dont il parvient à faire rendre à Henri le château de Bridge. — Se rend dans la Pouille. — Obtient des reliques de saint Nicolas, et les rapporte en Normandie. — Sa mort. — XXVI, 411; XXVII, 191; XXVIII, 153 et suiv. (*Orderic Vital*).

GUILLAUME, duc d'Aquitaine. — Ses guerres avec Geoffroi, comte d'Anjou, au commencement du XI siècle. — Il est fait prisonnier, ce qui met fin à la guerre. — VII, 34 (*Fragmens de l'Histoire des Français*).

GUILLAUME, prince franc. — Assiége Barcelonne avec Louis le Débonnaire. — Ses hauts faits. — Soutient le parti de Louis le Débonnaire contre son fils Lothaire. — Est tué dans un combat. — III, 398 (*Vie de Louis le Débonnaire, par l'Astronome*); IV, 14 et suiv. (*Ermold le Noir*).

GUILLAUME, chef des Normands.

— Se soumet à Raoul, roi des Français, et reçoit de lui la terre de Bretagne. — VI, 99 (*Chronique de Frodoard*).

GUILLAUME ARNAULD DE TAULALQUE, chevalier gascon. — Défend Marmande contre le roi Louis VIII. — XV, 263 (*Guillaume de Puy-Laurens*).

GUILLAUME, duc d'Aquitaine, se soumet à Raoul, roi des Francs. — Traite avec Ragenold, chef des Normands. — Quitte le parti de Raoul, et est poursuivi par son armée. — VI, 80, 83, 88 (*Chronique de Frodoard*).

GUILLAUME, moine de Saint-Denis, confident et secrétaire de Suger, abbé de ce monastère. — Écrit la vie de celui-ci à la demande du moine Geoffroi. — Mérite de cette biographie. — Après la mort de Suger, Guillaume se brouille avec Odon de Saint-Denis, son successeur, et se retire en Poitou, dans le prieuré de Saint-Denis-en-Vaulx, qu'il refuse de quitter, malgré les sollicitations de ses anciens confrères. — VIII, xx (*Notice sur Suger*).

GUILLAUME LE BRETON. — Sa naissance, son éducation. — Il entre dans les ordres, et est bientôt appelé à la cour de Philippe-Auguste en qualité de chapelain. — Gagne la confiance du roi, qui l'envoie plusieurs fois à Rome pour obtenir son divorce avec Ingelburge. — Est chargé de l'éducation de Pierre Charlot, fils naturel de Philippe. — XII, x (*Notice sur Guillaume le Breton*).

GUILLAUME, abbé de Saint-Thierri. — Lié d'amitié avec saint Bernard, abbé de Clairvaux, le précède au tombeau. — Son ouvrage sur la vie de saint Bernard. — X (*Notice sur la Vie de saint Bernard*).

GUILLAUME DE NANGIS, chroniqueur, moine de Saint-Denis. — Sa vie est fort peu connue. — Ses ouvrages. — XIII (*Notice sur Guillaume de Nangis*).

GUILLAUME II, comte de Nevers. — Part en 1101 pour la Terre-Sainte, avec Robert son frère. — Son arrivée à Constantinople. — Dans leur route ils veulent joindre l'armée des Lombards. — Arrivés près de Stancone (on croit Iconium ou Konieh), Soliman et Doniman, qui huit jours avant avaient massacré les Lombards, viennent à la rencontre du comte de Nevers. — Après plusieurs combats, le comte et son frère prennent la fuite. — Il est dépouillé par les Turcopoles à qui il s'était confié, et arrive presque nu à Antioche, où il est accueilli par Tancrède. — XXI, 16 et suiv. (*Albert d'Aix*).

GUILLAUME III, comte de Nevers, fils de Guillaume II. — Continue les querelles qui régnaient entre son père et Pons, abbé de Vézelai, au sujet des redevances de ce monastère. — Sa mort peu après celle de Pons. — VII, 207 et suiv. (*Hugues de Poitiers*). Voy. PONS.

GUILLAUME IV, comte de Nevers. — Ses débats avec le monastère de Vézelai. — Il conteste l'élection de l'abbé Guillaume de Marlot. — Se rend avec les siens au monastère de Vézelai, en brise les portes, et massacre les moines qui s'y opposaient. — Exhorté inutilement à la paix par Louis le Jeune, roi des Français, et par le pape Alexandre III, il revient assiéger le monastère. — Un traité de paix est conclu. — Il l'enfreint et recommence les hostilités. — Enfin la paix s'établit solidement, et le comte accorde même dans la suite sa confiance à l'abbé. — VII, 207 et suiv. jusqu'à fin (*Hugues de Poitiers*).

GUILLAUME LE NÈGRE, Génois de la famille des Ambrios. — Est chargé du commandement de la flotte destinée à une expédition contre Frédéric II, empereur d'Allemagne. — Son orgueil. — L'entreprise échoue par sa faute. — Est vaincu par les Pisans, qui soutenaient le parti de l'empereur. — XIX, 495 et suiv. (*Bernard le Trésorier*).

GUILLAUME POINTEL, neveu de Raoul de Guitot. — Trahit le roi Henri 1er, qui lui avait confié la citadelle d'Evreux, et la livre à Amauri de Monfort. — Troubles qui s'ensuivirent dans le pays. — XXVIII, 272, 282 (*Orderic Vital*).

GUILLAUME BUSSAC, comte d'Eu. — Se déclare contre Guillaume le Bâtard, duc de Normandie. — Celui-ci s'empare du château d'Eu, et le force à s'exiler. — Guillaume se rend en France, où il est accueilli par le roi Henri 1er, qui lui donne le comté de Soissons et une femme noble. — XXIX, 296 (*Guillaume de Jumiége*).

GUILLAUME, abbé du Bec. — Sa mort. — XXIX, 275 (*Guillaume de Jumiége*).

GUILLAUME, frère utérin de Richard II, duc de Normandie. — Reçoit de celui-ci le comté d'Hiesme. — Se soulève contre lui, est fait prisonnier et renfermé dans la tour de Rouen. — S'en échappe au bout de cinq ans, et vient implorer la clémence de son frère qui lui pardonne, et lui donne le comté d'Eu avec une jeune fille nommée Lesceline. — Inspiré par cette pieuse épouse, il bâtit l'abbaye de Sainte-Marie à Saint-Pierre-sur-Dive. — XXVI, 11 (*Orderic Vital*); XXIX, 112, 113 (*Guillaume de Jumiége*).

GUILLAUME, abbé du monastère de Caen. — Parvient à l'archevêché de Rouen, et le gouverne pendant vingt-deux ans. — Inhume Guillaume le Conquérant et sa femme la reine Mathilde. — XXVI, 305, 364 (*Orderic Vital*).

GUILLAUME, fils de Guillaume, comte de Hertford. — A la mort de celui-ci, reçoit le château de Breteuil et toutes les autres possessions de son père en Normandie, dans le partage fait par Guillaume le Conquérant, entre lui et son frère Roger. — Ascelin Goël lui ayant enlevé la forteresse d'Ivri, il la rachète. — Sa vengeance. — Guerres qui s'ensuivirent. — Est défait et pris dans un combat. — La paix se rétablit entre eux, et Guillaume donne à Goël sa fille Isabelle, avec une dot considérable. — Soutient Robert, duc de Normandie, contre le rebelle Conan. — Dans la prise de Rouen, il fait prisonnier Guillaume, fils d'Ausger, et le délivre pour une rançon de trois mille livres. — Ses dons à l'abbaye de Saint-Evroul et à ses moines. — Sa mort. — XXVI, 391 et suiv.; XXVII, 291, 294, 313 (*Orderic Vital*).

GUILLAUME, fils d'Ausger, partisan de Conan, révolté contre Robert, duc de Normandie. — Dans la prise de Rouen par celui-ci, est fait prisonnier par Guillaume de Breteuil, et se rachète au moyen de trois mille livres. — XXVII, 313 (*Orderic Vital*).

GUILLAUME DE POITIERS, né à Préaux, en Normandie. — Etudie à Poitiers. — Suit d'abord la carrière des armes, et entre enfin dans l'église. — Devient chapelain de Guillaume le Conquérant, et ensuite archidiacre dans le diocèse de Lizieux. — Son Histoire de Guillame le Conquérant. — XXVI, 150, 209 (*Orderic Vital*); XXIX, 321 (*Notice sur Guillaume de Poitiers*).

GUILLAUME CHAUMONT. — Se soulève contre Etienne, roi d'Angleterre, et lui fait la guerre. — XXVIII, 492 (*Orderic Vital*).

GUILLAUME DE GANGES, illustre chevalier croisé. — Est fait prisonnier par les Turcs devant Tyr, qu'assiégeait Baudouin 1er, roi de Jérusalem. — XXI, 183 (*Albert d'Aix*).

GUILLAUME, fils d'Alain, châtelain et vicomte de Shrewsbury. — Se révolte contre Etienne, roi d'Angleterre. — Prend la fuite devant lui. — XXVIII, 514 (*Orderic Vital*).

GUILLAUME DE ROUMARE, châtelain du Neuf-Marché. — S'oppose au parti qui, en Normandie, faisait la guerre civile contre Henri 1er, roi d'Angleterre. — Est établi par le roi Etienne pour rendre la justice en Normandie. — Se révolte contre ce prince avec Ranulphe, comte de

Chester, son frère utérin. — Ils s'emparent par ruse de Lincoln. — Livrent devant cette ville une bataille à Etienne, dans laquelle celui-ci est complètement battu. — XXVIII, 275, 494, 525 et suiv. (*Orderic Vital*).

GUILLAUME, archevêque de Tyr. — On ignore le lieu où il naquit. — Ce fut probablement en Orient. — Etudie les lettres en Occident. — De retour à Jérusalem, il obtient la faveur du roi Amaury. — Devient en 1167 archidiacre de Tyr. — Est employé dans les affaires civiles par Amaury, qui l'envoie à Constantinople, auprès de l'empereur Manuel Comnène, pour traiter d'alliance. — Amaury lui confie l'éducation de son fils Baudouin, âgé de neuf ans. — A l'avénement de ce prince, en 1173, le crédit de Guillaume augmente. — Il est nommé chancelier du royaume, et en 1174 le clergé et le peuple, de la volonté du roi, l'élèvent à l'archevêché de Tyr. — En 1178, il vient à Rome pour assister au troisième concile de Latran. — Ses débats avec Héraclius, patriarche de Jérusalem. — Sa mort. — Ses ouvrages. — XVI, IV et suiv. (*Notice sur Guillaume de Tyr*).

GUILLAUME, fils de Giroie. — Restaure le monastère de Saint-Evroul. — Se fait moine. — Perfidie et mauvais traitement de Guillaume Talvas envers lui. — Ses donations à l'abbaye d'Ouche. — Se rend dans la Pouille auprès de son fils Guillaume, et meurt à Gaëte en s'en retournant. — XXV, 168 ; XXVI, 12 et suiv., 50, 51 (*Orderic Vital*).

GUILLAUME DE MONTREUIL, fils de Guillaume Giroie. — Subjugue la Campanie. — XXVI, 49 (*Orderic Vital*).

GUILLAUME D'ECHAUFFOUR, fils aîné d'Ernauld. — Dès son adolescence, se rend à la cour de Philippe-Auguste, dont il devient l'écuyer. — Se rend ensuite dans la Pouille, où il se distingue par plusieurs actions d'éclat. — XXVI, 104 (*Orderic Vital*).

GUILLAUME DE ROZ, clerc de Bayeux. — Ses dons à l'abbaye d'Ouche. — Se fait moine à Caen. — Est nommé abbé du monastère de Fécamp. — Sa mort. — XXVI, 122, 235, XXVIII, 237 (*Orderic Vital*).

GUILLAUME DE BELLÊME. — Ses guerres contre Herbert, comte du Maine. — Présente Giroie à Richard, duc de Normandie. — XXVI, 20, 21. (*Orderic Vital*).

GUILLAUME (saint), fils du comte Théodoric et d'Aldane. — Etabli duc d'Aquitaine par Charlemagne, après une vie toute militaire, bâtit un monastère près de Lodève, s'y fait moine, et remet ses Etats à ses fils Bernard et Guillaume. — XXVII, 6 (*Orderic Vital*).

GUILLAUME DE DIJON, abbé du monastère de Fécamp. — XXVI, 234, (*Orderic Vital*).

GUILLAUME, surnommé *Bonne-Ame*, fils de Radbod, évêque de Séez. — Gouverne la métropole de Rouen trente-six ans. — Accompagne l'abbé Théodoric dans un voyage à Jérusalem. — Celui-ci étant mort à Chypre, il le fait enterrer. — XXVI, 58 et suiv. (*Orderic Vital*).

GUILLAUME BALOT. — Gouverne pendant quatorze ans l'abbaye de Saint-Ouen. — XXVII, 378 (*Orderic Vital*).

GUILLAUME, surnommé *Calcul*, moine de Jumiége. — Son livre sur les exploits des Normands sous Guillaume le Bâtard. — XXVI, 67 (*Orderic Vital*) ; XXIX, VI (*Notice sur Guillaume de Jumiége*).

GUILLAUME DE MARLOT. — D'abord abbé pendant quinze ans de Saint-Martin-de-Pontoise. — Est élu par les moines de Vézelai, à la mort de l'abbé Pons. — Son élection, contestée par Guillaume IV, comte de Nevers, est confirmée par le pape Alexandre III. — Divisions entre le monastère de Vézelai et celui de Cluny. — Le pape Alexandre, venu en France, est accueilli par l'abbé Guillaume, et décide en faveur du monastère de Vézelai. — Assiégé par Guillaume iv, il s'enfuit à Givry, et de là va réclamer le secours du pape et celui de Louis le Jeune, dont l'intervention ne peut faire cesser les excès auxquels se livre le comte envers le monastère de Vézelai. — Après bien des persécutions, la paix est enfin solidement établie, et Guillaume obtient même dans la suite la confiance du comte de Nevers. — VII, 206-337 (*Hugues de Poitiers*).

GUILLAUME 1er, dit *le Mauvais*, fils de Roger, roi de Sicile. — Lui succède. — Son expédition en Egypte. — Attaque Andronic, usurpateur de l'empire de Constantinople. — Prend et ravage Thessalonique et d'autres villes. — Sa mort, en 1166. — XIII, 39 et suiv. (*Guillaume de Nangis*); XVIII, 183 (*Guillaume de Tyr*).

GUILLAUME II, dit *le Bon*, fils du précédent. — Lui succède à l'âge de douze ans. — Régence orageuse de sa mère Marguerite. — Il équipe une flotte pour envoyer des gens et des vivres aux Croisés. — Tromperie des Grecs, qui détruisent cette flotte. — XIII, 68 (*Guillaume de Nangis*); XIX, 147 et suiv. (*Bernard le Trésorier*).

GUILLAUME D'ARQUES. — Tourne ses armes contre son neveu Guillaume le Bâtard, en prenant part à la guerre de ce dernier contre le roi des Francs, par le conseil de Mauger son frère, archevêque de Rouen. — Guillaume le Bâtard prend Arques, tue Engelran, comte de Ponthieu, qui voulait se jeter dans la place, déshérite son oncle, et fait dégrader Mauger. — XXV, 168 (*Orderic Vital*); XXIX, 175, 344 (*Guillaume de Jumiége*; *Guillaume de Poitiers*).

GUILLAUME ADELIN, fils de Henri 1er, roi d'Angleterre. — Epouse à Lisieux la fille du comte d'Anjou. — Meurt dans un naufrage en retournant en Angleterre. — Histoire détaillée de ce naufrage. — XXVIII, 298, 353 (*Orderic Vital*).

GUILLAUME, comte de Mortain. — Soutient le parti du duc Robert contre son frère Henri 1er, roi d'Angleterre. — XXVIII, 195 (*Orderic Vital*).

GUILLAUME DE GUADER, neveu de Guillaume de Breteuil. — Veut lui succéder avec son frère Renaud de Draci. — Leurs guerres contre Eustache, que Guillaume de Breteuil avait eu d'une concubine. — XXVIII, 164 (*Orderic Vital*).

GUILLAUME, comte d'Evreux. — Fait partie de l'expédition de Robert, duc de Normandie, contre le Mans. — Ses guerres contre Raoul de Conches. — Guillaume le Roux lui confie la garde du Mans. — Par les conseils d'Helvise, sa femme, il veut bâtir une église. — L'ouvrage commencé est arrêté par les désordres. — Ayant déplu au roi Henri 1er, ils sont exilés en Anjou. — Il rentre en grâce. — Sa mort. — XXVIII, 43, 243, 266, 272 (*Orderic Vital*).

GUILLAUME, fils d'Osbern. — Fait élever deux monastères, l'un à Lire, l'autre à Cormeilles. — Ami de Guillaume le Bâtard, il l'aide à conquérir l'Angleterre. — Est établi par lui commandant d'une forteresse bâtie dans la ville de Winchester, et son lieutenant pour toute la partie septentrionale du royaume. — Le roi le charge de la défense d'une forteresse construite par lui dans Yorck. — Guillaume, assiégé par les Anglais révoltés, les disperse. — Reçoit de Guillaume le comté de Hertford et l'île de Wight. — Est envoyé par Guillaume en Normandie, pour gouverner cette province de concert avec la reine Mathilde. — Se rend en Flandre avec Philippe, roi des Français, pour porter secours à Baudouin contre Robert le Frison. — Leur défaite, où Guillaume périt. — XXVI, 158, 179, 210, 225, 226 (*Orderic Vital*); XXIX, 210 (*Guillaume de Jumiége*).

GUILLAUME GUALDÉ, chevalier de l'armée de Guillaume le Conquérant, roi d'Angleterre. — Combat et défait les deux fils de Harold qui, soutenus par Dirmet, roi d'Irlande, avaient débarqué à Exeter. — XXVI, 181 (*Orderic Vital*).

GUILLAUME MALLET, chevalier de l'armée de Guillaume le Bâtard. — Celui-ci lui fait remettre le corps de Harold, roi d'Angleterre, tué à la bataille d'Hastings, pour qu'il l'inhume sur le rivage de la mer. — Chargé du commandement d'un fort construit par Guillaume le Conquérant dans la ville d'Yorck, il annonce à celui-ci qu'il ne peut plus tenir contre les révoltés qui l'assiégeaient. — Le roi vient à son secours et les disperse. — XXVI, 145, 179 (*Orderic Vital*).

GUILLAUME PEVEREL. — Est chargé par Guillaume le Conquérant de la défense d'un fort qu'il venait de faire construire à Nottingham. — XXVI, 176 (*Orderic Vital*).

GUILLAUME DE LA FERTÉ. — Commande avec d'autres officiers, au nom de Guillaume le Conquérant, dans le comté du Maine. — En est chassé par les habitans révoltés. — XXVI, 245 (*Orderic Vital*).

GUILLAUME DE MERLERAULT, moine. — Son écrit sur la translation du corps de saint Josse et les miracles opérés par ses reliques. — XXVI, 135 (*Orderic Vital*).

GUILLAUME DE MOULINS. — Est envoyé par Guillaume le Conquérant au secours de Jean de La Flèche, contre Foulques le Réchin, comte d'Anjou. — XXVI, 247 (*Orderic Vital*).

GUILLAUME TALVAS. — Invite à ses noces Guillaume Giroie, et lui fait crever les yeux. — Odieux à tout le monde, il est, quelque temps après, dépouillé de ses honneurs par son propre fils nommé Arnoul. — XXVI, 13 (*Orderic Vital*); XXIX, 182 (*Guillaume de Jumiège*).

GUILLAUME REPOSTEL. — Est tué à la cour de Robert, duc de Normandie, par Osmond Drengot, dont il se vantait d'avoir déshonoré la fille. — XXVI, 47 (*Orderic Vital*).

GUILLAUME, fils de Gérard Fleitel, évêque d'Evreux. — Consacre Robert de Grandménil, abbé du monastère d'Ouche. — XXVI, 63 (*Orderic Vital*).

GUILLAUME, surnommé Grégoire, fils de Gui Bolleim. — Est consacré par son père à la vie religieuse, dans le monastère d'Ouche. — Ses talens. — XXVI, 72 (*Orderic Vital*).

GUILLAUME LE PRÉVOST. — Fait don à saint Evroul de l'église des Augerons, avec toute la terre du lieu. — XXVI, 72 (*Orderic Vital*).

GUILLAUME, prêtre de Saint-André d'Echaufour. — Est envoyé à Rome par Osbern, abbé d'Ouche. — Sujet de cette mission. — Son retour. — XXVI, 94, 95 (*Orderic Vital*).

GUILLAUME GOUET DE MONTMIRAIL. — Empoisonné par Mabille, fille de Talvas, en guérit. — XXVI, 102 (*Orderic Vital*).

GUILLAUME, fils d'Ingran. — Est chargé, par l'abbé Guillaume, du gouvernement du couvent de Saint-Michel, dans la ville de Mella. — XXVI, 85 (*Orderic Vital*).

GUILLAUME DE VARENNES. — Combat avec Guillaume le Conquérant à la bataille d'Hastings contre Harold. — Reçoit de Guillaume le comté de Surrey. — Pendant le second voyage du roi en Normandie, établi par lui justicier en Angleterre, il combat et défait, à Fagadon, Roger de Breteuil, comte de Hertford, et Raoul Guader, comte de Norwick, qui voulaient s'emparer du trône. — Aide Guillaume le Roux à comprimer la révolte de son oncle Eudes. — Est créé comte de Surrey par ce prince. — Meurt peu de temps après. — XXVI, 142, 213, 253, 254; XXVII, 234, 277 (*Orderic Vital*).

GUILLAUME, fils de Richard, comte d'Evreux. — Combat à la bataille d'Hastings dans l'armée de Guillaume le Bâtard. — XXVI, 142 (*Orderic Vital*).

GUILLAUME-LONGUE-EPÉE, successeur de Rollon, duc des Normands. — Bal Rioul, comte d'Evreux. — Est assassiné huit ans après, par Arnoul, comte de Flandre. — Son caractère et son histoire. — XXV, 156; XXVI, 9, 353 (*Olderic Vital*.); XXIX, 61 et suiv. (*Guillaume de Jumiége*).

GUILLAUME-LONGUE-EPÉE, fils de Guillaume l'Ancien, marquis de Montferrat. — Appelé en Terre-Sainte par Baudouin IV, roi de Jérusalem, épouse la sœur aînée de ce prince, qui lui donne les ports de Joppé et d'Ascalon et tout le comté.— Meurt peu de mois après. — XVIII, 330 (*Guillaume de Tyr*.).

GUILLAUME LE BATARD, fils de Robert, duc de Normandie. — A la mort de son père, les grands ne voulant pas le reconnaître, il se réfugie auprès de Henri 1er, roi des Français; et, soutenu par ce prince, rentre en Normandie; combat au Val-des-Dunes et défait ses parens et ses sujets révoltés. — Epouse Mathilde, fille de Baudouin, comte de Flandre. — A la mort d'Edouard le Confesseur, roi d'Angleterre, il rassemble ses barons et les consulte sur l'expédition qu'il méditait pour la conquête de ce pays. —Ayant obtenu leur assentiment, il envoie demander conseil au pape Alexandre, qui l'autorise à prendre les armes et lui envoie le drapeau de saint Pierre. — Préparatifs de guerre. — Débarquement de la flotte normande en Angleterre. — Bataille d'Hastings, dans laquelle est défait complètement et tué Harold, roi d'Angleterre. — Il refuse à Gita, mère de ce prince, le corps de son fils. — S'empare de Douvres. — Est reconnu comme seigneur par Stigand, archevêque de Cantorbéry, et quelques autres nobles. — Soumission de la ville de Londres.—Il y est sacré roi des Anglais.—Incident qui arriva pendant la cérémonie.—Fonde à Hastings l'abbaye de la Bataille. — Parcourt et soumet le royaume, à la tête de son armée. — Edwin et Morkar, puissans seigneurs du pays, se soumettent à lui, ainsi que d'autres grands. — Confie le gouvernement de Douvres et du pays de Kent à son frère Eudes, évêque de Bayeux. — Retourne en Normandie. — Ses dons aux églises de cette province. — Ses dispositions à l'égard de son gouvernement, qu'il confie à sa femme Mathilde et à son fils Robert. — Se rembarque pour l'Angleterre.—Siége et reddition d'Exeter. — Sa conduite envers les habitans de cette ville. — Fait venir auprès de lui sa femme Mathilde.— Révolte d'Edwin et Morkar. — Ils sollicitent et obtiennent leur grâce. — Soumission d'Yorck. — Il y fait construire un fort. — Traite avec Archill, le plus puissant seigneur de la Northumbrie, et ensuite avec Malcolm, roi d'Ecosse. — Nouvelle révolte des grands d'Angleterre qui attaquent Yorck. — Le roi marche contre eux et les défait. — Suénon, roi de Danemarck, envoie une flotte contre lui. — Il marche contre les Danois et les disperse. — Ses cruautés. — Son expédition victorieuse contre les peuples de Chester et du pays de Galles. — Son zèle pour les églises. — Sa conduite envers Morkar, qu'il assiège, prend et jette en prison. — Meurtre d'Edwin, frère de Morkar, qui s'était révolté contre le roi. — Il distribue les terres de l'Angleterre à ses hommes. — Se rend en Normandie après la mort de Guillaume, fils d'Osbern, qu'il en avait établi gouverneur. — Après la mort d'Herbert le Jeune, comte du Mans, il s'empare de ce pays. — Révolte des Manceaux. — Il les soumet. — Une conjuration le rappelle en Angleterre. — Il la trouve étouffée et en punit les auteurs. — Exécution de Guallève, comte de Northampton, qui avait été entraîné malgré lui par ceux-ci. — Son expédition contre les Bretons. — Il assiège Dol. — Se retire devant Alain-Fergant. — Conclut avec celui-ci un traité d'amitié, et lui donne en mariage sa fille Constance. — Convoque et célèbre un concile à Lillebonne, en 1080. — Statuts de ce concile. — Se brouille avec son fils Robert. — Réconciliation. — Nouvelle brouille. — Empêche son frère Eudes, évêque de Bayeux, de passer en Italie. — Réclame de Henri 1er le Vexin; et, sur son refus, lui fait la guerre. — Meurt à Rouen le 9 septembre 1087. — Abandon où il fut laissé à sa mort. — VII, 41 et suiv., 75, 78 (*Fragmens de l'histoire des Français; Chronique de Hugues de Fleury*); XXV, 166, 168-170; XXVI, 67, 68, 75, 86, 87, 97, 98, 99, 116 et suiv., 137 et suiv.; XXVII, 137, 165 et suiv., 192 et suiv. (*Orderic Vital*); XXIX, 226, 338, 351 et suiv., 362 et suiv., 392 et suiv. (*Guillaume de Jumiége; Guillaume de Poitiers*).

GUILLAUME LE ROUX, fils de Guillaume le Bâtard. — A la mort de son père, est sacré roi à Londres, par l'archevêque Lanfranc. — Révolte de son oncle Eudes, évêque de Bayeux, et de plusieurs grands. — Il l'assiége dans Rochester, qui se rend, et comprime la révolte. — Son amitié pour le clerc Ranulfe. — Effets des conseils pernicieux de ce favori. — Passe en Normandie avec une grande flotte. — Se réunit à Rouen et se réconcilie avec son frère Robert. — Révolte de Henri Cliton, son frère. — Il l'assiége sur le mont Saint-Michel et le force de se rendre. — Robert lui cède une grande partie de la Normandie. — Marche contre Robert de Mowbrai, révolté. — Celui-ci est fait prisonnier. — Punit différens seigneurs qui avaient trempé dans la conspiration. — Robert, partant pour Jérusalem, lui remet la Normandie. — Réclame le Vexin de Philippe, roi des Français; et, sur son refus, lui fait la guerre et ravage la France. — Une trêve est conclue, et il s'en retourne en Angleterre. — Ses guerres contre les Angevins et les Manceaux. — La paix est conclue entre eux, et le Mans lui est remis. — Repasse en Angleterre. — A l'annonce d'une nouvelle révolte des Manceaux, il revient de nouveau les soumettre. — Est tué à la chasse par Gaultier Tyrrel, le 2 août 1100. — XXVII, 221, 231 et suiv., 269 et suiv., 333 et suiv., 356 et suiv., 424 (*Orderic Vital*); XXVIII, 16 etc., 45 et suiv., 70, 71, 144 et suiv. (*Orderic Vital*).

GUILLAUME CLITON, fils de Robert, duc de Normandie. — Celui-ci ayant été pris à la bataille de Tinchebrai, Guillaume est amené vers Henri 1er, qui confie son éducation à Hélie de Saint-Saëns. — Plus tard, secondé par Louis le Gros, roi de France, et Baudouin VII, comte de Flandre, il veut rentrer en possession de l'héritage de son père, mais n'y peut réussir. — Guerres qui s'ensuivirent. — Après l'assassinat de Charles le Bon, il est élu comte de Flandre. — Insurrection en 1128 contre lui, à Lille et à Saint-Omer. — Ses contestations avec la ville de Gand. — Il est déposé, et Thierri est élu à sa place. — Guerre civile en Flandre entre ces deux prétendans. — Guillaume meurt, et Thierri est reconnu. — VIII, 334 et suiv. (*Vie de Charles le Bon*); XXVIII, 201, 269 et suiv., 405 et suiv. (*Orderic Vital*); XXIX, 262 (*Guillaume de Jumiége*).

GUILLAUME, fils d'Eudes, comte d'Orléans. — Arrêté en Bourgogne, comme coupable de conspiration, est décapité par ordre de Charles le Chauve, son cousin. — IV, 214 (*Annales de Saint-Bertin*).

GUILLAUME D'EU. — Convaincu d'avoir trempé dans la conspiration de Robert de Mowbrai, contre Guillaume le Roux, roi d'Angleterre, celui-ci lui fait crever les yeux et enlever les attributs de la virilité. — XXVII, 359 (*Orderic Vital*).

GUILLAUME DE GARLANDE. — Commande l'armée de Louis le Gros, roi de France, contre Henri 1er, roi d'Angleterre, en Normandie. — Défaite des Français.—XXVIII, 307, 308 (*Orderic Vital*).

GUILLAUME TROUSSEBOT, gouverneur de Bonneville. — Manière adroite dont il s'y prit pour repousser l'armée de Geoffroi, comte d'Anjou. — XXVIII, 518 (*Orderic Vital*).

GUILLAUME, fils de Roger de Saint-Laurent, chevalier d'une grande bravoure. — Est tué dans la guerre des seigneurs normands contre Henri 1er, roi d'Angleterre. — XXVIII, 314 (*Orderic Vital*).

GUILLAUME D'YPRES. — Fait partie de l'armée d'Etienne, roi d'Angleterre, contre Ranulphe, comte de Chester, et est le premier à fuir, à la bataille de Lincoln.— XXVIII, 528 (*Orderic Vital*).

GUILLAUME, dit *Giffard*, frère de Gaultier-Giffard, comte de Longueville, ex-chancelier de Guillaume le Roux.— Henri 1er, roi d'Angleterre, à son avènement lui confie le siége épiscopal de Winchester.—XXVIII 75 (*Orderic Vital*).

GUILLAUME DE GUAREL-GUEST. — Obtient l'évêché d'Exeter. — XXVIII, 9 (*Orderic Vital*).

GUILLEBERT DE MONTCLAR, chevalier croisé de la troupe de Baudouin. — Est fait prisonnier dans un combat entre celui-ci et Tancrède, et rendu après la réconciliation de ces deux chefs. — XVI, 176 (*Guillaume de Tyr*).

GUILLEBERT DE CASTRES, hérétique albigeois.— Soutient une controverse à Mont-Réal contre les catholiques. — XV, 225 (*Guillaume de Puy-Laurens*).

GUILLEBROD, Evêque des Frisons. *Voy.* WILLEBROD.

GUILULF, duc des Lombards. — Après avoir ravagé la Campanie, rentre dans ses domaines par les exhortations du pape Jean, qui lui fait porter beaucoup de présens pour le rachat des prisonniers. — XXV, 423 (*Orderic Vital*).

GUINEMER, chef de pirates flamands et Frisons. — Débarque à Tarse avec une flotte et se joint à Baudouin pour la délivrance de Jérusalem.—Assiége Laodicée, échoue et est fait prisonnier. — Est délivré d'après la demande de Godefroi, qui lui donne le commandement de sa flotte.—XVI, 174, 377, 378 (*Guillaume de Tyr*); XX, 120, 179, 288 (*Albert d'Aix*).

GUINILES LOMBARDS (les), peuples qui habitaient la Pannonie. — Sont engagés par Narsès, général de l'empereur Justinien, qui l'avait disgracié, à venir envahir l'Italie. — Ils l'envahissent en effet.—XXV, 410 (*Orderic Vital*).

GUINIMOND, émir turc.—Au siége de Jérusalem par les Croisés, défend la tour de David avec son neveu, le Persan Frigolinde.—XXVII, 529 (*Orderic Vital*).

GUIRAUD DE LAMOTHE, hérétique albigeois. — Se rend au secours de Toulouse contre l'armée de Simon de Montfort. — Est pris dans le château de Bécède et livré aux flammes. — XV, 173, 366 (*Histoire de la Guerre des Albigeois; des Gestes glorieux des Français*).

GUIRAUD DE GOURDON, seigneur de Caraman.— Se rend à Toulouse au secours de Raimond contre l'armée de Simon de Montfort.—XV, 173 (*Histoire de la Guerre des Albigeois*).

GUIRAUD D'AMANJEU. — Se rend au secours de Toulouse contre Simon de Montfort.— XV, 173 (*Histoire de la Guerre des Albigeois*).

GUIRAUDE, maîtresse du château de Lavaur.—Y est assiégée par Simon de Montfort, qui s'en empare.—Est précipitée dans un puits et écrasée de pierres. — XIV, 145 (*Pierre de Vaulx-Cernay*); XV, 62, 66, 237-338 (*Histoire de la Guerre des Albigeois; Guillaume de Puy-Laurens; Gestes glorieux des Français*).

GUITARD D'ADHÉMAR, seigneur de Montélimar.— Refuse de rendre ce château à Simon de Montfort; mais les habitans reçoivent celui-ci.— XIV, 335 (*Pierre de Vaulx-Cernay*).

GUITARD DE MARMANDE.—Se rend

au secours de Toulouse contre l'armée de Simon de Montfort. — XV, 173 (*Histoire de la Guerre des Albigeois*).

GUITIGIS. *Voyez* VITIGÈS.

GUITMOND, moine du couvent de la Croix-d'Elton. — Appelé par Guillaume le Conquérant, se rend en Angleterre, et refuse le gouvernement de l'Eglise, qui lui était offert par le roi et les grands du royaume. — Sa réponse au roi, qui le priait de rester avec lui en Angleterre. — Il retourne en Normandie. — Est fait cardinal de l'Eglise romaine par Grégoire VII. — Ordonné par le pape Urbain archevêque d'Averse, en Italie. — Meurt long-temps après. — XXVI, 217-225 (*Orderic Vital*).

GUIUMAR, fils du comte Alain. — Est fait prisonnier avec Baudouin II, roi de Jérusalem, et reste dans les fers pendant un an. — Histoire de leur captivité. — Leur délivrance. — XXVIII, 216 et suiv. (*Orderic Vital*).

GUITTARITH, roi des Vandales. — Est trompé et mis à mort par Bélisaire, général de l'empereur Justinien. — XXV, 408 (*Orderic Vital*).

GUNDERIC, roi des Vandales. — Fait à leur tête une irruption dans les Gaules, les ravage et se dirige sur l'Espagne. — Ses guerres contre les Suèves. — Sa mort. — I, 43, 44 (*Grégoire de Tours*).

GUNHARD, archevêque de Rouen. — Occupe ce siège pendant vingt-quatre ans. — XXVI, 352 (*Orderic Vital*).

GUNHIER. *Voy.* LANDRICI.

GUNHIER D'AUNAI, commandant de Bayeux pour le parti de Robert, duc de Normandie. — Est assiégé dans cette place par Henri I, roi d'Angleterre, et sommé de se rendre. — Il s'y refuse, et se rend seulement au roi Robert, fils d'Haimon, qu'il avait autrefois fait prisonnier. — La ville est prise, brûlée de fond en comble, et Gunhier fait prisonnier avec la garnison. — XXVIII, 191, 192 (*Orderic Vital*).

GUNNOR, sœur de Sainfrie, femme d'un forestier du domaine de Secheville. — Comment Robert, duc de Normandie, s'étant épris de la beauté de Sainfrie, celle-ci substitue en sa place sa sœur Gunnor, dont Robert eut trois fils et trois filles. — Epouse Richard I, duc de Normandie. — XXIX, 300-301 (*Guillaume de Jumiège*).

GUNTARD, comte franc, sous Charles le Chauve. — Est fait prisonnier dans un combat contre Lambert, comte de Nantes. — IV, 137 (*Annales de Saint-Bertin*).

GUTHLAC, fils de Penvald, descendant d'Icles, seigneur des Merciens. — Sa naissance marquée par un prodige. — Ses guerres contre ses ennemis. — Il se fait moine et se retire dans un ermitage désert. — Ses miracles. — XXVI, 259 et suiv. (*Orderic Vital*).

GUTUÈRE, femme de Baudouin I. — L'accompagne dans son expédition en Terre-Sainte. — Meurt à Marrah. — XVII, 48, 49 (*Guillaume de Tyr*).

GUY DE LA ROCHE-GUYON. — Livre, pour de l'argent, aux troupes de Guillaume le Roux, roi d'Angleterre, les châteaux de la Roche-Guyon et de Véteuil. — XXVIII, 17 (*Orderic Vital*).

GUZ, un des primats de Coloman, roi de Hongrie. — Se concerte avec Nicétas, prince bulgare, pour combattre les troupes de Pierre l'Ermite et les dépouiller. — Ils attaquent l'avant-garde. — Pierre en étant informé, joint les Hongrois près d'une ville appelée Malaville (Semlim). — Un combat s'engage, et les Hongrois, battus d'abord, font ensuite un grand massacre des Croisés. — XX, 9 et suiv. (*Albert d'Aix*).

H

HAALON, puissant prince tartare. — S'empare de Bagdad, résidence des califes, et fait mourir de faim le calife lui-même. — Pendant qu'il était en proie à la faim, Haalon fait placer devant lui de l'or, qu'il aimait, dit-on, beaucoup, et lui dit: Mange ce métal. — XIII, 168 (*Guillaume de Nangis*).

HADEWERCK, un des plus puissans seigneurs de la Westphalie. — Se rend à Jérusalem avec d'autres Croisés, sous le règne de Baudouin 1er. — Ils débarquent à Joppé, dont leur arrivée fait lever le siége aux Sarrasins. — XXI, 49 (*Albert d'Aix*).

HADUMAR, comte de Gênes. — Est tué dans un combat contre les Maures. — III, 56 (*Annales d'Eginhard*).

HAGANON, conseiller et favori de Charles le Simple, roi des Francs. — Les grands abandonnent ce monarque à cause de lui. — Assiége Laon avec Charles; mais sans succès. — VI, 70, 74 (*Chronique de Frodoard*).

HAIDON, évêque de Bâle. — Est envoyé par Charlemagne à Constantinople, pour confirmer la paix avec l'empereur Nicéphore. — III, 66 (*Annales d'Eginhard*).

HAIMERI DE VILLEROI. — Avec d'autres seigneurs du Bellêmois, défend le château de Bellême contre Henri 1er, qui s'en empare au bout de trois jours. — XXVIII, 268 (*Orderic Vital*).

HAIMOND, disciple de maître Gerbert. — Ses écrits. — XXV, 163 (*Orderic Vital*).

HAKEM BAMRILLAH, troisième calife Fatimite en Egypte. — Sa cruauté. — Ses persécutions contre les chrétiens. — Sa mort. — XVI, 9-13 (*Guillaume de Tyr*).

HALITGAIRE, évêque de Cambrai. — A la sollicitation d'Ebbon, archevêque de Rheims, écrit six livres sur les remèdes contre les péchés, l'ordre et les jugemens de la pénitence. — V, 194 (*Frodoard, Histoire de l'église de Rheims*).

HAM, château appartenant à Hébrard. — Est pris par Herbert, comte de Vermandois. — VI, 98 (*Chronique de Frodoard*).

HANNIBALDI. *Voy.* URSINS.

HARDERAD, chevalier franc. — Reste un des derniers à défendre la tour de Paris contre les Normands. — Ils se rendent et sont massacrés. VI, 30, 31 (*Abbon, Siége de Paris par les Normands*).

HARDIN, chevalier anglais. — Se rend à Jérusalem, sous le règne de Baudouin 1er, avec d'autres Croisés. — Ils débarquent à Joppé, et font lever le siége de cette ville aux Sarrasins. — XXI, 49 (*Albert d'Aix*).

HARENC, château de Syrie. — Victoire que Boémond remporte sous ses murs contre les Turcs, qui se jettent dans le château et y mettent le feu. — IX, 135 et suiv. (*Guibert de Nogent*).

HAROLD, roi des Danois. — Après la mort de Guillaume Longue-Epée, duc de Normandie, il est appelé dans ce pays par Bernard le Danois, et s'y rend avec une armée. — Livre à Louis d'Outremer, roi des Français, une bataille dans laquelle ce dernier est vaincu et fait prisonnier. — XXVI, 354; XXVII, 76 (*Orderic Vital*).

HAROLD, ou HÉBOLD, HÉRALD, HARALD, fils de Godwin, et l'un des plus puissans comtes de l'Angleterre. — Est envoyé par Edouard le Confesseur vers Guillaume le Bâtard, duc de Normandie, pour lui garantir l'héritage du trône d'Angleterre, et lui engage sa foi. — A la mort d'Edouard, il s'empare de tout le royaume. — Refuse de le rendre au duc Guillaume. — Epouse Aldith, veuve de Grithfried, roi de Galles. — Ses guerres contre son frère Toustain. — Il le tue dans une bataille, ainsi que Hérald, roi de Norwége, qui était venu à son secours. — Attaqué par le duc Guillaume, il est vaincu et tué à la bataille d'Hastings, en 1066. — XXV, 169; XXVI, 11 et suiv., 136 et suiv., 364 (*Orderic Vital*); XXIX, 220, 221, 224, 225 et suiv., 386 et suiv. (*Guillaume de Jumiège; Guillaume de Poitiers*).

HAROUN RASCHILD, roi des Perses. — Ses relations amicales avec Charlemagne. — III, 139, 140 (*Vie de Charlemagne*, par *Eginhard*; XVI, 6 (*Guillaume de Tyr*).

HARPIN. *Voy.* HERPIN.

HARTRAD, comte franc. — Est regardé comme l'auteur d'une conspiration parmi les Francs orientaux contre l'empereur Charlemagne, qui la dissipa de suite. — III, 29 (*Annales d'Eginhard*).

HARTWIG DE SAINT-MÉDARD, chevalier croisé de l'armée de Guillaume de Poitiers. — Est fait prisonnier par les Bulgares. — Mais le duc des Bulgares ayant aussi été pris par Guillaume, la paix se rétablit, et les prisonniers sont rendus. — XXI, 8, 33 (*Albert d'Aix*).

HASTINGS, homme de la plus basse classe des paysans, né à Tranquille, petit village du diocèse de Troyes. — S'enfuit chez les Normands, et devient bientôt leur chef. — Son irruption dans les Gaules. — Ravages qu'il y commet. — Son entreprise sur Rome. — Traite avec Charles le Chauve, roi des Francs, qui lui cède la ville de Chartres. — IV, 314 (*Annales de Saint-Bertin*); VI, 192 et suiv. (*Chronique de Raoul Glaber*); XXIX, 20 et suiv. (*Guillaume de Jumiège*).

HAUTMONT, château appartenant à l'église de Rheims. — Est pris par le comte Erlebald. — Est saccagé par Charles le Simple. — VI, 70, 73 (*Chronique de Frodoard*).

HAUTPOUL, château du pays des Albigeois. — Est pris par Simon de Montfort. — XIV, 187-189 (*Pierre de Vaulx-Cernay*).

HEBBE. — Est envoyé avec des présens vers l'empereur Charlemagne par Hemming, roi des Danois. — III, 68 (*Annales d'Eginhard*).

HÉBRARD, maître du château de Ham. — Y est assiégé et pris par Herbert, comte de Vermandois. — VI, 98 (*Chronique de Frodoard*).

HEDWICE, fille d'Othon, empereur d'Allemagne. — Epouse Hugues le Grand d'Orléans, duc des Français. — XXV, 158 (*Orderic Vital*).

HÉGÉSIPPE, homme saint et savant, peu éloigné du temps des Apôtres. — Ses commentaires. — XXV, 287 (*Orderic Vital*).

HÉLÈNE (sainte), mère de Constantin le Grand. — Fait construire des églises chrétiennes. — Paraît en public baisant les genoux du pape Sylvestre. — Translation de son corps au monastère de Haut-Villiers. — V, 157 et suiv. (*Frodoard, histoire de l'Église de Rheims*); IX, 17 (*Guibert de Nogent*); XXV, 393 (*Orderic Vital*).

HELGAUD, Français maritime. — Fait la guerre aux Normands. — Est tué dans un combat contre eux. — VI, 86, 87 (*Chronique de Frodoard*).

HELGAUD, moine de Saint-Fleury ou Saint-Benoît-sur-Loire, sous l'abbé Gosselin. — Sa Vie du roi Robert, écrite probablement après l'année 1042. — Caractère de cet ouvrage. — Sa mort est marquée en 1048. — VI, 359 et suiv. (*Notice sur Helgaud*).

HELGON, chevalier très-puissant de la Normandie. — Marie sa fille à Giroie. — Sa mort. — XXVI, 19 (*Orderic Vital*).

HELGOT, prieur de Caen. — Son érudition. — Succède à Nicolas dans l'abbaye de Saint-Ouen, qu'il gouverne pendant vingt ans. — XXVII, 378 (*Orderic Vital*).

HELMÉCHIE, écuyer d'Alboin, roi des Lombards. — Le tue à l'instigation de sa femme Rosemonde. — XXVI, 345 (*Orderic Vital*).

HELPON, duc saxon. — Vient avec ses troupes au secours d'Ansegise, pour l'aider à reprendre l'archevêché de Troyes. — Est tué dans le combat. — XXV, 158; XXVII, 129 (*Orderic Vital*).

HELVISE, comtesse d'Evreux. — Ses querelles avec Isabelle de Conches, troublent la province d'Evreux. — XXVII, 302 (*Orderic Vital*).

HÉLIE, fils de Jean de la Flèche. — Epouse la fille de Robert, duc de Normandie, à qui il reste fidèle. — Achète de Hugues le comté du Maine. — Combat et défait Robert de Bellême. — Détails concernant Hélie. — Est fait prisonnier par Robert de Bellême, qui le conduit à Guillaume le Roux. — Celui-ci s'empare du Maine. — Soumission de divers seigneurs du pays. — Sa délivrance. — Après le départ du roi d'Angleterre, il recommence la guerre. — A la mort de ce prince, il s'empare du Mans, et gouverne ce comté jusqu'à sa mort. — XXVII, 278, 290; XXVIII, 25 et suiv., 45 et suiv., 78 et suiv. (*Orderic Vital*).

HELVIUS PERTINAX, empereur romain. — Règne six mois, et meurt par l'entreprise criminelle de Didius Julien. — XXV, 112 (*Orderic Vital*).

HÉLINAND, homme d'une famille obscure. — Sa faveur auprès d'Edouard, roi des Anglais, dont il devient le chapelain. — Est envoyé souvent auprès de Henri, roi de France. — Obtient de ce prince, par d'immenses présens, d'être élevé au siége de Laon, où il fait bâtir et embellir des églises. — Parvient au siége de Rheims. — X, 3 et suiv. (*Vie de Guibert de Nogent*).

HEMMING, neveu de Godefroi, roi des Danois. — Lui succède et fait la paix avec l'empereur Charlemagne. — Sa mort. — III, 66, -68 (*Annales d'Eginhard*).

HENRI, duc de Saxe. — Vient au secours de Paris contre les Normands. — Il est tué. — IV, 322 et suiv. (*Annales de Metz*); VI,

37, 47 (*Abbon, Siége de Paris par les Normands*).

HENRI, surnommé *le Sanglier*. — Succède à Daimbert, archevêque de Sens. — XIII, 8 (*Guillaume de Nangis*).

HENRI, fils de Frédéric II, empereur d'Allemagne. — Accusé près de lui de rébellion, est jeté dans un cachot et y meurt. — XV, 384 (*Des Gestes glorieux des Français*).

HENRI DE SALM. — Est déterminé par un miracle de saint Bernard à cesser ses violences contre la ville de Metz. — X, 429, 430 (*Geoffroi de Clairvaux*).

HENRI, abbé des monastères de Saint-Rémy, de Homblières et de Nogent. — Son habileté. — Il confie le gouvernement de sa troisième abbaye au moine Godefroi. — IX, 484, 485 (*Guibert de Nogent*).

HENRI, hérésiarque. — Son hérésie, répandue dans le Toulousain, est réprimée par saint Bernard. — X, 343, 344 (*Geoffroi de Clairvaux*).

HENRI, évêque de Winchester, frère d'Etienne, roi d'Angleterre. — Après la défaite de celui-ci à la bataille de Lincoln, abandonne son parti, et reçoit favorablement la comtesse Mathilde. — XXVIII, 531 (*Orderic Vital*).

HENRI, fils de David, roi d'Ecosse. — Approuve le traité de son père avec Etienne, roi d'Angleterre. — Amoureux d'Adeline, fille de Guillaume de Varenne, il l'épouse, et cette union l'attache aux Normands. — XXVIII, 515 (*Orderic Vital*).

HENRI, fils de Richard, roi d'Allemagne. — Est tué par les fils de Simon de Montfort. — XV, 325, 393 (*Guillaume de Puy-Laurens; Des Gestes glorieux des Français*).

HENRI, élu sénateur des Romains. — Soutient Conradin contre Charles, roi de Sicile; il est vaincu et pris dans une bataille. — XV, 319, 320 (*Guillaume de Puy-Laurens*).

HENRI, fils de Simon de Montfort, comte de Leicester. — Est tué avec son père par Edouard, fils de Henri

11. — XV, 387 (*Des Gestes glorieux des Français*).

HENRI DE HACHE. — Prend la croix. — Repousse avec valeur les Turcs qui assiégeaient l'armée chrétienne dans Antioche. — Sa mort. — XVI, 49, 306, 347 (*Guillaume de Tyr*); XX, 82 (*Albert d'Aix*).

HENRI, duc de Bourgogne. — Meurt sans enfans, et institue Robert, roi des Francs, héritier de son duché. — VI, 224 (*Raoul Glaber*); XXVII, 134 (*Orderic Vital*); XXIX, 130 (*Guillaume de Jumiége*).

HENRI, comte de Champagne. — Partant pour la Terre-Sainte, confie à sa mère la garde de ses domaines. — Richard, roi d'Angleterre, son oncle, voulant quitter la Terre-Sainte, remet entre ses mains le gouvernement de tout le pays qu'y occupaient les Chrétiens. — Sollicite et obtient une trêve du sultan Saladin. — Conditions de cette trêve. — Est élu roi de Jérusalem. — A la veille de porter secours à la ville de Jaffa, assiégée par les Sarrasins, il se laisse tomber d'une fenêtre, et meurt de cette chute, en 1197. — XI, 109-111, 138 (*Rigord, Vie de Philippe-Auguste*); XIX, 205 et suiv., 233 (*Bernard le Trésorier*); XXII, 263 (*Jacques de Vitry*).

HENRI, roi de Danemarck. — Est, en 1252, jeté dans la mer par Abel, son plus jeune frère, qui voulait régner à sa place. — XIII, 163 (*Guillaume de Nangis*).

HENRI III, comte de Bar, mari d'Eléonore, fille de Richard IV, roi d'Angleterre. — Envahit le comté de Champagne, qui appartenait par droit de succession à Jeanne, reine des Français, et y commet de grands ravages. — Est forcé de s'en retourner pour défendre son comté de Bar, attaqué et dévasté par Gautier de Crécy, par ordre de Philippe le Bel. — Obtient de ce roi une trêve d'un an. — Se rend auprès de lui et obtient son pardon à force de supplications. — XIII, 229, 230, 237, 240 (*Guillaume de Nangis*).

HENRI, frère de Baudouin IX, empereur de Jérusalem. — Comme il se rendait à Andrinople pour soutenir son frère qui l'assiégeait, rebrousse chemin en apprenant qu'il avait été défait et tué par Joannice, roi des Bulgares, et échappe à ceux-ci. — Est créé empereur à la place de son frère. — Fait la paix avec les Bulgares. — Parcourt la Grèce avec une armée, soumet ce qui lui résiste, et étend sa domination. — Sa mort, en 1216. — XIII, 94, 104 (*Guillaume de Nangis*); XIX, 321-329 (*Bernard le Trésorier*).

HENRI Ier, dit *l'Oiseleur*, roi de Germanie. — Fait la paix avec Charles le Simple, roi des Francs. — Traite avec Robert. — Ravage la Lorraine sur l'invitation de Gislebert. — Passe le Rhin et s'empare de Tolbiac. — Revient chez lui et reçoit des otages de Gislebert. — La Lorraine se donne à lui. — Traite avec Hugues le Grand et le comte Héribert. — Passe le Rhin et assiège le château de Durfos contre le comte Boson, qui se soumet à lui. — Héribert se donne à lui. — Marche contre les Hongrois, et les défait. — VI, 72, 75, 79, 86, 87, 89, 92 et suiv. (*Chronique de Frodoard*); XXV, 156 (*Orderic Vital*).

HENRI II, empereur d'Occident. — Succède à Othon III. — Son expédition contre les Grecs. — VI, 241 et suiv. (*Raoul Glaber*); XXV, 164 (*Orderic Vital*).

HENRI III, dit *le Noir*, fils de l'empereur Conrad le Salique. — Déjà roi des Saxons du vivant de son père, est établi, après la mort de celui-ci, empereur des Romains. — Epouse une fille de Guillaume, duc de Poitiers, appelée Agnès. — Soumet les Hongrois, et les rend tributaires après plusieurs combats. — Ses vertus ternies par son libertinage. — VI, 344 et suiv. (*Chronique de Raoul Glaber*).

HENRI IV, empereur d'Allemagne. — Est attaqué et défait par Godefroi, duc de Lorraine, dont il avait répudié la sœur. — Ses vices. — Il est excommunié par le pape Grégoire VII, qui le dépouille de la couronne romaine, qu'il donne au comte Conrad. — Après un an de tranquillité, Henri rassemble une armée, attaque et défait Conrad, et l'égorge. — Recouvre son empire. — Assiége et soumet Rome. — En chasse Grégoire VII, et nomme à sa place l'anti-pape Guibert. — Est chassé du trône par son fils. — Sa mort. — XVI, 34, 35 (*Guillaume de Tyr*); XXVI, 75; XXVII, 139 et suiv.; XXVIII, 3, 4 (*Orderic Vital*).

Henri V, fils de Henri IV, empereur d'Allemagne. — Chasse son père du trône et s'en empare. — La 5e année de son règne, il assiége Rome. — Il y est reçu après un traité. — Sa violence envers le pape Pascal occasione de grands troubles dans la ville. — Il en est chassé trois fois, et forcé enfin de se retirer. — Ses démêlés avec le pape Gélase, dont il conteste l'élection, établissant à sa place, sous le nom de Grégoire VIII, un Espagnol nommé Bourdin. — Il traite avec Calixte II, au sujet de la querelle des investitures qui sont abolies, et la paix se rétablit. — Rassemble une armée contre Louis le Gros, roi des Français, et envahit la Champagne. — Est forcé par les troupes de Louis de s'en retourner chez lui. — Sa disparition. — Récits auxquels elle donna lieu. — Sa mort. — XIII, 5, 8-11 (*Guillaume de Nangis*); XVII, 292 (*Guillaume de Tyr*); XXV, 170, 172; XXVIII, 4, 5, 400 (*Orderic Vital*).

Henri VI, fils de Frédéric Ier, empereur d'Allemagne. — Lui succède. — Après la mort de Tancrède, roi de Sicile, et de Roger son fils, Henri attaque la Pouille et la Sicile, et les soumet, en 1195. — S'en retourne en Allemagne, et laisse à Palerme sa femme et son fils Frédéric. — XIII, 77, 82 (*Guillaume de Nangis*).

Henri VII, *de Luxembourg*. — Elu roi des Romains en 1309, envoie à Avignon son décret d'élection au pape Clément V, qui l'approuve et lui donne la consécration impériale. — Entre en Italie à la tête d'une armée, reçoit la couronne de fer à Milan, et, dans cette ville même, livre à ceux qui s'opposaient à lui un combat dans lequel il est vainqueur. — Ses divers combats en Italie et à Rome, où il est couronné. — Assiége Florence, et brûle une partie de la ville. — Robert, roi de Sicile, s'étant révolté contre lui, il le cite à comparaître en sa présence à Arezzo. — Celui-ci ne l'ayant pas fait, Henri marche contre lui. — Après de glorieuses victoires, attaqué de la fièvre, ou, selon d'autres, empoisonné, il meurt près de Bénévent. — XIII, 275 et suiv., 296 (*Guillaume de Nangis*); XV, 407 (*Gestes glorieux des Français*).

Henri Ier, fils de Robert II, roi des Français. — Lui succède. — Ses démêlés avec Eudes, puissant seigneur. — Il lui fait la guerre, et le force à se soumettre. — Renouvelle un traité de paix avec Conrad. — Epouse Mathilde, d'une noble famille de Germanie. — Donne à son frère Robert le duché de Bourgogne. — Constance, leur mère, arme contre lui Eudes, comte de Chartres, et d'autres grands de la Gaule. — Henri s'empare des villes et châteaux qu'elle lui avait enlevés, et l'oblige à se rendre. — Disperse trois fois l'armée d'Eudes, et le contraint à demander la paix. — Les fils d'Eudes, Etienne et Thibaut, après la mort de leur père, se révoltent contre Henri et séduisent son frère Eudes. — Funestes effets de cette guerre. — Henri s'empare de son frère, et le met en garde à Orléans. — En vient aux mains avec Etienne et le met en fuite. — Accueille Guillaume le Bâtard, fils de Robert, duc de Normandie, chassé par les Normands, à la mort de son père. — Entre avec lui en Normandie à la tête d'une armée, défait ses ennemis, et le rétablit à la tête de son duché. — Plus tard, il envahit son territoire avec Geoffroi, comte d'Anjou. — Mathilde étant morte, il épouse Anne, fille de Jaroslas, roi de Russie. — Meurt à Vitri, en 1060, après un règne de trente ans. — VI, 283 et suiv.; 323 (*Chronique de Raoul Glaber*); VII, 35 et suiv., 73 (*Fragmens de l'Histoire des Français; Hugues de Fleury*); XXV, 166 et suiv.; XXVI, 66, 74; XXVII, 136 et suiv., 192 et suiv. (*Orderic Vital*); XXIX, 143 (*Guillaume de Jumiège*).

HENRI CLITON, comte du Cotentin, frère de Guillaume le Roux. — Passe en Angleterre et réclame de celui-ci les possessions de leur mère. — Il en obtient ce qu'il désire. — Se disposant à retourner en Normandie, il est arrêté et jeté en prison par des émissaires de son frère Robert, duc de ce pays. — Sa délivrance. — Vient au secours de Robert, contre la conspiration de Conan. — Celui-ci ayant été fait prisonnier, Henri le précipite du haut de la tour de Rouen. — Ses préparatifs de guerre contre Guillaume le Roux. — Assiégé dans le mont Saint-Michel par le roi et le duc Robert, il se rend, livre toutes ses places et passe en France. — Invité par les habitans de Domfront, il prend possession de cette ville. — Prend les armes contre Robert, et ravage ses terres. — Aide Guillaume le Roux dans sa guerre contre Philippe, roi des Français. — A la mort de son frère Guillaume, il s'empare de ses trésors. — Est sacré roi à Londres. — Sa sagesse, sa force d'âme. — Robert son frère, duc de Normandie, revenant de la Terre-Sainte, réclame ses droits à la couronne d'Angleterre, équipe une flotte et débarque à main armée en Angleterre. — Des médiateurs concluent la paix entre eux. — Plus tard Robert ayant voulu se rendre maître de plusieurs places fortes en Normandie, Henri marche contre lui, le défait, et le fait prisonnier. — En 1109, après avoir pourvu à l'administration de l'Angleterre, il vient en Normandie, et y rétablit l'ordre. — Ses démêlés avec Louis le Gros, roi de France, pour le château de Gisors, limite des propriétés des deux rois. — Guerre qui s'ensuivit. — Guillaume, fils de Henri, prête foi et hommage à Louis, qui consent à augmenter son fief du château de Gisors. — Sa mort, en 1135. — VIII, 7 et suiv., 56 et suiv. (*Suger, Vie de Louis le Gros*); XVII, 25 et suiv. (*Guillaume de Tyr*); XXV, 171, 172, 173; XXVII, 251, 252, 265, 309 et suiv.; 333, 334, 338, 339, 365; XXVIII, 17, 71 et suiv., 269 et suiv. (*Orderic Vital*).

HENRI II, roi d'Angleterre. — D'abord duc de Normandie et comte d'Anjou. — Monte sur le trône après la mort d'Etienne. — Epouse Eléonore d'Aquitaine, divorcée d'avec Louis le Jeune. — Sous son règne, les Normands s'emparent de la plus grande partie de l'Irlande. — Ses guerres avec ses trois fils Henri, Richard et Geoffroi, soutenus par Louis le Jeune, roi des Francs. — La paix se rétablit. — Meurt à Chinon, et est enseveli à Fontevrault. — XII, 95 (*la Philippide*); XIII, 36, 38, 39, 47, 48 (*Guillaume de Nangis*).

HENRI III, roi d'Angleterre, fils de Jean-Sans-Terre. — Vient en France et fait la paix avec saint Louis, auquel il cède toutes ses prétentions sur la Normandie, les comtés d'Anjou, du Mans, de Touraine, de Poitou, recevant de lui en fief diverses terres en Gascogne et toute l'Aquitaine. — En 1263, il établit des statuts avantageux à l'Etat et jure de les observer. — Dans la suite ayant manqué à son serment, les comtes de Leicester et de Glocester et autres grands du pays, se révoltent contre lui. — Il est vaincu et fait prisonnier dans une bataille livrée près de Lewes. — XIII, 172 et suiv. (*Guillaume de Nangis*); XV, 321, 322, 386 (*Guillaume de Puy-Laurens; des Gestes glorieux des Français*).

HENRI, comte d'Eu. — Seconde les seigneurs révoltés contre Henri 1er, roi d'Angleterre, afin de rétablir dans ses Etats Guillaume Cliton, son cousin. — Le roi, instruit de ses manœuvres, le fait arrêter à Rouen et le force, dans les fers, à lui remettre ses places. — XXVIII, 273 (*Orderic Vital*).

Henri, fils de Hugues le Grand. — Succède à son frère Othon, dans le duché de Bourgogne. — Aide Lothaire II contre l'empereur Othon. — XXV, 158, 159 (*Orderic Vital*).

Henri, comte de Warwick. — Epouse Marguerite, fille de Geoffroi, comte de Mortagne. — XXVII, 262 (*Orderic Vital*).

Héracléas. — Sa réputation comme savant. — XXV, 114 (*Orderic Vital*).

Héraclée, ville de Terre-Sainte. — Les Croisés y défont une armée de Turcs et entrent dans la ville. — IX, 106 (*Guibert de Nogent*).

Héracléonas, empereur de Constantinople. — Règne deux ans avec sa mère Martine. — XXV, 139 (*Orderic Vital*).

Héraclius, patrice des provinces d'Afrique. — Son élévation à l'empire. — Ses guerres contre Chosroès, roi des Perses. — Il le défait, le chasse de l'empire, va en Perse, et s'empare de ce pays. — En rapporte la croix du Seigneur, et fait reconstruire l'église de Jérusalem. — Son goût pour l'astrologie. — Sa prévision sur les incirconcis; il chasse tous les Juifs de son royaume, et engage Dagobert Ier à en faire autant. — Irruption des Sarrasins dans ses Etats. — Il les défait. — Sa mort. — II, 206-210, 290 (*Chronique de Frédégaire; Vie de Dagobert Ier*); XVI, 1 et suiv. (*Guillaume de Tyr*); XXV, 137; XXVI, 336 (*Orderic Vital*).

Héraclius, tribun d'une légion romaine stationnée dans la Gaule. — Périt dans un combat contre les Francs. — I, 63 (*Grégoire de Tours*).

Héraclius, prêtre de Bordeaux. — Est nommé évêque de Saintes à la place d'Eméri, destitué par un synode d'évêques. — Charibert, roi de Paris, refuse de ratifier sa nomination, et rétablit Eméri. — I, 179, 180 (*Grégoire de Tours*).

Héraclius, prêtre de Bordeaux. — Succède à Fronton, évêque d'Angoulême. — Ses démêlés avec Nantin, comte de cette ville. — Il lui refuse la communion. — Sa mort. — I, 274, 275 (*Grégoire de Tours*).

Héraclius. — Est nommé patriarche de Jérusalem par l'influence de la mère du roi Baudouin V, et contre l'avis de Guillaume de Tyr. — Ayant su que celui-ci se rendait à Rome pour agir contre lui, il envoie après lui son médecin qui l'empoisonne. — XIX, 81 (*Bernard le Trésorier*).

Hérald, surnommé *Harafage*, roi de Norwège. — Accueille Tostig, frère d'Harold, roi d'Angleterre, contre lequel il vient lui demander du secours. — Equipe une flotte, débarque avec Tostig en Angleterre, et périt avec lui dans la bataille livrée contre Harold, près d'Yorck. — XXVI, 117, 136, 137 (*Orderic Vital*).

Herbert le jeune, comte du Mans. — Sa mort, en 1064. — XXVI, 97 (*Orderic Vital*).

Herbert, surnommé *Eveille-Chien*, comte du Mans. — Ses guerres contre Foulques, comte d'Anjou. — XXVI, 243, 244 (*Orderic Vital*).

Herbert Losengia. — Obtient l'évêché de Hereford. — XXVIII, 9 (*Orderic Vital*).

Herbold, évêque d'Auxerre. — Attaché au parti de Lothaire contre Louis le Débonnaire, il abandonne son siége pour s'enfuir avec lui, quand ce prince fut obligé de mettre son père en liberté. — V, 206 (*Frodoard, Histoire de l'Eglise de Rheims*).

Hercule Maximien, empereur d'Occident. — Règne vingt ans avec Dioclétien. — Persécute les Chrétiens. — Dépose la pourpre à Milan. — XXV, 118 (*Orderic Vital*).

Héribert, comte de Vermandois.

— Combat contre Charles le Simple, et refuse à ses instances de rentrer dans son parti. — S'empare de ce prince, et le fait renfermer à Château-Thierry. — Raoul lui donne Péronne. — Accompagne Raoul contre les Normands. — Expédition contre les Normands. — On s'empare du château d'Eu. — Son fils, âgé de cinq ans, est élevé à l'archevêché de Rheims. — Se brouille avec Raoul, au sujet du comté de Laon. — Traite avec Henri, roi de Germanie. — Combat les Normands avec Hugues le Grand, et fait la paix avec eux. — Fait sortir Charles de prison, le conduit à Saint-Quentin, et le rétablit sur le trône. — S'empare de Laon. — Prend et défait le fort de Mortaigne. — Se réconcilie avec Raoul, et remet Charles en prison. — Sa querelle avec Hugues. — Ses guerres contre Boson. — Reçoit serment de fidélité de Gislebert, duc de Lorraine. — Se révolte de nouveau contre Raoul, et se donne à Henri. — Est assiégé par Raoul dans Laon, et s'enfuit. — S'empare de Ham, et fait prisonnier Hébrard, maître de ce château. — Va rejoindre Henri. — V, 541 et suiv. (*Frodoard, Histoire de l'Église de Rheims*); VI, 76, 77, 80, 84, 86, 87, 89 et suiv. (*Chronique de Frodoard*); XXVI, 352 (*Orderic Vital*).

HÉRIBERT (Étienne). — Chef d'une hérésie découverte à Orléans, en 1022. — Un synode est tenu dans cette ville contre les hérétiques. — Il y avoue ses principes. — Les hérétiques, refusant d'abjurer leurs erreurs, sont brûlés au nombre de treize. — Leur courage. — VI, 269 et suiv. (*Chronique de Raoul Glaber*).

HÉRILANG, comte franc. — Défend Paris assiégé par les Normands. — Est un des derniers qui opposent aux assiégeans une opiniâtre résistance. — Sa mort. — VI, 18, 30, 31 (*Abbon, Siège de Paris par les Normands*).

HÉRIMAN, archevêque de Cologne. — Consacre Hilduin, évêque de Tongres. — VI, 71 (*Chronique de Frodoard*).

HÉRIMART, abbé. — Seconde le pape Léon IX pour faire la dédicace de l'église de Saint-Rémi à Rheims. — XXV, 168 (*Orderic Vital*).

HÉRIOLD. — Est créé roi de Danemark avec son frère Rainfroi. — Ils font la paix avec Charlemagne. — Vaincus et chassés de leurs États par les enfans de Godefroi, ils recommencent la guerre, et Rainfroi étant mort, Hériold se remet entre les mains de Louis le Débonnaire. — III, 68, 70, 71, 73, 74 (*Annales d'Eginhard*).

HÉRISPOÉ, duc des Bretons, fils de Noménoé. — Vient trouver Charles le Chauve, roi des Francs, et lui prête foi et hommage. — Reçoit de lui, dans la ville d'Angers, les habits royaux et la domination des États de son père, auxquels furent ajoutés Rennes, Nantes et Retz. — Hérispoé est tué par les Bretons Salomon et Almar, depuis longtemps en querelle avec lui. — IV, 151, 159, 162 (*Annales de Saint-Bertin*).

HÉRIVÉE, archevêque de Rheims. — Accueille seul Charles le Simple abandonné des grands, et le réconcilie avec ceux-ci. — Assiége et prend Maisières, château de son diocèse, dont s'était emparé le comte Erlebold. — Préside un concile tenu à Troli. — Sacre Robert roi des Francs. — Sa mort. — V, 530 et suiv. (*Histoire de l'Église de Rheims*); VI, 70-72, 74 (*Chronique de Frodoard*).

HÉRIVÉE, chevalier franc. — Reste un des derniers à défendre la tour de Paris contre les assauts des Normands. — Se rend et est massacré. — VI, 30-32 (*Abbon, Siège de Paris par les Normands*).

HÉRIVÉE, comte de Tours. — Est guéri avec sa femme par saint Martial. — XXV, 369 (*Orderic Vital*).

HERLÈVE ou HERLOTTE, fille de Fulbert, valet de chambre de Robert. 1er, duc de Normandie. — Ce fut d'elle que celui-ci eut Guillaume le Bâtard, qui lui succéda. — XXIX, 169 (*Guillaume de Jumiége*).

HERLUIN, comte français. — Fait pénitence, pour crime de polygamie, dans un synode tenu à Troli. — VI, 90 (*Chronique de Frodoard*).

HERLUIN, évêque de Beauvais. — Sa mort. — VI, 72 (*Chronique de Frodoard*).

HERLUIN. — Son vœu. — Il fonde l'abbaye du Bec et en est le premier abbé. — XXVI, 11, 12, 235 (*Orderic Vital*); XXIX, 146 (*Guillaume de Jumiége*).

HERMAGOSA. — Est élu évêque par le peuple à Aquilée. — Il subit le martyre avec l'archidiacre Fortunat sous l'empereur Néron. — II, 343 (*Orderic Vital*).

HERMAN DE CAGNI, grand seigneur d'Allemagne, faisant partie de la première croisade. — Assiége Nicée avec l'armée chrétienne. — XX, 82 (*Albert d'Aix*); XXVII, 426 (*Orderic Vital*).

HERMANFRIED, roi de Thuringe conjointement avec ses deux frères Baderic et Berthaire. — Tue celui-ci. — Excité par sa femme, il s'arme contre Baderic, et avec le secours de Théodoric, roi de Metz, le défait et le tue. — Se brouille avec Théodoric, envers qui il n'accomplit pas ses promesses. — Est attaqué et battu par Théodoric et son frère Clotaire, qui s'emparent de la Thuringe. — Se réconcilie avec Théodoric. — Sa mort. — I, 114, 115, 119-121 (*Grégoire de Tours*).

HERMANFRIED, gendre d'Æga, maire du palais de Neustrie sous Clovis II. — Tue dans une assemblée le comte OEnulf. — Troubles qu'excite cette action. — Hermanfried se réfugie dans l'église de Rheims. — II, 223 (*Chronique de Frédégaire*).

HERMANFRIED, seigneur franc. — Tue Ebroin, maire du palais sous Théodoric III, qui voulait s'emparer de ses biens. — II, 234 (*Chronique de Frédégaire*).

HERMANFROI, chevalier franc. — Résiste jusqu'à la dernière extrémité aux assauts des Normands contre la tour de Paris. — Se rend et est tué sur-le-champ. — VI, 30, 31 (*Abbon, Siége de Paris par les Normands*).

HERMÉNAIRE, gouverneur du palais de Charibert, fils de Clotaire II. — Est tué par les serviteurs d'Æginan. — II, 202 (*Chronique de Frédégaire*).

HERMÉNAIRE, abbé de Saint-Symphorien. — Nommé évêque d'Autun pendant la persécution contre saint Léger, obtient, par ses instances, de Chilpéric III, roi d'Austrasie, que saint Léger serait seulement exilé à Luxeuil. — Soulage saint Léger dans les tourmens qu'il subissait. — Réclame son corps après sa mort. — Fait écrire sa vie. — II, 329, 337, 353, 363 (*Vie de saint Léger*).

HERMENALD. — Est chargé avec d'autres par Pépin le Bref, roi des Francs, de s'emparer de Rémistan, fils d'Eudes, duc de Gascogne. — Ils le prennent et le lui amènent. — II, 252, 263 (*Chronique de Frédégaire*).

HERMÉNÉGILD, fils de Liwigildiguis, roi des Goths. — Ayant embrassé la foi catholique, est privé par son père, arien, de toutes ses dignités, puis jeté en prison et décapité. — XXV, 135, 136 (*Orderic Vital*).

HERMENFROI. — Est envoyé en qualité de légat par le pape Alexandre vers Guillaume le Conquérant. — XXVI, 191 (*Orderic Vital*).

HERMENGARDE ou DÉSIRÉE, fille de Didier, roi des Lombards. — Epouse Charlemagne, qui la répudie, on ne sait pour quel motif, un an après. — III, 142 (*Vie de Charlemagne, par Eginhard*).

HERMENGARDE, femme de Louis le Débonnaire. — Est sacrée avec lui par le pape Etienne. — Meurt à Angers. — III, 83 (*Annales d'Eginhard*); V, 197 (*Frodoard, Histoire de l'Eglise de Rheims*).

HERMENRIC, duc franc. — Accompagne à la tête d'une armée, Chadoinde, envoyé par Dagobert 1ᵉʳ contre les Saxons révoltés. — Leur expédition. — II, 218, 219 (*Chronique de Frédégaire*).

HERMENRIC, domestique de Clovis II, roi de Neustrie.— Est envoyé vers le patrice Willebad pour l'engager à s'avancer jusqu'à Autun, et parvient à l'y décider. — II, 229 (*Chronique de Frédégaire*).

HERMÈS.— Compose un livre intitulé *le Pasteur*. — XXV, 111 (*Orderic Vital*).

HERMINGAUD, prince de Gothie. — Se donne à Raoul, roi des Français. — VI, 98 (*Chronique de Frodoard*).

HERMOGÈNE, dit *le Magicien*. — Porte envie à l'apôtre Jacques, fils de Zébédée, et envoie Philète auprès de lui. — Conversion de Philète, suivie de celle d'Hermogène. — XXV, 196 (*Orderic Vital*).

HÉRODE, gouverneur de la Judée. — Ordonne dans ses états le massacre de tous les enfans au-dessous de l'âge de deux ans. — Fait emprisonner saint Jean. — Lui fait trancher la tête qu'on apporte à sa fille dans un banquet. — Jésus lui ayant été amené, il se moque de lui et le renvoie à Pilate. — Bâtit les villes de Tibériade et de Liviade, en l'honneur de l'empereur Tibère et de Livie, sa mère. — Est exilé à perpétuité en Espagne par l'empereur Caligula. — Sa mort. — I, 20 (*Grégoire de Tours*); XXV, 10, 34, 35, 86, 106, 195 (*Orderic Vital*).

HÉRODE AGRIPPA. — Se rend à Rome pour accuser Hérode, tétrarque de Judée, auprès de l'empereur Tibère. — Est mis en prison par celui-ci. — Est établi gouverneur de Judée par Caïus Caligula. — Règne sept ans. — Persécute les disciples de l'Eglise. — Est frappé par un ange. — XXV, 106, 107, 196 (*Orderic Vital*).

HÉRODIAS, femme d'Hérode, gouverneur de Judée, qui l'avait enlevée à son frère Philippe. — Excite son mari à faire emprisonner saint Jean. — Dans un brillant festin, elle engage sa fille, à qui son père avait promis de lui accorder tout ce qu'elle demanderait, à exiger qu'on lui présente, dans un plat, la tête de saint Jean ; ce qui est exécuté. — XXV, 35 (*Orderic Vital*).

HÉROLD, fils de Canut, roi des Anglais. — Lui succède, et meurt peu de temps après. — XXIX, 177 (*Guillaume de Jumiége*).

HÉROLD, roi danois. — Chassé de son royaume par son fils Suénon, aborde en Normandie avec soixante vaisseaux, et est accueilli par Guillaume Longue-Epée, qui lui concède le comté de Coutance, jusqu'à ce qu'il ait préparé des secours pour reconquérir son royaume. — XXIX, 72 (*Guillaume de Jumiége*).

HERPIN, seigneur illustre. — Vend à Philippe-Auguste, roi de France, la ville de Bourges, prend la croix et passe en Terre-Sainte. — Baudouin 1ᵉʳ, roi de Jérusalem, après s'être emparé de Césarée, lui en confie la garde. — Engage ce prince à ne pas risquer la bataille devant Ramla et n'en est pas écouté. — Fait prisonnier dans cette occasion, après avoir recouvré sa liberté, il retourne en France et se fait moine. — IX, 295, 296 (*Guibert de Nogent*); XX, 447 (*Albert d'Aix*); XXVIII, 96, 111 et suiv. (*Orderic Vital*).

HERPIN, comte bourguignon, établi dans le pays d'Avranches. — Essaie, mais sans succès, de repousser une invasion des Allemands. — II, 187 (*Chronique de Frédégaire*).

HERPON, connétable. — Est envoyé par la reine Brunehault vers Clotaire II, roi de Soissons, pour le prier de s'éloigner du royaume des fils de Théodoric II. — Arrête Brunehault et la conduit à Clotaire. — Est créé par Clotaire duc du pays Transjuran. — II, 190, 192, 193 (*Chronique de Frédégaire*).

HERRIC, duc de Frioul.—Dépouille le palais du roi des Huns en Pannonie, et en apporte le trésor à Charlemagne. — Est pris et assassiné par les habitans de Tarsacoz, ville de Liburnie. — III, 42, 47 (*Annales d'Eginhard*).

HERRIC, chevalier franc. — Est un des douze guerriers qui défendirent les derniers la tour de Paris contre les Normands. — Trahison de ceux-ci envers eux. — VI, 30, 31 (*Abbon, Siége de Paris par les Normands*).

HERVÉ, le Breton. — Est mis par Guillaume le Conquérant à la tête de ses troupes contre Hubert son gendre. — Est tué dans cette guerre. — XXVII, 175 (*Orderic Vital*).

HERVEY DE BAUGENCY, neveu de Simon, évêque de Noyon. — Prédiction de saint Bernard à son sujet. — Elle se réalise. — Il se fait moine, et devient abbé d'Ourscamp. — X, 376, 377 (*Geoffroy de Clairvaux*).

HESSON, un des chefs saxons. — Se joint contre ce peuple à Charlemagne, et lui amène tous les Ostphaliens (Saxons orientaux). — III, 17 (*Annales d'Eginhard*).

HETTON, évêque. — Est envoyé par Charlemagne en députation auprès de l'empereur de Constantinople. — Assez mal reçu, il s'en venge par la suite sur les ambassadeurs de ce dernier. — III, 229 (*Des Faits et Gestes de Charles le Grand*).

HEZELON, chevalier croisé. — Sa vision au sujet du duc Godefroi. — XX, 543 (*Albert d'Aix*).

HIAROQUINS (les). — On surnommait ainsi quelques satrapes turcs. — Leurs prétentions sur Jérusalem. — En 1152, ils rassemblent des troupes et veulent revendiquer la possession de la ville sainte. — Leur déroute complète par Baudouin III. — XVIII, 45 et suiv. (*Guillaume de Tyr*).

HICHARON, ami de Xerxès, roi de Perse. — Est guéri d'une blessure par l'apôtre Simon. — XXV, 329 (*Orderic Vital*).

HIDULFE, archevêque de Rouen pendant vingt-huit ans, du temps de Grégoire le Grand et autres papes, et de Clotaire II. — XXVI, 335 (*Orderic Vital*).

HILAIRE, évêque de Poitiers. — Exilé par les Ariens en Phrygie, se défend devant l'empereur Constance, et est renvoyé dans les Gaules. — XXV, 121 (*Orderic Vital*).

HILAIRE, 45ᵉ pape, l'an 461. — Siége six ans. — XXV, 399 (*Orderic Vital*).

HILDEBERT, fils d'Arcadius, comte de Poitiers. — Périt, dit-on, dans un lieu nommé Garri, étranglé par le diable. — XXV, 361 (*Orderic Vital*).

HILDEBERT. — Succède à Hoël dans l'évêché du Mans, qu'il gouverne trente ans. — Passe au siége métropolitain de Tours. — XXVI, 242 (*Orderic Vital*).

HILDEBERT, abbé de Dol. — Est élu archevêque de Bourges. — Ses vertus. — XXVII, 393 (*Orderic Vital*).

HILDEBRAND, duc de Spolète. — Se rend avec des présens auprès de Charlemagne, qui l'accueille avec honneur. — Repousse l'invasion de Théodore, patrice de Naples. — III, 22, 34 (*Annales d'Eginhard*).

HILDEGARDE, femme de Charlemagne. — Ses sollicitations auprès de ce prince, au sujet d'un évêché qu'elle demandait pour son clerc. — Adresse qu'elle déploie dans cette affaire. — Sa mort. — III, 26, 142, 178 (*Annales d'Eginhard; Vie de Charlemagne, par Eginhard; Des Faits et Gestes de Charles le Grand*).

HILDERIC, succède à Huneric (à Thrasamund), roi des Vandales. — Rappelle les évêques d'exil et fait réparer les églises. — I, 52 (*Grégoire de Tours*); XXV, 134 (*Orderic Vital*).

HILDIARDE, sœur de Giroie. — Sa nombreuse famille. — XXVI, 20 (*Orderic Vital*).

HILDUIN, établi évêque de Tongres par Charles le Simple, roi des Francs. — Abandonne le parti de ce prince, et est soutenu dans son évêché par le peuple et Gislebert, élu roi par les Lorrains. — Charles, vainqueur, le lui retire pour le donner à Richard, abbé de Pruim. — Est excommunié par le pape Jean. — VI, 70-72 (*Chronique de Frodoard*).

HILDUIN, abbé de Saint-Denis. — Envoie chercher à Rome les os du martyr saint Sébastien, qu'il fait porter à Soissons, dans la basilique de Saint-Médard. — III, 109 (*Annales d'Eginhard*).

HILLIDE (Saint). — Succède à Légonus, dans l'évêché d'Auvergne. — Ses vertus. — Sa renommée. — Sa mort. — I, 32 (*Grégoire de Tours*).

HIPPOLYTE, évêque. — Ses ouvrages chronologiques. — XXV, 113 (*Orderic Vital*).

HIRTACUS ADELPHE. — Est établi roi d'Ethiopie après la mort d'Eglippe. — Doit épouser Iphigénie, fille du feu roi, mais elle se consacre à Christ. — Fait mourir l'apôtre Mathieu. — XXV, 319 (*Orderic Vital*).

HISACE, patrice. — Proposition que lui fait Charoald, roi des Lombards, de tuer Tason, duc de Toscane. — Comment il l'exécute, et en est récompensé. — II, 212, 213 (*Chronique de Frédégaire*).

HOËL, prélat. — S'oppose à Hugues, venu de la Ligurie pour se rendre maître du Maine. — Est fait prisonnier par Hélie de la Flèche, qui le retient jusqu'à ce que Hugues ait été reçu dans la ville du Mans. — XXV, 287 (*Orderic Vital*).

HOËL, comte des Bretons. — Vient au secours de Foulques contre les Normands. — XXVI, 247 (*Orderic Vital*).

HONFROI, marquis de Gothie. — Chasse Raimond du comté de Toulouse, et se met à sa place. — Chassé à son tour de Toulouse et de la Gothie, il passe en Italie. — IV, 180, 196 (*Annales de Saint-Bertin*).

HONFROI DE TORON, chevalier croisé. — Est fait connétable par Baudouin III, roi de Jérusalem. — Meurt des blessures reçues dans une affaire où il s'était exposé pour mettre à couvert le roi Baudouin IV. — Son éloge. — XVIII, 31, 365 (*Guillaume de Tyr*).

HONORIUS, fils de l'empereur Théodose. — Lui succède avec son frère Arcadius, et après la mort de celui-ci, règne avec son fils Théodose le jeune. — Sous leur règne Alaric, roi des Goths, s'empare de Rome et en brûle une partie. — XXV, 125 (*Orderic Vital*).

HONORÉ Ier, 69e pape, l'an 625. — Né dans la Campanie, du consul Pétronne. — Siége près de treize ans sous l'empereur Héraclius. — XXV, 415 (*Orderic Vital*).

HONORÉ II, 160e pape, l'an 1124, auparavant appelé Lambert, et évêque d'Ostie. — Confirme l'élection de Guillaume, archevêque de Tyr. — Ses lettres apostoliques aux différens chefs du clergé de la Terre-Sainte. — Sa mort après avoir siégé cinq ans. — VIII, 122 (*Suger, Vie de Louis le Gros*); XVII, 300 et suiv. 335 (*Guillaume de Tyr*); XXV, 438 (*Orderic Vital*).

HONORÉ III, pape en 1216. — Compose des Décrétales. — Couronne empereur de Constantinople Pierre, comte d'Auxerre. — Accorde à saint Dominique la confirmation de l'ordre des Prêcheurs. — Autorise l'ordre des Mineurs. — Frappe d'anathême Frédéric, empereur d'Allemagne. — Sa mort. — XV, 354, 355, 359, 364 (*Des Gestes glorieux des Français*).

HORMISDAS, 51e pape, l'an 514. — Né en Campanie, siége huit ans. — Le roi Théodoric l'engage à envoyer à Constantinople Ennodius, évêque de Pavie, et Fortunat, évêque de Catane, pour absoudre les Grecs anathématisés, à cause des hérétiques Pierre, évêque d'Alexandrie, et Achace de Constantinople; mais l'empereur Anastase, qui favorisait l'hérésie d'Eutychès, chasse les envoyés du saint Siége. — XXV, 403 (*Orderic Vital*).

HOSPITIUS, reclus à Nice. — Sa discipline sévère. — Ses miracles. — Ses prédictions. — Ses conversions. — I, 311-316 (*Grégoire de Tours*).

HUBERT, vicomte du Mans, gendre de Guillaume le Conquérant. — Ses offenses envers son beau-père.

— Il se retire avec les siens au château de Sainte-Suzanne, au haut d'un rocher, et de là fait de continuelles incursions. — XXVII, 170 (*Orderic Vital*).

HUBOLD, disciple de maître Gerbert. — Sa science dans la musique. — Ses compositions musicales. — XXV, 163 (*Orderic Vital*).

HUGUES, seigneur de Mâcon. — Est déterminé à prendre l'habit par les exhortations de saint Bernard, son ami. — Détourné de ce projet, il y est ramené. — Fonde le monastère de Pontigny, et devient évêque d'Autun. — X, 164-166 (*Guillaume de Saint-Thierri*).

HUGUES, évêque de Grenoble. — Reçoit la visite de saint Bernard, et l'accueille avec de grands honneurs. — Se lie d'amitié avec lui. — X, 324 (*Geoffroi de Clairvaux*).

HUGUES, surnommé *l'Insensé*, un des suivans de Geoffroi de Mont-Scabieuse, chevalier croisé. — Bloqué dans une redoute par l'armée de Kerbogha, dans le siége d'Antioche par ce général, s'y défend tout une journée avec la plus grande valeur. — IX, 184 (*Guibert de Nogent*).

HUGUES, évêque de Soissons. — Accompagne le comte Etienne dans son voyage à Jérusalem. — IX, 292 (*Guibert de Nogent*).

HUGUES-DUBREUIL. — Défend avec d'autres Albigeois, contre Simon de Montfort, le château de Montferrand, qui est livré à la fin. — XV, 67 (*Histoire de la Guerre des Albigeois*).

HUGUES DE ROMEGOUS. — Envahit, avec d'autres seigneurs, les terres du roi Louis VIII, dans les diocèses de Narbonne et de Carcassonne. — XV, 296, 374 (*Guillaume de Puy-Laurens; Des Gestes glorieux des Français*).

HUGUES d'Alfar, sénéchal d'Agénois. — Au siége de Toulouse par Simon de Montfort, fait contre l'armée de celui-ci une sortie victorieuse. — Assiégé par ce même Simon dans son château de Penne, il est forcé de le lui rendre. — XIV, 198 et suiv. (*Pierre de Vaulx-Cernay*); XV, 73 et suiv., 88, 89 (*Histoire de la Guerre des Albigeois*).

HUGUES, comte de Saint-Paul. — Prend la croix. — Valeur qu'il déploie au siége d'Antioche. — Assiége Jérusalem. — XVI, 49, 246, 451 (*Guillaume de Tyr*); XX, 72, 162 (*Albert d'Aix*).

HUGUES DE LUSIGNAN. — Son expédition en Terre-Sainte dans la première croisade. — XVII, 85 (*Guillaume de Tyr*); XXI, 41 (*Albert d'Aix*).

HUGUES DE SAINT-ALDÉMAR, chevalier croisé, seigneur de Tibériade. — Marche au secours de Baudouin Ier, roi de Jérusalem, contre les Turcs. — Ses guerres avec les habitans de Tyr. — Il fait construire dans la tribu d'Aser un fort nommé Toron. — Blessé dans une bataille qu'il avait remportée sur les Tyriens, il meurt bientôt après. — XVII, 92, 93, 122-124 (*Guillaume de Tyr*); XXI, 103 (*Albert d'Aix*).

HUGUES l'Ivrogne. — Commande la flotte génoise avec Ansalde, au siége de Tyr par les croisés. — Met le siége devant Biblios, et en prend possession. — XVI, 434; XVII, 131, 132 (*Guillaume de Tyr*).

HUGUES DE PAINS, chevalier croisé. — Fonde à Jérusalem, avec Geoffroi de Saint-Aldemar, l'ordre des Templiers. — XVII, 203 (*Guillaume de Tyr*).

HUGUES, archevêque d'Edesse. — Périt à la prise de cette ville par Sanguin. — XVII, 457 (*Guillaume de Tyr*).

HUGUES DU PUISET. — Louis le Gros, roi de France, assiége son château du Puiset. — Poursuivi par le roi, il est percé dans sa fuite d'un coup de lance, par Anselme de Garlande. — Prend la croix et se rend à Jérusalem. — Reçoit de Baudouin II la ville de Joppé et ses dépendances, et meurt peu de temps après. — VII, 54 (*Fragmens de l'histoire des Français*); VIII, 74 et suiv. (*Suger, Vie de Louis le Gros*); XVII,

348 (*Guillaume de Tyr*); XXVIII, 252 (*Orderic Vital*).

Hugues, fils de Hugues du Puiset, seigneur de Joppé. — Reçoit de Foulques, roi de Jérusalem, l'héritage de son père. — Ses contestations avec ce prince. — Il est accusé de lèse-majesté. — Sa révolte. — Il sollicite le secours des Ascalonites. — Est assiégé par le roi dans Joppé. — Tentative d'assassinat contre lui — Banni pour trois ans de la Terre-Sainte, il se rend dans la Pouille, où il est accueilli par Roger, et meurt peu de temps après. — XVII, 349 et suiv. (*Guillaume de Tyr*).

Hugues, prêtre de Rheims. — Est établi évêque de Verdun. — Est chassé de son siége par Bernuin. — Sa mort. — VI, 80, 87, 88 (*Chronique de Frodoard*).

Hugues, surnommé *de Die*, archevêque de Lyon, légat du siége apostolique. — Frappe d'anathème Manassé, archevêque de Rheims. — Dépose Gui, évêque de Beauvais. — IX, 379, 401 (*Guibert de Nogent*).

Hugues, archevêque de Rouen. — Occupe aussi les siéges de Paris et de Bayeux, et gouverne les abbayes de Jumiége et de Saint-Vandrille. — XXV, 150, 151; XXVI, 341 (*Orderic Vital*).

Hugues, comte de Tours. — Est envoyé par Charlemagne à Constantinople pour confirmer la paix avec l'empereur Nicéphore. — III, 66 (*Annales d'Eginhard*).

Hugues, fils de Berthe et roi de Rome. — Est établi roi de toute l'Italie. — Son entrevue avec Raoul, roi des Français. — Il donne à Herbert, comte de Vermandois, la province de Vienne. — VI, 88, 92 (*Chronique de Frodoard*).

Hugues de Vienne. — Arrête et repousse les Hongrois qui envahissaient les Gaules. — VI, 82 (*Chronique de Frodoard*).

Hugues, fils de Richard. — S'empare de deux cents hommes du parti d'Hagauon, favori de Charles le Simple, roi des Francs. —
VI, 74 (*Chronique de Frodoard*).

Hugues, gouverneur de Bourges. — Est investi par Eudes, roi des Francs, des honneurs de Wilhelm, gouverneur de Clermont. — Leurs guerres. — Il est tué par Wilhelm. — VI, 63 (*Abbon, Siége de Paris par les Normands*).

Hugues de Grandménil ou Grenteménil. — Fait vœu de construire un couvent. — Restaure le monastère d'Ouche de Saint-Evroul — Se révolte avec les seigneurs de Normandie contre le duc Guillaume le Bâtard. — Est dépouillé de ses biens et exilé par ce prince. — Celui-ci le rappelle, lui restitue son patrimoine et lui confie plus tard le château de Neuf-Marché, pour le défendre contre les gens du Beauvoisis. — Hugues bat ces derniers et fait prisonniers deux de leurs principaux seigneurs. — Ses guerres avec Raoul, comte de Mantes. — Il en vient aux mains avec lui et est forcé de se retirer. — Combat, à la bataille d'Hastings, dans l'armée de Guillaume le Bâtard contre Harold, roi d'Angleterre. — Rappelé par sa femme, il abandonne le comté de Winchester, que lui avait donné Guillaume, et quitte l'Angleterre. — Reçoit de Guillaume la ville de Leicester. — Se révolte, avec d'autres seigneurs, contre Guillaume le Roux. — Leur défaite et leur soumission. — Ses combats contre Robert de Bellême. — XXV, 168; XXVI, 12, 76, 87, 108, 109, 142, 177, 213; XXVII, 23 et suiv., 316 et suiv. (*Orderic Vital*).

Hugues, comte de Meulant. — Se fait moine. — XXVI, 12 (*Orderic Vital*).

Hugues, fils de Giroie. — Sa mort prématurée. — XXVI, 26 (*Orderic Vital*).

Hugues, connétable. — Combat, à la bataille d'Hastings, contre Harold, roi d'Angleterre. — XXVI, 142 (*Orderic Vital*).

Hugues, abbé de Cluni. — Gouverne ce monastère pendant soixante-quatre ans. — A la demande de Grégoire VII, il envoie à Rome plusieurs moines de son abbaye, que le pape élève aux honneurs ecclésiastiques. — Sa mort. — XXV, 171; XXVI, 239, XXVIII, 259, (*Orderic Vital*).

Hugues, évêque de Lisieux, fils de Guillaume, comte d'Eu. — Consacre Théoderic, abbé d'Ouche.— XXVI, 16 (*Orderic Vital*).

Hugues de Créci, fils de Gui le Rouge, commandant du château de Gournai-sur-Marne. — Le défend contre l'armée de Louis le Gros, roi des Français. — La disette le force à le rendre. — VIII, 50 et suiv., 72-73 (*Suger, Vie de Louis le Gros*); XXVIII, 252 (*Orderic Vital*).

Hugues, fils de Henri, duc de Bourgogne. — Se rend maître des Etats de ses ancêtres, et gouverne avec sagesse. — Son expédition contre les Sarrasins. — Après avoir ravagé leur pays il s'en retourne chargé de butin. — Au bout de trois années il remet son duché à son frère Eudes, et se fait moine à Cluni. — VII, 42, 43 (*Fragmens de l'histoire des Français*); XXVIII, 447 (*Orderic Vital*).

Hugues de Medavi. — Fait prisonnier par le duc Robert, est délivré avec deux autres chevaliers à la prise d'Alençon, par Henri 1er, roi d'Angleterre. — XXVIII, 266, (*Orderic Vital*).

Hugues de Nonant, pauvre châtelain. — Ses guerres contre Robert Talvas. — Remet à Henri 1er la citadelle de Rouen, par l'ordre du duc Robert, après que celui-ci eut été fait prisonnier. — XXVIII, 202 (*Orderic Vital*).

Hugues Bobdel, fils de Robert d'Igi. — Au siége de Jérusalem, il seconda beaucoup le duc des Normands. — Son histoire. — XXVII, 522 (*Orderic Vital*).

Hugues de Saugei ou Salgeir. — Tue Mabile. — Troubles qui s'ensuivirent avec Guillaume Pantol. — XXVII, 415 (*Orderic Vital*).

Hugues, un des fils d'Azzon, marquis de Ligurie. — Les Manceaux révoltés contre les Normands, invitent les fils d'Azzon à venir réclamer le Maine, dont ils étaient les héritiers légitimes. — Hugues vient pour rentrer dans le Maine, aidé par Geoffroi de Mayenne, Hélie et autres. — Ses vices. — Il avait épousé une fille de Robert Guiscard, qu'il répudia. — Il traite du comté du Maine avec Hélie, son cousin, et retourne en Ligurie. — XXVII, 287, 289 (*Orderic Vital*).

Hugues de Falckenberg. — Prend la croix dans la première croisade. — XXI, 41 (*Albert d'Aix*).

Hugues de Cantelas. — Marche avec Baudouin du Bourg, Tancrède et autres, contre les Turcs. — XXI, 171 (*Albert d'Aix*).

Hugues Pains, dit la *Grosse-Langue*. — Concède au monastère de Saint-Evroul un vicomté. — XXVI, 454 (*Orderic Vital*).

Hugues, archevêque de Rouen pendant 47 ans. — Succède à Gunhard. — Sa mauvaise conduite. — XXVI, 354 (*Orderic Vital*).

Hugues d'Avranches, fils de Richard, surnommé Gois. — Guillaume le Conquérant lui remet le comté de Chester. — Ses cruautés envers les Gallois. — XXVI, 211; XXVII, 45 (*Orderic Vital*).

Hugues de Montfort, seigneur de Normandie. — Meurt dans la guerre civile élevée au sujet de Guillaume le Bâtard. — XXV, 166 (*Orderic Vital*).

Hugues de Tibériade, chevalier croisé. — Meurt dans une poursuite contre les Turcs, dans l'expédition de Baudouin 1er, devant Sidon. — XXI, 103 (*Albert d'Aix*).

Hugues de Poitiers, moine de Vézelai. — Ecrit son livre sur le monastère de Vézelai, par l'ordre de l'abbé Pons, ensuite par celui de Guillaume de la Roche-Marlot, successeur de Pons, et dont il était secrétaire. — VII, 95 et suiv. (*Notice sur Hugues de Poitiers*).

Hugues le Grand d'Orléans, duc des Français. — Assiége Exmes contre Richard, duc de Normandie. — Ses ravages. — Se révolte contre Louis d'Outre-Mer. — Epouse Hedwige, fille de l'empereur Othon. — Assiége la ville de Poitiers. — Léve le siège et prend la fuite. — Aide Lothaire II, roi des Francs, contre Othon, empereur d'Allemagne. — Sa mort. — XXV, 158, 159; XXVII, 127, 128 (*Orderic Vital*).

Hugues le Grand, frère de Philippe Ier, roi des Francs. — Prend la croix. — Part pour la Terre-Sainte. — Est arrêté et retenu prisonnier par l'empereur Alexis. — Délivré, d'après la réclamation de Godefroi de Bouillon. — Assiége Nicée avec l'armée chrétienne. — Arrive au secours de Boémond, battu par les Turcs. — Défaite de ceux-ci. — Assiége Antioche. — Dans la bataille livrée à Kerbogha sous les murs de cette ville, il commande le premier corps de l'armée. — Victoire des Chrétiens. — Est envoyé par les princes de la croisade vers Alexis, pour l'engager à leur porter secours, et ne retourne pas vers eux. — Après être revenu en France, il retourne en Terre-Sainte. — Meurt à Tarse, en Cilicie, d'une blessure reçue dans un combat contre les Turcs. — VII, 40, 49, 85 (*Chroniques de Hugues et Fleury*); IX, 72, 76, 77, 98 et suiv., 200 et suiv., 292 (*Guibert de Nogent*); XVI, 49, 87 et suiv., 134 et suiv., 208 et suiv., 326 et suiv., 345, 346; XVII, 68, 71 (*Guillaume de Tyr*); XX, 72 et suiv. (*Albert d'Aix*); XXIII, 319 et suiv. (*Robert le Moine*); XXIV, 15 et suiv. (*Foulcher de Chartres*); XXVII, 422 et suiv.

Hugues, fils de Robert, roi des Francs. — Poursuit Charles le Simple avec Gislebert, et revient, appelé à une conférence par son père. — Oblige Charles le Simple à lever le siège de Chevremont. — Remporte la victoire contre Charles, dans le combat où son père périt. — Raoul lui donne le Maine. — Ses terres sont ravagées par Ragenold, chef des Normands. — Il traite avec lui. — Se joint à Raoul contre les Normands. — Conclut un traité avec eux. — Epouse une fille d'Edouard, roi des Anglais. — Traite avec Henri, roi des Germains. — Combat les Normands avec le comte Héribert, et fait la paix avec eux. — Est médiateur entre Raoul et Herbert. — Ses querelles avec Herbert. — Il s'empare de Saint-Quentin. — Les Lorrains assiégent et prennent ce château. — Ses guerres contre Hugues, fils de Richard, au sujet de la Bourgogne. — Ils se la partagent et font la paix. — VI, 73, 74, 76, 83 et suiv., 103, 105, 280 et suiv. (*Chronique de Raoul Glaber; Chronique de Frodoard*); XXV, 157; XXVI, 352 (*Orderic Vital*).

Hugues, fils de Lothaire II et de Waldrade. — Tentatives qu'il fait pour recouvrer les Etats de son père. — Dévastations qu'il commet dans le pays. — Il est excommunié, ainsi qu'Aimoin et leurs complices, pour avoir usé de violence envers quelques évêques. — Les fils de Louis le Germanique viennent attaquer Hugues, et ne le trouvant pas, combattent Thibaut, son beau-frère, et le mettent en fuite. — Hugues cherchant à se révolter contre Charles le Gros, envoie des messagers dans la Frise à Godefroi, dont il avait épousé la sœur, pour lui promettre, s'il lui aidait à recouvrer les Etats de son père, de lui en donner la moitié. — Le duc Henri est envoyé par Charles le Gros vers Godefroi, et trouve moyen de le faire assassiner. — Peu après, et par le conseil du duc Henri, Hugues, attiré par des promesses, est pris en trahison. — Henri lui arrache les yeux, et il est envoyé ainsi dans le monastère de Saint-Gall. — Ensuite rappelé dans sa patrie, il est tondu par Rhéginon, abbé de Pruim. — IV, 300, 311, 322 (*Annales de Saint-Bertin; Annales de Metz*).

HUGUES, dit *Capet*, fils de Hugues le Grand. — Après la mort des rois Lothaire et son fils Louis v, le gouvernement de toute la France retombe sur lui. — Les grands se réunissent pour sacrer Hugues en 987. — Il réprime diverses révoltes; fait reconnaître pour roi, de son vivant, dans une assemblée des grands tenue à Orléans, son fils Robert. — Règne onze ans. — VI, 202 et suiv. (*Chronique de Raoul Glaber*); VII, 69 (*Chronique de Hugues de Fleury*); XXV, 160; XXVI, 355; XXVII, 131 (*Orderic Vital*).

HUGUES, puissant comte français. — Incendie la ville de Soissons et dévaste tout le pays. — Dans un synode, le comte Hugues est excommunié, comme ennemi du roi Louis d'Outre Mer et pour les désordres qu'il avait commis. — V, 574 et suiv. (*Frodoard, Histoire de l'Église de Rheims*).

HUGUES D'ARGENTEUIL. — La conjuration excitée par Guillaume, comte de Nevers, contre Guillaume, abbé de Vézelai, se lie par son entremise. — VII, 267 (*Hugues de Poitiers*).

HUGUES, archevêque de Sens. — Son intervention dans la guerre entre Guillaume, abbé de Vézelai, et Guillaume, comte de Nevers. — VII, 260 et suiv. (*Hugues de Poitiers*).

HUGUES, surnommé *Léthard*, prévôt de Guillaume, comte de Nevers, à Château-Censoir, et serf de l'église de Vézelai. — Dans la guerre de ce seigneur contre Guillaume, abbé de Vézelai, se montre un de ses plus acharnés persécuteurs. — Le comte s'étant emparé du monastère, en remet une partie des revenus à Hugues. — VII, 243, 249, 296 (*Hugues de Poitiers*).

HUGUES, abbé de Cluny. — Assemble son chapitre pour le consulter sur le schisme qui régnait entre le pape Victor et le pape Alexandre III, et veut reconnaître ce dernier. — Les frères l'engagent à attendre la défaite de l'un pour reconnaître l'autre. — VII, 204 (*Hugues de Poitiers*).

HUGUES MANGE-PAIN, bourgeois de Vézelai, qui avait pris part à l'insurrection de cette ville contre Pons, abbé du monastère de Vézelai. — Est traité peu sévèrement après la destruction de la commune. — S'engage devant le roi, avec d'autres bourgeois, à rompre cette association et à demeurer fidèle à l'abbé de Vézelai. — VII, 194, 197 (*Hugues de Poitiers*).

HUGUES DE SAINT-PIERRE, habitant de Vézelai, d'une pauvre famille, qui s'était enrichi par son habileté dans les arts mécaniques. — Excite Guillaume, comte de Nevers, contre le monastère de Vézelai. — Rassemble quelques hommes secrètement pour conspirer en faveur des franchises. — L'abbé Pons ayant eu l'avantage, le dépouille de tous ses biens, qu'il fait vendre ou détruire. — VII, 149, 176, 193 (*Hugues de Poitiers*).

HUGUES, frère d'Étienne, comte de Chartres. — Reçoit de celui-ci quelques propriétés. — VII, 43 (*Fragmens de l'Histoire des Français*).

HUGUES BARDOULPHE. — Se soulève contre Henri, roi de France. — Assiégé pendant deux ans, par ce prince, dans le château de Pithiviers, il est forcé de se rendre. — Est dépouillé de toutes ses dignités et chassé de la France. — VII, 38, 75 (*Fragmens de l'Histoire des Français; Chronique de Hugues de Fleury*).

HUGUES, abbé de Saint-Germain. — Tient sur les fonts baptismaux Philippe, fils de Louis le Jeune, roi de France. — VIII, 230 (*Vie de Louis le Jeune*).

HUGUES DE POMPONE, châtelain de Gournai. — Ayant enlevé sur la voie royale et conduit dans ce château les chevaux de quelques marchands, y est assiégé par Louis le Gros. — VIII, 40 et suiv. (*Suger, Vie de Louis le Gros*).

HUGUES DE CLERMONT. — Implore

l'assistance de Louis, fils de Philippe-Auguste, contre Matthieu, comte de Beaumont, qui lui avait pris le château de Luzarches. — Louis se rend maître de ce château, et le restitue à Hugues. — Est pris dans un combat entre les troupes de Louis et celles de Matthieu. — Un traité le délivre, et lui assure le château de Luzarches. — VIII, 11 et suiv. (*Suger, Vie de Louis le Gros*).

Hugues de Morimont, fils de Turchetil de Neuf-Marché. — S'oppose à Guillaume d'Arques, révolté contre Guillaume le Bâtard. — Enveloppé à l'improviste par les troupes d'Arques, auprès de Morimont, il périt en se défendant vaillamment. — XXVII, 33 (*Orderic Vital*).

Hugues de Mont-Gommeri. — Prend part à la guerre civile des seigneurs de Normandie. — Poursuit inutilement les assassins de sa mère Mabile. — Possède le comté de Shrewsbury, en Angleterre. — Est tué d'un coup de javelot par Magnus, chef norwégien. — XXVI, 359, 396, 397, 406; XXVIII, 23 (*Orderic Vital*).

Hugues de Montfort. — Prend part à la guerre civile des seigneurs de Normandie. — XXVI, 359 (*Orderic Vital*).

Hugues Sans-Avoir. — Prend la croix, et passe en Terre-Sainte. — XXVIII, 187 (*Orderic Vital*).

Hugues de Forsennat, chevalier croisé de la troupe de Godefroi de Montaigu. — Se défend seul tout un jour dans une tour contre les assauts des Turcs, renverse deux de ceux-ci, et arrête la troupe qui le poursuivait. — XXVII, 478 (*Orderic Vital*).

Hugues, comte de Chester. — Reste fidèle à Guillaume le Roux, roi d'Angleterre, dans la révolte de ses barons. — Bâtit le couvent de Sainte-Valburge. — Est chargé, avec d'autres chevaliers, du commandement de l'armée levée par Guillaume le Roux contre Philippe, roi des Français. — XXVII, 234, 246; XXVIII, 17 (*Orderic Vital*).

Hugues de Gournai. — Se révolte contre Henri 1er, roi d'Angleterre, en faveur de Guillaume Cliton. — Est saisi à Rouen par Henri. — Rentre en grâce auprès de lui, et reprend les armes contre lui. — Entre à l'improviste dans la forteresse du Plessis et s'en empare. — Ravages qu'il commet. — Implore et obtient le pardon du roi. — XXVIII, 272 et suiv., 339 (*Orderic Vital*).

Hugues Talabot, neveu de Hugues de Gournai. — Celui-ci lui confie le château du Plessis, dont il venait de s'emparer contre Henri 1er, roi d'Angleterre. — XXVIII, 275 (*Orderic Vital*).

Hugues Boterel, chevalier de l'armée de Henri 1er, roi d'Angleterre. — Blesse devant Bures Baudouin VII, comte de Flandre, qui en mourut. — XXVIII, 273 (*Orderic Vital*).

Hugues Dircane, comte qui gouvernait le pays des Merciens sous Guillaume le Roux. — Après un combat contre Magnus, roi de Norwége, dans lequel avait été tué un autre comte nommé Hugues également, reçoit de Magnus un message qui lui offre paix et sûreté. — XXVIII, 23. (*Orderic Vital*).

Hugues, comte auquel était soumis le pays des Merciens. — Est tué dans un combat contre les Norwégiens. — XXVIII, 23. (*Orderic Vital*).

Hugues, évêque d'Autun, fils de Lambert, comte de Châlons-sur-Saône. — A la mort de son père, Robert, roi des Français, lui confie l'administration de son comté. — Oppose une vive résistance à Guillaume, fils d'Adalbert, duc des Lombards, révolté contre le roi. — VI, 245, 246 (*Chronique de Raoul Glaber*).

Hulberge, fille de Didier, roi des Lombards, et femme de Tassilon, duc de Bavière. — Excite celui-ci contre l'empereur Charlemagne,

— III, 33 (*Annales d'Eginhard*).

HUMBERT DE BEAUJEU. *V.* IMBERT.

HUMBERT, fondateur du monastère d'Igny. — Attaqué d'épilepsie, est guéri de ce mal par saint Bernard. — X, 204 (*Guillaume de Saint-Thierri*).

HUNERIC. — Est élu roi des Vandales à la mort de Thrasamund. — Ses persécutions contre les chrétiens. — Il meurt, possédé du démon. — I, 45, 51, 52 (*Grégoire de Tours*); XXV, 132 (*Orderic Vital*).

HUNOLD, duc d'Aquitaine. — Est attaqué par Pépin et Carloman. — III, 2 (*Annales d'Eginhard*).

HUNOLD, seigneur d'Aquitaine. — Aspirant à la principauté de ce pays qui, dans le partage des Etats de Pepin le Bref entre ses enfans, était échu à Charlemagne, se soulève contre celui-ci. — Attaqué et poursuivi par lui, il est sur le point d'être pris, s'échappe et se réfugie auprès de Loup, duc de Gascogne, qui le livre à Charlemagne avec sa femme. — III, 12, 13 (*Annales d'Eginhard*).

HYAZOE, gouverneur de Ramla et intendant du calife Hakem. — Fait, par l'ordre de ce prince, raser l'église de la Résurrection du Seigneur. — XVI, 9 (*Guillaume de Tyr*).

HYGIN, 8e pape, l'an 139, Athénien d'origine. — Siége 4 ans sous les empereurs Vérus et Marc-Aurèle. — XXV, 381 (*Orderic Vital*).

I

IBÈRES. Le pays des Ibères, nommé Avesgnia, était au nord de la Perse, dont il était limitrophe. — Bravoure de ce peuple. — Leurs irruptions dans la Perse. — Leurs succès. — XVII, 152 (*Guillaume de Tyr*).

IBN-AL-ARABI, chef sarrasin. — Envoye des otages à l'empereur Charlemagne. — III, 20 (*Annales d'Eginhard*).

IBOR Ier, chef des Lombards, qu'il amena de la Scandinavie, avec son frère Aïon et sa mère Gambara. — XXVI, 345 (*Orderic Vital*).

INOR, chef des Troyens qui, échappés à la ruine de Troye, étaient venus, sous la conduite de Francion, s'établir dans la Sicambrie. — Il quitte ce pays, à la tête de vingt-trois mille Troyens; traverse l'Allemagne, la Germanie et l'Austrie, et vient se fixer dans les Gaules, à Lutèce. — XI, 51, 185 (*Rigord, Vie de Philippe-Auguste; Guillaume le Breton*).

INULUALD. — Est chargé avec Arnon, par l'empereur Charlemagne, de reconduire le pape Léon III à Rome. — XXV, 432 (*Orderic Vital*).

ILDEBERT DE LACI, chevalier de l'armée d'Etienne, roi d'Angleterre. — Reste fidèle à ce prince et combat vaillamment avec lui à la bataille de Lincoln. — XXVIII, 529 (*Orderic Vital*).

ILDEBERT, évêque du Mans. — Est créé évêque de Tours, et gouverne cet évêché pendant près de sept ans. — XXVIII, 400 (*Orderic Vital*).

ILDEFONSE (Alphonse Ier), roi d'Aragon. — Attaqué par les Sarrasins, il appelle à son secours Rotrou III, comte du Perche, son cousin, et le prie de lui procurer celui des Français, promettant à ceux-ci de grandes récompenses. — Il obtient quelques succès contre les Sarrasins, avec l'aide de Rotrou et des Français. — Sa trahison envers eux. — Attaqué de nouveau, après la retraite de ses alliés et accablé des forces de ses ennemis, il implore encore l'assistance de son cousin, envers qui il répare ses torts. — Leurs victoires sur les Sarrasins. — Après une heureuse expédition entreprise, avec les troupes espagnoles seulement, dans la province de Cordoue, il rentre dans ses Etats. — Sa femme Uraque se révolte contre lui et attente à ses jours. — Les Galliciens élèvent au trône Pierre Ildefonse, fils de Raimond, comte français, et d'une fille d'Ildefonse le Grand, et le soutiennent contre lui. — La mort d'Uraque met fin aux fureurs de cette guerre civile, et la paix se rétablit entre les deux rois. — L'an 1133, il assiége Méquinença contre les Sarrasins, et emporte la place d'assaut. — Assiége la ville de Fraga. — Les princes africains envoient au secours de cette ville une armée, à laquelle il livre bataille. — Vaincu par les Sarrasins, il s'échappe, accompagné seulement de soixante chevaliers; va rassembler une armée et revient fondre de nouveau sur l'ennemi, dont il fait un grand carnage. — Tombe malade et meurt peu de temps après. — XXVIII, 425-439 (*Orderic Vital*).

ILDEFONSE, fils de Raymond IV, comte de Toulouse. — Sa naissance. — XXVIII, 61 (*Orderic Vital*).

ILE (Baudouin de l'). *Voyez* BAUDOUIN IV, le Barbu.

ILE (Galon de l'). *Voyez* GALON DE L'ILE.

IMBERT OU HUMBERT DE BEAUJEU. — Ravage et persécute les églises avec Guillaume II, comte de Châlons. — Philippe-Auguste, roi de France, lève une armée contre eux, entre sur leurs terres, et les contraint de restituer aux églises ce qu'ils leur avaient enlevé. — Louis VIII le fait gouverneur du pays conquis dans la guerre des Albigeois. — Se soumet à Philippe-Auguste; mais bientôt après il passe au parti d'Arthur, duc de Bretagne. — Louis VIII lui donne le gouvernement de l'Albigeois. — Attaque le château de Becède et s'en empare. — Fait brûler les hérétiques. — Défend Castel-Sarrasin. — Fait sa soumission au comte de Toulouse. — Se rend maître de Montey. — Fait une trêve. — Envahit une partie du comté de Foix. — XI, 17, 378 (*Rigord, Vie de Philippe-Auguste*); XII, 23, 163 (*Guillaume le Breton, la Philippide*); XIII, 136 (*Guillaume de Nangis*); XV, 274-281 (*Guillaume de Puy-Laurens*); XV, 364-368 (*Gestes glorieux des Français*).

IMBERT, comte de Lyon, se soumet à Philippe-Auguste; XI, 194 (*Guillaume le Breton*).

IMBERT, évêque de Paris. — Assiste au sacre de Philippe Ier, roi de France, à Reims. — VII, 90 (*Procès-verbal du sacre de Philippe* Ier).

IMMON, conseiller de Brunon, duc de Lorraine, frère d'Othon le Grand, soulève le pays contre son maître. — Fortifie des châteaux. — Sa mort. — VI, 154-161 (*Chronique de Frodoard*). Voyez BRUNON.

IMMON Ier, évêque de Noyon. — Sa mort. — IV, 167 (*Annales de Saint-Bertin*).

IMMON II, évêque de Noyon. — Assiste au synode comprovincial tenu à Soissons par Hincmar, archevêque de Reims. — V, 244 (*Frodoard, Histoire de l'Eglise de Rheims*).

INCON, chef normand, bat les Bretons et s'empare de leur pays; VI, 97 (*Chronique de Frodoard*).

INDEBURGE. *Voyez* ISEMBURGE.
INGEBURGE. *Voyez* ISEMBURGE.

INGELBERGE, impératrice d'Italie. — Suit Lothaire au Mont-Cassin. — Louis le Germanique lui accorde secrètement la restitution d'une partie du royaume conquis par Lothaire. — La fille de Winégise lui fait perdre les bonnes grâces de Louis. — IV, 237, 238, 263-265 (*Annales de Saint-Bertin*)

INGELRAN, comte de Ponthieu. — Marche, avec une armée, contre Gislebert, comte de Brionne, qui attaquait le Vimeux et le met en déroute. — XXVI, 11 (*Orderic Vital*).

INGELTRUDE OU INGILTRUDE, fille de Matfried, femme de Boson, est anathématisée; IV, 184, 205

(*Annales de Saint - Bertin*).

INGELWIN ou ENGILWIN, diacre du palais de Charles le Chauve, roi des Francs.— Reçoit de ce prince l'abbaye de Saint-Martin.— Elle lui est ôtée.— IV, 200, 210 (*Annales de Saint-Bertin*).

INGENULF DE L'AIGLE, chevalier normand.— Guillaume le Conquérant lui donne, pour prix de sa fidélité, les terres de son père, au préjudice de son frère aîné.— XXVIII, 277 (*Orderic Vital*).

INGILTRUDE, fondatrice du couvent de Saint-Martin à Tours.— Engage sa fille Berthegonde à quitter son mari pour se rendre à ce monastère, dont elle voulait l'établir abbesse.— Berthegonde quitte son mari et se rend auprès de sa mère; mais bientôt, exhortée par Grégoire de Tours, elle retourne vers son mari.— Sa mère la décide de nouveau à le fuir.— Ses différends avec sa fille, pour la succession de l'évêque Bertrand, frère de celle-ci.— Tombe malade, et institue sa nièce abbesse.— Sa mort. — II, 47 et suiv., 97 (*Grégoire de Tours*).

INGOBERGE.— Epouse Charibert 1er, roi des Francs.— Jalouse de l'amour que ce prince avait conçu pour deux de ses servantes, filles d'un ouvrier en laine, elle fait travailler celui-ci dans son palais, pour exposer son humble profession aux regards du roi, qui, irrité de cette ruse, quitte Ingoberge et épouse une des servantes.— Meurt âgée de soixante-dix ans.— Ses dons à différentes églises.—I, 178; II, 40 (*Grégoire de Tours*).

INGOBERT, commissaire de Louis le Débonnaire.— Est chargé par lui du commandement d'une armée levée contre l'Espagne.— III, 336, 345 (*Vie de Louis le Débonnaire, par l'Astronome*).

INGOBRAND, cte.— Bat Ragenold, prince des Normands de la Loire. — VI, 77 (*Chroniq. de Frodoard*).

INGOLBERT, duc.—Indigné du traitement subi par Bodilon, il excite une sédition contre le roi Childéric, qui meurt assassiné.—II, 232 (*Grégoire de Tours*).

INGOMER, premier fils de Clovis et de Clotilde.— Est baptisé malgré le roi, et meurt.— I, 89 (*Grégoire de Tours*).

INGONDE, fille de Sigebert, roi des Francs.— Est conduite en Espagne et épouse Erménégild, fils de Leuvigild, roi des Goths.— D'abord bien accueillie par son aïeule Gonsuinthe, elle est ensuite persécutée et maltraitée par celle-ci, pour son refus d'embrasser la foi arienne.— Elle amène son mari à se convertir à la foi catholique.— Dans la bataille perdue par Erménégild contre Leuvigild, elle est amenée en Afrique par les Grecs, et meurt dans ce pays.— I, 277, 454 (*Grégoire de Tours*).

INGORRAMM, duc.— Donne sa fille en mariage à Louis, fils de Charlemagne.— III, 278 (*Vie de Louis le Débonnaire*).

INGUILLINE, parente de Matthieu, comte de Milan.— Est livrée aux flammes pour hérésie.— XIII, 326 (*Guillaume de Nangis*).

INGULF.— Reçoit de Guillaume, roi d'Angleterre, l'abbaye de Croyland, et la gouverne pendant vingt-quatre ans.— XXVI, 277 (*Orderic Vital*).

INGUNDE, femme de Clotaire 1er, roi des Francs.—Ayant prié son mari de procurer à sa sœur Aregunde un époux riche et puissant, il épouse lui-même cette dernière.— I, 153 (*Grégoire de Tours*).

INJURIOSUS, riche sénateur d'Auvergne.— Son mariage.— Chasteté de sa jeune épouse, qui s'était consacrée au Christ.— Elle l'entraîne à l'imiter.—Réunion de leurs tombeaux par un miracle.— I, 33 et suiv. (*Grégoire de Tours*).

INJURIOSUS, citoyen de Tours.— Succède à Francille dans l'évêché de cette ville.—Refuse de souscrire le décret de Clotaire 1er, roi des Francs, qui chargeait toutes les églises de son royaume d'un impôt du tiers de leurs revenus.—Le roi, troublé de son mécontentement, fait courir après lui avec des présens, lui demande pardon et révoque son décret.—Meurt dans la 17ᵉ année de son épiscopat.—I, 135, 152, 154 (*Grégoire de Tours*).

INJURIOSUS, 15ᵉ évêque de Tours. —Ses travaux, ses institutions, sa mort. — II, 147 et suiv. (*Grégoire de Tours*).

INNACHAIRE ou IMNACHAIRE.—Est envoyé par Chramne, fils de Clotaire 1ᵉʳ, pour tirer de l'église où il s'était refugié, Firmin, comte d'Auvergne.—Il l'en fait sortir.—I, 164, 166 (*Grégoire de Tours*).

INNOCENT Iᵉʳ, 39ᵉ pape, l'an 402. — Né à Albano, siège quinze ans. — Condamne les hérétiques Pélage et Céleste. — XXV, 397 (*Orderic Vital*).

INNOCENT II, 168ᵉ pape. — Son séjour en France.—A la mort d'Honoré II, en 1130, il est élu pape par une partie des cardinaux, dont l'autre partie élève au trône pontifical Pierre de Léon, sous le nom d'Anaclet, qui l'emporte par son crédit et ses richesses. — Innocent quitte Rome, se rend à Pise, où il est accueilli avec de grands honneurs; et de là en France, où il est reconnu, dans un concile tenu à Etampes, par l'influence de saint Bernard.—Celui-ci détermine aussi Henri Iᵉʳ, roi d'Angleterre, à se déclarer en faveur d'Innocent. — Tient à Rheims un grand synode, dans lequel il couronne roi Louis, fils de Louis, du vivant de son père. — Se rend à Liége, où le roi des Romains réclame inutilement de lui la restitution du droit d'investiture. — Sa visite au monastère de Clairvaux. — Est rétabli dans Rome par l'empereur Lothaire, en 1133. — Mais, après le départ de ce prince, forcé par les attaques d'Anaclet de quitter son siége, il se rend à Pise, où il tient en 1134 un concile célèbre, dans lequel Anaclet est excommunié.—La ville de Milan, par les soins de saint Bernard, embrasse son parti. — Mort d'Anaclet en 1138. — Son parti élit à sa place le cardinal Grégoire, sous le nom de Victor; mais celui-ci dépose la tiare dont Innocent reste paisible possesseur jusqu'à sa mort, arrivée en 1143. — Ses guerres contre Roger, roi de Sicile. — Leur paix. — VIII, 145 (*Suger*); X, 233 et suiv. (*Arnauld de Bonneval*); XIII, 14 et suiv. (*Guillaume de Nangis*); XVII, 335 (*Guillaume de Tyr*); XXV, 172 (*Orderic Vital*).

INNOCENT III, pape. — Succède à Célestin III. — Envoie en France le cardinal Pierre de Capoue pour rétablir la paix entre Richard 1ᵉʳ et Philippe-Auguste. — Y envoie plus tard le cardinal Galon, pour mander à Philippe-Auguste et à tous les princes du royaume de prendre la croix contre les Albigeois. — Sacre empereur Othon, qui, le jour même, viole son serment de fidélité à l'Eglise. — Tient à Rome, en 1215, le concile de Latran. — Envoie à l'église de Saint-Denis, en France, le corps de saint Denis, évêque et confesseur de Corinthe. — Sa mort en 1216.— XI, 138, 144, 179, 215, 217 (*Rigord, Vie de Philippe-Auguste; Guillaume le Breton*); XIII, 98, 100, 116 et suiv. (*Guillaume de Nangis*); XIV, 322 et suiv. (*Pierre de Vaulx-Cernay*).

INNOCENT IV, Génois. — Est élu pape en 1243. — Tient à Lyon, en 1245, un concile dans lequel il déclare Frédéric II, empereur d'Allemagne, déchu de toutes ses dignités. — Envoie en France, comme légat, Eudes de Châteauroux, évêque de Frascati, pour prêcher une croisade. — Reçoit à Lyon la visite de saint Louis. — A la mort de Frédéric, il se rend à Venise. — Règle que tous les cardinaux de l'Eglise romaine, lorsqu'ils iraient à cheval, porteraient sur la tête un chapeau rouge. — A la mort de Conrad, fils de Frédéric, il entre dans la Sicile et se rend à Naples. — Equipe une armée contre Mainfroi, prince de Tarente, qui s'était emparé du royaume de Sicile, et meurt pendant ces préparatifs. — XIII, 152 et suiv., 163 et suiv. (*Guillaume de Nangis*).

INNOCENT V, pape. — Succède à Grégoire X en 1275. — Sa mort. — XIII, 193 (*Guillaume de Nangis*).

INNOCENT. — Succède à Victrice, archevêque de Rouen. — XXVI, 329 (*Orderic Vital*).

INNOCENT, comte du Gévaudan, accuse l'abbé Lupiutius devant la reine Brunehaut. — L'arrête à son retour et lui coupe la tête. — Est élu évêque de Rodez. — Ses différends avec l'évêque de Cahors. — Il rend ses biens à Eulalius, comte d'Auvergne, et fait clerc Jean, l'un de ses fils. — I, 356-358; II, 92 (*Grégoire de Tours*).

INQUISITION. — Son établissement dans l'Albigeois par Pierre de Colmieu, faisant fonctions de légat. — De quelle manière elle est ordonnée. — Elle est confiée aux frères prêcheurs. — On leur adjoint des minimes. — Nouvelles dispositions fondamentales et d'instruction.— XV, 285, 293, 294, 295 (*Guillaume de Puy-Laurens*).

IONA, couvent bâti par sainte Colombe, du temps de Brudée, roi des Pictes, et détruit par les guerres et le temps.— Est reconstruit par Marguerite, femme de Melcolm, roi des Écossais. — XXVII, 350 (*Orderic Vital.*)

IRÈNE, impératrice. — Envoie des ambassadeurs à Charlemagne. — Est déposée. — Principaux événemens de son règne. — III, 45 52 (*Annales d'Éginhard*); XXV, 152 (*Orderic Vital*).

IRÉNÉE, martyr. — Occupe l'évêché de Lyon. — I, 22 (*Grégoire de Tours*); XXV, 111 (*Orderic Vital*).

IRMINE, abbé. — L'un des témoins du testament de Charlemagne. — III, 161 (*Annales d'Éginhard*).

IRMINGAIRE, comte. — Victoire navale qu'il remporte sur les Maures. — III, 71 (*Annales d'Éginhard*).

IRMINSUL OU HERMANN-SAULE, monument élevé par la reconnaissance des Germains, en l'honneur de Herman ou Arminius, vainqueur de Varus, et qui était devenue une idole. — Il est détruit par Charlemagne. — III, 14 (*Annales d'Éginhard*).

ISAAC L'ANGE. — Appelé par Andronic, empereur de Constantinople, sur la dénonciation de son ministre Langosse, il s'y rend et tue ce dernier dans sa route. — S'empare de Bouche-de-Lion, manoir de l'Empereur; prend la couronne et les vêtemens de celui-ci, et se couronne empereur à Sainte-Sophie. — Va assiéger Andronic dans son château de Blachernes, et s'en empare. — Supplice qu'il lui fait subir. — Se fait aimer de ses sujets. — Epouse une fille du roi de Hongrie. — Son frère Alexis le fait prendre et lui fait crever les yeux. — XIX, 27 et suiv. (*Bernard le Trésorier*). Voy. CONZERAC.

ISAAC, camérier du comte de Flandre. — Conspire la mort de son prince. — Assassine et fait assassiner ses amis. — Fait une sortie du château de Bruges, et rentre dans sa maison. — S'enfuit. — Arrive à Ypres, croyant être à Gand. — Revêt l'habit monastique. — Est découvert et déclare ses complices. — Est pendu. — Son repentir. — Ses déclarations. — VIII, 257, 259, 267, 292, 294, 297, 310, 327, 383, 384 (*Suger, Vie de Louis le Gros.*)

ISAAC, comte. — Ses terres sont pillées par Gislebert. — Prend et brûle un château de l'évêché de Cambrai. — L'évêque lui demande et en obtient satisfaction. — Abandonne Othon et passe au parti de Louis d'Outre-Mer. — VI, 81, 83, 109 (*Chronique de Frodoard*).

ISAAC, évêque de Langres. — Remet, de la part du roi Charles, la reine Teutberge aux mains du légat, et intervient au serment qui lui est prêté au nom de Lothaire.—IV, 204 (*Annales de Saint-Bertin*).

Isaac, fils aîné de Jean, empereur d'Orient. — Est éloigné du trône par son père, qui y place son frère Manuel. — Dans l'ignorance de ses dernières dispositions, il prend possession du palais à la mort de son père. — Est arrêté et jeté en prison. — Fait la paix avec son frère. — XVII, 435-437 (*Guillaume de Tyr*).

Isaac, juif. — Est envoyé par Charlemagne auprès du roi de Perse. — Entre dans le port de Vendres, avec l'éléphant et les autres présens du roi de Perse. — III, 51, 52 (*Annales d'Eginhard*).

Isaac, patrice et exarque de l'empire d'Orient. — S'allie avec Maurice le Chartrier, et dévaste le palais de Latran. — Réprime la révolte de son allié, le prend prisonnier et lui fait trancher la tête. — Sa mort. — XXV, 416 et suiv. (*Orderic Vital*).

Isabelle, fille de Simon de Montfort et femme de Raoul de Conches. — Ses habitudes guerrières. — Ses querelles avec Helvise, femme de Guillaume, comte d'Evreux, allument la guerre entre les deux maris. — Après la mort de son mari, prend le voile dans le couvent de Haute-Bruyère. — XXVI, 391; XXVII, 302 (*Orderic Vital*).

Isabelle, fille de Hugues le Grand, comte de Crespi. — Epouse Robert, comte de Meulan. — XXVII, 294 (*Orderic Vital*).

Isabelle, veuve de Henri, roi de Jérusalem. — Epouse Amaury, roi de Chypre, et est couronnée reine à Acre. — XIII, 81 (*Guillaume de Nangis*).

Isabelle, fille de Philippe le Bel, roi de France. — Epouse, à l'âge de douze ans, Edouard II, roi d'Angleterre. — Passe dans ce pays et y est couronnée reine. — Donne à son mari un fils qui fut appelé Edouard. — XIII, 269, 294, 382 (*Guillaume de Nangis*).

Isabelle, fille du roi d'Aragon. — Est fiancée à Philippe, fils aîné de saint Louis, roi de France. — Sa mort. — XIII, 175, 187 (*Guillaume de Nangis*).

Isabelle, femme de Robert, comte de Meulan. — Met au monde deux jumeaux, Galeran et Robert. — XXVIII, 168 (*Orderic Vital*).

Isabelle, femme de Honfroi. — La reine de Jérusalem, femme du roi Gui, étant morte, le royaume échoit à Isabelle. — Honfroi la cède avec ses droits au marquis de Montferrat, moyennant de l'argent. — XIX, 178 (*Bernard le Trésorier*).

Isambard, comte franc. — Est pris en trahison par Guillaume, fils de Bernard. — IV, 146 (*Annales de Saint-Bertin*).

Isambard. — Gouverne le couvent de Sainte-Catherine, près de Rouen, fondé par Goscelin d'Arques. — XXVI, 11 (*Orderic Vital*).

Isambard, général de l'armée de Louis le Débonnaire. — Ses expéditions en Espagne. — III, 334, 338 (*Vie de Louis le Débonnaire, par l'Astronome*).

Isambert, évêque d'Orléans. — Assiste au sacre de Philippe Ier, roi de France, à Rheims. — VII, 90 (*Procès-Verbal du sacre de Philippe Ier*).

Isemberge. *Voyez* Isemburge.

Isemburge ou Indeburge, sœur de Canut, roi des Danois. — Epouse Philippe-Auguste, roi de France, qui la répudie. — Après une séparation de seize ans, pendant lesquels elle avait été gardée au château d'Etampes, elle est reçue en grâce par son mari. — XI, 112, 113, 147, 257, (*Guillaume le Breton*); XIII, 77, 79, 81, 84, 109 (*Guillaume de Nangis*).

Isidore de Séville. — Sa chronographie. — XXV, 105 (*Orderic Vital*).

Ismaéliens ou Assissins. — Histoire de ce peuple. — Négociations de son chef avec le roi Amaury de Jérusalem. — Exemples du pouvoir du prince sur ses sujets. — XVIII, 296-298 (*Guillaume de Tyr*); XIX, 243 (*Bernard le Trésorier*).

Isnard d'Ecublai. — Quitte l'Aigle, occupé par Louis le Gros, et reste fidèle au roi d'Angleterre. — XXVIII, 279 (*Orderic Vital*).

Isoard de Die, chevalier provençal. — Prend la croix. — Commande l'un des corps d'armée des croisés lors de la sortie générale d'Antioche contre les assiégeans. — S'empare de Jérusalem avec le comte de Toulouse. — Assiége Antioche avec l'armée chrétienne. — XVI, 49, 327, 453 (*Guillaume de Tyr*); XXI, 258, 370 (*Raimond d'Agiles*).

Ither, grand d'Aquitaine. — Est donné en otage par Waifer, duc de ce pays, à Pépin le Bref. — III, 8 (*Annales d'Eginhard*).

Itier. — Est créé comte d'Auvergne par Charlemagne. — III, 322 (*Vie de Louis le Débonnaire, par l'Astronome*).

Itier, évêque de Limoges. — Assiste au sacre de Philippe 1er, roi de France, à Rheims. — VII, 90 (*Procès-Verbal du sacre de Philippe 1er*).

Itier de Magnac. — Périt dans la croisade de Louis le Jeune. — XVII, 508 (*Guillaume de Tyr*).

Itier de Tousi. — Prend la croix avec Louis le Jeune. — VIII, 214 (*Suger*).

Itta ou Ideberge, femme de Pépin le Vieux, roi des Francs. — Ses pieuses vertus. — Après la mort de son mari, elle prend le voile et donne tous ses biens à l'Église. — Sa mort. — II, 387 et suiv. (*Vie de Pépin le Vieux*).

Ivelin, apostat, satrape des Turcs. — Brûle la ville de Ramla, s'empare de Lydda, et fait trembler Jérusalem. — XVIII, 348, 349 (*Guillaume de Tyr*).

Ivelin, croisé. — Négocie la paix entre le roi de Jérusalem et les Turcs assiégés dans Damiette. — XVIII, 263 (*Guillaume de Tyr*).

Ives, fils de Guillaume de Bellême. — Gouverne l'évêché de Sées. — A la mort de ses frères, obtient la ville de Bellême par droit héréditaire. — A la mort de son neveu Arnoul, il entre en possession de ses terres. — XXVI, 40, 115 (*Orderic Vital*); XXIX, 183 (*Guillaume de Jumiège*).

Ives, légat de l'église romaine en France. — D'après les sollicitations de Thibaut, comte de Champagne, il excommunie Raoul, comte de Vermandois, qui avait répudié sa femme, et suspend les évêques qui avaient fait ce divorce. — XIII, 24 (*Guillaume de Nangis*).

Ives, évêque de Chartres, auteur des *Décrets d'Ives*. — Sa mort. XIII, 2, 39 (*Guillaume de Nangis*).

Ives, croisé français. — Est envoyé reconnaître l'armée turque, dont on annonce la marche sur Antioche. — Défend avec vigueur, contre les Turcs, le poste qui lui est confié dans cette place. — XX, 208, 230 (*Albert d'Aix*).

Ives de Creil, grand-maître des Arbalétriers de Louis d'Outre-Mer. — Fait connaître les projets du roi sur le jeune duc Richard de Normandie à son gouverneur qui le sauve. — XXVII, 15 (*Orderic Vital*).

Ives de Maisnil, chevalier croisé. — Tente de sortir d'Antioche, et y est retenu par Arnoul. — Déserte durant la nuit. — XXIII, 159 (*Robert le Moine*).

Ives de Nesle, comte de Soissons. — Se réunit à l'assemblée de Saint-Jean-d'Acre pour délibérer sur les moyens d'agrandir le royaume de Jérusalem. — Accompagne le roi Baudouin III, dans sa démarche auprès de la reine Mélisende sa mère, pour obtenir d'elle le partage du pays. — Est proposé pour époux à la princesse Constance d'Autriche, qui le refuse. — Est envoyé par le roi dégager les restes des Allemands attaqués par les Grecs à Nicée, et les délivre sans peine. — XVIII, 2, 31, 41 (*Guillaume de Tyr*); XXIV, 347 (*Odon de Deuil*).

Ivon, fils de Hugues de Grandménil. — Est pris par l'armée de Robert, duc de Normandie, au siège de Courci, et jeté en prison. — Après avoir possédé quelque temps les biens de son père en Angleterre, il les engage à Robert, comte de Meulan, et fait deux fois le pèlerinage de Jérusalem.—Il meurt dans le second. — XXVII, 318, 402, 424 (*Orderic Vital*, où il est aussi nommé YVES).

J

JACOB DE BRETAGNE, fils de Malo, comte de Bretagne. — Perd la vie dans un combat contre Théodoric, que son père avait dépouillé. — I, 243 (*Grégoire de Tours*).

JACQUES LE MINEUR, fils d'Alphée, appelé frère du Seigneur, parce que Marie, femme d'Alphée, était tante de la Vierge. — Est ordonné évêque de Jérusalem. — XXV, 286 (*Orderic Vital*).

JACQUES, fils de Zébédée, pêcheur. — Appelé par J.-C., quitte ses filets pour le suivre. — J.-C. étant mort, il parcourt toute la Judée et la Samarie, prêchant et opérant des miracles. — Convertit le magicien Hermogène. — Est mis en prison. — Son martyre. — XXV, 18, 196 et suiv. (*Orderic Vital*).

JACQUES DE VITRY, clerc. — Prêche la croisade en France. — Les chanoines d'Aix le choisissent pour évêque et prient le pape de le leur envoyer. — Il va prendre possession de son évêché, où il fait beaucoup de bien. — Retourne en France, et est dans la suite créé cardinal de Rome. — XIX, 355 (*Bernard le Trésorier*); XXII, 1 et suiv. (*Notice sur Jacques de Vitry*).

JACQUES, fils de Pierre d'Aragon. — S'empare de la Sicile et s'en fait couronner roi. — Le pape Honoré confirme contre lui la sentence d'excommunication portée contre son père. — Est donné en otage par le roi Pierre, son père, au comte de Montfort, pour gage de la paix conclue entre eux. — Attaque Murcie et s'en empare. — Va au secours de la Terre-Sainte et revient sur ses pas d'après les conseils d'une femme.—Il s'empare de l'île de Majorque.—Conquiert Valence.—Prend Murcie.—Part pour la Terre-Sainte et revient sur ses pas. — XIII, 208 (*Guillaume de Nangis*); XV, 234, 322 (*Guillaume de Puy-Laurens*); XV, 372, 373, 387, 389 (*Gestes glorieux des Français*).

JACQUES DE SAINT-PAUL. — Philippe le Bel, roi de France, lui confie la garde de ses possessions en Flandre. — Périt dans la défaite de l'armée de Robert, comte d'Artois, par les gens de Bruges. — XIII, 240-243 (*Guillaume de Nangis*).

JACQUES GENIN, chevalier de l'armée de Philippe le Bel, roi de France. — Périt dans une bataille contre les Flamands, en combattant aux côtés du roi. — XIII, 254 (*Guillaume de Nangis*).

JACQUES DELOR. — Accusé, avec sa femme et son serviteur, de maléfices envers Louis, roi de France, et Charles, comte de Valois, au sujet de l'affaire d'Enguerrand de Marigny, est enchaîné dans un cachot et s'étrangle de désespoir. — XIII, 310 (*Guillaume de Nangis*).

JACQUES COLONNE. *Voy.* PIERRE COLONNE.

JACQUES D'AVESNE, chevalier croisé. — Marche au secours de Gui de Lusignan devant Acre. — Assiége Accaron. — Est tué dans un combat contre les Sarrasins. — XI, 72 (*Rigord, Vie de Philippe Auguste*); XII, 104 (*Guillaume le Breton*); XIX, 195 (*Bernard le Trésorier*); XXII, 252, 260 (*Jacques de Vitry*).

JACQUES, évêque de Préneste. — Est envoyé en France par le pape Grégoire IX, pour demander du secours contre l'empereur Frédéric II.—Est fait prisonnier.— XIII, 149, 365 (*Guillaume de Nangis*).

Jacques de Rueth, chevalier.—Fait prisonnier à la bataille de Bovines, Philippe-Auguste s'en porte caution et obtient sa liberté.—XI, 310 (*Guillaume le Breton, Vie de Philippe-Auguste*).

Jacques Visal.—Hugues de Lusignan l'envoie au concile de Lyon.—XIX, 593 (*Bernard le Trésorier*).

Jacques II, roi d'Aragon, se fait couronner roi de Sicile malgré le pape, à la mort du roi Pierre d'Aragon.—Est excommunié.—S'empare des biens des Templiers et des Hospitaliers.—Demande la confirmation de son élection au pape, qui le refuse formellement.—Met le siége devant Gaëte.—Est forcé de le lever par le prince Charles de Salerne.—Conclut avec lui une trêve de deux ans.—Succède à son frère Alphonse au trône d'Aragon.—Fait la paix avec Charles de Sicile et lui donne une de ses filles en mariage.—XV, 208, 209, 211, 213, 225 (*Guillaume de Puy-Laurens*).

Jacques de Colonne, cardinal.—Est déchu de sa dignité pour avoir affirmé l'injustice de la déposition du pape Célestin V.—Est condamné comme schismatique et excommunié par le pape.—Est chassé de Nepi par l'armée papale.—Est assiégé dans Colonne.—Est poursuivi jusqu'à Préneste.—Implore et obtient la miséricorde du pape, qui ne le rétablit pas dans sa dignité.—S'enfuit et se cache.—Est rétabli cardinal par le pape Clément V sur les instances de Philippe le Bel.—XIII, 226, 230, 232, 234, 236, 239 (*Chron. de Guillaume de Nangis*).

Jacques de Molay, grand-maître du Temple.—Est cité par le pape Clément V à comparaître en personne devant lui à Poitiers.—Obéit sur-le-champ.—Assiste aux obsèques de la princesse Catherine, héritière de l'empire de Constantinople.—Est arrêté au Temple en même temps que tous les Templiers.—Accusations portées contre l'ordre.—Il les avoue, dit-on.—Est emprisonné à Corbeil.—Est réservé à l'excommunication ou au supplice avec les principaux de l'Ordre.—Est condamné à une réclusion perpétuelle d'après ses aveux.—Nie ses prétendus aveux.—Est remis par les cardinaux aux mains du prévôt de Paris jusqu'à plus ample informé.—Est livré aux flammes, le soir du même jour, dans une île de la Seine, par ordre de Philippe le Bel, de l'avis des siens, et sans en parler aux clercs.—Indifférence, calme et fermeté du grand-maître.—XIII, 265, 266, 267, 268, 271, 300, 301 (*Chronique de Guillaume de Nangis*).

Jaime (don), roi d'Aragon.—Ses guerres avec son neveu Alphonse.—Sa mort.—XIII, 209 (*Guillaume de Nangis*); XIX, 599 (*Bernard le Trésorier*).

Jaime (don), fils du précédent.—Est, à la mort de son père, fait roi de Majorque et comte de Montpellier.—XIX, 599 (*Bernard le Trésorier*).

Jair, chef de la synagogue de Capharnaüm.—Supplie J.-C. de guérir sa fille.—Jésus la rend à la vie.—XXV, 25 (*Orderic Vital*).

Jamier.—Excite Civita-Vecchia à une insurrection contre les troupes de Charles d'Anjou, roi de Sicile.—XIII, 198 (*Guillaume de Nangis*).

Jasor.—Est accusé par les Juifs.—XXV, 208 (*Orderic Vital*).

Jean (l'apôtre saint).—Dissertation sur deux têtes *véritables* de ce prophète.—Baptise Jésus-Christ sur les bords du Jourdain.—Les miracles de J.-C. lui sont annoncés dans la prison où il était retenu par Hérode, gouverneur de la Judée, et il envoie vers lui deux de ses disciples.—Hérode lui fait trancher la tête.—IX, 35 (*Guibert de Nogent*); XXV, 11, 29, 35 (*Orderic Vital*).

Jean Ier, 52e pape, l'an 523, sous l'empereur Justin le Vieux.—Va à Constantinople, où il rend la vue à un aveugle.—A son retour, Théodoric, roi des Goths, le fait saisir à Ravennes, et le jette dans une prison, où il meurt. — XXV, 133, 404, 436 (*Orderic Vital*).

JEAN II, surnommé *Mercure*, 55ᵉ pape, l'an 535. — Siége deux ans sous Athalaric et Justinien.—XXV, 405, 406 (*Orderic Vital*).

JEAN III, 60ᵉ pape, l'an 560. — Né à Rome d'Anastase. — Siége près de treize ans. — XXV, 410 (*Orderic Vital*).

JEAN IV, 71ᵉ pape, en 640. — Né en Dalmatie. — Siége près de deux ans. — XXV, 416 (*Orderic Vital*).

JEAN V, 81ᵉ pape, l'an 685 ou 686. — Né à Antioche. — Siége un an. — XXV, 421 (*Orderic Vital*).

JEAN VI, 84ᵉ pape, l'an 701. — Né en Grèce. — Succède au pape Serge. — Siége trois ans. — XXV, 146, 423 (*Orderic Vital*).

JEAN VII, 85ᵉ pape, l'an 705. — Né en Grèce. — Sa science. — Siége deux ans. — XXV, 423 (*Orderic Vital*).

JEAN VIII, pape.—Appelle le roi Charles le Chauve et le couronne empereur des Romains.—Va jusqu'à Pavie au-devant de ce prince.—Se hâte de retourner à Rome, à la nouvelle de l'invasion de l'Italie par Carloman, fils de Louis le Germanique. — Excommunie les comtes Lambert et Adalbert.—Quitte Rome et vient en France.—Y assemble un concile général qui confirme l'excommunication. — Excommunie pareillement les usurpateurs des biens ecclésiastiques. — Excommunie nommément Hugues, fils de Lothaire et Aimoin. — Statue sur l'évêché de Laon. — Est reconduit en Italie par Boson.—Durée de son pontificat. — IV, 266, 276, 288, 289, 295, 297, 300, 301 (*Annales de Saint-Bertin*); XXV, 436(*Orderic Vital*).

JEAN IX, pape. — Son entrevue à Troyes avec Louis le Bègue. — XXVII, 124 (*Orderic Vital*).

JEAN X, pape. — Est retenu en prison par Gui, frère de Hugues, roi d'Italie. — Sa mort. — VI, 91, 93, 222 (*Chronique de Frodoard; Chronique de Raoul Glaber*).

JEAN, pape. — Établi sur le siége pontifical par Othon III, empereur d'Allemagne, en est chassé par Crescence, noble romain. — VII, 69 (*Chronique de Hugues de Fleury*).

JEAN, pape. — Est mis par les Romains à la place d'Octavien, qu'ils avaient chassé du siége pontifical. — L'empereur Henri le fait déposer par un jugement synodal. —VII, 67 (*Chronique de Hugues de Fleury*).

JEAN XIX, pape. — Achète à prix d'argent le droit de succéder en 1024 à son frère Benoît VIII. — Tente de donner à l'église d'Orient le titre d'*universelle*.—VI, 295, 297 (*Chronique de Raoul Glaber*).

JEAN XXII, pape, reçoit à Avignon les insignes de la papauté en présence de l'oncle et du frère du régent de France. — Partage en six l'évêché de Toulouse et en trois celui de Poitiers. — Accorde au régent les annates pour quatre ans.— Est nommé arbitre entre le roi de France et les Flamands, et ne peut les accorder. — Publie les statuts dits *Clémentines*. — Anathématise l'hérésie des comtes de Milan.—Publie une croisade contre eux.—Refuse de confirmer l'élection de l'empereur Louis de Bavière.—Pourquoi? — Discussion sur la propriété des Minimes. — Il tente inutilement de terminer la querelle entre les Flamands et Philippe le Long. — Condamne cette doctrine que les droits de l'Église tirent leur origine de la dignité impériale. — Publie des déclarations au sujet de la règle des Minimes. — Reçoit à Avignon le roi Robert de Sicile, dont les affaires l'occupent exclusivement.—Obtient plusieurs fois de Charles le Bel la grâce de Jourdain de l'Ile, son neveu, qui finit par être pendu. — Attaque Galéas de Milan. — Est repoussé. — Dégrade Louis de Bavière de la dignité impériale.—Délie ses sujets du serment de fidélité. —Condamne ses adhérens, si laïcs à être pendus, si prêtres excommunies. — Déclare que J. C. était propriétaire, puisqu'il avait des poches. — Accorde des indulgences à ceux qui combattront Galéas de Milan. — Envoie des légats en Italie contre lui. — Excommunie l'empereur Louis de Bavière et les deux savans qui doivent écrire en sa faveur. — Envoie une armée contre les Milanais, et s'entend avec Charles le Bel pour lever un impôt sur l'Eglise, afin de payer sa solde. — XIII, 315, 318, 323, 324, 325, 326, 328, 329, 331, 332, 335, 339, 360, 362, 366, 367, 371, 372, 382, 386 (*Chronique de Guillaume de Nangis*).

JEAN, moine de Saint-Martin de Sées, d'une profonde instruction. — Devient abbé du monastère de Bury. — XXVIII, 369 (*Orderic Vital*).

JEAN, moine de Jérusalem. — Elève le premier la question de la procession du Saint-Esprit. — III, 63 (*Annales d'Eginhard*).

JEAN, sophiste du xie siècle; VII, 47 (*Fragmens de l'Histoire des Français*).

JEAN, évêque de Pérouse. — Ordonne le pape Gélase. — XXV, 410 (*Orderic Vital*).

JEAN, surnommé Marc. — D'abord païen et prêtre de Jupiter, est converti et baptisé à Iconium par saint Barnabé. — XXV, 329 (*Orderic Vital*).

JEAN, sous-diacre. — Enlève le pallium au pape Silvère, et le revêt de l'habit monacal. — XXV, 417 (*Orderic Vital*).

JEAN, fils de Zébédée, pêcheur. — Appelé par J.-C., quitte ses filets pour le suivre. — A la mort de J.-C., il prêche sa doctrine en Asie. — Persécutions que lui fait subir l'empereur Domitien. — Son exil à Pathmos. — Son retour à Ephèse, à la mort de l'empereur. — XXV, 18, 273 et suivantes (*Orderic Vital*).

JEAN, évêque d'Ostie. — Assiste au sixième concile œcuménique tenu à Constantinople, sous Constantin Pogonat. — XXV, 143 (*Orderic Vital*).

JEAN, roi de Castille. — Jeune encore, et sous la tutelle de Sanche son oncle, il attaque et chasse plusieurs fois de leur pays les Sarrasins de Grenade. — Dans une de ces expéditions, sur le point d'en venir aux mains avec les Sarrasins, Jean tombe de sa litière et meurt. L'armée, effrayée de cet événement, prend la fuite, quoique bien supérieure en nombre à l'ennemi. — XIII, 339, 340 (*Guillaume de Nangis*).

JEAN Ier, roi de France, fils posthume de Louis, et de Clémence, fille de Charles-Martel. — Sa naissance, sa mort et ses funérailles. — XIII, 320 (*Guillaume de Nangis*).

JEAN, fils de saint Louis et de Marguerite. — Vient au monde à Damiette pendant la captivité de son père, à cause de laquelle il reçoit le surnom de *Tristan*. — Meurt devant Tunis. — XIII, 150, 185 (*Guillaume de Nangis*). — Les mêmes faits sont racontés, XV, 323, 325, 390; et XIX, 585.

JEAN, fils aîné de Marguerite, comtesse de Flandre et du Hainaut, et de Bouchard, seigneur d'Avesnes. — Se révolte contre sa mère, et veut lui enlever le Hainaut. — Marguerite appelle à son secours Charles d'Anjou, à qui elle cède le comté. — Jean rassemble une forte armée devant Valenciennes. — Une trêve est conclue, et la paix se rétablit au retour de saint Louis. — XIII, 166 et suiv. (*Guillaume de Nangis*).

JEAN, comte de Leicester. — Son éloge. — Ses exploits sous Mantes dans un engagement des chevaliers anglais contre des français. — Transperce de sa lance les deux cuisses de Matthieu de Marle et n'en est pas fait prisonnier. — XII, 74, 88, 117, 118 (*la Philippide*).

JEAN, roi d'Ecosse. — Ayant fait alliance avec Philippe le Bel, roi de France, envahit et ravage le royaume d'Angleterre. — Trahi comme il s'en revenait, il est pris et envoyé à Edouard, roi d'Angleterre.—XIII, 226 (*Guillaume de Nangis*).

JEAN, cardinal-légat du pape Pascal, en France. — Assemble, avec son collègue Benoît, un concile à Poitiers, et soumet toute la France à l'anathème, à cause de la liaison du roi Philippe avec Bertrade. — VII, 51 (*Fragmens de l'Histoire des Français*).

JEAN, cardinal-prêtre de l'église romaine. — A son retour d'une mission en Angleterre, est chargé par le pape Alexandre III de juger la contestation élevée entre Guillaume, comte de Nevers, et le monastère de Vézelai. — Assigne les deux parties à Auxerre. — Exhorte inutilement le comte à renoncer à ses prétentions, et en obtient avec peine une trêve. — Se rend à Vézelai. — Ses efforts pour faire cesser les persécutions contre le monastère étant sans succès, il lance contre les persécuteurs une sentence d'anathème.—VII, 163, 164, 171, 175 (*Histoire du monastère de Vézelai*).

JEAN, paysan. — Tue Robert, prévôt d'Argenteuil, qui le poursuivait violemment pour des contributions. — XXVIII, 193 (*Orderic Vital*).

JEAN D'ACRE (Saint-) — Siége de cette ville par les Croisés.—Il dure plus d'un an. — Le sultan Saladin, voyant qu'il ne pouvait la sauver, la rend à Philippe-Auguste, roi de France, le 13 juillet 1191. — XIII, 74 (*Guillaume de Nangis*).

JEAN D'ANSUR, accompagne le roi Amaury de Jérusalem, dans son voyage à Constantinople.—Marche avec de nouveaux croisés sur les Turcs, à Gaza. —XVIII, 278 (*Guillaume de Tyr*); XIX, 501 (*Bernard le Trésorier*).

JEAN D'ARTABLAY, est envoyé de Gascogne par Charles le Bel, pour obtenir du prince Edmond la réparation convenue pour les méfaits de Montpesat. — S'aperçoit que le roi est trompé, et l'avertit de se préparer à la guerre contre l'Angleterre. — XIII, 369, 370 (*Chronique de Guillaume de Nangis*).

JEAN D'ARTOIS, comte d'Eu. *Voy.* JEAN 1er, comte d'Aumale.

JEAN 1er, comte d'Aumale.—Marche contre les habitans de Bruges révoltés, et périt dans le combat.— XIII, 243 (*Chronique de Guillaume de Nangis*).

JEAN D'AVESNES, comte de Hainaut. — Les habitans de Valenciennes se soulèvent contre lui, et chassent ses gens de leur ville. — Est attaqué par Charles, comte de Valois, frère de Philippe le Bel, dépose les armes et se rend avec lui à Paris vers le roi, envers lequel il répare ses méfaits.— Venge la mort de Florent, comte de Hollande, et de son fils unique, tués en trahison; et obtient, par droit de parenté, la Frise et la Hollande. — Accompagne la reine Isabelle et son fils avec trois cents hommes d'armes. — Débarque en Angleterre.— Les barons d'Edouard, mécontens, s'unissent à lui. — Livre combat aux troupes d'Edouard. — Les met en fuite. — XIII, 166-170, 216, 219, 228, 380, 381 (*Guillaume de Nangis*). *Voy.* JEAN DE HAINAUT.

JEAN, évêque d'Avranches. — Est nommé archevêque de Rouen. — Ses qualités. — Préside un concile tenu à Rouen, en 1072. — Refuse d'ensevelir Hugues, évêque de Lisieux.—Devient muet.—Sa mort.— XXVI, 115, 162, 228, 301, 302, 304, 351, 364 (*Orderic Vital*); XXIX, 230, 381 (*Guillaume de Jumiége*).

JEAN DE BAILLON. — Se rend auprès de l'empereur Frédéric II, pour lui demander, au nom des habitans de Jérusalem, son fils Conrad pour roi.—XIX, 433 (*Bernard le Trésorier*).

JEAN, archidiacre de l'église de Bari. — Son ouvrage sur la translation du corps de saint Nicolas.— XXVII, 177 (*Orderic Vital*).

JEAN BARION.— Sa mort.—XXV, 426 (*Orderic Vital*).

JEAN, fils d'Odon, évêque de Bayeux. — Son éloge. — Va le

premier trouver Henri Ier, roi d'Angleterre, pour lui annoncer la mort de Guillaume Otton, son neveu, et lui remettre de sa part des lettres scellées. — XXVII, 225, 413 (*Orderic Vital*).

JEAN, comte de Beaumont. — Se range auprès de Philippe-Auguste. — Marche avec ce prince contre la ligue formée par le comte de Flandre. — Se distingue à la bataille de Bovines. — Combat à l'aile gauche de l'armée. — Attaque les Flamands. — XI, 280; XII, 303, 322, 325 (*Guillaume le Breton, Vie de Philippe-Auguste* et la *Philippide*).

JEAN DE BÉTHUNE, évêque de Cambrai. — Est fait prisonnier et remis à Philippe-Auguste. — XI, 146 (*Rigord, Vie de Philippe-Auguste*).

JEAN DE BLAISON, chevalier de l'armée de Foulques le Réchin. — Est fait prisonnier par la garnison de Ballon qu'assiégeait ce dernier. — XXVIII, 38 (*Orderic Vital*)

JEAN I, duc de Brabant. — Epouse Marie, fille de Philippe-Auguste, veuve du comte Philippe de Namur. — XIII, 109 (*Guillaume de Nangis*).

JEAN II, duc de Brabant. — Fait la guerre au comte de Luxembourg. — Celui-ci est tué avec trois de ses fils, et Jean reste maître de ses états. — Dans la suite, Jean se réconcilie avec un fils du duc de Luxembourg, et lui donne sa fille en mariage. — En 1294, Jean, invité aux noces d'une fille du roi d'Angleterre, à Bar en Lorraine, est tué par un chevalier dans un tournoi. — Faux bruit répandu sur son existence. — XIII, 212 et suiv., 217, 220, 271 (*Guillaume de Nangis*).

JEAN III, duc de Brabant, fils du précédent. — Prend Philippe le Bel pour médiateur dans la paix qu'il fait avec le duc de Luxembourg. — XIII, 258 (*Chronique de Guillaume de Nangis*).

JEAN DE BRETAGNE, comte de Richemond, est envoyé par Charles le Bel près d'Edouard II, roi d'Angleterre. — L'accompagne dans son expédition d'Ecosse. — Est fait prisonnier par Robert-Bruce qui refuse de le rendre. — XIII, 358, 360 (*Chronique de Guillaume de Nangis*).

JEAN II, duc de Bretagne, comte de Richemond. — Défend la Réole pour le roi d'Angleterre. — S'enfuit pendant la nuit. — Est fait prisonnier en Gascogne, par le comte d'Artois. — Accompagne le pape Clément V, dans les cérémonies de son couronnement à Lyon — Meurt des suites de blessures qu'il reçoit en cette circonstance. — XIII, 223, 224, 227, 259 (*Chronique de Guillaume de Nangis*).

JEAN DE BRIENNE, roi de Jérusalem, empereur de Constantinople. — Il s'oppose au mouvement de l'armée ordonné de Damiette sur Taphnis par le cardinal légat, et cède à la menace de l'excommunication. — Est compris pour une somme considérable dans les libéralités testamentaires du roi Philippe-Auguste. — Il assiste au couronnement du roi Louis VIII. — Prend le bâton de pèlerin. — Va en Espagne et y épouse Bérengère, sœur du roi de Castille. — Il assiste aux funérailles de Philippe-Auguste. — Il est élu roi de Jérusalem. — S'embarque et aborde à Acre. — Epouse la fille aînée de la reine Isabelle et du marquis de Monferrat, héritière du royaume. — Est couronné à Tyr, sans contestation de la part d'Amaury, qui dépose son titre. — Assiége Damiette. — Y est blessé. — Prend cette place. — Quitte l'armée et se retire en Syrie, par suite de ses dissensions avec le légat qui voulait avoir le commandement. — Revient à Damiette sur ses instances. — Dirige l'armée sur Babylone. — La jette dans une position telle qu'il est forcé de capituler et de rendre Damiette pour la ramener à Acre. — Passe en Italie pour solliciter des secours. — Marie sa fille, unique héritière du royaume de Jérusalem, à l'empereur Frédéric, auquel il cède tous ses droits. — Assiste aux obséques de Philippe-Auguste. — Passe avec sa femme en Lombardie, et est chargé, par le pape, de la défense des États de l'Église. — Est élu à vie empereur de Constantinople. — Motifs de cette mesure. — Son éloge. — Il met en gage les instrumens de la passion de J.-C., que le roi saint Louis retire et place dans sa chapelle. — Envoie en France le jeune empereur Baudouin de Constantinople son gendre, solliciter des secours et prendre possession de ses domaines. — Le fait accompagner de sa famille qui doit y rester. — — Sa mort. — Baudouin son gendre lui succède. — Il arrive en Syrie et épouse, à Tyr, la reine Marie, fille d'Isabelle et du marquis de Montferrat, qui le fait roi de Jérusalem. — Est attaqué par les Sarrasins qui considèrent comme rompus les traités faits avec le régent. — Demande du secours au pape qui fait prêcher une croisade. — Perd sa femme qui lui laisse une fille. — Épouse une princesse d'Arménie. — Échoue devant le Mont-Thabor. — Met une garnison à Tyr et à Acre. — Va devant Damiette. — L'assiége. — Livre bataille aux Sarrasins et est complétement défait. — S'empare de Damiette. — Vexé par le cardinal, il profite de la première occasion pour quitter l'armée. — Va en Arménie réclamer ce royaume au nom de sa femme. — Revient à Acre et la tue à coups d'éperons. — Refuse d'accompagner le cardinal dans ses expéditions de Damiette sur le Caire. — Le joint dans sa marche. — Est inondé par les eaux du Nil. — Propose une bataille au soudan qui la refuse. — Rend Damiette et les prisonniers, et conclut une trêve de huit ans. — Reste en otage auprès du soudan qui fait nourrir son armée. — Retourne à Acre. — Confie le gouvernement du pays à Eudes de Montbéliard. — Va en Europe porter ses plaintes contre le cardinal, et sollicite du secours des princes chrétiens. — Marie l'une de ses filles à l'empereur Frédéric II.

— Assiste aux obsèques de Philippe-Auguste et au couronnement du roi Louis son fils. — Épouse une sœur du roi d'Espagne. — Se fâche contre l'empereur Frédéric II, qui a violé une de ses nièces et qui le chasse de ses terres. — Refuse la couronne de Lombardie. — Se réconcilie avec son gendre. — S'arrange avec les Lombards. — Séjourne à Bologne. — Marche avec une armée, et ravage les terres, non de l'empire, mais de l'empereur Frédéric, qui s'est fait roi de Jérusalem. — Est chassé du pays au retour de son beau-père. — Refuse l'empire de Constantinople. — L'accepte à vie, mais sous la condition que le jeune Baudouin, empereur titulaire, épousera sa fille. — Est couronné. — Se met à plaider contre les Vénitiens. — Passe le Bosphore. — Vit quelque temps aux dépens de ses ennemis. — Rentre à Constantinople. — Recommence ses plaidoiries. — Demeure en pauvreté, abandonné de tous. — Il est appelé au trône de Jérusalem. — Épouse la fille du marquis de Montferrat et de la reine Isabelle. — Chevauche sur les terres de l'ennemi. — Se fait couronner. — Renouvelle la trêve. — Réunit à Acre une armée nombreuse destinée pour la Terre-Sainte. — Fait une excursion jusqu'au Jourdain. — Attaque le château de Thabor, et se retire honteusement. — Fait une troisième expédition aussi infructueuse, et divise l'armée en quatre corps. — Construit un château auprès de Césarée. — Reconduit l'armée à Acre. — Va assiéger Damiette. — Ses travaux. — Il s'empare de la tour du Phare. — Ses combats, accidens et fortunes diverses. — Il entre dans le camp évacué par les Sarrasins. — Se met à la poursuite de l'ennemi. — Accélère sa fuite. — Investit Damiette de toutes parts. — Est à son tour assiégé par Noradin. — Se défend vigoureusement. — Est abandonné par le duc d'Autriche. — Reçoit de nouveaux secours. — Repousse l'ennemi qui a forcé son camp.—Affaiblit la place.—Sort de ses lignes et livre un combat meurtrier.—Reçoit encore du secours. — Rejette les propositions des assiégés, en tant qu'elles n'ont pas pour objet de rendre la place.—S'empare de Damiette sans condition. — Prend Taphnis.—Abandonne le camp, et promet de revenir promptement.—La place de Damiette et son territoire sont réunis au royaume de Jérusalem, par l'ordre du légat et le consentement des pélerins.—XI, 344, 351; XII, 376 (*Guillaume le Breton*); VIII, 357, 361 (*Vie de Louis VIII*); XIII, 99, 101, 122, 125, 128, 129, 130, 131, 136, 137, 144, 145, 147, 148, 152, 153, 154 (*Guillaume de Nangis*); XIX, 353, 355, 357, 359, 361, 365, 377, 379, 381, 397, 399, 401, 403, 405, 407, 409, 411, 413, 425, 427, 429, 431, 435, 437 (*Bernard le Trésorier*); XXII, 266, 328, 329, 330, 331, 332, 333, 336, 339, 341, 346, 347, 355, 356, 357, 358, 359, 361, 362, 363, 364, 366, 368, 370, 371, 383, 389, 398 (*Jacques de Vitry*).

JEAN, fils de Jean de Brienne, empereur de Constantinople. — Est envoyé par son père vers saint Louis, roi de France, pour que deux de ses frères, être élevés auprès de lui comme ses cliens.—Le roi les prend en affection, et élève très-haut leur fortune. — Porte secours à sa sœur Marie, impératrice de Constantinople, contre le comte de Limbourg. — XIII, 153, 171 (*Guillaume de Nangis*).

JEAN II, de Brienne, comte d'Eu. — Donne à sa sœur l'impératrice Marie des secours inefficaces pour se maintenir dans Namur. — XIII, 171 (*Guillaume de Nangis*).

JEAN DE BRIGIER. — Est atteint à Basiége et fait prisonnier par le comte de Toulouse. — Est échangé. — Est de nouveau fait prisonnier et décapité. — XV, 262-265 (*Chronique de Guillaume de Puy-Laurens*).

JEAN DE CAMBRAY. — Fait le pélerinage de la Terre-Sainte.—XXII, 402 (*Jacques de Vitry*).

JEAN DE CÉSARÉE. — Reçoit cette ville de la générosité de Saladin.— Réclame la réponse du régent sur la question du serment exigé par l'empereur Frédéric. — Est sommé par le roi Henri de donner secours à Jean d'Ibelin, dépouillé par ordre de l'empereur. — S'empresse d'obéir. — Court d'Acre au secours du roi de Chypre, surpris sur les hauteurs de Tyr.—XIX, 209, 455, 461, 469 (*Bernard le Trésorier*).

JEAN, évêque de Chartres. — Ecrit la passion de saint Thomas, archevêque de Cantorbéry. — Meurt en 1180. — XIII, 51 (*Guillaume de Nangis*).

JEAN, évêque de Chartres. — A la mort de Philippe-Auguste, roi des Français, conseille de se réunir promptement à Orléans pour y sacrer roi Louis, fils du défunt. — Assiste à cette cérémonie. — VIII, 48, 49 (*Suger, Vie de Louis le Gros*).

JEAN LE CHARTRIER. — Est mis à mort par suite de la dispute relative au culte des images. — XXV, 426 (*Orderic Vital*).

JEAN DE COLOGNE, prêtre cardinal. — Est envoyé en qualité de légat dans la Romagne et le pays de Venise, sous le pape Honoré III. — XIII, 120 (*Guillaume de Nangis*).

JEAN COMNÈNE, empereur de Constantinople, marche vers la Syrie avec une puissante armée. — Motifs de cet armement.—Il s'empare de la Cilicie et assiège Antioche. — Fait la paix en recevant le serment du prince et l'investissant de la principauté. — Prépare la guerre et appelle les princes croisés à y prendre part.—Marche sur Césarée. — Y met le siége. — Est indigné de la conduite du prince d'Antioche et du comte d'Edesse.—Fait la paix, lève le siège et marche sur Antioche.—Occupe le palais du prince. — Demande la citadelle et le libre passage par la ville, conformément au traité. — Accorde un délai dont le comte d'Edesse profite pour faire soulever le peuple. — Révoque sa sentence et ordonne d'apaiser la sédition.—Sort de la ville et dresse son camp aux portes. — Ecoute la justification du prince d'Antioche, reçoit les grands, promet de revenir, et se remet en route pour Constantinople.— Revient en Syrie, sur les instances du prince d'Antioche.— Perd deux de ses fils dans la Pamphilie.—Envoie son troisième fils porter le corps de ses frères à Constantinople.— Garde le quatrième auprès de lui. — Arrive dans le comté d'Edesse et exige des otages. — Marche sur Antioche et demande au prince l'exécution des traités. — Est indigné du subterfuge par lequel les grands prétendaient les éluder. — Rentre en Cilicie. — Annonce au roi de Jérusalem qu'il veut faire ses dévotions. — Offre ses services qui sont refusés. — Se blesse à la chasse d'une flèche empoisonnée. — Refuse de se faire couper la main. — Donne le sceptre à son fils Manuel, de préférence à Isaac l'aîné. — Sa mort.—Son portrait.—XVII, 365, 366, 368, 380, 381, 383, 384, 385, 387, 388, 389, 391, 393, 394, 396, 427, 428, 429, 430, 431, 433, 434, 436 (*Guillaume de Tyr*); XIII, 24 et 25 (*Guillaume de Nangis*).

JEAN, cardinal-évêque de Crémone. — Assiste au concile tenu à Rheims par le pape Calixte II. — XXVIII, 321 (*Orderic Vital*).

JEAN, comte de Dammartin. — Accompagne dans la Pouille Charles, prince de Salerne, fils de Charles d'Anjou, pour soutenir celui-ci contre Pierre d'Aragon.—XIII, 201 (*Guillaume de Nangis*).

JEAN, comte de Dreux. — Accuse le pape Boniface VIII auprès de Philippe le Bel, roi de France, et provoque la convocation d'un concile général.—XIII, 248 (*Guillaume de Nangis*).

JEAN DE DREUX, comte de Mâcon. — Part pour la Terre-Sainte. — XIX, 499 (*Bernard le Trésorier*).

JEAN D'EPRE, chevalier qui commandait les troupes du pape Martin. —S'avance avec elles contre Gui de Montefeltro, et s'empare du faubourg de la ville de Forli. — Livre le lendemain un combat, dont le succès fut incertain. — XIII, 200 (*Guillaume de Nangis*).

JEAN, fils d'Etienne, bourgeois de Meulan. — Est fait prisonnier par Goël. — Sa délivrance. — XXVIII, 168 (*Orderic Vital*).

JEAN, fils d'Eulalius, comte d'Auvergne.—Quitte Tétradie, sa mère, qui avait épousé le duc Didier, et retourne vers son père. — Est fait clerc par l'évêque de Rodez.—Austérité de sa vie. — II, 91, 92 (*Grégoire de Tours*).

JEAN DU FAY, doyen de l'église de Tours. — Succède à Geoffroi de Lande, archevêque de cette ville.— XIII, 99 (*Guillaume de Nangis*).

JEAN, abbé du monastère de Fécamp. — Le gouverne cinquante et un ans. — XXVI, 294 (*Orderic Vital*).

JEAN, fils de Robert, comte de Flandre.— Epouse la fille du comte de Saint-Paul.—Est tué par les habitans de Courtrai, révoltés.—XIII, 313, 375 (*Guillaume de Nangis*).

JEAN DE LA FLÈCHE, le plus puissant seigneur des Angevins. — Attaqué par Foulques le Réchin, il demande et obtient le secours de Guillaume le Conquérant, roi d'Angleterre. — Près d'en venir aux mains, la paix est rétablie entre eux. — XXVI, 247-249 (*Orderic Vital*).

JEAN DE GAETE, cardinal, ancien chancelier et maître de l'Eglise romaine. — Est envoyé comme légat du Saint-Siége en Italie, afin de faire observer l'interdit contre Galéas et les Gibelins. — Est établi pape à la mort de Pascal, sous le nom de Gélase II. (*Voy*. ce nom.) — XIII, 382 (*Chronique de Guillaume de Nangis*); XXVIII, 269 (*Orderic Vital*).

JEAN GALE, chevalier croisé. — Tue son seigneur lige avec sa femme, et se rend auprès du sultan Saladin, qui le reçoit très-bien et lui donne de grandes terres. — Ayant gagné l'amitié d'un neveu de Saladin, il l'engage à faire avec lui une excursion, le conduit sur le territoire chrétien et le met en prison dans le château de Safet, appartenant aux Templiers, dont il achète la protection pour la moitié de la rançon de ce prisonnier. — Est assiégé par Saladin dans la Roche-Guillaume. — XIX, 161 (*Bernard le Trésorier*).

JEAN DE GARLENDE, sous-doyen de l'église de Chartres. — Succède à Simon dans l'évêché de cette ville. — XIII, 233 (*Guillaume de Nangis*).

JEAN DE GRESLI. — Va en Chypre pour tâcher d'accorder le roi et ses barons. — Est fait sénéchal du royaume de Jérusalem. — Est envoyé au concile de Lyon. — XIX, 591-595 (*Bernard le Trésorier*).

JEAN DE HAINAUT. — Appelle en justice le comte Guillaume Cliton. — Sa harangue contre ce prince. — Refuse le combat et provoque une assemblée à Ypres. — Déclare que la ville de Gand est libre de son serment de fidélité. — Rassemble ses forces contre Guillaume Cliton. — Institue Thierri d'Alsace comte de toute la Flandre. — Défend la ville de Bruges. — Est assiégé dans Alost. — VIII, 394, 396-404, 417, 427 (*Suger, Vie de Louis le Gros*).

JEAN DE HAINAUT, fils du comte Jean d'Avesnes. — Est tué dans la bataille gagnée par les gens de Bruges révoltés contre l'armée de Philippe le Bel. — XIII, 243 (*Guillaume de Nangis*). *Voy.* JEAN D'AVESNES.

JEAN DE HANGEST. — Joint à Arras le comte de Flandre. — XIX, 253 (*Bernard le Trésorier*).

JEAN DE HARCOURT, maréchal de Philippe le Hardi, roi de France. — Combat contre Pierre d'Aragon. — XIII, 206 (*Guillaume de Nangis*).

JEAN DE HARCOURT. — Empêche la flotte de Philippe le Bel, débarquée à Douvres, de conquérir l'Angleterre, et la force de revenir en France. — XIII, 225 (*Guillaume de Nangis*).

JEAN, fils de Hardouin. — Succède à Serlon, évêque de Sées. — XXVIII, 385, 386 (*Orderic Vital*).

JEAN D'IBELIN, seigneur de Béryte. — Est attaqué par Richard, maréchal de Frédéric II, empereur d'Allemagne, qui s'empare de Béryte. — Soutenu par le jeune roi Henri de Chypre, il va assiéger Tyr. — Est battu par Richard et les Cypriotes. — Sa mort en 1264. — XIX, 446 et suiv., 563 (*Bernard le Trésorier*).

JEAN D'IBELIN, comte de Jaffa. — Sa mort. — XIX, 447 (*Bernard le Trésorier*).

JEAN D'IBELIN, fils de Balian, seigneur de Béryte. — Après la mort d'Amauri de Lusignan, roi de Jérusalem, est créé bailli du royaume. — Maintient la paix avec les Sarrasins. — Réunit ses gens, quitte Béryte et va en Chypre. — S'établit auprès du roi Henri VI encore enfant. — Refuse de se rendre aux ordres de l'empereur Frédéric II. — Réclame ses biens confisqués. — S'oppose au bailli de l'empereur. — Arrive devant Béryte. — Reçoit des secours de ses amis. — Conduit le roi à Sidon. — Confie sa personne à la garde d'Anselme de Brie. — Se porte à Acre. — Jure la confrérie formée contre l'empereur. — S'empare de sa flotte. — Va assiéger Béryte. — Revient vers Tyr. — Retourne à Acre. — Court au secours du roi de Chypre, que son neveu a laissé surprendre devant Tyr. — Vend et fait vendre ses terres et celles de ses neveux, et reconduit le roi en Chypre. — Aborde à Famagouste. — Livre la bataille de la Gride et la gagne. — Négocie la paix, avec remise des prisonniers de part et d'autre. — Fait la guerre pour les Hospitaliers au soudan de Hameth. — Ravage son pays. — Fait la paix. — Est fait bailli du royaume de Syrie. — Sa mort. — XIX, 351, 445, 451, 457, 459, 461, 463, 465, 467, 471, 473, 475,

477, 479, 481, 553, 557 (*Bernard le Trésorier*).

JEAN D'IBELIN, sire de Béryte. — Est fait prisonnier par les Turcomans et racheté. — Sa mort. — XIX, 559, 563.

JEAN L'ITALIEN. — Succède à Guillaume de Dijon, abbé de Fécamp. — XXVIII, 239 (*Orderic Vital*).

JEAN DE JOO. — Sa mort. — XXVIII, 511 (*Orderic Vital*).

JEAN DE LAON (Maître), élève sa voix contre l'Eglise. — XIII, 335 (*Guillaume de Nangis*).

JEAN ou JUAN, roi en Léon. — Est fait prisonnier. — Est racheté par Alfonse, son neveu. — Abdique la couronne. — Rend à ses ennemis le royaume de Léon. — XIII, 229 et suiv. (*Guillaume de Nangis*).

JEAN DE LIROT. — Ses talens et ses succès dans la prédication. — XXII, 304 (*Jacques de Vitry*).

JEAN, évêque de Lisieux. — Sa guerre contre les Angevins. — Il traite avec eux. — Sa mort. — XXVIII, 533, 534 (*Orderic Vital*).

JEAN DE LUXEMBOURG, roi de Bohême. — Prend le parti de l'empereur Louis de Bavière. — Livre bataille à Frédéric d'Autriche, son concurrent, et le fait prisonnier. — XIII, 367 (*Guillaume de Nangis*).

JEAN, comte de Mâcon. — Jure d'aider Philippe-Auguste dans la guerre contre les coalisés. — XII, 261 (*la Philippide*). *Voy.* JEAN DE DREUX.

JEAN DE MAREUIL ou MAROIL. — Marche avec Philippe-Auguste contre la ligue formée par le comte de Flandre. — Fait ce prince prisonnier à la bataille de Bovines. — XI, 284 (*Guillaume le Breton, Vie de Philippe-Auguste*); XII, 303 (*Guillaume le Breton, la Philippide*).

JEAN DE MARIGNY, frère d'Enguerrand, chantre de l'église de Paris. — Succède à Simon, évêque de Beauvais. — XIII, 294 (*Guillaume de Nangis*).

JEAN LE MÉDECIN. — Devient évêque de Bath. — XXVIII, 9 (*Orderic Vital*).

JEAN MÉGATRIARQUE. — L'empereur Manuel l'envoie à Jérusalem pour fixer les conditions et l'époque de l'expédition contre l'Egypte. — XVIII, 337-340 (*Guillaume de Tyr*).

JEAN MINIME, chevalier espagnol, à la solde de France. — Attaque le royaume d'Aragon du côté de la Navarre, et s'empare d'un grand nombre de villes pendant l'absence de Pierre d'Aragon. — XIII, 203 (*Guillaume de Nangis*).

JEAN, comte de Montfort. — Meurt en Chypre pendant la première croisade de saint Louis. — XIII, 156 (*Guillaume de Nangis*).

JEAN DE MONTFORT, sire de Tyr. — Est chassé de la ville d'Acre par le bailli de Venise. — XIX, 595 (*Bernard le Trésorier*).

JEAN MULOT, juif converti à la foi catholique. — Ses aveux à l'inquisiteur. — XIII, 266, 269 (*Guillaume de Nangis*).

JEAN DE NAMUR, fils de Gui, comte de Flandre. — Epouse la fille de Robert, comte de Clermont. — Celle-ci étant morte, il épouse la fille de Blanche de Bretagne. — Se réconcilie avec Louis le Hutin, roi de France. — XIII, 270, 274, 312 (*Guillaume de Nangis*).

JEAN II DE NAMUR, chevalier croisé. — Meurt en Chypre. — XIII, 156 (*Guillaume de Nangis*).

JEAN DE NESLE. — Prend la croix dans la croisade prêchée par Foulques de Neuilly, et part pour la Terre-Sainte avec une troupe de Flamands. — Passe par le détroit de Maroc, et prend une ville des Sarrasins. — Va hiverner à Marseille. — Débarque en Terre-Sainte. — Va en Arménie. — XIX, 257, 275, 277 et suiv. (*Bernard le Trésorier*).

JEAN, comte de Nevers, chevalier croisé. — Meurt de la peste à Carthage. — XIII, 185 (*Guillaume de Nangis*).

JEAN DE NIMÈGUE. — Assiste au

siège de Nicée. — XX, 73 (*Albert d'Aix*).

JEAN DE NIVELLE, châtelain de Bruges. — Arrive, après la bataille de Bovines, pour disputer le comté de Bologne aux vainqueurs. — Recouvre toutes ses terres. — Il marche vers Dam à la suite de Savary de Mauléon, amiral de la flotte du roi Philippe-Auguste. — Enchaîne Guillaume de Salisbury, vaincu par l'évêque de Beauvais. — Est chargé de la garde du comte Renaud de Boulogne, prisonnier. — Se fait remarquer par ses talens dans la prédication. — XI, 290, 308 (*Guillaume le Breton, Vie de Philippe-Auguste*); XII, 264, 343, 349 (*Guillaume le Breton, la Philippide*); XXII, 304 (*Jacques de Vitry*).

JEAN NUNEZ, baron d'Espagne, fils de Jacques d'Aragon. — Aide Alfonse et Fernand, neveux de Sanche, roi de Léon, à conquérir ce royaume, qu'Alphonse lui confère pour être tenu de lui en fief. — Va solliciter en France des secours en faveur d'Alfonse et de Fernand de Castille. — Est fait prisonnier. — Mis en liberté sous conditions. — XIII, 226-234, 235 (*Guillaume de Nangis*).

JEAN, évêque d'Orléans. — Assiste à la cérémonie du sacre de Louis le Gros, roi de France. — VIII, 49 (*Suger, Vie de Louis le Gros*).

JEAN (Maître) d'Orléans, chancelier de Paris, à qui le pape Nicolas avait conféré l'évêché de cette ville. — Le résigne et entre dans l'ordre des frères prêcheurs. — XIII, 196 (*Guillaume de Nangis*).

JEAN, chantre d'Orléans. — Succède à Guichard, évêque de Troyes, et meurt le jour même de sa consécration. — XIII, 321 (*Guillaume de Nangis*).

JEAN, évêque de Panéade. — Est envoyé par le roi de Jérusalem solliciter des secours auprès de tous les princes d'Occident, et n'obtient aucun succès. — Sa mort. — XVIII, 252 (*Guillaume de Tyr*).

JEAN DE PARIS, de l'ordre des frères prêcheurs, docteur en théologie. — Sa nouvelle doctrine religieuse. — Elle est soumise à l'examen, et, n'ayant pas voulu la rétracter, il est suspendu de ses leçons et prédications par Guillaume, évêque de Paris. — En appelle au Saint-Siège, qui lui donne des auditeurs en cour de Rome. — Meurt avant d'avoir terminé son affaire. — XIII, 256, 258 (*Guillaume de Nangis*).

JEAN DE PERSAN, sorcier. — Sa manière de faire des sortilèges. — Il est brûlé. — XIII, 362, 364 (*Guillaume de Nangis*).

JEAN DE PONTOISE, abbé de Cîteaux. — Résigne lui-même le gouvernement de son couvent et de son ordre. — Motifs qu'on lui suppose. — XIII, 253 (*Guillaume de Nangis*).

JEAN, fils de Raoul, comte d'Ivri et de Bayeux. — D'abord évêque d'Avranches, passe de là à l'archevêché de Rouen, qu'il occupe pendant dix ans. — XXVI, 364 (*Orderic Vital*).

JEAN DE REIMS. — Se fait moine. — Son zèle pour l'étude. — Est établi sous-prieur. — Se rend à Rome vers le pape Urbain. — Sa maladie. Sa mort. — XXVI, 385, 420 (*Orderic Vital*).

JEAN DE ROUVRAY. — Se tient auprès de Philippe-Auguste à la bataille de Bovines. — Combat et fait prisonnier le comte de Boulogne. — XI, 278, 290 (*Guillaume le Breton, Vie de Philippe Auguste*); XII, 348 (*Guillaume le Breton, la Philippide*).

JEAN DE SAINT-JEAN, chevalier anglais de l'armée d'Edouard, roi d'Angleterre. — S'enfuit de la Réole, château assiégé par Charles, comte de Valois, frère de Philippe le Bel, roi de France. — Est pris dans un combat contre les Français. — XIII, 222, 227 (*Guillaume de Nangis*).

JEAN SANS TERRE, roi d'Angleterre, fils de Henri II, successeur de Richard Cœur-de-Lion. — Il emporte de Châteauroux une relique précieuse. — Texte de son traité avec Philippe-Auguste. — Il fait le siége de Vaudreuil, et est forcé de le lever. — Succède à son frère Richard Ier. — Voit bientôt la Normandie ravagée par Philippe-Auguste. — Texte de son traité de paix et de partage de terres avec ce prince. — Son voyage en France. — Il refuse satisfaction au roi pour l'Anjou, le Poitou et l'Aquitaine. — Nouvelle invasion de la Normandie. — Fait prisonnier le jeune Arthur de Bretagne, son neveu. — Court à Arques, dont le roi Philippe-Auguste lève le siége. — Brûle la ville et le château. — Voit toute la Normandie conquise, et ne secourt pas même la ville de Rouen. — Débarque à La Rochelle et s'empare d'Angers. — Conclut une trève (conditions) avec le roi Philippe-Auguste. — Fait la guerre en Bretagne. — Demande une entrevue à Philippe-Auguste. — Se retire secrètement. — Est excommunié. — S'allie avec le comte de Boulogne, dépouillé de ses états et excommunié aussi. — Texte de l'acte d'hommage et de l'acte de garantie qu'il fournit à ce prince. — Il tue son neveu Arthur de Bretagne. — Motifs de la guerre que lui fait Philippe-Auguste. — Il se fait homme-lige du pape et se soumet à lui payer tribut. — Texte de son traité d'alliance avec quelques grands du Poitou et de la Normandie. — Il envahit le Poitou et prend Angers. — Fait fortifier cette place. — S'empare de plusieurs forts. — Les abandonne sans combattre. — Aide de ses troupes l'empereur Othon à la bataille de Bovines. — Refuse d'échanger le comte de Salisburi, son frère, prisonnier de Philippe-Auguste. — Conclut une trève avec ce prince. — Texte de cette convention. — Est forcé, par le prince Louis, fils du roi, de lever le siége de La Rochelle. — Prend la croix. — Accorde ce que ses peuples soulevés exigent de lui. — Propose à Philippe-Auguste de lui céder à prix d'argent une partie de ses conquêtes. — Réponse de ce prince. — Il viole le serment fait à ses sujets. — Se fait vassal du pape. — Est déposé, et le trône déféré à Louis VIII, fils du roi Philippe II. — Assiége et prend Rochester. — Est protégé par le pape, qui excommunie son compétiteur. — S'enfuit devant lui sans combattre. — Se retire au-delà de l'Humber, et meurt. — Son fils Henri est couronné par le légat du pape. — Il s'exile d'Angleterre à l'arrivée du roi Richard, son frère. — S'attache secrètement à Philippe-Auguste. — En reçoit la ville d'Evreux. — Y fait égorger tous les Français. — Se rend près du roi son frère qui l'accueille. — Met le siége devant Vaudreuil. — Le lève à l'arrivée de Philippe II. — Court en Berry. — Assiége Bresolles, dont les seuls habitans le forcent à s'éloigner. — Succède à Richard son frère, au préjudice d'Arthur, son neveu. — Fait la paix et prête serment à Philippe-Auguste. — Enlève la femme du comte de la Manche et l'épouse. — S'empare de quelques châteaux de Normandie. — Trompe le roi Philippe II, qui s'empare de plusieurs de ses places. — Promet de respecter la vie de ses ennemis et de se soumettre à l'avis des grands sur les prétentions d'Arthur son neveu. — Prend ce prince et le fait garder à Falaise. — Fait mourir de faim ses prisonniers. — Cherche qui fera périr son neveu, et ne trouve personne. — L'enferme à Rouen. — Se cache dans les vallées de Moulineaux. — Se rend au pied de la tour de Rouen. — Se fait livrer son neveu dans un bateau. — L'assassine et jette son cadavre dans la Seine. — Ordonne une attaque de nuit contre l'armée qui assiége le château d'Andely. — Est repoussé et par terre et sur la rivière. — Perd la place. — Soutient par son lieutenant le siége de Château-Gaillard. — Perd ce fort. — Livre la Normandie aux Routiers. — Se retire en Angleterre. — Perd la Normandie conquise tout entière par le roi Philippe-Auguste. — Perd également le Poitou, la Touraine et

12.

l'Anjou. — Tente de recouvrer le Poitou, et est forcé de fuir en Angleterre. — Est battu par Simon de Montfort. — Accuse les siens de lâcheté. — Ses excès et ses débauches. — Il s'allie contre Philippe-Auguste avec l'empereur Othon et le comte de Boulogne. — Son plan de campagne. — Il s'humilie devant le pape et dépose sa couronne à ses pieds. — Confirme ses promesses entre les mains d'un légat. — Se soumet à un tribut. — Attire dans son alliance le comte de Hollande. — Débarque sur les côtes de La Rochelle et retrouve ses anciens alliés. — Assiége Nantes. — Refuse la bataille que lui offre le duc de Bretagne. — S'empare d'Angers. — Echappe à la manœuvre de Philippe-Auguste, qui veut le séparer de sa flotte, et s'enfuit vers Bordeaux. — A la nouvelle de la retraite du roi, il se remet en campagne, dévaste l'Anjou et assiége la Roche-au-Moine. — S'enfuit à l'arrivée de l'armée française aux ordres du prince Louis. — Autre version, *à la note*. — Il est chassé du trône d'Angleterre, où le prince Louis, fils de Philippe-Auguste, est appelé. — Sa mort. — Son fils Henri lui succède. — Il devient roi d'Angleterre. — Succède à son frère Richard. — Conclut une trêve avec Philippe-Auguste. — Fait la paix. — Cessions de pays qu'il consent en faveur du mariage du prince Louis, fils de Philippe II, avec Blanche de Castille, sa petite-fille. — Après la mort de sa mère Eléonore, il refuse l'hommage au roi Philippe-Auguste, qui s'empare de la Normandie. — Fait prisonnier son neveu Arthur de Bretagne. — Le fait périr secrètement. — Est, pour ce fait, par jugement des barons de France, dépouillé de ses fiefs, dont Philippe-Auguste s'empare. — Débarque en Aquitaine avec une armée. — S'en retourne sans avoir rien fait. — Chasse le chapitre de Cantorbéry. — Est excommunié par le pape. — S'allie avec le comte de Boulogne. — Projets d'envahissement que nourrit contre lui le roi Philippe-Auguste. — Il rappelle les exilés. — Apaise le pape. — En obtient l'absolution. — Lui soumet son royaume à titre de fief tributaire. — Débarque à La Rochelle à la tête d'une armée. — Se réconcilie avec les grands d'Aquitaine. — S'empare d'Angers. — Fait des prisonniers. — Met le siége devant la Roche-au-Moine. — Est forcé par le prince Louis de le lever. — Conclut une trêve de cinq ans avec Philippe-Auguste. — Voit les paysans, les villes et les grands d'Angleterre révoltés contre lui, appelant au trône le prince Louis de France, qui passe la mer et est accueilli. — Protection que lui accordent le pape et son légat. — Sa mort. — Il secourt les Albigeois vers Agen. — Inquiète le comte de Montfort. — Il est battu et mis en fuite dans l'Aquitaine par le prince Louis, fils de Philippe-Auguste. — Il prend et fait mourir secrètement Arthur, comte de Bretagne, son neveu, fils de Geoffroi, son frère aîné, héritier légitime du royaume d'Angleterre. — Refuse de comparaître devant les pairs de France. — Est dépouillé du duché d'Aquitaine et de tous ses domaines. — Est chassé d'Aquitaine par le prince Louis. — XI, 69, 114, 121, 145, 148, 154, 155, 156, 158, 165 - 171, 174, 239, 253, 254, 261, 262, 265, 270, 271, 273, 274, 294, 303, 304, 317, 319, 321, 322, 324, 325 (*Rigord* et *Guillaume le Breton*); XII, 114, 115, 116, 124, 125, 126, 149, 152, 155, 159, 168 - 172, 182, 192, 193 et suivantes, 210, 211, 214 - 219, 223-228, 230, 247, 248, 249, 253, 256, 266, 278, 285, 286, 287, 289, 290, 295, 362, 363 (*la Philippide*, par *Guillaume le Breton*); XIII, 36, 83, 84, 87, 88, 89, 91, 94, 97, 108, 109, 111, 112, 115, 116 - 118, 119 (*Guillaume de Nangis*); XIV, 292, 298 (*Pierre de Vaulx-Cernay*); XV, 249, 250 (*Guillaume de Puy-Laurens*); 333, 345

(*Gestes glorieux des Français*).

JEAN DE SARCELLES, abbé. — Ses sortiléges. — Il est brûlé. — XIII, 362-364 (*Guillaume de Nangis*).

JEAN, archidiacre de Sées. — Est établi évêque de Lisieux par Henri Ier, roi d'Angleterre, et gouverne près de trente-quatre ans cet évêché. — XXVIII, 241, 242 (*Orderic Vital*).

JEAN DE SENINI. — Marche au secours du comte de Toulouse à Avignon. — XV, 125 (*Histoire des Albigeois*).

JEAN DE SIDON. — Réclame la réponse du régent sur l'affaire du serment exigé par les grands de l'empereur Frédéric. — Tente en vain de rétablir la paix entre l'empereur, le roi de Chypre et Jean d'Ibelin. — XIX, 453, 455, 463 (*Bernard le Trésorier*).

JEAN, comte de Soissons. — Sa vie. — Prend la croix. — X, 102 et suiv. (*Guibert de Nogent*); XIII, 317 (*Guillaume de Nangis*).

JEAN DE SOUILLY, archevêque de Bourges. — Sa mort. — XIII, 191 (*Guillaume de Nangis*).

JEAN LE SOURD, médecin de Chartres. — Traite le roi Henri Ier de France dans sa dernière maladie. — Circonstances de sa mort. — XXVI, 74 (*Orderic Vital*).

JEAN DES TEMPS, ancien homme d'armes de l'empereur Charlemagne. — Meurt en 1139, après avoir vécu trois cent soixante et un ans. — XIII, 20 (*Guillaume de Nangis*).

JEAN DE THURE, trésorier des Templiers. — Long-temps après sa mort, ses os sont exhumés et brûlés comme ceux d'un hérétique. — XIII, 281, 282 (*Guillaume de Nangis*).

JEAN, évêque de Toscane, légat du siége apostolique. — Assiste au concile tenu à Ponthion en 876. — IV, 278 et suiv. (*Ann. de St-Bertin*).

JEAN, évêque de Velletri. — Est envoyé en France, en qualité de légat, avec Octavien, évêque d'Ostie. — Ils convoquent à Soissons un concile, dans lequel on traite de la rupture de Philippe-Auguste avec la reine Isemburge. — XIII, 85 (*Guillaume de Nangis*).

JEAN Ier, comte de Vendôme, chevalier croisé. — Sa mort. — XII, 110 (*Guillaume le Breton, la Philippide*).

JEAN II, comte de Vendôme. — Prête secours à Philippe-Auguste dans la guerre qu'il soutient contre les princes coalisés. — XII, 262 (*Guillaume le Breton, la Philippide*).

JEAN, moine. — Est envoyé dans la Grande-Bretagne, avec saint Augustin et d'autres religieux, pour convertir les Anglais au christianisme. — XXV, 136 (*Orderic Vital*).

JEAN, diacre. — Usurpe la tiare sur le pape Sergius II. — Est arrêté, battu de verges, et privé du diaconat. — XXV, 434 (*Orderic Vital*.)

JEAN, évêque de Sainte-Martine. — Seconde Octavien dans son usurpation du trône pontifical. — Meurt durant le schisme. — VII, 203 (*Histoire du monastère de Vézelai*).

JEAN, clerc de Guillaume, abbé de Vézelai. — Est envoyé par celui-ci vers le pape Alexandre III, pour implorer son secours contre Guillaume, comte de Nevers. — VII, 254 (*Hugues de Poitiers*).

JEAN DES VIGNES, vaillant chevalier. — Rassemble une armée en Normandie, la conduit à la Haye-Pesnel, et soumet cette ville à saint Louis, roi de France. — XIII, 139 (*Guillaume de Nangis*).

JEAN DE WORCESTER, moine anglais. — Sa chronique. — XXVI, 151, 152 (*Orderic Vital*).

JEAN ZIMISCÈS. — Monte sur le trône de Constantinople, après le meurtre de l'empereur Nicéphore. — XXV, 157 (*Orderic Vital*).

JEANNE, femme de Chuza, intendant de la maison d'Hérode. — Suit les prédications de J.-C. et lui fournit les choses nécessaires à la vie et au vêtement. — XXV, 33 (*Orderic Vital*).

JEANNE D'ANGLETERRE, reine de Sicile. — Veuve de Guillaume le Bon. — Epouse Raymond VI, comte de Toulouse. — Assiége Casser et l'abandonne. — Sa mort. — XII, 100 (*Guillaume le Breton, la Philippide*); XV, 217, 218 (*Guillaume de Puy-Laurens*).

JEANNE, fille de Jean, comte de Blois. — Epouse Pierre, comte d'Alençon, frère de Philippe, roi de France. — Sa mort. — Partage de sa succession. — XIII, 191, 217, 218 (*Guillaume de Nangis*).

JEANNE, fille aînée d'Eudes, comte de Bourgogne. — Epouse Philippe, comte du Poitou, second fils de Philippe le Bel. — Soupçonnée d'adultère, est séparée de son mari et emprisonnée au château de Dourdan. — Une enquête la justifie, et, déclarée innocente dans un parlement tenu à Paris, elle est réconciliée avec son époux. — XIII, 263, 302, 303, 393 (*Guillaume de Nangis*).

JEANNE D'EVREUX. — Son mariage avec Charles le Bel, son cousin-germain. — A la mort du roi, son mari, elle réclame le royaume de Navarre pour sa fille. — Ce royaume est donné à Philippe d'Evreux. — En vertu de la loi salique, sa fille est exclue du trône qui passe à Philippe de Valois. — XIII, 368, 392, 396 (*Guillaume de Nangis*).

JEANNE, comtesse de Flandre, fille du comte Baudouin. — Demande et obtient des secours du roi Louis VIII, pour l'aider à recouvrer son comté envahi par un usurpateur qui se donne pour un fils du comte Baudouin, empereur de Jérusalem. — Son héritage lui est rendu. — Fait pendre son prétendu frère. — Le roi Philippe-Auguste lui sert de tuteur. — Présent que lui envoie le roi Jean-sans-Terre. — Epouse Fernand d'Espagne, fils du roi de Portugal. — Implore le secours de saint Louis, roi de France, contre un imposteur qui s'était emparé de ses états, en se faisant passer pour le feu comte Baudouin. — Louis démasque le fourbe qui s'enfuit; est pris et livré à la comtesse. — XI, 374, 376 (*Nicolas de Bray, Vie de Louis VIII*); XII, 263, 269 (*Guillaume le Breton, la Philippide*); XIII, 108, 135 (*Guillaume de Nangis*).

JEANNE, fille de Henri, roi de Navarre et comte de Champagne. — Epouse Philippe, fils aîné de Philippe le Hardi, roi de France. — Sa mort. — L'évêque de Troie est jeté en prison comme soupçonné de l'avoir empoisonnée. — XIII, 205, 256, 273 (*Guillaume de Nangis*).

JEANNE DE FRANCE, fille aînée de Philippe le Long. — Epouse Eudes IV, duc de Bourgogne, quoique n'étant pas encore nubile. — XIII, 324, 330 (*Guillaume de Nangis*).

JEANNE DE FRANCE, fille unique de Louis le Hutin, reine de Navarre. — Est mariée à Philippe, fils du comte d'Evreux. — Apporte le royaume de Navarre pour dot. — XIII, 330, 392 (*Guillaume de Nangis*).

JEANNE DE TOULOUSE, fille de Raymond VII, comte de Toulouse. — Epouse Alphonse, frère de Louis IX, roi de France. — Est remise aux commissaires du roi Louis VIII. — Sa mort. — XIII, 150, 373 (*Guillaume de Nangis*); XV, 393, 394 (*Gestes glorieux des Français*).

JÉRÔME. — Sa chronographie. — XXV, 105 (*Orderic Vital*).

JÉRÔME, comte franc. — Est tué dans une bataille livrée entre Charles le Chauve et Louis, son neveu. — IV, 384 (*Annales de Saint-Bertin*).

JÉRUSALEM (Guy, roi de). *Voy.* GUY.

JÉRUSALEM. — Ville de la Terre-Sainte. — Est rebâtie par Adrien, qui lui donne le nom d'Ælia. — Coradin, fils du sultan Saladin, la détruit, et ne respecte que le temple et la tour de David. — Est occupée par les Chrétiens. — Prise par les Turcs. — Ses malheurs. — Pierre l'Ermite s'y rend en pèlerinage. — Elle est mise en état de défense par les Infidèles. — Ses environs. — Les

Chrétiens croisés viennent mettre le siège contre ses murailles et portent la dévastation et le carnage dans tout le royaume. — I, 21 (*Grégoire de Tours*); XIII, 123 (*Guillaume de Nangis*); XVI, 5-30, 395, 404-418, 454, 515 (*Guillaume de Tyr*); XX, 318-352 (*Albert d'Aix*); XXII, 8 et suiv., 71, 358 (*Jacques de Vitry*); XXIII, 215 (*Raoul de Caen*); 474 (*Robert le Moine*); XXIV, 67 (*Foulcher de Chartres*).

JESSÉ, évêque d'Amiens. — Charlemagne l'envoie auprès de l'impératrice Irène, en qualité d'ambassadeur. — Assiste comme témoin au testament de Charlemagne. — Entre dans la conspiration de Pepin, contre l'empereur Louis. — Est déposé. — Sa mort. — III, 52, 161, 294, 406 (*Annales d'Eginhard, Thégan, l'Astronome*).

JOACHIM, abbé. — Vient de Calabre vers le pape Urbain, à Vérone. — Se vante d'avoir reçu de Dieu le don de l'intelligence des Saintes-Ecritures. — Offre au pape des ouvrages théologiques. — Prediction qu'il fait à Philippe-Auguste et à Richard. — Le concile de Latran, tenu en 1215; condamne son traité sur la Trinité. — XIII, 58, 59, 72, 117 (*Guillaume de Nangis*).

JOEL DE MAYENNE. — Reçoit quelques places en Normandie pour prix de son assistance en faveur de la reine Mathilde d'Angleterre. — XXIX, 305 (*Guillaume de Jumiège*).

JOHEL, fils d'Alfred le Géant. — Suit Robert, fils de Guillaume le Conquérant, qui quittait l'Angleterre, irrité contre son père, qui ne voulait pas lui donner la Normandie. — Est reçu en grâce. — XXVI, 371, 380 (*Orderic Vital*).

JOIGNY (Gaucher, comte de). — Livre à la ville d'Urbain un assaut dans lequel il est tué. — XIII, 204 (*Guillaume de Nangis*).

Joo (Jean de). *Voy.* JEAN DE JOO.

JORDAN, légat des Gaules. — Essaie inutilement de faire lever les contestations qui régnaient entre Guillaume, comte de Nevers, et le monastère de Vézelai. — Anathématise les persécuteurs de ce couvent. — VII, 163, 171, 175 (*Histoire du monastère de Vézelai*).

JORDANUS, patriarche de Jérusalem. — Vend pour une livre d'or, à Odolric, évêque d'Orléans, une des lampes du tombeau de J.-C. à Jérusalem. — VI, 318 (*Chronique de Raoul de Glaber*).

JORRIS, capitaine. — Commandant à la Salvetat pour le comte de Montfort. — Est battu et forcé à fuir par l'avant-garde de l'armée du comte de Toulouse au combat de la Salvetat. — Est chargé de la défense du comté de Comminges. — Est tué et dépouillé. — XV, 168, 190 et suiv. (*Histoire des Albigeois*).

JOSCELIN, frère de Louis, abbé de Saint-Denis. — Est pris avec lui par des pirates normands qui lui imposent une forte rançon. — IV, 163 (*Annales de Saint-Bertin*).

JOSCELIN, abbé de Saint-Denis. — Est pris dans une bataille livrée entre Charles le Chauve et Louis, son neveu. — A la mort de Louis le Débonnaire il se joint à Conrad, contre ses fils Louis et Carloman, et attire dans leur royaume Louis, roi de Saxe. — Mauvais succès de leurs projets. — Leur réconciliation avec Louis et Carloman. — Est abandonné de ses complices. — IV, 284-308 et suiv. (*Annales de Saint-Bertin*).

JOSCELIN DE COURTENAI. — Part pour la Terre-Sainte. — Est fait prisonnier par les Turcs. — Sa délivrance. — XXVIII, 96, 216, 218 et suiv. (*Orderic Vital*).

JOSCELIN DE PONT ECHENFREI. — Est reçu dans la Pouille. — Fait partie de l'expédition de Boémond contre Durazzo. — Se rend à Constantinople, et de là en Asie. — Voit assassiner Gilbert, comte d'Eu, tuteur de Guillaume le Conquérant. — XXVII, 208-211 (*Orderic Vital*); XXIX

168 (*Guillaume de Jumiége*).

JOSCELIN, évêque de Paris. — Défend cette ville contre les Normands. — Sa mort. — IV, 323 (*Annales de Metz*).

JOSEPH, surnommé *Barnabé*. — Voyez BARNABÉ.

JOSEPH, mari de la vierge Marie. — Passe en Égypte avec elle et Jésus-Christ, encore enfant, pour échapper à la fureur d'Hérode. — De là se retire en Galilée et s'établit à Nazareth. — XXV, 10, 13 (*Orderic Vital*).

JOSEPH D'ARIMATHIE, sénateur. — Sollicite et obtient de Pilate la permission d'ensevelir le corps de Jésus-Christ. — Est mis en prison pour ce fait, et délivré miraculeusement à la résurrection du Seigneur. — I, 18 (*Grégoire de Tours*); XXV, 92 (*Orderic Vital*).

JOSÈPHE, célèbre historien des Hébreux. — XXV, 195 (*Orderic Vital*).

JOSSE, Breton. — Succède à Engebaud, archevêque de Tours. — XIII, 40 (*Guillaume de Nangis*).

JOSSE (saint), fils de Judicaël, roi des Bretons. — Se rend en pélerinage à Rome. — Haimon, duc de Ponthieu, le fait ordonner prêtre chapelain. — Se retire dans l'hermitage de Braïc. — Vie qu'il y menait. — Ses miracles. — Sa mort. — Découverte de son corps. — Guérisons opérées par ses reliques. — Translation de son corps. — XXVI, 127, 128 et suiv. (*Orderic Vital*).

JOSSELIN, vicomte de Melun. — Prie son seigneur Bouchard, comte de Melun, de concéder aux moines des Fossés une église située dans le bourg de Noisy-le-Sec, qu'il tenait de lui en fief. — VII, 12 (*Vie de Bouchard, comte de Melun*).

JOSSELIN, évêque de Soissons. — Sa mort. — XIII, 37 (*Guillaume de Nangis*).

JOSSELIN, comte d'Edesse. — Se ligue avec Baudouin du Bourg, Boémond et Tancrède, pour porter la guerre au-delà de l'Euphrate. — Est fait prisonnier à la bataille de Carrhes. — L'administration provisoire de ses domaines est confiée à Boémond pendant sa captivité. — Il achète sa liberté et revient dans ses terres du comté d'Edesse. — S'allie avec Baudouin du Bourg, comte d'Edesse. — Déclare la guerre à Tancrède. — S'allie aussi avec les Turcs. — Envahit la principauté d'Antioche, et est vigoureusement repoussé. — Fait la paix. — Raille la misère de Baudouin du Bourg, et ne lui donne aucun secours dans la disette qui désole son pays. — Est mandé auprès de lui. — S'y rend. — Est arrêté et dépouillé de tout ce qui lui avait été donné. — Va raconter sa mésaventure au roi Baudouin 1er, qui lui donne la ville de Tibériade. — Harcèle et fatigue les habitans de Tyr. — Décide l'élection de Baudouin du Bourg au trône de Jérusalem. — Est fait comte d'Edesse. — Est appelé au secours du prince d'Antioche, attaqué par les Arabes et les Turcomans. — Est fait prisonnier par les Turcs. — Est délivré par la ruse et la violence des Arméniens. — Franchit les lignes ennemies. — Passe l'Euphrate à la nage. — Court à Antioche, à Jérusalem, enlève le peuple et l'armée, arrive à Turbessel, où il apprend les malheurs du roi. — Renonce à son entreprise. — Insulte Alep et le pays ennemi, et dissout l'armée. — Marche contre Balak, lui livre bataille, et le tue de sa main. — Envoie sa tête à l'armée qui fait le siège de Tyr. — Contribue au gain de la bataille d'Hasarts contre Bursequin. — S'allie aux Turcs et attaque le jeune prince d'Antioche. — Ravage son pays en son absence. — Fait la paix dans une maladie et par l'intervention du roi. — Lève ses chevaliers et marche avec les Templiers et les nouveaux croisés au siège de Damas, sous les ordres du roi de Jérusalem. — Fait ouvrir à ce prince les portes d'Antioche que lui ferme Melissende, sa fille. — Accablé par une longue maladie, il charge de repousser les ennemis son fils, qui refuse cette mission. — Se fait porter en litière à l'armée, met les Turcs en fuite et meurt. — Il négocie l'alliance de Geigremich, prince turc, avec Baudouin du Bourg, contre Tancrède. — Paie la rançon du roi Baudouin II, et obtient sa liberté. — Il accompagne à Antioche le roi de Jérusalem. — Concourt à la victoire remportée sur les Infidèles. — Tombe dans une embuscade et est fait prisonnier par les Turcs. — S'empare du fort où il est détenu, et s'évade. — Fait lever à Balak le siège d'Hiérapolis, lui livre bataille et le tue. — Fait porter sa tête à Antioche. — Rentre dans cette ville. — Se joint au roi Baudouin II et bat l'ennemi dans les plaines d'Antioche. — XVII, 104, 109, 130, 131, 165, 166, 167, 168, 195 - 197, 199, 206, 223, 226, 229, 230, 271, 282, 296, 297, 305, 312, 320, 322 (*Guillaume de Tyr*); XXI, 125, 126, (*Albert d'Aix*); XXIV, 195, 196, 205, 215 - 225, 232, 233, 245, 249, 250 (*Foulcher de Chartres*).

JOSSELIN II, comte d'Edesse. — Refuse de marcher à l'ennemi qui attaque son père mourant. — Lui succède. — Son caractère. — Ses défauts. — Sa postérité. — Il prend les intérêts d'Alix, veuve de Boémond II, contre la jeune princesse Constance d'Antioche. — Est appelé au secours du roi assiégé dans Monferrand. — Y marche avec toutes ses forces. — Joint le roi après la capitulation, et rentre dans ses états. — Appelé par l'empereur à la guerre, il fait ses préparatifs. — Marche avec lui à Césarée. — Se conduit fort mal au siège de cette place. — Pervertit le prince d'Antioche. — Remplit auprès de l'empereur les fonctions de grand-écuyer. — A la nouvelle qu'en exécution du traité, l'empereur veut occuper la citadelle d'Antioche et avoir pour ses troupes le libre passage par la ville, il fait révolter le peuple et se présente comme victime de la sédition. — Ayant obtenu le rapport de la décision impériale, il apaise le tumulte. — Est reçu par l'empereur, sorti de la ville et campé sous les murs, avant son départ pour Constantinople. — Etonné du retour subit de ce prince, il lui donne les otages qu'il demande. — Quitte sa résidence d'Edesse et s'établit à Turbessel. — Suite de ses dissensions avec le prince d'Antioche. — Il recrute tardivement pour secourir Edesse. — Réclame en suppliant des secours auprès du prince d'Antioche et du roi de Jérusalem. — Reprend Edesse par surprise. — Appelle les chrétiens au secours de cette ville, dont la population, bloquée par l'ennemi, s'évade en s'ouvrant un passage par le fer. — Se sauve de sa personne à Samosate. — Est bloqué dans Turbessel par le sultan d'Iconium. — Livre la place et obtient sa liberté. — Est appelé au secours d'Antioche par le patriarche. — Y marche et est fait prisonnier dans une embuscade. — Meurt bientôt après dans les prisons d'Alep. — Son pays est cédé à l'empereur de Constantinople. — Il perd par sa négligence le comté d'Edesse. — Est fait prisonnier et meurt de faim. — Sa femme abandonne le comté à l'empereur des Grecs pour une pension. — XVII, 321, 322, 323, 372, 374, 377, 379, 383, 384, 385, 386, 388, 391, 392, 394, 396, 428, 453, 454, 455, 480, 484, 485 (*Guillaume de Tyr*); XXII, 24, 25, 35-37, 234 (*Jacques de Vitry*).

JOSSELIN DE TURBESSEL. — Marche au secours de Tripoli. — Défend avec avantage Turbessel assiégé par les Turcs; les harcèle, les force à lever le siège, et les poursuit après. — Va porter secours à Tancrède, assiégé dans Antioche. — Ses courses sur le territoire de Damas, où il tente de s'emparer de trente mille chameaux et de cent mille bœufs. — Attaque les Iduméens. — Eprouve un échec considérable. — XXI, 148, 170, 214, 215 - 217 (*Albert d'Aix*).

JOSSELIN DE MARÉSIE, chevalier croisé. — Court au secours des Chrétiens assiégés dans Edesse par les Assyriens. — XXIII, 277 (*Raoul de Caen, Histoire de Tancrède*).

JOSSELIN DE SAMOSATE. — Se réunit aux chevaliers commandés par Gérard de Puzy. — XVIII, 25 (*Guillaume de Tyr*).

JOSSELIN DE TORVESCEL. — Tombe au pouvoir des Infidèles. — Sa captivité avec le roi de Jérusalem. — Parvient à s'échapper et va chercher du secours pour délivrer le roi. — Est reconnu par un paysan avec lequel il change de vêtemens. — Sa générosité. — Vient au secours du roi. — A la nouvelle des nouveaux revers du roi, il revient sur ses pas avec son armée. — XXVIII, 215-227 (*Orderic Vital*).

JOSSELIN PEYSSEL. — Négocie le mariage de Baudouin III, roi de Jérusalem, avec l'une des filles de l'empereur Manuel. — XVIII, 128 (*Guillaume de Tyr*).

JOSSELIN III, fils du précédent. — Accompagne en Cilicie l'empereur de Jérusalem Baudouin III. — Se rend à la cour de l'empereur Manuel. — Est fait prisonnier dans l'expédition du prince d'Antioche contre Noradin. — Est mis en liberté. — Est créé sénéchal par Baudouin IV. — Se rend à Ascalon. — Son voyage à Constantinople. — Accompagne le roi de Jérusalem sur les bords du Jourdain. — XVIII, 134, 177, 328 (*Guillaume de Tyr*); XIX, 89, 351, 382, 448 (*Bernard le Trésorier*).

JOSSELIN IV, oncle de Baudouin V, roi de Jérusalem. — La garde de cet enfant lui est confiée par les barons du royaume. — L'enfant étant venu à mourir, Josselin s'empare d'Acre et de Béryte. — Est pris dans une bataille contre le sultan Saladin, et emmené en prison à Damas. — XIX, 11, 35 et suiv., 89, 91 (*Bernard le Trésorier*).

JOURDAIN, fils de Gaultier, seigneur d'Aufai. — Succède à son frère Richard. — Reste à la cour de Henri Ier, roi d'Angleterre, qui lui donne en mariage Julienne, fille de Gottschalk. — XXVII, 37 (*Orderic Vital*).

JOURDAIN (Adhémar). *Voyez* ADHÉMAR.

JOURDAIN, dit *de Lille*, gascon d'une haute origine, neveu, par sa femme, du pape Jean XXII. — Accusé auprès du roi Louis d'un grand nombre de crimes, ne peut s'en justifier. Le roi lui remet ces accusations à la prière du pape Jean. — Ayant recommencé le cours de ses forfaits, il est jugé à Paris, condamné à mort et pendu, après avoir été traîné à la queue des chevaux. — XIII, 360, 361 (*Guillaume de Nangis*).

JOURDAIN DE L'ISLE. — Se laisse entraîner par le comte de Toulouse dans une ligue contre le roi. — Fait sa soumission. — Est armé chevalier. — XV, 304 (*Guillaume de Puy-Laurens*).

JOURDAIN LE CHARTIER. — Sa mort. — XXVI, 426 (*Orderic Vital*)

JOURDAIN DE SAUQUEVILLE, frère de Gaultier, seigneur d'Aufai. — A la mort de celui-ci, prend soin de ses enfans et de son domaine. — XXVII, 37 (*Orderic Vital*).

JOURDAIN, prince de Capoue. — Soutient Boémond contre Roger la Bourse, son frère. — XXVII, 267 (*Orderic Vital*).

JOURDAIN DE LANTAR. — Concourt à la défense de Toulouse, assiégée par Philippe-Auguste. — XV, 200 (*Histoire des Albigeois*).

JOURDAIN DE SAISSAC. — Fait alliance avec Trencavel de Béziers, et tente de s'emparer des terres du roi de France. — Vient mettre le siège devant Carcassonne. — Se retire à Montréal. — Fait une capitulation. — Signe la paix. — XV, 296-377 (*Chronique de Guillaume de Puy-Laurens*).

JOURDAIN DE LA YERLE (Bernard). — Contribue à la défense de Toulouse assiégé par Louis IX. — XV, 173, 200, 201 (*Histoire des Albigeois*).

JOURDAIN DE LA YERLE (Bertrand), frère du précédent. — (Les mêmes actes.)

JOURDAN. — Commande la flotte anglaise à l'attaque du pont d'Andely. — XII, 187 (*la Philippide*).

JOURDAN (le comte). — Livre à Mainfroi la ville de Sienne.—XIII, 174 (*Guillaume de Nangis*).

JOURDAN, évêque de Lisieux. — Prend la croix contre les Albigeois. — XI, 268 (*Vie de Philippe-Auguste*).

JOURDAN DE VILLENEUVE, consul de Toulouse. — Son abjuration dans la guerre des Albigeois. — XIV, 388 (*Pierre de Vaulx-Cernay*).

JOURNAN, patrice et sénateur de Rome. — Les Romains l'opposent au pape Eugène, qu'ils chassent de la ville. — XIII, 27 (*Guillaume de Nangis*).

Joux (Olivier). *Voy.* OLIVIER DE JOUX.

JOVIEN, empereur.—Après avoir conclu avec les Perses une trêve de vingt-neuf ans, il rentre sur le territoire de l'empire romain. — Se montre favorable aux Chrétiens. Meurt en Cilicie, après un règne de huit mois. — XXV, 122 (*Orderic Vital*).

JOVIN. — Se pare des ornemens de la royauté. — Est pris et mis à mort. — I, 66, 67 (*Grégoire de Tours*).

JOVIN, gouverneur de Provence. — Est privé de son gouvernement. — Fait condamner Albin, son successeur, à payer à l'archidiacre Vigile une très-grosse somme d'or. — I, 203, 204 (*Grégoire de Tours*). *Voy.* ALBIN, gouverneur de Provence.

JOVIN, prêtre. — Cède aux présens de Marcel l'évêché d'Uzès, auquel il avait été nommé avant lui. — I, 317 (*Grégoire de Tours*).

JUCHELLE DE MAYENNE, vicomte de Sainte-Susanne. — Son dévoûment au roi Philippe-Auguste. — XI, 300 (*Guillaume le Breton*).

JUCHELLE DE LA MÉE. — Chasse les Anglais du château de Guarplie qu'ils ont construit pour favoriser leur entrée en Bretagne. — Reçoit du roi Philippe-Auguste le commandement de cette place. — XI, 241, 242 (*Guillaume le Breton*).

JUDANS (JACQUES), est fait prisonnier par les Turcomans et racheté par ses compagnons. — XIX, 559 (*Bernard le Trésorier*).

JUDAS SIMON ISCARIOTE, de la tribu d'Issachar, un des douze apôtres. — Vend Jésus-Christ pour trente pièces d'argent; et, déchu du rang d'apôtre, s'étrangle dans son repentir. — XXV, 334 (*Orderic Vital*).

JUDAS, dit *Bursabas*. — Est envoyé à Antioche pour prêcher l'Évangile, et revient ensuite à Jérusalem. — XXV, 106 (*Orderic Vital*).

JUDAS. — Fait découvrir aux croisés le bois de la croix de J.-C. — Reçoit le baptême sous le nom de QUIRIACUS. — I, 28 (*Grégoire de Tours*).

JUDE, fils de Jacques, appelé aussi Thaddée et Lebbée. — Prêche dans la Mésopotamie et dans le royaume de Pont. — Se réunit à Simon pour pénétrer en Perse, où ils reçoivent le martyre, après avoir converti un grand nombre de peuples.—XXV, 323 (*Orderic Vital*).

JUDICAEL, duc breton. — Ses querelles avec le duc Alain, au sujet du partage du pays, y amènent les Normands qui le ravagent. — Ils se réunissent alors. — Judicaël engage le combat sans attendre Alain, et défait les ennemis; mais il est tué en les poursuivant imprudemment. — IV, 335 et suiv. (*Annales de Metz*).

JUDICAEL, roi des Bretons. — Fait sa soumission au roi Dagobert. — Refuse de s'asseoir à la table du roi. — Retourne en Bretagne comblé de présens. — II, 219, 220 (*Grégoire de Tours*).

JUDITH, fille de Charles le Chauve. — Epouse Edelwolf, roi des Saxons, et, à sa mort, son fils Edebold. — A la mort de celui-ci, revient en France, et se rend coupable d'adultère avec Baudouin 1er, comte de Flandre. — Mécontentement de Charles le Chauve qui les fait excommunier par les évêques, et se réconcilie ensuite avec eux, à la sollicitation du pape Nicolas 1er. — Baudouin l'épouse du consentement du roi. — IV, 163, 172, 173, 181, 187 (*Annales de Saint-Bertin*); V, 255-261 (*Histoire de l'Eglise de Rheims*).

Judith, impératrice. — Fille du comte Guelfe de Bavière. — Elle épouse l'empereur Louis. — Accusée par Pepin, fils de l'empereur Louis, révolté contre son père, d'adultère avec le duc Bernard, elle tombe en son pouvoir et est contrainte à prendre le voile. — Est accueillie favorablement par son mari, et déchargée de l'accusation portée contre elle. — Livrée aux fils de son mari, lors de la défection de l'armée, elle est conduite prisonnière en Italie. — Est rappelée lors du rétablissement de l'empereur. — Elle est accusée d'adultère avec le duc Bernard. — Est envoyée par l'empereur à Laon, d'où les conspirateurs l'enlèvent. — Jure, par suite de leurs menaces, qu'elle persuadera à l'empereur de se retirer dans un cloître. — Déclare qu'elle-même est dans cette résolution. — Voit son mari. — Retourne vers les conjurés qui la renferment dans le monastère de Sainte-Radegonde. — Est rappelée par l'empereur. — De nouveau prisonnière des trois fils de son mari révoltés. — Elle est confiée à la garde de Louis, l'un d'eux, qui l'exile en Italie. — Arrive auprès de l'empereur rétabli sur son trône. — Cherche pour son fils Charles un protecteur après la mort de son père. — Jette les yeux sur Lothaire. — Obtient de l'empereur le don d'une portion de l'Empire en faveur de Charles. — Parvient à faire donner Lothaire pour tuteur à son fils. — Elle épouse l'empereur Louis le Débonnaire. — Lui donne un fils, Charles dit le Chauve. — Est forcée à prendre le voile par les trois fils de son mari révoltés. — Est rendue à l'empereur. — Tombe entre les mains de ses beaux-fils qui l'exilent en Normandie. — Est ramenée à son mari, et se purge par serment de l'accusation portée contre elle. — III, 84 (*Annales d'Eginhard*); 294, 295, 297, 303 (*Thégan*); 383, 386, 391, 392, 397, 403, 411, 412 (*L'Astronome*); 435-440 (*Nithard*).

Judith, sœur de Geoffroi, comte des Bretons, et femme de Richard Gunnoride, duc de Normandie. — Fonde à Bernai un couvent en l'honneur de Sainte-Marie. — XXVI, 9 (*Orderic Vital*).

Judith, femme de Guallève, comte de Northampton. — Dénonce son mari, comme ayant trempé dans la conspiration de Roger de Hersford et Raoul de Norwich contre Guillaume le Conquérant. — XXVI, 257 (*Orderic Vital*).

Juel de Mayenne. — Se joint à Simon de Monfort, dans la croisade contre les Albigeois. — Quitte l'armée après le siège de Lavaur. — XIV, 135, 147 (*Pierre de Vaulx-Cernay*).

Juffet (Joussouf-Aben-Texulin), chef sarrasin. — Passe la mer à la tête d'une armée et s'empare de l'Espagne citérieure. — Attaqué par Alphonse vii, roi de Galice et des Asturies, il le défait, mais s'enfuit à l'approche des Français, appelés par Alphonse à son secours. — VII, 43, 44 (*Fragmens de l'Histoire des Français*).

Juifs. — Leur triste position sous le règne de Vespasien. — Philippe le Bel leur enjoint de sortir de France, sous peine de mort. — I, 21 (*Grégoire de Tours*); XIII, 262 (*Guillaume de Nangis*).

Jules, chrétien de la Grande-Bretagne. — Subit le martyre. — XXV, 119 (*Orderic Vital*).

Jules Africain. — Sa chronique. — Traduit en latin l'ouvrage de Craton sur les apôtres. — XXV, 114, 324 (*Orderic Vital*).

JULES, Romain, fils de Rustique. — 34e pape, l'an 337, siége un peu plus de quinze ans. — Est exilé pendant dix mois par Constantin, et remonte sur son siége à la mort de ce prince. — Sa mort — XXV, 395 (*Orderic Vital*).

JULES ASCAGNE, fils d'Enée. — Fonde la ville d'Albe, en Italie. — XXVII, 155 (*Orderic Vital*).

JULIANE, femme d'Eustache de Breteuil et fille naturelle de Henri Ier, roi d'Angleterre. — Est envoyée par son mari au château de Breteuil, avec des troupes nécessaires pour le défendre. — Assiégée par son père, que les bourgeois avaient introduit dans la place, elle l'invite à un entretien et lui lance un trait de baliste qui ne l'atteint point. — Elle est forcée de rendre le château et de le quitter en se laissant glisser du haut des murs dans le fossé. — XXV, 289, 290 (*Orderic Vital*).

JULIEN, empereur. — D'abord diacre, il abandonne l'Eglise, prend les armes et s'empare de l'empire. — Retourne au culte des idoles et persécute les chrétiens. — Règne deux ans et quelques mois. — XXV, 121 (*Orderic Vital*).

JULIEN, prêtre de Randan. — Sa vie austère. — Ses miracles et sa mort. — I, 188, 189 (*Grégoire de Tours*).

JULIEN, sire de Sidon. — S'unit par mariage à la fille du roi d'Arménie. — Rend Sidon aux Templiers. — Sa mort. — XIX, 551, 557, 599 (*Bernard le Trésorier*).

JULIENNE, fille de Geoffroi, comte de Mortagne. — Epouse Gilbert de l'Aigle. — XXVII, 262 (*Orderic Vital*).

JUST, archevêque de Cantorbéry. — Envoie l'évêque Paulin prêcher le christianisme à Edwin, roi des Anglais du Northumberland. — XXV, 138 (*Orderic Vital*).

JUST, chrétien, ministre de Néron. — Est jeté en prison pour avoir blâmé sa conduite envers Patrocle. — XXV, 247 (*Orderic Vital*).

JUSTIN. — Parvient à l'empire par une brigue, après la mort de l'empereur Justinien, en 567. — Son avarice. — Il tombe dans l'hérésie de Pélage. — Peu de temps après, devient insensé et appelle Tibère-César pour défendre ses provinces. — Après treize ans de règne, termine sa vie dans la folie. — I, 196, 266 (*Grégoire de Tours*).

JUSTIN, philosophe. — Subit le martyre. — Présente à Antonin le Pieux un livre qu'il avait composé en faveur de la religion chrétienne, et le rend favorable aux chrétiens. — I, 22 (*Grégoire de Tours*); XXV, 110 (*Orderic Vital*).

JUSTIN LE JEUNE, empereur. — Règne onze ans. — XXV, 134 (*Orderic Vital*).

JUSTIN LE VIEUX, empereur d'Orient. — Reçoit honorablement les envoyés du pape qui viennent donner l'absolution aux Grecs de Constantinople. — Est couronné empereur par le pape Jean Ier. — Règne huit ans. — XXV, 133, 403, 404 (*Orderic Vital*).

JUSTINE, prieure du couvent de Poitiers. — Sauve les jours de l'abbesse Leubovèse, menacés par les gens de la princesse Chrodielde. — Est prise pour l'abbesse, enlevée et relâchée. — II, 107, 108 (*Grégoire de Tours*).

JUSTINIEN, empereur. — Règne 38 ans. — Principaux événemens de son règne. — Envoie en Afrique le patrice Bélisaire. — I, 156, 266 (*Grégoire de Tours*); XXV, 134, 405-411 (*Orderic Vital*). *Voy.* BÉLISAIRE.

JUSTINIEN LE JEUNE, fils de Constantin Pogonat. — Lui succède. — Conclut un traité pour dix ans avec les Sarrasins. — Tente inutilement de faire saisir et amener à Constantinople le pape Serge, qui ne voulait pas approuver le concile de cette ville. — Est renversé du trône et envoyé en exil dans la Chersonèse, où il est nourri par l'abbé Cyr. — Remonte sur le trône, par le secours de Terbellis, roi des

Bulgares, et met à mort Léonce, qui avait pris sa place, et la plupart de ses ennemis. — Nomme Cyr évêque. — Assemble à Constantinople un concile dont les décisions sont censurées par le pape. — Est déposé. — Les troupes qu'il avait envoyées pour se saisir de Philippoque ayant au contraire pris son parti, il est vaincu et tué dans une bataille. —
XXV, 144, 147, 422, 423, 424 (*Orderic Vital*).

JUSTINIEN, évêque de Tours. — Nommé à la place de Brice. — Meurt à Verceil. — I, 42; II, 142 (*Grégoire de Tours*).

JUVENCUS, prêtre. — Traduit les évangiles en vers. — I, 28 (*Grégoire de Tours*).

K

KALADRIUS, gallois. — Sa belle conduite à la bataille de Lincoln, XXVIII, 528 (*Orderic Vital*).

KARAJETH, turc de Carrhes, ou Cazan. — Marche au secours d'Antioche assiégée par les chrétiens. — Sa conduite à la bataille d'Antioche. — Atteint le comte de Toulouse sous les murs de Marrash. — Lui livre bataille. — Bat le comte de Toulouse et le met en déroute. — Les ducs de Poitou et de Bavière réunis lui livrent bataille près d'Héraclée. — Il est vaincu par les croisés. — XX, 202, 257 (*Albert d'Aix*); XXI, 9, 13, 15, 20, 34 (*Albert d'Aix*, t. II).

KERBOGHA, nommé aussi CORBORAN, CORBOGATH, CORBAHAN, général persan. — Marche au secours d'Antioche menacée par les croisés. — Arrivé sous les murs de cette ville, dont les chrétiens se sont emparés, il occupe le château qui tenait encore et investit la ville. — Sa lettre au roi son maître. — Sa mère cherche à changer ses dispositions. — Il presse vivement les croisés qui lui envoient des députés. — Sa réponse aux croisés. — Lève le siège. — IX, 165, 168, 169, 170, 176, 197, 198, 200 (*Guibert de Nogent*).

— Vient à la tête de deux cent mille hommes au secours d'Antioche assiégée par les croisés. — Fait, en passant, le siège d'Edesse, et n'obtient aucun succès. — A son arrivée devant Antioche, il trouve les chrétiens maîtres de la ville. — Fait une irruption dans la ville, dont il est aussitôt repoussé. — Presse vivement les assiégés. — Incendie la flotte des Chrétiens. — Rejette avec mépris les propositions de Pierre l'Ermite. — Les croisés font une sortie et lui livrent bataille. — Est mis en fuite. — VI, 265, 291-295, 307-337 (*Guillaume de Tyr*).

— Jugement qu'il porte sur les croisés en présence du roi du Khorazan. — Réponse de Solimau. — Sa jactance et son orgueil. — Le roi du Khorazan lui confie une nouvelle expédition contre les croisés. — Ses immenses préparatifs de guerre; tous les princes, les nobles et grands sont appelés à son aide. — Rassemble deux cent mille cavaliers aux environs de Sooch, et marche sur Roha. — Baudouin vole à sa rencontre, bat et met en fuite son avant-garde et fait un riche butin. — Tente encore une fois le siège de Roha, et l'abandonne bientôt pour se porter sur Antioche. — Arrive sous les murs de cette ville, l'investit et l'assiège. — Ses engagemens contre le duc Godefroi, Boémond et Raimond. — Est repoussé. — Répartit son armée en plusieurs corps et bloque toutes les portes de la ville. — Ses attaques multipliées. — Réduit les assiégés aux horreurs de la famine. — Détruit la flotte des Chrétiens dans le port Siméon. — Se présente de nouveau sous les murs d'Antioche. — Rejette avec mépris les propositions de Pierre l'Ermite, qui l'invitait à se rattacher à la foi chrétienne. — Offre le combat aux croisés. — Ordre de la bataille. — Est battu et mis en fuite. — Se retire au-delà de l'Euphrate. — XX, 196, 197, 201, 207, 228, 230, 231, 238, 247-263 (*Albert d'Aix*, tom. I).

— Poussés par le besoin, et livrés à toutes les horreurs de la famine, les Chrétiens le repoussent sous Antioche, XXII, 57, 58 (*Jacques de Vitry*).

— Vient assiéger les Chrétiens dans Antioche. — Pierre l'Ermite lui propose, au nom des princes croisés, un combat singulier. — Paroles méprisantes avec lesquelles il rejette cette proposition. — Continue une partie d'échecs qu'il avait commencée, quand on vient lui annoncer une sortie des Chrétiens hors des murs de la ville. — Leur fait à son tour des propositions qui sont rejetées. — Livre bataille. — Est mis en fuite. — Recommence l'attaque, essuie une défaite complète et s'éloigne. — XXIII, 149, 163, 168, 175 (*Raoul de Caen*).

— Les mêmes faits sont rapportés, XXIII, 392, 394, 395, 396, 412, 416-420 (*Robert le Moine*); puis XXIV, 48-55 (*Foulcher de Chartres*), et enfin XXVII, 472-490 (*Orderic Vital*, t. III).

KEVUFLE, moine d'une grande réputation. — Gouverne le monastère de Saint-Guthlac. — XXVI, 273 (*Orderic Vital*).

KNOP (Wilfrid), frère de Bertulphe, prévôt de Bruges. — Est désigné comme complice de l'assassinat du comte de Flandre, Charles le Bon. — Défend la ville, le château, l'église et la tour de Bruges. — Est précipité de la tour et meurt. — VIII, 310, 316, 380, 382 (*Galbert*).

L

LABAN, évêque d'Eause. — Sa mort. — I, 451 (*Grégoire de Tours*).

LACI (Ildebert de). *Voyez* ILDEBERT.

LACI (Gauthier de), reçoit de Guillaume le Bâtard, dit le Conquérant, roi d'Angleterre, des domaines considérables. — Ses exploits. — XXVI, 210 (*Orderic Vital*).

LACMAN, roi des Suèves. — Seconde Canut 1er dans son expédition contre l'Angleterre. — Fait alliance avec le roi de Danemark et lui fournit des subsides pour la conquête de l'Angleterre. — Marche au secours du duc Richard. — Son arrivée en Normandie. — Son retour en Suède. — XXV, 165 (*Orderic Vital*). — XXIX, 121-127 (*Guillaume de Jumiége*).

LADASOLAW (Ladislas), duc de Dalmatie et de Croatie, succède à Borna son oncle. — III, 90 (*Eginhard*).

LA FLÈCHE (Jean de), obtient de Guillaume le Conquérant des secours contre Foulques, comte d'Anjou. — Est assiégé et fait la paix. — XXVI, 247-249 (*Orderic Vital*).

LAGRUE. — Sa conduite remarquable au combat des Bordes. — XV, 84 (*Histoire des Albigeois*).

LAIDRADE, évêque. — Signe comme témoin le testament de l'empereur Charlemagne. — III, 101 (*Eginhard, Vie de Charlemagne*).

LAÏON (Hémart de). — Livre Tyr à l'empereur Frédéric II. — XIX, 449 (*Guillaume de Tyr*).

LAMBERT LE PAUVRE, chevalier croisé. — Apprend à Pierre l'Ermite la défaite des Chrétiens, mis en fuite par les Bulgares. — Abandonne l'armée chrétienne, assiégée dans Antioche par Kerbogha. — XX, 15, 16 (*Albert d'Aix*); XXVII, 474 (*Orderic Vital*).

LAMBERT (le comte). — Meurt assassiné dans une conférence entre les Danois et Louis d'Outre-Mer. — XXVII, 76 (*Orderic Vital*).

LAMBERT, comte de Nantes. — Fait tuer dans sa maison le Breton Wiomarch, qui avait manqué de foi à Charlemagne. — Se rend au plaid tenu par Louis le Débonnaire, en 818, pour se plaindre des Bretons, sur les mœurs desquels il donne des détails à l'empereur. — Dans la suite passe au parti des Bretons; et, avec Nomenoë, tue Renaud, duc de Nantes. — Dans une autre occasion, Lambert, avec les Bretons, attaque et tue quelques marquis de Charles le Chauve. — Sa mort. — III, 105 (*Annales d'Eginhard*); IV, 54 et suiv., 134 et suiv., 152 (*Ermold le Noir; Annales de Saint-Bertin*).

LAMBERT BERAKIN, citoyen de Bruges. — Assassine l'un des fils du châtelain de Bourbourg, après le meurtre de Charles le Bon. — VIII, 168 (*Vie de Suger*).

LAMBERT, comte italien. — Ses ravages sur le territoire de l'Église. — Il est excommunié par le pape Jean VIII. — IV, 295 (*Annales de Saint-Bertin*).

LAMBERT (Pierre). — Se rend au siége de Beaucaire, et se joint à l'armée du comte de Toulouse. — XV, 138 (*Histoire des Albigeois*).

LAMBERT DE CREICHI. — Reçoit du comte de Montfort le gouvernement du Limousin. — Commande la défense de Beaucaire. — Attaque Raymond VII, comte de Toulouse, qui le repousse et le vient assiéger. — Ses propositions de paix sont rejetées. — Sa belle défense. — Reçoit des secours. — Siége de Beaucaire. — Se rend, après avoir obtenu une capitulation honorable. — XV, 36, 128, 129, 130, 131 à 150 (*Histoire des Albigeois*).

LAMBERT, comte français. — Périt dans une bataille entre Harold, roi des Danois, et Louis d'Outre-Mer, roi des Français. — XXVI, 354 (*Orderic Vital*).

LAMBERT DE LIMOUX. *Voy.* LAMBERT DE CREICHI.

LAMBERT DE MONTEIL. — Dans la guerre des Albigeois, marche au secours du comte de Toulouse. — XV, 125 (*Histoire des Albigeois*).

LAMBERT, cardinal, évêque d'Ostie. — Assiste au concile tenu à Rheims par le pape Calixto II. — XXVIII, 321 (*Orderic Vital*).

LAMBERT DE MONTAIGU. — Concourt au siége de Nicée. — Marche à l'ennemi lors de la sortie générale de la garnison d'Antioche. — Est adjoint au commandant du 6ᵉ corps. — Concourt à l'investissement de Jérusalem. — Poursuit les Ethiopiens après la victoire d'Ascalon. — XX, 73, 253; XVI, 327; XX, 318, 367.

LAMBERT DE TUREY. — Fait prisonnier, il est livré par trahison au comte de Foix, qui le traite fort mal. — Est échangé contre trois prisonniers dévoués à la mort. — Porte au roi d'Aragon le défi du comte de Montfort. — Dangers qu'il court en cette occasion. — XIV, 156, 157, 158, 159, 242, 243 (*Pierre de Vaulx-Cernay*).

LAMBERT DE REDENBOURG. — Se rend à Bruges pour se disculper du crime de trahison contre le comte Charles Le Bon. — S'en purge par l'épreuve du fer rouge. — Attaque les ennemis de Thierri d'Alsace, et est tué. — VIII, 405, 407, 411, 412. (*Galbert, Vie de Charles le Bon.*)

LAMOTHE (Amable de). — Assiste au siége de Toulouse. — XV, 200 (*Histoire des Albigeois*).

LAMPADE, diacre de l'église de Langres. — Est chassé par l'évêque Tétrique. — Excite le fils de l'évêque Silvestre contre le diacre Pierre. — Est de nouveau chassé par l'évêque Mummole. — I, 226, 227, 229 (*Grégoire de Tours*).

LAMPADE, gouverneur du pays de Rheims. — Fait arrêter, emprisonner et appliquer à la torture saint Timothée ainsi qu'Apollinaire, bourreau de celui-ci, converti par une vision pendant qu'il le frappait de verges. — Fait trancher la tête à cinquante convertis; et enfin fait mettre à mort Timothée et Apollinaire. — Est frappé à l'épaule droite d'un trait de feu descendu du ciel et meurt emporté par le démon. — V, 6-10 (*Frodoard, Histoire de l'Eglise de Rheims*).

LANCELIN DE BULENS, comte de Dammartin, commandant de Bauvais. — S'unit à Thibault de Chartres contre Louis le Gros. — Est dépouillé de son commandement. — VIII, 84, 99 (*Suger, Vie de Louis le Gros*).

LANDFRIED. — Est envoyé en ambassade auprès du roi de Perse par l'empereur Charlemagne. — Sa mort. — III, 51 (*Annales d'Eginhard*).

LANDON, évêque de Rheims. — Succède à Anglebert. — Déclare par son testament l'Eglise de Rheims héritière de tous ses biens. — Son testament. — V, 152 (*Frodoard, Histoire de l'Eglise de Rheims*).

LANDRI, maire du palais. — Est envoyé par Clotaire II avec son fils Mérovée à la tête d'une armée, pour tuer Bertoald, général de Théodoric. — L'assiége dans Orléans. — Refuse de se mesurer avec lui en combat singulier. — Marche contre Théodoric, et est défait dans une bataille. — II, 174-176 (*Chronique de Frédégaire*).

LANDRI, évêque de Paris, canonisé. — Assiste à l'assemblée de Clichi, convoquée par Clovis. — II, 316 (*Chronique de Frédégaire*).

LANDRI, comte de Nevers. — Les Bourguignons ne voulant pas recevoir pour seigneur Robert, roi des Francs, Landri occupe la ville d'Auxerre. — XXVII, 134 (*Orderic Vital*).

LANDRI, vicomte d'Orbec. — Est damné. — XXVII, 326 (*Orderic Vital*).

LANDRIC. — Donne à l'abbaye de Saint-Evroul, avec Goisfred et Gunhier, la terre de Chérancai, et ils deviennent tous trois les hommes de l'abbaye. — XXV (*Orderic Vital*).

LANFRANC, prieur du Bec. — Est établi, par Guillaume le Bâtard, abbé du couvent de Saint-Etienne, à Caen. — De là, élu archevêque de Rouen. — Refuse cet évêché, et fait nommer Jean, évêque d'Avranches. — Fait à cet effet un voyage à Rome, et obtient le consentement du pape Alexandre pour l'ordination de Jean. — Sa science. — Son éloquence. — Sa dispute contre l'hérésiarque Béranger, qu'il confond. — Son ouvrage à ce sujet. — Est élevé peu de temps après à l'archevêché de Cantorbéry. — Ses vertus. — Est envoyé par Guillaume le Conquérant vers le pape Grégoire VII, avec d'autres évêques. — Sa mort. — XXVI, 12, 14, 119, 161, 162 et suiv., 296; XXVII, 221, 269 (*Orderic Vital*); XXIX, 150 (*Guillaume de Jumiége*).

LANFRED, architecte, construit la forteresse d'Ivri. — Meurt assassiné. — XXVII, 363 (*Orderic Vital*).

LANGTON (Gautier de). — Est fait prisonnier, et livré par trahison au comte de Foix. — Condition de son échange. — XIV, 156-159 (*Pierre de Vaulx-Cernay*).

L'ANONYME, dit L'ASTRONOME. — Est auteur de la *Vie de Louis le Débonnaire*, inconnu du reste. — Sa qualité de contemporain n'est pas douteuse. — Est attestée par sa préface et des passages de son livre; se trouve aussi prouvée par l'affection qu'il porte à Louis, comme à un patron dont il connaissait le caractère doux et bon. — Pierre Delalande, dans ses *Supplémens aux conciles des Gaules*, et un manuscrit du monastère de Saint-Tron lui donnent le nom de Luitwolf; mais nul autre témoignage ne confirme cette assertion. — Malgré quelques erreurs, son ouvrage fait mieux connaître qu'aucun autre l'histoire de son temps. — III, 313 et suiv. (*Notice sur l'Anonyme ou l'Astronome*).

LANTÉCHILDE, sœur de Clovis, roi des Francs. — Tombée dans l'hérésie des Ariens, elle se convertit et est rebaptisée. — I, 92 (*Grégoire de Tours*); V, 46 (*Frodoard, Histoire de l'Eglise de Rheims*).

LAODICÉE, chez les Gentils LICHÉ.

— Description de cette ville. — XXII, 82, et suiv. (*Jacques de Vitry*).

LAON (Galbert de), prend la croix, XXI, 6. — Se réunit au comte de Toulouse à Constantinople, 7. — Dispose ses troupes pour la bataille de Marrash, sous les ordres d'Étienne de Blois. — 15 (*Albert d'Aix*).

LAON. — Cette ville donne le signal de l'établissement des *Communes*. — X, 35 (*Guibert de Nogent*). — *Voy*. GAUDRY, évêque de Laon.

LAON (Albéric de), archevêque de Rheims. — Ses talens et ses succès dans la prédication. — XXII, 304 (*Jacques de Vitry*).

LAON (Jean de). — Sa doctrine sur l'origine des droits de l'Église est condamnée par le pape. — XIII, 335 (*Guillaume de Nangis*).

LARRON, fils de Gennebaud, évêque de Laon. — Lui succède. — Est mis au nombre des saints. — V, 51 (*Frodoard, Histoire de l'Église de Rheims*).

LASCY (Gilbert de), commandeur des Templiers. — Dirige l'attaque contre Noradin, satrape des Turcs, et le défait à la bataille de la Boquée. — XXVIII, 174 (*Orderic Vital*).

LASCY (Hugues de). — Décide le comte de Montfort à aller au-devant du comte de Toulouse, et à s'opposer à sa marche, XV, 79. — Son avis sur le siége de Beaucaire, 147. — Sur celui de Toulouse, 178 (*Histoire des Albigeois*).

LASTIC. *Voy*. LASCY (Hugues de).

LASTOURS (Godefroi de), monte le premier à l'assaut au siége de Marrash. — XXVII, 508 (*Orderic Vital*).

LATILLY (Pierre de), évêque de Châlons, chancelier de Philippe le Bel, roi de France. — Est privé de son emploi par Louis le Hutin. — Violemment soupçonné d'avoir donné la mort aux deux derniers rois, il est arrêté et mis en prison. — Trois femmes, ses complices, sont brûlées à Paris. — Le concile de Senlis s'ajourne à Paris pour examiner son procès. — XIII, 308-315 (*Guillaume de Nangis*).

LATINATOR (Pierre), moine de Saint-Paul d'Antioche. — Facilite l'entrée du roi de Jérusalem dans cette ville, dont Mélisende sa fille lui fermait les portes. — XVII, 312 (*Guillaume de Tyr*).

LAUDÉGÉSILE, frère de Nantéchilde, est enterré à Saint-Denis. — Ses biens sont donnés à cette abbaye. — II, 291 (*Vie de Dagobert*).

LAURENT, archidiacre. — Son martyre. — I, 23 (*Grégoire de Tours*).

LAURENT, évêque de Nocéra. — Devient l'occasion d'un schisme en usurpant la tiare sur le pape Symmaque. — L'autorité civile refuse de le reconnaître. — XXV, 401 (*Orderic Vital*).

LAVAUR, ville et position militaire célèbre dans la guerre des Albigeois, est prise par les Croisés qui la mettent au pillage. — Le comte de Montfort y vient assiéger Amaury, seigneur de Montréal, et s'en empare. — XIII, 107 (*Guillaume de Nangis*); XIV, 136 et suiv. (*Pierre de Vaulx-Cernay*); XV, 62 et suiv., 237, 337 (*Histoire de la guerre des Albigeois; Guillaume de Puy-Laurens; des Gestes glorieux des Français*).

LAVAUR (Bonfils de), *Voy*. BONFILS.

LAVENDAL, chef de la milice du roi de Babylone. — Est envoyé contre les Chrétiens après la prise de Jérusalem. — Est défait et prend la fuite. — XXIV, 78 et suiv. (*Foulcher de Chartres*).

LE BRUN (Aimeri), est tué au siége de Rochefort. — XI, 272 (*Guillaume Le Breton*).

LECHON, chef des Esclavons ou Bohémiens. — Ravage la terre des Huns. — Est attaqué et tué par ceux-ci, soutenus par Charles, fils de l'empereur Charlemagne. — III, 54 (*Annales d'Éginhard*).

LECQ (Guy de), aussi nommé GUY DE LÉVIS ou DE LUCÉ. — Marche avec le comte Simon de Montfort au siége du château de Minerve. — Reçoit l'investiture de la seigneurie de Puy-Laurens. — Fait pendre le traître qui a livré le château de cette place aux Albigeois. — Vole au secours de Simon de Montfort, assiégé dans Castelnaudari par Raymond, comte de Toulouse. — Lui amène un renfort de cinquante chevaliers qu'il venait de lever pour marcher avec Pierre d'Aragon contre les Turcs.—Cherche à introduire des vivres dans Castelnaudari. — N'en trouve pas. — Tombe dans une embuscade. — Marche au secours de Bouchard de Marly. — S'empare de Puy-Laurens et y met garnison.—XIV, 94, 147, 159, 161, 166, 167, 168, 169, 195.

LECROC ELGERI, amiral turc. — Repousse les Croisés et les met en déroute. — XIX, 501 (*Bernard le Trésorier*).

LÉGER (saint), évêque d'Autun. — Fait élever Leudesius à la dignité de maire du palais. — Est décapité avec son fils par ordre d'Ebroïn, II, 232, 233 (*Chronique de Frédégaire*).—Sa naissance, son éducation, ses connaissances.—Est fait évêque d'Autun.—Sa piété remarquable. — Ses travaux. — Reproche à Ebroïn de ne pas élever Théodoric sur le trône. — Reste auprès du roi Childéric, et se rend responsable des actions de ce prince. — Ses remontrances sont mal accueillies : menacé de mort, il retourne à Autun, où il est visité par Victor, patrice de Marseille. — Est accusé de conspirer contre l'autorité de Childéric. — Apprend du roi lui-même combien il lui est suspect. — Est arrêté et envoyé en exil à Luxeuil. —Y trouve Ebroïn, son ennemi, exilé comme lui.—Sort de Luxeuil à la mort de Childéric. — Revient à Autun avec Ebroïn qui donne l'ordre de l'enlever. — Ses dispositions. — Ses ennemis s'emparent de sa personne et lui arrachent les yeux. — Condamné à mourir de faim. — Obtient des alimens. — Est amené en présence du roi. — Supplices cruels que lui fait éprouver Ebroïn. — Est confié à la garde de Waringue. — Est transféré dans un couvent de femmes. — Est accusé de la mort de Childéric. — Condamné à être décapité. — Est mis à mort. — Nombreux miracles qu'il opère. — II, 326-360 (*Vie de saint Léger, par Frédégaire*). — L'église de Saint-Waast, à Arras, est fondée par le roi Thierry en témoignage du repentir de ce prince. — XXVIII, 254 (*Orderic Vital*).

LEGONUS, évêque d'Auvergne, succède à Urbicus. I, 32 (*Grégoire de Tours*).

LE LOUP-DE-FOIX se déclare partisan du comte de Toulouse et engage ses soldats à faire bonne contenance contre les partisans du comte Simon de Montfort, dans le Lauraguais, XV, 193 (*Histoire de la guerre des Albigeois*).

LE MANCEL (Geoffroi). *Voy.* GEOFFROI LE MANCEL.

LE MOINE (Eustache). *Voy.* EUSTACHE surnommé *Le Moine.*

LE MOINE (Geoffroi). Sa belle conduite dans la bataille livrée par le prince Roger d'Antioche contre les Arabes et les Turcomans.— Annonce au vieux comte d'Edesse que sa seule présence a fait fuir l'ennemi. — XVII, 209, 321 (*Guillaume de Tyr*).

LENS (Baudouin de), prisonnier de Philippe-Auguste à la bataille de Bovines, est mis en liberté sous caution. —XI, 310 (*Guillaume le Breton*).

LEOCADE, l'un des premiers sénateurs des Gaules. — Donne à la ville de Bourges sa maison pour en faire une église, et se fait chrétien.—I, 25 (*Grégoire de Tours*).

LÉOCADIE, grand'mère de Grégoire de Tours et mère de Vettius-Épagatus, l'un des premiers et des plus illustres martyrs des Gaules.— I, ix (*Notice sur Grégoire de Tours*).

LEODEBOLD D'ORLÉANS, fondateur du monastère de Fleury.— XXVI, 105 (*Orderic Vital*).

LEOFWIN, frère de Harold, roi d'Angleterre. — Est tué dans la bataille d'Hastings, livrée entre ce dernier et Guillaume le Bâtard, duc de Normandie. — XXVI, 143 (*Orderic Vital*).

LÉON, abbé de Saint-Bertin. — Louis le Jeune lui donne charge d'assurer les vivres et les transports de l'armée croisée à son passage à Worms et à Ratisbonne. — XXIV, 292, 293 (*Foulcher de Chartres*).

LÉON (Hervée de). — Informé de la mort de son beau-frère, il débauche seize mille hommes de l'armée des Croisés pour conquérir son héritage, XI, 334. — Périt en mer avec tous ses compagnons déserteurs. — *Ibid.* (*Guillaume le Breton*).

LÉON, habile charpentier, abbé de Saint-Martin de Tours, succède à Ommatius dans l'évêché de cette ville, qu'il gouverne pendant sept mois. — I, 134 (*Grégoire de Tours*).

LÉON, seigneur de la cour de Pépin, roi d'Italie. — Arrête par ordre de ce prince deux évêques que le pape envoie vers l'empereur Louis son père. — III, 406 (*L'Astronome*).

LÉON 1er, empereur. — Règne dix-sept ans. — XXV, 131 (*Orderic Vital*.)

LÉON V, dit l'*Arménien*, fils du patrice Bardo ou Bardas, empereur de Constantinople. — Succède à l'empereur Michel. — Blesse dangereusement le roi des Bulgares. — Le met en fuite. — Est assassiné. — Règne six ans. — III, 72, 90, 364 (*Annales d'Eginhard*); XXV, 154 (*Orderic Vital*.)

LÉON, poitevin. — Excite à la tyrannie contre l'Auvergne, Chramne, fils de Clotaire II. — Frappé de la vengeance céleste, il devient sourd et muet, et demeure insensé. — I, 168 (*Grégoire de Tours*).

LÉON, cuisinier, esclave de Grégoire, évêque de Langres. — Comment il offre à son maître de délivrer Attale, son neveu, un des otages donnés entre Théodoric et Childebert. — A cet effet il se fait vendre au maître d'Attale, gagne sa confiance, et en profite pour délivrer Attale, qu'il ramène à son oncle. — Celui-ci délivre Léon et sa famille de la servitude et lui donne des terres. — I, 129 et suiv. (*Grégoire de Tours*).

LÉON DE CARRION (Bertrand), comte. — Est tué dans la bataille perdue par Alphonse d'Arragon contre les Sarrasins. — XXVIII, 436, 437 (*Orderic Vital*). — *Voy.* BERTRAND DE LÉON.

LÉON, chevalier croisé, frère d'Autevelle. — Marche au secours d'Antioche menacée par les Turcs et défendue par Tancrède. — XXI, 172 (*Albert d'Aix*). *Voy.* ANTEVELLE.

LÉON, maître des cérémonies. — Est envoyé en ambassade auprès du pape Pascal par l'empereur Louis. — Est privé de la vue et mis à mort par ordre de Pascal, III, 90, 97 (*Annales d'Eginhard*). — Les mêmes faits sont racontés par l'Astronome, III, 369, 370, qui l'appelle LÉON *Nomenclateur*. (*L'Astronome*).

LÉON, maître de la milice. — Son ambassade de l'empereur Louis, III, 99 (*Annales d'Eginhard*). — Est chargé par le pape Pascal de porter à l'empereur Louis la justification de sa conduite dans le supplice de ses députés, 370 (*L'Astronome*).

LÉON, abbé de la basilique de Saint-Martin. — Est élevé à l'évêché de Tours. — II, 147 (*Grégoire de Tours*).

LÉON 1er, surnommé *le Grand*, 44e pape, canonisé sous le nom de saint Léon, XXV, 399. — Préside le concile de Chalcédoine. — Ses lettres, monumens historiques, *ibid.* (*Orderic Vital*).

LÉON II, dit *le Jeune*, 79e pape canonisé. — Se rend célèbre par son éloquence. — XXV, 420 (*Orderic Vital*).

LÉON III, 95e pape. — Son élévation au souverain pontificat. — Envoie à l'empereur Charlemagne les clefs du tombeau de saint Pierre et l'étendard de Rome. — Lui prête au nom du peuple romain serment de fidélité. — Est accueilli par le duc de

Spolette après avoir été exposé aux plus grands maux. — Demande des secours à Charlemagne qui le rétablit sur son siége. — Charlemagne le visite à Rome. — Se purge par serment des crimes dont il est accusé. — Couronne Charlemagne empereur et auguste. — Rabat la condamnation à mort prononcée contre ceux qui l'avaient déposé, et la commue en un exil perpétuel. — Manifeste à Charlemagne le désir de célébrer avec lui la fête de Noël. — Vient en France, où il est reçu avec éclat et reconduit jusqu'à Ravenne. — Approuve le testament de Charlemagne qui règle le partage de l'empire entre ses trois fils. — Concourt avec l'empereur à rétablir sur le trône Eardulf, roi des Northumbres. — Met à mort les auteurs d'une conspiration contre sa vie. — Se justifie de cette rigueur auprès de l'empereur Louis. — Sur son lit de mort, il est menacé par une sédition que le duc de Spolette réprime à la prière du roi Bernard. — Sa mort. — III, 42-77 (*Annales d'Eginhard*); XXV, 153, 432, 435 (*Orderic Vital*).

Léon IV (saint), 102ᵉ pape. — Son élection. — Joint la basilique de Saint-Pierre à la ville de Rome, et l'environne d'une forte muraille. — Principaux actes de son règne. — Sa mort. — IV, 142-158 (*Annales de Saint-Bertin*; XXV, 435 (*Orderic Vital*).

Léon, légat du siége apostolique. — Assiste au concile de Ponthion, en 876. — IV, 281 (*Annales de Saint-Bertin*).

Léon IX, pape. — *Voy.* Brunon, évêque de Toul.

Léon (Pierre de), antipape. — *Voy.* Anaclet.

Léon (Pierre de). — *Voy.* Pierre de Léon.

Léon, ou Lavon Iᵉʳ, roi d'Arménie. — Son élévation au trône. — XIX, 237 (*Bernard le Trésorier*).

Léon, fils de Basile, empereur de Constantinople. — Lui succède avec son frère Alexandre, et ils règnent vingt-deux ans. — XXV, 155; XXVI, 351 (*Orderic Vital*).

Léon d'Arménie, prince chrétien, fils de Turoldi-des-Montagnes, et croisé contre les Sarrasins. — Il s'élève entre lui et Boëmond une querelle funeste aux Chrétiens. — Epouse Béatrix, veuve de Guillaume de Saône. — XVII, 322 (*Guillaume de Tyr*); XXVIII, 235 (*Orderic Vital*).

Léon III, *l'Isaurien*, empereur; règne neuf ans. — Sous son règne les Sarrasins assiégent Constantinople sans succès. — XXV, 149, 425 (*Orderic Vital*).

Léon, abbé, légat du siége apostolique en France pour l'affaire d'Arnoul, archevêque de Rheims, chassé de son siége par Hugues Capet, roi des Francs. — L'y fait réintégrer. — Son altercation avec le prélat Gerbert. — XXV, 162 (*Orderic Vital*).

Léon de Meun. — Est brûlé dans son château par Louis le Gros. — VIII, 17 (*Suger, Vie de Louis le Gros*).

Léon IV, *le philosophe*, empereur. Principaux événemens de son règne. — XXV, 155 (*Orderic Vital*).

Léon Porphyrogénète, fils de Constantin Copronyme, empereur de Constantinople. — Règne cinq ans. — XXV, 152 (*Orderic Vital*).

Léon Spathar. — Est envoyé en ambassade vers l'empereur Charlemagne par Irène, impératrice de Constantinople. — III, 52 (*Annales d'Eginhard*).

Léonard. — Apprend à Frédégonde le désastre de sa fille Ragonthe. — Est battu et dépouillé. — I, 388 (*Grégoire de Tours*).

Léonaste, archidiacre de Bourges. — Demeure aveugle, pour avoir recouru aux remèdes humains au moment où, par un miracle de saint Martin de Tours, il allait recouvrer la vue. — I, 230 (*Grégoire de Tours*).

Léonce, évêque. — Rassemble les évêques comprovinciaux dans la ville de Saintes, et destitue Emeri, aussi nommé Emule, évêque de Saintes, I, 179.—Envoie Héraclius, prêtre de Bordeaux, porter cette nouvelle au roi Charibert. — Est condamné par le roi à une amende de mille pièces d'or. — 180 (*Grégoire de Tours*).

LÉONCE, ou LÉON, empereur d'Orient après la déposition de Justinien II, XXV, 144. — Est égorgé dans le Cirque lors du rétablissement de ce prince. — Principaux événemens de son règne. — 424 (*Orderic Vital*).

LÉONISE, évêque de Mayence.— Cherche par ses discours à enflammer le courage de Théodoric contre le roi Théodebert son frère, dont l'armée est défaite entre Tolbiac et Cologne. — II, 188, 189 (*Grégoire de Tours*).

LÉOPOLD D'AUTRICHE, frère de l'empereur Frédéric.—Est repoussé par l'empereur Louis de Bavière, XIII, 334, 335. — Fait la guerre contre ce prince, pendant la captivité de son frère. — 368, 372 (*Guillaume de Nangis*).

LÉOPOLD V, duc d'Autriche. — S'empare de Richard Cœur de Lion lors de son retour de la Terre-Sainte, et le fait prisonnier. — Le livre à l'empereur Henri. — XI, 110 (*Rigord, Vie de Philippe-Auguste*; XIII, 76 (*Guillaume de Nangis*); XIX, 201-203 (*Bernard le Trésorier*).

LÉOPOLD VI, duc d'Austrie, ou d'Autriche.—Se rend, en l'an 1217, à l'armée des Croisés rassemblés dans la ville d'Accon.—Attaque le mont Thabor. — Ordonne la construction d'une forteresse auprès de Césarée. — Se rend au siège de Damiette en 1218 et s'y distingue. —Au moment de quitter la Terre-Sainte, en 1219, il donne cinq cents marcs d'argent pour la reconstruction du château des Templiers à Jérusalem. — XXII, 328, 331, 333, 339, 341, 342, 360, 361 (*Jacques de Vitry*).

LÉOTHÉRIC, ou LEUTERIC, archidiacre de Saint-Etienne de Sens.— Découvre des antiquités sacrées, et entre autres un fragment de la verge de Moïse. — Est demandé par le peuple pour archevêque de Sens. —Est ordonné archevêque de Sens. — Persécuté par Rainard, comte de Sens, il s'empare de cette ville, et la remet au roi Robert.—VI, 261 (*Chronique de Raoul Glabert*); XXVII, 134, 135 (*Orderic Vital*).

LEROUX (Ponce), gentilhomme toulousain. — Défend, avec le vicomte de Monclar, le comte Baudouin de Toulouse, frère de Raymond, et douze autres chevaliers, le château de Montferrand, assiégé par Simon de Montfort. — XV, 67 (*Histoire de la guerre des Albigeois*).

LERRES (Foulques de), grand baron de Provence.—Se rend à Acre pour notifier à Théalde, diacre de Liége, son élévation au trône pontifical. — XIX, 567 (*Bernard le Trésorier*).

LESEN-DAN. — Description de cette ville. — XXII, 71 (*Jacques de Vitry*).

LE SOURD (Jean), médecin.—Voy. JEAN LE SOURD.

LÉTALDE, LETHOLD, LEUTALD, ou LUTOLD, seigneur français. — S'élance le premier sur les remparts de Jérusalem, où son frère Engelbert le suit aussitôt.—IX, 250 (*Guibert de Nogent*); XXIII, 235, 457 (*Raoul de Caen, Histoire de Tancrède et Robert Moine*); XVII, 531 (*Orderic Vital*).

LÉTARD, prince de Nazareth. — Est chargé de négocier le mariage de Baudouin III, roi de Jérusalem, avec l'une des filles de l'empereur d'Orient. — XVIII, 128 (*Guillaume de Tyr*).

LETHBAUD, Bourguignon. — Fait avec plusieurs habitans d'Autun le voyage de Jérusalem. — Sa prière sur le mont des Oliviers.—Sa mort. — VI, 315, 316 (*Chronique de Raoul Glaber*).

LÉTOLD, comte de Bourgogne. —Guérit d'une maladie grave le roi Louis d'Outre-Mer. — VI,

144 (*Chronique de Frodoard*).

LETORT (Geoffroi), Syrien, chambellan du roi de Chypre.—Est envoyé par les gens de Jérusalem demander à Frédéric II son fils Conrad pour régner sur eux, XIX, 433.— Secourt Jean d'Ibelin, dépouillé par l'armée de l'empereur, 461. — Est chargé d'appuyer les Chrétiens de Jérusalem pour rompre la paix conclue en leur nom avec Frédéric, par l'intervention du grand-maître de l'ordre Teutonique, 487.—Réussit dans sa mission.—489 (*Bernard le Trésorier*).

LEUBA, matrone, belle-mère du duc Bladaste. — S'unit à l'évêque Amélina pour seconder le roi d'Espagne Leuvigild et la reine Frédégonde, dans un complot contre la vie de Childebert et de sa mère.— I, 454 (*Grégoire de Tours*).

LEUBASTE, abbé et chapelain de l'Oratoire de Tours. — A la mort de Gonthaire, il se rend, de la part du roi, auprès du prêtre Caton, pour lui offrir l'évêché de Tours, que celui-ci refuse. — I, 159, 160 (*Grégoire de Tours*).

LEUBOVÈRE, abbesse de Sainte-Radegonde de Poitiers.—Est accusée par Chrodielde, fille du roi Charibert, et par Bazine, fille de Chilpéric, religieuses de son couvent. — Danger qu'elle court dans l'irruption de son monastère, ordonnée par Chrodielde durant la nuit. — Est sauvée par Justine, prieure du couvent. — Se retire dans la basilique de Saint-Hilaire. — Se réconcilie avec Bazine. — Childebert et Gontran nomment des arbitres chargés de remédier aux troubles du couvent. — Accusations portées contre elle par Chrodielde et Bazine. — Jugement qui la justifie. — Ses accusatrices sont suspendues de la communion, et elle rétablie dans le monastère. — Chrodielde et Bazine renouvellent leurs accusations contre elle.—Est encore reconnue innocente. — Reçoit en grâce Bazine, tandis que Chrodielde s'établit dans un ancien domaine de Waddon.—II, 56, 107, 108-112, 119, 124 (*Grégoire de Tours*). — Voyez BAZINE, CHRODIELDE.

LEUDASTE. — Chilpéric le dépouille du titre de comte de Tours, et élève Eunome à cette dignité.— Se rend auprès du roi où il fait l'apologie de sa conduite. — Accuse Grégoire de Tours comme coupable de trahison et de calomnie contre la reine. — Le roi irrité le frappe, le fait charger de fers et renfermer dans une prison. — Sa naissance, sa patrie, son caractère; détails sur sa vie. — Obtient du roi la permission de revenir à Tours.—Conseils que lui donne Grégoire de Tours. — Childeric l'engage à implorer sa grâce auprès de la reine. — Il se présente devant elle.—Il est blessé et pris. — Son supplice. — I, 292-303, 346-348 (*Grégoire de Tours*).

LEUDEBERT, duc. — Accompagne le roi Dagobert, en l'an 636, dans son expédition contre les Gascons révoltés. — II, 218 (*Chronique de Frédégaire*).

LEUDEFRIED, duc des Allemands. — Trempe dans la conspiration de Rauchingue, Gontran-Boson, Ursion et Bertfried, contre la vie de Childebert; mais il s'échappe.—II, 167 (*Chronique de Frédégaire*).

LEUDÉGÉSILE, duc franc, général du roi Childebert.—Assiège la ville de Comminges. — Négocie avec Mummole, qui lui livre Goudovald, fils de Clotaire Ier, roi de Soissons. —Il fait mettre à mort Gondovald, et bientôt après le traître Mummole. — Rixe de ses serviteurs et de ceux de l'évêque Priscus. — Est nommé duc d'Arles.—Est créé patrice de Provence par le roi Gontran. — I, 414-418, 450, 461 (*Grégoire de Tours*); II, 166 (*Chronique de Frédégaire*).

LEUDÉGISÈLE, évêque de Rheims. —Succède à Sonnat, frère d'Attila. — Eloge de son administration. — V, 152 (*Frodoard, Histoire de l'Eglise de Rheims*).

LEUDEMONT, évêque de Sion. —

Concourt au meurtre du duc Herpon. — Annonce à la reine Bertrude la mort prochaine du roi Clotaire. — Annonce à la reine que le patrice Aléthée se propose d'abandonner sa femme pour s'unir à elle. — Sa coupable confidence étant mal accueillie par Bertrude, il s'enfuit et se cache à Luxeuil. — Austase obtient son pardon. — II, 193, 194 (*Chronique de Frédégaire*).

LEUDÉSIUS, fils d'Echinoald. — Est élevé à la dignité de maire du palais, par le conseil de saint Léger, évêque d'Autun. — Trompé par Ebroïn, il est tué. — II, 232, 233 (*Chronique de Frédégaire*).

LEUDOVALD, évêque de Bayeux. — Est envoyé par Chilpéric vers le roi Childebert pour recevoir et prêter serment, et ratifier leurs traités. — Revient avec des présens. — Protége Waddon, accusé du crime de lèse-majesté, et le fait mettre en liberté. — I, 306; II, 18 (*Grégoire de Tours*).

LEUDOVAL, habitant de Tournay. — Est assassiné à la suite d'un festin par ordre de Frédégonde. — II, 132, 133 (*Grégoire de Tours*).

LEUTARD, hérétique. — Son histoire. — Se jette dans un puits et meurt. — VI, 233, 235 (*Chronique de Raoul Glaber*).

LEUTGARDE, femme de Louis le Germanique. — Hincmar, archevêque de Rheims, correspond avec elle, et lui demande sa protection pour la ville de Rheims. — V, 453 (*Frodoard, Histoire de l'Eglise de Rheims*).

LEUTHAIRE, duc des Allemands. — Excité par Grimoald, il assassine Othon. — II, 227 (*Chronique de Frédégaire*).

LEUVIGILD, roi d'Espagne. — Partage le royaume avec son frère. — Epouse Gonsuinthe, mère de Brunehaut. — Partage son royaume entre ses deux fils, et les marie. — Ayant appris qu'Erménégile, l'un d'eux, a été converti par Ingonde sa femme, il lui fait la guerre, lui pardonne et l'exile. — Envoie un ambassadeur à Chilpéric. — Nie la divinité du Saint-Esprit. — Fait la guerre contre son fils aîné, le bat et le fait prisonnier. — L'emmène à Tolède et l'exile. — Conclut la paix avec le roi Miron. — Engage Frédégonde à faire périr le roi Childebert et sa mère. — Pille les vaisseaux des Gaulois. — Sa maladie; sa mort, I, 196, 277 et suiv. 283, 331, 340, 364, 454, 469, 478, 479 (*Grégoire de Tours*). — Sa veuve épouse Reccared, son fils d'une autre femme, II, 1 (*Grégoire de Tours*). — Fait périr Erménégile, l'un de ses fils. — XXV, 135, 136 (*Orderic Vital*).

LÈVES (Amaury de). — Renouvelle l'hérésie de Dulcin. — XIII, 214 (*Guillaume de Nangis*).

LEVIS, chevalier croisé. — *Voy.* GUY DE LEVIS.

LEWELLYN, prince de Galles. — Reçoit, des mains d'Amaury de Montfort, sa sœur, fille du comte Simon de Montfort, tué par les Anglais. — Le roi d'Angleterre Edouard, voulant s'opposer à ce mariage, fait arrêter Amaury et sa sœur, et les retient prisonniers. — Déclare la guerre à Edouard qui l'assiége, lui impose les conditions les plus dures, et le marie à la fille de Simon de Montfort. — Se révolte de nouveau, est vaincu et mis à mort. — XIII, 193, 194, 199 (*Chronique de Guillaume de Nangis*).

LIBÈRE (saint), 35e pape. — Son hérésie. — Est exilé. — XXV, 395 (*Orderic Vital*).

LIBULF, duc. — Se rend avec l'empereur Louis au siége de Barcelone. — IV, 14 (*Ermold le Noir*).

LICÉRIUS, référendaire du roi Gontran. — Est nommé évêque d'Arles. — Sa mort. — I, 472 (*Grégoire de Tours*); II, 38, *ibid.*

LICINIUS, évêque de Tours. — Va en Orient et à Jérusalem. — Ses travaux. — Sa mort. — I, 105, 113; II, 146 (*Grégoire de Tours*).

LICINIUS, empereur. — Précis

sur son règne.—XXV, 119, et suiv. (*Orderic Vital*).

Liége (Albert de), évêque.—Est tué dans un combat livré aux portes de Rome par la maison des Ursins à l'empereur Henri. — XI, 102 (*Rigord*); XIII, 292 (*Guillaume de Nangis*).

Ligne (Gautier de).—Est fait prisonnier à la bataille de Bovines et mis en liberté par le roi Philippe-Auguste. — XI, 314 (*Guillaume le Breton*).

Lignies (Marie de). —La Vie de cette femme remarquable a été écrite par le cardinal Jacques de Vitry. —XV, 345 (*Gestes glorieux des Français*).

Ligue des Armoriques ou *Bagaudes* (*Introduction*).

Limbourg (Galeran III, duc de).— Se conduit, lors de l'adhésion de son père à la coalition contre Philippe-Auguste, de manière à ne pas perdre l'amitié de ce prince. — XII, 301 (*la Philippide*).

Liminius (saint). — Son martyre. —I, 26 (*Grégoire de Tours*).

Lin (saint), 1ᵉʳ pape. — Ses travaux.—Son martyre.—XXV, 374 (*Orderic Vital*).

Lincoln (Pierre de Gaveston, comte de).—Est fait prisonnier en Gascogne par le comte d'Artois. — Créé comte de Lincoln.—Cette faveur, mal vue des grands, faillit à troubler l'État. — Est fait comte de Cornouailles. — Pris par le comte de Lancaster, il est décapité au grand mécontentement du roi Édouard II.— XIII, 227, 278, 292 (*Guillaume de Nangis*).

Lirot (Jean de).—*Voy*. Jean de Lirot.

Lisesner (Simon de). —*Voy*. Simon de Lisesner.

Lisieux (Herbert de). Commande la tour de Watteville pour le comte de Meulan. — XXVIII, 391 (*Orderic Vital*).

Lisoie, clerc d'Orléans.—Sa doctrine.—Est brûlé comme hérétique — VI, 270-280 (*Raoul Glaber*); VII, 34 (*Fragmens de l'Histoire des Français*).

Lisois de Moutiers, chevalier normand, au service de Guillaume le Conquérant.—Découvre un gué par lequel l'armée du roi parvient à passer la rivière d'Arc à Pontefract.— XXVI, 186 (*Orderic Vital*).

Lisors (Clairambault de).—Résiste avec succès aux efforts du comte Hélie du Maine, et conserve sa place au roi Guillaume II d'Angleterre. — XXVIII, 46 (*Orderic Vital*).

Lithard de Cambray.—Prend la fuite à la bataille de Ramla.—Rentre dans Jaffa avec un corps de dix mille Croisés. — Défend cette place contre la flotte du roi de Babylone.—XXI, 44, 91, 92 (*Albert d'Aix*).

Litigius, héraut d'armes. — Ennemi de saint Quintien, lui tend des embûches.—Est éloigné d'Auvergne par ordre du roi.—I, 126 (*Grégoire de Tours*).

Litoire, évêque de Tours. — Sa vie.—I, 37;—II, 141 (*Grégoire de Tours*).

Liub, ou Liuba, roi des Viltzes.— A sa mort ses deux fils se disputent la couronne. — Elle est donnée au plus jeune.—III, 96 (*Annales d'Éginhard*); 367 (*l'Astronome*).

Liudemuth.—Fait mourir par trahison le duc de Liudewit.—III, 97 (*Annales d'Éginhard*).

Liudewit, duc de Pannonie.—Est accueilli par Liudemuth qui le fait périr par trahison.—III, 97 (*Annales d'Éginhard*).

Liuldolf, chapelain du roi Othon, — Fait excommunier Hugues le Grand.— VI, 138 (*Chronique de Frodoard*).

Liutard, duc. — Accompagne l'empereur Louis au siége de Barcelonne.—Tue le maure Uriz.—IV, 14, 18, (*Ermold le Noir*).

Liutard, évêque de Paris.—Est chargé par l'empereur Louis d'Italie de solliciter la paix que lui accorde Charles le Chauve.—IV, 180 (*Annales de Saint-Bertin*).

Liutdolf, fils d'Othon de Saxe.

—Est désigné roi.—Son mécontentement.—Ravage la Bavière.—S'en empare. — Chasse son oncle Henri de la Bavière.—S'empare de presque toute l'Italie. — Sa mort.—IV, 147-152 (*Annales de Saint-Bertin*).

Liutward ou Luitward, évêque de Verceil.—Est chassé par l'empereur Charles le Gros, sur la dénonciation de l'impératrice Richarde qui l'accuse d'adultère. — Est tué par les Hongrois.—IV, 324, 348 (*Annales de Metz*).

Liuva, roi d'Espagne.—Partage la couronne avec son frère. — Sa mort.—I, 196 (*Grégoire de Tours*).

Liwigildigius, roi des Goths, le même que Leuvigild, frère du précédent.—*Voy*. Leuvigild.

Loches. — Description de cette ville.— XII, 229 (*Guillaume le Breton*).

Lockhard (le comte). — Est fait prisonnier par Pepin, fils du feu roi Pepin d'Aquitaine.— IV, 137 (*Annales de Saint-Bertin*).

Lomagne (Antoine, vicomte de). —Se ligue contre le roi de France avec le comte de Toulouse qui fait la paix.—Refuse l'amitié de celui-ci. —XV, 304, 305, 313 (*Guillaume de Puy-Laurens*).

Lomagne (Aspées de).—Concourt à la défense de Toulouse assiégé par le roi Philippe-Auguste.— XV, 200 (*Histoire des Albigeois*).

Lombard (Pierre le), chevalier croisé.—Court les plus grands dangers au siège d'Assur.— XX, 388 (*Albert d'Aix*).

Lombardie (Rois de).—*Voy*. Alboni, Clépon, Charoald.

Lombards (les). Font une irruption en Italie. — Leurs excursions dans les Gaules. — Ils y pénètrent par trois points différens.—Sont battus dans les Gaules par le patrice Mummole.—I, 199-206 (*Grégoire de Tours*).

Longchamp (Etienne de). *Voy*. Etienne de Longchamp.

Longin, évêque. — Combat l'hérésie d'Arius, I, 48. — Contribue au miracle qui confond l'arien Cyrola.—50. (*Grégoire de Tours*).

Longueville (Gautier Giffard, comte de). — Combat à Mortemer pour le duc Guillaume de Normandie, XXIX, 354. — Se distingue à la bataille de Hastings, 406, — et aussi, XXVI,142.—Est fait comte de Buckingham par Guillaume le Conquérant, XXVI, 212.—Prend parti pour Guillaume le Roux contre son frère Robert, duc de Normandie, XXVII, 278.—Se soumet, 420. — Est investi d'un commandement dans l'armée que le roi d'Angleterre dirige contre la France, XXVIII, 17.—Combat à la bataille de Brenmule, 307. — Sa mort, 162. — Son épitaphe, *ibid*. (*Orderic Vital et Guillaume de Jumiège*).

Lorraine (Arnoul, comte de). — Assiége les Normands dans Eu, prend la ville, tue tous les enfans mâles et les hommes, et brûle le fort, VI, 86 (*Abbon*). — Dote l'église de Rheims, 154.—Livre une bataille au prince Charles, frère du roi Lothaire, la perd et prend la fuite. — 161 (*Chronique de Frodoard*).

Lothaire 1er, empereur, fils de Louis le Débonnaire.—Est envoyé par son père en Bavière, III, 73.—Est associé à l'empire et couronné, 80.—Epouse Hermangarde, fille du comte Hugues, 91.— Est envoyé en Italie par l'empereur son père, qui lui donne pour conseils les auteurs graciés de la conspiration du roi Bernard, 94, 95.—Se rend à Rome où le pape le couronne empereur et auguste, 97.—Est chargé par son père de traiter avec le nouveau pape Eugène, 101. — Est reçu avec de grands honneurs, 103.—De concert avec le pape Eugène, il réforme l'administration de l'Etat romain, *ibid*. — Se rend auprès de l'empereur son père et l'accompagne à Nimègue, 105.—Est envoyé dans les Marches d'Espagne, 113. —S'arrête à Lyon, 114.—Retourne à Aix vers son père, *ibid*. — Est envoyé en Italie. — 116 (*Annales d'Eginhard*).

Il est désigné par Louis le Débonnaire comme son seul successeur, III, 290. — est envoyé en Italie, 292. — S'irrite des donations faites par l'empereur à son frère Charles, 294. — Lui jure fidélité, *ibid*. — Décide son frère Louis à se révolter contre leur père, 295. — Désavoue ses conseils, 296. — S'allie avec ses frères Pepin et Louis, *ibid*. — S'avance contre son père entre Bâle et Strasbourg, *ibid*. — Négocie par le pape Grégoire, *ibid*. — Débauche les troupes de l'empereur son père, le fait prisonnier ainsi que l'impératrice, qu'il envoie en Italie, 297. — L'enferme dans un monastère à la garde de l'évêque de Rheims, *ibid*. — Le conduit de Compiègne à Aix-la-Chapelle, 300. — Reçoit de son frère Louis l'ordre de traiter plus humainement l'empereur leur père, *ibid*. — S'abouche avec lui à Mayence, 301. — Retourne à Aix-la-Chapelle, *ibid*. — Consent à ce que de nouveaux députés de son frère Louis voient l'empereur en présence de témoins, *ibid*. — Poursuivi par son frère, il rend la liberté à l'empereur que Louis reconduit à Aix et rétablit sur le trône, 302. — Se retire à Châlons, 303. — Ses cruautés, *ibid*. — Reçoit avec hauteur et dureté les députés de son père, *ibid*. — Ecoute une nouvelle députation, *ibid*. — Se rend auprès de l'empereur, *ibid*. — Lui jure fidélité et obtient son pardon, 306. — Se rend en Italie, *ibid*. — Envoie des députés à son père, qui l'ajourne à la prochaine assemblée générale, 307. — Ne s'y rend pas, 308 (*Thégan*). Est envoyé en Bavière par l'empereur Louis, 348. — Est investi par son père du titre et du pouvoir impérial, 357. — Epouse Hermangarde, 364. — Se fait couronner empereur par le pape Pascal, 368. — Vient vers son père qui envoie des commissaires en Italie, *ibid*. Reçoit du pape Eugène l'accueil le plus distingué, 371. — Répare beaucoup d'injustices, *ibid*. — Va triompher avec son père, 373. — Se rend en Espagne, 378. — S'arrête à Lyon, où il est joint par son frère Pepin, *ibid*. — Retourne auprès de l'empereur, *ibid*. — Se rend en Italie, 384. — Approuve à son retour tout ce que Pepin a fait contre leur père, *ibid*. — Se rend à l'assemblée générale de Nimègue, 385. — Se présente devant son père, qui se contente de lui faire avec douceur quelques reproches, *ibid*. — Est envoyé en Italie, 386. — Est admis avec son frère Charles à un nouveau partage du royaume de leur père, 388. — Se révolte de nouveau avec ses frères contre l'empereur, 391. — Est chargé de la garde de son père, prisonnier, et de celle du jeune Charles son frère, 392. — Partage l'empire avec ses deux frères, dépose Charles au couvent de Pruim, et fait garder son père à Soissons, *ibid*. — Reçoit les ambassadeurs destinés à son père prisonnier, 393. — Impose à son père l'humiliation d'une seconde pénitence publique, *ibid*. — Traîne l'empereur à sa suite, 394. — Faillit à être attaqué dans sa route aux environs de Saint-Denis, où il dépose son prisonnier, *ibid*. — Est menacé par deux armées, l'une campée sur la Seine, et commandée par le roi Pepin son frère, l'autre réunie sur la Marne, aux ordres des comtes de Bourgogne, 395. — Reçoit des députés, qui lui redemandent l'empereur à certaines conditions, *ibid*. — Sa réponse, *ibid*. — Mande devers lui plusieurs grands pour traiter de la délivrance de son père, 396. — Change d'avis, laisse l'empereur à Saint-Denis, et se retire en Dauphiné, *ibid*. — Conserve en Neustrie des partisans qui battent l'armée envoyée contre eux par l'empereur, 398. — Marche à leur secours, assiége et prend Châlons-sur-Marne, et y exerce ses vengeances, 399. — Se retire vers la Loire, poursuivi par son père, qui lui fait encore grâce et le renvoie en Italie, 400. — Est choisi par l'impératrice Judith pour protecteur de son jeune fils Charles, après la mort de l'empereur Louis, son père, 403. — Envoie, sur la demande de l'empereur, des députés pour chercher des voies de conciliation, 404. — Réponse bienveillante de son père, *ibid.* — Il la reçoit étant malade, *ibid.* — A peine rétabli, il viole le traité, *ibid.* — Nouvelles instances de l'empereur auxquelles il accède en partie, 405. — Fait arrêter l'ambassadeur impérial auprès du pape, *ibid.* — Mort des plus grands seigneurs de sa cour, 406. — Il confère avec ses frères Pepin et Louis sur la donation d'une partie de l'empire faite à leur frère Charles par l'empereur leur père, 411. — Fait la paix avec l'empereur, 413. — Conditions de cette paix qui mécontentent le roi Louis, *ibid.* — Promet de servir de père au jeune Charles, son frère, 414. — Est rappelé d'Italie par son père, 418 (*l'Astronome*).

Obtient de son père le titre d'empereur, et la promesse d'hériter de tout l'empire, 435. — Consent à un démembrement en faveur du jeune Charles né depuis le partage, 436. — S'en repent bientôt, *ibid.* — Prend occasion de la cession de l'Allemagne pour exciter ses frères à la révolte, *ibid.* — Se rend avec eux à Compiègne, *ibid.* — S'empare du gouvernement, *ibid.* — Force l'impératrice Judith à prendre le voile, *ibid.* — Garde en surveillance son père et son jeune frère Charles, *ibid.* — Soutient son père rétabli sur le trône, 437. — Condamne lui-même à la mort les fauteurs de la révolte, *ibid.* — Retourne en Italie, royaume dont il est obligé de se contenter, *ibid.* — A la nouvelle de la perte de l'Aquitaine par Pepin, et de la disposition de ce royaume, faite en faveur de Charles par Louis le Débonnaire, il s'allie à ses frères Louis et Pepin, et tous se révoltent de nouveau, 438. — Il s'empare du pouvoir, *ibid.* — Délivre les exilés, *ibid.* — Engage le pape Grégoire à soutenir sa cause, *ibid.* — Va rejoindre ses frères en Alsace, *ibid.* — Débauche l'armée impériale, *ibid.* — Fait prisonnier l'empereur et sa famille, *ibid.* — Est chargé de la garde de son père et de son frère, le jeune Charles, *ibid.* — S'empare encore une fois du gouvernement, 439. — Jalousie de ses deux frères, *ibid.* — Intrigues dans sa cour, *ibid.* — Menacé par Louis et Pepin, il prend les armes, met en liberté son père et son jeune frère, et se retire en Dauphiné, 439. — Bat, par ses lieutenans, l'armée impériale, vers la Bretagne, 440. — Marche à leur secours, 441. — S'empare de Châlons-sur-Marne, après un siége, *ibid.* — Punit et récompense, *ibid.* — Repasse les Alpes, *ibid.* — Ses chagrins, 443. — Son entrevue avec son frère Louis, *ibid.* — Fait paix et alliance avec l'empereur son père, et partage l'empire avec le jeune Charles, 444, 445. — A la mort de l'empereur, il déclare qu'il va prendre possession de l'empire tel que son père le lui a autrefois donné, 448. — Fait prêter serment, et menace, *ibid.* — Marche contre son frère Louis, engagé dans une guerre contre les Saxons, 449. — Assure son frère Charles de sa bienveillance, et le prie d'épargner son neveu Pepin, fils du feu roi Pepin d'Aquitaine, *ibid.* — Passe le Rhin et se trouve en face de Louis; conclut une trêve avec lui, *ibid.* — Se met en marche pour soumettre Charles, 450. — Reçoit des messagers de son frère et cherche à les lui débaucher, *ibid.* — Les dépouille et les renvoie sans réponse, *ibid.* — Accueille la défection, 452. — Passe la Meuse et la Seine, *ibid.* — Se dirige sur la Loire, *ibid.* — Se trouve en face de son frère Charles, 453. — Négocie, *ibid.* — Conclut une trêve qu'il viole aussitôt, 454. — Passe le Rhin, 458. — Repousse son frère Louis en Bavière, et se prépare à marcher contre Charles, 459. — Négocie avec ce dernier, 460. — Reçoit de ses deux frères des propositions de paix, 464. — Les rejette, 465. — Peu après il demande à examiner les conditions proposées en attendant l'arrivée de Pepin, *ibid.* — Ayant reçu des secours, il rompt les conférences, 466. — Livre bataille et est battu, 467. — Va attaquer son frère Louis, que Charles s'empresse de défendre, 472. — Quitte Louis et se porte vers Charles, qui propose la paix, 473.—Réclame des secours de Pepin, *ibid.* — Suit Charles jusque sous Paris, *ibid.* — Lui fait des propositions de paix, 474.—Marche au devant des secours amenés par Pepin, 475. — Les reçoit, 477. — Tente en vain de séduire Noménoé, duc des Bretons, *ibid.* — A la nouvelle du passage de la Moselle par Charles, Louis, et Carloman, fils de ce dernier, il s'enfuit jusqu'aux bords du Rhône, 483. — Quitte le royaume, *ibid.* — Est accusé en forme, par ses deux frères, devant les évêques, 484. — Est dépouillé de son royaume, déféré à ses frères, sous la condition de le gouverner suivant les lois de Dieu, 485, 486. — Partage du royaume entre ses deux frères, *ibid.* — Ses promesses insidieuses divisent les Saxons, 487. —Demande la paix à ses frères, qui renvoient ses propositions à l'examen des évêques, *ibid.*— Obtient, suivant sa demande, le tiers du royaume, non compris la Lombardie, l'Aquitaine et la Bavière, 489. — Nombreuses difficultés pour le partage, 490. — Suspension d'hostilités, *ibid.* (*Nithard*).

S'arme contre ses frères, Louis et Charles, IV, 127.—Refoule Louis en Bavière, *ibid.* — Attaque Charles, sans succès, 128. — Repousse la paix offerte par ses deux frères réunis contre lui, *ibid.* — Se joint à Pepin, fils du roi Pepin d'Aquitaine, *ibid.* — Est vaincu, 129. — Excite des troubles en Saxe contre son frère Louis, *ibid.* — Cède aux Danois l'île de Walcheren, 130. — Pousse la guerre contre Charles, *ibid.*—Ravage le Maine, *ibid.*—Refuse de recevoir les députés qui lui apportent des propositions de paix, 131. — Ferme le passage de la Moselle, que ses frères forcent à Coblentz, *ibid.* — S'enfuit d'Aix, 132. — Enlève tous les trésors, *ibid.* — S'arrête à Lyon, *ibid.*—Fait la paix, et convient que le royaume sera partagé également entre lui et ses frères, *ibid.* — Remet à trois cents commissaires le soin de ce partage, 134. — Accepte la portion qui lui est dévolue, 135.—Limites de cette portion, *ibid.* — Convient avec le pape Serge qu'à l'avenir aucun pape ne sera consacré sans les ordres de l'empereur, *ibid.*—Prend les Bénéventins sous sa protection, 136. — S'unit avec ses frères, Louis et Charles, 137. — Somme les sujets de Charles, révoltés, de rentrer dans le devoir, 138. — Est abandonné par plusieurs gouverneurs de provinces, qui se déclarent indépendans, *ibid.* — Soumet la Provence, 140. — Chasse les Sarrasins de Benévent, 144. — S'accorde avec le roi Charles, son frère, *ibid.* — Fait sacrer son fils Louis, empereur, 146. —Donne un établissement au normand Roric, 147.—Texte du traité conclu par ce prince avec ses frères Charles et Louis, *ibid.* — Son entrevue avec le roi Charles, 152. — A, d'une concubine, un fils qu'il nomme Carloman, 155. — Reçoit les plaintes des Romains, fatigués par les incursions des Maures, *ibid.* — S'allie avec Charles, *ibid.* — S'unit avec Louis, 156. — Calme les inquiétudes de Charles, *ibid.*—Engage son frère Louis à rappeler son fils de l'Aquitaine, *ibid.* — Donne la Frise à son fils Lothaire, 157. — Tombe malade, *ibid.* — Elève des soupçons sur la foi de son frère Charles, *ibid.*—Se fait moine, 158. — Partage le royaume, *ibid.* — Meurt au monastère de Pruïm, *ibid.* (*Annales de Saint-Bertin*).

Se révolte contre l'empereur Louis le Débonnaire son père, XXV, 154. —Livre à ses frères la bataille de Fontenai, XXVII, 123. — Devient roi de Lorraine, *ibid.* — Reconnaît Innocent II comme pape, XXVIII,

44. — Marche sur la Pouille à la mort du duc Roger. — 506 (*Orderic Vital*).

LOTHAIRE II, roi de Lorraine, fils du précédent.—Reçoit de son père le gouvernement de la Frise, IV, 157. — Est fait roi de Lorraine, 158. — Est couronné roi de France par les grands, 159. — Se réunit avec ses frères Charles et Louis pour discuter les prétentions de ce dernier, 160. — Veut détrôner et reléguer dans un couvent son frère Charles, roi de Provence, *ibid.* — S'allie avec lui, 163. — Reprend sa femme, qu'il avait renvoyée, et la traite en prisonnière, 164.—S'allie avec Louis le Germanique, 165. — Renouvelle son alliance avec son frère Charles, 166. — Cède à son frère Louis d'Italie tout ce qu'il possède au-delà du Jura, 167.— Force sa femme Teuteberge à s'avouer coupable, 168. — La fait condamner à être renfermée dans un couvent, *ibid.* — Fait la paix avec ses frères les rois Charles et Louis, 169. — S'allie avec ce dernier, et lui cède l'Alsace, *ibid.* — Manque à sa promesse d'aider son frère Louis contre les Venèdes, 177.— Epouse sa concubine Waldrade et la fait couronner reine, *ibid.* — Assiège les Normands sur le Rhin, et les force à se retirer, 179. — Marche, à la mort de Charles, roi de Provence, pour envahir le pays, 180. —Y trouve pour concurrent Louis, ex-roi d'Italie, *ibid.*—Ils ajournent leurs prétentions, *ibid.*—Demande et obtient la paix du roi Charles le Chauve, son oncle, *ibid.* — Son divorce avec Teuteberge et son mariage avec Waldrade sont anathématisés par le pape, 182 *et suiv.*— Lève un impôt pour éloigner les Normands, et se fait leur tributaire, 188, 189. — Prive de son évêché Gonthier, dégradé pour l'affaire de son mariage, 195.—Promet au pape de s'amender, 196. — Se méfiant de ses oncles, qui l'engagent à aller à Rome donner satisfaction, il obtient du pape, par son frère Louis d'Italie, des lettres qui les invitent à lui garder la paix, 200. — Examen de son divorce et de son mariage par l'évêque Arsène, apocrisiaire et légat du pape, 201. — Il est menacé d'excommunication s'il ne reprend Teuteberge et ne renvoie Waldrade, 202.—Va au-devant du légat qui lui ramène la reine Teuteberge, 203.—La reçoit après serment : (texte de ce serment) en mariage, *ibid.*, 204.—S'allie à Charles le Chauve, 205. — Reprend à Hugues l'évêché de Cologne, et le donne à Hilduin, frère de l'évêque déposé, qui en reste réellement l'administrateur, 210. — Donne à son frère Charles l'abbaye de Saint-Waast, 211.—Rappelle sa femme Teuteberge à qui il avait permis d'aller à Rome, 213.—Ecrit au pape, de concert avec le roi Charles le Chauve, *ibid.* — Machine une nouvelle accusation contre la reine, 216. —Reçoit du pape l'ordre d'envoyer Waldrade à Rome, 218. — Fait la paix avec Louis le Germanique, son oncle, 219. — Investit du duché d'Alsace Hugues, qu'il a eu de Waldrade, *ibid.* — Se rend à Rome, *ibid.* — Y envoie sa femme Teuteberge, pour qu'elle s'accuse elle-même auprès du pape, 223. — Reprend Waldrade, 232. — Prie ses oncles de n'apporter aucun trouble dans son royaume, et part pour Rome, 236. — Ordonne à sa femme Teuteberge de s'y rendre, *ibid.* — Va voir son frère Louis à Bénévent, 237. — Se rend au Mont-Cassin, où le pape vient le joindre, lui dit la messe, et l'admet à la communion sur l'assurance qu'il n'avait pas vu Waldrade depuis l'excommunication, *ibid.* — Suit le pape à Rome, 238. — Est renvoyé au jugement des évêques, 239.—Tombe malade, *ibid.* — Sa mort. — 240 (*Annales de St.-Bertin*).

LOTHAIRE, fils de Charlemagne, frère jumeau de l'empereur Louis. —Sa naissance, III, 321.—Sa mort, *ibid.* (*l'Astronome*).

LOTHAIRE, fils de Charles le

Chauve. — Est fait clerc par ordre de son père. — IV, 169 (*Annales de St.-Bertin*).

LOTHAIRE, roi de France, fils de Louis d'Outre-Mer. — Monte sur le trône par la faveur de Hugues le Grand, et lui donne l'Aquitaine et la Bourgogne, VI, 149. — Ses voyages à l'Est et au Nord, 152. — Guerre civile, *ibid*. — Soutient l'évêque Artaud contre le comte Thibaud, 153. — S'empare des Etats du feu prince Arnoul, 158. — Se marie. — 159 (*Chronique de Frodoard*).

Rassemble une armée et poursuit Othon outre Meuse, 180. — Fait épouser à son fils Louis la princesse Blanche d'Aquitaine. — *Ibid*. (*Raoul Glabert*).

Est sacré roi de France, XXVII, 127, 128. — Rallie les ducs des Français et des Bourguignons, 130. — Chasse l'empereur Othon des faubourgs de Paris, *ibid*. — Le poursuit jusqu'à Soissons et le culbute sur l'Aisne, *ibid*. — Pénètre à l'heure du dîner dans le palais d'Aix-la-Chapelle, d'où l'empereur Othon n'a qu'à peine le temps de fuir, *ibid*. — Ravage le pays, *ibid*. — Fait la paix malgré les grands avec l'empereur Othon, et lui cède la Lorraine, *ibid*. — Sa mort. — *Ibid*. (*Orderic Vital*).

Son baptême, XXIX, 68. — Pièges qu'il tend à Richard, duc de Normandie, 97. — Appelle Richard à une conférence, et l'évite au moment où il allait être victime d'une trahison, 99. — Fait la guerre au duc de Normandie, 100. — S'empare d'Evreux par trahison, *ibid*. — Ses terres sont dévastées par les Danois et les Normands unis, 102. — Fait la paix avec le duc de Normandie, 104. — Sa mort. — 106 (*Guillaume de Jumiège*).

LOTHAIRE II, empereur, duc de Saxe. — Est élevé à l'empire après la mort de l'empereur Henri IV, VIII, 38. — Ravage et soumet l'Italie, 39. — Sa mort, *ibid*. (*Suger*).

Est élevé à l'empire, 210. — Ses Etats sont ravagés par son compétiteur, Frédéric de Souabe, et ses alliés, *ibid*. — Administre avec habileté, 211. — Soumet l'Italie, *ibid*. — Subjugue la Pouille, *ibid*. — Sa mort, *ibid*. (*Vie de Louis le Jeune*).

Rétablit à Rome le pape Innocent II, X, 244 (*Arnauld de Bonneval; Vie de saint Bernard*).

Est élevé à l'empire, XIII, 11. — Reconnaît Innocent II pour pape, 14. — Le rétablit dans la chaire de saint Pierre, 17. — Est sacré empereur, 18. — Soumet l'Italie et la Pouille, 19. — Sa mort, *ibid*. (*Guillaume de Nangis*).

Est élu empereur, XXVIII, 401. — Circonstances particulières de son élection, *ibid*. — Est attaqué par Frédéric, son compétiteur à l'empire, 404. — Est blessé, *ibid*. — Finit par triompher. — *Ibid*. (*Orderic Vital*).

LOTHAIRE FELINGHER, frère de Richard Felingher, maréchal de l'empereur Frédéric II. — Va sommer Tyr, qui se rend, XIX, 449. — Lève le siège de Béryte, et conduit l'armée à Tyr, 465. — Est investi des pouvoirs de Richard son frère à son départ pour la Pouille, 517. — Perd la ville de Tyr et se retire dans le château, 519. — Le rend à Balian de Béryte pour obtenir la liberté de ses frères. — 527 (*Bernard le Trésorier*). — *Voyez* RICHARD FELINGHER.

LOUIS, étymologie de ce nom. — IV, 5 (*Ermold le Noir*).

LOUIS, abbé de Saint-Denis, petit-fils de Charlemagne. — Est pris par les Normands qui lui imposent une forte rançon, IV, 163. — Sa mort. — 217, 218 (*Annales de Saint-Bertin*).

LOUIS, archidiacre de Toul, croisé. — Quitte l'armée réduite à la plus affreuse disette, XX, 169. — Se retire dans les montagnes d'Antioche, 170. — Y est tué par les Turcs. — *Ibid*. (*Albert d'Aix*).

LOUIS IX, comte de Blois. — Acquiert par traité les châteaux de

Troo et de La Châtre, et les fiefs de Ferteval et de Vendôme, XI, 115.
— Contribue à mettre Alexis III Comnène sur le trône de Constantinople, 158, 162. — Se soustrait à l'obéissance du roi Philippe-Auguste.—217 (*Rigord et Guillaume le Breton*).
— Prend la croix, XIII, 88. — Arrive à Venise, *ibid*. — Attaque imprudemment les Bulgares, 93. — Tombe dans une embuscade et périt au-delà d'Andrinople, *ibid*. (*Guillaume de Nangis*).
Se rend à la croisade. — XIX, 259 (*Bernard le Trésorier*).

Louis, comte de Clermont. — Est fait chevalier par Philippe le Bel, XIII, 230. — Epouse la sœur du comte de Hainaut, 279. — Reçoit la croix du patriarche de Jérusalem, 317. — Proclame le temps du départ de la croisade, *ibid*. — Congédie les nombreux pèlerins qui veulent l'accompagner, et fait publier qu'il n'est pas prêt à partir, *ibid*. — Jure de ne pas rentrer à Paris sans avoir accompli son serment de passer à la Terre-Sainte, 389. — Reste au Temple, au Louvre et dans les faubourgs de Paris.—390 (*Guillaume de Nangis*).

Louis, comte d'Evreux, fils de Philippe le Hardi. — Est fait chevalier par le roi Philippe le Bel, XIII, 230. — Accuse le pape Boniface VIII devant le roi, et provoque la convocation d'un concile général, 248. — Assiste au Parlement qui déclare tout-à-fait innocente, Jeanne, épouse de Philippe, comte de Poitou, violemment soupçonnée d'adultère, 302. — Est chargé du commandement d'un corps d'armée destiné à coopérer à la réduction des Flamands révoltés, 305.—Revient sans avoir rien fait, *ibid*. — Tient la bride du cheval du pape Jean XXII, à son exaltation à Avignon, 318. — Sa mort et ses obsèques.—331 (*Guillaume de Nangis*).

Louis, comte de Vendôme. — Secourt Charles d'Anjou, frère du roi saint Louis, dans sa guerre du Hainaut. — XIII, 167 (*Guillaume de Nangis*).

Louis Ier, duc de Bavière. — Se réunit à l'armée des Croisés, à Acre, sous le commandement de Jean de Brienne. — XXII, 328 (*Jacques de Vitry*).

Louis II, empereur, roi d'Italie, fils de l'empereur Lothaire. — Est envoyé par son père auprès du pape, qui convient qu'à l'avenir aucun souverain pontife ne sera consacré sans les ordres de l'empereur, IV, 135. — Est sacré roi, 136. — Combat les Sarrasins, 142. — Est vaincu, et fait une retraite difficile sur Rome, *ibid*. — Est sacré empereur, 146. — Attaque Bari et y éprouve un échec, 152. — Retarde son mariage avec la fille de l'empereur de Constantinople, 155.—Réclame auprès de ses oncles Louis et Charles contre le partage fait par son père de son royaume de France, et prétend qu'il tient l'Italie de la munificence de son aïeul, l'empereur Louis, 159. — Se réunit avec ses frères pour discuter ses prétentions, 160. — Favorise l'élection du pape Nicolas, 164. — Reçoit de son frère Lothaire ce qu'il possède au-delà du Jura, 167. — Attaqué par une faction, il la réprime et sévit, 169. — Demande et obtient la paix du roi Charles le Chauve, 180. — Vient à la mort de son frère Charles pour s'emparer du royaume de Provence, *ibid*. — Y trouve pour compétiteur Lothaire, son frère, *ibid*. — Ils ajournent leurs prétentions, *ibid*. — Regardant comme injure personnelle la dégradation des évêques de son frère Lothaire, il marche avec eux sur Rome, s'en empare, et met en fuite les processions que le pape oppose pour sa défense, 189. — Est pris de maladie, 190.—S'accorde avec le Saint-Père, *ibid*. — Sort de Rome où sa suite s'est fort mal conduite, 195. — Est grièvement blessé, 199. — Obtient du pape des lettres qui engagent ses oncles à garder la paix à Lothaire, son frère, 200. — Reçoit du légat Arsène une lettre du pape Nicolas sur l'affaire du mariage et du divorce de Lothaire, 202.—Marche avec sa femme contre les Sarrasins, 210. — Exige du pape les armes et les dons que celui-ci a reçus du roi des Bulgares, 217. — Est chargé par son frère Lothaire d'obtenir du pape la faculté de renvoyer la reine Teutberge et de reprendre Waldrade, 236. — Reçoit sa visite à Bénévent, 237. — Est battu par les Sarrasins, 247. — Réclame et fait réclamer par le pape le royaume de feu son frère Lothaire, déjà partagé par ses deux oncles, Charles et Louis, 256, 257. —Démarches de ceux-ci à la fausse nouvelle de sa mort, 261. — Jure de ne jamais rentrer dans Bénévent, 262. — Pourquoi, ibid.—Appelle le pape pour l'absoudre de ce serment, ibid. — Poursuit les deux Lambert qui l'abandonnent, 263. — Obtient par sa femme la restitution de la portion du royaume de son père échue à son oncle Louis le Germanique, 264. — Est couronné empereur par le pape Adrien, 265. — Marche de Rome sur Bénévent, ibid. — Tient éloignée l'impératrice Ingelberge, qu'il remplace par la fille de Winégise, ibid.— Tend un piége à Adalgise, 268. — Sa mort, 274 (*Annales de St.-Bertin*).

Se rend à Rome avec une armée qui ravage tout sur son passage, XXV, 434.—Est sacré roi de Lombardie par le pape. — *Ibid.* (*Orderic Vital*).

Louis, fils de Charles, duc de la basse Lorraine, héritier légitime du sceptre de Charlemagne. — Naît dans la prison d'Orléans, où son père est détenu par l'usurpateur Hugues Capet, XXV, 160; XXVII, 131 (*Orderic Vital*).

Est chassé de France, VII, 31. — Se réfugie à la cour d'Allemagne, 68. — Sa mort. — *Ibid.* (*Vie de Bouchard*).

Louis, fils du roi Louis d'Outre-Mer et de Gerberge. — Sa naissance, VI, 139. — Sa mort, 149 (*Chronique de Frodoard*).

Louis, fils du roi Philippe le Hardi. — Accompagne le pape Clément V dans les cérémonies de son couronnement à Lyon, XIII, 259 (*Guillaume de Nangis*).

Louis, fils aîné de Philippe le Long.—Sa mort, XIII, 322 (*Guillaume de Nangis*).

Louis, fils aîné du roi saint Louis. — Sa mort, XIII, 173. — Ses funérailles, ibid. (*Guillaume de Nangis*).

Louis le Germanique, roi de Bavière, fils de l'empereur Louis le Débonnaire. — Accompagne son père dans son expédition de Bretagne, III, 102. — Est envoyé en Bavière, 105 (*Annales d'Éginhard*).

S'irrite de la donation de l'Allemagne, de la Rhétie et d'une partie de la Bourgogne, faite par l'empereur à son frère Charles, 294. — Déjoue la conspiration de son frère Pepin contre leur père, ibid.—Continue à soutenir l'empereur, 295.— Se décide à aller le voir en ennemi, par les conseils de Lothaire qui le désavoue, ibid. — Est reçu avec bonté par son père, ibid. — S'allie contre l'empereur avec ses frères Lothaire et Pepin, 296.—S'avance vers son père entre Bâle et Strasbourg, ibid.—Négocie avec le pape Grégoire, ibid. — Débauche les troupes de son père, 297.—Le fait prisonnier et le donne en garde à son frère Lothaire, ibid. — Envoie en Italie l'impératrice Judith, sa belle-mère, ibid. — Se retire en Bavière, ibid. — Ordonne à Lothaire de traiter plus humainement le roi, leur père, 300. — Envoie à celui-ci des députés qui ne sont pas reçus, ibid. — S'abouche avec Lothaire, 301. — Envoie à l'empereur de nouveaux députés, qui sont reçus en présence d'espions, ibid. — Rassemble une armée, ibid. — Marche au secours de l'empereur vers Compiègne, ibid. — Lui rend la liberté, 302. — Le reconduit à Aix-la-Chapelle, *ibid.* — Le rétablit sur le trône, *ibid.* — Vient le joindre avec une troupe nombreuse, 305. — Assiste au serment de fidélité prêté par Lothaire, 306. — A une entrevue avec son frère, à Lyon, 307. — Se rend en Austrasie, *ibid.* (*Thégan*).

Reste auprès de l'empereur son père, 348. — Est envoyé en Bavière, 357, 386. — Se réunit à ses frères Lothaire et Pepin, contre leur père, 389. — Le fait prisonnier avec sa famille, *ibid.* — Est chargé de la garde de l'impératrice, sa belle-mère, 392. — L'exile en Italie, *ibid.* — Partage l'empire avec ses deux frères, *ibid.* — Retourne en Bavière, *ibid.* — Fait solliciter son frère Pepin de rétablir leur père sur le trône, 394. — Accompagne l'empereur dans sa campagne contre Lothaire, son seul fils alors révolté, 400. — Retourne en Bavière à la paix, *ibid.* — Confère avec ses frères, Lothaire et Pepin, sur la donation faite à leur frère Charles, par l'empereur Louis, leur père, d'une partie de l'empire, 411. — Reste roi de Bavière par les arrangemens faits par l'empereur, après la mort de Pepin, en faveur de Lothaire et de Charles, 413. — Son vif mécontentement, 414. — Est reçu en grâce par son père, qui marchait vers lui à la tête d'une armée, *ibid.* — Envahit l'Allemagne, 417. — Fuit devant l'empereur, 418. — Reçoit son pardon, quoique absent, 421 (*l'Astronome*).

Est fait roi de Bavière par son père, III, 435. — Prend occasion de la cession de l'Allemagne à son frère Charles pour s'unir à ses frères contre leur père, 436. — Négocie le rétablissement de son père sur le trône, 437. — Voit augmenter l'étendue de son royaume, 438. — A la nouvelle de la perte de l'Aquitaine par Pepin, et de la disposition de ce royaume par l'empereur en faveur de Charles, il s'allie avec ses autres frères, et tous se révoltent de nouveau, *ibid.* — Délivre les exilés, *ibid.* — Pousse Lothaire à s'emparer du pouvoir, *ibid.* — Engage le pape Grégoire à soutenir l'entreprise; se joint à ses frères en Alsace; débauche l'armée impériale; fait prisonnier l'empereur son père et toute sa famille, *ibid.* — Sa jalousie contre son frère Lothaire qui s'est emparé du gouvernement, 439. — Est en proie à la honte et au repentir, *ibid.* — Se ligue avec Pepin pour rétablir l'empereur, leur père, *ibid.* — Est reçu avec bonté par ce prince, qui le garde près de lui pour sa défense, 440. — Repasse les Alpes, 441. — Son chagrin de la disposition faite d'une partie de son royaume, par l'empereur Louis, en faveur de son fils Charles, 443. — A une entrevue avec Lothaire, *ibid.* — Lève une armée et tente de s'approprier tout ce qui appartient à son père au-delà du Rhin, *ibid.* — Est battu et forcé de s'enfuir en Bavière, *ibid.* — Envahit de nouveau l'Allemagne, et en est chassé, 446. — Engagé dans une guerre contre les Saxons, à la mort de l'empereur son père, il est attaqué par son frère Lothaire, devenu empereur, qui prétend prendre possession de l'empire que Louis le Débonnaire lui avait autrefois donné, 449. — Se prépare à une vigoureuse résistance et se trouve en face de Lothaire, *ibid.* — Consent une trêve, *ibid.* — Est attaqué et mis en fuite, 458. — Offre ses secours à Charles, son jeune frère, 461. — Bat le duc Adhelbert, *ibid.* — Offre la paix à Lothaire, qui la rejette, 463, 464. — Rompt enfin la trêve, 467. — Livre bataille et la perd, *ibid.* — Regagne le Rhin, 470. — Est suivi par Lothaire qui va l'attaquer, et par Charles qui va le défendre, 472. — Est appelé au secours de ce dernier, 475. — Y marche, et fait sa jonction à Strasbourg, 477. — Texte et traduction du serment qu'ils se prêtent réciproquement, 478, 479. — Bon accord des deux rois, 481. — Ils envoient des députés à Lothaire, qui refuse de les entendre, 482. — Reçoit son fils Carloman qui lui amène une armée, *ibid.* — Marche sur Coblentz, *ibid.* — Passe la Moselle, et par ce mouvement fait fuir Lothaire jusqu'aux bords du Rhône, 483. — Se fait adjuger, en commun avec Charles, son frère, le royaume abandonné par Lothaire, 484, 485. — Partage de ce royaume, 486. — Se rend à Cologne au milieu des Saxons, divisés par les promesses insidieuses de Lothaire, 486, 487. — Ecoute les propositions de paix de l'empereur, et les renvoie à l'examen des évêques, *ibid.* — Accorde les demandes de Lothaire, 489. — Nombreuses difficultés pour l'exécution de ce traité, 490. — Suspension des hostilités, *ibid.* (*Nithard*).

Enfant, il fait la guerre en Bretagne, sous l'empereur Louis son père, IV, 87 (*Ermold le Noir*).

Soumet le royaume qui lui est échu, 127. — Est refoulé en Bavière par l'empereur Lothaire son frère, *ibid.* — Marche au secours de Charles, l'un de ses frères; leur jonction, 128. — Ils proposent la paix à Lothaire, qui la refuse, *ibid.* — Gagnent sur lui une grande bataille, 129. — Soumet à sa puissance ses voisins excités à la révolte par Lothaire, 130. — Rejoint son frère Charles, et se lie à lui par les sermens les plus solennels, 131. — Ils proposent la paix à Lothaire, qui ne veut pas même voir leurs envoyés, *ibid.* — Viennent à Coblentz, où ils passent la Moselle, *ibid.* — Met en fuite l'avant-garde de Lothaire, *ibid.* — Fait la paix avec lui; ils conviennent que le royaume sera partagé entre eux, 132. — Entre en Germanie, dompte les Saxons, en met un grand nombre à mort, 133. — Remet à trois cents députés le partage du royaume des Francs, 134. — Accepte la portion qui lui échoit, 135. — Limites de cette part, *ibid.* — Soumet presque tous les petits rois de Germanie et d'Esclavonie, 137. — S'unit avec ses frères Lothaire et Charles, *ibid.* — Somme les sujets révoltés de ce dernier de rentrer dans le devoir et les menace de la guerre, 138. — Repousse sur l'Elbe une invasion des Normands, 139. — Leur accorde la paix, 140. — Marche contre les Esclavons, 141. — Est battu, 142. — Prend sa revanche, 143. — S'unit étroitement avec son frère Charles, 145. — Est battu par les Esclavons, 146. — Texte du traité conclu par ce prince avec ses frères Lothaire et Charles, 147. — Dévaste et soumet le pays des Esclavons, 151. — S'irrite contre Charles, 154. — Reçoit des envoyés de l'Aquitaine, qui lui offrent ce royaume, *ibid.* — Est abandonné par les Wenèdes, *ibid.* — Bat les Bulgares et les Esclavons, soulevés contre lui par son frère Charles, 155. — Envoie son fils Louis gouverner l'Aquitaine, *ibid.* — Est invité par ses frères à le rappeler, 156. — Se réconcilie avec Charles à la nouvelle de la maladie de Lothaire, 157. — Est tourmenté par les Esclavons, 158. — Est appelé au trône d'Aquitaine, 159. — Faillit à faire prisonnier son frère Charles, dans l'île d'Oissel, 162. — Traverse la France et recrute des partisans, 164. — Retourne sur ses pas, 165. — Négocie avec Charles, *ibid.* — Distribue des récompenses à ceux qui l'ont abandonné, *ibid.* — Est chassé du royaume de Charles, *ibid.* — Manque au rendez-vous qui lui est donné par ce prince, et en indique un autre auquel celui-ci ne se trouve pas, 166. — Etablit la paix entre Lothaire et Charles, 169. — S'allie avec le premier, qui lui donne l'Alsace, *ibid.* — Son fils Carloman, s'étant allié avec les Wenèdes, lui enlève une partie de son royaume, 170. — Est abandonné des grands qui avaient quitté Charles et qui retournent près de lui, *ibid.* — Négocie avec son frère Charles, 172. — Conclut la paix avec son fils Carloman, et lui cède les terres dont il s'est emparé, 174 — Fait contre les Wenèdes une campagne peu glorieuse, 177. — Ses Etats sont dévastés par les Danois et les Hongrois, jusqu'alors inconnus, *ibid.* — Est d'avis de garder le silence sur le mariage de Lothaire son neveu, 178. — Se rend en Bavière pour faire la paix, ou se battre contre son fils Carloman, encore une fois révolté contre lui, 179. — Demande et obtient la paix de son frère Charles, 180. — Le prie de ne pas donner asile à Carloman révolté, 181. — Reçoit son fils sous serment, *ibid.* — Marche contre les Bulgares, 196. — Poursuit son fils Carloman, révolté de nouveau, et le reçoit en grâce, 198. — S'abouche avec son frère Charles, 200. — Engage Lothaire à aller à Rome et à donner satisfaction, *ibid.* — Recouvre les Marches, que son fils lui avait enlevées, 201. — Reçoit du légat Arsène des lettres du pape Nicolas sur le divorce et le mariage de son neveu Lothaire, *ibid.* — Obtient des succès contre les Wenèdes, 208. — Les réduit, 211. — Pardonne à son fils Louis une nouvelle révolte, 215. — Envoie des prêtres au roi des Bulgares qui en demande, 217. — Fait la paix avec son neveu Lothaire, 219. — Réclame auprès de son frère Charles le partage du royaume de Lothaire leur frère, 247. — Obtient ce qu'il demande, 249. — Se blesse, est promptement guéri, 253. — Partage du royaume entre les deux oncles, au préjudice de Louis et de Lothaire, leurs neveux, héritiers comme fils du feu roi Lothaire, 253 *et suiv.* — Se rend à Aix, 255. — Reçoit du pape et de son neveu Louis des lettres par lesquelles celui-ci réclame le royaume de Lothaire, son père, et renvoie les messagers vers le roi Charles, son copartageant, 256. — Fait crever les yeux au roi des Wenèdes, son prisonnier, *ibid.* — Appelle près de lui ses fils, Louis et Charles, qui n'obéissent pas, *ibid.* — Consent à une trêve avec eux, *ibid.* — Est dépouillé de ses conquêtes par les Wenèdes, 261. — Sur la fausse nouvelle de la mort de son neveu Louis, roi d'Italie, il envoie son fils Charles dans le Jura, *ibid.* — Restitue au fils de Lothaire la moitié à lui échue du royaume de son père, dans le partage qu'il en a fait avec son frère Charles, 264. — Reçoit Carloman l'Aveugle, son neveu, fils de Charles le Chauve, 270. — Court au secours de Carloman son fils, 271. — Fait la paix avec les Wenèdes, *ibid.* — Envoie ses fils, Charles et Carloman, combattre en Italie contre leur oncle, Charles le Chauve, 275. — Accord entre les chefs des armées, *ibid.* — Envahit lui-même les Etats de son frère, les ravage, d'accord avec les grands, et repasse le Rhin, *ibid.* — Perd sa femme Emma, *ibid.* — Sa mort, 282 (*Annales de St.-Bertin*).

Rend les biens usurpés sur l'Eglise de Rheims, V, 243 (*Frodoard*, *Histoire de l'Eglise de Rheims*).

Livre à ses frères la bataille de Fontenai, en Bourgogne, XXVII, 123 (*Orderic Vital*).

LOUIS 1er, LE DÉBONNAIRE, roi de France, empereur. — Est sacré roi d'Aquitaine, III, 23, 70. — Va assiéger Huesca en Espagne, 43. — Est appelé par Charlemagne, son père, en Saxe, et renvoyé en Aquitaine, 44. — Retourne le joindre à Thionville, 55. — Rentre en Aquitaine, *ibid.* — Attaque Tortose, 61. — Ramène en Aquitaine son armée intacte, *ibid.* — Succède à Charlemagne, son père, 72. — Confirme par des ambassadeurs le traité d'alliance avec l'empereur d'Orient, 73. — Reçoit son neveu Bernard, roi d'Italie, *ibid.* — Fait un traité avec le duc de Bénévent et lui impose un tribut annuel de sept mille sous d'or, *ibid.* — Envoie ses deux fils, Lothaire en Bavière, et Pepin en Aquitaine, *ibid.* — Donne à Hériold, roi détrôné des Danois, une retraite en Saxe, 74. — Fait une expédition en sa faveur, *ibid.* — Cherche à s'éclairer sur une conspiration que le

Saint-Père a découverte, 75. — Admet la justification du pape, *ibid.* — Reçoit les envoyés des Sardes, *ibid.* — Rompt la paix avec les Sarrasins, *ibid.* — Soumet les Esclavons Sorabes, et les Gascons, 76. — Accueille le pape Etienne, qui le couronne, 77. — Reçoit les députés des Obotrites et ceux d'Abdérame, roi d'Espagne, 78. — Renvoie à des commissaires le jugement des difficultés avec les Dalmates, *ibid.* — Reçoit les députés du fils de Godefroi et des Danois, qui demandent la paix, *ibid.* — Admet les excuses du pape Paschal, 79. — Fait une chute et se blesse légèrement, *ibid.* — Tient une assemblée générale, 80. — Couronne et associe à l'empire Lothaire son fils aîné, *ibid.* — Reçoit les députés de l'empereur Léon, *ibid.* — Ordonne de réprimer la révolte des Obotrites; causes de cette révolte, *ibid.* — Apprend que le roi Bernard se fait prêter serment de fidélité en Italie, 81. — Réduit tous les séditieux, 82. — Les fait condamner à mort, *ibid.* — Commue cette peine, *ibid.* — Soumet les Bretons et tue leur chef, qui s'était arrogé l'autorité royale, *ibid.* — Revient par Angers, où il perd sa femme, 83. — Reçoit à Aix des députés de plusieurs peuples et de divers princes, *ibid.* — Envoie contre les Obotrites une armée qui détrône et fait prisonnier le roi Solaomir, *ibid.* — Donne le trône à un autre prince, 84. — Exile le duc de Gascogne, épouse Judith de Bavière, *ibid.* — Envoie d'Italie en Pannonie, contre Liudewit, une armée, qui tient la campagne avec des fortunes diverses, 85, 86. — Soumet la Gascogne par son fils Pepin, *ibid.* — Rétablit Hériold sur le trône des Obotrites, pour l'occuper avec deux fils de Godefroi, *ibid.* — Envoie trois armées contre Liudewit, 87. — Ravage la Pannonie, *ibid.* — N'obtient pas même une proposition du duc, enfermé dans ses places, *ibid.* — Déclare la guerre à Abulaz, roi des Sarrasins, 89. — Lui confirme, dans l'assemblée générale de la nation, le partage, déjà fait, de son royaume entre ses fils, 90. — Reçoit les envoyés du pape Paschal, *ibid.* — Marie son fils Lothaire, 92. — Fait grâce aux complices de son neveu Bernard, et restitue leurs biens, *ibid.* — Soupçonnant de trahison le roi Ceadrag qu'il a donné aux Obotrites, il permet à l'ancien roi Sclaomir de retourner dans sa patrie, *ibid.* — Pour obtenir le pardon des actes de sévérité exercée contre le roi Bernard et ses complices, il se soumet à une pénitence publique, 93, 94. — S'empare de la Pannonie, abandonnée par Liudewit, *ibid.* — Se fortifie au-delà de l'Elbe, *ibid.* — Fait ravager les Marches d'Espagne, *ibid.* — Soumet un petit seigneur breton révolté, *ibid.* — Envoie son fils Lothaire en Italie, *ibid.* — Lui donne pour conseils les auteurs graciés de la conspiration de Bernard, 95. — Marie son fils Pepin et l'envoie en Aquitaine, *ibid.* — Se rend à Francfort, où il reçoit des députations de différens peuples, *ibid.* — Prononce sur les prétentions de deux frères au royaume des Wiltzes et l'adjuge au plus jeune, 96. — Envoie des commissaires en Italie pour statuer sur ce que son fils Lothaire a commencé, 97. — Nomme Drogon, son frère, à l'évêché de Metz, *ibid.* — Fait prendre des informations sur le supplice infligé à deux officiers de l'Eglise romaine, 98. — Se contente de la justification présentée par le pape, *ibid.* — Admet les excuses du roi des Obotrites, 99. — Envoie des commissaires pour examiner les différends entre Hériold et les fils de Godefroy, *ibid.* — Reçoit une ambassade des Bulgares, 100. — Envoie son fils Lothaire à Rome pour traiter avec le nouveau pape, 101. — Réunit des troupes, marche en Bretagne et ravage cette province, 102. — Part pour Rouen, y reçoit le patriarche Fortunat et les envoyés de l'empereur Michel, *ibid.* — Reçoit en grâce le Breton Wilsomarch, 104. — Admet les ambassadeurs des Bulgares, 105.—Accueille son fils Lothaire, de retour d'Italie, *ibid.*—Envoie son fils Louis en Bavière, *ibid.* — Reçoit les envoyés des fils de Godefroy, *ibid.*— Concerte avec son fils Pepin les dispositions de défense des frontières de l'ouest, 107.—Fait droit aux nombreuses réclamations qui lui sont adressées de toutes parts, 108, 109.— Ordonne de réprimer la rébellion des Marches d'Espagne, 110. — Presse son fils Pepin, qui n'arrive qu'après la dévastation du pays et la retraite de l'ennemi, 111. — Admet les députés de l'empereur Michel, 112. — Envoie Lothaire et Pepin en Espagne, et trace la conduite qu'ils auront à tenir, 113. — Donne audience de congé aux ambassadeurs du pape, *ibid.* — Ordonne la levée du peuple en masse pour marcher vers la Saxe, menacée par les Normands, 116.—Donne contre-ordre, *ibid.* — Envoie son fils Lothaire en Italie, *ibid.* (*Annales d'Eginhard*).

Exécute avec un soin religieux les dispositions testamentaires de l'empereur Charlemagne, son père, 161 (*Vie de Charlemagne*).

Sa piété, 278. — Son mariage, *ibid.* — Reste seul successeur au trône de Charlemagne, 279.—Cérémonies de son couronnement, *ibid. et suiv.*—Retourne en Aquitaine, 281.—Quitte l'Aquitaine et succède à son père, 283. — Distribue ses trésors, *ibid.* — Accueille les ambassadeurs, *ibid.* — Reçoit le serment de son neveu Bernard, roi d'Italie, *ibid.*—Fait avec succès la guerre aux Esclavons, 284.—Reçoit le pape Etienne, et se prosterne trois fois devant lui, 285.—Est sacré empereur par le pontife, *ibid.* — Sa constitution physique, ses connaissances, 286.—Sa piété, sa sobriété, sa modestie, 287. — Sa charité, sa prudence, sa trop grande déférence pour le clergé, 288. — Désigne Lothaire, son fils, pour son seul successeur, et excite par là le courroux de ses autres enfans, 290.

—Réprime la conspiration de Bernard, son neveu, *ibid.*—En punit les auteurs, 291.—Pleure la mort de son neveu, et en fait pénitence, 292.—Fait tonsurer ses trois frères, *ibid.*—Soumet la Bretagne, *ibid.*— Met cette province à feu et à sang, 293.—Marche contre les Sarrasins, *ibid.* — Envoie son fils Lothaire en Italie, *ibid.* — Fait donation à son fils Charles de l'Allemagne, de la Rhétie, d'une partie de la Bourgogne, etc., en présence de ses frères Lothaire et Louis, qui s'en irritent, et en l'absence de Pepin qui se révolte, accuse l'impératrice Judith, et la contraint à prendre le voile, 294.—Triomphe de ses ennemis et leur pardonne, *ibid.* — Reçoit le serment de fidélité de son fils Lothaire, *ibid.*—Accueille l'impératrice, qui se justifie de l'accusation d'adultère portée contre elle, 295. —Reçoit avec bonté son fils Louis, que Lothaire avait entraîné à la révolte, *ibid.*—Appelle à lui Pepin, qui veut aussi se soulever, 296. — Marche contre ses trois fils alliés, entre Bâle et Strasbourg, *ibid.* — Reçoit le pape, sortant de chez ses fils, et échange avec lui de magnifiques présens, *ibid.* — Est abandonné de ses troupes et livré à ses fils, ainsi que l'impératrice, qu'ils relèguent en Italie, 297.—Est remis par Lothaire à la garde de l'évêque de Rheims, *ibid.*—Est dépouillé de son épée, *ibid.*—Forcé de se couvrir d'un cilice, 298.—Est conduit de Compiègne à Aix-la-Chapelle, 300. —Y reçoit des députés de son fils Louis, 301.—Est forcé de suivre Lothaire à Compiègne, *ibid.* — Recouvre sa liberté par son fils Louis, qui le reconduit à Aix, et le rétablit sur le trône, 302.—Pardonne à tous ceux qui l'ont abandonné, *ibid.* — Rappelle près de lui l'impératrice Judith, 303. — Envoie des députés à Lothaire, qui les reçoit fort durement, 304.—Reçoit ses deux fils, Pepin et Louis, avec une troupe nombreuse, 305.—Marche sur Orléans, Lothaire fuit à son approche, *ibid.* — Lui envoie une nouvelle députation, *ibid.* — Reçoit son serment de fidélité et lui pardonne, 306. — Son entrevue à Lyon avec Pepin et Louis, 307. — Donne rendez-vous, pour la prochaine assemblée générale, à Lothaire, qui ne s'y rend pas, *ibid.* — Va à Cobleutz, 308. — Projette un voyage en Italie; mais il est empêché de le réaliser, par suite d'une attaque des Danois, 309 (*Thégan*).

Frère jumeau d'un Lothaire, mort à deux ans, il (Louis) est fait roi d'Aquitaine, 321. — Est couronné à Rome par le pape, 322. — Est reconduit en Aquitaine sous le gouvernement d'Arnold, 323. — Vient trouver son père en costume gascon, *ibid.* — Ceint l'épée à Ratisbonne, 325. — Retourne en Aquitaine, *ibid.* — Conduit en Italie une armée au secours de son frère Pepin, *ibid.* — Envahit avec lui le pays de Bénévent, *ibid.* — Revient près de son père, où il apprend la révolte de Pepin, fils naturel de Charlemagne, 326. — Est renvoyé en Aquitaine avec des commissaires chargés de faire rentrer au domaine royal les biens qui en ont été distraits, *ibid.* — Choisit quatre habitations pour résider l'hiver, 327. — Défend de lever sur le peuple l'impôt des fourrages, *ibid.* — Décharge les Albigeois du tribut, *ibid.* — Accorde la continuation de la paix au roi de Galice, 328. — Envahit l'Espagne, la dévaste et rentre en France, 329. — Fait arrêter à Narbonne le duc de Barcelonne, 332. — Assiége cette dernière ville et s'en empare, *ibid.*, 333. — Pousse jusqu'à Tarragone, 334. — Passe l'Ebre et ravage le pays, *ibid.* — Met à mort les prisonniers qui tombent entre ses mains, 335. — Poursuit cette guerre par ses lieutenans, 336 (*voy.* INGOBERT). — Fait en personne le siége de Tortose, 338. — Prend cette place et en porte les clefs à son père, *ibid.* — Pardonne aux Gascons révoltés, 339. — Punit une seconde rébellion, 340. — S'adonne aux exercices de piété, *ibid.* — Répare et fonde un grand nombre de monastères, 341. — Est appelé par l'empereur Charlemagne, son père, qui le proclame son héritier, 343. — Lui succède, 344. — Réprime la conduite scandaleuse de ses sœurs, 345. — Est reconnu empereur, 346. — Exécute les dispositions testamentaires de son père, *ibid.* — Chasse du palais les femmes qui le remplissaient, exile ses sœurs, reçoit des ambassadeurs, 347. — Accueille son neveu Bernard, roi d'Italie; envoie ses fils, Lothaire en Bavière, Pepin en Aquitaine, et garde Louis auprès de lui, 348. — Rend aux Saxons et aux Frisons leur droit sur les héritages paternels dont ils ont été privés par Charlemagne, *ibid.* — Donne des secours à Hériold, roi des Danois, chassé de ses Etats, 349. — Reçoit le pape Etienne, qui le couronne empereur, 352. — Fait composer un livre contenant les règles de la vie monastique, et engage les moines à suivre celle de saint Benoît, 355. — Investit son fils Lothaire du titre et du pouvoir impérial, 357. — Envoie son fils Pepin en Aquitaine, et Louis, son troisième fils, en Bavière, *ibid.* — Reçoit à discrétion son neveu Bernard, roi d'Italie, révolté contre lui, et le fait condamner à mort, 358. — Réprime la révolte de la Bretagne, 359. — Reçoit les envoyés de diverses nations, et fait droit à leurs réclamations, 360. — Dépose et exile le roi des Obotrites, et leur en donne un autre, *ibid.* — Réprime la révolte de Loup de Gascogne, et l'exile, *ibid.* — Se marie une seconde fois, 361. — Méprise les conditions de paix offertes par le gouverneur de la Pannonie inférieure, *ibid.* — Le fait battre par ses lieutenans, 362. — Soumet, par son fils Pepin, les Gascons révoltés, *ibid.* — Secourt le duc de Dalmatie contre le gouverneur de la Pannonie, 363. — Soumet la Carniole et une partie de la Carinthie; repousse une invasion des Normands, *ibid.* — Envoie trois corps d'armée ravager la Pannonie; reçoit une ambassade du pape, 364. — Accorde une amnistie aux complices de la révolte de Bernard, roi d'Italie, 365. — Se soumet à une pénitence publique, *ibid.* — Envahit la Pannonie, abandonnée par Liudewit, 366. — Fait ravager l'Espagne et la Bretagne, *ibid.* — Marie son fils Pépin et le renvoie en Aquitaine, *ibid.* — Règle les affaires de Wiltzes, et donne la couronne au plus jeune des fils du roi mort, 367. — Reçoit la visite de Lothaire, qui s'est fait couronner empereur, et envoie des commissaires en Italie, 368. — Informe sur les causes du supplice infligé par le pape à ses deux légats auprès de lui, 369. — Troublé par divers prodiges, il ordonne des jeûnes, des prières et des aumônes, 370. — Naissance de son fils Charles, *ibid.* — Envoie une armée qui envahit l'Espagne et est détruite à son retour, 371. — Confère, avec son fils Lothaire, à Nimègue, 373. — Envoie son fils Louis en Bavière, *ibid.* — Dirige une armée contre l'Espagne, 376. — Dépose plusieurs ducs et comtes employés aux armées, 378. — Envoie contre les Espagnols son fils Lothaire, qui s'arrête à Lyon et revient près de lui, *ibid.* — Se résout à opposer une barrière à la conspiration tramée contre lui, 381. — La fait éclater par les moyens mêmes qu'il emploie pour la réprimer; motifs des conjurés, 382. — Son fils Pépin, séduit par eux, se met à leur tête, et marche contre son père, *ibid.* — Il envoie l'impératrice à Laon, laisse le duc Bernard libre de veiller à sa sûreté, se rend à Compiègne, 383. — Reçoit sa femme que les révoltés députent près de lui, pour le décider à se renfermer dans un cloître, *ibid.* — Reçoit son fils Lothaire, qui a déjà approuvé tout ce qu'a fait son frère Pépin contre leur père, 384. — Convoque à Nimègue une assemblée générale dont il éloigne les abbés Hilduin et Wala, 385. — Reçoit son fils Lothaire, et se contente de lui faire avec douceur quelques reproches, *ibid.* — Fait arrêter les chefs de la conspiration et les fait condamner à mort; leur fait grâce à tous, rappelle l'impératrice, renvoie ses trois fils dans leurs royaumes, renouvelle l'amnistie, rend les biens confisqués, 386. — Punit d'une désobéissance, en le retenant près de lui, son fils Pepin, qui s'évade, 387. — Fait un nouveau partage de son royaume entre Lothaire et Charles, *ibid.* — Ses trois fils, Lothaire, Pépin et Louis, se révoltent contre lui, 389. — Envoie vers eux l'évêque Bernard, 390. — Implore l'autorité du pape, que ses fils ont appelé, et passe plusieurs jours avec lui, *ibid.* — Est abandonné par son armée, 391. — Se rend à ses enfans rebelles, *ibid.* — Est livré, avec Charles, son jeune fils, à Lothaire, qui le fait garder dans un couvent à Soissons, 392. — Est soumis à une seconde pénitence publique, 393. — Mouvement en sa faveur, 394. — Est traîné, à la suite de son fils, jusqu'au monastère de Saint-Denis, 395. — Y est laissé par Lothaire, qui, sur le point d'être attaqué par deux armées, se retire en Dauphiné, 396. — Est réhabilité et rétabli sur le trône, *ibid.* — Se rend à Quiersy, 397. — Y reçoit son fils Pépin et son fils Louis, *ibid.* — Va à Aix, où il est rejoint par l'impératrice et Charles, le plus jeune de ses fils, *ibid.* — Envoie contre les partisans que Lothaire a laissés en Neustrie une armée, qui est battue, 398. — Fait fortifier Châlons, que Lothaire assiége, prend et ravage cruellement, 399. — Poursuit Lothaire vers la Loire, l'atteint, lui fait grâce et l'envoie en Italie, 400. — Donne à son fils Pépin l'ordre de rendre les biens des églises, 401, 407. — Se fait réconcilier à l'Eglise par sept évêques, 402. — Engage Lothaire à lui envoyer des députés pour chercher quelques voies d'arrangement, 403. — Fait grâce, et désire traiter avec son fils en personne, 404. — Envoie des députés auprès de Lothaire, à la nouvelle de sa maladie, 405. — Ses députés auprès du pape sont arrêtés à leur retour par son fils guéri, *ibid.* — Marche contre les Normands et les repousse, *ibid.* — S'afflige à la nouvelle de la mort de la plupart de ses ennemis, retirés près de son fils Lothaire, 407. — Réprime les Bretons révoltés, *ibid.* — Croit que l'apparition d'une comète présage sa fin prochaine, 409. — Fait don d'une partie de l'empire à Charles, son fils bien-aimé, et mécontente ses trois aînés, 411. — Couronne Charles et l'investit du royaume de Neustrie, *ibid.* — Appelle de nouveau son fils Lothaire, 413. — Fait la paix, *ibid.* — Partage entre lui et Charles tout le territoire de l'empire, laissant la Bavière au roi Louis, mécontent de ces arrangemens, *ibid.* et 414. — Use d'indulgence envers Louis, *ibid.* — Marche vers l'Aquitaine, où le jeune Pepin, fils du feu roi Pepin, non compris dans le partage, a un parti qui ravage le pays, 416. — Sa maladie, 417. — Passe en Allemagne, et met en fuite son fils Louis, 418. — Appelle d'Italie son fils Lothaire, *ibid.* — Tombe malade, 419. — Son testament, 420. — Pardonne à son fils Louis, absent, 421. — Ses derniers momens, 422. — Sa mort, 423 (*Vie de Louis le Débonnaire, par l'Astronome*).

Dernier fils de Charlemagne, il lui succède, 434. — Partage le trésor de son père, 435. — Chasse ses sœurs du palais et les envoie dans leurs couvens, *ibid.* — Admet ses trois jeunes frères à sa table, *ibid.* — Cède à son neveu Bernard, fils de Pepin, le royaume d'Italie, *ibid.* — L'en prive à cause de sa révolte, lui fait crever les yeux, et mettre à mort, *ibid.* — Fait tondre ses frères et les place dans des monastères; marie ses fils et fait entre eux le partage de l'empire; épouse Judith, qui lui donne un fils (Charles le Chauve), *ibid.* — Il donne à ce dernier né une partie de l'empire promis à Lothaire, qui consent à cet arrangement, et s'en repent bientôt, 436. — Prend pour appui, contre son fils Lothaire, Bernard, duc de Septimanie, et le crée son chambellan; cède l'Allemagne à son fils Charles; est détrôné par ses trois autres fils, qui, pour se révolter, ont pris occasion de cette cession, *ibid.* — Est mis à la garde de Lothaire, l'un d'eux, qui s'empare du gouvernement, et tient son père et son frère en surveillance auprès de lui, *ibid.* — Négocie sa restauration avec Louis et Pepin, 437. — Rétabli sur le trône, il fait punir les révoltés, et renvoie Lothaire régner sur l'Italie, *ibid.* — Enlève à Pepin l'Aquitaine, et la donne à Charles; cette disposition devient le prétexte d'une nouvelle révolte des trois frères, 438. — Il marche contre eux, son armée l'abandonne, et il tombe, ainsi que sa famille, entre les mains de ses fils, *ibid.* — Est confié à la garde de Lothaire, qui s'empare encore du gouvernement, 439. — Est mis en liberté sur les démonstrations hostiles de Pepin et de Louis, *ibid.* — Remonte sur le trône, *ibid.* — Refuse de poursuivre Lothaire, *ibid.* — Reçoit Pepin avec bienveillance, *ibid.* — Le renvoie en Aquitaine, 440. — Accueille Louis avec bonté, et le retient près de lui pour sa défense, *ibid.* — Reçoit sa femme qu'on lui ramène d'Italie où elle était exilée, *ibid.* — L'armée qu'il envoie en Bretagne contre les partisans de Lothaire est battue, *ibid.* — Marche contre Lothaire et le force à repasser les Alpes, 441. — Donne à Charles une partie de son royaume, et par là mécontente ses trois autres fils, 442. — S'accorde avec Pepin, 443. — Lui donne les armes et la couronne, *ibid.* — Met en fuite son fils Louis qui voulait s'emparer de toutes ses possessions au-delà du Rhin, *ibid.* — La Bavière exceptée, il partage l'empire entre Lothaire et Charles, 444, 445. — Investit son fils Charles du royaume d'Aquitaine, à l'exclusion du fils du feu roi Pepin, 446. — Chasse encore son fils Louis de l'Allemagne qu'il avait envahie, *ibid.*— Convoque une assemblée générale pour prononcer sur la conduite de Louis, et meurt avant sa réunion, 447 (*Nithard*).

Discussion de l'assemblée générale sur la guerre entre les Maures et les Sarrasins d'Espagne, IV, 8 *et suiv.* — Décision de l'assemblée générale, proclamation de la guerre, 9, 10. — Fait le siége de Barcelonne, 14. — Son discours à l'armée, 19. — Fait prisonnier le commandant de la place et lui ordonne d'en faire ouvrir les portes, 22. — Artifice ingénieux de cet officier, 23. — Il prend la place et y met garnison, 24. — Roi d'Aquitaine, il est proclamé empereur par Charlemagne, 32. — Apprend la mort de son père, 33. — Se rend par Orléans et Paris à Aix-la-Chapelle, 34, 35. — Répand ses bienfaits sur ses sujets, 36. — Attend le pape Etienne, et prépare lui-même tout ce qui est nécessaire pour le recevoir, 37. — Leurs entretiens, 38. — Confirme solennellement les droits de l'Eglise, 41 *et suiv.*—Est couronné par le pape, 46. — Le comble de présens, et le fait reconduire dans ses Etats, 48. — Envoie des commissaires dans les provinces pour prendre des renseignemens sur les abus de toute espèce, *ibid.*— Ses instructions, 49. — S'attache saint Benoît, 51. — Fait bâtir un monastère de son Ordre, 53. — Menace de la guerre le roi des Bretons, s'il ne se soumet, 57. — Lui envoie de nouveaux députés, 67. — Ravage le pays, qui ne se soumet qu'à la mort de son roi, 68 à 73. — Envoie l'évêque de Rheims instruire les Normands dans la foi chrétienne, 83. — Recommence la guerre en Bretagne, 87. — Description de son palais à Ingelheim, 89. — Il y reçoit Harold, roi des Danois, qui se fait baptiser avec sa famille et sa suite, 93, 94.—Fêtes et cérémonies qui ont lieu à cette occasion, 96 *et suiv.* (*Ermold le Noir*).

Il est sacré empereur par le pape, V, 197. — Cérémonies de la réception du pape et du couronnement, *ibid.* — Est censuré, accablé d'humiliations, et déposé par Ebbon, son frère de lait, évêque de Paris, 204 (*Frodoard, Histoire de l'Eglise de Rheims*).

Est couronné à Rome par le pape Pascal, XXV, 154. — Accorde au pape Etienne tout ce qu'il demande, 433. — Laisse envahir le Ponthieu, XXVII, 123. — Est détrôné par Lothaire, son fils, *ibid.* — Reconquiert son royaume, *ibid.* — Sa mort, *ibid.* (*Orderic Vital*).

Effets funestes de la bataille livrée à Fontenai entre ses quatre fils, XXIX, 6 (*Guillaume de Jumiége*).

Louis II, LE BÈGUE, roi de France, fils de l'empereur Charles le Chauve. — Il est chassé du Mans, et se retire vers son père, IV, 163. — Est fait abbé de Saint-Martin, 169. — Est chargé de la garde du royaume pendant le voyage de son père en Provence, 171. — Passe comme transfuge au duc des Bretons, 172. — Est dépouillé du monastère de Saint-Martin, 173. — Attaque, à la tête des Bretons, le comte Robert, fidèle à son père, 175. — Pille Augers, *ibid.* — Est battu, *ibid.* — Revient à la charge, *ibid.* — Est défait et s'échappe avec peine, *ibid.* — Epouse la fille du comte Hardouin, *ibid.* — Demande pardon, 176. — Obtient grâce de son père, qui lui donne le comté de Meaux, 177. — Est envoyé en Neustrie, 207. — Reçoit le comté d'Augers, etc. *ibid.* — Est fait roi d'Aquitaine, 218. — Est chargé par son père de garder la partie du royaume de Lothaire qui lui est échue pendant son expédition d'Italie, 274, 286. — Se présente pour succéder à son père, 290. — Trouve les grands indisposés contre lui, *ibid.*—Est repoussé par le testament de l'empereur fait en faveur de l'impératrice Richilde, *ibid.* — Concilie les esprits, 291. — Est sacré et couronné du consentement de tous, *ibid.* —Texte de la requête que les évêques lui présentent, 292. — Formules des promesses des évêques et du roi, 293. —Il passe sur la rive gauche de la Seine troublée par les prétentions de divers seigneurs, 294. —Tombe malade à Tours, *ibid.* — Est couronné par le pape, 295. — Fiance son fils Carloman à la fille de Boson, 301.— Conclut la paix avec son cousin Louis, roi de Germanie, *ibid.* — Texte du traité, 302 *et suiv.* — Il marche sur Autun, pour réprimer la rébellion de Bernard, dont il avait donné le comté à Thierri, 306. —Charge son fils Louis, et d'autres seigneurs, d'accomplir ses desseins, *ibid.* — Sentant sa fin prochaine, il lui envoie les insignes de la royauté, *ibid.*—Sa mort, *ibid.* (*Annales de St.-Bertin*).

Son entrevue à Troyes avec le pape Jean, XXVII, 124. — Il laisse au prince Eudes la garde de son fils Charles III, dit le Simple, 124 (*Orderic Vital*).

Louis III, roi de France, fils de Louis le Bègue. — Est mis sous la tutelle de Bernard, comte d'Auvergne, IV, 306. —Est chargé de soumettre Bernard, marquis d'Autun, *ibid.*— Reçoit de son père les insignes de la royauté, *ibid.* — Voit l'héritage de son père envahi par son cousin Louis, roi de Germanie, appelé par l'abbé Josselin et le comte de Paris, 307. — Lui cède, pour la paix, la partie du royaume de Lothaire, que Charles le Chauve avait eue de son partage avec Louis le Germanique, 308. — Est couronné avec son frère Carloman, 309. — Partage le royaume et devient roi de Neustrie, 310. — S'allie avec son frère et ses cousins, Louis de Germanie et Charles d'Italie, contre Hugues et Boson, qui se sont faits rois, 311. — Quitte le siège de Vicence, que continue Carloman, 312.—Bat les Normands, *ibid.*— Saisi d'une terreur panique, il prend la fuite, *ibid.* — A la mort de Louis de Germanie, il refuse de recevoir les grands de la partie de la Lorraine qu'il lui avait cédée, 313. — Sa mort, *ibid.*, 316. — Sa victoire de Sodaltcourt, *ibid.* — Son frère Carloman lui succède, *ibid.* (*Annales de S.-Bertin*).

Louis IV, d'Outre-Mer, roi de France, fils de Charles le Simple. — Il est appelé d'Angleterre en France, et fait roi par le comte Hugues le Grand, V, 547. — Est sacré à Laon, 548.—Poursuit et bat le comte Héribert, *ibid.* — Donne à l'Eglise de Rheims le droit de battre monnaie, 549. — Soumet le comte Hérivée, *ibid.* — Va au secours de Laon, assiégée par Hugues le Grand, le comte Héribert et le duc de Normandie, 552. — Est défait, *ibid.* — Promet l'évêché de Rheims à Artaud, 553. — Fait la guerre sans succès, 554. — Obtient à la paix la promesse d'un autre évêché pour son protégé, *ibid.* — Reçoit la soumission du fils du comte Héribert, mort, *ibid.* — Recommence la guerre contre eux, *ibid.* —Met le siège devant Rheims, 555. —Traite avec l'archevêque Hugues, *ibid.*—Marche contre les Normands et est fait prisonnier, 556. — Est livré à Hugues le Grand, qui en obtient la ville de Laon et lui rend la liberté, *ibid.* — Va au-devant d'Othon et de Conrad, ses alliés contre le prince Hugues, *ibid.* — S'empare de Rheims, 557. — Rétablit l'évêque Artaud, *ibid.*—Ravage les terres de Hugues et celles des Normands, *ibid.*, 558. — Poursuit l'archevêque Hugues de Rheims, retiré à Mouson, *ibid.* — Recommence, avec ses alliés, la guerre contre Hugues le Grand, 572 (*Frodoard, Histoire de L'Eglise de Rheims*).

Il est appelé par Hugues le Grand au trône, vacant par la mort du roi Rodolphe, VI, 104.—Est sacré et couronné, *ibid.* — S'empare de Langres, *ibid.* — Se délivre de la tutelle de Hugues, 105. — Fait la paix avec Héribert et n'en continue pas moins la guerre, 107. — S'empare de Laon, 108. — Conclut une trève, *ibid.* — Marche contre Hugues le Grand avec Hugues, fils de Richard, et Guillaume de Normandie, *ibid.* — Fait une trève, 109. — Refuse l'hommage des Lorrains qui abandonnent Othon, *ibid.* — S'empare d'une partie de la Lorraine, 110. — Poursuit les troupes d'Othon au-delà du Rhin, *ibid.* — Chasse l'évêque de Laon, accusé de trahison, *ibid.* — Repasse en Lorraine et y épouse la veuve de Gislebert, duc de cette province, tué récemment, *ibid.* — Reçoit la soumission de Guillaume de Normandie, 111. — Fait lever le siége de Laon, et marche en Bourgogne, 112. — Prend le comte Roger et le relâche, 114. — Se réconcilie avec Hugues le Noir, et fait la paix avec Gislebert, 115. — Chasse de Laon Arnoul et son frère Landry, accusés de trahison, *ibid.* — Se retire en Bourgogne, *ibid.* — Revient sur Laon, assiégé par Héribert et Hugues le Grand, *ibid.* — Est défait et s'enfuit, *ibid.* — Soumet l'Aquitaine, 116. — Le pape ordonne à tous les Français de le reconnaître, sous peine d'excommunication, *ibid.* — Il fait la paix avec le roi Othon de Saxe, Hugues le Grand, Héribert et le duc de Lorraine, 117. — Ses guerres avec les Normands et Hugues le Grand, 118. — Il fait encore la paix avec celui-ci et avec les fils d'Héribert, 119. — Son voyage en Aquitaine, 120. — Nouvelle guerre avec les fils d'Héribert, contre Hugues le Grand et Othon de Saxe, leurs protecteurs, *ibid.* — Il soumet la Normandie, 123. — Manque à sa promesse envers Hugues le Grand, *ibid.* — Ravage le Vermandois, *ibid.* — Se rend en Normandie, où il est attiré dans un piége, 125. — Echappe à la mort, *ibid.* — Est fait prisonnier, *ibid.* — Donne des ôtages pour obtenir sa liberté, *ibid.* — Est remis à Hugues le Grand, qui le tient captif, *ibid.* — Est rétabli sur le trône, 127. — Se joint au roi Othon, son beau-frère, *ibid.* — S'empare de Rheims, *ibid.* — Introduise l'évêque Artaud, 128. — Fait la guerre à Hugues le Grand, *ibid.* — Le soumet et conclut la paix, 142. — Marche en Aquitaine, 143. — Tombe malade, 144. — S'irrite du mariage d'Edwige, sa mère, 145. — Fait la paix avec Hugues le Grand, 147. — Sa mort, 149 (*Chronique de Frodoard*).

Il s'enfuit en Angleterre aussitôt qu'il apprend la captivité de Charles le Simple, son père, VI, 178 (*Raoul Glaber*).

Fracassé par une chute de cheval, à la chasse du loup, il languit long-temps et meurt, VII, 66 (*Hugues de Fleury*).

Il épouse Gerberge, fille de l'empereur Henri, XXV, 156. — Entre en Normandie, avec une armée, à la mort de Guillaume Longue-Epée, XXVII, 75. — Emmène à Laon le jeune duc Richard 1er, et promet de l'élever comme son fils, *ibid.* — Résout de le faire périr, 75. — Le laisse s'échapper, *ibid.* — Livre une bataille aux Normands et aux Danois leurs auxiliaires, 76. — Est fait prisonnier, *ibid.* — Cède une partie de la Normandie au duc Hugues d'Orléans, à charge d'attaquer les Normands, 77. — Marche lui-même en ennemi sur Rouen, tandis que son allié assiége Exmes, *ibid.* — Rompt l'alliance sur la parole de Bertrand le Danois, 78 et *suiv.* — Rentre en France, appelé par les grands, et est élevé sur le trône, 127. — Est fait prisonnier par les Normands d'accord avec Hugues le Grand, *ibid.* — Sa mort, *ibid.* (*Orderic Vital*).

Il est conduit par la reine Ogive, sa mère, auprès du roi d'Angleterre, son grand-père, XXIX, 59. — Est rappelé au trône de Charles III, son père, par les soins de Hugues le Grand et du duc Guillaume 1er de Normandie, 65, 66. — Sollicite les secours du roi Henri, *ibid.* — Les obtient, sur la garantie du duc de Normandie, *ibid.* — Se rend avec lui et les princes des Francs sur la Meuse, où la paix se conclut, 67. — Se rend à Rouen après l'assassinat du duc Guillaume, 79. — Se fait amener le jeune duc Richard 1er, *ibid.* — Déclare qu'il va le conduire en France pour le faire élever, 80. — Calme l'effervescence que cette prétention cause dans les esprits, *ibid.* — Reçoit l'hommage du jeune duc et l'emmène, *ibid.* —Menace de venger sur le comte de Flandre l'assassinat du duc Guillaume, 81. — Gagné par des présens, il menace le jeune duc de lui faire couper les jarrets, *ibid.* — Le met sous une garde sévère à laquelle il est enlevé, 82, 83. — Réclame l'enfant près de Hugues le Grand, qui ne l'a pas en son pouvoir, 84. — L'appelle à une conférence, *ibid.* — Lui donne la partie de la Normandie à la gauche de la Seine, 85. — Se rend dans le pays de Caux et le dévaste, *ibid.* — Accueille la soumission des régens de Normandie, *ibid.* — Se rend à Rouen, 86. — Défend à Hugues, son allié, d'envahir la Normandie, et rétracte ses promesses, 86. — Impose à Rouen un gouverneur de son choix, 87. — S'en retourne à Laon, *ibid.* — Court au secours des Normands, attaqués par les Danois dans le Cotentin, 89. — Appelle leur roi à une conférence pacifique, *ibid.* — Est accusé de l'assassinat du duc Guillaume, *ibid.* — S'échappe avec peine, *ibid.* — Est fait prisonnier par un chevalier Normand, qui le cache dans une île de la Seine, *ibid.* — Est livré à Bernard le Danois, 90. — N'est pas secouru par Henri l'Oiseleur, son beau-père, *ibid.* — Donne son fils en otage aux Normands, 91. — Obtient sa liberté de l'influence de Hugues le Grand, *ibid.* — Resserre son alliance avec le comte de Flandre, 93. — Offre à l'empereur Othon la Lorraine, pour prix des secours qu'il en attend, *ibid.* — Marche avec lui contre Hugues le Grand, *ibid.* — S'approche de Rouen, et délibère avec l'empereur Othon de livrer aux Normands le comte de Flandre leur allié, 94. — Fait à la hâte sa retraite, 95. — Est poursuivi, *ibid.* — Perd beaucoup de prisonniers, *ibid.* — Sa mort, *ibid.* — Son fils Lothaire lui succède, *ibid.* — Conditions de son traité avec le duc de Normandie, 313 (*Guillaume de Jumiége*).

Louis v, roi de France, fils de Lothaire. — Epouse Blanche d'Aquitaine qui l'abandonne, VI, 180, 181 (*Chronique de Raoul Glaber*).

Est trahi par Adalbéron, évêque de Laon, qui transfère la couronne à Pepin, X, 2 (*Vie de Guibert de Nogent*).

Succède à son père. — XXV, 160; XXVII, 130 (*Orderic Vital*).

Sa mort, VI, 181; XXV, 160; XXVII, 131.

Louis vi, le Gros, roi de France. — Résiste avec habileté aux attaques de Guillaume le Roux, roi d'Angleterre, VII, 49. — Succède à Philippe 1er, son père, 56. — Ses guerres contre Guillaume le Roux, roi d'Angleterre, VIII, 4. — Il défend avec succès les frontières de Normandie, 5. — Fait la paix, 6. — Arrête les dévastations de Bouchard de Montmorency sur les terres de Saint-Denis, 9. — Contraint Matthieu de Beaumont à restituer son château à Hugues de Clermont, son beau-père, 11. — Echoue contre le château de Chambly, 12. — Accorde la paix qui lui est demandée, 14. — Soumet Ebble, comte de Roussi, 15. — Brûle dans son château Léon de Meun, 17. — Protége efficacement, mais injustement, Thomas de Marle, 18. — Reçoit néanmoins la soumission de ses ennemis, 20. — Acquiert le château et la tour de Montlhéry, 21. — Fiance la fille du sénéchal Guy de Rochefort, 23. — Brûle le château et dégage la tour de Montlhéry, 24. — Prend le château de Gournay, 39. — Détails du siége, 40 *et suiv.* — Le garde pour lui, 44. — S'empare du château de Sainte-

Sévère, *ibid. et suiv.* — Succède à son père, 48. — Cérémonies de son sacre, 49. — Il venge sur son beau-père l'assassinat de Guy de la Roche-Guyon, *ibid.* — S'empare du château de La Ferté, et délivre le comte de Corbeil et Anselme de Garlande, 50. — Son entrevue avec Henri 1er, roi d'Angleterre, 56. — Il fait sommer ce prince de détruire Gisors, dont il s'est emparé, 60. — Sur son refus, il lui propose un combat corps à corps qu'il refuse, 62. — Fait la guerre et conclut la paix en donnant le château contesté à Guillaume, fils de Henri, qui lui en fait hommage, 64. — S'empare des châteaux de Mantes et Montlhéry, et réprime la révolte de son frère Philippe, 70. — Donne le château de Montlhéry à Milon de Brai, 73. — Secourt Thibaud, comte de Chartres, attaqué par Hugues du Puiset, 77. — Fait le siège du Puiset, 79. — Constitue Hugues prisonnier à Château-Landon, 81. — Fait détruire son château, réclamé par Thibaud, *ibid.* — Repousse les attaques de celui-ci, 82. — Est aidé par le comte Robert de Flandre, son oncle, *ibid.* — Voit tous les grands des environs de Paris ligués contre lui par Thibaud de Chartres, 84. — Met en liberté Hugues du Puiset, qui lui cède la succession de Eudes, comte de Corbeil, 87. — Va en Flandre, *ibid.* — Revient au Puiset et y est battu, 91. — Repousse à son tour l'ennemi, 97. — Obtient chaque jour l'avantage, *ibid.* — Reste définitivement vainqueur, *ibid.* — Reçoit en grâce Hugues du Puiset, 98. — En est encore trahi, *ibid.* — Fait la paix avec le roi d'Angleterre et le comte Thibaud, *ibid.* — Lève une armée contre Thomas de Marle, et s'empare de Créci et de Nogent, 100, 102. — Se saisit du château de Germiny, 104. — Termine la querelle entre Aimon de Bourbon et son neveu Archambaud, *ibid.* — Se prévaut de sa suzeraineté contre son vassal Henri, roi d'Angleterre, et allume la guerre,

105. — Renfermé dans un cercle étroit par ses ennemis, il ravage leurs terres, *ibid.* — Surprend le Gué-Nicaise en Normandie, 106. — S'empare du fort de Malassis, 107. — Perd la bataille de Brenneville, 111. — Rentre en Normandie, 112. — S'empare d'Ivri et de Breteuil, 113. — Pousse jusqu'à Chartres, et rentre chez lui, *ibid.* — Ses préparatifs pour repousser l'invasion dont il est menacé par l'empereur Henri IV, 124 *et suiv.* — Il remporte la victoire sans combat, 127. — Donations et faveurs qu'il accorde à l'église de Saint-Denis, 128. — Il repousse le roi d'Angleterre, 129. — Soumet deux fois le comte d'Auvergne révolté, 130. — Reçoit l'hommage du duc d'Aquitaine, 135. — Établit comte de Flandre Guillaume, fils du duc Robert de Normandie, 138. — Venge l'assassinat de Charles le Bon, 139. — Punit Thomas de Marle, *ibid.* — Fait la guerre à Amaury de Montfort, 143. — S'empare de son château de Livri, *ibid.* — Est blessé, *ibid.* — Perd Philippe, son fils aîné, 149. — Associe son fils Louis à la couronne, 150. — Marche contre Thibaud de Chartres, *ibid.* — Brûle Bonneval, etc., 152. — Tombe malade, *ibid.* — Se démet du gouvernement, 153. — Distribue ses richesses, 154. — Sa profession de foi, 155. — Se fait transporter à Saint-Denis, 156. — Y apprend la mort et le legs du duc Guillaume d'Aquitaine, *ibid.* — Décide de marier son fils à Éléonore de Guyenne, *ibid.* — Sa mort, *ibid.* — Ses obsèques, 159 (*Suger, Vie de Louis le Gros*).

Il annonce des secours aux vengeurs du comte de Flandre, VIII, 325. — Convoque les grands à Arras pour l'élection de son successeur, 326. — Proclame comte de Flandre Guillaume Cliton, fils du duc Robert de Normandie, 332. — L'accompagne et le fait reconnaître, 334 *et suiv.* — Tente inutilement de négocier la paix entre Guillaume d'Ypres et le nouveau comte, 340. — Dirige le siége de Bruges, 349. — Pousse dans la tour, leur dernière retraite, les assassins du comte Charles le Bon, 357. — Leur permet d'en sortir, 371. — Marche par Gand sur Oudenarde, contre le comte de Mons, 379. — Revient à Bruges, *ibid.* — Se rend au palais du comte, et fait précipiter de la tour les vingt-huit prisonniers qu'il y avait faits, 381. — Après l'expulsion de Guillaume Cliton, et la reconnaissance de Thierry d'Alsace par les habitans, il mande les grands à Arras pour les arranger avec le comte chassé, 407. — Est lui-même accusé de parjure, 408. — Voit son autorité déclinée, 409. — Appelle de nouveau les grands du pays, pour décider qui de Guillaume Cliton ou de Thierry d'Alsace restera comte de Flandre, 414 (*Glabert*).

Il confirme, pour de l'argent, les priviléges de la *commune* de Laon, et veut bientôt la réduire au servage, X, 37. — S'entend à cet effet avec l'évêque Gaudin, et révoque ses promesses, 42. — Troubles qui s'ensuivent, 43 *et suiv.* — Il autorise l'établissement d'une *Commune* à Amiens, 88. — Marche contre Thomas de Crécy et détruit son château, 95 (*Vie de Guibert de Nogent*).

Saint Bernard lui prédit la mort de Philippe son fils ainé, X, 379 (*Vie de saint Bernard*).

Il assiége et prend sur Hugues de Pompone le château de Gournai qu'il donne aux Garlande, XIII, 2. — Dépouille à toujours plusieurs autres seigneurs, ses ennemis, 3. — Combat et vainc le roi Henri d'Angleterre, *ibid.* — Marche contre l'empereur Henri v, qui se retire sans combattre, 9. — Venge le comte Charles de Flandre, assassiné par ses sujets, 12. — Vainc Thomas de Marle, 13. — Fait sacrer roi des Français son fils Philippe, *ibid.* — Reconnaît pour pape Innocent II, 14. — Après la mort de Philippe, il fait couronner roi son fils Louis par le pape, 16. — Lui fait épouser Eléonore d'Aquitaine, 19. — Sa mort, *ibid.* (*Guillaume de Nangis.*)

Il passe en Angleterre de l'aveu de son père, XXVIII, 172. — Y est poursuivi par Bertrade, sa belle-mère, qui envoie un faux ordre du roi de le retenir prisonnier toute sa vie, *ibid.* — Rentre en France et se plaint au roi, 173. — Veut tuer la reine, *ibid.* — Est empoisonné, *ibid.* — Guérit à peine, *ibid.* — Pardonne à Bertrade à la sollicitation de son père, 174. — Est fait comte du Vexin, *ibid.*; XXVII, 343. — Est chargé du gouvernement de l'Etat, *ibid.* — Succède à son père, XXVIII, 248. — Forme les *Communes*, sous la direction du clergé, pour les opposer dans les siéges et batailles, sous leurs bannières, aux brigands et aux factieux, 249. — S'efforce de soumettre le comte de Rochefort, 250. — Le force devant toutes ses places, *ibid.* — Met le siége devant Montmorenci et Chambli, et ne réussit pas mieux, 251. — Assiége le château du Puiset, 252. — Lève le siége devant le comte de Blois, *ibid.* — Rassemble une nouvelle armée, *ibid.* — Vainc les rebelles et fait raser le fort, *ibid.* — Assiége Gournai-sur-Marne, *ibid.* — Repousse le comte de Blois et s'empare de la place, 253. — Fait une excursion avec le comte de Flandre dans le comté de Meaux, et est battu, 254. — Entre dans le parti du jeune Guillaume, fils du duc Robert de Normandie, 256. — Est forcé par le comte de Blois de lever le siége du Puiset, 264. — Fait la paix avec le roi Henri v d'Angleterre, 267. — Recommence la guerre avec ce prince dans les intérêts du prince Guillaume de Normandie, 269. — S'empare de Gani par ruse, 270. — Y bâtit un fort, *ibid.* — Refuse positivement à Amauri de Montfort le comté d'Evreux, 272. — Négocie avec Richer de l'Aigle, qui rompt avec lui, 278. — Brûle sa ville et occupe le château, 279. — S'empare d'Andeli, qui lui est livré aux cris de *Mont-Joie*, entendus pour la première fois, 292.—Assiége Dangu, que le châtelain brûle et évacue, 304.—Echoue devant Châteauneuf, 305.—Se retire en France à la nouvelle de l'incendie d'Evreux, *ibid.* — Se reporte sur Andeli, *ibid.* — Marche sur Noyon et rencontre l'ennemi, 306.—Livre la bataille de Brenmule (Brenneville), 307.—Détails du combat, 308.—Il perd la bataille, 309; XXV, 171.— S'enfuit, XXVIII, 39.— Erre seul au milieu de la forêt, et se fait conduire à Andeli par un paysan, 310.—Retourne à Paris, où le comte Amaury le console, et lui trouve des moyens de recommencer la guerre, 312 *et suiv.* — Fait lever le peuple sous la bannière de chaque église, 314.—Dirige cette armée sur Breteuil, 315.—Echoue et rentre en France, 316.—Son discours au concile de Rheims, 322 *et suiv.* Il y fait vainement décider que le duc Robert sera remis en liberté, et la Normandie donnée à lui ou à son fils, 343-347.—Fait la paix avec le roi Henri d'Angleterre par la médiation du pape, 348, 349, et XXV, 171.— Convoque un parlement pour délibérer sur le sort de Guillaume, fils du duc Robert de Normandie, 405. — Echoue dans ses projets en faveur de ce prince, 406.— Lui donne le Vexin et quelques places, 407.— Va venger le comte de Flandre, assassiné dans Bruges, *ibid.* — Donne le comté à Guillaume, et lui retire le Vexin, 408. — Reconnaît le pape Innocent II, 440.— Fait sacrer roi Louis, son fils, après la mort de Philippe, son aîné, 442.— Murmures et attentats qui accompagnent et suivent cette cérémonie, 443.— Il fait la paix entre Thibaud de Blois et Raoul de Péronne, 459.— Confie le gouvernement à son fils Louis pendant une maladie dont il guérit, 460.— Marie ce prince à Eléonore de Guyenne, 485.—S'allie avec le roi Etienne d'Angleterre, 486.—Reçoit son hommage pour la Normandie, *ibid.* — Sa mort, 491 (*Orderic Vital*).

Louis VII, LE JEUNE, roi de France. — Ses négociations avec l'empereur Frédéric V pour la reconnaissance d'un pape, VII, 225 *et suiv.* —Intérêt qu'il porte à l'archevêque Thomas Becket, 248 (*Histoire de Vézelai*).

Il est associé à la couronne, VIII, 150.— Epouse Eléonore, fille du duc Guillaume, qui lui apporte en dot l'Aquitaine et tous les Etats de son père, 156, 157. (*Suger, Vie de Louis le Gros*).

A la mort de son père, il pourvoit à la sûreté de l'Aquitaine, réprime les complots et prend les rênes de l'Etat, VIII, 209.— Epouse Eléonore d'Aquitaine, qui lui donne une fille, 212. — Soumet Gaucher de Montjai, révolté, *ibid.* — Prend la croix, 213.— Va à Jérusalem et en revient, 215.— Conquiert la Normandie sur le roi Etienne d'Angleterre, et la donne à Henri, fils de Geoffroi d'Anjou, duquel il reçoit le Vexin normand, *ibid.* — Fait la guerre à Henri, qui méconnaît sa suzeraineté, 216.—Le soumet et lui donne la paix; *ibid.* — Rompt son mariage avec Eléonore, sous le prétexte de parenté, 217.— Epouse Constance, princesse d'Espagne, qui lui donne une fille, mariée au fils d'Eléonore et de Henri, son second mari, avec dot du Vexin normand, 218. — Perd sa femme, 219.—Epouse Adèle de Blois, *ibid.* — Est sacré et couronné, 220. — Reconnaît Alexandre pour pape, 222.—Dépouille le comte de Châlons, 226. — Dissout la commune de Vézelai, 227. — Naissance de Philippe, son fils, 229, 230 (*Vie de Louis VII*).

Il obtient, de ses prières, un fils qu'il nomme *Dieu-Donné*, XI, 9. — Vision qu'il a avant sa naissance, 10. — Il l'élève au trône sous le nom de Philippe, 11.—Le fait couronner, 13.— Sa mort, 20.—Son mausolée, 21 (*Rigord, Vie de Philippe-Auguste*).

Il est désigné par Guillaume, prince d'Aquitaine, pour l'époux de sa fille Eléonore, XII, 18.—L'épouse, 19.—Succède à Louis le Gros, son père, *ibid.*—Ses dissensions avec le pape, 24.—Il fait la guerre au comte Thibaut de Champagne, *ibid.*—S'empare de Vitry, qu'il donne à Eudes, neveu de Thibaud, 25.—S'arrange avec le nouveau pape, *ibid.*—Fait la paix avec le comte de Champagne, par la médiation de saint Bernard, 26.—Prend la croix à Vézelai, 27.—Remet l'administration du royaume à Suger, abbé de Saint-Denis, 29.—Passe le Bosphore et recueille les débris de l'armée de l'empereur Conrad, qui vont se reposer à Constantinople, *ibid.*—Eprouve de grandes pertes dans les déserts de la Syrie, 31.—Y est défait, 32.—Est accueilli à Antioche, *ibid.*—Veut arracher des mains du prince Raymond d'Aquitaine, son oncle, la reine Eléonore, qui lui oppose leur parenté, *ibid.*—Se détermine à l'abandonner, *ibid.*—La force de le suivre à Jérusalem, *ibid.*—Se réunit en cette ville à l'empereur Conrad, 33.—Se présente devant Damas, va à Joppé, insulte Ascalon, et rentre à Jérusalem sans avoir rien fait, *ibid.*—Quitte la Palestine pour retourner dans son royaume, 34.—Est pris par les Grecs, qui l'amènent à Corfou, *ibid.*—Est délivré par l'amiral de Sicile, *ibid.*—Est conduit près du roi Roger, qui le remet à Rome, *ibid.*—Est accueilli par le pape, *ibid.*—Rentre en France, *ibid.*—Conduit sa femme en Aquitaine, 35.—Retire ses garnisons, *ibid.*—Divorce à Beaugency, 36.—Se fâche de ce qu'Eléonore épouse Henri, duc de Normandie, *ibid.*—Assiége et prend le château de Vernon, tandis que Henri guerroie en Angleterre avec le roi Etienne, 38.—Epouse Constance, princesse espagnole, 39.—Délivre l'église de Sens des exacteurs, 40.—Après la mort de Constance, il épouse Adèle de Champagne, 41.—Entre dans Toulouse, 42.—Force le roi d'Angleterre à renoncer à l'attaque de cette place, *ibid.*—Accueille l'archevêque Thomas de Cantorbéry exilé, et l'entretient à Sens, 43 (*Voyez* THOMAS).—Arme, contre leur père, les trois fils du roi d'Angleterre, 47.—Ravage la Normandie, *ibid.*—Fait la paix dans cette famille, 48.—Fait couronner Philippe, son fils, 50.—Sa mort, 51.—Son éloge, *ibid.* (*Guillaume de Nangis*).

Il prend la croix, XVII, 490.—Arrive à Constantinople, 501.—Apprend que l'empereur Conrad a perdu son armée, 502.—Se réunit à lui, 503.—Le conduit jusqu'à Ephèse, où il s'embarque, *ibid.*—Rencontre les Turcs sur les bords du Méandre, 504.—Leur livre une bataille et la gagne, 505.—Est attaqué, et complètement battu, lors de la division de son armée en deux parts, 507.—Echappe par miracle, et rejoint son avant-garde intacte, 509.—Arrive de sa personne à Antioche, où il est accueilli fort honorablement par le prince, 512.—Refuse de réaliser ses projets, 513.—Sort secrètement d'Antioche, sa femme ayant oublié ses devoirs de fidélité envers lui, *ibid.*—Se dirige vers Tripoli, 515.—Se rend à Jérusalem, 517 (*Guillaume de Tyr*).

Se réunit à l'assemblée de Saint-Jean-d'Acre pour délibérer sur les moyens d'agrandir le royaume de Jérusalem, XVIII, 2.—Passe une année dans la Terre-Sainte, 18.—Retourne dans ses Etats, *ibid.*—Divorce avec sa femme, qui épouse le duc de Normandie, *ibid.*—Se remarie avec Marie, princesse d'Espagne, *ibid.*—Sa mort, 380 (*Guillaume de Tyr*).

Il prend la croix, XXIV, 283.—Fait les préparatifs de l'expédition, 285.—Prend sa route par Metz, 292.—Arrive à Worms, où les Croisés se livrent à des désordres, 293.—Reçoit à Ratisbonne les députés de l'empereur grec, 295. — Discussions sur les conditions du traité, 296. — Il traverse la Hongrie et la Romanie, 298, 299. — S'allie avec Geïsa II, roi de Hongrie, 303. — Lui refuse l'extradition de Boris, son compétiteur au trône, caché dans le camp français, arrêté dans sa fuite comme un voleur et traduit devant le roi, *ibid.* — L'emmène avec lui, 304, 305. — Trouve la Bulgarie pillée par les Allemands, et révoltée contre les nouveaux Croisés, 307. — Livre plusieurs combats aux Croisés de l'empereur Conrad, 308, 314 *et suiv.* — Il reçoit de ce prince beaucoup de belles promesses qui demeurent sans effet, 318. — En est bien accueilli, 320. — Discute en conseil si l'on s'emparera ou non de Constantinople, 325. — Rejette ce projet et passe le Bosphore, 328. — Fait pendre un Flamand qui a excité au pillage, 329. — Offre satisfaction à l'empereur, 330. — Délibère sur les propositions de l'empereur Manuel, tendantes à obtenir l'hommage des futures conquêtes des Croisés, et la main d'une parente de la reine pour son neveu, 331. — Envoie des députés, 332. — Pendant la négociation il fait butiner, acheter des vaisseaux et disparaître la princesse, *ibid.* 333. — Lève le camp, 334. — Fait hommage à l'empereur, 336. — Rallie à Nicée l'empereur Conrad, qui a perdu son armée entière, 345. — S'éloigne de lui un jour et envoie à son secours, 347. — Lui fait un accueil distingué, 348. — Prend la route de la mer, d'après les avis de l'empereur Conrad, 351. — Méprise les Turcs et les Grecs, 355. — Est attaqué devant et derrière sur le Méandre, 357. — Repousse l'ennemi, 358. — Est poursuivi, 359. — Est attaqué dans un défilé, séparé de son avant-garde, et fait, sans secours, ce qu'il lui est possible pour repousser l'ennemi, 362. — Se sauve seul sur un rocher, où l'ennemi l'abandonne inconnu, 364, 365. — Marche à pied, sans escorte, et rejoint son avant-garde dans l'obscurité, 366. — Organise l'armée, 368. — Continue sa marche au milieu des ennemis, 369. — Leur livre combat et arrive mourant de faim à Satalie, 371. — Consent, malgré lui, à prendre la voie de mer pour se rendre à Antioche, 373-375. — Repousse l'ennemi, 377. — S'embarque et dirige l'armée sur Tarse, 379, 380. — Arrive à Antioche sain et sauf, mais sans son armée, détruite ou passée au service des Turcs, 383 (*Odon de Deuil*).

Il est sacré roi par le pape, du vivant de son père, après la mort de Philippe, son frère aîné, XXVIII, 442. — Murmures et attentats que cause cette cérémonie, *ibid.*, 443. — Épouse la fille du comte de Poitiers, 491. — Succède à son père, 492. — Est couronné roi de France et duc d'Aquitaine, *ibid.* — Rassemble une armée et va faire la guerre à Alphonse, comte de Toulouse, 534 (*Orderic Vital*).

Il épouse Eléonore, fille du duc Guillaume d'Aquitaine, XXIX, 308 (*Guillaume de Jumiège*).

Louis VIII, roi de France, fils de Philippe-Auguste. — Sa naissance, XI, 71. — Il est guéri par les prières du peuple et les reliques de saint Denis, 100. — Dot de Blanche de Castille qui lui est destinée pour femme, 150. — Son mariage, 153. — Sa maladie et sa guérison, 174 (*Rigord*).

Il est fait chevalier par le roi Philippe-Auguste, son père, XI, 241. — Négocie l'alliance de Frédéric, empereur élu, avec le roi, 250. — Reçoit, pour son père, le serment de Pierre de Dreux, investi du duché de Bretagne après la mort d'Arthur, 266. — S'empare, sans combat, des conquêtes de Jean-sans-Terre en Anjou, 273. — Le poursuit en Poitou, *ibid.* — Le force à lever le siège de la Roche-au-Moine, 317. — Prend la croix, *ibid.* — Se réunit au comte de Montfort et marche contre les Albigeois, *ibid.* — Est appelé au trône d'Angleterre par les barons, révoltés contre le roi Jean, 321. — Accepte la couronne contre l'avis du roi son père, *ibid.* — Est excommunié par le pape, 322. — Débarque en Angleterre et met en fuite le roi Jean, 324. — Conquiert le pays, 325. — Reçoit la soumission du roi d'Ecosse et de la plupart des grands, *ibid.* — Est abandonné, à la mort du roi Jean, pour le prince Henri, son fils, *ibid.* — Conclut une trêve et rentre en France, 326. — Retourne en Angleterre et y est vaincu, 327. — Traite avec le nouveau roi et revient absous, *ibid.* — Texte de ce traité, 328. — Il marche contre les Albigeois, 335. — Joint Amaury, fils de Simon de Montfort, *ibid.* — S'empare de Marmande, où il tue 15,000 habitans, *ibid.* (*Guillaume le Breton, Vie de Philippe-Auguste*).

Il succède au roi Philippe-Auguste, son père, XI, 357. — Son couronnement, *ibid.* — Il descend de Charlemagne par sa mère, *ibid.* — Son discours au parlement touchant l'affaire des Albigeois, 361. — Il obtient une trêve du vicomte de Thouars, 364. — Texte de la convention, 365. — Il s'empare de Niort et de Saint-Jean-d'Angely, 367. — Assiége La Rochelle et s'en empare, 368. — Son entrevue avec le roi Henri d'Allemagne, 372. — Il chasse les Anglais, qui ont encore envahi l'Aquitaine, 373. — Conditions (texte) des secours qu'il accorde à la comtesse de Flandre pour recouvrer ses Etats, 374. — Il prend la croix contre les Albigeois, 377. — Fait le siége d'Avignon et s'en empare, *ibid.*, 378. — Marche, et soumet tout, vers Toulouse, *ibid.* — Sa mort, 379. — Son testament, *ibid.* — Cérémonies de son couronnement, XI, 390 *et suiv.* — Siége de La Rochelle, 415 *et suiv.*; 454 *et suiv.* — Prise de la croix : guerre contre les Albigeois, 431 *et suiv.* — Il meurt des suites du poison, 439. — Siége d'Avignon, 448 *et suiv.* (*Nicolas de Bray, Vie de Louis VIII*).

Il épouse Blanche de Castille, nièce du roi Jean d'Angleterre, XII, 152. — Jure d'aider Philippe-Auguste, son père, dans sa guerre contre les coalisés, 260. — Poursuit l'ennemi, qui s'est emparé d'une partie de la flotte de Dam, et le contraint à prendre le large, 273. — Est chargé, par son père, du soin de la guerre en Poitou contre le roi d'Angleterre, 290. — Joint ce prince, le met en fuite, et fait lever le siége de la Roche-au-Moine, 293 à 295. — Autre version, *ibid.* à la note. — Il ravage le pays, 296. — Reprend Angers, et punit les rebelles, 298. — Est appelé au trône d'Angleterre lors de l'expulsion du roi Jean-sans-Terre, 362. — Exhortation que lui adresse Guillaume le Breton à la mort de Philippe-Auguste, 384 *et suiv.* (*Guillaume le Breton*).

Il épouse Blanche de Castille, fille d'Alphonse, petite-fille du roi Jean d'Angleterre, XIII, 84. — Négocie l'alliance entre Philippe-Auguste et l'empereur Frédéric, 106. — Est envoyé combattre le roi Jean-sans-Terre, débarqué avec une armée à La Rochelle, 112. — Fait lever le siége de la Roche-au-Moine, *ibid.* — Reprend et démantèle Angers, 113. — Est appelé au trône d'Angleterre par le peuple, les villes et les grands, 116. — Ayant reçu des otages, il envoie bon nombre de chevaliers, *ibid.* — Est pressé de renoncer à cette expédition par le légat du pape, qui le menace d'excommunication, 118. — Equipe une flotte, *ibid.* — Passe en Angleterre, où il est bien accueilli, *ibid.* — Voit lancer l'interdit sur les terres de ses partisans, *ibid.* — Plein de confiance dans les Anglais, à la mort de Jean-sans-Terre, il leur rend les otages, 119. — Congédie son armée, et va en France en réunir une plus forte, *ibid.* — Retourne en Angleterre et est abandonné d'une grande partie de la noblesse, *ibid.* — Assiége Douvres, *ibid.* — Se transporte à Londres, *ibid.* 120. —

Est trahi de toutes parts, *ibid.* — Négocie et effectue sa retraite en France, *ibid.* — Marche contre les Albigeois, 124. — Prend Marmande, *ibid.* — Assiége en vain Toulouse, *ibid.* — Succède à son père Philippe-Auguste, 132. — Est couronné à Rheims avec Blanche sa femme, *ibid.* — Fait reconnaître, dans le concile de Paris, la catholicité du comte Raimond de Toulouse, et annuler les indulgences accordées aux Croisés contre les Albigeois, 132. — Marche en Poitou, 133. — Assiége dans Niort Savary de Mauléon, *ibid.* — Prend la place, *ibid.* — Est reçu à Saint-Jean-d'Angely, *ibid.* — Assiége La Rochelle et s'en empare, *ibid.* — Accorde une trève au vicomte de Thouars, et reçoit son hommage, 135. — Prend la croix, des mains du légat, contre les Albigeois, *ibid.* — Marche contre eux, *ibid.* — Arrive devant Avignon, l'assiége et s'en empare, *ibid.* — Continue sa route jusqu'auprès de Toulouse, 136. — Rentre en France et meurt, *ibid.* — Son fils Louis IX lui succède, sous la régence de la reine, sa mère, *ibid.* (*Guillaume de Nangis*).

Il prend la croix contre les Albigeois, au grand déplaisir du roi, son père, XIV, 246. — Se joint au comte Simon de Montfort, 313. — Calme les inquiétudes du légat, et remet à son bon plaisir le pays conquis, 315. — Marche de Saint-Gilles sur Montpellier et Béziers, 318, 319. — Est chargé de démanteler Narbonne, Toulouse, etc., 320. — Se porte à Carcassonne, *ibid.* — Arrive à Toulouse, 321 (*Pierre de Vaulx-Cernay*).

Reçoit l'hommage que le comte de Montfort lui fait de la ville de Toulouse, qui s'offre à lui, abandonnée par son prince et privée de ses défenseurs, XV, 105. — Se rend à Muret, *ibid.* — Entre dans Toulouse, 106. — Reçoit une partie du pillage, 107. — Quitte la ville après la démolition des fortifications, *ibid.* — Se rend auprès du roi son père, et lui rend compte de ce qu'il a vu et entendu, *ibid.* — Se présente devant Marmande assiégé, 195. — Reçoit ses défenseurs à composition, 196. — Se refuse à les mettre à mort, 197. — Marche vers Toulouse, *ibid.* — Y met le siége, 202. — Est forcé de le lever, *ibid.* (*Histoire des Albigeois*).

Il bat le roi Jean-sans-Terre en Aquitaine, XV, 249, 250. — Assiége et prend Marmande, 263. — Marche sur Toulouse, *ibid.* — En fait le siége et le lève, 264. — Accepte la cession que lui fait le comte Amauri de Montfort de tous ses domaines et de tous ses droits, 269, 270. — Se rend à l'avis du légat et décide de poursuivre l'œuvre commencée par les croisades et le comte de Montfort dans l'Albigeois, 270. — Se rend à Lyon, 272. — Descend le Rhône jusqu'à Avignon, *ibid.* — Fait le siége de cette ville, *ibid.* — Envoie préparer les voies par l'archevêque de Narbonne, *ibid.* — Reçoit la soumission de la plupart des villes jusqu'à Carcassonne, *ibid.* — Accorde la paix au comte de Foix, *ibid.* — S'empare d'Avignon et en détruit les fortifications, 273. — Conquiert l'Albigeois et en remet le gouvernement à Imbert de Beaujeu, 274. — Arrive en Auvergne et meurt, 275 (*Guillaume de Puy-Laurens*).

Il prend la croix contre les Albigeois, XV, 341. — Est forcé de retarder l'exécution de son projet, *ibid.* — Chasse de l'Aquitaine le roi Jean d'Angleterre, 345. — Se réunit, dans l'Albigeois, à Simon de Montfort, élu prince de ce pays par délibération du concile de Montpellier, confirmée par le pape, 348, 349. — Il ordonne la démolition des fortifications de Narbonne et de Toulouse, 350. — Passe dans cette dernière ville, *ibid.* — Retourne en France après avoir fini son pèlerinage, *ibid.* — S'empare de La Rochelle, 357. — Vient accomplir son pèlerinage en Albigeois, 358. — Prend Marmande par capitulation, *ibid.* — Succède à Philippe-Auguste, son père, 360. — Reçoit les sermens des grands du Limousin, du Périgord, de l'Aquitaine, excepté des Gascons, *ibid.* — Accepte la cession de tous ses domaines, etc., que lui fait Amaury de Montfort, *ibid.* — L'élève à la dignité de connétable, 361 — Se décide à achever l'œuvre de l'extirpation de l'hérésie dans l'Albigeois, *ibid.* — Se met en marche avec le légat et une armée de Croisés, *ibid.* — Soumet, sur sa route, tout ce qui appartient au comte de Toulouse, *ibid.* — Fait le siége d'Avignon, *ibid.* — Envoie l'archevêque de Narbonne pour préparer les esprits, *ibid.* — S'empare d'Avignon, et en fait démolir les fortifications, 363. — Marche en triomphe, et sans combat, dans les Etats du comte de Toulouse, *ibid.* — En confie la garde à Humbert de Beaujeu, 364. — Reprend le chemin de l'Auvergne et meurt, *ibid.* (*Gestes glorieux des Français*).

Louis IX (saint), roi de France. — Il succède à son père, sous la régence de la reine Blanche de Castille, sa mère, XIII, 136. — Est couronné à quatorze ans, *ibid.* — Envoie en Albigeois des évêques et des chevaliers, qui s'emparent de Toulouse, 137. — Conspiration ourdie contre lui, *ibid.* — Il pardonne, *ibid.* — Secourt le comte de Champagne qui a révélé la conspiration, 138. — Marche contre le duc de Bretagne, l'un des conspirateurs graciés, qui s'est révolté de nouveau, et a appelé le roi d'Angleterre, *ibid.*, 139. — Le dépouille du château de Bellême, *ibid.* — Réprime ses nouveaux excès, *ibid.* — Fonde l'abbaye de Montréal, 140. — Rappelle les écoliers qui ont déserté Paris, *ibid.* — Epouse Marguerite de Provence, 144. — Faillit être assassiné par ordre du Vieux de la Montagne, 145. — Accorde une entrevue à l'empereur Frédéric, qui ne s'y rend pas, 147. — Reçoit la très-sainte Couronne d'épines et la porte à Saint-Denis, *ibid.* — Retire de gage les instrumens de la passion, et les place dans sa chapelle, 148. — Livre bataille devant Saintes, au roi Henri III d'Angleterre et à ses partisans, 150. — Les bat, et leur accorde difficilement une trêve de cinq ans, *ibid.*, 151. — Accueille les enfans de Jean de Brienne, empereur de Constantinople, 153. — Prend la croix, 154. — Part pour la Terre-Sainte, 156. — Démolit, à son passage, le château de la Roche de Gluin, sur le Rhône, *ibid.* — S'embarque à Aigues-Mortes, *ibid.* — Aborde en Chypre, *ibid.* — Met en fuite les Sarrasins et débarque à Damiette, 157. — Est battu à la Massoure, 159. — Est fait prisonnier avec ses deux frères, 160. — Rend Damiette, donne une rançon et recouvre sa liberté, 161. — Evénemens extraordinaires en France, *ibid.* — Il reçoit de l'abbé de Saint-Denis un vaisseau chargé d'habits et de vivres, 164. — Revient de la Terre-Sainte, 168. — Confisque, à l'instigation du pape, les biens, sis en France, des habitans de Turin, pour s'être donnés au comte de Savoie, *ibid.* — Fait la paix avec le roi Henri d'Angleterre : conditions de cette paix, 172, 173. — Tient une assemblée de nobles et de prélats pour les affaires de la Terre-Sainte, *ibid.* — Conclut un traité de paix et alliance de famille avec le roi d'Aragon, 175. — Tente de rétablir la paix entre le roi d'Angleterre et ses barons, 177. — Mande Simon de Montfort qu'il trouve inflexible, *ibid.* — Fait réunir à Saint-Denis les corps des rois de France, 182. — Marie Blanche, sa fille, au fils aîné du roi de Castille, 184. — Va de nouveau au secours de la Terre-Sainte et y conduit ses trois fils, 185. — Remet le soin du gouvernement à l'abbé Matthieu et à Simon de Clermont, *ibid.* — Débarque à Carthage, *ibid.* — Meurt devant Tunis, 186. — Ses obsèques, 189. — Il est canonisé, 231. —

Miracles qui s'opèrent sur son tombeau, *ibid.*, 234. — Philippe le Bel fonde le monastère de Poissy à sa mémoire, 252. — Ses reliques sont transférées de Saint-Denis à Paris, 259, 260, 261 (*Guillaume de Nangis*).

Il succède à son père à l'âge de quatorze ans, XV, 275. — Analyse des conditions de paix que sa mère impose au comte de Toulouse, 282. — Il prend la croix pour la Terre-Sainte, 308. — Son départ, 312. — Il s'empare en passant de la Roche de Gluin, *ibid.* — S'embarque à Aigues-Mortes, *ibid.* — Aborde en Chypre, *ibid.* — Débarque à Damiette, *ibid.* — Sort de cette ville et poursuit les Sarrasins, 315. — Voit son armée attaquée par la peste, 316. — Est fait prisonnier avec ses frères, *ibid.* — Est relâché, *ibid.* — Rend Damiette, *ibid.* — Se croise de nouveau, 322. — Part pour l'Afrique avec ses fils et ses frères, 323. — Descend au port de Carthage, *ibid.* — Meurt devant Tunis, *ibid.* (*Guillaume de Puy-Laurens*).

Il se brouille avec les cardinaux, s'éloigne de Damiette, et rachète l'armée prisonnière en rendant cette place aux Sarrasins, XV, 355. — Repousse les efforts d'une ligue puissante, armée contre lui, 372. — Epouse Marguerite, fille de Raymond Bérenger, comte de Provence, 373. — Fait la paix avec le comte Raymond VII de Toulouse, *ibid.* — Conditions onéreuses et humiliantes qu'il lui impose, *ibid.* — Il traite moins mal le comte de Foix, qui a continué la guerre, *ibid.*, 377. — Le récompense d'avoir rompu la ligue, 378. — Marche contre le comte de Toulouse, *ibid.* — Se porte en Aquitaine contre le roi d'Angleterre et le comte de la Marche, 379. — Accueille celui-ci et met le roi en fuite, *ibid.* — Prend la croix d'Outre-Mer, 380. — S'embarque avec sa femme, ses frères et une nombreuse armée, 381. — Aborde à Damiette, *ibid.* — Remonte le Nil, *ibid.* — Enfermé dans les marais, il est fait prisonnier avec ses frères, 383. — Rend Damiette, et délivre l'armée et ses frères prisonniers, *ibid.* — Retourne à Acre, *ibid.* — Fortifie le pays, *ibid.* — Les jeunes bergers et les enfans veulent quitter la France pour le joindre, *ibid.* — Son retour, 385. — Ses édits, *ibid.* — Il prend la croix pour la sixième fois, 387. — Part pour Tunis avec ses fils, ses frères, les princes et barons, et une brillante armée, 390, 391. — Débarque à Carthage, *ibid.* — Meurt sous Tunis, *ibid.* — Est canonisé et déclaré saint par l'Eglise, *ibid.* (*Gestes glorieux des Français*).

Sa maladie, XIX, 535. — Il prend la croix d'Outre-Mer, *ibid.* — Envoie des troupes en Chypre, 545. — Les suit l'année suivante, *ibid.* — Prend Damiette sans coup férir, *ibid.* — Est battu à la Massoure, 547. — Est fait prisonnier, 549. — Se rachète, *ibid.* — Fortifie Acre et Césarée, *ibid.*, 551. — Fait chevalier Boémond, prince d'Antioche, *ibid.* — Part d'Acre et retourne en France, 553. — Envoie son avant-garde à Acre, 583. — Part de Provence, relâche en Sardaigne, prend Carthage, et meurt sous Tunis, 585 (*Bernard le Trésorier*).

Louis x, *le Hutin*, roi de France et de Navarre. — Epouse, avec dispenses, Marguerite, fille aînée du duc de Bourgogne, XIII, 258. — Soumet, à main armée, le gouverneur du royaume de Navarre et ses adhérens, pacifie le pays, et se fait couronner à Pampelune, 265. — Réprime la révolte de Lyon, 281. — Est armé chevalier par le roi son père, 295. — Prend la croix, *ibid.* — Répudie Marguerite de Bourgogne, sa femme, convaincue d'adultère, 301. — Est chargé du commandement d'un corps d'armée destiné à coopérer à la réduction des Flamands, 305. — Revient sans avoir rien fait, *ibid.* — Succède au roi Philippe le Bel, son père,

308. — Destitue le chancelier et en nomme un autre, *ibid.* — Demande en mariage Clémence de Hongrie, *ibid.* — Excite les cardinaux à élire un pape, *ibid.* — Réprime les habitans de la province de Sens, révoltés, avec raison, contre les extorsions de leur archevêque, 311. — Leur conduite pendant la durée de la sédition, *ibid.*, 312. — N'admet pas les excuses de Robert de Flandre, et rompt la paix avec lui, *ibid.*, 313. — Epouse Clémence de Hongrie, 314. — Marche à la guerre de Flandre, *ibid.* — Campe sur la Lys, *ibid.* — Licencie son armée, *ibid.* — Met le feu aux tentes, *ibid.* — Se retire et fait peur à l'ennemi, *ibid.* — Meurt, laissant sa femme enceinte, 316. — Ses obsèques, *ibid.*, 317 (*Guillaume de Nangis*).

Louis IV, roi de Germanie. — Est choisi pour succéder à Arnoul, son père, IV, 345. — Fait la guerre à son frère Zwentibole, 346. — S'empare de ses Etats, 347 (*Annales de Metz*).

Louis, roi de Provence, fils de Boson. — Reçoit de l'empereur Arnoul des villes appartenant à Rodolphe, et dont il ne peut se saisir, IV, 342 (*Annales de Metz*).

Louis V, de Bavière, empereur. — Il est élu empereur en concurrence avec le duc Frédéric d'Autriche, XIII, 306. — Est couronné à Aix-la-Chapelle, *ibid.* — S'allie avec les Milanais schismatiques et hérétiques, 327. — Fait tous les actes de l'autorité impériale sans l'agrément du pape, 328. — Demande la confirmation de son élection au pape, qui la lui refuse, *ibid.* — Vainc le duc d'Autriche, son compétiteur, et le fait prisonnier avec Henri, son frère, *ibid.* 334, 366. — Est appelé à un concile général, et continue d'exercer les droits de l'empire, 336. — Sa guerre avec les princes d'Autriche, frères de l'empereur Frédéric, 340, 360. — Met Henri d'Autriche à rançon, 368. — Garde prisonnier l'empereur Frédéric, *ibid.* — Continue la guerre contre Léopold, *ibid.* — Est dégradé, par le pape, du titre d'empereur, et ses sujets déliés du serment de fidélité, etc., 371. — Continue la guerre contre les ducs d'Autriche, 372. — Met en liberté le duc Frédéric, empereur, 384. — Reçoit les offres de deux savans qui veulent soutenir ses droits contre le pape, 385. — Passe les Alpes, 390. — Est accueilli à Milan et y reçoit la couronne de fer, *ibid.*, 391 (*Guillaume de Nangis*).

Louis de Béthune, fils aîné du comte Robert III de Flandre. — Accusé du soulèvement de la Flandre, est constitué prisonnier à Moret, puis à Paris, XIII, 287. — S'évade et est dépouillé de son comté, *ibid.* (*Guillaume de Nangis*).

Louis de Champagne, frère de l'impératrice Marie, femme de Baudouin. — Donne à sa sœur des secours insuffisans pour se soutenir dans Namur, XIII, 171 (*Guillaume de Nangis*).

Louis II de Crécy, comte de Flandre. — Epouse Marguerite de France, fille de Philippe le Long, XIII, 342. — Succède à son grand-père Robert III, comte de Flandre, malgré l'opposition de son oncle, 356. — Est arrêté à Londres et relâché, 360. — Obtient la confirmation du comté de Flandre contre les prétentions de son oncle, *ibid.* — Est accueilli gracieusement par les Flamands, qui voient avec peine leur ennemi siéger dans son conseil, 365. — Est en butte à une révolte causée par les exacteurs, 366. — Donne ordre d'assassiner son oncle, Robert d'Artois, l'objet de ses soupçons, 373, 374. — Fait jeter en prison son chancelier, *ibid.* — Est assailli de réclamations contre les percepteurs des impôts dus à Charles le Bel, *ibid.* — Se retire, avec ceux-ci, dans Courtrai, et brûle la ville, 375. — Est fait prisonnier par ses sujets révoltés, *ibid.* — Est déposé, *ibid.* — Voit son oncle Robert élu comte à sa place, *ibid.* — Est gardé prisonnier au mépris des réclamations du roi Charles le Bel, 376. — Recouvre enfin la liberté, 388, 389 (*Guillaume de Nangis*).

Louis de Germanie, roi de Saxe, fils de Louis le Germanique. — Il est envoyé, par son père, gouverner l'Aquitaine, soustraite à l'obéissance de Charles le Chauve, et dont les habitans se sont soumis à sa puissance, IV, 155. — Est accueilli, 156. — Est forcé d'abandonner le pays, 157. — Fiance, contre la volonté de son père, la fille du comte Adalhard, 208. — Se réconcilie avec lui en rompant ce mariage, *ibid.* — Se révolte de nouveau, 214. — S'allie avec les Wenèdes, *ibid.* — Est battu par son frère Carloman, 215. — Est reçu en grâce par son père, *ibid.* — Est chargé de la guerre contre les Obotrites, 219. — S'allie aux Saxons, et fait la guerre aux Wenèdes, 248. S'avance avec une armée pour repousser l'invasion de l'empereur Charles le Chauve, son oncle, 282. — Demande d'être traité avec bénignité, *ibid.* — Passe le Rhin, 283. — Ecoute les ouvertures de paix de son oncle, *ibid.* — Fond sur lui avec une armée, *ibid.* — Le bat complétement, 284. — Marche sur Aix, 285. — Retourne à Coblentz, où il fait jonction avec son frère Charles qu'il dirige sur Metz, *ibid.* — Conclut la paix avec son cousin Louis II, roi de France, dit *le Bègue*, 301. — Texte du traité, 302 *et suiv.* — Il est appelé en France, à la mort de son cousin, par l'abbé Josselin et le comte de Paris, 307. — Marche de Metz à Verdun, 308. — Fait la paix avec le roi Louis III, *ibid.* — Acquiert la portion du royaume de Lothaire que Charles le Chauve avait eue dans son partage avec Louis le Germanique, *ibid.* — Est menacé, dans le royaume acquis de Lothaire, par Hugues, fils de ce prince et de Waldrade, qui se prépare à l'envahir, 309. — Entre en France, 310. — N'y trouvant pas l'appui qu'il espérait, il fait la paix avec les deux rois, *ibid.* — Bat les Normands en France, *ibid.* — Est battu par eux en Saxe, *ibid.* — S'allie avec son frère et avec ses deux cousins, rois de France, contre Hugues et Boson, qui se sont faits rois, 311. — Sa mort, 312 (*Annales de Saint-Bertin*).

Louis de Mouzon, aussi nommé de Monzon, de Mongons et de Moncons, croisé. — Est adjoint au comte Raimbaut d'Orange, dans le commandement du sixième corps de l'armée des Croisés, XVI, 327. — Escalade les murs de Jérusalem, et pénètre dans cette place avec Godefroi de Bouillon, 451 (*Guillaume de Tyr*). Concourt au siége de Nicée, XX, 73. — Marche à l'ennemi lors de la sortie générale de la garnison d'Antioche, 253. — Concourt à l'investissement de Jérusalem, 318 (*Albert d'Aix*).

Louis Ier, dit de Nevers, comte de Flandre. — Rentre dans les bonnes grâces du roi Louis X, XIII, 312. — Est rétabli dans ses biens et dignités, *ibid.* — Reste auprès de ce prince, attendu la déclaration de guerre contre la Flandre, 313. — Est accusé de crimes contre l'Etat, 330. — Est cité devant le roi Philippe le Long, 331. — Passe en Flandre, *ibid.* — Confiscation de ses biens, *ibid.* — Il est rétabli, sauf quelques exceptions, dans ses biens et dignités, 342. — Est accusé d'avoir voulu faire empoisonner son père, 347. — Est arrêté, justifié et mis en liberté avec bien de la peine, et sous condition, 348. — Motifs de cette accusation calomnieuse, *ibid.* — Sa mise en liberté, 355. — Sa mort, *ibid.* (*Guillaume de Nangis*).

Louis de Senlis. — Défend Pont-Audemer contre Henri Ier, roi d'Angleterre, XXVIII, 386. — Le lui rend, 387 (*Orderic Vital*).

Louis de Sicile, frère Mineur. — Est fait évêque de Toulouse et de Pamiers, XIII, 227. — Sa mort, 234.

—Les deux évêchés sont séparés, *ibid.* (*Guillaume de Nangis*).

Loup, duc de Champagne. — Sa guerre avec Ursion et Bertfried, I, 306. — La reine Brunehault empêche la bataille, *ibid.* — Pillage de sa maison, *ibid.* — Met sa femme en sûreté à Laon, 307. — S'enfuit vers Gontran, *ibid.* — Rentre au service de Childebert, II, 16. — Se raccommode avec Ægidius, évêque de Rheims, 19 (*Grégoire de Tours*).

Loup 1er, duc de Gascogne. — Est soumis par Charlemagne, III, 320 (*Vie de Louis le Débonnaire, par l'Astronome*).

Reçoit Hunold, duc d'Aquitaine, et le livre, IV, 12, 13 (*Ermold le Noir*).

Loup Asinaire, duc des Gascons. — Se soumet au roi Rodolphe, VI, 98 (*Chronique de Frodoard*).

Loup Sancion, duc de Gascogne. — Se révolte contre l'empereur Louis le Débonnaire, III, 360. — Est battu et fait prisonnier, *ibid.* (*l'Astronome*).

Vote dans l'assemblée générale pour la conservation de la paix avec l'Espagne, IV, 8, 9. — Attaque les comtes de Toulouse et d'Auvergne, 84. — Est exilé, *ibid.* (*Ermold le Noir.*)

Loup (l'abbé). — Est fait prisonnier par Pepin, fils du feu roi Pepin d'Aquitaine, IV, 136 (*Annales de Saint-Bertin*).

Louvel (Guillaume), comte d'Ivry. — Se révolte en faveur de Guillaume, fils de Robert, duc de Normandie, contre Henri, roi d'Angleterre, XXVIII, 379. — Epouse une fille du comte de Meulan, l'un des conjurés, 380. — Se réunit aux conspirateurs, 381. — Accompagne le comte de Meulan à Watteville, 390. — Est fait prisonnier, par un paysan, au combat de la forêt de Brotonne, lui paie sa rançon, se déguise et évite la captivité, 394. — Fait la paix avec le roi d'Angleterre, 399 (*Orderic Vital*).

Sa mauvaise réputation, XXIX, 267. — Evite la captivité au combat de la forêt de Brotonne, 272 (*Guillaume de Jumiège*).

Louvel (Raoul). *Voy.* Raoul Louvel.

Lover, surnom de Milon. *Voyez* Milon.

Luc de la Barre. — Est renversé dans un combat sous Breteuil, XXVIII, 316. — Défend Pont-Audemer contre le roi d'Angleterre, Henri, 386. — Est fait prisonnier au combat de la forêt de Brotonne, 395. — A les yeux arrachés, *ibid.* — Se tue déplorablement, 396 (*Orderic Vital*).

Luc de Grimaldi, Génois. — S'empare du port d'Acre et y brûle les galères des Pisans, XIX, 579. — Y éprouve lui-même de grandes pertes par les Vénitiens, *ibid.* (*Bernard le Trésorier*).

Lucas, conseiller du comte de Montfort. — Donne avis de ne rien épargner dans Toulouse révolté et soumis; de n'avoir ni pitié, ni merci; de prendre, de piller et tuer tout, XV, 163, 164 (*Histoire des Albigeois*).

Luce, pape. — Assiégé dans le Capitole les sénateurs romains, et meurt bientôt après, XIII, 26. — Est chassé par les Romains, qui arrachent les yeux à ses partisans, 54 (*Guillaume de Nangis*).

Lucé (Guy de). *Voy.* Guy de Lecq ou Lucé.

Lucé. *Voy.* Richard de Lucé.

Lucius (saint), 21e pape. — Ses décrets et son martyre, XXV, 384 (*Orderic Vital*).

Lucius Verus, et Marc-Aurèle, empereurs. — Principaux événemens de leur règne, XXV, 111 (*Orderic Vital*).

Ludelm, évêque de Toul, IV, 344 (*Annales de Metz*).

Ludolf de Tournay. — Dirige le siège de Jérusalem, XX, 329. — Entre le premier dans la place, 338, 450 (*Albert d'Aix*).

Luitard, comte. — Accompagne le roi Louis le Débonnaire au siège de Tortose, III, 338 (*l'Astronome*).

Luitbert, archevêque de Mayence. — Est chargé par Louis le Germanique, de son neveu Carloman l'Aveugle, fils du roi Charles le Chauve, IV, 271 (*Annales de Saint-Bertin*).

LUITFRIED, oncle de Lothaire. — Décide le mariage de ce prince avec sa concubine Waldrade, IV, 177. — Sa mission auprès du roi Louis d'Italie, 200 (*Annales de Saint-Bertin*).

LUITFRIED, surintendant des bâtimens de Charlemagne. — Ses exactions; sa mort, confiscation de ses biens, III, 215 (*Vie de Charlemagne*).

LUITGARD. — Est fait comte de Fezenzac, III, 331 (*l'Astronome*).

LUITGARDE, femme de Charlemagne. — Sa mort, III, 48 (*Annales d'Eginhard*).

LUITPRAND, roi de Lombardie. — Confirme la donation au saint Siége, faite et révoquée par son prédécesseur, du domaine des Alpes Cottiennes, XXV, 148. — Opprime les Romains, 426. — Met le siége devant Rome, 427. — Fait avec le pape Zacharie une paix de vingt ans, *ibid.* (*Orderic Vital*).

LUITWOLF. *Voy.* L'ANONYME.

LUNEL (Lancelin de). — Entre dans la ligue du comte de Toulouse contre le roi Louis IX, XV, 377 (*Gestes glorieux des Français*).

LUPICAR, commandant de Falaise pour le roi d'Angleterre. — Remet cette place à Philippe-Auguste par capitulation, XII, 213 (*la Philippide*).

LUPIN (Renaud de). *Voy.* RENAUD DE LUPIN.

LUPINTIUS, abbé de Saint-Privas. — Est accusé, devant la reine Brunehault, par le comte du Gévaudan, I, 356. — Est trouvé innocent, 359. — Est arrêté, maltraité et tué dans son voyage, *ibid.* — Ses miracles, *ibid.* (*Grégoire de Tours*).

LUSIGNAN (Guy de), roi de Jérusalem, de Chypre, etc. — Reçoit l'île de Chypre de Richard-Cœur-de-Lion, roi d'Angleterre, XI, 106 (*Rigord*).

Épouse la reine Sybille, mère du jeune Baudouin, roi de Jérusalem, XIII, 58. — Succède à ce prince au grand déplaisir du comte de Tripoli, *ibid.* — Est attaqué par Saladin, en représailles de la violation de la trêve par le prince d'Antioche, 60. — Marche à l'ennemi, livre bataille et est fait prisonnier, 61. — Est rendu par Saladin, en exécution de la capitulation d'Ascalon, 64. — S'avance vers Tyr dont le marquis de Monferrat lui refuse l'entrée, 66. — Reste à Antioche et à Tripoli, *ibid.* — Rallie les Chrétiens et fait le siége d'Acre, 70. — Est assiégé dans son camp par Saladin, *ibid.* — Perd le trône de Jérusalem par la mort de la reine Sybille, sa femme, aux droits de laquelle il le possédait, 71. — Achète, de Richard Cœur-de-Lion, l'île de Chypre, et s'en constitue roi, 76. — Sa mort, 81. — Son frère Amaury lui succède, *ibid.* (*Guillaume de Nangis*).

Épouse la princesse Sybille, sœur du roi Baudouin IV, veuve du marquis de Monferrat, XVIII, 373. — Est nommé régent du royaume par le roi, 440. — Est fait comte de Jaffa, 448. — Marche contre Saladin avec le roi de Jérusalem, *ibid.* — Est en butte à la jalousie et à la haine des grands, 449. — Perd la régence, 454. — N'est pas invité à l'hommage présenté au roi Baudouin V que son père fait couronner, 455. — Animosité du roi, qui veut faire prononcer le divorce de sa fille, 462. — Quitte l'armée et se retire à Ascalon, où il appelle sa femme, 463. — Refuse d'obéir aux ordres du roi, *ibid.* — Lui refuse les portes d'Ascalon, quoiqu'il s'y présente en personne et y frappe jusqu'à trois fois, *ibid.* — Est dépouillé de Jaffa, *ibid.* — Fait une excursion sur les Arabes contre la foi des traités, 464, 465 (*Guillaume de Tyr*).

Informé du projet qu'a le roi Baudouin IV de faire casser son mariage, il quitte l'armée et se retire avec sa femme à Ascalon, XIX, 3. — Feint une maladie pour ne pas obéir à l'ordre de se rendre auprès du roi, *ibid.* — Refuse de lui ouvrir les portes d'Ascalon, 5. — Sort de la place, tombe sur les Bédouins, alliés de son beau-père, et prend leur bétail, 7. — Est couronné roi de Jérusalem après la mort de Baudouin v, mais au nom et du chef de sa femme, 41. — Assemble son armée pour attaquer le comte de Tripoli, 47. — La disperse et négocie, 49. — Inquiet des armemens de Saladin, il envoie de nouveaux députés au comte de Tripoli, 51. — Son pays est ravagé par les Sarrasins, 55, 57. — Fait la paix avec le comte de Tripoli, 63. — Accueille ses conseils, 65. — Demande des secours au prince d'Antioche, *ibid.* — Prend le trésor du temple, 67. — Veut secourir Tibériade et en est empêché par le comte de Tripoli, à qui cette place appartient et dont la femme y est enfermée, 69. — Se rend à l'avis du grand-maître du Temple, et marche au secours de la place assiégée, 71. — Donne au comte de Tripoli l'ordre d'attaquer les Sarrasins dont l'armée s'ouvre devant lui, se replie et fait le roi prisonnier, 87. — Recouvre sa liberté lors de la capitulation d'Ascalon, 101, 159. — Jure de ne jamais porter les armes contre Saladin, *ibid.* — Se présente, avec la reine sa femme, à Tyr, dont le marquis de Montferrat lui refuse les portes, 163. — Va assiéger Acre, *ibid.* — Perd la reine sa femme et ses quatre enfans, 173. — Va à la rencontre de Richard, roi d'Angleterre, le joint en Chypre et concourt à la conquête de l'île, comme commandant de la flotte, 181. — Achète ce royaume du roi d'Angleterre, 199. — Donne des terres à qui en veut, *ibid.* — Sa mort, *ibid.* — Son frère Amaury lui succède, *ibid.* (*Bernard le Trésorier*). *Voyez* LUSIGNAN (Amaury II de).

Epouse Sybille, veuve du marquis de Montferrat, fille d'Amaury Ier, et sœur de Baudouin IV, rois de Jérusalem, XXII, 241. — Est chargé de l'administration du royaume, *ibid.* — Est révoqué, *ibid.* — Est élevé au trône à la mort de son neveu Baudouin v, malgré le comte de Tripoli, par le crédit et aux droits de sa femme, *ibid.* — Marche avec ce prince au secours de Tibériade assiégée par Saladin, 243. — Perd le bois de la vraie croix et son royaume presqu'entier, 245. — Est fait prisonnier, 246. — Obtient la liberté par les soins des Ascalonites, qui font de cette faveur une des conditions de leur capitulation, *ibid.* — N'ayant pas conservé dans son royaume une maison pour reposer sa tête, il se présente devant Tyr dont le marquis de Montferrat lui refuse l'entrée, 251. — Va assiéger la ville d'Acre avec les débris de sa petite armée, 252. — Reçoit des secours opportuns des princes chrétiens d'Occident, *ibid.* — Souffre extrêmement de la disette, 254. — Sort du camp pour faire des vivres, 255. — Est battu, *ibid.* — Perd le royaume de Jérusalem à la mort de sa femme, *ibid.* (*Jacques de Vitry*).

LUSIGNAN (Amaury II de), connétable de Chypre, roi de Jérusalem. — Succède à Guy de Lusignan, son frère, comme roi de Chypre, XIII, 81. — Epouse Isabelle, veuve du marquis de Montferrat et du comte de Champagne, et se fait couronner avec elle roi de Jérusalem, *ibid.* — Dépose ce dernier titre, qu'il tenait de sa femme, lors du mariage de Jean de Brienne avec l'héritière au trône de Jérusalem, 100 (*Guillaume de Nangis*).

Hérite de Guy, son frère, du royaume de Chypre, XIX, 199. — En augmente considérablement les revenus, 201. — Reçoit de Henri de Champagne, roi de Jérusalem, la ville de Jaffa, en faveur du mariage projeté entre leurs enfans, 209. — Se fait couronner roi par le chancelier d'Allemagne, 219. — Faillit être assassiné, 227. — Epouse Isabelle de Jérusalem, *ibid.* — Marche sur Béryte, et entre dans cette place par une ruse grossière, 231. — Ses gens font périr dans les tortures ceux qui l'ont introduit dans la ville, parce qu'ils ne peuvent indiquer les trésors cachés, *ibid.* — Il récompense le charpentier qui lui a livré le fort, 233. — Est abandonné par les Allemands à la nouvelle de la mort de l'empereur Henri VI, 235. — Fait une trêve avec le soudan d'Egypte, *ibid.* — Se venge des pirateries du général égyptien, 279. — Sort d'Acre, et fait butin sur la terre des Sarrasins, 281. — Conduit ses troupes à l'ennemi et ne peut se décider à livrer bataille, 285. — Pille les environs de Damiette, 287. — Fait trêve avec les Sarrasins, *ibid.* — Sa mort, 351. — Marie, fille de la reine Isabelle et du marquis Conrad de Montferrat, lui succède sous la régence de Jean d'Ibelin, *ibid.* (*Bernard le Trésorier*).

Epouse la princesse Isabelle de Jérusalem, séparée, de fait, de Honfroi de Toron, et veuve du marquis de Montferrat et du comte de Champagne, et devient roi de Jérusalem, XXII, 263. — Achète Biblios, 264. — Occupe Béryte, *ibid.* — Reçoit d'Allemagne des secours dont la mort de l'empereur Henri VI le prive bientôt, 265. — Fortifie Jaffa, que l'ennemi reprend et rase jusqu'au sol, *ibid.* — Renouvelle la trêve, *ibid.* — Envoie au secours d'Antioche une partie de son armée, qui est faite prisonnière avant d'arriver à sa destination, *ibid.* — Reçoit quelques secours de France et rompt la trêve, 266 (*Jacques de Vitry*).

LUSIGNAN (Aimeri de). — Est fait prisonnier et conduit à Paris, XI, 178 (*Rigord*).

Combat en Poitou contre le roi Philippe-Auguste, XII, 224. — Est vaincu, 227 (*la Philippide*).

LUSIGNAN (Geoffroi de), homme-lige du roi d'Angleterre, allié du roi Philippe-Auguste. — Est fait prisonnier avec le jeune comte Arthur de Bretagne par le roi d'Angleterre, XI, 158. — Texte de son traité d'alliance avec Jean-sans-Terre, 262 (*Rigord, et Guillaume le Breton*). Son éloge, XII, 74 (*la Philippide*).

LUSIGNAN (Geoffroi de), fils du précédent. — Se déclare contre le roi Louis IX avec le roi d'Angleterre et le comte de la Marche, XIII, 150. — Est vaincu, 151 (*Guillaume de Nangis*).

LUSIGNAN (Geoffroi de), frère du roi de Jérusalem. — Va mettre le siège devant Acre, XXII, 252. — Sauve l'armée saisie d'une terreur panique, 254 (*Jacques de Vitry*).

LUSIGNAN (Godefroi de). — Se range sous la bannière du prince Arthur de Bretagne, XII, 162 (*la Philippide*).

LUXEMBOURG (Jean de). *Voyez* JEAN DE LUXEMBOURG, roi de Bohême.

LYON. — Fondation de cette ville, I, 16 (*Grégoire de Tours*).

LYSIARD, évêque de Soissons. — Lettre que lui adresse l'abbé Guibert de Nogent en lui dédiant son *Histoire des Croisades*, IX, 1 (*Guibert de Nogent*).

M

MABILE, dame de Bellême et d'Alençon, héritière d'Ives, son oncle, évêque de Séez. — Epouse Roger de Mongommeri, XXVI, 40. — Est empoisonnée par les moines d'Ouche, 41. — Empoisonne son beau-frère, au lieu d'empoisonner Ernaud d'Echaufour, 101. — Fait empoisonner celui-ci par son chambellan, 102. — Est assassinée dans son lit, 396. — Son épitaphe, 397. — Ses donations à l'abbaye d'Ouche, XXVII, 18, 19 (*Orderic Vital*).

Etait fille de Guillaume de Tal

vas, et hérita de sa cruauté, XXIX, 188 (*Guillaume de Jumiége*).

MACAIRE. *Voy.* DENIS MACAIRE.

MACCON (le comte). — Est envoyé à Poitiers par le roi Childebert pour rétablir l'ordre troublé par des disputes de religieuses, II, 66. — Réprime par la force la sédition élevée par la princesse Chrodielde, 110. — Poursuit les fils de Waddon qui ravagent le pays, 125. — Les fait condamner par la justice du roi, *ibid.* (*Grégoire de Tours*).

MACHEL (Gilbert), châtelain d'Évreux. — Trahit le duc Richard 1er, et livre cette place au roi Lothaire, XXIX, 100 (*Guillaume de Jumiége*).

MACHELON, Bavarois. — Est chargé par l'empereur Louis 1er d'accompagner les ambassadeurs des Bulgares et de s'enquérir de la cause de leur démarche, III, 100 (*Annales d'Eginhard*).

MACHIEL DE VITOT. — Va faire la guerre du Maine pour le roi Guillaume, XXVII, 174. — Est tué, *ibid.* (*Orderic Vital*).

MACRE (sainte), vierge. — Son martyre, V, 603. — Ses miracles, 604 (*Frodoard, Histoire de l'Église de Rheims*).

MACRIN, empereur. — Principaux événemens de son règne, XXV, 113 (*Orderic Vital*).

MADELELME. — Est fait prisonnier dans Châlons par Lothaire, III, 399. — Est décapité, *ibid.* (*l'Astronome*).

MADHELGAUD. — Jouit d'une grande considération auprès de l'empereur Charlemagne, III, 495 (*Nithard*).

MAGNACHAIRE. — Ses deux fils sont tués par ordre du roi Gontran, et leurs biens sont confisqués, I, 243 (*Grégoire de Tours*).

MAGNATRUDE, matrone, mère de la fille de Bodégésile, évêque du Mans. — La sauve des poursuites du comte Cuppan qui voulait l'enlever pour l'épouser, II, 88 (*Grégoire de Tours*).

MAGNÉRIC, évêque de Trèves. — Son éloge de Théodore, évêque de Marseille, I, 437. — Tient sur les fonds de baptême Théodebert, fils de Charibert, 470. — Accompagne ce prince auprès du roi Gontran, II, 13. — Dangers qu'il court après la condamnation de Gontran-Boson, 14, 15 (*Grégoire de Tours*).

MAGNEVILLE (Étienne de). — Excite des troubles dans le Cotentin et le soulève contre Étienne, roi d'Angleterre, XXVIII, 507 (*Orderic Vital*).

MAGNOVALD. — Est assassiné à la cour de Childebert, I, 469, 470 (*Grégoire de Tours*).

MAGNOVALD. — Est élevé à la dignité de duc, II, 13 (*Grégoire de Tours*).

MAGNULF, évêque de Toulouse. — Refuse de reconnaître Gondowald pour roi, I, 398. — Est maltraité par Mummole, 399. — Est exilé, *ibid.* (*Grégoire de Tours*).

MAGNUS, fils d'Olaüs, roi de Norwége. — Part pour la Terre-Sainte avec dix mille hommes et quarante navires, XXI, 160. — Insulte Ascalon, 161. — Aborde à Joppé, *ibid.* — Y est joint par le roi qui le conduit à Jérusalem, et lui fait les honneurs de la cité sainte, 164. — Va faire par mer le siège de Sidon que le roi entreprend par terre, 165. — S'en empare, 167 (*Albert d'Aix*).

Prend les armes contre les Irlandais, XXVIII, 20. — Motifs de cette guerre, 21. — Il se porte, sans les connaître, sur les côtes d'Angleterre, 22. — L'un de ses gens tue le chef de l'armée anglaise, 23. — Son affliction, *ibid.* — S'établit dans l'Irlande, 169. — Est appelé à terre et s'y rend, *ibid.* — Est attaqué traîtreusement et tué en combattant, 170 (*Orderic Vital*).

MAHOMET (le prophète). — Son histoire, ses dogmes, IX, 23 *et suiv.* (*Guibert de Nogent*).

Son origine, XXII, 13 *et suiv.* — Sa vie et sa doctrine, 17 *et suiv.* — Ses successeurs, 40 *et suiv.* (*Jacques de Vitry.*)

Mahomet, fils du prince d'Hasarth. — Est donné par son père en otage au duc Godefroi de Bouillon, XX, 274. — Son séjour à Antioche, 288, 289. — Sa mort; sa dépouille mortelle est envoyée à son père, 298 (*Albert d'Aix*).

Mahomet, prince du pays de Damas. — Traite avec le roi de Jérusalem, et se réunit à lui dans Jaffa, XXI, 9, 92. — Combat à la bataille d'Ibelin, 93 (*Albert d'Aix*).

Mahomet (Gauthier de Saint-Abraham). — Est chargé de la défense du château de Saint-Abraham, XXI, 122, 123. — Marche avec le roi au secours de Tancrède à Antioche, 172 (*Albert d'Aix*).

Maïeul, moine. — Est fait prisonnier dans les Alpes par les Sarrasins, VI, 183. — Son séjour parmi eux, *ibid.* — Il est racheté, 184. — Sa mort, 223 (*Chronique de Raoul Glabert*).

Mainard, évêque de Rouen. — Occupe ce siège pendant huit ans; distique héroïque en sa faveur, XXVI, 344. — Sa vie, *ibid.* — Principaux événemens de son épiscopat, *ibid.* et 347 (*Orderic Vital*).

Mainard de Zara. — Poursuit le roi Richard Cœur-de-Lion à son retour de la Terre-Sainte, XI, 109 (*Rigord, Vie de Philippe-Auguste*).

Mainfroi, prince de Tarente, fils naturel de l'empereur Frédéric II. — S'empare du royaume de Sicile, sous prétexte de la tutelle de Couradin, XIII, 165. — Feint la mort de son neveu, 172. — Se fait couronner roi de Sicile, *ibid.* — S'empare de Sienne et vainc les Florentins, 174. — Sa couronne est transférée par le pape à Charles d'Anjou qui l'accepte, 177. — Il se met en défense, 178. — On prêche en France avec succès une croisade contre lui, 180. — Il livre à Charles d'Anjou la bataille de Bénévent, 182. — Est tué, *ibid.* (*Guillaume de Nangis*).

De tuteur qu'il était du roi Conradin, il se fait roi de Sicile. Pouille et Calabre, XV, 317. — Trouve pour concurrent Charles d'Anjou que le pape lui suscite, *ibid.* — Est tué à la bataille de Bénévent, 319 (*Guillaume de Puy-Laurens*).

Il s'empare du royaume de Sicile que le pape donne à Charles d'Anjou, XV, 385, 386. — Est tué par ce dernier, 388. — Traduction de vers faits à cette occasion, *ibid.* (*Gestes glorieux des Français*).

Abandonné d'une partie de ses barons, il est attaqué, battu et tué par Charles d'Anjou, qui fait prisonniers ses enfans et sa femme et s'empare de ses trésors, XIX, 565, 571. — Histoire de sa vie, 573 (*Bernard le Trésorier*).

Mainfroi de Belvesé. — Engage le comte de Toulouse, son cousin, à abandonner l'hérésie, XV, 339. — Passe au parti du comte de Montfort, 340. — Perd son château détruit par le comte de Toulouse, *ibid.* — Reconnaît le cadavre du roi d'Aragon, tué à la bataille de Muret, 344, 345 (*Gestes glorieux des Français*).

Mainier d'Echaufour. — Se fait moine à Ouche, XXVI, 64. — Est élu abbé, 119. — Fait bâtir l'église de Saint-Evroul, 120. — Ses travaux, 384. — Est damné, XXVII, 325 (*Orderic Vital*).

Mainières de Tyrrel. *Voyez* Tyrrel.

Maisnil (Albéric de), croisé. — Forme le projet de s'enfuir d'Antioche, XXIII, 159. — Y est retenu par le chapelain Arnoul, *ibid.* — Déserte la nuit, *ibid.* (*Raoul de Caen*).

Maisnil (Ives de). *Voy.* Ives de Maisnil.

Majorien. — Succède à l'empereur Avitus en 457, et nomme Ægidius maître de la milice romaine dans les Gaules, I, 72 (*Grégoire de Tours*).

Malaunaye, ou Malaune (Hugues de). — Commence l'attaque à la bataille de Bovines, XI, 283 (*Guillaume le Breton, Vie de Philippe-Auguste*).

Marche avec Philippe-Auguste contre la ligue formée par le comte de Flandre, XII, 304. — Se distingue à Bovines, 325. — Démonte des cavaliers, et est démonté lui-même, 326. — Combat à pied et fait des prisonniers, *ibid.* (*la Philippide*).

MALCOLM, roi d'Ecosse. — Il repousse l'invasion du roi Canut et fait la paix avec lui, VI, 206, 207 (*Raoul Glaber*).

Il traite de la paix avec le roi Guillaume de Normandie, XXVI, 176. — Il fait la guerre à Guillaume le Roux, dont il méconnaît le titre, XXVII, 347. — Offre son hommage au duc Robert de Normandie, *ibid.* — Reçoit ce prince dans son camp, et le décide à faire la paix avec son frère, 348. — Est assassiné au retour, 349. — Troubles dans sa famille et dans son royaume, *ibid.* — Vertus et mort de la reine sa femme, 350. — Assassinats et meurtres, 352 (*Orderic Vital*).

Il subit la loi du roi Guillaume le Roux d'Angleterre, XXIX, 252. — Est tué, ainsi que son fils aîné, par le neveu du comte de Northumberland, 253 (*Guillaume de Jumièges*).

MALDUK ou MALDUC, prince du Korazan. — Fait la guerre à Baudouin 1er, roi de Jérusalem, qui, dans un combat, faillit devenir son prisonnier, XXI, 186. — Sa vaillance excite la jalousie du prince de Damas, Dochin, ou Doldequin, qui le fait assassiner, 198 (*Albert d'Aix*). Voyez aussi *Foulcher de Chartres*, XXIV, 177 et suiv.

MALEK-ADEL, sultan de Damas, frère de Saladin. — S'empare des Etats de son neveu, mort soudan d'Egypte, XIX, 225. — Met garnison à Damas et se rend en Egypte pour défendre ce pays contre les Chrétiens, 265. — S'adresse aux prêtres, qui lui promettent des prières; saisit leurs terres et leur donne de quoi vivre, 267. — Traite avec les Vénitiens, 269. — Fait lever le siége de Damas pressé par ses neveux, *ibid.* (*Bernard le Trésorier*).

MALEK-EL-AFDHAL-NOUREDDYN-ALI, fils aîné de Saladin, sire de Damas et de Jérusalem. — Met le siége devant Jaffa et s'en empare, XIX, 221, 223 (*Bernard le Trésorier*).

MALEK-EL-AZIZ-OTHMAN, second fils de Saladin, soudan d'Egypte. — Tombe de cheval et se tue; son oncle (Malek-Adel) s'empare de ses Etats, XIX, 225 (*Bernard le Trésorier*).

MALEK-EL-DAHER-GAIATHEDDYN-GHAZI, roi d'Alep, troisième fils de Saladin. — S'allie avec le soudan dépossédé de Damas et met le siége devant cette place; bientôt il est forcé de s'éloigner, XIX, 269 (*Bernard le Trésorier*).

MALEK-KAMEL, soudan d'Egypte. *Voy.* MÉLÉDIN.

MALENBEC (Daniel de). — Réclame la réponse du régent sur la question du serment exigé par les grands de l'empereur Frédéric, XIX, 455 (*Bernard le Trésorier*).

MALHERBE (Mauger). *Voy.* MAUGER MALHERBE.

MALLET (Guillaume). — Fait inhumer sur le rivage de la mer, par ordre du duc Guillaume de Normandie, Hérald, roi de Norwége, tué à la bataille de Senlac ou Hastings, XXVI, 145. — Est nommé commandant du château d'Yorck, 179. — Réclame des secours contre les révoltés qui l'assiégent, *ibid.* — En obtient à temps, *ibid.* (*Orderic Vital*).

MALLET (Robert). — Est appelé en jugement, convaincu et banni d'Angleterre par justice, XXVIII, 144, 148 (*Orderic Vital*).

MALLULPHE, évêque de Senlis. — Ensevelit le corps du roi Childéric assassiné, I, 371 (*Grégoire de Tours*).

MALO, frère de Conan, duc de Bretagne. — Echappe à la mort qu'avaient subie trois de ses frères, et promet fidélité, I, 154. — Se sauve chez le comte Chonomor, *ibid.* — Se fait dire mort, *ibid.* — Est ordonné évêque de Vannes, *ibid.*

— Succède à son frère, *ibid.* — Reprend la femme qu'il avait abandonnée en se faisant clerc, *ibid.* — Est excommunié, 155. — Dépouille Théodoric, fils du comte Budic, 243. — Est battu et tué, *ibid.* (*Grégoire de Tours*).

MALSON, évêque de Rouen. — Distique en son honneur, XXVI, 330. — Sa vie; principaux événemens de son épiscopat, *ibid.* (*Orderic Vital*).

MALVERNAND DE FESC. — Marche au secours du comte de Toulouse à Avignon, XV, 126 (*Histoire des Albigeois*).

MALVIN (Pierre de), prisonnier de Bovines. — Est mis en liberté sous caution par le roi Philippe-Auguste, XI, 310 (*Guillaume le Breton, Vie de Philippe-Auguste*).

MALVOISIN (les frères). — Repoussent du port d'Andely la flotte anglaise, XII, 187 *et suiv.* (*la Philippide*).

MALVOISIN (Guy de). — Inquiète le camp des Anglais sous Evreux, XXVIII, 303. — Prend part à la conspiration armée du comte de Meulan contre Henri 1er, roi d'Angleterre, 387. — S'allie avec Roger de Toëni et bat ses ennemis devant Ferrières, 473. (*Orderic Vital*).

MAMELUCKS. — Ce que c'est, XVIII, 352 (*Guillaume de Tyr*).

MAMERTUS, évêque de Vienne en Dauphiné. — Institue les Rogations; à quel sujet, I, 99 (*Grégoire de Tours*); XXV, 133 (*Orderic Vital*).

MAMINOT (Gauchelin). — Se révolte contre Étienne, roi d'Angleterre, et occupe Douvres, XXVIII, 512. — Se rallie à ce prince et fait la paix, 513, 514 (*Orderic Vital*).

MAMINOT (Gislebert). *Voyez* GISLEBERT.

MANASSÉ, connétable du royaume de Jérusalem. — Est envoyé au secours d'Edesse, assiégé par le prince Sanguin, XVII, 455. — Se réunit à l'assemblée générale de Saint-Jean-d'Acre pour délibérer sur les moyens d'agrandir le royaume de Jérusalem, XVIII, 3 — S'attire, en soutenant la reine Mélisende, l'inimitié du roi, son fils, 29, 30. — Est assiégé par ce prince dans Mirebel qu'il tient pour la reine, 32. — Est contraint à se rendre, *ibid.* (*Guillaume de Tyr*).

MANASSÉ, évêque de Barcelonne. — Aborde au port Siméon, et se rend à Antioche, XVI, 36. — Concourt au siége, à la prise et à la remise de Tortose à la garde du comte de Toulouse, 37. — Rejoint le roi Baudouin à Béryte, *ibid.* — L'accompagne à Jaffa et à Jérusalem, 38. — Offre les présens du roi à l'empereur, 39. — Est chargé par Alexis de le justifier auprès du pape de la trahison qu'on lui imputait (la tradition aux Turcs, des Croisés lombards), 40. — Au lieu de s'acquitter de cette mission, il accuse l'empereur auprès du pape et dans toute la France, *ibid.* (*Albert d'Aix*).

MANASSÉ DE BEUIL. — Prend la croix avec Louis le Jeune (Louis VII), VIII, 214 (*Mémoires de Glaber*).

Se réunit aux Croisés français, 315. — Repousse les attaques des Grecs, 316. — Périt dans un combat livré dans les montagnes, XXIV, 366 (*Odon de Deuil*).

MANASSÉ DE CONTI, prisonnier à Bovines. — Il est mis en liberté par Philippe-Auguste, XI, 309. — Liste de ses cautions, *ibid.* (*Guillaume le Breton, Vie de Philippe-Auguste*).

MANASSÉ DE MALVOISIN ou MAUVOISIN. — Se distingue à l'assaut de Châtillon-sur-Seine, XII, 32. — Ses conseils au roi Philippe-Auguste, 139 (*la Philippide*).

MANASSÈS (le comte). — Livre un combat au Normand Ragenold et lui tue treize cents hommes, VI, 84 (*Chronique de Frodoard*).

MANASSÈS, évêque d'Orléans. — Prend la croix contre les Albigeois, XIV, 249 (*Pierre de Vaulx-Cernay*).

MANAULF. — Combat pour Wilbad et perce son ancien ami Berthaire, qui est vengé par son fils, II, 230 (*Chronique de Frédéguire*).

MANCEL (Geoffroi le). *Voyez* GEOFFROI LE MANCEL.

MANCION (le comte). — Fait la guerre au roi Pepin pour le duc d'Aquitaine, II, 258. — Est tué dans un combat qu'il livre près de Narbonne, *ibid.* (*Chronique de Frédégaire*).

MANDEVILLE. — Ses exploits sous Mantes dans le combat entre les chevaliers anglais et français, XII, 88 (*la Philippide*).

MANÈS. — Son hérésie, IX, 18 *et suiv.* (*Guibert de Nogent*).

MANSEL (Robert), Croisé. — Se distingue au combat de La Boquée, où Noradin est complètement défait par les Templiers, XVIII, 175 (*Guillaume de Tyr*).

MANSOUR (Renaud). *Voyez* RENAUD.

MANUEL COMNÈNE, empereur de Constantinople. — Son éloge, XI, 159 (*Rigord*).

Il succède à Jean son père, empereur de Constantinople, XIII, 18. — Assiége Corfou, 34. — Sa mort, 51 (*Guillaume de Nangis*).

Il est appelé au trône impérial par l'empereur Jean son père, de préférence à Isaac son frère aîné, XVII, 435, 436. — Ramène l'armée sans accident à Constantinople, 437. — Fait mettre en liberté son frère Isaac, arrêté par ordre de leur père, *ibid.* — Donne l'une de ses nièces en mariage à Beaudouin III, roi de Jérusalem, XVIII, 129. — Conditions de ce mariage, *ibid.* — Il porte rapidement une armée nombreuse en Cilicie, 131. — Surprend le prince d'Arménie, *ibid.* — Menace le prince d'Antioche à propos de ses ravages et de ses outrages en Chypre, 132. — Le reçoit en grâce à sa plus grande honte et confusion, 133. — Détails à ce sujet, *ibid.* — Accueille avec la plus grande bienveillance Beaudouin III, 134, 135. — Fait la paix avec le prince d'Arménie par sa médiation, 136. — Comble de présens le roi de Jérusalem et les princes chrétiens, *ibid.* — Entre dans Antioche, 137. — Fêtes et cérémonies dont il est l'objet, *ibid.* — Fait les fonctions de chirurgien auprès du roi Baudouin qui s'est cassé un bras en chassant avec lui, *ibid.* 138. — Marche sur Alep après la guérison du roi, *ibid.* — Accorde une entrevue à Noradin, *ibid.* — Retourne dans ses Etats, *ibid.* — Devenu veuf, il demande au roi de Jérusalem une femme de sa famille, 148. — Désavoue ses députés quand le choix et les dépenses sont faites, 150, 151. — Epouse la princesse Marie d'Antioche par l'intervention du roi de Jérusalem, 152. — Envoie la princesse Marie sa nièce pour épouse au roi Amaury de Jérusalem, 230. — Négocie avec ce prince la conquête de l'Egypte, 233 *et suiv.* — Envoie une flotte qui se joint à l'armée chrétienne pour cette expédition, et qui est en partie brûlée par l'ennemi, 251-264. — L'insuccès de l'expédition est attribué au défaut d'argent, 265. — Il marche jusqu'à Callipolis au-devant du roi Amaury, et l'accueille avec les plus grands honneurs, 279, 280. — Traite avec lui et le comble de présens, 285. — Est battu par le sultan d'Iconium, 328, 329. — Envoie au roi de Jérusalem des ambassadeurs pour déterminer l'expédition convenue sur l'Egypte, 337. — Force de sa flotte, 340. — Les hésitations et les tergiversations du comte de Flandre font manquer la campagne, 341 *et suiv.* — Il marie ses enfans, 378. — Sa mort, 382 (*Guillaume de Tyr*).

Il envoie à Ratisbonne des députés au-devant du roi Louis VII, XXIV, 295. — Débats et conditions du traité, 296. — Il conclut la paix avec les Turcs et maltraite les Croisés, 314 *et suiv.* — Causes réelles de la haine des Croisés pour les Grecs, 317. — Il accueille bien le roi Louis le Jeune, 320. — Retient les Croisés dont les compagnons se sont rendus coupables de pillage, 329. — Les rend difficilement aux sollicitations du roi qui lui offre satisfaction, 330. — Demande en mariage pour son neveu une parente de la reine Eléonore, et l'hommage du roi Louis VII pour ses futures conquêtes, 331, 332. — Reçoit l'hommage du roi et celui des barons français, 336 (*Odon de Deuil*).

MAQUILIN (Eustache de). — S'avance au milieu de la plaine de Bovines et fait entendre le cri de *Mort aux Français !* XII, 324. — Son combat singulier avec Michel du Harnes, *ibid.* — Il est tué, 326 (*la Philippide*), et XI, 282 (*Guillaume le Breton*).

MARACHAIRE, comte d'Angoulême. — Est fait évêque et donne de grands biens à l'Eglise, I, 274. — Meurt empoisonné par les prêtres, *ibid.* — Devenu son héritier, son neveu reprend les biens qu'il avait donnés à l'Eglise; mais, condamné à les rendre, il les dévaste, 275. (*Grégoire de Tours*).

MARC, référendaire pour les impôts. — Doit sa vie aux efforts de l'évêque Ferréole contre les révoltés du Limousin, I, 265. — Amasse de grands trésors, 339. — Fait pénitence et meurt, 340. — Ses biens sont confisqués, *ibid.* (*Grégoire de Tours*).

MARCATRUDE, fille de Magnaire. — Epouse le roi Gontran, I, 177. — Donne naissance à un fils, 178. — Est soupçonnée d'avoir empoisonné Gondebaud, fils aîné du roi et d'une concubine, *ibid.* — Est répudiée après la mort de son fils, et meurt bientôt, *ibid.* (*Grégoire de Tours*).

MARCEL, diacre. — Supplante Jovin, nommé à l'évêché d'Uzès, I, 317. — Est attaqué, tâche de se défendre par le courage; il réussit par des présens, *ibid.* (*Grégoire de Tours*).

MARCEL (saint), 29e pape. — Est condamné à faire l'office de valet d'écurie, XXV, 386. — Sa mort, *ibid.* (*Orderic Vital*).

MARCELLIN, évêque de Rouen. — Distique composé en son honneur; sa vie et les principaux événemens de son épiscopat, XXVI, 237 (*Orderic Vital*).

MARCELLIN (saint), 28e pape. — Ses décrets et son martyre, XXV, 386 (*Orderic Vital*).

MARCHADER, chef d'une bande de Cotereaux. — Ravage le Beauvaisis, XII, 138 (*Guillaume le Breton, la Philippide*).

MARCHE (Charles, comte de la). *Voy.* CHARLES IV, dit *le Bel*.

MARCHE (Hugues, comte de la). *Voy.* HUGUES DE LUSIGNAN.

MARCION. — Son hérésie, I, 22 (*Grégoire de Tours*).

MARCOLIN, moine d'Autun. — Seconde les accusations des ennemis de saint Léger, évêque, II, 334 (*Vie de saint Léger*).

MARCOMIR, l'un des ducs francs, père de Pharamond. — Fait une irruption en Germanie et s'avance jusqu'à Cologne, I, 61. — Pille le pays et repasse le Rhin, *ibid.* — Donne des otages, 63, 64. — Est poursuivi par Arbogaste, *ibid.* — Se présente devant l'ennemi, 65 (*Grégoire de Tours*).

Chassé de la Sicambrie par les Romains, auxquels il refuse tribut, il vient s'établir sur les bords du Rhin, XI, 49. — Occupe la Gaule, 50, 51. — Arrive à Paris et est proclamé protecteur de toute la Gaule, 52 (*Rigord, Vie de Philippe-Auguste*).

Enseigne aux Parisiens l'usage des armes, 187 (*Guillaume le Breton*).

S'allie avec l'empereur Valentinien et lui aide à subjuguer les Alains révoltés, XII, 10 (*la Philippide*).

MARCOVÈFE. — Epouse le roi Charibert, I, 180. — Est excommuniée et meurt, *ibid.* (*Grégoire de Tours*).

MARES (Baudouin des) chevalier croisé. — Accompagne le comte Josselin et reprend Edesse par surprise sur Noradin, XVII, 480. —

Meurt dans la retraite de la population de cette place sur l'Euphrate, 485 (*Guillaume de Tyr*).

MARESTAN. — Concourt à la défense de Toulouse assiégé par le fils de Philippe-Auguste, XV, 200 (*Histoire des Albigeois*).

MAREUIL (Albéric de). — Est fait prisonnier à la bataille de Brenmule (Brenneville) par les Anglais, XXVIII, 308 (*Orderic Vital*).

MAREUIL ou MAROIL (Hugues de). *Voy*. HUGUES DE MAREUIL.

MAREUIL ou MAROIL (Jean de). *Voy*. JEAN DE MAREUIL.

MARGUERIT, chef de pirates siciliens. — Arrive avec une flotte nombreuse et une petite armée au secours des Chrétiens chassés de Syrie, XXII, 247 (*Jacques de Vitry*).

MARGUERITE, comtesse de Flandre et de Hainaut. — Refuse à Jean son fils aîné le comté de Hainaut, et le donne à Charles d'Anjou, frère de saint Louis, qui l'accepte, XIII, 166. — Lève une armée contre le comte Florent de Hollande, protecteur de ses fils déshérités, 169. — Donne des secours inefficaces à l'impératrice Marie pour se défendre dans Namur, 171 (*Guillaume de Nangis*).

MARGUERITE DE BOURGOGNE. — Epouse avec dispense Louis *le Hutin*, fils aîné du roi Philippe le Bel, XIII, 258. — Convaincue d'adultère, elle est répudiée par son mari, 304. — Sa mort, 311 (*Guillaume de Nangis*).

MARGUERITE DE BRABANT. — Epouse Robert, comte d'Artois, frère du roi saint Louis, XIII, 147 (*Guillaume de Nangis*).

MARGUERITE LA NOIRE, ou de Constantinople. — Devient comtesse de Flandre à la mort de Jeanne sa sœur, XIII, 139 (*Guillaume de Nangis*).

MARGUERITE D'ECOSSE, fille d'Edouard, roi de Hongrie, mariée à Malcolm, roi d'Ecosse; sa conduite après la mort de son mari, assassiné, XXVII, 349 (*Orderic Vital*).

MARGUERITE DE FRANCE, fille du roi Louis le Jeune. — Epouse Henri, petit-fils de Geoffroi d'Anjou, et lui porte en dot le Vexin normand, VIII, 218; XIII, 40. — Epouse Bela, roi de Hongrie, etc., *ibid*. XI, 59. — Condition de son premier mariage, 67. — Vend son douaire, lève une armée en Hongrie, se joint à l'expédition envoyée outre-mer par l'empereur Henri VI, et meurt huit jours après son arrivée en Terre-Sainte, XIX, 219 (*Guillaume de Nangis, Rigord, et Bernard le Trésorier*).

MARGUERITE DE FRANCE, fille de Philippe le Hardi. — Epouse Edouard Ier, roi d'Angleterre, XIII, 208, 235 (*Guillaume de Nangis*).

MARGUERITE DE HAINAUT, dite *Porrette*. — Son hérésie, XIII, 279. — Elle y persiste, est livrée au bras séculier et brûlée en place de Grève à Paris, 280 (*Guillaume de Nangis*).

MARGUERITE DE PROVENCE. — Epouse le roi saint Louis, XIII, 144. — Accouche à Damiette d'un fils qu'elle nomme Jean-Tristan, 160. — Sa mort et ses obsèques, 225 (*Guillaume de Nangis*).

MARIADOTH, Gallois. — Se distingue à la bataille de Lincoln, XXVIII, 528 (*Orderic Vital*).

MARIE, compagne d'un imposteur qui parcourt les Gaules et se dit le Christ, II, 129. — Est arrêtée et mise à la torture dans la ville du Puy, 131 (*Grégoire de Tours*).

MARIE, fille d'Isabelle et de Conrad de Montferrat, roi de Jérusalem. — Succède à Amaury II de Lusignan au trône de Jérusalem, sous la régence de Jean d'Ibelin, XIX, 351. — Epouse Jean de Brienne, 353. — Sa mort, 357 (*Bernard le Trésorier*).

MARIE DE BRABANT, veuve du roi de France Philippe le Hardi. — Sa mort, XIII, 354, 355 (*Guillaume de Nangis*).

MARIE DE FRANCE, fille du roi Louis le Jeune et d'Eléonore d'Aquitaine. — Sa naissance, VIII, 212.

— Epouse Henri, comte palatin de Troyes, 217 (*Vie de Louis le Jeune*); et XIII, 36 (*Guillaume de Nangis*).

MARIE DE FRANCE, fille du roi Philippe-Auguste, veuve du comte de Namur. — Epouse le duc de Brabant, XIII, 109 (*Guillaume de Nangis*).

MARIE DE LUXEMBOURG, fille de l'empereur Henri VII. — Epouse le roi de France Charles le Bel, XIII, 356. — Est sacrée et couronnée, 361. — Fait un voyage dans le Midi, 367. — Accouche d'un fils qui meurt, et le suit au tombeau, *ibid.* (*Guillaume de Nangis*).

MARIE DE MÉRANIE, princesse de Bohême. — Epouse le roi Philippe-Auguste, XIII, 80. — Ses enfans, *ibid.* — Meurt de douleur en apprenant la rupture de son mariage, 85, 86 (*Guillaume de Nangis*).

MARIE DE MONTPELLIER, femme répudiée du comte de Comminges. — Epouse le roi Pierre d'Aragon, marié avec sa mère et qui la répudie, XV, 228, 229 (*Chronique de Guillaume de Puy-Laurens*).

MARIEN (Marianus Scotus), chroniqueur écossais. — Est continué par Jean de Worcester, XXVI, 151 (*Orderic Vital*).

Sa *Chronographie*, *ibid.*

MARIGNY (Enguerrand de). *Voy.* ENGUERRAND DE MARIGNY.

MARILÉIF, premier médecin du roi Chilpéric. — Est saisi et maltraité par les ordres de Mérovée, I, 237. — Est complètement dépouillé par les troupes du roi Gontran, 398 (*Grégoire de Tours*).

MARIN, 107e pape. — Durée et actes de son pontificat, XXV, 436 (*Orderic Vital*).

MARIN le Suève. — Lève l'étendard de la révolte en Angleterre contre le roi Guillaume, XXVI, 179. — Se joint aux Danois, 183. — Se fait leur porte-enseigne, *ibid.* (*Orderic Vital*).

MARKHARDT. — Défend la Sicile pour Frédéric, XIX, 247. — Allume la guerre civile et meurt, *ibid.* (*Bernard le Trésorier*).

MARKWARD, abbé. — Est député par l'empereur Louis auprès de son fils Lothaire, III, 304 (*Vie de Louis le Débonnaire*).

MARLE (Matthieu de). *Voyez* MATTHIEU DE MARLE.

MARLY (Bouchard de). *Voyez* BOUCHARD DE MARLY.

MARMANDE (Bertrand de). *Voy.* BERTRAND DE MARMANDE.

MAROLLES (l'abbé de). — A publié, en 1688, une traduction très-fautive et souvent inintelligible de l'ouvrage de Grégoire de Tours, I, xxj.

MARON, hérésiarque. — Donne son nom à une secte établie en Phénicie, XVIII, 390 (*Guillaume de Tyr*).

MARONITES, race de Syriens établis en Phénicie, près du Liban. Après avoir partagé durant cinquante ans les erreurs de l'hérésiarque Maron, ils vont en 1182 trouver Aimery, patriarche d'Antioche, et rentrent dans le sein de l'Eglise catholique, au nombre de plus de quarante mille; ils habitaient Botryum, Tripoli, etc., XVIII, 390, 391 (*Guillaume de Tyr*).

MARRAH, ville de Judée. — Est assiégée par les Croisés, XVI, 362 (*Guillaume de Tyr*).

MAROZIE. — Dépouille le pape Jean de sa dignité et le retient prisonnier jusqu'à sa mort, VI, 93 (*Chronique de Frodoard*).

MARSILLE DE PADOUE. — Publie que les droits de l'Eglise tirent leur origine de la dignité impériale: cette doctrine est condamnée par le pape, XIII, 335 (*Guillaume de Nangis*).

MARTIAL. — Va prêcher la foi chrétienne à Limoges, I, 23. — Sa mort, 24 (*Grégoire de Tours*).

MARTIN (saint), évêque de Tours, naquit à Szombatel, ville de Pannonie, de parens idolâtres, I, 28. — Ses prédications et ses miracles dans les Gaules sous le règne de

Constance le Jeune, 29. — Meurt après avoir occupé l'évêché de Tours, 96; II, 142. — Discussions qui eurent lieu après sa mort entre les habitans de Tours et ceux de Poitiers pour la possession de ses restes, 38. — Brice lui succède, 40; et II, 141, 142 (*Grégoire de Tours*); et V, 600, 602 (*Bernard le Trésorier*).

MARTIN, comte de Laodicée. — Marche à Antioche au secours de Tancrède, XXI, 172 (*Albert d'Aix*).

MARTIN, évêque de Galice. — Sa vie et sa mort, I, 276 (*Grégoire de Tours*).

MARTIN (Bertrand), évêque des hérétiques albigeois. — Est fait prisonnier au château de Montségur, par les inquisiteurs, et brûlé avec un grand nombre des siens, XV, 307 (*Guillaume de Puy-Laurens*).

MARTIN, maire du palais d'Austrasie. — Fait la guerre à Théodoric, II, 233. — Est vaincu, trompé et tué, 234 (*Chronique de Frédégaire*).

MARTIN 1er (saint), 73e pape. — Tient à Rome un concile dans lequel il anathématise les hérétiques, XV, 141. — Est relégué par l'empereur dans la Chersonèse de Thrace, ibid. — Poursuit l'hérésie à Constantinople, 417. — Sa mort, ibid.

MARTIN IV, pape. — Son élection, XIII, 197. — Dissensions et troubles dans Rome, 198. — Il est trompé par Pierre, roi d'Aragon, ibid. — Etablit Charles d'Anjou sénateur de Rome et gouverneur du patrimoine de saint Pierre, ibid. — Le charge de faire restituer à l'Eglise ce qui lui a été enlevé, ibid. — Fait réprimer la sédition, ibid. — Défend à Pierre d'Aragon d'attaquer la Sicile, 199. — Voit ce prince s'en emparer et se faire proclamer roi, 200. — Fait attaquer sans succès le comte de Montefeltro, ibid. — Anathématise Pierre d'Aragon, 201. — Délie ses sujets du serment de fidélité, ibid. — Reprend les fiefs de l'Eglise, ibid. — Donne le royaume d'Aragon à Charles d'Anjou, ibid. — Charge Gui de Montfort de faire tomber la Romagne sous sa domination, 202. — Dit, aussi bien qu'il peut, la messe des morts pour Charles d'Anjou, 204. — Sa mort, 205. — Miracles opérés sur son tombeau, ibid. (*Guillaume de Nangis*).

MARTIN, prêtre, lié d'amitié avec Priscus, évêque de Lyon. — Sa vie, I, 195 (*Grégoire de Tours*).

MARTIN D'ALGUES. — Est mandé par Simon de Montfort assiégé dans Castelnaudary, XIV, 165 (*Pierre de Vaulx-Cernay*).

Va de Lavaur le joindre, XV, 80. — S'arrête à Saissac et manque d'être pris par le comte de Foix, XIV, 169. — S'enfuit de la bataille des Bordes gagnée par son collègue Bouchard, 172; XV, 83. — Est fait commandant du château de Berin pour le comte de Toulouse, 206. — Est livré au comte de Montfort qui le fait pendre, 207 (*Histoire des Albigeois*).

MARUGES (Etienne de), chambellan du prince Charles, comte de la Marche. — Est nommé chancelier de France par Louis le Hutin, XIII, 308 (*Guillaume de Nangis*).

MASQUELINES (Daniel de), prisonnier de Bovines. — Est mis en liberté, sous caution, par le roi Philippe-Auguste, XI, 311, 313 (*Guillaume le Breton*).

MATHFRIED, comte du palais. — Il entre dans la conspiration de Pepin pour détrôner l'empereur Louis, III, 294. — S'avoue coupable et obtient sa grâce, 306. — Sa mort, ibid. (*Thégan*).

Il est envoyé par l'empereur Louis pour arrêter les ravages d'Aizon, allié des Maures et des Sarrasins, sur les frontières d'Espagne, III, 376. — Est privé de ses honneurs pour sa conduite en cette funeste et honteuse expédition, 378. — Est fait comte d'Orléans par le roi Pepin, révolté contre son père, 382. — Maintient en Neustrie le parti de Lothaire contre l'empereur rétabli, et bat l'armée impériale, 398. — Sa mort, 406 (*l'Astronome*).

Il excite le roi Lothaire à retirer son consentement à la donation faite par l'empereur à son fils Charles d'une partie de l'empire qui lui avait été promis tout entier, III, 436. — Exilé par l'empereur, il est délivré par ses trois fils révoltés, 438. — Ses différends avec Lambert sont funestes à Lothaire, 439. — Il bat et met en fuite l'armée que l'empereur Louis envoie contre les partisans de Lothaire, 440. — Appelle ce prince à son secours, *ibid.* (*Nithard*).

Il commande dans la seconde guerre de Bretagne sous l'empereur Louis, IV, 87. — Se rend au-devant d'Hérold roi des Normands, 93 (*Ermold le Noir*).

Il est dépouillé de ses bénéfices, IV, 344. — Se réconcilie avec le roi Zwentibold de Lorraine, 345. — Tue ce prince dans un combat, 348 (*Annales de Metz*).

MATHIEU, comte de Beaumont, chevalier de la croisade de Philippe-Auguste, XI, 72 (*Guillaume le Breton*).

Quitte l'armée de Philippe-Auguste à la trêve de Gisors, XII, 75 (*la Philippide*).

Prend parti dans la guerre entre Robert de Bellême et Hugues de Grandménil, XXVII, 317 (*Orderic Vital*).

MATHILDE, comtesse de Boulogne. — Est mariée à Philippe, fils de Philippe-Auguste, XII, 154 (*la Philippide*).

MATHILDE, princesse de Germanie. — Epouse Henri 1er, roi de France, VI, 319 (*Chronique de Raoul Glaber*).

MATHILDE, fille de Baudouin, duc de Flandre, nièce de Henri 1er roi de France. — Epouse Guillaume le Conquérant; elle en a quatre fils : Robert, Richard, Guillaume et Henri; et quatre filles : Adelise, Constance, Cécile et Adèle, XXVI, 87 et 180 (*Orderic Vital*).

Son épitaphe, XXVII, 169; XXIX, 197 (*Guillaume de Jumiège*).

MATHILDE D'ANGLETERRE, fille du roi Henri 1er. — Epouse l'empereur Henri v. — Hugues de Fleury, moine de Saint-Benoît, lui dédie sa *Chronique*. — Descendait de Rollon duc de Normandie, VII, 61 *et suiv.* (*Chronique de Hugues de Fleury*).

Veuve de l'empereur Henri v, elle retourne en Angleterre où elle épouse Geoffroi *Plantagenet*, comte d'Anjou, veuf de Mathilde, fille de Malcolm, et conserve cependant le titre d'impératrice, XIII, 14 (*Guillaume de Nangis*); XXIX, 277 (*Guillaume de Jumiège*).

Ses enfans, XIII, 14. — Réclame en vain le trône de son père occupé par son cousin Etienne, comte de Boulogne, 18. — S'empare de la Normandie et, secourue par la France, va porter la guerre en Angleterre, 22. — Laisse échapper le roi Etienne son prisonnier, 23. — Devient veuve une seconde fois, 35. — Sa mort, 44 (*Guillaume de Nangis*).

MATHILDE, fille du comte d'Anjou. — Devient belle-sœur de la précédente par son mariage avec le jeune Guillaume, fils de Henri 1er, roi d'Angleterre. Veuve après six mois de mariage, elle se fait religieuse au couvent de Fontevrault, XXVIII, 378 (*Orderic Vital*).

MATHILDE II D'ECOSSE, fille du roi Malcolm. — Epouse Henri 1er, roi d'Angleterre. Son fils Guillaume périt dans un naufrage, avec beaucoup de grands du royaume. Sa fille, aussi nommée Mathilde, épouse d'abord l'empereur Henri v, puis en secondes noces Geoffroi Plantagenet, comte d'Anjou, XXIX, 257 (*Guillaume de Jumiège*).

MATHILDE DE BEAUMONT-LE-ROGER, comtesse d'Artois. — Invoque l'autorité du roi contre son neveu Robert, subit les conditions imposées et attend le jugement à intervenir, XIII, 319. — Tient, comme pair du royaume, la couronne au sacre de Philippe le Long, 321. — Demande au roi de vouloir bien prononcer sur ses différends avec son neveu, 322. — Tente d'envahir l'Artois à force ouverte, 331.— Repoussée par les nobles confédérés, elle renonce à son projet, *ibid.* (*Chronique de Guillaume de Nangis*).

MATHILDE DE PORTUGAL, veuve de Philippe d'Alsace. — Consulte une sorcière sur l'issue de la guerre allumée entre son neveu et ses alliés contre Philippe-Auguste; réponse ambiguë qu'elle en reçoit, XII, 307 (*la Philippide*).

MATHONVILLE (Thierri de). *Voy.* THIERRI DE MATHONVILLE.

MATTHIEU, abbé de Saint-Denis. — Est chargé de l'administration du royaume pendant la croisade de saint Louis, XIII, 185.—Son éloge, ses travaux et sa mort, 209 (*Chronique de Guillaume de Nangis*).

MATTHIEU, comte de Beaumont-sur-Oise. — Est fait prisonnier par Guillaume le Roux, VIII, 5.—S'unit à Bouchard de Montmorency contre l'abbé de Saint-Denis, 9. — S'empare du château de Hugues de Clermont son beau-frère, et bientôt est contraint de le lui rendre, *ibid.* et 11. — Repousse l'attaque de son château de Chambly, 12.— Fait des prisonniers de marque, 13. — Demande la paix et l'obtient, 14 (*Suger, Vie de Louis le Gros*). Soutient Bouchard de Montmorency contre l'abbé de Saint-Denis, XXVIII, 250. — Combat dans les rangs français à la bataille de Brenneville, 307 (*Orderic Vital*).

MATTHIEU, comte de Milan.—Sa conduite et sa doctrine, XIII, 325. — Est anathématisé par le pape Jean XXII qui publie une croisade contre lui et ses fils, 326. — Fait alliance avec l'empereur Louis de Bavière, 327. — Envoie Galéas son fils au secours de Verceil, assiégé par Philippe, comte de Valois, 345. — Meurt excommunié, 366, 386.— Galéas lui succède, 366 (*Chronique de Guillaume de Nangis*).

MATTHIEU, comte de la Pouille. — Arme en guerre huit galères et se rend à Damiette, XXII, 390 (*Jacques de Vitry*).

MATTHIEU, officier porte-mets du palais de Godefroi de Bouillon. — Appelle le comte Baudouin d'Edesse au trône de Jérusalem vacant à la mort de son frère, XX, 417 (*Albert d'Aix*).

MATTHIEU DE MARLE. — Est fait prisonnier par les Anglais à Courcelles, XI, 141 (*Guillaume le Breton*).

Quoique transpercé de plusieurs coups de lances aux deux cuisses, il fait néanmoins prisonnier Jean de Leicester son agresseur, XII, 117, 118. — Est fait prisonnier, 142 (*la Philippide*).

MATTHIEU DE MARLY. — Fait d'inutiles efforts pour ramener un secours en hommes et en vivres au comte Simon de Montfort, assiégé dans Castelnaudary par Raymond, comte de Toulouse, XIV, 167 (*Pierre de Vaulx-Cernay*).

MATTHIEU DE MONTMORENCY. — S'oppose à la conquête de l'Angleterre par la flotte de Philippe le Bel débarquée à Douvres, et force l'escadre à revenir en France, XIII, 225 (*Guillaume de Nangis*).

Epouse une fille naturelle de Henri Ier, roi d'Angleterre, XXIX, 286 (*Guillaume de Jumiège*).

MATTHIEU DE MONTMORENCY. — Philippe-Auguste lui donne trois cents onces d'or, XI, 92 (*Rigord*).

Combat aux côtés de Philippe-Auguste à la bataille de Bovines, et s'y distingue, 280, 282 (*Guillaume le Breton*).

Rallie l'armée de siége, surprise par une attaque de nuit sous Andely, XII, 185 (*la Philippide*).

Attaque les troupes de Flandre à la bataille de Bovines, XIII, 325 (*Guillaume de Nangis*).

Accompagne Louis, fils de Philippe-Auguste, et se joint au comte Simon de Montfort dans la croisade contre les Albigeois, XIV, 314 (*Pierre de Vaulx-Cernay*).

Matthieu de Poix. — Part avec Pierre l'Ermite pour la croisade, XXVII, 421 (*Orderic Vital*).

Mauclerc (Pierre). *Voy.* Pierre Mauclerc.

Mauconduit (Robert). — Périt dans le naufrage de *la Blanche-Nef*, XXVIII, 360 (*Orderic Vital*).

Maudétour (Robert de). *Voyez* Robert de Maudétour.

Mauger, comte de Corbeil. — Accueille, sur la recommandation de Robert, duc de Normandie, le prince Henri, devenu roi sous le nom de Henri 1er, chassé par sa belle-mère, XXIX, 143 (*Guillaume de Jumiége*).

Mauger d'Hauteville, fils de Tancrède. — Passe en Sicile et se met à la solde du duc Gaimar; mais bientôt il fait la guerre pour son propre compte, XXVI, 49 (*Orderic Vital*).

Mauger, frère de Robert duc de Normandie. — Est créé archevêque de Rouen. Se ménage l'alliance du roi de France, XXV, 168. — Attaque le roi Guillaume le Conquérant, son neveu, *ibid.* — Archevêque de Rouen, XXVI, 16. — Confirme la donation faite de leurs biens à l'abbaye d'Ouche par les familles de Giroie et de Grandménil, 33. — Vers composés en son honneur, 358. — Sa vie, *ibid.* — Reproches que lui adresse Guillaume agonisant, XXVIII, 200 (*Orderic Vital*).

Est dégradé, XXIX, 175. — Est déposé dans un synode en raison de ses méfaits, 379, 380. — Devient fou, 207. — Abdique l'épiscopat et est exilé à Guernesey, *ibid.*

Mauger - Malherbe. — Est chargé du commandement d'Exmes pour le duc de Normandie, contre Robert de Bellême, XXVIII, 160 (*Orderic Vital*).

Mauléon (Gérard de). *Voyez* Gérard de Mauléon.

Maulle (Pierre de). — Donne ses biens à l'abbaye d'Ouche, XXVI, 408, 423. — Sa vie, 428. — Sa mort, *ibid.* — Son épitaphe, 429.

— Défend la place confiée à sa garde, et la préserve contre les Anglais, XXVIII, 20. — Se distingue dans les rangs français à la bataille de Bremmulle, 308. — Se mêle aux vainqueurs, 311. — Prend part à la conspiration armée du comte de Meulent contre le roi d'Angleterre Henri, 387. — Attaque Breteuil et l'incendie, 516 (*Orderic Vital*).

Maures et Sarrasins. — Leurs incursions en France, en Italie et en Espagne, IV, 133, 136, 143, 145, 160 (*Annales de Saint-Bertin*).

Maurèse. — Est envoyé par l'empereur Manuel pour seconder Amaury, roi de Jérusalem, dans une expédition en Egypte, XVIII, 253 (*Guillaume de Tyr*).

Maurice, empereur. — Tibère le désigne pour son successeur, I, 343. — Epouse la fille de l'empereur; le peuple confirme son élection, *ibid.* — Met à la disposition de Childebert les assassins de ses ambassadeurs, II, 87. — Doutes qui s'élèvent sur leur identité, *ibid.* — Est tué par Phocas qui lui succède, 174 (*Grégoire de Tours*).

Fait porter devant lui les faisceaux romains, XXV, 136. — Principaux événemens de son règne, *ibid.* (*Orderic Vital*).

Maurice, évêque de Paris. — Sa vie et son éloge, XI, 133 (*Rigord*).

On lui doit la fondation de plusieurs abbayes, XIII, 79 (*Guillaume de Nangis*).

Maurice le Chartrier. — Pille le palais de Latran, XXV, 416. — Se révolte contre le patrice Isaac son allié; reçoit le serment des magistrats et de l'armée; est fait prisonnier et décapité, *ibid.* (*Orderic Vital*).

Maurice de Bellême. — Est fait prisonnier par Rotrou, comte de Mortagne-sur-Huîsne, XXVIII, 502 (*Orderic Vital*).

Maurice de Montréal, chevalier croisé. — Accompagne le roi de Jérusalem au siège d'Ascalon, XVIII, 50 (*Guillaume de Tyr*).

MAURIENNE (Amédée 1er, comte de). — Prend la croix avec Louis le Jeune, VIII, 214 (*Vie de Louis le Jeune*).

MAURIENNE (Amédée II, comte de). — Est chargé par le roi Louis VII son neveu, de négocier avec l'empereur Manuel sur des propositions d'hommage, de mariage, etc. XXIV, 332 (*Croisade de Louis VII par Odon de Deuil*).

MAURILLE, évêque de Cahors. — Sa maladie, I, 282. — Fait consacrer avant sa mort Ursicin, son successeur; son éloge, *ibid.* (*Grégoire de Tours*).

MAURILLE, évêque de Rouen. — Se rend à l'assemblée générale convoquée par Guillaume le Bâtard pour délibérer au sujet de la conquête de l'Angleterre, XXVI, 115. — Sa mort, son épitaphe, 161. — Vers en son honneur; principaux événemens de son épiscopat, 360 (*Orderic Vital*).

MAURIN, abbé de Pamiers. — Motifs qu'il donne à l'expédition du roi d'Aragon contre Muret, XV, 241 (*Chronique de Guillaume de Puy-Laurens*).

MAURING, comte de Brescia. — Est envoyé par l'empereur Louis en Italie, III, 97. — Est nommé duc de Spolette, 103. — Sa mort, *ibid.* (*Annales d'Eginhard*).

MAURONTE, duc franc. — Livre Avignon aux Sarrasins, II, 242. — Prend la fuite, 244 (*Chronique de Frédégaire*).

MAUSY. *Voyez* PORTACLÉE.

MAUVOISIN (Pierre de). — Combat auprès du roi Philippe-Auguste à la bataille de Bovines, XI, 278. — Arrête par la bride le cheval que montait l'empereur Othon, qui lui échappe avec peine, 286 (*Guillaume le Breton, Vie de Philippe-Auguste*); et XII, 303, 336, 339 (*la Philippide*).

MAUVOISIN (Robert de). *Voyez* ROBERT DE MAUVOISIN.

MAXENCE (l'abbé). — Ses miracles, racontés par Grégoire de Tours, I, 103. (*Grégoire de Tours*).

MAXENCE, empereur. — Principaux événemens de son règne, XXV, 119 (*Orderic Vital*).

MAXIME. — Est créé empereur par ses soldats, I, 30. — Défait Gratien, et le met à mort, *ibid.* — Saint Martin, l'apôtre des Gaules, va le trouver, *ibid.* — Théodose le renverse du trône et le fait périr, *ibid.* — Nannénus et Quintinus, ses lieutenans dans les Gaules, repoussent les Francs qui tentent une invasion vers Cologne, 61 (*Grégoire de Tours*); et XXV, 124 (*Orderic Vital*).

MAXIMIEN, empereur. — Principaux événemens de son règne, XXV, 114, 119 (*Orderic Vital*).

MAXIMIEN HERCULE, empereur. — Principaux événemens de son règne, XXV, 118 (*Orderic Vital*).

MAXIMIN, évêque de Trèves. — Sa sainteté, I, 29 (*Grégoire de Tours*).

MAYENNE (Geoffroi de). — Prisonnier de Guillaume Talvas, il ne recouvre sa liberté que par les sacrifices de Guillaume, fils de Giroie, XXVI, 24. — Lui fait bâtir comme indemnité le château de Saint-Céneri ou Saint-Selerin, sur la Sarthe, près Alençon, *ibid.* — Est chassé du Mans par Guillaume le Bâtard, qui s'empare du fort d'Ambrières et brûle Mayenne, 98, 99. — Se soumet, *ibid.* — Concourt avec le comte Foulques d'Anjou à expulser les Normands du Mans, 245. — Se joint à l'armée du duc Robert de Normandie, 256. — Fait restituer à Robert Giroie le château de Saint Céneri, conquis sur Robert de Bellême, 257. — Secoue le joug des Normands et reçoit comme prince du Maine Hugues d'Azzon, appelé d'Italie, 287. — S'allie à Robert Giroie et dévaste les terres de Robert de Bellême, 365. — Obtient de la médiation du duc de Normandie la paix entre ses deux voisins, 367. — Conditions de cette paix, *ibid.* (*Orderic Vital*).

Se soumet au roi Guillaume le

Roux, XXVIII, 35. — Fait alliance avec lui, 42. (*Orderic Vital.*)

Perd son château conquis par Guillaume le Bâtard, XXIX, 213. —Invoque les secours de Geoffroi-Martel, et l'accompagne dans son expédition d'Ambrières, 356. — Est forcé à implorer le duc Guillaume, 357 — Se révolte contre ce prince, 364. — Perd sa ville, 366 (*Guillaume de Jumiège*).

MÉCHEL (Francon de). — Périt brûlé au siége d'Assur en Syrie, XX, 388 (*Albert d'Aix*).

MÉDARD (saint), évêque de Soissons. — Sa mort, ses obsèques magnifiques, I, 173 (*Grégoire de Tours*).

Son épitaphe, XXVI, 322 (*Orderic Vital*).

MÉDAVI (Hugues de). *Voy.* HUGUES DE MÉDAVI.

MÉGADUCAS. — Est chargé par l'empereur Manuel, son cousin, du commandement en chef de la flotte destinée à la conquête de l'Egypte par Amaury, roi de Jérusalem, XXVIII, 253 (*Guillaume de Tyr*).

MÉGATRIARQUE. *Voyez* JEAN MÉGATRIARQUE.

MEGEDDIN, gouverneur d'Alep.— Surprend Renaud de Châtillon, prince d'Antioche, revenant de piller les environs d'Edesse, XXVIII, 143. — Le bat et le fait prisonnier, 144 (*Guillaume de Tyr*).

MÉGINFRIED, chambellan de Charlemagne. Reçoit un commandement contre les Huns; sa conduite, III, 36, 37 (*Annales d'Eginhard*).

MÉGINGAUD, comte. — Est tué en trahison et ses biens sont donnés à Zwentibold, fils d'Arnoul, IV, 340 (*Annales de Saint-Bertin et de Metz*).

MÉGINHAIRE, comte. — Est l'un des témoins du testament de Charlemagne, III, 161 (*Vie de Charlemagne*).

MÉGINHAIRE, conseiller du roi Louis le Débonnaire. —Fait prévaloir ses avis, III, 328 (*l'Astronome*).

MÉGINHARD, comte, l'un des témoins du testament de Charlemagne, III, 161 (*Vie de Charlemagne*).

MÉLANIE, noble dame de Rome. — Va à Jérusalem par dévotion, et reçoit le surnom de THÉCLA, I, 29 (*Grégoire de Tours*).

MÉLANTIUS, évêque de Rouen après l'assassinat de Prétextat, I, 465. — Protestation des envoyés de Gontran, *ibid.* — Est accusé d'avoir trempé dans l'assassinat de son prédécesseur, 473. — Est soutenu par Frédégonde, 474 (*Grégoire de Tours*).

Principaux événemens de son épiscopat, XXVI, 334 (*Orderic Vital*).

MELAZ, fille de Soliman. — Délivre Boémond, prisonnier de son père, et épouse le prince Roger, XXVIII, 123-139 (*Orderic Vital*).

MELCHIADE (saint), 31ᵉ pape. — Actes de son pontificat, XXV, 387 (*Orderic Vital*).

MELCOF, bâtard d'Alexandre roi d'Ecosse. — Est vaincu par le roi David son oncle, qu'il veut détrôner, XXVII, 353. — Rentre en Ecosse avec le comte de Murray, qui est tué, et dont l'armée est taillée en pièces, *ibid.* (*Orderic Vital*).

MELCOLM (Alexandre), prince d'Ecosse, fils du roi Melcolm.—Tue son oncle qui avait usurpé le trône en assassinant le roi Edgard; lui succède; épouse la fille d'une concubine de Henri 1ᵉʳ, roi d'Angleterre; meurt, XXVII, 351-358 (*Orderic Vital*).

MELECHLSALAH, fils de Noradin, sultan d'Alep. — Sa mort, son testament, XVIII, 389 (*Guillaume de Tyr*).

MELECHSALAH (Malek-El-Saleh-Ismaël), soudan de Damas. —S'allie contre le soudan de Babylone avec les Croisés, commandés par le roi Thibaut de Navarre, XIX, 507. —Leur livre Beaufort, Sidon et Tibériade, 509 (*Bernard le Trésorier*).

MÉLÉDIN, ou MALEK KAMEL, soudan d'Egypte. — Ecoute les sermons de deux clercs chrétiens qui veulent le convertir, et les renvoie au légat, XIX, 389. — Offre l'échange de Jérusalem contre Damiette et une trêve de trente ans; ces propositions sont rejetées par le cardinal légat du pape, 391, 397. — Fait noyer l'armée chrétienne dans sa marche sur le Caire, 401. Refuse la bataille que lui offre le roi Jean de Brienne, *ibid.* — Accorde une trève de huit ans, recouvre Damiette et ses prisonniers, 403. — Retient le roi en otage et nourrit son armée, 405. — Traite avec l'empereur Frédéric II, 419, 423 (*Bernard le Trésorier*).

MELFE (Godefroi de). — Est chargé par le comte de Montfort d'approvisionner Fanjaux dans la guerre contre les Albigeois, XIV, 179. — Tombe dans une embuscade et y est tué, *ibid.* (*Pierre de Vaulx-Cernay*).

MELFE (Simon de). *Voy.* SIMON DE MELFE.

MÉLIER, ancien Templier, frère du prince arménien Toros. — Sollicite la protection de Noradin pour rentrer dans l'héritage de son frère, XVIII, 289. — Noradin le soutient, *ibid.* — Expulse son neveu, 290. — Chasse les Templiers de la Cœlésyrie, *ibid.* — Fait alliance avec les Turcs, *ibid.* — Rejette avec mépris la médiation du roi de Jérusalem, qui se venge en ravageant son pays, 291 (*Guillaume de Tyr*).

MÉLISENDE, fille aînée de Baudouin Ier, roi de Jérusalem. —Elle épouse Foulques, ancien comte d'Anjou, XIII, 13. — Règne avec Baudouin son fils sur Jérusalem après la mort de son mari, 25. — Sa trop grande familiarité avec les ennemis de la foi, 36. — Elle est dépouillée par le roi son fils et reléguée à Naplouse, *ibid.*(*Guillaume de Nangis*).

Héritière présomptive de Jérusalem, elle épouse le comte Foulques d'Anjou et lui apporte en avancement d'hoirie les villes de Tyr et Ptolémaïs, XVII, 302. — Fonde un couvent de filles à Béthanie, 441. — En fait abbesse sa sœur Yvette, 442. — Exerce le pouvoir après la mort du roi son mari, 445. — Est couronnée et sacrée avec le roi Baudouin III son fils, 451. — Son éloge, *ibid.* —Elle reçoit du comte d'Edesse des demandes de secours pour sa capitale assiégée, et les accorde sur-le-champ, 454. — Se réunit à l'assemblée de Saint-Jean-d'Acre pour délibérer sur les moyens d'agrandir le royaume de Jérusalem, XVIII, 2 et 3. — Est sommée par le roi son fils de partager avec lui le royaume ; ce qu'elle effectue après quelques difficultés, 31. — Est assiégée dans Jérusalem par le roi, qui veut lui enlever sa part du royaume, 32.— Se retire dans la citadelle, *ibid.*—Y souffre l'assaut, 33. — Est condamnée à rendre Jérusalem et à se contenter de Naplouse, *ibid.*—Refuse d'envoyer ses gens pour la défense de la chrétienté, 34. — Se trouve à l'assemblée de Tripoli où s'agite le mariage de la princesse Constance d'Antioche, 43. —Concourt à s'emparer, pendant l'absence du roi, d'une forte position, depuis longtemps perdue, au-delà du Jourdain, 121. — Sa mort, 141, 152, 153. — Son éloge, 141 (*Guillaume de Tyr*, t. II et III).

Elle épouse le comte Foulques d'Anjou et lui apporte le royaume de Jérusalem, XXII, 239 (*Jacques de Vitry*).

MÉLISENDE, sœur du comte de Tripoli. — Est choisie par le roi de Jérusalem pour femme de l'empereur Manuel, qui refuse cette alliance, XVIII, 149, 151 (*Guillaume de Tyr*).

MÉLISENTE (Alix), fille de Baudouin II roi de Jérusalem.—Epouse le prince d'Antioche Boémond II, XVII, 295. — Se met, après la mort de son mari, sous la protection des Turcs, et ferme les portes d'Antioche au roi son père, 310,

311. — Se retire dans la citadelle, est prise et envoyée à Laodicée, 312. — Est dépouillée de sa principauté par Baudouin son père, 333. — Parvient à rentrer dans Antioche et à ressaisir l'autorité, 359. — Attire à elle le patriarche Raoul, qui lui persuade que le prince attendu lui est destiné pour époux, *ibid.* — A la nouvelle du mariage de sa fille Constance, elle quitte Antioche, jurant à son gendre et au prélat une haine éternelle, 360 (*Guillaume de Tyr*).

Voy. ALIX, fille de Baudouin du Bourg (Baudouin II), roi de Jérusalem. C'est par erreur qu'on la trouve quelquefois appelée MÉLISENTE ou MÉLISENDE, ce nom appartient à sa sœur, femme de Foulques d'Anjou, roi de Jérusalem, XVII, 359 (*Guillaume de Tyr*).

MELLE (Foucault de), sénéchal de Philippe le Bel. — Bat les Flamands à Lille à l'aide des gens de Tournay, XIII, 147 (*Guillaume de Nangis*).

MELLON, premier évêque de Rouen. — Sa vie et les principaux événemens de son épiscopat, XXVI, 325 *et suiv.* (*Orderic Vital*).

MELLOT (Dreux de). *Voy.* DREUX ou DROGON DE MELLOT.

MELUN (Adam, vicomte de). — Reconnaît la marche de l'empereur Othon, XI, 275. — Se distingue à la bataille de Bovines, 282 (*Guillaume le Breton*).

Accompagne l'évêque de Senlis dans la reconnaissance que ce prélat guerrier fait de l'armée des alliés avant la bataille de Bovines, et continue d'observer ses mouvemens, tandis que l'évêque va rendre compte de l'état des choses au roi Philippe-Auguste, XII, 315 (*la Philippide*).

Accompagne le prince Louis, fils du roi Philippe, et se joint au comte de Montfort dans la croisade contre les Albigeois, XIV, 314 (*Pierre de Vaulx-Cernay*).

MELUN (Bouchard, comte de). *Voy.* BOUCHARD.

MELUN (Guerpin, comte de). *Voy.* GUERPIN.

MENDOUD, sultan de Mosul. — Etablit son camp sur le Jourdain, XVII, 157. — Bat et défait complètement Baudouin Ier, roi de Jérusalem, 159. — Pille le pays, 160. — Se retire à Damas, où il est assassiné, 161 (*Guillaume de Tyr*).

MER ROUGE. — Description de cette mer, I, 9. — Détails sur le passage des Hébreux, 10-12 (*Grégoire de Tours*).

MERCHADIER, l'un des chefs des Cotereaux. — S'empare d'Issoudun au nom du roi d'Angleterre, XI, 123. — Pille le Vexin et le Beauvaisis, 142 (*Rigord, Vie de Philippe-Auguste*).

MERCIER (Edouard, comte de). — Met en fuite le comte de Murray et Melcof prétendant au trône d'Ecosse, XXVII, 353 (*Orderic Vital*).

MERCIER (Bernard). — Défend la ville de Toulouse assiégée par le roi Philippe-Auguste dans la guerre contre les Albigeois, XV, 201 (*Guillaume de Puy-Laurens*).

MERDEPAS, émir du roi de Babylone. — Défend Ascalon contre les Chrétiens, fait une sortie et va attaquer les troupes de Baudouin, est refoulé dans la place et tué bientôt après, XXI, 53 (*Albert d'Aix*).

MERLIN (Ambroise). — Ses prophéties, XXVIII, 415. — Leur explication, 419 (*Orderic Vital*).

MEROFLÈDE. — Epouse le roi Charibert, I, 178 (*Grégoire de Tours*).

MÉROVÉE, duc franc. — Est envoyé par le roi Clotaire pour tuer Bertoald, II, 174. — Commande l'armée qui doit envahir le royaume de Théodoric, est battu et fait prisonnier, 175 (*Grégoire de Tours*).

MÉROVÉE, évêque de Poitiers. — Est maltraité par l'armée du roi Gontran, I, 397. — Sollicite et obtient du roi Childebert l'envoi de commissaires pour rectifier les rôles, II, 43. — Son jugement sur la donation de l'évêque Berthaire contestée entre Berthegonde et Ingiltrude sa mère, 50. — Il est chargé d'examiner les difficultés survenues entre les religieuses de Poitiers, 65, 110. — Excommunie les dissidentes, *ibid.* — Est battu dans la basilique même, *ibid.*—Essaie vainement de réconcilier ces filles, 74.— Texte de son jugement, 112 *et suiv.* (*Grégoire de Tours*).

MÉROVÉE, prince franc, fils du roi franc Chilpéric et d'Audovèse sa première femme, I, 183. — Est envoyé par son père à la tête d'une armée sur Poitiers, 219. — Va à Rouen et épouse la reine Brunehault, *ibid.* — Fait approuver son mariage par son père après une vive opposition, *ibid.* — Le suit à Soissons, 220. — Y est arrêté, *ibid.* —Est fait prêtre et confiné à Saint-Calais, 235. — Est admis à la communion qui lui avait été d'abord refusée, *ibid.*, 236. — Est réclamé par son père, qu'il menace de la guerre, *ibid* — Se décide à quitter sa retraite, 237. — Saisit le premier médecin du roi et le maltraite, *ibid.* — Médit de son père et de Frédégonde, *ibid.* — Consulte une sorcière sur son avenir, 238. — Prédiction divine contre la race de Chilpéric, 239. — Il se décide, d'après les avis de Gontran gagné par Frédégonde, à sortir de sa retraite, *ibid.* — Consulte Dieu, s'afflige et part avec le roi Gontran, 241. — Est arrêté par Erpon, *ibid.* — S'échappe et se réfugie dans la basilique de Saint-Germain, *ibid.* — Rejoint la reine Brunehault, 242. — Son mariage est l'un des griefs imputés à l'évêque de Rouen dans son procès, 245. — Bruit qui se répand de son projet de regagner la basilique de Saint-Martin, 253. — Mesures que prend le roi son père pour l'en empêcher, *ibid.* — Il est trahi par les gens de Térouenne, *ibid.*— Personnages auxquels on attribue cette trahison, 254. — Il se fait tuer par Gaïlen, l'un de ses familiers, *ibid.* — Supplice de ses amis, *ibid.* — Il est enterré par les soins du roi Gontran, 435 (*Grégoire de Tours*).

MÉROVÉE, prince franc, fils de Théodebert. — Est massacré par un soldat, II, 189 (*Grégoire de Tours*).

MÉROVÉE, prince franc, fils du roi Théodoric et d'une concubine. — Sa naissance, II, 178. — A le roi Clotaire pour parrain, *ibid.* — Clotaire lui fait la guerre et s'empare de sa personne, 191. — Est recommandé au comte Ingobald en Neustrie, 192 (*Grégoire de Tours*).

MÉROVÉE, roi des Francs. — On le croit de la race de Chlogion (Clodion), I, 68. — A donné son nom à la première race des rois de France, dite des *Mérovingiens*, XI, 48, 52. (*Rigord*).

MESNIL (Gautier du), templier.— Tue un envoyé du prince des Assassins près du roi de Jérusalem, XVIII, 299. — Est envoyé à Rome pour subir une légère punition qui lui est infligée par le grand-maître de l'ordre, 300. — Est enlevé de vive force de la part du roi, et constitué prisonnier à Tyr, *ibid.* (*Guillaume de Tyr*).

METHODIUS, martyr.—Ses prophéties, XI, 29 (*Rigord*).

METZ. — Cette ville est saccagée par les Huns, I, 55. — Vision d'une partie des habitans, *ibid.* (*Grégoire de Tours*).

METZ (Childebert, roi de). *Voy.* CHILDEBERT.

MEULAN (le comte). — Des seigneurs français pillent et ravagent ses terres par suite de sa soumission au roi d'Angleterre, VIII, 60 (*Suger, Vie de Louis le Gros*).

MEULAN (Dreux de), comte de Sancerre. — Se bat comme témoin d'un duel, XIII, 273. — Fait prisonnier Oudard de Montaigu, *ibid.* — Mécontente le roi Philippe le Bel, 274 (*Guillaume de Nangis*).

MEULENT (Galeran ou Valeran, comte de). *Voyez* GALERAN, comte de Meulent.

Meules (Baudouin des). — Est institué gouverneur du château que Guillaume le Conquérant fait bâtir à Exeter, XXVI, 172 (*Orderic Vital*).

Meynardier (d'Ausas de). — Défend le fort de Penne, et le remet par capitulation au comte Simon de Montfort, XV, 88, 89 (*Histoire des Albigeois*).

Mezence (Mezizius). — S'empare du trône de Sicile, XXV, 418. — Est décapité, *ibid*. (*Orderic Vital*).

Michaelis. *Voyez* Dominique Micali.

Michel, doyen de Paris. — Est élu patriarche de Jérusalem, et bientôt après appelé à l'archevêché de Sens, XI, 117. — Sa mort, 147 (*Rigord*).

Michel, évêque. — Est envoyé par l'empereur Nicéphore auprès de Charlemagne, III, 52 (*Annales d'Eginhard*).

Michel, évêque d'Avranches. — Succède à Jean, qui passe à l'archevêché de Rouen, XXVI, 162 (*Orderic Vital*).

Michel 1er, empereur d'Orient, gendre de l'empereur Nicéphore. — Succède à son beau-père, III, 68. — Confirme la paix conclue avec l'empereur Charlemagne et lui envoie une ambassade, 69. — En reçoit des ambassadeurs, 70. — Déclare la guerre aux Bulgares, *ibid*. — Est battu, *ibid*. — Dépose le diadème, 71. — Se fait moine, *ibid*. (*Annales d'Eginhard*). Principaux événemens de son règne, XXV, 152, 154 (*Orderic Vital*).

Michel II, le Bègue, empereur de Constantinople, III, 90. — Envoie des députés à l'empereur Louis, 102, 112, 347, 364 (*Annales d'Eginhard ; Vie de Louis le Débonnaire*).

Michel III, l'Ivrogne, empereur d'Orient. — Est tué par Bazile qui lui succède, IV, 247 (*Annales de Saint-Bertin*). Principaux événemens de son règne, XXV, 154 (*Orderic Vital*).

Michel des Harmes, chevalier français, tué à la bataille de Bovines, XI, 283 (*Guillaume le Breton*). Marche avec Philippe-Auguste contre la ligue formée par le comte de Flandre, XII, 304. — Livre un combat singulier au commencement de la bataille de Bovines contre Eustache de Maquilin, qui avait crié *mort aux Français!* 324. — Détails de ce combat, 325. — Il est renversé et remonte à cheval, 326. — Tue son adversaire, *ibid*. (*la Philippide*).

Michel Ganglianos. — L'impératrice Irène l'envoie comme ambassadeur auprès de Charlemagne, III, 45 (*Annales d'Eginhard*).

Michel Hydrontin. — Est envoyé par l'empereur Manuel pour négocier une alliance avec le roi de Jérusalem pour la conquête de l'Egypte, XXVIII, 233 (*Guillaume de Tyr*).

Michel Paléologue. *Voyez* Paléologue.

Milidiwich, chef des Esclavons-Sorabes. — Est tué dans l'expédition que fait contre eux Charles, fils de Charlemagne, III, 56 (*Annales d'Eginhard*).

Milon, clerc. — Il est envoyé par le pape comme légat auprès du comte de Toulouse, XIV, 41. — Doit n'être que le faiseur et l'organe de l'abbé de Cîteaux, contre lequel il semble envoyé, 42. — S'abouche avec cet abbé, 43. — Reçoit ses avis par écrit, 44. — L'accompagne auprès du roi Philippe, *ibid*. — Lui remet les lettres du pape, *ibid*. — Obtient la permission d'amener les barons dans l'Albigeois, 45. — Promet des indulgences, *ibid*. — Assemble un concile à Montélimart, *ibid*. — Y mande le comte de Toulouse qui s'y rend, *ibid*. — Exige et obtient sept places de sûreté, *ibid*. — Réconcilie le comte à l'Eglise et l'absout, 46. — Va au-devant des Croisés jusqu'à Lyon, 48. — Est chargé par le pape d'entendre la justification du comte de Toulouse sur le meurtre de Pierre de Castelnau et sur l'accusation d'hérésie, 86. — L'excommunie sans l'entendre, 87. — Sa mort, 104 (*Pierre de Vaulx-Cernay*).

Il est envoyé par le pape pour prendre possession des châteaux du comte de Toulouse jusqu'à sa justification, XV, 10. — Est fort bien accueilli, *ibid*. — Meurt, *ibid*. (*Histoire des Albigeois*).

Milon, comte. — Prête serment à la reine Teuteberge au nom du roi Lothaire, IV, 203, 204 (*Annales de Saint-Bertin*).

Milon III, comte de Bar-sur-Seine, Croisé français. — Meurt au siège de Damiette, XXII, 348 (*Jacques de Vitry*).

Milon, comte de Nanteuil, évêque de Beauvais. — Est fait prisonnier au siège de Damiette, XI, 334 (*Guillaume le Breton*).

Mécontent du roi saint Louis, il met son diocèse en interdit et meurt, 144 (*Guillaume de Nangis*).

Milon, vicomte de Troyes. — S'empare du château de Montlhéry, VIII, 24. — Abandonné des frères Garlande ses alliés, il prend la fuite, 25 (*Suger*).

Milon, dit *Lover*, Croisé. — Prend part au siège de Nicée, XX, 73 (*Albert d'Aix*).

Milon de Bray. — Réclame et obtient du roi Louis le Gros le château dont il dépouille Philippe son frère, révolté contre lui, et Hugues de Crécy à qui ce prince l'avait donné, VIII, 73. — Epouse, quoique déjà marié, la sœur de Thibaut de Chartres, et s'allie avec lui contre le roi Louis le Gros, 84. — Ses efforts pour lui faire obtenir la succession d'Eudes, comte de Corbeil, 86. — Menace d'assiéger le roi dans Thoury, 94. — Perd à l'affaire sa femme et sa dot, 99 (*Suger, Vie de Louis le Gros*).

Prend la croix, XXI, 6; XXVII, 422, 423. — Part pour la Terre-Sainte, XXVIII, 96 — Se réunit au comte de Toulouse, XXI, 7. — Range ses troupes pour la bataille de Marash sous les ordres d'Etienne de Blois, 15 (*Albert d'Aix et Orderic Vital*).

Milon de Clermont, Croisé français. — Se distingue au siége de Caïpha, XX, 410 (*Albert d'Aix*).

Milon de Nogent, Croisé français. — Périt seul à la bataille du Méandre, XXIV, 359 (*Odon de Deuil*).

Milon de Noiries. — Se bat comme témoin d'un duel, XIII, 273. — Mécontentement du roi à ce sujet, 274 (*Guillaume de Nangis*).

Milon de Plancy, sénéchal du royaume de Jérusalem. — Sert la passion du roi Amaury de Jérusalem pour l'argent, XVIII, 244. — Défend Gaza contre Saladin, 272. — Perd la ville et se réfugie dans le fort, 274. — Est chargé de la direction des affaires sous le roi Baudouin IV, 307. — Inimitiés dont sa puissance le rend l'objet, 308. — Un parti veut déférer le gouvernement au comte de Tripoli pendant la minorité du roi, 309. — Il feint de remettre le pouvoir au gouverneur Roard et de travailler sous ses ordres, 310. — Il est assassiné à Saint-Jean-d'Acre, *ibid*. — Bruits divers à ce sujet, 311 (*Guillaume de Tyr*).

Minerve. — Destruction de cette ville de l'Albigeois par les Croisés, XIII, 103. — Les habitants aiment mieux se laisser brûler que d'abjurer, *ibid*. (*Guillaume de Nangis*).

Siége de cette place par Simon de Montfort et les Croisés, XIV, 94 *et suiv*. — Perfidie des légats, 96. — Les assiégés sont brûlés, 97 (*Pierre de Vaulx-Cernay*).

Siége, prise et destruction de cette place par le légat Arnaud et le comte de Montfort, qui en brûlent les habitants, XV, 47 (*Histoire des Albigeois*).

Minime (Jean). *Voyez* Jean Minime.

Miramolin, roi des Sarrasins. — Déclare la guerre aux Chrétiens d'Espagne, XIII, 106 (*Guillaume de Nangis*).

Est battu par les rois de Navarre

et d'Aragon, XV, 241 et 340. — Est réduit à une fuite honteuse, 241 (*Guillaume de Puy-Laurens; Gestes glorieux des Français*).

MIREPOIX (Pierre de). — Défend le château de Montségur contre les inquisiteurs de la foi, y est surpris et brûlé avec deux cents hérétiques, XV, 306, 307 (*Chronique de Guillaume de Puy-Laurens*).

MIRON. — Fait la paix avec Leuvigile, I, 365. — Sa mort, *ibid*. (*Grégoire de Tours*).

MIRON (Pierre). — Abandonne la place de Cabaret, et se rend au comte Simon de Montfort, qui lui donne des terres, XIV, 135 (*Pierre de Vaulx-Cernay*).

MIRUS, roi des Suèves en Galice. — Envoie au roi Gontran des messagers qui sont arrêtés par ordre du roi Chilpéric lors de leur passage à Poitiers, I, 281. — N'obtient leur liberté qu'au bout d'un an, 282 (*Grégoire de Tours*).

MODESTE, évêque de Jérusalem. — Est chargé par l'empereur Héraclius de faire rétablir les temples chrétiens et les églises de cette ville, XVI, 1 (*Guillaume de Tyr*).

MOINES. — L'empereur Valens ordonne de les incorporer dans la milice, I, 29 (*Grégoire de Tours*).

MOISSAC, ville de l'Albigeois. — Est assiégée et prise par le comte Simon de Montfort, XV, 89 et suiv. (*Histoire de la guerre des Albigeois*, 340; *Gestes glorieux des Français*).

MOLAY. *Voy*. JACQUES DE MOLAY.

MOLIN, roi d'Égypte. — Devient tributaire du roi Amaury de Jérusalem, XIII, 46. — Est tué par Saladin, *ibid*. (*Guillaume de Nangis*).

MONCLAR (Guillebert de). — Quitte l'armée à Antiochette avec Baudouin, frère de Godefroi de Bouillon, XVI, 159. — Combat contre Tancrède sous les murs de Mopsueste (Mamistra), 176 et XX, 122. — Est fait prisonnier, XVI, 176, et XX, 123 (*Guillaume de Tyr et Albert d'Aix*).

MONDRAGON (Pons de). *Voy*. PONS DE MONDRAGON.

MONESTIER (Bernard de). — Défend Toulouse assiégé par le fils du roi Philippe-Auguste, XV, 200 (*Histoire des Albigeois*).

MONS (Dreux ou Drogon de). — Se distingue sous les yeux de Louis le Gros à la bataille du Puiset, VIII, 96 (*Suger*).

MONS (Adolphe de). *Voyez* ADOLPHE DE MONS.

MONSABÈS (Gérard de). *Voy*. GÉRARD DE MONSABÈS.

MONSSET, Juif. — Est dénoncé par son frère, XIII, 268, 269 (*Guillaume de Nangis*).

MONTAIGU (Armand de). — Marche au secours de Raymond comte de Toulouse, XV, 173. — Va chercher des renforts, 184. — Défend Toulouse contre le fils de Philippe-Auguste, 199 (*Histoire des Albigeois*).

MONTAIGU (Conon de). *Voyez* CONON DE MONTAIGU.

MONTAIGU (Geoffroi de). — Est tué à la bataille de Dorylée, XXVII, 446 (*Orderic Vital*).

MONTAIGU (Gozelon de), chevalier croisé. — Concourt au siège de Nicée, XX, 73 (*Albert d'Aix*).

MONTAIGU (Guérin de), grand-maître des Hospitaliers. — Tente en vain de rétablir la paix entre le bailli de l'empereur Frédéric, le roi de Chypre et Jean d'Ibelin, XIX, 463. — Rassemble une armée de barons chrétiens et de Templiers pour faire la guerre au soudan de Hamath, 481. — Ravage son pays, 483. — Fait la paix, 485 (*Bernard le Trésorier*).

Est paralysé dans son zèle à l'attaque du Thabor, XXII, 331, 332 (*Jacques de Vitry*).

MONTAIGU (Honfroi de). — Part pour la Terre-Sainte, XXVII, 426 (*Orderic Vital*).

MONTAUT (Bernard de). — Défend Toulouse assiégé par le fils de Philippe-Auguste, XV, 201 (*Histoire des Albigeois*).

MONTBÉLIARD (Eudes de). — Est chargé par le roi Jean de Brienne du gouvernement du royaume de

Jérusalem pendant son voyage en Europe, XIX, 407. — Réclame la réponse du régent sur la question du serment exigé de l'empereur Frédéric, 455. — Tente en vain de rétablir la paix entre le bailli de ce prince, le roi de Chypre et Jean d'Ibelin, 463. — Court d'Acre au secours du roi de Chypre surpris sur les hauteurs de Tyr, 469. — Marche avec de nouveaux croisés contre les Turcs à Gaza, 501. — Est pris par les infidèles dans son château de Tibériade, 537 (*Bernard le Trésorier*).

MONTBÉLIARD (Gautier de). — Épouse à Marseille, Bourgogne, fille d'Amauri, roi de Chypre, femme répudiée de Raymond VI, comte de Toulouse, XIX, 275. — Se présente devant son beau-père, qui lui ordonne de vider le pays, 277 (*Bernard le Trésorier*).

MONTBOISSIER (Pons de). *Voyez* PONS DE MONTBOISSIER.

MONT-CASSIN (le). — Couvent célèbre, III, 3 (*Annales d'Éginhard*). Est ravagé par des brigands : les moines s'échappent sous la conduite de Bonitus leur abbé. Après cent dix ans, Pétronax, évêque de Brescia, le rétablit avec l'aide du pape Zacharie, XXVI, 195 (*Orderic Vital*).

MONTEFELTRO (Guy, comte de). — Retient le territoire de l'Église romaine dont il s'est emparé, XIII, 198. — Est attaqué dans Forli et s'y maintient, 200 (*Guillaume de Nangis*).

MONTEIL (Guillaume-Hugues de). — Est chargé de reprendre et d'apporter à l'armée chrétienne la croix du feu évêque du Puy, XXI, 349. — A l'arrivée de la croix, l'armée lève sans ordre et spontanément le siége d'Archas, 353. — Il fait décider une procession générale, pieds nus, autour de Jérusalem, 370 (*Raymond d'Agiles*).

MONTEIL (Ami de). — Concourt à la défense de Toulouse, assiégée par le prince Louis, fils de Philippe-Auguste, XV, 200 (*Histoire des Albigeois*).

MONTÉLIMART (Guitard, Adémar de). *Voyez* GUITARD.

MONTFAUCON (Odon de). *Voyez* ODON.

MONTFERRAT (Adélaïde ou Adèle de). *Voyez* ADÉLAÏDE; ROGER 1er, comte de Sicile, et BAUDOUIN 1er, roi de Jérusalem.

MONTFERRAT (Boniface 1er, marquis de). — Est fait prisonnier par Saladin, à la bataille de Tibériade, XIII, 68. — Est conduit par ce prince au siége de Tyr, défendu par Conrad de Montferrat, *ibid.* — Est échangé, 70 (*Guillaume de Nangis*).

Se croise à la nouvelle de l'élévation de son neveu sur le trône de Jérusalem, XIX, 21. — Reçoit de lui le château de Saint-Elie, *ibid.* — Assiste aux obsèques du roi Baudouin v, son arrière petit-fils, 37, 89 (*Bernard le Trésorier*).

MONTFERRAT (Conrad, marquis de). *Voyez* CONRAD.

MONTFERRAT (Boniface II, marquis de). — Contribue à mettre Alexis Comnène III sur le trône de Constantinople, XI, 158, 162 (*Rigord*). Est joué par Murzuphle, XIII, 92 (*Guillaume de Nangis*).

Est choisi pour chef de la croisade organisée par le comte de Flandre, XIX, 261 (*Bernard le Trésorier*).

MONTFORT (Amaury III, dit *Le Fort*, baron de). *Voyez* AMAURY DE MONTFORT.

MONTFORT (Amaury IV, baron de), comte d'Évreux. — Marie sa fille à Hugues de Crécy, et lui fait donner en dot le château de Montlhéry, par le prince Philippe, révolté contre Louis le Gros, VIII, 72. — Repousse l'invasion du roi Henri 1er, d'Angleterre, 129. — Se distingue dans la seconde expédition du roi Louis VI, en Auvergne, 134. — S'appuie contre ce prince du secours du roi d'Angleterre et du comte de Chartres, 143. — Perd son château de Livry, *ibid.* (*Suger, Vie de Louis le Gros*).

Prend les armes avec plusieurs seigneurs normands, contre le roi d'Angleterre Henri 1er, qui réprime leur révolte, XXV, 171. — Se range au parti de Rainaud de Dracy dans la guerre de la succession de Breteuil, XXVIII, 164. — Fait la paix avec tous ses voisins par la médiation du comte de Meulan, 168. — Rentre en grâce auprès du roi d'Angleterre, Henri 1er, 266. — Réclame près de ce prince le comté d'Evreux, comme neveu du feu comte Guillaume, 272. — Est refusé d'après le conseil de l'évêque, *ibid.* — Arme presque toute la France contre le roi d'Angleterre, *ibid.* — Son caractère et sa puissance, *ibid.* — Se fait livrer la citadelle d'Evreux et met en fuite le clergé, *ibid.* 282, 283. — Est chargé par Louis VI de la défense du château de l'Aigle, 279. — Décide Eustache de Breteuil à faire arracher les yeux au fils du châtelain d'Ivry, qu'il a en otage, 288. — Conséquences de cette barbarie, *ibid.* — Il refuse la paix que lui offre le roi d'Angleterre; par quels motifs, 294. — Est contenu par Goël d'Ivry, qui l'informe de l'incendie d'Evreux par les Anglais, 302. — Inquiète le camp ennemi sous cette place, 303. — Va trouver le roi Louis VI après la perte de la bataille de Brenmulle (Brenneville), lui peint sa situation, et lui indique les moyens de recommencer la guerre, 312 *et suiv.* — Réponse de son chapelain aux accusations portées contre lui par l'évêque d'Evreux devant le concile de Rheims, 324, 325. — Fait la paix avec le roi d'Angleterre, et obtient le comté d'Evreux, 338. — Indigné des excès commis sur ses terres par les Anglais, il négocie le mariage du jeune Guillaume, fils de Robert, duc de Normandie, détrôné et prisonnier, avec la fille du comte Foulques d'Anjou, 379. — Se réunit à la Croix Saint-Leufroi avec les conspirateurs, 381. — S'empare de Gisors par surprise et manque le donjon, 388. — Accompagne à Watteville le comte Galeran de Meulan, 390. — Cherche à détourner ses compagnons du projet de livrer bataille aux Anglais à la sortie de la forêt de Brotone, 393. — Est fait prisonnier dans ce combat, par Guillaume de Grand-Cour, qui le conduit à Beaumont-le-Roger, et s'exile avec lui en France, 394. — Fait la paix avec Henri, roi d'Angleterre, 399. — Echoue dans ses projets en faveur de Guillaume Cliton, 406. — Est chargé par ce prince, devenu comte de Flandre, de la garde de Guillaume d'Ypres, son prisonnier, l'un des compétiteurs au comté, 409, 410 (*Orderic Vital*).

Est fait prisonnier, XXIX, 272 (*Guillaume de Jumiège*).

MONTFORT (Amaury VI, comte de). — S'empare de Marmande, où il égorge quinze mille habitans, XI, 335. — Fait le siège de Castelnaudary, 342. — Reçoit du roi Philippe-Auguste un secours considérable contre les Albigeois, 343. — Est compris dans les libéralités de son testament, 351 (*Guillaume le Breton*).

Abandonne ses conquêtes sur les Albigeois, 361 (*Nicolas de Bray, Vie de Louis VIII*).

Succède à Simon de Montfort, son père, dans le commandement de l'armée des Croisés contre les Albigeois, XII, 363. — Reçoit du roi Philippe-Auguste de nombreuses recrues, 364 (*la Philippide*).

Sa douleur à la nouvelle de la mort de Guy, son frère, XIII, 128. — Va dans la Terre-Sainte faire la guerre pour son compte, y est fait prisonnier, 146. — Délivré de la captivité des Sarrasins, il revient en Europe, et meurt à Rome, 148 (*Guillaume de Nangis*).

Tombe malade à Fanjoux, tandis que son père est assiégé dans Castelnaudary par le comte de Toulouse, XIV, 163. — Faillit être assassiné dans une révolte à Narbonne, 190. — Est fait chevalier, 252. — Détails de la cérémonie, *ibid.* — Reçoit de son père la partie déjà conquise de la Gascogne, 253. — Rappelé du siége de Rochefort, il s'empare de cette place avant d'obéir, 258. — Epouse la fille du dauphin d'Auvergne, 283. — Se marie à Carcassonne, 295.—Va faire le siége de Casseneuil, où il manque d'être pris, 298. — Marche contre le comte Raymond VII de Toulouse, qui, au mépris du décret du concile de Latran, s'est emparé de la Provence et occupe Beaucaire, 325. — Arrive devant cette place et l'assiége, 326. — Capitule et se retire à Nîmes, 329. — Se réunit à son père au siége de Toulouse, 338. — Lui succède à sa mort et reçoit les hommages des chevaliers tenant fiefs de lui, 343.—Lève le siége, ibid. (*Pierre de Vaulx-Cernay*).

Accompagne son père au siége de Beaucaire, XV, 134. — Lui succède, 186. — Reçoit la bénédiction du cardinal-légat et les sermens de ses sujets, ibid. — Est repoussé à l'assaut de Toulouse, 188. — Refuse de lever le siége sans avoir vengé son père, tué devant cette place, ibid. — Est forcé de s'éloigner, 189. — Se porte sur Carcassonne, ibid. — Assiége Marmande, 191. — Apprend la déconfiture de ses gens dans le Lauraguais, 195. — Est repoussé à l'assaut de Marmande, ibid. — S'empare de la ville au nom du prince Louis, fils de Philippe-Auguste, 197. — Pille et met à mort les habitans, ibid. (*Histoire des Albigeois*).

Lève le siége de Toulouse, 261. — Evacue le château de Narbonne, ibid. — Met le siége devant Castelnaudary et le lève après plusieurs combats, 262, 263. — Marche, accompagné du légat et de plusieurs prélats, au secours du château de Penne, et le délivre, 267.—Détruit Lescure, ibid.—Conclut une trève, 268.—Bruit du mariage de sa sœur avec Raimond VII, comte de Toulouse, ibid. — Reprise des hostilités, ibid. — Il est abandonné par la plupart des Croisés, 269, 270. — Résigne ses domaines au roi Louis VIII (*Guillaume de Puy-Laurens.*)

Marche contre Raymond VII, comte de Toulouse, qui, ayant envahi la Provence, fait le siége du château de Beaucaire, 352. — Est secouru par son père, ibid. — Lui succède, 357. — Continue le siége de Toulouse, ibid. — Le lève, ibid. — Echoue devant Castelnaudary, ibid. — S'éloigne accablé d'ennuis et épuisé de dépenses, ibid. — Cède au roi Louis VIII, qui les accepte, le comté de Toulouse, tous ses domaines et droits, 360. — Reçoit l'épée de connétable, 361.— (*Gestes glorieux des Français*).

Part pour la Syrie, XIX, 499.— Marche contre les Turcs à Gaza, ibid. — Est fait prisonnier, 501 (*Bernard le Trésorier*).

MONTFORT (Amaury de), fils du comte Simon de Leicester.—Est arrêté et retenu prisonnier par le roi Edouard d'Angleterre, avec sa sœur qu'il conduisait à Lewellyn, prince de Galles, son futur mari, XIII, 193. — Est mis sous la garde des prélats, 194, 195. — Sa sœur épouse le prince de Galles, ibid. (*Guillaume de Nangis*).

MONTFORT (Guaszon de). — Restaure l'abbaye d'Ouche, XXVII, 95.—Résultats de sa résistance nonchalante aux ordres d'un envoyé de Dieu, 96 (*Orderic Vital*).

MONTFORT (Baudri de). *Voyez* BAUDRI LE ROUX.

MONTFORT (Germond de).—Dote l'abbaye d'Ouche, XXVI, 435 (*Orderic Vital*).

MONTFORT (Guy de), prince de Sidon, comte de Castres, seigneur de La Ferté-Alais. — Va secourir le comte Simon de Montfort, son frère, investi dans Muret, XII, 240 (*Guillaume le Breton*).

Revenant de la Terre-Sainte, il rejoint à Castres son frère Simon, amène avec lui sa femme, princesse de Sidon, et leurs enfans, XIV, 182. — Assiége et prend avec lui plusieurs châteaux sur les Albigeois, 183.—Va recevoir à Carcassonne les secours qui arrivent aux croisés, 193. — Les amène au siége de Penne, 201. — Incommode Toulouse, 217. — Fait le siége de Puycelsi, 251. — Assiége Sévérac, 307, 308. — Le prend par capitulation, 309. — Ravage les terres de Rathier de Castelnau, le Quercy, le Rouergue, etc., 295. — Détruit Montpesat, 296. — Reçoit le serment des habitans de Toulouse, 321. — Est envoyé à Rome pour soigner les intérêts de son frère auprès du concile de Latran, 322. — Marche contre le comte Raimond VII de Toulouse, qui s'est emparé de la Provence et occupe Beaucaire au mépris du décret du concile, 325. — Assiége Beaucaire, 326. — Capitule et se retire à Nîmes, 329 (*Pierre de Vaulx-Cernay.*)

Accompagne au siége de Penne le comte Simon, son frère, XV, 89. — Marche avec son armée au secours du Pujol et arrive trop tard, 98. — Va au siége de Beaucaire, 131. — Occupe la grève du Rhône, 134. — Conseille de lever le siége et d'abandonner au jeune comte de Toulouse la rive gauche du Rhône, pour obtenir la liberté des défenseurs de la citadelle, 146. — Insiste pour prendre des arrangemens, 148. — Propose à son frère de frapper une contribution du quart ou du cinquième des biens des Toulousains, et de ne pas les accabler par des gens d'armes et par la prison, 153. — Entre à Toulouse, où il trouve le peuple révolté, 154, 155. — Conseille la douceur, 162. — Essaie de reprendre Toulouse, occupé par le comte Raymond, 171, 172. — Est repoussé, *ibid.* — Demande des secours, 173. — Rend compte à son frère de l'état des choses sous cette place, 176. — Marche à l'assaut, 177. — Y est dangereusement blessé, 178. — Ouvre l'avis de lever le siége, 187 (*Histoire des Albigeois*).

Il arrive trop tard au secours du Pujol, 241. — Accompagne son frère au siége et à la bataille de Muret, 245. — Se rend au concile général convoqué à Rome par le pape, 251. — Obtient tout le pays conquis, à l'exclusion du comte Raimond, pour le comte Simon son frère, fait comte de Toulouse, *ibid.* — Tente vainement de maintenir les environs de Toulouse dans l'obéissance, 258. — Meurt des suites de la blessure qu'il a reçue à Vareilles, 277 (*Guillaume de Puy-Laurens*).

Il occupe Toulouse par ordre du comte Simon de Montfort, 350. — Reçoit le serment des habitans, *ibid.* — Marche contre le jeune comte de Toulouse, qui, ayant envahi la Provence, fait le siége du château de Beaucaire, 352. — Est secouru par son frère, *ibid.* — Est chargé de la garde de Toulouse pendant l'expédition de Simon de Montfort, sur la rive gauche du Rhône, contre Adhémar de Poitiers, 355. — Tente d'apaiser les troubles qui se manifestent aux approches du vieux comte de Toulouse, *ibid.* — Est chassé par ce prince, *ibid.* — Meurt d'une blessure reçue à Vareilles, 364 (*Gestes glorieux des Français*).

Il quitte les Croisés excommuniés comme lui dans la Hongrie, et passe outre-mer, XIX, 275. — Épouse la dame de Sidon, 287 (*Bernard le Trésorier*).

Il arrive à la Terre-Sainte et décide le roi Amaury II à rompre la trêve avec les Sarrasins, XXII, 266 (*Jacques de Vitry.*)

MONTFORT (Guy, comte de). — Son mécontentement de la rupture du mariage de sa fille, VIII, 39. — Secourt Hugues de Pompone assiégé dans Gournay par Louis le Gros, 42 (*Suger, Vie de Louis le Gros*).

MONTFORT (Guy de), fils de Simon, comte de Montfort. — *Voyez* GUI, comte de Bigorre.

MONTFORT (Philippe de). *Voyez* PHILIPPE DE MONTFORT.

MONTGOMERI (Arnoul de). — Fait en Angleterre un mariage dont il perd les avantages par sa perfidie, XXVII, 373 (*Orderic Vital*).

Est chargé par les habitans d'Alençon, révoltés contre le comte de Mortain, d'appeler le comte d'Anjou, sous la protection duquel ils se mettent, XXVIII, 285 (*Orderic Vital*).

Se révolte contre son père, le chasse de ses châteaux et l'exile, XXIX, 182.—Est étranglé dans son lit pour avoir mangé un cochon qu'il avait volé à une religieuse, 183.— Sa mort est imputée à son frère Olivier, *ibid.* (*Guillaume de Jumiége.*

Montgomeri (Olivier de), frère du précédent.—Est accusé de l'avoir fait mourir, XXIX, 183 (*Guillaume de Jumiége*).

Montgomery (Evrard de). — Occupe un emploi subalterne à la chapelle du roi d'Angleterre Henri 1er, XXVII, 373 (*Orderic Vital*).

Montgomery (Emma de), abbesse d'Almenêches. — S'enfuit à Ouche après la destruction de son couvent par un incendie; rétablit son monastère, XXVIII, 161 (*Orderic Vital*).

Montgomery (Philippe). *Voyez* Philippe de Montgomery.

Montigny (Galon de).—Marche avec le roi Philippe-Auguste contre la ligue formée par le comte de Flandre, XII, 303.—Porte la bannière royale à la bataille de Bovines, 322 (*la Philippide*).

Montjai (Gaucher de). *Voyez* Gaucher de Montjai.

Montlaur (Pons de). *Voyez* Pons de Montlaur.

Montlhéry (Guy II de Troussel, sire de). *Voyez* Troussel et Gui de Troussel.

Montmerle (Achard de). *Voyez* Achard.

Montmirail (Guillaume Gouet de). — Résiste au poison que lui fait donner Mabille de Montgommery, XXVI, 102 (*Orderic Vital*).

Montmorency (Bouchard de). *Voyez* Bouchard (Burchardt).

Montmorency (Bouchard IV, baron de). — Dévaste les terres de l'abbaye de Saint-Denis, VIII, 8.— Perd sa cause devant le roi Philippe VI, et n'en tient compte, 9. — Est forcé par le prince Louis à donner satisfaction, *ibid.*—Se distingue à la bataille de Brenmule, 112 (*Suger*). Ravage les terres de l'abbaye de Saint-Denis, XXVIII, 250.—Cherche à dissuader Louis le Gros de livrer la bataille de Breumule, 306. — Se distingue en cette occasion, 308. — Est fait prisonnier, *ibid.*—Est remis en liberté, 321 (*Orderic Vital*).

Montmorency (Matthieu de). *Voy.* Matthieu de Montmorency.

Montmorillon (Garnier de). *Voy.* Garnier de Montmorillon.

Montmorin de Hap (Roger de). *Voyez* Roger.

Montoire (Pierre de). *Voyez* Pierre de Montoire.

Montpeyroux (Reginald). *Voyez* Reginald de Montpeyroux.

Montréal (Amaury de).— Abandonne l'armée des Croisés commandée par le comte Simon de Montfort, XIV, 78.—Se retire à Montréal, 84. — Offre son hommage au roi d'Aragon, qui en refuse les conditions, 92, 93 (*Pierre de Vaulx-Cernay*). *Voyez* Amaury, seigneur de Montréal.

Montréal (Aimeri ou Amaury de). — Dépouillé par les Croisés et retiré chez sa sœur, dame de Lavaur, il défend cette place contre le légat et contre le comte de Montfort, XV, 62, 63.—Est fait prisonnier et pendu, 66 (*Histoire des Albigeois*).

Défend Lavaur, château de sa sœur, contre le comte de Montfort, XV, 235. — Est pris et pendu avec ses chevaliers, 237 (*Guillaume de Puy-Laurens*).

Défend le château de Lavaur contre les Croisés dans l'Albigeois, 328.—Est pendu par ordre du comte de Montfort, *ibid.* (*Gestes glorieux des Français*).

Montréal (Guillaume Cat, de). — Abandonne le comte de Monfort et passe au comte de Toulouse, au plus fort du combat de Castelnaudary, XV, 239, 240 (*Guillaume de Puy-Laurens*).

Montreuil (Berlais de).—Est fait prisonnier au siège de Ballon,

XXVIII, 38 (*Orderic Vital*).

MONTREUIL (Gervais de). — Services éminens que ses trois fils rendent à l'abbaye d'Ouche, XXVII, 22, 23 (*Orderic Vital*).

MONTREUIL (Herbert de). — Part pour la Terre-Sainte, XXVI, 58. — Arrive à Antioche, pousse jusqu'à Laodicée et revient en Normandie, 59 (*Orderic Vital*).

MONT-SCABIEUSE (Geoffroi de). — Contribue au gain de la bataille de Dorylée et y est tué, IX, 102 (*Guibert de Nogent, Hist. des croisades*).

MONTSOREAU (Gautier de). — Est fait prisonnier au siége de Ballon, XXVIII, 38 (*Orderic Vital*).

MORCAR (comte anglais). — Contribue à faire monter Edgar sur le trône d'Angleterre, après la mort d'Hérold et la bataille d'Hastings, XXVI, 147. — Fait sa soumission à Guillaume le Conquérant, 148. — Accompagne Guillaume en Normandie, 159. — Conditions de sa soumission, 173. — Se révolte, *ibid.* — Obtient sa grâce, 175. — Est arrêté et détenu, 207, 208. — Est mis en liberté par le roi Guillaume mourant, XXVII, 210 (*Orderic Vital*).

Après sa soumission, Guillaume le Conquérant le désigne pour l'accompagner en Normandie, XXIX, 424 (*Guillaume de Poitiers*).

MOREAU, noble de Castel-Sarrasin. — Sauve Verles d'Encontre dans un combat sous Montauban, XV, 96 (*Histoire des Albigeois*).

MOREL, secrétaire du patriarche de Jérusalem. — Est chargé par Tancrède de Hauteville de porter à Boémond la nouvelle de son élévation au trône de Jérusalem, vacant par la mort de Godefroi de Bouillon, XX, 413. — Est arrêté par le comte Raymond de Toulouse, *ibid.* (*Albert d'Aix*).

MOREL DE MOWBRAI. — Assassine le roi Malcolm d'Ecosse et son fils aîné à l'instant où il vient de conclure la paix avec le roi Guillaume le Roux d'Angleterre, XXVII, 349. — Pille avec Robert, son oncle, quatre navires venus de Norwége,

355. — S'enfuit et vieillit pauvre et exilé, 358 (*Orderic Vital*); XXIX, 250 (*Guillaume de Jumiége*.)

MORGAN, se disant roi des Bretons. — Est tué, III, 82 (*Annales d'Eginhard*).

MORGAN, Gallois. — Se révolte contre le roi Etienne d'Angleterre, et s'assure d'Okcham, XXVIII, 512 (*Orderic Vital*).

MORIC (Haimeri de). — Défend la citadelle du Mans contre les comtes du Maine et d'Anjou, XXVIII, 79. — La leur rend avec la permission du duc de Normandie et du roi d'Angleterre, 82 (*Orderic Vital*).

MORIN DU PIN, sénéchal du comte de Meulan. — Continue la guerre contre le roi d'Angleterre, malgré la captivité du comte, XXVIII, 396. — Rend, sur les ordres du comte de Meulan, la place de Beaumont-le-Roger, au roi qui l'assiégeait, 397. — Est dépouillé de ses biens, *ibid.* (*Orderic Vital*).

MORMAN, roi de Bretagne. — Est vaincu et tué, III, 359 (*Vie de Louis le Débonnaire, par l'Astronome*).

MORTAGNE (Geoffroi II, de), fils de Robert Ier, comte du Perche. — Se distingue à la bataille de Hastings, XXVI, 142. — Obtient du roi Guillaume le Conquérant de grands revenus et de grands honneurs en Angleterre, 214. — Ses guerres avec Robert de Bellême, 261; XXVII, 371 et XXVIII, 427. — Calme le ressentiment de Gislebert de l'Aigle, dont l'oncle a été tué par ses gens, et lui donne sa fille en mariage, XXVII, 293. — Fonde un monastère à Nogent-le-Rotrou, 424. — Tombe malade; recommande son fils, pélerin de Jérusalem, à sa femme et aux grands; se fait moine et meurt, *ibid.* (*Orderic Vital*).

MORTEMER. *Voyez* ROGER DE MORTEMER.

MORVAN, vicomte de Fay. — Sa mort, XI, 334. — Hervée de Léon, son beau-frère, tente de s'emparer de ses terres, *ibid.* (*Guillaume le Breton*).

MOSSOUL (Hezedin, seigneur de). — Se hâte de recueillir l'héritage du fils de Noradin, et s'empare d'Alep, XVIII, 389 (*Guillaume de Tyr*).

MOUCHI (Dreux ou Drogon de). *Voyez* DROGON DE MOUCHI.

MOWBRAI (Philippe de). *Voy.* PHILIPPE DE MOWBRAI.

MOWBRAY (Roger de). *Voy.* ROGER DE MOWBRAY.

MULOT (Jean). *Voy.* JEAN MULOT.

MUMMOLE, préfet des Gaules. — Est accusé d'avoir empoisonné Théodoric, fils du roi Chilpéric, I, 350. — Tortures qu'il subit, 351. — Sa mort, 352 (*Grégoire de Tours*).

MUMMOLE, abbé. — Est nommé évêque de Langres, I, 219. — Dépouille le diacre Lampade, *ibid.* (*Grégoire de Tours*).

MUMMOLE (Ennius, dit). — Est élevé par le roi Gontran au rang de patrice, I, 200. — Origine de sa fortune militaire, 201. — Il bat les Lombards, *ibid.* — Défait les Saxons, 202. — Bat de nouveau les chefs lombards auprès de Grenoble et devant Embrun, 205. — En chasse un autre de la Provence, 206. — Est fait généralissime des armées des rois Sigebert et Gontran, *ibid.* — Conquiert sur Clovis, fils de Childéric, la Touraine et le Poitou, *ibid.* — Fait prêter serment aux habitans, *ibid.* — Bat près de Limoges le prince Clovis et le duc Didier, 235. — S'enfuit du royaume de Gontran, et s'enferme dans Avignon, 304. — Est rejoint par Gondovald se disant fils du feu roi Clotaire, 336. — Accusé d'avoir amené Gondovald dans les Gaules, il est assiégé dans Avignon par le duc Gontran et délivré par le duc Gondulphe, 338, 339. — Proclame Gondovald roi, 383. — Frappe l'évêque de Toulouse pour son opposition à cette mesure, 399. — Soutient son roi, 400. — Enlève pour lui des reliques à Bordeaux, 405. — L'accompagne à l'armée, 409. — Consent à le livrer à ses ennemis, s'il conserve sa propre vie, 414. — Ayant obtenu sa demande, il livre Gondovald, 416. — Est assassiné contre la foi promise, 418. — Sa femme et ses serviteurs sont dépouillés, 419. — Ses trésors distribués, 420 (*Grégoire de Tours*); II, 166 (*Chronique de Frédégaire*).

MUNDÉRIC. — Se fait roi d'Auvergne, I, 126, 127. — Négociations infructueuses de Théodoric, *ibid.* — Il s'enferme dans Vitri, 128. — Se laisse tromper par le roi, *ibid.* — Sort du fort et est assassiné, *ibid.* — Tue son assassin et fait un grand carnage de ses complices, *ibid.* — Sa mort, *ibid.* — Ses biens sont confisqués, *ibid.* (*Grégoire de Tours*).

MUNDÉRIC. — Se fait évêque, I, 226. — Est nommé archiprêtre de Tonnerre, *ibid.* — Encourt la haine du roi Gontran, qui l'exile, *ibid.* — Se retire auprès de Sigebert et obtient un nouvel évêché, *ibid.* (*Grégoire de Tours*).

MURHARD, comte palatin. — Est envoyé par le roi Louis auprès de l'empereur Lothaire, son frère, pour demander et ordonner que l'empereur Louis, leur père, soit traité plus humainement, III, 300. — N'est point accueilli, *ibid.* (*Thégan*).

MURMAN, roi des Bretons. — Reçoit une ambassade de l'empereur Louis qui lui annonce la guerre, s'il ne se soumet, IV, 57. — Leur conférence, 58 — Il est détourné de la paix par sa femme, 62. — Marche contre les Francs, 70. — Est tué, 73 (*Ermold Le Noir*).

MURZUPHLE, familier de l'empereur Alexis. — Trompe les Croisés, XIII, 92. — Etrangle son maître et son concurrent à l'empire, *ibid.* — Se fait proclamer empereur et est tué, *ibid.* (*Guillaume de Nangis*).

MUSCHEN du Mans, prisonnier des infidèles. — Circonstances extraordinaires de son évasion, XXVIII, 224. — Ses aventures jusqu'à son retour à Antioche, 225 (*Orderic Vital*).

N

Naimar, évêque du Puy. *Voyez* **Adhémar**.

Namatius, évêque d'Auvergne, I, 75. — Fait bâtir une église, *ibid.* — Sa femme bâtit la basilique de Saint-Étienne, 76. — Anecdotes sur leurs fondations religieuses, *ibid.* — Sa mort, 78 (*Grégoire de Tours*).

Namatius, évêque d'Orléans. — Est envoyé par le roi Gontran pour négocier un arrangement avec les Bretons, II, 23. — Succès de sa mission, 24. — Sa mort, *ibid.* (*Grégoire de Tours*).

Namnichius, évêque de Nantes. — Son fils aîné accusé de complicité dans l'assassinat de Domnole, s'enfuit près de Clotaire, I, 475. — Est reçu par Gontran, 477 (*Grégoire de Tours*).

Namur (Albert, comte de). — Épouse la veuve de Hugues du Puiset et est investi du comté de Jaffa, au préjudice de l'héritier légitime, XVII, 348. — Sa mort, 349 (*Guillaume de Tyr*).

Namur (Guy de). — Fait révolter la Flandre contre l'autorité du roi Philippe le Bel, XIII, 241. — Bat l'armée française et tue son chef Robert, comte d'Artois, 243. — S'empare de la Flandre, 244. — Ravage les frontières de l'Artois, *ibid.* — Perd quinze mille hommes à la bataille de Mons en Puelle sous Saint-Omer, 246. — Conclut une trêve avec le comte de Hainault, *ibid.* — Est battu à Lille par Foucault de Melle, 247. — Remporte une victoire sur le comte de Hainault, 251. — Est fait prisonnier dans un combat naval, par le fils de ce prince, 255 (*Guillaume de Nangis*).

Nannénus, commandant de la milice romaine dans les Gaules, pour l'empereur Maxime. — Assemble une armée et se rend à Cologne pour repousser les Francs, qui, sous la conduite de Marcomer et Sunnon, leurs ducs, tentaient une invasion; les bat près de la forêt des Ardennes, et, après les avoir repoussés au-delà du Rhin, il se retire à Mayence, I, 61, *et suiv.* (*Grégoire de Tours*).

Nantharius, abbé de Saint-Omer. — Est chargé par Charlemagne de coopérer au rétablissement d'Eardulf sur le trône des Northumbres, en l'île de Bretagne, III, 61 (*Annales d'Eginhard*).

Nantéchilde. — Épouse le roi Dagobert, qui la fait reine, II, 204, 288. — Est recommandée par Dagobert mourant, à Alga, chargé du gouvernement de l'État, 220. — Gouverne avec lui le palais du roi Clovis, 221. — Excite au pillage des biens d'Hermanfried, gendre de son protecteur, 223. — Fait nommer maire du palais de Bourgogne, le Franc Flaochat, à qui elle fait épouser sa nièce Ragnoberte, 227. — Sa mort, 228. — Son testament, 312. — Ses libéralités envers l'église Saint-Denis, *ibid.* (*Chronique de Frédégaire, Vie de Dagobert 1er*).

Nanteuil (Milon de). *Voy.* **Milon de Nanteuil**.

Nanteuil (André de). — Est fait prisonnier sous Damiette, XXII, 366 (*Jacques de Vitry*).

Nanteuil (Érard de). — Son arrivée en Syrie, XIX, 575, (*Bernard le Trésorier*).

Nanteuil (Philippe de). *Voyez* **Philippe de Nanteuil**.

Nanthaire, comte. — Est chargé par le roi Lothaire de solliciter la paix qu'il obtient de Charles le Chauve, son oncle, IV, 180 (*Annales de Saint-Bertin*).

Nantin, comte d'Angoulême. — Envahit les biens que son oncle avait donnés à l'Église, sur le motif qu'il était mort empoisonné par les prêtres, I, 274. — Persécute les laïques et le clergé, *ibid.*, 275. — Condamné à rendre les biens, il les dévaste, *ibid.* — Est excommunié, *ibid.* — Meurt misérablement, 276 (*Grégoire de Tours*).

NAPLOUSE (Balian de). — Marche contre Saladin avec le roi de Jérusalem, aux rives du Jourdain, 448 (*Guillaume de Tyr*).

NARBONNE (Amaury de). *Voyez* AMAURY, seigneur de Narbonne.

NARBONNE (Amaury III, ou Aimeri, vicomte de). — Propose au comte de Montfort d'assiéger Minerve et l'accompagne devant cette place, XIV, 93, 94. — Lui refuse ses secours quand il est assiégé dans Castelnaudary par le comte de Toulouse, 167. — Reçoit les Albigeois à Narbonne, 289.—Repousse les attaques du comte de Montfort, 290.— Conclut une trêve sur l'avis du légat, 291 (*Pierre de Vaulx-Cernay*).

NARBONNE (Amaury ou Aimeri VI, vicomte de). — Se ligue avec le comte de Toulouse, contre le roi saint Louis, XV, 303, 377 (*Guillaume de Puy-Laurens. — Gestes glorieux des Français*).

NARBONNE (Haimar de). — Est tué dans une bataille perdue par Alphonse d'Aragon contre les Sarrasins, XXVIII, 436, 437 (*Orderic Vital*).

NARSÈS, général romain. — Est battu en Italie par le Franc Buccelin, I, 146. — Le tue, 159.—Ses trésors sont découverts et distribués aux pauvres, 256 (*Grégoire de Tours*). Ses exploits, XXV, 134. — Sa conduite, 135. — Est envoyé en Italie contre Totila, roi des Goths, 409. — Lui livre bataille et détruit son armée, *ibid.* — Délivre l'Italie envahie par les Hérules, tue leur roi, et aussi deux chefs francs, est dépouillé de ses dignités par l'empereur, 410. — Appelle l'ennemi au sein de l'Italie et meurt, *ibid.* (*Orderic Vital*).

NAVARRE, évêque de Consérand. — Expose au pape l'état de la foi catholique dans l'Albigeois, XIV, 39 (*Histoire des Albigeois*).

NAZARETH (Abraham de). — Est tué sous les yeux de Baudouin IV, roi de Jérusalem, au passage du *Gué de Jacob*, XVIII, 365 (*Guillaume de Tyr*).

NAZARETH (Henri de).—Négocie la paix entre l'empereur Frédéric II et les habitans de Jérusalem, XIX, 487. — Est désavoué par le peuple et par le pape, *ibid.* (*Bernard le Trésorier*).

NÉBULAT (Isarn).—Sa longévité, XV, 209. — Causes de sa misère, *ibid.* (*Guillaume de Puy-Laurens*).

NECTAIRE, frère de Baudégésile.— Est faussement accusé par Frédégonde de vols et de malversations, I, 388. — Est sauvé de la haine de Frédégonde, par la douceur du roi et la protection de son frère, *ibid.* — Sa femme Domnole est tuée par Bobolène, référendaire de Frédégonde, 465. — *Voyez* DOMNOLE, BOBOLÈNE.

NÉEL ou NIGEL D'AUBIGNY. — Épouse la femme de Robert de Mowbray, pendant la captivité de son mari, XXVII, 358.—La répudie, *ibid.* — Épouse la sœur de Hugues de Gournay, par la médiation du roi Henri d'Angleterre, *ibid.* XXVIII, 274. — Reste fidèle à ce prince, 297. — L'accompagne à la bataille de Brenmule, 307.— Lui amène des troupes pour le siège de Montfort, 382 (*Orderic Vital*). Reçoit les terres confisquées de Roger de Mowbray, XXIX, 254.— Se fait moine, *ibid.* (*Guillaume de Jumiége*).

NÉEL (Richard). *Voyez* RICHARD NÉEL.

NÉEL ou NIGEL DE COUTANCES.— Guillaume le Conquérant, sur son lit de mort, lui adresse de sérieux reproches, XXVII, 199 (*Orderic Vital*). Avec le secours des habitans du Cotentin, il anéantit l'armée anglaise envoyée pour conquérir la Normandie, et fait prisonnier le duc, XXIX, 114, 115. — Défend pour Richard II, duc de Normandie, le fort de Tillières, contre le comte Eudes de Chartres et ses alliés, 124. — Met en déroute les confédérés, *ibid.* — Bat l'armée d'Alain, comte de Bretagne, sur le Coesnon, 145.— Conspire contre le duc Guillaume le Bâtard, 190. — Fait construire l'abbaye de Saint-Sauveur, 200 (*Guillaume de Jumiége*).

Entre dans la conspiration du comte de Brionne contre le duc Guillaume le Bâtard, XXIX, 329. —Est défait à la bataille du Val des Dunes, 330.—Son exil, 332 (*Guillaume de Poitiers*).

NEGEMEDDIN, gouverneur de Damas.— Pendant l'absence de Noradin, fait une trève de trois mois avec le roi de Jérusalem qui l'assiége, XVIII, 140, 141 (*Guillaume de Tyr*).

NEMOURS (Gautier de). — Est fait maréchal de France sous la minorité du titulaire par le roi Philippe-Auguste, XI, 274 (*Guillaume le Breton*).

Confident de ce prince, il l'accompagne au siége de Gand, XII, 274, 275.—Marche avec lui contre la ligue formée par le comte de Flandre, 306 (*la Philippide*).

NÉPOTIEN (saint), quatrième évêque d'Auvergne. — Guérit Artémius, qui s'attache à lui et devient dans la suite son successeur, I, 32, 33 (*Grégoire de Tours*).

NÉRON, empereur romain. — Son portrait. — Excite la première persécution contre les chrétiens. — Fait crucifier Pierre, et fait périr saint Paul par le glaive, I, 20 (*Grégoire de Tours*).

NERVA, empereur romain. — Principaux événemens de son règne, XXV, 109 (*Orderic Vital*).

NESLE (Dreux ou Drogon de). — Prend la croix, XVI, 87. — Est fait prisonnier, 89. — Est envoyé reconnaître l'armée des Turcs, 266 (*Guillaume de Tyr*).

Perd son armée devant le fort de Mersbourg en Hongrie, XX, 46. — Recouvre sa liberté par les instances de Godefroi de Bouillon, 55, 56.— Concourt au siége de Nicée, 72.— Va reconnaître l'armée turco-persane, 208. — Marche à l'ennemi et se distingue à la grande bataille d'Antioche, 253. —Va offrir ses services à Baudouin d'Edesse, qui les accueille, 280, 281 (*Albert d'Aix*).

Sa belle conduite à la bataille d'Antioche, XXIII, 422 (*Robert le Moine*).

NESLE (Guy de), maréchal de France.—Livre un combat et se distingue dans la guerre de Flandre, XIII, 230.—Est tué dans la bataille gagnée par les gens de Bruges, révoltés, sur l'armée de Philippe le Bel, 243 (*Guillaume de Nangis*).

NESLE (Ives de). *Voyez* YVES DE NESLE.

NESLE (Jean de).—Prend la croix avec le comte de Flandre, XIX, 257.—Passe le détroit de Maroc (Gibraltar), 261, 275.—S'empare d'une ville où il fait grand butin, *ibid.* — Va guerroyer avec le roi d'Arménie, 277.—Joint à Acre, Amaury roi de Jérusalem, 279. — Séjourne auprés de lui, 287 (*Bernard le Trésorier*).

NESLE (Jean de Flandre, dit de), le même que le précédent.—Est tué dans la révolte de Courtrai contre le comte Louis de Crécy, XIII, 375 (*Guillaume de Nangis*).

NEUFCHATEL (Gervais de). —Négocie la paix entre le comte de Breteuil, et Goël son vassal, qui le tient prisonnier, XXVII, 294 (*Orderic Vital*).

Est dépouillé du fort de Sorel par Henri, roi d'Angleterre, qui en fait bâtir deux autres contre lui, XXVIII, 264 (*Orderic Vital*).

NEUFCHATEL ou NEUFCHATEAU (Hugues de). — Se révolte contre Henri, roi d'Angleterre, en faveur de Guillaume Cliton, fils de Robert, duc de Normandie, XXVIII, 379. — Épouse une fille du comte de Meulan, l'un des conjurés, 380. — Se réunit avec les conspirateurs, 381. — Accompagne le comte de Meulan à Watteville, 390. — Combat au sortir de la forêt de Brotone, 394. — Est fait prisonnier, *ibid.* — Reste cinq ans captif en Angleterre, 398. — Echoue dans ses projets en faveur de Guillaume Cliton, 406 (*Orderic Vital*).

Neufmarché (Bernard de). Voyez Bernard de Neufmarché.

Neufmarché (Drogon de).—Fait don de ses biens à l'Église, XXVI, 385.—Se fait moine, *ibid.* et XXVII, 12. — Passe à la cour d'Angleterre avec l'abbé de l'église d'Ouche, 16. —Accueil qu'il y reçoit, 17.—Ses exploits militaires, 33 (*Orderic Vital*).

Neufmarché (Goisfred de). — Défend le duc Robert de Normandie contre Guillaume d'Arques, XXVII, 33 (*Orderic Vital*).

Neustrie. — Nom donné à l'un des deux grands royaumes qui partageaient la Gaule sous Clovis II.

Neuville (Eustache de). — Fait prisonnier le comte de Namur à la bataille de Bovines, et le livre au roi Philippe-Auguste, XI, 146 (*Vie de Philippe-Auguste*).

Nevers (Guy, comte de). — Succède à Guillaume son frère, mort de la peste à Jérusalem, XIII, 45 (*Guillaume de Nangis*). *Voy.* Guy, comte de Nevers.

Nibelung, fils du comte Childebrand. — Fait écrire l'histoire des Francs, II, 249 (*Chronique de Frédégaire*).

Nicaise, évêque d'Angoulême.— Reproches que lui adresse le roi Gontran à Orléans, I, 429.—Il est chargé d'examiner les difficultés nées au couvent des filles de Poitiers, II, 65.—Excommunie les dissidentes, *ibid.*—Est battu dans la basilique même, *ibid.* (*Grégoire de Tours*).

Nicaise (saint), évêque de Rheims. — Sa vie et ses miracles, V, 14, 23 (*Frodard, Histoire de l'Église de Rheims*).

Son martyre, XXVI, 316 (*Orderic Vital*).

Nicée. — Siége et prise de cette place par les Croisés, IX, 91 (*Guibert de Nogent*); XVI, 126 et suiv. (*Guillaume de Tyr*); XX, 70 et suiv. (*Albert d'Aix*); XXIII, 330 et suiv. (*Robert le Moine*).

Nicéphore. — Est envoyé par l'empereur Léon, près de l'empereur Louis, pour régler des difficultés avec les Dalmates, III, 78.—Se rend avec les commissaires pour examiner les affaires sur les lieux, *ibid.* (*Annales d'Eginhard*).

Nicéphore 1er, empereur d'Orient. — Envoie à Charlemagne des ambassadeurs pour confirmer la paix, III, 52.—Arme une flotte pour reprendre la Dalmatie, 56. — Fait de nouveau la paix avec Charlemagne, 66. — Lui restitue Venise, *ibid.*—Est tué par les Bulgares, 68 (*Annales d'Eginhard*).

Traité de la paix avec l'empereur Charlemagne, XXV, 153. — Principaux événemens de son règne, *ibid.* (*Orderic Vital*).

Nicéphore III, Botoniate, usurpateur du trône d'Orient.— Détails sur cette révolution, XXVII, 143 (*Orderic Vital*).

Nicet, comte d'Auvergne. — Est créé duc d'Auvergne, de Rouergue et d'Uzès, I, 446, 447. — Son éloge, *ibid.* — Sa conduite pendant la guerre de Gontran contre le roi d'Espagne, 458.—Marche sur Arles, 461. — Est nommé gouverneur de Marseille et des villes de cette contrée, 475 (*Grégoire de Tours*).

Nicet ou Nizier (saint), évêque de Lyon, grand-oncle de Grégoire de Tours, I, ix.—Donne des soins à l'éducation de son petit neveu, xj (*Notice sur Grégoire de Tours*).

Son éloge et sa mort, 193. — Obtient du roi Gontran que l'évêque Munderic soit rappelé d'exil, 226. —Déclare le diacre Pierre innocent de la mort de l'évêque Sylvestre, 227 (*Grégoire de Tours*).

Nicet, évêque de Trèves. — Enlève Arédius de la cour du roi Théodebert et le fait canoniser, II, 135 (*Grégoire de Tours*).

Nicet, mari de la nièce de Grégoire de Tours. — Se rend près du roi Chilpéric, et rend compte de la fuite du prince Mérovée, I, 236.— Pris pour un espion, il est exilé, *ibid.* (*Grégoire de Tours*).

Nicet, patrice. — Est envoyé par l'empereur Nicéphore, pour reprendre la Dalmatie qu'il avait concédée à Charlemagne, III, 56 (*Annales d'Eginhard*).

Nicétas, duc et prince des Bulgares. — Il refuse à Gautier-Sans-Avoir, chef des Croisés, l'entrée de Belgrade, XVI, 54. — Lui prend et tue quelques pèlerins, *ibid.* — Evacue cette place à l'approche de Pierre l'Ermite, 56 (*Guillaume de Tyr*).

Ses dispositions hostiles contre les Croisés, XX, 9. — Informé de la prise de Malaville (Semlin), il évacue Belgrade et se retire à Nissa, 11 et 12. — Accorde à Pierre l'Ermite la permission d'acheter, 14. — Prend des otages, les rend, et voit à l'instant brûler ses moulins, *ibid.* — Saisit ses armes, atteint leur arrière-garde, prend et tue, 15. — Rentre en ville et y est assailli malgré les ordres de Pierre l'Ermite, dont il défait l'armée, 17. — Re-sort et s'empare du trésor, 18. — Met l'armée chrétienne en fuite, 19. — Envoie à Constantinople se plaindre des Croisés, 20 (*Albert d'Aix*).

Nichossus, prince d'Arménie. — Envoie au duc Godefroi de Bouillon une tente magnifique qui tombe au pouvoir de Boémond, XVI, 255 (*Guillaume de Tyr*); XX, 203, 204 (*Albert d'Aix*).

Nicolas (saint). — Histoire merveilleuse de la translation de ses restes mortels, XXVII, 177, 187. — Dispersion de ses reliques, 188 (*Orderic Vital*).

Nicolas, cardinal. — Donne la croix au roi Philippe le Bel et à toute sa cour, XIII, 295. — Excommunie ceux qui observeraient les statuts surpris au pape et qui doivent être rapportés, 298. — Défend l'exercice des tournois sous peine d'excommunication (excepté pendant les trois jours qui précèdent le carême), *ibid.* (*Guillaume de Nangis*).

Nicolas, châtelain de Nonancourt. — Livre cette place à Richard, roi d'Angleterre, XII, 129. — Repentant, il prend l'habit de Templier et se rend en Syrie, *ibid.* (*la Philippide*).

Nicolas, empereur d'Orient. — Est tué par Murzuphle, XIII, 92 (*Guillaume de Nangis*).

Nicolas, fils naturel de Richard III, duc de Normandie. — Est exclu de l'héritage de son père par son oncle Robert, qui le force à se faire moine, XXIX, 137. — Devient abbé de Saint-Ouen de Rouen, *ibid.* (*Guillaume de Jumiége*).

Nicolas de Bray, historien de Louis VIII. — Notice sur sa vie, XI, 387.

Nicolas Ier, pape. — Est élu par la faveur du roi Louis d'Italie, plutôt que par le choix du clergé, IV, 164. — Décide les questions de la grâce de Dieu, du libre-arbitre, de la prédestination, 167. — Casse le synode de Metz et ses décisions sur le divorce et le mariage de Lothaire, 182. — Excommunie les évêques et les légats qui y ont siégé, *ibid. et suiv.* — Menacé par l'empereur Louis d'Italie, pour ses décisions dans l'affaire du roi Lothaire, il ordonne des jeûnes, des prières et des processions dissipées par la violence de l'armée qui envahit Rome, 189. — Se cache dans la basilique de Saint-Pierre, 190. — Y reste deux jours sans manger et sans boire, *ibid.* — Reçoit des évêques de Lothaire l'aveu de leur faute, 195. — Confirme la déposition de Theutgard et de Gonthier, et pardonne aux autres, 198, 199. — Envoie, pour terminer l'affaire du divorce et du mariage de Lothaire, l'évêque Arsène en qualité d'apocrisiaire et de légat, chargé d'excommunier le roi, s'il ne reprend Teutberge et ne renvoie Waldrade, 201 *et suiv.* — Fait remettre à l'empereur Louis, qui les exige, les armes et les dons qu'il a reçus du roi des Bulgares, 217. — Ordonne à Lothaire d'envoyer Waldrade à Rome, 218. — Détails de sa dispute avec les empereurs grecs et les évêques d'Orient, 220. — Sa lettre à Hincmar, archevêque de Rheims, 222. — Sa mort, 223 (*Annales de Saint-Bertin*).

Durée de son pontificat, XXV, 436 (*Orderic Vital*).

Nicolas III, pape. — Son élection, XIII, 195. — Il ôte au roi de Sicile le titre de lieutenant de Toscane, *ibid.* — Le fait créer sénateur de Rome, *ibid.* — Défend au roi Philippe le Hardi de faire la guerre à l'Espagne, 197.—Est obéi, *ibid.*— Sa mort, *ibid.* (*Guillaume de Nangis*).

NICOLAS IV, pape.—Son élection, XIII, 209.—Il entend la justification d'Alphonse, roi d'Aragon, et les excuses des Siciliens, 210. — Ses réponses, *ibid.* 211. — Envoie dans la Terre-Sainte quinze cents hommes qui rompent la trêve avec les Sarrasins, 213. — Après les désastres qui suivent cette rupture, il demande de toutes parts des avis dont le résultat est qu'on ne peut rien faire pour la Terre-Sainte tant que la paix ne sera pas rétablie entre les princes chrétiens, 217. — Sa mort, 218 (*Guillaume de Nangis*).

NICOLAS DE SOURI.—Est chargé de conduire en Chypre des troupes du roi Louis IX, XIX, 545 (*Bernard le Trésorier*).

NICUSUS.—S'allie avec Baudouin de Boulogne, XX, 124 (*Albert d'Aix*).

NIGEL. *Voyez* NÉEL.

NIL (le). — Description de ce fleuve, I, 9 *et suiv.* (*Grégoire de Tours*); XVIII, 204 (*Guillaume de Tyr*)

NITHARD, duc, petit-fils de Charlemagne. — Mort abbé de Saint-Riquier, auteur de l'*Histoire des dissensions des fils de Louis le Débonnaire*).

Notice sur sa vie, III, 427 *et suiv.* —Son ouvrage, 433 *et suiv.*—Il est envoyé auprès de l'empereur Lothaire pour lui rappeler ses sermens et l'assurer de la fidélité et de la soumission du roi Charles le Chauve, 450. — Se distingue à la bataille gagnée sur Lothaire par Charles et Louis le Germanique, 467. — Prête serment à la reine Teutberge au nom du roi Lothaire, IV, 203, 204 (*Mémoires de Nithard*).

NIVARD ou NIVON (saint), évêque de Rheims. — Sa vie, V, 153.—Ses travaux, *ibid.*—Ses visions, 155.— Sa mort, 156 (*Frodoard, Histoire de l'Église de Rheims*).

NIVARD DES FONTAINES. — Resté seul des frères de saint Bernard, il embrasse aussi la vie religieuse, X, 168 (*Guibert de Nogent*).

NIVARD DE HARGEVILLE. — Ses donations à l'Église, XXVI, 436 (*Orderic Vital*).

NIVARD DE SEPTOEIL.—Ravage la Normandie avec le roi Guillaume le Roux, insulte toutes les places, et n'en prend aucune, XXVIII, 20 (*Orderic Vital*).

NIVELLE (Jean de). *Voyez* JEAN DE NIVELLE.

NIVELON, maréchal.—Contribue à la mise en liberté de Baudouin de Lens, prisonnier de Bovines, XI, 310 (*Guillaume le Breton, Vie de Philippe-Auguste*).

NIVILON DE PIERRE FONTAINE.— S'empare sur Dreux de Meulent de la moitié de Mouchi-le-Châtel, XII, 222. — Est réprimé par le roi Louis VII, 221. — Sa mort, *ibid.* (*la Philippide*).

NOCQUIN, Turc, l'un des guides des Ascalonites.—Les dépouille dans le désert, XVIII, 73 (*Guillaume de Tyr*).

NOFLE, Lombard.—Coupable d'avoir empoisonné la reine Jeanne, il est condamné à mort et pendu, XIII, 298 (*Guillaume de Nangis*).

NOGENT (Milon de). *Voy.* MILON DE NOGENT.

NOIRIES (Milon de). *Voy.* MILON DE NOIRIES.

NOMENOE, duc des Bretons:—Se range sous le pouvoir de Charles le Chauve et lui jure fidélité, III, 455. — Résiste aux séductions de l'empereur Lothaire, 477 (*Nithard*).

Retire sa foi à Charles le Chauve, IV, 134.—Tue Renaud, duc de Nantes, *ibid.*—Ravage et dépeuple le pays jusqu'au Mans, 137.—Retourne chez lui repousser une invasion des Normands, *ibid.*—Est menacé de la guerre par les trois frères, s'il ne rentre dans l'obéissance de Charles, 138. — Fait la paix avec ce prince, 141.—Est attaqué et vaincu par les Normands, qu'il renvoie avec des présens, 142. — Recommence la

guerre contre le roi Charles, 145.—
S'empare d'Angers. 146.—Sa mort,
147 (*Annales de Saint-Bertin*).

Nonnychius. — Est élu évêque
de Nantes, I, 329 (*Grégoire de Tours*).

Nonnychius, comte de Limoges.
— Arrête les porteurs de lettres de
l'évêque de Périgueux contre Chilpéric, I, 333.—Les fait passer au roi,
qui appelle l'évêque et son diacre
et les renvoie tous deux, 334. —
Auteur de ce scandale, il meurt
d'apoplexie, *ibid.* (*Grégoire de
Tours*).

Noradin, sultan de Damas. —
S'empare de Bostrum, but de la
funeste expédition du roi Bau-
doin III de Jérusalem, XVII, 472.
—Occupe Edesse, qui lui est enlevée
par surprise, 479, 480.—Rassemble
ses troupes, 481. — Investit cette
place dont la population se sauve
en s'ouvrant un passage avec le fer,
482, 484. — Poursuit les fugitifs,
485. — Envahit le territoire d'Antioche, XVIII, 19. — Investit le
prince Raimond et le tue, 20.—Ravage sa principauté, 22, 35.—Harcèle le roi Baudouin et le peuple
d'Edesse, qu'il conduit désarmé à
Jérusalem, 37. — S'empare de la
partie du comté d'Edesse cédée aux
Grecs par la femme du comte Josselin le Jeune, prisonnier des Turcs,
41 (*Guillaume de Tyr*); XXII, 234,
235 (*Albert d'Aix*).

S'empare de Damas, et expulse
le roi, XVIII, 59. — Echoue devant Panéade, 60.—Assiége cette
place, 104. — Repousse une sortie
des assiégés et entre avec eux, 105.
—Lève le siége à l'approche du roi,
ibid.—Le suit dans sa marche, 107.
—Défait complètement son armée,
108. — Lève de nouvelles troupes,
111.—Assiége de nouveau Panéade,
112. — S'en éloigne à l'arrivée de
secours amenés par les princes chrétiens, 113. — Tombe malade, 116.
— Se fait transporter de Césarée à
Alep, 117.—Voit son frère qui le
croyait mort et voulait s'emparer de
la place, congédier ses troupes et se
retirer, 121.—Se rétablit, 125. —
Met le siége devant la caverne de
Sueta, 126.—Le lève et va au-devant du roi de Jérusalem, 127. —
Lui livre bataille et la perd, 128. —
Rend, sur la demande de l'empereur Manuel, Bertrand, fils du comte
de Toulouse et plus de six mille
prisonniers français et allemands,
138. — Envahit les Etats du sultan
d'Iconium, 140. — Fait la guerre à
Damas et à Alep par ses lieutenans,
141, 143, 144. — Refuse d'entrer
sur le territoire de Jérusalem pendant les obsèques du roi Baudouin III, 157. — S'allie avec Savar (Chawer), soudan expulsé de
l'Egypte, 170.—Lui donne le chef
de ses chevaliers, 171.—Voit l'alliance de Savar rompue par ses
liaisons nouvelles avec le roi de Jérusalem, 173.—Campe à la Boquée,
aux environs de Tripoli, 174.—Y est
battu et défait complètement par
les Templiers, *ibid.*—Rassemble une
nouvelle armée et va assiéger Harenc au territoire d'Antioche, 175.
— Lève le siége à la vue de l'armée
du prince et de ses alliés, 176. —
Est poursuivi, *ibid.*—Surprend ses
ennemis dans un défilé et en fait un
carnage affreux, *ibid.* — Reçoit les
princes prisonniers, 177.—Reprend
le siége d'Harenc et s'en empare,
ibid. (*Guillaume de Tyr*), XXII,
235 (*Albert d'Aix*).

Prend Panéade, *ibid.* XVIII, 179.
— Rend la liberté au prince d'Antioche, 181. — Fait alliance avec le
soudan d'Egypte contre le roi de
Jérusalem, et envoie à son aide Syracon, qui le fait assassiner et s'empare de l'Egypte, 240 à 248.—Son
séjour à Damas, 254.—Il fait le siége
de Panéade, 286.—Accorde sa protection et contracte alliance avec le
prince chrétien Mélier d'Arménie,
290.—Assiége Crac et se retire, 291.
—Assiége Jean de Brienne et l'armée chrétienne qui font le siége de
Damiette, XXII, 357, 358 (*Guillaume de Tyr*).—Combats divers,
360, 362.—Il les assaillit dans leur
camp, 362. — Le force et est re-

poussé, 363 (*Albert d'Aix*).

Sa mort, XIII, 48 (*Guillaume de Nangis*); XVIII, 302.

Sa veuve obtient du roi de Jérusalem la paix à force d'argent, 301. — Elle épouse Saladin qui dépouille ses fils de son héritage, 315 (*Guillaume de Tyr*); XIII, 48 (*Guillaume de Nangis*).

NORBERT. — Fonde l'ordre des Prémontrés, XIII, 4. — Prêche tout nu, et convertit beaucoup de pécheurs, *ibid.* à 7. — Est élu archevêque de Magdebourg, 11. — Place les Prémontrés comme chanoines de son église, 13. — Sa mort, 18 (*Guillaume de Nangis*).

NORBERT, évêque de Reggio. — Ambassadeur de l'empereur Louis auprès de l'empereur Léon, est chargé de confirmer le traité d'alliance entre les deux empires, III, 73, 347. — Son retour à Constantinople, 75 (*Annales d'Eginhard*).

NORMAND DE MONTREVAUD. — Est assiégé dans Condé par Geoffroi Martel, comte d'Anjou, qui est tué en traitant de la capitulation, XXVIII, 189, 190 (*Orderic Vital*).

NORMANDS. — Nom porté par les Danois et les Suèves, III, 135 (*Annales d'Eginhard*).

Font de nombreuses irruptions en Angleterre et en France, sous les fils de Louis le Débonnaire, IV, 130, 150. — Se rendent plusieurs fois maîtres de Paris, *ibid.* — Brûlent les basiliques de Saint-Pierre et de Sainte-Geneviève; épargnent les églises de Saint-Vincent, Saint-Germain et Saint-Denis, moyennant une grosse somme d'argent, 161. — Reviennent en 861, brûlent Paris et plusieurs de ses églises, 169. — En 865, les Normands de la Loire vont piller la Neustrie, et combattent les comtes Godefroi, Hérivée et Roric qui est tué, 209 (*Annales de Saint-Bertin*).

Tiennent Paris assiégé de novembre 885 à mai 887, VI, xjv (*Notice sur Abbon*); histoire de leurs conquêtes, poëme, 1-66 (*Abbon*).

NORWÉGE. — Description de ce royaume, XXVIII, 21 (*Orderic Vital*).

NOSEREDDIN, fils du visir Al-Abbas. — Est fait prisonnier par les Templiers, XVIII, 97. — Est vendu aux Egyptiens, 98. — Meurt d'un supplice cruel, *ibid.* (*Guillaume de Tyr*).

NOVATIUS. — Son hérésie, I, 23 (*Grégoire de Tours*).

NOYER (Ansquetil du). *Voyez* ANSQUETIL.

NUMÉRIEN, empereur. — Principaux événemens de son règne, XXV, 118 (*Orderic Vital*).

NUNCUPATUS, prêtre. — Est envoyé porter au roi Charibert l'acte de déposition d'Emery, et l'élection d'Héraclius à l'évêché de Saintes, I, 179. — Suites de cette mission, 180 (*Grégoire de Tours*).

NUNEZ (Jean). *Voyez* NUNEZ.

O

OBERT. — Assiste à l'assemblée de Clichy, tenue par le roi Clovis, II, 316 (*Vie de Dagobert*).

OCCYLA, trompette d'Ætius. — Venge la mort de ce général en tuant l'empereur Valentinien, qui l'avait fait assassiner, I, 61 (*Grégoire de Tours*).

OCTAVIEN, archidiacre. — Son martyre, I, 52 (*Grégoire de Tours*).

OCTAVIEN, évêque d'Ostie, légat du pape. — Lève l'interdit mis sur la France, XIII, 85. — Réunit un concile à Soissons pour statuer sur la validité du mariage de Philippe-Auguste avec la reine Ingeberge, *ibid. Voyez aussi* XI, 153 (*Rigord*).

Est obligé de le dissoudre, le roi ayant repris brusquement sa femme, 154; XIII, 85 (*Guillaume de Nangis*).

OCTAVIEN, fils d'Albéric. — Est fait pasteur de Rome et pape, VI, 150 (*Chronique de Frodoard*); XIII, 41 (*Guillaume de Nangis*).

ODA, fille du comte Othon. —

Epouse le roi Zwentibold, IV, 345 (*Annales de Metz*).

ODARD DU PIN. — Est fait prisonnier au combat de la forêt de Brotonne par le roi Henri d'Angleterre, qui lui fait arracher les yeux, XXVIII, 394 (*Orderic Vital*).

ODELIRUS D'ORLÉANS. — Décide Roger de Montgomery à faire bâtir le monastère de Shrewsbury, XXVI, 401, *et suiv.* (*Orderic Vital*).

ODILON, abbé de Cluny. — Refuse l'archevêché de Lyon, VI, 349. — Attaques dirigées contre lui dans le poème d'Adalbéron, évêque de Laon, 423 (*Mémoires d'Helgaud* et *Mémoires d'Adalbéron*).

ODILON, duc de Bavière. — Epouse Chiltrude, fille de Charles-Martel, II, 246. — Excite une révolte contre ses beaux-frères, 247. — Est battu à plate couture par Carloman et Pepin, 247 (*Chronique de Frédégaire*); III, 32 (*Annales d'Eginhard*).

ODILON, fille de Charlemagne. — Scandale dont elle souille la maison impériale, III, 345 (*L'Astronome*).

ODMOND DE CHAUMONT. — Reste fidèle à la France et commande les troupes du Vexin contre les Anglais, XXVIII, 18. — Tient la ligne de l'Epte, 269 (*Orderic Vital*).

ODOACRE. — L'un des douze héros qui défendirent seuls la tour de Paris contre les Normands, et qui furent égorgés après l'avoir rendue, VI, 30 (*Abbon, Siège de Paris*).

ODOACRE, comte. — Est dépouillé de ses bénéfices par Zwentibold, IV, 344. — S'unit au duc Réginaire disgracié, et se retire avec lui dans une forteresse où il est assiégé, 345. — Introduit le roi Charles dans ses Etats, 346 (*Annales de Metz*).

ODOACRE, roi des Goths. — S'empare de Rome, XXV, 131 (*Orderic Vital*).

ODON. *Voyez* EUDES.

ODON ou EUDES DE SAINT-AMAND, maréchal et grand échanson du roi de Jérusalem, grand-maître du Temple. — Est fait prisonnier par Noradin, près de Séphet, XVIII, 109, 110. — Est mis en liberté, 116. — Amène de Constantinople une femme pour Amauri, roi de Jérusalem, 230. — Donne à ce prince une légère satisfaction au sujet du meurtre d'un envoyé du prince des Assyssins, tué par un Templier, 299. — Accompagne le roi Baudouin IV dans la bataille gagnée sur Saladin par les Chrétiens, près d'Ascalon, 351. — Se distingue à la bataille livrée dans les plaines de Sidon, 368. — Est fait prisonnier, 370 (*Guillaume de Tyr*).

ODON (Saint), abbé de Cluny au Xe siècle. — A écrit la Vie de Grégoire de Tours, ce qu'il en raconte, I, XI (*Notice sur Grégoire de Tours*).

ODON, archevêque de Trèves. — Donne quelques secours personnels à son neveu Robert, duc de Normandie expatrié, XXVI, 371 (*Orderic Vital*).

ODON BORLENG. — Est fait gouverneur de Bernai pour le roi Henri Ier d'Angleterre, XXVIII, 390. — Accompagne Raoul de Bayeux dans son expédition auprès du Bourgthéroulde contre les troupes révoltées du comte de Meulan, etc., 391. — Excite ses compagnons d'armes à bien faire, 392 (*Orderic Vital*).

ODON DE GOMER. — Inquiète le camp anglais sous Evreux, XXVIII, 303 (*Orderic Vital*).

ODON DE MONTFAUCON, Templier. — Est tué dans le combat de Théma, livré par les Templiers aux Ascalonites, XVII, 400 (*Guillaume de Tyr*).

ODORSON. — Est envoyé par le duc d'Antioche solliciter les secours du roi de Khorazzan contre les Croisés, XX, 193 (*Albert d'Aix*).

OGER, camérier de Bertulphe, prévôt du chapitre de Bruges. — Dénonce les prétendus détenteurs des trésors du feu comte Charles de Flandre, VIII, 386 (*Mémoires de Galbert*).

OGER, clerc lorrain, voleur. — Est sauvé du gibet par les soins du roi

Robert, VI, 373 (*Mémoires d'Helgaud*).

OGGER, Franc réfugié près du roi Didier. — Sa conversation avec ce prince à l'arrivée de Charlemagne en Italie, III, 256 *et suiv.* (*Vie de Charlemagne*).

OGIVA, femme de Charles le Simple. *Voyez* CHARLES III, roi de France.

OLARGUES (Pons de). *Voy.* PONS.

OLAUS, roi de Norwége.—S'allie avec le roi Canut de Danemarck, et contribue à la conquête de l'Angleterre, XXIX, 121. — Vient au secours du duc Richard, 125. — Débarque en Angleterre, y fait des ravages et arrive en Normandie, 126. — Retourne en Norwége, après avoir conquis, par sa seule présence, la paix à son allié, 127. — Se fait chrétien, *ibid.* — Fait des miracles, 128 (*Guillaume de Jumiége*).

OLIVIER d'Angleterre.—Meurt au siége de Damiette, XXII, 348 (*Jacques de Vitry*).

OLIVIER DE FRENAI.—Est fait prisonnier par le comte de Bellême, XXVIII, 160 (*Orderic Vital*).

OLIVIER DE JOUX.—Concourt au siége de Nicée, XX, 73.—Combat à le bataille d'Ascalon, 366 (*Albert d'Aix*).

OLIVIER DE TERMES. — Il prend parti avec le vicomte de Béziers, XV, 296.—Envahit les terres du roi, *ibid.* —Met le siége devant Carcassonne, 297. — Le lève, 298. — Se retire à Montréal, *ibid.* — En sort par capitulation, 299 (*Histoire des Albigeois*).

Il se ligue avec Tremavel de Béziers contre le roi Louis IX, 374.— Fait la paix, 377 (*Gestes glorieux des Français*).

OLIVIER DE TERMES, Croisé.—Se rend en Syrie, XIX, 567. — Sort d'Acre et livre combat, 583. — Revient à Acre avec vingt-cinq chevaliers et cent arbalétriers, 593. — Sa mort, 597 (*Bernard le Trésorier*).

OLIVIER TALVAS, fils de Guillaume.—Sa vie, XXIX, 183.—Il se fait moine dans sa vieillesse, *ibid.* (*Guillaume de Jumiége*).

OLLON, comte de Bourges. — Reçoit Gondovald, livré par les chefs de son armée, I, 416. — Donne le premier coup pour l'assassiner, 417 (*Grégoire de Tours*).

OLON, duc franc. —Est tué sous les murs de Bellinzone, II, 84 (*Grégoire de Tours*).

OMAR. — Ses exploits en Palestine, XVI, 2 (*Guillaume de Tyr*).

OMMAT, évêque de Tours. — Sa mort, I, 134. — Ses travaux, II, 147. — Son testament, *ibid.* (*Grégoire de Tours*).

OMORTAG, roi des Bulgares.—Envoie une ambassade à l'empereur Louis, qui s'enquiert du motif de cette démarche, III, 100 (*Annales d'Eginhard*).

ONFROI. *Voyez* HONFROI.

OPPILA, ambassadeur d'Espagne.—Ses discussions avec Grégoire de Tours sur le *Gloria*, etc., I, 358 et *suiv.* (*Grégoire de Tours*).

ORDERIC VITAL. — Notice sur sa vie et ses ouvrages, XXV.

ORESTE, évêque de Bazas. — Assiste à l'ordination de Faustien, évêque de Dax, choisi par Gondovald, I, 406.— Nie ce fait devant le roi, *ibid.* — Est condamné à contribuer pour un tiers à l'entretien de l'évêque déchu et expulsé, 448 (*Grégoire de Tours*).

ORICLE (saint). — Son martyre, V, 25.—Ses miracles, *ibid.* (*Frodoard, Histoire de l'église de Rheims*).

ORIENT. — Mœurs, croyances, état matériel, histoire naturelle de cette contrée, par Jacques de Vitry, XXII, 7 à 234 (*Jacques de Vitry*).

ORIGÈNE.— Sa vie et ses travaux, XXV, 115 (*Orderic Vital*).

ORLÉANS. — Siége de cette ville par Attila, I, 56, 57 (*Grégoire de Tours*).

ORLÉANS (Eudes ou Odon, comte d'). *Voyez* EUDES.

ORME (Henri de l'). *Voy.* HENRI DE L'ORME.

OROSE, historien.— Ce qu'il rapporte de l'expédition de Stilicon dans les Gaules, I, 67 (*Grégoire de Tours*).

ORZALS (Bernard d'). *Voyez* BERNARD.

OSBERN, prieur de Cormeilles, abbé d'Ouche. — Est constitué, d'ordre de Guillaume le Bâtard, dans un synode tenu à Rouen, abbé d'Ouche, le siége vacant par l'absence du titulaire, XXVI, 77. — Faillit à être tué par Ernould d'Echaufour, 78. — Histoire de sa vie, 88. — Sa lettre au pape au sujet de l'excommunication fulminée contre lui par l'abbé Robert, 91. — Est absous sur les instances de cet abbé, 95. — Sa charité et sa bienveillance, 96, 97. — Il fait lire les lettres du pape qui lui a confié le gouvernement de l'abbaye, 111. — Sa mort, *ibid.* 118, 222 (*Orderic Vital*).

OSBERN, sénéchal de Normandie. — Est assassiné pendant les guerres civiles de la minorité de Guillaume le Bâtard, XXV, 166. — Son prévôt venge sa mort en assassinant Guillaume de Montgommeri, *ibid.* — Sa mort est reprochée aux Normands par le roi Guillaume agonisant, XXVII, 198 (*Orderic Vital*); XXIX, 168 (*Guillaume de Jumiége*).

OSBERN DE BOLBEC. — Epouse une sœur de la duchesse Gunnor, femme de Richard 1er, duc de Normandie, XXIX, 301 (*Guillaume de Jumiége*).

OSBERN DE CREPON, fils d'Herfast, neveu de la comtesse Gunnor, femme du duc Richard 1er, de Normandie, XXIX, 303 (*Guillaume de Jumiége*).

OSBERN DE DANEMARCK. — Est chargé du commandement de l'armée envoyée par le roi Suénon, son frère, pour soumettre l'Angleterre à sa puissance et l'enlever au roi Guillaume de Normandie, XXVI, 181, 182 (*Orderic Vital*). *Voyez* SUÉNON.

OSBERN DE NEUBELLE. — Ses donations à l'abbaye d'Ouche, XXVII, 21 (*Orderic Vital*).

OSBERN SCROP. — Prend part à la révolte des seigneurs normands contre le roi Guillaume le Roux d'Angleterre et commence les hostilités, XXVII, 231 (*Orderic Vital*).

OSDAG. — Confirme, au nom de l'empereur Charlemagne, la paix conclue avec les Danois, III, 67 (*Annales d'Eginhard*).

OSFRED, dit Turdemul. — OSFRED, fils d'Heiligon. — OSFRED DE SCONOWE. — Confirment, au nom du roi des Danois, la paix conclue avec l'empereur Charlemagne, II, 67 (*Annales d'Eginhard*).

OSMOND, gouverneur du jeune duc Richard 1er de Normandie. — Informé du projet formé contre ce prince par le roi Louis d'Outremer à l'instigation du comte de Flandre, il l'enlève de Laon dans un paquet d'herbes, et le confie à son oncle le comte de Senlis, XXVII, 76 (*Orderic Vital*); XXIX, 82, 83 (*Guillaume de Jumiége*).

OSMOND DE CENTVILLE, vicomte de Vernon. — Epouse une nièce de la comtesse Gunnor, femme de Richard 1er, duc de Normandie, XXIX, 304 (*Guillaume de Poitiers*).

OSMOND DE CHAUMONT. — Combat dans les rangs français à la bataille de Brenmule, XXVIII, 307 — Est fait prisonnier, 308. — Est relégué à Arques, 311 (*Orderic Vital*).

OSMOND DE CHAUMONT QUITRI. — Est forcé dans sa caverne de voleurs, XXVIII, 492 (*Orderic Vital*).

OSMOND DE GAPRÉE. — Est tué devant Balon, XXVII, 256, 257 (*Orderic Vital*).

OSMOND DRANGEOT. — Tué à la chasse, sous les yeux du duc Robert de Normandie, Guillaume Repostel, qui se vante d'avoir déshonoré sa fille, XXVI, 47. — S'enfuit, *ibid.* — S'établit le premier dans la Pouille, 48 (*Orderic Vital*). Est accueilli à Bénévent, XXX, 217. — S'empare du pays à l'aide de ses compatriotes, *ibid.* (*Guillaume de Jumiége*).

OTBERT. — Rejoint le roi Charles

le Chauve dans sa marche pour se rendre à l'assemblée générale d'Attigni, III, 457 (*Mémoires de Nithard*).

OTGAIRE, archevêque de Mayence. — Assiste l'empereur Louis mourant, III, 420. — Est choisi par l'empereur Lothaire pour l'un de ses conseillers dans la guerre qu'il fait à son frère Louis, 458. — S'enfuit à la nouvelle du passage de la Moselle par les armées des rois Louis et Charles marchant contre Lothaire, 483 (*Mémoires de Nithard*).

OTGAR, évêque. — Assiste, de la part de Lothaire, à la réception des députés de son frère Louis auprès de l'empereur leur père, son prisonnier, III, 301 (*Chronique de Raoul Glaber*).

OTHELIN, comte de Bourgogne. — Marche au secours de Charles d'Anjou contre les Siciliens révoltés et contre le roi Pierre d'Aragon, XIII, 202. — Est investi du comté d'Artois au titre de sa femme, 246. — Sa mort, ibid. (*Guillaume de Nangis*).

OTHON ('mand d'). — Convient avec les missionnaires envoyés dans l'Albigeois de soumettre leur doctrine respective à des arbitres laïcs. XV, 225. — Ceux-ci se séparent sans avoir prononcé leur jugement, 226 (*Chronique de Guillaume de Puy-Laurens*).

OTHON. — Est assassiné par le duc des Allemands, à l'instigation de Grimoald, II, 227 (*Grégoire de Tours*).

OTHON, cardinal. — Est fait prisonnier par l'empereur Frédéric, XIII, 149 (*Guillaume de Nangis*); XV, 365 (*Gestes glorieux des Français*).

OTHON, comte de Mecklembourg. — Marche avec les coalisés contre Philippe-Auguste, XII, 301. — Ses exploits à la bataille de Bovines, 336. — Il combat Guillaume Des Barres, 340. — Protége la fuite de l'empereur Othon, ibid. — Est fait prisonnier, 341 (*la Philippide*).

OTHON, comte de Tecklembourg. — Se distingue à la bataille de Bovines, XI, 288. — Y est fait prisonnier, ibid. — Est envoyé dans une des villes de l'intérieur, XII, 356 (*Guillaume le Breton. — La Philippide*).

OTHON, duc de Bourgogne. — Se joint au comte de Montfort contre les Albigeois, XIV, 282. — Lui soumet Aimar de Poitiers, 283. — Est chargé de la garde de ses châteaux, ibid. — Amène la fille du dauphin à Amaury de Montfort, qui l'épouse, 295 (*Pierre de Vaulx-Cernay*).

OTHON, duc de Bourgogne, fils de Hugues le Grand. — Se soumet au roi Lothaire, VI, 155. — Obtient la Bourgogne, ibid. — Sa mort, 158. — Ses États passent à ses frères Hugues et Eudes, ibid. (*Chronique de Frodoard*).

Il devient duc de Bourgogne aux droits de sa femme, XXVII, 128. — Meurt et a pour successeur son frère Henri, ibid. (*Orderic Vital*).

OTHON 1er le Grand, empereur, roi de Saxe. — Appelé par la reine Gerberge, femme de Louis d'Outre-Mer, il entre en France avec le roi de Bourgogne, V, 556. — S'empare de Rheims, 557. — Y rétablit l'évêque Artaud, ibid. — Ravage les terres de Hugues le Grand, ibid. — Se retire, 558. — Recommence la guerre contre ce prince avec le roi Louis d'Outre-Mer et Conrad duc de Lorraine, 572. — Prend et détruit Mouzon, 573 (*Frodoard, Histoire de l'Eglise de Rheims*).

Il donne sa sœur en mariage à Hugues le Grand, VI, 108. — Est abandonné par les Lorrains, 109. — Passe le Rhin et ravage leur pays, ibid. — Fait la paix avec ses ennemis les plus éloignés, 110. — Soumet presque toute la Lorraine, ibid. — Reçoit l'hommage de la plupart des grands de France, en guerre avec Louis d'Outre-Mer, 112. — Donne le royaume de Lorraine à son frère Henri, ibid. — Suit Louis IV en Bourgogne, ibid. — Ménage une trêve et retourne chez lui, 113. — Envoie le duc Herman avec une forte armée au secours d'Hugues le Grand et du fils d'Héribert, contre le roi Louis d'Outre-Mer, 120. — Se rend à Aix, 121. — Accueil qu'il fait aux envoyés du roi et de Hugues, *ibid.* — Se brouille avec celui-ci, 126. — Envahit la France, 127. — Joint le roi Louis, *ibid.* — S'empare de Rheims, *ibid.* — Intronise l'évêque Artaud, 128. — Fait la guerre à Hugues le Grand, *ibid.* — Ménage la paix entre ce prince et le roi, 142. — Soumet les Venèdes et s'assujétit les Hongrois, 143. — Se rend en Italie, 145. — Met en fuite Bérenger roi des Lombards, *ibid.* — Epouse la veuve du roi Lothaire, fils du roi Conrad, *ibid.* — Querelle de famille, 147. — Guerre civile, *ibid.* — Il dépouille Conrad de son duché de Lorraine, *ibid.* — L'assiége dans Mayence, 148. — Reçoit des otages et se retire, *ibid.* — Bat, de concert avec lui, les Hongrois de Bavière, 151. — Vainc deux rois sarmates, *ibid.*, 153. — Se rend à Rome et est fait empereur, 154. — Crée un pape, 159 (*Chronique de Frodoard*).

Il envoie, avec l'évêque Anségise, une armée qui met le siége devant Troie et Sens, et est complétement défaite, XXVII, 128, 129 (*Orderic Vital*).

Il accepte la proposition de Louis d'Outre-Mer, faite par le comte de Flandre, de lui céder (conformément aux anciennes promesses) la Lorraine, à condition qu'il aidera à la conquête de la Normandie, XXIX, 93. — Marche avec eux contre Hugues le Grand, *ibid.* — Envoie contre Rome un fort parti qui est vigoureusement repoussé, 94. — S'en approche lui-même, et délibère avec le roi de livrer aux Normands le comte de Flandre, leur allié, *ibid.* — Fait à la hâte sa retraite, 95. — Est poursuivi et fait beaucoup de prisonniers, *ibid.* (*Guillaume de Jumiége*).

OTHON II, empereur. — Il se dérobe avec peine aux piéges du roi Lothaire, VI, 180. — Rentre en France avec une armée, *ibid.* — Insulte Paris, *ibid.* — Est poursuivi au-delà de la Meuse, *ibid.* (*Chronique de Raoul Glaber*).

Il est surpris par Lothaire à Aix-la-Chapelle, et s'enfuit en hâte avec sa famille, XXV, 159. — Se présente devant Paris avec une armée, *ibid.* — Brûle un de ses faubourgs, *ibid.* — Est poursuivi jusqu'à Soissons, *ibid.* — Perd dans l'Aisne une partie de son armée, *ibid.* — Fait la paix et acquiert la Lorraine, *ibid.* — S'enfuit d'Aix-la-Chapelle, où il est surpris par le roi Lothaire, XXVII, 129. — Réunit son armée, *ibid.* — Brûle un faubourg de Paris, *ibid.* — Est mis en fuite et poursuivi jusqu'à Soissons sur l'Aisne et dans les Ardennes, 130. — Fait la paix et obtient la Lorraine, *ibid.* (*Orderic Vital*).

OTHON III, empereur, duc de Saxe. — Il crée un pape, VI, 187. — Fait couper les mains et les oreilles et arracher les yeux au pape que lui oppose le Romain Crescentius, *ibid.* — Bloque étroitement ce chef des Romains, *ibid.* — Refuse sa soumission, *ibid.* — Le renvoie dans son fort, *ibid.* — S'en empare et le fait mourir cruellement, 188. — Crée un autre pape, *ibid.* — Epouse la veuve de Crescentius, 190. — La répudie, *ibid.* — Sa mort, *ibid.* (*Chronique de Raoul Glaber*).

Il brigue l'empire qui est déféré à Philippe, duc de Souabe, XI, 142. — S'efforce de l'obtenir après l'assassinat de son concurrent, 179. — Est protégé par le pape, *ibid.* (*Rigord*).

Il est couronné empereur par un parti, et Philippe, duc de Souabe, est proclamé par le parti opposé, XI, 217. — Ils se font la guerre, *ibid.* (*Guillaume le Breton*.)

OTHON IV, empereur, duc de Saxe. — Est couronné empereur par le pape, à qui il fait de belles promesses qu'il viole aussitôt, XI, 247. — Est excommunié, et ses sujets déliés du serment de fidélité, 248. — Est repoussé de Constance par Frédéric, élu empereur, 249. — S'allie avec le comte de Boulogne, dépouillé de ses Etats et excommunié comme lui, 253.

— Est soutenu par les Milanais, 258.
— Guerre civile en Italie, *ibid.* —
S'allie avec le roi Jean d'Angleterre, 273. — Est battu par Philippe-Auguste, *ibid.*—Perd la bataille de Bovines, *ibid.* 274 *et suiv.* — Faillit d'y être pris, 286.—Sa fuite, 289.—Il s'éloigne de Cologne à prix d'argent, 317.—Meurt absous de l'anathème, 332 (*Guillaume le Breton, Vie de Philippe-Auguste*).

Il dévaste les Etats du pape, XII, 249. — S'allie contre Philippe-Auguste avec Jean-sans-Terre et le comte de Boulogne, 253.—Reparaît en Flandre avec ses alliés, 290. — Campe sur l'Escaut, 299.—Sa conférence avec les comtes de Flandre et de Boulogne, 308.— Il partage la France entre les grands, coalisés avec lui contre le roi, *ibid.* — Se propose de dépouiller le clergé, etc., 309. — Informé de la marche rétrograde de Philippe-Auguste vers Bovines, il la prend pour une retraite et le poursuit, 314. — L'attaque un jour de dimanche, 319. — Description de la bataille de Bovines, 320. — Il range son armée en bataille, 321.—Arbore la bannière de l'empire, *ibid.*—Ses artifices pendant le combat, 330.— Il s'avance contre le roi de France, 332.—Renverse et blesse ses ennemis, 335. — Est arrêté par les rênes de son cheval, 339. — Reçoit des coups dangereux, *ibid.*—A son cheval tué sous lui, *ibid.* — S'échappe avec peine, *ibid.*—Les insignes de l'empire, pris à la bataille de Bovines, sont envoyés par Philippe-Auguste à Frédéric, son compétiteur, 352.—Il reçoit des ouvertures du comte de Boulogne, prisonnier, 354.—Se réconcilie avec l'Eglise, 363. — Sa mort, *ibid.* (*la Philippide*).

Après la mort de l'empereur Henri VI, il dispute l'empire à Philippe, duc de Souabe, XIII, 82. — Est assiégé dans Cologne, et s'enfuit, 94. — Succède à l'empereur Philippe, assassiné par le duc de Thuringe, 98. — Est couronné par le pape, malgré l'opposition presque générale, 100.—Motifs de cette opposition, *ibid.* — Il rompt et viole tous les sermens qu'il a faits au pape, *ibid.*—S'empare des forts de l'Eglise, de la Romanie, etc., 104.—Attaque la Sicile, *ibid.*—Est excommunié, et ses sujets déliés du serment de fidélité, 105. — Est remplacé par Frédéric, roi de Sicile, *ibid.*—S'allie avec le comte de Boulogne, 108.—Joint son armée à celle du comte de Flandre, 113.—Livre la bataille de Bovines, *ibid.* — Est vaincu et prend la fuite, 114. — Forces de son armée, *ibid.*—Abandonné de son parti, dépouillé de l'empire, il se retire en Saxe, est absous et meurt, 115 (*Guillaume de Nangis*).

Il est fait empereur sur la recommandation de son oncle Richard d'Angleterre, XIX, 255.—Est couronné à Aix-la-Chapelle, 335. — Fait rechercher et punir l'assassin de l'empereur Philippe de Souabe, 339. — Est couronné par le pape, *ibid.* — S'empare de ses châteaux, *ibid.*—Est excommunié, *ibid.*—Va dans la Pouille, *ibid.*—Retourne en Lombardie, 341. — Est poursuivi par le pape, qui lui suscite pour ennemi Frédéric de Sicile, *ibid.* — S'allie avec le roi d'Angleterre et le comte de Flandre contre Philippe-Auguste, 345.—Est battu et s'enfuit, 347.—Est poursuivi par l'empereur Frédéric, 349.— Abdique l'empire et meurt, *ibid.* 351 (*Bernard le Trésorier*).

OTHON, évêque de Freysingen, frère de l'empereur Conrad. — Se réunit à l'assemblée de Saint-Jean-d'Acre pour délibérer sur l'agrandissement du royaume de Jérusalem, XVIII, 1. —Quitte l'empereur avec une partie de son armée à Nicomédie, 314 (*Guillaume de Tyr.*)

OTHON, Lorrain, fils de Ricuin. —Abandonne le roi Raoul pour suivre Henri de Saxe, VI, 79.—Sa querelle avec Boson, 83.—Fait agréer sa soumission, 85.—Marche avec le roi Louis d'Outre-Mer, 109. — Sa mort, 120 (*Chronique de Frodoard*).

OTHON DE LINIÈRE. — Est fait prisonnier à Montech par Humbert de Beaujeu, XV, 278 (*Chronique de Guillaume de Puy-Laurens*).

OTHON DE RISBERG. — Est chargé par le roi de Jérusalem de se rendre auprès de l'empereur Manuel, pour savoir ce que l'on doit penser des retards apportés au mariage de la princesse Méliscude qui lui est destinée, et rapporte le désaveu de l'empereur sur la mission de ses prétendus envoyés, XVIII, 151 (*Guillaume de Tyr*).

OTHON DE TERRIDE. — Est fait prisonnier à Montech par Humbert de Beaujeu, XV, 278 (*Chronique de Guillaume de Puy-Laurens*).

OTHON DE WESTPHALIE, dit *Haute-Épée*. — Prend la croix, XXI, 1. — Se dirige par la Bulgarie sur Constantinople, 2. — Dévaste le pays, 3. — Refuse de passer le Bosphore, *ibid*. — Apaise les troupes révoltées à la fois contre lui et contre l'empereur, 4. — Se met sous la conduite du comte de Toulouse, 7. — Range son armée, pour la bataille de Marash, sous les ordres du comte Albert, 16. — Arrive au secours du roi de Jérusalem à Joppé, 49. — Concourt à faire lever le siége, 50. — Accompagne le roi à Jérusalem, 51. — Attaqué à la chasse avec le roi par les Sarrasins, il les repousse, 60. — Les brave devant Joppé, 68. — Est tué, *ibid*. (*Albert d'Aix*).

OTHON DE WITTELSBACH, duc de Thuringe. — Assassine l'empereur Philippe de Souabe, XIII, 98. — Abandonne l'empereur Othon IV excommunié, 105 (*Guillaume de Nangis*).

OTHULF, comte. — Est l'un des témoins du testament de Charlemagne, III, 161 (*Vie de Charlemagne*).

OUDARD DE MONTAIGU. — Se bat en duel, avec ses témoins, contre Everard de Saint-Veran et ses témoins, VIII, 273. — Se rend au comte de Sancerre, *ibid*. — Mécontentement du roi, 274 (*Guillaume de Nangis*).

OUDENARDE (Arnoul d'), Croisé. — S'engage par imprudence dans les montagnes, XXI, 96. — Est attaqué et tué par les Sarrasins, 97. — Est pleuré par la comtesse de Hainault, 92. — Son corps est enterré honorablement, *ibid*. — Sa tête est renvoyée par les Ascalonites, 99 (*Albert d'Aix*).

OUDENARDE (Arnoul d'). — Tente de délivrer le comte de Boulogne, fait prisonnier à la bataille de Bovines, XI, 291. — Est fait lui-même prisonnier, *ibid*. — Garantit les conventions faites entre le roi Philippe-Auguste et la comtesse Jeanne de Flandre, 309. — Cautionne Daniel de Masquelines, l'un des prisonniers du roi, 311, 313 (*Vie de Philippe-Auguste par Guillaume le Breton*). S'allie avec Philippe-Auguste, XII, 276. — Combat contre les Français, à côté du comte de Boulogne, à la bataille de Bovines, 334. — Marche lui cinquième contre le roi, déjà victorieux, 346. — Essaie de décider le comte de Boulogne démonté à quitter le champ de bataille, 347 (*la Philippide*).

OUEN (saint), évêque de Rouen. — Ses conseils à Gislemar, fils de Worcadon, maire du palais, II, 234. — Sa mort, 235. — Il assiste à l'assemblée tenue par le roi Clovis à Clichy, 316 (*Chronique de Frédégaire*). Fonde à Fécamp un monastère d'hommes, XXVI, 6. — Sa Vie, 336. — Distique héroïque en son honneur, *ibid*. — Principaux événemens de son épiscopat, 338 (*Orderic Vital*). *Voyez* DADON.

P

Pæonius. — Est fait comte d'Auxerre, I, 200 (*Grégoire de Tours*).

Paganel. — Son éloge, XII, 74 (*la Philippide*).

Païen de Gisors. — Se révolte en faveur de Guillaume, fils de Robert de Normandie, contre le roi Henri d'Angleterre, XXVIII, 379. — Se réunit à la Croix-Saint-Leufroi avec les conspirateurs, 381. — Projette l'assassinat de Robert de Chandos, gouverneur du château, 387. — Est dépouillé de ses biens, que le roi d'Angleterre donne à son fils, 389 (*Orderic Vital*).

Païen de Montdoubleau. — Résiste dans Balon au duc Robert de Normandie, XXVII, 256. — Fait la paix, 257. — Evacue Saint-Céneri sur le bruit répandu de la mort de Giroie, 366. — Se soumet au roi Guillaume le Roux, XXVIII, 35 (*Orderic Vital*).

Painel. — Ses guerres avec Guillaume de Bellême, XXVII, 261 (*Orderic Vital*).

Painel. — Est vaincu dans Moutier-Hubert par le comte d'Anjou, XXVIII, 475 (*Orderic Vital*).

Painel (Guillaume). *Voy.* Guillaume Painel.

Pains (Thibaud). *Voyez* Thibaud.

Pains, ancien grand-échanson du roi de Jérusalem. — Fait bâtir la forteresse de Crac, XVII, 432 (*Guillaume de Tyr*).

Pains, d'au-delà du Jourdain. — Se réunit à l'assemblée de Saint-Jean-d'Acre pour délibérer sur les moyens d'agrandir le royaume de Jérusalem, XVIII, 3 (*Guillaume de Tyr*).

Pains de Beauvais. — Se distingue à la bataille d'Antioche, XXIII, 422 (*Robert le Moine*).

Pains de Caïphe. — Sa mission de la part du roi de Jérusalem auprès de Tancréde et de Guillaume Jourdain, XXI, 147 (*Albert d'Aix*).

Pains de Gisors. — Est fait prisonnier par le prince Louis le Gros, VIII, 5 (*Suger*).

Pains de Monjai. — S'allie avec le comte Thibault de Chartres contre le roi Louis le Gros, VIII, 84. — Perd à la paix son château de Livri, 99 (*Suger*).

Pains de Montgai. — Est fait prisonnier par les Anglais dans la guerre du Vexin, XXVIII, 18 (*Orderic Vital*).

Pains de Montjai. — Est fait prisonnier par Guillaume le Roux, VIII, 5 (*Suger*).

Pains de Rochefort. — Est assiégé par Jean-sans-Terre, XI, 271. — Est blessé dangereusement, cache ses blessures et meurt, 272 (*Guillaume le Breton*).

Pains de Rochefort. — Est blessé et meurt au siége de la Roche-au-Moine, XII, 296 (*la Philippide*).

Pains de Sororgia. — Marche au secours de Tancréde à Antioche, XXI, 171 (*Albert d'Aix*).

Paléologue (Michel), empereur d'Orient. — Recouvre Constantinople sur les Français et les Vénitiens, XV, 385 (*Gestes glorieux des Français*).

Pallade, évêque de Saintes. — Donne la bénédiction à Faustien, élu évêque de Dax par ordre de Gondovald, I, 406. — Reproches que lui adresse le roi Gontran, 428. — Il célèbre la messe devant ce prince, 433. — Est condamné à contribuer pour un tiers à l'entretien de l'évêque expulsé de Dax, 448. — Fait battre et dépouiller les clercs qui ont écrit contre lui, 452. — Est arrêté par Antestius, 475. — Se justifie auprès du roi Gontran, 476. — Accusé d'avoir trempé dans la révolte des Gascons, il est exilé, II, 201 (*Grégoire de Tours*).

Assiste à l'assemblée de Clichi tenue par le roi Clovis, II, 316 (*Vie de Dagobert*).

Palladius, comte de Javoulx. — Ses démêlés avec l'évêque, I, 198. — Il est dépouillé de sa dignité, *ibid.* — Se tue sur la fausse nouvelle que le roi Sigebert voulait le faire mourir, 199 (*Grégoire de Tours*).

Pancrace, Arménien, prisonnier évadé. — Gagne la confiance de Baudouin de Boulogne, comte d'Edesse, et dirige ses opérations, XVI, 179. — Fait enlever une tente destinée au duc Godefroi de Bouillon par le satrape d'Arménie, et en fait présent à Boémond, 255. — Voit son château pris et rasé par Godefroi, pendant son séjour dans les Etats de son frère, 354 (*Guillaume de Tyr*).

Il est fait commandant de Ravenel par Baudouin de Boulogne, XX, 124. — Refuse de lui rendre cette place, 125. — Est menacé de malemort, *ibid.* — La restitue enfin, 126. — Arme les Turcs contre Baudouin, *ibid.* — Retarde son voyage à Edesse, *ibid.* — Fait enlever une tente destinée au duc Godefroi et en fait présent à Boémond, 204. — Perd son château, pris et détruit par le duc Godefroi, qui fait crever les yeux à vingt de ses chevaliers, 250 (*Albert d'Aix*).

Pancrace de Crasson. — Marche au secours de Tancrède d'Antioche, XXI, 172 (*Albert d'Aix*).

Pandolphe, sous-diacre, légat. — Raccommode le pape avec le roi Jean-sans-Terre, XI, 261 (*Guillaume le Breton*).

Reçoit l'hommage de vassalité de ce prince et lui impose un tribut auquel il se soumet, *ibid.* XII, 266 (*la Philippide*).

Panéade. — Histoire de cette ville, XVIII, 178 (*Guillaume de Tyr*).

Pantot (Guillaume). *Voyez* Guillaume Pantot.

Pantoul (Guillaume). *Voyez* Guillaume Pantoul.

Pantoulf (Guillaume). *Voyez* Guillaume Pantoulf.

Papianilla, femme de Parthénius. — Est tuée par ce ministre de Théodebert, I, 150 (*Grégoire de Tours*).

Pappole, archidiacre d'Autun. — Est élu évêque de Langres, I, 228. — Ses iniquités, *ibid.* — Vision de saint Tétrique, *ibid.* 229. — Sa mort, *ibid.* (*Grégoire de Tours*).

Pappole, évêque de Chartres. — S'oppose au rétablissement de l'évêché de Chateaudun, I, 390. — Est chargé de demander le cadavre de Mérovée, 435 (*Grégoire de Tours*).

Pappolène. — Reprend sa femme qui s'était fait religieuse par les artifices de l'évêque de Nantes, I, 329 (*Grégoire de Tours*).

Parayre (Bernard). — Concourt à la défense de Toulouse, assiégée par le fils de Philippe-Auguste, XV, 199 (*Histoire des Albigeois*).

Parented de Champsecré (Goisfred). — Monte l'un des premiers sur les murs d'Antioche, livrés à Boémond; XXVII, 469 (*Orderic Vital*).

Paris. — Origine de cette ville, XI, 48; XIII, 56. — Poème d'Abbon sur le siége qu'en font les Normands, VI, 7 et suiv.

Paris (Gérard, comte de). *Voy.* Gérard.

Paris (Guillaume de). *Voyez* Guillaume de Paris.

Paris (Jean de). *Voyez* Jean de Paris.

Parthénius, ministre de Théodebert. — S'enfuit à la mort de ce prince, I, 150. — S'accuse d'avoir tué sa femme et son ami, *ibid.* — Est découvert caché dans l'église de Trèves, 151. — Est lapidé par le peuple, *ibid.* (*Grégoire de Tours*).

Pascal, archidiacre. — Est élu pape, en concurrence avec Serge 1er, XXV, 431. — Achète à prix d'argent les moyens d'envahir la papauté, *ibid.*—Est condamné comme magicien, 422. — Meurt dans l'impénitence, *ibid.* (*Orderic Vital*).

PASCAL, nomenclateur, primicier de Rome. — Est condamné à mort comme coupable d'avoir déposé le pape, III, 50 (*Annales d'Eginhard*).

Arrête le pape Léon III, XXV, 432. — Le maltraite, *ibid.* — Est exilé, *ibid.* (*Orderic Vital*).

PASCAL 1ᵉʳ, pape.—Est élu pape, III, 79. — Ses excuses à l'empereur Louis, *ibid.* — Attire Lothaire à Rome, 97.—Sa mort, 101, 293.—Les Romains refusent de célébrer ses funérailles, *ibid.* (*Annales d'Eginhard*).

Couronne Lothaire empereur et auguste, *ibid.*, 368. — Fait arracher les yeux et trancher la tête à deux de ses légats, 369.—Se purge par serment de ce crime, *ibid.* (*Vie de Louis le Débonnaire*).

Ses travaux, XXV, 433 (*Orderic Vital*).

PASCAL II (Rainier, abbé de Valombreuse), pape. — Confirme les priviléges de l'église de Jérusalem, XXIV, 239 (*Foulcher de Chartres*).

Est élu pape, XXVIII, 3. — Ses dissensions avec l'empereur Henri v, 4. — Lui accorde ce qu'il faut, 5. — Convoque un concile, 6. — Révoque ce qu'il a concédé et excommunie l'empereur, *ibid.* (*Orderic Vital*).

PASCENTIUS, abbé de Saint-Hilaire.—Est fait évêque de Poitiers, malgré les réclamations d'Austrasius, I, 172 (*Grégoire de Tours*).

PASSIDIUS, frère du duc de Népi et de Constantin, pape intrus.—Est saisi avec ce dernier et a les yeux crevés, XXV, 430 (*Orderic Vital*).

PASSWITHEN, gendre de Salomon duc des Bretons, conseiller de ce prince, IV, 219. — Traite avec le roi Charles, 220. — Obtient pour son beau-père le comté de Coutentin, *ibid.* (*Annales de Metz*).

PASTOUREAUX. — Ce que c'est, XIII, 342.—Ils troublent la France sous Philippe le Long et sont anéantis, *ibid. et suiv.* (*Guillaume de Nangis*).

PATERNE, ambassadeur du roi Dagobert près de l'empereur Héraclius. — Conclut entre les deux princes une paix éternelle, II, 206. — Son retour, 290 (*Chronique de Frédégaire.* — *Vie de Dagobert*).

PATIENT (saint), évêque de Lyon. — Nourrit les pauvres pendant une famine, I, 84 (*Grégoire de Tours*).

PATRICIUS, évêque. — Concourt à la découverte du corps de saint Victor, II, 173 (*Chronique de Frédégaire*).

PATROCLE, prêtre. — Sa vie et sa mort, I, 232 (*Grégoire de Tours*).

PAUL. — Est envoyé prêcher la foi à Narbonne, I, 23. — Sa mort, 24 (*Grégoire de Tours*).

PAUL (saint). — Son martyre à Rome sous Néron, I, 20 (*Grégoire de Tours*).

PAUL, amiral de la flotte de Constantinople. — S'éloigne de Venise, III, 61. — Ses motifs, *ibid.* (*Annales d'Eginhard*).

PAUL, comte. — Fait la guerre aux Goths, I, 77. — Est tué par Childéric, *ibid.* (*Grégoire de Tours*).

PAUL, duc de Zara.—Fait régler par Charlemagne les affaires entre la Dalmatie et Venise, III, 55 (*Annales d'Eginhard*).

PAUL, évêque de Constantinople. — Reproduit et appuie l'hérésie des Acéphales, XXV, 140. — Persécute les apostoliques, *ibid.* (*Orderic Vital*).

PAUL, évêque de Rouen. — Sa vie, XXVI, 349. — Distique héroïque en son honneur, *ibid.* — Principaux événemens de son épiscopat, *ibid.* (*Orderic Vital*).

PAUL, exarque.—Cherche à faire périr le pape Grégoire II, ennemi de l'empereur Léon, XXV, 426 (*Orderic Vital*).

PAUL 1ᵉʳ (saint), 92ᵉ pape.—Ses

travaux, XXV, 429 (*Orderic Vital*).

Paul, préfet de Céphalonie. — S'approche avec sa flotte pour porter secours aux Dalmates, menacés par le roi Pepin, III, 64 (*Annales d'Eginhard*).

Paul, roi des Lombards. — Succède à Aptachaire et sollicite, auprès du roi Gontran, la paix déjà demandée à Childebert, II, 86 (*Grégoire de Tours*).

Paul Jourdain, Albigeois. — Convient avec les missionnaires de soumettre leur doctrine respective à des arbitres laïcs, qui se séparent sans avoir prononcé leur jugement, XV, 226 (*Guillaume de Puy-Laurens*).

Paul, du mont Cassin. — Ses ouvrages, XXV, 150 (*Orderic Vital*).

Paul de Pierre Ganges. — Succombe dès l'origine de la guerre entre le roi de France et le comte de Toulouse, XV, 303 (*Guillaume de Puy-Laurens*).

Paulelle, prêtre. — Donne l'hospitalité à Attale, neveu de Grégoire, évêque de Langres, qui se sauvait de l'esclavage, I, 133 (*Grégoire de Tours*).

Pavins. — Attaque le pont d'Andely à la tête de la flotte anglaise, XII, 187 (*la Philippide*).

Payen, Lombard. — Monte le premier sur les murs d'Antioche livrés à Boémond, XXVII, 489 (*Orderic Vital*).

Payen de Chacci. — Sa fille est reçue en otage et outragée par le comte Etienne de Mortain, qui perd Alençon par suite de sa mauvaise conduite, XXVIII, 284 (*Orderic Vital*).

Payen d'Orléans. — Passe le Bosphore et conquiert beaucoup de pays en Turquie, XIX, 307. — Est appelé par l'empereur, 313. — Arrive après sa mort et après la défaite de l'armée chrétienne, 319. — En joint les débris à Rodoste, 321 (*Bernard le Trésorier*).

Pecquigny (Ferric de), vidame. — Est investi de la dignité de sénéchal dans le Midi, XIII, 250. — Philippe le Bel lui donne charge de réprimer les vexations et les injustices des inquisiteurs de la foi, *ibid*. — Est excommunié, *ibid*. — Interjette appel de la sentence auprès du pape et meurt en poursuivant son appel, *ibid*. (*Guillaume de Nangis*).

Pecquigny (Ferric de), fils du précédent. — Irrité contre le comte de Nevers, il suborne un paysan qui l'accuse d'avoir voulu empoisonner le comte de Flandre Robert; lui tend des embûches, l'arrête, le jette en prison, d'où, quoique reconnu innocent, il ne sort que très-difficilement et sous condition, XIII, 347, 348 (*Guillaume de Nangis*).

Pecquigny (Gormond de). — Remplit à Jérusalem les fonctions de vice-roi, XVII, 261. — Ordonne des travaux, *ibid*. — Reçoit la ville de Tyr à composition, 275 (*Guillaume de Tyr*).

Est élu patriarche de Jérusalem, XVII, 202, et XXI, 214. — Fait avec les princes chrétiens le siége de Tyr, pendant la captivité de Baudouin II du Bourg, XXII, 80 (*Guillaume de Tyr* et *Albert d'Aix*).

Pégase, évêque de Périgueux au ve siècle. — Ce que l'historien Paulin dit de lui, I, 73 (*Grégoire de Tours*).

Pélage (Arnaud de), légat. — Reprend Ferrare sur les Vénitiens excommuniés, XV, 405 (*Gestes glorieux des Français*).

Pélage, cardinal-légat. — Il force les Croisés de quitter leur camp pour aller assiéger Taphnis, XI, 344. — Menace les opposans de l'excommunication, *ibid*. — Jette l'armée dans les eaux du Nil et rend Damiette pour la sauver, 345 (*Guillaume le Breton, Vie de Philippe-Auguste*).

Il prétend avoir le commandement de l'armée des Croisés, XIII, 128. — Dégoûte le roi Jean de Jérusalem, qui se retire en Syrie, ibid. — Fait remonter l'armée sur le Nil et s'empare de Taphnis, 129. — Reconnaît son incapacité, ibid. — Prie le roi de revenir et l'obtient, ibid. (*Guillaume de Nangis*).

Il est envoyé comme légat à Damiette, assiégé par le roi Jean de Brienne, XIX, 362. — Vexations et abus d'autorité auxquels il se livre, 381, 383. — Il permet à deux clercs d'aller prêcher le soudan et tenter sa conversion, 385. — Refuse d'échanger Damiette contre Jérusalem, 391. — Appelle le roi Jean de Brienne à l'expédition qu'il projette contre le Caire, 397. — Refuse une trêve de trente ans offerte par le soudan d'Egypte, ibid. — Conduit l'armée vers le Caire et obtient du roi qu'il vienne le joindre, 399. — Est inondé par les eaux du Nil lâchées par le soudan, 401. — S'en remet au roi de le tirer d'embarras, 403 (*Bernard le Trésorier*). Voy. JEAN DE BRIENNE.

PÉLAGE 1er, 59e pape. — Sa mort, II, 76 (*Grégoire de Tours*).

Est accusé d'avoir pris part aux persécutions du pape Vigile son prédécesseur, XXV, 409. — Se justifie, ibid. — Ses travaux, 410 (*Orderic Vital*).

PÉLAGE II, 62e pape. — Est ordonné sans la jussion de l'empereur, attendu le blocus de Rome par les Lombards, XXV, 412 (*Orderic Vital*).

PÉLAGE DE TOURS. — Sa conduite, I, 472. — Son excommunication, ibid. — Sa mort, 473 (*Grégoire de Tours*).

PELET (Raymond). *Voyez* RAYMOND PELET.

PELLEVI, comte en Allemagne. — Est fait prisonnier à Bovines par Philippe-Auguste, XIX, 349 (*Bernard le Trésorier*).

PÉLUSE (Belbéis). — Description de cette ville, XXII, 72, 73 (*Jacques de Vitry*).

PEMBROCKE (Gilbert de Clare). — Est fait comte de Pembrocke, XXVIII, 513. — Prend le château d'Esled, révolté contre le roi Etienne, 514. — Tourne le dos à l'ennemi à la bataille de Lincoln, 529 (*Orderic Vital*).

PENANPIÉ (Gautier), bailli ou régent de l'empereur Frédéric II au royaume de Jérusalem. — Reçoit du comte Richard de Cornouailles la garde d'Ascalon dont il a fait relever les fortifications, XIX, 517 (*Bernard le Trésorier*).

PENDRAGORIDES, roi. — Fait Chains duc de Neustrie et comte d'Anjou (trad. fab.), XII, 228 (*la Philippide*).

PENNAFORT (Bernard de), de l'ordre des frères Prêcheurs et Pénitenciers. — Est chargé par le pape Grégoire IX de réunir les *Décrétales*, XV, 366 (*Gestes glorieux des Français*).

PENNE. — Prise de cette place par les croisés albigeois, XIV, 201 (*Pierre de Vaulx-Cernay*).

PENNE (Bernard de). — Concourt à la défense de Toulouse assiégé par le fils du roi Philippe-Auguste, XV, 200 (*Histoire des Albigeois*).

PENTHIÈVRE (Conan de). *Voy.* CONAN.

PÉPIEUX (Gérard ou Guiraud). *Voy.* GÉRARD.

PEPIN, fils de Bernard, roi des Lombards. — Manque de fidélité à Charles le Chauve et passe à l'empereur Lothaire, III, 452 (*Mémoires de Nithard*).

PEPIN, fils aîné de Charlemagne. — Il est sacré roi de Lombardie, III, 23. — Marche avec les troupes italiennes contre Tassillon, duc de Bavière, 32. — Entre en Pannonie, chasse les Huns, dévaste le palais de leur roi, et pille leurs richesses, 42. — Est appelé auprès de son père en Saxe, et envoyé en Espagne, 44. — Vient joindre l'empereur à Thionville, 55. — Est renvoyé dans son royaume, ibid. — Expédie une flotte en Corse contre les Maures qui ne l'attendent pas, 56. — Fait la paix avec Nicétas, 59. — Eprouve des oppositions de la part des Vénitiens à la paix qu'il conclut avec l'empereur d'Orient, 61. — Soumet la Vénétie et reçoit ses dues à discrétion, 64. — Envoie une flotte dévaster la Dalmatie, *ibid.* — La rappelle à l'approche de celle du préfet de Céphalonie, *ibid.* — Sa mort, 65 (*Annales d'Eginhard*).

Il reçoit des secours de son frère Louis, roi d'Aquitaine, II. 325. — Aidé de ce prince, il envahit le pays de Bénévent, *ibid.* — Se rend près de son père, 326. — Apprend la révolte de son frère Pepin, *ibid.* (*l'Astronome*).

Pepin, second fils de Charlemagne. — Sa mort, III, 279 (*Mémoires de Thégan*).

Pepin le Bossu, fils de Charlemagne. — Conspire contre son père, III, 145, 245, 326. — Est découvert, et de quelle manière, 245. — Est battu, tondu, et fait moine au couvent de Saint-Gall, 145, 246. — Consulté par l'empereur son père sur le parti à prendre avec les conspirateurs, il répond par un apologue dont le sens les fit mettre à mort, 247, 248 (*Annales d'Eginhard, etc.*).

Pepin, fils de Charles Martel, roi de France. — Il reçoit de son père la Neustrie et la Provence, II, 245. — S'empare de la Bourgogne, *ibid.* — Marche avec son frère Carloman contre les Francs révoltés, 246. — Les soumet, *ibid.* — Court en Allemagne, *ibid.* — Revient victorieux, *ibid.* — Conduit une armée en Bavière, *ibid.* — Taille en pièces celle du duc Odilon, son beau-frère, 247. — Chasse des défilés des Vosges Théodebald, fils du duc Godefroi, qui s'était révolté, *ibid.* — Marche vers la Loire et donne la paix aux Gascons encore révoltés, *ibid.* — Reçoit de son frère, qui s'est fait moine, son fils Drogon et son royaume, 248. — Marche avec les Vénèdes et les Frisons contre les Saxons révoltés, *ibid.* — Les soumet au tribut, *ibid.* — Soumet les Bavarois révoltés et revient triomphant, 249. — Est élevé sur le trône par le choix de la nation, *ibid.* — Est consacré par les évêques, ainsi que la reine Bertrade, *ibid.* — Soumet encore les Saxons révoltés, 250. — Apprend la mort de son frère Griffon, *ibid.* — Accueille avec les plus grands honneurs le pape Etienne qui vient lui demander des secours contre les Lombards, *ibid.* — Envoie des députés en Lombardie, 251. — Marche vers ce pays à la tête d'une armée, *ibid.* — Bat le roi, 252. — Fait la paix, *ibid.* — Reconduit le pape à Rome, 253. — Bat une seconde fois le roi de Lombardie qui avait recommencé les hostilités contre le pape, *ibid.* — Le fait son tributaire, 254. — Envoie une ambassade à l'empereur Constantin, 255. — Demande à Waïfer, duc d'Aquitaine, des réparations qu'il refuse, *ibid.* — Lui fait la guerre, *ibid.* — Le soumet, 256. — Voit ses terres dévastées par Waïfer et quelques grands, pendant qu'il tenait l'assemblée du champ-de-mai, *ibid.*, 257. — Ravage le pays révolté, *ibid.* — Revient chargé de butin, 258. — Guerre civile, 259. — Il ravage de nouveau l'Aquitaine, 260. — Brûle les domaines du duc, *ibid.* — Lui livre bataille et le met en fuite, *ibid.* — Rejette les conditions de paix qu'il propose, 261. — Tient l'assemblée du champ-de-mai à Orléans, *ibid.* — Recommence ses ravages, *ibid.* — Soumet enfin l'Aquitaine, *ibid.* — Tient un nouveau champ-de-mai à Bourges, 262. — Se remet à poursuivre le duc d'Aquitaine, *ibid.* — Apprend le retour des députés qu'il avait envoyés à Almansor, roi des Sarrasins, 263. — Poursuit le duc d'Aquitaine, qui est tué par les siens, 264. — Sa maladie, *ibid.* — Il partage ses Etats, *ibid.* — Sa mort, 265. — Ses obsèques, *ibid.* (*Chronique de Frédégaire*).

Attaqué par son frère Griffon, il le fait prisonnier, III, 1. — Gouverne le royaume avec son frère

Carloman, *ibid.* — Leur guerre contre le duc d'Aquitaine, 2. — Il partage le royaume avec son frère, *ibid.* — Bat le duc de Bavière, et soumet la Saxe de concert avec lui, *ibid.* — Favorise le dessein de son frère qui se fait moine, 3. — S'accommode avec Griffon, retiré en Saxe, *ibid.* — Le chasse de la Bavière qu'il avait soumise, *ibid.*—Le fait duc de douze comtés, *ibid.* — Consulte le pape Zacharie, qui répond que celui qui possède l'autorité royale doit être *roi*, 4. — D'après cette décision, il se fait appeler *roi des Francs*, se fait sacrer, et jette dans un monastère le roi nominal Childéric, *ibid.* — Repousse les Saxons, *ibid.* — Apprend la mort de son frère Griffon, *ibid.* — Reçoit le pape Etienne et lui promet, malgré son frère Carloman, des secours contre les Lombards, 5. — Se fait sacrer ainsi que ses deux fils, *ibid.* — Envahit l'Italie, *ibid.* — Assiége dans Pavie le roi Astolphe de Lombardie, *ibid.*—Obtient de lui satisfaction, *ibid.* — Fait la paix, 6. — Revient en France, *ibid.*—Assiége une seconde fois dans Pavie Astolphe qui n'a pas tenu ses promesses, *ibid.* — Enlève Ravenne, La Pentapole et l'Exarchat qu'il remet à saint Pierre, *ibid.* —Agrée les présens de l'empereur Constantin, *ibid.* — Reçoit l'hommage du duc de Bavière, 7. — Bat les Saxons, *ibid.* — Leur impose un tribut de 300 chevaux, qu'ils s'obligent d'envoyer, en signe de respect, à l'assemblée nationale, *ibid.* — Déclare la guerre à Waïfer, duc d'Aquitaine, 8. — Fait la paix, *ibid.* — Est attaqué presque aussitôt, *ibid.* — Ravage les domaines du duc Waïfer, 9. — Est abandonné par le duc de Bavière, *ibid.*—Continue la guerre d'Aquitaine, 10. — Fait prisonniers l'oncle, la sœur et les nièces de son ennemi dont la mort termine la guerre, 11. — Sa maladie, *ibid.* — Sa mort, *ibid.* — Ses fils Charles et Carloman lui succèdent, *ibid.* (*Annales d'Eginhard*).

A la chute des Mérovingiens, il remplissait, pour ainsi dire, par droit héréditaire, les fonctions de maire du palais, III, 124. — Il les partageait avec son frère Carloman qui se fit moine, *ibid.* — Est fait roi, 125. — Anecdote du lion et du taureau, 253. — Meurt d'hydropisie, *ibid.* (*Vie de Charlemagne*).

Il est aidé, dans son usurpation du trône de Charlemagne, par Adalbéron, évêque de Laon, X, 2 (*Guibert de Nogent*).

Sa descendance des rois mérovingiens, XI, 52, 53 (*Rigord*).

Il est sacré roi par l'autorité apostolique et l'élection des Francs, XI, 359 (*Vie de Louis VIII*).

Il est élu roi, XXVII, 122.—Consacre à Dieu Childéric, dernier rejeton de la race de Clovis, *ibid* —Est sacré par le pape Etienne II, XXV, 151. — Sa mort, *ibid.*, XXVII, 122 (*Orderic Vital*).

PEPIN, roi d'Aquitaine, fils de l'empereur Louis le Débonnaire. — Il est envoyé par son père en Aquitaine, III, 73. — Pacifie complètement la Gascogne, 86. — Epouse la fille de Théodebert, comte de Mâcon, 95.—Se rend en Aquitaine, *ibid.* — Accompagne l'empereur son père dans son expédition en Bretagne, 101. — Concerte avec lui les dispositions de défense des frontières de l'Ouest, 107.—Retourne en Aquitaine, *ibid.* —Arrive trop tard pour défendre la Cerdagne et le Valais, pillés et incendiés par Aizon et les Sarrasins, 110, 111. — Est envoyé aux Marches d'Espagne, 113. — Confère avec son frère Lothaire à Lyon, et reprend le chemin de l'Aquitaine, *ibid.* (*Annales d'Eginhard*).

Il s'irrite de la donation de l'Allemagne, de la Rhétie, et d'une partie de la Bourgogne, faite par l'empereur son père à son frère Charles, III, 294. — Lève contre lui l'étendard de la révolte, *ibid.* — Accuse l'impératrice Judith, sa belle-mère, *ibid.* — S'en empare, *ibid.* — La contraint à prendre le voile, *ibid.* — Tente un soulèvement, 296. — Est appelé par l'empereur, *ibid.* — Fait un mouvement pour lui obéir, *ibid.* — Retourne en Aquitaine, *ibid.* — S'allie contre son père avec ses frères Lothaire et Louis, *ibid.* — S'avance contre lui entre Bâle et Strasbourg, *ibid.* — Négocie par le pape Grégoire, *ibid.* — Débauche les troupes impériales, 297. — Fait son père prisonnier, *ibid.* — Le confie à son frère Lothaire, *ibid.* — Envoie en Italie l'impératrice, *ibid.* — Se retire en Aquitaine, *ibid.* — Vient, avec une troupe nombreuse, joindre l'empereur son père, rétabli sur le trône par les soins de son frère Louis, 305. — Assiste au serment de fidélité prêté par Lothaire, *ibid.*, 306. — A une entrevue avec son frère à Lyon, 307. — Retourne en Aquitaine, *ibid.* (*Mémoires de Thégan*).

Il est envoyé en Aquitaine par l'empereur Louis, son père, III, 348, 357. — Soumet les Gascons révoltés, 362. — Son mariage, 366. — Il va défendre les frontières d'Espagne, 376. — Arrive trop tard pour empêcher Aizon et ses alliés, les Maures et Sarrasins, de ravager la Cerdagne, le Valais, les environs de Barcelonne et de Gironne, *ibid.* — Joint à Lyon son frère Lothaire en marche contre l'Espagne, 378. — Retourne en Aquitaine, *ibid.* — Est séduit, 382. — Se met à la tête de la conspiration tramée contre l'empereur, *ibid.* — Marche contre son père, *ibid.* — Est renvoyé en Aquitaine, 386. — Ne vient pas à l'assemblée générale, 387. — Est puni de cette désobéissance par son père, qui le retient près de lui, *ibid.* — S'évade, *ibid.* — Est arrêté et envoyé à Trèves, 388. — S'échappe dans le voyage, *ibid.* — Se réunit à ses frères Lothaire et Louis contre l'empereur leur père, 389. — Partage avec eux l'empire conquis, 392. — Retourne en Aquitaine, *ibid.* — Arrive avec une armée sur les bords de la Seine, 395. — Redemande l'empire à Lothaire, qui le laisse à Saint-Denis et se retire en Dauphiné, 396. — Se rend auprès de son père rétabli sur le trône, 397. — Est renvoyé en Aquitaine, *ibid.* — Reçoit de l'empereur l'ordre de rendre les biens des églises, 401. — Exécute cet ordre, 408. — Confère avec ses frères Lothaire et Louis sur la donation faite à Charles par leur père d'une partie de l'empire, 411. — Assiste au couronnement de son frère Charles, roi de Neustrie, *ibid.* — Sa mort, 412 (*l'Astronome*).

Il est fait roi d'Aquitaine par l'empereur son père, III, 435. — Prend occasion de la cession de l'Allemagne à son frère Charles, et concourt avec ses autres frères à détrôner l'empereur, 436. — Est chargé de la garde des frères de l'impératrice, *ibid.* — Négocie la restauration de son père, 437. — Reçoit une augmentation de territoire, 438. — Est dépouillé de l'Aquitaine, donnée par l'empereur au jeune prince Charles, *ibid.* — Prend part à une nouvelle révolte, *ibid.* — Délivre les exilés, *ibid.* — Pousse Lothaire à s'emparer du gouvernement, *ibid.* — Engage le pape Grégoire à soutenir l'entreprise de ses frères contre leur père, *ibid.* — Se joint à eux en Alsace, *ibid.* — Débauche l'armée impériale, *ibid.* — Fait prisonnier l'empereur et sa famille, *ibid.* — Sa jalousie contre Lothaire qui s'est emparé du pouvoir, 439. — Il est en proie à la honte et au repentir, *ibid.* — Se ligue avec son frère Louis pour rétablir leur père, *ibid.* — S'accorde avec son frère Charles, 443. — Sa mort, 446. — Son royaume est transféré à son frère Charles à l'exclusion de ses enfans, *ibid.* (*Mémoires de Nithard*).

Il fait la guerre en Bretagne sous l'empereur Louis, IV, 87 (*Ermold le Noir*).

Il livre à ses frères la bataille de Fontenai, XXVII, 123 (*Orderic Vital*).

PEPIN, fils de Pepin, roi d'Aquitaine. — Il est oublié dans le partage de l'empire fait après la mort de son père par l'empereur Louis le Débonnaire, son aïeul, III, 413. — Un parti ravage l'Aquitaine sous son nom, 415. — Vues de l'empereur sur ce jeune prince, 416. — Il est recommandé à Charles le Chauve par l'empereur Lothaire, 449. — Est attendu à l'assemblée de Bourges, 450. — Trouble l'Aquitaine, 451. — Est mis en fuite par Charles le Chauve, *ibid*. — Marche de l'Aquitaine au secours de Lothaire, 463. — Est vaincu par les rois Louis et Charles, 467. — Est abandonné par Bernard, duc de Septimanie, 470. — Refuse de se soumettre à son oncle Charles, *ibid*. — Reste l'allié de l'empereur Lothaire, 473. — Lui conduit des secours, 475, 477. — Est battu par Charles, 491 (*l'Astronome*).

Se joint à Lothaire contre ses deux oncles, Louis et Charles, IV, 128. — Est vaincu, 129. — Attaque et défait complètement une armée qui allait joindre le roi Charles au siége de Toulouse, 136. — Est sommé par ses trois oncles de rentrer dans l'obéissance, sous menace de la guerre, 138. — Se soumet au roi Charles le Chauve, qui lui octroie l'Aquitaine (Poitiers, Saintes et Angoulême exceptés), 139. — Est déposé par ses sujets, qui se donnent au roi Charles, 144. — Est fait prisonnier par le duc de Gascogne, 152. — Est conduit au roi Charles, qui le fait tondre et renfermer à Soissons, *ibid*. — Tente de s'évader et de retourner en Aquitaine, 154. — Deux moines, ses coopérateurs, sont déposés du sacerdoce, *ibid*. — Il prête serment de fidélité au roi Charles, *ibid*. — Se fait moine, *ibid*. — Quitte le couvent, 156. — Va en Aquitaine, où la plupart se réunissent à lui, *ibid*. — Est délivré de ses gardes par les Aquitains, qui le replacent sur le trône, 159. — Est encore détrôné, *ibid*. — Reçoit quelques seigneurs qui se détachent du roi Charles, son oncle et son concurrent, 160. — S'allie aux pirates danois, *ibid*. — Ravage le pays, *ibid*. — Reçoit du roi Charles un comté et un monastère en Aquitaine, 164. — S'associe au comte Robert et aux Bretons, 166. — S'allie aux Normands, 188. — Suit leur religion, *ibid*. — Est enlevé par ruse du milieu des Normands, 197. — Est conduit à l'assemblée des grands, *ibid*. — Est condamné à mort, *ibid*. — Est tenu captif à Senlis, *ibid*. (*Annales de Saint-Bertin*).

PEPIN D'HÉRISTAL, duc, maire du palais d'Austrasie. — Fait la guerre à Théodoric, II, 233. — Est vaincu et s'enfuit, *ibid*. 234. — Fait la paix avec Waradon, successeur d'Ébroïn, comme maire du palais de Neustrie, *ibid*. — S'allie avec les mécontens de Neustrie, 235. — Fait la guerre au roi Théodoric et au maire Berthaire, *ibid*. — Les bat et soumet le pays, *ibid*. — Fait le roi prisonnier, *ibid*. — Se charge du gouvernement de tout le royaume des Francs, *ibid*. — Sa famille, *ibid*. — Il fait l'un de ses fils duc de Champagne et l'autre maire du palais du roi Childebert, 236. — Fait la guerre au duc des Frisons et revient vainqueur, *ibid*. — Epouse Alpaïde, *ibid*. — Sa mort, 237 (*Chronique de Frédégaire*).

PEPIN LE VIEUX, dit de *Landen*, duc, maire du palais d'Austrasie, fils de Carloman. — Conseille au roi Dagobert 1ᵉʳ de faire tuer Chrodoald, ce qui est exécuté, II, 199. — Son éloge, 204. — Son équité, 205. — Il se maintient auprès de Dagobert, en dépit des méchans, 206. — Va trouver le roi Charibert avec Sigebert, *ibid*. — Se rend à Compiègne, de la part de celui-ci, pour partager le trésor du feu roi Dagobert, 224. — Sa mort, *ibid*. (*Chronique de Frédégaire*).

Il accompagne en Austrasie le roi Dagobert, II, 281. — Bons avis qu'il donne à ce prince, 288 (*Mémoires de Thégan*).

Sa vie, II, 379.

PERCHE (Etienne du). *Voyez* ETIENNE.

PERCHE (Geoffroi, comte du). *Voy.* GEOFFROI.

PERCHE (Geoffroi de Mortagne, comte du). *Voy.* GEOFFROI.

PERICAS.—Attaque le pont d'Andely à la tête de la flotte anglaise, XII, 187 (*la Philippide*).

PÉRIGORD (Armand de), grand-maître du Temple. — Est envoyé pour traiter de la paix auprès du comte de Tripoli, XIX, 51.—Réunit les chevaliers du Temple et les Hospitaliers, attaque les Sarrasins et est défait, 55, 57. — Décide le roi à marcher sur Tibériade, contre l'avis du comte de Tripoli, 71. — Est fait prisonnier dans la bataille, 89. — Est mis en liberté par Saladin, 161.—Tente en vain de rétablir la paix entre l'empereur Frédéric, le roi de Chypre et Jean d'Ibelin, 463.—Conduit tous les Templiers, sous le commandement de Jean d'Ibelin, à la guerre des Hospitaliers contre le soudan d'Hamath, 482.—Après la paix, il mène l'armée victorieuse en Arménie et obtient les satisfactions demandées, 485. — Est fait prisonnier, 533. — Meurt chez les Karismins, *ibid.* (*Bernard le Trésorier*).

PERPÉTUUS, évêque de Tours. — Fait construire la basilique de Saint-Martin, I, 74. — Description de cet édifice, *ibid.*—Il fait bâtir une basilique en l'honneur des apôtres saint Pierre et saint Paul, 75. — Sa mort, 85. — Jeûnes et vigiles qu'il institue, II, 143. — Ses travaux, 145. — Son testament, *ibid.* (*Grégoire de Tours*).

PERREGRIN-SIGNAIRE, consul de Toulouse. — Texte de son abjuration, XIV, 388 (*Pierre de Vaulx-Cernay*).

PERSAN (Jean de). *Voyez* JEAN DE PERSAN.

PERSÉCUTIONS DES CHRÉTIENS.— Première persécution sous Néron, en l'an 64. — Seconde persécution sous Domitien, en l'an 93. — Troisième époque sous Trajan, en 107. — Sous Marc-Aurèle, en 163. — Sous Septime-Sévère, en 208. — Sous Maximin, en 236.—Sous Dèce, en 250. — Sous Valérien, en 257.— Sous Aurélien, en 274.—Sous Dioclétien, en 312, I, 20-27 (*Grégoire de Tours*).

PERTINAX, empereur. — Principaux événemens de son règne, XXV, 112 (*Orderic Vital*).

PESTILLAC (Bertrand de). *Voy.* BERTRAND.

PÉTRONILLE D'AQUITAINE.—Epouse Raoul de Vermandois qui a répudié sa femme, XIII, 24 (*Guillaume de Nangis*).

PÉTRONILLE, comtesse de Bigorre. — Epouse Guy, fils du comte Simon de Montfort, XIV, 330 (*Pierre de Vaulx-Cernay*).

PÉTRONILLE DE SAXE, veuve de Florent le Gros, comte de Hollande. — Se rend au siége de Bruges, dans l'espoir d'obtenir le comté de Flandre pour Thierry son fils, VIII, 300, 301 (*Mémoires de Galbert*).

PEVEREL ou PEVERIL (Guillaume). *Voy.* GUILLAUME PEVEREL.

PEYRALADE. — Marche de Marseille au secours du comte de Toulouse à Avignon, XV, 125 (*Histoire des Albigeois*).

PEYRELLES (Raymond de). *Voy.* RAYMOND DE PEYRELLES.

PEYSSEL (Josselin). *Voy.* JOSSELIN PEYSSEL.

PHARAMIE. — Description de cette ville, XVIII, 255 (*Guillaume de Tyr*).

PHARAMODE, prêtre, frère de Ragnemode, évêque de Paris.—Concourt pour l'épiscopat et ne l'obtient pas, II, 131 (*Grégoire de Tours*).

PHARAMOND, ou FERRAMOND, fils de Francus, duc de Sens. — Est le premier constitué roi des Francs, XI, 48 et XXV, 130.—Pour plaire aux habitans, il change le nom de Lutèce en celui de Paris, 52, 188 (*Rigord, et Orderic Vital*).

PHATIR, Juif converti. — Tue le Juif Priscus, dans le temps où celui-ci accomplissait la loi de Moïse,

I, 330. — Est tué lui-même par les parens de Priscus, *ibid.* (*Grégoire de Tours*).

PHILAGATE (Jean), évêque de Plaisance. — Est fait pape en opposition à celui qui avait été choisi par Othon, VI, 186. — Est pris par l'empereur, qui lui fait couper les mains et les oreilles, et crever les yeux, 187 (*Chronique de Raoul Glaber*).

PHILADELPHIE (Etienne du Perche, duc de). *Voy.* ETIENNE.

PHILIBERT. — Fonde l'abbaye de Jumiége, bientôt détruite par Hastings, et rebâtie par les soins de Guillaume Longue-Epée, duc de Normandie, XXVI, 8 (*Orderic Vital*); XXIX, 13 (*Guillaume de Jumiége*).

PHILIPPA, fille du prince d'Antioche, femme répudiée d'Andronic.—Epouse Honfroi de Toron I, et meurt au bout de quelques jours, XVIII, 322 (*Guillaume de Tyr*).

PHILIPPE, comte de Chartres, fils de Charles de Valois. — Entre en Lombardie et fait la guerre aux Gibelins, XIII, 339. — Se distingue dans la campagne de Gascogne contre le prince Edmond d'Angleterre, 370 (*Guillaume de Nangis*).

PHILIPPE, duc de Souabe, frère de l'empereur Henri VI.—Est élevé à l'empire, XI, 142. — S'allie avec Philippe-Auguste, *ibid.*—Texte de leur convention, *ibid.* — Il est tué, 179 (*Rigord*).

Il est couronné empereur par un parti, et Othon de Saxe par un autre, XI, 217. — Guerre entre les deux compétiteurs, *ibid.* (*Guillaume le Breton*).

Il est élevé à l'empire, XIII, 82. — Prive du gouvernement Frédéric son frère, qui en avait été chargé pendant la minorité du fils de l'empereur Henri VI, *ibid.* — A pour concurrent Othon de Saxe, *ibid.* — L'assiége dans Cologne, 94. — Le force à s'enfuir, *ibid.* — Est assassiné par le duc de Thuringe, 98 (*Guillaume de Nangis*).

Il est assassiné, XIX, 335. — Othon, son successeur, fait pendre l'assassin, 337 (*Bernard le Trésorier*).

PHILIPPE, empereur d'Orient.—Tue l'empereur Justinien II et s'empare du trône, XXV, 424 (*Orderic Vital*).

PHILIPPE, évêque de Beauvais.—Il prend la croix contre les Albigeois, XI, 72 (*Rigord*).

Il fait la guerre au comte de Boulogne, XI, 251. — Est fait prisonnier par le roi Richard d'Angleterre, XII, 138. — Est détenu au château de Chinon, 228. — Est délivré par le roi Philippe-Auguste, 229. — Jure d'aider ce prince dans sa guerre contre les coalisés, 261. — Marche avec lui contre la ligue formée par le comte de Flandre, 304. — Combat contre le comte de Boulogne à la bataille de Bovines, 334. — Ecrase l'ennemi à coups de massue, 342. — Transfère sa gloire à d'autres chevaliers, 343 (*Guillaume le Breton*).

Il conduit à Simon de Montfort, dans l'Albigeois, un renfort de Croisés, XIV, 109. — Quitte l'armée, malgré les instances du comte et les prières de la comtesse, 113, 117. — Accompagne le prince Louis, fils de Philippe-Auguste, et se joint à la croisade contre les Albigeois, 314 (*Pierre de Vaulx-Cernay*).

PHILIPPE, évêque élu de Beauvais. — Débarque à Saint-Jean d'Acre, XVIII, 370 (*Guillaume de Tyr*).

PHILIPPE, fils de Baudouin, empereur déchu de Constantinople.—Epouse la fille de Charles d'Anjou, roi de Sicile, XIII, 197 (*Guillaume de Nangis*).

PHILIPPE, fils du comte Roger.—Part pour la Terre-Sainte, XXVII, 424 (*Orderic Vital*).

PHILIPPE Ier, roi de France, fils de Henri Ier. — Il succède à son père sous la tutelle de Baudouin, comte de Flandre, VII, 40. — Secourt son fils, dépouillé par son oncle, et est battu, 41. — Reçoit de Foulques d'Anjou le comté de Gatinais pour ne le pas inquiéter sur son crime envers son frère Geoffroi, 46. — Épouse Berthe, fille du duc de Frise, *ibid*. — La répudie, 50. — Enlève au comte d'Anjou Bertrade, sa femme, et l'épouse, *ibid*. — En a deux enfans, 51. — Est anathématisé par le pape, *ibid*. — Renvoie Bertrade et est absous, *ibid*. — Sa mort, 56 (*Fragmens de l'Histoire des Français*).

Procès-verbal de son sacre, VII, 89 *et suiv*. (*Hugues de Fleury*).

Il se décharge de l'administration de l'État sur le sénéchal Gui de Rochefort, VIII, 22. — Donne la princesse Constance, sa fille, en mariage à Boémond, prince d'Antioche, 38. — Sa mort, 46. — Ses obsèques, 47 (*Suger, Vie de Louis le Gros*).

Il est excommunié par le pape, IX, 45 (*Guibert de Nogent*).

Sous son règne, et d'après l'ordre du pape Urbain au concile de Clermont, les évêques, prêtres, moines, etc., prêchent, dans tout le royaume, la croisade contre les Turcs, XVI, 45 *et suiv*. (*Guillaume de Tyr*).

Il appelle le comte Guillaume, chargé du gouvernement de la Normandie pour le roi Guillaume d'Angleterre, XXVI, 226. — Marche au secours d'Arnoul, comte de Flandre, héritier du choix de son père Baudouin, contre Robert le Frison, son aîné, qui revendique son héritage à main armée, *ibid*. — Est battu et mis en fuite, *ibid*. — Fait la paix avec le vainqueur, 227. — Accueille et protège Robert Courte-Hache repentant et l'envoie à Gerberoi dont il s'empare, 377 (*Orderic Vital*).

Il tolère les incursions des gens de Mantes en Normandie, XXVII, 192. — Refuse de rendre le Vexin au roi Guillaume, 195. — Répudie Berthe sa femme et épouse Bertrade, femme du comte Foulques d'Anjou, 341. — Est excommunié, 342. — Obtient la faveur de se faire dire la messe par un chapelain, 343. — Persiste dans son péché,

ibid. — Est accablé d'infirmités qui le forcent de remettre le gouvernement à Louis, son fils, *ibid*. — Secourt Guillaume de Breteuil, 362. — Fait le siége de Breval, *ibid*. — Force Ascelin Goël à se rendre, *ibid*. — Enlève Bertrade, comtesse d'Anjou, 407. — L'épouse, 408 (*Orderic Vital*).

Il refuse de rendre le Vexin à Guillaume le Roux, XXVIII, 16. — Est abandonné des seigneurs normands, 17. — Fait la guerre faiblement, 19. — Conclut une trêve, 20. — Accueille les plaintes de son fils aîné que la reine Bertrade a voulu faire arrêter en Angleterre sur de fausses lettres qui lui sont attribuées, 172. — Fait la paix de son fils avec la reine, 174. — Lui donne le Vexin, *ibid*. — Il donne sa fille Constance en mariage à Boémond, 186, 187. — Ne peut venger sur le duc de Poitou la captivité qu'il fait subir au comte d'Anjou dont il lui a confié la garde, 191. — Ses dernières volontés, 248. — Sa mort, 174, 249 (*Orderic Vital*).

Il porte la guerre en Flandre pour le comte Baudouin, XXIX, 210. — Est défait par Robert le Frison, *ibid*. — Succède à Henri, son père, sous la régence de Baudouin, prince de Flandre, 215. — Protége le prince Robert, révolté contre le roi Guillaume d'Angleterre, son père, 240. — Négocie et fait la paix entre Robert Courte-Hache et le roi Guillaume le Roux d'Angleterre, 246. — Conditions du traité, 247. — Sa mort, 269 (*Guillaume de Jumiége*).

PHILIPPE II, AUGUSTE, roi de France, fils de Louis VII. — Sa naissance, VIII, 229 (*Vie de Louis le Jeune*).

Il est accordé aux prières de ses parens, qui l'appellent *Dieudonné*, XI, 9. — Est élevé au trône sous le nom de Philippe II, 11. — Sa frayeur à la chasse, 12. — Il est couronné roi, 13. — Fait noyer les jureurs, 14. — Dépouille entièrement les Juifs, 16. — S'approprie un cinquième de leurs créances et libère leurs débiteurs, 22. —Soumet les grands révoltés, 16 *et suiv*. — Se fait couronner une seconde fois avec la reine, 19. — Perd le prince Louis, son frère, 20. — Bannit les Juifs et confisque leurs immeubles à son profit, 25. — Fait construire les halles de Paris, 30 —Entoure d'un mur le bois de Vincennes, 31. — Bat les Cotereaux (*Voy*. ce mot), 33. — Réclame du comte de Flandre le Vermandois, 35. —Lève une armée, sur son refus, et en obtient la restitution, *ibid. et suiv*.—Accueille les députés des princes croisés, 41. —Envoie l'élite des grands à la Terre-Sainte, *ibid*. — Protége Gui de Vergi, 42. — Le sacrifice au duc de Bourgogne, 47. — Fait paver les rues de Paris, *ibid*. — Reçoit onze mille marcs d'argent du bien du prévôt de Poissy, qui se retire de la cour, 57. — Destitue l'abbé de Saint-Denis qui se refuse à lui payer mille marcs d'argent, *ibid*. — Enclôt d'un mur le cimetière des Innocens, 61.—Prédictions des astrologues d'Orient sur le cours de son règne, 63. — Exige du fils du roi d'Angleterre l'hommage du Poitou, et de son père la restitution de la dot de la princesse Marguerite, 67. —Sur leur refus, il ravage l'Aquitaine et met le siège devant Chateauroux, 68. — Reçoit caution et accorde une trêve, *ibid*. — Apprend les désastres des Croisés et la perte de leurs conquêtes, 70.—Fait alliance et se croise avec le roi d'Angleterre, 72. — Son décret sur les dettes des croisés (texte), 73.— Autre pour la levée de la dîme *saladine* (texte), 76. — Il prend la défense du comte de Toulouse attaqué par Richard Cœur-de-Lion en violation du traité sur la croisade, 78.—Ravage le Berri et l'Auvergne, 80. — Retourne en Normandie vers le roi d'Angleterre, *ibid*. — Conclut une trêve avec lui, *ibid*.— S'empare du Maine, 82. — Passe la Loire, *ibid*.—Prend Tours, 83. — Fait la paix avec le roi Richard, 84. — Leur départ pour la Terre-Sainte, 85. — Il remet le gouvernement de l'Etat et la garde de son fils à la reine, sa mère, et à son oncle Guillaume, archevêque de Rheims, *ibid*. — Son testament (texte), 86. — Il ordonne de fermer de murs et de flanquer de tours Paris et les autres villes et châteaux de son royaume, 91. — Arrive à Messine, où le roi Tancrède l'accueille honorablement, *ibid*.—Reçoit le tiers seulement, au lieu de la moitié, des 40,000 onces d'or données par Tancrède au roi d'Angleterre, 92. — En distribue une grande partie à ceux de ses compagnons qui sont dans le besoin, *ibid*. — Demande en Hongrie des subsides en vivres, *ibid*. — Invite le roi d'Angleterre à mettre à la voile, 93. — Somme, sur son refus, les seigneurs anglais de tenir leur serment, *ibid*. — Texte de la convention qu'il conclut à Messine avec le roi Richard-Cœur-de-Lion, *ibid*. — Il débarque au camp des Croisés sous Saint-Jean-d'Acre, 97. — Attend, pour donner l'assaut, l'arrivée du roi d'Angleterre, qui ordonne, puis défend à ses gens d'y prendre part, 98. — Assaillit la place, 104. — La prend par capitulation, *ibid*. —Remet le commandement de l'armée au duc de Bourgogne et prend congé, 105. — Reçoit le faux avis que le roi Richard veut le faire assassiner, 108.— S'entoure de gardes du corps, 109. — Conquiert le Vexin normand, 111. — Epouse une princesse de Danemarck, 113.—Envahit la Normandie, *ibid*.—Assiége Rouen, *ibid*. Fait alliance avec Jean-sans-Terre, frère du roi Richard d'Angleterre (texte du traité), 114. — Reporte la guerre en Normandie, 118.— Surtaxe les églises, 120.—Est surpris par le roi Richard qui lui enlève ses sommiers, *ibid*. — Fait lever le siège du Vaudreuil, 121. — Détruit cette place, *ibid*. — Bat les Anglais sous Arques, 122. — Réunit le port et la ville de Dieppe, *ibid.* — Fait distribuer des aumônes aux pauvres, 123. — Reçoit l'hommage dû par le roi d'Angleterre et conclut la paix (texte du traité), 124. — Reçoit l'hommage du comte de Flandre, 131. — Épouse Agnès de Méranie, *ibid.* — Repousse les attaques de Richard Cœur-de-Lion, *ibid.* — Est abandonné par les comtes de Flandre et de Dammartin, 134, 137. — Rappelle les Juifs, 140. — En est puni par une invasion des Anglais qui ravagent le Vexin, 141. — Traverse leur armée avec perte, *ibid.* — Dévaste la Normandie jusqu'à Beaumont-le-Roger, *ibid.* — S'allie avec l'empereur Philippe, 142. — Conclut une trêve de cinq ans avec le roi d'Angleterre, 145. — Profite de la mort de ce prince et dévaste la Normandie, *ibid.* — Retient l'évêque élu de Cambrai, 146. — Voit la France mise pour ce fait en interdit par le légat du pape, *ibid.* — Rend à son prisonnier la liberté, *ibid.* — Reçoit l'hommage d'Éléonore autrefois reine de France et depuis reine d'Angleterre, *ibid.* — Amène à Paris le jeune Arthur qui lui fait hommage pour la Bretagne, *ibid.* — Informé que ses évêques ont consenti l'interdiction fulminée contre le royaume au concile de Dijon, il les chasse de leurs sièges et confisque leurs biens, 147. — Enferme sa femme, *ibid.* — Prend le tiers des biens des chevaliers, 148. — Impose des tailles insupportables, *ibid.* — Fait un traité de paix et de partage des terres avec le roi Jean d'Angleterre (texte), *ibid.* — Marie son fils Louis avec Blanche de Castille, 153. — Reprend la reine Ingeburge, et rompt toutes les mesures du concile de Soissons pour aggraver l'interdit, *ibid.* — Reçoit en France le roi Jean-sans-Terre, 154. — Fait reconnaître comme légitimes les enfans nés de son mariage avec Agnès de Méranie, 155. — Reçoit les hommages du comte de Réthel et de Roger du Rosoy, *ibid.* — Somme le roi Jean d'Angleterre de lui donner satisfaction sur l'Anjou, le Poitou et l'Aquitaine, *ibid.* — Sur son refus, il envahit la Normandie, 156. — Fait chevalier le jeune Arthur, comte de Bretagne, *ibid.* — Lui donne l'Anjou et le Poitou, *ibid.* — Quitte le siège d'Arques à la nouvelle de la prise de ce prince, 158. — Court à Tours et brûle la ville, *ibid.* — Entre en Aquitaine, 163. — S'allie avec le duc d'Alençon, *ibid.* — S'empare de quelques places en Normandie, *ibid.* — Interjette appel d'un projet de paix apporté par un légat du pape, *ibid.* — S'empare, après un siège, de Radepont et de Château-Gaillard, 164. — Conquiert presque toute la Normandie, 165. — Fait une convention pour la reddition de Rouen (texte), 166. — Occupe cette place sans opposition, 171. — Entre en Aquitaine, *ibid.* — Prend Poitiers, *ibid.* — Reçoit l'hommage des barons, *ibid.* — Assiége et prend Loches et Chinon, *ibid.*, 172. — Offre à l'église de Saint-Denis des reliques que lui envoie Baudouin, empereur de Constantinople, *ibid.* — Marche en Aquitaine, 174. — Fait ses dispositions contre Jean-sans-Terre, *ibid.* — Perd Angers, 175. — Est abandonné du vicomte de Thouars, 176. — Ravage ses terres, *ibid.* — Conclut une trêve (texte) avec le roi d'Angleterre, 177, 178. — Reçoit du pape un légat chargé d'organiser une croisade contre les hérétiques du Languedoc, 179 (*Rigord*).

Conspiration tramée contre lui, XI, 194. — Il massacre sept mille Cotereaux en un jour dans les environs de Béziers, 196. — Est le médiateur de la paix entre Tancrède, roi de Sicile, et Richard, roi d'Angleterre, 205. — Les intelligences de ce prince avec Saladin le lui rendent suspect, 207. — Gravité de sa maladie à son départ de la Terre-Sainte, *ibid.* — Il fait brûler quatre-vingts Juifs à Bray-sur-Seine, 208. — Sollicite, lors de l'interdit, son absolution et celle du royaume,

220. — Détails du siége de Château-Gaillard, 226 à 234. — Saisit le temporel des évêques qui refusent d'aller à la guerre quand le roi ne la fait pas en personne, 242. — Est frappé d'interdit, *ibid.* — En appelle au pape, *ibid.* — Obtient satisfaction du clergé, *ibid.* — Prérogatives dont, à l'exemple de son père, il gratifie les écoles de Paris, 243. — Il dépouille le comte d'Auvergne de son héritage, 247. — Fait alliance avec Frédéric, empereur élu, 250. — Entoure Paris d'un mur, *ibid.* — Dépouille de tous ses biens le comte de Boulogne, 252. — Fait décider dans l'assemblée des barons, à l'unanimité moins le comte de Flandre, que la guerre sera portée en Angleterre, 256. — Réunit une flotte de dix-sept cents vaisseaux et une armée sur les côtes, 259. — S'empare de toute la Flandre, lors de la défection du comte Ferrand, *ibid.* — Perd les vaisseaux dispersés qu'il destine à opérer la descente en Angleterre, 260. — Fait lever le siége et détruit la ville et le port de Dam, *ibid.* — Motifs de sa descente en Angleterre, 261. — Alliance du roi Jean-sans-Terre avec quelques seigneurs bretons et normands (texte), 262. — Il investit Pierre de Dreux du duché de Bretagne, 266. — Triomphe de l'empereur Othon et des Flamands à la bataille de Bovines, 273, 274 *et suiv.* — La livre malgré lui et forcé par les circonstances, 277. — Se place au premier rang, 278. — Son allocution à l'armée, 279. — Le combat s'engage à son insu à l'aile droite contre le comte Ferrand, 280. — Il est jeté en bas de son cheval et court de grands dangers, 285. — Repousse l'ennemi, 286. — Gagne la bataille, 288. — Liste des prisonniers qu'il amène à Paris, 295 *et suiv.* — Liste des prisonniers qui ont été échangés ou pour lesquels on a donné des ôtages ou cautions agréées, 298. — Liste des prisonniers conduits à Compiégne, 299. — Partage du royaume fait à l'avance par l'ennemi, 300. — Son triomphe à Paris, 301. — Il marche en Poitou, 303. — Reçoit la soumission des seigneurs, *ibid.* — Conclut une trêve avec le roi d'Angleterre, *ibid.* — Texte de cette convention, 304. — Il accorde la liberté au comte Ferrand, 307. — Texte du traité, 308. — Liste des prisonniers qu'il met en liberté et de leurs cautions ou répondans, 309 *et suiv.* — Sa réponse au roi d'Angleterre, qui veut acheter à prix d'argent une partie de ses conquêtes, 319. — Il s'oppose à ce que son fils (Louis VIII) accepte la couronne d'Angleterre qui lui est offerte par les barons révoltés contre Jean-sans-Terre, 321. — Confisque ses biens, 322. — N'en est pas moins excommunié, 323. — Dépouille Raymond de son comté de Toulouse et le donne à Simon de Montfort, 338. — Texte de la trêve conclue entre les rois de France et d'Angleterre, *ibid.* — Son testament, 345. — Sa mort, 348. — Son éloge, 349 (*Guillaume le Breton, Vie de Philippe-Auguste*).

Il se perd deux jours et demi à la chasse du sanglier, XII, 15. — Tombe malade, *ibid.* — Est mis par le roi, son père, sous la tutelle de saint Thomas de Cantorbéry, 16. — Est revêtu des insignes de la royauté, 18. — Justification de sa conduite envers les Juifs, 20. — Il condamne les blasphémateurs à être noyés ou à payer une amende, 21. — Fait brûler les hérétiques, *ibid.* — Soumet quelques seigneurs, 23. — Vainc son oncle Etienne de Sancerre qui lui avait déclaré la guerre, 25 à 27. — Soumet le duc de Bourgogne, *ibid.* à 34. — Fait justice des Cotereaux, *ibid.* — Brûle les Juifs de Bray, 35. — Répond au clergé de Rheims attaqué et qui, dans une semblable circonstance, n'avait voulu aider l'Etat que de ses prières, qu'il aidera l'Eglise des siennes, 36. — Réclame de Philippe d'Alsace, comte de Flandre, les terres qu'il prétend lui appartenir,

39. — Allégations du comte, 40.— Répliques du roi, *ibid.* — Préparatifs de guerre, 41. — L'ennemi s'avance jusqu'à Senlis et s'empare de Dammartin, 47. — Fait le siége de Bethisy, 48. — Sort de Senlis, *ibid.* — Joint le comte de Flandre et le chasse à travers la forêt de Compiègne, *ibid.* — Assiége le château de Boves, 50. — Accorde une trêve et accueille la soumission de l'ennemi, *ibid.* — Marche contre Richard, comte de Poitiers, frère du roi d'Angleterre, qui lui refuse l'hommage, 59, 60.—Investit Châteauroux, 61. — Reçoit l'hommage et accorde la paix, 62. — Prend la croix, 66. — Défend le comte de Toulouse attaqué par le roi d'Angleterre, *ibid.* — Envahit le Berri et le Bourbonnais, 67. — Poursuit l'ennemi jusqu'en Neustrie, 68. — Lui accorde une trêve à Gisors, 69. — Anecdote de l'ormeau, *ibid.* —Sanglant combat, *ibid.* — Il va au-devant de l'ennemi et le joint sous Mantes, 77 à 80. — Combat particulier des principaux chevaliers des deux armées, 82 *et suiv.*— Il fait la paix avec le comte Richard de Poitiers, 91.—Envahit le Maine, *ibid.* — Met en fuite le roi Henri d'Angleterre, *ibid.* — Pille le Mans, *ibid.* — Donne le Maine au comte Richard, 92.— S'empare de Tours, 93. — Part pour la Terre-Sainte à la mort du roi Henri d'Angleterre, 98. — Aborde en Sicile, 100.—Reçoit l'annonce de la rupture du mariage du roi Richard avec sa sœur, 102. — Réclame sa dot, 103. —Accorde une trêve, *ibid.*—Presse Richard, qui refuse de l'accompagner à la Terre-Sainte, *ibid.* — Débarque sous Accaron, 104. — Attend le roi d'Angleterre, 106. — Prend avec lui cette place par capitulation, *ibid.*—Détruit Ascalon, 107. — Sa maladie, 108. —Sa rentrée en France, *ibid.* — Sa générosité envers les Croisés, *ibid.* — Il confie le commandement de l'armée chrétienne au duc de Bourgogne, *ibid.* — Son voyage, 109.— Il conquiert une partie de la Normandie sur Richard, roi d'Angleterre, prisonnier en Autriche, 115. —Confie Evreux à Jean-sans-Terre, qui y fait égorger tous les Français, *ibid.* — Marche sur cette place et la brûle, 117. — Force Richard à lever le siége d'Arques, *ibid.* — Pille et brûle Dieppe, 118. —Est surpris dans une embuscade, *ibid.* — Perd le trésor de l'armée, les registres des impôts, les papiers du fisc, le sceau royal, etc., 119. —Est abandonné par plusieurs grands, 120 — Se rend de Bourges sur l'Eure, 125. —Fait lever le siége du Vaudreuil, *ibid.* — Accorde la paix au roi Richard qui la rompt aussitôt, 126, 127. — Motifs de cette rupture, *ibid.*—Il fait fortifier le Berri, 128. — Prend Dangu et Nonancourt, 129. — Assiége Aumale, 131. — Défait le roi Richard et s'empare de la place, 132 *et suiv.* — Le bat de nouveau, 136.—Défait ses Gallois à Andely, *ibid.* — Use de représailles envers ses prisonniers, 137. — Traverse presque seul l'armée anglaise et arrive à Gisors, 139 *et suiv.* — Fait la paix et reçoit l'hommage de Jean, roi d'Angleterre, 152. — Est trompé par ce prince, 155 *et suiv.* — S'empare de plusieurs places en Normandie, 159. — Fait chevalier le prince Arthur de Bretagne et le fiance à la princesse Marie, sa fille, 161. — Lui donne un noyau d'armée avec lequel il entre en Poitou, où il est fait prisonnier par son oncle, le roi Jean, 162 *et suiv.* — Assiége Andely, 177. — Description de cette place, *ibid. et suiv.* — Il est surpris par une attaque nocturne, 187. — Repousse l'ennemi qui se présente par terre et sur la rivière, *ibid. et suiv.* — Se rend maître du château, 192. — Assiége et prend Radepont, 193.—Investit Château-Gaillard, *ibid.* — Détails du siége, *ibid. et suiv.* — Il prend la place, 210. — S'empare de six villes principales de Normandie, 214. — Repousse le duc de Bretagne, 218. —

Rétablit le fort du mont Saint-Michel, *ibid.*—Se porte sur Rouen, *ibid.* — S'empare de cette ville après un long siége, et complète sa conquête de la Normandie, 219. — Conserve les lois et usages de cette province, 221.—Rend aux églises de Normandie le droit de se choisir leurs pasteurs, 222. — Conquiert, par lui-même et par ses lieutenans, le Poitou, la Touraine et l'Anjou, 223 à 228.—Prend Chinon et Loches, *ibid.*, 229, 230. — Repousse Jean-sans-Terre, *ibid.* — Bat Gui d'Auvergne et le dépouille de son comté, 231. — Le donne à Gui de Dampierre, 232. — Soumet la Provence par ses lieutenans, 235. — Bat l'armée anglaise en Poitou, 247. — Se prépare à la guerre contre les schismatiques, 253.—Coalition formée contre lui, *ibid.* — Il réunit à Soissons les grands de l'État pour délibérer, 259. — Son discours, *ibid.* —Il reçoit leur serment de l'aider contre les coalisés, 260 *et suiv.*—Les réunit sur la côte de Boulogne, 262.—Forces de sa flotte, 264.—Elle entre dans le port de Dam, 268.—Conquiert le pays aux environs, 269. — Apprend l'imminence du danger de sa flotte, 270. — Envoie à son secours, 272. — Lève le siége de Gand et y court lui-même, 273. — Chasse l'ennemi qui s'est emparé d'une partie de la flotte, *ibid.* — Brûle le pays, 274. — S'indemnise de ses pertes, 275.—Retourne au siége de Gand et soumet cette place, 276. — S'empare de Lille, de Douai, et de toute la Flandre, 277 *et suiv.* — Informé de la descente opérée par le roi Jean à La Rochelle et de sa marche en Anjou, il met en sûreté le Vermandois et Boulogne, et manœuvre pour séparer de sa flotte le roi d'Angleterre, 288. — Brûle le Poitou, 289. — Réunit les grands à Châteauroux, *ibid.*—Son discours, *ibid.* — Il laisse à son fils Louis le soin de la guerre contre le roi Jean, et marche en Flandre contre les princes ligués, 290. — Principaux seigneurs qui se réunissent à lui, 303 *et suiv.*—Projet de partage de la France, entre les coalisés, rédigé par l'empereur Othon, 308. — Il obtient des renseignemens d'un espion de son gendre, le duc de Louvain, qui avait pris les armes contre lui, 312. —Fait ses dispositions en conséquence, 313. — Retourne vers Bovines, *ibid.* — Est informé par l'évêque de Senlis de la marche de l'ennemi, 315. — Prend position à Bovines, 317. — Marche aux coalisés, qui l'attaquent un dimanche, 319. — Description de la bataille de Bovines, 320.—Il marche avec les Français, 321. — Déploie sa bannière rouge, *ibid.* — Attaque Othon, 331. — Est renversé de son cheval, 332. — Dégagé, il renouvelle le combat, 333. — Cherche à joindre l'empereur, 336. — Parvient au corps des Saxons, 337. — Gagne complétement la bataille, 338 *et suiv.*—Envoie à l'empereur Frédéric les insignes de l'empire pris sur l'empereur Othon à la bataille de Bovines, 352. — Accueille avec bonté le comte de Boulogne, 353. — Informé de ses relations nouvelles avec Othon, il le réprimande sévèrement, 354. — Le fait enfermer dans la tour de fer de Péronne, 356. — Conduit à Paris le comte de Flandre, 357.—Son triomphe, *ibid. et suiv.* — Il s'oppose à ce que le prince Louis accepte la couronne d'Angleterre, qui lui est déférée après l'expulsion de Jean-sans-Terre, 362. — Envoie à Amauri de Montfort un puissant secours contre les Albigeois, 364. — Tombe malade, 370. — Son testament, 371. — Sa mort, 373. — Ses obsèques, 375. — Le pape apprend sa mort par un miracle, 379 (*Guillaume le Breton, la Philippide*).

Il est couronné du vivant de son père, XIII, 50. — Epouse Isabelle du Hainaut, qui lui apporte en dot l'Artois et une partie du Hainaut, *ibid.* — Succède à son père, 51. —

Conspiration ourdie contre lui, 53. — Il appelle à son secours les Brabançons, *ibid*. — Ravage les terres du comte de Sancerre, *ibid*. — Est menacé par l'empereur Frédéric, *ibid*. — Fait la paix avec ce prince par la médiation du roi d'Angleterre, *ibid*. — Change en églises les synagogues des Juifs, 54. — S'empare du Vermandois qui avait été usurpé sur le domaine de son père, 56. — Envoie des secours à la Terre-Sainte, *ibid*. — Termine à l'amiable ses difficultés avec le roi d'Angleterre pour l'hommage du Poitou, 60. — Prend la croix avec ce prince à la voix de l'archevêque de Tyr, 66, 67. — Lève la dîme pour les frais de cette expédition, *ibid*. — Envahit l'Auvergne, *ibid*. — Fait la guerre au roi d'Angleterre, *ibid*. — Marche à ce prince en Normandie, 68. — Le met en fuite, *ibid*. — Conquiert le Vermandois, *ibid*. — S'empare de Tours et du Mans, 70. — Fait la paix, *ibid*. — Perd sa femme, 71. — Part pour la Terre-Sainte, 72. — Aborde en Sicile, *ibid*. — Prédiction sur son expédition, *ibid*. — Somme le roi d'Angleterre de l'accompagner, 73. — Ses refus, 74. — Il débarque devant Acre, *ibid*. — Attend Richard pour en faire le siége, *ibid*. — S'en rend maître par capitulation, *ibid*. — Se brouille avec le roi d'Angleterre, 75. — Remet le commandement de son armée au duc de Bourgogne, *ibid*. — Revient en France, *ibid*. — Recommence la guerre contre le roi Richard, 77. — S'empare de Gisors, etc. *ibid*. — Epouse Isemburge de Danemarck et veut sur-le-champ divorcer, *ibid*. — Assiége et prend Verneuil, *ibid*. — Brûle et détruit Evreux, *ibid* — Reçoit du roi d'Angleterre sa sœur, qu'il devait épouser, et la marie au comte de Poitiers, 78. — Marche sur le Berri, *ibid*. — Fait la paix avec le roi Richard, et reçoit l'hommage de la Normandie, du Poitou et de l'Anjou, *ibid*. — Se divorce, 79. — Repousse les hostilités recommencées du roi d'Angleterre, *ibid*. — S'empare d'Aumale, de Nonancourt, *ibid*. — Epouse Marie de Moravie et de Bohême, 80. — Ses enfans, *ibid*. — Il est abandonné de plusieurs grands qui s'allient au roi d'Angleterre, *ibid*. — Voit la France frappée de l'interdit par le pape à cause de son divorce, 81. — Rappelle les Juifs et en est puni par la guerre, 83. — S'empare d'Evreux, *ibid*. — Ravage la Normandie et s'avance jusqu'au Mans, *ibid*., 84. — Reçoit l'hommage du jeune Arthur de Bretagne et celui d'Eléonore, *ibid*. — Conclut une trève avec Jean-sans-Terre, *ibid*. — Chasse de leurs siéges les prêtres qui se sont soumis à l'interdit, *ibid*. — Fait enfermer la reine Isemburge, *ibid*. — Prend le tiers des biens des chevaliers, *ibid*. — Lève des tailles sur les bourgeois, *ibid*. — Fait la paix avec le roi Jean, *ibid*. — Obtient des légats du pape la levée de l'interdit, 85 — Se rend au concile de Soissons et reprend sa femme Isemburge, *ibid*. — Fait légitimer les enfans qu'il a eus de Marie (Agnès) de Méranie, morte de douleur, 86. — Somme le roi Jean, héritier d'Eléonore, de lui faire hommage pour l'Aquitaine, le Poitou et l'Anjou, 85. — Envahit et ravage la Normandie, sur son refus, *ibid*. — Arme chevalier Arthur de Bretagne, 88. — L'envoie faire la guerre dans ce pays, où il est fait prisonnier par le roi Jean, son oncle, qui le fait périr secrètement, *ibid*., 89. — Cite Jean-sans-Terre devant les barons de France, pour se justifier de ce crime, 89. — Sur son refus de comparaître, il confisque ses fiefs, *ibid*. — Continue la conquête de la Normandie, *ibid*. — La complète et réunit à la France cette province, qui en avait été détachée pendant trois cent trente-deux ans, 91. — Prend l'Aquitaine et le Poitou, *ibid*. — S'empare de la Touraine et de l'Anjou, 94. — Marche en Aquitaine vers le roi Jean, qui se retire sans avoir rien fait, *ibid*. — Ravage la terre du vicomte de Thouars, allié du roi Jean, 95. — Prend le fort de Garplie en Bretagne, 99. — Fait élire empereur Frédéric, roi de Sicile, en place d'Othon IV excommunié, 105. — S'allie avec ce prince, 106. — Décide, dans l'assemblée de Soissons, une expédition en Angleterre, 109. — Son but, *ibid.* — Tous les prélats et barons (un seul excepté) s'engagent à y concourir, *ibid.* — Il reçoit en grâce sa femme Isemburge après une séparation de seize ans, *ibid.* — Part pour sa descente en Angleterre, 110. — Arrive à Boulogne, *ibid.* — Passe à Gravelines, *ibid.* — Attend en vain le comte Ferrand, *ibid.* — Conquiert la Flandre, *ibid.* — Assiége Gand, *ibid.* — Apprend que sa flotte est attaquée à Dam, *ibid.* — Y court, *ibid.* — Chasse les assaillans, non sans perte, *ibid.* — Brûle sa flotte, la ville et les alentours, 111. — Envoie le prince Louis, son fils aîné, contre le roi Jean, débarqué à La Rochelle à la tête d'une armée, 112. — Ravage la Flandre, 113. — S'arrête devant l'empereur Othon et ses alliés, *ibid.* — Livre la bataille de Bovines, *ibid.* — La gagne après avoir couru de grands dangers, 114. — Emmène le comte Ferrand prisonnier à Paris, *ibid.* — Marche immédiatement en Poitou, 115. — Accorde au roi d'Angleterre une trêve de cinq ans, *ibid.* — Fait des lois d'exception relativement aux Juifs, 123. — Sa mort, 131. — Ses obsèques, *ibid.* — Son fils, Louis VIII, lui succède, 132 (*Guillaume de Nangis*).

Il reçoit les légats du pape envoyés en Albigeois, XIV, 43. — Décline la demande de secours qu'ils lui font contre le comte de Toulouse, *ibid.* — Permet à ses barons de répondre à leur appel, 44. — Est marri du parti qu'a pris son fils de se croiser contre les Albigeois, 246. — Fait néanmoins les préparatifs de cette expédition retardée par d'autres guerres, 247, 248. — Ne s'occupe pas de réprimer l'hérésie, 314. — Investit le comte de Montfort du duché de Narbonne et du comté de Toulouse, dont le comte Raymond VI est dépouillé par le concile de Latran, 324. — Lettre que lui adresse l'abbé de Moissac, 383 (*Pierre de Vaulx-Cernay*).

Il entend le rapport de son fils aîné sur la fuite du comte de Toulouse et de ses amis, l'occupation de sa ville et la démolition des fortifications par le comte de Montfort, XV, 107. — Témoigne son affliction et son mécontentement que toute la cour partage, 108. — Appuie auprès du pape les plaintes des comtes de Toulouse, de Foix et de Comminges, contre le légat et le comte de Montfort, 109 (*Histoire des Albigeois*).

Il exhorte à la paix le comte de Toulouse menacé par les Croisés, XV, 230. — Fait prisonniers en bataille rangée les comtes de Flandre et de Boulogne, 249 (*Guillaume de Puy-Laurens*).

Il conquiert sur le roi Jean d'Angleterre la Normandie, l'Aquitaine, etc., confisqués sur ce prince par la cour des pairs de France, XV, 333. — Fait brûler à Paris vingt-quatre hérétiques, dont quelques prêtres, 337. — Voit plus de vingt mille enfans prendre la croix, *ibid.* — Dévaste la Flandre, 345. — Reçoit des ôtages, *ibid.* — Fait prisonniers les comtes de Flandre et de Boulogne, *ibid.* — Sa mort, 360 (*Gestes glorieux des Français*).

Il donne deux de ses filles à Boémond, l'une pour lui, l'autre pour Tancrède, XVII, 111 (*Guillaume de Tyr*).

Il prend la croix avec le roi Richard d'Angleterre, XIX, 167. — Consent à ce que ce prince n'épouse sa fille qu'à son retour de la Terre-Sainte, *ibid.* — Laisse le gouvernement du royaume au comte de Dammartin, et à son oncle, l'archevêque de Rheims, 169. — S'embarque à Gênes, *ibid.* — Relâche en Sicile où il passe l'hiver, *ibid.*

— Ses rapports avec le roi d'Angleterre, 170. — Il arrive au siége d'Acre, 171. — Ses travaux, *ibid.* — Misère des assiégeans, *ibid.* — Il accueille avec courtoisie le roi d'Angleterre et sa femme, 181. — Prend Acre, de concert avec lui, par capitulation, 183. — Rend aux Sarrasins leurs biens, 185. — Fait décapiter tous les Sarrasins qui sont dans Acre, à défaut par Saladin d'avoir rendu le bois de la vraie croix qu'il n'avait pu retrouver, 187. — Tombe malade, *ibid.* — Remet au duc de Bourgogne le commandement de l'armée, *ibid.* — Rentre en France, *ibid.* — Motifs de son retour, 189. — A la nouvelle de la captivité du roi Richard d'Angleterre, il assemble une armée et ravage ses Etats, 213. — Est à son tour attaqué par son adversaire, délivré de prison, 215. — Tombe dans une embuscade de Richard, 251. — Arrive avec peine à Gisors, *ibid.* — Réunit ses troupes, 253. — Marche à l'ennemi, *ibid.* — Conclut une trêve, *ibid.* — Aide l'empereur Frédéric II contre Othon IV, 345. — Rassemble son armée et marche contre ce dernier, allié du comte de Flandre, etc., *ibid.* — Livre bataille et la gagne, 349 (*Bernard le Trésorier*).

Il prend la croix d'outre-mer, XXII, 251. — Arrive sous Acre, 256. — Fait le siége de cette place, 257. — S'en empare par capitulation, 258. — Funestes effets de sa mésintelligence avec le roi d'Angleterre, 259. — Il quitte la Syrie et remet au duc de Bourgogne le commandement de l'armée, *ibid.* (*Jacques de Vitry*).

PHILIPPE III, LE HARDI, roi de France, fils aîné de saint Louis. — Epouse Isabelle, fille du roi d'Aragon, XIII, 175. — Est fait chevalier par son père, 182. — L'accompagne à la Terre-Sainte, 185. — Est reconnu roi à sa mort, et couronné à Carthage, 187. — Visite à son passage les cardinaux enfermés à Viterbe pour l'élection d'un pape, 188. — Est couronné à Rheims, 189. — Soumet le comte de Foix, 190. — Epouse Marie de Brabant, 192. — La fait couronner, *ibid.* — Accorde sa protection à la fille de feu Henri, roi de Navarre, et se charge de lui conserver son héritage, *ibid.* — Est indigné de la conduite tenue envers sa sœur en Espagne, 194. — Est empêché par le pape de porter la guerre en ce pays, 197. — Est armé chevalier, 204. — Epouse Jeanne, héritière de Navarre et de Champagne, *ibid.* — Marche à la conquête de l'Aragon, donné par le pape à Charles d'Anjou, 205. — Traverse les Pyrénées, *ibid.* — Assiége Gironne, 206. — Livre sur la route de Roses un combat dans lequel le roi d'Aragon est blessé mortellement, *ibid.* — S'empare de Gironne, 207. — Y met garnison, *ibid.* — Rentre en France, *ibid.* — Sa mort, *ibid.* — Ses obsèques, *ibid.* (*Guillaume de Nangis*).

Il part avec le roi, son père, pour son expédition d'Afrique, XV, 323. — Y perd sa femme, 324. — Succède à son père, *ibid.* — Hérite des comtés de Poitiers et de Toulouse à la mort de son frère Alphonse, 325. — Est couronné roi, 326. — Marche contre le comte de Foix, pour venger l'outrage qu'il lui a fait en s'emparant d'un château que le coupable avait mis dans ses mains, 328. — Arrive à Toulouse, *ibid.* — Rallie le roi d'Aragon et Gaston de Béarn, *ibid.* — Fait prisonnier le comte de Foix et confisque ses biens, *ibid.* — Le met en liberté, 329 (*Guillaume de Puy-Laurens*).

Il accompagne le roi, son père, à la Terre-Sainte, XV, 390. — Succède à son père, 393. — S'arrête à Viterbe, *ibid.* — Hérite du comté de Toulouse à la mort de son frère et de sa femme, Jeanne de Toulouse, 394. — Est oint et couronné roi, *ibid.* — Se rend au duel convenu entre Charles d'Anjou, son oncle, et le roi Pierre d'Aragon, qui ne s'y trouve pas, 395. — Fait prêcher une croisade côntre celui-ci, 396. — S'avance jusqu'à Barcelone pour s'emparer de son royaume, *ibid.* — S'arrête par la maladie de son armée, *ibid.* — Rentre en France, quoique le roi d'Aragon soit mort de ses blessures, *ibid.* — Meurt à Perpignan, *ibid.* — Ses obsèques, 367 (*Gestes glorieux des Français*).

Il rend au pape le comtat Venaissin, XIX, 609 (*Bernard le Trésorier*).

PHILIPPE IV, LE BEL, roi de France et de Navarre, fils aîné de Philippe le Hardi. — Il succède à son père, XIII, 208. — Est couronné à Rheims avec sa femme, *ibid.* — Reçoit l'hommage d'Edouard, roi d'Angleterre, *ibid.* — Est attaqué vigoureusement par ce prince en Normandie et en Aquitaine, 218. — Lui demande en vain satisfaction, *ibid.* — Fait saisir la Gascogne, *ibid.* — Cite Edouard en parlement, 219. — Réprime à Rouen une révolte contre l'échiquier, *ibid.* — Perd l'île de Ré, Blaye, Bayonne, 221, 222. — A pour nouvel ennemi l'empereur Adolphe, 223. — Envoie une grande flotte qui débarque à Douvres, et que Mathieu de Montmorency et Jean de Harcourt forcent de revenir sans avoir rien fait, 225. — Fait alliance avec le roi d'Ecosse, qui envahit l'Angleterre et est fait prisonnier, 226. — Frappe sur tous les biens une maltôte du 100e, puis du 50e de leur valeur, 227. — Protestations du pape en faveur du clergé, *ibid.* — Menaces d'excommunication en cas de récidive, *ibid.* — Il remporte un grand avantage sur les Gascons, *ibid.* 228. — Repousse l'agression du comte de Bar, 229, 230. — Rassemble une armée contre le comte de Flandre, *ibid.* — Détails de cette expédition, *ibid.* — Il bat l'ennemi à Comines et à Furnes, *ibid.* 231. — S'empare de Lille, *ibid.* — Poursuit le roi d'Angleterre et le comte de Flandre dans leur retraite, 232. — Leur accorde une trêve, *ibid.* — Communique aux évêques de France la permission du pape de lever le 10e des revenus du clergé et de s'approprier le revenu de l'année de vacance de plusieurs bénéfices ecclésiastiques, *ibid.* 233. — Fait la paix avec le roi Edouard d'Angleterre et lui donne sa fille en mariage, 235. — S'allie avec l'empereur Albert et obtient pour la France la limite du Rhin, 236. — Accorde une trêve au comte de Bar, 237. — Recommence la guerre de Flandre, *ibid.* — Bat les Flamands et les repousse jusqu'à Gand, *ibid.* — Garde prisonniers le comte de Flandre et son fils, *ibid.* — Reçoit l'hommage des citadins et des nobles de Flandre, 240. — Pardonne au comte de Bar, *ibid.* — Défend l'exportation de l'or, de l'argent et des marchandises, 241. — Perd la Flandre, révoltée contre l'oppression, *ibid.* — Apprend que ses garnisons sont égorgées et son armée détruite, *ibid.* — Marche en vain lui-même pour réduire les Flamands, *ibid.* à 244. — Voit Bordeaux se soustraire à son autorité et proclamer son indépendance, 246. — Bat les Flamands à Saint-Omer, *ibid.* — Rend la Gascogne au roi Edouard d'Angleterre, 247. — Provoque la convocation d'un concile général où le pape Boniface devra se justifier des accusations portées contre lui, *ibid.* — Réunit une armée dans le Vermandois, 249. — Conclut une trêve avec les Flamands, *ibid.* — Réunit le comté d'Angoulême à la couronne, 250. — Parcourt l'Aquitaine, etc. *ibid.* — Attache le midi à son parti, *ibid.* — Réprime l'injustice des inquisiteurs pour la foi, *ibid.* — Envoie les princes de Flandre prisonniers pour apaiser les troubles de leur pays, 251. — Fonde le monastère de Poissy en mémoire du roi saint Louis, 252. — Conduit en Flandre une troisième armée, 253. — Est surpris par les Flamands, 254. — N'en remporte pas moins une glorieuse victoire, *ibid.* — Soumet à sa domination la Flandre jusqu'à la Lys, 255. — Conclut une trève, *ibid.* — Etablit un *maximum* sur le prix du blé, augmente la disette et est forcé de renoncer à cette mesure, 256. — Fait la paix entre le duc de Brabant et le comte de Luxembourg, 258. — Conclut la paix avec les Flamands, *ibid.* —Reçoit avec les plus grands honneurs le pape Clément v, 259. — Accidens qui accompagnent le couronnement de ce pontife à Lyon, *ibid.* — Il obtient de lui de faire transférer de Saint-Denis à Paris les dépouilles de saint Louis, *ibid.* —Fait rétablir les cardinaux Colonne dans leur ancienne dignité, *ibid.* — Est autorisé à lever pendant trois ans la dîme des églises et des annates, *ibid.* — Fait investir à l'avance ses chapelains des prébendes qui viendront à vaquer, *ibid.* — Donne sur les monnaies un édit qui jette le trouble en France, 261. — Secourt les évêques contre le pape, *ibid.* — Chasse les Juifs de ses États sous peine de mort, 262. —Est en butte, à propos des monnaies, à une sédition des Parisiens, qui le bloquent au Temple et veulent le faire mourir de faim, *ibid.* — Fait pendre les auteurs de la révolte, 263. —Sa conférence avec le pape à Poitiers, 265. — Il fait arrêter tous les Templiers, 266. — Proclame les accusations articulées contre l'ordre, 267. — Saisit tous ses biens. 268. — Marie sa fille unique à Edouard ii, roi d'Angleterre, 269. — Se rend à Poitiers pour faire avec le pape le procès aux Templiers, 270.—Ajourne le procès, les accusés tenant prison, *ibid.* — Fait emprisonner des nobles qui avaient livré entre eux des combats singuliers, 273. —Fait brûler des Templiers, 279. — Envoie son fils Louis, roi de Navarre, réprimer la révolte de Lyon, 281. — Est absous des excommunications fulminées contre lui par le pape Boniface viii, 282 *et suiv.* — Recommence à faire de mauvaise monnaie qu'il ne peut mettre en circulation, 287. —Assiste au concile de Vienne sur un siège moins élevé que celui du pape, 289. — Promet de prendre la croix dans un an avec ses frères, ses enfans, etc. 291. — Obtient du clergé la concession des dîmes pour six ans, *ibid.* — Fait chevaliers ses fils et plusieurs grands, 295. — Prend la croix, *ibid.* — Impose aux Flamands l'obligation de démolir leurs forteresses, *ibid.* — Change encore le prix des monnaies et jette le trouble dans les transactions, 297. —Fait brûler, de l'avis de son conseil et sans en parler aux clercs, le grand-maître du Temple, Jacques de Molay, remis par les cardinaux és mains du prévôt de Paris jusqu'à plus ample informé, 300, 301.—Malheureux par ses brus, *ibid.* — Supplice de leurs amans, 302.— Il recommence la guerre contre les Flamands encore révoltés, 305. — Envoie, pour les soumettre, quatre corps d'armée, qui reviennent sans avoir rien fait, *ibid.* — Frappe un impôt de dix pour cent sur toutes les choses vendues ou achetées, 306. —Abolit cette extorsion, 307. — Est attaqué d'une maladie inconnue aux médecins, *ibid.* — Fait comte de la Marche Charles son fils, *ibid.* — Abolit les exactions de la maltôte, *ibid* —Fait son testament, *ibid.* — Reçoit les sacremens, *ibid.* — Sa mort, 308. —Ses obsèques, *ibid.* (*Chronique de Guillaume de Nangis*).

Il accompagne son père dans son expédition en Aragon, XV, 396. — Sa guerre avec le roi d'Angleterre en Gascogne, 397. —Il fait brûler, sans y répondre, une lettre par laquelle le pape Boniface lui ordonne de reconnaître tenir de lui le royaume de France, comme seigneur temporel et spirituel de l'univers, 399. — Ferme toutes les issues du royaume, *ibid.* — Est excommunié implicitement, *ibid.* — Livre une bataille aux Flamands révoltés contre lui, 399. — Y perd la fleur de la chevalerie française, *ibid.* —Voit son royaume donné par le pape à l'empereur Albert, 400. — Va passer un mois à Toulouse avec sa famille, 401. — S'arrange avec le nouveau pape Benoît, *ibid.*, 402.—Obtient de Clément v la révocation de la bulle de Boniface VIII sur la prétendue supériorité des papes sur les rois au temporel comme au spirituel, *ibid.* — Fait arrêter tous les Juifs, confisque leurs biens et les chasse du royaume, *ibid.* — Négocie la paix avec Edouard Ier d'Angleterre, *ibid.* — Marie sa fille Isabelle à Edouard son fils, *ibid.* — Fait arrêter tous les Templiers, 403. — Reçoit du pape une absolution solennelle dans Avignon pour ce qu'il a fait contre Boniface VIII, 407.—Assiste avec sa famille à la proclamation du décret du concile de Vienne qui abolit l'ordre des Templiers et dispose de ses biens, 409. — Obtient la souveraineté de la ville de Lyon que lui cède l'archevêque avec l'agrément du pape, 410 (*Gestes glorieux des Français*).

PHILIPPE V, LE LONG, roi de France, second fils de Philippe *le Bel.*— Epouse la fille aînée du comte de Bourgogne, XIII, 263. — Est armé chevalier par le roi son père, 295. — Prend la croix, *ibid.*—Fait renfermer à Dourdan sa femme, violemment soupçonnée d'adultère, 302.—Se réconcilie avec elle, 303. — Est chargé du commandement d'un corps d'armée destiné à coopérer à la réduction des Flamands, et revient sans avoir rien fait, 305. — Fait renfermer les cardinaux à Lyon pour l'élection d'un pape, 317. — Arrive à Paris à la nouvelle de la mort du roi Louis X, son frère, et se fait adjuger en parlement la régence pour dix-huit ans, quand même la reine Clémence, laissée grosse, accoucherait d'un enfant mâle, *ibid.* — Fixe le départ de la croisade, *ibid.* — Reçoit du pape les annates pour quatre ans, 318. — Porte au tombeau le roi Jean son neveu et son pupille, 320. —Se fait couronner roi, *ibid.* —Remarque l'absence de quelques pairs qui veulent examiner les droits au trône de la princesse Jeanne, fille unique de Louis *Hutin*, 320, 321. — Fait tenir la couronne par Mathilde, comtesse d'Artois, en sa qualité de *pair* de France, *ibid.* — Reçoit le serment des grands et leur déclaration que les femmes ne succèdent pas à la couronne de France, 322. — Traite de la paix avec les Flamands, *ibid.* — S'en remet de cet objet au pape, qui ne peut rien terminer, 323. — Se raccommode avec le duc de Bourgogne, *ibid.* — Lui donne sa fille aînée en mariage, 324. — Confisque les comtés de Nevers et de Réthel, 331. —Reçoit l'hommage du comte de Flandre, 341. — Jure et fait jurer que la paix ne sera conclue qu'aux conditions qu'il impose, *ibid.* — Voit ses Etats troublés par les Pastoureaux, 342 *et suiv.* — Son voyage en Poitou, 348. — Il apprend que les lépreux empoisonnent toutes les fontaines, et prend contre eux les mesures les plus sévères, 349. — Fait brûler les lépreux, les sorciers et les Juifs, 351. — Extrémités auxquelles ces malheureux sont réduits, 352. — Il ordonne l'uniformité des mesures, des monnaies, etc. 353. — Tombe malade, *ibid.* — Sa mort, 354. — Son frère Charles, comte de La Marche, lui succède sans opposition, *ibid.* (*Chronique de Guillaume de Nangis*).

PHILIPPE VI DE VALOIS, régent, puis roi de France. — Assiége Verceil, que secourt le comte de Milan, XIII, 345. — Lève le siége, 346.— Entre dans la ville avec Galéas de Milan, 347. — En sort avec un sauf-conduit, *ibid.* — Rentre en France, *ibid.* — Est investi de la régence du royaume, à l'exclusion d'Edouard d'Angleterre, à la mort de Charles *le Bel*, en attendant la naissance de l'enfant dont la reine est enceinte, 392.—Reçoit les hommages du royaume de France, et non ceux du royaume de Navarre, réclamé par plusieurs prétendans et adjugé à Philippe d'Evreux aux droits de Jeanne, sa femme, *ibid.* — Prend le titre de *roi* à la naissance d'une fille dont accouche la veuve de Charles *le Bel*, 396 (*Guillaume de Nangis*).

PHILIPPE LE BON, OU LE SAGE, comte d'Evreux. — Voit son mariage, projeté avec la fille du comte de Flandre, rompu par le roi Philippe le Long, qui lui destine une de ses filles, XIII, 322, 323. — Epouse la fille du feu roi Louis Hutin, quoiqu'elle ne soit pas nubile, 330. — Refuse à Philippe de Valois, régent de France, l'hommage de la Navarre, 392. — Dispute contre plusieurs prétendans ce royaume, qui lui est adjugé aux droits de Jeanne de France, sa femme, *ibid.* (*Guillaume de Nangis*).

PHILIPPE LE MANGEUR. — Partage ses richesses aux pauvres et aux églises, XIII, 50. — Sa mort, *ibid.* — Son épitaphe, *ibid.* (*Guillaume de Nangis*).

PHILIPPE, dit *Hurepel*, comte de Boulogne, fils de Philippe-Auguste. — Epouse Mathilde, fille du comte de Boulogne, XII, 154 (*la Philippide*).

Sa mort, XIII, 144 (*Guillaume de Nangis*); XV, 283 (*Guillaume de Puy-Laurens*).

PHILIPPE D'ALSACE, comte de Flandre. — Il fait brûler les hérétiques, XI, 31. — Refuse de restituer à Philippe-Auguste le Vermandois, 35. — Lève une armée pour le défendre, et le rend sans combat, *ibid. et suiv.* — Prend la croix, 72. — Meurt au siége de Saint-Jean-d'Acre, 102 (*Rigord*).

Il est tuteur, précepteur et parrain du roi Philippe-Auguste, XII, 39. — Est troublé par ce prince dans les terres qu'il prétend lui appartenir, *ibid.*, 40. — Préparatifs de guerre, 41. — Il s'avance jusqu'à la Somme, 45. — Paraît devant Senlis, 47. — S'empare de Dammartin, *ibid.* — Fait le siége de Béthizi, 48. — S'enfuit devant le roi à travers la forêt de Compiègne, *ibid.* — Obtient une trève, 57. — Se soumet au roi, *ibid.* — Quitte l'armée royale à la trève de Gisors, 75. — Prend la croix et meurt, 110 (*Guillaume le Breton*).

Il est investi du Vermandois par le roi Louis le Jeune, à la mort du comte Raoul, XIII, 37. — Conspire avec d'autres grands contre le roi Philippe-Auguste, 53. — Fait brûler les hérétiques, 55. — Est dépouillé par le roi du Vermandois, qu'il retenait injustement, 56. — Part pour la Terre-Sainte, 72. — Meurt au siége d'Acre, 73 (*Guillaume de Nangis*).

Il arrive à Jérusalem, XVIII, 333. — Refuse le gouvernement du royaume que la maladie du roi l'oblige à résigner, *ibid.* — Refuse également le commandement de l'armée, *ibid.* (*Guillaume de Tyr*).

Il prend la croix, XIX, 167, 169. — Meurt à Acre, 187 (*Bernard le Trésorier*).

PHILIPPE D'AUNAI. — Convaincu d'adultère avec la jeune Marguerite, femme de Louis Hutin, roi de Navarre, est condamné à être écorché vif, à avoir les parties viriles coupées, être décapité et pendu, XIII, 301, 302. — Subit son supplice, *ibid.* (*Guillaume de Nangis*).

PHILIPPE DE BOULOGNE. — S'enfuit de la bataille de Ramla; rencontre un corps de 10,000 hommes et rentre avec eux dans Joppé, XXI, 44 (*Albert d'Aix*).

PHILIPPE DE BRIOUZE. — Se soumet au roi d'Angleterre, XXVII, 420 (*Orderic Vital*).

PHILIPPE DE CAFRAN. — Est chargé de la défense du château de Dieudamoro, en Chypre, XIX, 473. — Sa négligence, *ibid.* (*Bernard le Trésorier*).

PHILIPPE DE COURTENAY, comte de Namur, fils de Pierre, comte d'Auxerre, et d'Yolande de Namur. — Est fait prisonnier et livré au roi, XI, 146 (*Rigord*).

Marche avec les coalisés contre

Philippe-Auguste, son beau-père, est appelé au trône de Constantinople, sacré par le pape, et fait prisonnier, XII, 302 (*la Philippide*).

Sa veuve, Marie de France, épouse le duc de Brabant, XIII, 109 (*Guillaume de Nangis*).

Refuse le trône de Constantinople et le cède à Henri, son frère, XIX, 333 (*Bernard le Trésorier*).

PHILIPPE D'ENCONTRE. — Est tué au siége de Beaucaire, XV, 143. — Est enseveli par le comte de Montfort, 144 (*Histoire des Albigeois*).

PHILIPPE DE FLANDRE, fils de Gui de Dampierre. — Est fait prisonnier dans un combat naval en passant en Sicile, XIII, 212. — Revient de la Pouille en Flandre, 249. —Assiége Saint-Omer, *ibid.*—Brûle Morin, *ibid.* (*Guillaume de Nangis*).

PHILIPPE DE FRANCE, comte de Mantes, fils du roi Philippe 1er. — Se révolte contre le roi Louis le Gros, son frère, et perd ses châteaux de Mantes et de Monthléri, VIII, 70 (*Suger, Vie de Louis le Gros*).

Défend Evreux contre le roi Henri d'Angleterre, XXVIII, 303 (*Orderic Vital*).

PHILIPPE DE FRANCE, fils aîné du roi Louis le Gros. — Est sacré roi des Français en présence et par ordre de son père, XIII, 13; XXVIII, 422. — Epouse Elisabeth, fille de Guy de Truxel, qui lui apporte en dot le château de Monthléri, VIII, 22. —Meurt sans confession, d'une chute de cheval causée par un cochon, 149; XIII, 15; XXVIII, 422, 442. — Saint Bernard avait prophétisé sa mort, XIII, 16 (*Suger, Vie de Louis le Gros.— Guillaume de Nangis. — Orderic Vital*).

PHILIPPE DE GASTINE, prisonnier de Bovines. — Est mis en liberté, sous caution, par Philippe - Auguste, XI, 310, 312 (*Guillaume le Breton*).

PHILIPPE DE MOWBRAI. — Combat dans les rangs français à la bataille de Brenmule, XXVIII, 308 (*Orderic Vital*).

PHILIPPE DE MONTFORT. — Défend Tyr contre les Vénitiens, XIX, 563 (*Bernard le Trésorier*).

PHILIPPE DE MONTFORT. —Meurt devant Tunis à l'expédition du roi saint Louis, XV, 325 (*Guillaume de Puy-Laurens*).

PHILIPPE DE MONTGOMERI.—Part pour la Terre-Sainte avec le duc Robert de Normandie, XXVII, 373 (*Orderic Vital*).

PHILIPPE DE NANTEUIL.—Est fait prisonnier par les Anglais à Courcelles, XI, 141; XII, 142 (*Guillaume le Breton*).

PHILIPPE DE NAPLOUSE.—Est envoyé par la reine Mélisente au secours d'Edesse, assiégé par le prince Sanguin, XVII, 455. — Se réunit à l'assemblée de Saint-Jean-d'Acre pour délibérer sur les moyens d'agrandir le royaume de Jérusalem, XVIII, 3. — Reste fidèle à la reine, assiégée par son fils dans Jérusalem, 32. — Accompagne le roi Baudouin III au siége d'Ascalon, 50. — Le quitte à Panéade, 108. — Joint l'armée chrétienne en Egypte, 203. —Est envoyé par terre à Constantinople annoncer la prochaine venue d'Amauri, roi de Jérusalem, 278 (*Guillaume de Tyr*).

PHILIPPE DE SICILE, prince de Tarente. — Marche sur les traces du duc de Calabre, et est fait prisonnier par les Siciliens, XIII, 235. — Epouse Catherine, fille du comte Charles de Valois, héritière de l'empire de Constantinople, 295 (*Guillaume de Nangis*).

PHILIPPE DE TROYES. — Négocie la paix entre l'empereur Frédéric et les gens de Jérusalem, XIX, 487. — Est désavoué par le peuple et par le pape, 489 (*Bernard le Trésorier*).

PHILIPPIQUE, empereur d'Orient. — Est déclaré hérétique par le pape, qui refuse de le reconnaître; fait effacer son nom des actes publics, des monnaies, de la liturgie, et enlever son effigie des églises, XXV, 148 (*Orderic Vital*).

PHOCAS, empereur. — Duc et patrice, il tue l'empereur Maurice et s'empare du trône, II, 174. — Circonstances de sa déposition, 206 (*Grégoire de Tours*).

Reconnaît à l'Eglise romaine la primatie sur toutes les autres Eglises, XXV, 414. — Principaux événemens de son règne, 137 (*Orderic Vital*).

PHOTIN, évêque de Lyon. — Subit le martyre dans cette ville. — Saint Irénée lui succède, I, 22 (*Grégoire de Tours*).

PICARD (Guillaume). — Est tué au siége d'Archas, XXVII, 517 (*Orderic Vital*).

PICOLD. — Est investi d'une des charges du comté de Shrewsbury par Roger de Montgomeri, XXVI, 212 (*Orderic Vital*).

PIE 1er (saint), 9e pape. — Ses décrets, XXV, 381 (*Orderic Vital*).

PIENTIUS, évêque d'Aix. — Donne des secours à l'évêque de Marseille, I, 324, 325 (*Grégoire de Tours*).

PIENTIUS, évêque de Poitiers. — Sa mort, I, 172 (*Grégoire de Tours*).

PIERRE (saint). — Son apostolat, I, 20 (*Grégoire de Tours*); XXV, 176 à 373 (*Orderic Vital*).

PIERRE, abbé de Nonantola. — Est nommé ambassadeur de l'empereur Charlemagne auprès de l'empereur Nicéphore pour affermir la paix entre les deux empires, III, 52, 70. — Son retour, 73, 347 (*Annales d'Eginhard*).

PIERRE, archevêque de Césarée. — Tente en vain de rétablir la paix entre le bailli et l'empereur Frédéric, le roi de Chypre et Jean d'Ibelin, XIX, 463 (*Bernard le Trésorier*).

PIERRE, archevêque de Lyon. — Est envoyé, comme légat du pape, pour juger des différens entre le patriarche d'Antioche et ses chanoines, XVII, 408. — Sa mort, *ibid.* (*Orderic Vital*).

PIERRE, archevêque de Tyr. — Va au siège d'Ascalon, XVIII, 49. — Sa mort, 172 (*Guillaume de Tyr*).

PIERRE (maître), chantre de Paris. — Commence à enseigner, XXII, 294. — Ses élèves, 295 (*Jacques de Vitry*).

PIERRE, comte d'Alençon, fils de saint Louis. — Accompagne le roi son père à la Terre-Sainte, XIII, 185. — Epouse Jeanne de Blois, 191. — Marche au secours de Charles d'Anjou contre les Siciliens révoltés, et contre le roi Pierre d'Aragon, 201 (*Chronique de Guillaume de Nangis*); et XV, 323, 391 (*Guillaume de Puy-Laurens, et Gestes glorieux des Français*).

PIERRE, comte d'Autun. — Se distingue à la bataille de Bovines, XI, 289 (*Guillaume le Breton*).

PIERRE, comte de Nevers. — Prend la croix, XI, 72. — Reçoit six cents marcs d'argent de Philippe-Auguste à Messine, 92 (*Guillaume le Breton*).

PIERRE, comte de Savoie, archevêque de Lyon. — Accueille sous sa domination les habitans de Turin, XIII, 168. — Se met à la tête de la révolte de Lyon, 281. — Est fait prisonnier par Louis Hutin, *ibid.* — Est amené à Philippe le Bel, *ibid.* — Obtient son pardon, *ibid.* — Est tué dans le combat livré aux portes de Rome par la maison des Ursins à l'empereur Henri VII de Luxembourg, 292 (*Guillaume de Nangis*).

PIERRE, comte de Stenay. — Il quitte l'armée à Antiochette avec Baudouin de Boulogne, frère du duc Godefroi de Bouillon, XVI, 159. — Est adjoint au comte Renaud de Toul, son frère, dans le commandement du 5e corps de l'armée des Croisés, lors de la sortie générale d'Antioche, 327 (*Guillaume de Tyr*).

Il concourt au siége de Nicée, XX, 73. — Suit le mouvement de Baudouin de Boulogne, lorsqu'il quitte la grande armée, et arrive avec lui sur Tarse, 110. — Marche à l'avant-garde pour l'investissement d'Antioche, 149, 150. — Concourt au siége de cette place, 152. — Marche à l'ennemi lors de la sortie générale de l'armée, 253. — Est aveuglé par la fumée des Turcs, 257 (*Albert d'Aix*).

PIERRE, diacre, frère de Grégoire de Tours. — Fait chasser de l'église de Langres le diacre Lampade, I, 226 — Est accusé par celui-ci de la mort de l'évêque Sylvestre, et reconnu innocent, 227. — Est tué par le fils de ce prélat, 228 (*Grégoire de Tours*).

PIERRE, écuyer de Simon de Montfort, comte de Toulouse. — Tue de sa main le roi d'Aragon sous Muret, XII, 243 à 245 (*la Philippide*).

PIERRE (de Narbonne), évêque d'Albar. — Son élection, XVI, 361. — Il laisse son évêché à la garde d'un noble croisé, et suit à l'armée le comte de Toulouse, son protecteur, 370. — Entre avec ce prince dans Jérusalem, 453. — Reçoit de lui la forteresse de David en séquestre, XVII, 6 — La remet au roi Godefroi de Bouillon sans attendre le jugement, 7. — Marche au secours de Tancrède à Antioche, 172 (*Guillaume de Tyr*).

Est chargé de surveiller les travaux du siége de Jérusalem, XXI, 372 (*Raymond d'Agiles*).

PIERRE, évêque d'Albinum. — Usurpe le pontificat pendant les accusations portées contre Symmaque, XXV, 401. — Entretient des troubles à Rome après la justification de ce pape, 402 (*Orderic Vital*).

PIERRE, évêque de Civita-Vecchia. — Est envoyé par le pape Pascal auprès de l'empereur Louis, III, 90, 364. — Est arrêté par ordre de Lothaire, 406 (*Annales d'Eginhard et L'Astronome*).

PIERRE, évêque de Lombardie. — Ses ouvrages, XIII, 38 (*Guillaume de Nangis*).

PIERRE, évêque de Paris. — Fait poursuivre et brûler les hérétiques de la secte d'Amaury, XI, 245, 246. — Prend la croix, 332 (*Guillaume le Breton*).

Meurt à Damiette, XIII, 127 (*Guillaume de Nangis*).

PIERRE, évêque de Rouen. — Distique héroïque en son honneur, XXVI, 308. — Sa vie, *ibid.* — Principaux événemens de son épiscopat, *ibid.* (*Orderic Vital*).

PIERRE, évêque de Sens. — Prend la croix contre les Albigeois, XI, 268 (*Guillaume le Breton*).

PIERRE, fils de Gilles, Croisé. — Défend vigoureusement la nouvelle redoute d'Antioche, et en repousse l'ennemi, XVI, 295 (*Guillaume de Tyr*); XX, 230 (*Albert d'Aix*).

PIERRE II, roi d'Aragon. — Il donne des secours au comte de Toulouse contre les Croisés qui envahissent ses Etats, XII, 236. — Assiége dans Muret Simon de Montfort, leur chef, 237; XI, 270. — Est excommunié, XII, 238. — Livre bataille au comte de Montfort, XI, 270. — Combat corps à corps avec lui, XII, 242. — Est tué par l'écuyer de son ennemi, 245; XI, 270 (*Guillaume le Breton*).

Il offre son royaume à l'Eglise, XIII, 93. — Se fait son tributaire, *ibid.* — Assiége dans Muret le comte Simon de Montfort, 111. — Est tué, *ibid.* (*Guillaume de Nangis*).

Il refuse l'hommage que lui offre le comte de Montfort pour la ville de Carcassonne, provenant des Etats confisqués du vicomte de Béziers, XIV, 75. — Négocie infructueusement la paix avec le comte, 91. — Ne peut s'entendre avec les Albigeois sur les conditions de l'hommage qu'ils lui offrent, 92. — Conclut une trêve avec le comte de Montfort, 93. — Se rend à une conférence solennelle entre les chefs des Croisés et les chefs des Albigeois à Narbonne, 124. — Sur le refus du comte de Foix d'agréer les propositions qui lui sont faites, il met garnison dans ses places, et jure de le réduire à l'obéissance de l'Eglise, 125, 126. — Reçoit l'hommage du comte Simon de Montfort pour la ville de Carcassonne, 133. — Assiste à une nouvelle conférence à Montpellier, 134. — Promet de faire épouser par son fils aîné la fille du comte de Montfort, *ibid.* — Marie sa sœur au fils du comte de Toulouse, *ibid.* — Renvoie par Guy de Lucé au comte de Montfort cinquante chevaliers qu'il lui avait confiés pour faire la guerre aux Turcs, 161. — Reçoit le comte de Montfort, qui sollicite de lui des secours, 218. — Se rend à Toulouse, 222. — Obtient des chefs des Croisés une conférence, *ibid.* — Conclut avec eux une trêve, 223. — Établit au concile de Lavaur les demandes des comtes de Toulouse, de Comminges et de Foix, et celles de Gaston de Béarn, *ibid.* — Est tout-à-fait refusé, 225 *et suiv.* — Demande une nouvelle trêve, qui est également refusée, 230. — Prend sous sa protection les chefs des Albigeois et leurs Etats, 231. — Appelle au pape comme d'abus de la décision du concile, 232. — Obtient de lui la restitution de leurs terres aux princes de l'Albigeois, et la révocation de l'indulgence accordée aux Croisés, 238, 255. — Texte de la lettre que le pape lui adresse pour annoncer qu'il a rétracté toutes les dispositions favorables aux Albigeois, 238. — Il demande à Simon de Montfort une nouvelle conférence à laquelle il ne se rend pas, 241. — Lui envoie un défi auquel il répond, 243, 244. — Poursuit ouvertement la guerre contre les Croisés, 245. — Envoie auprès de Philippe-Auguste des ambassadeurs qui ne peuvent s'ouvrir de leur mission, 248. — Reçoit par le comte de Montfort des lettres du pape qui l'engage à abandonner les Albigeois, 259. — Promet d'obéir et arme toujours, 260. — Entre avec une armée en Gascogne, *ibid.* — Joint à Toulouse les chefs albigeois, 261. — Assiége Muret, *ibid.* — Est excommunié implicitement à Bolbonne, 264. — Livre bataille, 266. — La perd, *ibid. et suiv.* — Est tué, *ibid.* — Lettre écrite sur la bataille de Muret par les prélats qui se trouvent à l'armée des Croisés, 272 *et suiv.* — Lettre que lui adressent les habitans de Toulouse pour réclamer son secours après la levée du siège de cette ville par le comte Simon de Montfort, 372 (*Pierre de Vaulx-Cernay*).

Instruit des horreurs de Béziers, il interpose sa médiation entre le vicomte de Béziers et les chefs des Croisés qui l'assiégent dans Carcassonne, XV, 22 *et suiv.* — Approuve l'indignation du vicomte qui refuse une capitulation d'après laquelle il sortirait de la place lui douzième, et laisserait à merci ses compagnons d'armes, 26. — Prend congé du légat, 27. — A une conférence avec celui-ci et avec le comte Simon de Montfort, 46. — Entend les plaintes du comte de Toulouse, son beau-frère, contre les entreprises du légat, 55. — Est mandé avec lui au concile d'Arles, *ibid.* — Marche à son secours, 96, 97. — Assiége Muret, 98. — Entre dans la ville et l'évacue, 100. — Y laisse pénétrer sans obstacle le comte de Montfort, 101. — Donne l'assaut et est repoussé, 102. — Est attaqué dans son camp par les assiégés, *ibid.* — Est tué, *ibid.* (*Histoire des Albigeois*).

Il répudie sa femme Grécie, XV, 228. — Epouse la fille de celle-ci, Marie de Montpellier, femme répudiée du comte de Comminges, *ibid.*, 229. — Fait la paix avec le comte de Montfort et lui donne son fils Jacques en otage, 234. — Reçoit du comte Raymond VI le don simulé de la ville de Toulouse, 238. — S'y rend de sa personne et y établit ses officiers, 240. — Retourne en Espagne, *ibid.* — Met en fuite et bat Miramolin, roi des Sarrasins, ibid., 241. — Se rend à Toulouse et y réunit ses forces, 242. — Met le siége devant Muret, ibid. — Motifs que supposent les Croisés à cette expédition, 243. — Il refuse paix et trêve au comte de Montfort, 244. — Se prépare au combat malgré l'avis du comte de Toulouse, 245. — Engage la mêlée et est tué, 246 (*Guillaume de Puy-Laurens*).

Il marche avec les comtes de Toulouse, de Comminges et de Foix au siége de Muret, XV, 341. — Laisse entrer dans la place le comte de Montfort et son armée, 342. — Livre une bataille, 343. — La perd et est tué, ibid. — Son corps est reconnu par le comte de Montfort, 345 (*Gestes glorieux des Français*).

PIERRE III, roi d'Aragon. — Conclut un traité de paix et d'alliance de famille avec le roi saint Louis, XIII, 175. — Equipe une flotte contre Charles d'Anjou, 197. — Persuade au pape qu'elle est destinée pour l'Afrique, 198. — Après le massacre des Français en Sicile, et tandis que Charles d'Anjou fait le siège de Messine, il entre avec une armée, soulève le pays, se fait couronner roi, et force Charles à se retirer en Calabre, 199, 200. — Est anathématisé par le pape, qui délie ses sujets du serment de fidélité, et donne à Charles d'Anjou le royaume d'Aragon, 201. — Propose à ce prince de vider leur querelle cent contre cent dans les plaines de Bordeaux, ibid, 202. — Ne se rend pas au lieu indiqué, ibid. — Continue la guerre en Sicile, 203. — Informé que Philippe le Hardi marche vers l'Aragon, il court défendre son royaume, 225. — Emmène avec lui le prince Charles de Salerne, son prisonnier, devenu roi de Sicile par la mort de Charles d'Anjou, son père, ibid. — Livre sur la route de Roses à Gironne un combat dans lequel il est blessé mortellement, 206. — Sa mort est tenue cachée, 207. — Suite de la guerre, ibid. — Alphonse, son fils, lui succède au trône d'Aragon, et Jacques, son autre fils, au trône de Sicile, 208 (*Guillaume de Nangis*).

Il fait des préparatifs de guerre, XV, 394. — Est appelé pour régner en Sicile, où l'autorité de Charles d'Anjou est méconnue et tous les Français égorgés, 395. — Convient d'un duel avec ce prince, ibid. — Conditions de ce duel, ibid. — Il ne s'y rend point, ibid. — Fait prisonnier sur mer le fils de Charles d'Anjou, 396. — Est attaqué par les Croisés commandés par le roi de France en personne, ibid. — Harcèle son armée, ibid. — Meurt des suites de ses blessures, et Philippe le Hardi n'en est pas moins forcé de ramener en France son armée malade et affaiblie, ibid. (*Gestes glorieux des Français*).

PIERRE, vicomte de Lautrec. — Il propose de se retirer sans combattre devant l'armée des princes albigeois qui envahissent le Lauraguais, XV, 193. — S'enfuit du combat, 194 (*Histoire des Albigeois*).

Il se ligue avec le comte de Toulouse contre le roi de France, XV, 303. — Fait la paix, 305. — Est armé chevalier, 308 (*Guillaume de Puy-Laurens*).

Il feint d'entrer dans la ligue du comte de Toulouse contre le roi saint Louis, XV, 377 (*Gestes glorieux des Français*).

PIERRE ALGAIS, commandant du château de Biron. — Se rend au comte de Montfort, qui le fait pendre comme traître, XV, 89 (*Histoire des Albigeois*).

PIERRE ARNAULD, secrétaire des inquisiteurs envoyés contre les Albigeois. — Est assassiné avec eux à Avignon, XV, 379 (*Gestes glorieux des Français*).

PIERRE ARNAULD, moine de Cluse, prieur d'Avignonnet, secrétaire de l'Inquisition. — Est tué, avec cinq de ses collègues, par l'ordre du bailli du comte de Toulouse à Avignon, XV, 379 (*Gestes glorieux des Français*).

PIERRE BARTHÉLEMY, clerc ou paysan provençal. — Ranime le courage des Croisés au siége d'Antioche, en découvrant la lance avec laquelle Jésus-Christ a été percé, XVI, 318. — Des doutes s'élèvent à ce sujet dans l'armée, 382. — Il confond les incrédules par l'épreuve du feu, 383. — Meurt peu de jours après, *ibid.* (*Guillaume de Tyr*).

Rend compte à l'évêque du Puy, qui doute, et au comte de Toulouse, qui croit, de l'apparition de l'apôtre saint André, qui lui a découvert dans un songe la lance dont Jésus-Christ a eu le flanc percé, XXI, 269. — Est mis à la garde du chapelain du comte, 274. — Sa vision se trouve véritable, 277. — Il en a de nouvelles, 278. — Donne des instructions aux Croisés sur la manière dont ils doivent se conduire avant et pendant la bataille, 281. — Reçoit la visite de l'évêque du Puy, mort depuis la découverte, entend sa confession, et apprend ce qu'il désire des Croisés, 291. — Ecoute les ordres que Jésus-Christ lui intime par la bouche de saint André, 292. — Les répète aux princes croisés victorieux, qui négligent d'y obéir, 295. — A une longue conversation avec saint André, en présence de plusieurs prêtres éblouis, 296. — A une vision au siége de Marash, dans laquelle saint Pierre et saint André lui promettent la prise de la place, 305. — Ses nouvelles visions au siége d'Archas, 328. — On révoque en doute la réalité du miracle de la lance d'Antioche, 329. — Nombreux témoignages qui semblent le confirmer, 334 *et suiv.* — Il offre de subir l'épreuve du feu, 338. — En sort sans brûler sa tunique, 340, 341. — Est renversé à terre, foulé aux pieds, reçoit toutes sortes d'outrages, et n'échappe qu'avec peine à la mort, *ibid.* — Est reconduit chez le comte de Toulouse avec quelques brûlures aux jambes, 342. — Explique au chapelain ses pensées intimes, *ibid.* — Son mal augmente, 349. — Il meurt, 350. — Son ordre de n'approcher que les pieds nus à deux lieues de Jérusalem est négligé par les Croisés, 360 (*Raymond d'Agiles*).

Voit en songe saint André qui lui découvre la lance dont Jésus-Christ a été percé, XXIII, 189. — Artifice dont il use, 191. — Est condamné à subir l'épreuve du feu, 204. — Traverse le feu, tombe brûlé en sortant, et expire le lendemain, 205. — Après sa mort, les Croisés cherchent des secours plus efficaces que ceux de cet imposteur, 206 (*Raoul de Caen*).

Raconte aux princes croisés la vision qu'il eut de saint André lui découvrant la lance dont Jésus-Christ a été frappé, XXIII, 408. — La fait trouver dans l'église de Saint-Pierre, 409 (*Robert le Moine*).

Indique le lieu où l'on trouvera la lance dont Longin perça Jésus-Christ, XXIV, 46. — Subit l'épreuve du feu et en meurt, 47 (*Foulcher de Chartres*).

Sa vision relative à la lance dont Longin perça le côté de Jésus-Christ, XXVII, 473, 478. — Découverte de cette lance, 483 (*Orderic Vital*).

PIERRE DE BÉNÉVENT, légat du pape. — Réconcilie à l'Eglise les comtes de Foix et de Comminges, XIV, 291. — Convoque un concile à Montpellier, 310. — Proclame le comte Simon de Montfort prince et monarque des pays conquis dans l'Albigeois, *ibid.* — Ses craintes, à l'arrivée du prince Louis, sur le maintien de son autorité, 314. — Remet le pays à la garde du comte de Montfort, 320. — Retourne à Rome, 321 (*Pierre de Vaulx-Cernay*).

Est envoyé comme légat par le pape pour traiter de la paix dans l'Albigeois, XV, 250. — Obtient des otages, *ibid.* — Se fait livrer le château de Toulouse et celui de Foix, 251 (*Guillaume de Puy-Laurens*).

Tient à Montpellier un concile dans lequel le comte Simon de Montfort est déclaré seigneur et prince de Toulouse et des pays conquis, 348 (*Gestes glorieux des Français*).

Pierre Bonaize. — Se rend à Beaucaire au camp de Raimond VII, comte de Toulouse, XV, 138 (*Histoire des Albigeois*).

Pierre Brachuel. — Passe le Bosphore et conquiert beaucoup de pays en Turquie, XIX, 307. — Est appelé par l'empereur, 313. — Arrive après la défaite de l'armée, 319. — En rejoint les débris à Rodoste, 321 (*Bernard le Trésorier*).

Pierre de Brémont. — Est chargé de la garde du château de Séverac par le comte de Montfort, XIV, 309 (*Histoire des Albigeois*).

Pierre de Castelnau, moine et légat du pape en Albigeois. — Il excommunie le comte de Toulouse, XIII, 97. — Est tué par deux de ses serviteurs, 98 (*Guillaume de Nangis*).

Il convertit les hérétiques albigeois, qui retournent bientôt à leurs erreurs, XIV, 4. — Recommence sa mission, 12 *et suiv.* — Est en butte à la haine des hérétiques, 17. — Quitte ses compagnons, *ibid.* — Les rejoint à la conférence de Montréal, *ibid.* — Les quitte de nouveau, 18. — Excommunie Raymond VI, comte de Toulouse, *ibid.* — Son martyre, 29. — Lettre du pape Innocent à ce sujet, 30 *et suiv.*, 86, 87, 367 (*Pierre de Vaulx-Cernay*).

Maître-d'hôtel du légat Arnaud, abbé de Cîteaux, il l'accompagne dans l'Albigeois, XV, 3. — Sa querelle, au sujet de l'hérésie, avec un gentilhomme du comte de Toulouse, *ibid.* — Est tué d'un coup d'épée, 4 (*Histoire des Albigeois*).

Est envoyé par le pape dans l'Albigeois pour en extirper l'hérésie, XV, 220. — Convient avec les docteurs albigeois de soumettre leur doctrine respective à des arbitres laïcs, qui se séparent sans rendre de jugement, 226. — Est mis à mort, *ibid.* (*Guillaume de Puy-Laurens*).

Pierre de Cavaillon. — Présente ses hommages et offre ses services au comte de Toulouse, XV, 124 (*Histoire des Albigeois*).

Pierre Charlot, bâtard du roi Philippe-Auguste, trésorier. — Epilogue que lui adresse Guillaume le Breton, son précepteur, auteur du poème intitulé *Philippide*, XII, 388 (*la Philippide*).

Pierre de Colmieu. — Est chargé de remplir les fonctions de légat dans l'Albigeois, XV, 284. — Accompagne le comte Raymond VII à Toulouse pour veiller à l'exécution du traité de paix, *ibid.* — Etablit l'inquisition dans l'Albigeois, 285. — Charge l'évêque de Toulouse de désigner les hérétiques, *ibid.* — Va tenir concile à Orange, 286. — Retourne à Rome, *ibid.* (*Chronique de Guillaume de Puy-Laurens*).

Pierre de Colonne, cardinal. — Est déchu de sa dignité pour avoir affirmé l'injustice de la déposition du pape Célestin V, XIII, 226. — Est condamné comme schismatique et excommunié par le pape, 230. — Est chassé de Népi par l'armée papale, 232. — Est assiégé dans Colonne, *ibid.* — Implore et obtient la miséricorde du pape, qui, néanmoins ne le rétablit pas dans sa dignité, 234. — Prend la fuite et se cache, 236. — Est rétabli dans sa dignité par le pape Clément V, sur les instances de Philippe le Bel, 259 (*Chronique de Guillaume de Nangis*).

Pierre Flote. — Est tué dans la bataille gagnée par les gens de Bruges révoltés, sur l'armée de Philippe le Bel, XIII, 243 (*Guillaume de Nangis*).

Pierre Fors. — Conseille au comte Raimond VII de Toulouse de négocier avec le prince Louis, fils de Philippe-Auguste, XV, 198. — Contribue à la défense de Toulouse assiégé, 200 (*Histoire des Albigeois*).

PIERRE-GANGES (Paul de). *Voy.* PAUL DE PIERRE-GANGES.

PIERRE DE GENÈSE, commandant de Savonne. — Est fait prisonnier, XIII, 334 (*Guillaume de Nangis*).

PIERRE GENIN. — Est tué à côté de Philippe-Auguste à la bataille de Mons-en-Puelle, XIII, 254 (*Guillaume de Nangis*).

PIERRE MAUCLERC, duc de Bretagne, fils de Robert, comte de Dreux. — Il épouse la fille de Guy de Thouars, XI, 266. — Reçoit en dot du roi Philippe-Auguste le duché de Bretagne, après l'assassinat du prince Arthur, *ibid.* — Prête serment entre les mains du prince Louis, fils du roi, *ibid.* (*Guillaume le Breton*).

Son discours au roi Louis VIII sur la guerre d'Aquitaine et le siège de La Rochelle, XI, 409 (*Gestes de Louis VIII*).

Il jure d'aider Philippe-Auguste dans la guerre contre les coalisés, XII, 261. — S'élance au secours de la flotte de Philippe-Auguste attaquée et presque prise dans le port de Dam, 272. — Met l'ennemi en fuite à son arrivée, 273. — Offre la bataille au roi d'Angleterre qui la refuse, 285, 286. — Est attaqué par deux comtes de son duché, 365. — Tourne ses armes contre Amauri de Craon, 366. — Le fait prisonnier, 367 (*la Philippide*).

Il épouse la fille de Guy de Thouars et de Constance de Bretagne qui lui apporte la Bretagne en dot, XIII, 89. — Conspire contre le roi Louis IX avec les comtes de la Marche et de Champagne, 137. — Obtient sa grâce de la clémence du roi, *ibid.* — Se révolte et appelle le roi Henri d'Angleterre, 138. — Est abandonné par ce prince qui s'en retourne à la vue de l'armée française, 139. — Perd le château de Bellême, *ibid.* — Recommence la guerre et perd d'autres places, *ibid.* — Fait la guerre pour son compte en Syrie, 146. — Est pris ou tué, *ibid.* (*Guillaume de Nangis*).

Il part avec le roi Louis IX pour son expédition d'Afrique, XV, 323 (*Guillaume de Puy-Laurens*).

Il entre, avec les principaux seigneurs de France, dans la ligue formée par le roi Henri III d'Angleterre contre le roi saint Louis, qui la dissipe, XV, 372 (*Gestes glorieux des Français*).

Il part pour la Syrie, XIX, 499. — Recueille à Ascalon les débris des Chrétiens battus par les Turcs à Gaza, 501 (*Bernard le Trésorier*).

PIERRE LE BORGNE, abbé de Clairvaux. — Ses visions, XIII, 54 (*Guillaume de Nangis*).

PIERRE LE MANGEUR. — Ses travaux scolastiques, XIII, 47 (*Guillaume de Nangis*).

PIERRE D'ACHÈRES, ou L'ERMITE. — Il est le chef qui conduit la première croisade, VII, 85 (*Hugues de Fleury*).

Il prêche la croisade en France, IX, 58. — Conduit une armée par la Hongrie, 59. — Ravage ce pays, 60. — La voit détruite, 61. — S'échappe et arrive à Constantinople, *ibid.* — Se sépare des Croisés d'Italie et d'Allemagne à Nicomédie, 62. — Cède le commandement à Gautier-sans-Avoir et se retire à Constantinople, 66. — Souvenirs de son expédition, 103. — Il abandonne la croisade, 128. — Est chargé d'une mission par les Croisés assiégés dans Antioche, 197. — Son discours, *ibid.* — Il reste à Jérusalem pendant la bataille d'Ascalon, 269 (*Guibert de Nogent*).

Il fait le pèlerinage de Jérusalem, XVI, 30. — Son portrait, *ibid.* — Sa conférence avec le patriarche Siméon, 31. — Il promet d'informer le monde chrétien de l'état des choses, et de solliciter de puissans secours, 32. — Remplit sa mission auprès du pape Urbain, 34. — Visite, presse, gourmande les peuples et les grands, *ibid.* — Prend la croix,

49. — Part à la tête de quarante mille pèlerins indisciplinés, 55. — Détails de son voyage par la Hongrie et la Bulgarie à Constantinople, *ibid.* et *suiv.* — Il joint dans cette capitale Gautier-sans-Avoir, 63. — Traverse le Bosphore et arrive en Bithynie, 64. — Voit la plupart de ses Croisés se former en bandes qui vont piller jusqu'à dix milles du camp, *ibid.* — Est défait par le sultan Soliman, 66 *et suiv.* — Obtient de l'empereur des troupes qui sauvent la vie au petit reste des Croisés échappés au fer de Soliman, 69. — Joint l'armée des princes chrétiens à Nicomédie, 121. — Récit de ses malheurs, *ibid.* — Il apprend que les prisonniers de son expédition sont rendus au duc Godefroi de Bouillon, 146. — Est chargé par les princes croisés de proposer au chef des Persans qui assiègent Antioche de leur abandonner cette ville, 320. — Son discours, 321. — Ses propositions sont rejetées avec mépris, 322. — Il prêche l'armée au siège de Jérusalem, 437. — Hommages dont il est l'objet, 460 (*Guillaume de Tyr*).

Son voyage à Jérusalem, XX, 3. — Ses conversations avec le patriarche, *ibid.* — Ses visions, 4. — Il fait son rapport au pape, 5. — Décide la croisade par ses prédications, 7. — Suit Gautier-sans-Avoir, qui obtient la permission de l'attendre à Constantinople, 9. — Est instruit des projets hostiles des Bulgares, *ibid.* — Reconnaît, suspendues aux murs de Malaville (Semlin), les dépouilles des Croisés de Gautier-sans-Avoir, 10. — Excite ses compagnons à la vengeance, *ibid.* — Assiège et prend la ville, *ibid.* — Occupe et pille Belgrade, 11. — S'enfuit devant l'armée du roi de Hongrie qui le poursuit, 12. — Fait mettre à mort le petit nombre de prisonniers qui tombent entre ses mains, 13. — Traverse les forêts de la Bulgarie, *ibid.* — Arrive devant Nissa, *ibid.* — Obtient la faveur d'acheter des vivres, 14. — Donne des otages qui lui sont rendus, *ibid.* — Se met en marche, et les moulins de Nissa sont en feu, *ibid.* — Informé de la vengeance exercée sur son arrière-garde, il retourne sur la ville, 16. — Voit livrer un nouveau combat par son armée révoltée contre lui, *ibid.* et 17. — Est battu par les Bulgares, 18. — Perd son trésor, *ibid.* — S'enfuit et rallie par hasard cinq cents hommes de quarante mille qu'il avait la veille, 19. — En trouve sept mille le matin et se remet en marche, *ibid.* — Reçoit des députés de l'empereur Alexis qui, mécontent des Croisés, leur adresse pourtant des paroles de paix, 21. — Arrive à Constantinople, 22. — Est présenté à l'empereur, *ibid.* — Reçoit de lui de l'argent, 23. — Se réunit à Gautier-sans-Avoir, *ibid.* — Passe le Bosphore, *ibid.* — Va camper à Civitot, *ibid.* — Ne peut empêcher ses Croisés de faire des excursions jusque sous les murs de Nicée, d'attaquer Soliman, de camper sur ses terres et d'être défaits complètement, 24 à 27. — Se rend à Constantinople où il est retenu par l'empereur, *ibid.* — Apprend que les armées chrétiennes, ayant insulté Soliman, ont été entièrement détruites, 33. — Obtient pour leurs débris assiégés la protection efficace de l'empereur, *ibid.* — Réunit les faibles restes de sa malheureuse expédition à celle de Godefroi de Bouillon, 69. — Est envoyé comme plénipotentiaire auprès de Kerbogaz, commandant le siège d'Antioche, 249. — Lui propose de se faire chrétien, 250. — Sur son refus, demande le combat vingt contre vingt, *ibid.* — Est renvoyé avec mépris, *ibid.*, 251. — Porte, de Jérusalem à l'armée chrétienne, marchant contre les Sarrasins débarqués à Ascalon, le bois de la vraie croix de Jésus-Christ, 360. — Bénit l'armée avant le combat, 362 (*Albert d'Aix*).

Il est trahi par l'empereur Alexis,

XXI, 237. — Perd soixante mille hommes aux environs de Nicée, 238. — Va exposer au chef des Turcs qu'il doit renoncer à assiéger Antioche, parce que cette place appartient à saint Pierre et aux Chrétiens, 283. — Est chargé de la perception et de la distribution de la moitié de la dîme imposée sur le butin de l'armée, 327. — Reste à Jérusalem pendant la campagne contre les Ascalonites, pour faire des processions et des prières pour que Dieu défende son peuple, 393 (*Raymond d'Agiles*).

Son voyage à Jérusalem, XXII, 53. — Ses conversations avec le patriarche Siméon, *ibid*. — De retour en Europe, il dispose les esprits au pélerinage de Jérusalem, 54. — Traînant avec lui une nombreuse multitude des deux sexes, il traverse la Hongrie, etc., au milieu des vexations, 55. — Perd dix mille hommes dans un combat, *ibid*. — Arrive à Constantinople, *ibid*. — Est suivi de beaucoup d'autres Croisés, 56. — S'empare de Nicée, *ibid*. — Assiége Antioche, *ibid*. — Est accueilli à Jérusalem avec des croix et des cierges, au chant des hymnes et des cantiques, 60 (*Jacques de Vitry*).

Il va proposer au général des Perses un combat singulier sous Antioche, XXIII, 161. — Son discours, 162. — Réponse du général persan, 163 (*Raoul de Caen*).

Il prêche la croisade, XXIII, 308. — S'associe le duc Godefroi de Bouillon, *ibid*. — Arrive à Constantinople, où il n'entre pas, *ibid*. — Est envoyé au-delà du détroit par l'empereur Alexis, mécontent des ravages et dévastations des Croisés, 309. — Est remplacé dans le commandement par un nommé Renaud, *ibid*. — Est attaqué lui-même après la défection de son successeur, 311. — Est défendu par Gautier-sans-Avoir, *ibid*. — Se rend à Constantinople, 312. — Déserte le siège d'Antioche, 360. —

Va, de la part des Croisés assiégés dans cette place, proposer au général persan un combat singulier, 411. — Sa réponse, 412. — Il revient au camp et rend compte de sa mission, 414. — Reste à Jérusalem pendant la campagne d'Ascalon, 464 (*Robert le Moine*).

Il marche par la Hongrie sur Constantinople, XXIV, 16. — Laisse son armée à Gautier-sans-Avoir, bientôt tué, *ibid*. — Propose au général qui assiège Antioche la bataille ou un combat singulier, 50 (*Foulcher de Chartres*).

Il part de France pour la Palestine avec la famille de Poix et quinze mille hommes, XXVII, 421. — Recrute à Cologne, *ibid*. — Rallie en Cappadoce les Croisés, *ibid*. — Son arrivée à Constantinople, 423. — Il réunit les Croisés qui, quoique bien accueillis, n'en pillent pas moins les Grecs, *ibid*. — Se fait renvoyer au-delà du détroit, *ibid*. — Ses Croisés se conduisent en ennemis, se choisissent un autre chef, et s'aventurent en Romanie, 424. — Il abandonne sa troupe désobéissante et retourne à Constantinople, 428. — Déserte du camp sous Antioche, 456. — Est arrêté par Tancrède, *ibid*. — Est puni par Boémond, 457. — Va proposer, de la part des Croisés, au général ennemi, de lever le siège et de se faire chrétien, 483. — Est chargé de garder Jérusalem pendant l'absence des troupes marchant à l'ennemi vers Ascalon, 538 (*Orderic Vital*).

PIERRE DE BELLÊME. — Se distingue en Hainaut dans la guerre de Charles d'Anjou, frère de saint Louis, XIII, 166 (*Guillaume de Nangis*).

PIERRE DE BÉNÉVENT. *Voyez* BÉNÉVENT.

PIERRE DE LA BROSSE, chambellan de Philippe le Hardi. — Est pendu à Paris, sans motif connu, au gibet des voleurs, XIII, 195 (*Guillaume de Nangis*).

PIERRE DE CAPOUE, cardinal. — Est envoyé par le pape Innocent III pour négocier la paix entre la France et l'Angleterre, XI, 144 — Obtient une trève de cinq ans, 145. — Informé que le roi retient prisonnier l'évêque élu de Cambrai, il met toute la France en interdit, 146 — Assemble un concile, 147. — Y proclame la sentence d'interdiction pour être publiée à terme fixe, *ibid.* (*Rigord*).

PIERRE DE COURTENAI, comte d'Auxerre. — Tient le parti de Philippe-Auguste, quoique son fils, le comte de Namur, marche contre le roi sous les drapeaux des coalisés, XII, 301 (*Guillaume le Breton*).

Il est élu empereur des Grecs par les Francs et les Latins, XIII, 119. — Accepte et va à Rome avec Yolande, sa femme, *ibid.* — Y sont sacrés par le pape, 120. — Envoie par mer l'impératrice à Constantinople, *ibid.* — Assiége Durazzo, *ibid.* — Est fait prisonnier par le duc Théodore, 121. — Perd sa femme, qui lui laisse un fils nommé Baudouin, 127. — L'empire est offert à son fils, qui le cède à son frère cadet Henri, qui l'accepte, *ibid.* (*Guillaume de Nangis*).

Il prend la croix contre les Albigeois, et se réunit à l'abbé de Citeaux, légat du pape, XV, 5. — Assiste au sac de Béziers, 19. — Marche contre le comte de Toulouse, 60 (*Histoire des Albigeois*).

Il marche à la croisade contre les Albigeois, XV, 230. — Concourt à la prise, au sac et au massacre de Béziers, 231 (*Guillaume de Puy-Laurens*).

Il débarque à Saint-Jean-d'Acre, XVIII, 370 (*Guillaume de Tyr*).

Il est appelé au trône de Constantinople aux droits de sa femme Yolande, comtesse de Namur, héritière des empereurs Baudouin et Henri, XIX, 329. — Vont à Rome, et se font couronner par le pape, *ibid.* — Débarquent à Durazzo, *ibid.* — Il envoie l'impératrice par mer et continue sa route par terre, 331 (*Bernard le Trésorier*).

PIERRE DE DOUAI. — Est fait prisonnier à Bovines et livré au roi Philippe-Auguste, XI, 146 (*Rigord*).

PIERRE DE LATILLY, évêque de Châlons, chancelier de Philippe le Bel. — Est destitué par le roi Louis Hutin, XIII, 308. — Est mis en prison, soupçonné d'être auteur de la mort des deux derniers rois, 310. — Trois femmes, convaincues des crimes qui lui sont imputés, sont brûlées à Paris, 313. — Il est traduit devant le conseil de Senlis, qui s'ajourne à Paris, 315 (*Guillaume de Nangis*).

PIERRE DE LÉON. *Voyez* ANACLET.

PIERRE DE LÉON. — Se prétend pape et chasse de Rome Innocent II, qui est rétabli par Lothaire, XIII, 14 à 18. — Sa mort, 19 (*Guillaume de Nangis*).

Il se maintient pendant sept ans dans la papauté, XXV, 172 (*Orderic Vital*).

PIERRE DE MAULE. *Voy.* MAULE.

PIERRE DE MAUVOISIN. *Voy.* MAUVOISIN.

PIERRE DE MONTOIRE, comte de Vendôme. — Meurt en Chypre dans la première croisade de saint Louis, XIII, 157 (*Guillaume de Nangis*).

PIERRE DE PISE. — Est envoyé par le roi Roger de Sicile à une conférence pour la reconnaissance de l'un ou l'autre pape élu, X, 293. — Dispute avec saint Bernard et se soumet à l'obédience d'Innocent II, 296 *et suiv.* (*Guibert de Nogent*).

PIERRE DE TOUL, frère du comte Renaud. — Accompagne à la Terre-Sainte le duc Godefroi de Bouillon, XVI, 78 (*Guillaume de Tyr*).

L'accompagne dans sa conférence avec le roi de Hongrie, XX, 46, 49. — Va avec lui à l'audience de l'empereur Alexis, 64 (*Albert d'Aix*).

Pierre de Vaulx-Cernay. — Notice sur sa vie et ses ouvrages, XIV, 1. — Il prend la croix et passe outremer, XIX, 275 (*Bernard le Trésorier*).

Pierre de Vérone, inquisiteur. — Est tué à Milan, XV, 385 (*Gestes glorieux des Français*).

Pierre des Vignes. *Voy.* Vignes (Pierre des).

Pierre des Alpes. — Est nommé commandant de Césarée par les Croisés, IX, 114 (*Guibert de Nogent*).

Pierre d'Ameil, archevêque de Narbonne. — Il est envoyé par le légat et le roi Louis VIII en Albigeois, préparer les esprits à la soumission, XV, 272. — Ses succès, 273. — Concourt à la prise de Bécède, 276. — Est fait prisonnier dans la défaite de Castelnaudary, 277. — Se réfugie à Carcassonne, voyant ses terres envahies par le vicomte de Béziers, 296. — Assiége et prend Montségur par surprise, 306. — Y fait brûler deux cents hérétiques, 307 (*Guillaume de Puy-Laurens*).

Il est envoyé par le roi Louis VIII dans les États du comte de Toulouse, pour préparer les esprits à le recevoir, XV, 361. — Succès de sa mission, *ibid*. — Accompagne Humbert de Beaujeu au siége de Bécède et dans sa course désastreuse aux environs de Toulouse et au comté de Foix, 366 à 368. — Entre dans Carcassonne, assiégée par Trencavel de Béziers, 376 (*Gestes glorieux des Français*).

Pierre d'Arrablor, chancelier du roi Philippe le Long. — Réunit les grands de l'État et leur fait prêter serment de fidélité et d'obéissance au nouveau roi et à sa postérité, et déclarer les femmes inhabiles à succéder à la couronne de France, XIII, 322 (*Guillaume de Nangis*).

Pierre d'Arsis. — Fait une sortie de Toulouse, malgré le comte Raymond, bat le comte de Montfort et le contraint à lever le siége, XV, 74, 75 (*Histoire des Albigeois*).

Pierre d'Aufi. — Est fait comte de Plastence, XXVII, 450 (*Orderic Vital*).

Pierre d'Avallon. — Fait, sous les ordres de Jean d'Ibelin, la guerre pour les Hospitaliers au soudan d'Hamath, XIX, 481 (*Bernard le Trésorier*).

Pierremore (Guérin de), Croisé. — Est tué au siége d'Archas, XXIII, 449 (*Robert le Moine*).

Pilate. — Ses rapports à l'empereur Tibère sur la mort de Jésus-Christ, I, 18. — Son suicide, 19 (*Grégoire de Tours*).

Pilati (Gesta), livres apocryphes, I, 19 (*Grégoire de Tours*), à la note.

Pin (Gilbert du). *Voyez* Gilbert.

Piperai (Guillaume). *Voy.* Guillaume Peverel.

Piraste de Talaminie. — Marche au secours de Tancrède à Antioche, XXI, 172 (*Albert d'Aix*).

Piselle de Tournai, Croisé. — Se rend à l'armée réunie à Jaffa, XXI, 91. — Combat à la bataille d'Ibelin, 93. — Accompagne le roi Baudouin III de Jérusalem dans le voyage qu'il fait en Cilicie pour être présenté à l'empereur Manuel, XVIII, 134 (*Guillaume de Tyr*).

Pissiac (Amaury). — Est fait prisonnier par les Albigeois dans Carcassonne, XIV, 75, 76 (*Pierre de Vaulx-Cernay*).

Pissiac (Guillaume de). *Voyez* Guillaume de Pissiac.

Pitton, cousin de Gondeberge, reine des Lombards. — Combat le jugement de Dieu, et tue le dénonciateur de cette princesse, II, 199 (*Grégoire de Tours*).

Placidine, femme d'Apollinaire. — Décide saint Quintien, évêque chassé de Rhodez, à ne pas accepter l'évêché d'Auvergne auquel il est élu, et fait nommer son mari, I, 113. — Est exilée, 124 (*Grégoire de Tours*).

PLANCY (Milon de). *Voy.* MILON DE PLANCY.

PLECTRUDE, femme de Pepin d'Héristal. — Son éloge, II, 236. — Elle gouverne après la mort de son mari, 237. — Retient prisonnier le prince Charles, fils de son mari, *ibid.* — Le laisse s'évader, 238. — Distribue une partie des trésors de Pepin au maire du palais de Neustrie et au duc des Frisons, momentanément vainqueurs du prince son beau-fils, *ibid.* — Rend à celui-ci les trésors de son père, 239 (*Grégoire de Tours*).

PLESSIS (Geoffroi du), protonotaire de la cour de Rome. — Est chargé d'informer sur le mariage du roi Charles le Bel avec Blanche de Bourgogne, XIII. 355. — En fait prononcer la nullité par le pape, *ibid.* (*Guillaume de Nangis*).

POGGI (le cardinal). — Attaque Galéas de Milan, XIII, 366. — Lui livre bataille, *ibid.* — Est vaincu et s'enfuit, *ibid.* (*Guillaume de Nangis*).

POINTEL (Guillaume). — Livre au comte Amauri de Montfort, neveu du feu comte Guillaume, la citadelle d'Evreux, qu'il était chargé de garder pour le roi d'Angleterre, XXVIII, 272, 282, 283. — Défend Evreux contre ce prince, 303 (*Orderic Vital*).

POITIERS (Aimar de). — Résiste au comte de Montfort, XIV, 282. — Contraint par la nécessité, il se rend à discrétion, 283. — Soutient le parti des comtes de Toulouse dans la Provence, 334. — Est assiégé dans Crest par le comte de Montfort, 335. — Fait la paix et reçoit pour son fils la fille du comte en mariage, 336 (*Pierre de Vaulx-Cernay*).

Sa guerre contre le comte de Montfort sur la rive gauche du Rhône, XV, 258 (*Guillaume de Puy-Laurens*).

Fait la guerre au comte de Montfort, XV, 355 (*Gestes glorieux des Français*).

POITIERS (Amanuges, comte de).

— Ravage la Touraine et est tué, II, 259 (*Chronique de Frédégaire*).

POITIERS (Arnoul, comte de). — Conspire contre le roi d'Angleterre Henri 1er, en faveur du duc Robert de Normandie, XXVIII, 83 (*Orderic Vital*).

POITIERS (Emène, comte de). — S'empare du jeune Pepin, fils du feu roi Pepin d'Aquitaine, et ravage le pays en son nom, méconnaissant la puissance du roi Charles de Neustrie, III, 415 (*L'Astronome*).

POL. *Voyez* SAINT-POL.

POLIGNAC (le vicomte de). — Arrête les voyageurs, dévaste les églises, etc., VIII, 223. — Est fait prisonnier par le roi Louis le Jeune, 224 (*Vie de Louis le Jeune*).

POLYCARPE (saint). — Il est brûlé vif, sous le règne de Trajan, lors de la persécution excitée en Asie contre les Chrétiens, I, 22 (*Grégoire de Tours*).

POMPÉGE. — Est envoyé près du roi Clotaire pour traiter de l'affranchissement du tribut annuel de 12,000 sous d'or que la Lombardie devait aux rois francs, II, 195 (*Chronique de Frédégaire*).

PONCIEN (saint), 17e pape. — Son exil, XXV, 383 (*Orderic Vital*).

PONS, abbé de Cluny. — Ses réponses aux prétentions élevées par l'évêque de Mâcon devant le concile de Rheims, XXVIII, 325. — Dépose sa charge d'abbé entre les mains du pape, 362. — Se retire au mont Thabor, *ibid.* — Revient à Cluny, 363. — Troubles que sa présence y cause, *ibid. et suiv.* (*Orderic Vital*).

PONS RENAUD. *Voy.* RENAUD.

PONS D'ADHÉMAR DE RODELLES. — Prêche contre l'hérésie des Albigeois, et s'étonne de la force de sa dialectique, XV, 224 (*Guillaume de Puy-Laurens*).

PONS DE BALADUN, BALASU ou BALAZUN. — Assiste à la fouille faite dans l'église de Saint-Pierre d'Antioche pour découvrir la lance dont

Jésus-Christ a été percé, XXI, 275. — Est tué au siége d'Archas, 322 (*Raimond d'Agiles*); XVI, 381 (*Guillaume de Tyr*); XXIII, 449 (*Robert le Moine*).

PONS DE MONDRAGON. — Marche au secours du comte de Toulouse à Avignon, XV, 126 (*Histoire des Albigeois*).

PONS DE MONTBOISSIER, abbé de Vézelai. — Ses différends avec l'évêque d'Autun, VII, 102 et suiv. — Autres avec Guillaume II, comte de Nevers, 138 et suiv. — Il conserve les libertés de son église, 201 (*Histoire de Vézelai*). Construit une église en commémoration de la croisade de Louis le Jeune, XI, 214 (*Vie de Philippe-Auguste*). Parvient à faire dissoudre la *Commune* de Vézelai, VIII, 228. — Sa mort, VII, 206 (*Vie de Louis le Jeune*).

PONS DE MONTLAUR. — Se soumet au comte de Montfort, XIV, 282 (*Pierre de Vaulx-Cernay*).

PONS D'OLARGUES. — Entre dans la ligue du comte de Toulouse contre le roi Louis IX, XV, 305, 377 (*Guillaume de Puy-Laurens*).

PONS DE LA ROCHE-AU-MOINE. — Artifice dont il se sert pour tuer Enguerrand Brise-Moutier, XII, 291, 292 (*la Philippide*).

PONS DE SAINT JUST. — Marche au secours du comte de Toulouse à Avignon, XV, 126 (*Histoire des Albigeois*).

PONS, comte de Tripoli. — Il épouse la veuve de Tancrède, d'après le vœu de son mari, XVII, 156. — Marche au secours du roi de Jérusalem, 158. — Arrive après la perte de la bataille imprudemment livrée, *ibid*. — Rentre dans ses Etats, *ibid*., 159. — Court au secours du prince d'Antioche, 206. — Se rallie au roi de Jérusalem, *ibid*. — Arrive à Antioche après la mort du prince et la perte de la bataille, 211. — Refuse l'hommage au roi de Jérusalem, 222. — Le rend sur médiation, *ibid*. — Reçoit chevalier le messager qui apporte au siége de Tyr la tête du prince turc Balak, tué par le comte d'Edesse, 271, 272. — Contribue à la reddition de cette place, 275. — Quitte le siege de Tyr pour combattre le soudan de Damas, 277, 278 — Contribue au gain de la bataille d'Hasarth contre Bersequin, 282. — Prend Rafanée avec l'aide du roi, 290, 291. — Lève ses chevaliers et marche avec les Templiers et les nouveaux croisés au siége de Damas, sous les ordres du roi de Jérusalem, 305. — Prend les intérêts d'Alix, veuve de Boémond II, contre la jeune princesse Constance d'Antioche, 323. — Refuse le passage au roi de Jérusalem, 324. — Est attaqué et vaincu, 325. — Obtient la paix, *ibid*. — Est assiégé par les Turcs et délivré par le roi, 327. — Livre bataille à Bérenger de Damas, 364. — Est fait prisonnier et tué, *ibid* — Son fils Raimond lui succède, *ibid*. (*Guillaume de Tyr*).

Il se joint à l'armée du roi Baudouin Ier, et marche contre les Turcs dans la principauté d'Antioche, XXI, 199. — Epouse la veuve de Tancrède, fille du roi de France, *ibid*. (*Albert d'Aix*).

Il refuse obéissance au roi de Jérusalem, XXIV, 203 — Se soumet devant une armée, *ibid*. — Se joint au roi Baudouin II, et bat l'ennemi dans les plaines d'Antioche, 249, 250. — L'appelle à son aide, 263. — S'empare de Raphanie, 265 (*Foulcher de Chartres*).

Il se réunit au roi de Jérusalem, XXVIII, 214. — Arrive trop tard au secours du prince Roger d'Antioche, *ibid*. — Défait l'ennemi à la bataille de Harenc, *ibid* — Est fait prisonnier par les infidèles, et mis aux fers, 216. — Est battu par le roi d'Alep, 405 (*Orderic Vital*).

PONT-ECHENFREI (Gauscelin). — Se croise et prend le chemin de Jérusalem, XXVIII, 187 (*Orderic Vital*).

PONTEFRACT (Robert de). *Voy.* ROBERT.

PONTHIEU (Guy, comte de). — Est fait prisonnier par les Normands à la bataille de Mortemer-sur-Eaune, XXV, 169; XXVII, 138 (*Orderic Vital*.; XXIX, 354 (*Guillaume de Jumiége*).

PONTHIEU (Guy 1er, comte de). — Retient en prison Harold, que le roi Edouard d'Angleterre envoie près de Guillaume le Bâtard, XXIX, 367. — Le lui rend à Eu sur ses réclamations, 368 (*Guillaume de Jumiége*).

PONTHIEU (Guy II, comte de). — Prend la croix avec Louis le Jeune, VIII, 213 (*Suger*); XIX, 167 (*Bernard le Trésorier*). Tombe malade à Éphèse et meurt, XVII, 505 (*Guillaume de Tyr*).

PONTHIEU (Agnès de). — Abandonne Robert de Bellême, son mari, qui la retenait prisonnière, et rentre dans sa famille, XXVII, 371 (*Orderic Vital*).

PONTHIEU (Enguerrand, comte de). *Voy.* ENGUERRAND, comte de Ponthieu.

PONTHIEU (Gautier, comte de). *Voyez* GAUTIER, comte de Ponthieu.

PONTIS (Arnaud de). — Concourt à la défense de Toulouse assiégée par le fils du roi Philippe-Auguste, XV, 200 (*Histoire des Albigeois*).

PONTOISE (Biotte, comtesse de). — Est empoisonnée avec son mari par ordre de Guillaume le Grand, duc de Normandie, XXVI, 98, 250 (*Orderic Vital*).

POPA, fille de Guy de Senlis. — Est mariée à Rollon, duc des Normands, XII, 220 (*la Philippide*).

POPON, duc des Frisons. — Est tué par le duc Charles, II, 242 (*Chronique de Frédégaire*).

POPON, duc de Thuringe. — Persuade à l'évêque Arnould de Wurtzbourg d'aller combattre les Esclavons, qui le tuent, IV, 340. — Est dépouillé de ses dignités et de son duché donné à Conrad, qui le lui rend volontairement, *ibid.* (*Annales de Metz*).

POPPE, fille du comte de Senlis, *alias* fille du comte de Bayeux. — Epouse Rollon, duc des Normands, XII, 220 (*la Philippide*); XXVI, 7 (*Orderic Vital*).

PORCARIC, abbé de Saint-Hilaire. — Est envoyé par l'évêque de Poitiers auprès des évêques chargés de terminer les difficultés nées entre les religieuses, afin d'obtenir d'eux la permission de les communier, II, 74 (*Grégoire de Tours*).

PORCELAIN. — Est fait prisonnier par les généraux de Philippe-Auguste et conduit à Paris, XI, 178 (*Rigord*).

PORCELET (Bertrand). — Marche au secours du comte de Toulouse à Avignon, XV, 126 (*Histoire des Albigeois*).

PORÉE (Gilbert de la). *Voyez* GILBERT DE LA PORÉE.

PORPHYROGÉNÈTE, fils de l'empereur Alexis. — Est donné en otage aux Croisés pendant l'entrevue du duc Godefroi de Bouillon avec son père, XVI, 98 (*Guillaume de Tyr*).

PORRADE, chevalier. — Se distingue au combat des Bordes contre les Croisés, XV, 84 (*Histoire des Albigeois*).

PORRETTE. *Voy.* MARGUERITE DE HAINAUT.

PORSENNE OU PORSESSA (Guy de). — Prend la croix, XVI, 49. — Se distingue au siège de Nicée, 134. — Tombe malade, 135 (*Guillaume de Tyr*). Sa belle conduite au siége de Nicée, XX, 72. — Repousse les attaques de Soliman, 79. — Sa mort, 87 (*Albert d'Aix*).

PORTACLÉE, PORTECLÉE OU PORTECLIN DE MANZY. — Combat en Poitou l'armée de Philippe-Auguste, XII, 224. — Est renversé de cheval, 226. — Est vaincu, 227 (*la Philippide*).

PORTRELLES (Bernard de). — Pend

à un noyer, par ordre du comte Raimond VI de Toulouse, son frère Baudouin, qui lui a été livré par trahison, XIV, 288 (*Pierre de Vaulx-Cernay*).

Fait pendre le comte Baudouin de Toulouse, pris traîtreusement et livré au comte Raimond VI, son frère, XV, 245 (*Guillaume de Puy-Laurens*).

Pouille (Drogon, prince de la). *Voyez* Drogon, chevalier normand.

Poultrel (Robert). — Ses donations à l'abbaye d'Ouche, XXVII, 21 (*Orderic Vital*).

Pradelle (Pierre de). — Son éloge, XII, 74. — Ses exploits sous Mantes au combat entre les chevaliers français et anglais, 88 (*la Philippide*).

Prat (Baudouin de). — Prisonnier de Philippe-Auguste à la bataille de Bovines, il est mis en liberté sous caution, XI, 311 (*Guillaume le Breton*).

Prétextat, évêque de Rouen. — Son procès, I, 245 *et suiv.* — Son exil, 253. — Il est reçu par le roi Gontran et renvoyé à son évêché, 389. — Récite au synode de Mâcon les oraisons qu'il avait composées pour son église, 449. — Est assassiné à l'autel par ordre de Frédégonde, 462. — Fermeture de toutes les églises, 463. — Son assassin, livré par Frédégonde, accuse la reine et l'évêque Melantius d'avoir ordonné et payé son crime, 473 (*Grégoire de Tours*).

Ordres du roi Gontran d'informer du meurtre de ce prélat, II, 34. — Texte de sa lettre à l'abbesse Radegonde, 57 *et suiv.* — Distique héroïque en son honneur, XXVI, 334. — Sa vie, *ibid.* — Principaux événemens de son épiscopat, *ibid.* (*Orderic Vital*).

Preuilly (Geoffroi de). — Fait prisonnier le prince d'Anjou, Charles le Barbu, VII, 78. — Est tué le même jour par le peuple d'Angers, 79 (*Vie de Bouchard*).

Priam, roi de Troie. — Tige des rois francs, XI, 48 (*Rigord*).

Priscien de Césarée. — Ses travaux, XXV, 412 (*Orderic Vital*).

Priscus, évêque de Lyon. — Persécutions que sa femme Suzanne et lui exercent contre les amis de son prédécesseur saint Nicet, I, 193, 194. — Leur punition, *ibid.* — Visions, miracles, 195. — Rixe de ses serviteurs avec ceux du duc Leudégésile, 450. — Argent que donne le prélat pour acheter la paix, *ibid.* (*Grégoire de Tours*).

Priscus, Juif. — Résiste à l'éloquence de Grégoire de Tours et du roi Chilpéric, et ne se convertit pas, I, 307 à 311. — Est tué par un Juif converti, lorsqu'il accomplissait la loi de Moïse, 330. — Son assassin est tué par ses parens, *ibid.* (*Grégoire de Tours*).

Privat, évêque de Gévaudan. — Sa vie pendant l'occupation des Gaules par les Allemands, I, 27 (*Grégoire de Tours*).

Probinus, ex-consul. — Combat dans Rome les partisans du pape Symmaque, XXV, 402 (*Orderic Vital*).

Probus, empereur. — Principaux événemens de son règne, XXV, 117 (*Orderic Vital*).

Procule, évêque de Tours. — Ses travaux, II, 146. — Sa mort, *ibid.* I, 134 (*Grégoire de Tours*).

Procule, prêtre. — Est tué misérablement au sac de Volorre, I, 125 (*Grégoire de Tours*).

Procule, prêtre. — Se prononce contre Théodore, évêque de Marseille, I, 323 (*Grégoire de Tours*).

Promotus. — Créé évêque de Châteaudun par Sigebert, n'est pas rétabli sur son siége par le roi Gontran, I, 390 (*Grégoire de Tours*).

Protadius, Romain, amant de la reine Brunehaut. — Est élevé à la dignité de patrice du Jura et de Salins, II, 174. — Est créé maire du palais de Théodoric, 176. — Son caractère, *ibid.* — Il décide ce prince à la guerre contre Théodebert, son frère, qu'il lui assure être le fils d'un jardinier, *ibid.*—Est assassiné par les grands, 177 (*Chronique de Frédégaire*).

Prote, Juif converti. — Déclare aux inquisiteurs que son frère l'a fait retourner au judaïsme, XIII, 268. — Rétracte sa dénonciation, *ibid.* — Est condamné à une prison perpétuelle d'après son premier aveu, *ibid.*— Persiste dans le judaïsme, 269. — Est livré au bras séculier, *ibid.* (*Guillaume de Nangis*).

Prudence, évêque de Tours. — Versatilité de sa conduite, IV, 170. —Sa mort, *ibid.* (*Annales de Saint-Bertin*).

Prunel (Guillaume). — Est tué sous Acre par les Sarrasins, XIX, 285 (*Bernard le Trésorier*).

Pruny (Guillaume de). — Est chargé de garder le comte Renaud de Boulogne, prisonnier dans la tour de fer de Péronne, XII, 356 (*la Philippide*).

Ptolémaïs. — Nom donné au temps des croisades à la ville de Saint-Jean-d'Acre.

Pugi (Gérard de). — Est chargé par le roi Amauri de Jérusalem d'empêcher l'ennemi de passer le fleuve, XVIII, 206. — Soutient utilement le mouvement de l'armée, 214.—Se réunit à Josselin de Samosate, 215. — Accompagne le roi dans son voyage de Constantinople, 278 (*Guillaume de Tyr*).

Puiset (Galeran du). — Est fait prisonnier par les Infidèles, qui le mutilent, XXVIII, 216, 226. — Sa mort, 227 (*Orderic Vital*).

Puiset (Hugues du). *Voyez* Hugues.

Pulait, prince des Turcs. — Est appelé au secours du duc d'Antioche assiégé par les Croisés, XX, 201 (*Albert d'Aix*).

Puy (Bertrand du), cardinal. — Est envoyé comme légat du pape en Italie contre Galéas et les Gibelins, afin de faire observer l'interdit, XIII, 382 (*Guillaume de Nangis*).

Puy (Raymond du). *Voy.* Raymond du Puy.

Puy-Laurens (Guillaume de). — Son ouvrage, IX, 203. *Voyez* Guillaume de Puy-Laurens.

Puysaie (Everard de). *Voyez* Everard.

Puy-Serguer ou Ségur (Béranger de). — Se ligue contre le roi de France avec le comte de Toulouse, XV, 303.—Fait la paix, 305 (*Guillaume de Puy-Laurens*).

Pyrrhus, émir turc, l'un des défenseurs d'Antioche. — Il livre cette place aux Croisés, IX, 159. — Sa vie, 218 (*Guibert de Nogent*).

Il fait connaissance avec Boémond pendant la trêve, XXIII, 380.—Ses conversations sur la milice céleste, 382. — Après la rupture de la trêve, il fait des ouvertures à Boémond pour la tradition d'Antioche, 383. — En suit l'effet, 384. — Livre la place, 385, 386. — Son éloge, 388 (*Robert le Moine*).

Il a une vision dans laquelle Jésus-Christ lui ordonne de livrer Antioche aux Croisés, XXIV, 44. — La confie à son prince, *ibid.* — A de nouvelles visions, *ibid.* — Livre la place à Boémond, 45 (*Foulcher de Chartres*).

Ses intelligences avec Boémond, XXVII, 466. — Il promet de livrer la ville d'Antioche, 467. — Tient parole, 469, 470 (*Orderic Vital*).

Pyrrhus, évêque de Constantinople.—Renouvelle l'hérésie des Acéphales, XXV, 139.—La condamne et la reproduit successivement, 140. — Est mis sous le lien de l'anathème, *ibid.* (*Orderic Vital*).

Q

Quarel (Ansquetil de). *Voyez* Ansquetil.

Quarrel (Robert). — Défend Saint-Céneri contre le duc Robert de Normandie, qui le prend par famine et lui fait crever les yeux, XXVII, 257 (*Orderic Vital*).

Quen (Eustache de) — Est tué d'un coup de couteau au siége de Toulouse, XIV, 154 (*Pierre de Vaulx-Cernay.*)

Quenon de Condune ou de Coudun. — Combat le comte de Boulogne à Bovines, XI, 290 (*Guillaume le Breton*).

Le renverse de son cheval et le fait prisonnier, XII, 348 (*la Philippide*).

Quesnet (Gautier du). — Est chargé de la défense de Panéade par le connétable Honfroi, part avec le roi pour l'Egypte, XVIII, 180. — Rend cette place à Noradin, *ibid.* — Bruits qui circulent à ce sujet, *ibid.* (*Guillaume de Tyr*).

Quintien (saint), évêque de Rhodez. — Est chassé par les Goths, parce qu'il appelait dans ce pays la domination des Francs, I, 100. — Se retire en Auvergne, où il est bien reçu, 101. — Est élu évêque de ce pays, 113. — Cède aux sollicitations et refuse l'épiscopat, *ibid.* — Est de nouveau élu après la mort d'Apollinaire, et accepte, *ibid.* — Accueille le Franc Théodoric, 124. — Fait exiler Litigius son ennemi, 126. Sa mort, 155 (*Grégoire de Tours*).

Quintinus, commandant de la milice romaine, pour l'empereur Maxime, dans les Gaules. — Assemble une armée et se rend à Cologne pour repousser les Francs qui, sous la conduite de Marcomer et Sunnon, leurs ducs, tentaient une invasion; d'abord vainqueur, il passe le Rhin près de Nuitz; poursuit les Francs sur leur territoire; mais bientôt il est battu, et ses légions sont massacrées, I, 61 *et suiv.* (*Grégoire de Tours*).

Quintinus, commandant de la milice romaine. — Marche contre les Francs à Trèves et à Cologne, et les force à repasser le Rhin, I, 61. — Retourne à Mayence, 62 (*Grégoire de Tours*).

Quiriacus (Judas), Juif. — Se fait baptiser, et indique à sainte Hélène, sous le règne de Constantin, le lieu où se trouve déposé le bois de la vraie croix, I, 28 (*Grégoire de Tours*).

Quirinus, évêque de l'église de Siscia, dans la Haute-Pannonie. — Subit le martyre sous le règne de Dioclétien. — Miracle qui accompagne sa mort, I, 27, 28 (*Grégoire de Tours*).

Quirinus, sous-diacre et primicier. — Rend compte à l'empereur Louis de l'élection du pape Eugène, III, 101. — Prend congé, 113 (*Annales d'Eginhard*).

Est envoyé par le pape auprès de l'empereur Louis, pour le justifier du supplice infligé à deux légats coupables du crime de lèse-majesté, 99, 370. — Apporte de magnifiques présens, 378 (*Vie de Louis le Débonnaire*).

Quitri (Bauldri de). — S'engage dans la guerre du Maine contre le roi Guillaume, XXVII, 174. — Est blessé, *ibid.* — Recouvre ses terres par dernière volonté du prince, 213 (*Orderic Vital*).

Quolène, Franc. — Est nommé patrice, II, 171 (*Chronique de Frédégaire*).

R

RABASTENS (Raymond de). *Voyez* RAYMOND DE RABASTENS.

RABEL, chambellan du roi Henri 1er d'Angleterre. — Echappe au naufrage de la *Blanche-Nef*, en refusant d'y monter, XXVIII, 356. — Défend ses terres ravagées par le roi Etienne d'Angleterre, 487. — Fait la paix avec ce prince, *ibid.* (*Orderic Vital*).

Est fait amiral de la flotte envoyée par le duc Robert de Normandie pour ravager la Bretagne, XXIX, 162 (*Guillaume de Jumiége*).

RACE DE GAVRÉ, prisonnier de Bovines. — Est mis en liberté, sous caution, par Philippe-Auguste, XI, 315 (*Guillaume le Breton*).

RADBERT, évêque de Rouen. — Distique héroïque en son honneur, XXVI, 342. — Sa vie, *ibid.* — Principaux événemens de son épiscopat, *ibid.* (*Orderic Vital*).

RADBOLD, prince de Frise. — Est battu par le duc Rollon dans le pays des Walgres, XXIX, 38 (*Guillaume de Jumiége*).

RADEGONDE, fille du roi Berthaire. — Epouse le roi franc Clotaire, I, 120. — Se retire dans un monastère qu'elle fait bâtir à Poitiers, *ibid.* — Est invoquée par Gondowald pour affirmer la vérité de ses assertions, 413. — Sa mort, II, 2. — Texte de la lettre que lui écrivent sept évêques, 57 *et suiv.* — Lettre par elle adressée aux évêques, 68 *et suiv.* (*Grégoire de Tours*).

RADER (Eldon de). — Attaque le pont d'Andely, à la tête de la flotte anglaise, XII, 187 (*la Philippide*). *Voyez* ELDON DE SALISBURY.

RADILAND, évêque de Rouen. — Distique héroïque en son honneur, XXVI, 340. — Sa vie, *ibid.* — Principaux événemens de son épiscopat, *ibid.* (*Orderic Vital*).

RADON. — Est créé maire du palais d'Austrasie, II, 192. — Assiste à l'assemblée de Clichy tenue par le roi Clovis, 316 (*Chronique de Frédégaire.* — *Vie de Dagobert*).

RADULF, duc de Thuringe. — Ses succès contre les Wenèdes, II, 218. — Embûches qu'il tend au duc Adalgise, *ibid.* — Se révolte contre le roi Sigebert, *ibid.*, 225. — Il est cerné dans son camp, *ibid.* — En sort, et remporte une victoire complète, 226. — Permet au roi de repasser le Rhin en paix, 227. — S'allie avec ses voisins et se conduit en roi, *ibid.* (*Chronique de Frédégaire*).

RADULFE (Honfroi de), fils de Radulfe. — Part pour la Terre-Sainte, XXVII, 426 (*Orderic Vital*).

RAGAMOND, comte. — Est chargé par le roi Théodoric de conduire saint Colomban au lieu de son exil, II, 186 (*Chronique de Frédégaire*).

RAGANFRIED. — Est créé maire du palais de Dagobert, II, 237. — Remplit le même emploi sous Chilpéric (Daniel), 238. — Marche avec le duc des Frisons contre le prince Charles évadé de sa prison d'Austrasie, *ibid.* — Le bat et est battu, *ibid.* — Est poursuivi avec le roi jusqu'à Paris, *ibid.* — Sollicite et obtient le secours d'Eudes, duc des Gascons, *ibid.* — Lui donne le titre de roi, *ibid.* — Est poursuivi par Charles vers Angers, 239 (*Chronique de Frédégaire*).

RAGENAIRE, évêque d'Amiens. — Est fait prisonnier par Pepin, fils de feu roi Pepin d'Aquitaine, IV, 136 (*Annales de Saint-Bertin*).

RAGENOLD, prince des Normand de la Loire. — Il pille l'abbaye de Saint-Médard, V, 554. — Négocie la paix entre le roi Louis II d'Outre-Mer et l'archevêque Hugues de Rheims, 555. — Bat les maraudeurs du comte Hérivée, 558. — Tue leur chef, 559 (*Frodoard, Histoire de l'Église de Rheims*).

Excité par les messagers de Charles le Simple, il s'allie à ses compatriotes de Rouen, VI, 77. — Passe l'Oise et est battu, *ibid.* — Se porte dans l'Artois, est défait, et se retire, *ibid.* — Ravage les possessions de Hugues le Grand, 83. — Dévaste la Bourgogne, et y éprouve un échec, 84. — Est atteint par le roi Rodolphe, et lui échappe, 85 (*Chronique de Frodoard*).

RAGNACHAIRE, roi de Cambrai. — Est fait prisonnier par Clovis, qui l'insulte, le tue de sa main et s'empare de ses États, I, 108, 109 (*Grégoire de Tours*).

RAGNEMODE, évêque de Paris. — Tient sur les fonts de baptême Théodoric, fils de Chilpéric, I, 339. — Protège la reine Frédégonde, 378. — Est insulté par un fourbe nommé Didier, II, 6. — Excommunie le diacre Théodulf, 106. — Sa mort, 131 (*Grégoire de Tours*).

RAGNETRUDE, concubine de Dagobert. — Lui donne un fils qu'on appelle Sigebert, II, 205, 289, 290 (*Chronique de Frédégaire*).

RAGNOBERTE, nièce de la reine Nantéchilde. — Épouse le Franc Flaochat, maire du palais de Bourgogne, II, 272 (*Vie de Dagobert*).

RAGNOVALD, duc. — Est battu par le duc Didier sous Périgueux, I, 325. — Reprend sa femme et ses biens, 383 (*Grégoire de Tours*).

RAI (Guillaume de). — Quitte L'Aigle occupé par Louis le Gros, et reste fidèle à Henri d'Angleterre, XXVIII, 279 (*Orderic Vital*).

RAIMBAUD DE CALM. — Marche au secours du comte de Toulouse à Avignon, XV, 125 (*Histoire des Albigeois*).

RAIMBAULT, comte d'Orange. — Il marche à l'expédition de la Terre-Sainte, sous la bannière du comte de Toulouse, XVI, 109. — Est investi du commandement du sixième corps de l'armée des Croisés, lors de la sortie générale d'Antioche contre les assiégeans, 327. — Escalade les murs de Jérusalem et entre dans la place avec le duc Godefroi de Bouillon, 451 (*Guillaume de Tyr*).

Il prend la croix, XX, 49. — Concourt au siège de Nicée, 73. — Marche à l'ennemi lors de la sortie générale d'Antioche, 253. — Concourt à l'investissement de Jérusalem, 318 (*Albert d'Aix*).

RAIMBAULT CRÉTON. — Défend avec vigueur contre les Turcs le poste qui lui est confié à Antioche, XX, 230 (*Albert d'Aix*).

Monte le premier à l'assaut de Jérusalem, XXVII, 531. — Est tué au siège de Montmorency, XXVIII, 252 (*Orderic Vital*).

RAIMOND, archidiacre de Lezat, inquisiteur. — Est tué, avec cinq de ses collègues, par ordre du bailli, dans le palais du comte de Toulouse à Avignon, XV, 303, 378, 379 (*Gestes glorieux des Français*).

RAIMOND II, comte de Tripoli. — Est chargé, par le roi Baudouin IV de Jérusalem, de l'administration du royaume, XIX, 7. — A quelles conditions, 9. — Il reçoit le serment des barons comme régent pour le roi Baudouin V, 13. — Négocie une trêve de quatre ans avec Saladin, 19. — Est trahi par le comte Josselin à la mort du roi, 35. — Mande les barons qui se rendent presque tous auprès de lui et refusent d'obéir à la reine Sybille, 37. — Apprend qu'elle a été couronnée avec Guy de Lusignan son mari, 41. — Fait choisir pour reine Isabelle, fille du roi Amaury, femme d'Honfroi, qui s'enfuit à Jérusalem, et fait hommage à sa sœur, 43. — Se retire à Tibériade, 45. — Est menacé par le roi de Jérusalem, 47. — Implore le secours de Saladin qui le lui promet, 49. — Ne veut entendre parler de paix avec le roi Gui qu'au préalable il ne lui ait rendu ce dont il a été dépouillé, *ibid.* — Ne peut refuser au fils de Saladin le passage sur ses terres pour ravager celles des Chrétiens, 53. — Reçoit les députés de Guy de Lusignan; renvoie les Sarrasins de Tibériade, et se rend vers le roi, 63 (*Bernard le Trésorier*).

Indigné de l'intronisation de Guy de Lusignan, il s'allie contre lui avec Saladin, et épouse la princesse de Galilée, XXII, 241 (*Jacques de Vitry*).

RAIMOND III, comte de Tripoli. — Refuse l'entrée de ses Etats aux Chrétiens expulsés de Jérusalem par Saladin, et les fait dépouiller par ses gens, XIX, 133, 135. — Envoie au marquis de Montferrat, assiégé dans Tyr, des secours qui périssent en mer, 141 (*Bernard le Trésorier*).

RAIMOND (Pierre), croisé. — Va reconnaître Antioche, XXVII, 451 (*Ordéric Vital*).

RAIMOND, fils de Roger, vicomte de Béziers. — Il défend Béziers contre les Croisés, XIV, 52. — Se retire à Carcassonne qu'il défend également, 55. — Y est fait prisonnier, 58. — Ses dépouilles, offertes à plusieurs seigneurs croisés qui les refusent, sont acceptées par le comte Simon de Montfort, 59, 60. — Le roi d'Aragon en refuse l'hommage, 75. — Sa mort, 77 (*Pierre de Vaulx-Cernay*).

Il accompagne son oncle Raymond VI de Toulouse au concile d'Aubenas, XV, 5. — Estime, sur les réponses qu'ils reçoivent, qu'il est urgent de se mettre en état de défense contre le légat et son armée de croisés, 6. — Sur le refus de son oncle, il lui fait la guerre; est informé du traité fait avec le pape par le comte de Toulouse; il se met à la merci du légat, 10. — Est repoussé et sa grâce refusée, 12. — Il rentre à Béziers, appelle ses amis, et le met en état de défense, *ibid*. — Se retire à Carcassonne, 13. — Est assiégé dans cette ville, 19. — Se défend vaillamment, 21. — Accepte la médiation du roi d'Aragon, 24. — Rejette avec indignation la proposition du légat qui lui permet de sortir de la place avec douze hommes, 26. — Repousse vigoureusement l'assaut, 27. — Est attiré frauduleusement pour négocier jusque dans la tente du légat qui le fait prisonnier et le met à la garde du duc de Bourgogne, 29 à 32. — A cette nouvelle, toute la ville est évacuée pendant la nuit, et les habitans se sauvent par un souterrain de trois lieues, 32. — Il est jeté en prison dans une tour de Carcassonne, sans jamais en sortir ni parler à âme vivante, 33, 36. — Meurt bientôt de la dysenterie, *ibid*. — Douleur du peuple à ses obsèques, 37 (*Histoire des Albigeois*).

Il s'enfuit de Béziers devant les Croisés, XV, 336. — Défend contre eux Carcassonne, *ibid*. — Obtient, pour conditions de paix, que les habitans abandonneront la ville, nus en chemise et en brayes, et que lui restera prisonnier, *ibid*. — Il meurt peu de temps après, *ibid*. (*Gestes glorieux des Français*).

RAIMOND (Bernard), dit l'*Arien*. — Est converti par le cardinal de Saint-Chrysogone, qui le fait chanoine à Toulouse, XV, 210 (*Chronique de Guillaume de Puy-Laurens*).

RAIMOND D'AGILES. — Notice sur sa vie et ses ouvrages, XXI, 223. — Il est chargé de la garde du chrétien qui a eu des révélations au sujet de la lance qui a frappé J.-C. lors de sa passion, 274. — Assiste à la fouille faite dans l'église de Saint-Pierre d'Amboise pour découvrir cette lance, 277. — Est témoin de la découverte, 278. — Baise la pointe du fer, *ibid*. — Porte cette lance à la bataille d'Antioche, 287. — Est témoin d'une partie du miracle arrivé lors d'une apparition de saint André, 296. — Confirme, autant qu'il est en lui, la réalité du miracle et l'identité de la lance, 337. — Proclame l'épreuve du feu à laquelle se dévoue celui qui l'a découverte, 339. — Ses pensées lui sont dévoilées par le visionnaire, 342. — Il se reconnaît coupable devant lui, 343 (*Raimond d'Agiles*).

RAIMOND DE BELAROS. — Se distingue au siége de Beauvais, XV, 132 (*Histoire des Albigeois*).

RAIMOND (Bernard) de Béziers, Croisé. — Est tué au siége d'Acre, XXI, 246 (*Raimond d'Agiles*).

RAIMOND DE RABASTENS. — Est envoyé par le comte de Toulouse porter ses plaintes, contre l'abbé de Citeaux, au pape qui délègue un légat dans l'Albigeois, XIV, 40, 41 (*Pierre de Vaulx-Cernay*).

Donne à ce prince, menacé par le concile d'Aubenas, qui refuse de l'entendre, et attaqué par le vicomte de Béziers, son neveu, qui lui fait la guerre pour n'avoir pas voulu se joindre à lui contre le légat et ses Croisés, conseil de le renvoyer à Rome, XV, 8. — Obtient du pape que le comte de Toulouse sera admis à prouver son innocence, après avoir remis à l'Eglise ses plus forts et ses meilleurs châteaux, 9. — Se distingue au siége de Beaucaire, 144 (*Histoire des Albigeois*).

RAINARD, évêque de Rouen. — Distique héroïque en son honneur, XXVI, 348. — Sa vie, *ibid.* — Principaux événemens de son épiscopat, *ibid.* (*Orderic Vital*).

RAINARD II, comte de Sens. — Prend le titre de roi des Juifs, VI, 261. — Fait pendre un voleur, 262. — Miracle à cette occasion, 263. — Est chassé de la ville, 265 (*Chronique de Raoul Glaber*).

RAINARD LE TEUTON. — Part pour la Terre-Sainte, XXVII, 425. — Est investi du commandement du 5ᵉ corps de l'armée chrétienne lors de la sortie générale de la garnison d'Antioche, 485 (*Orderic Vital*).

RAINARD, RENARD ou RENAUD Iᵉʳ, dit le Vieux, comte de Sens. — Repousse les Saxons amenés par l'évêque de Troyes, XXV, 158. — Leur livre la bataille de Villers, XXVII, 129. — Les défait complètement, *ibid.* — Persécute l'archevêque Liothéric qui s'empare de la ville. Forcé de prendre la fuite, il s'évade tout nu, 134. — Sa mort, 135. — (*Orderic Vital*).

RAINAUD, comte d'Auxerre. — Meurt assassiné, VI, 326 (*Chronique de Raoul Glaber*).

RAINAUD, fils de Guillaume, fils d'Adalbert, duc des Lombards. — Epouse Adélaïde, fille de Richard, duc de Normandie, VI, 245 (*Chronique de Raoul Glaber*).

RAINAUD. *Voyez* RENAUD.

RAINAULD, évêque de Béziers. — Conduit au comte Amaury de Montfort un secours de plus de 10,000 hommes envoyés par le roi contre les Albigeois, XI, 343 (*Guillaume le Breton, Vie de Philippe-Auguste*).

Va au-devant des Croisés et leur dénonce les hérétiques, XIV, 52. — Se rend à Toulouse, et y voit des choses miraculeuses, 101. — Sa lettre sur la victoire remportée à Muret par les Croisés sur les Albigeois, 272 et suiv. (*Pierre de Vaulx-Cernay*).

Est envoyé par l'abbé de Citeaux, légat du pape, pour engager les habitans de Béziers à se rendre, XV, 14. — Ne peut rien obtenir d'eux, *ibid.* (*Histoire des Albigeois*).

RAINAULD DE BAILLEUL. — Confirmation des donations qu'il a faites à l'Eglise, XXVI, 400. — Il remet au roi d'Angleterre Henri ses sermens de fidélité, et implore sa clémence dès le soir, XXVIII, 291. — Renonce à ses acquisitions en Espagne, 429. — Rentre chez lui, *ibid.* (*Orderic Vital.*)

RAINAULD DE BOIS, châtelain de Lile. — Fait la paix avec le roi d'Angleterre, et lui remet son château, XXVIII, 318 (*Orderic Vital*).

RAINAULD DE BRESSE, Croisé. — Est tué à l'attaque du camp de Civitot par le sultan Soliman, XVI, 68 (*Guillaume de Tyr*).

RAINAULD DE DRACY. — Prend les armes pour obtenir la succession de son oncle le comte de Breteuil, XXVIII, 164. — Obtient le secours de plusieurs seigneurs voisins, *ibid.* — Est chassé de Normandie pour sa cruauté, 167. — Tend des piéges à son frère Raoul qui le jette dans une prison, 168 (*Orderic Vital*).

RAINAULD D'ÉCHAUFOUR, le plus jeune des fils d'Ernault. — Se fait moine à Ouche sous le nom de Benoît, XXVI, 105. — Donations que son père fait à l'abbaye, *ibid*. — Ses talens, *ibid*. — Ses voyages, *ibid*. — Son séjour en Calabre, 106. — Son retour, *ibid*. — Ses infirmités, *ibid*. (*Orderic Vital*).

RAINAULD DE VARENNES. — Commet des hostilités pour le duc de Normandie contre le roi d'Angleterre, XXVIII, 179. — Est fait prisonnier à Dives par le roi Henri, 194. — Est mis en liberté avant la bataille de Tinchebrai, 199 (*Orderic Vital*).

RAINFROI, chef normand. — Est battu par Charles Martel, XXV, 149. — Se retire à Angers, *ibid*. — Est chassé par Remi, son frère, 150 (*Orderic Vital*).

RAINFROI, chrétien. — Est chargé par les Tyriens de transporter leurs trésors à Damas, XXI, 180. — En donne avis au roi de Jérusalem qui fait massacrer l'escorte, s'empare du convoi, et se fait amener le délateur prisonnier, *ibid*. (*Albert d'Aix*).

RAINFROI, évêque de Rouen. — Distique héroïque en son honneur, XXVI, 343. — Sa vie, *ibid*. — Principaux événemens de son épiscopat, *ibid*. (*Orderic Vital*).

RAINFROI, roi des Danois. — Monte, avec Hériold, sur le trône, après la mort d'Hemming, leur frère, III, 68. — Demande la paix à Charlemagne, 70. — Réclame un de ses frères, *ibid*. — Le reçoit, 71. — Confirme la paix, *ibid*. — Soumet par les armes la Westerfulde, *ibid*. — Est vaincu et chassé de ses Etats par les fils de Godefroi, 73. — Recommence la guerre, *ibid*. — Est tué, 74 (*Annales d'Eginhard*).

RAINIER, moine de Conches, prieur d'Ouche. — Dénonce son abbé au duc Guillaume le Bâtard, XXVI, 76. — Suites funestes de cette démarche, 77 *et suiv*. (*Orderic Vital*).

RAINIER DE BATH. — Est élevé en dignité par le roi Henri 1er d'Angleterre, XXVIII, 147 (*Orderic Vital*).

RAINIER AU LONG COU, duc de Hainaut. — Est battu par le duc Rollon dans le pays de Walgres, XXIX, 39. — Est fait prisonnier, *ibid*. — S'allie avec lui, et reçoit la moitié des richesses que le vainqueur a levées sur ses Etats, 40, 41 (*Guillaume de Jumiège*).

RAINOLD, comte. — Ses guerres avec le comte Héribert, VI, 146, 149, 150. — Il est excommunié, 159 (*Chronique de Frodoard*).

RAMLA (Balian de). — Est d'avis de déférer le gouvernement du royaume de Jérusalem au comte de Tripoli pendant la minorité du roi Baudouin IV, XVIII, 309 (*Guillaume de Tyr*). *Voyez* BAUDOUIN.

RAMNULF, duc. — Marche pour Innocent II contre Roger, roi de Sicile, et le met en fuite, X, 294 (*Vie de saint Bernard*).

RAMNULPHE, comte. — Est blessé dans un combat contre les Normands, IV, 214. — Son fils est dépouillé des bénéfices dont jouissait son père, 224 (*Annales de Saint-Bertin*).

RAMPON, comte. — Est chargé d'annoncer à l'empereur Louis la mort de l'empereur Charlemagne III, 344 (*L'Astronome*); IV, 32 (*Ermold le Noir*).

RANCOGNE (Geoffroi de). *Voyez* GEOFFROI.

RANCUN (Geoffroide). *Voy*. GEOFFROI.

RANDAN. — Aventures singulières arrivées dans ce monastère, I, 189 (*Grégoire de Tours*).

RANDERATH (Gérard, ou Girard de). — Doit obtenir Château-Landon et le Gâtinais dans le partage de la France projeté par l'empereur Othon, XII, 308. — Marche avec les coalisés contre Philippe-Auguste, 310. — Se distingue à Bovines, 336. — Combat personnellement contre Guillaume des Barres et protége la fuite de l'empereur, 340. — Est fait prisonnier, 341. — Envoyé dans l'intérieur de la France, 356 (*la Philippide*). *Voyez* aussi XI, 287, 288 (*Vie de Philippe-Auguste*).

RANDOLPHE DE MORTAGNE. — Aide de ses conseils les ennemis de Philippe-Auguste, XII, 281. — Perd sa ville et son château renversés de fond en comble par le roi, 282 (*la Philippide*).

RANTGAIRE, duc. — Assassine Grimoald, duc de Champagne, fils de Pepin d'Héristal, II, 237 (*Chronique de Frédégaire*).

RANULFE, chef normand. — Se rend en Sicile, et se met à la solde du duc Guaimar, XXVI, 49. — Fait bientôt la guerre pour son compte, *ibid.* (*Orderic Vital*). Est fait chef des Normands de la Pouille, XXIX, 218. — Venge la mort de Toustain, *ibid.* (*Guillaume de Jumiége*).

RANULFE, comte de Chester. — Combat pour les Anglais à la bataille de Tinchebrai, XXVIII, 196. — Est investi du commandement du premier corps, 199. — S'engage et se mêle dans le corps ennemi du comte de Mortain, 200. — Est fait comte de Chester, 363. — Son mariage, *ibid.* — Il se révolte contre le roi Etienne d'Angleterre, et s'empare par surprise de la place de Lincoln, 525. — Sort du fort bloqué par le roi, 526. — Arme les Gallois, *ibid.* — Réunit les mécontens, *ibid.* — Jure fidélité à la comtesse d'Anjou, *ibid.* — Marche sur Lincoln, 527. — Livre bataille, 528. — La gagne, *ibid.* — Pille Lincoln, 531 (*Orderic Vital*).

RANULFE, prince de Salerne. — Marche, sous la bannière de Boémond, à l'expédition de la Terre-Sainte, XVI, 102 (*Guillaume de Tyr*); XXVII, 426 (*Orderic Vital*).

RANULFE, vicomte de Bayeux. — Reproches que lui adresse le roi Guillaume, agonisant, XXVII, 199 (*Orderic Vital*).

Entre dans la conspiration formée contre le duc Guillaume le Bâtard, XXIX, 329. — Est vaincu à la bataille du Val-des-Dunes, 330 (*Guillaume de Jumiége*).

RANULFE FLAMBART, fils de Turstin. — Devient conseiller de Guillaume le Roux, roi d'Angleterre, XXVII, 269. — Exactions qu'il lui fait commettre, 270 *et suiv.* — Il est fait évêque de Durham, XXVIII, 42. — Dépouille l'Angleterre pour et au nom du roi, *ibid.* — Est nommé grand trésorier et grand justicier de l'Angleterre, 85. — Est mis aux fers comme chef de la conspiration ourdie contre le roi Henri d'Angleterre pour le duc Robert de Normandie, *ibid.* — S'amuse dans sa prison, 86. — Enivre ses gardes, *ibid.* — Sort au moyen d'une corde introduite dans une bouteille, *ibid.* — Se brise en tombant, *ibid.* — Est relevé par ses amis, *ibid.* — S'embarque, 87. — Perd ses trésors, *ibid.* — Se rend en Normandie, *ibid.* — Décide le duc Robert à seconder les conspirateurs d'Angleterre, *ibid.* — Est dépouillé de l'évêché de Durham, 94. — Obtient pour son fils âgé de trois ans, et gouverne comme magistrat civil, l'évêché de Lisieux, vendu par le duc de Normandie à Guillaume de Paci, chassé comme simoniaque, *ibid.* — Fait sa soumission et sa paix avec le roi Henri d'Angleterre, qui lui rend l'évêché de Durham, 241. (*Orderic Vital*).

RAOUL, archidiacre d'Evreux. — Echappe avec peine aux poursuites des fils de Simon Hareuc, XXVIII, 473 (*Orderic Vital*).

RAOUL, comte. — Est chargé de la garde du duché de Normandie pendant la minorité du duc Richard 1er après la mort du duc Guillaume son père, XXIX, 79 (*Guillaume de Jumiége*).

RAOUL, comte, beau-père du roi de France. — Assiste aux fêtes triomphales de Guillaume le Conquérant, XXIX, 435 (*Vie de Guillaume le Conquérant*).

RAOUL, comte de Bayeux. — Sa femme Albérède bâtit la forteresse d'Ivry et fait assassiner l'architecte, XXVII, 363. — Il la tue pour avoir voulu l'en chasser, 364. — Est fait gouverneur du donjon d'Evreux pour le roi Henri d'Angleterre, XXVIII, 390. — Se rend, avec trois cents chevaliers, au Bourg-Theroulde pour attendre le retour de la troupe révoltée du comte de Meulan, etc., 391 (*Orderic Vital*).

RAOUL, comte de Chester. — Son éloge, XII, 74. — Ses exploits sous Mantes au combat entre les chevaliers anglais et français, 84, 88 (*la Philippide*).

RAOUL, comte de Clermont. — Prend la croix, XI, 72. — Meurt au siége de Saint-Jean-d'Acre, 102 (*Rigord*).

Quitte l'armée de Philippe-Auguste à la trève de Gisors, XII, 75. — Est tué à Saint-Jean-d'Acre, 110 (*la Philippide*).

Se rend à l'armée des Croisés en Palestine, XIX, 167 (*Bernard le Trésorier*).

Concourt à la prise de Nicée, XX, 73 (*Albert d'Aix*).

RAOUL, comte de Mantes. — Bat sur l'Epte Hugues de Grandmenil, XXVI, 109. — Se rend à Fécamp pour la célébration de la Pâque avec le duc de Normandie, vainqueur de l'Angleterre, 160 (*Orderic Vital*).

RAOUL, comte de Montdidier. — Est défait à la bataille de Mortemer, XXVII, 138. — Aurait été pris, si le général en chef de l'armée normande ne fût venu à son secours, 202, 203 (*Orderic Vital*).

RAOUL, comte de Soissons. — Prend la croix, XI, 72 (*Rigord*).

RAOUL, comte de Valois. — Se révolte avec le prince Eudes contre le roi Henri son frère, VII, 37, 75. — Est fait prisonnier, 37. — Epouse la reine Anne de Russie, veuve du roi Henri, 40. — Sa mort, 79 (*Fragmens de l'Histoire des Français*).

RAOUL, comte de Vermandois. — Il se distingue dans l'armée royale contre le comte Thibaut de Chartres à la bataille du Puiset, VIII, 96.

— Repousse l'ennemi dans la place, *ibid*. — Assiége Thomas de Marle dans Coucy, 141. — Le fait prisonnier et le blesse mortellement, 142. — Perd un œil au siége de Livri, 143. — Accompagne en Aquitaine le roi Louis VII, qui va épouser la princesse Eléonore, 157. — Epouse la princesse Alix, fille du duc d'Aquitaine, 212 (*Suger*).

Il aide Louis le Gros contre Thomas de Marle, XIII, 13. — Le fait prisonnier et le remet au roi, *ibid*. — Répudie sa femme et épouse Pétronille, sœur de la reine Eléonore, 24. — Est excommunié, *ibid*. — Sa mort, 37. — Son comté est dévolu à Philippe de Flandre, *ibid*. (*Guillaume de Nangis*).

Il est excommunié, XXVI, 291. — Est adjoint à l'abbé Suger pour le gouvernement du royaume pendant l'expédition du roi Louis VII en Terre-Sainte, *ibid*. (*Orderic Vital*).

RAOUL ou RODOLPHE, duc de Bourgogne. — Il est fait roi de France, V, 540. — Refuse le comté de Laon à Eudes, fils du comte Héribert, qui lève une armée, forme des alliances, délivre le roi Charles le Simple, et le met sur le trône, 542. — Fait sa paix avec Héribert, et refait captif le roi Charles III, 543. — Fait la paix avec le roi et le reconnaît pour tel, *ibid*. — Rétablit la paix entre Héribert et Hugues le Grand, 544. — Est abandonné par Héribert, 545. — Prend Rheims, *ibid*. — Bloque dans Laon Héribert qui s'évade, 546. — Assiége Château-Thierri, *ibid*. — Sa mort, 547 (*Frodoard, Histoire de l'Eglise de Rheims*).

Il est fait roi pendant la captivité de Charles III, à la mort du roi Robert, XXVIII, 126. — Bat les païens, *ibid*. — Meurt, *ibid*. (*Orderic Vital*).

Il est élevé au trône après la mort de Robert, duc des Francs, sur l'indication du roi Charles le Simple, prisonnier du comte Héribert à Péronne, XXIX, 58 (*Guillaume de Jumiége*).

RAOUL, évêque de Bethléem, chancelier du royaume de Jérusalem. — Est envoyé par le roi auprès du nouveau prince d'Antioche (Renaud de Châtillon), et obtient la liberté du patriarche détenu, XVIII, 75. — Est blessé à la bataille de Beben en Égypte, 213. — Sa mort, 301 (*Guillaume de Tyr*).

RAOUL, évêque de Strasbourg. — Est envoyé près du pape par le roi Lothaire pour l'excuser sur son mariage, IV, 196. (*Annales de Saint-Bertin*).

RAOUL, fils de Duraud. — Défend Pont-Audemer contre le roi Henri 1er d'Angleterre, XXVIII, 287. — Fait la paix avec ce prince, *ibid*. (*Orderic Vital*).

RAOUL, fils de Giroie. — Devient savant médecin, XXVI, 25. — Souscrit l'acte de donation des biens de sa famille à l'abbaye d'Ouche, 33. — Se fait moine à Marmoutiers, 65. — Vient à Ouche, *ibid*. — Retourne à Marmoutiers, 86. — Sa mort, *ibid*. (*Orderic Vital*).

RAOUL, fils de Godefroi. — Est adjoint au comte Rotrou du Perche dans le commandement du dixième corps de l'armée des Croisés, lors de la sortie générale de la garnison d'Antioche, XVI, 327 (*Guillaume de Tyr*).

RAOUL, fils de la veuve du duc Guillaume Longue-Epée et d'un meunier de la Rille, frère utérin de Richard 1er, duc de Normandie. — Est appelé au conseil par son frère, et chargé de régler à sa mort les affaires du duché, XXIX, 108. — Réprime avec sévérité la conspiration des paysans contre le duc Richard II de Normandie, son neveu, 112. — Les renvoie à leurs charrues, *ibid*. — Soumet le comte d'Hiesmes révolté, 113. — Le fait prisonnier, *ibid*. — Obtient sa grâce après son évasion, *ibid*. — Son fils Hugues devient évêque de Bayeux, 140. — Est reconnu par son frère dans la forêt de Guer, 230. — Tue seul un ours, 231. — Reçoit la forêt en don, *ibid*. — Est fait comte d'Ivri, *ibid*. — Se marie, *ibid*. — Sa postérité, *ibid*. (*Guillaume de Jumiège*).

RAOUL, légat. — Accompagne saint Louis à la Terre-Sainte, XV, 391. — Meurt sous Tunis, *ibid*. (*Gestes glorieux des Français*).

RAOUL, légat-missionnaire. — Il convertit les hérétiques albigeois, qui retournent bientôt à leurs erreurs, XIV, 4. — Recommence sa mission, 12 *et suiv*. — Confère avec les docteurs albigeois, 17. — Sa mort, 26 (*Pierre de Vaulx-Cernay*).

Il est envoyé par le pape en Albigeois comme collègue du légat Pierre de Castelnau, chargé d'extirper l'hérésie, XV, 220. — Convient avec les docteurs albigeois de soumettre leurs doctrines respectives à des arbitres laïcs, qui se séparent sans avoir prononcé leur jugement, 225, 226 (*Guillaume de Puy-Laurens*).

RAOUL, vicomte de Beaumont. — Se soumet et s'allie avec le roi Guillaume le Roux d'Angleterre, XXVIII, 35, 42 (*Orderic Vital*).

RAOUL BASSET. — Est élevé aux dignités par le roi Henri d'Angleterre, XXVIII, 147 (*Orderic Vital*).

RAOUL FLAMBART. *Voy.* RANULFE FLAMBART.

RAOUL GLABER. — Notice sur sa vie, VI, 165. — Dédicace de sa Chronique, 168. — Ses abstractions sur la quaternité, 171.

RAOUL GROSPARMI, cardinal. — Couronne Charles d'Anjou roi de Pouille et de Sicile, XIX, 579 (*Bernard le Trésorier*).

RAOUL HARENC, châtelain d'Ivri. — Donne son fils en otage à Eustache de Breteuil, qui remet ses deux filles également en otage au roi Henri d'Angleterre, son beau-père, XXVIII, 288. — Réclame ces deux filles de leur grand-père à la nouvelle de la mutilation exercée sur son fils par Eustache, *ibid*. — Les reçoit et leur fait crever les yeux, *ibid*. — Faveurs que lui accorde le roi Henri, *ibid.* (*Orderic Vital*).

RAOUL LOUVEL. — Se révolte contre le roi Etienne d'Angleterre, XXVIII, 512. — S'établit dans le fort de Cari, *ibid.* — Se rallie au roi, 513 (*Orderic Vital*).

RAOUL MALVOISIN. —Fait des incursions en Normandie, XXVII, 192 (*Orderic Vital*).

RAOUL TAISSON. — Souscrit la donation des biens de sa famille à l'abbaye d'Ouche, XXVI, 33 (*Orderic Vital*).

Bâtit avec son frère l'église de Saint-Etienne de Fontenai, XXIX, 200 (*Guillaume de Jumiége*).

RAOUL DE BEAUGENCI. — S'allie avec le comte Thibaut de Chartres contre le roi Louis le Gros, VIII, 84. — Décide la victoire du Puiset et la défaite de l'armée royale, 91 (*Suger*).

Prend la croix, XVI, 49 (*Guillaume de Tyr*); XXVIII, 423 (*Orderic Vital*).

RAOUL DE BOVES. — Soutient le siége de son château contre le roi Philippe-Auguste, XII, 50 *et suiv.* (*la Philippide*).

RAOUL DE BRICASARD. — Succède au comte Richard de Chester, XXVIII, 297. — Reste fidèle au roi Henri d'Angleterre, *ibid.* (*Orderic Vital*).

RAOUL 1er DE BRIENNE, comte d'Eu. — Après des succès divers il soumet à Charles le Bel les bâtards de la Gascogne, XIII, 387, 388 (*Guillaume de Nangis*).

RAOUL DE CAEN. — Notice sur sa vie, XXIII. — Il combat pour Boémond à Darazzo, pour Tancrède à Edesse, 2.

RAOUL DE COEUVRES, frère du comte de Soissons. — Epouse Alix, mère du roi de Chypre, XIX, 513. — Réclame le royaume de Jérusalem aux droits de sa mère, petite-fille du roi Amauri, *ibid.* — L'obtient sous la réserve des droits de Conrad, fils de l'impératrice Isabelle, *ibid.* — Tient le royaume faiblement, *ibid.* — Quitte sa femme, *ibid.* — Retourne dans son pays, *ibid.* — Part d'Acre avec la reine sa femme, et réclame la ville de Tyr, conquise sur l'empereur Frédéric II par Balian d'Ibelin et Philippe de Montfort, qui refusent de la lui livrer, 519 (*Bernard le Trésorier*).

RAOUL DE COLDUN. — Défend le Sap et est fait prisonnier par le comte Geoffroi d'Anjou, XXVIII, 477 (*Orderic Vital*).

RAOUL DE CONCHES. — Prend le parti de Robert-courte-Hache contre le roi Guillaume, son père, XXVI, 288. — Donations qu'il fait à l'abbaye d'Ouches, 389, 391, et XXVII, 20, XXVIII, 54. — Il enlève Agnès, fille de Richard d'Evreux, la donne en mariage à Simon de Montfort, et épouse Isabelle, fille de celui-ci, XXVI, 391. — Chasse les troupes royales de Normandie à la mort de Guillaume le Conquérant, XXVII, 224. —Se joint à l'armée du duc de Normandie, 256. — Prépare la guerre à Guillaume d'Evreux pour des propos de femmes, 302. —Demande du secours au duc Robert de Normandie, qui le lui refuse, 303. — En obtient du roi Guillaume le Roux d'Angleterre, *ibid.* — Repousse à deux reprises les gens d'Evreux, 304. — Tue un de leurs chefs, prend des prisonniers et fait la paix, *ibid.*, 305. — Se soumet au roi d'Angleterre, 321, 420. — Fait une irruption sur le territoire de Beaumont-le-Roger à la mort de Guillaume le Roux, XXVIII, 77. — Sa mort, 162. — Sa postérité, *ibid.* (*Orderic Vital*).

RAOUL DE CONCHES, fils du précédent. — Prend les armes en faveur de Rainault de Draci dans la guerre de la succession de Breteuil, XXVIII, 164. — Fait la paix avec tous ses voisins sous la médiation du comte de Meulan, 168. — Obtient en Angleterre l'héritage de son père, 175. — Abandonne la Normandie, *ibid.* — S'attache au roi Henri contre son frère Robert,

176. — Combat pour les Anglais à la bataille de Tinchebrai, 196. — Reste fidèle au roi Henri, 297. — Fait un échange de ses terres avec Raoul de Guader, 319. — S'empare de Gisors par surprise et manque le donjon, 388 (*Orderic Vital*).

RAOUL DE CONTEVILLE. — Obtient du roi Guillaume le Conquérant des dignités et des terres considérables en Angleterre, XXVII, 211 (*Orderic Vital*).

RAOUL DE COUCI, Croisé. — Est tué à la Massoure, XIX, 547 (*Bernard le Trésorier*).

RAOUL DE CRAVENT. — Commence sa carrière militaire par attaquer les moines, XXVII, 24. — Se repent et meurt, 26 (*Orderic Vital*).

RAOUL DE CRÉPI. — Reçoit les terres de Hugues le Grand, son père, à son départ pour la Terre-Sainte, XXVII, 422 (*Orderic Vital*).

RAOUL DE DOMFRONT, archevêque de Mamistra. — Est élu patriarche d'Antioche par le peuple, sans l'assentiment des évêques, XVII, 333. — Sa conduite, 334. — Fait rendre l'autorité à la princesse Alix, veuve de Boémond le Jeune, 359. — Lui persuade que le prince que l'on attend vient pour l'épouser, *ibid*. — Traite avec celui-ci à son arrivée, 360. — Le marie sur-le-champ à la princesse Constance, *ibid*. — Arrivée d'un légat pour vérifier les accusations portées contre lui, 408. — Détail des faits qui ont nécessité cette mission, 412 *et suiv*. — Il refuse de répondre, 423. — Est déposé et livré au prince, qui le jette en prison, 424. — Ses mœurs, *ibid*. — Ses talens, *ibid*. — Il s'échappe et va à Rome, 425. — Meurt empoisonné, *ibid*. (*Guillaume de Tyr*).

RAOUL D'ESCURE. — Est élu abbé de Séez, XXVII, 268. — Est fait évêque de Rochester, 269. — Seconde en Angleterre la tyrannie du comte de Bellême, XXVIII, 169. — Est nommé archevêque de Cantorbéry, *ibid*. (*Orderic Vital*).

RAOUL DE FONTENAI, Croisé. — Défend vigoureusement la nouvelle redoute d'Antioche et en repousse l'ennemi, XVI, 295 (*Guillaume de Tyr*).

RAOUL DE FONTENELLE, Croisé. — Forme le projet de s'enfuir d'Antioche, XXIII, 159. — En est empêché par Arnoul, *ibid*. — L'exécute pendant la nuit, *ibid*. (*Raoul de Caen*).

RAOUL DE GACÉ ou VACÉ. — Fait assassiner le comte Gilbert d'Eu, tuteur du duc Guillaume le Bâtard, XXIX, 168. — Est choisi de l'avis des grands pour le remplacer, 171. — Soumet Falaise à l'autorité de son pupille, 174. — Sa veuve épouse Hugues de Gournay, 302 (*Guillaume de Jumiége*).

RAOUL DE GAEL, comte de Norwich. — Repousse les Danois de l'Angleterre, XXVI, 182, 183. — Est fait comte de Norwich par le roi Guillaume le Conquérant, 213; XXIX, 264. — Conspire avec le comte d'Herfort, son beau-frère, pour arracher au roi le sceptre d'Angleterre, XXVI, 249. — Fortifie les places, *ibid*. — Tâche de décider Watheod, comte de Northampton, 251. — Fait révolter l'Angleterre tout entière, 253. — Est battu dans le combat qu'il livre, 254. — Se sauve à Norwich, d'où il s'évade en Danemark, *ibid*. — Est à perpétuité déshérité et banni d'Angleterre, 255; XXIX, 264. — Retourne en Bretagne, XXVI, 255. — Prend la croix, *ibid*. — Part pour la Terre-Sainte, *ibid*.; XXVII, 424; XXIX, 265. — Concourt au siège de Nicée, XXVII, 440. — Suit le mouvement de Boémond lors de la division de l'armée, 443. — Sa mort, XXVI, 255. — Reproches de sa révolte que fait le roi Guillaume agonisant, XXVII, 210 (*Orderic Vital* et *Guillaume de Jumiége*). *Voyez* RAOUL DE GUADER.

RAOUL DE GRANVILLE, frère prêcheur, patriarche de Jérusalem. — Est dégradé par le pape, XIII, 223 (*Guillaume de Nangis*).

Moyens qu'il emploie pour secourir l'armée chrétienne et son chef assiégés dans Montréal, XXVIII, 497. — Il va au devant des nouveaux croisés et les conduit vers la place, 498 (*Orderic Vital*).

RAOUL DE GUADER. — Est institué héritier de ses terres par Guillaume de Breteuil, son oncle, XXIX, 267. — Est supplanté par Eustache de Breteuil, son cousin, fils naturel de Guillaume, *ibid*. — Evite les pièges de son frère Rainauld de Draci et le jette dans une prison, XXVIII, 168. — Est confirmé dans la possession du fief de Breteuil, 339; XXIX, 268. — Sort de cette place au-devant de l'armée française, en tient ouvertes les portes et repousse les assiégeans, 315. — Est investi des terres confisquées par Henri d'Angleterre sur Eustache de Breteuil, son gendre, XXVIII, 290. — Accompagne le roi au siége d'Evreux et met le premier le feu à la ville, 301. — Est chargé de la garde des châteaux appartenant à l'Angleterre dans le pays d'Ouche, 319. — Fait un échange avec Raoul de Conches, *ibid*. — Donne ses terres de Normandie à sa fille, qu'il fiance avec le jeune Richard, fils du roi Henri, 352 (*Orderic Vital et Guillaume de Jumiége*).

RAOUL D'IGÉ. — Se réfugie dans la Pouille après le meurtre de la comtesse Mabile, XXVII, 523 (*Orderic Vital*).

RAOUL D'ISSOUDUN, comte d'Eu. — Texte de son traité avec Jean-sans-Terre, XI, 262 (*Guillaume le Breton, Vie de Philippe-Auguste*). Perd ses châteaux en Normandie, que lui enlève le roi d'Angleterre en son absence, XII, 155. — Se range sous les bannières du prince Arthur de Bretagne, 162. — S'allie au roi d'Angleterre, 285 (*la Philippide*).

RAOUL DE LACUNELLE. — Donne ses biens à l'abbaye d'Ouche, XXVI, 392 (*Orderic Vital*).

RAOUL DE LASSON. — Est fait prisonnier par les Angevins, XXVIII, 509 (*Orderic Vital*).

RAOUL DE MALÈNE, Croisé. — Marche contre Saladin avec le roi de Jérusalem sur le Jourdain, XVIII, 448 (*Guillaume de Tyr*).

RAOUD DE MERLE. — Est proposé pour époux à la princesse Constance d'Antioche, qui le refuse, XVIII, 42. — Est assassiné avec le comte de Tripoli, 44 (*Guillaume de Tyr*).

RAOUL DE MONTPINÇON, sénéchal d'Angleterre. — Donation qu'il fait à l'abbaye d'Ouche, XXVI, 417, 418 (*Orderic Vital*).

RAOUL DE MORTEMER. — S'attache au roi Henri d'Angleterre contre le duc Robert de Normandie, XXVIII, 175, 176 (*Orderic Vital*).

RAOUL DE NAMUR. — Espionne et fait brûler les hérétiques de la suite d'Amauri, XI, 245, 246 (*Guillaume le Breton*).

RAOUL DE NESLE, connétable de France. — Se distingue sur la route de Gironne à Roses dans un combat où le roi Pierre d'Aragon est blessé mortellement, XIII, 206. — Se saisit de la Gascogne sur le roi Edouard d'Angleterre au profit de Philippe le Bel, 218. — Est chargé de la défense de Bordeaux contre les Anglais, 221. — Marche au secours de Charles de Valois au siége de La Réole, 223. — Prend sur sa route le fort de Pondency, *ibid*. — Fait pendre soixante Gascons devant La Réole, 224. — S'empare de cette place, *ibid*. — Se distingue dans la guerre de Flandre, 230. — Y est tué, 243 (*Guillaume de Nangis*); XV, 399 (*Gestes glorieux des Français*).

RAOUL DE NIVELLES, comte de Soissons. — Est chargé de protéger la flotte française de Dam, XII, 269 (*la Philippide*).

RAOUL DE PÉRONNE. — Accompagne le prince Louis le Jeune dans son voyage pour épouser Eléonore d'Aquitaine, XXVIII, 491. — Marche avec les Anglais contre les Normands, 511 (*Orderic Vital*).

RAOUL DE PRESLE, avocat au Parlement. — Soupçonné d'avoir causé la mort des deux derniers rois, il est emprisonné sous Louis Hutin, torturé, ruiné, et mis en liberté, XIII, 310, 311 (*Guillaume de Nangis*).

RAOUL DU PONT-ECHENFREI, dit le Roux. — Seconde Robert Guiscard, XXVI, 26. — Prend les armes en faveur d'Eustache, fils naturel de Guillaume, dans la guerre de la succession de Breteuil, XXVIII, 165. — Prend le chemin de Jérusalem, 187. — Est accueilli dans la Pouille, 208. — Accompagne Boémond au siège de Durazzo, 209. — Se rend à Constantinople, 211. — Y perd sa femme, *ibid.* — Passe en Asie, *ibid.* — Rallie au Pont-Echenfrei les seigneurs normands chassés de L'Aigle par Louis VI, et restés fidèles au roi Henri d'Angleterre, 279. — Maintient contre le comte Amaury l'autorité de Henri, roi d'Angleterre, 294. — Sauve le fils de ce prince, 295. — Est fait prisonnier, *ibid.* — Est échangé, *ibid.* — Ses récompenses, *ibid.* — Il repousse le comte de Breteuil et ses alliés au passage de la Charentonne, et le poursuit jusqu'à la Ferté-Fresnel, 296. — Appelle le roi Henri, assaillit cette place et lui en remet les clés, *ibid.* — Combine les mouvemens de Goel d'Ivry avec ceux de l'armée anglaise contre Evreux, et réussit, 302. — Est chargé de faire le siège de la citadelle, 303. — Marche au secours de Breteuil et contribue à faire lever le siège de cette place par les Français, 315. — Est renversé dans le combat, 316. — Périt dans le naufrage de la *Blanche-Nef*, 358 (*Orderic Vital*).

RAOUL DE SAINT-VICTOR. — Reste fidèle au roi Henri d'Angleterre, XXVIII, 297 (*Orderic Vital*).

RAOUL DE TIBÉRIADE. — Est proposé par son frère pour l'époux de la princesse Isabelle, veuve du comte Henri de Bourgogne, XIX, 225. — N'est pas accepté, 227 (*Bernard le Trésorier*).

RAOUL ou RADULPHE DE TOENI, ou DE TERNOIS. — Souscrit la donation des biens de sa famille à l'abbaye d'Ouche, XXVI, 33. — Est forcé de s'exiler, 76. — Est rappelé et ses biens lui sont rendus, 87. — Se distingue à la bataille de Hastings, 142. — Est chargé par le roi Guillaume le Conquérant d'annoncer au roi Henri de France la défaite de son armée à Mortemer, XXVII, 203 (*Orderic Vital*).

Defend le fort de Tillières pour le duc Richard II de Normandie contre le comte Eudes de Chartres et ses alliés, et les met en déroute, XXIX, 124. — Construit l'abbaye de Saint-Pierre-de-Châtillon à Conches, 200. — Annonce au roi de France Henri la défaite de son armée à Mortemer, 208. — Encourt la disgrâce du duc Guillaume le Bâtard, qui le dépouille de ses biens et le force à s'exiler, 215. — Sa belle conduite à la bataille de Hastings, 406 (*Guillaume de Jumiège* et *Vie de Guillaume le Conquérant*).

RAOUL DE TRACY, chambellan. — Visite l'abbaye d'Ouche, lorsqu'il va combattre les Danois vers la Basse-Normandie avec le duc d'Orléans, XXVII, 77. — La pille dans sa retraite, 82. — Obtient une partie des reliques de cette abbaye, 87. — Lui fait des donations, 88 (*Orderic Vital*).

RAOUL LE BÈGUE. — Perd quelques châteaux et fait la paix avec le roi Etienne d'Angleterre, XXVIII, 492 (*Orderic Vital*).

RAOUL, dit *le Clerc* ou *Malecouronne*. — Engage son frère Guillaume, fils de Giroie, à ne pas aller aux noces de Talvas, XXIX, 180. — N'est pas écouté, *ibid.* — Malheurs qui s'ensuivent, *ibid.* — Il dévaste par le fer et le feu les terres de Talvas, le provoque en vain pour venger l'injure faite à son frère, 182 (*Guillaume de Jumiège*).

RAOUL LE TORT. — Est investi par le roi Louis IV du gouvernement de la Normandie, XXIX, 87. — Ses exactions, *ibid.* — Il fait connaître au roi la marche hostile du roi de Danemark retiré en Cotentin, 88. — Réduit la table du jeune Richard établi dans son duché, 92. — Est chassé de la province, *ibid.* (*Guillaume de Jumiége*).

RAOUL TÊTE D'ANE. — Ses biens confisqués par le roi Guillaume sont rendus à ses héritiers par le duc Robert de Normandie, XXVII, 280, 281 (*Orderic Vital*).

RASCHID (Haroun). *Voy.* HAROUN RASCHID.

RATHAIRE, comte. — Prête serment à la reine Teutberge au nom du roi Lothaire, IV, 203, 204 (*Annales de Saint-Bertin*).

RATHALD, évêque de Strasbourg. — Confirme à l'empereur Louis la révolte de son neveu Bernard, roi d'Italie, III, 357. — Reconduit l'impératrice Judith à l'empereur rétabli sur le trône, 397 (*l'Astronome*).

Intervient au serment prêté à la reine Teutberge au nom de l'empereur Lothaire, IV, 204 (*Annales de Saint-Bertin*).

RATBERT, envoyé de l'empereur en Orient. — Son retour, III, 57. — Sa mort, *ibid.* (*Annales d'Éginhard*).

RATBOD, duc des Frisons. — Fait la guerre à Pepin d'Austrasie, II, 236. — Est vaincu, *ibid.* — Donne l'une de ses filles en mariage à Grimoald, fils de son vainqueur, 237. — S'allie au roi Chilpéric (Daniel), 238. — Livre bataille à Charles Martel auprès de Cologne, *ibid.* (*Chronique de Frédégaire*).

Combat Charles Martel auprès de Cologne, XXVII, 121 (*Orderic Vital*).

RATBOD, évêque de Trèves. — Sacre Robert évêque de Metz, IV, 317 (*Annales de Metz*).

RATCHISE, fils du duc de Forli. — Succède à Luitprand dans le royaume de Lombardie, XXV, 427, 428. — Abdique et se fait moine, *ibid.* (*Orderic Vital*).

RATHAIRE, duc. — Fait arrêter Théodore, évêque de Marseille, I, 436. — S'empare des biens de l'Eglise, *ibid.* — Sa punition divine, 437 (*Grégoire de Tours*).

RATHIER DE CASTELNAU. — Arrête le comte Baudouin de Toulouse dans son lit, XIV, 285. — Le livre au comte Raymond VI, son frère, qui le fait pendre, 286. — Voit ses terres ravagées par le comte de Montfort, 295 (*Pierre de Vaulx-Cernay*).

RATIER DE CAUSSADE. — Concourt à la défense de Toulouse, assiégée par le roi Philippe-Auguste, XV, 200 (*Histoire des Albigeois*).

RAUCHINGUE, duc. — Epouse la veuve de Godin, I, 221. — Son orgueil, sa perfidie et sa cruauté, 222. — Il arrête Bérulphe, duc de Tours et de Poitiers, 453. — Fait arrêter à Soissons les assassins que Frédégonde avait expédiés à Childebert et à Brunehaut, 456. — S'engage dans une conspiration dont le but est de tuer le roi Childebert, d'humilier la reine Brunehaut, et de régner sur la Champagne avec Théodebert, II, 10. — Se prépare à se rendre auprès du roi, *ibid.* — Y est appelé, 11. — S'y rend et est mis à mort, *ibid.*, et II, 167. — Son caractère, I, 12. — Ses richesses, *ibid.* — Sa femme, *ibid.* — Son titre est donné à Magnovald, 13. — Son complice Algidius, évêque de Rheims, est arrêté et condamné, II, 121, 123 (*Grégoire de Tours*).

RAVAN (le comte). — Est tué près d'Angoulême dans un combat contre Pepin, fils du roi Pepin, IV, 136 (*Annales de Saint-Bertin*).

RAYMOND I, comte de Toulouse. — Est expulsé par Honfroi, marquis de Gothie, qui se met à sa place, IV, 180 (*Annales de Saint-Bertin*).

RAYMOND IV, dit de *Saint-Gilles*, comte de Toulouse. — Il s'engage pour la première croisade, VII, 49

(*Fragmens de l'Histoire des Français*).

Il prend la croix et part pour la Terre-Sainte, IX, 75. — Ses projets hostiles contre l'empereur Alexis sont combattus par les autres chefs de la croisade, 87. — Il lui prête serment de ne rien entreprendre contre son autorité, *ibid.* — Séjourne aux environs de Constantinople, 88. — Bat les Turcs sous Nicée, 90. — Fait le siége de cette place, 91. — S'en empare, 95. — Secourt Boémond et contribue au gain d'une grande bataille contre les Turcs, 97 à 101. — Se porte sous Antioche, 114. — Est battu dans sa marche au port Siméon, 141. — Prend sa revanche au défilé de Falfor, 143. — Est assiégé dans Antioche, 176. — Jure de défendre son poste jusqu'à la mort, 182. — Reste dans la place pendant que l'armée en sort et fait lever le siége, 201. — S'empare de la citadelle et y fait arborer sa bannière, 206. — La voit à l'instant renverser et remplacer par celle de Boémond, 207. — Sort d'Antioche et s'empare d'Albar, 213 — Refuse de remettre à Boémond la souveraineté d'Antioche promise à l'empereur Alexis, 214. — Consent un arrangement provisoire, 215. — Fortifie le palais du gouverneur d'Antioche, 216. — Se porte sur Marrash, 219. — Est joint par Boémond, 220. — Assiége la place et en fait un désert, *ibid.* à 223. — Retourne à Antioche et se brouille avec Boémond, *ibid.* — Marche sur Césarée, 224. — Court le pays, *ibid.* — Va jusqu'à Tripoli, *ibid. et suiv.* — Reçoit secours du duc Godefroi et du comte de Flandre pour le siége d'Archas, 228. — Traite avec le roi de Tripoli et marche sur Jérusalem, 238. — Attaque cette place, 241. — Ses travaux pour le siége, 247 à 251. — Entre dans Jérusalem par arrangement, 252. — Refuse le gouvernement de cette ville, 257. — Y continue son séjour, 268. — Commande un corps d'armée à la bataille d'Ascalon, 270. — Jette dans la mer les débris de l'ennemi, 272. (*Guibert de Nogent*).

Attaqué dans ses États par Richard Cœur-de-Lion au mépris du traité sur la croisade, il invoque le secours de Philippe-Auguste qui ravage le Berry et l'Auvergne, XI, 78 et suiv. (*Rigord*).

Il se distingue à la prise d'Antioche et de Jérusalem, XV, 216. Assiége Tripoli, *ibid.* — Sa mort, *ibid.* (*Guillaume de Puy-Laurens*).

Il prend la croix, XVI, 49. — Son départ pour la Terre-Sainte, 109. — Liste des principaux seigneurs qui marchent sous sa bannière, *ibid.* — Il traverse la Lombardie, le Frioul et la Dalmatie, 110. — Arrive après de grandes souffrances à Durazzo, 112. — Traverse l'Epire et la Macédoine, et se rend à Constantinople, sur l'invitation de l'empereur, 114. — Lui refuse le serment, 115. — Est attaqué à l'improviste par les troupes impériales, *ibid.* — Fait connaître sa position aux princes croisés, *ibid.* — Prête serment à l'empereur Alexis, 118. — Se réconcilie avec lui par leur intervention, *ibid. et suiv.* — L'engage à suivre en personne l'expédition et ne peut l'y décider, 120. — Passe le Bosphore, 122. — Se joint aux princes croisés, *ibid.* — Arrive à Nicée un instant avant l'apparition du sultan Soliman, 131. — Repousse brillamment ses attaques, 132. — Secourt les chefs qui ont quitté l'armée et qui se trouvent aux portes, battus par Soliman, 154. — Est malade au camp d'Antiochette, 162. — Concourt au siége d'Antioche, 208. — Y souffre proportionnellement plus que les autres, 212. — Est envoyé sur le rivage pour recevoir des pélerins et des vivres, 241. — Tombe dans une embuscade et s'enfuit de sa personne, *ibid.* — Se distingue dans la bataille livrée immédiatement sous Antioche, 245. — Demande et obtient le commandement du nouveau camp, 250. — Acte de générosité qui rend la confiance et le courage à ses hommes, 251. — Il apprend de Boémond ses intelligences dans la place assiégée, 263. — Refuse de lui accorder la souveraineté héréditaire de cette ville sous la condition offerte de la remettre aux Croisés, 268, 270. — Ranime le courage des Chrétiens par la découverte miraculeuse de la lance avec laquelle Jésus-Christ fut frappé, 318. — Est adjoint à l'évêque du Puy dans le commandement du 4e corps de l'armée des Croisés, lors de la sortie générale d'Antioche contre les assiégeans, 327. — Est chargé spécialement de la défense de la ville, 328. — Conteste toujours à Boémond la principauté d'Antioche, qui lui a été concédée par tous les autres princes croisés, 343. — Conserve malgré lui une porte de la ville, *ibid.* — Concourt à l'accomplissement des desseins du duc Godefroi sur Hasarth, 351. — Sort d'Antioche, 360. — Fait le siége d'Albar, *ibid.* — S'en empare, *ibid.* — Soumet les environs et s'y établit, 361. — Marche au siége de Marrash, 362. — Refuse à Boémond d'échanger les tours qu'il tient à Antioche contre celles que celui-ci occupe à Albar, 366. — Est chassé par force des tours d'Antioche, *ibid.* — Fait une absence et trouve Albar brûlé à son retour, 367. — Va conquérir des vivres et les envoie à Marrash où la disette est extrême, 368, 369. — Se met en marche vers Jérusalem sans attendre personne, 370. — Est bientôt joint par Tancrède et par le duc de Normandie, *ibid.* — Est harcelé par l'ennemi, 371. — Confie l'avant-garde à Tancrède, et se charge de l'arrière-garde, *ibid.* — Surprend dans une embuscade ceux qui inquiétaient l'armée et assure sa tranquillité, *ibid.*, 372. — Assiége Tripoli, 374. — Engage le duc Godefroi et le comte de Flandre à lever le siége de Gibel, 378. — Est soupçonné d'avoir reçu 6,000 pièces d'or pour le succès de cette démarche, *ibid.*, 379. — En est accusé par Tancrède auprès des princes croisés, 380. — Tente d'avoir le commandement en chef de l'armée, *ibid.* — Attaque vivement Archas, 388. — Lève le siége et suit malgré lui le mouvement de l'armée, 389. — Concourt au siége de Jérusalem, 419. — Actes de sa générosité, 422. — Il envoie à ses frais recueillir la cargaison des vaisseaux arrivés à Joppé, 430, 431. — Se réconcilie avec Tancrède, 434. — Continue de combattre après l'entrée des Croisés dans la ville, 452. — Y entre avec les siens et fait des vaincus un carnage horrible, 453. — Accorde une capitulation au petit nombre qui s'était retiré dans la citadelle, 463, 464 (*Guillaume de Tyr*).

Brigue le royaume de Jérusalem, XVII, 5. — Refuse de livrer à Godefroi de Bouillon, roi élu, la forteresse de David dont il s'est emparé, 6. — La met en séquestre à l'évêque d'Albar, qui la remet au roi sans jugement, 7. — Indigné, il se rend sur les bords du Jourdain, s'y lave et fait ses préparatifs de départ, *ibid.* — Joint le roi Godefroi à Ramla, 21. — Se rend à Laodicée, 26. — Part pour Constantinople, *ibid.* — Rallie les comtes de Normandie, de Poitou, de Chartres et de Bourgogne, nouveaux croisés, et marche à leur tête, 69. — Traverse l'Hellespont et se rend à Nicée, *ibid.* — Passe à Antioche, s'empare d'Antarados (Tortose) et s'y établit, 71. — Sagesse et vigueur de son gouvernement, 101. — Il rend ses tributaires les Tripolitains, 102. — Sa mort, 113. — Son éloge, 114. — Son neveu lui succède, *ibid* (*Guillaume de Tyr*).

Il arrive à Constantinople, XX, 69. — Engage le duc Godefroi à l'attendre et ne peut l'obtenir, *ibid.* — Prête serment à l'empereur, *ibid.* — Est attendu au siége de Nicée, 74, 77. — Marche toute la nuit pour y arriver, *ibid.* — Est attaqué par

Soliman qui croyait trouver son poste inoccupé, 78. — Le repousse, *ibid.* — Tente de faire brèche à la place, 83, 86. — Fait enfin trouée, 87. — Entre dans Nicée, 90. — Marche avec le duc Godefroi après la scission de l'armée, opérée par le mouvement de Boémond, 96, 137. — Se distingue au passage de l'Oronte, 147. — Marche à l'investissement d'Antioche, 150. — Concourt au siége de cette place, 152. — Est spécialement chargé de la défense du pont, 153. — Son combat à la porte Warfaru, 154. — Il repousse une sortie, 173. — Va faire des vivres et n'obtient guère de succès, 177. — Concourt à la destruction de l'armée auxiliaire attendue par les assiégés, 182. — Est chargé d'aller acheter des vivres au port Siméon, 184. — Tombe dans une embuscade et est battu à son retour, 185. — S'enfuit et rejoint le duc Godefroi, 187. — Se distingue dans la bataille livrée immédiatement, 189. — Reçoit de Baudouin d'Édesse des secours en argent, 203. — Envoie reconnaître la grande armée turque dont on annonce la marche sur Antioche, 208. — Est appelé au conseil tenu en cette occasion, 209. — Entre dans Antioche livré par trahison à Boémond, 219, 220. — Ses travaux pour la défense de la ville, assiégée par les Turcs, 229. — Il trouve, par la vision d'un clerc, la lance qui perça Jésus-Christ, 248. — Est investi du commandement de la ville pendant la sortie générale de la garnison, 254. — Pille le camp des Turcs après la victoire, 263. — S'empare de la tour sur le pont de l'Oronte à Antioche, et la soustrait à l'autorité de Boémond, 268. — Est jaloux de ce que le prince d'Hasarth a sollicité l'alliance du duc Godefroi, 276. — Refuse de prendre part à son expédition, *ibid.* — Se décide pourtant à le suivre, 277. — Rentre à Antioche, 288. — Marche au siége de Marrash, 289. — En reste chargé avec plusieurs autres, *ibid.* — Perd la tour d'Antioche, dont Boémond s'empare pendant son absence, *ibid.*, 290. — Réduit à manger de la chair humaine, il va chercher des vivres, 294. — Occupe enfin Marrash, 295. — Fait juger par le feu la question de l'identité contestée de la lance d'Antioche, 297. — Fait le siége d'Archis, 298. — Payé par les habitans de Gibel pour faire lever le siége mis devant cette place, il donne à Godefroi le faux avis de la marche d'une armée ennemie, 299, 300. — Est accusé par Tancrède devant les chefs de l'armée, 301. — Est abandonné de tous et laissé seul au siége d'Archis, 302. — Parvient à apaiser le duc Godefroi et à calmer Tancrède, 303. — Est forcé de lever le siége par l'abandon des princes croisés, 304. — Accompagne Godefroi sous Tripoli, 306. — Arrive avec lui à Césarée, 312. — Concourt à l'investissement de Jérusalem, 318. — Bat en brèche les murs de cette place, 330. — Refuse le gouvernement de la ville et la garde du sépulcre de Jésus-Christ, 352. — Après un refus, joint le duc Godefroi marchant contre les Sarrasins débarqués à Ascalon, 361. — Se prépare pour la bataille, 366. — Détourne les chefs du projet de faire le siége d'Ascalon, 372. — Donne des avis aux assiégés, *ibid.* — Force le roi à lever son camp, 373. — Va assiéger Assur, *ibid.* — Lève son camp aux approches du roi, *ibid.* — Recommande une bonne défense aux habitans, *ibid.* — Rejoint les chefs de l'armée, 374. — Se met en défense contre le roi qui le poursuit, *ibid.* — Fait la paix avec lui par l'intervention du comte de Flandre, *ibid.* — Annonce l'intention de retourner dans sa patrie, *ibid.* — Son départ, 375. — Il fait lever le siége mis par Boémond devant Laodicée, 382. — Y entre en ami avec vingt mille Croisés, 383. — Fait la paix avec Boémond, 384. — Reste à Laodicée, *ibid.* — Arrête une lettre de Tancrède et du patriarche qui appellent Boémond au trône de Jérusalem, vacant par la mort du duc Godefroi, 413 (*Albert d'Aix*).

Quitte Laodicée et se rend à Constantinople, où il est dans l'intimité de l'empereur Alexis, XXI, 6. — Se charge de la conduite de nouveaux croisés lombards, teutons et français, 7. — Les dirige sur Nicomédie par la route des premiers croisés, *ibid*. — Est forcé de les suivre dans leur marche pour délivrer Boémond, 8. — Marche à l'avant-garde avec l'escorte fournie par l'empereur, *ibid*. — Inquiété sur ses derrières, il organise l'armée, 9. — Confie son arrière-garde aux Lombards, qui prennent la fuite à la vue de l'ennemi, *ibid*. — En charge le duc de Bourgogne, qui s'en acquitte bien, 10. — S'en charge lui-même et repousse l'ennemi après un combat long et meurtrier, *ibid*. — Avance dans un pays désert, 11. — Perd tous les hommes qui s'écartent du gros de l'armée, 12. — Trouve devant lui une armée turque qu'il repousse sans la rompre, 13. — Fait ses dispositions pour la bataille qu'il ne peut éviter, 15. — Reçoit la bénédiction de l'évêque de Milan, et présente à l'armée la lance d'Antioche, *ibid*. — Livre bataille près de Marrash, *ibid*. — Garde près de lui les Turcopoles et les Provençaux, *ibid*. — Remplace au combat ses frères d'armes vaincus, 17. — Est abandonné par les Turcopoles, 18. — Se jette dans les montagnes, *ibid*. — Gravit un roc sur lequel il soutient un siége avec dix chevaliers provençaux, *ibid*. — Est délivré par Étienne de Blois, 19. — Rentré au camp, il s'enfuit dans la nuit avec tous les siens et les Turcopoles de l'empereur, *ibid*. — Déroute de l'armée, 21 *et suiv*. — Il se dirige au hasard sur Sinope, 24. — S'y embarque et se rend à Constantinople, *ibid*. — Se justifie aux yeux de l'empereur, 25. — Est arrêté par Bernard l'Étranger qui le livre à Tancrède, comme accusé d'avoir trahi et livré aux Turcs l'armée des Croisés, 36. — Est mis en liberté, sous serment, à la demande des princes, 37. — Reçoit d'eux la garde de Tortose qu'ils viennent de conquérir, 37. — Marche à Joppé au secours du roi de Jérusalem, 48. — S'empare de Gibel à l'aide des Pisans et des Génois, 64. — Ne pouvant emporter Tripoli, il fait construire un fort sur le mont des Pélerins, 72. — Meurt et y est enterré, *ibid*. (*Albert d'Aix*).

Il prend sa route par l'Esclavonie, XXI, 228. — Voulant poursuivre sa marche, il fait arracher les yeux, couper les pieds, les mains et le nez à ses prisonniers, pour préoccuper ceux qui l'enveloppent et s'en fuir plus sûrement, *ibid*., 229. — Difficultés de sa marche, *ibid*. — Il combat toujours à l'arrière-garde, *ibid*. — Ses communications avec le roi, *ibid*. — Il ne se trouve pas mieux sur les terres de l'empereur Alexis, qui ne parle pourtant que de paix, 230. — Traverse ses États en ennemi, 231. — Quitte son armée à Rodoste, 232. — Se rend près de l'empereur, où il trouve les princes croisés, *ibid*. — Refuse de lui rendre hommage, *ibid*. — Se plaint des procédés de l'armée impériale dans sa marche, 234. — Est accueilli par des représailles, *ibid*. — Obtient un jugement contraire à ses prétentions, *ibid*. — Prête serment à l'empereur, mais persiste à refuser l'hommage, 235. — Arrive le dernier au siége de Nicée, *ibid*. — Repousse les Turcs qui l'attaquent au moment où il prend position, 236. — Dégage Boémond qui avait quitté l'armée, et remporte sur cent cinquante mille Turcs une victoire éclatante, 238. — Miracle en cette occasion, 239. — Il tombe malade, *ibid*. — Saint Gilles lui fait annoncer par un noble saxon qu'il n'en mourra pas, *ibid*. — On lui dit l'office des morts et il guérit, 240. — Il estime qu'il faut faire sur-le-champ le siége d'Antioche,

240. — Établit son camp tout auprès de la place, 242. — Terreur de la garnison, *ibid.* — Indiscipline des Croisés, *ibid.* — Abondance qui règne dans leur camp, *ibid.* — Massacre de ceux qui s'en éloignent, 243. — Il envoie des corps nettoyer la campagne des ennemis qui en troublent la sécurité, *ibid.* — Est exposé à des combats continuels, 244. — Perd tous ses chevaux, *ibid.* — Reste chargé de la garde du camp, avec l'évêque du Puy, pendant la maladie du duc Godefroi, l'absence du duc de Normandie, et la mission de Boémond et du comte de Flandre, 245. — Est attaqué, et abandonné par ses troupes, *ibid.* — Les rallie, les ramène au combat et remporte la victoire, 246. — Tombe malade, 250. — Voit l'armée réduite à cent chevaux, *ibid.* — Fait décider qu'il sera payé sur le fonds commun 500 marcs à qui perdra un cheval, *ibid.*, 251. — Refuse à Boémond (contre l'avis unanime de tous les autres princes) de lui donner la ville en souveraineté, quand il l'aura fait prendre, *ibid.* — Va au port Siméon, revient, est battu et mis en fuite, 256. — Prend le commandement d'une redoute élevée hors du camp, 260. — La défend avec soixante hommes contre sept mille Sarrasins, 261. — Donne de l'argent à Tancrède pour fortifier un couvent sur l'Oronte, 263. — Est fait le confident d'une apparition de saint André, qui indique le lieu où est cachée la lance qui a percé Jésus-Christ lors de sa passion, 269. — Croit à cette révélation, 274. — Assiste à la fouille faite dans l'église d'Antioche pour découvrir cette lance, 275. — S'absente avant la découverte, 276. — Reçoit de saint André l'ordre de passer le Jourdain en bateau, de se faire asperger, et de conserver les mêmes habits avec la lance d'Antioche, *ibid.* — Est institué par l'apôtre saint André porte-bannière de l'armée chrétienne, 278. — Tombe dangereusement malade, 283. — Entre dans la citadelle d'Antioche et en est chassé de force par Boémond, 289. — Refuse de lui remettre la tour qu'il occupe dans la ville, *ibid.* — Accompagne le duc Godefroi à Hasarth, 295. — Revient à Antioche, 296. — Se rend en Syrie et s'empare d'Albar, 299. — Donne la moitié de cette ville à l'évêque qu'il y institue, 300. — S'oppose seul à ce qu'Antioche soit concédé à Boémond, 301. — Marche avec le comte de Flandre au siége de Marrash, 303. — Y est joint par Boémond, 304. — S'empare avec eux de la ville, 308. — Exige de Boémond la remise des tours qu'il y occupe, et refuse de rendre en échange la tour d'Antioche, 309. — Est fait général en chef de l'armée, 310. — Fixe à quinzaine son départ pour Jérusalem, *ibid.* — Convoque à Edesse une assemblée générale des princes, à qui il offre des secours considérables pour continuer leur pélerinage, *ibid.*, 311. — Retourne à Marrash démolie et en ruine, 313. — Trouve l'armée réduite à manger de la chair humaine, *ibid.* — La conduit dans la campagne, *ibid.* — Revient chargé de butin, 314. — Reconnaît que les Croisés ont été marqués par Dieu même d'une croix sur l'épaule droite, *ibid.* — Se met en route pieds nus avec le clergé, *ibid.* — Entre dans le pays de Césarée dont tous les habitans s'enfuient à son approche, 315. — Y trouve l'abondance, *ibid.* — Remonte sa cavalerie, 316. — Se met à l'arrière-garde, 317. — Repousse l'ennemi qui le harcèle, *ibid.* — Quitte la route de Damas et se dirige vers la mer, 318. — Court des dangers à l'attaque d'un château que l'ennemi évacue pendant la nuit, 320. — S'allie avec le roi de Tripoli, 321. — Fait le siége d'Archas, 322. — Y appelle le duc Godefroi et le comte de Flandre, 326. — Fait parade de ses beaux chevaux arabes, 327. — Marche contre le roi de Tripoli qui refuse de payer le tribut convenu, 343. —

Le force à rentrer dans la place et à faire de nouvelles propositions, 345. — Lève le siége d'Archas, 353. — Conduit devant Tripoli ses troupes, qui refusent de l'assiéger, *ibid.* — Est enlevé avec tous les chefs par le peuple qui se met en marche pour Jérusalem, 357. — Fait l'arrière-garde de l'armée, 359. — Arrive sous Jérusalem et concourt au siége de cette place, 372. — Hâte les travaux, *ibid.* — Paie les ouvriers de ses propres fonds, 373. — Continue de combattre, après l'occupation de la place, sur d'autres points, 379. — S'empare de la tour de David par capitulation, 380. — Est élu roi de Jérusalem, 382. — Refuse avec horreur cette dignité, *ibid.* — Demande à conserver jusqu'à Pâques la tour de David que le roi Godefroi exige immédiatement, *ibid.* — La remet, en attendant jugement, à l'évêque d'Albar, qui la rend sur-le-champ au roi, 383. — L'accuse de trahison, *ibid.* — Reconnaît qu'il a été contraint, *ibid.* — Part indigné pour Jéricho, et remplit dans le Jourdain les cérémonies indiquées par saint André, *ibid.* — Déclare au roi qu'il entend rester à Jérusalem jusqu'à ce qu'il soit bien certain de la guerre, 392. — Arrive pour la bataille, 393. — Contribue au succès des Chrétiens, 395. — Tue un grand nombre d'ennemis vers la mer, *ibid.* (*Raymond d'Agiles*).

Il prend la croix, XXII, 55. — Assiége Tripoli, 70. — Construit le château Pélerin pour faciliter les opérations du siége, *ibid.*, 71 (*Jacques de Vitry*).

Son éloge, XXIII, 36. — Il concourt au siége de Nicée, 37. — Est attaqué et repousse l'ennemi, 38. — Va au secours des Normands vaincus par Soliman, 59. — Aide le duc Godefroi à déloger de leurs positions les Turcs fugitifs, 61. — Concourt au siége d'Antioche, 104. — Ses dispositions, 105. — Sa constance, 115. — Il fixe son quartier à Rubée, 126. — Entre dans Antioche livré par trahison, 140. — Massacre les citoyens, *ibid.*, 141. — Commande le corps de réserve dans la sortie générale, 167 — S'empare du château d'Artasic, 179. — Assiége Marrash avec Tancrède et le comte de Flandre, 182. — Est réduit à manger de la chair humaine, 185. — Perd la citadelle d'Antioche que Tancrède prend par surprise et livre à Boémond, 186, 187. — Tient une assemblée générale à la nouvelle de la vision par suite de laquelle on doit découvrir à Antioche la lance dont Jésus-Christ a été percé, 191. — Est dupe de la fraude d'un imposteur, 192. — Attribue à ce fer la victoire d'Antioche, 194. — Se fâche des traits acérés des chefs de l'armée qui raillent de la puissance de cette lance, 195. — Se nourrit de l'espoir de succéder à Boémond dans la principauté d'Antioche, *ibid.* — Donne l'assaut à Marrash et l'emporte, 196. — Va mettre le siége devant Archas avec Tancrède et le comte de Normandie, 198. — Eprouve une vive résistance, 202. — S'obstine à voir un saint dans le visionnaire d'Antioche, mort à la suite de l'épreuve du feu, 205. — Fait poursuivre, jusqu'auprès du duc de Normandie, le chapelain Arnoul qui a dévoilé la fraude, *ibid.* — Concourt au siége de Jérusalem, 217. — S'empare de la tour de David, 237. — Fait la conquête d'Ascalon, 258. — Improuve la promotion du duc Godefroi au trône de Jérusalem, 259. — Veut secourir les Grecs, 270. — En est empêché par Tancrède, *ibid.* — Assiége Tripoli, *ibid.* — Bâtit un fort sur le mont Pélerin, *ibid.* — Va implorer le secours des Grecs, 271. — Offre en présent la lance d'Antioche à l'empereur Alexis, *ibid.* — Revient avec des trésors pour faire la guerre à Tancrède, 272 (*Raoul de Caen*).

Il prend la croix, XXIII, 314. — Passe à Rome, 315. — Se rend dans la Pouille, 316. — Arrive à Constantinople, 320. — Prête à l'empereur Alexis un serment différent de celui des autres princes croisés, 326. — Concourt au siége de Nicée, 330. — Repousse l'ennemi venant de l'extérieur, 331. — Passe sous les ordres de Hugues le Grand, 334. — Secourt puissamment l'armée de Boémond, battue, 338. — Contribue à la victoire des Croisés, *ibid.* — A la fausse nouvelle de l'évacuation d'Antioche par les Turcs, il y envoie cinq cents chevaliers, qui, trompés, soumettent pourtant les environs, 348. — Va au port Siméon chercher des vivres, 366. — Est attaqué, battu et dépouillé par les assiégés, au retour, 367. — Détruit les tombeaux d'Antioche, et bâtit sur le cimetière, avec les pierres sépulcrales, une forteresse dont il confie le commandement à Tancrède, 376, 377. — Reçoit le secret de Boémond pour la tradition d'Antioche, 385. — Est chargé de la garde de la ville lors de la sortie générale de la garnison, 415. — Confie une partie de ses troupes à l'évêque du Puy, *ibid.* — Donne sa bannière pour l'arborer sur la citadelle, rendue après la victoire des Croisés, 424. — La retire sur les réclamations de Boémond, *ibid.* — Refuse à Boémond la concession d'Antioche, 432. — Fortifie le palais du gouvernement et la tour dont il s'est emparé, 433. — Sort le premier de la place, 434. — Soumet Ruga et Albar, *ibid.*, 430. — Attaque Marrash, 435. — Est joint par Boémond, 436. — S'empare de la place, 439. — Taille en pièces et met à mort les enfans, les jeunes filles, les jeunes gens, les femmes et les vieillards, *ibid.* — En fait pendre plusieurs à une même corde pour avoir plus tôt fait, *ibid.* — Ouvre le ventre des morts pour y chercher de l'or, 440. — Refuse d'être parjure à l'empereur en consentant à la cession d'Antioche en faveur de Boémond, *ibid.* — Appelle à Ruga les princes chrétiens pour délibérer sur le voyage de Jérusalem, 441. — Ne peut parvenir à les réconcilier, *ibid.* — Soumet à l'assemblée ses différends avec Boémond, 442. — Est joint par le duc de Normandie, *ibid.* — Se met en marche, *ibid.* — Campe sur l'Oronte, *ibid.* — Occupe Céphalie, 444. — Refuse la paix au roi de Tripoli, s'il ne se fait Chrétien, 445. — Assiége Archas, *ibid.* — Demande et obtient les secours du duc Godefroi et du comte de Flandre, 447. — Lève le siége, 448. — Marche sur Tripoli, assiégé par le duc Godefroi, *ibid.* — Concourt au siége de Jérusalem, 453. — S'empare de la tour de David, 457. — Promet protection à ses prisonniers, *ibid.* — Concourt au succès de la bataille d'Ascalon, 465. — Jette l'ennemi dans la mer, 468 (*Robert le Moine*).

Il marche par l'Esclavonie sur Constantinople, XXIV, 16. — Refuse de se reconnaître l'homme de l'empereur, 24. — Assiége Nicée, *ibid.* — Suit le mouvement du duc Godefroi, 29. — Croit véritable la lance découverte à Antioche, 46. — La conserve, malgré la conviction générale de l'imposture du visionnaire, 47. — Est chargé de la garde d'Antioche pendant la sortie de la garnison et pendant la bataille, 54. — Sa lettre au pape, 56. — Il quitte Antioche avec Boémond, 62. — Prend Albar, *ibid.* — Assiége et emporte Marrash, *ibid.*, 63. — Est dépouillé de la partie d'Antioche occupée par ses gens, *ibid.* — Rallie Tancrède et Robert de Normandie, *ibid.* — Continue son pélerinage, *ibid.* — Met le siége devant Archas, *ibid.* — Est joint par le duc Godefroi et le comte de Flandre, *ibid.* — Lève le siége et marche sur Jérusalem, 64. — Concourt au siége de cette place, 72. — Sauve la vie à cinq cents prisonniers qu'il a recueillis dans la tour de David, 77. — Les dirige sur Ascalon, *ibid.* — Fait ses dévotions, 82. — Conduit sa femme à Laodicée, *ibid.* — Se rend à Constantinople, *ibid.* — Accueille à Laodicée Boémond et Baudouin d'Edesse, au retour de leur pélerinage à Jérusalem, 89. — Reste dans Tortose dont il s'empare à l'aide d'anciens et nouveaux croisés, 134. — Sa mort, 146. — Son neveu, Guillaume Jourdain, lui succède, *ibid.* (*Foulcher de Chartres*).

Il envoie au concile de Clermont ses ambassadeurs, qui annoncent qu'il s'est croisé et qu'il se fera accompagner de plusieurs milliers d'hommes dans l'expédition projetée, XXVII, 414. — Son voyage par l'Esclavonie, 425. — Il prête serment à l'empereur Alexis, mais lui refuse l'hommage, 437. — Reste à Constantinople pour faire fournir des vivres à l'armée, *ibid.* — Joint les Croisés au siége de Nicée, 439. — Repousse les Sarrasins, *ibid.*, 440. — Se signale par ses exploits, *ibid.* — Suit le mouvement du duc Godefroi, lors de la division de l'armée, 443. — Vole au secours de Boémond, aux prises avec Soliman, 445. — Charge l'ennemi au grand galop, 446. — Envoie éclairer la route et reconnaître Antioche, 450, 451. — Fait une expédition au port Siméon et est battu au retour, 462. — Est informé par Boémond de ses intelligences dans la place et des conditions auxquelles il va s'en emparer, 468. — Est chargé de la garde de la ville et du camp, lors de la sortie générale de la garnison chrétienne d'Antioche, 485. — Capitule avec le commandant de la citadelle, sur laquelle il arbore son étendart, bientôt remplacé par celui de Boémond, 490. — S'empare d'Albar, 505. — Retourne à Antioche, *ibid.* — Ne peut s'arranger avec Boémond, *ibid.* — Se fortifie dans la partie de la ville qu'il occupe, *ibid.* — Part pour Marrash, 506. — En fait le siége, 507. — S'en empare, 508. — Convoque une assemblée des chefs de l'armée, 510. — Refuse d'aller à Jérusalem sans Boémond, qui menace la citadelle d'Antioche, *ibid.* — Donne l'ordre de fortifier ce qu'il occupe dans cette place, 511. — Pille le pays sur sa route, 512. — Donne un faux avis et fait lever le siége de Gibel, 515. — S'éloigne de Tripoli pour de l'argent, 518. — Contribue au siége de Jérusalem, 522. — Ses travaux, 527. — Joint le roi, dans sa marche contre l'ennemi, vers Ascalon, 538. — Charge les Arabes, 539. — Manœuvre avec sa cavalerie du côté de la mer, 541. — Fait un carnage épouvantable des infidèles, 542. — Donne son étendard aux Ascalonites, 543. — Demande Ascalon pour lui, 544. — Est appuyé par plusieurs chefs, et refusé positivement par le roi, *ibid.*, 545. — Abandonne le siége avec tous les chefs mécontens, *ibid.* — Il quitte la Terre-Sainte, son pélerinage étant fait, XXVIII, 55. — S'embarque à Laodicée, 61. — Est honorablement accueilli à Constantinople par l'empereur Alexis, qui en fait son commensal et son ami, *ibid.* — Conserve avec soin la lance d'Antioche, *ibid.* — A un fils de sa femme qui l'a suivi dans son pélerinage, *ibid.* — S'excuse de servir de guide aux Croisés du duc Guillaume de Poitiers, 99, — Y est forcé par la violence, 100. — Egare l'armée, 104. — S'enfuit, 105. — Arrive à Constantinople, 106 (*Orderic Vital*).

RAYMOND V, comte de Toulouse. — Se réconcilie avec le roi d'Aragon par l'intervention d'un pauvre charpentier, XI, 33. — Epouse Constance, fille du roi de France, 216. — En a deux fils, *ibid.* — Sa mort, 217 (*Rigord*).

RAYMOND VI, comte de Toulouse. — Il succède à son père, XI, 121. — Sa mort, *ibid.* — Son fils lui succède, *ibid.* (*Rigord*).

Il assiége dans Muret Simon de Montfort, qui lui livre bataille et le force à lever le siége, XI, 270. — Apostat, il est dépouillé de son comté par le roi Philippe-Auguste, qui le donne au comte Simon de Montfort, 338 (*Guillaume le Breton*).

Il est reconnu catholique par le pape, XI, 361. — Son serment de vant le concile de Montpellier, 369 (*Vie de Louis VIII*).

Il est attaqué par le roi Henri d'Angleterre, XII, 66. —Est vengé par Philippe-Auguste, 67 *et suiv.* —Immensité de ses domaines, 232. —Il est mis hors des lois divines et humaines par le pape et par le roi Philippe-Auguste, 233. — Perd Béziers et Carcassonne, 234. —Obtient des secours du roi d'Aragon et des villes de ses Etats, 236. — Assiége dans Muret le comte de Montfort, 237. — Lève le siége et est battu, 246 (*la Philippide*).

Il est excommunié par le légat du pape, qui est tué par deux de ses serviteurs, XIII, 97, 98. — Est absous, 101.— Prend la croix, *ibid.* —Marche contre les Albigeois, *ibid.* — Succés et barbarie des Croisés, *ibid.* — Représailles, 102. — Il est déclaré transfuge de la foi et ennemi public, 109. —Assiége Simon de Montfort dans Muret, 111.—Est forcé de lever le siége, *ibid.* — Est excommunié, ainsi que son fils Raymond, au concile de Latran, 117.— Est reconnu pour vrai catholique dans le concile de Paris, 132. — Voit révoquer toutes les indulgences accordées aux Croisés contre les Albigeois, *ibid.* — Promet, au concile de Montpellier, de rétablir l'Eglise romaine et d'extirper l'hérésie, 133, 134. — Donne Jeanne, sa fille, en mariage au comte Alphonse, frère du roi saint Louis 150 (*Guillaume de Nangis*).

Il refuse d'extirper l'hérésie, XIV, 17.—Est excommunié par le légat Pierre de Castelnau, missionnaire en Albigeois, 18. — Sa doctrine et sa conduite, 19. — Il protége les hérétiques, 20.—Ses mœurs, 21. — Anecdotes de sa vie privée, 22.—Il envoie des députés au pape, qui délégue un légat dans l'Albigeois, 40, 41.—Se plaint de l'abbé de Citeaux, *ibid.* — Se réjouit de la venue d'un autre légat, que le pape a secrétement chargé d'être l'organe et le faiseur de l'abbé, 42. — Est mandé au concile de Moutéli-mart, 45. — Remet au légat sept places de sûreté, *ibid.*—Est réconcilié à l'Eglise et absous, 46 —Prend la croix contre ses sujets, 48. — Va au-devant des Croisés jusqu'à Valence, 50. — Assiste au sac de Béziers, 54. — Concourt au siége de Carcassonne, 58. — Fait détruire quelques châteaux, 69. — Se rend auprès du roi, 85. — Va à Rome d'où le pape le renvoie, pour se justifier du meurtre de Pierre de Castelnau et du crime d'hérésie, devant les légats, qui l'excommunient pendant son voyage, 86, 87. —Implore les secours de l'empereur Othon, et ceux du roi de France, *ibid.*, 88. — Retourne dans ses Etats, *ibid.*— Négocie infructueusement la paix avec le comte Simon de Montfort, 91.—Se présente devant les légats, qui, par perfidie, refusent d'entendre sa justification, 103. — Les sollicite avec larmes, 104. — Est excommunié derechef, *ibid.*—Sa conférence avec le comte de Montfort, 123. — Il assiste au colloque solennel entre les chefs des Croisés et les chefs des Albigeois à Narbonne, 124. — Rejette la proposition de l'abbé de Citeaux de lui conserver ses Etats, à condition d'en extirper l'hérésie, 125. — Se rend à une nouvelle conférence à Montpellier, 134. —Promet d'accepter les propositions rejetées à Narbonne, *ibid.*—Quitte la ville brusquement et sans prendre congé, *ibid.*—Cause de ce départ, *ibid.*—Va à une nouvelle entrevue devant Lavaur, 137. — Retire les Toulousains de l'armée des Croisés, 138. —Défend de lui fournir des vivres, *ibid.* —Confie à son sénéchal la défense de Lavaur, 139. — Est invité par l'évêque, attendu l'excommunication prononcée contre lui, à sortir de Toulouse, afin qu'il puisse valablement administrer l'ordination, 140. — Ordonne au prélat de vider au plus tôt la ville, et ses Etats, sous peine de la vie, 141. — Est attaqué par Simon de Montfort, 148. — Brûle la ville de Castelnaudary,

149. — Est abandonné par son frère Baudouin, qui livre la place dont la défense lui est confiée et passe au comte de Montfort, 150. — Perd bon nombre de châteaux sur le Tarn, 151. — Est joint par le comte de Foix, 152. — Dispute les approches de Toulouse, *ibid.* — Est assiégé dans cette ville par les comtes de Montfort et de Bar, 153. — Défend sa capitale contre les Croisés, *ibid.* — Est abandonné par les nobles et le clergé du Quercy, 155. — Se remet en campagne, 159. — S'empare de quelques châteaux, *ibid.*, 164. — Assiége le comte de Montfort dans Castelnaudary, 160. — Manque le château de Cabaret, qui lui est livré, 165. — Continue le siège de Castelnaudary, 176. — Le lève après le départ de Simon de Montfort, *ibid.* — Recouvre tous les châteaux qu'il a perdus, 177. — Avance jusqu'à Gaillac, 182. — Rentre à Toulouse, *ibid.* — Défend avec succès le château de Saint-Marcel, 184 *et suiv.* — Evacue le château de Puy-Laurens, menacé par le comte de Montfort, 192. — Evacue celui de Saverdun dans les mêmes circonstances, 214. — Resté possesseur de Toulouse et de Montauban, il va demander secours au roi d'Aragon, 218. — Vante l'assassin du légat Pierre de Castelnau, *ibid.* — Sort de Toulouse et tient la campagne, 221. — Voit rejeter, par le concile de Lavaur, les demandes faites en sa faveur par le roi d'Aragon, 223, 225 *et suiv.* — Se met sous la protection de ce prince, 231, 232. — Obtient du pape la restitution de ses biens, 238. — Voit cette disposition rétractée sur la demande du concile, 248. — Sort de Toulouse, 258. — Est de nouveau excommunié à Bolbone, 264. — Perd la bataille de Muret où le roi d'Aragon est tué, 266 *et suiv.* — Fait pendre Baudouin son frère, pris par trahison, 288. — S'empare de Moissac, 291. — En est chassé, *ibid.* — Est dépouillé de ses domaines par le concile de Latran, qui en dispose partie en faveur du comte de Montfort, et réserve l'autre pour Raymond VII, s'il se conduit bien, 323. — Recrute en Catalogne et en Aragon tandis que son fils occupe la Provence et se défend dans Beaucaire, 324 à 328. — Rentre dans Toulouse où est toute la famille du comte de Montfort, 336. — Assiége le château, 337. — Fait une sortie dans laquelle il est tué, 340, 343. — Lettre que lui écrit le pape Innocent III par laquelle il le réprimande de son refus de conclure la paix avec ses vassaux de Provence, d'après les ordres du légat, 367. — Ses actes de soumission au moment de la réconciliation avec l'Eglise par le cardinal-légat, Pierre de Bénévent, 386, 387 (*Pierre de Vaulx-Cernay*).

Il reçoit l'abbé de Citeaux, légat, chargé d'extirper l'hérésie dans l'Albigeois, XV, 3. — Apprend qu'à propos de l'hérésie un de ses domestiques a eu querelle avec le maître-d'hôtel du légat et l'a tué, *ibid.*, 4. — Son courroux, *ibid.* — Il est délaissé par le légat, à la reception des lettres du pape, qui ordonne une croisade contre les auteurs de ce meurtre, *ibid.* — Ebahi et averti, il se rend, avec son neveu, le vicomte de Béziers, au concile d'Aubenas, convoqué par le légat, afin de se justifier du meurtre et de l'hérésie, 5. — Son discours, 6. — Il est renvoyé au pape, *ibid.* — Refuse de se mettre en défense contre le légat et ses Croisés, 7. — Est attaqué par son neveu, *ibid.* Appelle ses amis et ses alliés pour prendre conseil, *ibid.* — Suit leurs avis et se rend à Rome, 8. — Est admis à prouver son innocence, après avoir remis à l'Eglise ses châteaux les plus forts, 9. — Accueille le légat et obéit au pape, 10. — Va trouver un autre légat, les lettres du pape, le traité, et l'absolution à la main, *ibid.* — Consent à diriger son armée dans la vicomté de Béziers, 11, 17. — Répond au comte de Montfort et au légat qui le menacent, qu'il n'a rien à voir avec eux et qu'il s'adressera au pape, 37. — Refuse de se rendre auprès du légat, 38. — En appelle au pape, au roi de France, à l'empereur, à tous les princes et seigneurs, des vexations qu'on lui prépare, *ibid.* — Pourvoit ses places de bonnes garnisons, 40. — Se met en route pour Rome, 41. — Passe à la cour de France et obtient des lettres du roi et des grands pour le pape, 42. — Est reçu fort honorablement par le Saint-Père, qui lui donne l'absolution et lui fait des présens, 43, 44. — Reçoit la visite du légat et du comte de Montfort, 45. — Leur donne imprudemment le château Narbonnais, sur l'avis perfide de l'évêque de Toulouse, *ibid.* — Se rend au concile de Saint-Gilles où il trouve des défenseurs, 54, 55. — Porte ses plaintes à son beau-frère le roi d'Aragon, qu'il rencontre à Narbonne, *ibid.* — Est mandé avec lui au concile d'Arles, *ibid.* — Résolutions du concile contre lui, 56, 57. — Indignation générale qu'elles soulèvent, 58. — Il appelle ses amis, ses alliés et ses sujets à la défense du pays contre le légat et le comte de Montfort, 59. — Secours considérables qu'il reçoit de toutes parts, *ibid.* — Croisade prêchée contre lui en France par l'évêque de Toulouse, 60. — Ses succès, *ibid.* — Il fait attaquer un corps d'Allemands par le comte de Foix, qui le détruit à Mont-Joyre, 63. — Chasse de sa présence son frère Baudouin, qui a vendu au comte de Montfort le château de Montferrand, 70. — Attaque à Montauban l'armée des Croisés en marche sur Toulouse, 72. — Se retire avec ses prisonniers, *ibid.* — Repousse l'assaut des Croisés sur Toulouse, 73. — Veut empêcher une sortie dont le succès fait lever le siège, 74 et suiv. — Marche sur Carcassonne, 79. — Rencontre le comte de Montfort à Castelnaudary, 80. — Lui livre divers combats dans lesquels il a l'avantage, 81. — Est attaqué pendant la nuit dans son camp, 85. — Repousse vigoureusement l'ennemi, 86. — Le force à s'éloigner, *ibid.* — Recouvre tout le pays, excepté Bruniquel, *ibid.* — Refuse d'attaquer cette place commandée par son frère le transfuge, *ibid.* — S'enferme dans Toulouse et Montauban, 87. — Laisse le pays à la discrétion du comte de Montfort et des Allemands, *ibid.*, 88. — Confie la défense de Montauban au fils du comte de Foix, 94. — Marche avec son père sur Toulouse, *ibid.* — Reprend sur les croisés tout le comté de Foix, *ibid.* — Obtient du secours du roi d'Aragon, 97. — Prend le Pujol d'assaut, et fait pendre la garnison, *ibid.* — Se retire à l'approche d'une armée aux ordres de Gui de Montfort, 98. — Joint le roi d'Aragon au siège de Muret, *ibid.*, 99. — Est battu dans une sortie où le roi est tué, 102. — Lève le siège et se retire à Toulouse, *ibid.* — Part pour Rome avec les comtes de Comminges, de Foix, etc., 103. — Expose au pape les torts que lui font le légat et le comte de Montfort, 109. — Trouve des défenseurs parmi les cardinaux, 111. — Rencontre dans le conseil du saint Père, l'évêque de Toulouse son ennemi, qui se fait son accusateur, *ibid.* — Est autorisé par le pape à recouvrer ses terres sur ceux qui les retiennent injustement, 114. — Voit cette décision remise en délibération, 115. — Est congédié sans décision par le pape qui garde son fils, 119, 120. — Va attendre à Viterbe sa réponse, *ibid.* — Y est joint par le comte de Foix absous et réintégré dans ses biens, *ibid.* — Se rend avec lui à Gênes où il attend son fils, *ibid.* — Apprend de lui la donation que le pape lui a faite du comtat Venaissin, de la Provence et de Beaucaire, et l'autorisation qu'il lui a donnée de recouvrer ses terres sur le comte de Montfort, 122. — S'embarque avec son fils et aborde à Marseille, *ibid.*

— Y est reçu comme comte de Provence, *ibid.*— Est accueilli plus affectueusement encore à Avignon, 123. — Parcourt la Provence, et reçoit les sermens et hommages accoutumés, 124, *ibid.* — Revient à Avignon. — Envoie son fils prendre possession du Comtat, *ibid.*— Mande ses amis et alliés pour lui porter secours, 125. — Va en Espagne, 126. — Laisse à son fils la défense du pays, *ibid.*—Arrive avec une armée près de son neveu le comte de Comminges, 166. — Marche sur Toulouse, 167. — Reçoit les députés de cette ville qui l'y introduisent au milieu de l'allégresse générale, 169. — Crée un viguier, 171. — Repousse l'armée de Guy de Montfort, *ibid.*, 172. — Mande à son fils de le venir joindre promptement, 173. — Reçoit de grands secours de Gascogne et de Caraman, *ibid.* — Prend sous sa protection spéciale les habitans de Toulouse, 182. — Leurs exploits, *ibid.* — Il décide le siège du château Narbonnais, 183. — En fait abattre les murs, 184. —Il attaque le camp, et force les ennemis de l'abandonner, 125. — Repousse un nouvel assaut, 187. — Fait carnage des assiégeans, *ibid.* (*Histoire des Albigeois*, par N***).

Ses trois femmes, XV, 217, 218. — Il voit des légats et missionnaires arriver dans ses Etats pour convertir les hérétiques, 220, 222. — Méconnaît Baudouin son frère, né et élevé en France, 229. — Le reconnaît plus tard, *ibid.* — Le charge de sa guerre en Provence contre les princes de Baux, 230. — Informé de la croisade préparée contre ses Etats, il se rend auprès du roi Philippe-Auguste et de l'empereur Othon, *ibid.*— Revient à Toulouse, *ibid.* — Va au-devant de l'armée des Croisés, *ibid.* — La quitte, et se met en mesure de leur résister, 234. — Refuse à Baudouin son frère la garde de Castelnaudary, *ibid.*— Lui confie la défense de Montferrand qu'il livre au comte de Montfort en passant à l'ennemi, 238. — S'attache à la confrérie formée par l'évêque de Toulouse, *ibid.* — Rétablit l'ordre dans la ville, *ibid.* — Voit Toulouse excommunié par le légat, *ibid.*— Est assiégé dans cette place, *ibid.*— Force le comte Simon de Montfort à en lever le siége, *ibid.* — Fait de Toulouse un don simulé au roi d'Aragon, *ibid.* — Assiége le comte de Montfort dans Castelnaudary, 239. — Est battu et contraint à s'éloigner, 240. — Reprend le fort du Pujol et en massacre la garnison, 241. — Accompagne le roi d'Aragon au siége de Muret, 242. — Estime qu'on ne doit pas livrer bataille, 245. — La perd, 246. — Se retire sur Toulouse, *ibid.* — Fait pendre le comte Baudouin son frère, traîtreusement pris dans son lit, 249. — Donne des otages au cardinal Pierre de Bénévent, légat chargé de traiter de la paix, 250. — Lui livre le château de Toulouse, *ibid.*— Va loger dans la maison d'un particulier, *ibid.*—Se rend au concile général convoqué à Rome par le pape, 252. — Voit tous ses domaines adjugés à Simon de Montfort avec le titre de comte de Toulouse, *ibid.* — Passe en Espagne, 253. — Franchit les Pyrénées avec une armée, 258. — Rallie les comtes de Comminges et de Pailhas, *ibid.* — Rentre à Toulouse, *ibid.* — Repousse les attaques du comte de Montfort qui est tué d'un coup de pierre, 260. — Fait lever le siége et évacuer le château Narbonnais, 261. — Poursuit vers Basiége les gens du comte de Montfort, 262. — Leur livre combat et fait des prisonniers, *ibid.*, 264. — Conquiert un grand nombre de châteaux, 266. — Meurt excommunié, mais donnant signe de repentir, *ibid.*, 267. — Est privé de la sépulture, *ibid.* (*Guillaume de Puy-Laurens*).

Il défend Toulouse avec les comtes de Comminges et de Foix contre les Croisés du comte de Montfort, XV, 339. — Prend les terres de son cousin Mainfroi qui, l'ayant inutilement engagé à renoncer à l'hérésie, avait passé au comte de Montfort, 340. — Sort de Toulouse à la tête de cent mille hommes, et va assiéger Muret, 341. — Est battu et lève le siège, 343. — Voit son comté de Toulouse adjugé au comte de Montfort que le concile de Montpellier en proclame seigneur et prince, 348. — Réclame vainement au concile de Latran la restitution de ses biens, 351. — Profitant de l'éloignement du comte de Montfort et du mécontentement de ses sujets, il quitte l'Espagne où il s'était réfugié, passe les Pyrénées, rallie les comtes de Comminges et de Pailhas, entre secrètement dans Toulouse et en chasse Gui de Montfort qui tient cette place pour son frère, 355. — Fait relever les fortifications de la ville contre le château Narbonnais, ibid. — Repousse le comte de Montfort qui fait prêcher contre lui une nouvelle croisade, ibid. —Est attaqué et assiégé de nouveau, 356. — Repousse les assaillans et tue le comte de Monfort, ibid. — Confie la défense de Toulouse au jeune comte Raymond VII son fils, 357. —S'empare de Castelnaudary, ibid. — Force le comte Amauri de Montfort d'en lever le siége, ibid. — Obtient de grands succès, 358. — Sa mort, 359. — La sépulture lui a toujours été refusée par l'Eglise, 360 (*Gestes glorieux des Français*).

RAYMOND VII, comte de Toulouse. — Il est excommunié, ainsi que son père, par le concile de Latran, XIII, 117 (*Guillaume de Nangis*).

Il obtient du concile de Latran qu'une partie des dépouilles de son père lui sera conservée, s'il se conduit bien, XIV, 323. — S'empare à main armée de la Provence, 324. — Est reçu dans Beaucaire, ibid. — Assiége la citadelle, 325. — Est assiégé par le comte de Montfort, et est pris, 326. — Fait capituler la citadelle, et oblige le comte de Montfort à se retirer, 329. — Occupe Saint-Gilles, ibid. (*Pierre de Vaulx-Cernay*).

Il obtient du roi d'Angleterre des lettres pour le pape, XV, 108. — Passe à la cour de France où il en obtient de semblables, ibid. — Va joindre son père à Rome, ibid., 109. — Présente ses lettres au Saint-Père, ibid. — Est défendu dans ses droits par l'évêque d'Osma, 119. — Est retenu par le pape après le congé donné à son père, 120. — Obtient de lui le comtat Venaissin, la Provence et Beaucaire, et l'autorisation de recouvrer ses terres sur le comte de Montfort, 121. — Va joindre son père à Gênes, 122. — Débarque à Marseille, ibid.—L'accompagne à Avignon, 123. — Y reste sans son père, 124. — Prend possession du Comtat, 125. — Est chargé de défendre le pays pendant le voyage de son père en Espagne, 126. — Est appelé à Beaucaire par les habitans, 127. — Y est reçu aux acclamations générales, 128. — Est attaqué par les gens du château qui tiennent pour le comte de Montfort, ibid.; 139.—Les repousse et les assiége, ibid.—Est lui-même assiégé, 131. — Détails du double siège de la ville et du château, ibid. et suiv. — Consent à laisser sortir, vie et bagues sauves, la garnison du château, à condition que, suivant ses offres, le comte de Montfort lèvera le siège de la ville et laissera en son pouvoir la Provence, le Comtat, Tarascon et Beaucaire, 149. — Exécute fidèlement ces conventions, 150. — Accorde une trève, 175. — Il joint son père à Toulouse, 190. — Soumet Condom, Marmande, etc., ibid. — Marche au secours du comte de Foix dans le Lauragais, 191. — Dispose l'armée, 192. — Est en butte à tous les coups de l'ennemi, 194. — Ses exploits, ibid. — Il apprend l'arrivée du prince Louis, fils de Philippe-Auguste, qui s'est déjà emparé de Marmande, 198. — Appelle ses amis, 199.—Met la ville en état de défense, 200. — Assigne à chacun son poste, 201.

— Défend la place, 202. — En fait lever le siége, *ibid.* (*Histoire des Albigeois*, par N***).

Il épouse Sancie, fille du roi Pierre d'Aragon, XV, 238. — Est envoyé par son père auprès du roi d'Angleterre, 251. — Se rend au concile général convoqué à Rome par le pape, 252. — Est reconnu comte de Provence, à Avignon, et dans le comtat Venaissin, 253. — Assiége le château de Beaucaire, 255. — Est assiégé lui-même dans la ville par le comte Simon de Montfort qui va réprimer la révolte de Toulouse, *ibid.*, 256. — Succède à son père, 266. — Fait le siége de Penne en Agénois, 267. — Le lève, *ibid.* — Conclut une trêve, 268. — Bruit de son mariage avec la sœur du comte de Montfort, *ibid.* — Reprise des hostilités, *ibid.* — Il assiége Carcassonne et lève le siége, *ibid.* — Attaque vers Béziers une troupe de Croisés en retraite qui le mettent en fuite et continuent leur route, 269. — Est attaqué dans Avignon par le roi Louis VIII qui assiége cette place et envoie dans le pays l'archevêque de Narbonne pour préparer les esprits, 272. — Laisse occuper la plupart de ses villes, au gouvernement desquelles le roi investit Imbert de Beaujeu, 274. — S'empare du château d'Hauterive et perd celui de Bécéde, 275, 276. — Recouvre Saint-Paul, *ibid.* — Assiége Castel-Sarrasin et s'en empare, *ibid.*, 277, 278. — Conclut une trêve, 280. — Analyse du traité de paix, 282. — Il reste à Paris prisonnier jusqu'à la destruction des murs de Toulouse et la remise de sa fille aux mains du roi, 284. — Est armé chevalier par Louis VIII, *ibid.* — Fait jurer à ses sujets l'exécution du traité, *ibid.* — Voit établir l'inquisition, 285. — Est accusé de nouveau par l'évêque de Toulouse, 288. — Est assigné par le légat pour infraction au traité de Paris, 289. — Se soumet, *ibid.* — Assiste, dans la poursuite des hérétiques, l'évêque de Toulouse qui dénonce au roi sa froideur, 291. — Est obligé à suivre ses conseils, 292. — Publie les statuts qu'on lui impose, *ibid.* — Est soumis au concile de Béziers pour ses difficultés avec le comte de Provence et l'évêque de Marseille, 293. — Entre dans la Camargue et fait la guerre au comte d'Arles, 295. — Dévaste ce pays, 296. — Passe devant Carcassonne, et refuse d'en chasser les ennemis du roi, 297. — Son divorce avec Sancie, et son projet de mariage avec une autre Sancie de Lorraine, 300. — Il reçoit l'hommage de Roger IV, comte de Foix, pour ses terres jusqu'au Pas de la Barre, 301. — Apprend que quatre inquisiteurs ont été égorgés dans son palais, 303. — Conclut une ligue avec plusieurs princes et seigneurs contre le roi de France, *ibid.* — Apprend la défection du comte de Foix, 304. — Fait la paix avant les hostilités, 305. — Fait pendre les meurtriers des inquisiteurs, 306. — Va en cour de Rome et auprès de l'empereur, et revient investi du comtat Venaissin, *ibid.* — Trouve à son retour ses châteaux occupés et ses sujets hérétiques brûlés par les inquisiteurs, 307. — Tient une cour à Toulouse, et fait bon nombre de chevaliers, 308. — Intrigue pour empêcher son mariage avec la fille du comte de Provence, 309. — Il se croise pour la Terre-Sainte, 310. — Ne peut ni se marier, ni obtenir la sépulture pour son père, 311. — Joint le roi Louis IX à Aigues-Mortes, 312. — Passe en Espagne, 313. — Revient près d'Agen faire brûler les hérétiques, *ibid.* — Retourne à Aigues-Mortes, 314. — Meurt près de Rhodez, *ibid.* — Ses obsèques, 315 (*Guillaume de Puy-Laurens*).

Il réclame auprès du concile de Latran la restitution des biens confisqués sur son père au profit du comte de Montfort, XV, 351. — S'empare de tout le pays à la rive gauche du Rhône, et assiége le château de Beaucaire, 352. — Est assiégé lui-même dans la ville, et fait lever le siége, *ibid.* — Défend Toulouse contre le comte de Montfort et le force à se retirer, 357. — Naissance de Jeanne, sa fille unique, 358. — Il recouvre la ville de Castel-Sarrasin et assiége la citadelle, 366. — Traité de la paix avec le roi Louis IX, 367. — Humiliation que les prêtres lui font subir, *ibid.* — Conditions de la paix, 369, 370. — Arrangemens avec le comte de Foix, 371. — Il entre, avec les principaux seigneurs de France, dans la ligue formée par Henri III d'Angleterre contre Louis IX, 372. — Il assiste au concile de Toulouse et ratifie la paix, *ibid.* — Il reste prisonnier à Paris, livre ses places, sa fille unique même, aux envoyés du roi, 373. — Causes de la guerre avec le comte de Provence, *ibid.* — Il pille la Camargue, 375. — Passe auprès de Carcassonne, *ibid.* — Remet à délibérer sur les secours que les habitans assiégés lui demandent, *ibid.* — Négocie la paix pour Trencavel de Béziers, 376. — Se ligue contre Louis IX avec le roi d'Angleterre, plusieurs grands de France et les seigneurs des environs, 377. — Trahi par le comte de Foix, il négocie la paix par l'intermédiaire du nouvel évêque de Toulouse, 378. — Son bailli à Avignon fait tuer les inquisiteurs, 379. — Il se rend à Rome, et obtient la restitution du Comtat, *ibid.* — Assiste au concile de Lyon, 380. — Y traite de son mariage avec Béatrix de Provence, *ibid.* — Est supplanté par Charles d'Anjou, frère de saint Louis, *ibid.* — Prend la croix d'outre-mer, *ibid.* — S'embarque avec un grand nombre de ses amis, *ibid.* — Essaie inutilement de faire donner la sépulture à son père, 381. — Revient sur ses pas et meurt, 382 (*Gestes glorieux des Français*).

RAYMOND Ier, fils de Pons, comte de Tripoli. — Il succède à son père, XVII, 364. — Rallie les débris de ses troupes, 365. — Attaque les gens de Damas sur le Liban, *ibid.* — Fait des prisonniers qu'il fait périr dans les supplices, *ibid.* — Se concilie l'affection de ses sujets, *ibid.* — Demande du secours au roi de Jérusalem, et marche contre les gens de Damas, qui ont envahi ses États, 369. — Reçoit les secours du roi, et marche avec lui à l'ennemi, *ibid.* — Est fait prisonnier, 371. — Recouvre la liberté, 379. — Est appelé par le roi au siége de Panéade, 404. — Y arrive, 406. — Approuve la capitulation négociée par le turc Aïnard, allié des Chrétiens, 411 (*Guillaume de Tyr*).

Se réunit au roi, et marche à Antioche, XVIII, 34. — L'accompagne lors de la remise du comté d'Édesse à l'empereur de Constantinople, 36. — Est chargé de l'arrière-garde dans l'escorte du peuple d'Édesse se réfugiant à Jérusalem, 39. — Fait des efforts inutiles pour déterminer la princesse Constance d'Antioche à prendre un second mari, 43. — Se brouille avec sa femme, *ibid.* — Est assassiné aux portes de Tripoli, 47. — Le roi de Jérusalem fait prêter serment à la comtesse sa femme et à ses enfans, *ibid.* (*Guillaume de Tyr*).

RAYMOND II, comte de Tripoli, fils du précédent. — Est chargé de la garde du jeune Baudouin, fils de Sybile, devenu roi de Jérusalem à la mort de son oncle, XIII, 57. — Voit avec déplaisir Guy de Lusignan succéder au roi Baudouin son pupille, 58. — Dirige la bataille de Tibériade, 61. — S'enfuit et la perd, *ibid.* — Se retire à Tyr, 63. — Retourne à Tripoli à la vue du marquis de Montferrat, *ibid.* — Veut faire prêter serment à Saladin, *ibid.*, 64. — Meurt circoncis pendant la nuit, *ibid.* — Le fils du prince d'Antioche lui succède, *ibid.* (*Guillaume de Nangis*).

Il succède, sous la tutelle de sa mère, à son père Raymond Ier, assassiné, XVIII, 44. — Marche, sur l'invitation du roi de Jérusalem, au secours de Panéade assiégée par Noradin, 113. — Suit le roi dans la principauté d'Antioche, 116. — Concourt à la prise de Césarée, 119. —Prend un fort près d'Antioche, 124. — Accompagne le roi et le comte de Flandre à Tripoli, 125. — Accorde sa sœur en mariage à l'empereur Manuel, 149.— Ennuyé des retards, il envoie directement à l'empereur qui désavoue ses députés, 151. — Se met dans une colère redoutable, *ibid.* — Fait armer en corsaires les douze galères qu'il avait préparées dans un but bien différent, et les expédie contre les terres de l'empereur, à qui elles font beaucoup de mal, 153 *et suiv.* — Marche avec le prince d'Antioche contre Noradin qui assiége le fort de Harenc, 175.—Le force à s'éloigner, et le poursuit, 176.—Est surpris dans un défilé et complétement défait, *ibid.*—Se rend prisonnier, 177. — Recouvre sa liberté après huit ans de captivité, 295.—Brigue la régence du royaume de Jérusalem pendant la minorité de Baudouin IV, 308. — Seigneurs qu'il attire à son parti, 309. — Est chargé du gouvernement du royaume après le meurtre de Milon de Plancy, 311, 312. — Son histoire, *ibid.* — Il épouse la veuve du prince de Galilée, 314. — Marche contre Saladin dans la Cœlésyrie, 315, 320.—Va au secours d'Edesse, et se retire, 322. — Accepte les otages chrétiens que lui rend Saladin, 323. — Traverse les champs de Biblios, 327. — Entre sur le territoire d'Héliopolis, *ibid.* — Fait sa jonction avec l'armée du roi Baudouin, *ibid.* — Repousse les attaques du gouverneur de Damas, *ibid.* — Rentre à Tripoli, 328. — S'oppose au choix fait par le roi pour régent et généralissime (à charge toutefois de se diriger d'après ses avis) de Renaud de Chatillon, 334. — Dévoile ses prétentions, *ibid.* — Veut marier à un noble qu'il refuse de nommer d'avance, Sybile, sœur aînée du roi Baudouin IV, veuve du fils du marquis de Montferrat et encore enceinte, 325. — Voit rejeter cette proposition par le roi et son conseil, 336. — Est soupçonné d'avoir décidé le comte de Flandre à s'opposer à l'expédition d'Egypte, 342. — L'attire dans son comté avec cent chevaliers et deux mille hommes de pied qui lui sont donnés par le roi Baudouin IV, 343.—Ravage avec cette armée les environs d'Edesse, 344. —Est joint par le prince d'Antioche, 345.—Va assiéger Harenc, *ibid.* — Néglige le siège, s'occupe à jouer aux dés, à se promener à Antioche, etc. avec les chefs de l'armée, 357. — Se distingue à la bataille livrée à Saladin dans les plaines de Sidon, 368. — Parvient à rentrer à Tripoli, 369, 370. — Marche sur Jérusalem avec le prince d'Antioche, 373. — Devient suspect au roi qui marie à l'improviste sa sœur Sybile à Guy de Lusignan, *ibid.* — Fait ses prières à Jérusalem, 374.—Retourne dans ses Etats, *ibid.*—Se renferme dans les forts, et n'essaie pas même de défendre la campagne contre Saladin, 375, 377.—Est appelé par les commissaires du roi Baudouin IV pour les accompagner auprès du prince d'Antioche pour le réconcilier à l'Eglise et à la vertu, 386.—Résultat de ses efforts, 387. — Se prépare à aller à Tibériade, héritage de sa femme, 392. — Reçoit du roi la défense d'entrer dans son royaume, *ibid.* — Se réconcilie avec lui, 393. — Blâme le plan de campagne suivi par le roi de Jérusalem contre Saladin, 404. — Ne reste à l'armée qu'à regret, 405.— Tombe malade, 410. — Suit néanmoins les mouvemens de l'armée, 414. — Se charge d'une expédition qui réussit aux environs de Bostrum, 430.—Marche contre Saladin, 448. — Fait lever le siège de Crac, 458. —Est chargé par le roi Baudouin IV du gouvernement du royaume, 465 (*Guillaume de Tyr*).

Il détourne le roi de secourir Tibériade sa ville, où se trouve la comtesse sa femme, assiégée par Saladin, XIX, 69.—Le conseil n'est pas suivi, 71.—Il attaque, par ordre du roi, l'armée ennemie qui s'ouvre pour le laisser passer, 87. — Va à Tyr, *ibid*. — S'embarque et aborde à Tripoli menacé par Saladin, 95. — Meurt, laissant ses États au fils du prince d'Antioche, *ibid*. (*Bernard le Trésorier*).

Il rompt l'alliance avec Saladin, et marche avec le roi de Jérusalem au secours de Tibériade assiégée, XXII, 243. — Est complètement défait, 244. — Dépouille les Chrétiens échappés de Jérusalem au fer de Saladin, 245 (*Jacques de Vitry*).

RAYMOND III, comte de Tripoli, fils du prince d'Antioche. — Succède à Raymond II comte de Tripoli, son parrain, XIII, 64 (*Guillaume de Nangis*); XIX, 95 (*Bernard le Trésorier*).

RAYMOND, évêque d'Uzès. — Se rend à Narbonne à la conférence solennelle entre les chefs des Croisés et les chefs des Albigeois, XIV, 124. — Décide le roi d'Aragon à recevoir l'hommage du comte Simon de Montfort pour la ville de Carcassonne, 133. — Assiste à une nouvelle conférence à Montpellier, 134. — Ses lettres sur la victoire remportée à Muret par les Croisés, 272 *et suiv*. — Envoie des missionnaires prêcher la croisade en France et en Allemagne contre les Albigeois, 177 (*Pierre de Vaulx-Cernay*).

Entre dans Muret assiégé avec le comte de Montfort, XV, 341. — Prie pendant la bataille, 344 (*Gestes glorieux des Français*).

RAYMOND, fils de Roger Bernard, comte de Foix. — Il assiége dans Muret Simon de Montfort qui lui livre bataille et le force à lever le siège, XI, 270 (*Guillaume le Breton*).

Il quitte l'alliance des Croisés et prend parti avec les Albigeois, XIII, 102, 103. — Assiége dans Muret le comte de Montfort qui fait une sortie et l'oblige à s'éloigner, 111 (*Guillaume de Nangis*).

Il est attaché à l'hérésie ainsi que sa famille, XIV, 26. — Fréquente alternativement les missionnaires et les docteurs albigeois, *ibid*. — Donne son fils en otage au comte Simon de Montfort, 74. — Envoie au même deux prêtres qui sont tués sur la route, 81, 82. — Se retire de son alliance, 83. — Reprend le château de Preissan, 84. — Attaque Fanjaux, *ibid*. — Conclut une trêve par la médiation du roi d'Aragon, 93. — Se rend à la conférence de Narbonne, 124. — Refuse la restitution de ses États dont le comte de Montfort entend excepter Pamiers, 125. — Voit des garnisons étrangères mises dans ses places par le roi d'Aragon qui garantit son obéissance à l'Église, 126. — Quelques traits de sa malice et de sa tyrannie, 129. — Son irrévérence envers les reliques, *ibid*. — Ses sacriléges et autres crimes, 130. — Il surprend dans une embuscade les Croisés désarmés, et les tue, 138. — S'enferme dans Toulouse, et défend cette place, 153. — Voit son pays ravagé par les Croisés, 155. — Traite fort mal deux prisonniers de marque qui lui ont été livrés par trahison, 157. — Assiége le comte de Montfort dans Castelnaudary, 160. — Attaque vigoureusement les portes du château, 161. — Est repoussé, *ibid*. — Se saisit de Saint-Martin et autres forts, 169. — Se met en embuscade pour attaquer les Croisés revenant de faire des vivres pour la place assiégée, 167. — Informé des secours sortis de Castelnaudary, il court au camp et revient avec des renforts, *ibid*. — Livre bataille au maréchal Bouchard de Marly, et la perd, 171, 172. — Fait courir le bruit qu'il a battu les Croisés, 175. — Enlève quelques châteaux par cet artifice, 176. — Voit rejeter les demandes faites en sa faveur par le roi d'Aragon au concile de Lavaur, 225 *et suiv*. — Se met sous la protection de ce prince, 231, 232. — Obtient du pape la restitution de ses biens, 238. — Lettre du pape au roi d'Aragon qui rétracte cette disposition, *ibid*. — Il est forcé de s'éloigner devant les forces amenées aux Croisés par Robert de Mauvoisin, 180, 181. — Avance jusqu'à Gaillon contre le comte de Montfort, 183. — Rentre à Toulouse, *ibid*. — Défend avec succès le château de Saint-Morcel, 184 *et suiv*. — Evacue Saverdun, 214. — Pend à un noyer le comte Baudouin de Toulouse qui lui est livré par trahison, 288. — Est réconcilié à l'Eglise par le légat Pierre de Bénévent, 291. — Est reçu par le cardinal légat et repoussé par le comte de Montfort, 320 (*Pierre de Vaulx-Cernay*).

Il donne au comte Simon de Montfort l'un de ses fils en otage, XV, 39. — Marche au secours du comte de Toulouse attaqué par le légat et les croisés, 59. — Attaque et détruit à Mont-Joyre un corps d'Allemands qui va joindre l'armée des Croisés sous Lavaur, 63, 64. — se retire à Montgiscard, *ibid*. — Attaque l'armée à Montaudran dans sa marche sur Toulouse, 71. — Se retire avec ses prisonniers, 72. — Repousse l'assaut des Croisés dans Toulouse, 73. — A son cheval tué sous lui, *ibid*. — Soutient une sortie faite sous son ordre, 74. — Bat le comte de Montfort, et le contraint à lever le siége, 75. — Quitte l'armée sous Castelnaudary pour chercher des vivres, 81. — Attaque Bouchard aux Bordes de Lavaur, 82. — Le force à s'enfuir, 83. — Est attaqué pendant que sa troupe se livre au pillage, *ibid*. — Recommence le combat avec la plus grande vigueur, et le maintient jusqu'à la nuit, 84. — Rentre au camp et empêche de le lever, 85. — Sort de Montauban, 91. — Repousse les Croisés de Cahors, *ibid*. — Fait retraite devant les forces du comte Baudouin, *ibid*., 92. — Confie à son fils la défense de Montauban, 94. — Reprend tout entier le comté de Foix, *ibid*. — S'enferme dans le château d'où il brave les efforts de l'ennemi, 95. — Part pour Toulouse, et va joindre le roi d'Aragon au siége de Muret, 99. — Est battu dans une sortie commandée par le comte de Montfort et où le roi d'Aragon est tué, 102. — Lève le siége, *ibid*. — Accompagne à Rome le comte de Toulouse, 103. — Expose au pape ses griefs contre le légat et le comte de Montfort, 110. — Trouve des défenseurs parmi les cardinaux, mais rencontre dans le conseil du Saint Père l'évêque de Toulouse qui l'accuse, 111. — Sa réponse aux accusations, 112. — Il est autorisé par le pape à recouvrer ses terres sur ceux qui les retiennent injustement, 114. — L'affaire est remise en délibération, 115. — Il obtient du pape l'absolution et la restitution de ses terres et seigneuries, 120. — Rejoint le comte de Toulouse à Viterbe, *ibid*. — L'accompagne à Gênes, *ibid*. — Marche avec tous les habitans de Toulouse à Saint-Sabra et force le comte de Montfort à lever le siége, 181. — Le poursuit jusqu'à Muret, 182. — Le jette au delà de la rivière et rentre à Toulouse, *ibid*. — Est secouru dans le Lauragais par le jeune comte de Toulouse, 191. — Ses exploits, 194 (*Histoire des Albigeois par N****).

Il est le curateur du jeune Trencavel, vicomte de Béziers, XV, 268. — Sa mort, 267, 359 (*Guillaume de-Puy-Laurens*).

RAYMOND, prince d'Antioche, fils de Guillaume VII, comte de Poitiers. — Il accueille honorablement le roi Louis le Jeune, sa famille et son armée, XIII, 32. — Veut les retenir, *ibid*. — Fait une sortie contre les Turcs, 34. — Est tué, *ibid*. (*Guillaume de Nangis*).

Il est choisi par le roi de Jérusalem pour l'époux de la jeune princesse Constance d'Antioche, XVII, 322. — Quitte le roi d'Angleterre, 357. — Voyage incognito, 358. — Arrive à Antioche où règne la princesse Alix, veuve de Boémond le Jeune qui l'attend pour l'épouser, 359. — Gagne le patriarche Raoul, 360. — Conditions du traité, *ibid*. — Il épouse sur-le-champ la princesse Constance, *ibid*. — Son portrait, *ibid.* — Ses qualités, *ibid.* — Il est troublé par l'empereur de Constantinople, qui revendique la principauté d'Antioche à la tête d'une puissante armée, 365, 366. — Est assiégé, 368. — Est appelé au secours du roi assiégé dans Montferrand, 372. — Quitte la ville, et vole auprès du roi, 373. — Le joint après la capitulation, 379. — Rentre à Antioche, *ibid.* — Position critique de cette place, *ibid.* — Il obtient la paix en se faisant homme lige de l'empereur et lui prêtant serment de fidélité, 380, 381. — Appelé par ce prince à la guerre, il fait ses préparatifs, 383. — Marche avec lui à Césarée, 384. — Se conduit fort mal au siége, 385. — Remplit auprès de l'empereur les fonctions de grand écuyer dans sa route vers Antioche, 388. — Ne sait quoi répondre à la demande que lui adresse l'empereur pour la remise de la citadelle et le libre passage de ses troupes par sa ville, en exécution du traité, 390. — Obtient un court délai pendant lequel le peuple se révolte, excité par le comte d'Edesse, 391. — Apaise la sédition après avoir obtenu la révocation de l'ordre impérial, 393. — Envoie des députés pour convaincre de son innocence l'empereur sorti de la ville et campé sous ses murs, 394. — Leurs discours, *ibid.* — Il est reçu par l'empereur, qui lui annonce son départ pour Constantinople et promet de revenir, 396. — Est appelé au siége de Panéade par le roi de Jérusalem, 404. — Y arrive, 406. — Approuve la capitulation négociée par le turc Ainard, allié aux Chrétiens, 411. — Accompagne le roi après la prise de la place, *ibid.* — Surprend le légat du pape chargé d'examiner les accusations portées contre le patriarche et dans lesquelles il est impliqué, 412. — Nature de ces observations, *ibid. et suiv.* — Fait jeter en prison le patriarche déposé par le légat et remis en ses mains, 424. — Fait nommer un nouveau patriarche à sa dévotion, 426. — Rappelle l'empereur de Constantinople et obtient son retour, 427. — Est embarrassé de la demande que lui fait ce prince d'exécuter les traités, 429. — Fait proposer par les grands des moyens de les éluder, 430. — Accueille fort honorablement le roi de France, Louis le Jeune, la reine sa femme, etc. 502. — Ses projets, 509 — Il est forcé de les abandonner, *ibid.* — Séduit la femme du roi qui sort secrètement d'Antioche, *ibid.* — Suite de ses discussions avec le comte d'Edesse, 454. — Il reçoit de lui des demandes de secours, 455. — Allègue de vains prétextes pour différer de les fournir, 456 (*Guillaume de Tyr*).

Il marche contre Noradin, XVIII, 19. — Est investi en pleine campagne, et tombe percé de coups, 20 (*Guillaume de Tyr*).

Il force, par sa négligence, l'empereur de Constantinople à lever le siége de Césarée, XXII, 85, 86 (*Jacques de Vitry.*)

Il marche au secours du roi de Jérusalem, XXVIII, 502. — Apprend l'approche d'une armée de l'empereur de Constantinople qui vient assiéger Antioche, *ibid.* — Rétrograde, *ibid.* — Met en fuite l'ennemi, 503. — Fait la paix, et rend hommage d'après le conseil du roi de Jérusalem, 505 (*Orderic Vital*).

RAYMOND, prince de Gothie, — Se soumet au roi Rodolphe, VI, 98 (*Chronique de Frodoard*).

RAYMOND, vicomte, croisé. — Quitte le siége d'Archas et s'empare de Tortose, XXIII, 446. — Occupe Méraclée, 447; XXVII, 514 (*Orderic Vital*).

RAYMOND BÉRENGER Ier, comte de Provence. — Les différends qu'il a avec le comte de Toulouse sont agités au concile de Béziers, XV, 292. — Causes de leur guerre, 373 (*Guillaume de Puy-Laurens*). (*Gestes glorieux des Français*).

RAYMOND BÉRENGER II, comte de Provence. — Conduit une armée au secours du roi Frédéric de Sicile,

XIX, 339. — Sa mort, 341 (*Bernard le Trésorier*).

RAYMOND BÉRENGER IV, comte de Provence.—Projette de marier sa fille Sancie à Raymond VII, comte de Toulouse, XV, 300. — La donne à Richard, roi d'Allemagne, frère du roi d'Angleterre, 302. — Consent au mariage de sa fille Béatrix avec le jeune comte de Toulouse, 380. — Sa mort, *ibid.* (*Guillaume de Puy-Laurens*);—(*Gestes glorieux des Français*).

RAYMOND GAUCELIN, seigneur de Lunel. Entre dans la ligue du comte de Toulouse contre le roi Louis IX, XV, 377 (*Guillaume de Puy-Laurens*).

RAYMOND PELET, croisé. — Il sort d'Antioche, explore le pays et rentre après des fortunes diverses, IX, 211. — Seconde le comte Raymond de Saint-Gilles dans son expédition sur Tripoli, etc., 226. —Attaque Jérusalem, 241. — Bat une troupe d'Arabes, *ibid.* — Va chercher des vivres à Joppé pour l'armée de siège, 244. — Secourt un détachement compromis de sa troupe, 245.—Remporte la victoire sur l'ennemi, *ibid.* (*Guibert de Nogent*).

Il marche à l'expédition de Terre-Sainte sous la bannière du comte de Toulouse, XVI, 109. —Est adjoint au comte Isoard de Die dans le commandement du 11ᵉ corps de l'armée des Croisés lors de la sortie générale d'Antioche, 327. — S'empare d'Antarados, 374 *et suiv.* —Est envoyé par le comte de Toulouse, de Jérusalem à Joppé, pour donner secours à l'escorte chargée d'amener les cargaisons destinées pour le camp, 431. — Dégage l'escorte et remplit sa mission, *ibid.*— Entre dans Jérusalem avec le comte de Toulouse, 453 (*Guillaume de Tyr*).

Il concourt au siége de Nicée, XX, 73. — Marche à l'ennemi lors de la sortie générale de la garnison d'Antioche, 253. — Fait juger par le feu la question de l'identité de la lance miraculeuse, 297, 298 (*Albert d'Aix*).

Il enlève le visionnaire Barthélemy, à moitié mort des blessures qu'il a reçues du peuple, après être sorti de l'épreuve du feu pour maintenir la réalité du miracle de la lance d'Antioche, XXI, 341. — Est envoyé de Jérusalem à Joppé pour protéger la flotte des Croisés, 366. — Dégage dans sa route Guillaume Charpenel, compromis dans un combat avec les Turcs et les Arabes, *ibid.* (*Raymond d'Agiles*).

Il rallie des cavaliers et des fantassins après la prise d'Antioche, XXIII, 427. — Parcourt la terre des Sarrasins, *ibid.* —Occupe Talaminie, 428. — Reconnaît Marash, *ibid.* — Quitte le siége d'Archas, 446. — S'empare de Tortose, *ibid.* — Prend Méraclée, 447. — Eclaire le pays pendant le siége de Jérusalem, 453. — Est envoyé au port chercher des vivres, 454. — Livre combat et éloigne les Turcs, 455 (*Robert le Moine*).

Il entre sur le territoire des Sarrasins, XXVII, 501. — Occupe plusieurs villes, *ibid.* — Assiége Marash, 502. — S'écarte à la maraude et est battu, 503. — Quitte le comte de Toulouse, 514. — Assiége et prend Tortose, *ibid.*—Sort du camp sous Jérusalem pour éclairer et pour piller, 524. — Rencontre un parti d'Arabes, *ibid.* —Le met en fuite, *ibid.* — Est envoyé chercher des approvisionnemens à Jaffa, 525. — Dégage ses compagnons, compromis avec un parti d'Arabes, 526 (*Orderic Vital*).

RAYMOND PELET, seigneur d'Alais. — Marche au secours du comte de Toulouse à Avignon, XV, 125 (*Histoire des Albigeois*).

RAYMOND DE BEAUPUY.—Ses procès contre l'évêque de Toulouse, XV, 220 (*Chronique de Guillaume de Puy-Laurens*).

RAYMOND DE CASTELBON. — Est tué à Toulouse en repoussant l'assaut des Croisés, XV, 73 (*Histoire des Albigeois*).

RAYMOND D'AGILES. — Ses Mémoires sur les croisades, XXI, 221-397.

RAYMOND DE FELGAR, du château de Miremont, prieur des Frères prêcheurs. — Entre dans Carcassonne assiégé par Trencavel de Béziers, XV, 376. — Prêche les habitans qui lui font de belles promesses et n'en introduisent pas moins l'ennemi dans le faubourg, 377. — Informé de la ligue du comte de Toulouse contre le roi, il s'efforce de rétablir la paix, *ibid*. — Est élu à l'unanimité évêque de Toulouse, 290 et 372. — Poursuit les hérétiques, 290. — Se fait assister du comte Raymond VII, *ibid*. — Dénonce au roi sa froideur, *ibid*. Sa mort, 393 (*Chronique de Guillaume de Puy-Laurens et Gestes glorieux des Français*).

RAYMOND DE FLANDRE. — Chargé par l'empereur Nicéphore de la défense de Constantinople, il en ouvre les portes à Alexis qui s'empare du trône, XXVII, 144 (*Orderic Vital*).

RAYMOND DE L'ISLE, Croisé. — Saisit un messager porteur de lettres du roi de Césarée qui ordonne à tous ses sujets de fuir à l'approche des Croisés, XXI, 315 (*Raymond d'Agiles*).

RAYMOND DE MONTAUBAN. — Marche au secours du comte de Toulouse à Avignon, XV, 126. — Joint le jeune comte au siége de Beaucaire, 138 (*Histoire des Albigeois*).

RAYMOND DE PÉRIGORD. — Défend, sous les ordres du comte Baudouin de Toulouse, la citadelle de Montferrand, assiégée par le comte de Montfort, XV, 67 (*Histoire des Albigeois*).

RAYMOND DE PEYRELLE. — Défend le château de Montségur contre les inquisiteurs, XV, 306. — Y est pris par surprise et brûlé avec deux cents hérétiques, *ibid*., 307 (*Chronique de Guillaume de Puy-Laurens*).

RAYMOND DU PUY, maître des Hospitaliers. — Se réunit à l'assemblée de Saint-Jean-d'Acre pour délibérer sur le moyen d'agrandir le royaume de Jérusalem, XVIII, 3. — Accompagne le roi au siége d'Ascalon, 50. — Histoire des dissensions entre l'ordre des Hospitaliers et le patriarche de Jérusalem, 79 *et suiv*. — Il fait défendre ses prétentions auprès du pape, 92, 93 (*Guillaume de Tyr*).

RAYMOND DE RECAUD, conseiller intime du comte de Toulouse. — Ne peut obtenir de l'évêque Foulques la permission de se cloîtrer, XV, 251 (*Chronique de Guillaume de Puy-Laurens*).

RAYMOND DE ROQUEFFEUILLE. — Porte en personne devant le pape ses plaintes des torts que lui ont fait éprouver son légat et le comte de Montfort, XV, 112. — Est autorisé à recouvrer ses terres sur ceux qui les retiennent injustement, 114. — La chose est remise en délibération, 115. — Son désespoir dans le château assiégé de Beaucaire, 142 (*Histoire des Albigeois*).

RAYMOND DE SALVAGNAC, créancier de l'armée du comte de Montfort. — Reçoit en paiement les dépouilles de Lavaur, XV, 67 (*Histoire des Albigeois*).

RAYMOND DE TAURINE, Croisé. — Eclaire le pays pendant le siége de Jérusalem, XXIII, 453. — Est envoyé au port de Joppé chercher des vivres, 454. — Livre combat et éloigne les Turcs, 455 (*Robert le Moine*).

RAYMOND DE TERMES. — Offre son hommage au roi d'Aragon qui en refuse les conditions, XIV, 92, 93. — Défend son château assiégé par le légat et par le comte de Montfort, 105 *et suiv*.; XV, 48. — Entre en pourparlers, XIV, 113. — Est reçu à composition, 116. — Refuse d'exécuter la capitulation, 118. — Fait une sortie et est repoussé,

119).—Évacue le château, 121; XV, 52.—Y rentre seul, 53.—Est fait prisonnier, *ibid.*; XIV, 131 (*Pierre de Vaulx-Cernay et Histoire des Albigeois par N****).

RAYMOND DE TURIN, Croisé.—Sort du camp sous Jérusalem pour éclairer et pour piller, XXVII, 524.—Rencontre un parti d'Arabes et le met en fuite, *ibid.* (*Orderic Vital*).

RAZON, fils d'Ilbert.—Donne ses biens à l'Église et se fait moine, XXVI, 385 (*Orderic Vital*).

RECAUD (Raymond de). *Voyez* RAYMOND DE RECAUD.

RECCARED, fils de Leuvigild, roi d'Espagne.—Envahit le pays d'Arles et de Toulouse, I, 461, 470.—Succède à son père, II, 1.—Épouse sa belle-mère Gosuinthe, mère de Brunehault, *ibid.*—Sollicite la paix auprès de Gontran qui la refuse et de Childebert qui l'accorde, *ibid.*, 2, 22.—Sa conversion à la foi catholique, I, 20, 21; II, 167.—Il demande Clodosinde en mariage, I, 22.—Conditions que le roi Gontran met à son mariage, 34.—Présens magnifiques que la reine Brunehault lui envoie à cette occasion, 41, 42 (*Grégoire de Tours*).—Convertit son peuple à la foi catholique, XXV, 136 (*Orderic Vital*).

RÉCÉSUINTHE, roi d'Espagne.—Succède à son père Chindasuinthe, II, 223 (*Chronique de Frédégaire*).

RECHWIN, comte de Poitiers, ambassadeur de l'empereur Louis auprès de l'empereur Léon.—Est chargé de confirmer le traité d'alliance conclu entre les deux empires, III, 73 (*Annales d'Eginhard*).

REDENBOURG (Gauthier de), conspire la mort de Charles le Bon, comte de Flandre, VIII, 259.—Pille ses trésors après l'assassinat de ce prince, 277.—Est fait prisonnier et meurt précipité de la tour de Bruges, 381 (*Mémoires de Galbert*).

REDENBOURG (Lambert de). *Voy.* LAMBERT DE REDENBOURG.

RÉGAL, évêque de Vannes.—Se soumet au roi Gontran, II, 94 (*Grégoire de Tours*).

REGINHARD, chambellan de Bernard, roi d'Italie.—Complice de sa révolte contre l'empereur Louis, il est condamné à mort, et par commutation de la peine, privé de la vue, III, 81, 82 (*Annales d'Eginhard*).

REGINHAIRE, duc.—Complice de la révolte du roi Bernard d'Italie, est condamné à mort et privé de la vue par commutation de peine, III, 81, 82 (*Annales d'Eginhard*).—Se tue, 358 (*l'Astronome*).

REGINAIRE, duc, unique conseiller du roi Zwentibold.—Est éloigné par ce prince et dépouillé de ses biens, IV, 345.—S'unit au comte Odoacre, *ibid.*—Se retire dans une forteresse où il est assiégé, *ibid.*—Introduit le roi Charles IV dans ses États, 346 (*Annales de Metz*).

REGINALD, évêque de Chartres, Croisé.—Reçoit trois cents onces d'or de Philippe-Auguste à Messine, XI, 92 (*Rigord*).

REGINALD DE MONTPEYROUX, évêque de Béziers.—Est envoyé par les Croisés vers les habitans de cette ville pour les sommer de livrer les hérétiques, XV, 335 (*Gestes glorieux des Français*).

REGINARD, comte.—Se soumet à l'autorité de Charles, roi de Neustrie, III, 415 (*Vie de Louis le Débonnaire*).

REGNIER, comte de Lorraine.—Sa querelle avec le prince Gislebert son frère, VI, 83.—Il perd son château dont s'empare le roi Rodolphe, *ibid.*—Fait sa paix avec Henri de Saxe, Gislebert et les autres Lorrains, 92.—Fait la guerre au duc Brunon, ancien prêtre, oncle du roi, 152.—Est mis en prison et exilé, *ibid.* (*Chronique de Frodoard*).

REGNOULF ou RENOUF, comte de Chester.—Négocie et conclut une trêve de cinq ans entre le roi Jean

23.

d'Angleterre et Philippe 11 de France, XI, 303. — Texte de cette convention, 304 (*Guillaume le Breton, Vie de Philippe-Auguste*); XIII, 115 (*Chronique de Guillaume de Nangis*).

REIBALD CRETON, Croisé. — Défend vigoureusement la nouvelle redoute d'Antioche et en repousse l'ennemi, XVI, 295 (*Guillaume de Tyr*).

REINIER BRUS, seigneur de Panéade. — Se rend auprès du roi de Jérusalem aux environs de Joppé, XVII, 353. — Perd la place qu'il est chargé de défendre et où sa femme est faite prisonnière, *ibid.* — La recouvre et la reçoit dans son lit, 356. — La chasse, informé de sa conduite chez les Turcs, 357. — Epouse Agnès de Bures, *ibid.* — Se réfugie avec le roi dans la citadelle de Montferrand, 372. — Rentre dans le gouvernement de Panéade, 411 (*Guillaume de Tyr*). Est tué à la bataille du mont Thabor, XXI, 190 (*Albert d'Aix*).

REINIER DE BONNE. — Concourt à la défense de Toulouse assiégé par le prince Louis fils du roi Philippe-Auguste, XV, 200 (*Histoire des Albigeois par N****).

REINIER DES MARES. — Fait lever le siége du Gué de Jacob, XVIII, 365 (*Guillaume de Tyr*).

REMÈDE, archevêque de Lyon. — Intervient au serment prêté à la reine Teutberge au nom de Lothaire, IV, 204 (*Annales de Saint-Bertin*).

REMI, évêque d'Auxerre. — Ses ouvrages, XXV, 163 (*Orderic Vital*).

Remi, évêque de Bourges. — Sa mort, I, 358 (*Grégoire de Tours*).

REMI, évêque de Lincoln. — Son voyage à Rome, XXVI, 296 (*Orderic Vital*).

REMI (saint), évêque de Rheims. — Sa vie, V, 27. — Il est promu à l'évêché de Rheims, 31. — Ses miracles, 33. — Il instruit Clovis et le convertit lui et les Francs à la foi catholique, 40, 91; II, 273. — Baptise le roi, I, 45, 92 — Miracle de la sainte ampoule, V, 46. — Libéralités de ce prince, 47. — Il le console de la mort de sa sœur Albofléde, 92. — Miracle du moulin, 51. — Victoires que son intervention fait remporter au roi Clovis, 54. — Il convertit un hérétique, 56. — Sa mort, 57. — Son testament, 62. — Ses miracles, 79 et *suiv.*, 96. — Ses disciples, 107. — Ses successeurs, 130. — Translation de son corps à Rheims, 93, 238 (*Frodoard, Histoire de l'Église de Rheims*); (*Grégoire de Tours*).

REMI, fils de Charles Martel, évêque de Rouen. — Distique héroïque en son honneur, XXVI, 344. — Sa vie, *ibid.* — Principaux évènemens de son épiscopat, *ibid.* (*Orderic Vital*).

REMI, prêtre et moine. — Est fait roi d'Aragon à la mort d'Alfonse 1er, son frère, XXVIII, 439 (*Orderic Vital*).

REMI (Pierre), trésorier de Charles le Bel. — Est accusé de concussion, condamné à être pendu et exécuté d'après ses aveux, XIII, 393 (*Guillaume de Nangis*).

REMI (Pierre de). — Se distingue à la bataille de Bovines, XI, 282. — Fait prisonniers plusieurs chevaliers français, *ibid.* (*Guillaume le Breton, Vie de Philippe-Auguste*).

REMISTAN, oncle de Waïfer, duc d'Aquitaine. — Se soumet au roi Pepin qui lui donne le fort d'Argenton et la moitié du Berri, II, 259. — Passe au duc d'Aquitaine et ravage le Berri et le Limousin, 262. — Est fait prisonnier et pendu sur-le-champ, 263 (*Chronique de Frédégaire*).

RENATUS FRIGERIDUS. — Historien qui n'est connu que par la mention qu'en fait Grégoire de Tours, I, 59. — Ce qu'il rapporte sur Aétius, 60 (*Grégoire de Tours*).

RENAUD (Pierre). — Est blessé mortellement dans la marche de Durazzo à Constantinople, XXI, 230 (*Raymond d'Agiles*).

RENAUD (Pons). — Est tué dans

la marche de Durazzo à Constantinople, XXI, 230 (*Raymond d'Agiles*).

Renaud ou Rainaud. — Est choisi pour chef à Nicomédie par les Croisés d'Italie et d'Allemagne qui se séparent des Français, IX, 63. — Est assiégé par les Turcs dans Exoorgorgum, *ibid*. — Leur livre son armée, 64 (*Guibert de Nogent*).

Il est constitué chef par les Croisés de Pierre l'Ermite à leur arrivée en Asie, XXIII, 309. — Ne peut les discipliner, *ibid*. — Est attaqué et battu par les Turcs en Romanie, 310. — S'allie avec eux et déserte ainsi que beaucoup d'autres, 311 (*Robert le Moine*).

Il est choisi pour chef par les premiers Croisés, XXVII, 424. — Les aventure en Romanie, *ibid*. — Est assiégé dans Exoorgorgum par Soliman, 427. — Est battu dans une sortie, *ibid*. — Passe à l'ennemi, *ibid*. (*Orderic Vital*).

Renaud, comte. — Est chargé du commandement d'un corps d'armée improvisé pendant la bataille d'Antioche, IX, 203. — Se distingue au déblocus de cette place, *ibid* (*Guibert de Nogent*). *Voyez aussi* XXIII, 419 (*Robert le Moine*); XXVII, 487 (*Orderic Vital*).

Renaud, comte. — Commande le corps d'armée destiné à envahir la Normandie par le pays de Caux, XXIX, 354. — Livre la bataille de Mortemer et la perd, 355 (*Vie de Guillaume le Conquérant*).

Renaud, comte, frère de l'évêque de Metz. — Est placé par le roi auprès de l'empereur Conrad, XXIV, 349 (*Odon de Deuil, Croisade de Louis VII*).

Renaud, comte de la Bourgogne outre Saône. — Épouse une fille de Richard II, duc de Normandie, XXIX, 132. — Est fait prisonnier par Hugues, comte de Châlons, *ibid*. — Est délivré par son beau-père et son beau-frère, 133 (*Guillaume de Jumiège*).

Renaud, comte de Mousson. — Quitte les Croisés allemands et attend les français à Constantinople, XXIV, 314 (*Odon de Deuil, Croisade de Louis VII*).

Renaud, comte de Rheims. — Donne sa fille en mariage à Fromond, fils du comte de Sens, XXVII, 134 (*Orderic Vital*).

Renaud, comte de Tonnerre. — Prend la croix avec Louis le Jeune, VIII, 213 (*Vie de Louis le Jeune*).

Renaud, comte de Toul. — Part pour la croisade avec Godefroi de Bouillon, XVI, 78; XX, 46. — L'accompagne dans sa conférence avec le roi de Hongrie, 49. — Concourt au siége de Nicée, 79. — Quitte l'armée à Antiochette avec Baudouin, duc de Boulogne, 110; XVI, 159. — Arrive avec lui sur Tarse, XX, 110. — Marche à l'avant-garde pour l'investissement d'Antioche, 149. — Concourt au siège de cette place, 152; XVI, 209. — Est envoyé reconnaître l'armée turco-persane dont on annonce la marche, 266; XX, 208. — Est investi du commandement du 5e corps de l'armée chrétienne lors de la sortie générale de la garnison, XVI, 327. — Marche à l'ennemi, XX, 253. — Est aveuglé par la fumée, 257. — Offre ses services à Baudouin, comte d'Edesse, qui les accepte, 280, 281. — Combat à la bataille d'Ascalon, XVI, 366 (*Guillaume de Tyr*); XX, (*Albert d'Aix*).

Renaud, duc des Francs. — Va combattre les Normands sur la Seine, XXIX, 42. — Les reconnaît à l'embouchure de l'Eure, *ibid*. — Attaque leur camp retranché, 44. — Est mis en fuite, *ibid*. — Livre bataille au duc Rollon et est tué, 46 (*Guillaume de Jumiège*).

Renaud, duc de Nantes. — Est tué par les Bretons, IV, 134 (*Annales de Saint-Bertin*).

Renaud, duc d'Orléans. — Est défait et mis en fuite par le duc Rollon, chef des Normands, XXVI, 7 (*Orderic Vital*).

RENAUD, évêque de Chartres. — Prend la croix contre les Albigeois, XI, 72 (*Rigord, Vie de Philippe-Auguste*); 268 (*Guillaume le Breton*).

RENAUD, évêque de Metz. — Est battu par le duc Thibaud II de Lorraine, qui lui fait beaucoup de prisonniers, XIII, 298, 299 (*Guillaume de Nangis*).

RENAUD, évêque de Soissons. — Prend la croix, XXI, 6. — Se réunit au comte de Toulouse à Constantinople, 7 (*Albert d'Aix*).

RENAUD, évêque de Toul. — Joint à Moissac l'armée des Croisés, en marche contre les Albigeois, XIV, 210 (*Pierre de Vaulx-Cernay*).

RENAUD L'ÉVÊQUE, Croisé. — Poursuit les gens d'Ascalon, XVII, 372. — Est fait prisonnier, *ibid.* (*Guillaume de Tyr*).

RENAUD MANSOUR, prince. — Se retire, lors de la perte de la bataille livrée aux Arabes et Turcomans par le prince d'Antioche, dans la tour de Sarmate, et se rend à discrétion, XVII, 210 (*Guillaume de Tyr*).

Abandonne le prince d'Antioche excommunié, XVIII, 384 (*Guillaume de Tyr*).

RENAUD D'AMMERSBACH. — Est adjoint au comte Renaud de Toul dans le commandement du 5e corps de l'armée des Croisés, lors de la sortie générale d'Antioche, XVI, 327. — Meurt de la peste à Antioche, 347 (*Guillaume de Tyr*). Est aveuglé par la fumée des Turcs, lors de la sortie générale d'Antioche, XX, 257. — Sa mort, 270 (*Albert d'Aix*).

RENAUD D'AVELLINO. — Débarque en Sicile, XIII, 211. — S'empare de Catane, *ibid.* — Y est assiégé, *ibid.*, 212. — Est forcé de se rendre avant d'avoir pu être secouru par les Français, *ibid.* (*Guillaume de Nangis*).

RENAUD DE BEAUVAIS. — Concourt au siège de Nicée, XX, 73. — Acquiert une gloire immortelle à la bataille de Dorylée, XVI, 156. — Poursuit vigoureusement les Turcs dans leur retraite, XX, 102. — Ses exploits au passage de l'Oronte, 147. — Il est adjoint au comte Hugues de Saint-Paul dans le commandement du 9e corps de l'armée des Croisés lors de la sortie générale de la garnison d'Antioche, XVI, 327. — Marche à l'ennemi, XX, 153. — Est tué au siège d'Acre, XXI, 58 (*Guillaume de Tyr et Albert d'Aix*).

RENAUD DE BOURGOGNE. — Son voyage à la Terre-Sainte, XXI, 37. — Son séjour à Antioche, *ibid.* — Il rejoint le roi Baudouin à Béryte, *ibid.* — L'accompagne à Jaffa et à Jérusalem, 38 (*Albert d'Aix*).

RENAUD DE BREIS. — Monte le second à l'assaut de Malaville (Semlin) sous les ordres de Pierre l'Ermite, XX, 11. — Tâche d'apaiser et de retenir les Croisés battus sous Nissa, 18. — Se rallie par hasard à Pierre l'Ermite dans la déroute de l'armée, 19. — Refuse de marcher contre les Turcs à la voix des Croisés, 28. — Cède aux reproches de Godefroi Burel, 29. — Est tué à la première bataille livrée à Soliman, 31 (*Albert d'Aix*).

RENAUD DE BRETEUIL, fils de Roger. — Reste fidèle au roi d'Angleterre, XXVI, 256 (*Orderic Vital*).

RENAUD DE CAÏPHE, bailli, chambellan du royaume de Jérusalem. — Reçoit la ville de Caïphe de la générosité de Saladin, XIX, 209. — Demande des secours contre un attroupement qui envahit la ville de Jérusalem, 441. — Le dissipe, 443. — Réclame la réponse du régent sur la question du serment exigé par les grands de l'empereur Frédéric II, 455. — Secourt Jean d'Ibelin, 461 (*Bernard le Trésorier*).

RENAUD DE CHATEAUGONTIER. — Trahit et fait prisonnier le prince Geoffroi le Barbu, VII, 78. — Est tué le même jour par le peuple d'Angers, 79 (*Hugues de Fleury*).

RENAUD DE CHATILLON, prince d'Antioche. — Il rompt la trève entre les Turcs et les Chrétiens, XIII,

58. — S'empare d'une riche caravane, *ibid.* — Attire sur les Chrétiens les hostilités de Saladin, 59, 60. — Est fait prisonnier à la bataille de Tibériade, 61. — Est décapité par Saladin lui-même, 62. — Son fils lui succède au comté de Tripoli, 64 (*Guillaume de Nangis*).

Il accompagne le roi de Jérusalem au siége d'Ascalon, XVIII, 50. — Obtient son consentement et épouse la princesse Constance d'Antioche, 58. — Aigri contre le patriarche, il le fait conduire ignominieusement dans la citadelle, 74. — Le met en liberté sur les instances du roi, 75. — Chasse de la Cilicie l'Arménien Toros, 98. — Envahit l'île de Chypre, 99. — La pille et ravage complètement, *ibid.* — Rentre à Antioche, 100. — Marche au secours de Panéade assiégé par Noradin, 113. — Amène l'armée chrétienne dans la principauté d'Antioche, 117. — Rallie le prince d'Arménie son allié, *ibid.* — Concourt au siége et à la prise de Césarée, 119. — Empêche le comte de Flandre de commander l'expédition projetée sur l'Égypte, 120. — Ses tourmens à l'arrivée de l'empereur Manuel et au souvenir de son invasion de l'île de Chypre, 131. — Il va au-devant de lui en Cilicie, 133. — Rentre en grâce à sa plus grande honte et confusion, *ibid.* — Détails à ce sujet, *ibid.* — Fait une expédition dans les campagnes du comté d'Edesse cultivées par les Chrétiens, 142. — Les dépouille, 143. — Est attaqué à son retour par le gouverneur d'Alep qui le bat et le fait prisonnier, 144. — Recouvre sa liberté, 328. — Est nommé par le roi Baudouin IV régent du royaume et commandant en chef des armées, à charge de se diriger d'après les avis du comte de Tripoli, 334. — Négocie le mariage du jeune Honfroi III avec la sœur du roi Baudouin IV, 381. — Marche contre Saladin avec le roi de Jérusalem sur le Jourdain, 448. — Se porte à la défense du château de Crac, 450. — Soutient le siége que le comte de Tripoli fait lever, 458 (*Guillaume de Tyr*).

Il ne se rend pas à l'appel fait aux barons par ce prince à la mort du roi Baudouin IV, mais obéit à celui de la reine Sybile, XIX, 37. — Fait tous ses efforts pour se faire couronner, 39. — Est fait prisonnier à la bataille de Tibériade, 89. — Est présenté à Saladin qui lui coupe la tête, 91 (*Bernard le Trésorier*).

RENAUD DE CLERMONT EN BEAUVOISIS. — Marche avec Eudes contre les Normands et est mis en fuite à la bataille de Mortemer, XXVII, 201 (*Orderic Vital*).

RENAUD DE DAMMARTIN, comte de Boulogne. — Il fausse sa foi à Philippe-Auguste et s'allie avec Richard Cœur-de-Lion, roi d'Angleterre, XI, 137 (*Rigord*).

Il s'allie avec Richard d'Angleterre, quoiqu'il eût reçu de Philippe-Auguste la comtesse de Bourgogne pour femme et le comté pour dot, XI, 215. — Est reçu en grâce par le roi, 220. — Fait la guerre à l'évêque de Beauvais, 251. — Depuis long-temps suspect au roi, il est dépouillé de tous ses biens et se rend auprès du comte de Bar, 252. — Texte de l'acte de son hommage au roi Jean-Sans-Terre et de la garantie de ce prince, *ibid.* — Est excommunié, *ibid.* — Demande la restitution de ses terres et refuse de se soumettre au jugement, 253. — S'allie avec l'empereur Othon et le roi Jean-Sans-Terre, tous deux excommuniés, *ibid.* — Il s'empare des vaisseaux de Philippe-Auguste disposés pour la descente projetée en Angleterre, 259, 260. — Joint l'empereur Othon, 274. — Sa conduite à la bataille de Bovines, 288. — Il abandonne son projet de combattre personnellement le roi, *ibid.* — S'était opposé à ce que cette bataille fût livrée, 289. — Ses brillans exploits, 290. — Il est blessé, *ibid.* — Court risque de la vie, *ibid.* — Est fait prisonnier, *ibid.* — Reproches dont l'accable le roi Philippe-Auguste, 293. — Il le fait étroitement garder à Péronne, 294.—Devait avoir le Vermandois et Péronne dans le partage convenu de la France entre les ennemis du roi, 300. — Ne trouve personne qui intercède pour lui, 318 (*Guillaume le Breton*); (*Vie de Philippe-Auguste*).

Il s'allie avec le roi d'Angleterre et fait la guerre à Philippe-Auguste, XII, 68, 120, 121.—Prend la croix. 153. — Fait paix et alliance avec le roi, 154. — Rallie l'armée au siége d'Andely surprise par une attaque de nuit, 185. — Recherche et obtient l'alliance de l'empereur Othon et de Jean-Sans-Terre contre Philippe-Auguste, 253 et *suiv.* — Néglige de remplir son vœu et d'aller à la Terre-Sainte, 257.—Ses griefs contre le roi, *ibid*, 262. — Il s'empare d'une partie de la flotte française dans le port de Dam, 270 et *suiv.*—Prend la fuite à l'apparition de l'armée royale, 272. — Est fait prisonnier, 274. — N'est pas reconnu, *ibid.* — Est relâché, *ibid.* — Occupe Tournai, 281. — L'évacue, *ibid.* — Reçoit des subsides du roi d'Angleterre, 285. — Reparaît en Flandre avec ses alliés, 290. — Sa conférence avec l'empereur Othon, 308. — Péronne et le Vermandois lui sont promis dans le partage projeté de la France, *ibid.* — Il combat à Bovines contre le comte de Dreux, 322. — Ses artifices pendant la bataille, 331. — Ses exploits, 333. — Il attaque ses ennemis personnels, 334. — Continue de combattre après la perte de la bataille, 344.—Voit sa troupe détruite, 345. — S'avance, lui cinquième, contre le roi victorieux, 346. — A son cheval tué, 347. — Refuse de se retirer et de se rendre, *ibid.* — Est renversé sous son cheval et fait prisonnier, 348. — Faillit à être égorgé, 349. — Se rend à l'évêque de Senlis, *ibid.* — Est confié à la garde de Jean de Nivelles, *ibid.* — Est accueilli avec bonté par le roi, 353. —Entretient des relations avec l'empereur Othon, 354.—Sévères réprimandes de Philippe-Auguste, *ibid.* — Il est enfermé dans la tour de Fer de Péronne, 356 (*Guillaume le Breton; la Philippide*).

Il fausse sa foi envers Philippe-Auguste et s'allie avec le roi d'Angleterre, XIII, 80. — Est excommunié, 108. — S'allie avec l'empereur Othon et le roi Jean-Sans-Terre également excommuniés, *ibid.*—Est dépouillé de tous ses fiefs par Philippe-Auguste, *ibid.* — Se retire chez le comte de Bar son parent, *ibid.* — S'allie avec le comte de Flandre, 109.—S'empare de la plus grande partie de la flotte de Philippe-Auguste, 110. — Assiége Dam et est forcé de s'éloigner, *ibid.* — Combat à Bovines, 114. — Est fait prisonnier en pleine campagne, *ibid.*, 345 (*Guillaume de Nangis*).

Il est envoyé par le roi d'Angleterre au secours du comte de Flandre et de l'empereur Othon IV contre Philippe-Auguste, XIX, 345. — Est battu et fait prisonnier, 349 (*Bernard le Trésorier*).

RENAUD DE DAMPIERRE.—Prend la croix avec le comte de Flandre, XIX, 257 (*Bernard le Trésorier*).

RENAUD DE DUNSTANVILLE, fils du roi Henri d'Angleterre. — Se lie au comte d'Anjou et trouble le Cotentin, XXVIII, 507. — Faillit à être pris dans un engagement avec les royalistes anglais, 509 (*Orderic Vital*).

RENAUD DE LUPIN.—Est excommunié pour les violences exercées à Agnani contre le pape Boniface VII, XIII, 284 (*Guillaume de Nangis*).

RENAUD DE MARS, gendre du comte d'Edesse. — Tombe avec le prince d'Antioche sous les coups de Noradin, XVIII, 20 (*Guillaume de Tyr*).

RENAUD DE MARGAT. — Est chargé, par le roi de Jérusalem, de l'administration de la principauté d'Antioche, pour la princesse Constance, XVII, 326 (*Guillaume de Tyr*).

RENAUD DE MONTARGIS. — Prend la croix avec Louis le Jeune, VIII, 214 (*Vie de Louis le Jeune*).

RENAUD DE NEPHINS, grand-maître des Templiers. — Accompagne le roi Amaury de Jérusalem dans son voyage à Constantinople, XVIII, 278 (*Guillaume de Tyr*).

RENAUD DE SIDON. — Est d'avis de déférer le gouvernement du royaume de Jérusalem au comte de Tripoli pendant la minorité de Baudouin IV, XVIII, 309. — Accompagne le roi à la bataille qu'il livre près d'Ascalon à Saladin, 351. — Marche au secours de ce prince dans une autre occasion, 369. — Rentre à Jérusalem à la nouvelle de la perte de la bataille, *ibid.* — Suit le roi à la bataille livrée à Saladin sur le Jourdain, 448 (*Guillaume de Tyr*).

Est envoyé par ce prince pour traiter de la paix avec le comte de Tripoli, XIX, 51. — S'enfuit à Tyr après la perte de la bataille de Tibériade et la prise du roi Gui de Lusignan par Saladin, 87. — Offre de rendre Tyr à ce prince, 95. — Est supplanté dans le commandement par Conrad de Montferrat, qui arrive d'Europe et s'empare de la place, 99. — S'enfuit à Tripoli, *ibid.* — Reçoit de Saladin la ville de Serfent, 207 209 (*Bernard le Trésorier*).

RENAUD DE BRIE. — Est tué dans la bataille gagnée par les gens de Bruges révoltés sur l'armée de Philippe le Bel, XIII, 243 (*Guillaume de Nangis*).

RENAUD DE VERDUN. — Est tué à la bataille d'Ibelin, XXI, 94 *Albert d'Aix*).

RENÉ DE MONTMIRAIL. — Prend la croix et passe outre-mer, XIX, 275. — Combat avec l'empereur Baudouin 1er à la bataille d'Andrinople, 315 (*Bernard le Trésorier*).

RENNES (Bérenger, comte de). *Voy.* BÉRENGER.

RENOMER, roi du Mans. — Est tué par les ordres de Clovis qui s'empare de son royaume, I, 109 (*Grégoire de Tours*).

RÉOVAL, médecin. — Son témoignage sur les accusations portées par la princesse Chrodielde contre l'abbesse Leubovère de Poitiers, II, 111 (*Grégoire de Tours*).

REPOSTEL (Guillaume). — Se vante à la cour de Normandie d'avoir déshonoré la fille d'Osmond Drangeot, XXVI, 47 (*Orderic Vital*).

Est tué à la chasse, *ibid.*; XXIX, 217 (*Guillaume de Jumiége*).

RESPENDIAL, roi des Allemands. — Sa retraite des bords du Rhin, I, 65 (*Grégoire de Tours*).

RESTIC, roi des Wenèdes. — Protége Carloman, fils de Louis le Germanique, dans sa révolte contre son père, IV, 179. — Est fait prisonnier, privé de la vue et renfermé dans un couvent, 256 (*Annales de Saint-Bertin*).

RESTOLD, prêtre du Beauvoisis. — Se rend à Ouche désert, d'après une vision, XXVII, 93. — Décide, par divers miracles, les seigneurs voisins à rebâtir l'abbaye, 94 *et suiv.* (*Orderic Vital*).

RETHAIRE, comte, gendre du feu roi Pepin d'Aquitaine. — Se soumet à l'autorité de Charles, roi de Neustrie, III, 415 (*l'Astronome*).

REU (Eustache de), prisonnier à Bovines. — Il est cautionné par Philippe-Auguste et mis en liberté, XI, 313 (*Guillaume le Breton*).

REULE, évêque de Rheims. — Trompe Martin, maire du palais d'Austrasie, le tire de Laon et le livre à Ebroïn qui le fait tuer, II, 234. — Abandonne Berthaire, maire du palais de Théodoric, soulève la nation et s'allie à Pepin d'Austrasie, 235 (*Chronique de Frédégaire*).

REVERS ou REVIERS (Baudouin de). — Trouble le Cotentin et le fait soulever contre le roi Étienne d'Angleterre, XXVIII, 507. — Est fait prisonnier, 509 (*Orderic Vital*).

Bâtit l'église de Monthourg, XXIX, 200 (*Guillaume de Jumiége*).

REVOCATUS, évêque.—Apostasie, I, 52 (*Grégoire de Tours*).

RHEIMS.—Histoire de cette ville, V, 1 et suiv.

RHEIMS (Jean de). *Voy.* JEAN DE RHEIMS.

RHODAN, chef lombard. — Sa marche dans la Gaule, I, 204. — Il est battu par Mummole auprès de Grenoble, 205. — Va joindre Zaban au siége de Valence, *ibid.* (*Grégoire de Tours*).

RHÔNE. — Prodige sur les bords de ce fleuve, I, 185 *et suiv.* (*Grégoire de Tours*).

RHUDSTAN (Guillaume de). — Périt dans le naufrage de *la Blanche-Nef*, XXVIII, 360 (*Orderic Vital*).

RIBEAUMONT. *Voy.* RIBOURGEMONT.

RIBLARD (Gautier). *Voy.* GAUTIER RIBLARD.

RIBOULD de BEVIERS. — Reçoit son frère Simon le Roux dans son fort du Pont Echenfrei, et prend part à la révolte contre le roi Henri d'Angleterre, XXVIII, 508. — Est dépouillé de son château, 523 (*Orderic Vital*).

RIBOURGEMONT (Anselme de), *alias*, RIBAUMONT et RIBEAUMONT. — Il se distingue au siége d'Archas, IX, 233. — Y est tué, 234 (*Guibert de Nogent*).

Il est adjoint à Hugues le Grand dans le commandement du premier corps de l'armée des Croisés, lors de la sortie générale d'Antioche contre les assiégeans, XVI, 326. — Engage le premier la bataille avec les Turcs, 330. — Est tué au siége d'Archas, 381 (*Guillaume de Tyr*).

Il concourt au siége de Nicée, XX, 72. — Sort d'Antioche le premier et se jette dans les rangs ennemis où il fait un affreux carnage, 256. — Est tué au siége d'Archas, 297 (*Albert d'Aix*).

Il est tué au siége d'Archas, XXI, 323. — Engelram de Saint-Paul, tué à Marrash, lui était apparu la veille, 324 (*Raimond d'Agiles*).

Vision qui lui annonce sa mort, XXIII, 200. — Il est tué au siége d'Archas, 201 (*Raoul de Caen*).

Il est tué au siége d'Archas, XXIII, 448. — Son éloge, 449 (*Robert le Moine*).

Est tué au siége d'Archas, XXIV, 64 (*Foulcher de Chartres*).

Est tué devant Archas, XXVII, 517 (*Orderic Vital*).

RICARD D'ICÉ. — Se réfugie dans la Pouille après le meurtre de la comtesse Mabile, XXVII, 523 (*Orderic Vital*).

RICCIOVAIRE, gouverneur, sous l'empereur Maximien, du pays nommé depuis Lorraine. — Fait noyer les Chrétiens dans la Moselle, XII, 300 (*la Philippide*).

RICHARD (Guillaume). — Est chargé de diriger les travaux du siége de Jérusalem, XXI, 372, 375 (*Raymond d'Agiles*).

RICHARD, abbé de Pruim. — Sa querelle pour l'évêché de Tongres avec l'évêque Hilduin, VI, 70. — Il est ordonné par le pape, 72 (*Chronique de Frodoard*).

RICHARD, chef des Normands de la Pouille. — Venge la mort de Toustain, XXIX, 218 (*Guillaume de Jumiége*).

RICHARD, comte. — Est envoyé par l'empereur Louis auprès de son fils Lothaire pour lui faire des représentations et rapporter les réponses, III, 405 (*l'Astronome*).

RICHARD, comte. — Assiste, de la part de Lothaire, à la réception des députés de son frère Louis auprès de l'empereur leur père prisonnier, III, 301 (*l'Astronome*).

Est envoyé par le même pour le partage de l'empire entre Lothaire et Charles, 445. — Sa mort, 406 (*Mémoires de Nithard*).

RICHARD, comte de Cornouailles, frère du roi Henri III d'Angleterre, empereur. — Il fait conclure dans la Terre-Sainte une trêve entre les Français et les Sarrasins et délivre les prisonniers, XIII, 148. — Est élu empereur en concurrence avec le roi d'Espagne, 168. — Est couronné à Aix-la-Chapelle, *ibid.* — Veut le traité de paix conclu entre le roi Henri III d'Angleterre et saint Louis, 173. — Se réunit à son frère pour abroger les lois qu'ils ont jurées, 176. — Fait la guerre à Simon de Montfort qui se refuse à violer ses sermens, *ibid.* — Est fait prisonnier avec son fils Henri, 177. — Sa mort, 184 (*Guillaume de Nangis*).

Il est fait prisonnier par les barons avec Henri III, roi d'Angleterre, son frère, et le prince royal Édouard son neveu, XV, 322. — Son fils Henri est tué à Viterbe par les fils de Simon de Montfort en vengeance de leur père, 325 (*Guillaume de Puy-Laurens*).

Il aborde à Acre, XIX, 515. — Va à Jaffa, *ibid.* — Refuse de se joindre aux Templiers et aux Hospitaliers qui se disputent le pays, *ibid.* — Relève les fortifications à Ascalon, *ibid.* — En confie la garde au bailli de l'empereur Frédéric II, 517. — Retourne par Acre en Angleterre, *ibid.* (*Bernard le Trésorier*).

RICHARD, comte d'Évreux. — Est appelé au conseil du duc Guillaume le Bâtard pour délibérer sur l'invasion de l'Angleterre, XXVI, 115, et XXIX, 387. — Défend Évreux contre le roi Henri d'Angleterre, XXVIII, 303. — Fonde l'abbaye de Saint-Sauveur à Évreux et celle de la Trinité à Caen, XXIX, 199 (*Orderic Vital* et *Guillaume de Jumiège*).

RICHARD, comte de Syracuse. — Est fait prisonnier dans les combats singuliers livrés sous Adène entre les troupes de Tancrède et celles de Baudouin, XXIII, 92. — Est rendu à son parent, 93 (*Raoul de Caen*).

Prend la croix, 320. — Prête serment à l'empereur de Constantinople, 325 (*Robert le Moine*).

RICHARD, duc de Bourgogne, père du roi Rodolphe. — Livre bataille aux Normands et en fait un grand carnage, VI, 178, 193, 194. — Les repousse à Tonnerre, XXVII, 124. — Force le duc Rollon, leur chef, de lever le siége de Chartres, 125; XXV, 155, XXIX, 50. — Sa mort, XXVII, 125 (*Chronique de Frodoard*; (*Orderic Vital* et *Guillaume de Jumiège*).

RICHARD Ier, duc de Normandie. — Il reçoit du roi Louis d'Outremer la Normandie après la mort de son père, VI, 118. — Épouse la fille de Hugues le Grand, 154. — Veut empêcher l'assemblée générale, 155. — Est mis en fuite, *ibid.* (*Chronique de Frodoard*).

Il succède à son père Guillaume Longue-Épée, assassiné traîtreusement par le comte de Flandre. XXVI, 9; XXVII, 75. — Est amené à Laon par le roi Louis d'Outremer qui promet de l'élever comme son fils et qui résout de le faire périr, 75. — Est sauvé par le comte de Senlis, 76. — Reste éloigné trois ans de ses États, *ibid.* — Construit des monastères à Fécamp, au mont Saint-Michel, à Rouen, etc., XXVI, 9. — Sa mort, *ibid.* (*Orderic Vital*).

Sa naissance, XXIX, 63. — Son baptême, *ibid.* — Il est reconnu héritier de son père qui lui fait prêter serment par les grands et l'envoie à Bayeux pour apprendre le danois, 71. — Est appelé aux funérailles de son père, 76. — Lui succède, 78. — Son éloge, *ibid.* — Il est présenté au roi Louis d'Outremer qui annonce l'intention de le conduire en France pour le faire élever, 79, 80. — Est emmené en effet, après avoir fait agréer son hommage et calmé l'effervescence des esprits, *ibid.* — Est menacé d'avoir les jarrets brûlés par ordre du roi, 81. — Est mis sous une garde sévère, 82. — Fait le malade, *ibid.* — Est enlevé dans un tas d'herbes par son gouverneur qui le conduit à Couci et le remet à son oncle, 83. — Protections qu'il trouve, *ibid.* — Il n'en a plus d'autre que celle de son oncle, 86. — Il semble abandonné par les régens

de Normandie qui remettent le duché au roi Louis d'Outremer dans de profondes vues politiques, *ibid.*
— Est reconduit en Normandie et reconnu duc de cette province, 91.
— Chasse le gouverneur établi par Louis d'Outremer, 92. — Est fiancé à la fille de Hugues le Grand, 93.
— Est attaqué par la coalition du roi Louis IV, du comte de Flandre et de l'empereur Othon, *ibid.* — Défend contre eux la ville de Rouen, 94. — Les poursuit dans leur retraite, 95. — Fait beaucoup de prisonniers, *ibid.* — Prend sous sa protection Hugues-Capet, sur la recommandation de Hugues le Grand son père, 96. — Epouse Emma sa sœur, *ibid.* — Repousse les attaques du comte de Chartres, 97. — Echappe aux piéges que lui tendent le roi Lothaire et la reine Gerberge, *ibid.* — Se rend auprès du roi qui l'appelle à une conférence pacifique, 99. — Se sauve assez à temps pour ne pas être victime de la trahison méditée par ses ennemis, *ibid.* — Est attaqué par le roi Lothaire qui s'empare d'Evreux par trahison, 100. — Marche sur ses traces et ravage le comté de Chartres, *ibid.* — Surprend le comte Thibaut, 101. — Le défait et le force à fuir, *ibid.* — Fait enterrer les morts et guérir les blessés qu'il lui renvoie, *ibid.* — Réclame et obtient des secours en Danemark contre les Francs, *ibid.* — Envahit et pille le pays Chartrain et les terres du roi, 102. — Fait la paix séparément avec le comte et avec le roi, 103, 104. — Se remarie après la mort de sa femme, 104. — Sa postérité, *ibid.*, 105. — Il fait bâtir une église à Fécamp, 106. — Appuie l'élection de Hugues-Capet à la royauté lors de la mort de Lothaire, *ibid.* — Négocie la paix entre le roi Hugues et le comte de Flandre, 107. — Fait rendre à celui-ci les terres qu'il a perdues, *ibid.* — Son portrait, *ibid.*
— Sa bienfaisance, *ibid.* — Il fait reconnaître son fils Richard pour son successeur, 108. — Sa mort, 109. —

Reconstruit les couvens de Fécamp, Mont-Saint-Michel et Saint-Ouen de Rouen, 200. — Histoire de son mariage avec Gunnor, 300. — Fait épouser les sœurs et les nièces de sa femme aux plus grands seigneurs de la Normandie, 301, 304 (*Guillaume de Jumiége*).

RICHARD II, duc de Normandie. — Il accompagne le roi Robert dans son expédition contre la Bourgogne, VI, 224. — Assiége inutilement Auxerre, *ibid.* — Echoue devant le château défendu par les reliques de saint Germain, 225. — Dénonce une hérésie au roi Robert qui fait brûler les hérétiques, 270, 279 (*Raoul Glaber*).

Il appelle à son secours les Danois, les Alains et les Huns, et ne cesse de vaincre le comte Thibaut de Chartres qu'après avoir recouvré la ville d'Evreux, VII, 67. — Part pour Jérusalem et emmène avec lui sept cents pélerins, 72 (*Hugues de Fleury*).

Il est appelé le *père des moines*, XXV, 164. — Succède à Richard-sans-Peur son père, XXVI, 9. — Rétablit le monastère de Fontenelles, *ibid.* — Assiége Melun avec le roi de France et le comte Bouchard, 133. — S'empare de cette place, *ibid.* — La rend à Bouchard, *ibid.* — Fait pendre le commandant, *ibid.* (*Orderic Vital*).

Il succède à son père Richard 1er dans le duché de Normandie, XXIX, 110. — Son éloge, *ibid.*
— Il réprime la conspiration générale tramée par les paysans, 111. — Soumet son frère Guillaume révolté contre lui, 113. — Le fait prisonnier, *ibid.* — Le reçoit en grâce après son évasion, *ibid.* — Le fait comte d'Eu, *ibid.* — Le marie, *ibid.*
— Est attaqué par le roi d'Angleterre son beau-frère, 114. — Défait complétement son armée avec l'aide des gens du Cotentin, 115. — Marie l'une de ses sœurs au comte Geoffroi de Bretagne, 116, 117. — S'allie avec le roi Suénon de Dane-

mark, 119. — Accueille le roi Edelred, chassé d'Angleterre, 120. — Motifs de sa guerre avec le comte Eudes de Chartres, 123. — Il appelle à lui son armée, 124. — Bâtit le fort de Tillières, *ibid.* — Défait son ennemi et ses alliés, *ibid.* — Appelle à son secours les rois de Suède et de Norwége qui ravagent la Bretagne et arrivent en Normandie, 125, 126. — Fait la paix avec le comte Eudes de Chartres par la médiation du roi Robert de France, 127. — Congédie les rois de Suède et de Norwége ses alliés, *ibid.* — Epouse la sœur du comte Geoffroi de Bretagne, 128. — Reçoit sous sa garde les deux fils de son beau-frère, 129. — Marche au secours du roi Robert pour réduire le château du comte Bouchard de Melun, livré au comte Eudes par un châtelain félon, 129. — Contribue au siége, s'empare du traître et l'envoie au roi qui le fait pendre, 130. — Soumet la Bourgogne au roi Robert appelé à régner sur ce pays par la volonté du dernier duc mort sans enfans, 131. — Donne une de ses filles en mariage au comte Renaud de la Bourgogne d'outre-Saône, *ibid.* — Il secourt efficacement son gendre contre le comte Hugues de Châlons qui le retient prisonnier. 132. — Remet son duché à son fils Richard III et investit son frère Robert du comté d'Hieme, 134. — Sa mort, *ibid.* — Il agrandit l'église de Saint-Wandregisile, 200. — Sa femme fonde l'église de Sainte-Marie de Bernai, *ibid.* — Anecdote sur son règne, 314. — Sa libéralité envers les églises, 315 (*Guillaume de Jumiége*).

RICHARD III, duc de Normandie. — Succède à Richard le Bon, XXVI, 9; XXIX, 135. — Est investi du gouvernement par la volonté de son père mourant, *ibid.* — Conduit une armée en Bourgogne en faveur du comte Renaud son beau-frère, prisonnier du comte de Châlons, 132. — L'assiége dans Mélisende, *ibid.* — Le force à implorer son pardon la selle sur le dos, et à rendre le comte Renaud à la liberté, 133. — Marche contre son frère Robert révolté, 136. — L'assiége dans Falaise, *ibid.* — Agrée sa soumission et fait la paix, *ibid.* — Meurt empoisonné, 137, XXVI, 9. — Son fils naturel Nicolas est déshérité, XXIX, 137. — Son frère Robert lui succède, *ibid.* (*Orderic Vital* et *Guillaume de Jumiége*).

RICHARD, fils de Garnier. — Abandonne le roi Rodolphe qui se saisit de plusieurs de ses châteaux, VI, 69, 97 (*Chronique de Frodoard*).

RICHARD, fils de Henri 1er, roi d'Angleterre. — Il est noyé en passant de Normandie en Angleterre, XIII, 7 (*Guillaume de Nangis*). Surpris à Andely par le roi Louis VI, il se réfugie dans l'église et obtient la permission de sortir de la place, XXVIII, 293. — Est dégagé par Raoul le Roux, qui le fait prisonnier pour le sauver, 295. — Assiste son père au siége d'Evreux, 301. — Combat à la bataille de Brenmule, 307. — Marche au secours de Breteuil et fait lever le siége, 315. — Périt dans le naufrage de la *Blanche-Nef*, 359, XXV, 171 (*Orderic Vital*); XXIX, 286 (*Guillaume de Jumiége*).

RICHARD, fils de Jourdain. — S'arrange avec les habitans de Capoue par la médiation du pape et de l'archevêque de Cantorbéry, XXVIII, 44 (*Orderic Vital*).

RICHARD, fils d'Ours. — Reste fidèle au roi Etienne à la bataille de Lincoln, XXVIII, 529 (*Orderic Vital*).

RICHARD, fils de Toustain. — Réconcilie son père avec le duc Guillaume le Bâtard et le sert fidèlement, XXIX, 174 (*Guillaume de Jumiége*).

RICHARD, intendant des domaines de l'empereur Charlemagne. — Est chargé de faire rentrer au domaine royal d'Aquitaine les biens qui en ont été distraits, III, 326. — S'acquitte de cette mission, 327 (*L'Astronome*).

Considération dont il jouit auprès de l'empereur, 495 (*Nithard*).

RICHARD, prince de Capoue. — Va dans la Pouille appeler les siens, et soumet le pays par son neveu Robert, VII, 35 (*Fragmens de l'Histoire des Français*).

Fils d'Ansquetil de Quarel, il passe en Sicile et se met à la solde du duc Guaimar, XXVI, 49. — Fait bientôt la guerre par lui-même, *ibid.* — Devient prince de Capoue, 83. — Refuse des secours à Robert, abbé d'Ouche, exilé en Italie, *ibid.* — Est dépouillé par Roger II de Sicile, XXVIII, 450 (*Orderic Vital*).

RICHARD, prince de Salerne. — Il prend la croix et part avec Boémond, IX, 81. — Il contribue au gain d'une grande bataille contre les Turcs, 100 (*Guibert de Nogent*).

Il marche sous la bannière de Boémond à l'expédition de la Terre-Sainte, XVI, 102. — Quitte l'armée des Croisés à Antiochette avec Tancrède, 159. — Est fait prisonnier par Baudouin de Boulogne dans le combat livré sous les murs de Mopsueste, 175 (*Guillaume de Tyr*).

Il excite Tancrède à venger l'injure que Baudouin lui a faite à Tarse, XX, 121, 122. — Est fait prisonnier dans le combat qu'il provoque et est échangé aussitôt, 123. — Est fait prisonnier par les Turcs avec Boémond, 414 (*Albert d'Aix*).

Il part pour la Terre-Sainte, XXVII, 426. — Parvient à éviter de prêter le serment exigé des princes croisés par l'empereur Alexis, 437. — Est fait prisonnier par Soliman, XXVIII, 119 (*Orderic Vital*).

RICHARD 1er, Cœur-de-Lion, roi d'Angleterre. — Il refuse à Philippe-Auguste l'hommage du Poitou, XI, 67. — Lève une armée, 68. — Donne caution, *ibid.* — Obtient une trêve, *ibid.* — Jette des *Cottereaux* dans Châteauroux, 69. — Miracle qui punit leur impiété, *ibid.* — Il prend la croix, 72. — Entre, au mépris du traité sur la croisade, sur les terres du comte de Toulouse, et les ravage, 78. — Est attaqué par Philippe-Auguste qui dévaste le Berri et l'Auvergne, 79. — Est secouru par son père qui fait une diversion vers la Normandie, 80. — Lui demande la femme promise à feu son frère, *ibid.* — L'abandonne sur son refus et se soumet à Philippe-Auguste, *ibid.* 81. — Succède à Henri II son père, roi d'Angleterre, 83. — Part avec Philippe-Auguste pour la Terre-Sainte, 85. — Reçoit de Tancrède, roi de Sicile, 40,000 onces d'or dont il remet un tiers seulement au roi son allié, 92. — Refuse de s'embarquer avec Philippe-Auguste et dépouille ceux des seigneurs anglais qui ont obéi à ses ordres, 93. — Texte de la convention conclue à Messine entre les deux rois, *ibid.* — Il se met en mer, 98. — S'empare de l'île de Chypre, *ibid.* — Prend l'empereur Isaac Commène, *ibid.*, 99. — Coule un vaisseau turc, *ibid.* — Convient d'envoyer ses gens au siège de Saint-Jean-d'Acre, *ibid.* — Retire sa promesse, *ibid.* — Après la prise d'Acre et le départ de Philippe-Auguste, il presse l'accomplissement des conditions de la capitulation, 106. — Fait trancher la tête à cinq mille prisonniers, *ibid.* — Vend leur vie aux plus riches, *ibid.* — Donne l'île de Chypre aux Templiers, *ibid.* — La leur retire, *ibid.* — En gratifie Gui de Lusignan, ancien roi de Jérusalem, *ibid.* — Ruine la ville d'Ascalon, *ibid.* — Brise avec mépris l'étendard du duc d'Antioche, *ibid.* — Remet au duc de Champagne le commandement de l'armée des Croisés, 109. — S'embarque et aborde sur les côtes d'Istrie, *ibid.* — Est poursuivi par les princes chrétiens, 110. — Est fait prisonnier par Léopold d'Autriche, *ibid.* — Est livré à l'empereur Henri qui lui fait payer cher sa liberté après une longue captivité, *ibid.* — Ravage la Touraine, 120. — Surprend le roi Philippe-Auguste, *ibid.*

—Lui enlève ses sommiers, 121. — Met et lève le siège devant Vaudreuil, *ibid.*—Rompt la trêve, *ibid.* — Assiége Arques et est battu, 122. —Marche sur Issoudun, 124.—Dépose les armes, *ibid.* — Rend les hommages dus au roi Philippe, *ibid.* — Fait la paix (texte du traité), *ibid.*—Recommence la guerre, 131. — Se porte en Berri et en Normandie, *ibid.* — S'allie avec le comte de Flandre, 134.—Ravage le Vexin et fait beaucoup de prisonniers, 141. — Conclut une trêve de cinq ans avec le roi de France, 145. — Est tué au siège de Châlons, *ibid.* (*Rigord*).

Il fait la paix avec Tancrède, roi de Sicile, par la médiation de Philippe-Auguste, XI, 205. — Epouse Berengère, fille du roi de Navarre, *ibid.* — Entretient avec Saladin des intelligences qui le rendent suspect à Philippe-Auguste, 207. — Renvoie à ce prince sa sœur qu'il devait épouser, 212. — Fait fortifier Château-Gaillard, 222. — Description de cette forteresse, *ibid.* — (*Guillaume le Breton; Vie de Philippe-Auguste*).

Il refuse l'hommage à Philippe-Auguste, XII, 59. — Se prépare à la guerre, 60. — Fait l'hommage à l'instant de livrer bataille, 61. — Conclut la paix, *ibid.* — Reçoit de lui le Maine, 92. — Succède à son père Henri II, roi d'Angleterre, 97. — Part pour la Terre-Sainte, 99. — Aborde en Sicile, 100.—Propose à Philippe-Auguste de lui rendre sa sœur qu'il avait fiancée, 102. — Se brouille avec lui, 103.—Obtient une trêve, *ibid.* — Refuse d'accompagner ce prince à la Terre-Sainte, *ibid.* — Aide le roi Tancrède dans ses guerres, *ibid.* — Quitte la Sicile après le départ du roi de France, 105. — Assiége et prend l'île de Chypre, *ibid.* — Joint Philippe-Auguste à Accaron, 106. — S'empare avec lui de cette place par capitulation, *ibid.*—Fait égorger douze mille prisonniers, *ibid.* — Prend Joppé et Gaza, 107. — Abandonne ces villes à Saladin avec lequel il entretient des relations suspectes, 109. — Odieux à tous, il quitte incognito l'armée, 110. — Débarque dans l'Empire sous l'habit d'un Templier, *ibid.* — Est fait prisonnier par le duc Léopold d'Autriche qu'il avait offensé, 111.—Est livré à l'empereur Henri VI qui lui vend cher sa liberté, 112. — Est trahi par son frère Jean-Sans-Terre qui s'attache à Philippe-Auguste, et fait égorger tous les Français à Evreux, 114, 115. — L'accueille après ce carnage, 116. — Est forcé à lever le siège d'Arques, 117. — Surprend le roi de France dans une embuscade, 118. — S'empare du trésor de l'armée, des registres des impôts, des papiers du fisc, du sceau royal, etc., 119. — Prêt à combattre, il demande la paix et l'obtient du roi Philippe-Auguste, 126. — La rompt presque aussitôt, 127. — Motifs dont il colore cette rupture, *ibid.*—Il s'empare de Nonancourt par trahison, 129.—Perd cette place, *ibid.* — Envahit et ravage la Bretagne pour obtenir la remise d'Arthur son neveu, 130. — Traverse la Normandie et court à Aumale assiégé, 131.—Son combat singulier contre Alain de Dinan, 133. — Il perd la bataille livrée à Philippe-Auguste, 134. — Reconnaît le château de Gaillon et est blessé, 135. — Appelle à lui les Gallois, *ibid.* — Les fait battre à Andely, 136. — Se livre à des actes de barbarie envers ses prisonniers, 137.—Ravage le Beauvoisis à la tête des *Cottereaux*, 138. — Se porte dans le Vexin, où Philippe-Auguste traverse presque seul son armée, 139. — Fait prisonniers la plupart des chevaliers de la suite du roi, 142. — Se dirige vers Château-Gaillard, *ibid.*—Réclame d'Achard de Chalus un trésor trouvé dans ses terres, 144. — Fait le siège de son château, 145. — Est blessé devant cette place d'un coup d'arbalète, arme qu'il avait apportée en France, 148. — Meurt de sa blessure, 149. — Son frère Jean lui succède au préjudice d'Arthur son neveu, *ibid.* (*la Philippide*).

Il devient roi d'Angleterre, XIII, 36. — Refuse, sur l'avis de son père, de faire hommage du Poitou au roi Philippe-Auguste, 60. — Lui donne satisfaction sans combat, *ibid.* — Succède à Henri II son père au trône d'Angleterre, 70. — Part pour la Terre-Sainte, 72. — Aborde en Sicile, *ibid.* — Prédiction sur son expédition, *ibid.* — Il refuse de quitter la Sicile, d'accompagner Philippe-Auguste et d'épouser sa sœur, 73, 74. — S'empare de l'île de Chypre, *ibid.* — Rejoint le roi de France devant Acre, *ibid.* — S'empare de cette place, *ibid.* — Se brouille avec Philippe-Auguste, qui se retire après avoir investi le duc de Bourgogne du commandement de l'armée française, 75. — Conclut avec Saladin une trève de trois ans, 76. — Vend à Gui de Lusignan, ancien roi de Jérusalem, l'île de Chypre dont il le constitue roi, *ibid.* — Quitte la Syrie et traverse les mers, *ibid.* — Est fait prisonnier par le duc d'Autriche qui le livre à l'empereur Henri dont il achète fort cher sa liberté, *ibid.* — Défend ses terres attaquées par Philippe-Auguste, 77. — Lui fait hommage pour la Normandie, le Poitou et l'Anjou, au moment de livrer bataille, 78. — Recommence la guerre, 79. — Détruit le château de Vierzon, *ibid.* — Débauche les seigneurs de France et se les attache par alliance, 80. — Ravage le Vexin, 83. — Assiége un château près de Limoges, *ibid.* — Est tué, *ibid.* — Son frère Jean-Sans-Terre lui succède, *ibid.* — (*Guillaume de Nangis*).

Ses guerres avec le roi Henri Plantagenet son père retardent le départ des Croisés, XIX, 165. — Il fait hommage de la Normandie à Philippe-Auguste, 167. — Prend la croix avec lui, *ibid.* — Remet son mariage avec la princesse de France à son retour de la croisade, *ibid.* — S'embarque à Marseille, 169. —

Relâche en Sicile, *ibid.* — Fait la paix avec le roi Tancrède par la médiation de Philippe-Auguste, 175. — Décide sa sœur Jeanne, reine douairière de Sicile, à vendre son douaire et à le suivre, *ibid.* — Entre dans son vaisseau et y trouve la sœur du roi de Navarre qu'il épouse, 179. — Descend en Chypre, 181, Assiége l'empereur, *ibid.* — Le fait prisonnier avec sa famille, *ibid.* — Conquiert l'île, *ibid.* — En confie la garde aux Templiers, *ibid.* — Arrive à Acre, *ibid.* — Prend cette place avec Philippe-Auguste par capitulation, 183. — Fait rendre aux Sarrasins leurs biens, 185. — Fait décapiter tous les habitans d'Acre, parce que Saladin n'a pas remis le bois de la vraie croix qu'il a promis, 187. — Marche vers Jérusalem avec le duc de Bourgogne, 189. — Abandonné par celui-ci, il retourne à Joppé, 191. — Y arrive à l'instant où Saladin vient de s'emparer du château, 193. — Met l'écu au cou et la harpe à la main, reprend le château et tue les Sarrasins, *ibid.* — Acquiert parmi eux une grande réputation, *ibid.* — S'empare d'une caravane, 195. — Occupe Ascalon et le fait fortifier, *ibid.* — Reçoit l'île de Chypre des Templiers, 197. — La rend à Gui de Lusignan, 199. — A la nouvelle de l'assassinat du roi Conrad de Montferrat, il conduit à Tyr le comte Henri de Champagne, et lui fait épouser sa veuve, 205. — Envoie sa femme et sa sœur en Angleterre, 209. — S'embarque secrètement, *ibid.* — Est livré au duc d'Autriche qu'il avait offensé, 211. — Est fait prisonnier en tournant la broche, 213. — Est mis à rançon et paie exactement, *ibid.* — Passe en Normandie et y porte la guerre, 215. — S'allie avec le comte de Flandre contre Philippe-Auguste, 251. — Court sus au roi vers Gisors, 253. — Conclut une trève, *ibid.* — Averti de la découverte d'un trésor par le vicomte de Limoges, il va le lui enlever, 257. — Met le siège devant

Chalus, 255. — Meurt d'un coup d'arbalète, *ibid*. (*Bernard le Trésorier*).

Il prend la croix d'outre-mer, XXII, 251. — Conquiert l'île de Chypre, 257. — Arrive sous Acre, *ibid*. — Coule bas un vaisseau de Saladin, *ibid*. — Assiége la place, 258. — La prend par capitulation, *ibid*. — Fait mettre à mort ses prisonniers, à défaut de la remise convenue du bois de la croix, *ibid*. — Funestes effets de sa mésintelligence avec Philippe-Auguste, 259. — Il s'avance vers Jérusalem, avec le duc de Bourgogne, investi du commandement de l'armée française après le départ du roi, 260. — Livre bataille à Saladin, *ibid*. — Le met en fuite, *ibid*. — Est blessé d'une flèche, *ibid*. — Attaque une caravane d'Égypte, *ibid*. — Ramène un butin considérable, 261. — Ajourne le siége de Jérusalem, *ibid*. — Répare Ascalon, *ibid*. — Fait rebâtir le fort de Daroun, *ibid*. — Relève Gaza, qu'il confie aux Templiers, *ibid*. — Inquiet de la conduite de son frère Jean et de celle de Philippe-Auguste, il conclut une trève avec Saladin, 262. — Conditions du traité, 263. — Il fait épouser la reine Isabelle, veuve du marquis de Montferrat, au comte Henri de Champagne, qui, par ce mariage, devient roi de Jérusalem, *ibid*. — S'embarque, *ibid*. — Est fait prisonnier, *ibid*. — Est retenu en Allemagne, *ibid*. — Est mis à rançon avec peine, *ibid*. — Rentre en Angleterre, *ibid*. (*Jacques de Vitry*).

RICHARD, vicomte de Joppé. — Est fait prisonnier par Noradin auprès de Sephet, XVIII, 110 (*Guillaume de Tyr*).

S'échappe des mains de l'ennemi à Ramla, XXIV, 137. — Court annoncer à Jérusalem la perte de l'armée et son incertitude sur le sort du roi Baudouin 1er, *ibid*. (*Foulcher de Chartres*).

RICHARD, vicomte de Rouen. — Epouse une nièce de la duchesse Gonnor, femme de Richard 1er de Normandie, XXIX, 304 (*Guillaume de Jumiége*).

RICHARD L'ANCIEN. — Resté fidèle à la reine Mélisende assiégée dans Jérusalem par le roi Baudouin III son fils, XVIII, 32 (*Guillaume de Tyr*).

RICHARD BASSET, grand justicier d'Angleterre. — Fortifie son fief de Montreuil au Houlme, XXVIII, 475 (*Orderic Vital*).

RICHARD FELINGHER, maréchal de l'empereur Frédéric II; est nommé par ce prince régent du royaume de Jérusalem, XIX, 425. — Repousse les Sarrasins, 427, 429. — Conduit à Jérusalem les secours envoyés par l'empereur, 445. — Appelle Jean d'Ibelin près de ce prince, 447. — Joint l'armée chrétienne à Béryte, 449. — Se fait rendre Tyr, *ibid*. — Entre à Saint-Jean-d'Acre, *ibid*. — Réunit les grands et leur intime les ordres de l'empereur, *ibid*. — Opposition qu'il rencontre, 451. — Va presser le siége de Béryte, 453. — Renvoie vers l'empereur les opposans qui s'érigent en confrérie, 455, 459. — Perd la flotte, prise sous Acre par Jean d'Ibelin, 465. — Lève le siége de Béryte, arrive à Tyr, surprend le roi de Chypre et met en fuite son armée, 467. — S'empare de quelques châteaux en Chypre, 471. — Y poursuit le roi, 473. — Livre la bataille de la Gride et la perd, 475-477. — S'établit à Chérines, *ibid*. — Envoie en Arménie les débris de son armée, *ibid*. — Fait la paix, rend la place avec échange de prisonniers, 479. — Confie lors de son départ ses pouvoirs à Lothaire son frère, 517. — Parti de Tyr, il éprouve des accidens de mer qui le rejettent longtemps après dans le même port, soumis alors à un autre maître, 525. — Est fait prisonnier, 527. — Ne conserve la vie qu'au prix de la remise du château de Tyr, que son frère fait à Balian, seigneur de Béryte, *ibid*. (*Bernard le Trésorier*). *Voyez* LOTHAIRE FELINGHER.

RICHARD FRESNEL. — Donne ses biens à l'abbaye d'Ouche, XXVI, 392. — Bâtit le fort d'Oncins, XXVIII, 293, 294. — S'allie avec Eustache de Breteuil, *ibid.* — Se révolte contre le roi Henri d'Angleterre, *ibid.* (*Orderic Vital*).

RICHARD NÉEL, évêque d'Ely, — Découvre en Angleterre une conspiration tendant à égorger tous les Normands et à transférer aux Écossais la couronne du roi Étienne, XXVIII, 495 (*Orderic Vital*). — RICHARD SORENG. *Voy.* SORENG.

RICHARD SYLVAIN DE SAINT-PAIR. — Ses brigandages, XXVIII, 492. — Il est tué, 493 (*Orderic Vital*).

RICHARD D'AVRANCHES. — Succède à Hugues son père dans le comté de Chester, qu'il tenait de la munificence du roi Guillaume, XXVI, 211. — Informe ce prince de l'espoir que nourrit contre ses intérêts la famille de Guerlenc, comte de Mortain, XXIX, 195. — Prend la défense d'Ansquetil du Noyer, qui n'en est pas moins condamné pour avoir volé l'abbaye d'Ouche, XXVI, 54. — S'attache au roi d'Angleterre contre le duc Robert de Normandie, XXVIII, 175, 176. — Lui reste fidèle, 297. — Périt, avec sa femme et avec le fils unique du roi Henri, dans le naufrage de la *Blanche-Nef*, 86, 87. 360; XXVI, 212. — Son corps est rejeté sur la grève, XXVIII, 361. (*Orderic Vital et Guillaume de Jumiége*).

RICHARD DE BEAUFOUR. — Souscrit la donation des biens de sa famille à l'abbaye d'Ouche, XXVI, 33 (*Orderic Vital*).

RICHARD DE BIENFAITE. — Est chargé du gouvernement de l'Angleterre pendant l'absence du roi, XXVI, 253. — Appelle au palais les révoltés qui méconnaissent son autorité, *ibid.* — Réunit l'armée, 254. — Livre un combat, *ibid.* — Triomphe des rebelles, *ibid.* — Poursuit dans Norwich Raoul, qui lui échappe, *ibid.* — Rend compte au roi de ce qui se passe, *ibid.* (*Orderic Vital*).

RICHARD DE BRIONNE. — Se réunit à l'assemblée générale convoquée par Guillaume le Bâtard pour délibérer sur la conquête de l'Angleterre, XXVI, 115 (*Orderic Vital*).

RICHARD DE COULONGES. — Donations qu'il fait à l'abbaye d'Ouche, XXVII, 15. — Sa postérité, 16. — Sa mort, *ibid.* (*Orderic Vital*).

RICHARD DE COURCI. — Sa famille, XXVII, 316. — Ses alliances, *ibid.* — Il prend les armes pour résister à Robert de Bellême qui l'assiège avec le secours du duc de Normandie, 318. — Succès de sa défense, 319. — Il se soumet au roi d'Angleterre, 420 (*Orderic Vital*).

RICHARD DE GAPRÉE. — Est démonté et jeté en prison au siége de Courci par Robert de Bellême, au mépris de l'évêque de Séez, XXVII, 320 (*Orderic Vital*).

RICHARD DE HEUDRICOURT. — Est blessé dans sa retraite sur l'Epte par le comte de Mantes, XXVI, 109. — Se fait moine, *ibid.* — Donne ses terres à l'abbaye d'Ouche, *ibid.* — Ses travaux et ses services, 110 (*Orderic Vital*).

RICHARD DE HEUGLEVILLE. Bâtit et dote l'abbaye d'Aufay, XXVII, 32. — Défend le duc Robert de Normandie contre Guillaume d'Arques, 33 (*Orderic Vital*).

RICHARD DE JÉRUSALEM. — Est tué au siége de Montmorency, XXVIII, 251 (*Orderic Vital*).

RICHARD DE LUCÉ. — Défend Falaise contre le comte d'Anjou, XXVIII, 517 (*Orderic Vital*).

RICHARD DE MARASH. — Marche au secours de Tancrède à Antioche, XXI, 171 (*Albert d'Aix*).

RICHARD DE MONTFORT sur Rille. — Succède à son père Amaury et veut venger sa mort sur le comte de Breteuil, XXVII, 291, 292. — S'allie à Ascelin Goel dans sa guerre contre le comte de Breteuil son seigneur, 294, 360. — Livre bataille, *ibid.* — Fait le comte prisonnier, *ibid.*—Secourt le comte Guillaume d'Evreux son oncle contre Raoul de Conches, 303. — Est tué à l'attaque du couvent, 304 (*Orderic Vital*).

RICHARD DE MONTFORT, sire de Thoron. — Reprend la ville de Tyr sur l'empereur Frédéric II, XIX, 517, 519 (*Bernard le Trésorier*).

RICHARD DE NORMANDIE, 2e fils du roi Guillaume le Conquérant.— Se heurte contre un arbre à la chasse dans la forêt Neuve, XXVI, 381. — Meurt, 382 (*Orderic Vital*); XXIX, 255 (*Guillaume de Jumiége*).

RICHARD DE NORMANDIE, fils naturel de Robert Courte-Hache.—Est tué par accident à la chasse du roi Guillaume le Roux d'Angleterre, XXVIII, 65 (*Orderic Vital*).

RICHARD DE REVIERS OU BEVIERS. —Se lie avec le prince Henri d'Angleterre, comte de Cotentin, XXVII, 308. — Est fait conseiller de Henri devenu roi d'Angleterre, XXVIII, 76.—Lui reste constamment fidèle, 88. — Sa mort, 242 (*Orderic Vital*).

Aide le prince Henri d'Angleterre à recouvrer le Cotentin sur son frère Robert duc de Normandie, XXIX, 240 (*Guillaume de Jumiége*).

RICHARD DE SAINTE-SCOLASTIQUE. —Poursuit Richard Soreng, XXIX, 185.—Le jette entre les mains d'un paysan qui le tue d'un coup de hache, 186 (*Guillaume de Jumiége*).

RICHARD DE SÉRANS, fils de Herbert. — Reste fidèle à la France, XXVIII, 18. — Commande les troupes du Vexin contre les Anglais, *ibid.* (*Orderic Vital*).

RICHARD DE WOLDMAN. — Echappe avec peine aux assassins du comte Charles le Bon de Flandre, VIII, 268 (*Mémoires de Galbert*).

RICHARDE, impératrice. — Est accusée d'adultère par l'empereur Charles le Gros, son mari, IV, 324. — Déclare qu'elle se glorifie d'une virginité sans atteinte, *ibid.* — Est divorcée, *ibid.*—Se fait religieuse, *ibid.* (*Annales de Metz*).

RICHELD (Etienne de). — Part pour la Terre-Sainte, XXVIII, 96 (*Orderic Vital*).

RICHELOT, abbé, petit-fils de Charlemagne.—Est tué dans un combat près d'Angoulême, IV, 136 (*Annales de Saint-Bertin*).

RICHER DE L'AIGLE. — Donne ses biens à l'Eglise et reçoit une once d'or pour la concession, XXVI, 387. — Est fait prisonnier par Robert de Bellême au siége de Courci, XXVII, 318. — Donne sa fille Mathilde en mariage à Robert de Mowbrai, comte de Northumberland, 355. — Se révolte contre le roi Henri d'Angleterre en faveur de Guillaume Cliton, fils du duc Robert de Normandie, XXVIII, 273. — Réclame du roi Henri les terres que son père avait en Angleterre, 277. — Négocie, sur son refus, avec le roi de France, *ibid.* — Rompt avec celui-ci, ayant obtenu sa demande du roi Henri par la médiation du comte Rotrou, son oncle, 278. — Est obligé de rendre L'Aigle à Louis le Gros, *ibid.*—Fait une incursion en Normandie, 295. —Brûle Vernences, *ibid.* — Pille le village de Cisei, 317. — Fait grâce aux paysans dépouillés, 318. — Se réconcilie avec le roi d'Angleterre qui lui rend tous ses biens, *ibid.*— Echoue dans ses projets en faveur du jeune prince Guillaume, 406. — Ravage les campagne de ses voisins, 469. — Brûle Saint-Evroul, *ibid.* — Venge le meurtre de l'un de ses archers, 470. — Combat Roger de Toëni, 471. — Est battu par lui devant Ferrières, 472. — obtient ce qu'il désire du roi Etienne d'Angleterre et fait la paix avec lui, 487.— Est fait prisonnier à Lire par Robert de Bellême, 532. —Est mis en liberté, 533.—Est tué dans la guerre du Maine devant Sainte-Suzanne, XXVII, 172. — Son éloge, 173. —

Il est damné, 326 (*Orderic Vital*).

RICHILDE, fille du comte Bouin, est prise pour concubine par Charles le Chauve après la mort de sa femme, IV, 249. — Epouse ce prince, 251. — S'enfuit après la perte de la bataille d'Anderuach, 285. — Enfante dans la route, *ibid*. — Accompagne son mari et est sacrée impératrice par le pape Jean, 288. — S'enfuit avec le trésor, à la nouvelle de l'invasion de l'Italie par Carloman, fils de Louis le Germanique, *ibid*. — Assiste aux derniers momens de son mari mort empoisonné, 290. — Invoque contre Louis le testament du feu empereur qui lui avait transmis le royaume et lui en avait donné l'investiture par une épée, la couronne, le bâton d'or, un vêtement royal, etc., *ibid*. (*Annales de Saint-Bertin*).

Sa correspondance avec l'archevêque Hincmar, V, 451. — Est réprimandée et admonestée par Foulques, évêque de Rheims, 504 (*Histoire de l'Eglise de Rheims*).

RICHULF, diacre, puis évêque. — Est envoyé par Charlemagne pour rappeler au duc de Bavière la fidélité qu'il doit à l'empereur, III, 23. — Est l'un des témoins de son testament, 161 (*Annales d'Eginhard et Vie de Charlemagne*).

RICUIN, comte. — Epouse la fille d'Engelram et lui coupe la tête, IV, 318 (*Annales de Metz*).

Perd plusieurs forts en Lorraine enlevés par Charles le Simple, VI, 72. — Est tué dans son lit, 78 (*Chronique de Frodoard*).

RICHWIN, comte de Poitiers. — Rapporte de Constantinople le traité conclu avec l'empereur Léon, III, 75 (*Annales d'Eginhard*).

Est l'un des témoins du testament de Charlemagne, III, 161. — Est nommé ambassadeur de l'empereur Louis auprès de l'empereur Léon, 347. — Jure par serment que l'empereur Lothaire ne demande une trêve que pour examiner les conditions de la paix, 465 (*Eginhard, Vie de Charlemagne*).

Est fait prisonnier par Pepin, fils du feu roi Pepin d'Aquitaine, IV, 137 (*Annales de Saint-Bertin*).

RICULFE, évêque de Rouen. — Distique héroïque en son honneur, XXVI, 351. — Sa vie, *ibid*. — Principaux événemens de son épiscopat, *ibid*. (*Orderic Vital*).

RICULPHE, sous-diacre. — Décide Mérovée à se réfugier dans la basilique de Saint-Martin, I, 235 (*Grégoire de Tours*).

RICWIDE religieuse, nièce du prêtre Goutmar. — Sa vision, V, 592 (*Histoire de l'Eglise de Rheims*).

RIDEL (Goisfred), périt dans le naufrage de la *Blanche-Nef*, XXVIII, 360 (*Orderic Vital*).

RIEUL (saint), évêque de Rheims. — Enrichit son évêché, V, 163. — Fonde le monastère d'Orbay, 165. — Miracle, *ibid*. (*Histoire de l'Eglise de Rheims*).

RIGAUD DE CAYRE. — Marche au secours du comte de Toulouse à Avignon, XV, 126 (*Histoire des Albigeois*).

RIGBOD, évêque de Trèves. — Sa mort, III, 54 (*Annales d'Eginhard*).

RIGOBERT, évêque de Rheims. — Son éloge, V, 166. — Ses travaux, *ibid*. — Ses acquisitions, 167. — Son testament, 169. — Son expulsion de son siège, 170. — Il refuse les conditions qu'on lui impose pour y remonter, 173. — Ses miracles, 174. — Sa mort, 176. — Sa sépulture, *ibid*. — Translation de son corps, 178 (*Histoire de l'Eglise de Rheims*).

RIGONTHE, fille du roi Chilpéric. — S'arrête à Toulouse au temps de la mort de son père, I, 382. — Est dépouillée de ses trésors par le duc Didier, *ibid*. — Son séjour dans la basilique de Sainte-Marie, 383. — Elle en est arrachée par ordre de Frédégonde, 418. — Sa conduite envers sa mère, qui tente de l'étranaler, II, 50, 51 (*Grégoire de Tours*).

RICORD ou RIGOT, médecin, auteur d'une *Histoire de Philippe-Auguste*. — Notice sur sa vie, XI.

RIOU DE LOHÉAC ou LOHOAC, Croisé. — Suit le mouvement de Boémond, lors de la division de l'armée chrétienne, à deux jours au-delà de Nicée, XXVII, 443 (*Orderic Vital*).

RIOUL, comte d'Evreux. — Est battu par Guillaume Longue-Epée, XXV, 156 (*Orderic Vital*).

RIOULFE. — Contribue à l'assassinat, ordonné par le comte de Flandre, du duc de Normandie, XXIX, 75 (*Guillaume de Jumiége*).

RIOULFE, comte de Coutances. — Entreprend de chasser de Normandie le duc Guillaume Longue-Epée, XXIX, 62. — Asssiége les faubourgs de Rouen, 63. — Est obligé de lever le siége, et s'enfuit, ibid. (*Guillaume de Jumiége*).

RIVALLON DE DINAN, prisonnier des infidèles. — Circonstances extraordinaires de son évasion, XXVIII, 224. — Ses aventures jusqu'à son retour à Antioche, 225 (*Orderic Vital*).

RIVIÈRE (Arnaud de La). — Est constitué, par les missionnaires et docteurs albigeois, l'un des quatre arbitres chargés de prononcer sur les doctrines religieuses respectivement professées, XV, 225. — Quitte le siège sans avoir jugé, 226 (*Chronique de Guillaume de Puy-Laurens*).

RIZ (Evrard de). — Dote l'abbaye d'Ouche, XXVI, 393 (*Orderic Vital*).

ROAIX (David de). — Donne asile au comte Raymond VI de Toulouse et à sa famille, après la remise du château au légat, qui en avait confié la garde à l'évêque, XV, 250 (*Chronique de Guillaume de Puy-Laurens*).

ROAS (Pierre de), Croisé. — Va reconnaître Antioche, XXVII, 451.

— S'empare de Rugia, ibid. (*Orderic Vital*).

ROBERT. — Contribue à l'assassinat, ordonné par le comte de Flandre, du duc de Normandie, Guillaume 1er, XXIX, 75 (*Guillaume de Jumiége*).

ROBERT, abbé de Sainte-Euphémie. — Meurt empoisonné à son retour de la guerre en Calabre, XXVII, 152 (*Orderic Vital*).

ROBERT, abbé de Saint-Pierre-sur-Dives. — Propose de rendre la place au roi Henri d'Angleterre, XXVIII, 193. — Lui tend un piége auquel le prince n'échappe qu'en s'emparant du fort par les armes, ibid. 194. — Est arrêté et exilé, ibid. 195. — Devient prieur d'Argenteuil, ibid. — Est tué, ibid. (*Orderic Vital*).

ROBERT, archevêque de Cantorbéry. — Est envoyé par le roi Edouard notifier au duc Guillaume de Normandie son institution comme héritier du royaume d'Angleterre, XXIX, 220 (*Guillaume de Jumiége*).

ROBERT, archevêque de Nazareth. — Porte la croix de Jésus-Christ dans la funeste expédition du roi Baudouin de Jérusalem sur Bostrum, XVII, 473. — Miracles qu'elle opère, 474. — Se réunit à l'assemblée de Saint-Jean-d'Acre pour délibérer sur les moyens d'agrandir le royaume de Jérusalem, XVIII, 3. — Va au siége d'Ascalon, 49 (*Guillaume de Tyr*).

ROBERT, archevêque de Rouen. — Prend la croix contre les Albigeois, XI, 268 (*Guillaume le Breton*).

Conduit du secours aux Croisés, XIV, 193. — Les mène au siége de Penne, 201. — Quitte l'armée avec la permission du chef, 204 (*Pierre de Vaulx-Cernay*).

ROBERT, cardinal. — Est envoyé comme légat au siége de Damiette, XIX, 363. — Sa mort, ibid. (*Bernard le Trésorier*).

ROBERT, chevalier croisé. — Est

chargé d'annoncer à Baudouin d'Edesse la mort du roi Godefroi, et de l'appeler au trône vacant, XX, 417 (*Albert d'Aix*).

Robert, comte d'Angers. — S'associe à Pepin, fils du feu roi Pepin d'Aquitaine, IV, 166. — Est accueilli par le roi Charles le Chauve, 171. — Bat les Normands de la Loire, 174. — S'associe avec eux contre Salomon, duc des Bretons, *ibid.* — Bat le prince Louis, fils du roi Charles, 175. — Reçoit du roi les terres confisquées sur Bernard, fils de Bernard, 198. — Saisit et présente à l'assemblée des grands Egfried, qui avait soustrait le jeune Charles d'Aquitaine à l'autorité paternelle, *ibid.* — Obtient sa grâce, *ibid.* — Bat les Normands et est blessé, 200. — Est fait abbé de Saint-Martin, 201. — Bat de nouveau les Normands de la Loire, 206. — Est fait comte d'Auxerre et de Nevers, 207, 208. — Est battu par les Normands, 209. — Est tué, 214. — Son fils est dépouillé des bénéfices auxquels il avait succédé, 224 (*Annales de Saint-Bertin*).

Robert Ier, comte d'Artois. — Est fait chevalier par le roi Louis IX, son frère, XIII, 146. — Epouse Mathilde, princesse de Brabant, 147. — Renvoie en France la comtesse sa femme, enceinte, 156. — Joint le roi à Damiette, 158. — S'engage dans Massoure, 159. — Est tué, *ibid.* (*Guillaume de Nangis*).

Il part avec le roi Louis IX pour son expédition d'Afrique, XV, 323 (*Guillaume de Puy-Laurens*).

Il accompagne, avec sa femme, le roi Louis IX, son frère, à la croisade, XV, 381. — S'empare de Massoure, malgré l'avis des Templiers, 382. — Est assailli dans cette place, *ibid.* — Ne reparait plus, *ibid.* (*Gestes glorieux des Français*).

Il bat l'avant-garde des Sarrasins, XIX, 547. — Est tué à la Massoure, *ibid.* (*Bernard le Trésorier*).

Robert II, comte d'Artois. — Est fait chevalier par le roi saint Louis, son oncle, XVIII, 182. — L'accompagne à la Terre-Sainte, 183. — Délivre Eustache de Beaumarchez, gardien de la Navarre pour la jeune reine, assiégé dans Pampelune, 193. — Marche au secours du roi Charles d'Anjou contre les Siciliens révoltés, et contre le roi Pierre d'Aragon, 201. — Est joint en Calabre par Charles d'Anjou, 204. — Reçoit la solde du nouveau pape, comme il avait reçu celle de Martin IV, 205. — Se prépare à la guerre, 209. — Envoie successivement en Sicile des forces, qui sont détruites à leur arrivée ou dans le passage, 211, 212. — Obtient du roi Philippe le Bel l'intervention de son autorité, pour arrêter le duel commencé entre le comte de Foix et le comte d'Armagnac, 220. — Livre un combat aux Gascons, les met en fuite, et fait grand nombre de prisonniers, 227. — Abandonne la défense de ce pays, 231. — Court prendre part à la guerre de Philippe le Bel contre le comte de Flandre, *ibid.* — Livre un combat à Furnes, *ibid.* — Met les Flamands en fuite, *ibid.* — Leur fait un grand nombre de prisonniers, *ibid.* — Epouse la fille de Jean de Hainaut, 235. — Perd Philippe, son fils aîné, *ibid.* — Est envoyé avec une armée pour réduire les gens de Bruges révoltés, 242. — Les méprise, 243. — Sa mort, *ibid.* — Ses obsèques, 244. — Translation de ses os en France, 245 (*Guillaume de Nangis*).

Est battu et tué avec sa suite, XV, 399 (*Gestes glorieux des Français*).

Robert Ier, comte de Dreux, fils de Louis VI. — Il prend la croix, XI, 72 (*Rigord*).

Il se réunit à l'assemblée de Saint-Jean-d'Acre pour délibérer sur les moyens d'agrandir le royaume de

Jérusalem, XVIII, 2 (*Guillaume de Tyr*).

Il enlève furtivement, pendant les négociations, la parente de la reine Éléonore, que l'empereur Manuel avait demandée en mariage pour son neveu, XXIV, 333 (*Odon de Deuil*).

ROBERT II, comte de Dreux.—Livre un combat à Jean-sans-Terre, XI, 266.—Est fait prisonnier, *ibid*.— Se distingue à la bataille de Bovines, 288 (*Guillaume le Breton*).

Il accompagne Philippe-Auguste au siège d'Andely, XII, 182.— Lui reste fidèle, ainsi que ses fils, 256.— Jure avec eux d'aider le roi dans sa guerre contre les coalisés, 261. — Motifs de leur haine contre le comte de Boulogne, *à la note*. — Quoique vieux, il marche avec le roi contre la ligue formée par le comte de Flandre, 304. — Combat à Bovines contre le comte de Boulogne, 322, 334 (*la Philippide*).

Est chargé par Philippe-Auguste de la garde du château de Nonancourt, XIII, 79. — Est fait prisonnier auprès de Nantes par le roi Jean-sans-Terre, 112 (*Guillaume de Nangis*).

Il conduit en Albigeois un renfort de Croisés au comte Simon de Montfort, XIV, 109.—Quitte l'armée, malgré les instances du comte et les prières de la comtesse, 113, 117 (*Pierre de Vaulx-Cernay*).

ROBERT III, GATEBLED, comte de Dreux. — Jure d'aider Philippe-Auguste dans sa guerre contre les coalisés, XII, 261. — Offre la bataille, sous les murs de Nantes, au roi d'Angleterre, qui la refuse, 285, 286. —Poursuit imprudemment les fuyards, 287. — Tombe dans une embuscade, *ibid*.—Est fait prisonnier et envoyé en Angleterre, *ibid*. (*la Philippide*).

ROBERT, comte d'Eu. — Marche à la tête de la cavalerie cauchoise contre l'armée française, commandée par le frère du roi, XXV, 169. — Livre la bataille de Mortemer et la gagne, *ibid*. — Se réunit à l'assemblée générale convoquée par Guillaume le Bâtard, pour délibérer sur la conquête de l'Angleterre, XXVI, 115. — Est chargé par ce prince de maintenir les Danois derrière l'Humber, 185. —Obtient du roi de grands revenus et de grands honneurs en Angleterre, 214. — Prend le parti du roi Guillaume le Roux contre son frère le duc Robert de Normandie, 278, 420 (*Orderic Vital*).

Fonde, de concert avec sa mère et son frère, l'abbaye de Saint-Pierre-sur-Dive, un couvent de religieuses à Lisieux, et l'abbaye de Tréport, XXIX, 199. — Assiste à l'assemblée générale convoquée par le roi Guillaume au sujet de la conquête de l'Angleterre, 387 (*Guillaume de Poitiers*).

ROBERT, comte d'Evreux, archevêque de Rouen. — Distique héroïque en son honneur, XXVI, 356. — Principaux événemens de son épiscopat et de sa vie (*Orderic Vital*).

Est assiégé dans Evreux par son neveu Robert le Diable, duc de Normandie, XXIX, 138.—Frappe le pays d'anathème, *ibid*.—Se sauve en France, *ibid*. — Est rappelé, et entre dans les conseils du prince, *ibid*. — Négocie et fait obtenir la paix au comte Alain de Bretagne, 162. — Sa mort, 175 (*Guillaume de Jumiège*).

ROBERT, comte de Ferrières et de Tekwsbury. — Accompagne le roi Étienne en Angleterre, XXVIII, 494. — Est fait comte de Derby, 513. — Rattache au roi ses amis révoltés, 514. — Poursuit à main armée les prélats qui ont favorisé les Angevins, 521. — Fait plusieurs prisonniers, *ibid*. (*Orderic Vital*).

ROBERT Ier, LE FRISON, comte de Flandre. — Il dépouille de son héritage son neveu Arnoul, fils de Baudouin, VII, 41. — Bat l'armée du roi Philippe, *ibid*. — Tue son neveu, *ibid*. — Succède à son père, 43 (*Fragmens de l'Histoire des Français*).

Il est appelé par l'empereur grec contre les Turcs, IX, 32 *et suiv.* — Son pèlerinage à Jérusalem, 293. — Assurance qu'il reçoit d'un sage sur les succès futurs des Chrétiens dans la Terre-Sainte, *ibid. et suiv.* (*Galbert*).

Il est chassé par son père qu'il avait offensé, XXVI, 226. — Se retire chez le duc de Frise son ennemi, *ibid.* — Epouse sa fille, *ibid.* — Est déshérité par son père, qui donne la Flandre à son frère Arnoul, *ibid.* — Rassemble une armée à la mort de son père, *ibid.* — Attaque la Flandre, *ibid.* — Réunit ses forces à celles de l'empereur Henri, *ibid.* — Met en fuite Philippe avec ses Français, *ibid.* — Tue son frère Arnoul, *ibid.* — S'établit en Flandre, *ibid.* — La subjugue, 227. — Fait sa paix avec le roi de France, *ibid.* — Donne quelques secours personnels à son neveu Robert Courte-Hache, expatrié, 371. — Est vaincu par le roi Guillaume le Conquérant, XXVII, 204 (*Orderic Vital*).

Il défait l'armée française commandée par le roi Philippe 1er, XXIX, 210. — Tue Baudouin, son compétiteur, *ibid.* (*Guillaume de Jumiége*).

ROBERT II, LE JÉROSOLYMITAIN, comte de Flandre. — Il s'engage pour la première croisade, VII, 49, 85 (*Fragmens. — Hugues de Fleury*).

Il aide le roi Louis le Gros à soumettre Bouchard de Montmorency, VIII, 9. — Accompagne ce prince à sa conférence avec le roi Henri 1er d'Angleterre, 59. — L'aide dans sa guerre contre Thibaut, comte de Chartres, 82 (*Suger*).

Il prend la croix et part pour la Terre-Sainte, IX, 72. — Prête à l'empereur Alexis serment de ne rien entreprendre contre lui, 86. — S'oppose aux projets hostiles de Raymond de Saint-Gilles, 87. — Secourt Boémond et contribue au gain d'une grande bataille contre les Turcs, 97 à 101. — Est assiégé dans Antioche, 176. — Jure de défendre son poste jusqu'à la mort, 182. — Envoie offrir la ville d'Antioche à l'empereur Alexis, 209. — Arrange provisoirement les difficultés nées entre Boémond et le comte de Toulouse, 215. — S'empare de Laodicée, 228. — Marche au secours du comte Raymond de Toulouse, *ibid.* — Traite avec le roi de Tripoli, 238. — Continue sa route sur Jérusalem, *ibid.* — Attaque cette place et est repoussé, 249. — Y entre avec l'armée, *ibid.* — Accompagne le roi Godefroi à la bataille d'Ascalon, 268. — Y commande un corps, 270. — S'y distingue, 272 (*Guibert de Nogent*).

Prend la croix, XVI, 49. — S'embarque dans la Pouille, 108. — Aborde à Durazzo, *ibid.* — Est accueilli par l'empereur Alexis, auquel il se lie par un serment de fidélité, *ibid.* — Va joindre Godefroi et Boémond au-delà du Bosphore, *ibid.* — Décide le comte de Toulouse à prêter serment, 118. — Repousse vigoureusement les attaques de Soliman au siége de Nicée, 132. — S'empare d'Artasie, d'après les ordres de Godefroi de Bouillon, 190. — Repousse une attaque du gouverneur d'Antioche, 191, 192. — Est rappelé à la grande armée, 193. — Concourt au siége d'Antioche, 208. — Est chargé d'aller faire des vivres, 221. — Rencontre les Turcs et les bat, 223. — Rentre au camp avec un riche butin, 224. — Se distingue dans une bataille livrée sous Antioche, 245. — Apprend de Boémond ses intelligences dans la place assiégée, 263. — Lui abandonne la souveraineté héréditaire d'Antioche, s'il fait remettre la place aux Croisés, 268, 270. — Secourt la nouvelle redoute, et en chasse l'ennemi, 295. — Brûle le fort, de la défense duquel il est chargé, 300. — Rentre en ville, *ibid.* — Est investi du commandement en chef du 2e corps de l'armée chrétienne, lors de la sortie générale de la garnison d'Antioche, 326. —

Vole au secours d'Anselme de Ribourgemont, qui, le premier, a engagé la bataille, 330. — Culbute l'ennemi, *ibid*. — Chasse les Turcs de leurs positions, 336. — Marche au siége de Marrash, 362.—Accompagne le duc Godefroi dans son voyage à Antioche, 365. — Prend avec lui la route de Jérusalem, 376. Lève le siége de Gibel sur l'invitation du comte de Toulouse, 379.— Abandonne celui d'Archis, 385.— Fait une reconnaissance sur Ramla, 394. — Concourt au siége de Jérusalem, 419. — Escalade les murs de cette place et y entre avec le duc Godefroi de Bouillon, 451 (*Guillaume de Tyr*).

Joint ce prince à Ramla, XVII, 21. — Ayant accompli son pélerinage, il retourne dans sa patrie, 25 (*Guillaume de Tyr*).

Il arrive à Constantinople, XX, 68. — Prête serment à l'empereur, *ibid*. — Passe le détroit et se réunit aux autres Croisés, *ibid*. — Concourt au siége de Nicée, 71. — Y appelle le comte de Toulouse, 77. — Repousse les attaques de Soliman, 79. — Poursuit vigoureusement les Turcs après l'affaire de Gorgone, 101. — Suit les mouvemens du duc Godefroi, commandant la grande armée, 137.—S'empare d'Artasie, 138. — Y est assiégé par les Turcs, qui se retirent bientôt sur Antioche, 140, 142.—Marche à l'investissement de cette place, 150. – Concourt au siége, 151. — Va faire des vivres pour l'armée, 166. — Est assailli à son retour et s'enfuit, 167. — Rallie quelques troupes, bat les Turcs, et rentre au camp avec du butin, 168. — Concourt à la destruction de l'armée auxiliaire attendue par les assiégés, 181, 183. — Court au secours d'un convoi surpris, et se distingue, 189. — Reçoit de Baudouin, comte d'Édesse, des secours en argent, 203. — Intervient pour faire rendre au duc Godefroi une tente qui lui était destinée, et dont on avait fait présent à Boémond, 204.—En-

voie reconnaître la grande armée turque, dont on annonce la marche sur Antioche, 208. — Est appelé au conseil tenu en cette grande occasion, 209. — Son avis, *ibid*. — Il accorde Antioche à Boémond, si, comme il s'en flatte, il parvient à prendre la ville, 210. — Fait les dispositions convenables pour faciliter le succès de cette entreprise, 212 *et suiv*.—Entre dans la place, 218. — Porte secours à Boémond et repousse l'ennemi, 230, 231. — Se maintient au poste qu'il est chargé de défendre, 233.—Evacue la redoute et la détruit, 234.—Relève le courage des Croisés, abattus par la nouvelle de la retraite de l'empereur Alexis, 246. — Lutte au milieu des tourbillons ennemis, 256. — Perd tous ses chevaux au siége d'Antioche, 262. — Rentre dans la place, 268. — Renonce à tout pouvoir au profit de Boémond, *ibid*. — Marche au siége de Marrash, 289. — Rentre à Antioche avec le duc Godefroi, *ibid*. — Est abandonné d'un grand nombre de pélerins, fatigués de ne pas marcher sur Jérusalem, 293. — Accompagne le duc Godefroi au siége de Gibel, 299. — Refuse l'argent qui lui est offert par les habitans pour s'éloigner, 300. — Va au siége d'Archis, 301. — Le lève, 304. — Marche avec Godefroi sur Tripoli, 306. — Arrive à Césarée, 312. — Va reconnaître Ramla, qu'il trouve déserte, *ibid*. — Concourt à l'investissement de Jérusalem, 318. — Marche sur Ascalon, 359. — Prend part à la bataille, 366. — Est joint par le comte de Toulouse, 374. — Fait la paix entre ce prince et le duc Godefroi, *ibid*. — Annonce son intention de retourner dans sa patrie, 374. — Son départ, 375. — Il s'embarque à Laodicée, 385 (*Albert d'Aix*).

Il appelle le comte de Toulouse auprès de l'empereur de Constantinople, XXI, 234. — Est envoyé pour nettoyer la campagne d'Antioche des ennemis qui troublent la sécurité de l'armée de siége, 243. — Rentre au camp chargé de dépouilles, *ibid*. — Va faire des vivres, 245. — Rencontre l'ennemi et le met en fuite, 247, 248. — Reparaît dénué de tout, 249. — Entre dans Antioche, livrée par trahison au moment de l'arrivée des secours, 264. — Entre dans la citadelle, 289. — En est chassé par Boémond, *ibid*. — Lui remet les tours qu'il occupe dans la ville, *ibid*. — Marche avec le comte de Toulouse au siége de Marrash, 303. — Y est joint par Boémond, 304. — S'empare avec eux de la ville, 308. — Se rend à l'assemblée générale d'Edesse sur l'invitation du comte de Toulouse, qui lui offre 6,000 sous pour continuer son pélerinage, 311. — Assiége Gibel, 326. — Est rappelé devant Archas, *ibid*. — Concourt au siége de Jérusalem, 361. — Hâte les travaux, 372, 374. — Se prononce contre le comte de Toulouse en faveur du roi Godefroi dans l'affaire de la tour de David, 382. — Accompagne le roi à la guerre contre les Ascalonites, 392. — Range son corps en bataille, 393. — Attaque vigoureusement l'ennemi et le met en fuite, 364 (*Raymond d'Agiles*).

Il prend la croix, XXII, 55 (*Jacques de Vitry*).

Son éloge, XXIII, 35, 36. — Il concourt au siége de Nicée, 37. — Arrive au secours des Normands, qui ont imprudemment quitté la grande armée et que Soliman a vaincus, 61. — Achève la victoire remportée par Hugues le Grand, *ibid*. — Concourt au siége d'Antioche, 103. — Sa bravoure, 115. — Sa pauvreté, *ibid*. — Il fixe son quartier dans la vallée de Balène, 125. — Aventure extraordinaire de son souper chez Boémond avec le comte de Boulogne, 146. — Attaqué la nuit dans Antioche, il fait mettre le feu à la ville, afin de rassembler plus promptement ses défenseurs, 154. — Résultat de cette mesure, 155. — Il est chargé de la défense de la ville pendant la sortie générale de la garnison, 167. — Se réunit à Boémond pour se moquer de la découverte de la lance merveilleuse d'Antioche, 194. — Donne asile au chapelain Arnoul poursuivi par les gens du comte de Toulouse, armés contre lui à raison de ses doutes sur l'identité de la lance d'un visionnaire déjà mort, 205. — Concourt au siége de Jérusalem, 216. — Est chargé de protéger les ouvriers, 224. — Entre dans la cité sainte, 237 (*Raoul de Caen*).

Il prend la croix, XXIII, 314. — Passe à Rome, 315. — Se rend dans la Pouille, 316. — Arrive à Constantinople, 320. — Prête serment à l'empereur, 325. — Concourt au siége de Nicée, 330. — Passe sous les ordres de Hugues le Grand, 334. — Concourt au siége d'Antioche, 354. — Marche à l'ennemi vers Harenc et le met en fuite, *ibid*. — Va faire des vivres, rencontre l'ennemi, livre une bataille et la gagne, 355. — Est investi du commandement d'un corps lors de la sortie générale de la garnison chrétienne d'Antioche, 414. — Se porte vers la mer, 421. — Lève le camp d'Antioche, 417. — Passe à Méraclée, *ibid*. — Assiége Gibel, *ibid*. — Secourt le comte de Toulouse à Archas, *ibid*. — Concourt au siége de Jérusalem, 452. — Combat à la bataille d'Ascalon, 465 (*Robert le Moine*).

Il part pour l'expédition de Terre-Sainte, XXIV, 16. — S'embarque avec ses troupes, 19. — Se reconnaît l'homme de l'empereur Alexis, et conclut avec lui un traité d'alliance, 24. — Assiége Nicée, *ibid*. — Suit le mouvement de Boémond, 29. — Se défend vigoureusement contre Soliman, 30. — Est battu, *ibid*. — Est dégagé par la jonction de l'armée chrétienne, 31. — Concourt à la bataille d'Antioche, 51, 53. — Sa lettre au pape, 56. — Il assiége Gibel, 63. — Va joindre le comte de Toulouse au siége d'Archas, *ibid*., 64. — Concourt au siége de Jérusalem, 72. — Fait ses dévotions et retourne par Constantinople dans ses États, 82 (*Foulcher de Chartres*).

Il hérite de Robert le Frison, duc de Flandre, son père, XXVI, 226 (*Orderic Vital*).

Part pour la Terre-Sainte, XXVII, 435. — Son voyage par l'Italie, *ibid*. — Il se réunit en Macédoine à Boémond, 434. — Concourt au siége de Nicée, 439, 440. — Suit le mouvement du duc Godefroi lors de la division de l'armée, 444. — Fait un fort détachement pour procurer des vivres au siége d'Antioche, 455. — Tombe sur l'ennemi, le bat, et rentre au camp sans butin, *ibid*. — Est informé par Boémond de ses intelligences dans Antioche et des conditions auxquelles il va s'en emparer, 468. — Est investi d'un commandement au 1ᵉʳ corps, lors de la sortie générale de la garnison chrétienne d'Antioche, 484. — Repousse l'ennemi vers l'Oronte, 488. — Se rend à la conférence indiquée par le comte de Toulouse, 510. — Arrive à Laodicée, 514. — Assiége Gibel, 515. — Lève le siége sur un faux avis du comte de Toulouse, et va le joindre, *ibid*. — S'éloigne de Tripoli pour argent, 518. — Concourt au siége de Jérusalem, 522 — Marche avec le roi à l'ennemi vers Ascalon, 538. — Charge vigoureusement les Arabes, 539, 541. — Quitte la Terre-Sainte, ayant fini son pélerinage, XXVIII, 55. — S'embarque à Laodicée, 61. — Est honorablement accueilli par l'empereur Alexis à son passage à Constantinople, *ibid*. 62. — Son retour, 425. — Il fait une incursion avec le roi Louis VI dans le pays de Meaux contre le comte de Blois, 254. — Est battu, fait une chute et meurt, *ibid*. (*Orderic Vital*).

Il reçoit le comté de Cambrai de l'empereur Henri de Saxe, XXIX, 268 (*Guillaume de Jumiége*).

Robert III, comte de Béthune et de Flandre, fils de Guy de Dampierre. — Se croise contre Mainfroi de Sicile, XIII, 180. — Se joint à Rome à Charles d'Anjou, *ibid*. — Défend Lille contre Philippe le Bel, 231. — En sort après sa reddition, par les habitans, 232. — Livre un combat à Charles de Valois, 237. — Est battu et se retire à Gand, *ibid*. — Se rend à condition, *ibid*. — Est gardé prisonnier par Philippe le Bel, *ibid*. — Comparaît devant ce prince, accusé de la révolte de Flandre, 287. — Est remis en otage au roi pour lui garantir le paiement des sommes convenues par le traité et la démolition des forteresses de ce pays, 295, 296. — Recouvre sa liberté, 305. — Fait présenter au roi Louis Hutin ses excuses (jugées insuffisantes) de ce qu'il n'est pas venu en personne ratifier la paix, 312. — Est l'objet de la guerre, 313. — Accueille son fils Louis qui fuit le jugement du roi Philippe le Long, 331. — Refuse de négocier la paix, 337. — Marche sur Lille, *ibid*. — Est abandonné par les Gantois, 338. — Promet de faire hommage au roi Philippe le Long, *ibid*. — Manque à sa parole, *ibid*. — Demande du secours au pape, *ibid*. — Marche au secours de Gênes, *ibid*. — Fait hommage au roi de France, 341. — Refuse les conditions de paix qui lui sont offertes, *ibid*. — Les accepte et les confirme par serment et par mariage, 342. — Fait arrêter le comte Louis de Nevers, son fils, accusé d'avoir voulu le faire empoisonner, 347. — Le fait mettre en liberté sous condition, après avoir reconnu son innocence, 348. — Sa mort, 356. — Louis II de Crécy, son petit-fils, lui succède, malgré l'opposition de Robert, son oncle, fils puîné de son grand-père, *ibid*. (*Guillaume de Nangis*).

Robert de Flandre, dit de *Cassel*, second fils du comte Robert III, dit de *Béthune*. — Accusation calomnieuse portée dans ses intérêts contre le comte Louis de Nevers, son frère aîné, XIII, 347, 348. — Il s'empare de quelques places à la mort de son père, au préjudice de son neveu, Louis de Créci, 356. — Est forcé de les rendre, *ibid.* (*Guillaume de Nangis*).

Robert, comte de Leicester, fils du comte de Meulan. — Il reste fidèle au roi Henri d'Angleterre, 297. — Est armé chevalier par ce prince, 378. — Fait comte de Leicester, *ibid.* — Epouse la fille de Raoul de Guader, *ibid.* — Assiste à la mort du roi Henri, 461. — Fait la guerre en Normandie à Roger de Toëni, 467. — Brûle Bougi, 472. — Résiste aux seigneurs révoltés dans son comté d'Evreux, 508. — Négocie et conclut la paix entre Roger de Toëni et le roi Etienne d'Angleterre, 516, 517. — Traite avec le comte Rotrou de Mortagne, 533 (*Orderic Vital*).

Il hérite de la plus grande partie des terres de Guillaume, fils d'Osbern, comte d'Herfort, XXIX, 265. — Rentre dans le comté de Breteuil, 268. — Devient comte de Leicester à la mort de son père, 307 (*Guillaume de Jumiége*).

Robert, comte de Loritello. — Fait partie du conseil convoqué en Bulgarie par Robert Guiscard, emprisonné, XXVII, 159 (*Orderic Vital*).

Robert, comte de Melle. — Est fait prisonnier à Vendôme par le roi Philippe-Auguste, XII, 68 (*la Philippide*).

Robert, comte de Mortain, frère utérin de Guillaume le Bâtard, duc de Normandie. — Est appelé au conseil pour délibérer sur l'invasion d'Angleterre, XXVI, 115. — Est chargé avec le comte d'Eu de maintenir les Danois derrière l'Humber, 185. — Obtient de son frère de grands revenus et de grands honneurs après la conquête, 214 (*Orderic Vital*).

Reçoit le comté de Mortain, confisqué sur Guillaume Guerlenc ou Garlenge, XXVII, 211. — Fatigue de ses prières le roi Guillaume, agonisant, en sollicitant la liberté de l'évêque Odon, *ibid.* (*Orderic Vital*).

S'empare de Pevensey à l'instigation d'Odon, évêque de Bayeux, oncle du roi Guillaume, XXVIII, 13 (*Orderic Vital*).

Reçoit de son frère le comté de Mortain, confisqué sur Guillaume Guerlenc, XXIX, 195. — Bâtit le monastère de Grestain, 199 (*Guillaume de Jumiége*).

Assiste au conseil assemblé pour délibérer sur la conquête d'Angleterre, 387 (*Guillaume de Poitiers*).

Robert, comte de Troyes. — Se soumet au roi Lothaire, VI, 152. — S'empare du château de Dijon, 154. — Le perd, 155. — Brûle Châlons, 158 (*Chronique de Frodoard*).

Ses différends avec l'évêque Anségise de Troyes, XXVII, 128 (*Orderic Vital*).

Robert, duc d'Alençon. — S'allie avec le roi Philippe-Auguste, XI, 163 (*Rigord*).

Accompagne le prince royal Louis, et se joint au comte Simon de Montfort dans sa croisade contre les Albigeois, XIV, 314 (*Pierre de Vaulx-Cernay*).

Robert, duc de Bourgogne, dit *Sans-Terre*, fils du roi Robert de France. — Il est porté au trône par sa mère après la mort du roi Hugues, VI, 283. — Voit couronner Henri, son frère aîné, *ibid.* — S'allie avec son frère contre leur mère, 284. — Se révolte contre son père, *ibid.* — Se réconcilie avec sa mère, 285. — Est fait duc de Bourgogne par le roi son frère, *ibid.* (*Raoul Glaber*).

Il est vivement recommandé par sa mère pour être associé à la couronne, de préférence à son frère Henri, VII, 33. — Est fait duc de Bourgogne à la mort de son père, 35. — Sa mort, 42; XIII, 260. — Son petit-fils Hugues lui succède, VII, 42 (*Fragmens de l'Histoire des Français et Guillaume de Nangis*).

Il est fait duc de Bourgogne, contre les anciens usages, XIX, 591 (*Bernard le Trésorier*).

Il est fait duc de Bourgogne à la mort de son père, XXVII, 136. — Est porté au trône par la reine

Constance, sa mère, au préjudice de Henri, son aîné, qui va solliciter l'appui du duc de Normandie, 193 (*Orderic Vital*).

Robert, duc de Calabre, fils du roi de Sicile. — Aborde en Sicile et s'empare de plusieurs châteaux, dans lesquels il met garnison, XIII, 235 (*Guillaume de Nangis*).

Robert Ier, le Diable, duc de Normandie — Son pélerinage à Jérusalem, VI, 318. — Il institue pour son héritier son fils, Guillaume le Bâtard, *ibid*.—Sa mort, *ibid*. (*Raoul Glaber*).

Il meurt à Nicée, revenant de Jérusalem, VII, 75 (*Hugues de Fleury*).

Il succède à son frère, Richard III, dans le duché de Normandie, XXVI, 10.—Fonde l'abbaye de Cerisi, *ibid*. — Accueille généreusement le roi Henri Ier de France, éloigné du trône par sa mère, qui veut y placer son frère puîné, XXVII, 193. — Réunit une armée, entre en France, brûle Orléans, et replace sur le trône l'héritier légitime, *ibid*. — Reçoit de lui le Vexin, *ibid*.—Va à la Terre-Sainte, XXVI, 10. — Meurt à Nicée à son retour de Jérusalem, *ibid*.; XXV, 166; XXVII, 194 (*Orderic Vital*).

Il est investi du comté d'Hiesme, XXIX, 134.—Succède au duc Richard III son frère, au préjudice de son neveu Nicolas, sans aucune difficulté, 137. — Poursuit son oncle Robert, comte d'Evreux, archevêque de Rouen, qui frappe la Normandie d'anathème, et se sauve en France, 138. — Le rappelle et l'introduit dans ses conseils. *ibid*. — Assiége dans Alençon Guillaume de Bellême révolté, 139. — Le force à implorer sa clémence, pieds nus, une selle sur le dos, *ibid*. — Livre bataille à ses fils et les défait dans la forêt de Blavon, 140. — Chasse l'évêque de Bayeux du château d'Ivri, *ibid*. — Le force à s'exiler, 141. — Fonde l'abbaye de Cerisi, 198, 200. — Dépouille Baudouin v du comté de Flandre qu'il a ravi à son père, 142. — Donne la paix à sa famille, *ibid*. — Réprime la révolte d'Alain de Bretagne, 145, 162. — Lui accorde la paix, *ibid*. — Réclame du roi Canut d'Angleterre la restitution du royaume pour les deux fils d'Edelred, depuis long-temps réfugiés en Normandie, 160. — Arme une flotte et échoue dans l'expédition, 161. — Obtient pour ses protégés la moitié de l'Angleterre, 163. — Fait reconnaître, pour son successeur au duché de Normandie son fils, Guillaume le Bâtard, 164. — Part pour Jérusalem, *ibid*.—Fait son pélerinage et meurt à Nicée à son retour, 165 (*Guillaume de Jumiége*).

Robert II, duc de Normandie. —Il succède à Guillaume le Bâtard, son père, VII, 47.— S'engage pour la première croisade, 49 (*Fragmens de l'Histoire des Français*).

Il perd la Normandie tandis qu'il est en Orient, VIII, 7 (*Suger*).

Il prend la croix et part pour la Terre-Sainte, IX, 73. — Joint l'armée sous Nicée, 91. — Fait le siége de cette ville, 92. — S'en empare, 95. — Secourt Boémond et contribue au gain d'une grande bataille contre les Turcs, 97 à 101.—Triomphe d'eux près d'Antioche, 122.— Est assiégé dans cette place, 176. — Jure de défendre son poste jusqu'à la mort, 182. — Sort de la place et fait lever le siége, 200. — Envoie offrir la ville d'Antioche à l'empereur Alexis, 209. — Arrange provisoirement les difficultés nées entre Boémond et le comte de Saint-Gilles, 215. — Renonce à concilier les deux contendans, 223. — Attaque Jérusalem, 241. — Est repoussé, 249. —Promet un évêché à Arnoul, ancien précepteur de la fille du roi d'Angleterre, 263.—Le fait patriarche de Jérusalem, 265.—Commande un corps d'armée à la bataille d'Ascalon, 270. — Achète la lance du premier Egyptien vaincu, et la donne au patriarche, 274.—Occupe

Laodicée et en est chassé, 321. — Assiége Accaron, 329 (*Guibert de Nogent*).

Il prend la croix, XVI, 49. — Hiverne en Calabre, 122. — Se met en route au printemps, *ibid*. — Liste des principaux seigneurs qui marchent sous sa bannière, *ibid*. — Il arrive à Constantinople, 123. — Prête, et fait prêter par tous, serment à l'empereur Alexis, qui les comble de faveurs, *ibid*. — Se rend au siége de Nicée, 124. — Se sépare de la grande armée avec ses troupes et plusieurs chefs, 150. — Se range sous les ordres de Boémond à l'approche de Soliman, 152. — Est fait commandant de l'avant-garde dans la marche sur Antioche, 208. — Se distingue dans une bataille livrée sous cette place, 245. — Apprend de Boémond ses intelligences dans la ville assiégée, 263. — Abandonne à Boémond la souveraineté héréditaire d'Antioche, s'il fait rendre la place aux Croisés, 270. — Chasse l'ennemi de la nouvelle redoute, 295. — Est investi du commandement du 3e corps, lors de la sortie générale de la garnison chrétienne, 326, 327. — Vole au secours d'Anselme de Ribourgemont qui le premier a engagé la bataille, 330. — Culbute l'ennemi, *ibid*. — Chasse les Turcs de leurs positions, 336. — Va au siége de Marrash, 362. — Joint le comte de Toulouse qui s'est seul mis en marche vers Jérusalem, 370. — Abandonne avec lui le siége d'Archis, 389. — Concourt au siége de Jérusalem, 419. — Escalade les murs de cette place, et y entre avec Godefroi de Bouillon, 451 (*Guillaume de Tyr*).

Retourne dans sa patrie, après avoir accompli son pélerinage, XVII, 25. — Apprend la mort de son frère ainé, roi d'Angleterre, et l'usurpation de ses droits par son frère puîné, *ibid*. — N'en peut obtenir satisfaction, *ibid*. — Equipe une flotte, *ibid* — Aborde en Angleterre, 26. — Traite avec son frère, *ibid*. — Rentre en Normandie, *ibid*. — Elève de nouvelles prétentions, *ibid*. — Fait la guerre, *ibid*. — Est vaincu et fait prisonnier, *ibid*. — Meurt en captivité, *ibid*. (*Guillaume de Tyr*).

Il arrive à Constantinople et prête serment à l'empereur, XX, 69, 70. — Concourt au siége de Nicée, 72. — Repousse les attaques de Soliman, 79. — Suit le mouvement de Boémond lors de la division de l'armée après la prise de Nicée, 96. — Se réunit au duc Godefroi de Bouillon, 137. — Est chargé du commandement de l'avant-garde, 144. — Se distingue au passage de l'Oronte, 147. — Marche à l'investissement d'Antioche, 150. — Fait le siége, 151. — Concourt à la destruction de l'armée auxiliaire attendue par les assiégés, 181, 183. — Défend un convoi surpris, et se distingue dans la bataille, 189. — Reçoit de Baudouin d'Edesse des secours en argent, 203. — Porte secours à Boémond et repousse l'ennemi, 230, 231. — Encourage les assiégés, 243. — Est investi du commandement d'un corps lors de la sortie générale de la garnison chrétienne d'Antioche, 252. — Lutte au milieu des tourbillons ennemis, 256. — Renonce à tout pouvoir dans Antioche en faveur de Boémond, 268. — Est chargé du siége de Marrash, 289. — Se voit réduit à manger de la chair humaine, 294. — S'empare enfin de la place, 295. — Accompagne le duc Godefroi sous Tripoli, 306. — Arrive avec lui à Césarée, 312. — Concourt à l'investissement de Jérusalem, 318. — Joint le roi Godefroi, marchant sur Ascalon contre les Sarrasins, 360. — Combat dans cette bataille, 366. — Prend le drapeau de l'armée ennemie, 371. — Est joint par le comte Raymond de Toulouse, 374. — Annonce au roi son intention de rentrer dans sa patrie, *ibid*. — Son départ, 375. — Il s'embarque à Laodicée, 385 (*Albert d'Aix*).

Il est chargé de nettoyer la campagne d'Antioche, des ennemis qui troublent la sécurité de l'armée de siége, XXI, 243. — Rentre au camp chargé de dépouilles, ibid. — S'absente du siége, 245. — Commande un corps d'armée à la bataille d'Antioche, 284. — Se rend à l'assemblée générale d'Edesse, sur l'invitation du comte de Toulouse, qui lui offre 10,000 sous pour continuer son pélerinage, 311. — Se met à l'avant-garde, 317. — Arrive devant Jérusalem et concourt au siége, 361. — En hâte les travaux, 372, 374. — Se prononce contre le comte de Toulouse, en faveur du roi Godefroi, dans l'affaire de la tour de David, 382. — Envoie ses chevaliers à l'armée, et déclare au roi qu'il entend rester de sa personne à Jérusalem, jusqu'à ce qu'il soit bien assuré de la guerre, 392. — Arrive pour la bataille, 393. — S'élance sur l'émir et le blesse mortellement, 394. — Achète son étendart et le donne au patriarche, 396 (*Raymond d'Agiles*).

Il prend la croix, XXII, 55 (*Jacques de Vitry*).

Son caractére, XXIII, 34. — Il concourt au siége de Nicée, 37. — Quitte la grande armée avec Boémond et Tancrède, 47. — Livre combat à Soliman et est battu, 48, 50. — Relève les courages abattus, 51. — Est écrasé dans un nouveau combat, 52. — Reçoit de la grande armée des secours qui ramènent la victoire sous les drapeaux des Croisés, 59, 61. — Concourt au siége d'Antioche, 103. — Se rend à Laodicée où les Anglais l'appellent, 124. — Rentre au camp, bien contre son gré, à la troisième sommation et menacé d'anathème, 125. — Est placé au premier rang dans la sortie générale de la garnison chrétienne d'Antioche, 167 — Assiége Marrash avec Tancrède et le comte de Toulouse, 182. — Est réduit à manger de la chair humaine, 185. — Se réunit à Boémond pour se moquer de la fourberie de la lance d'Antioche, 194. — S'empare de Marrash, 195. — Assiége Archas, 198. — Éprouve une vive résistance, 202. — Garantit Arnoul, son chapelain, de la violence du comte de Toulouse, armé contre lui au sujet de la mort du visionnaire de la lance, 205. — Concourt au siége de Jérusalem, 216. — Entre dans la place, 237 (*Raoul de Caen*).

Il prend la croix, XXIII, 314. — Passe à Rome, 315. — Se rend dans la Pouille, 316. — Arrive à Constantinople, 320. — Prête serment à l'empereur, 325. — Concourt au siége de Nicée, 330. — Passe sous les ordres de Boémond, 334. — Fait des prodiges de valeur à la bataille livrée aux Turcs, et gagnée par la jonction de l'armée de Hugues le Grand, 336, 338. — Est investi du commandement d'un corps d'armée, lors de la sortie générale de la garnison chrétienne d'Antioche, 414. — En confie une partie à Renaud pour une expédition, 419. — Se réunit au comte de Toulouse et marche vers Jérusalem, 442. — Concourt au siége et à la prise de cette place, 452. — Se distingue à la bataille d'Ascalon, 465. — S'empare de la bannière de l'ennemi, 467. — En fait hommage au Saint-Sépulcre, 472 (*Robert le Moine*).

Il se met en route à la tête d'une armée pour la Terre-Sainte, XXIV, 16. — Confère avec le pape auprès de Lucques, 18. — Passe l'hiver en Calabre, 19. — Aborde à Durazzo, 20. — Arrive à Constantinople, 23. — Joint l'armée chrétienne au siége de Nicée, 25. — Suit le mouvement de Boémond, 29. — Se défend vigoureusement contre Soliman, 30. — Est battu, ibid. — Est dégagé par la jonction de l'armée des Croisés, 31. — Concourt à la bataille d'Antioche, 51, 53. — Sa lettre au pape, 56. — Se joint au comte de Toulouse à Marrash, 63. — Se réunit au duc Godefroi, 64. — Marche sur Jérusalem, ibid. — Concourt au siége de cette place, 72. — Fait ses dévotions et retourne par Constantinople dans ses Etats, 82 (*Foulcher de Chartres*).

Il défend son duché des attaques de son frère Henri, roi d'Angleterre, XXV, 170. — Livre la bataille de Tinchebrai, *ibid*. — La perd, *ibid*. — Est fait prisonnier et dépouillé, *ibid*. (*Orderic Vital*).

Il est fiancé avec la belle Marguerite du Maine, qui meurt avant d'avoir été mariée, XXVI, 99. — Est investi, avec sa mère, du gouvernement de la Normandie, pendant le séjour de Guillaume le Conquérant, son père, en Angleterre, 168. — Est fait comte du Maine et acquiert les fiefs du comte Herbert, à charge de l'hommage au comte d'Anjou, 249. — Réclame la souveraineté du Maine et de la Normandie, que son père lui refuse, 286, 367 à 370. — Est insulté à L'Aigle par Guillaume et Henri, ses frères, et leur en demande raison, 287. — En est empêché par le roi, son père, *ibid*. — Part la nuit, et tente de s'emparer du château de Rouen, *ibid*. — Passe à l'étranger avec les principaux complices de sa révolte, 371. — Reçoit des secours de ses parens, et principalement de sa mère, 372. — Prédiction d'un saint anachorète, consulté par la reine sur l'avenir de son fils, 374. — Il vient repentant à la cour de France, 377. — Obtient la protection du roi, qui l'envoie à Gerberoi, *ibid*. — S'empare de cette place, *ibid*. — Y est assiégé par son père, 378. — Obtient sa grâce par la médiation et l'assistance des grands, 380. — S'enfuit de nouveau, fatigué des réprimandes et des injures publiques du roi, 381 (*Orderic Vital*).

Il se retire auprès du roi de France, XXVII, 197. — Est fait duc de Normandie et prince des Manceaux par les dernières volontés du roi, son père, 207, 221. — Son caractère, 224. — Il est dépouillé et se dépouille lui-même, 225. — Prend pour son conseiller l'évêque de Bayeux, son oncle, tenu prisonnier jusqu'à la mort du roi Guillaume, *ibid*. — Distribue ses richesses, 227. — Veut emprunter de son frère Henri, qui le refuse, *ibid*. — Lui vend le Cotentin, 228. — Embarras des grands de Normandie et d'Angleterre, *ibid*. — Il promet son aide à la conspiration qui a pour but de réunir sous son sceptre les deux Etats divisés, 229, 230. — Néglige de joindre les conspirateurs, assiégés par son frère dans Rochester, 233. — Maux que sa nonchalance cause au pays, 249. — Inquiétudes que lui cause le retour de son frère Henri et son conseil, Robert de Bellême, 251. — Il les fait arrêter et les confie à la garde de l'évêque de Bayeux, son oncle, 252. — Il se décide à ruiner la famille Talvas, 255. — Lève une armée et part pour le Maine, 256. — Assiége Balon, 257. — Fait la paix, *ibid*. — Prend Saint-Céneri par famine, et fait crever les yeux du commandant, *ibid*. — Congédie son armée, 259. — Fait la paix avec le comte Roger de Shrewsbury, *ibid*. — Met en liberté Robert de Bellême, *ibid*. — Laisse la Normandie en proie aux séditions et aux guerres intestines des seigneurs, ses vassaux, 263. — Rend la liberté à son frère Henri, 265. — Se prépare à repousser les hostilités imminentes de son autre frère, Guillaume le Roux, 278. — Met le comte Foulques d'Anjou dans ses intérêts, en lui faisant épouser une troisième femme du vivant des deux premières, 279 *et suiv*. — Se fait livrer traîtreusement la forteresse d'Ivri, et la revend à ses légitimes seigneurs, 291, 360. — Fait arrêter Robert de Meulan, 295. — S'empare du château de Brionne, *ibid*., 299, 300. — Rend la liberté à son prisonnier, sur la demande de son père, Roger de Beaumont, 297. — Rend Brionne, 298. — Découvre la conspiration tramée contre lui et tendant à livrer Rouen à son frère Guillaume, 309. — S'allie avec Henri et appelle à son secours les seigneurs qui lui sont restés fidèles, *ibid*. — Reçoit ses amis par une porte, tandis que les traîtres en ouvrent une autre à l'ennemi, *ibid.*— Marche contre eux et contre les Anglais, 310.— Prend la fuite et passe la rivière, *ibid.*— Attend sur le bord que la sédition soit apaisée, 311. — Rentre après la victoire, et est empêché de faire grâce, 313.— Secourt Robert de Bellême, 318.— Va assiéger Courci, *ibid.*— S'éloigne, épouvanté de l'arrivée en Normandie du roi d'Angleterre, son frère, 321. — Le reçoit à Rouen, *ibid.* — Se réconcilie avec lui, *ibid.* — Lui concède les comtés d'Eu, Gournay, Conches, Aumale, etc., *ibid.*—L'accompagne au Mont-Saint-Michel, où ils assiègent leur frère Henri, 334. — Lui laisse la liberté de sortir de la place, *ibid.*—Cède à Guillaume une grande partie de la Normandie, 335. — L'accompagne en Angleterre, 336.—Est attaqué par son frère Henri, proclamé prince de Domfront par les habitans de cette ville, 339. — Accompagne le roi Guillaume le Roux à la guerre contre le roi d'Ecosse, qui reconnait le titre de son frère et lui offre son hommage, 347.— Va dans le camp écossais et décide le roi à se soumettre à Guillaume, 348. — Se rend méprisable par sa mollesse, 360.— Secourt enfin Guillaume de Breteuil, et force Goël, son ennemi, à se rendre, 362. — Va assiéger Giroie dans Montaigu, avec Robert de Bellême, 367. — Obtient que le château sera rasé, et les biens de Giroie vendus, *ibid.* — Tient un concile à Rouen pour la trêve de Dieu pendant l'expédition de la Terre-Sainte, 415. — Triste état de son duché, occupé en partie par ses deux frères, 419, 420. — Il remet pour cinq ans la Normandie à son frère, le roi d'Angleterre, reçoit 10,000 sous, et part pour la Terre-Sainte, 420, 424. — Son voyage par l'Italie, 425. — Il se réunit en Macédoine à Boémond, 434. — Concourt au siège de Nicée, 440. — Suit le mouvement de Boémond lors de la division de l'armée à deux jours de Nicée, 443. — Soutient avec vigueur le combat de Dorylée, 466. — Est informé par Boémond de ses intelligences dans Antioche, et des conditions auxquelles il va s'en emparer, 468. —Est investi du commandement du 3ᵉ corps de l'armée chrétienne, lors de la sortie de la garnison d'Antioche, 484.—Fournit quelques troupes pour la formation d'un 8ᵉ corps, organisé pendant la bataille, 487. — Se rend à la conférence provoquée par le comte de Toulouse, 510. — Joint ce prince dans la route de Jérusalem, 511. — Concourt au siège de cette place, 522. — Marche avec le roi Godefroi contre l'ennemi à Ascalon, 538. — Charge les Arabes, 539. — S'empare de leur drapeau, 541 (*Orderic Vital*).

Il cède son duché pour cinq ans à son frère, le roi Guillaume, afin d'avoir l'argent nécessaire à son pélerinage de Jérusalem, XXVIII, 12. —Part pour la Terre-Sainte, 13.— Quitte la Terre-Sainte, son pélerinage étant fait, 55, 425. — Confie Laodicée au prince Edgard (roi choisi en Angleterre après la mort d'Harold), qui lui conserve et lui rend fidèlement cette place, 57. — En est chassé par les Grecs et expulsé par Boémond, 58.— Y rentre et la cède aux Grecs, qui lui fournissent des transports pour Constantinople, 59. — Est honorablement accueilli par l'empereur Alexis, qui le comble de dons, 61, 62. — Passe dans la Pouille, 63.—S'y marie, *ibid.* — Amasse l'argent qu'il doit à son frère, pour dégager la Normandie, *ibid.* — Il a, dans sa jeunesse, deux enfans naturels de la concubine d'un vieux prêtre, 66. —Ses droits au trône d'Angleterre sont vivement défendus, contre son frère Henri, par Guillaume de Breteuil, qui ne cède qu'à la violence, 71, 72. — Arrive en Normandie et prend, sans obstacle, possession de son duché, 78. — Approuve une conspiration tramée contre son frère pour lui donner le sceptre de l'Angleterre, 83. — Donne à Robert de Bellême des parties de la Normandie, et l'argent de son trésor à qui le veut, 84. — Se laisse dépouiller de tout, même de ses culottes, *ibid.* — Devient un objet de mépris, *ibid.* — Excité par l'évêque de Durham, il aborde en Angleterre, 85. — Rallie les conjurés, 88. — Somme son frère de déposer le diadême, *ibid.* — S'abouche avec lui entre les deux armées, 89. — Renonce au royaume d'Angleterre pour 3,000 livres sterling de pension, et conserve la Normandie, moins Domfront, 91. — Repasse la mer comblé de présens, 93. — Retourne en Angleterre pour solliciter de son frère la restitution du comté de Surrey, confisqué sur Guillaume de Varennes, 145. — Est séparé de sa garde et conduit honorablement à la cour, *ibid.* — Sa position, *ibid.* — Essuie les reproches du roi, *ibid.* — Promet de ne plus les mériter, 146. — Remet la pension de 3,000 livres sterling, *ibid.* — Rentre en Normandie plus méprisable encore, *ibid.* — Poursuit le comte de Bellême sur l'avis de son frère, 152. — Lui fait la guerre avec mollesse, *ibid.* — Est mis en fuite, *ibid.* — Prend sa revanche, 160. — Sa femme meurt empoisonnée, 163. — Ses relations avec la comtesse de Longueville, *ibid.* — Vit avec elle et ne peut l'épouser, *ibid.*, 164. — Lui confie la régence de la Normandie, *ibid.* — Reçoit de son frère l'ordre de protéger son gendre, Eustache de Breteuil, 167. — S'allie avec Robert de Bellême, ne pouvant le vaincre, 169. — Reçoit de vifs reproches de son frère, le roi Henri, et plus particulièrement pour cette alliance, 176. — Conserve la paix en lui cédant le comté d'Évreux, 177. — Recommence faiblement les hostilités, 178. — Est attaqué, en présence de son frère, dans un sermon violent par l'évêque de Séez, 179 *et suiv.* — S'abouche inutilement avec le roi Henri, qui conquiert la Normandie, 192. — Marche enfin avec une armée contre lui, 196. — Le somme de lever le siége de Tinchebray ou de venir au combat, *ibid.* — Refuse de lui céder la moitié de la Normandie et le gouvernement du diocèse, 199. — Composition et distribution de son armée, 200. — Il livre bataille et est fait prisonnier par un chapelain, *ibid.* — Son discours à son frère vainqueur, 201. — Il lui fait livrer ses places et même jusqu'à son fils Guillaume, *ibid. et suiv.* — Est condamné par son frère à une prison perpétuelle, 255. — Son fils Guillaume échappe à la captivité dont le menace son oncle, *ibid.* — Vive réclamation du roi Louis le Gros en faveur de ce prince au concile de Rheims, 332. (*Voy.* GUILLAUME CLITON.) — Il apprend dans un songe la mort et le genre de mort de son fils Guillaume, 414. — Sa mort, 414, 435, 436 (*Orderic Vital.*)

Il est investi du gouvernement de la Normandie par son père, à son départ pour l'Angleterre, XXIX, 234. — Est protégé contre son père par le roi Philippe de France, 240. — Motifs de sa révolte, *ibid.* — Sa célébrité dans l'armée, 243. — Sa faiblesse dans le conseil, *ibid.* — Il réclame du roi son père le gouvernement de la Normandie et du Maine, 244. — Lui fait la guerre, retiré dans le Ponthieu, *ibid.* — Prend possession du duché, sans aucune opposition, à la mort de son père, 245. — Néglige d'aller prendre la couronne d'Angleterre, malgré les avis qu'on lui donne de l'usurpation de son frère Guillaume le Roux, *ibid.* — S'amuse en Normandie, pendant que ses partisans conquièrent pour lui l'Angleterre, 246. — Traite avec son frère par la médiation du roi Philippe de France, *ibid.* — S'unit à Guillaume contre leur frère Henri, 247. — L'assiége au Mont-Saint-Michel, *ibid.* — Laisse Henri reprendre le Cotentin, 248. — Réprime la révolte des Manceaux qui se donnent à Hélie de La Flèche, 249, 250. — Engage son duché au roi Guillaume le Roux, 251. — Part pour Jérusalem, *ibid.* — Recouvre son duché à son retour de la Terre-Sainte, sans rendre l'argent emprunté à son frère, 218. — S'indigne de l'usurpation de la couronne d'Angleterre, 259. — Débarque dans ce pays pour le conquérir, *ibid.* — Fait la paix moyennant un tribut annuel de 4,000 marcs, qu'il remet bientôt à la reine, sa belle-sœur, *ibid.* — Donne son duché par parties à ses amis, 260. — Lève une armée pour s'opposer à son frère Henri, *ibid.* — Lui livre la bataille de Tinchebrai, *ibid.* — Est fait prisonnier et conduit en Angleterre, 261. — Epouse à son passage en Italie, de retour de la Terre-Sainte, la princesse Sybille, qui lui donne un fils (Guillaume), 262. — Portrait de la duchesse, *ibid.* — Sa mort, 269 (*Guillaume de Jumiége*).

ROBERT, duc, puis roi de France. — Il est fait roi au préjudice de Charles le Simple, V, 537 (*Frodoard, Histoire de l'Eglise de Rheims*).

Il rappelle son fils Hugues qui poursuit Charles sur la Meuse, VI, 73. — Se joint par la Marne à son gendre Rodolphe, *ibid.* — Campe pendant une semaine devant l'armée du roi, qui refuse de se rendre à une conférence, *ibid.* — Etablit son camp sur l'Aisne, 74. — S'empare de Laon, *ibid.* — Est fait roi après l'éloignement de Charles III, *ibid.* — Se rend en Lorraine, 75. — Jure amitié à Henri de Saxe, *ibid.* — Fait avec les Lorrains une paix violée par Charles le Simple, 76 (*Chronique de Frodoard*).

Son poëme, en forme de dialogue, sur le règne de Robert, VI, 423 et suiv. (*Adalbéron*).

Il défait les Normands à Chartres, XXVII, 125. — Se révolte contre Charles III, *ibid.* — Est fait roi, *ibid.* — Est tué à la bataille de Soissons, 126 (*Orderic Vital*).

Il jure à Rollon de ne pas l'inquiéter dans la Neustrie qui lui est concédée, XXIX, 63. — L'accompagne à Rouen, 54. — Assiste au baptême de ce chef des Normands, 55. — Retourne en France, *ibid.* — Profite du mécontentement existant entre le beau-père et le gendre pour détrôner Charles le Simple, 58. — Lui livre bataille à Soissons, *ibid.* — Est tué, *ibid.* (*Guillaume de Jumiége*).

ROBERT, évêque de Bayeux. — Prend la croix contre les Albigeois, XI, 268 (*Guillaume le Breton, Vie de Philippe-Auguste*).

ROBERT, évêque de Beauvais. — Meurt en Chypre dans le voyage du roi saint Louis en Terre-Sainte, XIII, 156 (*Guillaume de Nangis*).

ROBERT, évêque du Mans. — Est poursuivi par le roi Charles en restitution de l'abbaye de Saint-Calais, IV, 187. — Est chargé par ce prince de conduire à Rome l'évêque Rothade, déposé, 196. — Ne peut remplir sa mission, *ibid.* (*Annales de Saint-Bertin*).

ROBERT, évêque de Rama, ou Ramla. — Est chargé de porter à Baudouin, comte d'Edesse, la nouvelle de la mort de son frère, le roi Godefroi, et l'appel que lui font la plupart des princes croisés pour le remplacer sur le trône, XX, 417. — Est renvoyé par ce prince à Jérusalem pour prévenir les machinations de Tancrède, 425 (*Albert d'Aix*).

Court annoncer au roi l'invasion de l'ennemi et sa marche sur la capitale, XXI, 42. — Concourt à la déposition du patriarche Daymbert de Jérusalem, 54, 55 (*Albert d'Aix*).

ROBERT, évêque de Tours. — Est assassiné par des brigands à son retour de Rome, VI, 96 (*Chronique de Frodoard*).

ROBERT, fils d'Aimon ou Haimon. — Reste fidèle à Guillaume le Roux contre les conspirateurs normands, XXVII, 234. — Obtient avec peine la vie des chefs de la conspiration, assiégés dans Rochester, 239. — Est fait l'un des plus grands seigneurs d'Angleterre, 278. — Reçoit du roi Guillaume les biens du prince Henri son frère, 307 (*Orderic Vital*).

S'attache au roi Henri d'Angleterre contre le duc Robert de Normandie, XXVIII, 175, 176. — Est fait prisonnier par les Normands près de Bayeux, 179. — Est mis en liberté, 192 (*Orderic Vital*).

Robert, fils de Baudouin. — Est chargé par le duc de Normandie de la garde du château de Brionne, donné à Roger de Beaumont lors de l'arrestation de son fils, Robert de Meulan, XXVII, 295. — Refuse de rendre cette place et y soutient un siège, 299. — Est obligé de s'en remettre à la clémence de ses vainqueurs, 300 (*Orderic Vital*).

Robert, fils de Corbat. — Est investi d'une des charges du comté de Shrewsbury par Roger de Montgomery, XXVI, 212 (*Orderic Vital*).

Robert, fils de Gautier. — Est chargé, par le prince Louis VIII, appelé au trône d'Angleterre, de faire lever le siège de Lincoln, XI, 326. — Y est fait prisonnier, *ibid.* (*Guillaume le Breton, Vie de Philippe-Auguste*).

Robert, fils de Gérard, Croisé, porte-drapeau de Boémond. — Est adjoint au comte Hugues de Saint-Paul dans le commandement du 9ᵉ corps, lors de la sortie générale de la garnison chrétienne d'Antioche, XVI, 227 (*Guillaume de Tyr*).

Concourt au siège de Nicée, XX, 73. — Se distingue à la bataille d'Antioche, 253. — Appelle le comte Baudouin d'Edesse au trône de Jérusalem, vacant par la mort de son frère, le roi Godefroi, 417 (*Albert d'Aix*); XXIII, 170 (*Raoul de Caen*); XXVII, 459, 460 (*Orderic Vital*).

Robert, fils de Helgon. — S'empare des terres de l'abbaye d'Ouche, XXVI, 82 (*Orderic Vital*).

Robert, fils de Tristan, Croisé. — Marche sous la bannière de Boémond, XVI, 102 (*Guillaume de Tyr*).

Part pour la Terre-Sainte, XXVII, 426 (*Orderic Vital*).

Robert, frère d'Eudes, comte de Paris. — Se distingue dans toutes les occasions à la défense de cette ville contre les Normands, VI, 10, 14, 18 (*Abbon*).

Robert, gardien de l'église de Bruges. — Refuse d'entrer dans la conjuration contre le comte Charles le Bon de Flandre, et menace de la dénoncer, VIII, 258. — De chevalier libre qu'il était, il devient serf par son mariage, 287. — Voyant son domaine brûlé, il marche contre Gervais, l'un des vainqueurs du comte, 290. — Forcé dans le château, il se réfugie dans l'église, 315. — Inspire de l'intérêt, *ibid.* — Accuse Didier de trahison, 321. — L'appelle en combat singulier, *ibid.* — Sollicite le jugement des princes, 350. — Est battu de verges, 352. — Découvre une partie des trésors du feu comte, *ibid.* — Est recommandé au roi Louis le Gros par les grands, 359, 360. — N'est pas délivré, 370. — Est remis à la garde des citoyens de Bruges, 372. — Est emmené prisonnier par le roi, 382. — Est attaché sous le ventre d'un cheval, *ibid.* — Est décapité à Cassel, 385. — Avait emporté furtivement les trésors du feu comte qui lui avaient été confiés par ses assassins, 386, 387 (*Mémoires de Galbert*).

Robert, moine de Saint-Remi. — Notice sur sa vie et ses ouvrages, XXIII, 295.

Robert, patriarche de Jérusalem. — Fuit devant les Kharismins, XIX, 529 (*Bernard le Trésorier*).

Robert, prêtre. — Assassine Guillaume, évêque d'Accon, pendant son voyage au retour d'une mission dans laquelle il l'avait abandonné, XVIII, 289 (*Guillaume de Tyr*).

Robert, prince de Capoue. — Ses conquêtes et ses possessions dans la Pouille, XVIII, 60. — Il fuit devant le roi Guillaume de Sicile, 93. — Est fait prisonnier, 94. — Meurt mutilé et misérable, 95 (*Guillaume de Tyr*).

Robert II, roi de France. — Il est reconnu roi du vivant de Hugues-Capet son père, VI, 203. — Marche en Bourgogne avec le duc de Normandie, 224. — Assiége inutilement Auxerre, *ibid.* — Echoue devant le château défendu par les reliques de saint Germain, 225. — Outrages que lui prodiguent ceux de ses sujets élevés par son grand-père, par son père et par lui-même, 244. — Il épouse la princesse Constance d'Aquitaine, 246. — Son entrevue avec l'empereur Henri, 247. — Il fait brûler des hérétiques qui lui sont dénoncés par le duc de Normandie, 270. — Leur doctrine et sa réfutation, *ibid.* à 279. — Il fait couronner roi, contre l'avis des grands, son fils Hugues, dont la révolte, la soumission et la mort signalent le reste de sa vie, 280, 281, 282. — Elève au trône son fils Henri, malgré la reine qui prétend y porter Robert, 283. — Fait la guerre à ses deux fils révoltés contre lui, 284. — Sa mort, *ibid.* (*Raoul Glaber*).

Sa vie, VI, 365 *et suiv.* — Sa constitution physique, *ibid.* — Il accorde la vie à douze condamnés qui avaient conspiré contre lui, 367. — Rend la vue à un aveugle, 375. — Sa mort, 411 (*Helgaud*).

Il est associé au trône de France par son père, VII, 31. — Lui succède, 32. — Réduit le comte Guillaume d'Outre-Saône qui avait envahi toute la Bourgogne, *ibid.* — Donne ce duché à son fils Henri, *ibid.* — Epouse Berthe, sa commère, *ibid.* — Est anathématisé par le pape, *ibid.* — Quitte sa femme et est absous, *ibid.* — Epouse la princesse Constance de Toulouse, dont il a quatre fils, 33. — Associe à la couronne Hugues l'aîné, et après sa mort, Henri, malgré la reine qui veut faire roi Robert, *ibid.* — Sa mort, 35 (*Fragmens de l'histoire des Français*).

Il fait régler qu'on s'abstiendra de viande le vendredi et le samedi, VII, 73 (*Hugues de Fleury*).

Il est sacré roi du vivant de son père, XXVII, 131. — Lui succède, *ibid.* — Rallie le comte Bouchard et le duc de Normandie, 133. — Assiége Melun, *ibid.* — S'empare de cette place, *ibid.* — La rend au comte Bouchard et fait pendre le commandant, 134. — Est repoussé par les Bourguignons qui ne veulent pas de lui pour duc, *ibid.* — Appelle les Normands, 135. — Dévaste le pays, *ibid.* — Assiége Auxerre, *ibid.* — Prend Avallon par famine, *ibid.*, 136. — Soumet Sens, *ibid.* — Sa mort, *ibid.* — Sa postérité, *ibid.* (*Orderic Vital*).

Il négocie la paix entre le comte Eudes de Chartres et le duc Richard II de Normandie, XXIX, 127. — Mande vainement au comte Eudes, de rendre au comte Bouchard son château de Melun qui lui a été ravi par la perfidie du châtelain, 129. — Appelle le duc de Normandie pour l'aider à réduire le félon, *ibid.* — Prend le château, le remet au comte Bouchard et fait pendre le traître, 130. — Est appelé à régner sur la Bourgogne, par le dernier duc Henri, mort sans enfans, *ibid.* — Eprouve de l'opposition, 131. — Appelle le duc Richard, *ibid.* — Soumet la province révoltée contre lui, *ibid.* — Donne sa fille en mariage au fils de Baudouin dit le Barbu, comte de Flandre, 141. — Sa mort, 142. — Intrigues pour sa succession, 143 (*Guillaume de Jumiége*).

Robert, vagabond, esclave fugitif du couvent de Sainte-Marie à Moutiers. — Est chargé, par les Juifs d'Orléans, auprès du prince de Babylone, d'une mission dont l'objet réalisé serait la destruction entière de Jérusalem, VI, 265. — Rentre en France, 267. — Fait l'aveu de son crime, 268.—Est brûlé, *ibid.* (*Chronique de Raoul Glaber*).

ROBERT BERTRAND, maréchal de France. — Après des succès divers, il soumet à Charles-le-Bel les bâtards de Gascogne, XIII, 387, 388 (*Guillaume de Nangis*).

Est tué dans un combat sur l'Orne, XXVIII, 511 (*Orderic Vital*).

ROBERT BIGOD. — Espoir que lui donne le comte de Mortain et dont la divulgation cause la perte de l'illustre famille de Guillaume Guerlenc, XXIX, 194, 195 (*Guillaume de Jumiége*).

ROBERT BOET, archer fameux, attaché à Richer de l'Aigle. — Ravage les campagnes, XXVIII, 468. — Est pendu, 469. — Comment les habitans de l'Aigle vengent sa mort, 470 (*Orderic Vital*).

ROBERT BOURGUIGNON, grand-maître du Temple. — Part de Jérusalem avec quelques chevaliers pour repousser les Ascalonites de la province de Juda, XVII, 399. — Obtient d'abord quelques avantages, *ibid.* — Finit par être battu, 400 (*Guillaume de Tyr*).

Se réunit à l'assemblée de Saint-Jean-d'Acre pour délibérer sur les moyens d'agrandir le royaume de Jérusalem, XVIII, 3 (*Guillaume de Tyr*).

ROBERT BRIHIDOU. — Fait prisonnier le roi Etienne d'Angleterre à Lincoln, XVIII, 172 (*Orderic Vital*).

ROBERT BRUCE. — Est mis à la tête des Ecossais, XIII, 260. — Repousse l'agression des Anglais, *ibid.* — Blesse le prince Edouard, fils du roi, *ibid.* — Défait complètement les Anglais, 303, 304. — Par égard pour le roi de France, il laisse la reine Isabelle se retirer librement, *ibid.* — Reçoit dans son alliance André de Harcla, comte de Carlisle, qui lui livre le roi Édouard d'Angleterre, 358. — Fait des prisonniers, 359. — Force le roi à s'enfuir, *ibid.* (*Guillaume de Nangis*).

ROBERT CALCÉGE. — Héberge à l'Aigle le roi Guillaume le Bâtard et ses trois fils, XXVI, 287 (*Orderic Vital*).

ROBERT CORNARD. — Porte en Angleterre la mode des *pigaces* (souliers longs et pointus), de l'invention du comte Foulques d'Anjou, XXVII, 282 (*Orderic Vital*).

ROBERT FRESNEL. — Concourt à la restauration de l'abbaye d'Ouche, XXVII, 97 (*Orderic Vital*).

ROBERT GAUCHELIN, seigneur normand. — Est damné, XXVII, 330 (*Orderic Vital*).

ROBERT GIFFARD. — Accompagne Robert Guiscard au siége de Durazzo, XXVII, 147 (*Orderic Vital*).

ROBERT GIROIE. — Ouvre ses places aux seigneurs révoltés contre le roi Corvin d'Angleterre, XXVIII, 508 (*Orderic Vital*).

ROBERT GIROIE, abbé d'Ouche. — Se retire au monastère d'Ouche, XXVI, 27. — Propriétés dont il le dote, *ibid.* à 33. — Est dénoncé par le prieur de son couvent au duc Guillaume le Bâtard, 76. — S'enfuit auprès du pape, *ibid.* — Est remplacé dans ses fonctions d'abbé, 77. — Revient avec deux légats auprès du duc, qui le menace de le faire pendre, 79. — Se sauve à Paris, *ibid.* — Lance l'excommunication contre l'abbé qui le remplace et appelle ses moines qui vont le rejoindre, 80. — Se rend à Rome, où le pape lui donne l'église de Saint-Paul, 82. — Obtient des secours de Robert Guiscard et de Guillaume de Montreuil son cousin, porte-enseigne du pape, 82, 83, 84. — Est joint par ses deux sœurs, qui quittent le voile et se marient, 85, 86. — Intercède auprès du pape et obtient la levée de l'excommunication fulminée contre l'abbé Osbern, son successeur à Ouche, 95 (*Orderic Vital*).

Il est chassé de Normandie sur les délations des ennemis de sa famille, XXIX, 215. — S'établit en Calabre, 216, 219 (*Guillaume de Jumiége*).

ROBERT GIROIE, fils de Giroie. — Epouse Adélaïde, parente de Guillaume le Conquérant, XXVI, 25. — Défend contre lui le château de Saint-Céneri, *ibid.* — Se joint aux Angevins et se révolte contre le duc de Normandie, 67.—Mange une pomme empoisonnée, et meurt, *ibid.* (*Orderic Vital*).

Assassine le comte Gilbert d'Eu, tuteur du duc Guillaume le Bâtard, XXIX, 168. — Dévaste par le fer et le feu les terres de Guillaume Talvas, 182. — Le provoque en vain à combattre pour venger l'injure faite à son frère Guillaume, *ibid.* (*Guillaume de Jumiége*).

ROBERT GIROIE, fils du précédent. — Réclame et obtient du duc Robert de Normandie la restitution du château de Saint-Céneri, XXVII, 257.—S'y défend d'une surprise de Robert de Bellême, 365.—Dévaste ses terres, *ibid.* — Fait une expédition avec le prince Henri d'Angleterre, *ibid.*—Perd Saint-Céneri dont son ennemi s'empare sur le faux bruit répandu de sa mort, 366.—Perd sa femme et son fils en otage chez Robert de Bellême, 367.—Reçoit des consolations et des secours de ses amis, *ibid.* — Élève un fort à Montaigu, *ibid.*—Recommence les hostilités contre Robert de Bellême, *ibid.* — Est menacé par le duc de Normandie, *ibid.* — Fait la paix, *ibid.* — Démolit Montaigu, *ibid.* — Rentre dans ses biens, *ibid.*—Epouse Félicie de Conncrai, 368 (*Orderic Vital*).

Résiste au comte de Bellême, vainqueur de l'armée ducale en Normandie, XXVIII, 160. — Défend Saint-Céneri contre le roi Henri d'Angleterre, 276.—Fait le siége de la Motte-Gautier et s'en empare, *ibid.* — Rentre en grâce auprès du roi d'Angleterre, 298.—En obtient la restitution de ses terres, *ibid.* (*Orderic Vital*).

ROBERT GOEL D'IVRI. — Contient le comte Amauri de Pacy, XXVIII, 302.—Lui donne avis de l'incendie d'Evreux par le roi d'Angleterre, *ibid.* (*Orderic Vital*).

ROBERT GUISCARD, fils de Tancrède de Hauteville. — Assiège le château de Durazzo, VIII, 26. — Court au secours du pape, 37. —

Triomphe de l'empereur Henri IV, *ibid.* (*Suger*).

Son histoire, IX, 79 (*Guibert de Nogent*).

Il passe en Sicile et se met à la solde du duc Guaimar, XXVI, 49. — Fait bientôt la guerre pour lui-même, *ibid.*—Reçoit l'abbé Robert d'Ouche avec honneur, 83. — Lui offre un établissement pour les moines, *ibid.* — Envahit la Macédoine, 84.—Vainc l'empereur Alexis, *ibid.* — Fonde plusieurs abbayes, *ibid.* — Trouve à combattre parmi les Grecs, les Anglais qui fuient l'oppression des lieutenans de Guillaume le Bâtard, 163. — Son origine, 414. — Ses conquêtes, *ibid.*—Il accueille l'empereur Michel chassé du trône de Constantinople, 143. — Arme inutilement en sa faveur, *ibid.* —Assiége Durazzo, 148. — Gagne une bataille contre l'empereur Alexis, *ibid.*—Prend ses quartiers en Bulgarie, 149. — Est appelé par le pape Grégoire VII contre l'empereur Henri IV, *ibid.* — Remet à son fils Boémond le commandement de l'armée, 150. — Marche sur Rome, d'où l'empereur s'est éloigné, *ibid.* — Culbute l'armée ennemie, 152. — Entre pêle-mêle avec elle dans Rome, *ibid.* — Brûle cette ville, *ibid.*—Délivre le pape, *ibid.*—Retourne en Bulgarie, 155. — Y arrive à l'instant où son fils vient de remporter une victoire sur les Grecs, *ibid.* — S'empare de Durazzo, 156. — Menace sa femme de la mort, s'il apprend celle de son fils Boémond qu'elle a empoisonné, 157. — Est empoisonné par sa femme, 158. — Assemble les chefs de l'armée, et leur propose d'en remettre le commandement au plus brave et au plus sage, 162.—Ne trouve personne qui ose l'accepter, 164.—Sa mort, *ibid.* —L'armée s'en retourne avec la gracieuse permission de l'empereur, *ibid.* (*Orderic Vital*).

Il conquiert la Pouille, la Calabre et la Sicile, XXIX, 219. — Fait ses frères ducs et comtes, *ibid.*—Vainc l'empereur Alexis, *ibid.* — Fonde des évêchés et des abbayes, *ibid.*— — Sa valeur, 239. — Ses descendans, *ibid.* — Sa mort, *ibid.* (*Guillaume de Jumiège*).

ROBERT HACHET. — Se révolte contre le roi Henri d'Angleterre, en faveur du jeune Guillaume, fils de Robert, duc de Normandie, XXVIII, 275 (*Orderic Vital*).

ROBERT QUARREL. — *Voy.* QUARREL.

ROBERT SORENG. — *Voy.* SORENG.

ROBERT, le porteur de carquois. — Attaque les Normands, VI, 26. — Est tué, 27 (*Abbon*).

ROBERT LE SAGE, roi de Sicile. — Révolté contre l'empereur Henri VII de Luxembourg, il est cité par ce prince à comparaître devant lui, XIII, 294.—Méprise cette citation, *ibid.* — Est déclaré déchu, *ibid.* — Est défendu par le pape, *ibid.* — S'approche de Gênes, 333. — Fait voile vers Savone, *ibid.* — Met en fuite l'ennemi et s'empare de cette place, 334.—Décide quelques grands et nobles de France à passer en Italie et à faire la guerre aux Gibelins, 338. — Séjourne auprès du pape à Avignon, 339, 347. — Attaque Galéas de Milan, 366. — Lui livre bataille et est vaincu, *ibid.* (*Guillaume de Nangis*).

ROBERT D'ANGLETERRE, fils du roi Henri. — Combat à la bataille de Brenmule, XXVIII, 307 (*Orderic Vital*).

ROBERT D'ANXA. — Part pour la Terre-Sainte, XXVII, 426 (*Orderic Vital*).

ROBERT D'ARTOIS, comte de Beaumont-le-Roger. — Epouse Blanche, fille du duc de Bourgogne, XIII, 272. — Réclame à main armée le comté d'Artois contre sa tante Mathilde de Beaumont-le-Roger, 319. — S'empare d'Arras et de Saint-Omer, *ibid.* — Méprise de comparaître au parlement de Paris, *ibid.* — Subit les conditions que lui impose le régent Philippe, comte de Poitou, *ibid.* — Se constitue prisonnier, 320. — Est mis en liberté et s'en rapporte au roi, de statuer sur ses difficultés avec la comtesse Mathilde, 321, 322. — Epouse la fille du comte de Valois, *ibid.* — Réclame de nouveau le comté d'Artois contre Louis de Crécy, son neveu, 360.—Est encore éconduit, *ibid.* — Se distingue dans la campagne de Gascogne, contre le prince Edouard d'Angleterre, 370. — S'enfuit à la nouvelle que son neveu Louis de Créci le veut faire assassiner, 374. — Est élu comte en sa place, après sa déposition, 375. — Accepte la souveraineté, *ibid.* (*Guillaume de Nangis*).

ROBERT DE BASSEVILLE. — Se révolte contre le roi Guillaume de Sicile, à l'instigation du pape, XVIII, 18. — Se rend en Lombardie auprès de l'empereur Frédéric, à la paix, 94 (*Guillaume de Tyr*).

ROBERT DE BEAUCHAMP, vicomte d'Arques. — Est chargé par le roi Henri d'Angleterre d'arrêter le jeune Guillaume, fils du duc Robert de Normandie, XXVIII, 255. — Ne peut y parvenir, *ibid.* — Confisque pour le roi le château d'Hélie, gouverneur du prince, *ibid.* — Défend avec succès Bedfort contre le roi Etienne d'Angleterre, 507 (*Orderic Vital*).

ROBERT DE BEAUMONT, fils de Roger. — Se distingue à la bataille d'Hastings, XXVI, 142. — Obtient, à force d'instances auprès du roi Guillaume le Roux, la grâce de Robert Courte-Hache, et de ses complices, 379, 380 (*Orderic Vital*).

Il demande insolemment au duc Robert de Normandie la restitution du château d'Ivri, XXVII, 295. — Est arrêté, *ibid.* — Est remis en liberté sur la demande de Roger de Beaumont, son père, 247. — Concourt au siége de Brionne, 299. — Devient comte de Meulan, comte de Leicester, etc., 374. — Est tué par Roger de Cléres, *ibid.* — Sa femme, 422 (*Orderic Vital*).

Il abandonne le parti français et reçoit les Anglais dans ses forteresses, XXVIII, 17. — Détourne le roi Guillaume le Roux d'accepter les services du comte du Maine, 40.

— Accompagne à Londres le roi Henri, après la mort de son frère, 74. — Est fait conseiller du nouveau roi, 76. — Voit ravager ses terres de Normandie, 77. — Reste fidèle au roi d'Angleterre contre le duc Robert de Normandie, 86, 175, 176. — Ses conseils, 89. — Arrange les intérêts d'Yves de Grandménil, 148. — Manque à ses promesses, 149.—Devient comte de Leicester, *ibid*.—Rétablit la paix entre tous les princes normands, 168. — Appuie les discours de l'évêque de Séez contre le duc Robert, 182. — Se fait tondre à l'exemple du roi Henri, 184. — Combat pour les Anglais à la bataille de Tinchebrai, 196. — Est investi du commandement du 2e corps, 199. —Sa mort, 272 (*Orderic Vital*).

Devient comte de Meulan, XXIX, 171.—Il obtient du duc Robert le château de Brionne, 265.—Sa postérité, 307 (*Guillaume de Jumiége*).

Ses exploits à la bataille d'Hastings, XXIX, 405 (*Guillaume de Poitiers*).

ROBERT, vicomte de Bellême. — Est égorgé dans la prison de Balon par les fils de Gaultier-Sor, XXVIII, 426. — Sa succession devient une source intarissable de difficultés et de guerres cruelles entre Robert II de Bellême et Rotrou de Mortagne, *ibid*. (*Orderic Vital*).

Fait la guerre au duc Robert de Normandie, XXIX, 139. — Lui livre bataille dans la forêt de Blavon, 140. — Est blessé et s'échappe avec peine, *ibid*. — Fait la guerre dans la Normandie et le Maine, 144. — Est fait prisonnier et détenu à Ballon, *ibid*. — Est assassiné dans sa prison, pour venger le supplice de trois prisonniers pendus par les alliés, *ibid*. — Son frère Guillaume Talvas lui succède, *ibid*.(*Guillaume de Jumiége*).

ROBERT II de Bellême. — Il est baptisé par Roger, moine de Séez, XXVI, 41.— Est fait chevalier par le roi Guillaume le Conquérant au siége de Frênai, 246. — Prend le parti de Robert Courte-Hache contre le roi son père, 288. — Accompagne à l'étranger ce prince révolté, 380.—Est reçu en grâce, *ibid*. — Obtient les terres de Normandie ayant appartenu à Roger de Montgommery son père, 407 (*Orderic Vital*).

Il se rend à Rouen auprès du roi Guillaume-le-Grand, XXVII, 223. —Apprend sa mort à Brionne,*ibid*.— Tourne bride et s'empare du château d'Alençon, de ses places et de celles de ses voisins, *ibid*. —Conspire le renversement du roi Guillaume le Roux, et la réunion de l'Angleterre et de la Normandie sous le sceptre du duc Robert, 230.—Passe en Angleterre, fortifie ses châteaux et fait révolter une partie du royaume, 231. — S'enferme dans Rochester pour attendre l'arrivée du prince, 233. — Y est assiégé, 234. — Demande la paix, 235. — N'obtient la vie et la conservation de ses biens situés hors de l'Angleterre, que sur les instances des Normands restés fidèles au roi, 239. — Il est reçu en grâce par Guillaume le Roux, 251. — Revient en Normandie avec le prince Henri, *ibid*. — Est arrêté et mis à la garde de l'évêque de Bayeux, 252. — Recouvre la liberté par la médiation de son père, 259.— Son caractère, *ibid*. — Causes de l'attachement qu'a pour lui le roi Guillaume-le-Roux, 260. — Ses guerres avec le comte de Mortagne, 261.— Il devient le conseiller du duc Robert de Normandie, 281.—Echoue devant Exmes, défendu par Gislebert de l'Aigle, 293.— Court au secours du duc de Normandie contre le roi d'Angleterre, 309.— Cruautés qu'il exerce sur les Rouennais vaincus, 313. — Bâtit les forteresses de Fourches et de Château-Gontier pour soumettre le pays d'Houlme, 315. — Est aidé par le duc Robert, 318. — Assiége Courci et est repoussé, *ibid*., 320. — Rejette la médiation de l'évêque de Séez, *ibid*.— Lève le siége à la nouvelle du débarquement du roi d'Angleterre en

Normandie, 321. — Sa guerre avec Rotrou de Mortagne, 335. — Ses angoisses, *ibid.* — Ses exils, *ibid.* — Il perd la ville de Domfront qui secoue son joug et se donne au prince Henri d'Angleterre, 339. — Secourt Guillaume de Breteuil par haine contre Ascelin Goel, son gendre et son vassal, 362. — Amène, pour diriger le siége de Bréval, un ingénieur habile qui force la citadelle à se rendre, *ibid.*, 363. — Court inopinément attaquer Robert Giroie à Saint-Ceneri, 365. — Est repoussé, *ibid.* — Pille les environs, tandis que ses ennemis dévastent ses terres, *ibid.* — S'empare de la place que ses défenseurs évacuent, sur le faux bruit de la mort de Giroie, 366. — La dépouille et la brûle, *ibid.* — Décide le duc de Normandie à venir assiéger son ennemi dans Montaigu, 367. — Fait la paix par la médiation de ce prince, *ibid.* — Rend les biens de Giroie, *ibid.* — Obtient la démolition de Montaigu, *ibid.* — Détruit ce château, 368. — Vexe ses vassaux, *ibid.* — Ses crimes, 369. — Son caractère, *ibid.* — Il est abandonné par sa femme, 371. — Frappe de contributions ses voisins faibles ou pacifiques, 372. — Hérite des terres en Normandie de Roger de Montgommeri son père, 373 (*Orderic Vital*).

Il se saisit du château de Rochester à l'instigation de l'évêque de Bayeux, XXVIII, 13. — Est investi du commandement des armées du roi Guillaume le Roux contre la France, 16. — Fortifie Gisors et dirige les travaux, 17. — Achète les biens de Roger de Montgommeri, le comté de Shrewsburi, la terre de Blith, etc., 24. — Opprime ses vassaux, *ibid.* — Est attaqué et battu par le comte Hélie du Mans, 25. — Excite le roi Guillaume à la guerre contre ce prince, 29. — Obtient de lui des secours pour faire élever des forteresses dans ses terres, 30. — Fait prisonnier le comte du Maine, 33. — Prend Balon sur le comte d'Anjou, 37. — Fortifie cette place, 46. — Informe le roi Guillaume de l'invasion du Maine par le comte Hélie, *ibid.* — Conspire avec ses deux frères, pour détrôner le roi Henri d'Angleterre et le remplacer par le duc Robert de Normandie, 83. — Se rallie à ce prince lors de son arrivée en Angleterre, 86. — Est appelé en jugement par le roi Henri, 144. — Acquiert le comté de Ponthieu, 145. — Est accusé, par le roi Henri, de quarante-cinq crimes, 149. — S'enfuit, 150. — Est déclaré ennemi public, *ibid.* — Fortifie ses places, *ibid.* — Se soutient en Angleterre, 151. — Est plus vivement soutenu en Normandie, 152. — Se retire à Shrewsburi, *ibid.* — S'allie avec les rois gallois, 153. — En est abandonné, 154. — Perd le fort de Bridge, 155. — Prêt à être assiégé dans Shrewsburi, il se rend au roi qui s'empare de ses biens et le jette hors de l'Angleterre, 156, 157. — Recommence la guerre en Normandie, *ibid.* — Est abandonné par ses frères, 159. — Marche contre le duc de Normandie, 160. — Lui fait des prisonniers de marque et le met en fuite, *ibid.* — Rallie les seigneurs d'alentour, 161. — S'empare d'Exmes, Château-Gonthier, etc., *ibid.* — S'allie avec le duc de Normandie qui lui rend Séez, etc., 169. — Vexe ses nouveaux vassaux, *ibid.* — Reproches du roi Henri à son frère sur cette alliance, 176. — Il fait la guerre au roi d'Angleterre, sur ses terres de Normandie, 178. — Reproches que lui adresse en chaire l'évêque de Séez, 180. — Il marche au secours de Tinchebrai, assiégé par le roi Henri, et se rallie au duc de Normandie, 196. — Est chargé du commandement du 2e corps d'armée, 200. — S'enfuit lors de l'échec éprouvé par le 1er corps, *ibid.* — Réclame inutilement des secours du comte du Maine, 203, 204. — Fait la paix avec le roi par son intervention, 206. — Conserve tous les biens qui avaient appartenu à Roger de Montgommery son père, *ibid.*, 207. — Se prononce en faveur du jeune Guillaume, fils du duc Robert de Normandie, 256. — S'allie à Foulques d'Anjou et autres ennemis du roi d'Angleterre, 265.—Est arrêté, *ibid.* — Est dépouillé de ses biens que le roi d'Angleterre distribue, 277. — Plaintes portées contre son arrestation, par le roi Louis le Gros au concile de Rheims, 323. — Il est réclamé comme ambassadeur de France, *ibid.* (*Orderic Vital*).

ROBERT DE BLOIS. — Fait prisonnier le comte Philippe de Namur et le livre à Philippe-Auguste, XI, 146. (*Rigord.*)

ROBERT DE BOSTARE. — Est élevé en dignité par le roi Henri 1er d'Angleterre, XXVIII, 147 (*Orderic Vital*).

ROBERT DE BOURGOGNE. — Trahit et fait prisonnier le prince Guillaume le Barbu, VII, 78. — Est mis en pièces le même jour par le peuple d'Angers, 79 (*Hugues de Fleury*).

ROBERT DE BOURGOGNE. — S'allie au vicomte du Mans son beau-frère dans sa révolte contre le roi Guillaume d'Angleterre, XXVII, 172. — Se joint à l'armée du duc Robert de Normandie, 257 (*Orderic Vital*). Fait alliance avec le roi Guillaume le Roux, XXVIII, 42 (*Orderic Vital*).

ROBERT DE BOURGOGNE, 2e fils de Robert 1er. — Est appelé en Sicile par la régente, qui lui donne sa fille en mariage et l'associe au gouvernement, XXVIII, 447. — Défend vaillamment la principauté, 448. — Meurt empoisonné, *ibid.* (*Orderic Vital*).

ROBERT DE BOVES. — Va demander au pape la levée de l'excommunication fulminée contre les Croisés qui ont ravagé les frontières de la Hongrie, XIX, 275. — Ne retourne pas vers eux, *ibid.* — S'embarque dans la Pouille, *ibid.* — Arrive en Syrie, 287. — Y séjourne auprès du roi Amauri, *ibid.* (*Bernard le Trésorier*).

ROBERT DE CAEN, Croisé, prisonnier des infidèles. — Circonstances extraordinaires de son évasion, XXVIII, 224. — Ses aventures jusqu'à son retour à Antioche, 225 (*Orderic Vital*).

ROBERT DE CAEN, comte de Glocester, fils naturel du roi Henri 1er d'Angleterre. — Il est tué dans la bataille gagnée par Robert Bruce contre les Anglais, XIII, 304 (*Guillaume de Nangis*).

Il amène des troupes à son père au siége de Montfort-sur-Rille, XXVIII, 382. — Assiste à la mort de Henri 1er, 461. — Est chargé de distribuer les présens et récompenses légués par le testament du roi son père, 468. — Est soupçonné d'attachement aux Normands, révoltés contre le roi Étienne d'Angleterre, 486. — S'allie au comte d'Anjou et lui livre les places de la basse Normandie, 510. — Sa conduite décide la révolte de la province, *ibid.* — Il reste sagement renfermé dans Caen, lors de la retraite du comte d'Anjou, 511. — Sa puissance en Angleterre, 512. — Il accompagne la comtesse Mathilde d'Anjou, légitime héritière d'Angleterre, dans la visite qu'elle fait des places de son parti dans ce royaume, avec l'agrément du roi Étienne, 522. — Appelle les Gallois à son secours, 523. — Se réunit aux révoltés contre le roi Étienne, 526. — Marche vers lui à Lincoln, 527. — Livre bataille et la gagne, *ibid.*, 528. — Fait le roi prisonnier et le présente à la comtesse Mathilde, bientôt reine d'Angleterre, 529 (*Orderic Vital*).

Il est chargé de la garde du duc Robert de Normandie, prisonnier de son père, le roi Henri 1er d'Angleterre, XXIX, 269. — Son mariage, 285. — Il fortifie le bourg de Thorigny, *ibid.*, 286 (*Guillaume de Jumiége*).

ROBERT DE CANDES. — Fonde le monastère de Beaumont au-dessus de Mortemar, XIII, 15 (*Guillaume de Nangis*).

ROBERT DE CHANDOS. — Faillit d'être assassiné à l'audience de Gisors, XXVIII, 387. — Rentre au donjon, 388. — Brûle la ville, 389 (*Orderic Vital*).

Robert de Chatillon, évêque de Laon. — Marche avec Philippe-Auguste contre la ligue formée par le comte de Flandre, XII, 304 (*la Philippide*).

Conduit des secours à la croisade contre les Albigeois, XIV, 193. — Les conduit au siége de Penne, 201. — Les retire sans que la place soit prise, 203 (*Pierre de Vaulx-Cernay*).

Robert de Chépy. — Assiége Thomas de Marle à Montaigu, VIII, 20 (*Suger*).

Robert de Chester. — Est voué à l'état monastique par le comte Hugues, son père, XXVII, 20 (*Orderic Vital*).

Robert de Comines. — Est fait comte de Durham par le roi Guillaume, XXVI, 178 (*Orderic Vital*).

Robert de Conches, porte-enseigne des Normands. — Se réunit à l'assemblée générale convoquée par Guillaume le Bâtard pour délibérer sur la conquête de l'Angleterre, XXVI, 115 (*Orderic Vital*).

Robert de Cordai. — Va joindre Robert Guiscard en Calabre, XXVI, 414 (*Orderic Vital*).

Robert de Courcelles. — Est blessé et fait prisonnier par le roi Richard d'Angleterre, XII, 139 (*la Philippide*).

Robert de Courci. — Perd un œil dans la bataille livrée par le comte du Mans à Robert de Bellême, XXVIII, 25. — Résiste aux entreprises des amis de celui-ci, 152. — Poursuit jusqu'à Andely les Français battus à Brennemule, et est fait prisonnier, 311. — Effraie le comte d'Anjou sur le nombre des troupes anglaises qui marchent contre lui, 511. — Le décide à évacuer la Normandie, *ibid.* (*Orderic Vital*).

Robert de Courçon, légat. — Il négocie et conclut une trève entre le roi Jean-Sans-Terre et Philippe-Auguste, XI, 303. — Texte de cette convention, 304. — Résultat de sa mission en France pour prendre la croix, 319. — Réclamation du roi Philippe-Auguste auprès du pape, 320 (*Guillaume le Breton, Vie de Philippe-Auguste*).

Il négocie et conclut une trève de cinq ans entre le roi Jean d'Angleterre et Philippe-Auguste, XIII, 115 (*Guillaume de Nangis*).

Il est envoyé en France par le pape Innocent III, afin de diriger sur la Terre-Sainte les Croisés qui s'étaient voués contre les Albigeois, XIV, 256. — Prend la croix contre ceux-ci, 284. — S'empare du château de Maurillac, 295. — Fait brûler ses prisonniers hérétiques, 296. — Se distingue au siége de Casseneuil, 299 (*Pierre de Vaulx-Cernay*).

Il fait brûler sept hérétiques au sac de Maurillac, XV, 346 (*Gestes glorieux des Français*).

Son zèle et ses succès dans la prédication, XXII, 304 (*Jacques de Vitry*).

Robert de Courtenay. — Prisonnier de Bovines, il est mis en liberté sous caution par le roi Philippe-Auguste, XI, 315. — Rassemble une armée pour secourir le prince Louis VIII, appelé au trône d'Angleterre, 327. — Est fait prisonnier en mer, *ibid.* (*Guillaume le Breton, Vie de Philippe-Auguste*).

Va joindre le comte de Montfort à la croisade contre les Albigeois, XIV, 135. — Tâche de gagner le comte de Toulouse à l'Eglise, 138. — Quitte l'armée après la prise de Lavaur, 147 (*Pierre de Vaulx-Cernay*).

Se réunit au comte de Montfort dans la croisade contre les Albigeois, XV, 60, 230. — Concourt à la prise, au sac et au massacre de Béziers, 231 (*Guillaume de Puy-Laurens*).

Robert de Crésecques, Croisé. — Sort d'Acre, livre combat aux Sarrasins et est tué, XIX, 583 (*Bernard le Trésorier*).

Robert de Culey, dit *Burdet*. — S'établit à Tarragone, XXVIII,

429. — Est fait comte, 430. — Exploits de sa femme, *ibid.* — Il marche au secours du roi d'Aragon compromis, 434. — Gagne la bataille engagée avec les Sarrasins, 435 (*Orderic Vital*).

ROBERT DE CUMMIN. — Est tué dans le Northumberland lors des guerres du roi Guillaume, XXVII, 208 (*Orderic Vital*).

ROBERT DE DANGU. —Assiégé par Louis VI, il met le feu à son château et s'en va, XXVIII, 304. — Fond sur les Français et les bat à Chaumont, *ibid.* (*Orderic Vital*).

ROBERT D'ESTOUTEVILLE.—Se déclare le partisan du duc Robert de Normandie, XXVIII, 187. — Difficultés qu'il éprouve pour la communion pascale, *ibid.* —Est tué, 188.— Il combat pour les Normands à la bataille de Tinchebrai, 196.—Y est fait prisonnier, 200. — Est condamné par le roi d'Angleterre à une prison perpétuelle, 203 (*Orderic Vital*).

ROBERT DE FRANCE, frère du roi Louis VII. — Revient de Jérusalem avant son frère, VIII, 187.—Est porté par le clergé à s'emparer du pouvoir, *ibid.* — En est empêché par l'abbé Suger, 188.—Etait parti pour la croisade avec le roi, son frère, 213 (*Vie de Suger*).

ROBERT DE GRANDMÉNIL père. — S'allie avec Robert de Toéni, XXVI, 35. — Livre bataille à Roger de Beaumont, *ibid.* — Le tue ainsi que ses deux fils, *ibid.* — Est blessé dangereusement, *ibid.* — Distribue ses terres à Robert et Hugues ses fils, *ibid.* — Sa mort, *ibid.*, 166 (*Orderic Vital*).

Est blessé mortellement dans un combat contre Roger de Beaumont, XXIX, 170. — Sa mort, *ibid.*—Sa veuve épouse Robert, fils de Guillaume, archevêque de Rouen, 171 (*Guillaume de Jumiége*).

ROBERT DE GRANDMÉNIL, fils du précédent et d'Hadvise, fille de Giroie. — Se fait moine, restaure et dote l'abbaye d'Ouche, XXVI, 12 et suiv., 27 à 34. — Fait donation à cette abbaye de tous ses biens, 35. — Causes qui lui font prendre ce parti au préjudice de sa famille, *ibid.* — Dépouille sa mère de sa dot, 36. — Fait don à l'église d'Ouche d'un magnifique psautier, *ibid.* — Devient prieur de l'abbaye, 55. — Soulève les esprits contre l'abbé qui veut remettre le bâton pastoral au duc de Normandie, 56. — Est condamné à la pauvreté et à l'obéissance, 57. — Est élu abbé d'Ouche, 62. — Pardonne au roi Guillaume de l'avoir jadis exilé, 412.— Refuse l'évêché de Chartres, *ibid.* — Va dans la Pouille, *ibid.* (*Orderic Vital*).

Sa mort; XXVII, 401. (*Orderic Vital*).

Résiste aux entreprises des amis de Robert de Bellême, XXVIII, 152. — Combat pour les Anglais à la bataille de Tinchebrai, 196. (*Orderic Vital*).

ROBERT DE HANSE, Croisé.—Marche sous la bannière de Boémond à l'expédition de la Terre-Sainte, XVI, 102 (*Guillaume de Tyr*).

Quitte l'armée à Antioche avec Taucrède, 159. — Est fait prisonnier par Baudouin de Boulogne dans le combat livré sous les murs de Mopsueste, 175; XX, 123 (*Albert d'Aix*).

ROBERT D'IVRI, fils d'Ascelin Goel. — Vient le premier à résipiscence et se soumet au roi Henri d'Angleterre, XXVIII, 294. — Sa mort, *ibid.* (*Orderic Vital*).

ROBERT DE LASCI, commandant de l'armée ducale en Normandie.— Est mis en fuite par le comte de Bellême, XXVIII, 160 (*Orderic Vital*).

ROBERT DE LINCOLN, fils d'Alvered. — Se révolte contre le roi Henri d'Angleterre, XXVIII, 512. —S'assure de la citadelle de Wareham, *ibid.* (*Orderic Vital*).

ROBERT DE MAUDÉTOUR. — Reste fidèle à la France, et commande les troupes de Venise contre les Anglais, XXVIII, 18 (*Orderic Vital*).

Robert de Maulle. — Prend le chemin de Jérusalem, XXVIII, 187 (*Orderic Vital*).

Robert de Maupas. — Reçoit du roi Guillaume des propriétés considérables en Angleterre, XXVI, 211. — Ses exploits contre les Gallois, *ibid*. (*Orderic Vital*).

Robert de Mauvoisin. — Son retour à Rome, XIV, 80. — Il amène un secours considérable au comte Simon de Montfort, 180. — Force le comte de Foix à s'éloigner, *ibid*. — Quitte le siège de Penne, par ordre du général en chef, 189, 205. — Vu s'emparer de Marmande, *ibid*. — Revient au siège de Penne, 206 (*Pierre de Vaulx-Cernay*).

Robert de Monnai. — Dote l'abbaye d'Ouche, XXVI, 30 (*Orderic Vital*).

Robert de Montfort-sur-Rille. — Fait une campagne avec le roi dans le Maine, XXVIII, 48. — Met le feu à ses tentes, et contribue à la fuite de l'armée normande, 151, 152. — S'attache au roi Henri d'Angleterre contre le duc Robert de Normandie, 175, 176. — Combat pour les Anglais à la bataille de Tinchebrai, 196. — Est appelé en jugement par le roi Henri, 208. — Abandonne ses terres, *ibid*. — Part pour Jérusalem, *ibid*. — Accompagne Boémond au siège de Durazzo, 209. — Le trahit, *ibid*. — Se rend à Constantinople, 211. — Sa mort, *ibid*. (*Orderic Vital*).

Robert de Montfort-sur-Rille. — Est chargé par le roi d'Angleterre de la défense du fort du Plessis, XXVIII, 275 (*Orderic Vital*).

Robert de Montgommeri. — Se couvre de crimes en Normandie, pendant la minorité de Guillaume le Bâtard, XXIX, 168 (*Guillaume de Jumiége*).

Robert de Montreuil. — Assiste de secours efficaces, son cousin Robert, abbé d'Ouche, exilé avec ses moines en Italie, XXVI, 82 (*Orderic Vital*).

Robert de Moulins. — Confirme les donations de Guillaume son père à l'abbaye d'Ouche, XXVI, 295. — Reçoit de sa générosité au moins cinq marcs d'argent et un excellent cheval, *ibid*. — Attaque Enguerrand Loison, *ibid*. — Se marie, *ibid*. — Est exilé dans la Pouille, *ibid*. — Meurt, *ibid*. (*Orderic Vital*).

Robert de Mowbrai ou Montbrai, comte de Northumberland. — Hérite de 280 manoirs ou fermes donnés par le roi Guillaume à son oncle l'évêque de Coutances, XXVI, 214. — Est reçu en grâce, *ibid*. — Épouse Mathilde de l'Aigle, XXVII, 173, 355. — Prend les armes contre Guillaume le Roux, 173. — Reste prisonnier 34 ans, 174, 355. — Reste fidèle au roi Guillaume contre les conspirateurs normands, 234. — Obtient avec peine la vie des chefs de la conspiration, assiégés dans Rochester, 239. — S'oppose aux projets de Henri d'Angleterre, comte du Cotentin, 308. — Assassine le roi Malcolm d'Écosse, à l'instant où il vient de conclure la paix avec le roi Guillaume le Roux, 349. — Son portrait, 354. — Il hérite du comté de Northumberland, 355. — Pille quatre navires norwégiens, *ibid*. — Refuse de restituer malgré l'ordre du roi, 355. — Est mandé à la cour et refuse de s'y rendre, *ibid*. — Conspire de nouveau, *ibid*. — Est assiégé dans Baubourough, 357. — S'évade, *ibid*. — Est fait prisonnier, 358. — Passe trente ans dans la captivité, *ibid*. — Est privé de sa femme qui se remarie, *ibid*. (*Orderic Vital*).

Fait une tentative sur plusieurs forteresses, XXIX, 253. — Meurt prisonnier sous le règne de Henri 1er, 254 (*Guillaume de Jumiége*).

Robert ou Roard de Naplouse, gouverneur de Jérusalem. — Persécutions auxquelles il est en butte de la part de la reine de Jérusalem pour avoir accusé le comte de Joppé, XVII, 356. — Il est chargé de détourner l'empereur de son projet de dévotion, 431 (*Guillaume de Tyr*).

Accompagne le roi Amaury dans son voyage de Constantinople,

XVIII, 278. — Est chargé ostensiblement de la direction des affaires du royaume de Jérusalem pendant la minorité du roi, tandis que Milon de Plancy exerce réellement le pouvoir, 310 (*Guillaume de Tyr*).

ROBERT DU NEUBOURG, fils du comte de Warwick. — Se révolte contre le roi Henri d'Angleterre en faveur du jeune Guillaume, fils de Robert duc de Normandie, XXVIII, 273. — Voit sa ville brûlée, 280. — Se soumet, 339. — Conclut une trève avec le comte Geoffroi d'Anjou qui envahit la Normandie, 475 (*Orderic Vital*).

ROBERT DE NEUVILLE. — Sa défense de Bridge, XXVIII, 152 (*Orderic Vital*).

ROBERT DE NEVERS. — Accompagne le comte son frère dans son expédition de Syrie, XXI, 26. — Echappe à la destruction de l'armée, 30 (*Albert d'Aix*).

ROBERT DE PARIS. — Est tué d'une flèche à la bataille de Dorylée, XVI, 153 (*Guillaume de Tyr*); XX, 97 (*Albert d'Aix*).

ROBERT DE PARIS, légat du pape. — Prononce la sentence de déposition contre le patriarche Daymbert de Jérusalem, XXI, 54, 55 (*Albert d'Aix*).

ROBERT DE POISSY. — Résiste seul aux attaques des coalisés contre la flotte de Philippe-Auguste, assiégée dans le port de Dam, XII, 272 (*la Philippide*).

ROBERT DE PONTEFRACT, fils d'Ilbert du Lasci. — Conspire pour le duc Robert de Normandie contre le roi Henri d'Angleterre, XXVIII, 83. — Est appelé en jugement, condamné et banni, 144, 148 (*Orderic Vital*).

ROBERT DE POUILLY. — Empoisonne, d'ordre de Robert de Bellême, le fils de Robert Giroie, XXVII, 367 (*Orderic Vital*).

ROBERT DE RHUDDLAN, fils du Danois Umfrid, passé en Angleterre au service du roi Edouard. — Reçoit des propriétés considérables de la munificence du roi Guillaume le Bâtard, XXVI, 211 (*Orderic Vital*). Ses donations à l'abbaye d'Ouche, XXVII, 20. — Est tué par des pirates, 223, 246. — Il prend part à la révolte des seigneurs normands contre Guillaume le Roux, 231. — Sa vie, 243. — Ses derniers combats, 245. — Son épitaphe, 248 (*Orderic Vital*).

ROBERT DES ROSIERS, Croisé. — Accompagne le comte Robert de Flandre au siège et à la prise d'Artasie, XVI, 190 (*Guillaume de Tyr*).

ROBERT DE RUMES. — Prisonnier de Bovines, il est mis en liberté sous caution par Philippe-Auguste, XI, 313. — Liste de ses cautions, ibid. (*Guillaume le Breton*).

ROBERT DE SABLÉ. — Résiste aux entreprises de Geoffroi d'Anjou sur la Normandie, XXVIII, 466 (*Orderic Vital*).

ROBERT DE SAINT-LÔ, Croisé. — Cause la perte de la bataille imprudemment livrée par le prince d'Antioche aux Arabes et aux Turcomans, XXVII, 209 (*Guillaume de Tyr*).

ROBERT DE SARTES. — Obtient du comte de Montfort une citadelle auprès de Toulouse, XIV, 251. — Y est fait prisonnier et pendu, 252, 253 (*Pierre de Vaulx-Cernay*).

ROBERT DE SAUQUEVILLE. — Quitte la *Blanche-Nef* et échappe au naufrage, XXVIII, 351 (*Orderic Vital*.)

ROBERT DE SIGI. — Est chargé de transférer en Angleterre le corps du feu roi Henri 1er, XXVIII, 462. (*Orderic Vital*).

ROBERT DE SORRENTE. — Se révolte contre le roi Guillaume de Sicile à l'instigation du pape, XVIII, 78 (*Guillaume de Tyr*).

ROBERT DE SOURDEVAL. — Marche sous la bannière de Boémond, XVI, 102. — Demande au roi de Jérusalem la garde du fort d'Hatab, XVIII, 38 (*Guillaume de Tyr*).

Part pour la Terre-Sainte, XXVII, 426 (*Orderic Vital*).

Robert de Ternois, porte-bannière de Normandie. — Défend avec son père le fort de Tillières pour le duc Richard ii de Normandie, contre le duc Eudes de Chartres et ses alliés, et les met en déroute, XXIX, 124. — S'illustre par ses hauts faits en Espagne, 169. — Refuse d'obéir au duc Guillaume le Bâtard à qui il reproche sa naissance, *ibid*. — Se révolte ouvertement, *ibid*. — Livre bataille à Roger de Beaumont et est tué avec ses deux fils, 170. — Sa veuve épouse Richard, comte d'Evreux, fils de Robert, archevêque de Rouen, 171, 270 (*Guillaume de Jumiége*).

Robert de Tombelène, abbé de Saint-Vigor. — Abandonne son abbaye lors de l'emprisonnement de l'évêque Odon de Bayeux, XXVII, 226. — Passe à Rome, *ibid*. — Sa mort, *ibid*. (*Orderic Vital*)

Robert d'Ussi. — Est tué dans la guerre du Maine, devant Sainte-Suzanne, XXVII, 172 (*Orderic Vital*).

Robert de Vaux. — Donations qu'il fait à l'abbaye d'Ouche, XXVI, 390 (*Orderic Vital*).

Robert de Ver. — Est chargé de transférer en Angleterre le corps du roi Henri Ier, XXVIII, 462 (*Orderic Vital*).

Robert de Vieux-Pont. — Marche au secours de Tancrède, XXI, 172 (*Albert d'Aix*).

Est tué dans la guerre du Maine, devant Sainte-Suzanne, XXVII, 172 (*Orderic Vital*).

Porte à Antioche la nouvelle de la mort du prince Roger et de la défaite des Chrétiens, dans la plaine de Sarmatane ou Sardone, XXVIII, 213 (*Orderic Vital*).

Robert de Witot. — Est exilé à cause du meurtre du comte Gislebert, XXVI, 99. — Ses terres sont données à Geoffroi le Mancel, qui les vend à l'abbaye d'Ouche, *ibid*. — Rentré en grâce, il réclame ses biens, 100. — Blessé mortellement, il en fait donation, *ibid*. — Ses nombreux héritiers font la guerre et ne peuvent rien obtenir des moines, 101 (*Orderic Vital*).

Robert d'Yorck. — Est tué avec beaucoup des siens, XXVI, 179 (*Orderic Vital*).

Roccolène, duc du Maine. — S'empare de la ville de Tours, I, 219. — Ravage les environs, 223. — Mande qu'on lui livre le duc Gontran, accusé de la mort de Théodebert, *ibid*. — Est attaqué de la jaunisse, 224. — Mange des lapereaux en carême et meurt, 225 (*Grégoire de Tours*).

Roccon, duc. — Est chargé par Théodoric de demander au roi d'Espagne sa fille Ermenberge en mariage, III, 178. — Abandonne Brunehaut et Sigebert, et passe à Clotaire avec qui il avait déjà traité, 191 (*Vie de Charlemagne*).

Roche-au-Moine (la). — Siége de cette place, XII, 292 (*la Philippide*).

Rochefort (Gérard de). — Causes de son entrée dans l'ordre du Temple, XIX, 95 (*Bernard le Trésorier*).

Rochefort (Guy de), dit le Rouge, ancien sénéchal de France. — Est chargé par Philippe Ier du gouvernement de la France, VIII, 23. — Fiance sa fille au prince Louis le Gros, *ibid*. — Assure au roi la possession de Montlhéry, 25. — S'unit avec le comte Thibaut de Chartres contre le roi, qui a répudié sa fille, 84. — Menace d'assiéger ce prince dans Thoury, 94 (*Suger, Vie de Louis le Gros*).

Soutient contre lui Hugues de Pompone, son gendre, XIII, 2. — Est dépouillé de tous ses biens, 3 (*Guillaume de Nangis*).

Rochefort (Guillaume de). *Voy.* Guillaume de Rochefort.

Roche-Guyon (Guy de la). —

Abandonne les Français, et livre, moyennant une somme d'argent, ses plans aux Anglais, XXVIII, 17 (*Orderic Vital*).

ROCHE-GUYON (Guy de la). — Est assassiné, ainsi que sa femme, par Guillaume son beau-père, qui s'empare de son château, VIII, 65. — Est vengé par le roi Louis le Gros, 69 (*Suger, Vie de Louis le Gros*).

ROCHES (Guy des). — Marche avec Philippe-Auguste contre la ligue formée par le comte de Flandre, XII, 303 (*la Philippide*).

ROCHES (Guillaume des). *Voyez* GUILLAUME DES ROCHES.

ROCULF, comte. — Est témoin du testament de Charlemagne, III, 161 (*Vie de Charlemagne*).

RODELLES (Pons d'Adhémar de). *Voy.* PONS.

RODERIC D'ASTURIE. — Est tué dans la bataille perdue par Alphonse d'Aragon contre les Sarrasins, XXVIII, 436, 437 (*Orderic Vital*).

RODGAUD, duc de Frioul. — Lève l'étendard de la révolte, veut se faire roi d'Italie et est tué, III, 18 (*Annales d'Éginhard*).

RODOALD, évêque d'Ostie. — Est envoyé par le pape auprès du roi Charles le Chauve, IV, 181. — Est nommé légat, *ibid.* — Tient un synode à l'occasion du divorce et du mariage de Lothaire, *ibid.* — Corrompu par des présens, il remplit mal sa mission, *ibid.* — Informé de la prochaine réunion d'un synode qui doit le juger, il prend la fuite, 182 (*Annales de Saint-Bertin*).

RODOAN, BRODOAN, SANGUIN, sultan, prince ou roi d'Alep. — Il fait le siége de Hasarth, dont le commandant s'est allié au duc Godefroi de Bouillon, XVI, 349. — Le lève à son approche, et tombe sur son arrière-garde, 352. — Le force à rétrograder, 353. — Marche sur Antioche, XVII, 115. — Est arrêté à Artasie par Tancrède, qui lui livre bataille et le met en déroute, *ibid.* — Attaque le prince Boémond dans ses états d'Antioche, 309. — Lui livre bataille et le tue, 310. — Assiége le comte de Tripoli dans Montferrand, 327, 368. — Est forcé à s'éloigner par le roi de Jérusalem, 328, 370. — Livre une bataille à ce dernier près d'Harenc et la perd, 329. — Fait le comte de Tripoli prisonnier, et force le roi à se renfermer dans la citadelle, 371. — Donne l'assaut, 375. — Prend le fort par capitulation, 376. — Envahit le royaume de Damas, 401. — Prend position à Rosaline, 402. — S'éloigne à l'approche des armées combinées de Damas et de Jérusalem, 403. — Néglige de secourir Panéade assiégé, 405. — Met le siége devant Edesse, 452. — S'en empare, 456. — Assiége Calogenbar, 460. — Est assassiné par ses domestiques gagnés par le défenseur de la place, *ibid.* (*Guillaume de Tyr*).

Il est appelé au secours du duc d'Antioche contre les Croisés, XX, 193, 201. — Ses manœuvres à la bataille livrée sous les murs de cette place, 257. — Sa guerre avec le prince d'Hasarth, 273. — Il assiége son château, 276. — Lève le siége, tourne l'armée chrétienne et l'attaque par-derrière, 277. — Est battu, 278. — Observe le corps du comte de Toulouse, XXI, 9. — Le joint près de Marash, 13. — Lui livre bataille, 15. — Le jette dans la déroute la plus complète, 20. — Poursuit et massacre les débris de l'armée, 24. — Attaque Tancrède dans la principauté d'Antioche, 89. — Accepte la bataille à Artasie, la perd et s'enfuit, 90. — Perd son fils victime de sa fidélité aux traités qui le lient à Tancrède, 171 (*Albert d'Aix*).

Il assiége Edesse et s'en empare de vive force, XXII, 234 (*Jacques de Vitry*).

Il marche au secours d'Artasie, investie par Tancrède, XXIII, 290. — Est repoussé par les chrétiens, 291 (*Raoul de Caen*).

Il attaque la principauté d'Antioche, et est vaincu par Tancrède, XXIV, 146 (*Foulcher de Chartres*).

26

Il bat le comte de Tripoli, XXVIII, 495. — Taille en pièces l'armée chrétienne, 496. — Assiége dans Montréal le roi Foulques de Jérusalem, *ibid*. — Lui accorde une capitulation, 500, 501 (*Orderic Vital*).

Rodolphe, comte. — Bat Ragenold, prince des Normands de la Loire, VI, 77. — Sa mort, 89 (*Ermold le Noir*).

Rodolphe, comte de Bretagne. — Marche à l'ennemi lors de la sortie générale de la garnison chrétienne d'Antioche, XX, 253. — Concourt à l'investissement de Jérusalem, 318. — Va par Joppé au-devant du comte Baudouin d'Édesse, 425, 426 (*Albert d'Aix*).

Rodolphe, duc de Bourgogne, roi de France. — Marche en toute hâte, avec une forte armée, joindre l'armée victorieuse du feu roi Robert et appuyer les grands, mécontens du roi Charles le Simple, VI, 77. — Empêche la jonction des Normands appelés par ce prince, *ibid*. — Est constitué roi par le choix de sa femme, *ibid*., 179. — Chasse les Normands de la Picardie, 78. — Dévaste la Normandie, *ibid*. — Va en Lorraine, 79. — Charge Hugues le Grand et le comte Héribert de la défense de la patrie, *ibid*. — Accorde une trève aux Normands, *ibid*. — Lève un impôt pour acheter la paix, 80. — Soumet le duc d'Aquitaine, *ibid*. — Conclut la paix avec les Normands, par l'intermédiaire d'Héribert et Hugues le Grand, 81. — Tombe malade, 82. — Part pour la Bourgogne combattre le Normand Ragenold qui lui échappe, 84, 85. — Reçoit la soumission de Gislebert et des Lorrains, *ibid*. — Marche jusqu'à Beauvais contre les Normands, 86. — Leur livre la bataille d'Arras, qu'il gagne et où il est blessé, 87. — Frappe sur la France et la Bourgogne un impôt en faveur des Normands, 88. — Se rend sur la Loire, *ibid*. — Soumet Nevers, *ibid*. — Poursuit le duc d'Aquitaine révolté, *ibid*. — Se brouille avec le comte Héribert, 89. — S'assure de Laon et l'occupe en personne, 90. — Retourne en Bourgogne à la nouvelle de la mise en liberté du roi Charles le Simple, *ibid*. — Rentre en France avec une armée, *ibid*. — Accepte la médiation d'Hugues le Grand, *ibid*. — Retourne en Bourgogne, où sa femme vient le joindre, 91. — S'abouche avec Héribert, qui s'empare de Laon, *ibid*. — Fait alliance avec Hugues, *ibid*. — Poursuit les fils de Roger, *ibid*. — Se rend auprès de Henri de Saxe, 92. — Remet en prison le roi Charles, *ibid*. — Reçoit le roi Hugues d'Italie, *ibid*. — Fait la paix avec Charles le Simple et le comble de présens, *ibid*. — Disperse en un seul combat les Normands de la Loire, 93. — Soumet l'Aquitaine, *ibid*. — Rétablit, avec beaucoup de travail, la paix entre Hugues le Grand, Héribert et Boson, *ibid*. — Reçoit la promesse de fidélité de Constantin, maître de Vienne, 94. — Va à Tours, *ibid*. — S'allie avec Héribert contre Hugues le Grand, 96. — Accorde une trève, *ibid*. — Assiége Rheims, *ibid*. — S'en empare, et donne l'évêché à Artaud, 97. — Assiége dans Laon Héribert, qui s'évade, *ibid*. — Soumet l'Aquitaine, *ibid*. — Se saisit des châteaux de quelques grands révoltés, *ibid*. — Assiége Ham et reçoit des otages, 98. — Acquiert Vienne, 99. — Donne la Bretagne au duc Guillaume de Normandie, *ibid*. — S'empare de Château-Thierry, *ibid*. — Le perd par trahison, 100. — Reprend le siége de cette place avec Hugues le Grand, *ibid*. — L'occupe, 101. — S'allie avec le roi Rodolphe de la Gaule Cisalpine, etc., 103. — Conclut la paix, *ibid*. — Sa mort, 104. — Son royaume est donné à Louis d'Outremer et les Etats de Bourgogne partagés, *ibid*., 105 (*Chronique de Frodoard*).

Rodolphe, évêque d'Arras. — Joint le comte de Montfort après la bataille de Muret, XIV, 280 (*Pierre de Vaulx-Cernay*).

RODOLPHE, fils de Godefroi. — Marche à l'ennemi lors de la sortie générale de la garnison chrétienne d'Antioche, XX, 253 (*Albert d'Aix*).

RODOLPHE, fils de Hérold. — Attaque le royaume de Lothaire, fils de Lothaire, et lui impose un tribut annuel, IV, 188, 189. — Machine des perfidies contre le roi Charles, 260. — Se présente devant lui, *ibid.* — Est renvoyé, *ibid.* — Est tué, 270 (*Annales de Saint-Bertin*).

RODOLPHE, frère du comte Conrad. — Est fait évêque de Wurtzbourg, IV, 340. — Est chassé de son siége par Adalbert, 349 (*Annales de Metz*).

RODOLPHE, frère de l'impératrice Judith, femme de Louis le Débonnaire. — Tombe au pouvoir de Pépin, révolté contre l'empereur, son père, III, 294. — Est tondu par ordre des trois frères, *ibid.*, 436. — Est mis à la garde de l'un d'eux, 294. — Est enfermé dans un cloître, *ibid.* (*Thégan*).

Est rendu à l'empereur Louis lors de sa restauration, 386, 437 (*l'Astronome*).

RODOLPHE, Normand. — Est disgracié par le duc Richard de Normandie, VI, 239. — Se rend auprès du pape, 240. — Fait la guerre à l'empereur Basile, *ibid.* — Est nommé chef des Bénéventins, *ibid.* — Accepte la bataille que lui offrent les Grecs, *ibid.* — Les met en fuite, *ibid.* — Est joint par ses compatriotes, 241. — Remporte la victoire dans un second combat, *ibid.* — Se rend auprès de l'empereur Henri, *ibid.* — Joint son armée à la sienne, 242. — Fait le siège de Troade, *ibid.* — S'en empare, *ibid.* — Rentre dans sa patrie, 244 (*Chronique de Raoul Glaber*).

RODOLPHE, roi de la Gaule Cisalpine. — Fils de Conrad et neveu de l'abbé Hugues, il se fait roi et brigue le royaume de Lothaire, IV, 328. — Echappe aux poursuites d'Arnoul, *ibid.*, 342. — Défend ses villes données à Louis, fils de Boson, *ibid.* (*Annales de Metz*).

Il est appelé en Lombardie par les grands, qui ont chassé le roi Bérenger, VI, 72. — Livre à ce prince une bataille et la gagne, 79, 80. — Arrête les Hongrois au passage des Alpes, 81. — Les poursuit et les défait complétement, 82. — Est expulsé d'Italie, 88. — S'allie avec le roi Rodolphe de France, Henri de Saxe, Hugues le Grand, etc., 103. — Sa mort, 107 (*Chronique de Frodoard*).

RODOLPHE PÉEL, de Laon, duc. — Est envoyé, comme ambassadeur de l'empereur Alexis, auprès de Godefroi de Bouillon à Andrinople, XX, 56 (*Albert d'Aix*).

RODOLPHE D'ALOST, Croisé. — Reste auprès du roi de Jérusalem, XXI, 41. — Est tué à la bataille de Ramla, 43 (*Albert d'Aix*).

RODOLPHE DE FONTENAI, croisé. — Défend avec vigueur contre les Turcs le poste qui lui est confié à Antioche, XX, 230 (*Albert d'Aix*).

RODOLPHE DE GOUY. — Est excepté du traité de paix conclu par Hugues le Grand avec les Normands, VI, 87 (*Chronique de Frodoard*).

RODOLPHE DE GOUY, fils du précédent. — Est tué dans un combat contre les fils d'Héribert, VI, 118 (*Chronique de Frodoard*).

RODOLPHE DE MONTPEZONS. — Va par Joppé au-devant du comte Baudouin d'Edesse, XX, 426 (*Albert d'Aix*).

RODOLPHE DE MOUZONS. — Appelle le comte Baudouin d'Edesse au trône de Jérusalem, vacant par la mort du roi Godefroi, son frère, XX, 417 (*Albert d'Aix*).

RODOLPHE DE POITOU, croisé. — Est tué près d'Andrinople dans un combat avec le duc des Bulgares, XXI, 33 (*Albert d'Aix*).

RODOLPHE DE SAXE, empereur. — Est fait empereur par le pape Grégoire VII, en opposition avec l'empereur Henri IV, VII, 45. — Est tué par ses généraux, VII, 46 (*Fragmens de l'Histoire des Français*); XIII, 217 (*Guillaume de Nangis*).

ROGATIONS. — Institution de ces fêtes, I, 99. — A quel sujet, *ibid*. (*Grégoire de Tours*).

ROGER, chancelier du roi Robert. — Est fait évêque de Beauvais, VII, 12 et 13 (*Vie de Bouchard*).

ROGER, comte. — Négocie la paix entre le roi Guillaume le Conquérant et le comte Foulques d'Anjou, XXVI, 248 (*Orderic Vital*).

ROGER, comte, régent d'Antioche. — Accompagne le roi Baudouin de Jérusalem contre les Turcs, XIII, 2. — Reste en arrière, *ibid*. — Cause la défaite de l'armée chrétienne, *ibid*. (*Guillaume de Nangis*).

ROGER, comte de Comminges. — Se soumet au comte Simon de Montfort sous un mauvais augure (Simon n'avait éternué qu'une fois), et l'abandonne peu de jours après, XIV, 146. — S'enferme dans Toulouse et défend cette place contre les Croisés avec le comte Raimond VI, son parent, 153. — S'avance jusqu'à Gaillac, 183. — Défend avec succès le château de Saint-Marcel, 184 *et suiv*. — Voit rejeter par le concile de Lavaur les demandes faites en sa faveur par le roi d'Aragon, 223 *et suiv*. — Se met sous la protection de ce prince, 231, 232. — Obtient du pape la restitution de ses biens, 238. — Révocation de cette mesure, *ibid*. — Voit Saint-Gaudens et ses domaines ravagés par Simon de Montfort, 217. — Est excommunié nominativement à Bolbone, 264. — Est réconcilié à l'Eglise par le légat Pierre de Bénévent, 291 (*Pierre de Vaulx-Cernay*).

ROGER-BERNARD II, comte de Foix, fils du comte Raimond-Roger. — Son serment devant le conseil de Montpellier, VIII, 369, 372 (*Vie de Louis VIII*).

Il surprend dans une embuscade et tue des Croisés désarmés, XIV, 138. — Poursuit un prêtre jusque dans une église et lui fend la tête, 139. — Attaque vigoureusement les portes du château de Castelnaudary, 163. — Est repoussé par Simon de Montfort, *ibid*. — Fait prisonnier un détachement de Croisés qu'il conduit à Foix, 219. — Pend à un noyer le comte Baudouin de Toulouse, qui lui est livré par trahison, 288. — Défend Montgrenier, assiégé par le comte de Montfort, 330. — En sort par capitulation avec les armes, 331 (*Pierre de Vaulx-Cernay*).

Il se distingue au combat des Bordes contre les Croisés, XV, 84. — Est chargé de la défense de Montauban contre le comte de Montfort, 94. — Fait chaque jour des sorties et livre chaque jour des combats à Verles d'Encontre, commandant de Castel-Sarrasin, 96. — Tue au combat de la Salvetat le chevalier Sicard de Tornades, 168. — Attaque les lieutenans du comte de Montfort dans le Lauraguais, 191. — Concourt à la défense de Toulouse, assiégé par le fils du roi Philippe-Auguste, 200 (*Histoire des Albigeois*).

Sa sœur dispute contre les missionnaires, qui la renvoient à son fuseau, XV, 223. — Il s'empare de la tour de Pujol et en tue les défenseurs prisonniers, 241. — Engage la bataille de Muret, gagnée sur les princes alliés par Simon de Montfort, 245. — Se retire dans Toulouse, 246. — Fait pendre le comte Baudouin de Toulouse, pris traîtreusement et livré à Raymond VI, son frère, 249. — Remet son château de Foix au légat pour gage de son obéissance, 251. — Se rend au concile général convoqué à Rome par le pape, 252. — Assiége Carcassonne, 268. — Fait la paix avec Louis VIII et le légat, 272. — Voit ses domaines envahis par les Croisés, 280. — Obtient la paix du roi Louis IX, 283. — Sa mort, 301 (*Guillaume de Puy-Laurens*).

Il surprend et tue les Croisés à Mont-Joyre, XV, 338. — Aide le comte de Toulouse à défendre sa capitale contre les Croisés du comte de Montfort, 339. — L'accompagne au siége de Muret, 341. — Est battu et lève le siège, 343. — Remet le château de Foix au légat, qui en confie la garde au comte de Montfort, 349, 350. — Succède à son père dans le comté de Foix, 359. — Demande la paix au roi Louis VIII et ne l'obtient pas telle qu'il l'espérait, 363. — Conditions de celle qu'il obtient de Louis IX, 370. — Ses arrangemens avec le comte de Toulouse, 371. — Il s'abstient de paraître au concile tenu pour la ratification de la paix, 372. — Engage le comte de Toulouse à entrer dans la ligue du roi d'Angleterre, du comte de la Marche, etc., contre le roi Louis IX, 377. — Lui en prête serment et lui en donne acte par écrit, ibid. — Fait obtenir la paix à Trencavel de Béziers, assiégé dans Montréal, ibid. — Sa mort, ibid. (Gestes glorieux des Français).

ROGER-BERNARD III, comte de Foix. — Envahit une partie de la France, XIII, 190. — Est assiégé, se rend et est jeté à temps dans une prison, ibid. — Recouvre sa terre, 191. — Est armé chevalier par le roi Philippe le Hardi lui-même, ibid. — Force le comte d'Armagnac, qui l'avait appelé traître, à se battre en duel contre lui, 219. — Ne peut terminer le combat, arrêté par le roi, 220. — Aide le comte d'Armagnac à tirer vengeance du meurtre de son frère, 327. — Attaque et prend le château que le coupable avait mis entre les mains du roi, ibid. — Est cité pour ce fait, et refuse de comparaître, ibid. — Arme contre Philippe le Hardi, ibid. — Est fait prisonnier, et ses biens sont confisqués, 328. — Il recouvre la liberté, 329 (Guillaume de Nangis).

ROGER IV, comte de Foix. — Il fait hommage au comte Raymond VII de Toulouse de ses terres, jusqu'au Pas-de-la-Barre, XV, 301. — Conseille à ce prince de faire une ligue contre le roi de France, y entre, s'en détache, compose sous lui avec le roi, 304. — Fait le siège de Penne, ibid. (Guillaume de Puy-Laurens).

Il succède à Roger-Bernard, son père, XV, 377. — Traite avec le roi, 378. — Se fait exempter de la domination du comte de Toulouse, ibid. — Lui déclare la guerre, ibid. — Attaque son château de Penne, ibid. (Gestes glorieux des Français).

ROGER, comte de Joppé. — Sort au-devant des Ascalonites et des Arabes, XXI, 107. — Est ramené battu sous les murs de la place, 109 (Albert d'Aix).

ROGER, comte de Laon. — Est chargé par Hugues le Grand de poursuivre Charles le Simple, après la victoire remportée sur lui par le feu roi Robert, VI, 76. — Ses succès, ibid. — Son beau-fils bat les Normands de la Loire, 77. — Sa mort, 89 (Chronique de Frodoard).

ROGER, comte de Laon, fils du précédent. — Succède à son père, VI, 89. — Est chargé de la garde de la reine femme du roi Rodolphe et de celle de la ville de Laon, 90. — Dévaste la châtellenie de Couci, ibid. — Est fait comte de Douai, 94. — Rend à Louis d'Outremer, qui les lui redemande à main armée, les terres de la reine sa mère, 107. — Se donne au roi Othon, 112. — Est fait prisonnier par Louis d'Outremer, 114. — Recouvre sa liberté, ibid. — Rend à Arnoul le château de Douai, ibid. — Se réconcilie avec Hugues le Noir, 115. — Est fait comte de Laon, ibid. — Est chargé d'une mission auprès du duc de Normandie, 117. — Meurt en la remplissant, ibid. (Chronique de Frodoard).

ROGER, comte de Limoges, III, 322 (L'Astronome).

ROGER, évêque de Salisbury, régent sous Henri Ier. — Est chargé de la régence de l'Angleterre pendant l'expédition du roi Etienne en Normandie, XXVIII, 471. — Est poursuivi à main armée pour la part qu'il a prise à la conspiration des Angevins, 520. — Est fait prisonnier, 521.—Sa mort, 522 (*Orderic Vital*).

Roger, évêque de Tarse.—Marche au secours de Tancrède à Antioche, XXI, 172 (*Albert d'Aix*); XXIII, 262 (*Raoul de Caen*).

Roger, évêque de Trèves.—Appelle Henri de Saxe en Lorraine contre le roi Rodolphe, VI, 79 (*Chronique de Frodoard*).

Roger, fils de Corbat. — Est investi d'une des charges du comté de Shrewsburi par Roger de Montgommery, XXVI, 212. — Défend Bridge contre le roi Henri d'Angleterre et contre Robert de Bellême, XXVIII, 152, 153 (*Orderic Vital*).

Roger, fils de Dagobert. — Est envoyé comme ambassadeur de l'empereur Alexis près de Godefroi de Bouillon à Constantinople, XX, 56 (*Albert d'Aix*).

Roger, fils d'Herluin. — Fait la guerre à Baudouin, comte de Flandre, VI, 152 (*Chronique de Frodoard*).

Roger, prêtre de Panéade. — Est accusé d'avoir coopéré à la reddition de cette place, assiégée par Noradin, XVIII, 180 (*Guillaume de Tyr*).

Roger, prince d'Antioche.—Est institué par Tancrède son héritier dans la principauté d'Antioche, à charge de la rendre en entier et sans difficulté à Boémond, fils de Boémond, s'il vient à la redemander, XVII, 156, 157. — Se rend au secours du roi de Jérusalem, 158. — Arrive après la perte de la bataille imprudemment livrée sur le Jourdain, *ibid.* — Rentre dans ses Etats, 159.—S'allie contre les Turcs au sultan de Damas qui s'empresse de le secourir, 170. — Les force à la retraite, *ibid.*—Les poursuit avec le comte d'Edesse, 174. — Les défait à Sarmate, 175. — Sollicite et obtient les secours du roi et des princes croisés contre les Arabes et les Turcomans, 206. — Marche à l'ennemi, livre bataille, la perd et est tué, 210. — Opinion qu'il laisse de lui, *ibid.* (*Guillaume de Tyr*).

Il remplace Tancrède son oncle dans sa principauté d'Antioche, XXI, 187. — Rassemble ses troupes pour marcher au secours du comte d'Edesse, *ibid.* — Arrive le lendemain de la perte de la bataille du Mont-Thabor, 190. — Accompagne le roi aux fêtes de son mariage à Acre, 193. — Reçoit de grands présens de la nouvelle reine, *ibid.*—Retourne à Antioche, *ibid.* — Appelle de nouveaux secours contre une nouvelle invasion, 199. — Se réunit au roi de Jérusalem, *ibid.* — Bat avec Baudouin d'Edesse la première armée turque, et la seconde le lendemain, 200. — La troisième est défaite par le soudan de Damas leur allié, 201 (*Albert d'Aix*).

Il succède à Tancrède dans la principauté d'Antioche, XXIV, 171. — Joint le roi de Jérusalem déjà surpris par l'ennemi, 173, 174. —S'allie avec le roi de Damas, 178. — Manœuvre devant l'ennemi et le bat près de Sarmith, 179 à 182. — Marche contre les Turcs, 193. — Est massacré près d'Artasie, *ibid.* — Causes de sa défaite, 194 (*Foulcher de Chartres*).

Il épouse la fille de Soliman, XXVIII, 139. — Obtient la principauté d'Antioche, *ibid.* 212.—Est attaqué par les Perses, *ibid.*—Refuse d'attendre les secours promis par le roi Baudouin de Jérusalem et le comte Josselin, *ibid.*—Livre bataille, 213. — Est tué, *ibid.* 139 (*Orderic Vital*).

Roger Ier, comte, puis roi de Sicile. — Abandonné par Boémond, Il quitte le siége d'Amalfi et rentre en Sicile, IX, 80 (*Guibert de Nogent*).

Il se fait médiateur entre Boémond et Roger la Bourse, et fait obtenir au premier la principauté de Tarente, etc., dans la succession paternelle, XXVII, 267. — Accueille les princes croisés à leur retour,

XXVIII, 63. —Hérite du duché de la Pouille, 405. — En fait hommage au pape, ibid. — Laisse ses Etats à son fils Roger sous la tutelle de sa femme, 445 à 448.—Sa veuve va pour épouser Baudouin 1er, roi de Jérusalem, qui la renvoie et s'empare de ses trésors, 449 (Orderic Vital).

Roger II, roi de Sicile. — Il suit l'obédience du pape Anaclet et méconnaît le pape Innocent II, X, 293. — Appelle des théologiens à une conférence qui doit l'éclairer, ibid. — Lève une armée, 294. — S'enfuit devant le duc Rainulf, ibid. — Persiste, quoique abandonné par Pierre de Pise, son théologien, 298 (Arnaud de Bonneval).

Excommunié à cause des investitures, il fait prisonnier le pape qui le couronne roi de Sicile, XIII, 23. — S'empare de presque toute l'Afrique, ibid., 33. — Est menacé par les empereurs Conrad et Manuel, ibid. — Accueille honorablement le roi Louis le Jeune, délivré des mains des Grecs par l'amiral Georges, et le fait conduire à Rome, 34.—Sa mort, 39.—Son fils Guillaume lui succède, ibid. (Guillaume de Nangis).

Il est chassé de la Pouille, dont il s'était emparé, par l'empereur Lothaire, qui institue Rainon duc de ce pays, XVII, 292. — Livre bataille à son concurrent et le tue, ibid. — Reprend possession du duché, ibid. — Devient plus tard roi de Sicile et duc de la Pouille, ibid. — Attaque les Africains, qui, pendant ce temps, s'emparent de Syracuse et la détruisent, 297, 298. —Elève des prétentions sur la principauté d'Antioche, comme héritier de Boémond son cousin, 332.—Fait la guerre avec succès à l'empereur Manuel, 336 (Guillaume de Tyr).

Il hérite de son père sous la tutelle de sa mère, XXVIII, 446.— Prend les rênes du gouvernement après le prince Robert de Bourgogne, mort empoisonné, 448.— Obtient le duché de la Pouille malgré les peuples, 449. — S'empare de Mathera, 450.—Dépouille son cousin le prince de Capoue, etc., ibid. — Se fait roi, ibid. — Epouse la fille de l'anti-pape Pierre de Léon, qui le couronne, ibid. (Orderic Vital).

Roger (Pierre), seigneur de Cabaret. — Il défend son château contre les Croisés qui y donnent inutilement l'assaut, XIV, 71. — Fait prisonnier le commandant de Saissac, 76. — Offre son hommage au roi d'Aragon et ne peut s'entendre sur les conditions, 92, 93. — Pousse des reconnaissances jusqu'à Carcassonne et à Termes, 106, 108. — Remet son château au comte de Montfort, qui lui donne un autre domaine, 136 (Pierre de Vaulx-Cernay).

Son avis pour la défense de Carcassonne contre les Croisés, XV, 20. — Tue un détachement envoyé de Saissac pour le surprendre à Cabaret et fait prisonnier le commandant, 40, 41. — Tend un piège au commandant de Carcassonne, 51. — Lui tue un détachement et se trouve contraint de rentrer dans la place, ibid., 52. — Livre le château de Cabaret au légat et au comte de Montfort, et rend à la liberté le commandant de Saissac, 61 (Histoire des Albigeois).

Il échange son château contre d'autres terres avec le comte de Montfort, XV, 337 (Gestes glorieux des Français).

Roger, vicomte de Coutances.— Est chargé du gouvernement de la Normandie pendant le voyage du roi Etienne d'Angleterre, XXVIII, 494. — Défend brillamment le Cotentin contre les seigneurs révoltés, 507. — Est surpris et tué, 508. — Ses amis vengent sa mort, 509 (Orderic Vital).

Roger Barnon, préteur à Glos —Fait la paix avec Henri, roi d'Angleterre, et lui remet son château, XXVIII, 318 (Orderic Vital).

Roger Bigod ou Igé, chevalier

croisé. — Est chargé par Tancrède de protéger les chrétiens réunis au Saint-Sépulcre pendant le sac de Jérusalem, XXVII, 532. — Y trouve un paquet de cheveux de la Vierge, qu'à son retour de la croisade il distribue dans toute la France, *ibid.* — Est fait conseiller du roi Henri 1er d'Angleterre, XXVIII, 76. — Sa mort, 242. — Son épitaphe, 243 (*Orderic Vital*).

ROGER FAITEL DE BOISHÉBERT. — Dote l'abbaye d'Ouche, XXVI, 30 (*Orderic Vital*).

ROGER GOULAFRE, de Mesnil-Bernard, chambellan d'Ernauld d'Echanfour. — Dote l'abbaye d'Ouche, XXVI, 30. — S'empare des terres de ce couvent, 62. — Empoisonne son maître et plusieurs de ses amis pour servir les vengeances de Mabile, femme de Roger de Montgommery, 102 (*Orderic Vital*).

ROGER, dit LA BOURSE, roi de Sicile, fils de Robert Guiscard. — Reste chargé du gouvernement de la Pouille pendant l'expédition de son père en Grèce, XXVII, 147. — Lui succède comme comte de Pouille et Calabre, 159 et VII, 35. — Est attaqué par Boémond qui lui demande une partie des Etats de leur père, XXVII, 267. — Accorde Tarente, etc.; *ibid.* — Accueil qu'il fait aux seigneurs croisés pendant leur hivernage en Calabre, 425 (*Orderic Vital*).

ROGER LE BÈGUE, fils de Goël. — Il contribue à empêcher le comte Galeran de Meulan de combattre les Angevins, XXVIII, 481. — Echoue devant le château de la Croix-Saint-Leufroi, *ibid.* — Dévaste les environs du Vaudreuil, *ibid.* — Va occuper Acquigni, 482 (*Orderic Vital*). Sa mauvaise réputation, XXIX, 267 (*Guillaume de Jumiége*).

ROGER LE PAUVRE. — Est exposé à être pendu, parce que ses parens se refusent à rendre les forts qu'ils tiennent contre le roi Etienne d'Angleterre, XXVIII, 521, 522 (*Orderic Vital*).

ROGER DE L'AIGLE. — Sa mort, XXVI, 69. — Destination de son cheval, 70 (*Orderic Vital*).

ROGER D'ASPEL. — Se distingue au combat de la Salvetat, où il tue Artaud de La Brue, l'un des chevaliers du comte de Montfort, XV, 168 (*Histoire des Albigeois*).

ROGER DE BACQUEVILLE. — Epouse une nièce de la duchesse Gonnor, femme de Richard 1er de Normandie, XXIX, 304 (*Guillaume de Jumiége*).

ROGER DE BARNEVILLE. — Il prend la croix, XVI, 49. — Se réunit à Robert, comte de Normandie, 124. — Marche sous sa bannière à l'expédition de Terre-Sainte, *ibid.* — Prête serment à l'empereur Alexis, 125. — Se distingue au siége de Nicée, 133. — Marche en tête du corps d'avant-garde de la grande armée des Croisés sur Antioche, 193. — Fait une sortie d'Antioche contre les coureurs de l'armée ennemie, 291. — Est tué d'un coup de flèche, 292 (*Guillaume de Tyr*).

Il repousse les attaques de Soliman au siége de Nicée, XX, 79. — Se distingue au passage de l'Oronte, 147. — Marche à l'investissement d'Antioche, 150. — Concourt au siége de cette place, 151. — Contribue à la défaite de l'armée auxiliaire attendue par les assiégés, 181, 183. — Sort contre les premiers coureurs de l'ennemi, 225. — Tombe dans une embuscade, *ibid.* — S'échappe, 226. — Passe le fleuve à gué, *ibid.* — Est tué, *ibid.* — Ses obsèques, 227 (*Albert d'Aix*).

Il est pris par l'ennemi et décapité lors de l'occupation d'Antioche par les Croisés, XXI, 267 (*Raymond d'Agiles*).

Il sort d'Antioche au-devant de l'armée persane, XXIII, 392. — Tombe dans une embuscade et est tué, 393 (*Robert le Moine*).

Il concourt au siége de Nicée, XXVII, 440. — Monte sur les murs d'Antioche livrés à Boémond, 469. — Est tué, 478 (*Orderic Vital*).

Roger de Beaumont, fils de Honfroi de Veulles ou Vaux. — Fonde et dote deux couvens à Préaux, XXVI, 12. — Est appelé au conseil du roi Guillaume de Normandie pour délibérer sur l'invasion de l'Angleterre, 115. — Obtient, à force d'instances auprès de ce prince, la grâce de Robert Courte-Hache et des complices, 379, 380 (*Orderic Vital*).

Adeline, sa femme, dote l'abbaye d'Ouche, XXVII, 22. — Remercie le duc de Normandie des mesures qu'il a prises pour punir son fils le comte de Meulan, 295. — Rappelle ses anciens services, 296. — Obtient la liberté de son fils, 297. — Lui fait restituer Brionne, qu'il prend après un siége, 298, 300. — Se fait moine, 373, 374 (*Orderic Vital*).

Ses fondations pieuses à Préaux, XXIX, 170. — Epouse Adeline, fille de Galeran, comte de Meulan, *ibid.* — Reste toujours fidèle à Guillaume le Bâtard, *ibid.* et 199 (*Guillaume de Jumiége*).

Fait partie du conseil assemblé par Guillaume le Bâtard pour délibérer sur la conquête de l'Angleterre, XXIX, 387 (*Guillaume de Poitiers*).

Roger de Béziers. — Défend Carcassonne contre les Croisés, XIII, 101. — Rend cette place par capitulation, *ibid.* — Est constitué prisonnier, *ibid.* (*Guillaume de Vangis*).

Roger de Bienfaite, fils de Richard de Bienfaite. — Accompagne à l'étranger Robert Courte-Hache, révolté contre le roi Guillaume son père, XXIX, 371. — Est reçu en grâce, 380 (*Orderic Vital*).

Conduit la princesse Mathilde d'Angleterre, qui va épouser l'empereur d'Allemagne, XXVIII, 258. — Désire se fixer dans ce pays, *ibid.* — En est renvoyé avec des présens, *ibid.* — Excite le roi d'Angleterre à livrer la bataille de Brenmule, 306. — Combat avec lui, 307. — Sauve avec peine, de la fureur de l'armée, Guillaume Crépin qui a frappé violemment le roi à la tête pendant le combat, 309 (*Orderic Vital*).

Roger de Breteuil, fils de Guillaume, fils d'Osbern. — Hérite de son père le comté de Herford et tous ses biens en Angleterre, XXVI, 227. — Conspire avec le comte de Norwich son beau-frère pour arracher au roi Guillaume le Conquérant le sceptre d'Angleterre, 249. — Fortifie ses places, se fait des alliés, etc., *ibid.* — Tâche de décider Walthéod, comte de Northampton, 251. — Révolte l'Angleterre tout entière, 253. — Est condamné à la perte de ses biens et à une prison perpétuelle, 255. — Refuse dans sa prison les bienfaits du roi, qu'il regarde comme des outrages, 256. — — Est mis en liberté par le roi Guillaume agonisant, XXVII, 210 (*Orderic Vital*).

Roger de Breteuil, fils de Roger comte de Herford. — Reste fidèle au roi d'Angleterre, XXVI, 256 (*Orderic Vital*).

Roger de Butley. — Sa terre de Blithe passe à son cousin Robert de Bellême, XXVIII, 24 (*Orderic Vital*).

Roger de Clères. — Tue Robert de Beaumont, XXVII, 373 (*Orderic Vital*).

Roger de Comminges (Arnaud). — Concourt à la défense de Toulouse (dont plus tard il devint évêque) contre le fils aîné du roi Philippe-Auguste qui en fait le siége, XV, 200 (*Histoire des Albigeois*).

Roger de Conches, fils de Raoul. — Est institué héritier présomptif de Guillaume de Breteuil et de Guillaume d'Evreux, XXVII, 305. — Ravage l'évêché d'Evreux et empêche le comte Galeran de Meulan de combattre le comte d'Anjou, XXVIII, 480, 481. — Est fait prisonnier, 482. — Recouvre sa liberté, 487. — Repousse les troupes anglaises, 510. — Donne ses biens à l'Église, XXVI, 385. — Se fait moine, *ibid*. — Sa mort, XXVII, 307 (*Orderic Vital*).

Prend le parti du comte Geoffroi d'Anjou et refuse de se rendre auprès du roi Henri d'Angleterre, XXVIII, 458. — Fait la guerre en Normandie à Robert, comte de Leycester, 467. — Surprend la forteresse du Vaudreuil, *ibid*. — La perd, *ibid*. — S'empare d'Acquigni, *ibid*. — Brûle les villages, *ibid*. — Combat Richer de l'Aigle, 471. — Est attaqué par Galeran de Meulan et ses alliés, 472. — Le bat devant Ferrières, *ibid*. — Il est excommunié, 484. — Attaque et brûle Breteuil, 516. — Conclut la paix avec le roi Étienne d'Angleterre, *ibid*. (*Orderic Vital*).

ROGER D'ÉPAGNE. — Tombe avec sa famille sous les coups de Roger de Beaumont, pendant les guerres civiles de la minorité de Guillaume le Bâtard, XXV, 166; XXVII, 296 (*Orderic Vital*).

ROGER DE LA FERRIÈRE. — Tue Gislebert de l'Aigle, XXVII, 292, 293 (*Orderic Vital*).

ROGER DE GLOCESTER. — Est tué dans un combat auprès de Falaise, XXVIII, 192 (*Orderic Vital*).

ROGER DE GLOS. — Est fait prisonnier avec Guillaume de Breteuil par Ascelin Goël, XXVII, 360. — Est enfermé au fort de Breval, et placé, couvert d'une seule chemise mouillée, l'hiver à la bise, jusqu'à ce que son vêtement soit roidi comme une pièce de glace, *ibid*. (*Orderic Vital*).

ROGER DE HAP. *Voyez* ROGER DE MONTMORIN.

ROGER DE HAUTERIVE. — Fonde le couvent d'Heudricourt, de la dépendance d'Ouche, XXVI, 123 (*Orderic Vital*).

ROGER DE HAUTEVILLE, fils du vieux Tancrède. — Passe en Sicile et se met à la solde du duc Gaimar, XXVI, 49. — Fait bientôt la guerre pour son compte, *ibid*. — Assiste à la donation des biens de Foulques de Bonneval et à la consécration de son fils Thierry dans l'abbaye d'Ouche, 71 (*Orderic Vital*).

ROGER DES ISSARTS. — Déjà blessé, il est fait prisonnier au Pujet par le comte de Toulouse et massacré, XV, 241 (*Guillaume de Puy-Laurens*).

ROGER D'IVRI, échanson du roi Guillaume le Bâtard. — Lui garde le château de Rouen dont Robert son fils voulait s'emparer furtivement, XXVI, 287. — Souffre des incursions des gens de Mantes, XXVII, 192. — Bâtit un couvent sur ses terres, 361 (*Orderic Vital*).

ROGER DE LASCY. — Défend Château-Gaillard pour le roi Jean-sans-Terre contre Philippe-Auguste, XII, 195 (*la Philippide*).

Fait sortir le peuple pour ménager ses vivres, 196 *et suiv*. — Est chassé d'Angleterre comme complice de la conspiration de Mowbrai, XXVII, 359 (*Orderic Vital*).

ROGER DE LISIEUX. — Commande le fort de Vatteville pour le comte de Meulan, XXVIII, 391 (*Orderic Vital*).

ROGER DE LORIA. — Défait et prend la flotte envoyée de Naples en Sicile par les Français, XIII, 212. — Est absous par le pape, 238. — Fait amiral de la flotte du roi de Sicile, il bat les Siciliens rebelles, *ibid*. (*Guillaume de Nangis*).

ROGER DE MAGNEVILLE. — Aide le prince Henri à recouvrer le comté de Coutances sur son frère Robert duc de Normandie, XXIX, 248 (*Guillaume de Jumiége*).

ROGER DE MERLERAULT. — Soumet ses terres à la juridiction de l'évêque de Lisieux, XXVI, 23 (*Orderic Vital*).

ROGER DE MILLAY. — Ses donations à l'abbaye d'Ouche, XXVII, 21 (*Orderic Vital*).

ROGER DE MONTGOMMERY, vicomte d'Exmes, comte de Shrewsbury. — Fait bâtir l'église de Saint-Martin de Troarn, dont il institue Gislebert comme abbé, XXVI, 19. — Ses dotations à l'abbaye d'Ouche

33, 40. — Hérite d'une grande partie des possessions de Guillaume de Bellême, du chef de Mabille son épouse, nièce d'Ives, évêque de Séez, fils de Guillaume, *ibid.* — Donne à l'abbé Théoderic l'église Saint-Martin de Séez. — Ses nouvelles donations à l'abbaye d'Ouche, 41, 399, 401. — Sa femme Mabille s'étant rendue importune par ses visites à l'abbaye d'Ouche, y est empoisonnée et n'en continue pas moins d'aimer l'abbé Théoderic, 47. — Prend plaisir à indisposer Guillaume le Bâtard contre les seigneurs de Normandie, 75. — Est appelé au conseil pour délibérer sur l'invasion de l'Angleterre, 115. — Est chargé du gouvernement de la Normandie pendant l'expédition d'Angleterre, 169. — Est fait seigneur d'Arondel, de Cheischester, et comte de Shrewsbury, *ibid.* — Son éloge, 212. — Récompense qu'il accorde à ceux qui l'ont aidé, *ibid.* — Obtient, à force d'instances auprès du roi, la grâce de Robert et de ses complices, 379, 380. — Sa femme Mabille meurt assassinée, 398. — Sa postérité, *ibid.* — Se remarie avec Adelise du Puiset, *ibid.* — Fonde l'abbaye de Shrewsbury, 405. — Sa mort, 406. (*Orderic Vital*).

Prend part à la conspiration des seigneurs de Normandie, XXVII, 231. — Aide et favorise en cachette les conspirateurs assiégés par le roi dans Rochester, 233. — A la nouvelle de l'arrestation de son fils Robert de Bellême en Normandie, il demande au roi d'Angleterre la mission de mettre garnison dans tous ses châteaux pour résister au duc, 252. — Fait la paix et obtient la liberté de son fils, 259. — Se fait moine à Shrewsbury, 372. — Sa mort, 373. (*Orderic Vital*).

Se couvre de crimes en Normandie pendant la minorité de Guillaume le Bâtard, XXIX, 168. —

Est exilé à Paris, *ibid.* — Epouse Mabille, fille de Guillaume Talvas de Bellême exilé, 188. — Acquiert tous les droits aux biens perdus par son beau-père, *ibid.* — Terres et dignités qu'il reçoit de Guillaume le Bâtard, après la conquête de l'Angleterre, 299. — Va à la découverte du comte Geoffroi Martel d'Anjou, et rapporte sa réponse au duc Guillaume, 340 (*Guillaume de Jumiége et Guillaume de Poitiers*).

ROGER DE MONTGOMMERY, fils du précédent. *Voyez* ROGER DE POITIERS.

ROGER DE MONTMORIN DE HAP, croisé. — Marche au secours de Tancrède à Antioche, XXI, 172 (*Albert d'Aix*).

ROGER DE MORTEMER. — Marche à la tête de la cavalerie cauchoise contre l'armée française commandée par le frère du roi, XXV, 169; XXVII, 137. — Livre la bataille de Mortemer et la gagne, 138, XXV, 169. — Dégage Raoul de Montdidier et l'empêche d'être fait prisonnier, XXVII, 202, 203. — Est chassé de la Normandie, *ibid.* — Rentre en grâce et en possession de ses biens, hors le château de Mortemer, dans lequel il avait sauvé Raoul, *ibid.* (*Orderic Vital*).

Fonde l'abbaye de Saint-Victor, XXIX, 199 (*Guillaume de Jumiége*).

ROGER DE MOULINS, maître des Hospitaliers. — Sa mission auprès de Philippe-Auguste, XI, 40 (*Rigord*).

Il est tué par l'émir d'Edesse, XIII, 59, 60 (*Chronique de Guillaume de Nangis*).

Est envoyé par le roi Baudouin IV de Jérusalem auprès du prince d'Antioche, pour le réconcilier à l'Eglise et à la vertu, XVIII, 387. — Résultat de ses efforts, 388 (*Guillaume de Tyr*).

ROGER DE MOWBRAY. — Se réunit à l'assemblée générale convoquée par Guillaume le Bâtard pour délibérer sur la conquête de l'Angleterre, XXVI, 115. — Livre bataille au roi David d'Ecosse pour le roi Etienne d'Angleterre, et le met en déroute, XXVIII, 515 (*Orderic Vital*).

Roger de Noë. — Concourt à la défense de Toulouse assiégé par le roi Philippe-Auguste, XV, 200 (*Histoire des Albigeois par N****).

Roger de Planes. — Est fait châtelain du Pont-Echenfrei par le comte de Mortagne, XXVIII, 523 (*Orderic Vital*).

Roger de Poitiers, fils de Roger de Montgommery. — Fait en Angleterre un mariage avantageux dont il perd tous les fruits par sa perfidie, XXVII, 373 (*Orderic Vital*). Conspire contre le roi Henri en faveur du duc Robert de Normandie, XXVIII, 83. — Est dépouillé de ses biens et chassé d'Angleterre, 158. — Se retire au château de Charost, 159 (*Orderic Vital*).

Roger de la Pouille, frère de Boémond. — Accuse formellement Evemère, patriarche de Jérusalem, d'avoir détourné à son profit mille talens d'or qu'il lui avait remis, XXI, 140, 141 (*Albert d'Aix*).

Roger des Rosiers, Croisé. — Concourt à la prise d'Artasie, XX, 138 (*Albert d'Aix*).

Roger de Roswied. — Reste auprès du roi de Jérusalem, XXI, 41. — S'enfuit de la bataille de Ramla, 44. — Rencontre un corps de 10,000 Croisés avec lequel il rentre dans Joppé, *ibid.* (*Albert d'Aix*).

Roger du Sap. — Donne ses biens à l'abbaye d'Ouche, XXVI, 121, 385. — Bâtit l'église de Saint-Nicolas d'Hendricourt, 123 (*Orderic Vital*). Se fait moine, 385. — Sa postérité, 124.

Roger de Sicile, fils du roi Tancrède. — Est sacré roi du vivant de son père, XIII, 77. — Sa mort, *ibid.* (*Guillaume de Nangis*).

Roger de Toeni. *Voyez* Roger de Conches.

Roger de Tournes. — Prisonnier de Bovines, il est mis en liberté sous caution par Philippe-Auguste, XI, 310 (*Guillaume le Breton*).

Roger de Varennes. — Se fait moine, XXVII, 12. — Sa vie, 14. — Donation de son frère à l'abbaye d'Ouche, 15. — Il passe à la cour d'Angleterre, 16. — Accueil qu'il y reçoit, 17 (*Orderic Vital*).

Roger de Vaux. — Donations qu'il fait à l'abbaye d'Ouche, XXVI, 390 (*Orderic Vital*).

Roissy (Pierre de), prêtre. — Est associé aux travaux du prédicateur Foulques, XI, 139. — Ses succès, *ibid.* (*Rigord*).

Roland, archevêque d'Arles. — Intervient au serment prêté à la reine Theutberge au nom de Lothaire, IV, 204. — Fait élever dans l'île de la Camargue un fort dans lequel il se renferme, 248. — Y est fait prisonnier par les Sarrasins, *ibid.* — Traite à haut prix de sa rançon, *ibid.* — Est rendu mort à ses amis, *ibid.* (*Annales de Saint-Bertin*).

Rolland, comte. — Prête serment à la reine Theutberge au nom du roi Lothaire, IV, 203, 204 (*Annales de Saint-Bertin*).

Rolland, porte-enseigne des Français. — Est tué à l'attaque du camp retranché de Rollon, chef des Normands, à l'embouchure de l'Eure, XXVI, 7 (*Orderic Vital*); XXIX, 44 (*Guillaume de Jumiége*).

Rolland, préfet de Bretagne. — Périt dans les Pyrénées à la retraite d'Espagne, III, 133 (*Vie de Charlemagne*).

Rolland, prince, neveu de l'empereur Charlemagne. — Périt à Roncevaux avec les douze chevaliers l'honneur de la France, XII, 81 (*la Philippide*).

Rollon, duc de Normandie. — Reçoit du comte Héribert son fils Eudes en otage, V, 542 (*Frodoard, Histoire de l'église de Rheims*). S'allie avec le roi Charles le Simple et le comte Héribert, VI, 90 (*Chronique de Frodoard*). Subjugue la Neustrie et l'appelle Normandie, XI, 53. — Epouse la fille du roi Charles III, *ibid.* — Est baptisé, *ibid.* (*Rigord*). Son établissement en Normandie, XII, 219. — Il épouse 1° Gisèle, fille du roi Charles le Simple, dont il n'a pas d'enfans; 2° Popa ou Pope, fille du comte Guy de Senlis, 220 (*la Philippide*).

Pénètre dans la Neustrie, XXV, 155.—Fait trente-sept ans la guerre aux Français, *ibid.* — Se fait baptiser, *ibid.* —Assiége Chartres, *ibid.* —Fait la paix avec Charles le Simple et épouse sa fille, *ibid.* (*Orderic Vital*).

Pénètre en Neustrie, XXVI, 7.— Bat les Francs, *ibid.* — Echoue devant Paris, *ibid.* — Prend Bayeux, *ibid.*—Epouse la fille du comte, *ibid.* —Dévaste jusqu'à la Bourgogne, *ibid.* —Fait la paix avec Charles le Simple, *ibid.* — Epouse Gisèle, sa fille, *ibid.* — Devient souverain du pays de l'Epte à l'Océan, *ibid.*—Se fait baptiser, *ibid.* — Meurt, 8. — Son épitaphe, 36 (*Orderic Vital*).

Hérite des Etats de son père avec son jeune frère Gurim, XXIX, 21. — Accueille les jeunes gens expulsés de la Dacie et fait la guerre au roi, *ibid. et suiv.* — Prévient l'ennemi, 24. — Accepte la paix, 25.— Est attaqué, livre bataille et la perd, 26. — S'enfuit avec six navires, *ibid.*—Aborde en Angleterre où un songe l'appelle, 27.—Bat les Anglais, 28. — Fait un autre rêve dont un chrétien captif lui donne l'explication, 29. — Son ambassade auprès du roi d'Angleterre, 31. — Sa conférence avec ce prince, 33. — Il fait alliance avec lui, 34.—S'embarque pour la France, 35. — Est jeté par une tempête sur les côtes des Walgres, 36. — Reçoit des secours en vivres du roi d'Angleterre, 37. — Ruine les Walgres, *ibid.* — Repousse le prince de Frise, 38. — Fait prisonnier le duc de Hainaut, 39. — Lève l'or et l'argent de ses Etats et lui en donne la moitié, 40. —Fait avec lui un traité d'alliance, *ibid.* — Entre dans la Seine, 41. — S'arrête à Jumiége, *ibid.* — Fait la paix avec l'archevêque de Rouen qui lui livre la ville, *ibid.* — Remonte le fleuve, 42.—Rencontre les Francs à l'embouchure de l'Eure, *ibid.* — Repousse leurs négociations, 43.—Bat les Francs qui l'attaquent dans son camp, 44. — S'empare de Meulan, *ibid.* — Livre une bataille au duc de France, 46. — Le tue et assiége Paris, *ibid.* — S'empare de Bayeux et d'une jeune fille qu'il épouse *à la danoise*, *ibid.* — Brûle et pille Evreux, 47.—Va au secours du roi d'Angleterre son allié, *ibid.* — Réprime les conspirateurs, 48. —Revient mettre le siége devant Paris, *ibid.* — Accorde au roi de France une trêve de trois mois, *ibid.* — Envoie les Normands butiner en Bourgogne à l'expiration de la trêve, 49. — Se porte de sa personne sur Etampes, dont il pille les environs, *ibid.* — Lève le siége de Chartres devant le duc de Bourgogne, 50. — Echappe à l'armée du Poitou, 51. — Continue de dévaster la France, 52. — Ecoute les propositions du roi, *ibid.* — Lui accorde une trêve de trois mois, *ibid.* — Négocie, *ibid.*—Refuse la Flandre que le roi lui offre, 53. — Accepte la Neustrie, la Bretagne et Gisèle sa fille, *ibid.* — Fait la paix et jure fidélité, *ibid.* — Reçoit le serment des princes bretons, *ibid.* — Refuse de baiser le pied du roi, *ibid.*—Fait remplir cet hommage par un de ses officiers, qui renverse Charles le Simple, aux grands éclats de rire des témoins de cette scène, *ibid.* — Reçoit les promesses des grands de la France, *ibid.* — Retourne à Rouen, 54. — Se fait baptiser par l'archevêque de Rouen et prend le nom de Robert, *ibid.*—Donations qu'il fait aux églises, *ibid.* — Il distribue le pays à ses Normands, 55.—Epouse la fille du roi de France, *ibid.* — Donne des lois à son peuple, etc., *ibid.* — Soumet les Bretons rebelles, 56. — Défend de donner assistance à un voleur, sous peine d'être puni comme son complice, *ibid.* — Histoire d'un paysan et de sa femme qu'il fait pendre, *ibid.*—Autre anecdote, 57. —Il fait pendre deux chevaliers que son beau-père avait envoyés secrètement près de sa femme, 58. — Après la mort de Gisèle, il rappelle et épouse Pope, dont il avait déjà Guillaume dit le Bâtard, 59.— Le constitue son successeur, *ibid.* — Lui fait prêter serment, *ibid.* — Ses donations aux églises de Normandie, 200 (*Guillaume de Jumiége*).

ROMAIN, comte. — Briguant la place du comte Palladius, il lui donne la fausse nouvelle que le roi Sigebert voulait le faire mourir et le décide à se tuer, I, 198, 199 (*Grégoire de Tours*).

ROMAIN II l'Arménien, empereur d'Orient. — Principaux événemens de son règne, XXV, 155, 156 (*Orderic Vital*).

ROMAIN IV, empereur. *Voyez* DIOGÈNE.

ROMAIN (saint), évêque de Rouen. — Distique héroïque en son honneur, XXVI, 336. — Sa vie, *ibid.* — Principaux événemens de son épiscopat, *ibid.* (*Orderic Vital*).

ROMAIN, moine d'Ouche. — Vole l'abbaye, est chassé et va en Terre-Sainte, XXVI, 36, 37 (*Orderic Vital*).

ROMAIN DE SAINT-ANGE. *Voyez* SAINT-ANGE.

ROMAINS. — Ils marchent contre les Francs de Trèves à Cologne, I, 61. — Les battent dans les Ardennes et les forcent à repasser le Rhin, *ibid.*—Sont poursuivis par une partie de l'armée franque et battus, 62, 63. — Sont encore battus par Chlogin, 68. — Pays de la Gaule qui leur restent, *ibid.* — Leur guerre avec les Saxons, 77. — Leur défaite, *ibid.*—Ils sont battus par les Francs près de Soissons, 85 (*Grégoire de Tours*).

ROMIEU DE VILLENEUVE. — Intrigues, embûches et fourberies dont il se sert pour empêcher le mariage du comte de Toulouse avec la fille du comte de Provence, XV, 309 (*Guillaume de Puy-Laurens*).

ROMUALD, fils aîné du duc de Bénévent. —Est envoyé par son père auprès de Charlemagne pour le détourner de son projet d'attaquer le pays, III, 30.—Insuccès de sa mission, *ibid.* (*Annales d'Eginhard*).

ROMUF, fils du duc Loup, prêtre. — Est promu à l'évêché de Rheims, II, 123. — Sa vie, 142 (*Grégoire de Tours*).

ROMULF, comte du palais. — Est envoyé par Childebert à Poitiers et à Tours pour rectifier les rôles, II, 43. — Difficultés qu'il rencontre dans cette dernière ville, 44.—Les habitans sont exemptés d'impôts, 45 (*Grégoire de Tours*).

ROQUEFEUILLE (Raymond de). *Voyez* RAYMOND DE ROQUEFEUILLE.

ROQUEFORT (Bernard de).—Concourt à la défense de Toulouse assiégé par le fils du roi Philippe-Auguste, XV, 199 (*Histoire des Albigeois par N****).

ROQUENÉGADE (Aimeri de). — Concourt à la défense de Toulouse assiégé par le prince fils du roi Philippe-Auguste, XV, 200 (*Histoire des Albigeois par N****).

RORGIUS DE CASTILLE.—Se rend à l'armée réunie à Joppé, XXI, 91. — Combat à la bataille d'Ibelin, 93 (*Albert d'Aix*).

RORGON, évêque de Saint-Jean-d'Acre. — Se réunit à l'assemblée convoquée en cette ville, pour délibérer sur les moyens d'agrandir le royaume de Jérusalem, XVIII, 3 (*Guillaume de Tyr*).

RORIC, chef des Normands, neveu d'Hérold. — Quitte le parti de Lothaire, IV, 147.—Dévaste la Frise, etc., *ibid.* — Obtient de l'empereur un établissement, *ibid.* — Quitte la Frise à la mort du roi Enrich, 157. — Va en Danemark briguer la puissance royale, *ibid.* — N'ayant pas réussi, il revient s'établir en Frise, 158. — Remonte le Rhin jusqu'à Nuits, 179. — Ravage tout et est forcé par Lothaire à s'en retourner, *ibid.* — Rentre en grâce auprès de Charles le Chauve, 180. — Est expulsé de la Frise, 219. — S'allie avec le roi Charles, 251, 260. — Est tué, 209. — Ses bénéfices sont donnés par Charles le Gros au normand Godefroi, 314 (*Annales de Saint-Bertin*).

Lettres qu'il reçoit d'Hicnmar,

archevêque de Rheims, V, 428 (*Frodoard*).

Ros (Guillaume de). *Voyez* GUILLAUME DE ROS.

ROSELME, commandant de Chiéti. — Est présenté à Charlemagne et exilé, III, 51 (*Annales d'Eginhard*).

ROSINOLO, comte, Croisé. — Marche sous la bannière de Boémond à l'expédition de Terre-Sainte, XVI, 102 (*Guillaume de Tyr*).

ROSSAGNE, comte de Gironne. — Est chargé par le roi Louis du siége de Barcelonne, III, 331 (*Annales de Metz*).

ROSSELÉON, chef turc. — Défend Antioche contre les Croisés, XX, 149. — Coupe le chemin de cette place au port Siméon, 256. — Aveuglé par la fumée l'un des corps des Croisés, 257. — Est battu et s'enfuit, 260 (*Albert d'Aix*).

ROSWIED (Roger de). *Voyez* ROGER.

ROSZELIN D'ESTENTON. — Ses donations à l'abbaye d'Ouche, XXVII, 21 (*Orderic Vital*).

ROTGAIRE. — Est fait comte de Laon, V, 541. — Accompagne le roi Louis d'Outremer dans son expédition contre les grands, qui font le siége de Laon, et est battu, 553 (*Frodoard*).

ROTHADE, évêque de Soissons. — Est excommunié par Hincmar, archevêque de Rheims, IV, 171. — Est déposé, 175, 176. — Est envoyé vers le pape par le roi Charles, 187. — Est mis à la garde de l'évêque du Mans pour être conduit à Rome, 196. — Ne peut traverser les Etats du roi Louis, qui lui refuse le passage, *ibid*. — Reste malade à Besançon, *ibid*. — Passe vers Louis, empereur d'Italie, *ibid*. — Canoniquement dégradé, il est rétabli dans son siége de la seule autorité du pape, 202, 203. — Sa déposition est justifiée par l'archevêque Hincmar, 261 *et suiv*. (*Annales de Saint-Bertin*).

ROTHARD, échanson du duc Godefroi de Bouillon. — Rôle qu'il joue dans la vision de Strabulon, XX, 345 (*Albert d'Aix*).

ROTHARD, évêque de Mayence. — Protége en vain les Juifs contre le comte Emicon et ses croisés, XX, 38 (*Albert d'Aix*).

ROTHARIS. *Voy*. CHROTAIRE.

ROTHOLD, Croisé. — Dangers qu'il court au siége d'Assur, XX, 388 (*Albert d'Aix*).

ROTMUND (le comte). — Est chargé, par l'empereur Louis, d'informer sur les différends qui se sont élevés entre Hériold et les fils de Godefroi, III, 99 (*Annales d'Eginhard*).

ROTROU 1er, comte du Perche. — Fait la paix avec Guillaume le Bâtard, XXVI, 289. — L'accompagne au siége de Regmalard, *ibid*. (*Orderic Vital*).

ROTROU II, comte du Perche. — Se réunit au comte Robert de Normandie, et marche sous ses bannières à l'expédition de Terre-Sainte, XVI, 124. — Prête serment à l'empereur Alexis, 125. — Est investi du commandement du 10e corps de l'armée, lors de la sortie générale de la garnison chrétienne d'Antioche, 327 (*Guillaume de Tyr*).

Sa guerre avec Robert de Belême, XXVII, 335, 371. — Il part pour la Terre-Sainte, 424 (*Orderic Vital*).

Il conspire en vain contre le comte de Bellême, qui vainc l'armée ducale de Normandie, XXVIII, 160. — Epouse Mathilde, fille du roi Henri d'Angleterre, 165, 427. — S'attache à ce prince contre le duc Robert de Normandie, 175, 176. — Fait le siége de Bellême avec le roi Henri, 267, 268. — Réconcilie avec lui son neveu, Richer de L'Aigle, 318. — Sa femme périt dans le naufrage de la *Blanche-Nef*, 360. — Fait un pélerinage à Jérusalem, 424. — Hérite de Geoffroi II, son père, pendant son voyage, *ibid*. — Son retour de la Terre-Sainte, 425. — Marche au secours du roi d'Aragon, *ibid*. — Est trahi et rentre en France, 426. — Réclame en vain, et par la violence, la restitution des terres usurpées sur lui par le comte Robert II de Bellême, 427. — Obtient réparation du roi d'Aragon et marche à son secours contre les Sarrasins, *ibid.* — Concourt à leur défaite, 428. — Assiste à la mort du roi Henri 1er, 461. — Obtient du roi d'Angleterre ce qu'il désire et fait la paix avec lui, 487. — S'empare du fort du Pont-Echenfrei, 523. — Reconnaît l'autorité du comte Geoffroi d'Anjou, à la nouvelle de la bataille de Lincoln, gagnée par la reine Mathilde, sa femme, 531. — Motifs de son mécontentement contre le roi Etienne, 532. — Il traite avec le comte de Leicester, 533 (*Orderic Vital*).

Il épouse une fille naturelle du roi Henri 1er d'Angleterre, qui périt au naufrage de *la Blanche-Nef,* XXIX, 286 (*Guillaume de Jumiége*).

Rotrou III, comte du Perche. — Prend la croix, XI, 72. — Meurt au siége d'Acre, 102 (*Rigord*); XII, 110 (*la Philippide*); XVI, 49 (*Guillaume de Tyr*).

Rotrou de Montfort. — Evacue Saint-Céneri sur le bruit répandu de la mort de Giroie, XXVII, 366. — Se soumet au roi Guillaume le Roux, XXVIII, 35 (*Orderic Vital*).

Rotrude, fille aînée de l'empereur Charlemagne. — Est promise en mariage à l'empereur Constantin, III, 144. — Sa mort, *ibid.* (*Vie de Charlemagne*).

Sa correspondance avec Hincmar, archevêque de Rheims, V, 448 (*Frodoard*).

Rouen, ville de Normandie. — Description de cette ville, XXVI, 315 (*Orderic Vital*).

Rouen (le comte de). — Est tué par le roi Chilpéric, I, 345 (*Grégoire de Tours*).

Roumare (Guillaume de), châtelain de Neuf-Marché. — Est le seul des seigneurs normands qui reste fidèle au roi Henri d'Angleterre, et qui ne prenne point part à la révolte en faveur de Guillaume Cliton, fils de Robert, duc de Normandie, XXVIII, 275, 276, 297. — Accompagne le roi d'Angleterre à la bataille de Breumule, 307. — Echappe au naufrage de *la Blanche-Nef,* en refusant d'y monter, 356. — Se révolte pour Guillaume Cliton contre le roi Henri, qui lui refuse ses terres qu'il réclame, 379, 380. — Se réunit à la Croix-Saint-Leufroi avec les conspirateurs, 381. — Echoue dans ses projets, 406. — Se soumet au roi Henri, 414. — Est chargé, à la mort de ce prince, de la défense des frontières de Normandie, 462. — Reçoit le gouvernement de cette province pendant le voyage du roi Etienne en Angleterre 494. — Se révolte contre ce dernier, et s'empare par surprise de la place de Lincoln, 535 (*Orderic Vital*).

Roure (Host, comte du), est tué à la bataille de Ramla, XXI, 42 (*Albert d'Aix*).

Roussi (Ebble, comte de). *Voy.* Ebble.

Roussillon (Gérard, comte de). *Voy.* Gérard.

Roussillon (Guillaume de). — Conduit cent cavaliers à l'expédition de la Terre-Sainte, XIX, 597 (*Bernard le Trésorier*).

Roussy (Alain de). *Voy.* Alain de Roussy.

Rouvray (Jean). *V.* Jean de Rouvray.

Roville (Herfroi de), dote l'abbaye d'Ouche, XXVI, 30 (*Orderic Vital*).

Roye (Barthélemy de). *Voyez* Barthélemy de Roye.

Rozcelin, vicomte. — Est assiégé dans Beaumont par Geoffroi, comte d'Anjou, XXVIII, 458 (*Orderic Vital*).

Ruald, gouverneur de Dol. — Défend cette place contre le comte Conan de Bretagne, XXIX, 371. — Se plaint des pertes que lui cause le séjour de l'armée normande, 372. — Est indemnisé par le duc, 373 (*Guillaume de Poitiers*).

Ruald de Saint-Evroul. — Est fait prisonnier par le prince Henri et conduit au château de Domfront, XXVII, 339. — Miracle de sa délivrance, 340 (*Orderic Vital*).

RUALOD D'AVRANCHES. — Marche au secours de Breteuil, et contribue à faire lever le siége mis devant cette place par les Français, XXVIII, 315 (*Orderic Vital*).

RUETH (Jacques). *Voy.* JACQUES RUETH.

RUFIN (saint). — Son martyre, V, 605. — Ses miracles, 606 (*Frodoard, Eglise de Rheims*).

RUFIN, comte de Toscane. — Marie sa fille à Guy, fils de Simon de Montfort, comte de Leycester, XIII, 188. — Donne asile à son gendre après l'assassinat du prince Henri, fils de l'empereur Richard, *ibid.* — Sa mort, 203 (*Guillaume de Nangis*).

RUINART (dom). — Fixe l'époque de la mort de Grégoire de Tours à l'année 595, I, xvij. — A donné la seule bonne édition qui existe des œuvres de Grégoire de Tours, xxij (*Notice sur Grégoire de Tours*).

RUMEIX (Bertrand), commandant du Plessis pour le roi d'Angleterre. — Est tué par Hugues de Gournay qui s'empare de cette forteresse, XXVIII, 274 (*Orderic Vital*).

RUMIGNY (Pierre de). — Marche avec Philippe-Auguste contre la ligue du comte de Flandre, XII, 303 (*la Philippide*).

RUPIÈRES (Guillaume de). — Accompagne à l'étranger Guillaume Courte-Hache, révolté contre Guillaume son père, duc de Normandie, XXVI, 371. — Est reçu en grâce, 380. — Est fait prisonnier par Richard de Courci, XXVII, 318 (*Orderic Vital*).

RUPIN, prince d'Arménie. — Accueille et traite honorablement les personnes chassées d'Antioche, XVIII, 388. — Reçoit la ville de Tarse détachée de ses domaines par le prince, 438 (*Guillaume de Tyr*).

RUSTICUS (Decimus). — Devient préfet des Gaules, de maître des offices qu'il était auparavant, I, 66 (*Grégoire de Tours*).

RUSTIQUE, prêtre. — Est nommé évêque de Clermont d'Auvergne, I, 74. — Sa mort, 75. — Circonstances de son élection, *ibid.* — Il concourt à la découverte du corps de saint Victor, II, 173 (*Grégoire de Tours*).

RUTFRIED, notaire et abbé. — Est chargé par Charlemagne de coopérer au rétablissement sur le trône d'Eardulf, roi des Northumbres, en l'île de Bretagne, III, 61 (*Annales d'Eginhard*).

S

SABAUDE, évêque d'Arles. — Avis perfide qu'il donne au comte Firmin qui avait conquis cette ville pour le roi Sigebert, I, 184. — Sa mort, 472 (*Grégoire de Tours*).

SABELLIUS. — Son hérésie, I, 98 (*Grégoire de Tours*).

SABINIEN, 64e pape. — Fait la paix avec les Lombards, XXV, 414. — Ouvre aux Romains les greniers de l'Eglise, *ibid.* (*Orderic Vital*).

SABLÉ (Guy de). — Accompagne la comtesse Mathilde d'Anjou, légitime héritière du royaume d'Angleterre, dans la visite qu'avec la permission du roi Etienne, elle fait des places de son parti dans le royaume, XXVIII, 522 (*Orderic Vital*).

SABRAN (Guillaume de). — Est envoyé de Jérusalem à Jaffa pour donner secours à l'escorte chargée d'amener au camp des approvisionnemens pour les Croisés, XVI, 431. — Dégage dans sa route Guillaume Charpenel, compromis dans un combat avec les Arabes, *ibid.* — Remplit honorablement sa mission, *ibid.* — Entre dans Jérusalem avec le comte de Toulouse, 453 (*Guillaume de Tyr*); XXI, 366 (*Raymond d'Agiles*); XXIII, 454, 455 (*Robert le Moine*); XXVII, 525, 526 (*Orderic Vital*).

SACERDOS, évêque de Lyon. — Sa mort, I, 193 (*Grégoire de Tours*).

SADRÉGÉSILE, duc d'Aquitaine. — Est battu de verges, a la barbe coupée par ordre de Dagobert à qui il avait manqué de respect, II, 276, 277. — Est assassiné, 297. — Ses fils n'ayant pas vengé sa mort, sont dépouillés de l'héritage paternel, *ibid.* (*Grégoire de Tours*).

SAFFARACUS, évêque de Lyon. — Est expulsé de son siège par décision synodiale, I, 193 (*Grégoire de Tours*).

SAFFARIUS, évêque de Périgueux. — Est chargé d'examiner les différends survenus entre les religieuses de Poitiers, II, 65. — Excommunie les dissidentes, *ibid.* — Est battu dans la basilique même, *ibid.* (*Grégoire de Tours*).

SAGITTAIRE, évêque de Gap. — Sa valeur guerrière, I, 201. — Emeute contre lui, lorsqu'il n'était que diacre, 256. — Il est fait évêque de Gap, 257. — Sa conduite, *ibid.* — Il fait maltraiter l'évêque de Saint-Paul-Trois-Châteaux, *ibid.* — Est déposé par les évêques, *ibid.* — Se pourvoit auprès du roi et du pape, *ibid.* — Est rétabli, *ibid.* — Donne satisfaction à l'évêque maltraité, 258. — Ses forfaits, *ibid.* — Il est exilé, 259. — Est mis en liberté, *ibid.* — Continue ses débauches, 260. — Est accusé de nouveau, 264. — Est dépouillé de l'épiscopat et condamné à une prison perpétuelle, *ibid.* — S'échappe et vit errant, 265. — Prend le parti de Gondowald, qui lui promet l'évêché de Toulouse, 400. — Accompagne ce prince à l'armée, 409. — Fait le service militaire dans Comminges, 414. — Consent à abandonner Gondowald, si on lui laisse la vie sauve, 415. — Est assassiné contre la foi promise, 418 (*Grégoire de Tours*).

SAINT-ABRAHAM (Gautier de). *Voy.* GAUTIER.

SAINT-ALDÉMAR (Geoffroi de), l'un des fondateurs et des chevaliers les plus distingués de l'ordre du Temple, XVII, 203 (*Guillaume de Tyr*), XXII, 118 (*Jacques de Vitry*).

SAINT-AMAND, baron d'Aquitaine. — Est fait évêque de Maëstricht sur la recommandation du roi Dagobert 1er, II, 389. — Engage la veuve de Pépin le Vieux à se faire religieuse, 391 (*Vie de Pepin le Vieux*).

SAINT-AMAND (EUDES ou ODON). *Voy.* EUDES.

SAINT-ANGE, Romain, cardinal-légat. — Donne la croix au roi Louis VIII contre les Albigeois, XIII, 135. — Décide ce prince à poursuivre l'œuvre commencée par le comte de Montfort, 270. — L'accompagne dans son expédition en Albigeois, 272. — Est remplacé dans ses fonctions par l'évêque de Tournai, 288 (*Guillaume de Nangis*).

Il est envoyé par le pape comme légat en Albigeois, XV, 361. — Décide le roi Louis VIII à extirper l'hérésie dans ce pays, *ibid.* — L'accompagne dans l'expédition, *ibid.* (*Gestes glorieux des Français*).

SAINT-CHRYSOGONE, cardinal. — Assiège le château de Lavaur et s'en rend maître avant l'arrivée des premiers Croisés en Albigeois, XV, 210 (*Guillaume de Puy-Laurens*).

SAINT-GILLES (Guy de). — Est nommé pape, XIX, 563. — Son histoire, 565 (*Bernard le Trésorier*).

SAINT-HILAIRE (Gérard de). — Défend le château de Vignats contre l'armée normande et la met en fuite, XXVIII, 151, 152 (*Orderic Vital*).

SAINT-JEAN-D'ACRE, ville de Palestine. — Est assiégée; sa description, XIII, 214 *et suiv.* (*Guillaume de Nangis*); XIX, 169 et suiv. (*Bernard le Trésorier*); XXII, 64 (*Jacques de Vitry*).

Saint-Jean (Jean de). *Voy.* Jean de Saint-Jean, p. 178, col. 2.

Saint-Just (Pons de). *Voyez* Pons de Saint-Just.

Saint-Laurent (Guillaume de). — Est tué sous Evreux, XXVIII, 304 (*Orderic Vital*).

Saint-Marcel (Guillaume de). — Est expulsé de Toulouse, XV, 216 (*Guillaume de Puy-Laurens*).

Saint-Michel (Pierre de), chevalier. — Quitte la défense de Cabaret et se rend au comte de Montfort, qui lui donne des terres, XIV, 135 (*Pierre de Vaulx-Cernay*).

Saint-Ouen (Dadon), évêque de Rouen, II, 300 (*Vie de Dagobert*).

Saint-Pair (Richard-Sylvain de). *Voy.* Richard Sylvain de Saint-Pair.

Saint-Paul (Guy II, comte de). — Epouse la fille du comte Henri de Nevers, XIII, 130 (*Guillaume de Nangis*). Est tué d'un coup de pierre au siége d'Avignon, VIII, 378 (*Galbert*).

Saint-Paul (Guy III, comte de). — Défend le comte Jean de Hainaut contre le prince Charles d'Anjou, frère de saint Louis, XIII, 167 (*Guillaume de Nangis*).

Saint-Paul (Guy IV, comte de). — Prend ce titre par échange avec Hugues son frère, XIII, 218. — Se distingue dans la guerre de Philippe le Bel contre le comte de Flandre, 230. — Accuse le pape Boniface VIII devant le roi Philippe le Bel et provoque la convocation d'un concile général, 248 (*Guillaume de Nangis*).

Saint-Paul (Jacques de). *Voy.* Jacques.

Saint-Pol (Enguerrand de), fils du comte Hugues. — Accompagne Godefroi de Bouillon à la croisade, XVI, 78. — Est adjoint au comte son père dans le commandement d'un corps de l'armée des Croisés, lors de la grande bataille d'Antioche, 237. — Meurt au siége de Marrash, 368 (*Guillaume de Tyr*). Concourt au siége de Nicée, XX,

72. — Prend et tue plusieurs Turcs dans une embuscade au siége d'Antioche, 162. — Brave les assiégés, 164. — Sort vainqueur de quelques combats singuliers, 165. — Se distingue à la bataille d'Antioche, 253. — Est tué dans la déroute de Marrash, XXI, 25 (*Albert d'Aix*). Apparaît à Anselme de Ribourgemont la veille du jour où il périt devant Archas, XXI, 324. — Est tué à Marrash, *ibid.* (*Raymond d'Agiles*).

Saint-Pol-de-Léon (Hervée, comte de). — Est pris par ruse et renfermé dans un château, XI, 192. — Est délivré par l'évêque de Léon son fils et par le duc de Bretagne, *ibid.* (*Guillaume le Breton*).

Saint-Pol-de-Léon (Haimond), fils du précédent, évêque de Léon. — Délivre de prison son frère Guidomar qui le chasse de son évêché, XI, 192. — Lui livre bataille et le défait avec le secours du duc de Bretagne, *ibid.* — Est tué après, 193 (*Guillaume le Breton*).

Saint-Pol-de-Léon (Guidomar, vicomte de). — Est pris par ruse et enfermé dans son château, XI, 192. — Est délivré par le duc de Bretagne et par l'évêque de Léon son frère, *ibid.* — Chasse celui-ci de son siége, *ibid.* — Est défait par ses anciens protecteurs, *ibid.* (*Guillaume le Breton*).

Saint-Roman (Pierre de). — Est nommé bailli de la grande confrérie des Croisés à Toulouse, XV, 233 (*Guillaume de Puy-Laurens*).

Saint-Saens (Hélie de), comte d'Arques. — Epouse la fille de Robert, duc de Normandie, et reçoit Arques pour dot, XXVII, 278. — Est chargé par le roi Henri de l'éducation de Guillaume son neveu, fils du duc Robert, son beau-père, XXVIII, 202. — Court après son élève caché par ses amis aux recherches des envoyés du roi d'Angleterre, 255. — Le découvre et l'élève comme son fils, 256. — Accompagne Guillaume Cliton, son neveu, en exil, et partage son indigence, 399. — Reçoit de ce prince, devenu comte de Flandre, le château de Montreuil, 408. — Veille à ses obsèques, 412. — Rentre en grâce auprès du roi d'Angleterre, 413 (*Orderic Vital*).

SAINT-SAUVE (Frédéric de). *Voy.* FRÉDÉRIC DE SAINT-SAUVE.

SAINT-SÉBASTIEN, accusateur du pape Boniface VIII. — Est accusé lui-même par les cardinaux défenseurs du feu pape, XIII, 276 (*Guillaume de Nangis*).

SAINT-SPASSE. — Défend, sous les ordres du comte Baudouin de Toulouse, la citadelle de Montferrand, assiégée par Simon de Montfort, XV, 67 (*Histoire des Albigeois*).

SAINTE-SUZANNE (Hubert de). — Est chassé du Maine par Guillaume le Bâtard, XXVI, 98 (*Orderic Vital*).

SAINT-VALERY (Bernard de). — Prend la croix, XI, 72 (*Rigord*). Monte le premier sur les remparts de Jérusalem, XXIII, 235 (*Raoul de Caen*). Suit le mouvement de Boémond lors de la division de l'armée à deux jours au-delà de Nicée, XXVIII, 443 (*Orderic Vital*).

SAINT-VALERY (Gautier de). — Dote l'abbaye d'Aufai, fondée par son père, XXVII, 30. — Son épitaphe, 36 (*Orderic Vital*).

SAINT-VÉRAN (Everard de). *Voy.* EVERARD.

SAISI (Pierre de). — Reçoit du comte de Montfort Verdun-sur-Garonne, XV, 93 (*Histoire des Albigeois*.)

SAISSAC (Bernard de). — Professe et décide la question de l'hérésie des Albigeois, XIV, 10 (*Pierre de Vaulx-Cernay*).

SALADIN, roi d'Egypte et de Syrie. — Il s'empare des conquêtes et des trophées des Croisés, XI, 70. — Sa mort, 111 (*Rigord*). Il s'empare de Jérusalem et du bois de la vraie croix, XII, 65. — Tue tous les Chrétiens, *ibid.* — Rend aux rois croisés de France et d'Angleterre la place d'Accaron, 105. — Voit égorger douze mille des siens prisonniers, parce qu'il n'a pu exécuter la capitulation, 106. — Entretient avec le roi d'Angleterre des relations suspectes aux Croisés, 109 (*la Philippide*).

Est fait chevalier par Eufride de Tours, XIII, 46. — Tue Molin, roi d'Egypte, et s'empare de son royaume, *ibid.* — Sa vie et sa gloire, 47. — Il épouse la veuve de Noradin de Damas, et soumet tous les royaumes jusqu'au fond de l'Inde citérieure, 48. — Attaque le pays de Jérusalem et est repoussé, 54. — Informé de la rupture de la trêve par le prince d'Antioche, il ravage la Palestine, 59. — Vainc, met en fuite et tue les Templiers pris à l'improviste, 60. — Envahit la Galilée, *ibid.* — Assiége Tibériade, *ibid.* — Livre bataille au roi de Jérusalem, 61. — Le fait prisonnier, *ibid.* — Décapite le prince d'Antioche de sa propre main, 62. — Assiége et prend Ptolémaïs, *ibid.* — Son éloge, 63. — Il s'empare de Béryte et de Sidon, 64. — Prend Ascalon par capitulation et promet de rendre le roi, *ibid.* — Fait le siége de Jérusalem et y entre par arrangement, 65. — Met en liberté le roi Gui de Lusignan, 66. — Fortifie les places enlevées aux Chrétiens, 68. — Assiége Tyr, *ibid.* — Se retire, 69. — S'empare du château de Crac, 70. — Conclut avec les Croisés une trêve de trois ans, 76. — Sa mort, *ibid.* — Disputes pour le partage de ses Etats entre ses fils et son frère, 77 (*Guillaume de Nangis*).

Il combat avec son oncle Syracon, à la bataille de Beben, contre les Chrétiens et les Egyptiens, XVIII, 212. — Est chargé de défendre Alexandrie, tandis que l'armée remonte dans la Haute-Egypte, 216. — Evacue cette place en exécution du traité de paix, 228. — Succède à son oncle dans le gouvernement de l'Egypte, 250. — Tue le calife, *ibid.*

— Lève en Égypte et à Damas des armées nombreuses, 268. — Marche pour détruire le royaume de Jérusalem, *ibid.*—Assiége Daroun, 269. — Prend Gaza, 272. — Retourne en Égypte, 274. — Revient sur Jérusalem, 292. — Entre dans la Syrie, 293, 294.—Ravage le pays, 295. — Remet à son frère le gouvernement de l'Égypte, 314. — Usurpe l'héritage de Noradin, 315.—Continue ses conquêtes, 321. — Bat le prince de Ninive, 323. — S'empare d'Édesse et renvoie le comte de Tripoli en lui rendant les otages chrétiens, *ibid.* — Conclut la paix avec le fils de Noradin, 344. — Descend en Égypte, *ibid.* — Apprend que l'armée chrétienne est vers Antioche, 346. — Marche sur Ascalon, *ibid.* — Rappelle ses détachemens, 351. — Livre bataille au roi Baudouin IV, *ibid.* — La perd et s'enfuit, 353. — Echoue devant le gué de Jacob, 365. — Ravage le pays de Sidon, 366. — Tombe sur l'armée chrétienne qui vient le défendre, etc.; la défait complètement, *ibid. et suiv.* — Prend et rase le fort du gué de Jacob, 371. — Accorde une trève au roi de Jérusalem, 374. — Envahit sans résistance le comté de Tripoli, 375. — Respecte le traité conclu avec le roi, 376. — Renvoie sa flotte et évacue Tripoli, 377. — Laisse passer la ville d'Alep au prince que le fils de Noradin a fait son héritier, 389. — Calme ses inquiétudes sur la destination de la flotte de Sicile, 390. — S'empare de quinze cents pèlerins naufragés devant Damiette, 402. — Fait des demandes exorbitantes au roi de Jérusalem, 403. —Rompt la trève, *ibid.* — Marche sur Damas, *ibid.* — Jette ses alliés sur le royaume de Jérusalem, 405. — Y arrive lui-même sans obstacle, 409, 410. — Livre bataille et la perd, 412. — Se retire, 413. — Fait de nouveaux préparatifs de guerre, 414.—Rassemble ses forces de terre et de mer, 415. — Assiége Béryte, 416. — S'en éloigne après bien des travaux, 420. — Envahit la Mésopotamie, 421. — S'assure cette conquête et revient sur Alep, 436. — S'empare de cette place, 437. — Conclut une trève avec le prince d'Antioche, 438. — Se rend à Damas, 439. — Rentre dans le royaume de Jérusalem, 442. — Retourne dans ses États, 450. — Recrute son armée et reparaît, *ibid.*— Assiége le château de Crac, 452.— Le presse vigoureusement et s'éloigne, 458 (*Guillaume de Tyr*).

Accorde au comte de Tripoli, régent du royaume de Jérusalem, une trève de quatre ans, XIX, 19. Lui promet des secours contre le roi, 49. — Réunit son armée, 51. — Envoie un détachement ravager les terres des Chrétiens sous la conduite de son fils, 53. — Défait les Templiers et les Hospitaliers, 57. — Assiége Tibériade, 67. — Harcèle l'armée chrétienne, 73. — Attaqué par le comte de Tripoli, il lui ouvre un passage, le referme, tombe sur le roi Gui et le fait prisonnier, 87. — Coupe lui-même la tête au prince d'Antioche Renaud de Châtillon, 89.— S'empare de Tibériade, 91. — Occupe Nazareth et Acre, *ibid.* — Se rend devant Tyr, *ibid.* — Accorde à Balian d'Ibelin, un sauf-conduit limité et conditionnel pour se rendre à Jérusalem, *ibid.* —S'empare de Sidon et Botrye, 95. — Marche sur Tyr qui lui est offert, *ibid.* — Apprend que cette place est occupée et sera défendue par le fils du marquis de Montferrat son prisonnier, *ibid.* — L'assiége, lui offre son père et de grands biens, le tout en vain, 101. — Assiége et prend Césarée et Joppé, *ibid.* — Occupe Ascalon par capitulation, *ibid.*—Rend au roi Gui de Lusignan sa liberté, *ibid.*, 159. — S'empare de tous les châteaux des environs 105.—Veut acheter Jérusalem,*ibid.* —Assiége cette place, 107.—Négocie, 115 *et suiv.* — S'en empare, 123. — Sa générosité, 127, *et suiv.* — Il fait conduire les Jérosolimitains jusque sur le territoire de Tripoli, où ils sont dépouillés, 133. — Sa conduite dans Jérusalem, 139. — Il fait le siége de Tyr, 139 *et s.* — Est contraint à le lever, 147. — Informé d'une nouvelle croisade, il fortifie Acre et toutes les villes et châteaux du littoral, 157. — Assiége Tripoli défendu par le *chevalier vert* de Tyr, *ibid.* — Lève le siége, 159. — Prend Valénie et Gibel, 161. — Va assiéger, dans la Roche-Guillaume, un chevalier de la déloyauté duquel il a à se plaindre, *ibid.* — Va assiéger le roi Gui devant Acre, 165. — Rend Acre, par capitulation, aux rois de France et d'Angleterre, 183. — Ne peut retrouver le bois de la croix de Jésus-Christ et la rendre aux termes du traité, 187. — Cause, par son impuissance à remplir sa promesse, la mort de tous les habitans, décapités par ordre des deux rois, *ibid.* — Fait raser Ascalon, *ibid.* — Assiége Jaffa, 191. — S'en empare, 193. — Est repoussé par Richard d'Angleterre, combattant à pied au milieu des siens, *ibid.* — Lui envoie un cheval, *ibid.* — Va au-devant de l'armée chrétienne qui arrive sur Jaffa par terre et lui cause un grand dommage, *ibid.* — Convient d'une trève avec Henri de Champagne, nouveau roi de Jérusalem, 207. — Prend pitié des seigneurs chrétiens et leur donne des terres, 209. — Sa mort, 221. — Son testament, *ibid.* (*Bernard le Trésorier*).

Son éloge, XXII, 235. — Il s'empare du royaume de Damas, d'Alep, et de presque toute la Mésopotamie, 236. — S'allie avec le comte de Tripoli contre Gui de Lusignan, roi de Jérusalem, 241. — Traverse le territoire de Tripoli, 242. — Enveloppe les Templiers près d'Acre et les défait complètement, *ibid.* — Assiége Tibériade, 243. — Livre bataille et détruit entièrement l'armée chrétienne, 244. — Prend Acre, Béryte, Biblios, Jérusalem, 245. — Occupe Ascalon, sous la condition de rendre à la liberté le roi Gui, son prisonnier, 246. — Conquiert toute la principauté d'Antioche (la ville et le château exceptés), 247. — Investit la ville de Tyr, *ibid.* — Lève le siége, 248. — Soumet la Syrie presqu'entière, *ibid.* — Sa puissance, 249. — Il harcèle la faible armée de Chrétiens qui fait le siége d'Acre sous les ordres du roi de Jérusalem, 252. — Ses dispositions contre l'invasion de l'empereur Frédéric, 256. — Il fait démanteler les villes maritimes à la nouvelle de la prise d'Acre, 258. — Assiége Joppé, rebâti par le roi Richard d'Angleterre, *ibid.* — Est forcé à faire retraite, *ibid.* — Livre bataille au roi d'Angleterre et au duc de Bourgogne près d'Assur, 260. — Est battu et se retire à Jérusalem, *ibid.* — Conclut une trève avec le roi Richard, 262. — Condition d'icelle, 263. — Sa mort, 264. — Division de ses successeurs, *ibid.* (*Jacques de Vitry*).

SALERNE. *Voy.* CHARLES.

SALISBURI (le comte de). — Il est tué à la Massoure, XIX, 547 (*Bernard le Trésorier*). *Voy.* GUILLAUME-LONGUE-ÉPÉE, comte de Salisbury.

SALISBURY (Edouard de). *Voy.* EDOUARD DE SALISBURY.

SALISBURY (Eldon de). *Voy.* ELDON DE SALISBURY.

SALLUSTE, fils d'Evodo. — Est créé comte d'Auvergne par le prince Chramme, gouverneur du pays, I, 164 (*Grégoire de Tours*).

SALOMON, comte de Bretagne. — Déclare la guerre à Pierre, duc de cette province, XII, 365. — Ses motifs, *ibid.* (*la Philippide*).

SALOMON, duc de Bretagne. — Est institué par le roi Charles, IV, 152. — Tue le duc Hérispoé, 162. — Perd l'alliance du comte Robert et acquiert celle des comtes Geoffroi et Godefroi, 171. — S'unit aux Normands de la Seine, 174. — Confie une armée à Louis, fils du roi Charles, qui la fait battre par le comte Robert, 175. — Fait la paix avec Charles le Chauve, 180. — Lui paie son tribut annuel, 197. — Obtient de lui le comté de Cotentin,

219, 220. — Fait dire au roi que sa présence n'est pas nécessaire pour vaincre les Normands et qu'il lui suffit de quelques secours, 233. — Conclut la paix avec les Normands, 249.—Aide le roi Charles le Chauve au siége d'Angers, 270.—Lui envoie son fils Wigon qui lui jure fidélité, ibid. — Est poursuivi par les principaux seigneurs bretons, 273. — Se réfugie dans un monastère, ibid.— Est trahi et livré aux Francs, qui lui crèvent les yeux et le tuent, ibid. (*Annales de Saint-Bertin*).

SALOMON, gouverneur de Dol. — Est battu et mis à mort par les armées combinées de Suède et de Norwége, XXIX, 126 (*Guillaume de Jumiége*).

SALONE, évêque d'Embrun. — Sa valeur guerrière, I, 202. — Emeute contre lui, n'étant que simple diacre, 256. — Il est fait évêque d'Embrun, 257.—Sa conduite,*ibid.*—Il fait maltraiter l'évêque de Saint-Paul-Trois-Châteaux, *ibid.*—Est déposé par les évêques, *ibid.*— Se pourvoit auprès du roi et du pape, *ibid.*— Est rétabli, *ibid.*—Donne satisfaction à l'évêque maltraité, 258.—Ses forfaits, *ibid.*— Il est exilé, 259.—Est remis en liberté, *ibid.*— Continue ses débauches, 260. — Est accusé de nouveau, 264.— Est dépouillé de l'épiscopat, *ibid.* — Est condamné à une prison perpétuelle, *ibid.* — S'en échappe et vit errant, 265 (*Grégoire de Tours*).

SALTON. — Est prié d'envoyer du secours contre Toulouse, occupé par le comte Raimond VI, XV, 172, 173. — Arrive, voit les choses et se retire, 179 (*Histoire des Albigeois*).

SALVAGNAC (Raymond de). *Voyez* RAYMOND DE SALVAGNAC.

SAMAROS (Burguet de). — Est chargé par le roi d'Aragon du gouvernement de Toulouse, XV, 240 (*Guillaume de Puy-Laurens*).

SAMATAN (Guiraud de).—Défend Marmande contre Amaury de Montfort, XV, 191. —Repousse l'assaut, 195.—Se rend au prince Louis, fils de Philippe-Auguste, 196 (*Histoire des Albigeois*).

SAMON, Franc et marchand. — Est choisi pour roi par les Wenèdes, II, 196, 197. — Laisse tuer des négocians francs, 210.—Refuse une satisfaction qui lui est demandée avec insolence par l'ambassadeur de Dagobert, 211.—Défait les armées de France, 212. — Donne des lois aux Sorabes, *ibid.* — Continue la guerre contre les Francs, 217 (*Chronique de Frédégaire*).

Est élu roi des Wenèdes, II, 291. — Rançonne les marchands francs, *ibid.*--Refuse de recevoir l'envoyé de Dagobert, qui parvient pourtant à s'introduire, *ibid.*—Fait la guerre et est battu, 292 (*Vie de Dagobert*).

SAMSADOL ou SAMSADON, fils du gouverneur d'Antioche.—Il rachète sa mère et ses enfans prisonniers de Guillaume, noble croisé de Toulouse, XVI, 361, (*Albert d'Aix*).

Il défend Antioche contre les Croisés, XX, 149.—Prend des précautions pour la sûreté de la place, 175. — Est envoyé par le duc d'Antioche, son père, solliciter les secours du roi du Khorazan contre les Croisés, 193. — Défend la forteresse contre les Croisés assiégés dans la ville, 228, 254. — Donne avis par des signaux des mouvemens des Croisés, *ibid.* — Evacue la citadelle, 268 (*Guillaume de Tyr*).

Ses conventions avec le général persan sous Antioche, XXIII, 394 (*Robert le Moine*).

Va solliciter du secours pour Antioche assiégé par les Croisés, XXIV, 38, 39 (*Foulcher de Chartres*).

Se rend, après la prise d'Antioche, auprès du général persan et lui livre la citadelle, XXVII, 472 (*Orderic Vital*).

SAMSEDOL, frère de Saladin, gouverneur de Damas. — Attaque les armées réunies du roi de Jérusalem et du comte de Tripoli et se retire dans les montagnes, XVIII, 327 (*Guillaume de Tyr*).

SAMSON, archevêque de Rheims. — Prétend, à propos du sacre de la reine Constance, fait à Orléans par l'archevêque de Sens, que le couronnement des rois et reines de France lui appartient exclusivement, XIII, 39. — Est réfuté par Ives, évêque de Chartres, *ibid.* (*Guillaume de Nangis*).

SAMSON, courrier de la reine Mathilde. — Se réfugie dans l'abbaye d'Ouche pour conserver ses yeux que le roi Guillaume veut lui faire arracher, XXVI, 373 (*Orderic Vital*).

SAMSON, le plus jeune des fils du roi Childéric et de Frédégonde. — Meurt en bas âge, I, 261. — Sa mère tente de le faire périr, *ibid.* (*Grégoire de Tours*).

SAMSON DE BAYEUX, chapelain du roi Guillaume de Normandie. — Refuse l'évêché du Mans, XXVI, 241 (*Orderic Vital*).

SANCERRE (Dreux de Meulan, comte de). *Voyez* DREUX DE MEULAN.

SANCERRE (Etienne de). *Voyez* ETIENNE DE SANCERRE.

SANCHE (Guérin). — Contribue à battre les Sarrasins en Espagne sous Alphonse 1er, XXVIII, 428 (*Orderic Vital*).

SANCHE, comte de Gascogne. — Fait prisonnier le prince Pépin, fils du roi Pépin d'Aquitaine, IV, 152. — Le fait tondre et renfermer à Soissons, *ibid.* (*Annales de Saint-Bertin*).

SANCHE, roi de Castille. — Sa mort, XIII, 225. — Ses enfans, nés d'une religieuse qu'il avait épousée, sont mis sous la tutelle de Henri d'Espagne, long-temps prisonnier en Sicile, *ibid.* (*Guillaume de Nangis*).

SANCHE, roi d'Espagne. — Son fils Ferdinand, légitimé par le pape, lui succède, XIII, 241. — Alphonse et Fernand son frère, petits-fils de saint Louis, s'opposent à cette succession, *ibid.* (*Guillaume de Nangis*).

SANCION (Loup). *Voyez* LOUP SANCION.

SANCY (Gilles de), Croisé. — Arrive à Acre avec quatre cents arba-

létriers, XIX, 595 (*Bernard le Trésorier*).

SANGUIN. *Voyez* RONOAN.

SANILA, comte. — Accuse le comte Bera de Barcelonne d'infidélité envers l'empereur Louis, III, 363; IV, 77. — Combat le jugement de Dieu, *ibid.* — En sort vainqueur, *ibid.*; IV, 80. — Est fait prisonnier dans Châlons par Lothaire, III, 399. — Est décapité, *ibid.*, 441 (*L'Astronome, et Ermold le Noir*).

SAPHADIN, frère de Saladin. — Il conclut une trêve avec Amaury, roi de Chypre et de Jérusalem, XIX, 235 (*Bernard le Trésorier*). Son histoire, sa famille, sa puissance, XXII, 313. — Topographie et mœurs des pays sous sa domination, *ibid. et suiv.* — Sa mort, 349 (*Jacques de Vitry*).

SARCELLES (Jean de). *Voyez* JEAN DE SARCELLES.

SAREPONT, capitaine. — Débarque l'armée des Croisés devant le port de Damiette, XXII, 339 (*Jacques de Vitry*).

SAREPTA. — Situation et histoire de cette ville, XXII, 80 (*Jacques de Vitry*).

SARGINES (Geoffroi de). *Voyez* GEOFFROI DE SARGINES.

SARRASINS. *Voyez* MAURES.

SATURNIN (saint), évêque de Toulouse. — Subit le martyre, sous le règne de l'empereur Dèce, I, 23 (*Grégoire de Tours*).

SAUGEY (Hugues de). *Voyez* HUGUES DE SAUGEY.

SAURE ou SAUVE (saint), évêque d'Albi. — S'oppose à la suppression des personnes de la Trinité que le roi Chilpéric veut désigner sous le nom de DIEU, I, 289. — Quitte le monde et entre dans un couvent, 372. — En est fait abbé, *ibid.* — Ses vertus, 373. — Sa mort, *ibid.*, 452. — Sa résurrection, *ibid.* — Ses discours 374, 375. — Il est élu évêque d'Alby, 376. — Ses bienfaits, 377 (*Grégoire de Tours*).

SAUTERELLES. — Combat entre deux armées de ces insectes, I, 174 (*Grégoire de Tours.*)

Sauve (Pierre Bernard de). — Se rend au concile général convoqué à Rome par le pape, XV, 252. — Y fait valoir les droits de sa femme, fille aînée du comte de Toulouse, *ibid.* (*Guillaume de Puy-Laurens*).

Savar (Chawer), gouverneur d'Egypte. — Est expulsé et dépouillé du gouvernement de l'Egypte par Dargan, XVIII, 170. — S'allie avec Noradin, *ibid.* — Entre en Egypte, 172. — Attaque Dargan qui meurt au sein de la victoire, *ibid.* — S'empare du Caire et fait périr ses ennemis, *ibid.* — Demande et obtient l'alliance du roi Amaury pour chasser Syracon, 173. — Est rétabli dans son gouvernement, 180. — S'étonne de l'arrivée imprévue du roi de Jérusalem, 186. — Met toutes les richesses de l'Egypte à sa disposition, 187. — Fait alliance avec lui, 191. — S'engage à lui payer tribut, *ibid.* — Soumet le traité à la ratification du calife, 192. — Le lui fait approuver, 196. — Agrée les propositions de paix présentées par son ennemi Syracon et sanctionnées par le roi de Jérusalem, 226. — Est attaqué par le roi Amaury, au mépris de l'alliance, 240. — Négocie avec lui et traite avec Noradin, *ibid.* — Délivre son fils et son neveu faits prisonniers à Péluse, 243. — Amuse le roi en lui promettant des sommes considérables qu'il est bien résolu à ne pas donner, 244. — Recrute activement son armée, *ibid.* — Le force à rétrograder sur Péluse, 246. — Reçoit les secours amenés par Syracon, 248. — Est assassiné, *ibid.* (*Guillaume de Tyr*).

Savari de Chama. — Reçoit du roi Henri 1er d'Angleterre le couvent d'Almenêches, en récompense de ses services militaires, XXVIII, 158 (*Orderic Vital*).

Savary de Mauléon. — Il est attaqué et défait par Clément et Guillaume des Roches, généraux de Philippe-Auguste, XI, 178 (*Rigord*).

Il soutient contre Louis VIII le siège de Niort, XI, 367. — Est fait prisonnier sur parole, *ibid.* — Se retire à La Rochelle, où il est assiégé par le roi, *ibid.* — Echappe aux Anglais, 372. — Se soumet, *ibid.* (*Vie de Louis VIII*).

Se range sous les bannières du comte Arthur de Bretagne, XII, 162. — Combat en Poitou l'armée de Philippe-Auguste, 224. — Ramène les fuyards à l'ennemi, 226. — Est mis en fuite, *ibid.* — Se représente et est battu, 247. — Jure d'aider Philippe-Auguste dans sa guerre contre les coalisés, 260. — Est chargé de conduire la flotte vers Dam, 264. — S'empare de cette ville et la pille au mépris du traité, 269 (*la Philippide*).

Est vaincu par le maréchal Guillaume des Roches, XIII, 99. — Défend Niort contre le roi Louis VIII, 133. — Lui rend cette place et conserve sa liberté, *ibid.* — Défend La Rochelle contre le même prince, *ibid.* — Lui rend la ville et se retire avec les Anglais, *ibid.* — Les quitte et se soumet au roi de France, 134 (*Guillaume de Nangis*).

Son portrait, XIV, 161. — Il vient, sur les ordres du comte de Toulouse, assiéger dans Castelnaudary le comte Simon de Montfort, *ibid.* — Tente de s'emparer de la place pendant la bataille livrée au comte de Foix, 173 (*Pierre de Vaulx-Cernay*).

Marche au secours du comte de Toulouse assiégé par le légat et le comte de Montfort, XV, 60. — Reste presque seul au camp pendant le combat livré aux Bordes par le comte de Foix, 81. — Empêche de lever le camp, 85 (*Histoire des Albigeois*).

Arrive au secours de l'armée chrétienne au siège de Damiette, XXII, 368 (*Jacques de Vitry*).

Saverdun. — Prise de cette place par les croisés albigeois, XIV, 201 (*Pierre de Vaulx-Cernay*).

Saxe (Albert, duc de). — Marche contre Philippe-Auguste, XII, 301. — Est battu à la bataille de Bovines, *ibid.* (*Guillaume le Breton*).

SAY (Enguerrard de). — Obtient un léger avantage dans une rencontre avec un parti des seigneurs normands révoltés contre Etienne, roi d'Angleterre, XXVIII, 509. — Reste fidèle à ce prince et est fait prisonnier avec lui à la bataille de Lincoln, 529 (*Orderic Vital*).

SGANDALION (Guy de). — Est chargé par son cousin, le connétable Honfroi de Thoron, de défendre la ville de Panéade, XVIII, 112. — Soutient le siége mis devant cette place par Noradin, *ibid*. — Est délivré par la venue des princes chrétiens, 113 (*Guillaume de Tyr*).

SCAPHTAIRE. — Tire par ruse et par force le comte Firmin d'Auvergne et sa belle-mère de l'église où ils s'étaient réfugiés, I, 164, 165 (*Grégoire de Tours*).

SCITELLE (Toustain). *Voy.* TOUSTAIN.

SCLADÉMAR, duc. — Ses succès contre les Normands, VI, 59. — Il est tué, *ibid*. (*Abbon, Siége de Paris*).

SCLAOMIR, roi des Obotrites. — Se révolte contre l'empereur Louis qui lui avait enjoint de partager l'autorité royale avec Ceadrag, fils de Thrasicon, ancien roi, III, 80. — S'allie avec les fils du feu roi Godefroy de Danemark, *ibid*. — Pousse ses forces jusqu'au château d'Esselfeld, *ibid*. — Ravage le pays et se retire, 81. — Est fait prisonnier et envoyé à l'empereur, 83. — Est déposé et exilé, 84, 360. — Obtient la permission de retourner dans sa patrie, 92. — Sa mort, *ibid*. (*Annales d'Eginhard*).

SCROPHA (Gérard). *Voy.* GÉRARD.

SECONDIN. — Est ordonné évêque de Lyon, II, 173 (*Chronique de Frédégaire*).

SECONDIN, ministre du roi Théodebert. — Son différend avec le ministre Astériole, I, 147. — Il est battu à belles mains, *ibid*. — Obtient du roi que son collègue lui sera subordonné, 148. — Le fait dépouiller de ses dignités, *ibid*. — Il meurt empoisonné, 149 (*Grégoire de Tours*).

SEGUIN DE BOLOGNE. — Défend Chasseneuil contre les Croisés, et rend cette place par capitulation, XV, 16 (*Histoire des Albigeois*).

SÉGURD, roi de Norwége. — Sa naissance, XXVIII, 20. — Il assiége Tyr par mer, 21. — Epouse une princesse russe, *ibid*. — Sa puissance, *ibid*. (*Orderic Vital*).

SEGURET (Guiraud de). — Attaque avec fureur le jeune comte de Toulouse, XV, 194. — Est fait prisonnier et pendu, *ibid*. (*Histoire des Albigeois*).

SÉHER DE MALMÉDY. — Est chargé par le roi Amaury d'obtenir des Templiers satisfaction pour le meurtre de l'envoyé du prince des Assissins, tué par un chevalier de cet ordre, XVIII, 299 (*Guillaume de Tyr*).

SELJOUK. *Voyez* TOGRUL-BEY.

SENATOR. — Des diverses significations de ce mot dans Grégoire de Tours et les écrivains de cette époque, I, 24 *à la note* (*Grégoire de Tours*).

SENCION. — Quitte L'Aigle, occupé par Louis le Gros, et reste fidèle au roi Henri d'Angleterre, XXVIII, 279 (*Orderic Vital*).

SENINI (Jean de). *Voy.* JEAN DE SENINI.

SENLIS (Guy de). — Donne Popa, sa fille, en mariage à Rollon, duc des Normands, XII, 220 (*la Philippide*).

SENLIS (Guy de). — Est fait prisonnier par Mathieu de Beaumont, sous Louis le Gros (*Suger, Vie de Louis le Gros*).

SENLIS (Bernard, comte de). *Voy.* BERNARD.

SEPTIME-SÉVÈRE, empereur. — Principaux événemens de son règne, XXV, 112 (*Orderic Vital*).

SEPTIMINE, gouvernante des enfans de Théodebert. — Est convaincue d'avoir fait périr son mari par maléfices, et d'avoir conspiré contre la reine avec son amant, II, 55. — Son supplice, 56 (*Grégoire de Tours*).

SEPTOEIL (Amaury de). — Ravage la Normandie avec le roi d'Angleterre Guillaume le Roux; insulte toutes les places et n'en prend aucune, XXVIII, 20 (*Orderic Vital*).

SÉRANS (Godefroi de). — Reste avec le roi Louis VI à Andely, XXVIII, 293. — Est excommunié par l'archevêque de Rouen, *ibid.* — Force les Anglais à se retirer, 308. — Est repoussé, *ibid.* (*Orderic Vital*).

SÉRANS (Richard de). *Voyez* RICHARD DE SÉRANS.

SERGE, bibliothécaire. — Est envoyé auprès de l'empereur Louis par le pape, pour le justifier du supplice infligé à deux de ses légats, III, 75, 98, 370. (*Annales d'Éginhard, et Vie de Charlemagne*).

SERGE, évêque de Constantinople. — Renouvelle l'hérésie des Acéphales, XXV, 139 (*Orderic Vital*).

SERGE 1er, pape. — Réunit le plus grand nombre de voix sur trois candidats à la papauté, XXV, 421. — Soumet l'un d'eux, qui veut le dépouiller de la thiare à force ouverte, *ibid.* — Refuse de souscrire le concile de Constantinople, 422. — Est conservé contre les violences de Justinien II, *ibid.* — Ses décrets, *ibid.* (*Orderic Vital*).

SERGE II, 101e pape. — Son élection, IV, 135. — Il convient avec Lothaire qu'à l'avenir aucun pape ne sera consacré sans les ordres de l'empereur, *ibid.* (*Annales de Saint-Bertin*). Est troublé par un intrus, XXV, 434. — Sacre roi des Lombards Louis, fils de Lothaire, dont les troupes font, en Italie, un carnage épouvantable, *ibid.* (*Orderic Vital*).

SERGE, sacristain. — S'empare de la ville de Rome, XXV, 430. — Périt dans les embûches du roi Didier, *ibid.* (*Orderic Vital*).

SERLON, évêque de Séez. — Fuit jusqu'en Angleterre la tyrannie de Robert de Bellême, XXVIII, 169. — Va au-devant du roi Henri, et prêche dans Carentan contre le duc Robert de Normandie, 179 *et suiv.* — Tonne contre le luxe des cheveux et coupe lui-même ceux du roi d'Angleterre et des principaux seigneurs de sa cour, 184. — Ses dernières dispositions, 382. — Sa mort, 385. — Ses obsèques, *ibid.* (*Orderic Vital*).

SERLON D'ORGÈRES. — Donne ses biens à l'Eglise et se fait moine, XXVI, 385 (*Orderic Vital*).

SERMIN (Bonaple de). — Marche au secours de Tancrède à Antioche, XXI, 172 (*Albert d'Aix*).

SERRELONGUE (Bernard-Hugues de). — Prend parti avec le vicomte de Béziers et envahit les terres du roi, XV, 296. — Met le siége devant Carcassonne, 297. — Le lève et se retire à Montréal, 298. — En sort par capitulation, 299. — Se ligue avec Trencavel de Béziers contre Louis IX, 374. — Fait la paix, 375 (*Guillaume de Puy-Laurens*).

SERVAT, ambassadeur du roi Dagobert. — Conclut avec l'empereur Héraclius une paix éternelle, II, 206. — Est envoyé auprès de l'empereur Honorius, 290. — Son retour, *ibid.* (*Vie de Dagobert*).

SÉULPHE, archevêque de Rheims. — Est promu à cette dignité sous la condition que son siége sera assuré à Hugues, fils d'Héribert, V, 538. — Obtient le pallium, *ibid.* — Meurt empoisonné, 539 (*Histoire de l'Eglise de Rheims*). Concourt avec le roi Rodolphe à la dévastation de la Normandie, VI, 78. — Transmet au roi, alors en Lorraine, les propositions de paix des Normands, 79 (*Chronique de Frodoard*).

SEVER, évêque de Rouen. — Distique héroïque en son honneur, XXVI, 327. — Sa vie, *ibid.* — Principaux événemens de son épiscopat, *ibid.* (*Orderic Vital*).

SÉVÉRAC (Guy). — Est fait chevalier par le comte de Toulouse, XV, 308 (*Guillaume de Puy-Laurens*).

SÉVÈRE. — Accusé, il se rend près du roi Gontran, est dépouillé en chemin, est exilé et meurt malheureusement, I, 263 (*Grégoire de Tours*).

SÉVÈRE (Alexandre), empereur. — Principaux événemens de son règne, XXV, 114 (*Orderic Vital*).

SÉVÈRE II, empereur. — Principaux événemens de son règne, XXV, 119 (*Orderic Vital*).

SEVERIN, 70ᵉ pape. — Sa douceur et sa libéralité, XXV, 416 (*Orderic Vital*).

SEVIN, archevêque de Sens. — Refuse d'adhérer à la déposition d'Arnoul, archevêque de Rheims, prononcée dans un concile assemblé par Hugues Capet, XXV, 161; XXVII, 132. — Tient un concile qui rétablit Arnoul, 133. — Restaure le couvent de Melun, *ibid.* (*Orderic Vital*).

SIAGRIUS, évêque. — Fait nommer Virgile à l'évêché d'Arles, II, 38 (*Grégoire de Tours*).

SIBOR, évêque d'Evreux. — Echappe à la mort que lui destine Rollon lors du sac de cette ville, XXIX, 47 (*Guillaume de Jumiège*).

SICARD, vicomte de Lautrec. — Recueille les défenseurs fugitifs de Lavaur, repris par le comte de Toulouse, XV, 266 (*Guillaume de Puy-Laurens*).

SICARD D'AIDIE. — Va joindre le jeune comte de Toulouse au siége de Beaucaire, XV, 138 (*Histoire des Albigeois*).

SICARD D'ALAMAN. — Est fait chevalier par le comte de Toulouse, XV, 308 (*Guillaume de Puy-Laurens*).

SICARD DE MONTAUT. — Est renversé au combat de Basiége par le comte de Toulouse, et relevé du champ de bataille par les siens, XV, 263 (*Guillaume de Puy-Laurens*).

SICARD DE PUY-LAURENS. — Abandonne son château à la nouvelle de la prise de Lavaur par les Croisés, et se réfugie à Toulouse, XIV, 147. — Reprend Puy-Laurens par trahison, *ibid.* (*Pierre de Vaulx-Cernay*).

Se distingue au combat des Bordes contre les Croisés, XV, 84. — Concourt à la défense de Toulouse, assiégé par le fils de Philippe-Auguste, 200 (*Histoire des Albigeois*).

SICARD DE TORNADES, Croisé. — Est tué au combat de La Salvetat, XV, 168 (*Histoire des Albigeois*).

SICARD LE CELLERIER, hérésiarque. — Sa dispute contre l'évêque d'Alby, XV, 212 (*Guillaume de Puy-Laurens*).

SICHAIRE, ambassadeur. — Est chargé par le roi Dagobert de demander justice à Samon, roi des Wenèdes, II, 210, 291. — S'acquitte insolemment de sa mission, 211. — Est chassé, 292. — Guerre qui suit la rupture, 311 (*Chronique de Frédégaire*, et *Vie de Dagobert*).

SICHAIRE, duc. — Marche sur Poitiers et s'en empare pour le roi Gontran, I, 385. — Allume dans Tours la guerre civile, 422. — Tue Austrégésile et sa famille, 423. — Est admis à composition, *ibid.* — Perd tous ses biens, *ibid.* — Se réconcilie avec Chramnisinde dont il a tué tous les parens, II, 24. — Périt sous les coups de son nouvel ami, 25. — Son caractère, 26 (*Grégoire de Tours*).

SICHILDE. — Epouse le roi Clotaire dont elle a Charibert, II, 276 (*Vie de Dagobert*).

SICILE (Charles, roi de). *Voy.* CHARLES.

SICON. *Voy.* SIGGON.

SIDOC, évêque d'Eause. — Accusé d'avoir trempé dans la rébellion des Gascons, est exilé, II, 201 (*Frédégaire*).

SIDOINE, ancien préfet de Rome. — Est fait évêque d'Auvergne, I, 79. — Son mariage, *ibid.* — Son éloquence, sa sainteté, sa charité, *ibid.* — Chagrins que lui cause sa femme, *ibid.* — Persécutions qu'il éprouve, 80. — Sa maladie, 81. — Punition miraculeuse de ses persécuteurs, *ibid.*, 82. — Famine pendant son épiscopat, 83 (*Grégoire de Tours*).

SIDON. — Description de cette ville, XXII, 65 (*Jacques de Vitry*.)

SIDON (Balian de). *Voyez* BALIAN.

SIDON (Gérard de). — Epouse Agnès de Bures, veuve de Rainier Brus, seigneur de Panéade, XVII, 357. — Se réunit à l'assemblée de Saint-Jean-d'Acre pour délibérer sur les moyens d'agrandir le royaume de Jérusalem, XVIII, 3. — Accompagne le roi au siège d'Ascalon, 50. — Est chargé du commandement de la flotte, 53. — Se porte au-devant de l'armée navale des Egyptiens et s'enfuit sans combattre, 57 (*Guillaume de Tyr*).

SIDON (Balian de). — Réclame le serment de l'empereur Frédéric II aux institutions du royaume de Jérusalem, et la restitution des biens de Jean d'Ibelin, XIX, 451. — Est sommé par le roi Henri de donner secours à celui-ci, 461. — Court d'Acre joindre le roi de Chypre, surpris sur les hauteurs de Tyr, 469. — Marche avec de nouveaux renforts contre les Turcs à Gaza, 501 (*Bernard le Trésorier*).

SIDON (Jean de). *Voyez* JEAN DE SIDON.

SIDONIE, femme de Mummole. — Est livrée au roi Gontran, II, 166 (*Frédégaire*).

SIEGFRIED, neveu de Godefroi de Danemark. — Elève des prétentions au trône des Danois après la mort du roi Henning, III, 68. — Engage un combat avec Anul, son concurrent, *ibid*. — Tous deux sont tués, *ibid*. (*Annales d'Eginhard*).

SIEGFRIED, roi des Danois. — Accueille Witikind, chef des Saxons-Westphaliens, fuyant devant Charlemagne, III, 19. — Envoie des ambassadeurs à Charlemagne, 24 (*Annales d'Eginhard*).

SIEGMAR, Croisé. — Repousse l'ennemi qui s'était déjà emparé de l'une des trois tours d'Antioche, XVI, 306 (*Guillaume de Tyr*).

Est tué d'un coup d'épée, *ibid.*; XX, 237 (*Albert d'Aix*).

SIEGWIN, duc de Gascogne. — Est fait comte de Bordeaux, III, 322. — Sa destitution, 76. — Troubles à cette occasion, *ibid*. — Leur répression, 77 (*Annales d'Eginhard*).

Son châtiment, 351 (*l'Astronome*).

SIGAIRE, comte. — Résiste au patrice Mummole sous Poitiers et est vaincu, I, 206 (*Grégoire de Tours*).

SIGEBERT, évêque de Mayence. — Engage le roi Childebert à passer par cette ville, II, 42. — Obtient sa demande, *ibid*. (*Grégoire de Tours*).

SIGEBERT, moine de Gemblours. — Terme de ses travaux historiques, XIII, 1 (*Guillaume de Nangis*).

SIGEBERT Ier, roi d'Austrasie, fils du roi Clotaire et d'Ingonde, I, 153. — S'unit à ses deux frères pour avoir sa part du royaume de Clotaire, envahi par Chilpéric, 176. — Obtient l'ancien royaume de Théodoric, capitale Rheims, *ibid*. — Est attaqué par les Huns et les met en fuite, *ibid*. — Voit envahir ses Etats par Chilpéric, 177. — Fait son fils prisonnier, *ibid*. — Bat le père et renvoie le fils, *ibid*. — Epouse Brunehaut, fille d'Athanagild, roi d'Espagne, 181. — Marche de nouveau contre les Huns, 183. — Est vaincu par la magie, *ibid*. — Fait prisonnier, il conclut la paix et revient comblé de présens, *ibid*. — Envoie, pour s'emparer d'Arles, une armée d'Auvergnats, sous les ordres du comte Firmin, 183, 184. — Désastres de cette expédition, *ibid*. — Il reçoit Avignon de son frère Gontran, 185. — Marie sa fille à l'un des fils de Leuvigild, roi d'Espagne, 196. — Envoie à l'empereur Justin deux ambassadeurs, qui demandent la paix et l'obtiennent, 197. — Donne un établissement aux Saxons, 202, 203. — D'accord avec Gontran, il choisit Mummole pour remettre sous leur puissance la Touraine et le Poitou, usurpés par Chilpéric, 206. — Conquiert ces deux provinces, *ibid.* — Il accorde ses bonnes grâces à Andarchius, 207. — Nouvelles brouilles avec le roi Gontran, 209. — Assemblée d'évêques, qui ne peut apaiser la querelle, *ibid.* — Voit ses villes envahies de nouveau par Chilpéric, 209. — Est battu à Poitiers, 210. — Dévastation générale, *ibid.* — Réflexions à ce sujet, *ibid.* — Il appelle à son aide les nations d'outre-Rhin, 211. — S'unit avec Gontran et le détache de son alliance avec Chilpéric, 212.—Poursuit ce dernier, obtient la restitution des villes envahies, et fait la paix sans combat, *ibid.* — Apprenant la nouvelle alliance formée contre lui par Gontran et Chilpéric, il appelle encore les peuples d'outre-Rhin à son secours, 213.—Marche sur Paris, tandis que Chilpéric s'empare de Rheims, *ibid.* —Envoie deux chefs en Touraine, qui lèvent une armée et battent Théodebert, *ibid.* — Fait la paix avec Gontran, *ibid.*—Le fait tondre et l'exile, *ibid.* —S'empare de Rouen, 214. — Veut céder cette ville aux étrangers,*ibid.*— En est empêché par les siens, *ibid.*— Revient à Paris où Brunehaut vient le trouver,*ibid.*—Ecoute les demandes des Francs, qui veulent abandonner Chilpéric, *ibid.* — Marche pour l'assiéger dans Tournai, *ibid.*—Est assassiné par deux serviteurs de Frédégonde, *ibid.*, 219. — Son fils Childebert lui succède, 215. — Méconnaît Gondowald pour le fils de Clotaire et l'exile à Cologne, 336 (*Grégoire de Tours*).

SIGEBERT II, roi d'Austrasie.—Sa naissance, II, 205, 289, 290.—Il va avec Pépin trouver le roi Charibert qui le présente au baptême, 206.— Est établi roi d'Austrasie, 217. — Commencement de la révolte du duc de Thuringe, 218. — Il assemble une armée pour le réduire, 225. — Emporte son camp, 226.—Perd complètement la bataille, *ibid.* — Obtient de repasser le Rhin en paix, 227 (*Chronique de Frédégaire*).

SIGEBERT, fils de Thierri II, roi d'Austrasie. — Sa naissance, II. 173. — Soins de Brunehaut pour l'établir sur le trône de son père, 190. — Il fait marcher contre Clotaire une armée qui l'abandonne à certain signal, 191. — Est fait prisonnier, *ibid.* — Est tué par ordre de Clotaire, 192 (*Chronique de Frédégaire*).

SIGEBERT, roi des Francs Ripuaires. — Est blessé à la bataille de Tolbiac, I, 104. — Est tué par son fils à l'instigation du roi Clovis, 105, 106 (*Grégoire de Tours*).

SIGEFROI, duc des Normands. — Reçoit de l'empereur Charles le Gros de l'argent et un établissement, IV, 314 (*Annales de Saint-Bertin*).

Remonte la Seine avec une flotte nombreuse, VI, 8. — Demande à l'évêque Gozlin le passage sous Paris, 3. — Est refusé, *ibid.* — Attaque la place, 10.—En fait le siége, 11. — Est repoussé, 14. — Campe et ravage les environs, 15. — Description de ses machines de siége, 16. — Activité de ses travaux, 17. — Dirige un corps de troupes contre la tour, et deux autres contre les portes, 18. — Essaie de combler les fossés, 21. — Met le feu à trois de ses bâtimens et les lance sur le pont pour le brûler, mais sans succès, 23. — Lève le siége, 26. — Revient près de la tour, 30. — S'en empare, *ibid.* — Fait égorger ses douze défenseurs, 31. — Ramène une partie de ses compagnons sur la Loire, 34. — Pille tout sur son passage, *ibid.* —Sa conférence avec Eudes, comte de Paris, 38. — Il accepte, pour condition de son éloignement, une rançon que son armée refuse, *ibid.* — Attaque la place et est battu, 39 (*Abbon, Siége de Paris*).

SIGEFROI, évêque de Mayence.— Prend la croix et se rend à Jérusalem, XXVI, 75 (*Orderic Vital*).

SIGENUF, duc de Bénévent.—Introduit les Maures dans son duché, III, 495, 496 (*Nithard*).

SIGEWALD, duc d'Auvergne, parent du roi Thierri. — Il est créé gouverneur de l'Auvergne après la conquête de cette province, I, 126. — Y fait beaucoup de mal, 134. — S'empare d'un domaine de l'Eglise, *ibid*. — Perd la raison, *ibid*. — La recouvre par un miracle de saint Julien, *ibid*. — Périt par l'ordre du roi Thierri, 139. —Ses biens confisqués sont rendus à son fils Giwald, 141 (*Grégoire de Tours*).

SIGGO, référendaire du roi Sigebert. —Quitte le roi Chilpéric et se rend à Childebert, I, 223. — Ses biens sont confisqués, *ibid*. (*Grégoire de Tours*).

SIGGON, duc de Bénévent. — Se justifie auprès de l'empereur Louis de la mort de Grimoald, son prédécesseur, III, 83, 360 (*Eginhard* et *l'Astronome*).

SIGILA, Goth, attaché au roi Sigebert. — Est blessé lors de l'assassinat de ce prince, I, 214.—Tombe entre les mains de Chilpéric qui le fait périr dans les plus cruels supplices, 215 (*Grégoire de Tours*).

SIGINULPHE, duc de Bénévent.— Se met sous la protection de l'empereur Lothaire, IV, 136. — S'engage à lui payer un tribut de 5,000 pièces d'or, *ibid*. (*Annales de Saint-Bertin*).

SIGISMOND, ambassadeur. — Est envoyé par Charlemagne auprès de l'empereur de Perse, III, 51. — Sa mort, *ibid*. (*Annales d'Eginhard*).

SIGISMOND, roi de Bourgogne. — Succède à son père Gondebaud, I, 115. — Fonde le monastère de Saint-Maurice, *ibid*. — Perd sa femme, *ibid*. — En épouse une autre, 116. — Excité par elle, il fait étrangler son fils, *ibid*. — Se repent, 117. —Fonde des chants perpétuels, *ibid*. — Retourne à Sion, *ibid*. — Est fait prisonnier par les rois francs dans la guerre qu'ils lui font à l'instigation de la reine Clotilde, *ibid*. —Est tué, avec tous les princes francs, par l'ordre de Clodomir, 118 (*Grégoire de Tours*).

SIGNAIRE (Perregrin). *Voy*. PERREGRIN.

SIGOALD, duc. — Abandonne Brunehaut et Sigebert, et passe à Clotaire avec qui il avait traité d'avance, II, 191 (*Frédégaire*).

SIGULF, duc. — Chasse de Bordeaux Clovis, fils de Chilpéric, I, 209. — Installe Théodulf dans son comté d'Angers, 447 (*Grégoire de Tours*).

SIGVARD, duc.—Se joint aux Danois contre le roi Guillaume, XXVI, 283 (*Orderic Vital*).

SIKELGAÏTE DE SALERNE.—Epouse Robert Guiscard, duc de Calabre, etc., etc., déjà père de Boémond, XXVII, 156. — Empoisonne celui-ci, 157.—Menacée de la mort par son mari, elle fait prendre du contre-poison à son beau-fils, *ibid*. — Empoisonne Robert Guiscard, 158. — Marche pour égorger Boémond, qui lui échappe, *ibid*., 159 (*Orderic Vital*).

SILLÉ (Guillaume de). — S'allie avec Robert Giroie et dévaste les terres de Robert de Bellême, XXVII, 365 (*Orderic Vital*).

SILVÈRE, 57e pape. — Refuse à l'impératrice Théodore de rappeler l'évêque de Constantinople, exilé par son prédécesseur, XXV, 406. — Est accusé d'avoir voulu livrer aux Goths la ville de Rome, *ibid*. — Est arrêté par Bélisaire, revêtu de l'habit de moine, et conduit en exil où il meurt, *ibid*. 407 (*Orderic Vital*).

SILVESTRE, évêque de Langres.— Meurt avant sa consécration, I, 227. — Sa mort est imputée au diacre Pierre, qui est tué par le fils de ce prélat, 228. — Vie et mort de l'assassin, *ibid*. (*Grégoire de Tours*).

SILVESTRE (saint), évêque de Rouen. — Distique héroïque en son honneur, XXVI, 330. — Sa vie, *ibid*. — Principaux événemens de son épiscopat, *ibid*. (*Orderic Vital*).

SILVESTRE (saint), 32e pape. —Sa piété et sa charité, XXV, 387. — Ses vertus et ses éminens services,

388. — Son exil, *ibid.* — Causes de son rappel, 389. — Il tient à Rome un concile et dispute contre douze docteurs juifs, 390. — Ressuscite un taureau, 392. — Fait un grand nombre de conversions (entre autres celle d'Hélène, mère de Constantin, empereur), 393 — Préside au concile de Nicée, 394. — Y règle la discipline de l'Eglise, *ibid.* — Sa mort, *ibid.* (*Orderic Vital*).

SILVESTRE DE SAINT-CALAIS. — Renonce à ses acquisitions en Espagne et rentre chez lui, XXVIII, 429 (*Orderic Vital*).

SIMÉON (saint), évêque de Jérusalem. — Son crucifiement, I, 21 (*Grégoire de Tours*).

SIMÉON, patriarche de Jérusalem. — Ses conversations avec Pierre l'Ermite, XXII, 53 (*Jacques de Vitry*).

SIMILIAC (Guillaume-Pierre de). — Est chargé du commandement et de la défense de Marrash après le désastre du comte de Toulouse, XXI, 318 (*Raymond d'Agiles*).

SIMON Ier, baron de Montfort-sur-Rille. — Porte à la clémence le duc Guillaume le Bâtard, et obtient de lui le rappel des seigneurs exilés, XXVI, 87. — Epouse Agnès d'Evreux, enlevée pour lui par Raoul de Conches, et donne à celui-ci sa fille Isabelle en mariage, 391. — Sa mort, XXVII, 223. — Marie sa fille au comte Foulques d'Anjou, quoiqu'il ait deux autres femmes vivantes, 279 *et suiv.* (*Orderic Vital*).

SIMON II, baron de Montfort. — Est fait prisonnier par le roi Guillaume le Roux d'Angleterre, VIII, 5 (*Suger*).

SIMON IV, comte de Montfort. — Il est nommé chef de la croisade contre les Albigeois, XI, 269. — S'empare de Béziers et y égorge dix-sept mille personnes, *ibid.* — Prend Carcassonne et en chasse les habitans absolument nus, *ibid.* — Est assiégé dans Muret, 270. — Fait une sortie, *ibid.* — Bat l'armée assiégeante et tue le roi d'Aragon, *ibid.* — Il est surnommé le *comte fort*, *ibid.* — Reçoit le prince Louis, fils de Philippe-Auguste, qui a pris la croix contre les Albigeois, 317. — Exige la démolition des fortifications de Toulouse et l'expulsion de tous les hérétiques, *ibid.* — Est fait comte de Toulouse, 338. — Est tué au siège de cette place, *ibid.* (*Guillaume le Breton, Vie de Philippe-Auguste*).

Quitte l'armée française à la trève de Gisors, XII, 75. — Il se distingue à la bataille gagnée sous Aumale par Philippe-Auguste contre le roi Richard d'Angleterre, 132. — Accompagne le roi de France au siège d'Andely, 182. — Repousse loin du pont la flotte anglaise, 187. — Enlève la Provence à l'hérésie et la ramène à la foi chrétienne, 235. — S'enferme dans Muret, 236. — Y est investi, 237. — Son discours aux chefs de l'armée croisée, 238. — Il combat corps à corps avec le roi d'Aragon, 242. — Fait lever le siège de Muret, 246. — Défait l'armée ennemie, 247. — Est tué au siège de Toulouse, 363. — Son fils Amaury lui succède, *ibid.* (*la Philippide*).

Est créé chef de la croisade contre les Albigeois, XIII, 101. — S'empare de Béziers où il égorge dix-sept mille personnes, *ibid.* — Assiége et prend Carcassonne, *ibid.* — Est assiégé dans Muret, 111. — Fait une sortie, dans laquelle le roi d'Aragon périt avec dix-sept mille hommes : sa victoire amène la levée du siége, *ibid.* — Son exactitude dans les pratiques de dévotion, 112. — Il vient en France demander des secours et en obtient, 118. — Sa femme fait une semblable démarche avec le même succès, 121. — Il assiége Toulouse, *ibid.* — Est tué d'un coup de pierre, *ibid.* — Son fils qui lui succède, *ibid.* (*Guillaume de Nangis*).

Prend la croix et marche contre les Albigeois, XIV, 49. — Attaque le premier les remparts de Carcassonne, 56. — Est investi des domaines du vicomte de Béziers, 60.

— Ses illustres qualités, 61 et suiv. — Sa bienveillance envers les habitans de Zara dans la croisade de la Terre-Sainte, 63. — Eloge de la comtesse sa femme, 66. — Il s'empare de Fanjaux, Castres et Lombers, 69. — Fait brûler des hérétiques, dans le doute de la sincérité de leur conversion, *ibid.* — Miracles en cette occasion, *ibid.* — Il tente vainement le siége de Cabaret, 71. — Occupe Pamiers, Mirepoix, Saverdun, Alby, Limoux et Preissan, 72, 73, 74. — Fait pendre les hérétiques, *ibid.* — Reçoit en otage le fils du comte de Foix, *ibid.* — Rentre à Carcassonne, *ibid.* — Insiste auprès du roi d'Aragon qui refuse son hommage pour la ville de Carcassonne, 75. — Voit le pays conquis se révolter contre lui, *ibid.* — Est trahi par Gérard de Pépieux, 77. — Abandonné, il se retire à Capestang, 78. — Perd Castres et Lombers qui se soustraient à son autorité, 83. — Est abandonné par le comte de Foix et par le seigneur de Narbonne, *ibid.*, 84 — Perd plus de quarante châteaux, 85. — Met ses propriétés à la disposition du comte de Toulouse lors du passage de ce prince en France, à son retour de Rome, 88. — Va au-devant de sa femme qui lui amène des secours, *ibid.* — Fait lever le siége de Mont-Laur, 89. — Emporte Brom d'assaut et fait arracher les yeux à tous les prisonniers, hors à un seul qu'il rend borgne et qu'il charge de conduire les autres à Cabaret, *ibid.* — Reconquiert le Minervois, 90. — S'empare d'Alayrac, 91. — Met à mort ses prisonniers, *ibid.* — Négocie infructueusement la paix avec le roi d'Aragon et le comte de Toulouse, *ibid.* — Fait une excursion jusque sous les murs de Foix, *ibid.* — Conclut une trève avec le comte de Foix et le roi d'Aragon, 93. — Fait le siége de Minerve sur la provocation d'Amaury de Narbonne, 94. — Consent une capitulation que les légats lui font violer, 95. — Fait brûler les habitans hérétiques, 98. — Détruit le château de Ventalon, 105. — Fait la paix avec Amaury de Montréal, qui rompt aussitôt le traité, *ibid.* — Met le siége devant Termes, *ibid.* — Est inquiété par le seigneur de Cabaret, *ibid. et suiv.* — Reçoit un renfort de Croisés conduits par les évêques de Chartres et de Beauvais, et par les comtes de Ponthieu et de Dreux, 109. — Continue le siége du château de Termes, 110 *et suiv.* — Entre en pourparler, 115. — Est abandonné par ses derniers renforts, *ibid.*, 117. — Reçoit à composition les assiégés, qui refusent d'exécuter la capitulation, 116, 118. — Repousse une sortie, 119. — Reçoit des Croisés lorrains, 120. — S'empare enfin de la place, 121. — Dangers auxquels il échappe, *ibid.*, 122. — Il occupe Coustaussa, *ibid.* — S'empare de Puyvert, *ibid.* — Recouvre tous les châteaux qu'il avait perdus, *ibid.* — Se rend à une conférence avec le comte de Toulouse, 123. — Assiste à un colloque solennel entre les chefs des Croisés et les chefs des Albigeois à Narbonne, 124. — Propose de rendre au comte de Foix, pour le bien de la paix, tous ses Etats, excepté Pamiers, 125. — Fait hommage au roi d'Aragon pour Carcassonne, 133. — Assiste à une nouvelle conférence à Montpellier, 134. — Promet de donner sa fille en mariage au fils aîné du roi d'Aragon, *ibid.* — Reçoit de nouveaux renforts, 135. — S'empare de Cabaret par capitulation, *ibid.* — Met le siége devant Lavaur, 136. — A une nouvelle entrevue avec le comte de Toulouse, 137. — Est privé du secours de ses sujets, et de vivres, 138. — Perd un détachement de Croisés tués par le comte de Foix dans la route de Carcassonne à Lavaur, *ibid.* — Reçoit devant cette dernière ville l'évêque de Toulouse, chassé par le comte qu'il avait fait prier de sortir de la ville pour y pouvoir faire une ordination valable, 141. — Continue les travaux du siége, 142. — Prend la place d'assaut, 145. — Fait pendre, brûler et lapider ses défenseurs, *ibid.* — Attaque ouvertement le comte de Toulouse, 148. — Marche sur le Mont-Joyre et détruit ce château, *ibid.* — S'empare de Casser où il fait brûler soixante hérétiques parfaits, 149. — Assiége Montferrand, que lui rend Baudouin, frère du comte de Toulouse, qui prend parti avec les Croisés, 150. — Fortifie Castelnaudary, 151. — Passe le Tarn, *ibid.* — Occupe sans coup férir les châteaux des environs, *ibid.* — Est joint par le comte de Bar, 152. — Marche sur Toulouse, *ibid.* — Y met le siège, 153. — Le lève, 154. — Occupe Hauterive, qu'il détruit bientôt, 155. — Va à Pamiers, *ibid.* — Brûle les environs de Foix, *ibid.* — Appelé par l'évêque et la noblesse du Querci, qui abandonnent le comte de Toulouse pour se soumettre à lui, il marche vers Cahors, *ibid.* — Est quitté par le comte de Bar, *ibid.* — Assaillit le château et brûle le bourg de Chalus à son passage, 156. — Est accueilli honorablement dans Cahors, *ibid.* — Reconduit les Allemands, *ibid.* — Retourne dans l'Albigeois, 158. — Fait six prisonniers, en tue trois, et réserve les autres pour les échanger avec le comte de Foix, *ibid.* — Gagne Pamiers, 159. — Marche au secours de Puy-Laurens, assiégé et rendu, *ibid.* — Met garnison à Castelnaudary, *ibid.* — Arrive à Carcassonne, *ibid.* — Est assiégé dans Castelnaudary par le comte de Toulouse, 160. — Reçoit de Gui de Luce le secours de cinquante chevaliers, revenus de la guerre d'Aragon contre le Turc, 161. — Situation critique dans laquelle il se trouve, 163. — Il envoie son maréchal chercher des secours, 164, 165. — Fait ses dispositions pour le soutenir, 169. — S'adresse à ses chevaliers, demande des conseils et leur offre congé, *ibid.* — Sort de la place, 170. — Arrive au secours de son maréchal qui a déjà battu le comte de Foix, *ibid.*, 171. — Marche sur Narbonne, où il reçoit de faibles renforts, 176. — Parcourt le pays, où tous les châteaux lui sont fermés, 177. — Va à Pamiers, où il est provoqué par le comte de Foix, 178. — Donne ordre d'approvisionner Fanjaux, 179. — Reçoit de puissans secours de Robert de Mauvoisin, 180. — Eloigne le comte de Foix, 181. — Reçoit à Castres son frère Gui, revenant de la Terre-Sainte, 182. — Assiége et prend quelques châteaux, 183. — Refoule le comte de Toulouse et les siens, *ibid.* — Assiége Saint-Marcel et lève le siège, 184, 185. — Revient à Alby, où il trouve les évêques de Narbonne et de Carcassonne, légats du pape aux premiers temps de son expédition, 186. — Fait le siége d'Hautpoul et l'occupe, 187 *et suiv.* — S'empare de beaucoup de châteaux, 191. — Prépare le siége de Puy-Laurens, que le comte de Toulouse évacue, 192. — Envoie son frère au-devant des renforts, 193. — Enlève sans difficulté Rabastens, Montagut et Gaillac, *ibid.* — Détruit les châteaux de Saint-Marcel et de la Guépie, *ibid.*, 194. — Assiége et prend Saint-Antonin, 195. — Occupe Agen, 196. — Assiége Penne, 198. — Prend cette place par capitulation, 205. — S'empare de Biron et fait pendre le commandant, 207. — Assiége Moissac, 208. — Est blessé, 209. — S'empare de Castel-Sarrasin et de Verdun, 213. — Accorde de dures conditions aux défenseurs de Moissac, 214. — Occupe Saverdun, qu'il rend à Enguerrand de Boves, *ibid.* — Va à Pamiers, et met garnison dans Hauterive, *ibid.* — S'empare de Muret, 215. — Partage les fatigues des fantassins, 216. — Est accueilli à Saint-Gaudens, *ibid.* — Revient à Muret, 217. — Incommode Toulouse, *ibid.* — Réduit le comte Raymond VI à la possession de cette place et de celle de Montauban, 218. — Réunit à Pamiers les prélats et les barons, 220. — Lois et décrets portés dans cette assemblée, *ibid.* — Il se rend à Carcassonne et à Béziers, 222. — Accorde au roi d'Aragon une conférence, *ibid.* — Conclut une trêve avec lui, 223. — Transmet au concile de Lavaur, qui les rejette, les demandes de ce prince en faveur des comtes de Toulouse, de Foix, de Comminges, et de Gaston de Béarn, *ibid.*, 225 *et suiv.* — Refuse une nouvelle trêve, 230.—Apprend que le pape a ordonné la restitution de leurs biens aux chefs des Albigeois et la révocation des indulgences accordées aux Croisés, et qu'il a bientôt rétracté ces résolutions, 238. — Texte de la lettre du pape à ce sujet, *ibid.* —Il accorde une nouvelle conférence au roi d'Aragon, qui ne s'y rend pas, 243.—Répond par un défi au défi de ce prince, 244. — Reçoit près de Carcassonne de nouveaux Croisés, 249. — Se porte sur Muret, 250.—Harcèle la garnison de Toulouse, *ibid.* — Détruit les châteaux aux environs, *ibid.*—Fait chevalier son fils Amaury, 252.—Lui fait rendre hommage, 253. — Lui remet une partie, déjà conquise, de la Gascogne, *ibid.* — Le rappelle du siége de Rochefort, 258. — Fait passer des lettres du pape au roi d'Aragon, qui promet d'obéir et arme toujours, 259, 260. — Marche de Fanjaux par Saverdun sur Muret, assiégé par le roi d'Aragon, 261 *et suiv.* — Fait son testament, 264. — Entre dans Muret, 265. — Livre bataille et remporte une victoire complète sur le roi d'Aragon, qui est tué, 266 *et suiv.* — Lettre écrite sur cette bataille par les prélats qui se trouvaient dans l'armée des Croisés, 272 *et suiv.* — Il demande des otages aux Toulousains, qui finissent par les refuser, 279. — Ravage les terres du comte de Foix, 280, 281. —Marche sur Narbonne et Montpellier qui lui ferment leurs portes, 282. — Entre difficilement à Nîmes, *ibid.* — Reçoit des renforts, *ibid.* — Obtient quelques succès, 283. — Est abandonné par ses nouveaux sujets, 284. —Marche sur Toulouse, *ibid.*—Revient sur Narbonne, où Amaury a reçu ses ennemis, 289. — Faillit y être pris, 290. — Lui accorde une trêve de l'ordre du légat, 291. — Voit les comtes de Foix et de Comminges reconciliés à l'Eglise, 291.— Chasse de Moissac le comte de Toulouse, *ibid.* — Assiége le château du Mas, dans l'Agénois, 292. — Revient sur Narbonne, *ibid.* — Est joint par des renforts auprès de Béziers, 293. — Les envoie ravager les terres de Rathier de Castelnau, 295. — Va recevoir à Valence la future épouse de son fils, *ibid.* — Le marie à Carcassonne, *ibid.* — Marche sur l'Agénois, 296. — S'empare de Marmande, *ibid.*, 297. — Revient à Agen, *ibid.* — Fait le siége de Casseneuil, *ibid.* — Est inquiété par le voisinage du roi d'Angleterre, 298. —S'empare de Casseneuil et tue tout ce qui s'y trouve, 303. —Marche en Périgord, 304. — Détruit les châteaux de Domme, Montfort, Castelnau et Bainac, *ibid.*, 305, 306. — Se rend à Figeac pour juger des procès, 307.—Marche sur Rhodez et exige l'hommage du comte, *ibid.* — Occupe Capdenac, *ibid.* — Confie à son frère le siége de Séverac, 308.—Rend cette place à son seigneur après l'avoir prise, 309. — Est élu incontinent prince et monarque des pays conquis, par le concile de Montpellier, 311. — Va jusqu'à Vienne au-devant d'un renfort considérable de Croisés, conduits par le prince Louis, fils du roi Philippe-Auguste, 313, 314. — Est investi par le pape de la garde des pays conquis, jusqu'à la décision du prochain concile général, 315. — Texte de la lettre du Saint-Père, 316. — Il reçoit le pays du légat, 320. — Va à Foix, et refuse de voir le comte, *ibid.* — Parcourt le pays conquis, 321. — Est investi par le concile de Latran d'une partie des dépouilles du comte Raimond de Toulouse, 323. — Est reçu en France avec les plus grands honneurs, 324. —Fait hommage au roi du duché de Narbonne et du comté de Toulouse, *ibid.* —

Marche en hâte contre le comte Raimond VII de Toulouse qui, au mépris du décret du concile de Latran, s'est emparé de la Provence et occupe Beaucaire, 325. —Arrive devant cette place et l'assiége, 326. —Capitule et se retire à Nîmes, 327. —S'assure de Toulouse, 329.—Fait le siége de Montgrenier, défendu par le fils du comte de Foix, 330. —Prend cette place par capitulation, 331.—Revient à Carcassonne, 332.—Se présente devant Saint-Gilles, dont les habitans lui ferment les portes, ibid. — Recouvre plusieurs châteaux qui avaient méconnu son pouvoir, 333. — Passe le Rhône et gagne la Provence, 335. — Fait la paix avec Aimar de Poitiers, et donne sa fille en mariage à son fils, 336. — Apprend que Raimond VI est rentré dans Toulouse, ibid. — Y court, 337. — Est violemment repoussé, 338. — Met le siège devant la place, ibid. — Reçoit des otages de Montauban, qui lui est suspect, 339. — Est tué dans une sortie que font les assiégés, 343. —Amaury, son fils, lui succède, ibid. (*Pierre de Vaulx-Cernay*).

Accepte du légat la vicomté de Béziers, refusée par le duc de Bourgogne et les comtes de Nevers et de Saint-Pol, XV, 35. — Conditions de son acceptation, ibid. — Les princes et les seigneurs quittent immédiatement l'armée, ibid. — Il met des commandans et des garnisons dans les places de ses nouveaux domaines, ibid., 36. — Propose au comte de Toulouse de s'accommoder avec lui s'il veut éviter la guerre, 37. — Insuccès de cette démarche, 38. — Il est plus heureux auprès du comte de Foix, qui lui donne son fils en otage, 39. —Va faire une visite d'amitié à l'évêque et au comte de Toulouse, au retour de celui-ci de Rome, 45. — En reçoit en don le château Narbonnais, ibid. — S'empresse d'y mettre garnison, 46.—Confère avec le roi d'Aragon, ibid. — Pille et dévaste le pays d'Agen à Carcassonne, ibid. — Fait le siége de Minerve, 47.—Prend cette place et en brûle les habitans, ibid. — Assiége Termes, 48. — S'en empare et n'y trouve que des femmes, 53.—Prend Alby, 54. —Se charge de faire exécuter les décrets du concile d'Arles contre le comte de Toulouse, 59. — Reçoit les Croisés amenés de France par l'évêque de Toulouse, 60. — Occupe Cabaret qui lui est livré, 61.—Reçoit la soumission d'un grand nombre de places, 62. — Marche sur Lavaur, ibid. — Y met le siége, 63. — Est privé du secours d'un corps d'Allemands, détruit à Mont-Joyre par le comte de Foix, ibid. — Court les sauver ou les venger et ne trouve personne, 64.—Retourne au siége de Lavaur et prend la place, 65. — Fait tuer, pendre et brûler, *sans qu'il en reste un seul en vie pour échantillon*, 66. — Assiége Montferrand, qui lui est livré par le comte Baudouin, frère du comte de Toulouse, 67 à 69. — Occupe, par la médiation de l'évêque, toutes les places du diocèse d'Alby, 70. — Se présente devant Bruniquel, et laisse cette place au comte Baudouin, ibid. — Va au-devant du comte de Bar, ibid. — Marche sur Toulouse, ibid. — Livre un combat à Montaudran, 72. — Y perd son fils, fait prisonnier, ibid. — Donne l'assaut à Toulouse, 73. — Est repoussé, ibid. — Est blessé dans une sortie faite malgré lui, 75. — Détruit les récoltes, ibid. — Lève le siége, ibid. — Est engagé à la paix par les comtes de Bar et de Châlons, qui abandonnent l'armée, 76. — En est détourné par l'évêque de Toulouse, ibid.—Ravage le comté de Foix, 77. — Se retire à Carcassonne avec une partie de l'armée, ibid. — Prend avec le légat la résolution de passer en Provence, 78. — Va au-devant du comte de Toulouse, qui marche sur lui, 79. — L'attend à Castelnaudary, 80. — Livre divers combats désavantageux, 81 *et suiv.* — Se distingue à celui des Bordes, 84.—Attaque pendant la nuit le camp du comte de

Toulouse sous Castelnaudary, 85. —Est vigoureusement repoussé, 86. — Est forcé à s'éloigner du pays, *ibid.* — Se remet en campagne pour recouvrer le pays qu'il a perdu, *ibid.* —Appelle à son aide le comte Baudouin de Toulouse, *ibid.* — Se rend à Cahusac, *ibid.*—Met le siège devant Saint-Marcel et est forcé de le lever, 87.— Est aidé par la diversion des croisés allemands, *ibid.* — Prend Saint-Marcel et occupe encore une fois le pays, 88. —S'empare de Saint-Antonin, dont il confie la garde au comte Baudouin de Toulouse, *ibid.* — Assiége Penne, *ibid.* —Prend cette place par capitulation, 89. — S'empare de Biron et fait pendre le commandant qui l'a trahi, *ibid.*—Se présente devant Moissac, où le comte Baudouin lui amène un renfort de quinze mille hommes, *ibid.* — Donne l'assaut et est repoussé avec grande perte, 90. — A un cheval tué sous lui dans une sortie, 91.— Reçoit des renforts, 92. — Donne un troisième assaut, *ibid.* — Refuse une capitulation, *ibid.* — Entre par trahison dans la place, 93. — Egorge la garnison entière, *ibid.* — Frappe une contribution de cent marcs d'or sur les habitans qui la lui ont livrée, *ibid.* — Donne des villes à ceux qui l'ont servi, *ibid.*—Marche sur Montauban, 94. — Court au comté de Foix, envahi par les Albigeois, 95. — S'empare de toutes les places (la capitale exceptée), *ibid.*—Retourne à Pamiers et à Carcassonne, *ibid.* — Envoie au secours de Pujol son frère Guy, qui arrive trop tard, 98. —Pleure les malheurs de ce retard, *ibid.* — Marche au secours de Muret, assiégé par le roi d'Aragon et par les chefs d'Albigeois, 100. — Entre dans la place sans obstacle, 101. — Repousse l'assaut, *ibid.* — Fait une sortie, 102. — Bat les assiégeans, *ibid.* — Tue le roi d'Aragon, *ibid.* —Reçoit des ambassadeurs de Toulouse qui, abandonnée par ses princes et par ses principaux défenseurs, la rendent à merci, 104. — Les retient, *ibid.* — Fait hommage de sa conquête au prince Louis, fils de Philippe-Auguste, 105. — Reçoit la ville à discrétion, *ibid.* — En prend possession, 106. —Tient un conseil sur le traitement à faire aux habitans, *ibid.* — Opinions diverses, *ibid.* — Il décide d'en détruire toutes les fortifications, 107. — Plaintes portées contre lui au pape par les comtes de Toulouse, de Foix et de Comminges, appuyées par les rois de France et d'Angleterre, 109, 110. — Il continue de s'emparer de toutes les places de l'Albigeois, pendant le séjour à Rome du comte de Toulouse et pendant sa prise de possession de la Provence, 126. — Marche au secours du château de Beaucaire, assiégé par le jeune comte de Toulouse, 131. — L'assiége lui-même dans la ville, 132. — Détails de ce double siège, *ibid. et suiv.* — Il demande que la garnison du château sorte vie et bague sauves, et offre de laisser au comte de Toulouse la Provence, le Comtat, Tarascon et Beaucaire, 149. — Fait accepter ces propositions, *ibid.* — Lève aussitôt le siège, et voit exécuter les conventions, 150. —Marche sur Toulouse, enseignes déployées, 151. — Déclare aux députés de cette ville qu'il y entrera avec ou sans armée, ainsi qu'il lui plaira, 152. — Fait attacher ces députés, et les envoie au château Narbonnais, au mépris des avis de son frère et d'après ceux de l'évêque de Toulouse, 153. — Fait arrêter les premiers du peuple que l'évêque de Toulouse a trompés et envoyés au-devant de lui, 154. — Eprouve la plus vive résistance pour entrer en ville, 155. — Est forcé de se retirer au château Narbonnais, 156. — Fait mettre le feu à la ville, *ibid.*, 157. — Prend part aux combats qui s'y livrent, *ibid.* — Est refoulé dans une église, *ibid.*—Parvient à rentrer au château, 158. — Envoie l'évêque pour calmer la révolte, *ibid.*—Promet paix et sécurité au peuple, la liberté aux prisonniers, à condition qu'on rendra les armes, 159. — Prend les Toulousains à ce piége, *ibid.*—Répète ses promesses lors du désarmement, et n'excepte qu'un seul individu auquel il offre un sauf-conduit qui est accepté sur-le-champ, 160. — Assemble un conseil, 162. — Fait conduire les prisonniers où l'on n'en a plus entendu parler, 164. — Déclare à ceux des Toulousains restés dans la ville qu'ils seront tous mis à mort, s'ils ne lui paient, dans tel délai, une somme énorme, 165. — La reçoit, et se rend en Bigorre, *ibid.*— Prend Bernis et le pays que le jeune comte de Toulouse avait confié au traître Dragonnet, 166. — Reçoit les secours que lui envoie l'évêque de Nevers, *ibid.* — Se présente devant Crest, que le commandant lui livre par lâcheté, *ibid.* — Se porte sur Beaucaire, tandis que le comte Raymond VI rentre à Toulouse, 171. — Inquiétudes de la comtesse de Montfort renfermée au château Narbonnais, 169, 174. — Dissimule ses ennuis aux nouvelles qu'il reçoit de son frère sur l'état des choses à Toulouse, *ibid.* — Obtient une trêve de Raymond VII, 175. — Lève le camp et arrive à Basiége, *ibid.* — Annonce à ses gens la bataille, 176. — Compte que lui rend son frère, *ibid.* — Il écoute les divers avis qui sont ouverts, 177. — Ordonne l'assaut, qui est repoussé, *ibid.*, 178. — Lève le siége de Toulouse, et se retire en Gascogne, 180. — Assiége Saint-Subra, *ibid.* — Faillit à se noyer, *ibid.* — Est forcé de lever le siége par les habitans et par le comte de Foix, 181. — Se retire vers Muret, *ibid.* — Passe avec peine la rivière, 182. — Campe à Montolieu, *ibid.* — N'ose rester dans le château Narbonnais, ébranlé par les machines du comte de Toulouse, 184. — Son corps mort est remis au cardinal et à l'évêque de Toulouse, 185. — Joie que sa mort cause en cette ville, *ibid.*—Son fils Amaury lui succède, 186 (*Histoire des Albigeois*).

Est investi des pays conquis par les Croisés, au refus des premiers personnages de l'armée, XV, 232. — Fait la paix avec le roi Pierre d'Aragon, et reçoit son fils Jacques en ôtage, 234. — Marche sur Lavaur, qu'il assiége, 235.—Le prend, fait pendre ceux qui l'avaient défendu, et lapider la femme du châtelin, 237.—Attaque et prend Casser et y brûle une soixantaine d'hérétiques, *ibid.* — Assiége Montferrand, 238. — S'allie avec le comte Baudouin de Toulouse, chargé de défendre cette place contre lui, *ibid.* — Assiége Toulouse et est forcé de lever le siége, *ibid.* — Est assiégé lui-même dans Castelnaudary, 239. — Bat le comte de Toulouse, *ibid.* — Le contraint à lever le siége, 240. — S'empare de Pujol, 241. — Y laisse une garnison, enlevée bientôt et égorgée par le comte de Toulouse, *ibid.* — Vole au secours de Muret, assiégé par le roi d'Aragon, 242. — Entre dans la place, 243. — Demande en vain paix ou trêve, 244. — Fait ses dispositions d'attaque, 245. — Gagne la bataille où le roi d'Aragon est tué, *ibid.*—Est investi par un concile général de tous les pays conquis, etc., 252. — Est fait comte de Toulouse, *ibid.* — Reçoit les sermens d'usage, *ibid.*—Fait démolir les fortifications de Toulouse, 253. —Arrange le château Narbonnais à sa convenance, *ibid.* — Marche contre le jeune comte de Toulouse qui, après s'être fait reconnaître en Provence, à Avignon, dans le comtat Venaissin, etc., fait le siége du château de Beaucaire, 255.—Assiége les assiégeans, *ibid.* — Lève le siége, 256. — Arrive à Toulouse, en révolte contre lui, *ibid.* — Brûle la ville, *ibid.*—Frappe une contribution considérable, 257. — Marche au-delà du Rhône contre Adhémar de Poitiers, 258. — Fait le siége de

Crest, *ibid.* — Le lève, *ibid.* — Marche sur Toulouse encore révolté et occupé par le comte Raymond VI, *ibid.* — Attaque cette place, 259. — Est repoussé, *ibid.* — Donne le château de Vertfeuil à l'évêque de Toulouse, qui va prêcher en France une nouvelle croisade en sa faveur, *ibid.* — Recommence le siége de Toulouse, 260. — Y est tué, *ibid.* (*Guillaume de Puy-Laurens*).

Il est chargé du gouvernement du pays, du commandement de la guerre, et de la répression de l'hérésie dans les pays où les Croisés portent leurs armes, XV, 336. — S'empare de Minerve, où il fait brûler une quarantaine d'hérétiques d'Alzonne, de Fanjaux, etc., *ibid.* — Occupe Castres, Pamiers, Mirepoix, Saverdun, Lombers, Limoux, etc., 337. — Traite avec le seigneur de Cabaret, *ibid.* — Assiége et prend Lavaur, où il brûle environ quatre cents hérétiques, *ibid.* — Fait pendre les défenseurs de cette place, décapiter quatre-vingts prisonniers, lapider la dame du château, 338. — Détruit Mont-Joyre, *ibid.* — Prend Casser, où il brûle soixante hérétiques, *ibid.* — Occupe Montferrand, 339. — Met garnison à Castelnaudary, *ibid.* — S'empare de Rabastens, Montaigu, Cahusac, Saint-Marcel, La Guépie, Saint-Antonin, qui se révoltent bientôt après, *ibid.* — Met devant Toulouse un siége qu'il est forcé de lever, *ibid.* — Prend Hauterive, Pamiers, Vareilles, *ibid.* — Incendie le bourg de Foix, *ibid.* — Est reçu comme seigneur à Cahors, *ibid.* — Prend Penne, 340. — S'empare de Moissac dont il égorge la garnison, *ibid.* — Court au secours de Muret, assiégé par cent mille hommes conduits par le roi d'Aragon, les comtes de Toulouse, de Foix et de Comminges, 341. — Entre dans la place avec l'armée des Croisés, conduite par sept évêques et trois abbés, à la vue des assiégeans, *ibid.*, 342. — Fait une sortie, *ibid.* — Bat à plate couture les rois alliés et tue le roi d'Aragon, 343. — Va reconnaître son cadavre, 344. — Rend grâces à Dieu de sa victoire, 345. — Détruit Maurillac, où il fait brûler les hérétiques, 346. — Brûle Montpezat, Marmande, Casseneuil dont il égorge la garnison, les châteaux de Domme et de Montfort, *ibid.* — Occupe Castelnau, Bainac, Figeac, Cadenac, Rhodez dont il reçoit l'hommage, Sévérac, 347. — Est proclamé seigneur et prince de Toulouse et des pays conquis, par le concile de Montpellier, 348. — Est confirmé dans ses dignités par le pape, 349. — Joint à Saint-Gilles le prince Louis, fils du roi Philippe-Auguste, *ibid.* — L'accompagne à Béziers, *ibid.* — Prend possession du pays, *ibid.* — Se rend à Pamiers, *ibid.* — Soumet le château de Foix, 350. — Reçoit par son frère le serment de fidélité des Toulousains, *ibid.* — L'envoie à Rome au concile général, 351. — En obtient la confirmation de ses dignités, *ibid.* — En est investi par le roi de France, qui reçoit son hommage comme comte de Toulouse et duc de Narbonne, 352. — Est bientôt troublé par l'invasion du jeune comte de Toulouse en Provence, *ibid.* — Apprend qu'il a mis le siége devant le château de Beaucaire, *ibid.* — Joint son fils et son frère et assiége Raymond VII dans la ville, *ibid.* — Lève le siége, 353. — Court à Toulouse révolté, *ibid.* — Attaque cette ville par le fer et par le feu, *ibid.* — La soumet par la médiation de l'évêque, *ibid.* — Opprime les habitans, *ibid.* — Se rend au-delà du Rhône et fait la guerre à Adhémar de Poitiers, 354. — S'occupe au siége de Crest, 355. — Perd Toulouse révolté contre son autorité et occupé par le vieux comte Raymond VI, *ibid.* — Y court, l'attaque et est repoussé, *ibid.* — Fait prêcher une nouvelle croisade, *ibid.* — Obtient des secours, *ibid.* — Récompense l'évêque de Toulouse, *ibid.* — Recommence le siége de cette place, *ibid.* — Y est tué, 356 (*Gestes glorieux des Français*).

Il prend la croix avec le comte de Flandre, XIX, 257. — Quitte les Croisés, excommuniés comme lui en Hongrie, et passe outre mer, 275. — Séjourne à Acre auprès du roi Amauri, 287 (*Bernard le Trésorier*).

Il arrive à la Terre-Sainte, et décide le roi Amauri II de Jérusalem à rompre la trêve avec les Sarrasins, XXII, 266 (*Jacques de Vitry*).

SIMON DE MONTFORT, comte de Leicester, fils du précédent. — Devenu ennemi de la reine Blanche, il s'enfuit en Angleterre, épouse la fille du roi Henri III, et devient comte de Leicester, XIII, 148. — Refuse d'anéantir les lois qu'il a jurées, 176. — Marche contre le roi Henri qui lui fait la guerre pour l'y contraindre, 177. — Met l'armée royale en déroute, *ibid*. — Fait le roi et les princes prisonniers, *ibid*. — Consent à une entrevue avec le roi saint Louis qui veut pacifier l'Angleterre, *ibid*. — Se montre inflexible, *ibid*. — Laisse échapper le prince Edouard qui lève une armée, lui livre bataille, et le tue avec les siens, 179. — Ses obsèques, 180. — Il est regardé comme un martyr, *ibid*. (*Guillaume de Nangis*).

Il se met à la tête de la discorde qui éclate entre le roi d'Angleterre et ses barons, XV, 321. — Ses fils vengent sa mort par celle de Henri, fils de l'empereur Richard, qu'ils tuent dans une église de Viterbe, 325 (*Guillaume de Puy-Laurens*).

Il se révolte avec les barons contre le roi d'Angleterre, XV, 386. — Chasse sa famille, etc., 387. — Ses fils vengent sa mort et tuent le prince Henri, fils de l'empereur Richard, dans l'église de Viterbe, 393 (*Gestes glorieux des Français*).

Il fait prisonniers le roi d'Angleterre, son fils et l'empereur Richard, XIX, 569. — Est battu par le prince Edouard qui s'échappe, *ibid*. — Est tué avec son fils aîné, *ibid*. — Sa mort est vengée par ses fils sur Henri d'Angleterre, fils de l'empereur Richard, 585 (*Bernard le Trésorier*).

SIMON, cardinal, évêque de Préneste. — Est envoyé par le pape Boniface VIII pour rétablir la paix entre les rois de France et d'Angleterre, XIII, 224 (*Guillaume de Nangis*).

Est envoyé comme légat en Albigeois, XV, 295 (*Guillaume de Puy-Laurens*).

SIMON, cocher de Tancrède. — Rapporte au camp le premier assaillant de Jérusalem grièvement blessé, XXIII, 221 (*Raoul de Caen*).

SIMON, comte d'Angleterre. — Est fait prisonnier par le prince Louis le Gros, VIII, 5 (*Suger*).

SIMON, comte de Valois. — Succède à Raoul son père, VII, 79. — Sa valeur, *ibid*. — Abandonne le monde, *ibid*. — S'exile, et meurt à Rome, *ibid*. (*Fragmens de l'Histoire des Français*).

Sa vie, IX, 376 (*Guibert de Nogent*).

SIMON, évêque de Beauvais. — Est chassé de la ville, y rentre par la violence, et met le feu aux faubourgs, XIII, 258 (*Guillaume de Nangis*).

SIMON, évêque de Noyon. — Prend la croix avec Louis le Jeune, VIII, 213. — Excommunie les assassins du comte Charles le Bon de Flandre, leurs fauteurs et complices, 279. — Payé par Guillaume Cliton, fait comte de Flandre par le roi Louis le Gros, il excommunie les Flamands qui tiennent pour Thierri d'Alsace, 410 (*Vie de Louis le Jeune et Mémoires de Galbert*).

SIMON, évêque d'outre-mer. — Son arrivée de la Perse, II, 127. — Il donne des nouvelles d'Antioche, *ibid*. — Miracles arrivés dans cette ville, 128 (*Grégoire de Tours*).

SIMON D'ANET. — Prend le chemin de Jérusalem, XXVIII, 187. — Est accueilli dans la Pouille, 208. — Accompagne Boémond au siège de Durazzo, 209. — Passe à Constantinople et de là en Asie, 211 (*Orderic Vital*).

Simon le Roux, fils de Baudouin. — Occupe Echaufour, XXVIII, 508. — Ses qualités, *ibid.* — Il est reçu au Pont-Echenfrey par son frère, *ibid.* — Attaque et brûle Breteuil, 516. — Perd le château du Pont-Echenfrey, 523 (*Orderic Vital*).

Simon de Bourgogne. — Est exilé par le duc Hugues 1er, son neveu, XXVIII, 448 (*Orderic Vital*).

Simon de Clermont, chevalier, seigneur de Nivelles. — Est chargé par le roi Louis ix de l'administration du royaume pendant son second voyage en Terre-Sainte, XIII, 185 (*Guillaume de Nangis*).

Simon de Dammartin. — Est garanti de la fidélité promise par son frère le comte de Boulogne à l'empereur Othon et au roi Jean d'Angleterre, XII, 255 (*la Philippide*).

Simon de Lisesnes. — Obtient du comte de Montfort une citadelle auprès de Toulouse, XIV, 251. — Y est fait prisonnier, 253. — Est pendu, 254 (*Pierre de Vaulx-Cernay*).

Simon le Magicien. — Devient l'instrument de Néron, dans la persécution des chrétiens sous cet empereur, I, 20 (*Grégoire de Tours*).

Simon de Melfe, Croisé. — Court de grands dangers au siége de Toulouse, XIV, 154. — Secourt un détachement compromis par les mouvemens du comte de Foix, 169. — Est chargé d'approvisionner Fanjaux, 179. — Tombe dans une embuscade, *ibid.* — S'en échappe la vie sauve, *ibid.* (*Pierre de Vaulx-Cernay*).

Simon de Moulins. — Succède à l'héritage de son frère Robert, exilé dans la Pouille, XXVI, 395. — Est chargé par le roi Henri d'Angleterre de faire le siége de la citadelle d'Evreux, XXVIII, 303 (*Orderic Vital*).

Simon de Neaufle. — Conserve sa place contre les Anglais, XXVIII, 20. — Prend part à la conspiration armée du comte de Meulan contre le roi d'Angleterre 387 (*Orderic Vital*).

Simon de Péronne. — Prend part à la conspiration armée de Galeran de Meulan contre le roi Henri d'Angleterre, XXVIII, 387 (*Orderic Vital*).

Simon de Pissy. — Est chargé par le prince Louis viii, appelé au trône d'Angleterre, de faire lever le siége de Lincoln, XI, 326. — Est vaincu, *ibid.* (*Vie de Philippe-Auguste*).

Simon de Poix. — Part pour la croisade avec Pierre l'Ermite, XXVII, 421 (*Orderic Vital*).

Simon de Saxe, chevalier, défenseur de la tour de Pujol pour le comte de Montfort. — Est fait prisonnier par Roger Bernard de Foix, et massacré, XV, 241 (*Guillaume de Puy-Laurens*).

Simon de Tibériade. — Accompagne le roi de Jérusalem au siége d'Ascalon, XVIII, 50 (*Guillaume de Tyr*).

Simon Harenc. — Ses fils attaquent l'archidiacre de Dreux, qui leur échappe avec peine, XXVIII, 473 (*Orderic Vital*).

Simplice (saint), 46e pape. — Ses travaux, XXV, 400 (*Orderic Vital*).

Simplicius, évêque de Vienne en Dauphiné. — Comment jugé par l'historien Paulin, I, 73 (*Grégoire de Tours*).

Sinaïte (Georges). — Est envoyé par l'empereur Manuel auprès du roi de Jérusalem, pour déterminer l'expédition convenue sur l'Egypte, XVIII, 337. — Détails sur ses négociations, 340 *et suiv.* (*Guillaume de Tyr*).

Sindual, roi des Hérules. — Envahit l'Italie, XXV, 410. — Est vaincu et tué par Narsès, *ibid.* (*Orderic Vital*).

Sindulphe (saint). — Translation de son corps au monastère de Saint-Nivard, V, 162. — Miracles, 162 (*Histoire de l'Eglise de Rheims*).

Sinope (Gratien de). *Voyez* Gratien.

Sinric, roi des Danois. — Est noyé au siége de Paris, VI, 47 (*Abbon*).

Siribald. — Accuse l'évêque Désiré de Verdun auprès du roi Théodoric, I, 149. — Est tué par le fils de ce prélat, *ibid*. — Détails sur cet assassinat, *ibid*. (*Grégoire de Tours*).

Sirice (saint), 37e pape. — Ses décrets, XXV, 396 (*Orderic Vital*).

Sisebod, roi d'Espagne. — Sa sagesse, II, 179. — Ses conquêtes, *ibid*. — Sa mort, 215 (*Chronique de Frédégaire*); 293 (*Vie de Dagobert*).

Sisenand, grand d'Espagne. — Achète les secours du roi Dagobert pour détrôner le roi d'Espagne Suintila, II, 215. — Obtient une armée, 215. — Soumet l'Espagne, *ibid*. — Est fait roi, *ibid*. — Tient les promesses qu'il a faites, 216 (*Chronique de Frédégaire*); 293 (*Vie de Dagobert*).

Sisime, frère de Taraise, évêque de Constantinople. — Est fait prisonnier par Charlemagne, III, 45. — Est rendu, à la demande de l'impératrice Irène, *ibid*. (*Annales d'Eginhard*).

Sisinnius, 86e pape. — Son caractère, XXV, 424 (*Orderic Vital*).

Sissy (Etienne de), grand-maître du Temple. — Est fait prisonnier par les Turcomans et racheté, XIX, 559. — Est chargé de notifier à l'archidiacre Théalde son élection à la papauté, 567 (*Bernard le Trésorier*).

Sissy (Pierre de). — Obtient du comte Simon de Montfort une citadelle auprès de Toulouse, XIV, 251. — Y est fait prisonnier, 253. — Est pendu, 254 (*Pierre de Vaulx-Cernay*).

Sixte ou Xiste (saint), 6e pape. — Son martyre, I, 23 (*Grégoire de Tours*).

Ses décrets, *ibid.*; XXV, 380 (*Orderic Vital*).

Sixte II, 23e pape. — Ses lois, XXV, 385 (*Orderic Vital*).

Sixte III, 43e pape. — Ses travaux, XXV, 398, 399 (*Orderic Vital*).

Sizinius, gouverneur de Suze. — Reçoit mal les Lombards battus et expulsés de la Gaule, I, 205, 206 (*Grégoire de Tours*).

Socrate. — Est tué par son frère Eulalius, comte d'Auvergne, II, 91 (*Grégoire de Tours*).

Sohier d'Entreseigne. — Echappe seul au sort des Croisés de l'expédition du comte Renaud de Dammartin, XIX, 265 (*Bernard le Trésorier*).

Soissons. — Description de cette ville au temps de Philippe-Auguste, XII, 258 (*la Philippide*).

Solie. — L'un des douze héros qui défendirent seuls la tour de Paris contre les Normands, et qui furent égorgés après l'avoir rendue, VI, 30 (*Abbon*).

Soliman, sultan d'Iconium. — Il attaque les Croisés indisciplinés qui, sans chefs, ravagent la campagne, XVI, 66. — Les ramène battus jusqu'au camp de Civitot, et s'en empare, *ibid*. à 68. — Ses préparatifs d'attaque, 127 *et suiv*. — Il engage un combat pour faire lever le siège de Nicée et Césarée, 131 *et suiv*. — Sa femme, qui y était renfermée, s'évade, et est faite prisonnière avec ses deux fils, 145. — Il se présente devant une partie de l'armée chrétienne qui s'était séparée de Godefroi de Bouillon et qui se reforma sous le commandement de Boémond, 152. — Lui livre bataille, *ibid*. — Saisit la victoire, 154. — Cède aux efforts de toute l'armée réunie contre lui, 155. — Attaque Boémond à la bataille d'Antioche, 335. — Est obligé de se retirer, *ibid*. (*Guillaume de Tyr*).

Descend en Syrie à la nouvelle de la mort du prince d'Antioche, XVIII, 24. — Assiége le comte d'Edesse dans Turbessel, 24. — S'empare de la place par capitulation, *ibid*. — Envahit la principauté d'Antioche, 34 (*Albert d'Aix*.)

Indigné des attaques et des ravages des Croisés, il prend et tue tout ce qu'il trouve sur ses terres, XV, 26, 27. — Fait battre la campagne et trancher la tête à tous les Croisés qu'il y trouve, 28. — Marche vers le camp de Civitot pour attaquer les Croisés, 29. — Les rencontre, *ibid*. — Leur livre bataille, 30. — Les défait, 31. — Les poursuit jusque dans le camp, 32. — S'en empare, *ibid*. — Sort de Nicée, 74. — Va réunir ses forces, *ibid*. — Envoie un espion qui est arrêté, 76. — Arrive sous Nicée, 78. — Attaque la partie de la ville naguère indéfendue et maintenant occupée par les troupes du comte Raymond de Toulouse, *ibid*. — Est repoussé, 79. — Attaque la portion de l'armée chrétienne commandée par Boémond, 96. — S'élance dans le camp, 97. — L'évacue à l'arrivée de Godefroi, 99. — Prend position, 100. — Se retire, *ibid*. — Surprend, défait et tue le prince Suénon de Suède à son passage en Romanie, 171, 172. — Assiste au conseil du duc d'Autriche et est chargé de solliciter des secours, 193. — Son discours au roi du Khorazan, 194, 195. — Son rapport circonstancié, 197. — Il présente la bataille à la garnison chrétienne d'Antioche sortie de ses murs, 254. — Coupe le chemin de cette place au port Siméon, 256. — Aveugle par la fumée l'un des corps des Croisés, 257. — Est battu, et s'enfuit, 260 (*Guillaume de Tyr*).

Suit le corps du comte de Toulouse, XXI, 9. — Le joint près de Marash, 13. — Lui livre bataille, 15. — Le met dans la déroute la plus complète, 20. — Poursuit et massacre les débris de cette armée, 24. — Défait près d'Héraclée une armée de cent soixante mille hommes, commandés par le comte de Poitou et le duc de Bavière, 34. — Réclame de Doniman une part dans la rançon offerte par l'empereur Alexis pour la tradition de Boémond prisonnier, 72. — Lui fait la guerre sur son refus, et le met en fuite, 73. — Soulève contre Doniman le roi du Khorazan, 77. — L'engage à tendre un piége à Boémond, 78 (*Albert d'Aix*).

Attaque et bat les trois chefs normands croisés détachés de la grande armée, XXIII, 48, 50, 58. — Marche contre Hugues le Grand qui le met en fuite, 59, 60. — Est défait par Robert de Flandre, 61, 63. — S'enfuit devant Godefroi, 64. — Prend position, 66. — En est délogé, 67. — Voit son armée se disperser, 68 (*Raoul de Caen*).

Repoussé à Nicée, il rencontre dix mille Arabes dans sa fuite, XXIII, 342. — Discours qu'il leur tient, *ibid*. — Il les entraîne avec lui, 344. — Dévaste tout dans sa retraite, *ibid*. (*Robert le Moine*).

Il attaque la partie de l'armée chrétienne qui a suivi le mouvement de Boémond, XXIV, 28. — La met en déroute, 30. — Est battu par l'armée réunie des Croisés, 31 (*Foulcher de Chartres*).

Il rassemble une armée, XXVII, 427. — Assiége les Croisés allemands dans Exogorgon, *ibid*. — Met Raymond leur chef en fuite, *ibid*. — Le reçoit dans ses rangs, *ibid*. — Défait Gautier Sans-Avoir, *ibid*. — Attaque et bat complétement sa troupe, 428. — Assiége Civitot, 429. — Se retire devant Boémond, *ibid*. — Attaque la partie détachée de l'armée chrétienne aux ordres de Boémond, 444. — Est battu par les deux armées réunies, 446. — S'enfuit, rencontre un corps d'Arabes et l'emmène, publiant partout le bruit de sa prétendue victoire, 447 (*Orderic Vital*).

Envahit la principauté d'Antioche, XXVIII, 119. — Fait prisonniers les princes Boémond et Richard, *ibid*. — Refuse la rançon offerte pour le premier par l'empereur Alexis, 120. — Ses motifs, *ibid*.

— Sa fille délivre Boémond et épouse le prince Roger, 123 à 129 (*Orderic Vital*).

SONNAT, évêque de Rheims. — Assiste à un nombreux concile qui institue vingt-sept canons, V, 144. Son éloge, 150. — Son testament, *ibid.* (*Histoire de l'Église de Rheims*).

SONNICHILDE, fille de Bilitrude. — Est amenée par Charles de Bavière en France, II, 240 (*Chronique de Frédégaire*).

Épouse Charles Martel, III, 1. — Lui donne un fils nommé Griffon, *ibid.* (*Annales d'Éginhard*).

SONNON, fils d'Anténor. — Conduit de la Sicambrie sur les bords du Rhin les Francs, qui s'y établissent, XI, 49 (*Rigord*).

SOPHIE, impératrice. — Conspire pour mettre Justinien sur le trône, I, 267. — Est dépouillée de ses trésors, *ibid.* — Désigne Tibère Maurice pour successeur de l'empereur, 343. — Ses vues, *ibid.* (*Grégoire de Tours*).

SOR (Adam), seigneur normand. — Est laissé libre à la prise d'Alençon par le roi d'Angleterre, XXVIII, 266 (*Orderic Vital*).

SOR ou SORDAINS (Gautier de). — Ses fils égorgent Robert 1er de Bellême dans sa prison, XXVIII, 426 (*Orderic Vital*).

Est fait prisonnier et pendu avec ses deux fils pour venger cet assassinat, XXIX, 144 (*Guillaume de Jumiége*).

SORDAINS. *Voy.* SOR.

SORENG (Richard), fils de Guillaume. — Ravage avec ses frères les environs de Séez, XXIX, 184. — S'établit dans l'église de Saint-Gervais de cette ville, *ibid.* — Y est assiégé par l'évêque Yves II, seigneur de Bellême, qui fait mettre le feu aux maisons voisines et le force à s'enfuir, *ibid.*, 185. — Est tué d'un coup de hache, 186 (*Guillaume de Jumiége*).

SORENG (Robert). — Ravage avec ses frères les environs de Séez, XXIX, 184. — S'établit dans l'é-

glise de Saint-Gervais de cette ville, *ibid.* — Y est assiégé par l'évêque Yves II, seigneur de Bellême, *ibid.* — Est forcé de s'enfuir par suite de l'incendie allumé par ordre de l'évêque, 185. — Est tué par les gens de la campagne, 186 (*Guillaume de Jumiége*).

SOTER (saint), 11e pape. — Durée de son pontificat, XXV, 381 (*Orderic Vital*).

SOUABE (Charles, roi de). *Voy.* CHARLES.

SOURDEVAL (Robert de). *Voyez* ROBERT.

SPATHAIRE, ambassadeur. — Est envoyé par l'empereur Nicéphore auprès de Charlemagne, III, 66. — Son retour dans sa patrie, *ibid.* — Est chargé d'une nouvelle mission auprès du même prince par l'impératrice Irène, 52 (*Annales d'Éginhard*).

SPOLÈTE (Albéric de), patrice des Romains. — Tient prisonnier le pape Jean XI, son frère, et défend Rome contre le roi Hugues d'Italie. — Fait la paix avec ce prince et épouse sa fille. — Sa mort, VI, 99, 105, 150 (*Chronique de Frodoard*).

SPOLETTE (Guy de). — Est couronné empereur, V, 484. — Ses relations avec l'évêque Foulques de Rheims, 499 (*Frodoard, Histoire de l'Église de Rheims*).

STABULON, chambellan du duc Godefroi de Bouillon. — Est adjoint à Godefroi de Hache dans sa mission auprès du roi de Hongrie, XX, 47. — Va faire ses dévotions avec le roi Godefroi au sépulcre de Jésus-Christ, 344. — Sa vision, 345. — Est tué à la bataille de Ramla, XXI, 43 (*Albert d'Aix*).

STARGOLF, marin flamand. — Échappe aux Turcs, XXI, 161. — Se sauve à Caïphe, 162 (*Albert d'Aix*).

STAVEL (Hugues). *Voy.* HUGUES STAVEL.

STÉPHANIE, femme du pape Adrien. — Est assassinée, IV, 226 (*Annales de Saint-Bertin*).

STIGAND, archevêque de Cantorbery. — Contribue à établir le prince Edgard sur le trône d'Angleterre, après la mort d'Hérold et la bataille d'Hastings, XXVI, 147. — Se soumet au roi Guillaume le Conquérant, 148. — L'accompagne en Normandie, 159 (*Orderic Vital*); XXIX, 427 (*Guillaume de Poitiers*).

STIGAND, archevêque de Vincester. — Est déposé, XXVI, 192 (*Orderic Vital*).

STIGAND DE MÉSIDON. — Est chargé d'élever la belle Marguerite du Maine, fiancée à Robert de Normandie, fils du duc Guillaume le Bâtard, XXVI, 99 (*Orderic Vital*).

STILICON, général. — Bat les Francs, passe le Rhin, et parcourt les Gaules jusqu'aux Pyrénées, I, 67 (*Grégoire de Tours*).

STRADIOT, chevalier de Hainault. — Se distingue dans la guerre contre Charles d'Anjou, XIII, 167 (*Guillaume de Nangis*).

STRÉMON. — Est envoyé prêcher la foi en Auvergne, I, 23. — Sa mort, 24. — Ce qui advint à Urbicus, son successeur, 30 (*Grégoire de Tours*).

STURBIE. — Est fait comte de Bourges, III, 322 (*l'Astronome*).

SUÉNON, prince de Danemark et de Suède. — Il part pour la croisade avec quinze cents jeunes chevaliers, XVI, 224. — Arrive à Constantinople où il est reçu avec bienveillance, *ibid*. — Passe le Bosphore, 225. — Arrive à Nicée, *ibid*. — Est tué dans la Romanie avec tous les siens, *ibid*. (*Guillaume de Tyr*).

Il se croise, XX, 171. — Arrive à Constantinople, *ibid*. — Passe le Bosphore, 172. — Est tué en Romanie par Soliman, *ibid*. (*Albert d'Aix*).

SUÉNON, 1er roi de Danemark. — Informé du massacre des Danois en Angleterre, il lève une armée, XXIX, 117, 118, 119, et aborde à Yorck, *ibid*. — Se rend en Normandie, *ibid*. — Conclut un traité d'alliance avec Richard II, *ibid*. —

Conquiert les provinces d'York, Cantorbéry et Londres, 120. — Chasse d'Angleterre le roi Ethelred qui se réfugie en Normandie, *ibid*. — Sa mort, 121. — Son fils Canut lui succède, 122 (*Guillaume de Jumiége*).

SUÉNON II, roi de Danemark. — Il est appelé au trône d'Angleterre par les Anglais opprimés sous la tyrannie des lieutenans de Guillaume le Conquérant, XXVI, 163. — Envoie une flotte considérable pour soutenir ses prétentions, 181. — Est repoussé à Douvres, à Sandwick, 182. — Débarque à Ipswich, *ibid*. — Rallie les Anglais mécontens, 183. — Obtient quelques succès à Yorck, *ibid*. — Est refoulé derrière l'Humber, 184. — Fait une tentative inutile sur Yorck, 186. — Perd enfin sa flotte et son armée, 187 (*Orderic Vital*).

Est appelé par les Anglais qui ont reconnu le prince Edgar pour leur roi et se sont révoltés contre Guillaume le Conquérant, XXIX, 235 (*Guillaume de Jumiége*).

Il se lie d'amitié avec le duc Guillaume de Normandie, lors de son expédition en Angleterre, XXIX, 389 (*Guillaume de Poitiers*).

SUÈVES (les). — Font en 460 une irruption en Espagne et s'emparent de la Galice, I, 43 (*Grégoire de Tours*).

SUGER, abbé de Saint-Denis. — Notice sur sa vie, VIII, j — Il dédie à l'évêque de Soissons sa Vie de Louis le Gros, 1. — Commandant à Thury, il est chargé par le roi Louis VI de tout préparer pour réduire le château du Puiset, 77. — Reçoit Hugues du Puiset et va solliciter le roi en sa faveur, 88. — Apprend que la place est attaquée en son absence, 89. — Y rentre heureusement et la défend, *ibid*. — Ses missions près des papes Jean de Gaëte et Calixte, 114, 116. — Sa vision, 117. — Il est nommé abbé de Saint-Denis malgré le roi, 118. — Ses travaux, 119 *et suiv*. — Sa mission auprès du pape Innocent,

145. — Il accompagne en Aquitaine le roi Louis VII, qui va épouser la princesse Eléonore, 156 (*Suger*).

Son éloge, VIII, 165 *et suiv.* — Il désapprouve la croisade, 185. — Lettre encyclique du monastère de Saint-Denis sur sa mort, 127 (*Vie de Suger*).

Il succède à l'abbé Adam au couvent de Saint-Denis, XIII, 8. — Réforme les règles de cette abbaye, *ibid.* — Chasse d'Argenteuil d'infâmes religieuses, 14 (*Guillaume de Nangis*).

Lettre que lui adresse de la Terre-Sainte son moine, Odon de Deuil, XXIV, 279. — Il est chargé du gouvernement du royaume pendant l'expédition du roi Louis le Jeune en Terre-Sainte, 288 (*Odon de Deuil*).

SUINTITA Ier, roi d'Espagne. — Monte sur le trône, II, 215. — Est détrôné par les secours de Dagobert, roi de France, 216, 293. — Est remplacé par Sisenand, *ibid.* (*Chronique de Frédégaire*).

SUINTITA II, roi d'Espagne. — Succède à Sisenand, II, 222. — Sa mort, *ibid.* (*Chronique de Frédégaire*).

SULLI (Guillaume, seigneur de). Envoyé de Charles le Bel auprès d'Edouard II, roi d'Angleterre, l'accompagne dans son expédition d'Ecosse, XIII, 358. — Est fait prisonnier et rendu sur la demande du roi, 359 (*Guillaume de Nangis*).

SULLY (Gilon de). *Voy.* GILON DE SULLY.

SULPICE (Alexandre). — Historien qui n'est connu que par la mention qu'en fait Grégoire de Tours, I, 61. — Ce qu'il raconte sur les premiers chefs des Francs, *ibid.*

SULPICE, duc. — Assiste à l'assemblée de Clichi tenue par le roi Clovis, II, 316 (*Vie de Dagobert*).

SULPICE, évêque de Bourges. — Son éloge, I, 358. — Sa mort, II, 132 (*Grégoire de Tours*).

SUMNÉGÉSILE, comte des écuries de Théodebert. — Est convaincu de non révélation d'un complot contre les deux reines, II, 55. — Est exilé et ses biens confisqués, 56. — Est rappelé d'exil, *ibid.* — S'avoue coupable de la mort du roi Chilpéric, 120. — Son supplice, *ibid.* (*Grégoire de Tours*).

SUNDGAU (Ænovald, comte de). *Voyez* ÆNOVALD.

SUNNIULPHE, abbé de Randan. — Sa simplicité, sa charité, ses visions, I, 189 (*Grégoire de Tours*).

SUNNON, duc franc. — Fait une irruption en Germanie, et s'avance jusqu'à Cologne, I, 61. — Pille le pays, *ibid.* — Repasse le Rhin, *ibid.* — Donne des otages, 63. — Est poursuivi par Arbogaste, 64 (*Grégoire de Tours*).

SUNZON, évêque de Mayence. — Est tué par les Normands sur la Meuse, au combat de Goule, IV, 337 (*Annales de Metz*).

SUPPON, comte de Brescia. — Est fait duc de Spolette, III, 93. — Le bruit de sa mort est faussement répandu, 101. — Sa mort, 103 (*Annales d'Eginhard*).

Confirme à l'empereur Louis la nouvelle de la révolte de Bernard son neveu, roi d'Italie, III, 357 (*l'Astronome*).

SUREAU. — Cet arbre porte par miracle des raisins sans accointance avec la vigne, I, 159 (*Grégoire de Tours*).

SUTRI (Eudes, comte de). — Ses efforts pour assurer la papauté à son oncle Guibert, XXVII, 142 (*Orderic Vital*)

SWITHGER, comte. — Aide Griffon, fils de Charles Martel, dans la conquête de la Bavière, III, 3 (*Annales d'Eginhard.*)

SWOMI, ambassadeur. — Confirme, au nom des Danois, la paix conclue avec l'empereur Charlemagne, III, 67 (*Annales d'Eginhard*).

SYAGRIUS, comte. — Est nommé ambassadeur du roi Gontran à Constantinople, II, 167. — Contre sa foi, il se fait nommer patrice, *ibid.* (*Chronique de Frédégaire*).

SYAGRIUS, évêque. — Reconnaît le diacre Pierre innocent de la mort de l'évêque Sylvestre, I, 227 (*Grégoire de Tours*).

SYAGRIUS, évêque d'Autun. — Sa mission à Paris de la part du roi Gontran, II, 133 (*Grégoire de Tours*).

SYAGRIUS, fils de l'évêque de Verdun. — Attaque et tue Siribald qui avait accusé son père auprès du roi Thierry, I, 149 (*Grégoire de Tours*).

SYAGRIUS, Romain. — Est battu près de Soissons par les Francs, I, 85. — Se réfugie à Toulouse auprès d'Alaric, *ibid*. — Est livré à Clovis qui le fait égorger, *ibid.*, 86 (*Grégoire de Tours*).

SYBILLE, fille d'Amauri 1er, roi de Jérusalem. — Elle épouse Guy, comte de Lusignan, et remonte avec lui sur le trône à la mort de son fils, XIII, 58. — Part pour Antioche après la prise de Jérusalem par Saladin, 67. — Sa mort fait descendre du trône Guy son mari, 71. — Isabelle, femme du marquis de Montferrat, lui succède, *ibid.* (*Guillaume de Nangis*).

Elle épouse le fils du marquis de Montferrat et lui porte en dot Joppé et Ascalon, XVIII, 330. — Devient veuve et reste enceinte, 331. — Le comte de Tripoli veut la marier en cet état à un noble qu'il ne nomme pas, 335. — Cette proposition est rejetée, 336. — Elle épouse à l'improviste Guy de Lusignan, 373 (*Guillaume de Tyr*).

Elle va à Jérusalem, XIX, 37. — Préside aux obsèques du roi Baudouin v son fils, *ibid*. — Gagne le patriarche et le maître du Temple, *ibid*. — Appelle le comte Renaud de Châtillon, *ibid*. — Mande pour son couronnement les barons, qui refusent de s'y rendre, *ibid*. — Est couronnée, malgré quelque opposition, 41. — Couronne Guy de Lusignan, son mari, *ibid.* (*Bernard le Trésorier*).

Elle épouse Guillaume Longue-Epée, marquis de Montferrat, XXII, 240. — En a un fils (Baudouin v, roi), 241. — Se remarie à Guy de Lusi-

gnan, *ibid*. — Sa mort dépouille ce prince du titre de roi de Jérusalem, 255 (*Jacques de Vitry*).

SYLVAIN DE SAINT-PAIR (Richard). *Voyez* RICHARD DE SAINT-PAIR.

SYLVESTRE, pape. *Voyez* GERBERT.

SYMMAQUE, ex-consul romain. — Est décapité par ordre de Théodoric, XXV, 404 (*Orderic Vital*).

SYMMAQUE, 50e pape. — L'emporte sur Laurent son concurrent, XXV, 401. — Est remplacé par Pierre, *ibid*. — Est accusé et se justifie, 402. — Est glorieusement réintégré, *ibid*. — Est toujours la cause ou le prétexte de troubles, *ibid*. — Ses travaux, ses bienfaits, ses décrets, *ibid.* (*Orderic Vital*).

SYMPHORIEN (saint), martyr. — Basilique que le prêtre Euphémius lui fait élever à Autun, I, 75 (*Grégoire de Tours*).

SYRACON, prince de Damas, chef des chevaliers de Noradin. — Se rend en Egypte au secours de Savar, XVIII, 171. — Son portrait, *ibid*. — Il attaque Dargan, qui meurt au sein de la victoire, 172. — S'empare de Bilbéis, 173. — Y est assiégé par Savar et le roi Amauri de Jérusalem son allié, 173. — Leur rend la place, *ibid*. — Se rend à Damas, 174. — Rentre en Egypte, est battu dans les déserts et expulsé par le roi de Jérusalem, 180; XXII, 209. — S'empare de la *Grotte de Tyr* au territoire de Sidon, XVIII, 182. — Prend le fort de Montreuil, 183. — S'allie avec le calife, 184. — Descend vers l'Egypte, 185. — Sa marche, 189. — Il s'empare d'une île du Nil, 201. — En est chassé, 202. — Mouvemens de l'armée, 204 et *suiv.* — Ses forces, 210. — Il livre bataille, 212. — Détails du combat, 213. — Succès indécis, 214. — Il se retire à Alexandrie, tandis que l'ennemi va occuper le Caire, 215. — Ferme les communications par le Nil, 216. — Evacue la place dont il remet la défense à Saladin, *ibid*. — Remonte dans la Haute-Egypte, *ibid*. — Expédie au roi de Jérusalem Hugues de Césarée, son prisonnier, chargé de propositions de paix qui sont agréées, 210, 226. — Marche au secours du soudan d'Egypte contre le roi de Jérusalem, 240. — Le force à rétrograder sur Péluse, 246. — Dresse son camp devant le Caire, 247. — Fait assassiner le soudan et s'empare de l'Egypte, 248. — Sa mort, 250. — Son neveu Saladin lui succède, *ibid.* (*Guillaume de Tyr*).

Syrus, général de Victor, fils de l'empereur Maxime. — Est mis avec Charietton, à la place de Nannénus, commandant de la milice romaine dans les Gaules. — A la tête d'une armée, ils s'opposent aux Francs dans la Germanie, I, 63 (*Grégoire de Tours*).

T

Tacite, empereur. — Principaux événemens de son règne, XXV, 117 (*Orderic Vital*).

Taisson (Erneise). — Bâtit avec son frère l'église de Saint-Etienne de Fontenai, XXIX, 200 (*Guillaume de Jumiége*).

Taisson (Raoul). *Voyez* Raoul Taisson.

Talabot (Goisfred). *Voy.* Goisfred Talabot.

Talabot (Hugues). *Voyez* Hugues.

Talaminie (Piraste de). *Voyez* Piraste.

Talvas (Olivier). *Voy.* Olivier Talvas.

Tancarville, chambellan. — Est tué dans la bataille gagnée par les gens de Bruges révoltés sur l'armée de Philippe le Bel, XIII, 243 (*Guillaume de Nangis*).

Tancarville (Guillaume de). — Fait rétrograder l'armée anglaise en marche sur l'Aigle, pour faire lever le prétendu siége établi devant Rouen par les Cauchois, XXVIII, 279. — Reste fidèle au roi d'Angleterre, 297. — Accompagne ce prince à la bataille de Brenmule, 307. — Fait partie de l'expédition de Bourg-Théroulde contre la troupe révoltée du comte de Meulan, 391 (*Orderic Vital*).

Epouse la fille de Guillaume d'Arques (*Guillaume de Jumiége*.)

Tancrède de Conversano. — Est fait prisonnier par Roger II de Sicile, XXVIII, 450 (*Orderic Vital*).

Tancrède de Hauteville. — Histoire des conquêtes de ses douze fils, XXVIII, 446 (*Orderic Vital*).

Tancrède, fils du précédent. — Passe en Sicile et se met à la solde du duc Guaimar, XXVI, 49. — Fait bientôt la guerre pour lui-même, *ibid.* (*Orderic Vital*).

Tancrède de Sicile, fils du bon marquis. — Il s'engage pour la première croisade, VII, 85 (*Hugues de Fleury*).

Il prend la croix et accompagne Boémond, IX, 80. — Repousse l'agression des Grecs, 82. — Passe en Asie, 88. — Ne prête pas le serment exigé par l'empereur Alexis, *ibid.* — Est joint à Nicomédie par le duc Godefroi, *ibid.* — Fait le siège de Nicée, 91. — S'en empare, 95. — Seconde Boémond, 97. — Contribue au gain d'une grande bataille contre les Turcs, *ibid.* à 102. — Quitte l'armée des Croisés avec Baudouin de Boulogne, 106. — Se sépare de lui, *ibid.* — Se présente devant Tarse, *ibid.* — S'en empare, *ibid.* — Son mécontentement d'être rejoint par Baudouin, 108. — Il se charge de la garde de la redoute la plus difficile au siége d'Antioche, 147. — Est assiégé dans cette place, 148. — Jure que, ne fût-il que quarantième, il n'abandonnera ni la ville ni la route de la cité sainte, 181. — Atta que Jérusalem, 241.—S'en empare, 253. — Voit périr les Gentils à qui il a promis protection, 255. — Occupe Naplouse, 267. — Revient à Jérusalem, *ibid.*—Marche sur Césarée, *ibid.*—Reconnaît l'ennemi, 268. — Commande un corps d'armée au siége d'Ascalon, 270. — S'y distingue, *ibid.* — Blesse le prince d'Egypte, 271. — Prend possession d'Antioche à la nouvelle de la captivité du prince Boémond, 321. — Fait fortifier Laodicée, *ibid.* — Reçoit Antioche comme dépôt, *ibid.* (*Guibert de Nogent*).

Prend la croix, XVI, 49.—Marche sous la bannière de Boémond à l'expédition de la Terre-Sainte, 102. —Repousse l'attaque des Grecs au passage de l'Axius, 105. — Conduit l'armée en Bithinie, 107. — Fait sa jonction avec Godefroi, tandis que Boémond est près de l'empereur qu'il a évité de voir, *ibid.* — Se distingue par sa valeur au siége de Nicée, 133. — Se sépare de l'armée avec ses troupes et plusieurs chefs, 150. — Se range sous les ordres de Boémond à l'approche de Soliman, 152. — Est sauvé par son courage à la bataille de Dorylée, 153.—Quitte l'armée à Antiochette avec cinq cents cavaliers et quelques fantassins, 159, 160. — Entre en Cilicie et fait le siége de Tarse, 164. — Fait arborer sa bannière sur une tour qui lui est livrée à condition, 165. — Marche au-devant d'une armée qui entre en Cilicie, 167.—Reconnaît Baudouin et le reçoit dans son camp, *ibid.* — Est insulté à propos de sa bannière à laquelle Baudouin fait substituer la sienne, *ibid.*, 168.—Lève le camp, indigné, *ibid.* — Marche sur Adana, qu'il trouve occupée par les Croisés, *ibid.* — Y fait des vivres, 169. — Met le siége devant Mopsueste et s'en empare, *ibid.* — Livre un combat acharné à Baudouin, qui vient camper devant cette place, 175.— Fait la paix avec lui, 176. — Recueille les débris de la flotte de pirates reçus à Tarse par Baudouin, *ibid.*—Ravage la Cilicie, *ibid.*, 177.

—S'empare d'Alexandrette, *ibid.*—Reçoit les soumissions de toute la province, *ibid.* — Quitte la Cilicie soumise, 193. — Se réunit à la grande armée, *ibid.* — Prend le commandement d'un nouveau camp sous Antioche, au refus de tous de s'en charger, 252. — Fait une sortie de cette place et éloigne l'ennemi, 296. — Est investi du commandement du 8e corps de l'armée, lors de la sortie générale de la garnison chrétienne d'Antioche, 327.—Sauve Boémond des mains de Soliman, 335. — Chasse les Turcs de leurs positions, 336. — Les poursuit à quatre milles après le gain de la bataille, 338. — Marche au siége de Marrash, 362. — Joint le comte de Toulouse qui opère seul un mouvement vers Jérusalem, 370. — Est chargé du commandement de l'avant-garde, 371.—Accuse le comte de Toulouse auprès des princes croisés d'avoir reçu 6,000 pièces d'or pour leur faire lever le siége de Gibel, 380. — Abandonne le siége d'Archis, 389. — Est chargé d'occuper Bethléem, 399. — Y arbore sa bannière, 400. — Délivre Gaston de Béziers dans la campagne de Jérusalem, 401. — Concourt au siége de cette place, 419. — Sa sollicitude pour les travaux, 434.— Il se réconcilie avec le comte de Toulouse, 435.— Escalade les murs de Jérusalem et entre dans cette ville avec Godefroi de Bouillon, 451. — Pénètre dans le temple, 454. — S'empare, après un carnage épouvantable, d'une quantité immense d'or, d'argent et de pierreries, qu'on croit qu'il rendit depuis, *ibid.* (*Guillaume de Tyr.*)

Prend possession de Naplouse, XVII, 21.—Joint le roi Godefroi à Ramla, *ibid.*— Reste auprès de lui, 26. — Est fait prince de Galilée, 27. — Sa sollicitude pour les affaires publiques, 39. — Résigne, au nouveau roi Baudouin, Galilée, Tibériade, et se retire aux environs d'Antioche, 65. — Est investi de l'administration du pays pendant la captivité de Boémond, *ibid.* — Accueille le comte de Poitou et les nouveaux Croisés, 71. — Se dispose à secourir le roi de Jérusalem attaqué par les Égyptiens, 84. — Assiége et prend Apamée, 95. — Soumet Laodicée, *ibid.* — Rend Antioche à Boémond, 98. — En reçoit la plus grande partie du pays conquis, *ibid.* — Se ligue avec Baudouin du Bourg, Boémond et les autres seigneurs de la principauté d'Antioche pour porter la guerre au-delà de l'Euphrate, 104. — Prend la fuite à la bataille de Carrhes, 109. — Rentre à Edesse, *ibid.* — Est chargé de gouverner le pays jusqu'au retour de Baudouin, *ibid.* — Est chargé de l'administration de la principauté d'Antioche pendant le voyage de son oncle en Europe, 111. — Livre bataille au prince d'Alep, près d'Artésie, 115. — Le met en déroute, *ibid.* — Quitte Antioche, 127. — Appelle à son secours le roi de Jérusalem pour nettoyer le comté d'Edesse infesté par ses ennemis, *ibid.*, 128. — Fait armer et approvisionne toutes les places fortes, 129. — Refuse, puis rend le comté d'Edesse à Baudouin du Bourg, qui s'allie avec Josselin et lui déclare la guerre, 130, 131. — Repousse l'invasion de ce dernier qui s'est allié aux Turcs, *ibid.* — Fait la paix, *ibid.* — Appelle à son secours le roi de Jérusalem contre les Perses, 152. — Parvient à les chasser, 153. — Sa mort, 156. — Il ordonne le mariage de sa femme avec Pons, fils de Bertrand de Tripoli, *ibid.*, 157. — Institue un de ses cousins son héritier à charge de rendre la principauté d'Antioche à Boémond, fils de Boémond, s'il la redemande, *ibid.* (*Guillaume de Tyr*).

Il passe le détroit à l'insu de son oncle Boémond, du duc Godefroi et d'Alexis, et évite de se faire (comme les autres Croisés) l'homme de l'empereur, XX, 68. — Concourt au siége de Nicée, 71. — Repousse les attaques de Soliman, 79. — Suit le mouvement de Boémond, lors de sa séparation de la grande armée, 97. — Combat contre Soliman dans la vallée de Gorgone, *ibid.* — Perd son frère et sa bannière, *ibid.* — Quitte la grande armée et marche isolément avec son corps, 105. — Arrive par hasard à Tarse, 108. — Ravage le pays, *ibid.* — Négocie, 109. — Obtient que cette ville lui sera remise en entier à l'arrivée de Boémond, et que, pour la garantir, il y arborera sa bannière, *ibid.* — Voit une armée paraître à l'horizon, 110. — Maintient les Turcs, 111. — Fait ses dispositions d'attaque, *ibid.* — Marche et reconnaît Baudouin de Boulogne, qu'il reçoit avec joie dans son camp, 112. — Leur querelle, *ibid.*, 113. — Il voit sa bannière jetée bas faire place à celle de Baudouin, qui a traité à son insu avec la ville de Tarse, 114. — S'éloigne, 115. — Est reçu dans une place voisine occupée par un Croisé, *ibid.* — S'empare de Mamistra, 121. — Livre sous cette place un combat à Baudouin de Boulogne, *ibid.*, 122. — Fait la paix, 123. — Soumet les châteaux des environs, 136. — S'empare d'Alexandrette, *ibid.* — Rejoint la grande armée, 182. — Marche à l'avant-garde pour l'investissement d'Antioche, 150. — Concourt au siége de cette place, 151. — Reçoit 40 marcs par mois pour un service spécial, et repousse les sorties des assiégés, 158, 159. — Est secouru par le comte de Saint-Pol, 162. — Va faire des vivres pour l'armée, 166. — Concourt à la destruction de l'armée auxiliaire attendue par les assiégés, 181, 183. — Est appelé au conseil pour délibérer sur les mesures à prendre contre la grande armée turque en marche sur Antioche, 209. — Entre dans cette place livrée à Boémond par trahison, 220. — Marche secrètement sur les Turcs et venge la mort de Roger de Barneville, 232. — Est investi du commandement d'un corps d'armée, lors de la sortie générale de la garnison chrétienne d'Antioche, 253. — Poursuit l'ennemi le plus long-temps et le plus loin possible après le gain de la bataille, 263. — Est chargé avec plusieurs du siége de Marrash, 289. — Est réduit à manger de la chair humaine, 294. — S'empare enfin de la place, 295. — Apprend au duc Godefroi qu'il n'a jamais été question d'ennemis à Archis, et que le secours de son armée est inutile, 301. — Accuse le comte de Toulouse, *ibid.* — S'éloigne de lui, 302. — S'attache au duc Godefroi, *ibid.* — Se calme, mais tient rancune, 303. — Lève le siége d'Archis, 304. — Cherche des vivres, 316. — Rallie Gaston de Béziers, *ibid.* — Va faire avec lui du butin jusque sous les murs de Jérusalem, *ibid.* — Concourt à l'investissement de cette place, 318. — Saisit un espion dont il apprend les secrets en lui promettant la vie, 331. — Le fait placer sur une machine de siége et jeter dans la ville par-dessus les murs, 332. — Entre dans Jérusalem, 342. — Court au temple, *ibid.* — S'empare du trésor, qu'il partage avec le duc Godefroi, *ibid.* — Accorde vainement sa protection à quelques Sarrasins échappés au massacre, 348. — Accompagne le roi Godefroi dans les plaines d'Ascalon, 359. — Poursuit l'ennemi après la victoire, 367. — Est fait châtelain de Tibériade, 402. — Se plaint au roi de la révolte des environs, *ibid.* — Ravage le pays, *ibid.* — Demande et obtient des secours, *ibid.* — Est poursuivi par les Turcs et ne leur échappe qu'à peine, 403. — Insulte Damas, *ibid.* — Conclut une trêve avec ses voisins, 404. — Envoie six députés proposer de se faire chrétien au prince de Damas qui les fait décapiter, à l'exception d'un seul qui se fait Musulman, *ibid.* — Est chargé par le roi de le remplacer au siége de Caïphe confié aux Vénitiens, 406. — Fait les préparatifs à Joppé, 407. — Assiége Caïphe, 408. — Est informé que le feu duc Godefroi en a disposé, 409. — Etouffe son mécontentement, 410. — S'empare de la ville et fait un massacre cruel, 412. — Refuse d'y admettre Guillaume Charpentier à qui le feu roi en avait fait don, *ibid.* — S'entend avec le patriarche pour disposer du royaume, 413. — Y appelle Boémond, *ibid.* — Va à Jérusalem dans les intérêts de son oncle ou dans les siens, 425. — Est éconduit, 426. — Va faire le siège de Joppé, *ibid.* — Le lève à la nouvelle de l'arrivée de Baudouin d'Edesse, *ibid.* — Rentre à Caïphe après son départ, *ibid.* — Cité devant le roi Baudouin, il méconnait son autorité, 435. — Confère avec lui hors de Jérusalem, 436. — Est appelé d'Antioche au lieu de Boémond prisonnier, *ibid.* — Fait la paix avec le roi, *ibid.* (*Albert d'Aix*).

Accueille et secourt le duc de Nevers entièrement dépouillé par les Turcs, XXI, 31. — Réunit à Antioche beaucoup de princes croisés, 36. — Retient prisonnier le comte Raymond de Toulouse, accusé d'avoir trahi et livré aux Turcs l'armée des Lombards, etc., *ibid.* — Le met en liberté sous serment, à la demande des princes, 37. — Marche sur Joppé au secours du roi de Jérusalem, 48, 51. — Décide ce prince à rétablir le patriarche Daimbert, 52. — Fait le siège d'Ascalon, 53. — Ramène avec lui le patriarche déposé, 55. — Il réunit son corps à Baudouin du Bourg menacé par les Turcs, 79. — Marche à l'ennemi jusqu'à Rocha, 80. — Livre bataille, *ibid.* — Obtient de grands avantages, dont la défaite de l'aile droite ne lui permet pas de profiter, 81, 82. — Est chargé de la défense du comté d'Edesse pendant la captivité de Baudouin, *ibid.* — Sollicite les secours de Boémond contre les Turcs qui l'assiégent, 83. — Fait une sortie, 86. — Les chasse de leur camp, *ibid.* — Refuse d'échanger une dame turque contre le comte Baudouin du Bourg, 87, 88. — Est investi de la principauté d'Antioche pendant le voyage de Boémond en Europe, 89. — Met Edesse en état de défense, *ibid.* — Se rend à Antioche, *ibid.* — Est attaqué par le soudan d'Alep, *ibid.* — Réunit ses forces, *ibid.* — Lui livre bataille à Artésie, la gagne et délivre le pays, 90. — Est appelé par les habitans de Famiah (Apamée), 113. — Se rend devant la place, 114. — Est obligé de lever son camp, *ibid.* — Se porte à Laodicée dont il s'est emparé sur l'empereur des Grecs, *ibid.* — Retourne mettre le siège devant Apamée, *ibid.* — Accueille les deux fils du prince assassiné, 115. — S'empare de la ville, *ibid.* — Repousse les réclamations dictées à ses nouveaux alliés par la piété filiale, 116. — Fait respecter la capitulation qu'il a consentie, *ibid.* — Sort d'Edesse à l'instant de la rentrée de Baudouin du Bourg mis en liberté par les soins de Josselin, 125. — Lève une armée et lui fait la guerre, *ibid.* — Le bat et le force à s'enfermer dans Tulupa, *ibid.* — Lève le siége, informé de l'alliance qu'il vient de faire avec les Turcs, 126. — Accueille le comte Bertrand de Toulouse, 142. — Lui promet la tour d'Antioche du domaine de son père, s'il veut l'aider à prendre Mamistra, 145. — Sur son refus de rien entreprendre contre le serment prêté à l'empereur Alexis, il le chasse de la principauté d'Antioche, et défend de lui fournir des vivres, *ibid.*, 146. — Promet des secours contre lui à Guillaume Jourdain, *ibid.* — Est menacé par le roi sous Tripoli, 147. — S'y rend et se réconcilie avec Baudouin du Bourg, 148. — Reçoit du roi, Caïphe, le Temple, Tibériade et Nazareth, et lui fait serment et hommage, *ibid.* — Appelle les Turcs qui assiégent Baudouin dans Edesse, 152. — Se rend, à la tête de quinze cents cavaliers, à l'appel du roi qui l'accueille avec bonté, 157. — Se repent, 158. — Se réconcilie avec les princes chrétiens, 159. — Marche avec eux sur Carrhes contre les Turcs qui s'enfuient, *ibid.* — Accompagne le roi dans la poursuite de l'ennemi, *ibid.* — Passe avec lui l'Euphrate, *ibid.* — Séparé de l'armée par le fleuve, il la voit détruire par les Turcs sans la pouvoir secourir, *ibid.* — Repasse l'Euphrate avec le roi, 160. — Rencontre dans les montagnes Baudouin du Bourg seul, ayant perdu son armée qu'il reconduisait à Edesse, *ibid.* — Est attaqué par cent mille Turcs dans Antioche, 170. — Reçoit du Turc son allié une très-grande preuve de fidélité, 171. — Est secouru par les princes chrétiens, *ibid.*, 172. — Attaque les Turcs, 174. — Ne peut leur faire accepter le combat, *ibid.* — Les force à se retirer, *ibid.* — Assiége Sarepta de Sidon (Gerez), *ibid.* — Y fait brèche et y entre par capitulation, 175. — Assiége Vétulé, 176. — S'allie avec un émir à qui il confie ses troupes qui sont tuées par surprise, *ibid*, 177. — S'empare de la place évacuée par l'ennemi, *ibid.* — Soumet les environs, *ibid.* — Sa mort, 186 (*Albert d'Aix*).

Il occupe un couvent sur l'Oronte, XXI, 263. — Le fortifie avec l'argent du comte de Toulouse, *ibid.* — Commande un corps à la bataille d'Antioche, 284. — Se rend à l'assemblée générale d'Edesse, sur l'invitation du comte de Toulouse qui lui offre cinq mille sous pour continuer son pélerinage, 311. — Rejoint le comte Raymond et marche sur Marrash, 314. — Le détourne d'aller sur Gibel, 316. — Se met à l'avant-garde, 317. — Abandonne le comte de Toulouse et passe auprès du duc Godefroi, 328. — S'empare de Bethléem, 368. — Y fait arborer sa bannière, *ibid.* — Est blâmé par les princes, *ibid.* — Entre le premier dans Jérusalem, 378, 379. — Est chargé par le roi de Jérusalem de prendre possession de Naplouse, 391. — Avertit le roi que l'ennemi est en force à Ascalon, 392. — S'engage à le venir joindre, *ibid.* — Range son corps en bataille, 393. — Se précipite au milieu des ennemis et les met en fuite, 394 (*Raymond d'Agiles*).

Il prend la croix, XXII, 55 (*Jacques de Vitry*).

Son origine, XXIII, 5. — Son éloge, 6. — Il prend la croix, 7. — Se prépare à la campagne, *ibid.* — S'allie avec Boémond, 10. — Fait la police dans l'Epire, *ibid.* — Passe l'Axius, 11. — Repousse les Grecs, 12. — Repasse le fleuve, 15. — Délivre les hommes sans armes qui, n'ayant pu le traverser, mouraient sous les coups de l'ennemi, *ibid.* — Son triomphe, 18. — Il est investi du commandement de l'armée par Boémond, à son départ pour Constantinople, 24. — Déplore en secret son malheur, 25. — Evite de se présenter à l'empereur Alexis, 27. — Passe l'Hellespont *incognito*, 28. — Appelle Boémond, 29. — L'accable de reproches sur le serment qu'il a prêté à l'empereur, 30. — Concourt au siége de Nicée, 37. — Tue le premier Turc dans la croisade, 38. — Accompagne à Constantinople Boémond qui le présente à l'empereur après la prise de Nicée, 40. — Son discours, 41. — Il demande la tente impériale et allume l'indignation d'Alexis, 42. — S'échappe de ses mains et rejoint l'armée, 45. — La quitte avec Boémond et le comte de Normandie, 47. — Livre combat à Soliman et est battu, 48, 50. — Est écrasé dans une nouvelle affaire, 52. — Résiste avec acharnement, 53. — Est aidé par son frère Guillaume qui est tué, 54, 55. — Reçoit de la grande armée des secours qui ramènent la victoire sous les drapeaux des Croisés, 59, 61. — Quitte encore l'armée et marche sur Antioche à la tête de cent hommes d'armes, 69. — S'empare de la Cilicie, 71. — Découvre Tarse, 72. — Attire les ennemis dans une embuscade, 73. — Les bat et les met en fuite, 74. — Attaque la ville..... et y arbore sa bannière, 75. — Est effrayé par l'arrivée inopinée de Baudouin de Boulogne, 76. — Lui raconte l'état des choses, 77. — Souffre de lui la plus criante injustice, 78. — Marche sur Adène où il est appelé, 79. — Sa réception, 80. — Il occupe Mamistra sur la demande des habitans, 86. — Accorde à Baudouin, qui l'implore, la paix troublée bientôt par des combats singuliers auxquels l'accord des chefs met fin, 89 à 93. — Donne des lois à Mamistra, 94. — Part pour la Syrie, *ibid.* — Arrive devant Artasie, 95. — Dégage Baudouin bloqué par les gens d'Antioche, *ibid.* — Est mal accueilli dans la ville, *ibid.* — Est insulté et battu par les Turcs, 98. — Sort de la place, 99. — Occupe Hersen, 100. — Arrive à Antioche, 103. — Concourt au siége de cette place, *ibid.* — Ses dispositions, 106, 107. — Détruit un corps de sept cents Turcs sorti pour butiner, 108. — En transperce trois dans un combat singulier, 111. — Fixe son quartier à Hamah et à Harenc, 126. — Se plaint de ne pas avoir été appelé par Boémond à la prise d'Antioche, 145. — Conduit sa troupe peu nombreuse à la sortie générale de la garnison chrétienne d'Antioche, 167. — Poursuit les vaincus, 175. — En fait un carnage étonnant, *ibid.* — S'empare du château de Harenc, 177. — Livre un nouveau combat et remporte une nouvelle victoire, *ibid.* — Assiége Marrash avec les comtes de Normandie et de Toulouse, 182. — En est réduit à manger de la chair humaine, 185. — Se rend à Antioche, 186. — S'empare par surprise de la citadelle occupée par le comte de Toulouse et la rend à Boémond, *ibid.*, 187. — Va mettre le siége devant Archas, 198. — Eprouve une vive résistance, 202. — Quitte la grande armée à la hauteur de Ramla, 208. — S'empare de Bethléem, *ibid.* — Salue le premier Jérusalem, *ibid.* — Monte seul sur la montagne des Oliviers, 209. — Contemple la cité sainte, 210. — Rencontre un ermite de sa famille

211. — Repousse seul cinq chevaliers sortis de la ville, 213. — Concourt au siége de Jérusalem, 216. — Découvre des poutres indispensables pour les travaux, 219. — Veut monter à l'assaut et en est empêché, 220, 221. — Trouve enfin les bois propres à l'assaut, 222. — S'empare du temple de Jérusalem, 238. — Le pille, 239. — En distribue les dépouilles, 240. — Frappe et massacre les ennemis, 241. — Est accusé par Arnoul, 247. — Sa défense, 253. — Décision des grands, 257. — Il reconnait l'autorité royale du duc Godefroi, 260. — Fortifie Bezan, ibid. — S'empare de Caïphe, 261. — Est placé à Antioche au lieu de Boémond prisonnier, 265. — Eloigne Baudouin, 266. — Soumet Mamistra, Adène et Tarse, ibid. — Attaque Laodicée, ibid. — Repousse le comte de Toulouse qui veut secourir les Grecs, 270. — S'empare des trésors que ceux-ci lui ont donnés pour faire la guerre, 272. — Prend Laodicée après un siège de dix-huit mois, 273. — Relève, dans sa détresse, le comte Guillaume de Poitou, battu et complètement dépouillé en Romanie, 275. — Rend la principauté d'Antioche à Boémond, délivré de captivité, 176. — Est forcé de lui remettre ses conquêtes dont il réserve avec peine deux châteaux, ibid. — Marche au secours d'Edesse assiégé par les Assyriens, 277. — Poursuit l'ennemi dans sa retraite avec Boémond et le comte Baudouin, ibid. — Surprend et met en fuite ses deux compagnons, 278. — Est abandonné par son armée, 281. — Fait sa retraite, ibid. — Est chargé du gouvernement d'Edesse pendant la captivité de Baudouin du Bourg, 283. — Est rappelé par Boémond dépouillé des conquêtes qu'il lui avait enlevées, 284. — S'offre à aller en Europe solliciter des secours, 286. — Est laissé dans Antioche, dénuée de ressources et abandonnée par Boémond qui vogue vers l'Europe, 288. — Demande de l'argent aux capitalistes qui lui en fournissent, 289. — Investit Artasie, 290. — Chasse le roi d'Alep qui veut délivrer cette place, 291. — Bloque Apamée, 292. — Marche au secours de Laodicée, 294 (*Raoul de Caen*).

Il prend la croix, XXIII, 320. — Se distingue au premier combat livré aux Grecs sur la route de Constantinople, 322. — Est investi du commandement de l'armée par Boémond qui se rend à l'invitation de l'empereur, 323. — S'avance avec le duc Godefroi jusqu'à Nicomédie, 329. — Passe sous les ordres de Raymond, 334. — Quitte l'armée à Héraclée, 345. — Tourne vers Tarse, ibid. — Chasse les Turcs de cette ville, 346. — Y est appelé, ibid. — La cède à Baudouin son concurrent, dont l'armée est plus forte que la sienne, ibid. — S'empare d'Adène et de Mamistra, ibid. — Arrête Guillaume Charpentier, Croisé, déserteur d'Antioche, qui obtient grâce et s'enfuit encore, 361. — Est chargé de la défense d'une forteresse d'Antioche, bâtie sur le cimetière avec les pierres sépulcrales, 377. — Remplit cette mission pour le plus grand bien des Chrétiens, 378. — Est investi du commandement d'un corps d'armée, lors de la sortie générale de la garnison d'Antioche, 415. — Concourt au siége de Jérusalem, 452. — S'empare de Naplouse, 461. — Concourt à la bataille d'Ascalon, 465. — S'y distingue, 467 (*Robert le Moine*).

Est dépouillé, par la violence du comte Baudouin, de la ville de Tarse dont il s'est emparé, XXIV, 34. — Se joint au comte de Toulouse à Marrash, 63. — Se réunit au duc Godefroi et marche sur Jérusalem, 64. — Quitte l'armée à Emmaüs, 66. — Occupe Bethléem, ibid. — S'avance jusqu'à la vue de Jérusalem, ibid. — Enlève le trésor du temple, 74. — Reste auprès du duc Godefroi, 82. — Remet Caïphe et Tibériade au roi Baudouin, et va gouverner la principauté d'Antioche, 108. — Prend les armes à la nouvelle de la perte de la bataille d'Ascalon, et les pose quand il apprend la victoire, 129. — Rend à Boémond, délivré de captivité, sa principauté d'Antioche et Laodicée sa conquête, 143. — Reçoit de lui des terres dont il est satisfait, 144. — Se charge du gouvernement d'Antioche pendant le voyage de Boémond dans la Pouille, 145. — Met en fuite le roi d'Alep qui attaque la principauté d'Antioche, et lui prend son étendard, 146. — Accompagne le roi de Jérusalem dans une excursion au-delà de l'Euphrate, 164. — Attaqué par une nombreuse armée, il appelle le comte Baudouin à son secours, 167. — Le rallie à Apamée, 168. — Poursuit l'ennemi qui évite le combat, 169. — Rentre à Antioche, ibid. — Sa mort, 171 (*Foulcher de Chartres*).

Est blessé par Alberic de Grandménil, et reste boiteux toute sa vie, XXVII, 402. — Part pour la Terre-Sainte, 426. — Vole au secours du comte de Rosinolo attaqué par les Grecs, et les met en fuite, 432, 433. — Est chargé du commandement de l'armée pendant le voyage de Boémond à Constantinople, 436. — Arrive sous cette ville au moment du serment des princes croisés, 437. — Fait passer l'armée à la hâte, ibid. — Parvient à éviter de le prêter, ibid. — Est joint à Nicomédie par le duc Godefroi, ibid. — Concourt au siége de Nicée, 439. — Suit le mouvement de Boémond lors de la division de l'armée à deux jours de Nicée, 443. — Soutient le combat avec vigueur, 446. — Se sépare de l'armée avec Baudouin, 449. — Se sépare de celui-ci, ibid. — Bat les Turcs devant Tarse, ibid. — S'empare de la ville dont il est fait prince, ibid. — Est joint par Baudouin qui lui enlève sa conquête, ibid. — Se retire avec douleur, 450. — S'empare d'Adène et de Mamistra, ibid. — Se charge d'un fort que personne n'ose défendre, 465. — Est informé, dès l'origine,

par Boémond, de ses intelligences dans Antioche et des conditions auxquelles il va s'en emparer, 469. — Jure que, tant qu'il aura quarante chevaliers, il ne renoncera pas à l'expédition de Jérusalem, 475. — Est investi du commandement du sixième corps, lors de la sortie générale de la garnison d'Antioche, 485. — S'éloigne de Tripoli pour de l'argent, 518. — Essaie vainement de sauver ceux qui invoquent sa protection au sac de Jérusalem, 532. — Occupe Naplouse, 536. — Marche sur Ascalon où est l'ennemi, 537. — Bat ses coureurs, ibid. — Rend compte au roi de ses découvertes, ibid. — Charge les Arabes à la bataille d'Ascalon, 539. — S'élance au milieu de leur camp, 541 (*Orderic Vital*).

Occupe Antioche à la nouvelle de la captivité de Boémond, XXVIII, 119, 212. — La défend dignement, ibid. — Augmente son territoire par des conquêtes, ibid. — Sa veuve arme des chevaliers à Antioche, 214 (*Orderic Vital*).

TANCRÈDE (Humbert), fils du vieux Tancrède de Hauteville. — Passe en Sicile et se met à la solde du duc Gaimar, XXVI, 49. — Fait bientôt la guerre pour lui-même, ibid. (*Orderic Vital*).

TANCRÈDE, roi de Sicile. — Il accueille honorablement les deux rois de France et d'Angleterre à leur départ pour la Terre-Sainte, XI, 91. — Termine avec ce dernier quelques différends, 92. — Lui paie 40,000 onces d'or, ibid. — Fiance une de ses filles au prince Arthur de Bretagne, ibid. (*Rigord*).

Il fait la paix avec Richer, roi d'Angleterre, sous la médiation de Philippe-Auguste, XI, 205 (*Guillaume le Breton*).

Fils d'une concubine de Roger, roi de Sicile, il usurpe le trône sur Constance sa sœur, à la mort de son neveu Guillaume le Bon, XII, 100. — Accueille honorablement les rois de France et d'Angleterre à leur passage pour la Terre-Sainte, *ibid.* — Reçoit des secours de Richard, roi d'Angleterre, 103 (*la Philippide*).

Est élu roi de Sicile, à la mort de Guillaume, à l'exclusion des héritiers du sang, XIII, 71. — Fait sacrer roi son fils Roger, 77. — Le pays, à leur mort, est soumis par l'empereur Henri, *ibid.* — Sa femme et ses filles s'échappent de leur prison et se réfugient près du comte de Brienne, 86 (*Guillaume de Nangis*).

Accueille avec empressement le roi Philippe-Auguste à son arrivée en Sicile, et l'y retient un hiver, XIX, 169. — Achète le douaire de la reine Jeanne, veuve de son prédécesseur, 177. — Une de ses filles va, par le conseil du pape, trouver Gautier de Brienne en Champagne et s'en fait épouser, 249. — Elle le conduit dans la Pouille, où il est tué, *ibid.* (*Bernard le Trésorier*).

TANCULF, trésorier de l'empire. — Est chargé de fournir au prêtre Grégoire tout ce qui lui est nécessaire pour composer une orgue promise à l'empereur Louis, III, 374 (*L'Astronome*).

TANIN. *Voyez* TATIN.

TANTAIS, gouverneur de Bostrum. — Propose au roi de Jérusalem de lui livrer cette place et l'engage dans une expédition funeste, XVII, 461 à 478. — Est rendu au sultan de Damas, qui, faussant sa parole, le fait maltraiter et mutiler, 479 (*Guillaume de Tyr*).

TARAISE, évêque de Constantinople. — Son frère Sisime, prisonnier de Charlemagne, est rendu à la liberté sur la demande de l'impératrice Irène, III, 45 (*Annales d'Eginhard*).

TARASCON (Albert de). — Intrigues, embûches et fourberies qu'il emploie pour empêcher le mariage entre la fille du comte de Provence et le comte de Toulouse, XV, 309 (*Guillaume de Puy-Laurens*).

TARSE. — Description de cette ville, XVI, 164 (*Guillaume de Tyr*).

TARSE (Guy, prince de). *Voyez* GUY.

TASON, duc de Toscane. — Sa révolte contre Charoald, duc de Turin, élu roi de Lombardie, II, 197, 198. — Il est attiré artificieusement à Ravenne par le patrice Hisace qui le fait assassiner, 212. — Ses motifs, *ibid.*, 213 (*Chronique de Frédégaire*).

TASSILLON, duc de Bavière. — Accompagne Pépin, son oncle, dans sa seconde campagne de Lombardie contre le roi Astolphe, II, 253 (*Chronique de Frédégaire*).

Est expulsé par Griffon et rétabli par Pépin, III, 3. — Fait le serment de vassal entre ses mains sur les corps saints et sur diverses reliques, 7. — Voyant ce prince engagé dans la guerre contre le duc d'Aquitaine, il quitte l'armée et retourne dans son pays, 9. — Reçoit du pape et de Charlemagne une ambassade pour lui rappeler la fidélité qu'il doit au roi, 23. — Se rend auprès de lui, prête serment et donne des otages, 24, 31, 32. — Excite les Huns à faire la guerre à la France, 33. — Est accusé par ses sujets devant l'assemblée générale des Francs, *ibid.* — Est condamné à mort, *ibid.* — Vit dans un cloître, par commutation de peine, *ibid.* (*Annales d'Eginhard*).

TATIN, Anglais. — Attaque le pont d'Andély à la tête de la flotte anglaise, XII, 187 (*la Philippide*).

TATIN ou TANIN, guide fourni aux Croisés par l'empereur Alexis. — Il les quitte au camp sous Antioche, sous prétexte d'aller leur chercher des vivres, IX, 132 (*Guibert de Nogent*).

Est donné pour guide à l'armée des Croisés par l'empereur Alexis, XVI, 124. — Décide les habitants de Nicée à rendre à l'empereur la ville assiégée par les Croisés, 145. — Quitte l'armée sous Antioche, 225. — Ses motifs, *ibid.* — Son départ donne l'exemple de la désertion dans le camp des Croisés, 227 (*Guillaume de Tyr*).

Combat au siége de Nicée, XX, 71. — Décide les princes croisés à accepter les propositions des assiégés qui offrent de se rendre à l'empereur Alexis, 93. — Marche à l'investissement d'Antioche, 150. — Concourt au siége de cette place, 151 (*Albert d'Aix*).

Il conseille aux princes croisés d'occuper les châteaux environnans et de combattre de la ville d'Antioche, soit par des assauts, soit par des embûches, 250.—Fait courir le bruit de la prochaine arrivée d'une armée de l'empereur, 252.—Cède trois villes à Boémond, *ibid*. — Part pour joindre l'armée qu'il a annoncée, *ibid*. (*Raymond d'Agiles*).

Quitte le camp d'Antioche sous prétexte d'aller chercher des vivres, et n'y reparaît plus, XXIII, 362 (*Robert le Moine*).

Fait exécuter au profit de l'empereur Alexis la capitulation conclue à Nicée par les Croisés, XXVII, 442. — Se fait renvoyer du camp sous Antioche auprès de l'empereur, 457. — Se décide à marcher en personne au secours des Croisés, *ibid*. (*Orderic Vital*).

TATTON. *Voyez* WISTRIMOND.

TAUNS (Baudouin). Est tué par les Turcs dans le voyage du comte Baudouin d'Edesse pour prendre possession du royaume de Jérusalem, XX, 424 (*Albert d'Aix*).

TAUNS (Gautier), Croisé. — Est tué par les Turcs dans le voyage du comte Baudouin d'Edesse pour prendre possession du royaume de Jérusalem, XX, 424 (*Albert d'Aix*).

TAURINE (Raimond de). *Voyez* RAIMOND DE TAURINE.

TEDGER, chevalier.—Est envoyé par le duc Guillaume 1er de Normandie auprès du roi Henri pour négocier la paix avec les princes Francs, XIX, 67 (*Bernard le Trésorier*).

TÉDUIN, noble clerc, commandant de Saint-Quentin pour le comte Héribert. — Est pendu par ordre de Hugues le Grand, VI, 100 (*Chronique de Frodoard*).

TEGELMEBACH, sultan de Damas. —S'empare de Panéade pendant l'absence du gouverneur, XVII, 353 (*Guillaume de Tyr*).

TEMPLIERS. — Ils sont arrêtés le même jour dans toute la France, XIII, 266. — Accusations portées contre eux, *ibid*. — Aveux de plusieurs, conduits par le repentir, vaincus par les supplices, effrayés par les menaces, attirés par les promesses, forcés par la faim, *ibid*. — Dénégations du plus grand nombre, *ibid*. — Rétractation des aveux, 267. — Quelques-uns meurent au milieu des tortures, *ibid*. — Saisie de tous leurs biens, 268. — Ajournement de leur procès, les accusés tenant prison, 270. — Les principaux de l'ordre sont réservés à l'excommunication et aux supplices, 271. — Jugement du concile de Sens, 278. — On les brûle, sans qu'aucun avoue les crimes dont on les déclare convaincus, 279.—Suppression de l'ordre, confiscation de ses biens, 290 (*Guillaume de Nangis*).

Leur arrestation, XV, 403. — Accusations portées contre eux, *ibid*.—Leurs aveux, *ibid*. — Leurs désaveux, *ibid*. — On les brûle, 406, 407. — Leur ordre est aboli et leurs biens distribués, 408, 409. — Leurs personnes sont mises à la disposition des évêques, 410 (*Gestes glorieux des Français*).

Création de cet ordre de chevaliers, XVII, 203. — Faveurs dont ils sont l'objet, *ibid*. — But de leur institution, *ibid*.—Leur règle, leur costume, leurs richesses, 204. — Leurs fautes, 205.—Leurs services guerriers, 305 (*Guillaume de Tyr*). *Voyez* JACQUES DE MOLAY, PHILIPPE LE BEL, CLÉMENT V.

TEMPS (Jean des). *Voyez* JEAN DES TEMPS.

TERENTIOLUS, ancien comte de Limoges. — Est tué sous les murs de Carcassonne, I, 457 (*Grégoire de Tours*).

TERMES. — Siége de ce château par les Croisés et Simon de Montfort, XIV, 105 *et suiv.*, 110 *et suiv.* — Les assiégés refusent d'exécuter les conditions de la capitulation, 118. — Font une sortie et sont repoussés, 119. — Evacuent le château, 121 (*Pierre de Vaulx-Cernay*).

TERMES (Benoît de). *Voyez* BENOIT.

TERMES (Olivier de). *Voyez* OLIVIER.

TERMES (Raymond de). *Voyez* RAYMOND DE TERMES.

TERNANT (Herfred de). Dote l'abbaye d'Ouche, XXVI, 30 (*Orderic Vital*).

TERNOIS (Helbert de). — Est tué avec son père et son frère dans une bataille, livrée à Roger de Beaumont, XXIX, 170 (*Guillaume de Jumiége*).

TERNOIS (Roger de). *Voyez* ROGER.

TÉROUANNE (Chararic, duc de). *Voyez* CHARARIC.

TERRANS (Pierre), bâtard du roi d'Aragon. — Son avis sur le combat engagé sous les murs d'Acre par deux chevaliers contre les Sarrasins, XIX, 583 (*Bernard le Trésorier*).

TERUEL DE POISSI (Simon). — Défend Pont-Audemer contre le roi Henri d'Angleterre, XXVIII, 386 (*Orderic Vital*).

TESCELIN DE FONTAINE, père de saint Bernard. — Son éloge, X, 149. — Resté seul, il se réunit à ses enfans et embrasse avec eux la vie religieuse, 183 (*Guibert de Nogent*).

TESNARD DE BOURBOURG. — Accompagne le duc Charles de Flandre à l'église, où il est assassiné, XXVIII, 407 (*Orderic Vital*).

TETBOLD DE MAULLE. — Conserve sa place contre les Anglais, XXVIII, 20 (*Orderic Vital*).

TÉTRADIE. — Epouse le comte Eulalius d'Auvergne, II, 91. — En est négligée, *ibid*. — Le quitte pour son neveu Varus, qu'elle épouse, *ibid*. — Se retire chez le duc Didier avec ce qu'elle a pris chez son premier mari, *ibid*. — Epouse le duc Didier après la mort de Varus, *ibid*. — Perd contre Eulalius le procès que celui-ci lui intente, 92. — Se retire à Toulouse, lors de la restitution d'Alby au roi Childebert, I, 478 (*Grégoire de Tours*).

TÉTRADIUS, évêque. — Don qu'il fait à la basilique de Saint-Julien, I, 134. — Il meurt de la peste, 188 (*Grégoire de Tours*).

TÉTRIQUE, évêque de Langres. Chasse le diacre Lampade, I, 225, 226. — Sa maladie, *ibid*. — L'évêché est gouverné par l'évêque Munderic sous le titre d'archiprêtre, *ibid*. — Sa mort, 227 (*Grégoire de Tours*).

TEUTBERGE, femme de Lothaire II. — Est forcée de s'avouer coupable et condamnée à être renfermée dans un couvent, IV, 168. — Se réfugie auprès d'Hubert son frère, 169. — Son divorce est anathématisé par le pape, 182 *et suiv.* — Sans asile depuis la mort de son frère, elle se met sous la protection du roi Charles qui lui donne le monastère d'Avenay, 199. — Doit se réunir à son mari d'après la décision du pays, 202. — Suit le légat qui, après des sermens solennels, la remet à Lothaire, 203, 204. — Obtient la permission d'aller à Rome, 213. — Est rappelée par le roi son mari, *ibid*. — Fait le voyage de Rome par ordre, 223. — S'accuse elle-même devant le pape qui ne la croit pas et la renvoie, *ibid*. — Reçoit de son mari l'ordre de le joindre à Rome, 236 (*Annales de Saint-Bertin*). Sa correspondance avec Hincmar, archevêque de Rheims, V, 451 (*Frodoard, histoire de l'Eglise de Rheims*).

TEUTBERT, comte de Meaux. — Défend cette ville contre les Normands, VI, 58. — Est fait prisonnier, 59 (*Abbon*).

TEUTECHILDE. — Epouse le roi Charibert, I, 178. — Veuve, elle s'offre en mariage au roi Gontran, son beau-frère, qui lui fait dire de venir avec ses trésors, 180. — Dépouillée d'une partie, elle est confinée dans le monastère d'Arles, 181. — Propose à un Goth de l'épouser, *ibid.* — Prête à fuir, elle est fustigée et renfermée, *ibid.* — Sa mort, *ibid.* (*Grégoire de Tours*).

TEUTHAIRE, prêtre. — Est envoyé par le roi Childebert à Poitiers pour terminer les querelles qui régnaient entre les religieuses, I, 74. — Insuccès de sa mission, *ibid.* — (*Grégoire de Tours*).

THADDÉE, archevêque de Milan. — Sa sentence contre Ingeltrude, femme de Boson, est confirmée par le pape, IV, 184 (*Annales de Saint-Bertin*).

THADDÉE, comte. — Est tué à l'attaque de Forli, par le comte de Montefeltro, détenteur des biens de l'Eglise romaine, dont il était le noble champion, XIII, 200 (*Guillaume de Nangis*).

THANCMAR DE BOURBOURG. — Refuse de se battre contre les neveux du prévôt du chapitre de Bruges, VIII, 253. — Est assassiné, ainsi que ses deux fils, 267, 268. — Ses biens sont pillés, 276. — Ses neveux pillent et s'approprient les biens de ses assassins, 321. — Ils courent de grands dangers et sont chassés, 323. — Défient le comte Thierri d'Alsace, et sont battus, 409, 410. — — Attaquent Bruges pendant son absence et brûlent quelques maisons, *ibid.* (*Mémoires de Galbert*).

THANCULF, sacristain d'Aix-la-Chapelle. — Est chargé de fournir les objets nécessaires à la confection d'un orgue destiné à l'empereur Louis, III, 108 (*Annales d'Eginhard*).

THÉDISE, évêque d'Agde. — Sa lettre sur la victoire de Muret, XIV, 272 (*Pierre de Vaulx-Cernay*).

Entre dans Muret assiégé par le comte de Montfort, XV, 341. — Prie pendant la bataille, 344 (*Gestes glorieux des Français*).

Confirme, par son témoignage, les visions relatives à la lance d'Antioche, XXI, 336 (*Raymond d'Agiles.*)

THÉGAN, archevêque de l'Eglise de Trèves, historien de Louis le Débonnaire. — Notice sur sa vie, III, 271 (*Mémoires de Thégan*).

THÉLESPHORE (saint), 7ᵉ pape. — Son martyre, XXV, 380. — Ses décrets, *ibid.* (*Orderic Vital*).

THENNIC (Alain de). — Prend part à la révolte des seigneurs de la Normandie contre le roi Etienne d'Angleterre, XXVIII, 508 (*Orderic Vital*).

THÉOBALD, fils d'une concubine et de Grimoald, fils de Pépin d'Héristal. — Sa naissance, II, 236. — Est créé maire du palais du roi Dagobert à la place de son père, 237. — Battu dans un combat, il s'enfuit, *ibid.* (*Chronique de Frédégaire*).

THÉODAT, roi de Toscane. — Est fait roi d'Italie, I, 145. — Punit la fille du feu roi Théodoric, coupable d'avoir empoisonné son père, *ibid.* — Donne satisfaction aux rois francs du supplice honteux qu'il a fait subir à leur parente, *ibid.* (*Grégoire de Tours*).

THÉODEBALD, comte. — Se réunit à Charles le Chauve contre l'empereur Lothaire, III, 454. — Se rend à l'assemblée d'Attigni, 457 (*Mémoires de Nithard*).

THÉODEBALD, duc, fils de Godefroi. — Se révolte et est chassé par Pepin des défilés des Vosges, II, 247 (*Chronique de Frédégaire*).

THÉODEBALD ou THIBAUD, roi de Metz. — Est fils du roi Théodebert et de Deuterie, I, 141. — Fait Cautin évêque d'Auvergne au lieu de Caton, présenté par les évêques, 156. — Epouse Vultrade, 158. — Apologue, *ibid.* — Sa mort, 159. — Clotaire lui succède et prend sa femme, *ibid.* (*Grégoire de Tours*).

THÉODEBERT, comte de Mâcon. — Marie sa fille au roi Pepin, fils de l'empereur Louis, III, 9 (*Annales d'Eginhard*).

THÉODEBERT, prince, fils du roi

Chilpéric.—Est fait prisonnier par Sigebert qui le renvoie à son père, I, 177. — Rend les villes dont il s'était emparé, 212. — Est battu dans une nouvelle guerre, *ibid.* — Est tué et son corps dépouillé, *ibid.* — Est enseveli, *ibid.* — Sa mort est imputée au duc Gontran, 223 (*Grégoire de Tours*).

Théodebert 1er, roi d'Austrasie. — Est le fils de Théodoric, fils de Clovis, I, 112.— Bat les Danois qui ravagent les terres de son père, 114. — Tue leur roi et leur reprend le butin, *ibid.* — Accompagne son père à la guerre contre les Thuringiens, 120. — Sa mission près de Clotaire, 121. — Est fiancé à Wisigarde, 139. — Est envoyé par le roi Théodoric reprendre sur les Goths la partie des conquêtes de Clovis qu'ils ont envahie, *ibid.* — Arrive à Béziers, *ibid.* — Soumet Cabrières, *ibid.* — Fait entrer dans son lit la belle Deutérie, *ibid.* — Reçoit de son père l'ordre de faire mourir Giwald, fils de Sigewald, gouverneur d'Auvergne, *ibid.* — Le fait évader, 140. — S'avance sur Arles, *ibid.* — Quitte tout à la nouvelle de la maladie de son père, *ibid.* — Apaise ses oncles qui veulent lui enlever son royaume, *ibid.* —Epouse Deutérie, *ibid.* — Reçoit Giwald, le comble de présens, et lui rend la partie des biens de son père Sigewald qui est entrée dans le fisc, 141. — Son éloge, *ibid.* — Il quitte Deuterie, après qu'elle a fait périr sa fille, *ibid.* — Epouse Wisigarde, *ibid.* — Après la mort de celle-ci, il épouse une autre femme qui n'est pas Deutérie, *ibid.* — S'allie avec Childebert contre Clotaire, 142.—Le poursuit dans sa fuite, *ibid.*—Détails sur un miracle de saint Martin obtenu par l'intercession de sainte Clotilde et qui met fin à la guerre, 143. — S'allie avec Clotaire et Childebert contre Théodat, roi d'Italie, qui avait fait périr d'un supplice honteux leur cousine empoisonneuse de sa mère, et obtient satisfaction, 145. — Partage avec Childebert l'or de l'Italie, à l'exclusion de Clotaire qui sait bien s'en dédommager, 156. — Son invasion de l'Italie, *ibid.* — Succès, maladie, retour, *ibid.* — Il y laisse Buccelin, qui bat successivement Bélisaire et Narsès, *ibid.* — Occupe la Sicile, 147. — Dissensions entre les ministres, *ibid.* — Sa conduite, 148. — Il prête à l'évêque de Verdun 7,000 pièces d'or dont il refuse le remboursement, 148, 149. —Lettre de l'évêque, *ibid.* — Réponse du roi, *ibid.* — Sa maladie, 149. — Sa mort, 150. — Son fils Théodebald lui succède, 151 (*Grégoire de Tours*).

Théodebert II, roi d'Austrasie. — Sa naissance, I, 470; II, 166 (*Grégoire de Tours*).

Il est envoyé comme roi par son père Childebert sur la demande des villes de Soissons et de Melun, 53. — Succède à son père dans le royaume d'Austrasie, 171. — Est attaqué par Clotaire, *ibid.*—Chasse d'Austrasie sa grand'mère Brunehaut, 172. — Allié à Théodoric, il livre bataille à Clotaire, taille en pièces son armée, et conclut avec lui un traité de délimitation qui lui assure le pays entre la Seine et l'Oise jusqu'à l'Océan, *ibid.*—Soumet les Gascons, 173. — Fait la paix avec son frère Théodoric qui ne voyait en lui que le fils d'un jardinier, 177.—Entre dans la coalition tendant à venger l'injure faite par Théodoric à Witterich, roi d'Espagne, 178. — S'en retire, 179. — Tue sa femme Bilichilde, 187.—Epouse une jeune fille nommée Teudichilde, *ib.* — Envahit l'Alsace sur Théodoric, qui la lui assure par un traité, ainsi que le Sundgau, la Turgovie et la Champagne, 186, 187. — Marche encore contre Théodoric, 188. — Est battu à Toul, *ibid.* — Taillé en pièces à Tolbiac, *ibid.* — S'enfuit au-delà du Rhin, 189. — Est fait prisonnier et confiné à Châlons, *ibid.* (*Chronique de Frédégaire*).

Théodelin de Tanie.—Accompagne en Campanie Guillaume de

Giroie, chargé de recevoir de son fils les présens qu'il destine à l'église d'Ouche, XXVI, 50 — Est témoin du dépôt que ce vieillard mourant a fait à l'un de ses compagnons, 51. — Dépose de son infidélité, 52. (*Orderic Vital*).

Théodelinde. — Autrefois promise à Childebert, et dont la reine Brunehault avait rompu le mariage, Epouse Agilulf, roi des Lombards, II, 180 (*Chronique de Frédégaire*).

Théodise, chanoine de Gênes. — Est adjoint au légat Milon, chargé des affaires de la foi en Albigeois, XIV, 42. — Sa conférence avec l'abbé de Citeaux, qui l'accompagne auprès du roi Philippe-Auguste, 43. — Il est chargé de prendre possession de sept places de sûreté exigées et obtenues du comte de Toulouse par le légat, 45. — Va au-devant des Croisés jusqu'à Lyon, 48. — Est chargé par le pape de recevoir le comte de Toulouse à résipiscence, s'il se justifie du meurtre de Castelnau et du crime d'hérésie, 87. — Sa perfidie envers les habitans assiégés dans Minerve, 96 *et suiv*. — Il les fait brûler comme hérétiques, *ibid*. — Il se rend à Toulouse et y voit des choses merveilleuses, 101. — Autres actes de perfidie envers le comte Raymond VI de Toulouse, 103. — Il refuse de l'entendre et l'excommunie, *ibid*., 104. — Se rend à Narbonne à la conférence solennelle entre les chefs des Croisés et les chefs des Albigeois, 124 (*Pierre de Vaulx-Cernay*).

Théodoald, fils de Clodomir. — Est pris en garde par Clotilde, I, 119 (*Grégoire de Tours*).

Théodomer, roi des Francs, fils de Richimer. — Est massacré avec Aschila, sa mère; c'est le même que Pharamond, I, 68 (*Grégoire de Tours*).

Théodon, fils du duc de Bavière. — Est donné par son père à Charlemagne, III, 32. — Est fait moine, 33 (*Annales d'Eginhard*).

Théodora, fille d'Isaac, nièce de l'empereur Manuel. — Epouse Baudouin III, roi de Jérusalem, XVIII, 129. — Condition de son mariage, *ibid*. — Elle est sacrée par le patriarche d'Antioche, 130. — Est enlevée par Andronic, son grand-oncle, 231, 232 (*Guillaume de Tyr*).

Théodore, archiprêtre. — Est élu pape en concurrence avec Serge 1er, et le soumet, XXV, 421 (*Orderic Vital*).

Théodore, duc de Durazzo. — Accueille l'empereur Pierre de Courtenay, XIX, 329. — Lui fait hommage, 331. — Le conduit par terre vers Constantinople, *ibid*. — Tue son escorte, *ibid*. — Le fait prisonnier, *ibid*.; XIII, 121 (*Guillaume de Nangis*).

Théodore, évêque. — Est saisi avec Constantin, pape intrus, et a les yeux crevés, XXV, 430 (*Orderic Vital*).

Théodore, évêque de Marseille. — Est en butte à son clergé et au gouverneur, I, 321. — Se rend auprès de Childéric, et est arrêté par Gontran, *ibid*. — Retourne à Marseille avec le duc Gondulphe, 322. — Est rétabli dans son siége, 323. — Est arrêté de nouveau, 324. — Est trouvé innocent, 325. — Reconnaît Gondowald pour le fils du roi Clotaire, 336. — Le reçoit en cette qualité, *ibid*. — Lui fournit des secours, *ibid*. — Désagrémens qu'il éprouve à ce sujet, *ibid*. — Accusation que le roi Gontran porte contre lui, 431. — Il est arrêté par ordre de Childebert, 436. — Est conduit devant Gontran, *ibid*. — Est renvoyé pour être jugé devant le synode de Mâcon, *ibid*. — Son éloge, 437. — Il inspire de l'intérêt au roi Childebert, 439. — Son retour à Marseille, 450. — Sa conduite pendant que cette ville est désolée par la peste, II, 35 à 37 (*Grégoire de Tours*).

Théodore, évêque et maître des cérémonies. — Satisfait l'empereur Louis sur les accusations portées contre le pape, qui avait fait égorger les chefs d'une conspiration ourdie contre sa personne, III, 75, 79 (*Annales d'Eginhard*).

THÉODORE, noble français, retiré en Albigeois. — Discute avec les missionnaires et persiste dans ses erreurs, XIV, 14 *et suiv.* —Renouvelle ses discussions avec l'abbé de Vaulx-Cernay, maître de la mission, 27 (*Pierre de Vaulx-Cernay*).

THÉODORE, 72e pape. — Principaux évènemens de son épiscopat, XXV, 416. — Sa piété, *ibid.* (*Orderic Vital*).

THÉODORE, primicier de l'Eglise romaine. —Est envoyé par le pape comme légat auprés de l'empereur Louis, III, 364. — A les yeux arrachés et est décapité par ordre du pape, qui se purge par serment, 97, 369, 370 (*Annales d'Eginhard et l'Astronome*).

THÉODORE, prince des Huns. — Réclame de Charlemagne pour ses sujets, chassés par les Esclavons (Bohémiens), un établissement que l'empereur lui accorde, III, 54 (*Annales d'Eginhard*).

THÉODORE BRANAS, seigneur turc. —Epouse Agnès, fille de Louis le Jeune, veuve de deux empereurs grecs, XIX, 327. — Reçoit de l'empereur Henri les terres qui sont rendues à ce prince aux environs d'Andrinople et de Constantinople, *ibid.* (*Bernard le Trésorier*).

THÉODORE CALLIOPE. — Est envoyé gouverner l'Italie pour l'empereur d'Orient, XXV, 416, 417 (*Orderic Vital*).

THÉODORE et PROCULE, 10es évêques de Tours, nommés par la reine Clotilde. — Leurs travaux, II, 146. — Leur mort, *ibid.* (*Grégoire de Tours*).

THÉODORIC. *Voy.* THIERRY.

THÉODORIC, comte. — Veut se joindre à l'armée destinée contre les Esclavons pour combattre les Saxons, III, 25. — Ne peut vaincre la jalousie ou la mésintelligence des chefs, qui attaquent séparément et sont battus, *ibid.*—Reçoit dans son camp les débris de leur armée, 26. — Commande une partie de l'armée impériale contre les Huns, 36. — Sa marche, *ibid.* — Son retour, 37. — Il est battu à plate couture par les Saxons, 38. — Confirme la paix conclue par Charlemagne avec les Danois, 67 (*Annales d'Eginhard*).

THÉODORIC, comte.—Manque de fidélité à Charles le Chauve et passe à l'empereur Lothaire, III, 452 (*Mémoires de Nithard*).

THÉODORIC, comte de Bretagne. — Est dépouillé par le comte Malo au mépris de son serment, I, 243. —Tue le parjure, ainsi que son fils, *ibid.* — Rentre dans son héritage, *ibid.* (*Grégoire de Tours*).

THÉODORIC, duc. — Bat les Normands sous Paris au temps de Charles le Gros, VI, 52 (*Abbon*).

THÉODORIC, duc de Saxe. — Se rend à discrétion à Carloman, III, 2. — Capitule avec Pepin, *ibid.* (*Annales d'Eginhard*).

THÉODORIC, fils de Charlemagne. — Après la révolte du roi Bernard d'Italie, il est tondu et mis en surveillance dans un couvent, III, 291, 435. — Est admis à la table de l'empereur Louis, et nourri avec lui, *ibid.* (*Thégan.* — *Nithard*).

THÉODORIC ou THIERRI 1er, roi d'Austrasie, est le fils de Clovis et d'une concubine, I, 88. — Soumet le pays depuis les frontières des Goths jusqu'à celui des Bourguignons, 104. — Revient trouver son père à Paris, 105. — Repousse les Danois qui ravagent son royaume, et tue leur roi, 114. — S'allie avec Hermanfried contre Balderic, 115. —Bat ce dernier et rentre dans ses possessions, *ibid.* — Est trahi par son allié, *ibid.* — Marche au secours de Clodomir contre Gondemar, roi de Bourgogne, 118. — Se dispose à venger le parjure d'Hermanfried, 119.— Appelle Clotaire son frère à son secours, *ibid.*—Son discours à l'assemblée des Francs, *ibid.* — Il marche contre les Thuringiens, 120. — Les bat et soumet le pays, *ibid.* — Veut tuer son frère Clotaire, 121. — Détails à ce sujet, *ibid.* — Appelle, en lui donnant sa foi, Hermanfried, qui tombe du haut d'un mur et se tue, *ibid.* — Mouvemens de Childebert au bruit répandu de sa mort, 122. — Il refuse de s'allier à lui et à Clotaire pour faire la guerre au roi de Bourgogne, 123. — Convoite l'Auvergne, *ibid.* — Dévaste et ruine le pays, 124. — Assiége et prend Volorre et Merliac, 125. — Fait des prisonniers qu'il met à rançon, *ibid.* — Quitte l'Auvergne et en remet le gouvernement à Sigevald, 126. — Ses négociations avec Munderic qui s'est fait roi d'Auvergne, *ibid.* — Il lève une armée et marche contre lui, 127. — Le trompe, le tire du fort de Vitry et le fait assassiner, 128. — S'allie avec Childebert, 129. — Se brouille avec lui, *ibid.* — Fait esclaves ses otages, *ibid.* — Envoie son fils Théodebert reprendre sur les Goths la partie des conquêtes de Clovis qu'ils avaient envahie, 129. — Fait périr Sigewald, gouverneur d'Auvergne, 139. — Après la mort de Clovis, son royaume échoit à Sigebert, 176 (*Grégoire de Tours*).

THÉODORIC, roi des Goths. — Concourt à faire lever le siége mis devant Orléans par Attila, I, 57. — Le bat dans les plaines de Méry, *ibid.* — Est tué dans le combat, 58 (*Orderic Vital*).
Principaux évènemens de son règne, XXV, 132 (*Orderic Vital*).

THÉODORIC, roi d'Italie. — Sa mort, I, 144 (*Grégoire de Tours*).

THÉODORIC ou THIERRI III, roi de Neustrie et de Bourgogne, fils de Clovis II. — Succède à Clotaire son frère au royaume de Neustrie, II, 231. — Est chassé du trône et remplacé par son frère Childéric, 232. — Est remis sur le trône, 233. — Est battu par Pépin d'Héristal, 235. — Est fait prisonnier, 236. — Sa mort, *ibid.* (*Chronique de Frédégaire*).

Circonstances qui le font tomber du trône, 330. — Est envoyé à Saint-Denis par son frère à qui il est présenté les cheveux coupés, 331. — Ebroïn le rétablit sur le trône, 341 (*Vie de saint Léger*).
Fonde l'abbaye de Saint-Waast à Arras, pour témoigner de son repentir de la mort de saint Léger, évêque d'Autun, XXVIII, 254 (*Orderic Vital*).

THÉODORIC ou THIERRI IV, roi de Neustrie, de Bourgogne et d'Austrasie. — Son baptême, I, 339. — Sa mort, 350. — Elle est attribuée à des maléfices dont la reine accuse le préfet Mummole, *ibid.* — Les sorcières conviennent de leur crime, 351. — Supplices horribles que subit le préfet, à la suite desquels il expire, 352 (*Grégoire de Tours*).
Il est établi sur le trône à la place de Chilpéric (Daniel), II, 239 (*Chronique de Frédégaire*).

THÉODORIC ou THIERRI II, roi d'Orléans et de Bourgogne, fils de Childebert. — Sa naissance, II, 3, 167. — Son baptême, *ibid.* — Succède à son père Childebert dans le royaume de Bourgogne, 171. — Est attaqué par Clotaire, *ibid.* — Reçoit avec honneur sa grand'mère Brunehault, chassée d'Austrasie, 172. — Allié de Théodebert, il livre bataille à Clotaire, *ibid.* — Taille son armée en pièces, *ibid.* — Conclut avec lui un traité de délimitation qui lui assure le pays entre la Seine, la Loire et l'Océan, *ibid.* — Soumet les Gascons, 173. — A de ses concubines trois fils, *ibid.*, 174, 178. — Assiste à la découverte du corps de saint Victor, 173. — Confirme l'église dans la possession des biens de Warnachaire, *ibid.* — Repousse l'agression du roi Clotaire, 175. — Taille en pièces son armée et entre triomphant dans Paris, 176. — Fait la paix, *ibid.* — Déclare la guerre à son fils Théodebert que la reine Brunehault lui affirme être le fils d'un jardinier, *ibid.* — Traite de la paix après le meurtre de Protadius,

177. — Fait cruellement mutiler les auteurs de ce meurtre, 178. — Epouse Ermenberge, fille de Witerich, roi d'Espagne, *ibid.* — L'accueille avec joie, la garde un an et la renvoie dépouillée, *ibid.* — Se moque de la coalition que quatre rois veulent former contre lui, *ibid.* — Fait lapider saint Didier revenu de son exil, 179. — Va visiter saint Colomban, et l'exile, 181, 182, *et suiv.* — Assure par un traité au roi Théodebert l'Alsace, le Sundgau, la Thuringe et la Champagne, 187.— Se prépare à faire la guerre à Théodebert qu'il déclare ne pas être son frère, *ibid.* — S'assure de la neutralité de Clotaire, *ibid.* — Taille en pièces l'armée de Théodebert près de Toul, 188. — Lui livre à Tolbiac une nouvelle bataille qu'il gagne, *ibid.*—Le poursuit jusqu'au-delà du Rhin, 189. — Le fait prisonnier, *ibid.*— Le dépouille de ses vêtemens royaux, et le confine à Châlons, *ibid.* — Fait marcher son armée contre Clotaire, qui, conformément au traité, s'était emparé du duché de Dentelin, *ibid.* — Sa mort, 190 (*Grégoire de Tours. — Chronique de Frédégaire*).

Théodoric Gualamer.—Ravage l'Italie, XXV, 404. — Fait décapiter d'illustres sénateurs et le pape, *ibid.* — Sa mort, *ibid.* (*Orderic Vital*).

Théodose le Grand, empereur d'Orient. — Est associé à l'empire par Gratien, I, 30. — Met sa confiance en Dieu, *ibid.*— Entre vainqueur dans Constantinople, *ibid.*— Détrône et fait périr Maxime, élevé à l'empire par les soldats, *ibid.* — Crée empereur le prince Valentinien, 59 (*Grégoire de Tours*).

Se soumet à la pénitence publique, exemple imité depuis par l'empereur Louis le Débonnaire, III, 365 (*L'Astronome*).

Principaux événemens de son règne, XXV, 124 (*Orderic Vital*).

Théodose II, le Jeune, empereur d'Orient. — Principaux événemens de son règne, XXV, 125 (*Orderic Vital*).

Théodose III, empereur d'Orient. — Principaux événemens de son règne, XXV, 148, 149 (*Orderic Vital*).

Théodose, évêque de Rhodez.— Est promu à cette dignité d'après le testament du dernier évêque, I, 292. — Sa mort, 357. — Querelles de cette église après sa mort, *ibid.*, 358 (*Grégoire de Tours*).

Théodouin, comte de Vienne.— Tue dans un combat Griffon, fils de Charles Martel, II, 250 (*Vie de Dagobert*).

Théodovald ou Thibaut, fils de Clodomir, roi d'Orléans. — Est pris en garde à la mort de son père par la reine Clotilde sa grand'mère, I, 119. — Est tiré de ses mains et assassiné par ses oncles, 137 (*Grégoire de Tours*).

Théodulf, comte d'Angers. — Est repoussé par les habitans, I, 447.—Est établi par le duc Sigulf, *ibid.* (*Grégoire de Tours*).

Théodulf, diacre de l'église de Paris. — Son séjour à Angers, II, 106. — Ses liaisons avec l'évêque, *ibid.* — Sa vie, *ibid.* — Sa mort, 107 (*Grégoire de Tours.*)

Théodulf, évêque. — Est l'un des témoins du testament de Charlemagne, III, 161 (*Vie de Charlemagne*).

Théodulf, évêque d'Orléans. — Se soumet avec empressement à l'autorité du prince Louis, successeur de Charlemagne, III, 344. — Est chargé par ce prince d'aller au-devant du pape Etienne, 251 (*L'Astronome*).

Théodulphe (saint). — Sa vie, V, 120. — Ses miracles, *ibid.*, 128 (*Histoire de l'Eglise de Rheims*).

Théodulphe, abbé. — Est choisi par Domnole pour son successeur à l'évêché du Mans, I, 320. — Ne lui succède pas, *ibid.* (*Grégoire de Tours*).

Théodulphe, évêque d'Orléans. —Complice de la révolte du roi Bernard d'Italie, il est condamné à mort, et, par commutation de peine, déposé et exilé, III, 82 (*Annales d'Eginhard*).

Théognoste, ambassadeur. — Est envoyé par l'empereur Michel auprès de Charlemagne pour confirmer la paix entre les deux empires, III, 69 (*Annales d'Eginhard*).

Théophile, empereur d'Orient. — Principaux événemens de son règne, XXV, 154 (*Orderic Vital*).

Théophile, prêtre. — Est envoyé comme ambassadeur de l'impératrice Irène auprès de Charlemagne, III, 45 (*Annales d'Eginhard*).

Théophilacte, légat, nomenclateur, maître des cérémonies, exarque d'Italie. — Assiste au concile qui condamne l'hérésie de Félix, évêque d'Urgel, III, 40.—Est chargé d'une mission du pape auprès de l'empereur Louis, 107. — Remplit sa mission et prend congé, 113. — Apporte à l'empereur Louis de magnifiques présens, 378 (*Annales d'Eginhard. — L'Astronome*). Est sauvé des fureurs du peuple par le pape, XXV, 423 (*Orderic Vital*).

Théotaire, comte. — Est chargé par l'empereur Louis d'informer sur les différends qui se sont élevés entre Hériold et les fils de Godefroi, III, 99 (*Annales d'Eginhard*).

Théotin, légat. — Se réunit à l'assemblée de Saint-Jean-d'Acre pour délibérer sur les moyens d'agrandir le royaume de Jérusalem, XVIII, 1 (*Guillaume de Tyr*).

Theudégisile.—Est élu roi d'Espagne, I, 144.—Est assassiné, *ibid.* (*Grégoire de Tours*).

Theudelane, sœur de Théodoric. — Est arrêtée par le connétable Herpon et livrée au roi Clotaire, II, 192 (*Chronique de Frédégaire*).

Theudichilde. — Epouse le roi Théodebert, II, 187 (*Chronique de Frédégaire*).

Teutbold, évêque de Langres.— A les yeux crevés, V, 490 (*Histoire de l'église de Rheims*).

Theutfried, duc du pays au-delà du Jura. — Sa mort, II, 170 (*Chronique de Frédégaire*).

Theutgaud, évêque de Trèves. — Est chargé de porter au pape la prétendue décision du synode de Metz, signée par les évêques à la dévotion du roi Lothaire, IV, 181. — Est condamné et excommunié par le pape, 182 *et suiv.* — Marche sur Rome avec l'empereur Louis d'Italie, 189. — S'en retourne en France, dégradé, en jetant sur le tombeau de saint Pierre sa protestation justificative, 190.—Texte de cette pièce, *ibid. et suiv.* — Il se soumet à la décision du pape, 195. — Est déposé par le saint-père, 199. — Appelé par Arsène, il va à Rome dans l'espoir de son rétablissement, et meurt, 223 (*Annales de Saint-Bertin*).

Theutmar, comte. — Prête serment à la reine Theutberge, au nom du roi Lothaire, IV, 203, 204 (*Annales de Saint-Bertin*).

Thibaud Ier, dit *le Vieux et le Tricheur*, comte de Blois. — Est chargé par Hugues le Grand de tenir captif le roi Louis d'Outremer, VI, 126.—Est fait comte de Laon, 127. — Tient cette place contre le roi, 136. — Est excommunié, *ibid.* — S'empare de Coucy, 143.—Garde cette ville malgré le prince et le roi, *ibid.* — Attaqué par le roi Lothaire et par l'évêque Artaud, il ravage la Picardie et s'empare de La Fère, 153. — Rend cette place par accommodement, *ibid.* — Est excommunié, 156. — Est absous, 158 (*Chronique de Frodoard*). Demande une entrevue au duc Guillaume Ier de Normandie, l'accueille avec tous les dehors de l'amitié, le sépare de ses gardes, et lui abat la tête d'un seul coup, VI, 288, 289.— Court vers Herbert qui lui donne en mariage sa sœur, veuve du prince qu'il vient d'assassiner, *ibid.*, 290 (*Raoul Glaber*).

Fait la guerre au duc Richard 1er de Normandie, XXIX, 96. — Arme sans succès contre lui les ruses de la reine Gerberge et du roi son fils, 97. — Se rallie au roi et aux autres ennemis du duc, qui, plus heureux que son père, échappe à la trahison méditée contre lui, 99. — Voit ses terres ravagées par le duc de Normandie, 100. — Prend sa revanche, *ibid*. — Campe à Ermentrude, *ibid*. — Y est surpris et défait, 101. — Est battu par les Danois et les Normands unis, 102. — Fait la paix avec le duc de Normandie, 103 (*Guillaume de Jumiége*).

THIBAUD III, comte de Blois, XIe comte de Champagne. — Prend la croix, XI, 72. — Succède à Henri son frère, mort à Acre, roi de Jérusalem, 138. — Sa mort, 154. — Le roi Philippe-Auguste se charge de la tutelle de sa fille, *ibid*. (*Rigord*).

Dissuade le roi Philippe II d'accepter un combat nocturne, XII, 54. — Négocie la paix entre le roi et le comte Philippe de Flandre, 56. — Quitte l'armée française à la trêve de Gisors, 75 (*Guillaume le Breton*).

Succède à son frère, XIII, 81. — Prend la croix, 86. — Meurt laissant sa femme enceinte, *ibid*. (*Guillaume de Nangis*).

THIBAUD IV le Grand, comte de Blois et de Champagne. — Secourt Hugues de Pompone assiégé dans Gournay par le prince Louis le Gros, VIII, 42 *et suiv*. — Accompagne le roi Louis le Gros à sa conférence avec le roi Henri 1er d'Angleterre, 59. — Est battu dans les plaines de Pompone, 82. — Met dans son alliance tous les seigneurs des environs de Paris et interrompt toutes les communications, 84. — Unit sa sœur à Milon de Montlhéry déjà marié, *ibid*. — Intrigue pour recueillir la succession d'Eudes de Corbeil, 86. — Implore et obtient le secours du roi Louis VI contre Hugues du Puiset, 75. — Se distingue au siège du château de son ennemi, *ibid*. — Le réclame de la munificence du roi de France, 87. — Sur son refus, il s'allie au roi d'Angleterre, *ibid*. — Est fait comte de son palais, *ibid*. — Déclare la guerre au roi Louis le Gros, *ibid*. — Reçoit Hugues du Puiset dans son alliance, 88. — S'empare du bourg de Montlhéry, *ibid*. — Marche sur Thoury, *ibid*. — Bat les troupes du roi au Puiset, 91. — Fait réparer le château, 93. — Menace d'assiéger le roi dans Thoury, 94. — Livre bataille en plaine, 96. — Pénètre jusqu'aux tentes de Raoul de Vermandois, *ibid*. — Est battu, *ibid*. — Rentre au Puiset, *ibid*. — Obtient la permission de retourner chez lui avec sécurité, *ibid*. — Abandonne ses places et ses alliés à la discrétion du roi, *ibid*. — Fait la paix, 98. — Envoie le comte de Mortagne en Brie, pour attaquer le roi Louis le Gros de concert avec le roi d'Angleterre, 105. — Accompagne ce dernier dans son expédition pour faire lever le siège d'Alençon, 109. — Est repoussé par le comte Foulques d'Anjou, *ibid*. — Accompagne le roi Louis VII en Aquitaine, où il va épouser la princesse Éléonore, 157 (*Suger*).

Soutient Hugues de Pompone contre Louis le Gros, XIII, 2. — Est dompté par le roi, 3. — Fonde les abbayes de Preuilly, de Saint-Florent de Saumur, et celle d'aumônes de Cîteaux, 6, 20. — Son éloge, 19. — Il reçoit dans ses terres l'archevêque de Bourges que le roi ne reconnaît pas, et s'attire la guerre, 24. — Fait excommunier, par le légat, Raoul, comte de Vermandois, pour avoir répudié sa femme et en avoir épousé une autre, *ibid*. — Est dépouillé du château de Vitry que le roi donne à Eudes de Champagne, son neveu, 25. — Fait la paix avec le roi par la médiation de saint Bernard, 26. — Sa mort, 35. — Son épitaphe, *ibid*. (*Guillaume de Nangis*).

Il hérite des biens et des titres de son père au préjudice de son aîné, XXVIII, 166. — Fait lever au roi Louis le Gros le siège du Puiset, 252, 264. — Est repoussé au ruisseau de Torcy-sous-Gournay, 253. — Perd beaucoup de prisonniers, *ibid*. — Son origine, *ibid*. — Sa puissance, *ibid*. — Il repousse l'invasion du roi Louis VI et du comte de Flandre dans le pays de Meaux, 254. — Concourt au siège de Bellême avec le roi d'Angleterre, 267, 268. — Reçoit de ce prince les biens de Robert de Bellême et les donne à son frère Etienne, 277. — Est fait prisonnier et délivré, 283. — Marche sur Alençon révolté contre son frère, 285. — Est mis en fuite par le comte d'Anjou, *ibid*. — Plaintes portées contre lui par le roi Louis le Gros au concile de Rheims, 323. — Apprend au roi d'Angleterre le naufrage de *la Blanche-Nef*, où périssent ses deux fils et sa noblesse, 357. — Est créé duc de Normandie dans l'assemblée du Neubourg, 464. — Abdique à la nouvelle du couronnement de son frère Etienne en Angleterre, 465. — Se retire indigné, *ibid*. — Conclut une trêve avec le comte d'Anjou, 468. — S'allie aux comtes de Meulan, 472. — Fait la guerre à Roger de Toéni, *ibid*. — Echoue devant Pont-Saint-Pierre, 473. — Accompagne le roi Louis le Jeune dans son voyage pour épouser la princesse Eléonore d'Aquitaine, 491. — Refuse le royaume d'Angleterre et le duché de Normandie que lui offrent les seigneurs normands, et les fait adjuger à Geoffroi, comte d'Anjou, aux droits de sa femme Mathilde, fille du feu roi Henri d'Angleterre, 533 (*Orderic Vital*).

Succède à son père dans le comté de Blois, XXIX, 297. — Achète de son oncle Hugues les comtés de Troyes et de Chartres, *ibid*. (*Guillaume de Jumiége*).

THIBAUD LE BON, comte de Blois, sénéchal de France. — Epouse la princesse Alix, fille du roi Louis le Jeune et d'Eléonore d'Aquitaine, VIII, 217 (*Vie de Louis le Jeune*). XIII, 36.

Part pour la Terre-Sainte, 72. — Meurt au siège d'Acre, 73 (*Guillaume de Nangis*).

THIBAUD, comte de Provins. — Se rend dans un désert, y vit sept ans et y meurt, VII, 79 (*Hugues de Fleury*).

THIBAUD, comte de Tours. — Effraie le Normand Hastings des prétendus soupçons du roi Charles le Simple, et lui achète la ville de Chartres, XIII, 169 (*Guillaume de Nangis*); XXIX, 45 (*Guillaume de Jumiége*).

THIBAUD II, duc de Lorraine. — Bat l'évêque de Metz à Flève, met ses gens en fuite et fait beaucoup de prisonniers, XIII, 298, 299 (*Guillaume de Nangis*).

THIBAUD DE BRETEUIL, dit *le Chevalier blanc*. — Est tué à la guerre entre Robert de Bellême et Hugues de Grandménil, XXVII, 317 (*Orderic Vital*).

THIBAUD 1er de Champagne, dit *le Posthume*, roi de Navarre. — Part pour la Syrie, XIX, 499. — Recueille à Ascalon les débris de l'armée chrétienne battue par les Turcs à Gaza, 503. — Est trompé avec ses Croisés par le soudan d'Hamath, 505. — Insulte Tripoli et rentre à Acre, *ibid*. — S'allie avec le soudan de Damas, 507. — Obtient de lui Sidon et Tibériade, *ibid*. — Traite avec l'ennemi au mépris de ses sermens, 511. — Rentre dans son pays, *ibid*. (*Bernard le Trésorier*).

THIBAUD II de Champagne, roi de Navarre. — Il conspire avec d'autres grands contre le roi Philippe-Auguste, XIII, 53. — Quitte la croisade contre les Albigeois et le siège d'Avignon sans congé du roi ni du légat, 136. — Conspire contre le roi Louis IX avec les comtes de la Marche et de Bretagne, 137. — Se repent, découvre ses projets et est accueilli avec bonté, *ibid*. — Est poursuivi par les conspirateurs indignés contre le révélateur, *ibid*. —

Est secouru par le roi qui leur fait lever le siége de Bar-sur-Seine et le délivre de ses ennemis, 138. — Devient roi de Navarre, 144. — Conduit une armée vers Jérusalem, 146. — Accompagne le roi Louis IX à la Terre-Sainte, 185. — Sa mort, 187. — Ses obsèques, 189 (*Guillaume de Nangis*).

THIBAUD III de Champagne, V^e comte de Blois. — Il est dépouillé de la Touraine, héritage de son père, par le roi Henri Ier qui en gratifie le comte d'Angers, VI, 346. — Fait la guerre, 347. — Est battu et fait prisonnier, *ibid.* (*Raoul Glaber*).

Se révolte et séduit Eudes, frère du roi, par l'espoir de la couronne, VII, 37. — Est attaqué par le comte d'Anjou, *ibid.* — Est assiégé dans Tours et fait prisonnier, *ibid.*, 38. — Dépouille de son héritage Eudes, fils de son frère Etienne, *ibid.* — Sa mort, 43 (*Fragmens de l'Histoire des Français*).

Est fait comte de Chartres et de Tours, VII, 74 (*Hugues de Fleury*).

Acte d'audace et d'intrépidité dans sa guerre contre le comte d'Anjou, XXIX, 334 (*Guillaume de Jumiége*).

Est fait prisonnier par Geoffroi Martel qui ne lui rend la liberté qu'à des conditions fort dures, XXIX, 338 (*Guillaume de Poitiers*).

THIBAUD V de Champagne, roi de Navarre. — Il part avec le roi Louis IX pour son expédition de Terre-Sainte, XV, 323. — Y perd sa femme, 324 (*Guillaume du Puy-Laurens*).

Il entre, avec les principaux seigneurs de France, dans la ligue formée par le roi Henri III d'Angleterre contre le roi Louis IX, XV, 372. — S'en retire, *ibid.* — Accompagne le roi saint Louis à la Terre-Sainte, 391. — Meurt, ainsi que sa femme, de la maladie dont il avait pris le germe en Afrique, 393 (*Gestes glorieux des Français*).

THIBAUD D'YPRES, frère de Guillaume, est amené à Bruges prisonnier du comte Guillaume Cliton, et confié à la garde du chevalier Evrard, VIII, 387 (*Mémoires de Galbert*).

THIBAULD, baron. — Prend les armes en faveur d'Eustache de Breteuil, fils naturel du comte Guillaume, dans l'affaire de sa succession, XXVIII, 165 (*Orderic Vital*).

THIBAUT PAINS. — Est fait comte de Gisors par le duc Robert de Normandie, XXVIII, 84 (*Orderic Vital*).

THIBAUT, abbé de Sainte-Colombe, prend la croix avec Louis le Jeune, VIII, 213 (*Vie de Louis le Jeune*).

THIBAUT, archevêque de Cantorbéri, ancien moine du Bec. — Son éloge, XIII, 41. — Il fait nommer l'archidiacre Thomas chancelier du roi d'Angleterre, *ibid.* (*Guillaume de Nangis*).

THIBAUT, comte. — Voue sa personne et ses biens au service de Clairvaux, X, 307. — Est attaqué par le roi et les grands, 311, 380. — Fait sa paix par l'intervention de saint Bernard, 213 (*Vie de saint Bernard*).

THIBAUT, Croisé. — Est fait prisonnier dans le Lauraguais par le jeune comte de Toulouse, XV, 194 (*Histoire des Albigeois*).

THIBAUT, fils d'Édouard Ier, roi d'Angleterre. — Est fait comte de Cornouailles, XIII, 264 (*Guillaume de Nangis*).

THIBAUT BRISATH. — Est fait prisonnier à Brescia par l'empereur Henri de Luxembourg, qui le fait pendre, décapiter, etc., XIII, 286 (*Guillaume de Nangis*).

THIBAUT DE GISORS. — Est fait prisonnier par les Français dans la guerre du Vexin, XXVIII, 18 (*Orderic Vital*).

THIERRI. *Voyez* THÉODORIC.

THIERRI, chambellan. — Est chargé par le roi Louis le Bègue d'accompagner son fils Louis dans son expédition contre Beruard, marquis d'Autun, dont le bénéfice lui a été donné précédemment, IV, 306.—Le cède à Boson en échange d'abbayes, 307. — Négocie la paix pour les fils de Louis le Bègue, 308. — Cède à Louis, roi de Germanie, la partie du royaume de Lothaire que Charles le Chauve avait eue de son partage avec Louis le Germanique, *ibid.* — Fait couronner Louis III et Carloman, 309. — Est chargé par le premier de repousser les Normands, 313 (*Annales de Saint-Bertin*).

THIERRI, comte. — Abandonne Othon et prend le parti de Louis d'Outremer, VI, 109 (*Chronique de Frodoard*).

THIERRI (saint), fils d'un voleur. — Sa vie et ses miracles, V, 109, 128 (*Histoire de l'Église de Rheims*).

THIERRI, moine de Tournay. — Fait de la fausse monnaie pour l'évêque Gaudry de Laon, X, 39 (*Vie de Guibert de Nogent*).

THIERRI, neveu de l'empereur Henri. — Périt dans le naufrage de la Blanche-Nef, XXVIII, 360 (*Orderic Vital*).

THIERRI D'ALSACE, comte de Flandre.—Prend la croix avec Louis le Jeune, VIII, 213. — Il obtient, par les soins de sa mère, l'espoir de succéder à Charles le Bon dans le comté de Flandre, 301. — Le sollicite comme neveu du comte assassiné, 327.—Le brigue de nouveau, prévoyant la chute du comte Guillaume Cliton, 397. — Est élu et proclamé comte de toute la Flandre, 400, 404.—Reçoit l'hommage et prête le serment, 405. — Fait une excursion et rentre à Bruges, 407. — A pour ennemi le roi de France Louis le Gros, protecteur du comte Guillaume, qu'il veut arranger avec les Flamands, *ibid.* — Est défié par les neveux de Thancmar et les bat, 409, 410. — Marche sur Lille et s'empare des environs, *ibid.* — Est excommunié, ainsi que ses partisans, par l'évêque de Noyon, payé par son concurrent, *ibid.* — Occupe Lille, 414. — Est refoulé sur Bruges par Guillaume Cliton, 417. — Lui livre bataille et la perd complétement, 420. — Coupe ses cheveux et fait pénitence, 422. — Est assiégé dans Alost, 427. — Se rend à Ypres et s'en empare à la nouvelle de la mort de son rival, 429. — Est reconnu dans toute la Flandre, 432 *et suiv.* —Reçoit des rois de France et d'Angleterre l'investiture des fiefs de Charles le Bon, 433. — (*Mémoires de Galbert*).

Est appelé par quelques seigneurs flamands, comme leur comte, à l'instigation du roi Henri VI d'Angleterre, XIII, 12. — Dispute la Flandre à Guillaume Cliton, fils du duc Robert de Normandie, 13. — Succède au comte après sa mort, *ibid.* — Se croise, 33. — A la promesse du roi d'être fait prince de Damas après la prise de cette place, *ibid.* (*Guillaume de Nangis*).

Arrive à Jérusalem avec une nombreuse escorte de chevaliers, XVII, 396.—Fait le siège d'une caverne, lieu de refuge d'une bande de voleurs, 397 (*Guillaume de Tyr*).

Se réunit à l'assemblée de Saint-Jean-d'Acre pour délibérer sur les moyens d'agrandir le royaume de Jérusalem, XVIII, 2. — Arrive à la cité sainte avec la comtesse Sybille sa femme, 114. — S'engage avec le roi pour une expédition dans la principauté d'Antioche, 115. — Concourt au siège et à la prise de Césarée, 119. — Discussion sur la disposition que le roi veut faire de cette place, 120. — Il prend part aux autres opérations militaires, 124. — Accompagne le roi à son retour par Tripoli, 125. — Le suit dans sa marche contre Noradin, 126. — Arrive à Jérusalem avec sa femme, 178. — Accompagne à Antioche le roi Amauri, 180. — Fait ses efforts pour marier les deux fils de ce prince aux fils d'Avocat de Béthune, 335. — Espoir qu'il inspire aux députés de l'empereur Manuel envoyés près du roi de Jérusalem pour hâter l'expédition convenue sur l'Egypte, 337. — Il oublie ses promesses et décline la proposition qui lui est faite d'y prendre part, 338. — Se fâche en apprenant que l'expédition sera faite sans lui, 340. — La fait retarder au printemps, *ibid*. — Feint de se retirer tout-à-fait, 341. — Va à Naplouse, *ibid*. — Déclare qu'il est définitivement résolu à accompagner l'armée chrétienne, *ibid*. — Envoie des députés qui refusent d'engager sa parole, 342. — Fait manquer l'expédition par ses tergiversations, *ibid*. — Offre ses services pour ne pas rester oisif, *ibid*. — Est renvoyé vers le prince d'Antioche ou le comte de Tripoli, 343. — Reçoit du roi cent chevaliers et deux mille hommes de pied, *ibid*. — Marche avec ses forces sur Tripoli, *ibid*. — Ravage le plat pays vers Emèse, 344. — Rallie le comte de Tripoli et le prince d'Antioche, et va assiéger Harenc, 345. — S'amuse à jouer aux dés, à se promener, etc., au lieu de s'occuper du siége, 357. — Menace chaque jour de son prochain départ, 358. — Va à Jérusalem, 359. — S'embarque et retourne par Constantinople dans son pays, *ibid*. (*Guillaume de Tyr*).

Repousse l'attaque des Turcs sur le Méandre, XXIV, 357. — Est chargé par le roi Louis le Jeune d'assister au départ de l'armée et de la diriger de Satalie sur Tarse, 379. — Est trahi par les Grecs et assiégé par les Turcs, 381. — Perd quatre mille hommes sortis du camp, 382. — Voit les autres passer au service des Turcs, 383 (*Odon de Deuil*).

Héritier légitime du comté de Flandre, il soutient la conspiration ourdie contre Guillaume, fils du duc Robert de Normandie, investi de son héritage par le roi Louis le Gros, XXVIII, 408, 409. — Devient comte de Flandre à la mort de son compétiteur, 413. — Epouse sa veuve, *ibid*. — Marie sa fille au fils du roi Etienne d'Angleterre, 510 (*Orderic Vital*).

THIERRI DE BONNEVAL. — Est donné avec ses biens par son père à l'abbaye d'Ouche, XXVI, 71 (*Orderic Vital*).

THIERRI DE MATHONVILLE. — Quitte l'abbaye de Jumiége, XXVI, 16. — Est fait premier abbé du monastère d'Ouche restauré, *ibid*., XXV, 168; XXVII, 138. — Son éloge, XXVI, 17, 36. — Il reçoit et acquiert pour son abbaye les biens immenses des familles de Giroie et de Grandménil, 27 *et suiv*. — Sa ferveur, sa constitution physique, 36. — Ses travaux, 16, 41. — Ses élèves, 42. — Ses instructions, 43. — Tourmenté par le prieur Robert de Grandménil, il veut remettre le bâton pastoral au duc de Normandie, 56. — Est maintenu dans sa prééminence, 57. — En proie à de nouvelles dissensions, il part pour la Terre-Sainte, 57, XXVII, 138. — Arrive à Antioche, XXVI, 59. — Meurt en Chypre, 60; XXVII, 138. — Ses obsèques, XXVI, 61. — Ses miracles, 62. — Son épitaphe, XXVII, 99 (*Orderic Vital*).

THOMAS, batelier, fils du batelier Etienne, qui transporta en Angleterre Guillaume le Conquérant. — Sollicite du roi Henri la faveur de l'y reconduire après la soumission de la Normandie, XXVIII, 353. — Obtient de recevoir à bord de *la Blanche-Nef* le prince royal d'Angleterre et les grands de la cour, *ibid*. — Fait naufrage, ne veut pas y survivre et se noie, 255 (*Orderic Vital*).

THOMAS, chapelain du roi Guillaume. — Est fait évêque d'Yorck, XXVI, 192. — Son voyage à Rome, 296. — Assiste à la dédicace d'un grand nombre d'églises en Angleterre et en Normandie, 397 (*Orderic Vital*).

THOMAS, comte du Perche. — Est chargé par le prince Louis VIII, appelé au trône d'Angleterre, de faire lever le siége de Lincoln, et y est tué, XI, 326 (*Guillaume le Breton*).

Attaché au prince Louis, fils de Philippe-Auguste, il est tué par la fourberie des Anglais, XIII, 119 (*Guillaume de Nangis*).

Thomas, patriarche de Jérusalem. — Porte de Joppé à Jérusalem la tunique de Jésus-Christ nouvellement découverte, II, 169 (*Chronique de Frédégaire*).

Envoie près de Charlemagne deux moines qui se joignent à l'ambassade de Perse, III, 57 (*Annales d'Eginhard*).

Thomas Becket, archevêque de Cantorbéry. — Son exil à Pontigny, VII, 247. — Se rend auprès de Louis le Jeune, 248. — Va auprès du pape, *ibid.* (*Histoire de Vézelay*).

Est accueilli en France par l'empereur Louis le Débonnaire, XI, 193. — Est tué par ordre du roi Henri d'Angleterre, *ibid.* (*Guillaume le Breton*).

Est nommé chancelier du roi Henri d'Angleterre, XIII, 41. — Est promu à l'archevêché de Cantorbéri, 42. — Est exilé, 43. — Se réfugie en France, où il fait anathématiser les coutumes d'Angleterre par le pape, *ibid.* — Se retire à Sens, *ibid.* — Y est entretenu par le roi Louis le Jeune, *ibid.* — S'oppose au sacre du fils du roi d'Angleterre par l'évêque d'York, 45. — Est rappelé de l'exil, 46. — Est assassiné au bout de trois jours, *ibid.* 51. — Est canonisé, 47. — Son corps est placé avec soin dans une châsse d'or, ciselée et enrichie de pierres précieuses, 127 (*Guillaume de Nangis*).

Sa vie, XVIII 375. — Son martyre, *ibid.* (*Guillaume de Tyr*).

Thomas d'Aquin. — Son éloge, XIII, 361, 362. — Il est canonisé, *ibid.* (*Guillaume de Nangis*).

Thomas de Feu. — Prend la croix, XVI, 49. — Se met à la tête d'une troupe indisciplinée qui massacre les Juifs sur son passage, 73.

— Veut continuer de force sa route par la Hongrie, 75. — Se met à la suite des princes croisés qu'il joint dans la Pouille, 77. — Acquiert une gloire immortelle à la bataille de Dorylée, 156. — Est adjoint au comte Hugues de Saint-Pol dans le commandement du grand corps de l'armée chrétienne, lors de la sortie générale de la garnison d'Antioche, 327. — Escalade les murs de Jérusalem, 451. — Entre dans cette ville avec Godefroi de Bouillon, *ibid.* (*Guillaume de Tyr*).

Concourt au massacre des Juifs sur le Rhin, XX, 39. — Marche à la croisade avec le comte Emicon, *ibid.* — Repousse les Hongrois, 41. — S'enfuit et gagne l'Italie, 43. — Concourt au siége de Nicée, 72. — Poursuit vigoureusement les Turcs dans leur retraite de Gorgone, 101. — Marche à l'ennemi lors de la sortie générale de la garnison chrétienne d'Antioche, 253. — Concourt à l'investissement de Jérusalem, 318. — Soutient les maraudeurs refoulés sur l'armée de siége, 322 (*Albert d'Aix*).

Thomas de Marle, seigneur de Couci. — Est assiégé dans son château de Montaigu, VIII, 18. — Est délivré par le prince Louis le Gros, 19. — Se divorce et perd les avantages de son mariage, 21. — Ravage la Picardie, 100. — Est excommunié, *ibid.* — Perd ses châteaux de Créci et de Nogent, 102. — Continue ses brigandages, 141. — Est assiégé dans Couci, *ibid.* — Est fait prisonnier et blessé mortellement, 142. — Expire à Laon, 143 (*Suger*).

Il est appelé à son secours par la *Commune* de Laon, X, 63. — Son caractère féroce, *ibid.*, 64. — Il se fait suivre des bourgeois par crainte du roi, 65. — Est excommunié, 86. — Est déshérité par son père, 87. — Ses cruautés, 88 *et suiv.* — Perd le château de Couci dont le roi s'empare, 95. — Fait la guerre à son père, 96 *et suiv.* (*Guibert de Nogent*).

Il s'empare des biens de l'Eglise de Rheims, et les rend quand elle recouvre la protection du roi, XII, 36, 37 (*la Philippide*).

Il est dépouillé de tous ses biens par le roi Louis le Gros, XIII, 3. — Est blessé dans un combat, remis à ce prince et meurt (*Guillaume de Nangis*).

Plaintes que le roi Louis VI porte contre lui au concile de Rheims, XXVIII, 323 (*Orderic Vital*).

THOMAS DE SAINT-VALERY, seigneur de Gamaches. — Se distingue à Bovines, XI, 287. — Défait les Brabançons restés les derniers sur le champ de bataille, 291. — Marche avec Philippe-Auguste contre la ligue formée par le comte de Flandre, 304 (*Guillaume le Breton, Vie de Philippe-Auguste*).

Combat personnellement le comte de Boulogne, XII, 344. — Dégage Guillaume des Roches, 381 (*la Philippide*).

THORISMOND, roi des Goths, fils de Théodoric. — Concourt à la levée du siége mis par Attila devant Orléans, et à sa défaite dans les plaines de Méri, I, 57. — Succède à son père Théodoric, 58. — Bat les Alains, 59. — Est tué dans une guerre avec ses frères, *ibid*. — (*Grégoire de Tours*).

THOUARS (Aimeri de). — Décourage par ses discours le roi Jean Sans-Terre du siége de la Roche-au-Moine, XII, 294. — Se borne à défendre Thouars contre le prince Louis qui s'en empare, 295, 297 (*la Philippide, par Guillaume le Breton*).

THOUARS (Aimery d'Aquitaine, seigneur de). — Accompagne le duc Guillaume de Normandie à la conquête d'Angleterre, et combat à la bataille d'Hastings, XXIX, 406. — Conseille à ce prince de se faire roi d'Angleterre, 416 (*Vie de Guillaume le Conquérant*).

THOUARS (Ferrand de). — Assiste à la fouille faite dans l'église d'Antioche pour découvrir la lance dont Jésus-Christ a été percé, XXI, 277 (*Raimond d'Agiles*).

THOUARS (Guy de). — Est fait prisonnier au siége d'Aumale, XI, 132. — Entre en Basse-Normandie et assiége le Mont-Saint-Michel, 235. — Fait alliance avec Philippe-Auguste, 238. — Est fait comte de Loudun et sénéchal de Poitou, *ibid*. — Se déclare pour Jean-Sans-Terre, *ibid*., 239. — S'empare de l'Anjou et d'une bonne partie de la Bretagne, *ibid*. — Obtient de Philippe la paix pour le Poitou, 303 (*Guillaume le Breton*).

Accompagne le roi Richard d'Angleterre au siége d'Aumale, XII, 131 (*la Philippide*).

Epouse Constance, comtesse de Bretagne, mère du duc Arthur, XIII, 89. — Meurt de la lèpre, *ibid*. (*Guillaume de Nangis*).

THRASAMUND, roi des Vandales d'Afrique. — S'éloigne de l'Espagne, I, 44. — Persécute les Chrétiens en faveur de l'arianisme, *ibid*. — Passe en Afrique, 45. — Sa mort, *ibid*. (*Grégoire de Tours*).

THRASCION, ancien roi des Obotrites, III, 80 (*Annales d'Eginhard*).

THRASCION CÉADRAG, fils du précédent. — Obtient de Louis le Débonnaire de partager l'autorité de Scalomir, roi actuel, qui lève l'étendard de la révolte contre l'empereur, III, 80. — Est institué roi des Obotrites à la place de Scalomir, prisonnier et exilé, 84. — Est soupçonné de trahison par l'empereur Louis le Débonnaire, 92. — Accusé devant ce prince, il promet de paraître à la prochaine assemblée, 96. — Se rend auprès de l'empereur, suivant sa promesse, et fait agréer ses services et sa justification, 99. — Est accusé devant Louis le Débonnaire par les Obotrites, 107. — Est cité à l'assemblée générale, *ibid*. — Se présente au jugement, est retenu jusqu'à plus ample information, et rétabli plus tard dans ses états, en donnant des otages, 109 (*Annales d'Eginhard*).

Est créé roi des Obotrites, 360.
— Accusé devant l'empereur Louis le Débonnaire, il est condamné, puni et renvoyé, 374 (*L'Astronome*).

THRABICON, duc des Obotrites. — Fait un immense carnage des Transalbins, III, 45. — Est banni par Godefroi, roi des Danois, 59. — Aidé des Saxons, il ravage le pays des Wiltzes, 62. — Assiége la plus grande ville des Smeldingiens, *ibid*. — Est tué en trahison par des hommes de Godefroi, 63 (*Annales d'Eginhard*).

Son fils Céadrag lui succède, 360 (*L'Astronome*).

THUDUN, chef des Huns. — Ses missions auprès de l'empereur Charlemagne, III, 41, 42, 68. — Il se fait baptiser, 42 (*Annales d'Eginhard*).

TIBÈRE (Absimare). *Voyez* ABSIMARE TIBÈRE.

TIBÈRE, empereur. — Evénemens remarquables de son règne (vie, passion, mort et résurrection de Jésus-Christ), XXV, 106 (*Orderic Vital*).

TIBÈRE, empereur d'Orient. — Monte sur le trône après la déposition de Justinien II, XXV, 424. — Est égorgé dans le cirque au rétablissement de ce prince, *ibid*. (*Orderic Vital*).

TIBÈRE II, empereur d'Orient. — Est appelé par l'empereur Justin pour défendre ses provinces, I, 196. — Son éloge, 197, 342. — Il distribue les trésors de Justin, 214. — Reproches de l'impératrice, 255. — Il découvre et distribue les trésors de Narsès, 256. — Succède à l'empereur Justin, malgré Justinien, 266. — Choisit pour son successeur Maurice, à qui il donne sa fille en mariage, 342, 343. — Sa mort, *ibid*. (*Grégoire de Tours*). Principaux événemens de son règne, XXV, 135 (*Orderic Vital*).

TIBÈRE, prêtre. — Accusé devant l'empereur Louis, comme complice de la révolte de Liudewit, Fortunat, patriarche de Grado, qui, au lieu de venir se justifier, s'enfuit à Constantinople, III, 91 (*Annales d'Eginhard*).

TIBÉRIADE (Hélinand de). — Se réunit à l'assemblée de Saint-Jean-d'Acre pour délibérer sur les moyens d'agrandir le royaume de Jérusalem, XVIII, 3 (*Guillaume de Tyr*).

TIBÉRIADE (Foulques de). *Voy.* FOULQUES.

TIBÉRIADE (Gérard de). *Voy.* GÉRARD.

TIBÉRIADE (Gérard de). — Sa mort, XXI, 104 (*Albert d'Aix*).

TIBÉRIADE (Foulques de), Croisé. — Rend après cinq jours le fort qu'il était chargé de défendre, XVIII, 407 (*Guillaume de Tyr*).

TIBÉRIADE (Gormond de). — Accompagne le roi Amaury de Jérusalem dans son voyage à Constantinople, XVIII, 278 (*Guillaume de Tyr*).

TIBÉRIADE (Huon de). — Propose Raoul son frère pour l'époux de la reine Isabelle de Jérusalem, veuve de Henri de Champagne, XIX, 225, 227. — Est soupçonné de l'assassinat tenté par le roi Amaury de Chypre, *ibid*. (*Bernard le Trésorier*).

TILLEUL (Honfroi du). — Rejoint en Normandie sa femme qui le menace de prendre un autre mari, et abandonne le fort de Hastings qu'il tenait de la munificence du roi Guillaume, XXVI, 177, 178 (*Orderic Vital*).

TILLEUL (Ernauld du). *Voy.* ERNAULD.

TITUS, empereur. — Principaux événemens de son règne, XXV, 109 (*Orderic Vital*).

TOBIE, citoyen d'Edesse. — Soumet cette ville au comte Baudouin, XXVII, 494 *et suiv*. (*Orderic Vital*).

TOENI (Angot de). *Voy.* ANGOT.

TOGHTEGHIN. *Voy.* DOLDEQUIN.

TOGRUL BEY (Seljouk). — Est élu premier sultan des Turcs, XVI, 18. — Mode de son élection, *ibid*. — Ses conquêtes, 19. — Il descend en

Syrie et s'empare de Jérusalem, 20 (*Guillaume de Tyr*).

Toron (Honfroi 1er de), Croisé, connétable du royaume de Jérusalem. — Il inquiète les Tyriens, XVII, 276. — Est battu pour son début dans la carrière des armes, 372. — Se réfugie avec le roi Foulques d'Anjou dans la citadelle de Montferrand, *ibid*. — Se réunit à l'assemblée de Saint-Jean-d'Acre pour délibérer sur les moyens d'agrandir le royaume de Jérusalem, XVIII, 3. — Est chargé de la défense du château d'Hasarth, 24. — Est fait connétable du royaume de Jérusalem, 31. — Accompagne à Antioche le roi Baudouin III, 34. — Demande la garde du fort d'Hatab, 38. — Est chargé de l'arrière-garde dans l'escorte du peuple d'Edesse lors de sa retraite à Jérusalem, 39. — Est informé de l'éloignement de Noradin, 40. — Marche avec le roi au siége d'Ascalon, 50. — Donne la moitié de la ville de Panéade aux Hospitaliers, qui, ayant été battus par l'ennemi, y renoncent bientôt, 102, 103. — S'enferme dans la place et la défend contre Noradin, 104. — Est secouru par le roi, qui fait lever le siége, 105. — Confie la défense de Panéade à son cousin Gui de Scandalion, 112. — Est chargé d'aller demander en mariage pour le roi Baudouin III une des filles de l'empereur de Constantinople, 115. — Remet, à son départ avec le roi pour l'Egypte, la défense de Panéade au chevalier Gautier du Quesnel, qui la rend à Noradin, 180. — Bruits qui circulent sur cette reddition, *ibid*. — Il joint l'armée chrétienne en Egypte, 202. — Est empêché par l'ennemi de passer le Nil, 243. — Est d'avis de déférer le gouvernement au comte de Tripoli pendant la minorité du roi Baudouin IV, 309. — Négocie la paix entre le comte de Tripoli et Saladin, et obtient de celui-ci la remise des otages chrétiens, 323. — Epouse Philippa, fille du prince d'Antioche, femme répudiée d'Andronic, laquelle meurt au bout de quelques jours, 332. — Sa maladie, 347. — Il est blessé mortellement au combat du gué de Jacob, 364. — Sa mort, 365 (*Guillaume de Tyr*).

Toron (Honfroi II de). — Se fait religieux, XVIII, 381. — Devient grand maître des Templiers, *ibid*. (*Guillaume de Tyr*).

Toron (Honfroi III de), prisonnier de Saladin. — Il recouvre la liberté, XIII, 70. — Le trône de Jérusalem revient à sa femme Isabelle, épouse divorcée de Conrad de Montferrat, 71 (*Guillaume de Nangis*).

Epouse la sœur du roi Baudouin IV de Jérusalem, XVIII, 381, 451. — Echange avec ce prince le château de Toron, 382 (*Guillaume de Tyr*).

Est appelé au trône par la majorité des barons après la mort de Baudouin V et lors du couronnement de sa belle-sœur Sybille, XIX, 43. — S'enfuit et va lui faire hommage, *ibid*. — Est fait prisonnier à la bataille de Tibériade, 89. — Est mis en liberté par Saladin et renvoyé au comte Renaud, 161. — Vend la reine de Jérusalem, sa femme Isabelle, à Conrad, marquis de Montferrat, qui l'épouse et devient roi, 173 (*Bernard le Trésorier*).

Il épouse Isabelle, fille du roi Amauri Ier de Jérusalem, XXII, 240. — Devenu roi aux droits de sa femme, par la mort de la reine Sybille, il se la voit enlever par Conrad, marquis de Montferrat, qui l'épouse et devient roi, 255 (*Jacques de Vitry*).

Toros, prince d'Arménie. — Est chassé de la Cilicie par le prince Renaud d'Antioche, XVIII, 98. — Joint les princes chrétiens, 117. — Concourt avec eux au siège et à la prise de Césarée, 119. — Est attaqué à l'improviste dans la Cilicie par l'empereur Manuel, 131. — N'a que le temps de s'enfuir dans les montagnes, 132. — Fait la paix par la médiation du roi de Jérusalem, 135, 136. — Marche avec le prince d'Antioche au secours de Harenc, assiégé par Noradin, 175. — Le force à lever le siége, 176. — Le poursuit malgré lui, *ibid*. — Est surpris dans un défilé et complètement défait, *ibid*. — Parvient à se sauver de sa personne, 177. — Sa mort, 289. — Dissensions entre ses héritiers, 290 (*Guillaume de Tyr*).

Tort (Geoffroi le). *Voy*. Geoffroi.

Tortose. *Voy*. Antarados.

Tortose (Guillaume de). *Voy*. Guillaume de Tortose.

Totila, roi des Goths. — Ravage l'Italie, XXV, 409. — S'empare de Rome, *ibid*. — Est vaincu et tué par Narsès, général de Justinien, *ibid*. (*Orderic Vital*).

Toton, duc de Népi. — Fait consacrer pape son frère Constantin, XXV, 429. — Est tué par trahison, 430 (*Orderic Vital*).

Touillon (Gaudri de). *Voy*. Gaudri.

Toulouse. *Voy*. Baudouin, Raimond.

Toulouse (Bérenger, comte de). *Voy*. Bérenger.

Toulouse (Bertrand de), fils naturel d'Alphonse Jourdain, comte du Rouergue. — Est rendu à la liberté par Noradin, sur la demande de l'empereur Manuel, XVIII, 138 (*Guillaume de Tyr*).

Touquette (Gunfold, chevalier de). — A une vision et guérit son voisin qui avait spolié l'abbaye d'Ouche déserte, XXVII, 97 (*Orderic Vital*).

Touquette (Gunfold de). *Voy*. Gunfold.

Tour (Bernard de La). *Voy*. Bernard.

Tour (Gauffier de Lá). *Voyez* Gauffier.

Tour de David (Godefroi de La). *Voy*. Godefroi.

Tournai (Gilbert de). *Voy*. Gilbert.

Tourville (Goisfred de). — Est fait prisonnier au combat de la forêt de Brotone, par le roi d'Angleterre, qui lui fait arracher les yeux, XXVIII, 394 (*Orderic Vital*).

Tourrelle (Pierre de). — Combat le comte de Boulogne à Bovines, XI, 290. — Tue son cheval, 347 (*Guillaume le Breton*).

Tourville (Goisfred de). *Voy*. Goisfred.

Toustain. — Le même que Tostig et Turstin.

Toustain (Turstin) Citel ou Scitelle, Normand. — Se rend en Sicile, et se met à la solde du duc Guaimar, XXVI, 49. — Fait bientôt la guerre pour son compte, *ibid*. (*Orderic Vital*).

Est élu chef des Normands de la Pouille, XXIX, 217, 218. — Ses exploits, *ibid*. — Sa mort, *ibid*. (*Guillaume de Jumiége*).

Toustain (Turstin), fils de Rollon. — Porte l'étendard des Normands à la bataille d'Hastings, XXVI, 141 (*Orderic Vital*).

Toustain ou Tostig, frère du roi Harold d'Angleterre. — Se rend, par la Flandre, auprès du duc Guillaume le Bâtard, et l'engage à conquérir l'Angleterre, XXVI, 114. — Ne peut parvenir à rentrer dans l'île, 116. — Va solliciter et obtient des secours contre son frère auprès du roi de Norwége, 117. — Débarque en Angleterre, 136. — Livre bataille, la perd et est tué, 137 (*Orderic Vital*).

Est envoyé par Guillaume le Bâtard, en Angleterre, XXIX, 221. — Dans l'impossibilité d'y aborder et de revenir en Normandie, il se rend en Norwége, où il sollicite et obtient des secours du roi, 222. — Aborde en Angleterre avec ce prince, 224. — Fait la guerre à son frère le roi Harold, *ibid*. — Livre bataille et est tué ainsi que le roi, 225 (*Guillaume de Jumiége*).

Fait la guerre à Harold son frère, roi d'Angleterre, XXIX, 394. — Est tué dans un combat, 395 (*Guillaume de Poitiers*).

Toustain Guz, gouverneur d'Exmes. — Se révolte et défend Falaise contre le duc Guillaume le Bâtard, XXIX, 173. — Prend la fuite et s'exile, *ibid.* — Rentre en grâce par la médiation de son fils, *ibid.* 174 (*Guillaume de Jumiége*).

TOUSTAIN (TURSTIN) de Caen. — Force par la violence les moines de Glaston à abandonner le chant grégorien pour celui des Normands et des Flamands, XXVI, 217 (*Orderic Vital*).

TRACY (Guillaume de). *Voy.* GUILLLAUME DE TRACY.

TRAGUILAN. — Epouse la fille de Théodoric, roi d'Italie, I, 144. — Est tué, *ibid.* (*Grégoire de Tours*).

TRAJAN, empereur. — Sa persécution contre les Chrétiens, I, 21 (*Grégoire de Tours*).

Principaux événemens de son règne, XXV, 109 (*Orderic Vital*).

TRAMELAY (Bernard de). *Voy.* BERNARD.

TRAMELAY (Bernard de), grand-maître du Temple. — Accompagne le roi de Jérusalem au siége d'Ascalon, XVIII, 50 (*Guillaume de Tyr*).

TRANQUILLE, veuve de Sichaire de Tours. — Retourne dans le Hurepoix et s'y marie, II, 26 (*Grégoire de Tours*).

TRANSAMOND, duc de Spolète. — Se réfugie à Rome et enlève quatre villes aux Romains, XXV, 427 (*Orderic Vital*).

TRANSOBADE, prêtre. — Brigue l'évêché de Rhodez, après la mort de Dalmate, I, 291, 357. — Est rejeté par la reine Brunehaut, *ibid.* (*Grégoire de Tours*).

TRÉNACEL (Guérin de). — Prend la croix avec Louis le Jeune, VIII, 214 (*Vie de Louis le Jeune*).

TRÉNACEL (Guérin de). *Voyez* GUÉRIN.

TRENCAVEL, vicomte de Béziers. — Est tué par les habitans malgré l'évêque, XIV, 52 (*Pierre de Vaulx Cernay*).

L'anniversaire de son assassinat par les habitans de Béziers est consacré par la ruine totale de cette ville et le meurtre de la population tout entière, XV, 231. — Son fils est mis sous la curatelle de Bernard Roger, fils du comte de Foix, 268. — S'associe les notables seigneurs des environs, 296. — Envahit les terres du roi aux diocèses de Narbonne et de Carcassonne, *ibid.* — Prend un grand nombre de châteaux, *ibid.* — Fait le siége de Carcassonne, 297. — Le lève et se retire sur Montréal, 298. — En sort par capitulation, 299 (*Guillaume. de Puy-Laurens*).

Est mis à mort traitreusement par les habitans, XV, 335. — Son fils se ligue avec les grands du pays, 374. — Attaque les terres du roi de France, *ibid.* — Occupe beaucoup de châteaux, *ibid.* — Met le siége devant Carcassonne, *ibid.* — S'empare du faubourg qui lui est livré, 375. — Lève le siége à l'arrivée de l'armée royale, 376. — Se retire à Montréal, où il est assiégé, *ibid.* — Fait la paix, 372 (*Gestes glorieux des Français*).

TRÈVES (Gilbert de). *Voy.* GILBERT.

TRÉVOUX (Gilbert de). *Voy.* GILBERT.

TRIE (Enguerrand de). *Voy.* ENGUERRAND.

TRIE (Galon de). — Est échangé contre Raoul le Roux, XXVIII, 295. — Sa mort, *ibid.* (*Orderic Vital*).

TRIE (Guillaume-Agilon de). — Prend la croix avec Louis le Jeune, VIII, 214 (*Vie de Louis le Jeune*).

TRIPOLI. — Limites de ce comté, XVII, 515, 516 (*Guillaume de Tyr*).

Description de la ville, XXII, 70 (*Jacques de Vitry*).

TRIPOLI (Bertrand, comte de). *Voy.* BERTRAND, comte de Toulouse.

TRIPOLI (Bertrand, Pons, Raimond de). *Voy.* ces noms.

TROARN (Haimeric de). — Se distingue à la bataille d'Hastings, XXVI, 142 (*Orderic Vital*).

TROPHIME. — Est envoyé pré-

TUR   TYR

cher la foi à Arles, I, 23. — Sa mort, 24 (*Grégoire de Tours*).

TROUSSENOT (Guillaume).—Surprend Geoffroi, comte d'Anjou, dans Touques et Bonneville, XXVIII, 518. — Le met en fuite, 519 (*Orderic Vital*).

TROUSSEL (Guy II de), sire de Montlhéry. — Prend la croix, VIII, 21 (*Suger, Vie de Louis le Gros*); IX, 177 (*Guibert de Nogent*); XVI, 298 (*Guillaume de Tyr*); XXVII, 422 (*Orderic Vital*). Donne aux Croisés le signal de la désertion, *ibid.* — Quitte l'armée à Antioche et s'embarque pour la France, XXVII, 474 (*Orderic Vital*). — *Voy.* GUI DE TROUSSEL.

TRUDULF, comte du palais de Childebert.—Est tué dans le pays de Vaivres par le rebelle Ursion, II, 17 (*Grégoire de Tours*).

TRUIE (Pierre La).— Est fait prisonnier des Anglais, à Courcelles, XII, 142 (*la Philippide*).

TULGA, roi d'Espagne.—Est élevé au trône, II, 222. — En est précipité par Chindasuinthe, qui le fait tondre et le remplace, *ibid.* (*Chronique de Frédégaire*).

TULLIUS. — L'un des auteurs du scandale donné par les fils de Charlemagne.—Est condamné par l'empereur Louis à perdre les yeux, III, 346 (*L'Astronome*).

TUNBRIDGE (Gilbert de). *Voyez* GILBERT.

TUNGLON, duc des Sorabes. — Est accusé devant l'empereur Louis et cité à la prochaine assemblée générale, III, 107, 374.—Se présente au jugement, 107.—Est condamné, 374.—Est renvoyé chez lui laissant son fils en otage, *ibid.* 209 (*Annales d'Eginhard.—L'Astronome*).

TURCOMANS.—Ce que c'est, XIX, 543 (*Bernard le Trésorier*).

TURCS.—Leur histoire, XVI, 15. — Sont reçus en Perse, 16. — En sont chassés, 17. — Décident de se donner un roi, 18. — Manière dont ils font ce choix, *ibid.* — Distinction entre les Turcs et les Turcomans, 19 (*Guillaume de Tyr*).

TURENNE (la vicomtesse de), femme de Bernard de Casenac. — Ses crimes, XIV, 305 (*Pierre de Vaulx-Cernay*).

TURGIS DE TRACY, commandant du Maine pour le roi Guillaume.—Est chassé du Mans par Foulques d'Anjou, XXVI, 245 (*Orderic Vital*).

TURHOLT (Gottschalk de). *Voyez* GOTTSCHALK.

TURIN. — Défense de cette ville par les habitans. — Excommuniée pour s'être donnée au comte de Savoie, XIII, 168 (*Guillaume de Nangis*).

TURIN (Charoald, duc de). *Voy.* CHAROALD.

TURMOD, Normand. — Retourne à l'idolâtrie, VI, 118. — Tend des embûches à Louis d'Outremer, *ibid.* —Est tué, *ibid.* (*Chronique de Frodoard*).

TURPIN OU TILPIN, évêque de Rheims.—Obtient du pape le *pallium*, V, 183. — Ses travaux, 187. — Sa mort, 189 (*Histoire de l'Église de Rheims*).

TURQUETIL, TURCHETIL, TUROLD, gouverneur du jeune duc Guillaume le Bâtard. — Ce prince agonisant reproche sa mort à ses sujets, XXVII, 198 (*Orderic Vital*). Donne sa fille en mariage au comte Guillaume d'Hiesmes, frère du duc Richard II, duc de Normandie, XXIX, 113. — Est assassiné dans les guerres civiles de la minorité de Guillaume le Grand, 166, 168 (*Guillaume de Jumiége*).

TURULFE DE PONTAUDEMER. — Epouse une sœur de Gonnor, femme du duc Richard Ier de Normandie, XXIX, 301 (*Guillaume de Jumiége*).

TYR.—Description de cette ville, XVII, 247 à 276; XXII, 76; XXIV, 227 (*Guillaume de Tyr*).—(*Jacques de Vitry*). — (*Foulcher de Chartres*).

TYR (Arnould de). — Concourt au siége de Nicée, XX, 73. — Est tué par suite de son imprudence au siége d'Antioche, 161 (*Albert d'Aix*).

TYRREL (Gautier). — Reçoit du roi Guillaume le Roux les flèches les mieux aiguisées, pour aller à la chasse, XXVIII, 70. — Le tue par accident, 71. — S'enfuit précipitamment, 73. — Se retire en France et s'y marie, 74. — Part pour Jérusalem et meurt, ibid. (*Orderic Vital*).

Quoiqu'on lui attribue la mort du roi Guillaume, il n'était pas même à la chasse le jour de l'accident, VIII, 7 (*Suger*).

TYRREL DE MAINIÈRES. — Accompagne dans son exil et partage l'indigence du prince Guillaume, fils du duc Robert de Normandie, XXVIII, 333. — Le suit dans son comté de Flandre, 408 (*Orderic Vital*).

U

UDALRIC, frère d'Hildegarde. — Est dépouillé de toutes ses dignités, III, 188. — Est rétabli, 189 (*Faits et Gestes de Charlemagne*).

ULFNOTH, frère du comte anglais Harold. — Reste en otage auprès du duc Guillaume le Bâtard pour garantie des promesses de son frère, XXIX, 221 (*Guillaume de Jumiège*).

ULGER LE VENEUR, défend Bridge contre le roi Henri d'Angleterre pour Robert de Bellême, XXVIII, 152, 153 (*Orderic Vital*).

UGOLIN, cardinal, évêque d'Ostie. — Est fait pape et prend le nom de Grégoire IX, XV, 364, 365 (*Gestes glorieux des Français*). *Voy.* GRÉGOIRE IX.

ULTROGOTHE. — Est exilée par Clotaire, I, 173 (*Grégoire de Tours*).

UNCILÈNE. — Est créé duc des Allemands par le roi Childebert en remplacement de Leudefried, II, 167. — Fait tuer Protadius, maire du palais de Théodoric, 177. — Est dépouillé de ses biens et a les pieds coupés, ibid., 178 (*Grégoire de Tours*).

UNROCH, comte. — Est envoyé par l'empereur Charlemagne, confirmer la paix conclue avec les Danois, III, 67. — Est l'un des témoins de son testament, 161 (*Annales d'Eginhard*).

URBAIN 1er (saint), 16e pape. — Ses décrets, XXV, 389. — Son martyre, ibid. (*Orderic Vital*).

URBAIN II, pape. — Il tient en France deux conciles, y prêche et ordonne de prêcher la croisade, VII, 47 et suiv. (*Fragmens de l'histoire des Français*).

Sa vie, IX, 40. — Son voyage en France, 44. — Il excommunie le roi Philippe, 45. — Son discours au concile de Clermont, 46. — Il fait décider la croisade, 53 (*Guibert de Nogent*).

Il accueille avec le plus vif intérêt le rapport de Pierre l'Ermite sur l'état déplorable de Jérusalem, XVI, 34. — Promet de coopérer à ses desseins, ibid. — Chassé d'Italie, il passe les Alpes et entre dans les états du roi Philippe de France déjà excommunié, 37. — Convoque un concile à Clermont, 38. — Son exhortation pour la croisade contre les Turcs, ibid. et suiv. (*Albert d'Aix*).

Il tient un concile à Clermont, XX, 5. — Décide les princes et les peuples à entreprendre à leurs frais une expédition sur Jérusalem, ibid. (*Guillaume de Tyr*).

Il expose au concile de Clermont les calamités de la Terre-Sainte, XXII, 54. — Détermine les Chrétiens au pélerinage de Jérusalem, ibid. (*Jacques de Vitry*).

Il proclame la croisade au concile de Clermont, XXIII, 301. — Son discours, ibid. — Il met à la tête de l'expédition Adhémar, évêque du Puy, 307 (*Robert le Moine*).

Il tient un concile à Clermont, XXIV, 2. — Son discours pour la croisade, 3. — Il donne l'absolution aux Croisés, 10. — Lettre que lui adressent les princes croisés après la bataille d'Antioche, 56 (*Foulcher de Chartres*).

Il prêche la croisade en France, XXV, 170 (*Orderic Vital*).

Il tient le concile de Clermont, XXVI, 365. — Engage les Chrétiens à faire un pélerinage à Jérusalem contre les païens, ibid. (*Orderic Vital*).

Évêque d'Ostie, il est élu pape, XXVII, 266. — Son caractère, ibid. — Sa lettre contre l'usurpateur Guibert, ibid. — Il est reconnu par plusieurs princes, 267. — Tient le concile de Clermont, 408. — Décrets de ce concile, ibid. — Il prêche et décide la croisade, 411. — Emploie utilement sa médiation pour rendre à la liberté Geoffroi Martel, comte d'Anjou, prisonnier depuis trente ans, 420, 421 (*Orderic Vital*).

Sa mort, XXVIII, 1. — Son éloge, 2 (*Orderic Vital*).

Il tient le concile de Clermont, XXIX, 250. — Son but, ibid., 150 (*Guillaume de Jumiége*).

URBAIN III, pape, meurt de chagrin en apprenant la prise de Jérusalem par Saladin, XIII, 66 (*Guillaume de Nangis*).

URBAIN IV, pape. — Patriarche de Jérusalem, il est élu pape, XIII, 174. — Envoie en Angleterre un légat qui n'est pas reçu, pour rétablir la paix entre le roi et ses barons, 177. — Offre la Sicile à Charles d'Anjou qui l'accepte, pour être délivré de Mainfroi, ibid. — Sa mort, 178 (*Guillaume de Nangis*).

URBICUS, sénateur. — Se convertit à la religion chrétienne et succède à Strémon, premier évêque d'Auvergne. — Il était marié; mais devenu évêque, il se sépare de sa femme. — Ce qui arriva à ce sujet, I, 31. — Sa mort, ses obsèques, ibid. (*Grégoire de Tours*).

URIZ, Maure. — Est tué par le duc franc Luithard, IV, 18 (*Ermold le Noir*).

URSICIN, évêque de Cahors. — Ses différends avec l'évêque de Rhodez, I, 358. — Est excommunié, 449 (*Grégoire de Tours*).

URSIN, gouverneur d'Adène. — Marche au secours de Tancrède à Antioche, XXI, 172 (*Albert d'Aix*).

Remet la place d'Adène à Tancrède de Hauteville qu'il avait appelé pour cet objet, XXIII, 80. — Son histoire, 81 et suiv. (*Raoul de Caen*).

URSINS (la maison des). — Livre un combat à Henri VII de Luxembourg aux portes de Rome, XIII, 292. — Ne peut l'empêcher d'y entrer et de se faire couronner empereur, ibid. (*Guillaume de Nangis*).

URSION. — Sa guerre contre le duc de Champagne, I, 306. — Brunehaut empêche la bataille, ibid. — Son discours à la reine, ibid. — Pille la maison de son ennemi, ibid. (*Grégoire de Tours*).

S'engage dans une coalition dont le but est de chasser le roi Gontran, d'humilier la reine Brunehaut, de tuer le roi Childebert, de régner sous le nom de son fils Théodéric, II, 10. — Marche avec une armée, 13. — A la nouvelle de la mort de son allié Rauchingue, il s'enferme dans Waivres pour s'y défendre, ibid. — Est attaqué par l'armée de Childebert, 16. — Se défend vaillamment, 17. — Est tué par ordre de Childebert, comme coupable de conspiration, ibid., 167 (*Grégoire de Tours*).

URSUS, Marseillais. — Se lie d'amitié avec Andarchius qui veut épouser sa fille, I, 207. — Moyen que celui-ci emploie pour y parvenir, ibid. — Ses biens sont confisqués au profit de son futur gendre, ibid. — Il le brûle dans une maison dont il venait de prendre possession, 209 (*Grégoire de Tours*).

UTRECHT (Amande d'), évêque.— Baptise le fils de Dagobert 1er; — singularité remarquable arrivée dans cette cérémonie, II, 289 (*Vie de Dagobert*).

UVIDON, l'un des douze héros qui défendirent la tour de Paris contre les Normands, et qui furent égorgés après l'avoir rendue, VI, 30 (*Abbon*).

UZAGAM, Maure. — Tombe percé d'un javelot à la bataille de Barcelonne, livrée par Louis le Débonnaire, IV, 18 (*Ermold le Noir*).

V

VACÉ (Raoul de). *Voy.* RAOUL DE GACÉ.

VACHER (Bernard). — Porte la bannière royale à la tête des Templiers contre les Ascalonites, XVII, 399. — Est mis en fuite, 400. — Se charge d'apporter au roi de Jérusalem les propositions du soudan de Damas pour le détourner de la funeste expédition de Bostrum, 465. — Est accusé de trahison par le peuple, *ibid.* (*Guillaume de Tyr*).

VACOEIL, ou GACÉ (Enguerrand de).—Se révolte contre le roi Henri 1er d'Angleterre, en faveur du jeune Guillaume, fils du duc Robert de Normandie, XXVIII, 375 (*Orderic Vital*).

VAIRVACHE DE BOURBON. *Voyez* BOURBON.

VAIRVACHE (Aimon de), seigneur de Bourbon. — Est déféré au roi Louis le Gros par Alard de Guillebaud et condamné, VIII, 103, 104 (*Suger, Vie de Louis le Gros*). Est dépouillé de tous ses biens, XIII, 3 (*Guillaume de Nangis*).

VALATS, baron. — Accompagne le comte de Montfort au siége de Beaucaire, XV, 131. — Lui conseille de faire la paix avec le jeune comte de Toulouse et de lui abandonner la rive gauche du Rhône, 135, 141. — Lui représente combien il a perdu de monde à l'assaut de Beaucaire, *ibid.* — Prend la défense des gens de Toulouse qui demandent au comte de Montfort de ne pas entrer dans leur ville avec une armée, 152. — Lui conseille d'user de clémence envers un peuple naguère révolté, mais soumis, 163. — Attaque Toulouse et est repoussé par le comte Raimond, 171, 172. — Demande du secours, 173. — Son discours au comte de Montfort, 176. — Il conseille à son fils Amauri de lever le siége, avis suivi bien à regret, 188, 189. — Tient pour celui-ci dans le Lauraguais contre le comte de Foix, 191 (*Histoire des Albigeois*).

VALENCE (Guillaume de).—Passe en Syrie, XIX, 591 (*Bernard le Trésorier*).

VALENS, empereur. — Fait incorporer les moines dans la milice, après la mort de Valentinien son collègue à l'empire, et fait fustiger ceux qui refusent d'y entrer, I, 29. —Persécute les Chrétiens; soutient dans la Thrace une guerre dans laquelle les Romains sont vaincus; est blessé; se réfugie dans une chaumière où les ennemis mettent le feu; est enseveli sous ses ruines, 30 *et suiv.* (*Grégoire de Tours*). Principaux événemens de son règne, XXV, 122, 123 (*Orderic Vital*).

VALENTIN, 99e pape. — Son élection, III, 112, 377. — Ses vertus, 433. — Sa mort, 112, 377 (*Eginhard*).-(*L'Astronome*).-(*Nithard*).

VALENTIN, prêtre visionnaire. *Voy.* ETIENNE.

VALENTINIEN et VALENS, empereurs, règnent ensemble. — Après la mort de Valentinien, Valens reste seul possesseur de l'empire, I, 29 (*Grégoire de Tours*). Sa situation critique dans les Gaules, 64.—Fait assassiner Aétius,

62. — Meurt assassiné, *ibid*.— Evénemens principaux de leur règne, XXV, 122, 127 (*Orderic Vital*).

Valère (saint). — Son martyre, V, 605. — Ses miracles, 606 (*Histoire de l'église de Rheims*).

Valérie (Erard de). — Son arrivée en Syrie, XIX, 575 (*Bernard le Trésorier*).

Valérien et Gallien, empereurs romains. — Excitent, l'an 257, une cruelle persécution contre les chrétiens, I, 25 (*Grégoire de Tours*).

Principaux événemens de leur règne, XXV, 116 (*Orderic Vital*).

Valery (Hérard de). — Est fait prisonnier dans la guerre de la comtesse Marguerite de Flandre contre le comte de Hollande, et mis à rançon, XIII, 169 (*Guillaume de Nangis*).

Valette (Etienne de La).—Vient au secours du comte Raimond, à Toulouse, XV, 173 (*Histoire des Albigeois*).

Valliquerville (Gautier de). — Est enlevé du camp des Anglais dans la tour de Watteville, par une main artificielle, armée de crochets de fer, et y est retenu prisonnier, XXVIII, 390, 391 (*Orderic Vital*).

Valois (Charles, comte de). *Voy.* Charles.

Vandales. — Ils traversent la Gaule, et se dirigent sur l'Espagne, I, 43. — Sont suivis par les Allemands qui s'emparent de la Galice, *ibid*. — Guerre entre ces peuples conquérans, remise à la valeur de deux champions, 44. — Victoire des Allemands, *ibid*. — Retraite des Vandales, *ibid*. — Ils passent en Afrique, *ibid*. — Fin de leur empire sous Gélésimère, 63 (*Grégoire de Tours*).

Vandeuil (Clairambaut de). *Voy.* Clairambaut.

Vannes (Alain IV, *Barbe-Torte*, comte de), prince de Bretagne, puis comte de Nantes. — Prête serment au duc Rollon, investi du gouvernement de Neustrie, XXIX, 53. — Renouvelle ce serment au prince Guillaume, son fils et son successeur désigné, 59. — S'allie contre lui au comte de Rennes, 60. — Renonce à la fidélité jurée au duc Guillaume *Longue Epée*, 61. — Est battu et chassé de Bretagne par le duc Guillaume *Longue Epée*, 62. — Rentre en grâce auprès de lui par la médiation du roi d'Angleterre, 66. — L'accompagne à l'entrevue du comte de Flandre, et a la douleur de le voir égorger sans pouvoir le secourir, 76 (*Guillaume de Jumiége*).

Vannes (Alain v, prince de Bretagne, comte de). — Est choisi par Robert, pour tuteur de Guillaume, son fils naturel, XXVII, 194. — Fait le siège de Mont-Gommery et s'empare de la place, *ibid*.—Prend parti pour son pupille, XXVIII, 256 (*Orderic Vital*).

Est mis par le duc Geoffroi 1er, son père, sous la garde de Richard II, duc de Normandie, XXIX, 129.—Se révolte contre Robert le Diable et est battu, 145. — Rentre en Normandie, où il est défait sur le Coesnon, *ibid*. — Menacé d'une ruine imminente par le duc Robert de Normandie, qui l'attaque par terre et par mer. — Obtient la paix par la médiation de l'archevêque de Rouen et fait hommage, 162 (*Guillaume de Jumiége*).

Vannes (Guidenoc, évêque de). — Est chargé de la garde du duc Arthur de Bretagne pendant son enfance, XII, 131 (*la Philippide*).

Varennes (Guillaume de). *Voyez* Guillaume de Varennes.

Varennes (Rainauld de). *Voyez* Rainauld.

Varus, neveu d'Eulalius, comte d'Auvergne. — Lui enlève Tétradie, sa femme, et l'envoie au duc Didier avec ce qu'elle a pris à son mari, II, 91. — Est tué par son oncle outragé, *ibid*. (*Grégoire de Tours*).

Vasso ou Vasa. — Nom gaulois d'un temple, situé en Auvergne, et consacré, selon les uns, au dieu Mars, et selon d'autres, à Mercure. — Détails sur ce temple, I, 26 (*Grégoire de Tours*).

VAUGRIGNEUSE (Guy de). — Est forcé dans son château par le roi Richard Cœur-de-Lion, XIII, 77 (*Guillaume de Nangis*).

VAULX-CERNAI (Pierre de). *Voy.* PIERRE DE VAULX-CERNAI.

VAUQUELIN, chapelain du roi Guillaume. — Est fait évêque de Winchester, XXVI, 192 (*Orderic Vital*).

VAUQUELIN DE FERRIÈRES. — Périt dans les guerres civiles de la minorité de Guillaume le Bâtard, XXV, 166 (*Orderic Vital*).

VAUQUELIN DU PONT-ECHENFREY. — Soumet ses terres à la juridiction de l'évêque de Lisieux, XXVI, 23. — Epouse Heremburge, fille de Giroie, 26. — Sa postérité, *ibid.* (*Orderic Vital*).

VEDASTE, surnommé AVON. — Est tué par le saxon Childeric, I, 378 (*Grégoire de Tours*).

VENDÔME (Bouchard, comte de). *Voy.* BOUCHARD.

VENDÔME (Geoffroi de). — Accompagne le comte d'Anjou dans son expédition contre le duc Richard de Normandie, XXVII, 474 (*Orderic Vital*).

VÉNÉRANDE, sénateur. — Est créé évêque d'Auvergne après la mort de saint Artémius. — Jugement que porte sur lui l'historien Paulin. — Epoque de sa mort. — Par qui il fut remplacé dans son siége, I, 73 (*Grégoire de Tours*).

VÉNÉRANDE (duc de). — Conduit en Espagne l'armée envoyée par Dagobert pour détrôner Suintille, II, 216; III, 293. — Réussit et fait roi Sisenand, qui le comble de présens, II, 216. — Est envoyé près de lui en ambassadeur pour réclamer le prix de ses travaux, *ibid.*, III, 293 (*Chronique de Frédégaire. — Thégan*).

VÉNÉRANDE, concubine du roi Gontran, lui donne un fils, I, 177 (*Grégoire de Tours*.)

VENISE. — Dandolo (Henri), doge de Venise, s'illustre avec les barons croisés de France, en établissant sur le trône de Constantinople Alexis III Comnène, X, 158, 162 (*Rigord, Vie de Philippe-Auguste*).

VÉRAN, évêque de Cavaillon. — Est chargé par le roi Gontran d'informer contre la reine Frédégonde, accusée de l'assassinat de l'évêque Prétextat, I, 464 (*Grégoire de Tours*).

VÉRAN, évêque de Châlons. — Tient sur les fonts Théodoric, fils de Childebert, II, 3 (*Grégoire de Tours*).

VERBERIE (Etienne de). — Accusé de blasphème devant l'inquisiteur. — Est traité avec indulgence, attendu son repentir, XIII, 275, 276 (*Guillaume de Nangis*).

VERGY (Guy de). — Assiégé par le duc de Bourgogne, il a recours au roi Philippe-Auguste, qui le délivre, XI, 42. — Rend peu de temps après son domaine à l'ennemi, 47 (*Rigord, Vie de Philippe-Auguste*).

VERGY (Guy de). *Voyez* GUY.

VERLES D'ENCONTRE, partisan de Simon de Montfort — Reçoit Castel-Sarrasin, pour prix de son courage, XV, 96 (*Histoire des Albigeois*).

VERMANDOIS (Eudes de), fils du comte Héribert II. — Ne peut obtenir du roi Raoul la concession du comté de Laon, V, 541. — Est donné par son père en otage à Rollon, duc de Normandie, *ibid.* (*Frodoard, Histoire de l'Eglise de Rheims*). Est fait commandant du château de Ham, VI, 100. — Ravage la Picardie, *ibid.* — Est chargé par Louis d'Outre-Mer de la garde de Laon, 108 (*Chronique de Frodoard*).

VERMONT D'ANDUSE (Pierre). — Assiste au sac de Béziers, XV, 19 (*Histoire des Albigeois*).

VERNE (Gautier de), chevalier croisé. — S'enfonce dans les montagnes, envoie du butin à l'armée chrétienne et ne reparait pas; on l'attend vainement durant trois jours à Sidon, XVI, 392 (*Guillaume* de *Tyr*). — XX, 310 (*Albert d'Aix*).

VERNEUIL (Alvered de). — Est battu devant Ferrières par Roger de Toëni et ses alliés, XXVIII, 472 (*Orderic Vital*).

VERRA. *Voyez* VERNE.

VÉRONE (Cani de). *Voyez* CANI.

VÉRUS, évêque de Tours, I, 85; II, 145. — Suspect aux Goths, il est exilé, 146. — Sa mort, *ibid*. (*Grégoire de Tours*).

VESPASIEN, empereur romain. — Sous son règne, le temple de Jérusalem est incendié. — Triomphe des Juifs, I, 21 (*Grégoire de Tours*).

Principaux événemens de son règne, XXV, 108 (*Orderic Vital*).

VETTIUS EPAGATUS, l'un des premiers martyrs des Gaules. — Grégoire de Tours descendait de cette famille originaire du Berri, I, 19 (*Notice sur Grégoire de Tours*).

Périt à Lyon, lors de la persécution suscitée contre saint Irénée, I, 23 (*Grégoire de Tours*).

VEXIN (Drogon, comte de). *Voy.* DROGON.

VÉZELAI (Barthélemi de). — Ses complots, VII, 266 *et suiv*. (*Histoire de Vézelai*).

VICTOR (Didier), abbé du Mont-Cassin. — Est élu pape, XXVII, 265. — Sa maladie, 266. — Sa mort, *ibid*. (*Orderic Vital*).

VICTOR, duc des sept cités. — Veut ajouter à son duché la cité de Clermont, en Auvergne, I, 77. — L'occupe neuf ans, *ibid*. — Y fait bâtir de nombreux édifices, *ibid*.— Calomnie Euchérius, *ibid*. — S'enfuit à Rome, 78. — Y est lapidé, *ibid*. (*Grégoire de Tours*).

VICTOR, évêque de Poitiers. — Texte de sa lettre à l'abbesse Radegonde, II, 57 *et suiv*. (*Grégoire de Tours*).

VICTOR, évêque de Rennes. — Sa fille est tuée par Bobolène, référendaire de Frédégonde, I, 465 (*Grégoire de Tours*).

VICTOR, évêque de Saint-Paul-Trois-Châteaux. — Est maltraité par ordre des évêques d'Embrun et de Gap, I, 257. — Satisfaction qu'il reçoit, 258. — Est excommunié, puis réconcilié, *ibid*. (*Grégoire de Tours*).

VICTOR (saint), 13e pape. — Ses travaux, XXV, 112; I, 3 (*Grégoire de Tours*).

Fixe l'époque de la Pâque, XXV, 112. — Son martyre, 113 (*Orderic Vital*).

VICTOR, patriarche de Marseille. — S'arrête à Autun, chez l'évêque Léger, II, 333. — Est accusé de conspirer avec lui contre l'autorité du roi Childéric, 334. — Est mis à mort, 336 (*Vie de saint Léger*).

VICTORIN. — Sa conversion et son martyre, I, 26, 27 (*Grégoire de Tours*).

VICTRICE, évêque de Rouen. — Distique héroïque en son honneur. XXVI, 328. — Sa vie, *ibid*. — Principaux événemens de son épiscopat, *ibid*. (*Orderic Vital*).

VIEILLES (Honfroi de). — Fonde les deux couvens de Préaux, XXVI, 12; XXVII, 374 (*Orderic Vital*).

Envoie Roger de Beaumont, son fils, combattre Roger du Ternois, qui perd la bataille et est tué avec ses deux fils, XXIX, 170 (*Guillaume de Jumiége*).

VIENNE (Charles, comte de). *Voyez* CHARLES.

VIEUX (le) de la Montagne. — Sa demeure, son empire et ses crimes, XIII, 145 (*Guillaume de Nangis*).

VIGILE, archidiacre. — Est condamné pour vol à une amende de 4,000 sous d'or, I, 203. — Reçoit le quadruple de cette somme du gouverneur qui l'avait jugé, quoique le crime ne fût pas contesté, *ibid*. 204 (*Grégoire de Tours*).

VIGILE, 58e pape. — Est accusé de la mort du pape Silvère, XXV, 408. — Est arrêté et conduit à Constantinople, *ibid*. — Refuse de rappeler l'évêque exilé par ses prédécesseurs, 409. — Est injurié, frappé, emprisonné, *ibid.* — Est rendu à la demande des Romains, *ibid* — Meurt de la pierre, à Syracuse, *ibid.* (*Orderic Vital*).

VIGNES (Jean des). *Voy.* JEAN DES VIGNES.

VIGNES (Pierre des).—Est envoyé par l'empereur Frédéric II au concile de Lyon, XIX, 521. — Ses discours, *ibid.* (*Bernard le Trésorier*).

VILGARD, hérétique. — Est condamné en Italie, VI, 235 (*Chronique de Raoul Glaber*).

VILLEHARDOUIN (Geoffroi de). — Obtient de l'empereur Baudouin de Constantinople des terres considérables en Calabre, XIX, 307. — Fait épouser par son fils la fille de l'impératrice Yolande, 331 (*Bernard le Trésorier*).

VILLEMUR (Arnaud de). — Porte en personne, devant le pape, ses plaintes contre le légat et le comte de Montfort, XV, 112. — Est autorisé à recouvrer ses terres sur ceux qui les retiennent injustement, 114. — La chose est remise en délibération, 115. — Ses conseils au jeune comte de Toulouse, lors de son expédition en Lauraguais, 192.—Concourt à la défense de Toulouse, assiégée par le fils du roi Philippe-Auguste, 200 (*Histoire des Albigeois*).

VILLENEUVE (Baudouin de).—Sa fille, ayant épousé secrètement l'empereur Henri de Constantinople, est mutilée par les barons chrétiens, XIX, 333, 335 (*Bernard le Trésorier*).

VILLENEUVE (Bernard de). — Est constitué, par les missionnaires et les docteurs albigeois, l'un des quatre arbitres chargés de prononcer sur les doctrines religieuses respectivement professées, XV, 225. — Quitte le siége sans avoir jugé, 226. — Prend parti avec le vicomte de Béziers, et envahit les terres du roi, 296. — Met le siége devant Carcassonne, 297. — Le lève et se retire à Mont-Réal, 298.—Sort de cette place par capitulation, 299 (*Guillaume de Puy-Laurens*). — Se ligue, avec Trencavel de Béziers, contre le roi Louis IX, 374. — Fait la paix, 377 (*Gestes glorieux des Français*).

VILLENEUVE (Geoffroi de). — Meurt, percé d'une flèche, à la bataille de Scythopolis, XVIII, 413 (*Guillaume de Tyr*).

VILLERET OU VILLEREY (Goulfier de).—Conclut la paix avec le duc Guillaume le Bâtard, XXVI, 289. — Est fait prisonnier par les Manceaux, XXVIII, 25 (*Orderic Vital*).

VILLEREY (Aimeric de).—Est tué par les troupes françaises dans lesquelles il servait, XXVI, 289 (*Orderic Vital*).

VILLULF DE POITIERS. — Sa mort, II, 19. — Mariage de sa femme, *ibid.* (*Grégoire de Tours*).

VILTON, évêque de Rouen.—Distique héroïque en son honneur, XXVI, 351.—Sa vie, *ibid.* — Principaux événemens de son épiscopat, *ibid.* (*Orderic Vital*).

VINDÉMIALE, évêque. — Se rend à Carthage, avec saint Eugène, pour combattre Cyrola, évêque des Ariens. — Sa mort ordonnée par Huneric, I, 48, 52 (*Grégoire de Tours*).

VIRUS, prêtre. — Est fait évêque de Vienne, I, 472 (*Grégoire de Tours*).

VIRGILE, vicaire d'Autun. — Est fait évêque d'Arles, II, 38 (*Grégoire de Tours*).

VISAL (Jacques). — Est envoyé au concile de Lyon par Hugues de Lusignan, XIX, 593 (*Bernard le Trésorier*).

VITAL (Orderic). *Voyez* ORDERIC VITAL.

VITALIEN, 75ᵉ pape. — Principaux événemens de son pontificat, XXV, 408 (*Orderic Vital*).

VITALIS (saint). — Transaction de ses reliques en Auvergne, I, 76 (*Grégoire de Tours*).

VITALIS DE POIGNAC, consul à Toulouse. — Texte de son abjuration, XIV, 388 (*Pierre de Vaulx-Cernay*).

VITICÈS (Guitigis), gendre de

Théodat, roi des Goths. — Succède à son beau-père, XXV, 406. — Assiége Rome, 407.—Est forcé de s'éloigner, *ibid.* — Est fait prisonnier et conduit à Constantinople, *ibid.* — Est créé patrice et comte, *ibid.* — Est envoyé sur les frontières de Perse, *ibid.* — Sa mort, *ibid.* (*Orderic Vital*).

Vitot (Machiel de). *Voyez* Machiel de Vitot.

Vitry (Jacques de). *Voyez* Jacques de Vitry.

Vitry (Jacques de), cardinal. — Sa *Vie de Marie de Lignies*, XV, 345.— Son *Histoire des Croisades*, XXII.

Vitry (Etienne de). *Voy*. Etienne de Vitry.

Vivien, duc. — Périt dans l'expédition commandée par l'empereur Louis, pour réduire les partisans de Lothaire, III, 440 (*Nithard*).

Vlaersle (Gautier de). — Reçoit de l'argent du prévôt de Bruges, assassin du comte de Flandre Charles le Bon, et lui refuse son secours, VIII, 279. — Jure de maintenir la paix dans le pays, 387.—Est blessé dans un combat et meurt, 390. — Est regardé comme complice des meurtriers du prince, *ibid.*—Anecdotes sur ses liaisons avec le prévôt Berthulpre, *ibid.* (*Galbert*).

Volusien, empereur. — Occupe le trône avec Gallus son père, XXV, 115 (*Orderic Vital*).

Volusien, sénateur. — Est fait évêque de Tours, I, 85. — Suspect aux Goths, il est exilé à Toulouse, *ibid.* II, 145. — Sa mort, *ibid.* I, 145 (*Grégoire de Tours*).

Volusien et Gallus, empereurs. — Principaux événemens de leur règne, XXV, 115 (*Orderic Vital*).

Vrin, ambassadeur. — Confirme la paix entre le roi des Danois et l'empereur Charlemagne, III, 67 (*Annales d'Eginhard*).

Vulfade. — Ordonné prêtre par l'évêque Ebbon, il porte plainte devant le synode de Soissons, contre Hincmar, archevêque de Rheims, qui l'a suspendu de ses fonctions, V, 244, 245. — Distinction établie par le synode entre les prêtres ordonnés avant ou après la déposition de l'évêque Ebbon, *ibid.* — Annulation de toutes les ordinations faites depuis la déposition, 247. — Il invoque le rétablissement d'Ebbon, *ibid.* — Produit de faux titres, *ibid.* — Est excommunié, *ibid.* — Est innocenté par le pape, qui censure la décision du synode, et convoque un concile, 249, 250. — Justification des évêques, 252. — Obtient un avis favorable des trois évêques du synode de Troyes, 321 (*Histoire de l'Eglise de Rheims*). — S'empare de l'évêché de Langres; 423. — Suspension de son procès, IV, 211. — Est fait archevêque de Bourges, de la seule autorité du roi Charles, 213. — Est installé par le prince Carloman, abbé de Saint-Médard, *ibid.* — Ensevelit le roi Charles d'Aquitaine, 214 (*Annales de Saint-Bertin*).

Vulfégonde. — Epouse le roi Dagobert, II, 205 (*Chronique de Frédégaire*).

Vulficail, diacre. — Son histoire, I, 440 à 445 (*Grégoire de Tours*).

Vulstan, pontife et moine anglais. — Fait continuer par Jean de Worcester les Chroniques de Marien, XXVI, 152 (*Orderic Vital*).

Vultrade. — Epouse Théodebale, I, 158. — Veuve, elle passe dans le lit de Clotaire, qui la quitte sur les réprimandes des prêtres, 159 — Epouse le duc Garivald, *ibid.* (*Grégoire de Tours*).

W

Waddon, comte de Saintes, maire du palais. — Est chargé de conduire en Espagne le fils du roi Chilpéric, I, 369. — Prend le parti de Gondovald, 400. — L'accompagne à l'armée, 409. — Ne demande que la vie pour l'abandonner, 415. — Le livre, 416. — Se sauve, 417. — Passe auprès de la reine Brunehault, 420. — Accusé du crime de lèse-majesté, il est conduit à Paris et mis en liberté, II, 18. — Vient se saisir de la succession de Bertrude, 50. — Est tué, 51. — Ses deux enfans ravagent le pays, 124. — Ils se rendent au comte Maccou, offrent des présens magnifiques au roi qui les fait torturer, confisque leurs biens, et condamne l'aîné à la mort et l'autre à l'exil, 125 (*Grégoire de Tours*).

Wadon de Dreux. — Ses donations à l'abbaye d'Ouche, XXVI, 32 (*Orderic Vital*).

Waïfer, duc d'Aquitaine. — Accueille et reçoit dans ses États le duc Griffon, fils de Charles-Martel, II, 250; III, 4. — Se révolte contre le roi Pépin, 8. — Lui refuse les réparations qu'il exige, II, 255. — Voit son pays ravagé, 256. — Donne des otages et fait la paix, *ibid.*, III, 8. — Profite du moment où Pépin tient l'assemblée du Champ de Mai pour recommencer la guerre et dévaster les propriétés des Francs, *ibid.*, II, 256. — Est battu auprès de Narbonne, 258. — Est abandonné par son oncle, 259 — Fait démanteler ses places, *ibid.* — Lève une armée et s'oppose aux ravages du roi, 260. — Est vaincu et s'enfuit, *ibid.* — Offre des conditions qui sont rejetées, 261. — Est de nouveau poursuivi par le roi Pépin, 262. — Est tué par les siens, 264; III, 11 (*Chronique de Frédégaire.* — *Annales d'Eginhard*).

Waimar, duc de Salerne. — Prend à sa solde des aventuriers normands qui s'emparent du pays, XXIX, 217, 218 (*Guillaume de Jumiège*).

Waimer, duc de Champagne. — Est chargé par Ébroïn d'arrêter l'évêque Léger, III, 343. — Fait le siège d'Autun, 346. — Reçoit sa victime et lui fait crever les yeux, 347. — Ne peut se résoudre à le laisser mourir de faim, 348. — Est condamné à être pendu, 355 (*Vie de saint Léger*).

Wala, abbé de Corbie. — Confirme, au nom de l'empereur Charlemagne, la paix conclue avec les Danois, III, 67. — Accompagne en Italie Bernard, fils de Pépin, 69. — Est chargé d'observer la flotte d'Espagne et d'Afrique, *ibid.* — Pardonne à l'empereur Louis, qui se soumet à la pénitence publique pour les actes de sévérité qu'il a exercés envers lui, 93. — Est donné par ce prince pour conseil à son fils Lothaire envoyé en Italie, 95 (*Annales d'Eginhard*).

Est témoin du testament de l'empereur Charlemagne, III, 161 (*Vie de Charlemagne*).

Sa mort, III, 308 (*Thégan*).

Se soumet avec diligence à l'autorité de l'empereur Louis, II, 345. — Est chargé de réprimer la conduite scandaleuse des filles de Charlemagne, *ibid.* — Est éloigné de l'assemblée générale et renvoyé par l'empereur dans son monastère de Corbie, 385. — Député de Lothaire auprès de l'empereur Louis, il obtient son pardon de ce prince, III, 404. — Sa mort, *ibid.*, 406 (*l'Astronome*).

Exilé par l'empereur Louis, il est délivré par ses trois fils révoltés, III, 438 (*Nithard.*)

Wala, évêque de Metz. — Est

tué par les Normands, IV, 343 (*Annales de Metz*).

WALBRICH, croisé. — Défend avec vigueur le poste qui lui est confié à Antioche contre les Turcs, XX, 230 (*Albert d'Aix*).

WALDEBERT, duc. — Conduit le duc Godin dans plusieurs lieux saints pour recevoir son serment de fidélité à Clotaire et l'assassine dans le faubourg de Chartres, II, 201 (*Chronique de Frédégaire*).

WALDERIC, duc. — Est investi du commandement de l'un des corps d'armée destinés à soumettre la Gascogne, II, 218 (*Chronique de Frédégaire*).

WALDGAND, évêque. — Est l'un des témoins du testament de Charlemagne, III, 161 (*Vie de Charlemagne*).

WALDIN DE TOURNAY. — Est assassiné par ordre de Frédégonde, II, 132, 133 (*Grégoire de Tours*).

WALDON, diacre. — Reçoit de l'évêque Bertrand le pouvoir du sacerdoce, mais ne peut obtenir sa nomination du roi, I, 451 (*Grégoire de Tours*).

WALDRADE, concubine du roi Lothaire II. — Epouse ce prince et est couronnée reine, IV, 177. — Son mariage est anathématisé par le pape, 182 *et suiv*. — Est condamnée par le saint Père à quitter son mari, 202. — Est conduite en Italie par un légat, 206. — Est demandée à Rome par le pape, 218. — S'y rend, 219. — Obtient l'absolution à condition qu'elle ne cohabitera plus avec Lothaire, 225 — Retourne avec ce prince, 232 (*Annales de Saint-Bertin*). — *Voy*. LOTHAIRE II.

WALERAN II ou GALERAN, comte de Meulent, fils de Robert III. — Est vaincu et dépouillé par Henri 1er, roi d'Angleterre, VII, 75 (*Hugues de Fleury*).
Prend les armes avec plusieurs seigneurs normands contre Henri 1er, roi d'Angleterre, XXV, 171. — Est fait prisonnier dans un combat, *ibid.* (*Orderic Vital*).

Ses difficultés avec Robert de Neubourg, XXVIII, 280. — Est protégé par Henri, roi d'Angleterre, *ibid.* — Lui reste fidèle, 297. — Est armé chevalier par ce prince, 377. — Est fait comte de Meulent en France, et de Beaumont-le-Roger en Normandie, *ibid.* — Se révolte contre le roi d'Angleterre en faveur de Guillaume, fils de Robert, duc de Normandie, 379. — Marie ses filles à trois conjurés, 380. — Se réunit aux conspirateurs, 381. — Est informé par le comte de Montfort-sur-Rille, l'un de ses gendres, de la découverte de la conspiration par le roi, *ibid.* — Réunit ses alliés et va fortifier la tour de Walteville, 390. — Dévaste les environs, 391. — Mutile les paysans, *ibid.* — Sa joie puérile à la vue de l'ennemi, 392. — Livre un combat à la sortie de la forêt de Brotonne, *ibid.* — Son cheval est tué sous lui, *ibid.* — Est fait prisonnier, 392. — Son sénéchal continue la guerre, 396. — Donne l'ordre de rendre Beaumont-le-Roger au roi Henri, 397. — Est transféré en Angleterre, où il reste cinq ans captif, 398. — Echoue dans ses projets pour le prince Guillaume, 406. — Assiste aux derniers momens du roi Henri, 461. — Epouse la fille du roi Etienne et défend la Normandie contre les seigneurs révoltés, 467. — Reprend le Vaudreuil sur Roger de Toëni, *ibid.* — Appelle contre lui les secours de Thibault, comte de Blois, 472. — Marche contre l'armée angevine, 476. — Défend Lisieux, *ibid.* — Défait Geoffroi d'Anjou, malgré les efforts de Roger de Conches pour empêcher le combat, 481, 482. — Recouvre sa liberté, 487. — Accompagne le roi Etienne en Angleterre, 494. — Revient en Normandie, 510. — Marche contre Roger de Conches, qui le repousse, *ibid.* — Appelle des secours, 511. — Négocie et conclut la paix entre Roger de Toëni et le roi d'Angleterre, 516. — Poursuit à main armée les prélats qui ont favorisé la révolte des Angevins contre le roi, 521. — En fait plusieurs prisonniers, *ibid.* — Tourne le dos à l'ennemi à la bataille de Lincoln, 529. — Abandonne le roi Etienne, prisonnier, et s'attache à l'impératrice Mathilde, devenue reine, 531 (*Orderic Vital*).

Porte secours au comte Eudes de Chartres contre Richard II, duc de Normandie, XXIX, 124. — Est battu devant Tillières, *ibid.* — Se sauve avec peine, *ibid.*—Donne une de ses filles en mariage à Roger de Beaumont, 170.—Est fait prisonnier dans le combat qu'il livre à Henri Ier, roi d'Angleterre, 272. — Recouvre sa liberté et ses biens, mais non ses forteresses, 273. — Est fait comte de Meulent à la mort de son père, 307 (*Guillaume de Jumiége*).

WALLUC, duc des Wenèdes. — Accueille le chef des Bulgares, échappé au carnage fait en Bavière par les ordres du roi Dagobert, II, 215 (*Chronique de Frédégaire*).

WALON, commandant de Château-Thierri pour Héribert.—Rend cette place à la reine Emma, femme de Rodolphe, qui lui en laisse le commandement, VI, 99. — En est dépouillé par ses gens qui la rendent à Héribert, 100. — S'empare d'une partie de la ville pour le roi Rodolphe, 101. — Livre la ville à Héribert qui le fait jeter en prison, 105 (*Chronique de Frodoard*).

WALON, croisé. — Est assassiné pendant la trève sous Antioche, XXIII, 378. — Désespoir de sa femme, 379 (*Robert le Moine*).

WALTAIRE, confident de Lothaire II. — Sa mission auprès du pape, IV, 213 (*Annales de Saint-Bertin*).

WALTHÉOU, comte anglais. — Se joint aux Danois contre Guillaume le Conquérant, XXVI, 183. — Se fait leur porte-enseigne, *ibid.* — Obtient la paix du roi, 188. — Accompagne ce prince dans son voyage en Normandie, 159; XXIX, 427.—Est fait comte de Northampton, XXVI, 212.—Epouse Judith,

nièce du roi, *ibid.* — Sa réponse aux conspirateurs normands qui veulent l'engager dans leurs projets, 252. — Promet le secret, 253. — Est dénoncé par sa femme, 257. — Subit un an de prison, *ibid.*— Est condamné à mort pour ne s'être pas opposé et n'avoir pas découvert la conspiration, 258. — Son exécution, 259. — Ses obsèques, *ibid.* — Translation de son corps au monastère de Croisland qu'il a fondé, 277, 278. — Miracles qui s'opèrent sur son tombeau, 279 *et suiv.*—Son épitaphe, 281 (*Orderic Vital. Guillaume de Jumiège*).

WALTHER, évêque de Sens. — Est expulsé de son siége par la violence et retenu prisonnier, V, 490 (*Histoire de l'Eglise de Rheims*).

WANDALMAR, camérier.—Remet au roi Gontran la femme et les trésors de Mummole, II, 166. — Est élevé à la dignité de duc du pays au-delà du mont Jura, 170. — Sa mort, 174 (*Chronique de Frédégaire*).

WANDALMAR, duc. — Est investi du commandement de l'un des corps destinés à soumettre la Gascogne, II, 229 (*Chronique de Frédégaire*).

WANDELBERT, duc. — Attaque le patrice Wilebac, II, 229 (*Chronique de Frédégaire*).

WANDELIN, gouverneur du roi Childebert. — Remplace Gogon, I, 304. — Sa mort, 452 (*Grégoire de Tours*).

WANDRILLE (saint). — Fonde le couvent de Fontenelles, détruit bientôt par Hasting et rétabli par le duc Richard le Bon, XXVI, 6, 9 (*Orderic Vital*).

WANILON, évêque de Rouen. — Distique héroïque en son honneur, XXVI, 350. — Sa vie, *ibid.*—Principaux événemens de son épiscopat, *ibid.* (*Orderic Vital*).

WARADON, maire du palais. — Est élevé à cette dignité en remplacement d'Ebroïn, II, 234. — Conclut la paix avec Pépin, maire d'Austrasie, *ibid.* — Est supplanté par son fils, *ibid.* — Rentre dans sa dignité après sa mort, 235. — Meurt, *ibid.* (*Chronique de Frédégaire*).

WARENGAUD, duc. — Accuse Honfroi d'infidélité, IV, 177. — Se réconcilie par la médiation du roi Charles le Chauve, *ibid.* (*Annales de Saint-Bertin*).

WARLENGE (Guillaume), aussi nommé GUILLAUME GARLENGE ou GUERLENC, fils de Mauger, comte de Mortain. — Est dépouillé de ses biens par Guillaume le Conquérant, qui les donne à Robert de Normandie, son frère utérin, XXVII, 211 (*Orderic Vital*). Se retire dans la Pouille, où il vit misérablement, XXIX, 195 (*Guillaume de Jumiége*).

WARIN, duc, comte d'Auvergne. — Se rend auprès de Charlemagne après la mort de Carloman, III, 13. — Gagne une bataille contre le duc de Gascogne, 84, 306. — Arrête l'impératrice Judith à Laon par ordre du roi Pépin, 383. — Forme en Bourgogne un parti pour délivrer l'empereur Louis, détrôné et prisonnier, 394. — Marche avec une armée contre Lothaire et campe sur les bords de la Marne, 395. — Redemande l'empereur, *ibid.* — Est mandé, pour traiter de sa délivrance, par Lothaire qui laisse son père à Saint-Denis, et se retire en Dauphiné, 396. — Fortifie Châlons, pour l'empereur Louis rétabli, contre Lothaire, son seul fils alors révolté, 399. — Conserve la vie sous la condition de servir fidèlement Lothaire, 441. — Se réunit à Charles le Chauve contre Lothaire, 454. — Rejoint le premier dans la Marche pour se rendre à l'assemblée générale d'Attigni, 457. — Est chargé de veiller sur les démarches de Pépin d'Aquitaine, 491 (*Annales d'Eginhard. — Thégan. — L'Astronome. — Nithard*).

WAIRMAIRE, ambassadeur. — Est envoyé par le roi Sigebert pour traiter de la paix avec l'empereur Justin, I, 197 (*Grégoire de Tours*).

WARNACHAIRE, maire du palais de Théodoric. — Accompagne Sigebert en Thuringe, II, 190. — Est instruit par l'ordre déchiré de la reine Brunehault qu'il doit être tué dans ce voyage, *ibid.* — Se détache du fils de Théodoric, 191. — Tient conseil avec les seigneurs bourguignons pour qu'aucun n'échappe et que le royaume tombe à Clotaire, *ibid.* — Est créé maire du palais de Bourgogne, 192. — Reçoit secrètement mille sous d'or pour l'affranchissement du tribut annuel que la Lombardie devait aux rois francs, 195. — Sa mort, 200. — Son fils Godin épouse sa veuve, *ibid.* — Il n'est pas remplacé comme maire du palais, 202 (*Chronique de Frédégaire*).

WARNAIRE, comte. — Livre un combat au normand Ragenold et lui tue treize cents hommes, VI, 84 (*Chronique de Frodoard*.)

WARNAIRE, comte. — Est chargé par le roi Louis le Débonnaire de réprimer la conduite scandaleuse de ses sœurs, III, 345. — Est tué en remplissant cette mission, 346 (*l'Astronome*).

WARNAIRE, duc. — Pousse à la révolte contre son père, le prince Louis, fils du roi de Germanie, IV, 214 (*Annales de Saint-Bertin*).

WARNAIRE, duc. — Est chargé par l'empereur Lothaire d'empêcher le roi Charles de passer la Seine, III, 456 (*Nithard*).

WAROCH, comte de Bretagne. — Est conservé dans son héritage par Théodoric, vainqueur du comte Malo, son père, I, 243. — Résiste à Chilpéric, 264. — Bat une partie de son armée, *ibid.* — Fait la paix, *ibid.* — Est exilé par le roi, pour avoir violé les conditions, *ibid.* (*Grégoire de Tours*).

WAROCH, comte de Bretagne. — Est chargé par les Bretons de négocier des arrangemens avec le roi Gontran et Clotaire, II, 23. — Son succès, *ibid.* — Il manque à ses engagemens, 24. — Tue le duc Beppolène, 93. — Fait la paix avec le duc Ebrachaire, 94. — Le trompe et détruit l'armée du roi Gontran, *ibid.* — Rend les prisonniers sur la demande de la reine Frédégonde, 96, 97 (*Grégoire de Tours*).

WARSLIN, ambassadeur. — Confirme, au nom du roi des Danois, la paix conclue avec l'empereur Charlemagne, III, 67 (*Annales d'Eginhard*).

WATHER (le comte). — Se révolte contre le roi Eudes, IV, 340. — S'empare de Laon, *ibid.* — Est fait prisonnier, jugé, condamné et décapité, *ibid.* (*Annales de Metz*). Est réconcilié à l'Eglise et convenablement enterré, ayant demandé les sacremens avant de mourir, V, 514 (*Histoire de l'Eglise de Rheims*).

WAVRES (Hellin de), prisonnier de Bovines. — Est mis en liberté sous caution, par Philippe-Auguste, XI, 342 (*Guillaume le Breton, Vie de Philippe-Auguste*).

WÉLAND, chef des Normands. — Remonte la Seine et en ravage les rives, IV, 170. — Assiége les Normands d'Oissel, *ibid.* — Remonte jusqu'à Melun, 171. — S'avance jusqu'à Meaux, 172. — Quitte la France d'après une convention avec le roi Charles, 173. — Y revient et se fait chrétien, 174. — Est accusé d'infidélité, combat et est tué, 188 (*Annales de Saint-Bertin*).

WENILON, métropolitain de Sens. — Est accusé par le roi Charles dans un synode, IV, 166. — Se réconcilie avec ce prince, 167 (*Vie de Charlemagne*).

WERVICK (Guillaume de). *Voyez* GUILLAUME DE WERVICK.

WICBERT (le comte). — Tue le prince Hugues, fils de Lothaire, IV, 317 (*Annales de Metz*).

WICKER, allemand, croisé. — Concourt au siége d'Assur, XX, 385. — Attaque vigoureusement Caïphe, 410. — Appelle le comte Baudouin d'Edesse au trône de Jérusalem, vacant par la mort du roi Godefroi, son frère, 417. — Va, par Joppé, au-devant de ce prince, 426. — Sa mort, 460. — Un de ses exploits, *ibid.* (*Albert d'Aix*).

WIDDON, comte. — Restitue à l'Eglise la métairie de Vandeuvre, IV, 206 (*Annales de Saint-Bertin*).

WIDIMAEL. — Est chargé par les Bretons de négocier un arrangement avec les rois Gontran et Clotaire, II, 23. — Réussit, 24 (*Grégoire de Tours*).

WIDON, comte et préfet de Bretagne. — Apporte à Charlemagne les armes des chefs bretons soumis, III, 47 (*Annales d'Eginhard*).

WIDON, fils de Lambert, duc de Spolète. — Est fait roi d'Italie, IV, 327. — Chasse Bérenger, autre roi d'Italie, *ibid.* — Sa mort, 342 (*Annales de Metz*).

WIGEBERT, comte de Parme. — Prend la croix, XXI, 1. — Se dirige, par la Bulgarie, sur Constantinople, 2. — Dévaste le pays, 3. — Refuse de passer le Bosphore, *ibid.* — Apaise les troupes révoltées contre lui et contre l'empereur, 4. — Se met sous la conduite du comte de Toulouse, 7. — Range ses troupes, pour la bataille de Marash, sous les ordres du comte Albert, 16 (*Albert d'Aix*).

WIGEBERT DE LAON. — Est tué à la bataille de Marash contre les Turcs, XXI, 17 (*Albert d'Aix*).

WIGER DE BEAUQUENCEY. — Se fait serf de l'abbaye d'Ouche, XXVI, 69. — Ses alliances, 70 (*Orderic Vital*).

WIGMAN, ambassadeur. — Confirme, au nom de l'empereur Charlemagne, la paix conclue avec les Danois, III, 67 (*Annales d'Eginhard*).

WIGON, fils de Salomon, duc des Bretons. — Jure fidélité au roi Charles le Chauve, IV, 270. — Est fait captif et gardé prisonnier, 273 (*Annales de Saint-Bertin*).

WIHOMARCH, chef des Bretons. — Est réduit par les comtes des marches de Bretagne, III, 94. — Est reçu en grâce par l'empereur Louis, qui le renvoie en Bretagne, 104, 372. — Se révolte de nouveau, *ibid.* 105.

—Est tué, *ibid.* 373 (*Annales d'Eginhard. — l'Astronome*).

WILDLOD. — Est fait comte de Périgueux, III, 321 (*l'Astronome*).

WILFRID KNOP. *Voy.* KNOP.

WILHAIRE, évêque de Sedan. — Se rend auprès de Charlemagne, après la mort de Carloman, III, 13 (*Annales d'Eginhard*).

WILHELM, comte d'Auvergne. — Se révolte contre le roi Eudes, VI, 62. — Est dépouillé de ses honneurs, 63. — Est battu, *ibid.* (*Abbon*).

WILIACHAIRE, beau-père du prince Chramne. — Se cache dans l'église de Saint-Martin de Tours, et brûle cette basilique, I, 174 (*Grégoire de Tours*).

WILIACHAIRE, comte d'Orléans. — Marche sur Poitiers, et s'empare de cette ville pour le roi Gontran, I, 385. — Est employé dans l'armée de Bretagne, II, 95. — N'ose reparaître devant le roi et se cache, *ibid.* (*Grégoire de Tours*).

WILLAIRE, duc de Venise. — Fait régler par Charlemagne les affaires de son duché avec la Dalmatie, III, 55. — S'oppose à la paix entre l'empereur d'Orient et Pepin, roi d'Italie, 61. — Dépouillé de sa charge, à cause de sa perfidie, par l'empereur d'Orient, il est reconduit vers son seigneur par ordre de Charlemagne, 66 (*Annales d'Eginhard*).

WILLEBAD, patrice. — Tue Brodulf ou Brunulf, par ordre du roi Dagobert, II, 204, 287. — Menacé de mort par Flaochat, maire du palais, il se rend à l'assemblée des grands de Bourgogne, et échappe au danger, 228. — Reçoit du roi Clovis l'ordre de se rendre auprès de lui à Autun, *ibid.* — S'y rend à la tête d'une armée, 229. — Campe auprès de la ville, *ibid.* — Est attaqué, se défend et est tué, *ibid.* (*Vie de Dagobert*).

WILLEBERT, depuis archevêque de Rouen. — Est chargé par Charlemagne de faire rentrer au domaine royal d'Aquitaine les biens qui en ont été distraits, III, 326. — S'acquitte de sa mission, 327 (*l'Astronome*).

WILLEMOND, fils de Béra. — S'allie avec Aizon, et fait la guerre à la France, aidé des Maures et des Sarrasins, III, 376 (*l'Astronome*).

WILTZAN, chef des rois Wiltzes. — Se soumet à Charlemagne, III, 35. — Est suivi par les rois esclavons, *ibid.* — Est tué par les Saxons, 41 (*Annales d'Eginhard*).

WINCMAR, assassin de Foulques, archevêque de Rheims. — Est excommunié et anathématisé, V, 530. — Sa mort misérable, *ibid.* (*Histoire de l'Eglise de Rheims*).

WINÉGISE, duc de Spolète. — Repousse les Siciliens armés par l'empereur Constantin contre Charlemagne, III, 34. — Accueille le pape Léon, horriblement maltraité et chassé de Rome, 46. — L'envoie honorablement en France, d'après l'ordre de l'empereur, *ibid.* — Est assiégé par Lucéra, 52. — Fait prisonnier par le duc Grimoald, *ibid.* — Recouvre sa liberté, *ibid.* — Apaise, par l'ordre du roi Bernard, une sédition des Romains contre le pape Léon, moribond, 76. — Se fait moine et meurt, 93 (*Annales d'Eginhard*).

WINNOCH, pèlerin de Bretagne. — Est ordonné prêtre, I, 260. — Devient ivrogne et frénétique, 467. — Sa mort, 468 (*Grégoire de Tours*).

WINTRION, duc de Champagne. — Perd son duché et le recouvre, I, 446. — Conduit, par la Champagne, l'armée que le roi Childebert envoie en Italie, II, 83. — Excès de ses troupes, *ibid.* — Envahit le royaume de Clotaire, 170. — Est battu, *ibid.* — Est tué par ordre de la reine Brunehault, 172 (*Grégoire de Tours*). — (*Chronique de Frédégaire*).

WISIBAD, duc et patrice de Bourgogne. — Est investi du commandement de l'un des corps d'armée destinés à soumettre la Gascogne, II, 218 (*Vie de Dagobert*).

WISIGARDE — Est fiancée au roi

Théodobert, I, 139. — L'épouse, 141. — Meurt, *ibid*. (*Grégoire de Tours*).

WISTRIMOND, dit TATTON. — Est miraculeusement guéri du mal de dents par les mérites d'Arédius, II, 137 (*Grégoire de Tours*).

WITCHAIRE, comte. — Est envoyé par l'empereur Louis auprès de Murman, roi des Bretons, pour le menacer de la guerre, s'il ne se soumet, IV, 57. — Leur conférence, 58 *et suiv*. — Il reconnaît la tête du roi Murman, tué dans un combat, 74 (*Ermold le Noir*).

WITIKIND, chef des Saxons Westphaliens. — S'enfuit devant Charlemagne, vers Siegfried, roi des Danois, III, 19. — Rentre dans sa patrie, et excite les Saxons à la révolte, 24. — Défait l'armée de Charlemagne, 26. — Se retire chez les Normands, *ibid*. — Reparaît en Saxe, 29. — Se soumet, *ibid*. — Est baptisé à Attigny, *ibid*. (*Annales d'Eginhard*).

WITOT (Robert de). *Voyez* ROBERT.

WITRAZA (Bernard), de Galice. — Prend la croix, et arrive à Jaffa, avec le roi de Jérusalem, XXI, 49. — Concourt à faire lever le siège de cette place, 50. — Accompagne le roi à la Cité sainte, 51 (*Albert d'Aix*).

WITTE (Georges de), croisé. — Assiège et prend le fort d'Alcacer, XXII, 337. — Soutient avec intrépidité les attaques des Sarrasins sous Damiette, 366 (*Jacques de Vitry*).

WITTERICH, roi d'Espagne. — Donne sa fille Ermenberge en mariage à Théodoric, qui la renvoie dépouillée au bout d'un an, II, 178. — Envoie, dans son indignation, une députation au roi Clotaire, et cherche à s'allier contre son gendre, *ibid*. — Sa mort, 179 (*Chronique de Frédégaire*).

WODON, ambassadeur. — Confirme, au nom de l'empereur Charlemagne, la paix conclue avec les Danois, III, 67 (*Annales d'Eginhard*).

Donne sa fille Hermentrude en mariage au roi Charles le Chauve, 496 (*Nithard*).

WOLDMAN (Richard de). *Voyez* RICHARD.

WOLF, patrice. — Trempe dans le meurtre de Protadius, II, 178. — Est tué à l'instigation de la reine Brunehault, et par l'ordre de Théodoric, *ibid*. (*Chronique de Frédégaire*).

WOLFER, évêque. — Est l'un des témoins du testament de Charlemagne, III, 161 (*Vie de Charlemagne*).

WOLFOLD, évêque de Crémone. — Complice de la révolte de Bernard, roi d'Italie, il est condamné à mort, déposé et exilé par commutation de peine, III, 82 (*Annales d'Eginhard*).

WORAD, comte du palais. — Prend le commandement d'une partie de l'armée que Charlemagne envoie contre les Esclavons, III, 24. — Marche contre les Saxons, *ibid*. (*Annales d'Eginhard*).

WORCESTER (Jean de), chroniqueur, continuateur de Marien (Marianus Scotus). — Ses écrits renferment une suite historique d'environ cent années, XXVI, 151, 152 (*Orderic Vital*).

WULFAR, évêque de Rheims. — Sa vie, V, 189. — Ses travaux apostoliques, 190 (*Histoire de l'Eglise de Rheims*).

WULFARD, abbé de Saint-Martin. — Tue le comte de Poitiers qui ravageait la Touraine, II, 259 (*Chronique de Frédégaire*).

WULFER, moine de la Réome. — Ses visions, VI, 228 *et suiv*. (*Raoul Glaber*).

WULFOAD ou WULFROAD, duc. — Elève au trône d'Austrasie Childéric, successeur de son frère Clotaire, II, 231. — Lui acquiert tout le royaume, après l'expulsion de Théodoric, 232. — S'enfuit en Austrasie, lors de l'assassinat de Childéric, *ibid*. — Sa mort, 233 (*Chronique de Frédégaire*).

WULFRIED, comte. — Prête serment à la reine Tetberge, au nom du roi Lothaire, IV, 203, 204 (*Annales de Saint-Bertin*).

WULFSTAN, évêque de Worcester. — Tente d'empêcher la révolte contre le roi Guillaume le Roux, XXVII, 231 (*Orderic Vital*).

WULTAIRE. — Décide le mariage du roi Lothaire avec sa concubine WALDRADE, IV, 177 (*Annales de Saint-Bertin*).

WURMON, chef normand. — Reçoit de l'empereur Charles le Gros de l'argent et un établissement, IV, 314 (*Annales de Saint-Bertin*).

Y

YERLE (Jourdain de la). *Voyez* JOURDAIN.

YOLANDE, comtesse de Namur, femme de Pierre de Courtenai, comte d'Auxerre. — Accompagne à Rome son mari, appelé au trône impérial de Constantinople, XIII, 119. — Est sacrée par le pape, 120. — Meurt, laissant Baudouin, son fils, encore enfant, 127 (*Guillaume de Nangis*).

Sœur des empereurs Baudouin et Henri de Constantinople, elle est appelée à l'empire avec Pierre de Courtenai, son mari, XIX, 329. — — Ils sont couronnés par le pape, *ibid.* — Débarquent à Durazzo, *ibid.* — Se séparent, l'empereur pour suivre la route de terre, l'impératrice la continuant par mer, attendu sa grossesse, 331. — Elle marie sa fille au fils de Villehardouin, *ibid.* — Arrive à Constantinople, *ibid.* — Accouche d'un fils, et meurt, *ibid.* 333 (*Bernard le Trésorier*).

YVES, comte de Soissons. — Prend la croix avec Louis le Jeune, VIII, 213 (*Vie de Louis VII*).

YVES, préposé royal à Laon. — Poursuit les assassins de Gérard de Crécy, X, 24 (*Guibert de Nogent*).

YVES DE GRANDMÉNIL. — Engage Robert Courte-Hache à se venger de l'injure que lui font ses frères, XXVI, 287 (*Orderic Vital*).

Est fait prisonnier par Robert de Bellême, au siège de Courcy, XXVII, 318 (*Orderic Vital*).

Part pour la Terre-Sainte, 424. — Conspire pour le duc Robert de Normandie, contre le roi Henri d'Angleterre, XXVIII, 83. — Est appelé en jugement, convaincu et puni, 144. — Réclame l'assistance de Robert de Meulan, et obtient du roi Henri d'Angleterre la promesse de la restitution de ses biens au profit de son fils, qui épouserait la comtesse de Norwich, et une somme d'argent hypothéquée sur ses terres, pour un voyage de quinze ans, 148. — Sa mort, 149. — Ses deux fils périssent dans le naufrage de *la Blanche-Nef*, 360 (*Orderic Vital*).

YVES DE GRANDMÉNIL, fils du précédent. — Est fiancé de parole avec la comtesse de Norwich, et doit rentrer dans les biens de son père proscrit, XXVIII, 148, 149. — Périt dans le naufrage de *la Blanche-Nef*, 360 (*Orderic Vital*).

YVES II (Talvas de Bellême), évêque de Séez. — Hérite d'Arnoul, son neveu, XXIX, 183. — Fait la paix avec la famille de Giroie, *ibid.* — Assiége les fils de Soreng, dans l'église de Saint-Gervais, *ibid.* 184. — Met le feu et les force à s'enfuir, 185. — Fait rebâtir l'église brûlée, 187. — Est réprimandé par le pape, au concile de Rheims, *ibid.* (*Guillaume de Jumiége*).

YVETTE, fille du roi Baudouin II, de Jérusalem. — Se fait religieuse, XVII, 441. — Est faite supérieure du couvent de Béthanie, 442 (*Orderic Vital*).

YVON, croisé. — Défend vigoureusement

d'Antioche, et en repousse l'ennemi, XVI, 295 (*Guillaume de Tyr*).

YVON DE BELLÈME. — Consulte avec l'intendant Osmond, sur les moyens d'enlever le jeune duc Richard de Normandie aux mutilations dont le menace le roi Louis IV, XXIX, 82 (*Guillaume de Jumiége*).

Z

ZABAN, chef lombard. — Sa marche dans la Gaule, I, 204. — Assiége Valence, 205. — Y est joint par Rhodan et lève le siège, *ibid*. — Est battu par Mummole devant Embrun, *ibid*. — Se retire à Suze, *ibid*. — S'en éloigne rapidement, 206. (*Grégoire de Tours*).

ZABIREZUM, Maure, tombe percé d'un coup de lance au siége de Barcelonne par l'empereur Louis le Débonnaire, IV, 18 (*Ermold le Noir*).

ZABULE. — Est envoyé par Gondovald, père de Gontran, pour réclamer sa part du royaume de Clotaire, I, 406. — Tortures que ce prince lui fait subir, *ibid*. (*Grégoire de Tours*).

ZACHARIE, 90ᵉ pape. — Donne une décision portant que celui qui possède de fait l'autorité royale doit être roi; et enjoint, en conséquence de ce principe, de faire roi en France le duc Pépin, III, 4 (*Annales d'Eginhard*).

Ses vertus et ses travaux, XXV, 427. — Principaux événemens de son pontificat, 428 (*Orderic Vital*).

ZACHARIE, prêtre du palais. — Est chargé par Charlemagne de porter ses offrandes à Jérusalem, III, 47. — Se retrouve à Rome devant l'Empereur avec deux prêtres envoyés avec des présens pour le patriarche de Jérusalem, 49 (*Annales d'Eginhard*).

ZACHARIE, protospataire des armées impériales. — Est chargé par l'empereur Justinien II d'arrêter le pape Serge et de le conduire à Constantinople, XXV, 144, 422. —

Est menacé de mort, protégé par le pape, et chassé de Rome, *ibid*. (*Orderic Vital*).

ZADDON ou ZADUN, ou ZATE, duc maure de Barcelonne. — Se soumet à Charlemagne et lui donne la ville de Barcelonne, III, 43. — Est présenté à ce prince et exilé, 51 (*Annales d'Eginhard*).

Se reconnaît sujet de Louis d'Aquitaine, 329. — Ne veut pas lui rendre sa ville de Barcelonne, *ibid*. — S'avance jusqu'à Narbonne, 331. — Est arrêté et conduit devant le roi, *ibid*. (*l'Astronome*).

Ses discours à ses compagnons, IV, 16, 17. — Il leur défend de hasarder une bataille et de quitter les remparts, 19. — Apaise le peuple, 20. — Exhorte ses soldats et leur annonce qu'il va chercher des secours à Cordoue, 21. — Son départ, *ibid*. — Franchit un corps de Francs, *ibid*. — Est trahi par le hennissement de son cheval, *ibid*. — Est fait prisonnier et conduit au roi Louis le Débonnaire, qui lui ordonne de faire ouvrir les portes de la ville, 22. — Elude cet ordre par un artifice ingénieux, 23. — Accompagne les dons que la ville prise fait à l'empereur Charlemagne, 24 (*Ermold le Noir*).

ZÉNO (Pierre), bailli de Venise. — Arrive à Acre et en chasse Jean de Montfort, sire de Tyr, XIX, 595 (*Bernard le Trésorier*).

ZENON, empereur. — Principaux événemens de son règne, XXV, 132 (*Orderic Vital*).

ZÉPHIRIN (saint), 14ᵉ pape. — Ses décrets, XXV, 382 (*Orderic Vital*).

ZIMISCÈS (Jean). *Voy.* JEAN ZIMISCÈS.

ZOTANE.—Est envoyé par Gondovald près de Gontran, pour réclamer sa part du royaume de Lothaire, I, 406. — Tortures que ce prince lui fait subir, 407 (*Grégoire de Tours*).

ZOZIME (saint), 40e pape. — Ses décrets, XXV, 397 (*Orderic Vital*).

ZWENTIBOLD, roi de Bohême, d'Esclavonie, de Lorraine, etc., fils de l'empereur Arnoul. — Poursuit le roi Rodolphe sans pouvoir l'atteindre, IV, 328. — Est créé duc des Bohêmes, 329, 333. — Se révolte contre son bienfaiteur et fait la paix, 334. — Reçoit les bénéfices du comte Mégingaud, tué par trahison, 340. — Obtient le royaume de Lothaire, 342, 343. — Attaque Laon et en fait le siége, qu'il lève à l'approche du roi Eudes, 344. — Epouse Oda, fille du comte Othon, 345. — Eloigne le duc Réginaire, son très-fidèle et unique conseiller, *ibid.* — Voit ses Etats envahis par Charles IV, 346. — S'enfuit, *ibid.* — Réunit ses forces à Folrichingen, où il passe la Meuse, et fait la paix sans combat, 346. — Après la mort d'Arnoul son père, il est attaqué par Louis son frère, empereur élu, 347. — Est tué, 348 (*Annales de Metz*).

— Tue son frère, XXV, 155 (*Orderig Vital*).

FIN

www.ingramcontent.com/pod-product-compliance
Lightning Source LLC
Chambersburg PA
CBHW050604230426
43670CB00009B/1251